Ernst Hofmann

Die Raupen der Groß-Schmetterlinge Europas

Ernst Hofmann

Die Raupen der Groß-Schmetterlinge Europas

ISBN/EAN: 9783959130141

Auflage: 1

Erscheinungsjahr: 2015

Erscheinungsort: Treuchtlingen, Deutschland

Literaricon Verlag Inhaber Roswitha Werdin, Uhlbergstr. 18, 91757 Treuchtlingen

www.literaricon.de

Dieser Titel ist ein Nachdruck eines historischen Buches. Es musste auf alte Vorlagen zurückgegriffen werden; hieraus zwangsläufig resultierende Qualitätsverluste bitten wir zu entschuldigen.

Die Raupen
der
Gross-Schmetterlinge
Europas.

50 Tafeln mit 1900 Abbildungen

von

Professor Dr. **Ernst Hofmann,**
Kustos am Kgl. Naturalienkabinett in Stuttgart.

STUTTGART.
Verlag der C. Hoffmann'schen Verlagsbuchhandlung (A. Bleil).
1893.

Druck der Stuttgarter Vereins-Buchdruckerei.

Vorrede.

Die Schmetterlingsraupen haben das Interesse und die Bewunderung der Naturfreunde in viel grösserem Maße erregt, als die Larven der übrigen Insektenordnungen, weil diese nicht nur bunter gefärbt, sondern auch leichter zu erziehen sind, und durch deren Zucht vielen Schmetterlingsfreunden die Möglichkeit geboten ist, tadellose Exemplare zu erhalten. Daß die Raupen trotzdem weit weniger bekannt sind, als die Schmetterlinge selbst, von denen wohl kaum noch neue Arten in Europa aufzufinden sein dürften, so hat dies seinen Grund in der zum Teil sehr verborgenen Lebensweise der Raupen, und daher können noch sehr viele Schmetterlingsraupen von den Eulen und Spinnern entdeckt werden.

Schon im vorigen Jahrhundert wurden viele Raupen aufgefunden und in verschiedenen Zeitschriften beschrieben und abgebildet. Rösel von Rosenhof, Miniaturmaler in Nürnberg, gab im Jahre 1746 seine Insektenbelustigungen heraus, welche von seinem Schwiegersohn Kleemann bis zum Jahre 1761 fortgesetzt wurden. Die Beschreibungen sind die ausführlichsten und noch heutzutage mustergültig, enthalten aber nicht nur Schmetterlinge, sondern auch die übrigen Insektenordnungen.

Im Jahre 1762 begann Sepp seine niederländischen Insekten unter dem Titel: Beschouwing der Wonderen Gods in de minstgeachte schepzelen of Nederlandsche Insecten, welche meist die schönsten, ausgezeichneten und vollständigsten Bilder sind, da er nicht nur die Schmetterlinge, Raupen und Puppen, sondern meist auch die Eier derselben abbildete. Der 8. Band davon ist im Jahre 1860 erschienen; eine Fortsetzung davon vom Jahre 1860—1883 wurde von Snellen van Vollenhoven gegeben. (Prittwitz, das Sepp. Raupenwerk. St. e. Z. 1862, p. 369).

Esper liefert in seinem sehr guten Buche vom Jahre 1777—1794 269 Raupenabbildungen, und einige Lehrer am k. k. Theresianum, Denis und Schiffermiller, gaben im Jahre 1776 das Verzeichnis der Schmetterlinge der Wiener Gegend heraus, in welchem die Einteilung besonders nach den Raupen gemacht wurde und das lange Zeit als W. V. überall im Gebrauche war.

Das erste und zugleich auch das beste spezielle Raupenwerk wurde von Jakob Hübner, geboren zu Augsburg 1761, im Jahre 1790 als „Blätter zur Geschichte europäischer Schmetterlinge" begonnen und bis zum Jahre 1842 fortgeführt. Das ausgezeichnete Werk, das wegen seines hohen Preises leider nur wenigen zugänglich ist, besteht aus 449 Tafeln, auf denen 619 Arten Großschmetterlingsraupen abgebildet sind.

Leider sind dieselben nicht numeriert, sondern nur mit Buchstaben bezeichnet, und daher auch in jeder Bibliothek fast anders eingebunden.

Als Norm nehme ich das Exemplar an, das Herrich-Schaeffer in Händen hatte und das von meinem sel. Vater nach Angabe von H. S. geordnet war; mit letzterem wollte derselbe im Jahre 1864 einen Text dazu herausgeben, wozu schon alle Vorbereitungen fertig waren.

H. S. hat noch kurz vor seiner schweren Erkrankung im Correspond.-Bl. des zool. mineral. Ver. in Regensburg 1869 S. 205 die wichtigsten Notizen über die Erscheinungszeit der Tafeln von Jakob Hübner veröffentlicht, und da mein Vater die einzelnen Tafeln genau bezeichnet hatte, die abgeschliffen und kassiert wurden, so wird den Besitzern oder Benützern dieses Werkes eine genaue Aufzeichnung darüber gewiß angenehm sein, da diese sonst nirgends existiert.

Dagegen finden sich in den verschiedenen Exemplaren des Hübnerschen Werkes diese Tafeln entweder vollständig oder nur zum Teil eingebunden, was die Verwirrung nur noch erhöht.

1) Die Tagfalter bestehen aus 56 Tafeln. Kassiert wurden folgende 8 Tafeln: I. B. Diana und Daphne; I. C. Jo und Antiopa; I. F. a. Herse und Juturna; I. F. Megaera und Maera; F. c. Arcania und Iphis; II. a. c. Rubi und Quercus; II. C. c. Cardamines und Sinapis; II. E. Tages, Linea und Comma.

2) Die Schwärmer aus 28. Kassiert: I. a. b. Statice und Globulariae, Pruni und Infausta; III. C. b. Pinastri und Ligustri; III. C. a. Atropos.

3) Die Spinner aus 78. Kassiert: II. C. d. Camelina, Cucullina und Argentina; I. G. Tau; II. A. a. Pyri; II. D. a. b. Lathyri und Medicaginis; II. D. b. Juglantis und Abietis.

4) Die Eulen aus 136. Kassiert: I. B. c. Tridens, Psi; I. B. d. Leporina und Coryli; II. A. a. b. Bimaculosa und Oxyacanthae; IV. H. a. Fraxini; IV. H. a. Paranympha und Hymenaea.

5) Die Spanner aus 88. Kassiert: 3. (Das Tübinger Exemplar hat 90 und im 4. Band 5 Nachträge.)

6) Von den 12 Tafeln der Pyraliden gehören 6 jetzt zu den Noctuiden und 2 zu den Bombyciden.

7) Von den 18 Tafeln Tortricinen gehören 3 zu den Bombyciden, von den 28 Tafeln Tineinen 2 zu den Bombycinen.

Die letzten 6) bis 7) sind als 5. Band citiert. Alle die Citate werden nach diesen bezeichnet und numeriert; da sie auch bezeichnet sind, so sind sie leicht zu finden, auch wenn eine kleine Differenz sich ergeben sollte, z. B. wie im Tübinger Exemplar, wo als 4. Band manche als Nachträge sind, welche in der Nummer fortlaufen.

Ochsenheimer, Ferdinand, Schauspieler in Wien, schrieb 1807: „Die Schmetterlinge Europas", die von Treitschke, Friedrich, Hoftheater-Ökonom vom Jahre 1825 bis 1835, fortgesetzt wurden. Die vielen und meist guten Raupenbeschreibungen wurden oft benützt;

auch ist darin die ältere Litteratur vollständig angegeben, z. B. bei Papilio Machaon noch 30 nicht im Staudinger Katalog angegebene Schriften.

Im Jahre 1827 gab der Stiftskassier Freyer in Augsburg seine Beiträge zur Geschichte europäischer Schmetterlinge und vom Jahre 1833 bis 1858 seine neuen Beiträge heraus, in welchen 413 Raupenbeschreibungen enthalten sind.

In Frankreich erschienen im Jahre 1832 zwei sehr schöne Raupenwerke: Collection iconographique et historique des chenilles d'Europe par Boisduval, Rambur et Graslin, und Iconographie des chenilles par Duponchel, mit 211 Arten, die für die südeuropäischen Arten von sehr großem Werte sind.

Eine sehr fleißige Zusammenstellung der Raupen gab O. Wilde im Jahre 1861: Systematische Beschreibung der Raupen mit Angabe deren Lebensweise und Entwicklungszeiten, dessen gute Beschreibungen hier oft verwendet wurden, da sie aus allen bekannten zusammengesetzt und keine besseren zu finden sind.

Im Jahre 1874 wurde von Praun, Abbildungen und Beschreibungen der europäischen Schmetterlingsraupen, von dem Verfasser zusammengestellt und die Kleinschmetterlinge besonders berücksichtigt.

Das herrliche Werk von Millière, iconographie et description de chenilles et Lépidoptères inedits d'Europe, 1859—1875, enthält viele wichtige Beschreibungen, jedoch meist Mikrolepidopteren.

Das neueste ist: Buckler, W., Larvae of the British Butterflies and Moths ed. by Stainton, das jede Art in den verschiedensten Stellungen und Färbungen bringt, ebenso von vielen die Beschreibungen der Eier, so dass es eines der vollständigsten Werke ist, das existiert. Bis jetzt sind 3 Bände erschienen vom Jahre 1886—1889, in denen 22 noch nicht abgebildete Raupen kommen.

Sehr wertvolle Notizen enthalten auch die Faunen, wenn sie von Forschern geschrieben sind, die nicht bloß ein Namensverzeichnis, sondern die Ergebnisse von vielen Sammeljahren bringen, z. B. die von Dr. Wocke von Schlesien, von Rössler in Wiesbaden, A. Schmid von Regensburg etc.

Das gegenwärtige Raupenwerk ist eine Ergänzung zu dem im Jahre 1884 erschienenen: „Europäische Schmetterlinge"; in demselben sind die meisten dort nur kurz beschriebenen Raupen abgebildet, ausführlich beschrieben und alle Werke angegeben, in welchen diese Arten früher beschrieben oder abgebildet sind, um den Besitzern dieser meist sehr teuren Werke auch gerecht zu werden. Eine ähnliche Zusammenstellung hat nur O. Wilde, doch fehlten ihm einige wichtige Werke, z. B. Sepp, Duponchel, Esper. Ferner kommen die neueren wie Millière und Buckler dazu. Auch die massenhaft in den Zeitschriften sich befindlichen Notizen über Raupen und deren Zucht sind sorgfältig gesammelt und citiert, damit diejenigen, welche näher darauf eingehen wollen, dort die oft sehr ausführlichen Beschreibungen und Beobachtungen nachlesen können.

Vorrede.

Wenn auch manche Sammler die Citate für überflüssig halten, weil sie doch nicht im Besitze der citierten Werke sind, glauben wir doch, vielen einen Dienst damit zu erweisen und ihnen das nähere Eingehen auf irgend eine Gruppe zu erleichtern, besonders da die meisten der erwähnten Schriften in Bibliotheken oder bei Vereinen fast jeder größeren Stadt zu erhalten sind.

Bei der Einteilung folgten wir, wie in unserem Buche „Die Schmetterlinge Europas", dem Katalog von Dr. O. Staudinger, und ist hinter dem Namen noch durch Angabe von Tafel und Figur (in Klammer) auf ersteres Buch verwiesen.

Wir übergeben hiermit den Naturfreunden, in Berücksichtigung vielfach uns von den Abonnenten unseres Buches „Die Schmetterlinge Europas" geäußerter Wünsche, ein Werk mit **Abbildungen von Raupen und deren Futterpflanzen**, welches sich durch seine Ausstattung und die unbedingte Naturtreue seiner Bilder keck mit den besten der bisher diesen Gegenstand behandelnden Werke messen kann, zu einem so äußerst niedrigen Preise, daß nur durch allgemeinste Verbreitung die hohen Kosten der Herstellung gedeckt werden können.

Stuttgart, den 1. April 1890.

Dr. Ernst Hofmann.
Die Verlagsbuchhandlung.

Verzeichnis der Autoren,

d. h. derjenigen Schriftsteller, welche die Arten zuerst beschrieben haben, und deren Namens-Abkürzungen, nebst den entomologischen Werken und Zeitschriften.

A. s. Belg. = Annales de la société Entomologique Belge. Bruxelles 1857—90.
A. s. Fr. = Annales de la société Entomolique de France. Paris 1832—89.
Bd. = Boisduval, histoire naturelle des Insectes Lépidoptères. 1836.
B. & G. = Boisduval, Rambur et Graslin, collection iconographique et historique des Chenilles d'Europe. Paris 1822.
Bell. = Bellier de la Chavignerie (Ann. s. ent. France).
Bergstr. = Bergsträsser, Nomenclatur und Beschreibung der Insekten der Grafschaft Hanau. Hanau 1779.
Berl. e. Z. = Berliner entomologische Zeitschrift. Berlin 1857—70.
Bkh. = Borkhausen, Naturgeschichte der europäischen Schmetterlinge. Frankfurt 1788—94.
Bon. = Bonelli, descrizione di sei nuove specie d'Insetti. (Mem. Akad. Torino 1824.)
Brhm. = Brahm, Insektenkalender für Sammler und Ökonomen. Mainz 1790.
Brd. = Bruand, monographie des Psychides. 1853.
Buck. = Buckler, Larvae of British Butterflies. 1886.
Bull. M. = Bulletin de la société impériale des naturalistes de Moscou. 1829—89.
Bull. It. = Bulletino della societa entomologica Italiana. Florenz 1869—89.
C.-Bl. = Correspondenzblatt der internationalen Vereinigung von Lepidopteren- u. Caleopteren-Sammlern. 1880.
Cr. = Cramer, Papillons exotique etc. 1775.
Curt. = Curtis, British Entomology. London 1825—40.
Curo = Curo, Saggio di un Catalogo dei Lepidotteri d'Italia. Bull. e. It. 1874, p. 1—26. 106—123. 201—217. 1877, p. 1—24.
D. e. Z. = Deutsche entomologische Zeitschrift, herausgegeben von Dr. Kraatz. 1881—89.
Dalman = Dalman, analecta entomologica. Holmiae 1823.
De G. = De Geer, mémoires pour servir à l'histoire des Insectes. 1752—83. 4°.
Don. = Donzel (Ann. societ. entom. France).
Dup. = Duponchel, iconographie des Chenilles. Paris 1832.
Dbld. = Doubleday, a synonymic list of British Lepidoptera. 1850.
Ent. M. = the entomologist magazine. London 1833 bis 1838.
Esp. = Esper, die Schmetterlinge in Abbildungen nach der Natur. Erlangen 1777—94. 4°.

Ent. N. = Entomologische Nachrichten. 1875—89.
F. = Fabricius, species Insectorum, 1781. Mantissa Insectorum, 1787.
Frr. B. = Freyer, Beiträge zur Geschichte europäischer Schmetterlinge. 1827—31.
Frr. = Freyer, neue Beiträge etc. 1831—58. 4°.
Friv. = Frivaldszky, fauna Hungariae.
F.-R. = Fischer, Edler v. Röslerstamm, Abbildungen etc. zur Schmetterlingskunde. 1838—43. 4°.
Fuesl. = Fuessly, Archiv der Insektengeschichte. 1781.
Gart. = Gartner, die Geometriden u. Microlepidopteren des Brünner Faunengebietes. Verh. Brünn 1866.
Gn. = Guenée, species général des Lépidoptères. Tom. V—VII. 1852.
Guer. = Guérin-Menville, iconographie du regne animal de G. Cuvier. Insectes. 1828—38.
Germ. = Germar, fauna insectorum Europae. 1817—44.
Grasl. = Graslin (Annal. soc. ent. France).
Gss. = Goosseus, les oeufs des Lépidoptères. (Ann. s. F. 1884, Taf. V.)
Hecy. = Heeger, Beiträge zur Schmetterlingskunde. (Sitzb. Ak. Wien.)
Hein. = Heinemann, die Schmetterlinge Deutschlands und der Schweiz. 1859—63.
Hst. = Herbst und Jablonsky, Natursystem aller bekannten Insekten. 1783—1804.
Her. = Hering (Stett. ent. Zeitung).
Hofm. = Hofmann, O. Über die Naturgeschichte der Psychiden. (Berlin. ent. Zeitung).
H.-S. = Herrich-Schäffer, systematische Bearbeitung der Schmetterlinge Europas. I—VI. 1843—56.
H.-S. n. Sch. = Herrich-Schäffer, neue Schmetterlinge aus Europa. 1856—61.
Hb. = Hübner, Sammlung europäischer Schmetterlinge. 1793—1827.
Hb. = Hübner, Beiträge zur Geschichte der Schmetterlinge. 1786—90.
Hw. = Haworth, Lepidoptera britanica. 1803—32.
Jll. = Jlliger, Magazin für Insektenkunde. 1801—7.
I.-W. = die Insektenwelt, Zeitschrift des internat. ent. Vereins. Bd. 1—3. 1884—86.
Iris = Correspondenzblatt des naturwissenschaftlichen Vereins „Iris" in Dresden. 1884—89.
Isis = Isis, Zeitschrift für alle naturwissenschaftlichen Liebhabereien. Berlin 1876—88.
Kaltb. = Kaltenbach, die Pflanzenfeinde. 1874.
Kn. = Knoch, Beiträge zur Insektengeschichte. 1786.

L. = **Linné**, Systema naturae. Holmiae 1758.
Lah. = **De la Harpe**, fauna Suisse. (Denkschrift der allg. Schweiz. Gesellsch. 1852.)
Lasp. = **Laspeyres**, Sesii Europae. 1801.
Latr. = **Latreille**, genera crustaceorum et insectorum. 1802—9.
Leach = **Leach**, zoological miscellany. London 1814—17.
Lang = **Lang**, Verzeichnis seiner Schmetterlinge. 1789.
Led. = **Lederer**, Verh. des zool. bot. Vereins in Wien und Wien. ent. Monatsschrift.
Men. = **Ménetriès**, descriptions des Insectes. Memoir. Ak. Petersbourg. 1848.
Meyer-Dr. = **Meyer-Dur**, Verzeichnis der Schmetterlinge der Schweiz. (Denkschrift der allg. Schweiz. Gesellsch. 1852. 4º.)
Mn. = **Mann**, Verhandlungen des zool. botan. Vereins in Wien.
Mill. = **Millière**, Iconographie et description de chenilles. 1859—70. Entomologie 1878. Fortsetzung.
Mhl. M. = the entomologists' Monthly Magazine. 1864 bis 1889.
Nick. = **Nickerl**, Böhmens Tagfalter. 1850.
O. = **Ochsenheimer**, die Tagschmetterlinge von Europa. 1807—16.
Panz. = **Panzer**, fauna Insectorum Germaniä initiae. 1793—1813.
Pall. = **Pallas**, Icones Insectorum praesertim Russiae, Sibiriaeque. 1781—98.
Payk. = **Paykull**, Beskrivelse over 5 arten nye natsommerfugle. 1793.
Pr. = **Praun**, Abbild. und Beschr. europ. Schmetterlingsraupen, herausg. v. Dr. E. Hofmann. 1872.
Prun. = **Prunner**, Lepidoptera pedemontana. 1798.
Rtzb. = **Ratzeburg**, die Forstinsekten. 2. Teil. Die Falter. 1840. 4º.
Rmb. = **Rambur**, Catalogue systematique des Lépidoptères de Andalusie. 1858—66.
Rsl. = **Roesel**, Insektenbelustigungen. 1746—61.
Rössl. = **Rössler**, die Schuppenflügler des k. Reg.-Bez. Wiesbaden. (Jahrb. Nassau 1880—81.)
Ross. = **Rossi**, fauna Etrusca. 1790.
Rott. = **Rottemburg** (Naturforscher 1775—77).
Rst. = **Roüast**, Catalogue des Chenilles Européen connues. Lyon 1883.
Sc. = **Scopoli**, entomologia Carniolica. 1863.

Schl. = **Schläger**, Berichte des lepidopterolog. Tauschvereins. 1848.
Schiff. = **Schiffermiller**, systematisches Verzeichnis der Schmetterlinge der Wiener Gegend. 1776.
Sepp = **Sepp**, Nederlandsche Insecten. 1762—1860.
Sitzb. = **Sitzungsberichte** der k. k. Akademie der Wissenschaften in Wien. 1848—49.
Stdf. = **Standfuss** (Stettin. e. Zeit. und Jahresb. der Schlesisch. Gesellsch. für vaterl. Kultur).
Stgr. = **Staudinger**, de Sesiis agri Berolinensis. (Berl. u. Stett. e. Zeit.) 1854.
Stph. = **Stephens**, illustrations of British animals. Prt. V. Lepidoptera. 1850.
Soc. ent. = **Societas entomologica**. Jahrg. I—IV. 1886 bis 1890.
Sulz. = **Sulzer**, abgekürzte Geschichte der Insekten. 1776.
Schmid = **Schmid**, die Lepidopterenfauna der Regensburger Umgebung. 1885.
Tasch. = **Taschenberg**, die der Landwirtschaft schädlichen Insekten. 1865.
Thnb. = **Thunberg**, dissert. entomolog. sist. Insecta Sueciae. 1784.
Tijd. = **Tijdschrift voor Entomologie**, uitg. door de Nederl. entom. Vereening. 1857—90.
Tidk. = **Tidkrift entomologisk**. Stockholm 1880—89.
Tr. = **Treitschke**, Forts. des Ochsenheimer Werkes. 1825—35.
Tr. e. L. = **Transactions of the entomological society of London**. 1810—89.
V. z. b. V. = **Verhandlung des zoologisch botanischen Vereins in Wien**.
Vill. = **Villers**, Caroli Linnaei entomologica. 1790.
Voll. = **Snellen van Vollenhoven**, Forts. des Sepp. Werks. 1860—70.
Wallg. = **Wallengren**, Skandinaviens Heterocer-fjärilar. London 1863.
W. V. = **Wiener Verzeichnis**, system. Verz. der Wiener Gegend, herausg. von **Schiffermiller** und **Denis**. 1776.
Wild. = **Wilde**, system. Beschreibung der Raupen, ihrer Lebensweise und Entwicklungszeiten. 1861.
Wern. = **Werneburg**, der Schmetterling und sein Leben. 1874.
Wock. = **Wocke**, Verzeichnis der Falter Schlesiens.
Zell. = **Zeller** (Stettin. ent. Zeitung).
Zett. = **Zetterstadt**, Insecta laponica. 1840.

Allgemeines.

Kirby gab in den An. s. Fr. 1865 p. 321 ein Verzeichnis über die noch nicht bekannten Raupen der Tagschmetterlinge von Europa; darnach sind von 326 Arten nur 146 bekannt, dagegen 180 gänzlich unbekannt, oder nur sehr ungenügend. Seit dieser Zeit sind folgende Entwicklungsgeschichten veröffentlicht worden: Parnassius Delius; Argynnis Freya, Polaris; Melanargia Lachesis, Japygia und Syllius, Erebia Arete, Epiphron, Oeme; Oeneis Jutta, Aello und Bore; Satyrus Alcyone; Pararge Climene; Epinephele Pasiphae; Coenonympha Davus; Lycaena Hylas, Melanops, Astrache, Agestis, Thestor Ballus und Spilothyrus Lavatherae, Hesperia Actaeon *(Buck)*; in 25 Jahren wurden also nur 23 Arten Raupen von europäischen Tagschmetterlingen aufgefunden.

Daraus geht hervor, dass die Zucht der Schmetterlinge noch viel zu wenig betrieben wird im Verhältnis zum Schmetterlingsfang, und wie notwendig und lohnend das Aufsuchen der noch weniger bekannten Eulen- und Spannerraupen ist.

Die Entwicklung der Schmetterlinge.

Bis der Falter seine vollkommene Gestalt erhält, muß er eine vollständige Metamorphose durchmachen, in drei ganz verschiedenen Gestalten erscheinen. Zuerst als Ei, dann als eine wurmförmige, weichhäutige Raupe mit Freßwerkzeugen, dann als eine hornschalige Puppe ohne Bewegungs- und Freßorgane und zuletzt als vollkommner Schmetterling mit Flügeln, der sich in die Lüfte erheben und fortpflanzen kann.

Die aus den Eiern geschlüpften Räupchen wachsen bis sie das Puppenstadium erreicht haben. Die Puppe selbst und der Schmetterling verändern ihre Größe nicht. Haben die Raupen reichliches Futter erhalten, so werden sie große, bei Futtermangel nur kleine Exemplare ergeben (v. Prittwitz, die Generationen und Winterformen der in Schlesien beobachteten Schmetterlinge, St. e. Z. 1861, S. 191, und Ruthke, Studien zur Entwicklungsgeschichte der Insekten, l. c. S. 229; Kuwert, Wahrnehmungen über Insektenentwicklung, Ent. N. V. p. 45, 61 u. 73).

Eier. Fig. 1—5.

Nach der Begattung legen die Weibchen ihre Eier ab; nicht befruchtete bleiben mit wenigen Ausnahmen bei einigen Kleinschmetterlingen taub, sie schrumpfen zusammen und vertrocknen. Die Eier sind außen fest, im Innern mit einer Flüssigkeit ausgefüllt, welche den Keim der Raupe und den Nahrungsstoff enthält, der zur Ausbildung derselben erforderlich ist.

Die Form der Eier ist sehr verschieden: rund, eiförmig, halbkugel-, kegel- oder walzenförmig, kantig oder an den Enden eingedrückt (siehe Ergänzungstafel). Fig. 1, stark vergrößertes, kegelförmiges Ei von Pieris Napi, Fig. 3 ein flach linsenförmiges geripptes Ei von Noctua Orion, Fig. 2 ein elliptisches Ei mit durchscheinendem Embryo von Sphinx Ligustri, Fig. 4 und 5 Eier von Oeneis Aello. Sie sind entweder ganz glatt, gerippt, fein quer gestreift oder mit vertieften oder erhabenen Punkten versehen. Gewöhnlich sind sie grünlich oder grünlichweiß gefärbt, doch gibt es auch ganz grüne, blaue, rote und gelbe, oft sind sie gefleckt, gestreift oder netzartig gezeichnet.

Die Eier werden entweder einzeln oder in Haufen abgesetzt, manchmal sind sie kunstvoll zementiert wie die des Ringelspinners, in die Afterwolle des Weibchens eingehüllt, wie die vom Goldafter; in regelmäßigen Reihen auf den Blättern gelegt oder in unregelmäßigen Haufen.

Sehr verschieden ist der Zeitraum, welchen die Räupchen zu ihrer Entwicklung nötig haben; die Temperatur und die Jahreszeit haben hier großen Einfluß; bei kälterem Wetter werden sich die Eier später entwickeln als bei warmem, und von Schmetterlingen, welche erst im Spätjahr ihre Eier absetzen, werden diese immer überwintern und dann erst zum Ausschlüpfen kommen, wenn ihre Futterpflanzen belaubt sind. Bei solchen Arten, welche schon im Sommer ihre Eier legen, dauert die Entwicklungsperiode 1—4 Wochen. Nach einiger Zeit werden die Eier dunkler gefärbt und wenn der Zeitpunkt zum Auskriechen herangekommen ist, so durchbohrt das Räupchen, das bisher gekrümmt in dem Ei gelegen ist, Fig. 2, die äußere Schale desselben und erweitert es so weit, daß es bequem aus der Öffnung herauskommen

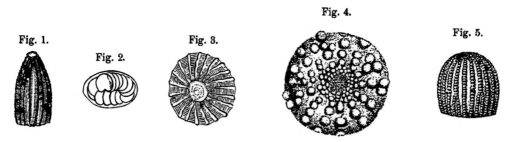

kann. Die Zucht aus Eiern ist zwar eine sehr mühsame, doch aus zwei Gründen sehr zu empfehlen: weil man erstens die Räupchen leichter an ein bestimmtes Futter gewöhnen kann, und ferner zweitens überzeugt sein kann, daß die Raupen nicht von ihren Feinden, den Schlupfwespen, besetzt sind. Eier, welche im Freien gefunden werden, sind manchmal schon von winzigen Schlupfwespen angestochen und meist alle vernichtet, auch werden die meist mehr länglichen Eier der Wanzen öfters mit denen der Schmetterlinge verwechselt. Näheres über Eier ist verzeichnet in: Werneburg, der Schmetterling und sein Leben. Berlin 1874, Seite 147. Gossens M., T. les oeufs des Lépidoptères, An. s. Fr. 1881, p. 231 und 1884, p. 139, pl. 5. 1877, p. 369, pl. 8. (Notodontidae.) Standfuss, Stett. e. Z. 1884, p. 210. Nathusius, über die Eihüllen bei den Lepidopteren. Zeitschr. wissensch. Zool. XXI, p. 325.

Raupen. Fig. 6—9.

Die äußere Gestalt der Raupen ist gewöhnlich eine walzen-, selten asselförmige, meist sind sie nach vorn und hinten etwas verdünnt, unten abgeflacht: Fig. 7, Raupe einer Eule. Der Körper besteht aus 13 hinter einander liegenden Ringen, welche mehr oder weniger durch Einschnitte von einander getrennt sind; den ersten Absatz bildet der Kopf, die zwölf andern werden Ringe, segmenta genannt. Der Kopf, caput, Fig. 6, der am meisten ausgebildete Absatz, ist hornig, von verschiedener Gestalt und Größe,

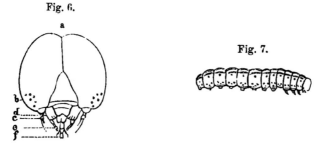

selten klein und wenig sichtbar. Gewöhnlich ist er rundlich, doch auch dreieckig und manchmal mit scharfen Ecken, wie bei einigen Spannern, oder mit Zacken versehen. Er besteht aus zwei meist länglichrunden Stücken, welche in der Mitte durch einen Längseindruck, Gabellinie, Fig. 6a, von einander geschieden sind, unten aus einander treten und das Stirndreieck, clypeus, einschließen. Auf jeder dieser Halbkugeln befinden sich unten 6 im Halbkreise stehende Punktaugen, ocelli, Fig. 6b, unter diesen die Fühler, antennae, Fig. 6c. Begrenzt wird das Stirnviereck von der Oberlippe, labrum, an dessen beiden Seiten die hornigen Kinnbacken, mandibulae, Fig. 6d, eingefügt sind, die zum

Fressen dienen. An diese schließt sich die häutige Unterlippe, labrum, an, oben mit den Kinnladen und den darauf befestigten kleinen viergliedrigen Kinnladentastern, palpi maxillares, Fig. 6 e, und unten auf der Innenseite mit den zweigliedrigen Lippentastern, palpi labiales, Fig. 6 f. Ein sehr wichtiges Organ, die Spinnwarze, befindet sich am Ende der Unterlippe als eine durchbohrte hornige Verlängerung, und befähigt einen Teil der Raupen, sich eine schützende Decke über ihre Puppen zu verfertigen.

Mit den oben beschriebenen Kauwerkzeugen nimmt die Raupe ihre Nahrung zu sich. Das Verdauungssystem besteht aus der Speiseröhre, die nach dem Magenmunde hin meist allmählich dünner wird, und bei den meisten Raupen besonders kurz ist. Der Magen ist gewöhnlich ein länglicher Schlauch, einfach oder durch Einschnürungen auch doppelt und dreifach, öfters mit Hornplättchen versehen und heißt Kaumagen, hinter ihm münden lange, feine fadenförmige Röhren, die Malpigschen Gefäße. Der Dünndarm ist fast gerade oder auch gewunden und mündet in einen erweiterten Schlauch. Der Dickdarm ist mehr oder weniger gewunden. Im Hinterleib und in der Brust liegt eine weiße flockige Masse, der Fettkörper. Umgeben ist der Körper von einer weichen, oft faltigen Haut, die nach allen Seiten hin beweglich ist.

Die drei ersten Ringe heißen Brustringe und entsprechen dem Vorderleib des Schmetterlings, die vom vierten bis elften dagegen Bauchringe, der letzte endlich Afterring oder Aftersegment; letztere bilden den Hinterleib des entwickelten Falters. Am ersten Ring bemerkt man oft eine hornige Platte, das Nacken- oder Halsschild, am letzten eine dreieckige oder halbmondförmige, oft hornige Klappe, die Afterklappe.

Auf beiden Seiten der Bauchringe befinden sich unten kleine runde Öffnungen zum Einatmen der Luft, Luftlöcher, stigmata (Gabelschwanzraupe Fig. 9), am ersten und elften Ringe meist größere als die übrigen.

Die meisten Schmetterlingsraupen besitzen 16 Füße, doch hat die große Gruppe der Spanner (Fig. 8), nur 10, die in Säcken lebenden nur 6 Füße; alle Raupen, welche mehr als 16 Füße haben, gehören zu den sog. Afterraupen der Blattwespen.

Fig. 8. Fig. 9.

Die drei ersten Fußpaare befinden sich an den Brustringen und werden Brust- oder Klauenfüße, pedes (Fig. 9a), genannt; sie sind die eigentlichen Füße, welche denen der Schmetterlinge entsprechen, bestehen aus drei walzigen Gliedern, welche durch eine Haut verbunden sind, und einer hornigen Klaue am Ende. Dann folgen in der Regel vier Paar Bauchfüße vom sechsten bis neunten Ring, welche aus zwei fleischigen Gliedern bestehen, deren Sohle meist lappig, sehr beweglich und zum Umfassen von Gegenständen eingerichtet, und mit rückwärts gekrümmten Häckchen versehen sind, Klammerfüße, pedes semicoronati, genannt. Diese haben alle Raupen der Großschmetterlinge, welche auf den Pflanzen und Bäumen leben, während die im Innern der Pflanzen oder in Säcken lebenden, nicht gelappte, zum Umfassen eines Gegenstandes nicht geeignete Füße, Kranzfüße, pedes coronati genannt, besitzen.

Das letzte Segment führt noch ein Paar Füße, die Afterfüße oder die Nachschieber, welche meist anders als Bauchfüße gestaltet sind und bei einigen Spinnern fehlen, indem der After in zwei Spitzen endigt wie bei der Raupe des Gabelschwanzes (Fig. 9), oder in eine Spitze, wie bei den Platypterygiden. Die Anzahl der Füße hat auf den Gang der Raupen großen Einfluß; während die 16 füßigen sich kriechend bewegen, müssen einige Eulenraupen, denen die Bauchfüße am sechsten oder auch am siebenten Ringe fehlen, den Körper etwas krümmen, die Spannerraupen aber, welchen meist alle Bauchfüße fehlen, müssen den Körper erst strecken und dann mit den Hinterfüßen heranschieben, wodurch die bekannte Gangweise der Spannerraupen entsteht. (Goossens, les pattes des chenilles. An. s. Fr. 1887, p. 384, pl. 7.) Die Raupen sind entweder nackt, behaart oder mit verschiedenen Dornen, Höckern und Erhöhungen versehen. Mit Dornen versehen sind die der Gattungen Argynnis und Vanessa, sogenannte Dornraupen, mit Reihen von dornähnlichen, kegelförmigen, kurz behaarten Fleischspitzen dagegen die der Gattung Melitaea, Fleischdornraupen; mit zwei Hörnern sind versehen die der Gattung Apatura, Hornraupen; mit stumpfen doch ästigen Dornen, Limenitis, Halbdornraupen; mit zwei Spitzen am Afterrande, die Hipparchienraupen, Zweispitzraupen; mit Wulsten und Einschnitten, die asselförmigen Raupen der Lycaeniden; mit einem Horn am letzten Segment versehen sind die meisten Sphingidenraupen, Einhornraupen; mit Knöpfen, die Raupen von Saturnia, Knopfraupen; mit Spitzen und Zacken viele Notodontenraupen.

Die meisten Bombyciden sind behaart, entweder ist der Körper dünn mit weichen Haaren besetzt, dann heißen sie Weichhaarraupen, oder mit dickem Pelz: Bärenraupen; andere haben außer diesen Haaren noch abgestutzte Haarbüschel auf dem Rücken, es sind dies die Bürstenraupen, oder sie haben seitliche lange Haarpinsel: Pinselraupen. Siehe: Systemat. Verzeichnis der Schmetterlinge der Wiener Gegend. Allgemeine Übersicht zum Bestimmen der Raupen: Glaser, der neue Borkhausen, 1863, S. 9.

Die Haare sind entweder borsten- oder fadenförmig, manchmal lanzettförmig und verursachen, in die Poren der Haut gebracht, häufig ein unerträgliches Jucken, wie die Haare des Goldafters; die des Prozessionsspinners, welche mit äußerst feinen Widerhäkchen versehen sind, verursachen sogar Entzündungen der Haut. Goossens, des chenilles urticanter. A. s. Fr. 1881, p. 281.

Die Raupen der Eulen (Fig. 7), sind meist glatt, selten behaart und häufig grün gefärbt, mit oder ohne Zeichnungen, die der Spanner fast alle glatt mit verschiedenen Spitzen, Erhöhungen und Ecken versehen, manchmal braun gefärbt, so daß sie, ausgestreckt auf einem Zweig sitzend, von diesem oft schwer zu unterscheiden sind.

Die Farbe und die Zeichnung der Raupen ist sehr mannigfaltig, letztere besteht aus Längsstreifen, schrägen Linien, Punkten und Augen. Ein feiner Streifen über dem Rücken heißt: Rückenlinie, ein breiterer an der Seite: Seitenstreifen, über die Füße: Fußstreifen. Einzelne Raupen sind sehr grell gezeichnet und sollen deshalb von den Vögeln verschont werden, wie z. B. die Raupen des Harlekins; andere sind so täuschend dem Stamme ähnlich gefärbt, daß sie nur schwer davon zu unterscheiden sind, wie die Raupe der Kupferglocke und der Ordensbänder. Die von Wurzeln lebenden Raupen, welche bei Tage versteckt sind, haben meist eine braune Färbung. Bei den vielen glatten, einfach grün gefärbten Raupen bemerkt man häufig die dunklen Rückengefäße durchschimmern. Einfach weiß oder gelblich sind fast alle Raupen, welche im Stamme der Bäume oder im Marke der Pflanzen leben, wie die Raupen der Sesien. Poulton, E., the coulours and markings of certain Larvae and Pupae. Tr. ent. London, 1884, p. 27, pl. I. 1885, p. 281, pl. VII. 1887, p. 281, pl. X. 1888, p. 515, pl. XV—XVII; Bock, v., Schutzfarben unserer einheimischen Lepidopteren, ihrer Eier, Raupen und Puppen. Berlin e. Z. 1884, p. 217; Harrach, Nahrungswechsel bei den Raupen; Ent. Nachr. IV, S. 186.

Die Raupen sehen sich nicht zu jeder Zeit gleich und verändern oft Farbe und Gestalt bei ihrer weitern Entwicklung. Viele sind sehr gefräßig, wachsen sehr schnell und da die äußere Haut nicht ebenfalls wächst, so muß dieselbe abgeworfen werden, wenn sie zu enge geworden ist. Dieses Abwerfen der Haut nennt man die Häutung. Die meisten Raupen häuten sich viermal, einige jedoch nur zwei-, andere jedoch auch siebenmal. Haben die Raupen eine Zeit lang Nahrung zu sich genommen und dadurch eine beträchtliche Größe erreicht, so hören sie zu fressen auf, werden unruhig und matt und endlich fängt die Bekleidung zu bersten an. Durch Hin- und Herbiegen des Körpers streifen sie dieselbe völlig ab und nun erscheint die neue Haut, welche ihnen oft ein ganz anderes Aussehen verleiht. Bei den behaarten und bedornten Raupen werden mit der alten Haut auch die Haare und Dornen abgestreift, die neuen liegen unter der Haut im feuchten Zustande an dem Körper und richten sich erst dann auf, wenn sie trocken geworden sind. Viele Raupen werden dadurch anders gefärbt, wie z. B. die Raupen vom „Kleinen Nachtpfauenauge", welche zuerst schwarz sind, nach den Häutungen aber grün werden. Andere bekommen eine ganz andere Gestalt, z. B. das bedornte Räupchen von Aglia Tau verliert nach der Häutung seine Dornen; Poulton, l. c. 1888, p. 555, pl. XVII. Tr. e. Lond. III, p. 157; viele Eulenraupen, welche zuerst die vorderen Bauchfüße unvollkommen und deshalb einen etwas spannerartigen Gang haben, erhalten nach den Häutungen ihre vollkommen entwickelten Bauchfüße. Während der Häutung dürfen die Raupen nicht gestört werden, da sie sonst leicht daran zu Grunde gehen können.

Lebensweise. Die Raupen der Großschmetterlinge leben fast nur von Pflanzenstoffen, jedoch fallen einzelne Eulenraupen in der Gefangenschaft bei engem Raum und bei Futtermangel auch ihre Nachbarn an und verzehren dieselben. Man heißt diese Mordraupen; es sind dies meist alle Raupen der Gattung Cosmia und Scopelosoma satellitia, auch wurde schon beobachtet, daß die Raupe von Stauropus fagi einer andern Raupe die Vorderfüße abfraß.

Weitaus der größere Teil der Raupen lebt von Blättern, Blüten, Knospen, Früchten und Samen, die anderen im Innern der Stengel, der Rinde und den Wurzeln. Manche leben sehr einzeln, bei Tage versteckt und kommen bloß des Nachts zum Vorschein; andere leben gesellig in großen Gespinsten, wie die des Prozessionsspinners, die in großen Gespinsten wohnen, zur Nahrung in geordneten Zügen wandern und sich auf dieselbe Weise wieder in das Nest zurückziehen. (Raupenkalender Isis, 5. Bd., S. 112. 151.)

Einzelne leben nur in der Jugend gesellig, wie die Raupen des Goldafters, des Ringelspinners und Heckenweißlinges, zerstreuen sich aber später.

Eine Gruppe, die Psychiden, verfertigen sich aus Pflanzenteilen Hülsen, welche sie immer mit sich herumtragen, weshalb sie Sackträger genannt werden; nur sehr wenige leben innerhalb der Blätter, als sogenannte Minierraupen, wie dies sehr häufig bei den Kleinschmetterlingen der Fall ist. Es ist dies bei den Großschmetterlingen nur von Ino globulariae und bei Cidaria incultaria bekannt.

Einige Eulen- und Spinnerraupen skelettieren in der Jugend die Blätter, leben später vereinzelt und fressen die Blätter stückweise ab. Die jungen Räupchen von Limenitis populi überwintern ganz klein in einer Kapsel, welche an den Zweigen der Espen angebracht ist. Die Lebensweise der Kleinschmetterlinge ist viel mannigfaltiger und die Zucht derselben noch viel wichtiger, als die der Großschmetterlinge, da die Raupen oft in Menge gefunden werden, während die Schmetterlinge selten oder gar nicht gefangen werden können. Knatz, B., zur Entwicklungsgeschichte der Lepidopteren. Jugendformen von Eulenraupen. Festsch. Kassel 1886, S. 195.

Manche Arten sind auf gewisse Pflanzen angewiesen und kommen auf keiner anderen vor, andere leben nur z. B. auf Laubhölzern, auf Koniferen, einige sind mit ihrer Nahrung wenig wählerisch, besonders die auf niederen Pflanzen vorkommenden, und heißen deshalb polyphage.

Sehr verschieden ist die Dauer des Raupenstandes. Aus den Eiern, welche im Frühjahr gelegt wurden, erlangen die Raupen meist noch in demselben Jahre ihre vollständige Größe und ihre Entwicklung als Schmetterling; aus solchen, welche im Herbst gelegt werden, erst im nächsten Jahre. Der kürzeste Zeitraum ist 2 Wochen, der gewöhnlichste 2—3 Monate. Andere, besonders die Raupen der Cossiden und Sesiiden, gebrauchen 2 Jahre, ebenso Pleretes matronula, bis sie ihre vollständige Größe erlangt haben.

Warme Witterung wird das Wachstum der Raupen beschleunigen, kalte dagegen verzögern, so überwintern im Gebirge oft Raupen, welche im Flachlande in einem Sommer erwachsen sind. Viele Raupen überwintern noch sehr jung, manche halb, manche ganz erwachsen, letztere kommen oft bei milder Witterung zum Vorschein, um Nahrung zu sich zu nehmen. Die meisten aber verstecken sich unter Steinen oder Moos, in Baumritzen, und machen eine Art Winterschlaf durch.

Lockt die Raupen die milde Frühlingstemperatur aus ihren Verstecken, dann stellen sie sich auch zum Fraße ein, einige häuten sich, ehe sie zu fressen begonnen haben, andere erst später. Haben die Raupen ihre vollständige Größe erreicht, so schicken sie sich zu ihrer 3. Verwandlung, zur Verpuppung an. Vorher tritt wieder eine Zeit der Unruhe ein, sie werden oft anders gefärbt, laufen schnell und unstät umher, bis sie ein passendes Plätzchen zur Puppenruhe gefunden haben. Die Tagfalterraupen heften sich dann am Leibesende an und befestigen den Leib mit einem feinen Faden; die der Schwärmer und sehr vieler Eulen gehen in die Erde und verwandeln sich entweder mit oder ohne Gespinst zur Puppe. Die der Spinner verfertigen sich oft sehr künstliche und feste Gewebe, Kokons genannt, mit sehr festen Fäden, welche von einigen ausländischen Arten als Seide abgehaspelt werden. Andere bohren sich in die Stengel, in das Holz oder in die Ritzen der Bäume und Mauern ein und suchen sich möglichst vor ihren Feinden, zu denen besonders die Vögel gehören, zu verbergen.

Viele nackte Raupen verpuppen sich ohne alles Gespinst in oder auf der Erde; wieder zerreißt, wie bei der Häutung durch Anschwellen der vorderen Segmente, die Haut, welche durch fortwährende Bewegung der Raupe allmählich abgestreift wird.

Erst nach einiger Zeit färbt sich diese dunkler und erhärtet dann zur Puppe. Cattio, J. S., Beiträge zur Kenntnis der Chorda supraspinalis der Lepidoptera und des zentralen, peripherischen und sympathischen Nervensystems der Raupen. Zeitsch. wiss. Zool. 35, p. 304, pl. XII.

Puppen. Fig. 10, 11.

Die Form derselben ist sehr häufig walzig, die der Tagschmetterlinge aber oft mit Ecken und Spitzen versehen. Die Puppe (Chrysalide) hat eine mehr oder weniger hornige Umhüllung, an der man schon die Organe des Schmetterlings erkennen kann: Puppe von Aporia crataegi, Fig. 10. An der Puppe des Sphinx ligustri, Fig. 11, können bemerkt werden: a die Kopfhülle; b Augenhülle; c Zungenhülle; d die

Füße der Vorder- und Mittelbeine, während die Schenkel und die Hinterfüße versteckt sind; e die Fühlerhülle, welche z. B. bei Sphinx convolvuli sehr hervorragend ist; f die Hülle des Vorderrückens; g die Mittelrücken; h die Hülle des Hinterrückens; i die Hüllen der Bauchringe; k Luftlöcher; m die Hülle der Oberflügel; n die der Hinterflügel, welche an dem Hinterrücken angefügt sind und nur wenig sichtbar sind; p der Kremaster, der äußerste Teil der Puppe, ist sehr verschieden geformt, hakig, dornen- oder borstenförmig. Die Farbe der meisten Puppen der Nachtschmetterlinge ist braun oder schwarz, die der Tagfalter aber oft sehr bunt gezeichnet und mit Goldpunkten verziert, sogenannte Goldpuppen. Nur die Puppen von Doritis Apollo und einiger anderer machen davon eine Ausnahme, sie sind nicht aufgehängt, sondern ruhen in einem leichten Gewebe und sind blau bereift, wie die der Ordensbänder.

Fig. 10.   Fig. 11.

Die Arten, welche als Raupen im Innern der Gewächse leben und sich dort verpuppen, haben Querreihen kurzer Dörnchen an ihren Ringen, mit denen sie sich beim Ausschlüpfen des Schmetterlinges herausschieben.

Die Puppen der Spanner sind sehr verschieden geformt und gefärbt, befinden sich häufig in der Erde, manche verspinnen sich auch in den Blättern ihrer Nahrungspflanze.

Die Dauer der Puppenruhe ist sehr verschieden; während die Tagfalter oft schon nach 10—14 Tagen erscheinen, müssen die überwinternden Puppen oft 6—9 Monate ruhen, bis sie den Schmetterling ergeben; die Puppen der Sphingiden kommen ausnahmsweise noch nach 2—3 Jahren zur Entwicklung.

Einige Tage vor dem Ausschlüpfen ist die Puppe weniger beweglich, sie fängt an sich zu färben, wie dies bei Tagfalterpuppen sehr schön zu beobachten ist, die Farbe und Zeichnung des Schmetterlings scheint oft durch die Flügelscheiden durch. Die Puppenhülse springt endlich am Rücken auf, der Schmetterling arbeitet sich mit dem Vorderkörper aus derselben heraus, zieht allmählich die Fühler, Beine und Flügel aus ihren Hülsen hervor und begibt sich dann auf einen nahegelegenen Gegenstand. Hier treibt er durch Hin- und Herbewegen der noch lappig herabhängenden Flügel in die Adern derselben Luft, wodurch die Flügel sich sehr schnell ausdehnen und spannen, so daß der Schmetterling bald davonfliegen kann.

Beim Verlassen aus den Puppen sondern die Schmetterlinge eine rote oder gelbe Flüssigkeit ab, welche Erscheinung bei Vorhandensein von größeren Mengen früher als sog. Blutregen bezeichnet wurde.

Bei Puppen, welche in einem Gespinst oder Kokon liegen, muß der Schmetterling erst diese durchbrechen oder aus der Erde sich durcharbeiten; bei solchen, welche sich im Innern von Pflanzenteilen befinden, muß sich erst die Puppe in den schon vorher bereiteten Gang mittelst ihrer Hakenkränze hervorschieben, die Puppenhülse bleibt dann gewöhnlich mit der vorderen Hälfte leer herausstehen.

Auch die Puppen der männlichen Psychiden schieben sich zum Teil aus den Säcken heraus und auch hier bleibt in der Regel die Puppenhülse längere Zeit zur Hälfte aus dem Sacke hervorstehen. Abbildungen von Puppen siehe: Wilde, systematische Beschreibung der Raupen, Taf. 1—10.

Nutzen und Schaden der Raupen.

Von unseren europäischen Raupen ist keine direkt für den Menschen nutzbringend; zur Seidenzucht wird schon seit langer Zeit, besonders in Südeuropa, der Seidenspinner, der aus Indien stammende Bombyx mori gezüchtet, aus dessen Puppenhülsen die Seide gewonnen wird. Derselbe stammt aus China, wurde schon im 6. Jahrhundert durch Missionäre nach Europa gebracht und besonders in Italien und Südfrankreich gezogen. Durch die langjährige Domestikation scheint derselbe aber etwas entartet zu sein und massenhaft erlagen die Raupen einer Krankheit, der Muskardine (Berlin. ent. Zeit. 1858. p. 149), bis aus China und anderen Plätzen durch Einführung von Eiern und Kokons diesem Übel wieder abgeholfen wurde. Die Raupen leben auf dem Maulbeerbaum und kommen überall fort, wo dieser im Freien gedeiht. Bei uns in Deutschland kann er jedoch nur im Zimmer gezogen werden. Hb. Larv. Lepid. III. Bomb. 11. Ver. S. C. (75). — Rösl. Über Mori u. Huttoni (Uligine), St. e. Z. 1861, S. 43. Erichs. Bericht über die Leistungen der Entomol. während des Jahrs 1838, p. 52.

Allgemeines.

Andere indische Nachtschmetterlinge aus der Familie der Saturniden wurden nach Europa gebracht und zur Seidenzucht versucht, bis jetzt aber mit keinem besondern Erfolg. Auf dem Ailantus glandulosus und Ricinus communis der Antheraea cynthia, *Guer.*, Brehm, Bd. IX, p. 381; Tijdsch. voor Ent. Vol. V, p. 160, Taf. VII—IX, und Corresp.-Bl. Regensb. 20, S. 50; auf Phyllanthus emblica, Attacus Atlas, *L.*, einer der größten Schmetterlinge, Ann. s. Ent. Franc. 1880, pl. 8; ferner auf Eichen, Antherea Jama Mai, Tijdschrif. voor Entomol. Vol. 7, pl. 4—6, Corresp.-Bl. Regensb. 18, S. 62, mit grünlichen und Anth. Pernii, *Guer.* An. s. Linn. Lyon, 1878, mit gelblichen Gespinsten. Aus Nordamerika wurden auch zur Seidenzucht versucht: die apfelgrüne, geschwänzte Tropaea luna, *L.*; *Guer.* reg. anim. pl. 86, f. 2, auf einer Wallnuß und Hickory (Carya) und Samia Cecropia, *Hb.*, auf Äpfel und Pflaumen. (A. s. Fr. 1845 und St. e. Z. 1874, S. 222.) Abb. u. Sm. Bd. 1, Taf. 45. Über Seidenraupenzucht: Wailly Isis VI, 1881, p. 91. 115. 131. 147. Anth. Mylitta an Eichen. (Isis, 5. Bd., S. 45.)

Selbst der durch Raupenfraß verursachte Schaden kommt durch Verwandlung der Pflanzenteile in Humus der Vegetation zu gute, denn es ist eine bekannte Sache, daß besonders schwächliche, auf schlechtem Boden stehende Bäume viel mehr von Raupen besucht werden als kräftige, auf gutem Boden wachsende.

Viel größer ist der Schaden, den die Raupen vieler Schmetterlinge verursachen, indem sie nützliche Pflanzen zerstören. In der Natur ist alles wohl ausgeteilt, und wenn Raupen einer Art massenhaft auftreten und die Pflanzen der Äcker, das Laub oder die Nadeln der Bäume zerstören, so stellen sich auch bald zahlreiche Feinde von ihnen ein, welche in einigen Jahren mit den Raupen fertig werden. Allein der Mensch hat durch Anlegen von Kulturen, durch Vernichten der Hecken, den Brutstätten der insektenfressenden Vögel, ein Mißverhältnis hervorgebracht; deshalb ist er auch genötigt, mit allen ihm zu Gebote stehenden Mitteln dem Raupenschaden entgegenzutreten.

Die genaue Kenntnis über die Lebensweise der Raupen, über die Art und Weise ihrer Verpuppung ist daher sehr wichtig und erst dann kann man wirksam eingreifen. Bei vielen Arten, welche sich durch ihre geringe Größe oder Lebensweise den Menschen zu entziehen wissen, können wir wenig thun; anders ist es bei gut bekannten Arten, z. B. beim Frostnachtspanner, Goldafter, Ringel- und Fichtenspinner, gegen welche Schutzmittel bekannt sind, und es ist von besonderem Wert, dass solche rechtzeitig angewendet werden. Die Witterungsverhältnisse haben einen großen Einfluß auf das Gedeihen der Raupen, wie wir schon früher gesehen haben; Tausende von denselben werden oft durch eine einzige kalte Nacht oder durch länger andauerndes Regenwetter vernichtet.

1. Dem Feldbau schaden die Raupen von folgenden Arten: Pieris brassicae *L.* größer, — rapae *L.* kleiner und — napi *L.* Rübsaat-Weißling, Agrotis segetum *Schiff.* Wintersaat-, exclamationis *L.* Kreuzwurz-, tritici *L.* Weizenackereule, Charaeas graminis *L.* Gras-, Neuronia popularis *F.* Lölch-, Mamestra pisi *L.* Erbsen-, persicariae *L.* Flohkraut-Eule, Hypena rostralis *L.* Hopfenzünsler.

2. Dem Gartenbau: Aporia crataegi *L.* Baumweißling, Vanessa polychloros *L.* großer Fuchs, Sesia myopiformis *Bkh.* Apfelbaum-, tipuliformis *Cl.* Johannisbeer-Glasflügler (in den Stengeln), Cossus ligniperda *F.* Holzbohrer, Zenzera aesculi *L.* Blausieb, Porthesia chrysorrhoea *L.* Goldafter, auriflua *F.* Schwan, Ocneria dispar *L.* Schwamm-, Bombyx neustria *L.* Ringel-, lanestris *L.* Kirschen-Spinner, Acronycta psi *L.* Pfeil- und tridens *Schiff.* Aprikosen-Eule, Hybernia defoliaria *Cl.* großer und Cheimatobia brummata *L.* kleiner Frostnacht-Spanner, Abraxas grossulariata *L.* Stachelbeer- und Eupithesia rectangularia *L.* Apfelblüten-Spanner. Von Kleinschmetterlingen sind zu erwähnen die in den Äpfeln lebenden Carpocapsa pomonella *L.* (Apfelwurm) und der Zwetschen-Wickler, Grapholitha funebrana *Tr.*

3. Der Forstwirtschaft: Sphinx pinastri *L.* Kiefern-, Sesia apiformis *L.* Bienen-Schwärmer, Leucoma salicis *L.* Weiden-Spinner, Psilura monacha *L.* Nonne, Lasiocampa pini *L.* Kiefern- und Cnethocampa processionea *L.* Prozessions-Spinner, Panolis piniperda *Pz.* Kiefern-Eule, Bupalus piniarius *L.* Kiefern-Spanner. Von den Kleinschmetterlingen die in den Fichten- und Föhrentrieben lebenden Wickler: Retinia turionana *Hb.* und Buoliana *Schiff.*, resinella *L.* Harzgallenwickler und die Lerchenminier-Motte Coleophora laricella *L.*

Die dem Haushalt schädlichen Schmetterlinge gehören alle den Kleinschmetterlingen an wie die Tinea tapeziella *L.* Tapeten-, pellionella, die Pelz- und spretella *Stt.* Kleider-Motte oder Schabe.

Daß die Haare einiger Spinner-Raupen giftig sind und in die Poren der Haut gebracht, empfindlich brennen, wurde schon bei den Raupen erwähnt.

Feinde der Raupen.

Die Raupen dienen vielen Tieren zur Nahrung. Die Singvögel fangen die Falter und suchen die Raupen von ihren Nahrungspflanzen weg, Spechte suchen die unter der Rinde lebenden Larven auf, Nachteulen und Ziegenmelker verfolgen die Nachtschmetterlinge. Auch die Maulwürfe vertilgen viele Raupen, besonders die schädlichen Wurzelraupen. Von Insekten sind es die großen Laufkäfer, welche den Raupen nachstellen, besonders der Puppenräuber Colosoma Sycophanta L., der gern die Nester der Prozessionsspinner aufsucht und dort deren Larven vertilgt.

Die natürlichen Feinde der Schmetterlingsraupen sind die Schlupfwespen, eine große Gruppe der Hautflügler (Hymenopteren), welche darauf angewiesen sind, ihre Entwicklung in anderen Insekten zu vollführen, und so die wichtige Rolle im Haushalte der Natur zu spielen, das Gleichgewicht bei einer übergroßen Vermehrung von Raupen wieder herzustellen. Siehe: Ratzeburg, die Ichneumoniden Seite 17. Die Schlupfwespen suchen die Raupen überall auf und legen ihre Eier entweder mittels eines Legestachels in die Raupen oder Eier der Schmetterlinge oder haften diese außen an den Raupen an. Die ausschlüpfenden Maden bohren sich in den meisten Fällen in die Haut der Raupen ein, verzehren den inneren Teil, namentlich den zur Ausbildung des Schmetterlings nötigen sogenannten Fettkörper. Viele verlassen diese, ehe die Raupe sich verpuppt, wie z. B. Microgaster glomeratus L. bei den Weißlingsraupen, welche sich in einem kleinen gelben Kokon verpuppen (fälschlich Raupeneier genannt), während die Raupe abstirbt und vertrocknet. Andere Raupen haben noch soviel Kraft, um sich zu verpuppen, dann erscheinen in diesem Falle die Schmarotzer aus den Puppen. Von den größeren Arten der Ichneumoniden ist meist nur eine Larve vorhanden, von den oft winzig kleinen oft viele Hunderte. (Siehe Ergänzungstafel.)

In den seltensten Fällen ist die Schlupfwespe auf eine bestimmte Art von Schmetterlingsraupen beschränkt, aber sie bewohnen häufig bestimmte Gruppen davon, siehe: Brischke, Schriften von Danzig, 1882, p. 140. Einzelne Gattungen leben nur in den Eiern der Schmetterlinge, z. B. die Gattungen Teleas, andere nur in den Raupen oder nur in den Puppen. Viele dieser Schmarotzer haben wieder ihre Feinde, diese sind dann Schmarotzer der Schmarotzer, wie z. B. der in den Weißlingspuppen lebende Pteromalus puparum ein Feind des vorhin erwähnten Microgaster glomoratus ist.

Eine andere Gruppe der Hautflügler, die Raubwespen, fällt die Raupen direkt an und schleppt sie dann in ihre Löcher, wo sie ihrer Brut zur Nahrung dienen.

Auch unter den Fliegen, den Dipteren, haben die Raupen viele Feinde, indem eine große Gruppe davon, die Tachinen, nur in den Körpern der Raupen, besonders der Bärenraupen, leben und diese vernichten. Zur Verpuppung verlassen dieselben ihre Wirte und verwandeln sich in Tonnen-Puppen. Die Mücken selbst sehen den gewöhnlichen Fliegen sehr ähnlich, sind aber durch Vertilgung vieler Raupen sehr nützlich.

Krankheiten der Raupen.

Die Raupen sind auch manchen Krankheiten unterworfen, einzelne sterben während der Häutung, wenn schlechtes Wetter eintritt. Zu nasses Futter verursacht oft eine Art Durchfall. Nässe und kalte Witterung erzeugen oft eine Schimmelbildung, an der häufig Tausende von Raupen zu Grunde gehen, wie z. B. im Jahre 1867 in Nürnberg im Reichswald, wo Tausende von Panolis piniperda, der Föhreneule, bei eingetretener nasser Witterung durch Pilze vernichtet wurden. Siehe auch Insekten-Epidemien, entomol. Zeitschr., Berlin, 1872. Hardensroth, Fadenwürmer in Raupen, V. z. bot. Ver. Wien, 1853, S. 113; über Parasiten und Krankheiten der Raupen, l. c. S. 20; Rogenhofer, Fadenwürmer in Raupen, l. c. S. 19; über Fadenwürmer, Stett. e. Z. 1858, S. 338; Bail, über Epidemieen der Insekten durch Pilze, St. e. Z. 1867, S. 455; Schneider, die in und an Insekten schmarotzenden Pilze, Jahresb. Schlesien, 1872, S. 176.

Zucht der Schmetterlinge.

Durch die Zucht erhält der Sammler frische und tadellose Exemplare, wie sie selten durch den Fang bekommen werden, auch Arten in Mehrzahl, welche nur selten oder gar nicht gefangen werden, wie z. B. von den Kleinschmetterlingen. Außerdem wird man auch mit der Naturgeschichte der Schmetterlinge bekannt und einzelne Arten, welche im entwickelten Zustande schwer zu unterscheiden sind, lassen sich durch die ganz anders gefärbten Raupen leicht unterscheiden, wie z. B. bei den Cucullien-Arten. Die Zucht ist freilich mühsamer und das Herbeischaffen des Futters erfordert in einer größeren Stadt oft große Mühe, allein das Resultat der Zucht lohnt reichlich alle Mühe und Plage. (Isis, 9. Bd., S. 3 u. folg. N.)

Die Schmetterlinge können entweder aus den Eiern, aus den Raupen oder Puppen erzogen werden.

Allgemeines.

Die Zucht aus den Eiern. Die Eier können entweder gesucht werden, was meist Glückssache ist oder von einem begatteten Weibchen, das man gezogen oder gefangen hat, zu Hause abgelegt werden. Letzteres hat den großen Vorteil, daß man die Art und deren Futterpflanze kennt, und man den jungen Räupchen sogleich das rechte Futter reichen kann. Die Eier findet man häufig an Blättern und Zweigen, an der Rinde der Bäume, an Gras- oder Gemüsepflanzen, entweder einzeln oder in Häufchen. Einzelne Eupithecien legen diese in die Knospen und Früchte der Pflanzen; so legt E. nanata ihre Eier in die Calluna-Blüte, E. linariata an die Blütenknospen von Digitalis ambigua, und man erhält oft auf diese Weise Räupchen, welche nur mit dem Futter eingeschleppt sind. Die Eier der Tagfalter können auch dadurch erlangt werden, daß man die Weibchen beim Absetzen derselben beobachtet (Stett. e. Z. 1860, p. 293). Dieses kann an einem warmen, sonnigen Tag beobachtet werden (nach Dr. Steudel) meist zwischen 10 Uhr vormittags bis 3 Uhr nachmittags, wo die Weibchen eine Pflanze nach der andern besuchen und auf jeder derselben eine kurze Zeit verweilen. Untersucht man nun die Pflanzen sorgfältig, so wird man die Eier auf denselben abgelegt finden. Noch sicherer geht man, wenn man die befruchteten Weibchen lebend mit nach Hause nimmt, in einen geräumigen Raupenkasten setzt, in welchem verschiedene stark riechende Blumen und womöglich auch die Futterpflanze der Raupen sich befinden. Die Eulen, Spinner und Spanner setzen ihre Eier auch in der Gefangenschaft ab, manche erst nach 1—2 Tagen; in diesem Falle ist es zweckmäßig, die Falter, besonders die Eulen, mit etwas Zucker zu füttern, indem man Stückchen davon mit etwas Wasser ansetzt und den Sauger der Eulen damit in Berührung bringt. Ent. Nachr. VIII, p. 99 über die Wichtigkeit der Zucht aus Eiern; über das Erziehen der Tagfalter aus Eiern, St. e. Z. 1879, S. 455; über die Eier der Schmetterlinge Friedrich, Jahresb. Schlesien, 1839, S. 125.

Wenn die Räupchen ihre Eier verlassen, müssen sie sogleich in sehr gut schließende Kästen gebracht werden, da sie sich gern verkriechen und dann zu Grunde gehen. Den uns nicht bekannten Räupchen muß verschiedenes zartes Futter gegeben werden, bis man das ihnen passende gefunden hat.

Aufsuchen der Raupen. Dies geschieht entweder bei Tage oder für die Eulenraupen auch mit großem Erfolg bei Nacht.

Die Raupen sammelt man entweder auf ihren Futterpflanzen, oder man klopft sie von denselben, oder schöpft dieselben.

Das Einfachste ist das Absuchen der Futterpflanzen; bald wird das Auge so geübt werden, daß freilebende Raupen selten entgehen; sehr zu beachten sind die Fraßspuren, abgefressene oder skelettierte Blätter, zusammengerollte und gesponnene Blätter und die Exkremente der Raupen. Letztere bemerkt man öfters am Boden, lange, ehe ein angefressenes Blatt zu entdecken ist, und eine der größten Raupen, die des Totenkopfs, findet man am sichersten beim Begehen vieler Kartoffeläcker, wobei man nicht auf die Pflanze, sondern auf den Boden nach den Exkrementen der Raupen sieht.

Das Aufsuchen der Raupen bei Tage läßt sich nach den Familien im allgemeinen beschreiben:

Von den Tagfaltern findet man die der Papilioniden an den Futterpflanzen. Die Apollo-Raupe nur in den Mittagsstunden bei starkem Sonnenschein; die der Pieriden meist an Cruciferen; von den Nymphaliden trifft man die der Melitaea im Herbst gesellig an Plantagineen, die der Gattung Argynnis meist an Veilchen an. Die Raupen der Vanessen leben meist gesellig an Sträuchern und Brennnesseln, die der Lycaenen mit wenigen Ausnahmen an Papilioniden. Die Hesperiden endlich kommen zwischen den versponnenen Blättern ihrer Futterpflanzen vor. Die Raupen der Cossiden und Sesien trifft man im Innern der Pflanzen, in den Stengeln und Wurzeln, an denen sie manchmal durch Anschwellungen oder durch hervorstehende Häufchen von Spänen zu erkennen sind. Die Psychiden verfertigen sich künstliche Gehäuse von Grasstengeln und altem Laub und tragen diese mit sich herum. Häufig sind die männlichen Säcke im Gras verborgen, während die weiblichen in Mannshöhe an Stämmen und Zäunen oder Felsen angesponnen sind. Die Sphingiden-Raupen erkennt man entweder an ihren Fraßspuren oder an ihren Exkrementen. Thyris fenestrina verfertigt sich künstliche Rollen am Clematis. Die Zygaenen leben meist an Papilioniden am Tage unter ihrer Nahrungspflanze verborgen, nur eine, Ino statices, miniert die Blätter von Scabiosa. Die Lithosien sind an Flechten und Algen anzutreffen, die Bärenraupen an krautartigen Gewächsen, die Lipariden mehr an Bäumen, ebenso die Bombyciden und Notodontiden.

Von den Eulenraupen sind bei Tage zu finden die an den Bäumen und Sträuchern (die meisten Cymatophoriden) und in Gespinsten lebenden Arten, wie die Plusien. Einige leben in der Jugend in den Kätzchen der Pappeln und Weiden, weshalb es lohnend ist, diese einzutragen; andere in dem Samen der Nelken und anderen Pflanzen. Die Nonagrien-Raupen trifft man in den Halmen von Schilf-

und Rohrarten und wird ihre Anwesenheit an dem Welken der oberen Teile dieser Pflanzen erkannt; ebenso leben manche in den Stengeln niederer Pflanzen. Weitaus die größere Menge der Eulen lebt aber an den Blättern und Wurzeln der niederen Pflanzen, sie sind bei Tage verborgen und können in der Nähe ihrer Futterpflanzen unter denselben oder in der Nähe davon unter Erdschollen oder Steinen gefunden werden.

An manchen Stellen im Walde lohnt es auch der Mühe, das abgefallene Laub in einen Schirm zu schütteln; nach Entfernung des Laubes wird manche Eulenraupe dabei gefunden werden. Borgmann, Siebapparat zum Raupenfang. Ent. N. 1879, S. 49. Die Spannerraupen trifft man zum Teil frei an den Blättern der Bäume und Sträucher, und bei ihrer Ähnlichkeit mit einem dürren Stengel gehört oft ein geübtes Auge dazu, die Raupe sogleich zu entdecken. Einige wenige umgeben sich mit einer Hülle von zernagten Pflanzenteilen, wie Phorodesma bajularia und smaragdaria und sind deshalb schwer zu erkennen. Klopsch, über den Aufenthalt und die Lebensweise der Schmetterlinge. Übersicht der Arbeiten und Veränd. Schles. G. 1838, S. 59 und 1839, S. 127.

Viele Spannerraupen leben in zusammengesponnenen Blättern, andere in den Blüten, wie viele Eupithecien-Raupen, nur eine minierende ist bekannt: Cidaria incultraria, welche weiße Minen in der Primula auricula macht, während dies bei den Micros-Raupen sehr häufig vorkommt. Ein großer Teil der Spannerraupen lebt auch von den Blüten und Blättern niederer Pflanzen und sie sind daher auch schwer zu finden, besonders da sie meist einsam leben. Beiträge zur Aufzucht der Geometrae-Raupen nach Fr. Rühl. Insekten-Welt 1885, S. 75.

Das Klopfen der Raupen. Um die Raupen von den höheren Ästen der Bäume zu erhalten, bedient man sich eines festen Stockes, mit dem man die Äste, dünnere Bäume und Gesträuche erschüttert, so daß sich die Raupen in den untergehaltenen Regenschirm fallen lassen. Der Schirm soll von starkem, weißleinenem Zeug und ziemlich groß sein, damit mehr Raum vorhanden ist und nicht die meisten Raupen neben denselben fallen. Über einen Klopfschirm von Bigaell: Ent. Nachr. 1876, S. 8, t. 1, f. 3. 4.

Zum Abklopfen stärkerer Bäume benutzt man den sog. Klopfer, eine vorn dickere, mit Blei ausgegossene Keule, die vorn dick mit Leder oder Guttapercha überzogen sein muß, um die Bäume nicht zu beschädigen; trotzdem gerät man hier leicht in Konflikte mit den Forstwächtern. Bei dieser Art genügt der Regenschirm nicht mehr, sondern es muß ein großes, von zwei Personen getragenes, dickes weißes Tuch untergehalten werden, um alles zu erhalten.

Das Abklopfen der Bäume liefert manche gute Art und ist im Herbst und Frühjahr, besonders an trüben Tagen, wo es mit dem Schmetterlingsfang wenig ist, sehr zu empfehlen. Die Laubhölzer liefern im ganzen mehr als die Nadelhölzer, doch haben letztere manche seltene Arten, z. B. Abietis, Lobulina, Coenobita. Auch das Abklopfen von Sträuchern und niederen Pflanzen ist sehr zu empfehlen, man erhält dabei manches Gute, besonders von Spannerraupen.

Das Streifen oder Köchern der Raupen. Dieses geschieht mit dem Streifnetz oder dem Köcher. Das Streifnetz muß von starkem Eisen sein, entweder mit einer eisernen Kapsel, welche mit einer Schraube an den Stock befestigt wird, oder mit gewundenem Stiel zum Einschrauben in den Stock selbst und mit zwei Scharnieren zum Zusammenlegen. Der Sack besteht aus einem starken, leinenen Zeug, das nur etwas länger, sonst ganz wie das Fangnetz beschaffen sein muß. Mit diesem streift man die Wiesengräser, Heidekraut und andere niedere Pflanzen und Sträucher ab und sucht aus der Menge von erhaltenen Insekten die Raupen heraus. Die meiste Ausbeute erhält man morgens und abends. In Ermangelung eines Streifnetzes kann man sich auch des gewöhnlichen Fangnetzes bedienen, doch muß man dabei etwas vorsichtiger zu Werke gehen. Prittwitz. St. e. Z. 1867, S. 264 bemerkt über das Aufsuchen von sigma, occulta, advena, brunnea und nebulosa: In trockenen, mit Vaccinien und Eriken reichlich bestandenen Kiefernwäldern hat man nur nötig, vom September an die eben genannten Pflanzen fleißig abzuschöpfen und man wird sich bald im Besitz einer Menge Raupen aller fünf genannten Arten befinden. Wenn nicht zu schlechtes Wetter eintritt, ist diese Fangmethode bis in den November sehr ergiebig.

Suchen der Raupen bei Nacht. Von den Tagfalterraupen finden sich nur verhältnismäßig wenige bei Nacht, z. B. Mnemosyne an Corydalis, Nemeob. lucina an Primeln und Ampfer und fast alle Satyriden an Gräsern. Von den Schwärmerraupen sind besonders Convolvuli- und Zygänenraupen nachts anzutreffen, von den Eulenraupen aber führen weitaus die Mehrzahl eine nächtliche Lebensweise.

Die Eulenraupen sucht man entweder auf ihren Nahrungspflanzen, meist niederen Gewächsen, wie Ampfer, Primeln, Veilchen und anderen mit der Laterne oder man streift die Gräser und Sträucher mit dem Streifnetz ab oder klopft Sträucher wie Berberitzen, Stachelbeeren etc. mit dem Schirm ab.

Da die Eulenraupen sich sehr ähnlich sehen, so wird man anfangs viele gemeine Arten mit nach Hause nehmen und erst die Zucht wird dies zeigen; bald aber wird der fleißige Sammler die gemeinen von den besseren zu unterscheiden wissen und dann ein gutes Resultat erzielen, um so mehr, da von sehr vielen Eulen die Raupen noch gar nicht oder nur sehr lückenhaft bekannt sind. Leider finden sich darüber nur wenige Aufzeichnungen in den entomologischen Schriften, nur Herr Xylograph Michael hat sich einige Winter damit beschäftigt und schreibt über dieses Verfahren folgendes:

„Das Raupensuchen bei Nacht im Spätherbst, Winter (bei Tauwetter) und Frühling ist eine ungemein anregende, gesunde Sammelthätigkeit, welche dem angehenden Sammler nicht warm genug empfohlen werden kann.

Die besten Fundorte sind kleine Wiesen, Raine, oder Grasstreifen an den Wegrändern im Wald selbst oder in dessen Nähe; diese Stellen müssen übrigens möglichst geschützt liegen.

Man sucht mit der Laterne die Gräser, kleinen sonstigen Pflanzen und vor allem die vielen dürren Stengel etc. aufs sorgfältigste ab.

Die überwinternde Raupe hat das Bedürfnis, nachdem sie den Tag in ihrem Schlupfwinkel zugebracht, des Abends herauszukommen, teils um sich etwas Nahrung zu suchen, vor allem aber, um Luft zu schöpfen.

Einzelne Arten sitzen dann fast nur an Gräsern, wie z. B. Agrotis xanthographa, andere, wie Agr. Linogrisea, schmiegen sich gern an dürre Stengel oder Ästchen, welche die gleiche Farbe haben wie sie selbst.

Im April, wenn die Büsche anfangen ihre Knospen zu entfalten und kleine Blättchen hervorsprießen, kann man beim Absuchen dieser Büsche mit der Laterne oft einen reichhaltigen Fang machen.

Die erbeuteten Raupen lassen sich sehr leicht im Winter mit Kraut- und Kohlarten füttern, ausgenommen einzelne Arten, welche nur eine Futterpflanze haben, wie z. B. Agr. Porphyrea.

Folgende Arten sind von uns in der Stuttgarter Gegend bei dieser Sammelmethode gefunden worden:

Spinner.

Gastropacha, quercifolia, Pini (am Tag unterm Moos liegend), Potatoria (den ganzen Winter hindurch klein an Gras), Quercus, **Orgyia** gonostigma (im Winter selten, besser im Frühjahr zu finden), Dasychira fascelina.

Eulen.

Leucania L album, Conigera, Albipuncta, Lithargyrea. — Rusina tenebrosa (überwintert erwachsen, frißt aber von Zeit zu Zeit, wobei man, da sie nicht gern ihren Schlupfwinkel ganz verläßt, zwischen den spärlichen Wintergräsern den glänzenden Kopf im Laternenlicht funkeln sieht). — **Agrotis** fimbria (häufig), Janthina und Linogrisea (selten), Pronuba (häufig), Comes, xanthographa (sehr häufig), Brunnea, Baja, Rhomboidea, Triangulum, C nigrum, Porphyrea (selten), Herbida. — **Mamestra** nebulosa (häufig), Tincta, Advena (selten), Leucophaea (wie Tenebrosa). — **Brotolomia** meticulosa (sehr häufig). — **Rhizogramma** petrorhiza (im Mai abends sehr häufig an Berberitze). — **Plusia** jota (sehr selten).

Spanner.

Urapteryx sambucaria (ich fand einst eine Raupe im Februar abends am Zweig sitzend, welche später den Schmetterling, aber verkrüppelt gab). — Crocallis elinguaria. — Angerona prunaria (nicht selten). — **Boarmia** repandata (häufig)."

Die beste Zeit zum nächtlichen Raupenfang sind wieder die Herbst- und die Frühlingsmonate, doch mitten im Winter ist bei schneefreier Zeit und nicht zu kaltem Wetter einiges zu finden. Harrach, über den Nachtfang von Raupen. Insekten-Welt II, p. 2. und Isis 1878, S. 156, 164, 196.

Aufsuchen der Puppen. Dieselben befinden sich entweder in der Erde, wie die der meisten Schwärmer, Eulen und Spanner, oder in Gespinsten an ihrer Nahrungspflanze, in den Stengeln der Pflanzen, oder ganz frei, wie die der Tagfalter an Zweigen, Baumstämmen, Wänden u. s. w. angeheftet. Manche verbergen sich sehr geschickt vor ihren Feinden durch Verfertigen von Gespinsten mit abgenagter Rinde von Fichten, wie z. B. die Raupen von Hybocampa Milhauseri und die der Gattungen: Harpyia, Cerula, Diloba und Acronycta. Das Auge des Sammlers muß sehr geübt sein, dieselben zu entdecken; und hat man sie gefunden, so sind die meisten schon von ihren Feinden, den Spechten und anderen Vögeln entdeckt und ihres Inhaltes beraubt worden.

Manche Puppen findet man in den Ritzen der Bäume oder Felsarten, unter lockerer Rinde und dem Moos alter Bäume und Dächer, andere in den Stengeln ihrer Nahrungspflanze, z. B. die von Gortyna flavago in Kletten- und Baldrianstengeln, die Nonagrien in Rohrstengeln etc.

Die an der Erde liegenden Puppen, wie die vieler Eulen, einiger Satyriden und Lycaeniden findet man unter der Moosdecke und unter Steinen. Daher ist das Umdrehen der Steine nicht nur für die Käferliebhaber, sondern auch für den Schmetterlingssammler von großem Werte, ja in höheren Gebirgen, z. B. im Engadin und mehr im Norden geradezu notwendig, da man hier nicht nur die Gespinste der seltensten Spinner wie Arct. flavia und Quenselii, sondern auch eine grosse Anzahl entwickelter Schmetterlinge, besonders Eulen findet. So sind die Puppen von Melitaea Cynthia, Pieris Callidice, Zygaena exulans und Setina ramosa in Menge unter Steinen zu finden. Stett. e. Z. 1874, S. 201 (Struve).

Puppen-Graben. Es giebt auch Arten von Nachtschmetterlingen, welche sich ziemlich tief in der Erde verpuppen; um diese zu erlangen, muß man mit einer kurzstieligen, kleinen Schaufel (Pflanzenstecher) die Erde mehrere Zentimeter tief aufgraben oder mit einem starken, zweiarmigen, eisernen Instrument, dem Raupenkratzer, der an den Stock angeschraubt werden kann, aufhacken und durchsuchen. Besonders am Fuße einzeln stehender Bäume oder am Waldsaume zwischen den Baumwurzeln lohnt sich diese Mühe öfters durch Auffinden seltener Puppen. Die gefundenen Puppen werden in einer eigenen, mit Baumwolle oder Moos locker ausgefüllten Schachtel heimgetragen, um das Schütteln derselben möglichst zu vermeiden. Die freihängenden Tagfalterpuppen nimmt man mit dem Blatt oder Zweig, an dem sie angeheftet sind, mit nach Hause; bei solchen an Holz oder Rinde löst man sorgfältig die Stücke davon ab und klebt oder steckt sie in derselben Lage in den Puppenkasten an, wie sie im Freien waren, da sonst meistens nur verkrüppelte Falter daraus kommen würden.

Die Raupenzucht.

Als Raupenschachteln zum Heimbringen der Raupen kann man nicht zu kleine Schachteln von Holz oder besser von Blech benutzen. Erstere müssen entweder mit einer Gaze oder mit feinem Drahtnetz, letztere mit feinen Löchern versehen sein, um den Raupen die nötige Luft zu geben. Man vermeide, zu viele in eine Schachtel zu sperren, da sie sich sonst gegenseitig beschädigen; die schon früher erwähnten Mordraupen werden für sich in einer andern Schachtel heimgetragen.

Mit den Raupen muß auch das betreffende Futter für dieselben mitgenommen werden; denn bekommen dieselben nicht ihr passendes oder nur ungenügendes Futter, so werden sie zu Grunde gehen oder im günstigsten Fall nur kleine und schlechte Exemplare geben. Ist das Futter der Raupe nicht bekannt, so nehme man Pflanzen oder Blätter von der Umgebung, wo die Raupe gefunden wurde. Raupen von Laubhölzern können meist mit Schlehen, Himbeeren oder Eichen, die der Eulen und Spanner mit Wegerich, Salat oder Löwenzahn aufgezogen werden. Auch mit Äpfelschnitz und Kürbisschnitten können Eulenraupen gefüttert werden, wenn alles Futter mangeln sollte. Stett. ent. Z. 1868, Seite 200. Wenigstens einmal des Tags muß den Raupen frisches Futter gegeben werden; dieses muß in Gläschen mit Wasser gesteckt, der offene Raum der Gläschen muß mit Moos oder Werg verstopft werden, da die Raupen sonst leicht hineinfallen und ertrinken. Beim Wechseln des Futters sollen die Raupen nicht von dem alten gerissen werden, sondern letzteres soll neben das frische gestellt werden; die Raupen werden dieses bald selbst finden. Überhaupt ist es ratsam, Raupen so wenig als möglich zu berühren und nicht zu oft zu stören, besonders wenn sie sich zur Häutung oder zur Verpuppung anschicken. Auch das Reinhalten der Raupenkästen und Töpfe ist höchst notwendig, Entfernung der Exkremente und schimmelich gewordener Gegenstände. Dagegen dürfen sie auch nicht zu trocken gehalten werden und es ist nötig, öfters mit einer kleinen Bürste den Boden, nicht die Raupen direkt anzuspritzen. Manche bedürfen mehr, manche weniger Feuchtigkeit, z. B. gebrauchen Potatoria-Raupen eine grössere Menge Wasser als solche, welche auf trockenem Boden vorkommen. Es ist dies keine kleine Aufgabe und dieselbe kann nur dann gelöst werden, wenn der Sammler sorgfältige Beobachtungen im Freien angestellt und für die Zuchtversuche immer ein wachsames Auge hat. Nasses Futter vermeide man stets, da die Raupen gern Durchfall davon bekommen und sterben.

Bei der Zucht aus den Eiern ist darauf Rücksicht zu nehmen, daß die ausgeschlüpften Räupchen sogleich ihre Nahrung vorfinden, weshalb man die Eier nicht im warmen Zimmer, sondern an einem trockenen, kühlen Ort aufheben muß, damit nicht die Räupchen ausschlüpfen und aus Futtermangel zu Grunde gehen. Sind die Blätter der Laubhölzer noch nicht entwickelt, wenn die Eier ausschlüpfen, so gebe man den auf diesen Bäumen lebenden Räupchen Knospen oder Weidenkätzchen, in welche sie sich dann einbohren.

Überhaupt ist bei der Raupenzucht auch auf die Temperatur sehr Rücksicht zu nehmen und bei sorgfältiger Überwachung derselben können recht schöne Resultate erzielt werden, wie z. B. die Versuche mit Prorsa und Levana gezeigt haben. Siehe Dorfmeister, Mitteil. Steiermark, 1864, p. 99; Weißmann, Annali Genova, 1874, p. 209.

Viele Raupen überwintern, d. h. sie verfallen den Winter hindurch in eine Art Erstarrung oder Winterschlaf und gelangen erst im nächsten Sommer, ja bei Matronula und anderen erst nach der zweiten Überwinterung zu ihrer Entwickelung. Es ist daher nötig, solchen Raupen Verstecke oder Schlupfwinkel zu geben, was man durch Moos, Torf- oder Rindenstücke, welche im Herbst in den Raupenbehälter gelegt werden, bezweckt, in welchen man sie an einem kühlen und trockenen Orte ruhig stehen läßt. Manche Raupen lassen sich auch in kalten Räumen nicht überwintern, z. B. die von Bomb. rubi, Abietis und viele andere; bei diesen ist es notwendig, die Raupenbehälter im Garten in die Erde einzugraben und erst im Frühjahr ins Zimmer zu bringen. Nach Kalender St. e. Z. 1873, S. 366 sind die Wurzelsprossen von Nesseln und Taubnesseln ein gutes Futter für Eulenraupen im Winter; ebenso Wiesenhüter, St. e. Z. 1874, S. 226. Raupenkalender Isis 1877, S. 41, 1. März, S. 115, Juli und 1884, S. 115—395.

Die Zucht im warmen Zimmer oder in Gewächshäusern erfordert viele Aufmerksamkeit; die Raupen müssen fleißiger bespritzt, auch muss ihnen für ausreichendes Futter gesorgt werden. Allerdings erhält man dabei die Falter viel früher als im Freien, ja es wurde bei Arten, die nur eine Generation haben, auch eine zweite veranlaßt. Sie verhalten sich ebenso wie gewisse Arten im Norden und Süden, im Gebirge und Ebene. Manche Arten machen in einem nur eine, im anderen zwei Generationen durch, manche entwickeln sich in der Ebene in einem Jahre und im Gebirge überwintern sie.

Die Zucht der Raupen aus Ästen, Stengeln und Wurzeln ist bei der Überwinterung mit großen Schwierigkeiten verbunden, besonders bei Arten, welche zweimal überwintern, wie manche Sesien und die Cossiden und man thut gut, wenn es irgend möglich ist, diese erst im Frühjahr zu holen.

Man schneide nicht zu kurze Stücke von den besetzten Teilen ab und stecke sie in feuchten Sand. Verläßt eine Raupe ihren Wohnort, so bohre man in einen frischen Stengel ein Loch, das aber nicht größer als der Umfang der Raupe sein darf, und setze die Raupe mit dem Vorderteil in dasselbe; sie wird sich in den meisten Fällen wieder einbohren und dann weiter fressen. Isis 1877, 38.

Bei der Zucht der Psychiden achte man genau auf die Lage der Säcke, wie sie in der Natur angeheftet sind, und klebe die am Stamme angesponnenen ebenso mit einem Stückchen Rinde an die Wand des Raupenkastens. Denn wird ein männlicher Psychensack, der im Freien in die Höhe steht, aufgehängt, so fällt die Puppe zu Boden und der Schmetterling verkrüppelt. Schmidt, Soc. ent. 1888, S. 4.

Raupenbehälter.

Zur Zucht der Raupen bedient man sich entweder der Raupenkästen oder Töpfe und zwar auf die Weise, daß die auf Bäumen und Sträuchern lebenden vorzugsweise in den Kasten, die auf niederen Pflanzen mehr in Blumentöpfen aufgezogen werden.

Ein Raupenkasten soll von starkem Holz verfertigt, gut zusammengefügt und genagelt sein, weil die Feuchtigkeit denselben leicht verderben würde. Der einfachste ist eine gewöhnliche starke Kiste, in welcher ein gut passender Deckel mit einem weiten Ausschnitt, mit Gaze überzogen, eingefügt ist, um den Raupen die nötigen Bedingungen, Luft und Licht, zu verschaffen.

Wer die Zucht besonders betreiben will, wird gut daran thun, sich einen soliden Raupenkasten von einem Schreiner anfertigen zu lassen, wie ihn das umstehende Bild zeigt. Bei diesem sind alle 4 Wände und auch der Deckel ausgeschnitten und mit Gaze oder Drahtgitter versehen. Die eine Seite ist zur Thüre verwendet, welche so beschaffen sein muss, daß sie den Raupen noch gehörigen Platz zur Verpuppung an beiden Seiten bietet, so daß diese nicht durch das Auf- und Zumachen bei oder während der Verpuppung gestört sind. Der Rahmen der Thüre kann auch mit einer Glasscheibe geschlossen sein, um die Raupen besser ungestört beobachten zu können. Es ist gut, wenn auch der Deckel zum Abnehmen gemacht wird, damit man auch von oben die Raupen spritzen und beobachten kann, und daß Raupen, welche sich zwischen der Thüre einspinnen sollten, nicht zu oft gestört werden. Der Boden davon wird mit gesiebter Erde und Sand vermischt, gefüllt; bei dem besseren Raupenkasten ist es gut, den Boden mit einem etwa 7 cm hohen Brettchen quer zu teilen, in welchem am oberen Rande mehrere kleine Ausschnitte angebracht sind, um die Gläser mit Futter anlehnen zu können. Der andere Raum wird nun mit dem Gemisch von Erde und Sand bis zum Rande gefüllt und mit Moos ausgelegt. Dasselbe kommt auch auf die andere Seite, nebst Rindenstücke, etwas Torf oder Kork, um den Raupen passende Plätze zum Verpuppen zu geben.

XX Allgemeines.

Das Futter steckt man in kleine Gläschen, deren Öffnung mit etwas Moos oder Werg verstopft wird und erneuert es alle Tage, spritzt die Raupen täglich mit einer kleinen Bürste, am besten morgens, um den im Freien stattfindenden Tau zu ersetzen.

Sehr praktisch sind auch schmale, hohe Raupenkästen mit Drahtgitter statt Gaze-Rahmen, welche zwischen die Fenster und Vorfenster gestellt werden können und welche die Überwinterung im Freien meist ersetzen. Man vermeide zu viele Raupen in einem Kasten zu ziehen und verteile sie lieber in mehrere kleinere, da sonst die Zucht darunter leidet; auch zu große Feuchtigkeit ist gefährlich, weil die Raupen sonst gern erkranken. Über Zuchtgefässe: Koch, die Schmetterlinge des südwestlichen Deutschlands, Taf. 1, Fig. 1, 2; Gleissner, über geeignete Raupenzwinger, Insekten-Welt II, p. 4, XIII, p. 15. 26.

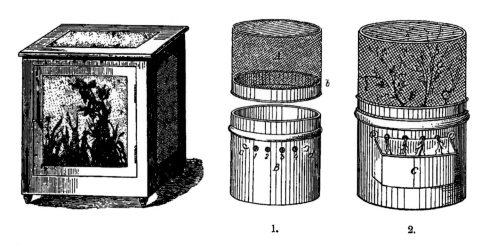

1.   2.

Zur Zucht im Freien nehme man feste Kisten mit einigen eisernen Bändern beschlagen und mit einem Drahtgitter auf dem Ausschnitt des Deckels. Die Raupen an niederen Pflanzen werden besser in Töpfen gezogen; man wähle dazu entweder einfache Blumentöpfe mit Gaze überspannt, die mit einem Gummiring gehalten wird, um das lästige Zubinden zu vermeiden, oder Töpfe mit einem Rand, die jeder Töpfer leicht herstellen kann, auf welche man aus zwei Reifen und vier Seitenstäben verfertigte Aufsätze, mit Gaze überzogen, stellt. Die Blumentöpfe werden zu zwei Drittel, die andern bis fast am Rand mit Erde und Sand gefüllt und hier die Pflanzen mit der Wurzel oder ein Stück von einem guten Grasboden eingesetzt. Man hat den großen Vorteil, daß man nicht so oft Futter holen muß, und daß dasselbe lang anhält. Auch hier muß etwas Moos, Torf und Rindenstücke hineingelegt werden. Recht gute Töpfe, besonders zur Zucht von Eulen und Spannern, sind die beiden, welche die Abbildungen zeigen. A ist ein aus feinstem Drahtstramin gemachter Cylinder, welcher da, wo der Topf b schliesst, einen Blechrand angelötet hat. B ist ein aus gebrannter Thonerde gefertigter Topf mit 4 Löchern an der Seite. An c und d sind Erhöhungen angebracht, wo das Gefäss C eingehängt werden kann; durch die Löcher werden die Pflanzenstengel in den Wasserbehälter C gesteckt; im Boden des Topfes sind noch einige Löcher, damit etwa zu grosse Feuchtigkeit abziehen kann. C ist der Wasserbehälter, welcher mit Ringen versehen sein soll, um ihn in die beiden Erhöhungen hängen zu können. Figur 2 stellt den Apparat im Gebrauche vor. Die Zucht in Gläsern eignet sich mehr für Klein- als für Grossschmetterlinge und besonders für solche, welche minieren und die Blätter nicht mehr wechseln. Die Raupen in Hölzern und Stengeln, wie z. B. die Cossiden, welche die Raupenkästen durchfressen, zieht man am besten in Blechbüchsen mit Drahtdeckel oder auch in Gläsern; bei solchen gelingt die Zucht überhaupt meist nur dann, wenn sie verwachsen angetroffen werden.

Puppenkästen und Behandlung der Puppen.

Sind nur wenige Raupen im Raupenkasten verpuppt, so ist ein Puppenkasten nicht nötig, da die ausschlüpfenden Schmetterlinge nach Entfernung des alten Futters hinlänglich Raum zum Entwickeln vorfinden. Bei einer grössern Anzahl von Puppen ist es jedoch notwendig, sich einen eigenen Puppenkasten zu verfertigen, der ebenso gemacht werden kann, als der oben abgebildete Raupenkasten. Die Tagfalterpuppen aus ihrer Lage zu bringen, ist unpassend, da sie sonst zu leicht verkrüppelt werden; auch bei

Gespinsten, welche sich in einer Ecke des Raupenkastens befinden, ist es sehr gefährlich, sie gewaltsam abzureißen und in den Puppenkasten zu legen.

Es bleiben also nur solche Gespinste, welche Blätter zur Umhüllung haben, und alle in und auf der Erde befindlichen Puppen übrig. Die in Erdkokons ruhenden Puppen lassen sich ohne besondere Vorsicht in den Puppenkasten legen; bei allen freiliegenden ist es nötig, sie so wenig als möglich beim Übertragen in den Puppenkasten zu berühren und nicht zu früh herauszunehmen, besonders da es einzelne Arten giebt, welche zwar Gespinste im Herbst anfertigen, aber sich erst im Frühjahr zur Puppe verwandeln. Einzelne Raupen machen Erdhöhlen, in welchen sie liegen, wie z. B. die Atropos-Raupe; werden sie aus denselben herausgenommen, so gehen viele davon zu Grunde. Die Puppen werden auf die Erde gelegt, mit Moos bedeckt und von Zeit zu Zeit mit Wasser besprützt, oder man kann sie auch auf eine Lage Fließpapier legen und mit vier bis fünf solcher Bogen bedecken, von denen der oberste öfters ins Wasser getaucht wird; auf diese Weise erhalten die Puppen ihre nötige Feuchtigkeit. Dasselbe kann man auch erreichen, wenn man die Puppen auf ein flaches Gefäß mit Wasser auf einen mit Gaze überzogenen Rahmen legt.

Die zu überwinternden Puppen stelle man anfangs an einen kalten Platz, da ihnen der Frost wenig schadet, nur darf man sie dann wenig oder gar nicht besprützen. Soll die Entwicklung beschleunigt werden, so bringt man sie in den ersten Monaten des Jahres in das geheizte Zimmer, wo dann ein öfteres Besprützen nötig ist. Durch einen trockenen und luftigen Platz wird die Schimmelbildung verhütet, welche, einmal in den Raupen- oder Puppenkasten gebracht, schwer wieder entfernt werden kann. Untersuchungen über beschleunigte Überwinterung von Schmetterlingspuppen. Ent. N. VIII, p. 36 und p. 171, und St. e. Z. 1876, S. 192 (Puppenkasten). Über die Behandlung der Puppen. Isis VI, p. 50. V. 383. Soc. ent. 1890, S. 1.

Behandlung der ausgeschlüpften Schmetterlinge.

Kurz vor der Entwicklung der Schmetterlinge sind die Puppen weniger beweglich und man kann schon manche Farben an denselben unterscheiden; in diesem Zustande dürfen sie nicht mehr berührt werden, da sie sonst in der Entwicklung zurückbleiben. Endlich springt die Puppenhülle und der Schmetterling verläßt dieselbe, um sich an einem ruhigen Platz noch völlig auszubilden. Es ist nötig, daß der Schmetterling Wände findet, wo er sich mit den Füßen festhalten kann, weshalb die Wände eines Puppenkastens oder Topfes nie glatt sein dürfen.

Die Zeit des Ausschlüpfens ist sehr verschieden. Die Tagschmetterlinge erscheinen meist des Morgens, die Psychiden ebenfalls bei Tage, die der meisten Nachtschmetterlinge gegen Abend und es ist oft, besonders bei der Lebhaftigkeit der Männchen, nicht leicht, tadellose Exemplare zu erhalten, wenn man nicht gerade zu der rechten Zeit dazu kommt.

Übrigens hüte man sich, die ausgeschlüpften Schmetterlinge zu frühe zu töten; je nach ihrer Größe gebrauchen sie Stunden, ja fast Tage lang, bis sie ihre vollständige Ausbildung erreicht haben. Werden sie zu früh auf das Spannbrett gebracht, so bleiben die Flügel weich und runzelig, auch der Körper schrumpft zusammen und solche Falter sind meist ganz unbrauchbar.

Ist der Schmetterling nun vollständig ausgebildet, so kann man ihn mit dem Stecher, einer feinen, spitzigen Stahlnadel in einem hölzernen Stiel eingelassen, direkt anstechen; es gelingt dies jedoch nur erfahrenen Sammlern immer gleich gut, denn wird er nicht gleich gut getroffen, so lässt er sich zu Boden fallen oder fliegt fort und kann sich leicht dabei beschädigen. Viel sicherer ist es, ihn entweder gleich ins Cyankaliumglas oder in ein Fangglas zu fangen und ihn unter der Glasglocke mit Äther zu töten, wie es schon früher beschrieben wurde. Die Schmetterlinge sollten so wenig wie möglich mit der Hand berührt werden, da der schönste Schmuck der Nachtschmetterlinge, der Schopf derselben, sehr leicht Schaden dabei erleidet, auch die Brustteile der Spinner, Schwärmer und Eulen dadurch sehr verdorben werden. Die Tagfalter werden wie beim Fang, ebenfalls mit den zwei Fingern durch Zerdrücken der Brust getötet oder noch besser geschieht dieses mit einer feinen Zange. Anders muß man mit den Nachtschmetterlingen verfahren. Die betäubten Falter werden entweder auf das Nadelkissen, auf eine dicke, mit Papier überzogene Torfplatte oder auf ein durchbohrtes, mit feiner Gaze überzogenes Korkstück gelegt, die Nadel mit dem Zängchen in die rechte Hand genommen und die Mitte des Thorax durchstochen. Das richtige Anstecken derselben ist sehr wichtig beim Aufspannen, denn kleine Arten, besonders bei den Micros, welche schief angesteckt sind, sind sehr schwer oder fast gar nicht mehr zu spannen.

Waren sie nur kurze Zeit im Ätherdampf oder im Cyankaliumglas, so ist es nötig, ihnen noch etwas Gift, wie Tabaksaft oder Nikotinlösung (1 gr in 7 gr Wasser), mit einer Nadel in die Brust zu bringen, wo sie dann bald sterben. Sind dieselben aber 3—4 Stunden oder die Nacht über im Ätherdampf gelegen, so sind sie vollständig getötet und noch geschmeidig genug, um gespannt zu werden. Chloroform und Benzin, welche auch hie und da zum Töten der Insekten verwendet werden, sind bei den Schmetterlingen nicht gut anwendbar, weil sie zu schnell töten und oft Starrkrampf verursachen. Es werden dadurch die Beine starr und so steif, daß die Falter nur schwer aufgespannt werden können. Das Befeuchten der Falter selbst mittelst eines Pinsels mit Äther oder Chloroform ist ebenfalls nur im Notfalle zu raten, weil die Tiere meist nur betäubt, aber nicht getötet werden, da diese Stoffe sich zu schnell verflüchtigen und die Falter später doch noch aufwachen und sich beschädigen. Ebensowenig ist das Töten mit einer erhitzten Nadel bei den vorher betäubten Faltern anzuempfehlen.

Biologische Sammlung.

Zum Anlegen der biologischen Sammlung gehören vor allem zwei Dinge; zuerst viel Zeit und viel Platz zum Aufbewahren, sonst wäre dies die schönste und vollständigste, wo Eier, Raupen, Puppen, Schmetterlinge und Fraßspuren vereinigt sind.

Es ist eine lange Reihe von Jahren nötig, alle Entwicklungsstadien von Schmetterlingen zu erlangen, in einem Jahre wird man vielleicht die Puppen und Falter, im zweiten nach einer mühsamen Zucht die Raupen und Eier erhalten und weil es eine Unmöglichkeit ist, hier eine vollständige Sammlung zu bekommen, da ja von vielen Schmetterlingen ihre Entwicklung noch nicht bekannt ist, so beschränke man sich darauf, dieselbe gruppenweise herzurichten, wie eine Sammlung von landwirtschaftlich, dem Forst oder dem Obstbau schädlichen Insekten.

Man lege sich ein entomologisches Herbarium an, in welches alle Teile der Pflanzen, welche von den Insekten angefressen sind, eingelegt werden, ein solches ist besonders den Microlepidopterologen sehr zu empfehlen, da viele Minen für eine Art charakteristisch sind. Ferner suche man die Eier, von denen ein Teil in eine mäßige Hitze gebracht, für die biologische Sammlung aufbewahrt wird und welche dann auf die betreffenden Blätter aufgeklebt werden.

Den andern Teil verwende man zur Zucht, bei der man den Vorteil hat, daß die Raupen in allen Altersstufen präpariert werden können. Bei dem Präparieren oder Ausblasen der Raupen wird folgendermaßen verfahren. Die Raupen werden in einem Glas oder unter der Glasglocke mit einigen Tropfen Essigäther betäubt, dann macht man einen Schnitt in den After, legt die Raupe zwischen feines Fließpapier und streift mit der Hand dieselbe langsam nach dem After hin. Bei größeren Raupen muß das Papier mehrmals erneuert werden, bis dieselben vollständig entleert sind. Zu starkes Drücken vermeide man, da sonst die Haut verletzt wird oder die Haare gern ausgehen. Ist der Balg vollständig leer, so wird in die Afteröffnung ein passender Grasstengel gesteckt, von denen man 4 bis 5 Größen vorrätig haben muß; an diesen Stengel wird die Raupe mit einigen abgezwickten feinen Nadelspitzen befestigt und durch dieselbe Luft eingeblasen. Läßt sich die Raupe gut ausdehnen, so kommt sie in eine vorher erhitzte Glasröhre, welche unten mit einem durchlöcherten Messingblech versehen ist und an der ein Stiel mit einer Öffnung gemacht ist, mit der man sie an einem eisernen Stab befestigen kann. In diese Röhre, welche mit einer Spirituslampe erhitzt wird, wird der Raupenbalg gehalten, der Grashalm in eine Metallröhre gesteckt und durch diese Luft zugeführt, ähnlich wie beim Lötrohrblasen. Zu starkes Blasen muß dabei vermieden werden, da sonst der Balg unnatürlich ausgedehnt wird, das Hineinblasen aber so lange fortgesetzt werden, bis der Balg vollkommen trocken ist. Siehe Tijd. Ent. Nederl. 27, p. 5, Fig. 1. Isis 1881, S. 412.

Glatte Raupen gelingen meist gut, behaarte oder Bürstenraupen erst nach vielen mißlungenen Versuchen. Die Raupen werden nicht sogleich von dem Grashalm entfernt, sondern erst nach einigen Stunden, wo sie dann meist leicht weggehen, oder im andern Falle mit einem sehr scharfen Messer abgeschnitten werden müssen.

Bei einer andern Methode werden die Raupen in Weingeist getötet, wie oben aufgeblasen, die Raupenbälge mit gefärbtem Lycopodium gefüllt und dann bei mäßiger Wärme getrocknet.

Ganz kleine Raupen werden einfach in ein Reagensgläschen geworfen und in der Röhre oder nur auf einem heißen Ofen erhitzt. Sie ziehen sich zuerst zusammen, dann dehnen sie sich plötzlich aus und dann ist es meist Zeit, sie zu entfernen, da sie sonst verbrennen.

Die Raupen werden nun auf die schon eingelegten Futterpflanzen mit den betreffenden Fraßstellen geklebt und aufgehoben.

Von den Puppen kann man entweder schon ausgeschlüpfte oder vertrocknete zur Sammlung benutzen oder dieselben in mäßiger Hitze töten. Auch solche von Schlupfwespen bewohnte sind aufzubewahren und es möge hier an den Züchter die dringende Mahnung ergehen, dieselben doch nicht fortzuwerfen, sondern sie zu töten und einem Liebhaber davon zu übergeben. Sie erweisen dadurch nicht nur der Wissenschaft einen Dienst, sondern es ist auch der Ärger derselben nicht so groß, wenn aus einer seltenen Raupe nur eine Schlupfwespe oder Raubfliege kommt, wo ein schöner Schmetterling erwartet wurde.

Nun werden Schmetterlinge, womöglich auch einer in sitzender Stellung, Raupen, Puppen und Eier in ein Kästchen von Zigarrenholz mit Glasdeckel gruppiert, etikettiert und das Kästchen fest zugeklebt, damit keine Raubinsekten eindringen können. Auch die Schlupfwespen, welche aus den Raupen geschlüpft sind, haben hier einen ganz besonderen Wert. Isis 1878, S. 4. Biolog. Insektensammlungen.

Anhang.
Beziehungen der Pflanzen zu den Schmetterlingsraupen.

Alle Schmetterlingsraupen, mit Ausnahme einiger Mikro-Raupen, leben an Pflanzen, weshalb der Raupenzüchter auch dieselben kennen lernen muss, und gerade diese Wechselbeziehungen machen die Zucht derselben desto angenehmer und lehrreicher.

Kommen in einer Gegend Schmetterlinge vor, die nur an einer bestimmten Futterpflanze leben, so kann der erfahrene Entomolog mit Gewissheit die Anwesenheit derselben voraussagen; allerdings ist dies nicht umgekehrt der Fall, dass überall wo die Nahrungspflanze wächst, auch der betreffende Schmetterling da sein muss. Z. B. nicht überall, wo Sedum album wächst, kommt der Apollo vor, sondern nur da, wo seine sonstigen Existenzbedingungen — sonnige Kalkberge — geboten sind. Manche Raupen kommen auf vielen Pflanzen vor, wie wir in der Einleitung S. VII gesehen haben; doch auch in diesem Falle leben solche polyphage Raupen entweder nur an niederen Pflanzen, an Laub- oder Nadelhölzern, und solchen, welche vorzugsweise an einem Baume vorkommen, wurde schon von den ältesten Sammlern der Namen desselben beigegeben.

Das Verhältnis der Raupen zu den Pflanzen ist daher sehr interessant; wir sehen aus folgender Zusammenstellung, daß manche Schmetterlingsfamilie auch nur an bestimmten Pflanzenfamilien zu suchen ist und deshalb können Sammler, welche die Pflanzen gut kennen, auch eher noch nicht bekannte Raupen auffinden, als solche, welchen die Kenntnis abgeht.

Nach den Pflanzenfamilien kommen wir zu folgenden Resultaten:

Ranunculaceen mit 3 an Thalictrum lebenden Plusien-Raupen: Concha, Deanrata und Cheiranthi; 2 an Aconitum: Moneta und Illustris.

Cruciferen, besonders mit Pieriden: Brassicae, Napi, Rapae, Callidice, Daplidice, Anthocharis Belia, Tagis, Cardamines, Damone, Euphenoides, Zegris Eupheno und Menestho.

Violaceen, besonders mit Argynnis-Arten: Adippe, Aphirape, Daphne, Dia, Euphrosyne, Niobe, Latonia, Paphia und Pandora.

Caryophyllaceen mit Eulenraupen, besonders in den Kapseln: Dianthoecia Albimacula, Capsincola, Compta, Conspersa, Cucubali, Filigramma und Luteago.

Tiliaceen mit 61 Arten an der Linde, besonders mit dem Lindenschwärmer, Smerinthus Tiliae und dem Lindenspanner, Biston prodromaria. Siehe Kaltenbach, die Pflanzenfeinde, S. 72.

Ampelideen. Der Weinstock mit Deilephila celerio, Livornica, elpenor und Alecto.

Papilionaceen, besonders mit Lycaenen-Arten: Argiades, Argus, Boetica, Cyllarus, Damon, Dolus, Icarus, Hylas und Minima, ferner die Zygaenen: Angelicae, Achilleae, Carniola, Filipendulae, Fausta, Lonicera, Meliloti, Scabiosae und Trifolii.

Rosaceen mit 33 an der Rose (Rosenspanner, Odontopera dentaria). Pyrus-Arten mit 61 (Apfelbaumglasflügler, Sesia myopaeformis, Apfel-Blütenspanner, Eupithecia rectangulata), und Rubus mit 54 Raupenarten: Himbeerglasflügler, Bembecia hylaeiformis; Himbeer-Spanner, Larentia albicillata; Brombeerschlupfer, Thecla rubi; Brombeer-Spinner, Gastropacha rubi; Brombeer-Spanner, Nemoria viridata. Siehe Kaltb. S. 145—245.

Onagraceen. Epilobium mit 3 Schwärmer-Arten: Deilephila elpenor, Galii und Vespertilio.

Crassulaceen: Parnassius-Arten: Apollo, Delius und Nomion an Sedum.

Fumariaceen: Parnassius Mnemosyne, Eversmani und Subbendorfian Corydalis.

Umbelliferen, besonders mit Eupithecien-Raupen: Albipunctata, Minutata, Oblongata, Pimpinellata, Scabiosata, Tripunctata und Trisignaria, ferner Papilio Machaon, Alexanor und Hospiton.

Caprifoliaceen. Die Raupen von Limenitis Camilla und Sibilla an Lonicera.

Compositen, besonders mit Cucullia-Arten: Asteris, Chamomillae, Gnaphalii, Anthemidis, Lactucae, Lucifaga, Tanaceti und Umbratica. Ferner an Artemisia: Argentea, Argentina, Absinthii, Artemisiae, Formosa, Fraudatrix, Scopariae und Santolinae.

Ericineen mit Cidarien-Arten, besonders an Vaccinium: Caesiata, Didymata Populata, Russata und Sorditata.

Primulaceen mit vielen Eulen-Arten: Agrotis Baja, Brunea, Festiva, Fimbria, Comes, Orbana, Pronuba, Linogrisea, Triangulum und Xanthographa.

Scrophularineen mit 5 Cucullia-Arten: Scrophulariae, Scrophulariphaga, Scrophulariphila, Blattariae und Prenanthis.

Plantagineen. Die Gattung Melitaea: Athalia, Aurinia, Cinxia, Cynthia, Didyma und Phoebe an Wegerich.

Euphorbiaceen: Deilephila-Arten an Wolfmilch: Euphorbiae, Nicaea und Dahlii, ferner die Sesien-Arten: Empiformis, Leucopsiformis, Astatiformis und Anthraciformis in den Wurzeln.

Urticeen, besonders Vanessa-Arten: Atalanta, Jo, Egea und Urticae; ferner die Spinner: Spilosoma fuliginosa, Mendica, Menthastri und Urticae.

Aristolochiaceae mit der südeuropäischen Gattung Thais: Cerisyi, Polyxena und Rumina.

Ulmaceen mit dem Ulmen-Buntling, Thecla W. album, dem Ulmen-Spanner, Abraxas ulmata mit noch 48 anderen Raupen. Kaltb. S. 536.

Amentaceen. Populus mit dem Pappelschwärmer, Smerinthus populi, Pappelbohrer, Cossus terebra, dem Pappelblatt Lasiocampa populifolia, den Pappelspinnern Notodonta tritophus & Torva, Pappel-Flechtenspinner, Lithosia complana, und 104 anderen Arten an Pappeln, Kaltb., S. 546; Salix mit dem Weidenbohrer, Cossus ligniperda, Weissen Atlas, Leucoma Salicis, Bruchweidenspinner, Harpyia vinula, die Ordensbänder, Catocala electa, Elocata und Nupta, Krebssuppe, Scoliopteryx libatrix, der Weidenspanner, Macaria notata, und noch 112 anderen Arten; Betula mit dem Birkenblatt, Lasiocampa betulifolia, Birkenspinner, Endromis versicolora, Birkeneule, Cymatophora flavicornis und dem Birkenspanner, Biston betularia und noch 89 anderen Arten, Kaltb. 566. Alnus mit der Erleneule Acronycta alni und Erlenspanner, Eugonia alniaria und noch mit 33 anderen Arten, Kaltb. S. 613.

Asclepiadeen. Die Raupen der Familie Danaiden mit Danais chrysippus von Griechenland, Kleinasien, Nordafrika und Australien, die amerikanischen Arten D. Errippus und Gylippus kommen ebenfalls auf Asclepias-Arten vor.

Cupuliferen. Fagus mit dem Buchenspinner, Aglia Tau, dem Buchenspanner, Geometra papilionaria und 60 anderen Arten, Kaltb. 626. Corylus mit dem Haselnuss-Spinner, Demas coryli, und 34 anderen Arten, Kaltb. 634. Carpinus mit dem Hainbuchen-Spanner Metrocampa margaritaria und 43 anderen Arten. Quercus mit dem Eichenzipfelfalter, Thecla quercus, dem Eichen-Schwärmer, Smerinthus Quercus, dem Prozessions-Spinner, Cnethocampa processionea, dem Eichenspinner, Gastropacha quercus, Eichen-Carmin, Cotocala sponsa und promissa; Eichenspanner, Eugonia quercinaria, und noch 153 andere Arten, Kaltb. 649—657.

Coniferen: Pinus mit dem Föhrenschwärmer, Sphinx pinastri, den Fichtenspinnern Lasiocampa pini und Lobulina, dem Föhren-Prozessionsspinner, Cnethocampa pityocampa, dem Föhren-Bürstenbinder, Dasychira abietis, der Föhreneule, Panolis piniperda, dem Föhren-Spanner Boarmia abietaria und 23 andere Arten, Kaltb. 692.

Gramineen mit den meist nächtlich lebenden Satyriden: Pararge Megaera und Egeria, den Wurzelraupen (Hadeniden) und den Leucanien-Arten im Schilfrohr.

Erste Gruppe.
Rhopalocera (Diurna). Tagfalter.

Raupen 16 füßig, meist walzig, entweder glatt oder dornig, kurz behaart oder mit behaarten Fleischspitzen. Leben meist frei an Pflanzen, öfters in großen Mengen gemeinschaftlich. Puppen mit wenigen Ausnahmen am After aufgehängt.

Die Zahl hinter dem Namen bedeutet die Abbildung der Raupe, die in Klammern bedeutet die Abbildung des Schmetterlings in dem Werk: Hofmann, die Schmetterlinge Europas.

I. Fam. Papilionidae (Equitidae). Ächte Tagfalter.

Raupen mit einer fleischigen Gabel hinter dem Kopfe, welche sie bei der Berührung ausstrecken können.

1. Gattung. Papilio, L. Schwanzfalter.

Raupen nackt mit kleinem Kopfe. Puppen eckig, vorn zweispitzig, um den Leib und am After mit einem Faden befestigt. Erscheinen in zwei Generationen. Puppen überwintern.

Podalirius, *L.*, Segelfalter. Taf. 1, Fig. 1. (Sch. Taf. 1, Fig. 1.) Raupe dick, nach hinten verengt, grün mit gelben Rücken- und Seitenlinien, gelben Schrägslinien und Fleckchen; im Juli, August an Schlehen, mehr auf niederen einzelstehenden, feinblättrigen Büschen, welche der Sonne ausgesetzt sind; in Südeuropa auch an Mandeln und Pfirsichen, und Aromia rotundifolia. 3—4 cm. Vor der Verwandlung, ungefähr in 8 Wochen, wird die Raupe gelb und verwandelt sich in eine graue Puppe. Der Schmetterling erscheint im Mai, Juni; in günstigen Sommern und mehr im Süden kommen anfangs August aus gelbgefärbten Puppen Falter, die der südlichen Aberration Zancleus, *Zell.*, ähnlich sehen. Die Eier werden einzeln an der Unterseite der Schlehenblätter abgelegt. Zentral-Europa, Kleinasien bis Nordafrika. — O. 1. 2. 118. — Wild. 57. — Hb. 1. 41. — Rsl. 1. 3. 9. Taf. 2. — Frr. 6. 131. Taf. 565. — Esp. 1, Fig. 2. — Dup. p. 40, pl. 1, Fig. 1. — Pr. Taf. 3, Fig. 2. — Beschreibung der Raupe von Var. Feisthamelii A. s. Fr. 1848, p. 407.

Alexanor, *Esp.* Taf. 6, Fig. 1. (Sch. Taf. 1, Fig. 2.) Weißgrün mit schwarzen Einschnitten und neun schwarzen und gelben Flecken an jedem Segment. Im August an Seseli dioicum und nach *Curo* p. 19 montanum. Puppe grau, oben etwas dunkler (Dup. Fig. 3h). Entwicklung von Mai bis Juli. Südfrankreich, Griechenland, Kleinasien und Persien. — Hb. 1. 42. (Zutr. 9). — Bd. pl. 1. 3. — Tr. X. I. 20. — Dup. p. 42, pl. 1, Fig. 3. — B. & G. 1. 3. — Pr. Taf. 3, f. 3.

Machaon, *L.*, Schwalbenschwanz. Taf. 1, Fig. 2. (Sch. Taf. 1, Fig. 3.) Ei kugelig, etwas zusammengedrückt, an der Basis grünlichgelb. (Sepp. II. 3. — Buck. 1. p. 5, pl. 1, f. 1 a — f. v. Schluß-Taf. Fig. 1.) Das junge Räupchen schwarz mit roten Dörnchen und einem weissen Fleckchen auf dem Rücken; nachher wird es grün mit schwarzen Ringen und sieben braunroten Flecken in denselben. 4—4,4 cm. Sie erscheint zweimal im Jahre, im Juni, August und manchmal auch im September, die dann als Puppen überwintern. Raupe an Möhren (Daucus), Kümmel (Carum), Dill (Anethum) und Bibernell (Pimpinella saxifraga). — O. 1. 2. 121. — Hb. 1. 41. — Sepp. 1. 2. Tab. 3. — Rsl. 1. 3. Taf. 1. Fig. 1. — Esp. 1. — Dup. p. 41, pl. 1, Fig. 2. — Frr. 74. Var. Pr. Taf. 3, f. 1. — W. 57.

Hospiton, *Géné.* Taf. 6, Fig. 2. (Sch. Taf. 1, Fig. 4.) Raupe hellgrün mit gelben Erhöhungen, schwarzen unterbrochenen Längslinien und vier roten Punkten auf jedem Segment; im Juni, Juli auf Ferula vulgaris und Ruta corsica. Entwicklung im Mai. Auf den Gebirgen Korsikas. — Mem. Ac. Turin, 1839, p. 83. 1. 2. f. 21. — Stett. e. Z. 1881, p. 145. — Curo p. 20.

2. Gattung. Thais, *F.*

Raupen mit mehreren Reihen behaarter Fleischzapfen. Puppen am After und am Kopfe hängend; überwintern. Nur eine Generation und nur in Südeuropa.

Cerisyi, *B.* (Sch. Taf. 72, Fig. 2.) Von Kindermann entdeckt. In der Farbe variieren die Raupen so außerordentlich, daß fast kein Exemplar dem andern ähnlich sieht. Raupe kurz und dick, schwarzgrau mit 4 breiten gelben Linien, von denen zwei über den Rücken und eine an jeder Seite läuft. Auf jedem Absatze steht in diesen gelben Linien ein karminroter, stumpfer und kurzer, stachlicher Dorn. Kopf klein, gelbbraun mit zwei schwarzbraunen Streifen. Im April an einer Aristolochia-Art mit der Raupe von Apollinus. Bulgarien; doch mehr in Kleinasien. — Frr. II, p. 93, Taf. 259. — Soc. ent. IV, p. 96.

Polyxena, *Schiff*. Taf. 1, Fig. 3. (Sch. Taf. 1, Fig. 5.) Die Raupen variieren zwar seltener, aber nicht weniger als der Schmetterling. Grundfarbe rotgelb, fleischrot oder schieferfarben mit sechs Reihen rotbrauner, an den Spitzen schwarz gefärbter, kurz behaarter Fleischzapfen, die manchmal dunkelbraun, fast schwarz, und manchmal bleich sind. Die von Varietät Cassandra (Sch. Taf. 3, Fig. 6) ist dunkler. Sie leben im Sommer auf Aristolochia clematitis und rotunda und lieben den Sonnenschein. Puppe länglich, gelblichgrau mit braunen Schattierungen. Entwicklung im ersten Frühjahre. Südeuropa bis Armenien. — O. 1. 2. 124. — Tr. X, 1. 83. — Esp. 1. 53. — Hb. 1. 44. — B. & G. Pap. pl. 2. Cassandra. — Dup. p. 44, pl. 2, Fig. 1. — Frr. I, p. 13, Taf. 7. — Mill. Ent. X, Fig. 2—5. — Pr. Taf. 3, Fig. 4. — Wild. 58. — St. e. Z. 1851, S. 145 u. 1852, S. 177.

Rumina, *L*. Taf. 6, Fig. 3. (Sch. Taf. 1, Fig. 6.) Rötlich- oder orangegelblich, auf jedem Segment mit vier schwarzen Strichen oben, zwei an der Seite und rotgelben Dornen. Kopf gelblich mit schwarzer Zeichnung. Im Juni an Aristolochia pistolochia. Puppe grau mit schwarzen Strichen. Entwicklung im Frühjahr. Portugal und Nordafrika, Var. Medesicaste *Ill*. Südfrankreich, Andalusien. — Bd. pl. 2, Fig. 4—6. — B. u. G. pl. 2, Fig. 2. — Dup. p. 220, pl. 33, Fig. 94. — Mill. Ent. X, Fig. 6.

3. Gattung. **Doritis**, *O*.

Raupen denen der nächsten Gattung sehr ähnlich. Verpuppung ebenfalls in einem Gespinste. Nur eine Art an der äußersten Grenze von Europa, mehr in Kleinasien.

Apollinus, *Hbst*. (Sch. Taf. 1, Fig. 7.) Die Raupe gleicht sehr der von Mnemosyne, mattschwarz mit großen roten Flecken, nur hat sie unter denselben am 5.—9. Absatz je noch einen kleinen gelblichweißen Punkt. Lebt im April an einer Aristolochia-Art mit Cerisyi, wo sie sich auch verspinnt. Puppe grauschwarz, dick und stumpf. Entwicklung im Februar und März. Auf den griechischen Inseln, in Kleinasien und Syrien. — Frr. III, p. 85, Taf. 253.

4. Gattung. **Parnassius**, *Latr*.

Raupen walzig, mit kurz behaarten Knöpfen besetzt, gefleckt, auf dem 1. Ring mit einer Fleischgabel. Kopf klein, kugelig. Verwandlung in einem leichten Gewebe an der Erde. Puppe stumpf, bereift.

Apollo, *L*. Taf. 1, Fig. 4. (Sch. Taf. 1, Fig. 8.) Das Ei ist schildförmig mit vielen regelmässigen Erhöhungen (A. s. Fr. 1884, p. 143, pl. V, Fig. 30; siehe Schl.-Taf. Fig. 2). Die Raupe sammtschwarz mit feinen Härchen besetzt, mit zwei stahlblauen Wärzchen auf jedem Ringe am Rücken und darunter eine Reihe rotgelber Flecken, von denen ebenfalls zwei, ein kleiner und ein größerer, auf jedem Ringe stehen. Luftlöcher rötlichgelb, von mehreren stahlblauen Pünktchen umgeben. Fleischgabel rötlichgelb. Kopf klein, kugelig, schwarz. 4,5—5 cm. Im Mai, Juni an Sedum album, seltener an Telephium (Curo p. 20), frißt nur bei der heißesten Tageszeit und nur die von der Sonne geröteten Blättchen, sonst ist sie unter der Nahrungspflanze versteckt. Verpuppung in einem leichten Gespinste (Fig. 4b). Entwicklung im Juni, August, nur in Gebirgsgegenden an felsigen Abhängen. — O. 1. 2. 133. — Esp. 1. 2. 1. — Hb. 1. 45. — Rsl. 4. 29. Taf. 4. — Dup. p. 46, pl. 2, Fig. 4. — Bd. u. G. 2. 1. — Frr. VIII, p. 3, Taf. 601. — Wild. 58. — Pr. Taf. 3, Fig. 5. — Austout, Parnass. 1889, Taf. 1, Fig. 1—3. — Soc. ent. II, p. 13.

Delius, *Esp*. (Sch. Taf. 1, Fig. 9.) Raupe nach *Zeller* der von Apollo ähnlich, sammtschwarz, nur ist die Fleckenreihe zu jeder Seite des Körpers statt orangegelb, zitronengelb. Im Juni, Juli an feuchten Stellen an Saxifraga aizoides; nach Curo p. 21 auch an Sempervivum montanum. Entwicklung im Juni, nur auf den höheren südlichen Alpen, in Rußland und am Ural. — Stettin. e. Z. 1877, S. 219.

Mnemosyne, *L*. Taf. 1, Fig. 5. (Sch. Taf. 1, Fig. 10.) Das Ei ist ähnlich einer Pinienfrucht. Raupe nach beiden Seiten spindelförmig verdünnt; sammtschwarz, an den Einschnitten dunkler, mit feinen Härchen besetzt; an jeder Seite des Rückens mit einer Reihe gelber oder orangefarbener Flecken und zwar auf dem 1. Ringe jederseits ein, auf dem 2. und 3. Ringe je vier, auf den übrigen Ringen jederseits zwei Flecken, von denen der vordere größer ist; hinter dem Kopfe steht nach der Mitte ein gelber Flecken. 4—4,5 cm. Im April, Mai an Corydalis cava und Halleri (Curo p. 21) bei Tage an der Erde zwischen Laub verborgen, woselbst sie sich Mitte Mai in einem ziemlich dichten Gespinste verwandelt. Puppe stumpf, dick, lehmgelb. Entwicklung Ende Mai, Juni, auf Bergwiesen. — Frr. III, p. 37, Taf. 217.

II. Fam. Pieridae. Weißlinge.

Raupen schlank, an beiden Seiten verdünnt mit kurzen Haaren dünn besetzt und mit einem kleinen runden, etwas gewölbten Kopfe. Verwandlung in Puppen, die am Schwanzende und am Leibe mit Fäden befestigt sind und welche vorn mehr oder weniger in eine gestreckte Spitze auslaufen.

1. Gattung. **Aporia**, *Hb*.

Raupe walzig, nach beiden Seiten dünner mit kurzen und einzelnen längeren Härchen, namentlich an beiden Seiten, besetzt. Leben vorzugsweise an

II. Familie. Pieridae. Weißlinge.

Obstbäumen in einem gemeinschaftlichen Gespinste (sogenannte kleine Raupennester) und nach der Überwinterung bis einige Zeit vor der Verwandlung gesellschaftlich. Nur eine Art:

Crataegi, *L.,* Heckenweißling. Taf. 1, Fig. 6. Taf. 6, Fig. 4. (Sch. Taf. 2, Fig. 1.) Aschgrau; auf dem Rücken schwarz mit zwei orangegelben oder braunroten breiten Längsstreifen; an den Seiten über den Füßen eine rotgelbe Längslinie; die feinen langen Haare weißlich, die kurzen Haare auf dem Rücken braun, an den Seiten schwarz. Kopf, Brustfüße und Afterklappe schwarz. 3,7—4,3 cm. Puppe hellgrünlichgelb mit schwarzen und hochgelben Flecken und Strichen. Kremaster keilförmig mit einem Büschel feiner Häkchen am Ende. (Wild. p. 53, 1. 8. Fig. 8.) Ei kegelförmig gelblich, an der Unterseite der Blätter haufenweise befestigt (nach Gss. Fig. 32, v. Schl.-Taf. Fig. 3). Lebt nach der Überwinterung im April, Mai an Obstbäumen, Pyrus und Crataegus-Arten. Entwicklung im Juni, Juli in Obstgärten, auf Wiesen, sehr verbreitet. — O. 1. 2. 142. — Rsl. 1. 3. 15. Taf. 3. — Bd. Pap. pl. 4. — Rtzb. 2. 67. — Hb. 1. 46. — Sepp. III. 1. 37. Taf. 10. — Dup. p. 48, pl. II, Fig. 6. — Pr. Taf. 3, Fig. 7. — Buck. Taf. 2, Fig. 1 a—d.

2. Gattung. Pieris, *Schrk.*

Raupen wie die vorigen, aber nur mit einzelnen kurzen, feinen Härchen besetzt. Leben meistens gesellschaftlich an Schotengewächsen (Cruciferen), namentlich an Kohlarten. Puppen mit stumpfer Kopfspitze und einem keilförmigen flachen, am Ende mit einem von vielen Häkchen dicht besetzten Fortsatz.

Brassicae, *L.,* Kohlweißling. Taf. 1, Fig. 7. (Sch. Taf. 2, Fig. 2.) Bläulichgrün oder grünlichgelb, mit schwarzen Pünktchen und Flecken und mit gelben Rücken- und Seitenstreifen. Bauch grau, schwarz punktiert; Kopf hellgrau, schwarz punktiert und gerandet. 3,7—4,3 cm. Puppe gelblichgrün mit schwarzen Punkten und Flecken, einer stumpfen Kopfspitze und mehreren Spitzchen auf dem Rücken. Viele von den überwinternden Puppen sind mit einer kleinen Schlupfwespe Pteromalus puparum *L.* besetzt, welche wieder Schmarotzer der in den Raupen lebenden Microgaster glomeratus *L.* sind, die sich in gelbe Kokons verpuppen und fälschlich „Raupeneier" genannt werden. Eier kegelförmig, goldglänzend, an der Unterseite der Blätter haufenweise oder einzeln befestigt (v. Einl. p. IV). Die Raupen leben in zwei Generationen im Juni und August an Kohlarten, oft in solcher Menge, daß nur die Stengel stehen bleiben. Entwicklung im Mai und Juli bis zum Herbst, gemein auf Feldern und in Gärten in ganz Europa bis Lappland, Japan; auch nach Nordamerika verschleppt. — O. 1. 2. 144. — Wild. 54. — Esp. 1. 3. 1. — Hb. 1. 46. — Rsl. 1. 3. 21. Fig. 4. — B. & G. Pap. pl. IV. — Sepp. 1. 2. Tab. 2. — Dup. p. 50, pl. II, Fig. 7. — Pr. Taf. 3. Fig. 8. — Buck. p. 148, Taf. II, Fig. 2a. b.

Rapae, *L.,* Rübenweißling, kleiner Kohlweißling. Taf. 1, Fig. 8. (Sch. Taf. 2, Fig. 3.) Sammtartig mattgrün; auf dem Rücken mit einer feinen gelben Längslinie; an der Seite bleicher mit einem schmalen gelben Streifen, in welchem die schwarzen Luftlöcher stehen. Bauch gelbgrün; Kopf bräunlichgrün. 2,9—3 cm. In zwei bis drei Generationen im Juni und Herbst an Kohlarten und besonders an Reseden. Entwicklung im Mai, Juli und Herbst, überall gemein in Gärten und auf Äckern. Eier birnförmig mit Längsleisten und Querfalten (Sepp. 1. 2. Tab. 4.) werden einzeln abgelegt. Puppe gelb, grünlichgrau oder bräunlich mit drei gelben Streifen. — O. 1. 2. 146. — Wild. 54. — Rsl. 1. 3. 29. Taf. 5. — Hb. 1. 47. — Esp. 1. 3. 2. — Sepp. 1. 2. Tab. 4. — Bd. Pap. pl. 4. — Pr. Taf. III, Fig. 10. — Dup. p. 52, pl. 3, Fig. 8. — Buck. p. 19 u. 152, pl. II, Fig. 3.

Napi, *L.,* Rübsaat- oder Heckenweißling. Taf. 1, Fig. 9. (Sch. Taf. 2, Fig. 4.) Bräunlichgrün, an den Seiten heller, mit weißen Wärzchen, schwarzen Pünktchen und einem gelben Seitenstreifen, über welchem die schwarzen, rotgelb gesäumten Luftlöcher stehen; Kopf graugrün. 2,9—3 cm. Lebensweise und Entwicklung wie Rapae, Falter überall bis Asien und Sibirien. Puppe grünlichgelb mit schwarzen Flecken, Punkten und gelblichem Saume der Flügelscheiden. Eier birnförmig grünlich, werden ebenfalls einzeln abgelegt (An. Fr. 1884, Fig. 31). — Sepp. 1. 2. Tab. 1. — O. 1. 2. 149. — Esp. 1. 3. 3. — Wild. 55. — Hb. 1. 47. — B. & G. Pap. pl. 5. — Dup. p. 53, pl. 3, Fig. 9. — Pr. Taf. 3, Fig. 9. — Buck. p. 20 u. 156, Taf. II, Fig. 4.

Callidice, *Esp.* Taf. 1, Fig. 10. (Sch. Taf. 2, Fig. 5.) Raupe der von Daplidice ähnlich, nur sind die hellen Längsstreifen gelb gefleckt. Im Herbst an Cruciferen. Entwicklung im Juli. Hochalpen. — Bd. Pap. pl. VI. — Wild. 55. — Nach Curo p. 22 auf Sempervivum arachnoideum und montanum, auch an Erucastrum.

Daplidice, *L.* Taf. 1, Fig. 11. Taf. 6, Fig. 5. (Sch. Taf. 2, Fig. 6.) Blaugrau oder graugrün mit acht bis zehn schwarzen Punktwärzchen auf dem Rücken jeden Segments, zu jeder Seite des Rückens ein gelblichweißer Längsstreifen; an jeder Seite über den Füßen ein gelber Längsstreifen, über welchem die schwarzen Luftlöcher stehen. Kopf hellgrün, schwarz punktiert mit zwei gelben Seitenstreifen. 2,9—3 cm. Lebt im Juni und Herbst an den Samen von Reseden und an vielen Cruciferen wie Waldkohl (Turritis), Sophienkraut (Sisymbrium) und Steinkraut (Alyssum), nach Curo p. 23 auch an Reseda lutea und Sinapis. Puppe grün, bräunlich oder grau mit gelblichweißen Seitenstreifen am Hinterleibe. Entwicklung im August, September, oder aus überwinterten Puppen im Frühjahre. Auf Feldern und Wiesen. — O. 1. 2. 156. — Hb. 1. 48. — B. & G. Pap. pl. 6. — Dup. p. 55, pl. 4, Fig. 11. — Wild. 55. — Pr. Taf. 3, Fig. 11. — Buck. p. 21, pl. III, Fig. 1a—c.

3. Gattung. Anthocharis, *B.*

Raupen wie die der vorigen Gattung, schlank, walzig. Puppen mit schlanken, stark aufwärts gebogenen Vorderteilen; überwintern. Die meisten Arten in Südeuropa, nur Cardamines in Deutschland.

Belia, *Cr.* Taf. 6, Fig. 6. (Sch. Taf. 2, Fig. 8.) Ei länglich, nach oben zugespitzt, braungelb mit gerippten Seiten (Gss. Fig. 33. Schl.-Taf. Fig. 4). Raupe ähnlich der von Cardamines, grünlich mit drei Streifen und weißen Luftlöchern. Die der Var. Ausonia, *Hb.*, gelbgrün mit violetten Streifen über dem Rücken, einem grünen, unten weißen Seitenstreifen, unter welchem auf jedem Ringe schwarze und oben rote Flecken sich befinden (Sommergeneration). Die der Var. Simplonia, *Frr.*, von den südlichen Alpen ist ähnlich, aber ohne die weißen Luftlöcher, und schwarz punktiert. Im Herbst auf Cruciferen, besonders auf Brassica erucastrum und Barbarea vulgaris. Puppe (Fig. 6b) nach oben und unten sehr zugespitzt. Braun mit schwarzen Pünktchen, kommt manchmal erst nach 2 Jahren zur Entwicklung. (A. s. Fr. 1853. XC.) Entwicklung im April von Ausonia im Mai, Juni. Südeuropa, Kleinasien bis Armenien, Nordafrika. — Dup. p. 232, pl. 35, Fig. 98. — A. s. Fr. 1874, p. I u. VIII.

Tagis, *Hb.* Taf. 6, Fig. 7. (Sch. Taf. 2, Fig. 9.) Raupe dunkelapfelgrün mit einem weißen und darüber einem hochroten Fußstreifen. Von Februar bis Mai in der südlichen Schweiz, Andalusien, Südfrankreich, Sardinien und Korsika auf Biscutella ambigua und nach Curo p. 23 auf Iberis pinnata. Puppe eckig, kürzer als die von Cardamines, dunkelfleischfarben mit braunen Rückenstreifen und eben solcher Einfassung der Flügelscheiden. — Tr. X, 1. 90. — B. & G. Pap. pl. V, Fig. 1. — Dup. p. 229, pl. 35, Fig. 98. — Guer. 82, Fig. 3.

Cardamines, *L.*, Aurorafalter. Taf. 1, Fig. 12. (Sch. Taf. 2, Fig. 10.) Blaugrün mit feinen schwärzlichen Pünktchen besetzt, einer weißlichen Rückenlinie auf dem ersten und fünften Ringe und einem weißen, oberwärts verwaschenen Seitenstreifen. Bauch graugrün. Kopf dunkelgrün mit schwarzen Pünktchen. Lebt im Juni, Juli an Schaumkraut (Cardamine pratensis), Turmkraut (Turritis glabra), nach Curo p. 24 auch an Cardamine impatiens. 2,9—3,5 cm. Puppe (Fig. 12b) glatt, Vorderteil schlank, stumpfspitzig, stark zurückgebogen, grün oder bräunlich mit einem weißen Seitenstreifen. (Wild. S. 56, Taf. 8, Fig. 14.) Entwicklung im April und Mai auf Waldwiesen, verbreitet in ganz Europa bis Kleinasien. Das Ei wird einzeln an die Blätter gelegt. — O. I. 2. 165. — Hb. 1. 48. — Esp. 1. 4. 1. — Frr. VI, p. 121, Taf. 559. — Sepp. VI, 9. — Rsl. 1. 3. 45. Taf. 8. — B. & G. Pap. pl. V. — Dup. p. 54, pl. 4, Fig. 10. — Pr. Taf. 3, Fig. 13. — Buck. 1, p. 159, pl. III, Fig. 2.

Damone, *Feisth.* Raupe im Herbst nach H. S. an Isatis tinctoria. Entwicklung im März, April. Sizilien, Balkan, mehr in Kleinasien und der Türkei.

Euphenoides, *Stgr.* Taf. 6, Fig. 8. (Sch. Taf. 2, Fig. 11.) Raupe grünlich mit gelb und schwarzer Rückenzeichnung, weißen Seitenstreifen und großen schwarzen Punkten. Kopf grün. Im Herbst auf Biscutella ambigua und didyma, nach Curo p. 24 auch auf B. laevigata. Entwicklung März bis Juli. Südeuropa. Nach Graslin (A. s. Fr. 1863, p. 331) fressen sich die Raupen in der Gefangenschaft gerne auf, besonders werden die zur Verpuppung reifen oft ein Opfer der Gefräßigkeit derselben. — Dup. p. 235, pl. 36, Fig. 99. — Bd. u. G. Taf. 2, Fig. 6.

4. Gattung. **Zegris,** *Rbr.*

Raupen denen von Anthocharis ähnlich, aber stärker auf Cruciferen. Die Puppen gleichen mehr denen von Satyriden; sie sind dickbauchig, höckerig, an den Seiten gebogen. (An. s. Fr. 1836, p. 531.)

Eupheme, *Esp..* (Sch. Taf. 2, Fig. 12.) Raupe nach Eversmann auf Sisymbrium Sophia und Lepidium perfoliatum. Entwicklung im April. Südrußland, bei Sarepta.

Menestho, *Mén.*, nur in Kleinasien. Var. Meridionalis, *Leder*, in Andalusien und Kastilien. Raupe grüngelb oder auch ganz rötlich überlaufen, fein behaart; auf den drei ersten Ringen mit runden, in der Mitte schwarzen Flecken, von denen sich auf dem 4. bis 10. Ring auf jeder Seite zwei und wieder einer darunter befinden. Kopf hellbraungelb, im Herbst an Sinapis incana, nach Rmb. auch an Raphanus und Brassica (An. s. Fr. 1836, p. 575). Entwicklung im April (Stgr.).

5. Gattung. **Leucophasia,** *Stph.*

Raupen schlank, dünn behaart; Puppen mit schlanker, stark zurückgebogener Kopfspitze. Nur eine Art in Deutschland, die in Südeuropa Lokalvarietäten bildet.

Sinapis, *L.* Taf. 1, Fig. 13. (Sch. Taf. 2, Fig. 13.) Ei gelblichweiß, cylindrisch längsrippig, sehr lang. (Buck. p. 25.) Raupe grün, an den Seiten über den Füßen ein hochgelber Längsstreifen. 2,9—3 cm. Lebt in zwei Generationen im Juni, August, September an Schotenklee (Lotus corniculatus) und Platterbse (Lathyrus pratensis), Orobus und Vicia. Puppe (Fig. 13b) stark zurückgebogen, vorn mehr spitzig, ockergelb mit einem rotgelben Seitenstreifen, in welchem die Luftlöcher als weiße Punkte stehen. Flügelscheiden rotbraun gestreift. Entwicklung im Mai und wieder im Juni und Herbst, in lichten Wäldern, überall häufig. — O. 1. 2. 169. — Hb. 1. 48. — Dup. p. 56, pl. IV, Fig. 12. — Pr. Taf. 3, Fig. 12. — Wild. 56. — Buck. 1, p. 25, pl. III, Fig. 3.

6. Gattung. **Colias,** *F.*

Raupen lang, fast durchgehends gleich dick, sehr kurz behaart. Puppen vorn einspitzig mit schneidig erhabenem Brustrücken; die am Ende befestigten Puppen hängen locker in dem, um den Leib gezogenen, weiten und schlaffen Gespinstfaden; die Raupen überwintern.

Palaeno, *L.* Taf. 1, Fig. 14. (Sch. Taf. 2, Fig. 14.) Nach Pastor Standfuß sammtartig meergrün mit feinen schwarzen Pünktchen besetzt; an den Seiten ein hochgelber, unterwärts schwarz gesäumter Längsstreifen, unter welchem die weißen, schwarz gerandeten Luftlöcher stehen. Bauch und Bauchfüße mattgrün. Brustfüße gelblich; Kopf grün. 3,8—4 cm. Lebt im Mai auf der Sumpfheidelbeere (Vaccinium uliginosum). Entwicklung im Juli, August, auf Torfmooren im nordöstlichen Deutschland. — Frr. VI, p. 97, Taf. 541. — Wild. 52. — Naake, Jahresh. Schlesien, 1875, S. 154. — Ent. M. III, p. 38.

Phicomone, *Esp.* Taf. 1, Fig. 15. (Sch. Taf. 2, Fig. 15.) Raupe nach Freyer dick, walzig; sammtartig dunkelgrün, fein schwarz punktiert; an den Seiten ein weißer Längsstreifen, in welchem die schwarzen Luftlöcher auf gelben Flecken stehen; Bauch und Füße grün. Kopf kugelig, gelblichgrün, fein behaart. 3,8—4 cm. Lebt im Mai und Juni an Wickenarten (Vicia). Puppe an beiden Seiten zugespitzt, auf dem Hinterrücken gewölbt, dunkelgrün mit einem mattgelben Seitenstreifen. Entwicklung im Juli, August, auf den Alpen. — Frr. VII, p. 105, Taf. 661.

Hyale, *L.* Taf. 1, Fig. 16 und Taf. 6, Fig. 9. (Sch. Taf. 2, Fig. 16.) Das Ei ist flaschenförmig, weißlich mit gelbbraunen Streifen (Goss. Fig. 34, Schl.-Taf. Fig. 5). Die Raupe ist sammtartig blaugrün oder grasgrün; auf dem Rücken mit zwei Reihen schwärzlicher Punkte, durch welche zwei feine gelbe Längslinien gehen; an der Seite eine gelbe oder rötliche Längslinie über den Füßen; Kopf dunkelgrün. 3,8 cm. Lebt im Juni, Juli an Wickenarten (Vicia), nach Curo p. 26 an Cytisus und Lotus. Puppe grün mit gelben Seitenlinien. Entwicklung im August, September, an Feldern und Wegen in ganz Europa. — O. 1. 2. 181. — Hb. 1. 50. (Palaeno). — Frr. VI, p. 105, Fig. 547. — Wild. 52. — St. e. Z. 1843, 4. — Dup. p. 58, pl. 4, Fig. 13.

Myrmidone, *Esp.* (Sch. Taf. 2, Fig. 18.) Das Ei ist lang, spindelförmig. Raupe, von Gartner in Brünn entdeckt, ist grün mit dunkler Rücken- und lichtgrüner Seitenlinie, im Herbst und Mai an Cytisus biflorus, nach Curo p. 26 an verschiedenen Leguminosen. Anfangs benagt die junge Raupe das Blatt, später frißt sie nur den Blattrand aus. Entwicklung im Juli und Herbst in Österreich, Bayern, Schlesien. — Prittwitz, St. e. Z. 1862, p. 146. — Wien. ent. Monatsch. 1861, S. 306. — Schmid p. 7.

Edusa, *F.* Taf. 1, Fig. 17. (Sch. Taf. 2, Fig. 19.) Dunkelgrün mit einem weißen oder rötlichen, gelb gefleckten Seitenstreifen über den Füßen. Luftlöcher rotgelb, Kopf blaugrün. 3,9 cm. Im Juni, Juli an Bohnenbaum (Cytisus capitatus, Esparsette (Onobrychis sativa), nach Curo p. 26 auch an Lotus und Vicia. Puppe grün mit einem gelben Seitenstreifen und gelb gesäumten, schwarz gestrichelten Flügelscheiden. Entwicklung im August, September, auf Feldern und sonnigen Abhängen verbreitet. — O. 1. 2. 173. — Hb. 1. 50. (Hyale.) — B. & G. Pap. 3. — Dup. p. 59, pl. 4, Fig. 14. — Wild. 53. — Pr. Taf. 3, Fig. 14. — Buck. p. 9, pl. 1, Fig. 3.

7. Gattung. **Rhodocera**, *B.*

Raupen schlank, walzig, nach beiden Seiten verdünnt. Puppen mit stark bauchig herabstehendem Bruststücke und einer aufwärts gebogenen feinen Kopfspitze.

Rhamni, *L.*, Zitronenblatt. Taf. 2, Fig. 1. (Sch. Taf. 3, Fig. 1.) Mattgrün, an den Seiten heller mit einem matten weißen Längsstreifen über den Füßen. Luftlöcher fein dunkelgrün, Kopf grün. 4,8—5 cm. Im Mai bis Juli am Wegdorn und Kreuzdorn (Rhamnus frangula und cathartica, nach Curo p. 26 Rh. alaternus. Puppe mit sehr dickem Bruststücke, eckig, grün mit zwei hellgelben Streifen an den Seiten (Fig. 1a). Entwicklung vom August bis zum Herbst. Im ersten Frühjahre überwintert, in Wäldern und Gärten verbreitet. Die Eier werden einzeln an der Futterpflanze abgelegt, sie sind kegelförmig mit vier deutlichen Streifen. — An. s. Fr. 1884, p. 144. — O. 1. 2. 186. — B. & G. Pp. pl. 3. — Dup. p. 60, pl. 4, Fig. 15. — Rsl. 4. 178. Taf. 4. 26. — Sepp. IV, p. 125, Taf. 37. — Hb. 1. 52. 56. — Pr. Taf. 3, Fig. 16. — Buck. p. 145, Taf. 1, Fig. 2.

Cleopatra, *L.* Taf. 2, Fig. 2. (Sch. Taf. 3, Fig. 2.) Raupe der vorigen ähnlich, nur oben mehr blau mit bestimmteren weißen Seitenstreifen. Zweimal im Jahre an Rhamnus alpina, nach Curo p. 26 an Rh. alaternus. Puppe schmutziggrün mit einem gelben Seitenstreifen und roten Tüpfchen daneben. Entwicklung im Juni, Juli, August und im Februar und März. — O. 1. 2. 189. — Hb. 1. 52. — Dup. p. 237, pl. 36, Fig. 100.

III. Fam. Lycaenidae. Bläulinge.

Raupen asselförmig, oben stark gewölbt, unten flach, kurz und fein behaart. Kopf klein, rund, in die ersten Ringe zurückziehbar.

1. Gattung. **Thecla**, *F.* Zipfelfalter.

Raupen stark gewölbt, nach hinten abfallend und verschmälert, mit kurzen Härchen besetzt und mit kleinem zurückziehbarem Kopfe. Verwandlung meistens auf einem Blatte oder an Zweigen in eine unterseits flache, auf dem Rücken stark gewölbte, am Fortsatz und am Leibe fein behaarte Puppe, welche bei Rubi überwintert, bei andern die Eier.

Betulae, *L.* Taf. 2, Fig. 3. (Sch. Taf. 3, Fig. 3.) Das Ei rundlich, oben und unten abgeplattet mit vielen Zacken (Goss. Fig. 35, Schl.-Taf. Fig. 6). Die Raupe grün mit einem erhabenen gelben Rückenstreifen und gleichfarbigen Schrägsstrichen an den Seiten; über den Füßen eine gelbliche Seitenlinie. Kopf braun. 2,7 cm. Lebt im Mai, Juni an Schlehen und Pflaumenbäumen und wird vor der Verwandlung rotbraun. Puppe stumpf mit abgerundetem glattem Afterstücke, braun, heller und dunkler gelblich gestrichelt und schattiert. Entwicklung im Juli, August, nicht selten. — O. 1. 2. 113. — Rsl. 1. 3. 37. Taf. 6. — Hb. 1. 40. — St. e. Z. 14. 333. — Sepp. III, p. 45. 1. 12. — Dup. p. 77, pl. VII, Fig. 27. — Wild. 51. — Pr. Taf. 2, Fig. 22. — Buck. p. 184, Taf. XII, Fig. 4.

Spini, *Schiff.* Taf. 2, Fig. 4. (Sch. Taf. 3, Fig. 4.) Grün mit drei gelblichen Rückenlinien, zwischen denen auf jedem Ringe zwei gelbe oder rötliche Wärzchen stehen; an den Seiten mit weißlichgelben Schrägsstrichen und einer gleichfarbigen Längslinie über den Füßen. Kopf klein, schwarz. 2—2,5 cm. Im Mai, Juni an Schlehen und Kreuzdorn (Rhamnus cathartica), vor der Verwandlung rötlich. Puppe stumpf, braungrau marmoriert. Entwicklung Ende Juni, Juli an sonnigen Abhängen in der Nähe der Nahrungspflanze. — O. 1. 2. 103. — Hb. 1. 39. — B. &. G. Lyc. pl. 1. — Dup. p. 79, pl. VIII, Fig. 29. — Frr. VI, 69, Taf. 523. — Pr. Taf. 2, Fig. 23. — Wild. 49.

W album, *Kn.* Taf. 2, Fig. 5. (Sch. Taf. 3, Fig. 5.) Grün mit einer doppelten Reihe feiner weißlicher Spitzen auf dem Rücken; Bauch hellgrün, hin und wieder mit dunkelrothen Flecken geschmückt. Kopf gelbbraun. 2,2—2,5 cm. Lebt im Mai an Ulmen und wird vor der Verwandlung bräunlich. Puppe graubraun, an den Flügelscheiden dunkler. Entwicklung Ende Juni, zerstreut und selten. — O. 1. 2. 109. — O. W. 50. — B. & G. Lyc. pl. 1. — Stett. e. Z. 1855, S. 108. — Dup. p. 78, pl. VIII, Fig. 28. — Buck. p. XIII, Fig. 1.

Ilicis, *Esp.* Taf. 2, Fig. 6. (Sch. Taf. 3, Fig. 6.) Blaßgrün, fein rötlich behaart mit einer matten gelben Fleckenlinie auf dem Rücken, gleichfarbigen Schrägsstrichen und einer Längslinie an den Seiten. Kopf und Brustfüße schwarz. Im Mai an buschigen Eichen, wird vor der Verwandlung rötlich. Puppe gelbgrau, fein schwarz punktiert, mit kurzen rötlichgrauen Härchen besetzt. (Wild. 50, Taf. 8, Fig. 4.) Entwicklung Ende Juni, Juli um Eichengebüsch und an Waldrändern. — O. 1. 2. 105. — Hb. 1. 45. — Frr. VI, p. 79, Taf. 529 und 178, Fig. 589. — Sepp. II, Tab. 2, Fig. 1. — Dup. p. 81, pl. VIII, Fig. 31.

Acaciae, *F.* (Sch. Taf. 3, Fig. 7.) Raupe im Mai, Juni an Schlehen und scheint nach Pfarrer Fuchs die kleinsten verkümmerten Büsche vorzuziehen. Entwicklung im Juni, Juli an ganz heißen felsigen Abhängen, mehr in Südeuropa.

Pruni, *L.* Taf. 2, Fig. 7. (Sch. Taf. 3, Fig. 8.) Hellgrün mit weißlichgelben Linien und feinen Schrägsstrichen; vom vierten bis siebenten Ringe mit vier Paar kurzer, fleischiger, fein rotbrauner, punktierter Erhöhungen auf dem Rücken. Kopf gelb mit zwei schwarzen Punkten. 2,3 cm. Im Mai an Schlehen und Pflaumen. Puppe mit starker Einsenkung hinter dem Brustrücken und mit stark gewölbtem, mit vier Reihen dunkler Knöpfchen besetztem Hinterleibe; braun mit weißem Stirnbande und weißem Sattel; Afterstück halbmondförmig, unten flach, am Ende mit feinen Häkchen besetzt, Fig. 1a. (Wild. p. 50, Taf. 8, Fig. 1.) Entwicklung im Juni an Waldrändern, zwischen Gebüschen, in Europa ziemlich verbreitet. — O. 1. 2. 111. — Hb. 1. 40. — Esp. 1. 19. — Rsl. 1. 3. 41. Taf. 7. — Frr. VI, 89. Fig. 535. — Dup. p. 26, pl. VII, Fig. 26. — Pr. Taf. 3, Fig. 23. — Buck. pl. XII, Fig. 5.

Roboris, *Esp.* (Sch. Taf. 3, Fig. 9.) Bräunlichgelb, durch viele kurze schwarze Haare auf der Oberseite dunkler; auf den Segmenten eine schwarze Zeichnung, welche eine unterbrochene Rückenlinie und auf dem ersten Ring einen größeren Fleck bildet.

Kopf und Brustfüße schwarz. Bauchfüße von der Körperfarbe. Nach Roüast p. 7 auf Fraxinus excelsior. Entwicklung im Mai, in Südtirol, Südfrankreich und Spanien.

Quercus, *L.* Taf. 2, Fig. 8. (Sch. Taf. 3, Fig. 10.) Schmutzig fleischfarben oder gelbrötlich mit einer Reihe erhabener dreieckiger, gelblicher oder roter Flecken auf dem Rücken des vierten bis elften Ringes, welche durch eine feine schwarze Linie geteilt sind; an den Seiten grünlich mit einem gelben Streifen über den Füßen; Kopf klein, braun. 2,2—2,4 cm. Lebt im Mai, Juni an Eichen und ruht bei Tage an der Unterseite der Blätter. Entwicklung im Juli, August, an den Rändern von Eichenwaldungen und an lichten Stellen um Eichen verbreitet. Puppe an beiden Seiten abgerundet; braun, dunkler punktiert, auf dem Rücken mit drei Reihen dunkelbrauner Flecken (Wild. 49, Taf. 8, Fig. 5). — O. 1. 2. 96. — Rsl. 1. 3. 52. Taf. 9. — Sepp. III, p. 151, Tab. 45. — Hb. 1. 38. — Dup. p. 80, pl. VIII, Fig. 30. — Buck. p. 185, pl. XIII, Fig. 2. — Pr. Taf. 3, Fig. 21.

Rubi, *L.* Taf. 2, Fig. 9. (Sch. Taf. 3, Fig. 11.) Grasgrün oder gelblichgrün mit einer gelben, dunkel gesäumten Rückenlinie, an deren Seiten je eine Reihe dreieckiger weißlicher oder hellgrüner Flecken steht; an den Seiten ein weißgelber Längsstreifen über den Füßen. Kopf braun. 1,8—2 cm. Puppe braun mit helleren Luftlöchern, überwintert. Lebt im Juni, Juli und wieder im Herbst an Ginster (Genista tinctoria), Kleearten, nach Curo p. 107 an Cyticus, Spartium und Rubus. Entwicklung im April, Mai und nach Rsl. nochmals im Juli an Waldrändern und Waldwegen, verbreitet. — O. 1. 2. 91. — Hb. 38. — Dup. p. 68, pl. V, Fig. 19. — Stett. e. Z. 14. 332. — Buck. p. 89, pl. XIII, Fig. 3.

2. Gattung. **Thestor,** *Hb.*

Raupen weniger schildförmig, die einzelnen Segmente schärfer abgesetzt als die der vorigen, behaart, ebenfalls mit sehr kleinem Kopfe. Diese Gattung verbindet die vorige mit Polyommatus. Nur in Südeuropa, Kleinasien und Nordafrika. An Papilionaceen.

Ballus, *F.* Taf. 2, Fig. 10. (Sch. Taf. 3, Fig. 12.) Gelblichweiß mit einem bläulichen Längsstrich und roten, rotbraun geränderten Längsstreifen an den beiden Seiten, von welchen auf jedem Segment eine ähnlich gefärbte Schrägslinie, innen weiß ausgefüllt, verläuft. Kopf schwärzlich. Ende Mai an Lotus hispidus. Puppe kastanienbraun. Falter im März. Südfrankreich, Spanien. Dup. p. 223, pl. 23, Fig. 95.

Callimachus, *Ev.* Raupe rotbräunlich mit dunklen Schrägstrichen auf dem Rücken und weißen Seitenstreifen, in den Schoten von Astragalus physodes. Mill. Ent. 1878, pl. 158, Fig. 6—8.

3. Gattung. **Polyommatus,** *Latr.*

Raupen mehr gestreckt als bei Lycaena, mit feinen, kurzen, rötlichen Haaren besetzt und mit einem kleinen braunen Kopfe. Leben meist an Polygoneen und verwandeln sich nahe an der Erde in eine vorn und hinten abgestumpfte Puppe. Die Raupen überwintern. Thersamon und Virgaurea verpuppen sich an Pflanzenstengeln, die übrigen an der Erde.

Virgaureae. *L.* Taf. 2, Fig. 11. (Sch. Taf. 3, Fig. 13.) Dunkelgrün mit einer gelblichen Rückenlinie zwischen den Wülsten, welche gelblich und auf dem Rücken sind; an den Seiten eine gelbgrüne Längslinie, über welche die schwarzen Luftlöcher stehen. 2,5—2,7 cm. Puppe stumpf, bräunlich mit dunkleren Flügelscheiden. Im Mai und Juni nur an Wiesenampfer (Rumex acutus), nach Roßast p. 8 auch an R. crispus und acetosella, nicht an Goldrute. Entwicklung im Juli, August an Waldrändern, nicht überall. — O. 1. 2. 85. — Frr. II, 33, Taf. 115. — Pr. Taf. 2, Fig. 11. — Dup. p. 67, pl. V, Fig. 18. — Wild. 48. — (Hb. Bild. 1. 35. gehört nicht dazu nach Rogenhofer.)

Thersamon, *Esp.* Taf. 2, Fig. 12. (Sch. Taf. 3, Fig. 14.) Wulstig auf dem Rücken des zweiten und neunten Ringes: grün zwischen diesen Wülsten mit einem hellen, von einer feinen Längslinie durchzogenen Rückenstrichen, zu dessen Seiten dunkle, selten nach der Mitte hin gelblich gesäumte Schrägstriche stehen; über den Füßen eine feine gelbe Längslinie, über welche die schwarzen Luftlöcher stehen; Kopf und Brustfüße rotbraun. 2,5—2,7 cm. Puppe walzig, dunkelbraun. Im Mai, Juni an Besenginster (Sarothamnus), auch an Rumex nach Rogenh. Entwicklung im Juli, August im südlichen Deutschland, nördlich bis Böhmen, Kleinasien. B. & G. Lyc. pl. 2, Fig. 6 u. 7; pl. 3, Fig. 5—8. — Dup. p. 82. pl. IX, Fig. 32. — Wild. 48.

Hippothoë, *L.* (Chryseis, *Bkh.*) Taf. 2, Fig. 13. (Sch. Taf. 3, Fig. 16.) Raupe sammtartig dunkelgrün mit einem hellen Längsstreifen über den Füßen und dunkler Rückenlinie, weißlichen Ringeinschnitten; Kopf und Brustfüße braun. 2,5—2,7 cm. Puppe ledergelb mit schwarzen Augenpunkten, gleichfarbigen Strichen auf den Flügelscheiden und schwarzen Punkten auf dem Hinterleibe. Lebt im Mai an Ampfer und verwandelt sich frei an der Erde. Entwicklung im Juni auf Wiesen und Waldlichtungen. — Tr. X, 1. 74. — Hb. 1. 34. — Frr. II, 55. Taf. 127 u. 6. 188. Taf. 596. — Wild. 47. 48. — St. e. Z. 14. 331. — Pr. Taf. 3, Fig. 15.

Alciphron, *Rott.* Taf. 2, Fig. 14. (Sch. Taf. 3, Fig. 17.) Das Ei überwintert am Stengel der Futterpflanze. Raupe von Prediger *Musschl* entdeckt, mattgrün mit zwei braunen Längslinien auf dem Rücken; an jeder Seite eine schwarzbraune Längslinie, über welcher die schwarzen Luftlöcher stehen. Kopf braun. 2,5—2,7 cm. Puppe dick, hinter dem Rückenschild eingedrückt, grau, grün schimmernd mit braunen Punkten. Lebt von April bis zum Juni an Ampfer und verwandelt sich an der Erde unter lichtem Gespinste. Entwicklung im Juli, August auf feuchten Waldwiesen. — Tr. 10. 1. 73. — Frr. 2. 13. Taf. 103. — Wild. 47. — Pr. Taf. 3, Fig. 12.

Dorilis, *Hufn.* Taf. 2, Fig. 15. (Sch. Taf. 3, Fig. 18.) Grasgrün mit einem violetten Rückenstreifen und manchmal auch mit einem violetten Seitenstreifen; Kopf braun. 1,8—2,4 cm. Nicht selten in drei Generationen im April, Juni und Juli an wildem Ampfer; verwandelt sich an der Erde und entwickelt sich im Mai, Juli und August, September. Auf Wiesen und Rainen. Wild. 47. — Sepp. 2. Ser. II, Taf. 25. — Dup. 32.

Phlaeas, *L.* Taf. 2, Fig. 16. (Sch. Taf. 3, Fig. 19.) Heller oder dunkler grün mit einem hochroten oder gelblichen Rückenstreifen und gleichfarbigen Rändern an den Seiten des Rückens; Kopf rotbraun. 1,8—2 cm. Puppe gelblichbraun, schwarz punktiert. Im Mai und August an Ampfer. Entwicklung April, Mai und Juli bis September. Weit verbreitet. — O. 1. 2. 87. — Tr. X, 1. 76. — Hb. 1. 36. — Sepp. VIII, 133. 35. — Dup. p. 65, pl. V, Fig. 16. — Frr. II, 97. Taf. 151. — Pr.-Taf. 3, Fig. 14. — Buck. p. 91, Taf. XIII, Fig. 4.

Amphidamas, *Esp.* (Helle, *Hb.*) Taf. 2, Fig. 17. (Sch. Taf. 3, Fig. 20.) Raupe grün, auf dem Rücken gelblich mit einer dunkelgrünen Mittellinie und mit einem matten Längsstreifen an den Seiten; Kopf und After rotgelb. 1,8 cm. Puppe gelblichbraun mit weißlichem Hinterleibe, schwarzen Strichen an den Flügelscheiden und schwarzen Punkten auf dem Rücken, überwintert. Lebt im Juli, August an Natterwurz (Polygonum bistorta) und Ampfer und verwandelt sich am Pflanzenstengel. Entwicklung anfangs Mai, auf feuchten, sumpfigen Wiesen im südlichen und mittleren Deutschland. — Tr. X, 1. 73. — Hb. 1. 36. — Frr. B. I. 26. — Dup. p. 66, pl. V, Fig. 17. — Zeller, St. e. Z. 1870, S. 299.

4. Gattung. **Lycaena,** *F.*

Raupen kurz, mit stark gewölbten Rücken und wenig behaart. Sie leben mit wenigen Ausnahmen ausschließlich an Papilionaceen (Schmetterlingsblüten) und fressen besonders deren Blüten und Früchte. Verwandlung teils an der Erde, teils an den Zweigen und Blättern der Nahrungspflanzen in Puppen, welche am Hinterleibsende und durch einen Gespinstfaden um den Leib befestigt sind.

Baetica, *L.* Taf. 2, Fig. 18. (Sch. Taf. 3, Fig. 21.) Grün oder rötlich mit einer rötlichen Rückenlinie und schrägen grünen Strichen in den Seiten. Seitenstreifen weiß. Kopf klein, braun. Puppe braun, Flügelscheiden und vorderer Teil getupft. Im Herbst in den Schoten des Blasenstrauchs (Coluthea arborescens). In Südeuropa bis Persien und Nordafrika. — Sepp. V, 31. IX. — A. s. Fr. 1847, p. XCIV. — Mill. V, pl. 4, Fig. 1—5.

Telicanus, *Lang.* Taf. 2, Fig. 19. (Sch. Taf. 3, Fig. 22.) Nach Freyer purpurrot mit einer dunklen Rückenlinie und feinen bräunlichen Schrägstrichen. Kopf braun. 1,6—1,8 cm. Im Juli, August an Weiderich (Lythrum salicaria), besonders an den Blüten, oft bei 30 Stücke an einer Pflanze, von denen aber meist zwei Drittel gestochen sind. Zur Verwandlung wird die Farbe bleicher und sie verpuppen sich am Stengel der Nahrungspflanze in ockergelbe, an beiden Seiten abgestumpfte Puppen, nach Mill. auch Mitte Oktober an Calluna vulgaris. Entwicklung nach 14—16 Tagen Ende August, September. — Frr. 1. 110. Taf. 56. — Mill. 108, Fig. 10 bis 12. — Wild. 46.

Argiades, *Pall.* (Sch. Taf. 3, Fig. 23.) Hellgrün, selten mit rötlichem Anfluge; auf dem Rücken mit dunkelgrün durchscheinenden, an beiden Seiten erweiterten Rückengefässen und an jeder Seite mit einer matten, dunklen, welligen Längslinie, zwischen denen erhabene braune Pünktchen stehen; an den Seiten weißliche Pünktchen mit je einem kurzen Härchen besetzt. Kopf schwarz. 1,8 cm. Puppe gelblichbraun, dunkler punktiert mit schwarzer Rückenlinie. Lebt in zwei Generationen im Juni und August, September an Lotus corniculatus, Medicago- und Trifolium-Arten, und verwandelt sich im April, Mai und wieder im Juli, August zum Falter. An sonnigen Abhängen, auf Waldlichtungen, nicht überall. — St. e. Z. 10. 177. — Wild. 45.

Aegon, *Schiff*. Taf. 2, Fig. 20. (Sch. Argyrotoxus, *Berg.* Taf. 3, Fig. 24.) Unbehaart, schlank, mehr gestreckt, grün oder rotbraun, auf Genista zitronengelb, an beiden Enden bräunlichrot gemischt, mit einer braunroten, weiß gesäumten Rückenlinie, an beiden Seiten schwach bräunlich gewellt und mit einem weißen Längsstreifen über den Füßen; Kopf und Brustfüße schwarz. 1,8—1,9 cm. Puppe länglich, hellgrün mit gelblichem Hinterleibe, karminbrauner Rückenlinie und gelbbraunen Luftlöchern. Lebt im Mai, Juni an Klee und Ginster (Genista) und Blasenstrauch (Coluthea arborescens). Var. Corsica an Astragalus, Curo p. 110. Entwicklung im Juli an Wald- und Bergwiesen und Heideplätzen, nirgends selten. — O. 1. 2. 57. — Tr. 10. 1. 72. — Hb. 1. 32. — Sepp. VII, 17. 5. — Frr. II, 129. Taf. 175. — Dup. p. 72, pl. VI, Fig. 23. — Wild. 41. — Buck. p. 112, Taf. XV, Fig. 3.

Argus, *L.* Taf. 2, Fig. 21. (Sch. Taf. 3, Fig. 25.) Fein sammtartig, behaart, grün auf dem Rücken mit weißem Knöpfchen, einem dunkelbraunen, weiß gesäumten Mittelstreifen und weißen Schrägstrichen zu beiden Seiten, über den Füßen ein rotbrauner Längsstreifen, in welchem die weißen Luftlöcher stehen; Bauch und Bauchfüße mattgrün, Kopf und Brustfüße schwarzbraun. 1,6—1,8 cm. Puppe anfangs grün, später hellbraun, an den Augen und an den Hinterleibseinschnitten rotbraun. Im Mai, Juni an Klee-Arten, Melilotus, Wiesenschotenklee (Lotus siliquosus) meistens unter der Pflanze verborgen auf der Erde, nach Freyer oft mit 8—10 Ameisen um solche beschäftigt, ohne daß die träge Raupe von ihnen angegriffen wird. Nach Zeller auch an Heidekraut. Entwicklung im Juni, Juli, auf Waldlichtungen und sonnigen Bergabhängen. — O. 1. 2. 52. — Hb. 1. 32. — Dup. p. 71, pl. VI, Fig. 22. — Frr. II, 121. Taf. 169. — Wild. 41. — Pr. Taf. 3, Fig. 20.

Optilete, *Kn.* Taf. 2, Fig. 22. (Sch. Taf. 3, Fig. 26.) Raupe nach Karl Plötz bleichgrün, sammtartig mit kurzen roten Härchen; an den Seiten mit einem weißen, schwarz gesäumten Längsstreifen, über welchem die weißen Luftlöcher stehen; Kopf klein, schwarzbraun. Puppe stumpf, blaßgrün mit rötlichen Ringeinschnitten und feinen roten Härchen am Vorderteil. Im Herbst und nach der Überwinterung bis Ende Juni an der Moosheidelbeere (Vaccinium oxycoccos), deren Blüten sie vorzüglich verzehrt. Nach Wocke p. 5 auch auf myrtillus und uliginosus. Entwicklung nach 18 Tagen; Mitte Juli bis August; auf Sumpfwiesen und Torfmooren. — Frr. VII, 97. Taf. 656. — Wild. 41.

Orion, *Pall.* (Sch. Taf. 3, Fig. 27.) Ei weiß, abgeplattet (Schmid p. 10). Raupe meergrün mit dunkelvioletter Rückenlinie, schwarzen Luftlöchern und schwarzem Kopfe; im Juni, Juli, August an der Fetthenne (Sedum telephium); ruht an der Unterseite der Blätter, von denen sie nur die Oberseite derselben frißt; nach A. Schmid auch an S. album, in allen Größen unterseits der Wurzelblätter, manchmal eingebohrt in den Stengeln der Pflanze; da sie viel angestochen sind, so lohnt sich das Suchen der Eier. Verpuppung am Boden unter Laub und Steinen, Puppe hellgrün mit mattbraunen Punkten. Entwicklung im Mai, Juni an felsigen Stellen, nicht sehr verbreitet. — O. 1. 2. 64. — Wild. 40.

Orbitulus, *Prun.* (Sch. Taf. 3, Fig. 31.) Saftgrün, dicht mit schwarzen, ziemlich steifen, kurzen, längs der Dorsale etwas längeren Haaren besetzt; Rücken bräunlichgrün, hellweiß gesäumt, inmitten jeden Ringes je ein rosarötlicher Punkt, an den Seiten je ein dunkler, grüner Querstrich. Seitenlinie weiß, oben rosenrot gerandet. Luftlöcher schwarz, fein weiß gerandet. Krallen schwarz. Bauch und Füße gelblichgrün. Kopf klein, schwarz. *Rogenhofer* entdeckte die Raupen im Juli am Stilfser Joch unter Steinen, an denen sie sich auch verpuppten. Puppe am Rücken und den Flügelscheiden graubraun, letztere mit sieben schmutziggelben Striemen gezeichnet, die dem Aderverlaufe entsprechen; glatt, ziemlich glänzend. Leib gelbbraun. Einschnitte heller, ziemlich dicht und kurz weißlich behaart, wie auch der Thorax. Luftlöcher schwarz. Bauch glatt. Entwicklung im Juli, nur auf den höchsten Alpen. — V. z. b. V. Wien. 1875. S. 796.

Astrarche, *Bgstr.* Taf. 2, Fig. 23. (Sch. Taf. 3, Fig. 32.) Das Ei kleiner als von Aegon, rundlich, oben niedergedrückt, netzartig an den Seiten, matt, grünlichgrau. Raupe (v. Schluß-Taf.) nach Zeller angenehm hellgrün, zart weißborstig, schwarzköpfig mit purpurbraunem Rückenstreif, sehr verloschenen hellen, grünlichen, schräg herabgehenden Seitenlinien und breitem purpurrotem Seitenwulst. Bauch heller grün als der Rücken; Einschnitte der Segmente tief. Alle Beine blaßgelblich. Die Raupe lebt auf Erodium cicutarium, Verpuppung erfolgt am Boden, gewöhnlich ohne Faden um den Leib. Die Raupe der Var. Artaxerxes aus England ist hellgrün mit weißen Börstchen besetzt, mit breiter dunkelgrüner Längslinie auf dem Rücken und einem Wulsthöcker zu jeder Seite des Segmentes, hinter welchem eine rötlichweiße, auf beiden Seiten rosafarben eingefaßte Längslinie verläuft. Im Mai an Helianthemum

III. Familie. Lycaenidae. Bläulinge.

vulgare, zuerst an den jungen Trieben. Puppe blaßgrün, auf dem Rücken dunkler mit weißlichen Flügelscheiden. Entwicklung im Mai, Juni, verbreitet. — Zell., St. e. Z. 1868, S. 401. — Ent. M. 1879, p. 242. — Buck. 116. 1. 16. Fig. I, a—g.

Icarus, *Rott.* Taf. 2, Fig. 24. (Sch. Taf. 4, Fig. 2.) Das Ei ist nach Buck. ähnlich dem von Aegon, rötlich, an der Spitze abgeplattet. Raupe etwas gewölbt, fein behaart, grün mit dunkelgrüner, etwas hell eingefaßter Rückenlinie, gelblicher oder weißlicher Seitenlinie und weißlichen, wellenartig unterbrochenen schwachen Schrägsstrichen. Kopf schwarz. 1,8—2,5 cm. Puppe glänzend braungrün mit dunkler Rückenlinie und gelben Luftlöchern. Im Mai und August an Hauhechel (Ononis), Ginster (Genista) und Pfriemenkraut und verwandelt sich frei an der Erde. Entwicklung im Juni, Juli und August, September an Wald- und Bergwiesen, Wegen und Rainen überall. — O. 1. 2. 38. — Tr. X, 1. 69. — Sepp. 2. Ser. II, 13. 14. — Wild. 42. — Dup. p. 73, pl. VII, Fig. 24. — Hb. 1. 33. — Frr. 7, p. 29, Taf. 616. — Ent. N. 1884, p. 369. — Pr. Taf. 3, Fig. 19. — Buck. p. 111, pl. XV, Fig. 2.

Eumedon, *Esp.* (Sch. Taf. 4, Fig. 3.) Die Raupe soll in den Früchten von Geranium pratense und purpureum leben, wo sie im Juni von Rössler S. 30 zahlreich im Mombacher Wald an den Blüten angetroffen wurde. Fliegt nur an feuchten Wiesen im Juli.

Amanda, *Schn.* (Sch. Taf. 4, Fig. 4.) Raupe nach Rektor *Gleissner* in Berlin dunkelgrün. Rücken stark erhaben, fast höckerig erscheinend. Einzelne Höcker dicht behaart wie die übrigen Teile des Körpers. Rückenlinie rotbraun mit weißer Einfassung, neben welcher zwei rotbraune Kettenstreifen auf jeder Seite hinlaufen. Fußstreifen weiß. Bauch wie sämmtliche Füße hellgrün. Kopf schwarz und glänzend. Länge 2—2,3 cm. Lebt im Mai bis Mitte Juni an Vicia cracca. Entwicklung im Juli. Im östlichen Deutschland, bei Berlin in manchen Jahren ziemlich zahlreich.

Escheri, *Hb.* (Sch. Taf. 4, Fig. 5.) Nach *Rouast* p. 9 an Astragalus incanus; nach *Himmighofen* an Plantago, nach *Donzel* auch im März, April an Astragalus monspessulanus. Entwicklung im Juli. Südeuropa im Gebirge.

Bellargus, *Rott.* Taf. 2, Fig. 25. (Sch. Taf. 4, Fig. 6.) Das Ei ist nach Buckler rundlich abgeplattet, netzförmig, hellgrün mit weißer Zeichnung. Raupe in der ersten Jugend dunkelgrün mit schwarzen Tupfen, später grün oder hellbraun mit einem dunkeln Rückenstreifen und einer Reihe dreieckiger rotgelber Flecken an den Seiten, über welche ein gelber Längsstreifen geht. Luftlöcher schwarz, Bauch und Bauchfüße graugrün, Kopf und Brustfüße schwarzbraun. 2,4—2,7 cm. Puppe grünlichbraun. Lebt im Mai und Juli nach O. an den Blüten von Ginster und Kleearten, nach Wilde an Coronilla und Hippocrepis, bei Tage an der Unterseite der Blätter sitzend oder an der Erde verborgen. Entwicklung Ende Juli und September, nach Rössl. im Mai, Juli an sonnigen Abhängen in ganz Europa. — O. 1. 2. 33. — Bd. Lyc. pl. 2. — Frr. 6. 13. Taf. 487. — Wild. 43. — Pr. Taf. 3, Fig. 18. — Buck. p. 106, Taf. XV, Fig. I, a—f.

Corydon, *Poda.* Taf. 2, Fig. 26. (Sch. Taf. 4, Fig. 7.) Blaugrün oder grasgrün mit dunkel durchscheinenden Rückengefäßen und zwei Reihen wulstiger gelber Erhöhungen auf dem Rücken, mit gelben Randstreifen an den Seiten und einer Reihe gelber Fleckchen über den Füßen. Kopf glänzend schwarz mit einem grauen Querstrich über den Kiefern. 2,5—2,7 cm. Unterscheidet sich leicht von der Raupe von Bellargus durch die Kleinheit der Luftlöcher. Puppe schmutzig braungelb mit einer dunklen Rückenlinie und weißlichen Flügelscheiden. Im Mai und Juni an Coronilla varia, nach Speye an Astragalus, und nach A. Sch. an Hippocrepis comosa, bei Tage an der Erde unter Steinen versteckt und verwandelt sich an der Erde. Entwicklung Juli, August an sonnigen blumenreichen Abhängen, besonders auf Kalkboden. — Tr. X, 1. 67. — Hb. 1. 31. — Bd. Lyc. pl. 2. — Frr. 3. 45, pl. 223. — St. e. Z. 1852. 125. — Wild. 43. — Pr. Taf. 3, Fig. 17. — Buck. 109, pl. XIV, Fig. 3, a—c.

Hylas, *Esp.* (Sch. Taf. 4, Fig. 8.) Nach Neustädt in Breslau ist die Raupe sehr gewölbt, fein behaart, dunkelgrün mit etwas bräunlicher Mischung, mit hellgelber Seitenlinie und dunkelgrauer feiner Rückenlinie, neben welcher an den Seiten eine Reihe schön gelber Flecken läuft. Kopf ziemlich groß, wie die Luftlöcher schwarz. Lebt im Juni und August an den Blüten von Steinklee (Melilotus). Entwicklung im Mai und Juli, August auf Wald- und Bergwiesen, besonders auf Kalkboden. — Tr. X, 1. 67. — Wild. 42. — Mill. 85. 1. 3.

Meleager, *Esp.* (Sch. Taf. 4, Fig. 9.) Nach *Rouast* p. 9 an Thymus latifolius und Orobus niger. Entwicklung im Juni, Juli, mehr in Südeuropa; bei Regensburg, in Rußland.

Dolus, *Hb.* (Sch. Taf. 4, Fig. 11.) Raupe nach Tr. X. 1. 62 an Trifolium-Arten, nach Curo p. 113 an Onobrychis sativa. Entwicklung Ende Juli, Anfangs August nur im südlichen Frankreich und Piemont.

Damon, *Schiff.* Taf. 2, Fig. 27. (Sch. Taf. 4, Fig. 12.) Raupe nach O. gelblich grün mit feinen Haaren besetzt, mit einem dunkelgrünen Rückenstreif und gleichfarbigen, weiß eingefaßten Seitenstreif. Über den Füßen gewöhnlich noch eine schmale, strohgelbe oder auch rote Linie. Mai, Juni besonders an Onobrychis sativa, und verwandelt sich an der Erde. Puppe ockergelb, weniger stumpf als die der anderen Schildraupen. Der Schmetterling entwickelt sich nach 14 Tagen; im Juli, August, besonders an sonnigen Abhängen. — Dup. p. 69, pl. VI, Fig. 20. — O. 1. 2. 19. — Hb. 1. 35.

Argiolus, *L.* Taf. 2, Fig. 28. (Sch. Taf. 4, Fig. 14.) Nach Plötz in Greifswalde ist das Ei flach, weißlich, Schl.-Taf. Fig. 7, die Raupe fleischfarben, heller oder dunkler, mit Rot vermischt; nach Mill. hellgrün mit weißer Zeichnung auf Dorycnium. Auf dem Rücken vom 2. Ringe an eine Reihe dreieckiger weißer, von einer roten Mittellinie durchschnittenen Flecken; an den Seiten ein bleicher Längsstreifen. Kopf klein braun bis ganz braun. 1,7—1,8 cm. Puppe hellbräunlich, etwas durchscheinend. Lebt im August, September an Wegdorn (Rhamnus) und Heidekraut (Calluna), und verwandelt sich an der Erde. Die Puppe überwintert. Entwicklung im April, Mai in lichten Gehölzen, weit verbreitet. — O. 1. 2. 17. — Sepp. 2. Ser. III, Taf. 1. — Frr. 7. 87, Taf. 651. — Wild. 45. — Mill. 108, 7—9. — Buck. p. 94, pl. XIV, Fig. 1, a—c.

Sebrus, *Bd.* (Sch. Taf. 4, Fig. 15.) Nach *Roßast* p. 9 an Orobus montanus. Nach *Donzel* werden die Eier auf die Blüten der Futterpflanze gelegt. Entwicklung im Mai in den Gebirgen von Österreich, Piemont, Südfrankreich und am Balkan.

Minima, *Fuesl.* Taf. 2, Fig. 29. (Sch. Taf. 4, Fig. 16.) Die Eier werden nach Buck. in die Kelche von Anthyllis gelegt, sie sind mehr abgeplattet als rund, an der Oberfläche eingeschnürt, hellgrün. Die Raupe ist schmutziggrün mit einem rötlichen, gelb gesäumten Rückenstreifen, gleich gefärbten und gesäumten Schrägsstrichen und einer gelblichen Seitenlinie über den Füßen; Kopf grangrün mit zwei schwarzen Flecken. 1,2—1,4 cm. Lebt im Juni und im August an Coronilla varia und Melilotus. Puppe grünlichgelb mit vier Reihen schwarzer Punkte auf dem Rücken. Entwicklung im Mai, Juli auf trockenen Bergwiesen; in ganz Europa. — Hb. 1. 30. — Dup. 1, p. 75, pl. VII, Fig. 25. — Wild. 45. — Buck. p. 100, Taf. XIV, Fig. 2, a—f.

Semiargus, *Rott.* (Sch. Taf. 4, Fig. 17.) Raupe nach Assmus in Anthyllis vulneraria, nach Zeller in den Köpfen von Armeria vulgaris. Entwicklung im Juni, selten, an grasigen Waldstellen.

Cyllarus, *Rott.* Taf. 2, Fig. 30. (Sch. Taf. 4, Fig. 18.) Das Räupchen kommt nach O. im September aus dem Ei, überwintert und ist im Mai ausgewachsen. Es ist gelblichgrün mit feiner rötlicher Rückenlinie und dunkelgrünen Schrägsstrichen an den Seiten. Bauchfüße grünlichbraun, Kopf und Brustfüße schwarz. 2—2,7 cm. Lebt im Sommer und nach der Überwinterung im April an Steinklee (Melilotus). Nach Wocke S. 6 an Cytisus capitatus. Puppe braungrau. Entwicklung im Mai auf Waldlichtungen. — O. 1. 2. 12. — Hb. 1. 30. — Bd. Lyc. pl. 3, Fig. 1—4. — Dup. 21. — Wild. 44. — Frr. 3. 108, Taf. 271. — Mill. 108, 5—6.

Melanops, *Bd.* Taf. 2, Fig. 31. (Sch. Taf. 4, Fig. 19.) Hell- oder blaugrün mit dunklen Rückenstreifen und Schrägsstrichen auf jedem Segmente, unter welchen zwei Reihen gerader Striche stehen. Fußstreifen breit weiß. Kopf klein, schwarz, ebenso die Vorderfüße. Puppe hellbraun mit zwei Reihen schwarzer Tupfen an den Segmenten. Im Juni an Dorycnium. Entwicklung im April. Südfrankreich, Spanien, Portugal und Nordafrika. — Mill. III, p. 70, pl. 108, Fig. 1—3.

Jolas, *F.* Taf. 2, Fig. 32. (Sch. Taf. 4, Fig. 20.) Von Frivaloszky entdeckt; kaffeebraun mit schwarzer Rückenlinie und ebensolcher Einfassung, über die Füße zieht sich ein breiteres, helleres Band; der Kopf ist braun, die Farbe sehr veränderlich, je nach der Farbe der Schoten, in welchen sie lebt, z. B. in grünen Hülsen grünliche Raupen, in weißen weißliche, in roten rötliche, oft heller oft dunkler. Vor der Verwandlung wird sie ganz blaß. Lebt im Juli, August in den Fruchthülsen von Colutea arborescens, wo sie nur die Samen frißt. Verwandlung an der Erde unter einer leichten weißlichen Gespinstdecke. Puppe überwintert; dieselbe ist glatt, grau oder gelbbraun, schwarz punktiert. Entwicklung Juni, Juli, nicht überall. — Tr. X, 1. 58. — Frr. 2. 3, Taf. 97. — Wild. 44.

Euphemus, *Hb.* (Sch. Taf. 4, Fig. 21.) Nach A. Schmidt S. 12 die jungen Räupchen in den Köpfen von Sanguisorba officinalis, auf welchen der Schmetterling auf Waldwiesen Ende Juli öfters zu fangen ist.

Arion, *L.* (Sch. Taf. 4, Fig. 22.) Die Raupe soll an Thymus serpyllum leben, doch fehlen bis jetzt die näheren Angaben. Der Schmetterling fliegt häufig an den Orten, an welchem die Nahrungspflanze seiner Raupe wächst.

IV. Fam. Erycinidae.

Die Eier sind rundlich, die Schalen glatt und wie poliert. Raupen asselförmig, reihenweise mit fein behaarten Wärzchen besetzt, Kopf klein, kugelig. Sie leben im Sommer an krautartigen Pflanzen, bei Tag an der Erde verborgen und verwandeln sich in fein behaarte Puppen, welche am Hinterende und um den Leib mit einem Gespinstfaden befestigt sind. Dieselben überwintern. In Europa nur eine Gattung mit einer Art, während Südamerika hunderte von Arten besitzt.

Nemeobius, *Steph.* Frühlingsscheckenfalter.

Lucina, *L.* Taf. 2, Fig. 33. (Sch. Taf. 4, Fig. 24.) Das Ei nach Buck. grünlichgelb, wird auf die Oberseite der Blätter gelegt. Die Raupe blaß olivenbraun mit einem dunklen Fleckenstreifen auf dem Rücken und zu dessen Seiten mit je einer Reihe rötlichgelber Wärzchen; an den Seiten mit einer helleren Längslinie. Luftlöcher schwarz. Bauch weißlich; Kopf klein, hellweißbraun. 2,5—2,7 cm. Puppe gelblichbraun, schwarz punktiert und mit feinen grauen Härchen besetzt, Fig. 33a. Lebt im Juni, Juli an Ampfer und Primeln und verwandelt sich im August. Entwicklung im Mai an lichten Waldstellen und bewachsenen Waldwegen. — Tr. X, 1. 76. — B. & G. 3. 3. — Hb. 1. 5. — Frr. B. 1. 145, Taf. 43. — St. e. Z. 2. 50. — Pr. Taf. II, Fig. 25. — Buck. p. 85, pl. XII, Fig. 3 a—c. — Wild. 39.

V. Fam. Libytheidae. Schnauzenfalter.

Raupen walzig, gleich dick mit einzelnen feinen Härchen besetzt und länglichrundem, wenig gewölbtem Kopf. Puppen am After hängend. Ebenfalls nur eine Gattung und eine Art in Europa.

Libythea, *Fab.*

Celtis, *Esp.* Taf. 2, Fig. 34. (Sch. Taf. 4, Fig. 25.) Die Raupe grün mit dunklerem Rücken, mehr oder weniger fein schwarz punktiert, mit einer weißlichen Mittellinie auf dem Rücken und zu deren Seite eine Reihe von schwarzen Punkten, auf jedem Ringe zwei; mit einem mehr oder weniger breiten weißen oder rötlichen Längsstreifen an den Seiten, an dessen unterem Rande die schwarzen Luftlöcher stehen. Kopf gelblichgrün oder braun. 3 cm. Die Raupe lebt im Mai auf dem Zürgelbaum (Celtis australis). Puppe anfangs hellgrün, nachher dunkler, am Vorderrande eirund ohne hervorstehende Spitzen (Fig. 34 a), mit hellgerandeten Flügelscheiden. Entwicklung im Juni, Juli, in Südtirol, und wo der Zürgel vorkommt in Südeuropa. — O. 1. 2. 192. — Hb. 1. 53. — Esp. 109. — Dup. 34. — Bd. Lyc. 1. 1. — Wild. 39. — Pr. Taf. 1, Fig 17.

VI. Fam. Apaturidae. Buntfalter.

Raupen dick, hinten zweispitzig, auf dem Kopfe mit Höckern bei Jasius. Puppen mit stark gewölbtem Rücken oder mit zweispitzigem Kopfe. Nach Kirby stehen sie bei den Nymphaliden.

1. Gattung. **Charaxes**, *O.* **Nymphalis**, *Latr.*

Raupen in der Mitte am dicksten, hinten zweispitzig, am Kopfe mit 4 Höckern. Puppen mit stark gewölbtem Rücken. Nur eine Art in Südeuropa, während 36 in Afrika, besonders im Westen, und 22 in Indien vorkommen.

Jasius, *L.* Taf. 2, Fig. 35. (Sch. Taf. 5, Fig. 1.) Das Ei ist dunkelgelb mit einem schmalen violetten Saume. Die Raupe ist grün mit weißen Pünktchen und einem gelben Streifen längs den gleichgefärbten Luftlöchern. Auf dem Rücken stehen zwei zirkelförmige Flecken, einer auf dem fünften, der andere auf dem siebenten Ringe; der Leib endigt in zwei Spitzen; der Mund und die Hörner am Kopfe sind an den Seiten rot und grün gemischt. Sie lebt im Herbst und Frühjahre auf dem Erdbeerstrauche (Arbutus Unedo), frißt nur bei Nacht und sitzt bei Tage unter den Blättern und Ästen. Sie überwintert und verwandelt sich in eine hellgrüne eiförmige Puppe mit etwas rot eingefaßten Flügelscheiden. Entwicklung im Mai, August und September in Dalmatien, Italien, Südfrankreich und Nordafrika. — O. 1. 1. 151. — Hb. 1. 20. — Dup. 68. — B. & G. 3. 9. — Esp. 104. — Pr. Taf. 1, Fig. 21. — Ent. N. II. 156.

2. Gattung. **Apatura**, *O.* **Schillerfalter**.

Raupen in der Mitte dick, nach hinten abfallend, mit zwei langen dreieckigen, am Ende zweiteiligen Hörnern auf dem Kopfe, der Afterring in eine zweiteilige Spitze auslaufend. Kopf klein, eckig. Überwintern jung und leben im Frühjahr einzeln an Laubholzbäumen und Sträuchern; sie sitzen sehr fest an den Blättern der Nahrungspflanze und sind wegen ihrer grünen Farbe schwer zu finden. Puppen an der Endspitze angesponnen, seitlich zusammengedrückt mit einem zweispitzigen Kopfstück und schmalen, hochgelegenen Hinterleibsrücken.

Iris, *L.* Großer Schillerfalter. Taf. 2, Fig. 36. (Sch. Taf. 5, Fig. 2.) Das Ei nach Buck. cylindrisch, gleichmäßig hoch und verschieden gerippt, gelbolivengrün mit etwas Rot. Raupe grün, fein gelb punktiert mit einem ockergelben Seitenstreifen an den ersten vier Ringen, vom fünften bis neunten Ring ein etwas erhöhter gelber Schrägsstrich. Afterspitzen rötlich; Bauch bläulichgrün. Kopf eckig, bläulichgrün mit roten Kiefern, zwei roten Punkten und vier weißen Strichen. Die beiden Kopfspitzen hellgrün, gelb gerandet mit gabelförmig gespaltenen rötlichen Dornspitzen und vorderseits bläulichem Strahle. Puppe hell bläulichgrün oder bläulichweiß mit zwei Spitzen am Kopfe und gelblichen Schrägsstrichen an den Seiten des hohen schmalen Hinterleibes. (Fig. 36 a. — Wild. Taf. 8, Fig. 6.) 4—5 cm. Das junge Räupchen überwintert, lebt bis Juni nur an Saalweiden (Salix caprea), sitzt an der Oberseite des Blattes und zieht niedere Büsche den grösseren vor. Die Puppenruhe dauert 2—3 Wochen und im Juli entschlüpft der Schmetterling, der an Waldwegen in Zentraleuropa, aber nicht überall gefunden wird. Nach Rössl. p. 16 scheinen heisse Sommer den Raupen nicht günstig zu sein, da sie in nassen zahlreicher erscheinen. — O. 1. 153. — Hb. 1. 22. — Esp. 11. — Rsl. 4. 213, Taf. 4. — Frr. 5. 3, Taf. 385. — Ent. N. 1885, S. 22. — C.-Bl. II. 23. — Wild. 27. — Pr. Taf. 1, Fig. 20. — Buck. p. 42, Taf. VI, Fig. 2 a—i. — I.-W. III. 136.

Ilia, *Schiff.* Kleiner Schillerfalter. Taf. 2, Fig. 37. (Sch. Taf. 5, Fig. 3.) Der Vorigen sehr ähnlich, mehr schmutziggrün und der Strahl an der Vorderseite der Kopfspitzen ist schwarz. Grasgrün, gelb punktiert; die Kopfspitzen vorderseits schwärzlich, hinten rötlichgelb, auf den vier ersten Ringen mit zwei von den Kopfspitzen abgehenden gelben rötlich gesäumten Längslinien; mit fünf je über zwei Ringe reichenden gelben, anderseits rötlich gesäumten Schrägsstrichen auf dem sechsten bis zehnten Ringe. Afterspitzen rötlich. Bauch und Füße bläulichgrün. Kopf eckig, grün. 4—5 cm. Puppe weißlichgrün; der scharfe hohe Hinterleibsrücken gelb gerandet. Kopfspitzen und Flügelscheiden gesäumt. (Wild. Taf. 8, Fig. 11.) Die Raupe lebt auf Pappeln, besonders an Populus tremula, aber auch auf der italienischen P. pyramidalis und selbst an Salweiden (Salix caprea). Entwicklung im April, Mai in Laubgehölzen um einige Tage früher als die Vorige. — O. 1. 160. — Hb. var. Clytie 21. — Wild. 27. — Fr. B. 1. 97, Taf. 31. — Dup. 70.

VII. Familie. Nymphalidae. Dornraupenfalter.

Raupen walzenförmig mit Dornen oder behaarten fleischigen Erhebungen (Scheindornen) besetzt und mit einem kugeligen vom Leibe merklich gesonderten Kopfe.

Verwandlung in am Ende angesponnene, gestürzt hängende mehr oder minder eckige Puppen, welche oft sehr schöne Goldflecken besitzen.

1. Gattung. Limenitis, *F.*

Die Raupen walzig mit zwei Längsreihen stumpfer ästiger Dornen auf dem Rücken und mit einem zweispitzen Kopfe. Puppen mit zwei kleinen Erhöhungen am Kopfe und einer grösseren beilförmigen Erhöhung auf dem Brustrücken; am Ende (Kremaster) angeheftet.

Populi, *L.* Großer Eisvogel. Taf. 3, Fig. 1 und Taf. 6, Fig. 10. (Sch. Taf. 5, Fig. 4.) Das Ei ist länglichrund, gerippt. *Dorfmeister* beschreibt in den Verhandlungen des z. b. Vereins in Wien das Leben vor der Überwinterung sehr vollständig und bringt auch eine Abbildung dazu. Die erste Wohnung ist die Mittelrippe eines Blattes, das sie von der Spitze aus beiderseits abnagt. Der Kopf ist nach außen gestreckt. Den Kot setzt sie an dem Rande des Blattes fest. Zur Überwinterung nagt sie das Blatt der Länge nach ab, rollt es zusammen und überwintert in der Röhre, so dass der Hinterteil heraussieht. Raupe grün mit braunen und schwärzlichen Schattierungen, welche die Grundfarbe, namentlich auf dem vierten, sechsten, achten und neunten Ringe verdecken; ein grüner, weißpunktierter Spiegelflecken auf dem fünften und siebenten Ringe an jeder Seite des Rückens; auf dem Rücken mit zwei Reihen behaarter fleischiger Spitzen und Knöpfe, von denen zwei hinter dem Kopfe länger sind. Kopf zweispitzig, rotbraun, an den Seiten schwarz. 5 cm. Bis Mai an Espen (Populus tremula) und selten an P. nigra an der Oberfläche eines Blattes, das durch die Last bedeutend heruntergezogen wird; ein geübtes Auge kann sie auch bei Sonnenschein von unten am Schatten erkennen. Puppe gelblich mit braunen Schattierungen und schwarzen Punkten; Kopf und Bruststück höckerig mit einer braungelben, beilförmigen Erhöhung auf den ersten Ringen des Hinterleibes; Kremaster an jeder Seite der Basis mit einer beulenartigen Verdickung. (Wild. Taf. 8, Fig. 10.) Entwicklung Ende Juni, Juli in Laubgehölzen an Wegen, in denen er sich auf feuchten Stellen niederläßt. — O. 1. 145. — Rsl. 4. 209, Taf. 4. — Esp. 12. 106. — Hb. 1. 19. — Wild. 26. — Dup. 64. — Frr. 4. 93, Taf. 343. — B & G. 3. 8. — Pr. Taf. 1, Fig. 18. — V. z. b. V. Wien 1854, S. 463.

Camilla, *Schiff.* Taf. 3, Fig. 2. (Sch. Taf. 5, Fig. 5.) Grün, auf dem Rücken mit zwei Reihen roter Dörnchen, von denen die auf dem zweiten, dritten, fünften, zehnten und elften Ring die grössten sind und mit einem weißen Längsstreifen an den Seiten; Bauch und Füße dunkelrot; Kopf rotbraun, weiß punktiert. 4—4,5 cm. Puppe heller oder dunkler braungrau mit einzelnen Metallflecken. Im Frühjahre einzeln auf Geißblatt (Lonicera xylosteum, caprifolium, periclymenum und tartaricum). Entwicklung im Juni, Juli an feuchten Waldwegen, nicht überall, — O. 1. 142. — Hb. 1. 18. — Bd. Nymph. pl. 5. — Wild. 26.

Sibylla, *L.* Kleiner Eisvogel. Taf. 3, Fig. 3. (Sch. Taf. 5, Fig. 6.) Das Ei rundlich, nach unten abgeplattet, mit sechseckigen Feldchen, ähnlich wie das Insektenauge; hellgrünlich und behaart. (Gss. Fig. 36, Schl.-Taf. Fig. 8.) Raupe gelblichgrün mit weißen Pünktchen und zwei Reihen rotbrauner Dornen, von denen die am zweiten, dritten, fünften, zehnten und elften Ringe die grössten sind; über den Füßen ein gelblichweißer Längsstreifen; Bauch rotbraun, Kopf herzförmig eingeschnitten, rot mit zwei weißen Streifen. 4—4,5 cm. Puppe eckig mit zwei Kopfspitzen, welche abwärts gebogen sind und einem Höcker auf dem Brustrücken; grün mit einzelnen Metallflecken. Überwintert klein in einem ähnlichen Gespinst wie populi (Buck. Fig. 1 c) und lebt erwachsen im Mai an Geißblatt (Lonicera). Entwicklung Ende Juni, Juli. Zwischen Gebüschen, an feuchten Waldwegen, mehr verbreitet als Vorige. — O. 1. 139. — Hb. 1. 18. — Rsl. 3, 417. 70, Fig. 1. 2. — Esp. 115. — Sepp. VIII, 59. — Dup. 67. — Bd. Nymph. pl. V. — Frr. B. 1. 39. Taf. 13. — Wild. 25. — St. e. Z. 14. 306. — Buck. p. 36—42, pl. VII, Fig. 1 a—d.

2. Gattung. Neptis, *F.*

Eier fingerhutförmig, Raupen in der Jugend mit unbedeutenden Erhöhungen; erwachsen walzig mit höckerartigen Erhöhungen auf dem Rücken und mit rundem, gewölbten Kopfe. Verwandlung in gestürzt hängende Puppen mit zwei kleinen Erhöhungen am Kopfe.

Lucilla, *F.* Taf. 3, Fig. 4. (Sch. Taf. 5, Fig. 7.) Von *Treitschke* entdeckt und von *Freyer* beschrieben. Bräunlichrot mit einer matten Mittellinie auf dem Rücken und je zwei dicken, braunen, fein gelb punktierten zapfenartigen Erhöhungen auf dem zweiten, dritten, fünften und elften Ringe; an den Seiten mit einem dunklen, hell geränderten Schrägstriche an jedem Ringe und einem gelblichen Längsstreifen über den Füßen. Bauch heller, fein gelb punktiert. Kopf schwarzbraun, gelb punktiert. 4—4,2 cm. Puppe kurz, dick, mit zwei Kopfspitzen, hellbraun. Lebt bis Ende Mai an Spiraea salicifolia, an welcher Treitschke im Juli bei Graz die leeren Puppenhülsen fand. Der Schmetterling kommt im Juni, Juli nur im südöstlichen Deutschland, in Schlesien, Südeuropa bis Kleinasien vor und sitzt gern gegen 10 Uhr morgens an den Blüten der Futterpflanzen. — Frr. 4. 3. Taf. 289. — Wild. 25. — Pr. Taf. 1, Fig. 19.

Accris, *Lepech.* (Sch. Taf. 5, Fig. 8). Die Raupe entdeckte *Gartner* in Brünn und beschrieb die Lebensweise ausführlich. Die Eier sind grün, in der Form eines niedrigen Fingerhuts und werden mit der flachen Basis an die Spitze des Blattes einzeln abgesetzt. Nach 8—10 Tagen entwickeln sich die jungen Räupchen; diese sind bis zur zweiten Häutung gelbbraun mit niederen Erhöhungen auf dem Rücken und mit zwei spitzen

Knöpfchen. Später sind sie kurz gedrängt; in der Mitte am breitesten. Rückenlinie weiß, mit je ein paar bestachelter Auswüchse auf dem zweiten, dritten und elften Ringe, von denen die beiden ersten stachelförmig, das letzte Paar dagegen divergierend stehen und nach der Afterklappe sich herabneigen. Das Paar auf dem dritten Ringe ist das stärkste. Auf dem fünften Ring befinden sich zwei kurze Fleischkegel. Ein scharf begrenzter, weißlicher oder graulichgrüner Sattel beginnt am Ende des dritten Ringes, erweitert sich auf dem sechsten und siebenten Ringe in Vorsprüngen bis zu den Füssen und verschmälert sich sodann bis zum elften Ringe; in diesem Sattel sind dunkle Schrägsstriche bemerkbar, die Seiten hinter dem siebenten Ringe dunkelgrün. Kopf unten breit, oben schmal in zwei beborstete Spitzen auslaufend, braun. Puppe kurz mit gestreckten, breiten und vorstehenden Flügelscheiden, Kopf zweispitzig; Hinterleib kurz und schlank, fahlgelb mit dunkelgeäderten Flügelscheiden, bei der Sommergeneration mit mattem Goldüberzuge, bei den Frühlingspuppen mit vier bis fünf metallglänzenden Flecken. Die Raupe frißt die Spitze des Blattes in Form eines lose anhängenden Dreiecks ab, auf welches sie täglich zurückkehrt. Sie lebt an Orobus vernus, verwandelt sich bei zeitigem Wachstum Ende Juli zur Puppe und schlüpft im August aus, oder überwintert und entwickelt sich Ende Mai. Ebenfalls im südöstlichen Deutschland, in Mähren, Ungarn, Türkei, Rußland und am Amur. — St. e. Z. 1860, S. 291. — Wild. 24.

3. Gattung. Vanessa, F. Eck- od. Zackenfalter.

Die Eier sind seitlich erhöht, aber sehr veränderlich in der Form; die Raupen gestreckt walzig, meistens nach dem Kopfe hin etwas dünner, mit einem Gürtel steifer ästiger Dornen auf jedem Ringe; der 1. Ring jedoch dornlos. Kopf herzförmig, eingeschnitten, bei einzelnen Arten mit zweiästigen Dornen besetzt. Puppen am Kopfe zweispitzig, mit einer nasenförmigen Erhöhung auf dem Rücken, meist mit Metallglanz. Kremaster keilförmig, unterseits ausgehöhlt, am Ende mit dichten Reihen feiner Häkchen.

Sie leben einzeln oder gesellschaftlich an Laubholzbäumen, Sträuchern oder krautartigen Gewächsen.

Levana, *L.* Taf. 3, Fig. 5. (Sch. Taf. 5, Fig. 9 b.) Ei länglichrund, oben abgeplattet, gerippt, grünlich. (Gss. Fig. 37, Schl.-Taf. Fig. 9.) Raupe schwarz oder braungelb mit schwarzen Streifen, selten mit einem rotbraunen Seitenstreifen; Dornen ästig, schwarz, zuweilen gelblich. Kopf schwarz mit zwei längeren Dornen besetzt, wodurch sie sich in der ersten Jugend leicht von Jo unterscheidet. 3–3,4 cm. Puppe braun mit dunkleren Flügelscheiden und Flecken; stumpfen Spitzen am Kopfe und auf dem Rücken und zuweilen mit metallisch glänzenden Flecken. Im August, September gesellig an Brennesseln (Urtica dioica). Entwicklung im Mai, die der 2. Generation im Juni ergiebt im Juli, August Prorsa, *L.* (Sch. Taf. 5, Fig. 9 a). Nicht überall, nach O. in Sachsen nur in einer Generation. Die seltene Zwischenform Porrima kann auch künstlich erzogen werden. — O. 1. 129. 132. — Esp. 15. — Tr. X, 1. 23. — Hb. 1. 17. — Rsl. 1. 49, Taf. 8 und 1. 54, Taf. 9. — Bd. Nymph. pl. 3. — Wild. 23. — Ent. N. X, 1. 26. — Mitt. naturw. V. Steiermark 1864, S.

Egea, *Cr.* Taf. 6, Fig. 11. (Sch. Taf. 5, Fig. 10.) Hellblau mit gelben und schwarzen Querstreifen, die auf den ersten Ringen am deutlichsten sind und gelben oben rötlichen ästigen Dornen. Die Segmente 4—11 haben vor den Dornen auf jeder Rückenseite zwei grosse glänzende blauschwarze Flecken, die sich beinahe berühren und ihrerseits auf einem gelblichweißen oder bräunlichen Raume stehen. Luftlöcher schwarz, gelblichweiß umzogen. Brustfüße glänzend kastanienbraun. Bauchfüße grünlichgelb wie die Unterseite des Bauches. Kopf braungelb. Mund oben schwarz, Kopf über und über ganz rauh, etwas herzförmig mit zwei ohrförmigen stachlichen Erhöhungen weniger hervortretend als bei C. album. Puppe von der Farbe eines dürren Blattes mit 3 Reihen Spitzen auf dem Rücken und ohne Silberflecken. Ende April auf Parietaria officinalis an Felsen und Mauern in warmen Alpenthälern. Nach Rossi auch an Weiden. Entwicklung im Juli, August. Südeuropa, Ungarn, Russland, Kleinasien. — Dup. p. 226, pl. 34, Fig. 96 (L. album). Prittw. St. e. Z. 1862, p. 144. — Rogenhofer, Verh. z. b. V. Wien 1860, S. 67.

C. album, *L.* Taf. 3, Fig. 6. (Sch. Taf. 5, Fig. 11.) Ei nach Buck. p. 57 elliptisch, oben abgeplattet, gerippt, blaugrün; das junge Räupchen ist schwarzgrün mit schwarzem Kopf und schwarzen Haaren. Erwachsen braun oder fleischfarben, auf dem Rücken der ersten sechs Ringe rotgelb, auf den übrigen Ringen weiß, mit kurzen, gelben und weißen Dornen, welche seitwärts von der Körperfarbe sind. Kopf grauschwarz mit zwei dornigen Knöpfchen. 3,4–3,6 cm. Puppe rötlich mit braunen Flecken, am Hinterrücken stark eingebogen mit metallisch glänzenden Flecken; Kopfspitzen flach und abgestutzt. (Wild. Taf. 8, Fig. 12.) Im Juni, Juli einzeln an Stachel- und Johannisbeeren, an Hopfen, Rüstern, Haseln und Heckenkirschen. Entwicklung im August, September und im Mai in Gärten und Waldrändern, verbreitet. — O. 1. 125. — Rsl. 1, 25, Taf. 5. — Esp. 13. — Hb. 1. 16. — Sepp. 10. 9. — Dup. p. 102, Taf. X. 1, Fig. 39. — Bd. Nymph. pl. VI. — Wild. 20. — Buck. p. 182, pl. VI, Fig. 3 a–c.

Polychloros, *L.* Großer Fuchs. Taf. 3, Fig. 7. (Sch. Taf. 5, Fig. 12.) Ei glatt, hellgelb, birnförmig. Raupe dunkel, schwarzblau oder braungrau mit feinen weißen Härchen zwischen den Dornen; auf dem Rücken und an den Seiten je ein verwaschener rostfarbener Längsstreifen. Dornen rostgelb, je vier auf dem zweiten und dritten Ringe. 4,5–5 cm. Puppe heller oder dunkler, braun, mit schwarzen Spitzen am Kopfe und Hinterteile, und gewöhnlich einigen Metallflecken auf dem Rücken; am letzten Ringe keilförmig, unterseits ausgehöhlt mit einem Büschel feiner Häkchen am Ende. Lebt im Juni gesellschaftlich an Weiden, Rüstern, Kirsch- und Birnbäumen, an denen sie oft schädlich auftreten. Entwicklung im Juli, August und manchmal auch nach der Ueberwinterung im ersten Frühling, sehr verbreitet.

— O. 1. 114. — Esp. 13. — Hb. 1. 10. — Sepp. 1. 8. — Rsl. 1. 9, Taf. 2. — B. & G. Nymph. pl. VI. — Dup. 161, pl. XI, Fig. 38. — Frr. 2. 75. Taf. 139 (var. Pyromelas mit etwas kleinerer, bunter Raupe). — Rtzb. 2. 70. — Wild. 21. — Buck. p. 54, pl. IX, Fig. I a—d.

Xanthomelas, *Esp.* Taf. 6, Fig. 12. (Sch. Taf. 5, Fig. 13.) Von Tischer entdeckt; Raupe schwarz mit zwei weißen breiten Längslinien, einem weißen Längsstreifen unter demselben, und mit vielen weißen Punkten, welche unter denselben einen Streifen bilden. Vom vierten Ringe ab auf jedem ein brauner Flecken. Dornen schwarz, Bauchfüße dunkel ockergelb; Kopf und Brustfüße schwarz. 4,5—5 cm. Puppe rötlichbraun, blau beduftet ohne Metallflecken. Lebt im Mai und Juni gesellschaftlich an Weiden (Salix caprea, glauca und vitellina). Entwicklung im Juli, namentlich in Flußthälern, nicht verbreitet, in Deutschland, Mähren, Ungarn, Rußland. — *v. Tischer,* encykl. Taschenbuch, S. 65, Taf. 1. — O. 1. 117. — Wild. 21.

L album, *Esp.* Taf. 3, Fig. 8. (Sch. Taf. 6, Fig. 14.) Schwarzbraun, auf dem Rücken mit einem breiten gelben, durch eine braune Mittellinie geteilten Streifen und einer gelben, an jedem Einschnitte unterbrochenen Längslinie an den Seiten; Dornen gelblich oben schwarz, auf braunen Wärzchen; Luftlöcher rotgelb; Bauch rotbraun. Kopf eckig, braun gelblich punktiert und mit zwei stacheligen Dornen besetzt. 4,5—5 cm. Puppe heller oder dunkler, braungrau mit 4 grossen Silberflecken. Lebt im Sommer gesellschaftlich an Sanddorn (Hippophaë rhamnoides), Rüstern und Weiden. Entwicklung im September. Schlesien, Österreich, Mähren, Ungarn, Rußland. — O. 1. 112. — Hb. 1. 14. — Dup. 104, pl. XI, Fig. 40 (auch Salix helix). Wild. 21. — St. e. Z. 16. 108. — Frr. 2. 63, Taf. 133. — Soc. ent. 1. 172.

Urticae, *L.* Kleiner Fuchs. Taf. 3. Fig. 2. (Sch. Taf. 6, Fig. 2.) Die Eier sind sehr ähnlich denen von Prorsa. Dunkelgrün mit helleren Rippen. (Ent. M. Mag. VIII, p. 53.) Die Raupen schwarz oder braungrau mit einigen, mehr oder minder breiten verwaschenen, messinggelben oder grünlichgelben Längsstreifen auf dem Rücken und an den Seiten. Dornen kurz, wie die Streifen gefärbt. Kopf schwarz, fein behaart. 3,5—4 cm. Puppe heller oder dunkler, rötlichbraun mit kurzen Spitzen und Goldpunkten. Lebt im Juni und August gesellschaftlich an Brennesseln (Urtica dioica und urens). Der Schmetterling erscheint in 14 Tagen. Die Raupe der Var. Ichnusa, *Bon.,* ist schwarz mit feinen weißen Punkten, mit einem gelbroten Längsstreifen, der nach unten mit einer braunen gebogenen Linie begrenzt wird. Luftlöcher eiförmig, schwarz, heller umzogen. (Tr. X, 1. 21. — Bd. Nymph. pl. 3, Fig. 1—2.) Entwicklung etwas früher als die Stammform, welche vom Frühjahr bis zum Herbst erscheint. — O. 1. 120. — Rsl. 1. 17, Taf. 4. — Esp. 1. 13. — Hb. 1. 15. — B. & G. Nymph. pl. 1. — Sepp. 1. 2. — Dup. 99, Taf. XI, Fig. 37. — Wild. 22. — Buck. p. 55 und 181, pl. IX, Fig. 2 a—c.

Jo, *L.* Tagpfauenauge. Taf. 3, Fig. 10 und Taf. 6, Fig 13. (Sch. Taf. 6, Fig. 3.) Die grünen Eier mit erhabenen Längsrippen werden nach der Überwinterung im Mai abgelegt. Die Raupe schwarz, durchwegs mit weißen Punkten besetzt, Bauchfüße rötlichgrau; Dornen und Kopf schwarz. Puppen heller oder dunkler, braun mit Metallflecken. (Wild. Taf. 8, Fig. 9.) Lebt im Mai und Juni gesellig an Brennesseln, Hopfen. Entwicklung von Juli bis September. — O. 1. 107. — Hb. 1. 12. — Sepp. 1. 7. — Esp. 1. 5. — Rsl. 1. 13, Taf. 3. — B. & G. Nymph. pl. 1. — Dup. 97, pl. X, Fig. 36. — Wild. 22. — Pr. Taf. 1, Fig. 15. — Buck. p. 176, pl. VIII, Fig. 3.

Antiopa, *L.* Trauermantel. Taf. 3, Fig. 11, und Taf. 6, Fig. 14. (Sch. Taf. 6, Fig. 4.) Ei elliptisch, längsgerippt, grün, Raupe schwarz mit einzelnen kleinen Pünktchen besetzt; auf dem Rücken des dritten bis zehnten Ringes je ein rostroter, durch eine schwarze Mittellinie durchschnittener Flecken; Dornen stark schwarz, Bauchfüße rostfarben, Kopf schwarz. 4,5—5,5 cm. Puppe braun oder grau mit zwei scharfen Spitzen am Kopfe und mehreren Reihen kleinerer Spitzen auf dem Rücken. Im Juni, Juli an Weiden, Pappeln und Birken. Entwicklung Ende Juli bis September, und überwintert; im Frühjahr verbreitet. — O. 1. 110. — Sepp. V. 65. 18—19. — Esp. 1. 14. — Rsl. 1. 1, Taf. 1. — Hb. 1. 12. — Dup. 95, pl. XII, Fig. 35. — Wild. 22. — Pr. Taf. 1, Fig. 14. Buck. p. 53, pl. VIII, Fig. 4.

Atalanta, *L.* Admiral. Taf. 3, Fig. 12. (Sch. Taf. 6, Fig. 5.) Ei oval, grün mit erhabenen Längsstreifen, Raupe dick, gedrungen, gelblichgrün, braunrot, fleischfarben oder schwarz mit gelben Pünktchen besetzt und einem gelben Längsstreifen an den Seiten. Dornen gelb. Kopf grauschwarz, fein gelb punktiert. 4,5—5 cm. Puppe braun oder aschgrau mit stumpfen Spitzen am Kopfe und einigen Metallflecken auf dem Rücken. Im Mai, Juni einzeln zwischen zusammengesponnenen Blättern von Brennesseln (Urtica dioica und urens). — O. 1. 104. — Esp. 1. 14. — Rsl. 1. 33, Taf. 6. — Hb. 1. 12. — Sepp. 1. 1. — Dup. 105, pl. XII, Fig. 41. — B. & G. Nymph. pl. 1. — Wild. 23. — Buck. 176, pl. VIII, Fig. 2 a—d.

Cardui, *L.* Distelfalter. Taf. 3, Fig. 13 und Taf. 6, Fig. 15. (Sch. Taf. 6, Fig. 6.) Das Ei nach Buck. p. 175 länglich, gerippt und netzförmig, dunkelgrün mit helleren Rippen. Schwarzgrau, heller oder dunkler mit einem abgesetzten gelben Rücken- und Seitenstreifen, gleichfarbigen Flecken und Punkten in den Ringeinschnitten; Dornen kurz, ästig, gelblich oder grau. Kopf schwarzgrau. 4,5—5 cm. Puppe grau oder braun mit zwei stumpfen Erhöhungen am Kopfe und mehreren goldglänzenden Knöpfchen und Spitzen. Lebt im Mai bis Juli einzeln zwischen zusammengesponnenen Blättern von Brennesseln und Disteln, Schafgarben und Malven. Entwicklung nach 14 Tagen, fliegt beinahe den ganzen Sommer hindurch, allenthalben häufig, fehlt aber in manchen Jahren gänzlich. — O. 1. 104. — Hb. 1. 12. — Esp. 1. 10. — Rsl. 1. 57, Taf. 10. — Sepp. IV. 1. — Dup. 107, pl. XII, Fig. 42. — Wild. 23. — Buck. 49. 147, Taf. VIII, Fig. 1.

4. Gattung. Melitaea, *Fab.* **Scheckenfalter.**

Raupen dick, walzig, mit sieben bis neun fleischigen, kegelförmigen, mit kurzen Haaren besetzten Erhöhungen (Scheindornen) auf jedem Ringe und zwei größeren an den Seiten des Halses.

Puppen gestürzt hängend, vorn abgestumpft mit Knöpfchen auf dem Rücken und feinen Häkchen am Ende derselben.

Leben im August in einem gemeinschaftlichen Gewebe, überwintern jung in zusammengesponnenen Blättern oder unter Moos und finden sich im April bis anfangs Juli einzeln an krautartigen Gewächsen. Falter vom Ende Mai bis August. Die Eier sind birnförmig, teils mit, teils ohne Rippen. (*Dorfmeister* über Melitaea-Raupen. V. z. b. V. Wien 1853, 136).

Cynthia, *Hb.* Taf. 3, Fig. 14. (Sch. Taf. 6, Fig. 7.) Schwarz, auf jedem Ringe mit sechs Scheindornen; vor jedem Einschnitte mit einem gelben Ringe und davor einem gelben Punkte; an den Seiten eine Reihe gelber Striche und Pünktchen; Luftlöcher gelb gesäumt; Kopf schwarz. 3—3,8 cm. Puppe weißlichgrau mit schwarzen und gelben Strichen und Punkten. Lebt an Veilchen und Pedicularis, überwintert in einem gemeinschaftlichen Gespinste und verwandelt sich Ende Juni. Entwicklung im Juli, auf den Alpen. — O. 1. 21. — Frr. 3. 77, Taf. 247. — Hb. 1. 2. (Mysia). — St. e. Z. 1853, 302. — Wild. 11. — Pr. Taf. 1, Fig. 2.

Maturna, *L.* Taf. 3, Fig. 15 und Taf. 6, Fig. 16. (Sch. Taf. 6, Fig. 8.) Ei birnförmig, gelblich, oben gerippt. (Gss. Fig. 38, Schl.-Taf. Fig. 10.) Raupe schwarz, mit einem schwefelgelben, durch eine schwarze Mittellinie geteilten und auf jedem Ringe durch drei feine schwarze Querlinien durchstrichenen Rückenstreifen; an den Seiten ein gleichfarbiger Fleckenstreifen, in welchem die schwarzen Luftlöcher stehen. Scheindornen schwarz, ebenso behaart; über den Füßen eine Reihe von zwei Scheindornen, auf jedem Ringe matt gelbgrau, schwarz behaart; Bauch und Bauchfüße matt gelbgrau; Kopf und Brustfüße schwarz; ersterer fein schwarz behaart; 3—3,8 cm. Puppe grünlich oder gelblichweiß, schwarz gefleckt mit sieben Reihen gelber Knöpfchen auf dem Hinterleibe. (Wild. Taf. 8, Fig. 2.) Im August und nach der Überwinterung bis Mitte Mai an jungen Stämmchen von Eschen (Fraxinus excelsior). Verwandlung in der zweiten Hälfte des Mai. Entwicklung Ende Mai, Juni, auf Waldwiesen. — O. 1. 18. — Hb. 1. 2 (Cynthia). Dup. 136, pl. XX, Fig. 50. — Frr. 4. 31, Taf. 307. — St. e. Z. 1859. 381. — Wild. 11. — Pr. Taf. 1, Fig. 1.

Aurinia, *Rott.* Artemis, *Hb.* Taf. 3, Fig. 16 und Taf. 6, Fig. 17. (Sch. Taf. 5, Fig. 9.) Die Eier werden in Haufen von ca. 100 Stücken auf der Oberfläche der Blätter abgelegt; sie sind eiförmig, oben abgeplattet und gerippt, hellbraun. (Buck. p. 84.) Die Raupe schwarz, punktiert auf dem Rücken fein weiss, an den Seiten mit einem aus feinen weißen Pünktchen bestehenden Längsstreifen; Scheindornen schwarz, unten gelblich, schwarz behaart. Füße rotbraun; Kopf schwarz. 3—3,8 cm. Puppe kolbig, grünlichweiß, schwarz punktiert mit blaßgelben Knöpfchen auf dem Hinterleibe. Lebt im Sommer auf Wegerich (Plantago), Teufelsabbiß (Succisa pratensis), Ehrenpreis (Veronica), überwintert in einem gemeinschaftlichen Gespinst und verpuppt sich in der zweiten Hälfte des Mai. Entwicklung Ende Mai, Juni, auf Waldwiesen. Var. Merope, *Prun.*, an Primula viscosa, im Juni (Roßast p. 11. Var. Desfontainii, *God.*, an Plantago). — O. 1. 24. — Hb. 1. 2. — Bd. Nymph. pl. V. — Dup. 146, pl. XXI, Fig. 62. — Sepp. VII, 20. — Frr. B. 1. 25, Taf. VII. — St. e. Z. 1853, 303. — Wild. 11. — Buck. p. 84, Taf. XII, Fig. 2.

Cinxia, *L.* Taf. 3, Fig. 17. (Sch. Taf. 6, Fig. 10.) Schwarz mit bläulichweißen Punktringen in den Einschnitten und kurzen schwarzen Scheindornen. Kopf und Bauchfüße rötlich. 3—3,9 cm. Puppe rundlich dick, weißgrau mit mehreren Reihen orangegelber Knöpfchen. Lebt im Sommer auf Wegerich (Plantago) und Mauseöhrchen (Hieracium), überwintert in einem gemeinschaftlichen Gespinste und verwandelt sich Ende April. Entwicklung im Mai, Juni, auf Waldwiesen. — O. 1. 27. — Hb. 1. 3. — Rsl. 4. 201, Taf. 4. 29, Fig. a. — Sepp. IV, p. 73, Taf. 22. — B. & G. Nymph. pl. V. — Dup. p. 129, Taf. XXI, Fig. 60. — Frr. B. 3. 29, Taf. 103. — Wild. 13. — Pr. Taf. 1, Fig. 3. — Buck. Taf. XI, Fig. 3.

Phoebe, *Kn.* Taf. 3, Fig. 18. (Sch. Taf. 6, Fig. 11.) In der Jugend gleicht sie sehr der von Didyma, welche nur durch den lichtbraunen Kopf verschieden ist, während Phoebe einen schwarzen hat. Schwarzgrau, mit feinen weißen Pünktchen besetzt; auf dem Rücken mit drei schwärzlichen Längsstreifen und rotgelben Scheindornen; an den Seiten weißlich mit gleichfarbigen Dornen. 3—3,9 cm. Puppe gelbgrau mit schwarzen und rostfarbenen Strichen und Punkten. Im Sommer und nach der Überwinterung im Mai nach *Zimmermann* ausschliesslich an der Flockenblume (Centaurea scabiosa), nach Wild. 13 auch an Wegerich (Plantago) und verwandelt sich Ende Juni zur Puppe. Falter im Juli auf Wald- und Bergwiesen. — O. 1. 39. — Hb. 1. 4. — B. & G. Nymph. pl. V. — Dup. 134, pl. XIX, Fig. 56. — Frr. 4. 39, Taf. 325 (zu dunkel) und 7. 63, Taf. 636.

Trivia, *Schiff.* Taf. 3, Fig. 19. (Sch. Taf. 6, Fig. 12.) Bläulichgrau oder weißlichgrau mit einem schwärzlichen Mittelstreifen und blauen Punkten auf dem Rücken; an den Seiten mit braunen und bräunlichen Punkten und Strichen; Scheindornen unten gelblich, oben weiß. Füße weißschwarz gefleckt; Kopf rotbraun mit schwarzen Flecken. 3 cm. Puppe dick und kurz mit einem spitzen, vorn abgestumpften Kopfe; bläulichgrau mit schwarzen Flecken, welche am Kopfe grösser und zum Teile rot punktiert sind; die Hinterleibsringe mit schwarzen Flecken, auf denen orangegelbe Punkte stehen. Im Sommer und nach der Überwinterung im Mai an Wollkraut (Verbascum thapsus), und verwandelt sich Ende Mai. Entwicklung Juni, Juli, mehr in Südeuropa, auch bei Wien. — O. 1. 36. — Tr. 10. 1. 5. — Hb. 1. 3. — Frr. B. 2. 141, Taf. 191. — Dup. 144, pl. XXII, Fig. 64. — Wild. 12.

Didyma, *O.* Taf. 3, Fig. 20. (Sch. Taf. 6, Fig. 13.) Kopf herzförmig eingeschnitten, braungelb. Grundfarbe hellbläulich, weiß punktiert auf jedem Ringeinschnitt, mit einem schwarzen Bande; Scheindornen auf dem Rücken weißgelb; an den Seiten zwei Reihen braungelber und darunter eine Reihe weißgelber Dornen und über den Füßen in einer gelblichen Längslinie eine Reihe weißgelber Fleischwarzen. Bauch hellgrau. 3 cm. Von April bis Juni an Ehrenpreis (Veronica), Wegerich (Plantago) und Löwenmaul (Linaria). Puppe dick, stumpf, weißlichgrün mit schwarzen Flecken und orangegelben Knöpfen. Entwicklung im Juni, Juli, an Waldrändern und besonders an warmen Kalkbergen. — O. 1. 30. — Rsl. 4. 103. Taf. 4. 13. — Hb. 1. 3. (Cinxia.) — Frr. B. 2. 117. — Wild. 12. — Pr. Taf. 1, Fig. 5. — Esp. 1. 16. — Dup. 63, p. 146, pl. 22.

Dictynna, *Esp.* Taf. 3, Fig. 21. (Sch. Taf. 6, Fig. 14.) Schwarzgrau, hellblau punktiert, mit einem schwarzen Mittelstreifen auf dem Rücken und zuweilen noch einer schwarzen Längslinie zu jeder Seite des Rückens; Scheindornen kurz, rostfarben oder schwefelgelb; Kopf schwarz mit zwei hellblauen Flecken. 3—3,9 cm. Im August und nach der Überwinterung im Mai und Juni an Wegerich und Wachtelweizen (Melampyrum). Puppe silbergrau mit schwarzen Punkten und rötlichen Knöpfchen an den Hinterleibsringen (Fig. 21 b). Entwicklung Ende Juni, Juli, auf feuchten und moorigen Waldwiesen. — O. 1. 42. — Hb. 1. 4. (Corythalia.) — Frr. 4. 49. Taf. 319. — St. e. Z. 14. 302. — Wild. 14.

Dejone, *Hb. Geyer.* Die Raupe dieser Lokalvarietät (nach H.-S.) von Parthenie soll nach Bell. Chavg. auf Linaria monspeliensis, nach Rambur an Linaria vulgaris leben. Südfrankreich und Andalusien.

Athalia, *Rott.* Taf. 3, Fig. 22. (Sch. Taf. 6, Fig. 15.) Schwarz mit zwei Reihen weißer Punkte an jedem Ringe, Scheindornen gelblich; an den Seiten eine Reihe erbsgelber Fleischwarzen; Bauch weiß. Kopf schwarz. 3 cm. Die Raupen überwintern in einem gemeinschaftlichen Gespinste und leben im Mai, Juni einzeln an Wegerich und Melampyrum, und verwandeln sich Ende Juni. Puppe graubraun mit weißlichen, schwarz gefleckten Flügelscheiden, schwarzen Fleckenreihen am Hinterleibe und sieben Reihen rotgelber Knöpfchen. (Wild. 13, Taf. 8, Fig. 15.) Entwicklung im Juli auf Lichtungen, Wald- und Bergwiesen. — O. 1. 44. — Hb. 1. 4. (Maturna.) — V. z. b. V. 3. 138. — B. & G. Nymphal. pl. 5. — Frr. B. 2. 3. 49. — Dup. p. 144, pl. 21, Fig. 61. — Ent. N. XI, 55. — Buck. XII, 1.

Aurelia, *Nick.* (Sch. Taf. 6, Fig. 16.) Schwarz mit feinen weißen Pünktchen besetzt, einer Reihe kleiner blaßgelber Flecken an den Seiten und schwarzen Scheindornen. Die von Var. Britomartis, *Assm.*, perlweiß, meist fein violettgrau gegittert, mit einem Streifen auf dem Rücken und zwei stärkeren an den Seiten; die rein weißen Scheindornen sind schwarz behaart und stehen auf ziemlich großen rostgelben Flecken, welche häufig zusammenstoßen und dann eine ununterbrochene Binde um jeden Ring bilden. Bauchfüße perlweiß. Brustfüße schwarz; ebenso der Kopf mit weißen Pünktchen am oberen Rande, an denen kurze schwarze Härchen stehen. 3 cm. Puppe weiß mit rostgelben Wärzchen auf dem Hinterleibe, blaß- oder schwarzbraunen Flecken und Punkten und braunen, hell geaderten und mit zwei hellen Flecken besetzten Flügelscheiden. Lebt nach der Überwinterung im Mai an Ehrenpreis (Veronica) und Wachtelweizen, Chrysanthemum und Digitalis. Entwicklung nach 14 Tagen im Juni, gesellig an Sumpfwiesen mit von dem der Athalia ganz verschiedenem Fluge. (Rössl. S. 20.) In der Schles. Zeitsch. für Ent. 1880, S. 39 gab *Assmus* die Beschreibung der Raupe von Var. Britomartis; in den Verh. z. b. V. Wien, 3. Bd. S. 136 *Dorfmeister* einen ausführlichen Bericht über die Raupen von Athalia, Var. Veronicae und Parthenie; in den Ent. N. XI, S. 57 *Schilde* ebenfalls eine größere Abhandlung, in welcher er folgendes schreibt: „Die Aurelia-Raupen zeichneten sich sofort durch geringere Größe, spindelförmige Gestalt und durch dunkel fleischrötliche Wärzchen und Punkte gegenüber den etwas größeren, gedrungeneren und mit erbsgelben Wärzchen und Punkten besetzten Athalia-Raupen aus. Auch die Puppen unterscheiden sich durch die bei Aurelia geringere Größe und auch dadurch, daß die Aurelia-Puppe auf dem Rücken glatter ist, weil sie die bei Athalia deutlichen gelben Wärzchen weniger hoch hat." Die mit Dictynna beginnende Gruppe der Melitaeen gehört nach Frey S. 29 zu einem der schwierigsten Abschnitte der Entomologie. Ferner bespricht *Prittwitz* in der Stett. e. Z. 1861, S. 194 die Raupen dieser Gruppe sehr genau.

Parthenie, *Bkh.* (Sch. Taf. 6, Fig. 17.) Nach *Prittwitz* l. c. S. 199 ist die Raupe schwarz mit feinen, bläulichweißen Pünktchen bestreut; die Fleischspitzen braunrot und nur am Ende weiß mit eben solcher Behaarung; an den Seiten sind die Fleischspitzen etwas heller. Die Puppe gleicht der von Athalia, nur sind die Knöpfchen auf dem Rücken nicht gelb, sondern weiß mit dunkel rosenroter Begrenzung gegen die Einschnitte und die dazwischen stehenden schwarzen Punkte sind größer. Die Raupe lebt an Wegerich und Scabiosen. Entwicklung im Juni und der zweiten Generation im September, in der Ebene an trockenen wie an nassen Stellen, auf hohen Alpen die Var. Varia. — Dorfmeist. S. 136.

5. Gattung. Argynnis, *F.* Perlmutterfalter.

Raupen walzenförmig mit sechs Reihen behaarter Dornen; einige Arten auch mit zwei längeren und stärkeren Dornen auf dem ersten Ringe; meist mit Längsstreifen auf dem Rücken. Leben im August, September und nach der Überwinterung im Mai, Juni vorzugsweise an Veilchenarten, wenige in zwei Generationen. Verwandlung in gestürzt hängende, eckige Puppen mit stark vertieftem Hinterrücken und einem meist walzenförmigen, mit Häkchen dicht besetzten Ende (Kremaster).

Aphirape, *Hb.* Taf. 4, Fig. 1. (Sch. Taf. 7, Fig. 1.) Raupe dick und kurz, silbergrau, auf dem Rücken mit feinen weißen Pünktchen, einer helleren Längslinie zu dessen Seiten und einem weißen Längsstreifen über den Füßen; Dornen kurz, weißlich oder fleischfarben. Bauch vom vierten bis zum achten Ringe schwarzbraun; Kopf klein, braungelb. 3—4 cm. Puppe lichtgrau mit helleren und dunklen Streifen auf dem Rücken und Silberflecken am Bauche. Im Mai erwachsen an Veilchen und Knöterich (Polygonum); am Tage unter Blättern oder an der Erde verborgen. Entwicklung Ende Juni; auf sumpfigen Wiesen. — O. 1. 52. — Tr. X. 1. 8. — Fr. B. 1. 2. 41. — St. e. Z. 1873, 301. — Wild. 15. — Dup. 128, pl. XVI. Fig. 52.

Selene, *Schiff.* Taf. 4, Fig. 2. (Sch. Taf. 7, Fig. 2.) Schwarz, dunkelgrau gestrichelt mit einem weißlichen, durch eine schwarze Linie geteilten Rückenstreifen und zwei weißen Punkten zu jeder Seite der Brustringe; Dornen ockergelb, schwarz behaart; Kopf schwarz mit zwei längeren Dornen. 3 cm. Puppe gelbbraun, schwarz gefleckt und gedornt. Lebt bis Mai an Veilchen. Entwicklung im Juni und in günstigen Jahren wieder im August; letztere Generation ist meist kleiner und minder lebhaft gefärbt. — O. 1. 55. — Tr. X. 1. 9. — Hb. 1. 6 e. — Wild. 15. — Ent. N. XI. 99. — Buck. XI. 1.

Euphrosyne, *L.* Taf. 4, Fig. 3. (Sch. Taf. 7, Fig. 3.) Schwarz mit verloschenen bläulich-weißen Punkten auf dem Rücken und einem gleichfarbigen Längsstreifen an den Seiten; auf jedem Ringe 6 Dornen, auf den Brustringen und dem zwölften Ringe jedoch nur vier, von denen die beiden mittleren auf jedem Ringe unten schwefelgelb, oben aber wie alle übrigen Dornen schwarz sind. Kopf glänzend schwarz, kurz behaart mit 2 längeren Dornen. Puppe braungrau, auf dem Rücken gelblich mit metallisch glänzenden Punkten und stumpfen Spitzen und mit einem walzenförmigen mit vielen Häkchen besetzten Kremaster. Im Mai an Veilchen. Entwicklung Ende Mai bis Juni; auf lichten Waldstellen immer einzeln, manchmal auch noch im August. — O. 1. 59. — Hb. 1. 6. — Tr. X. 1. 10. — Esp. 18. — Isis (Ocken) 1846. 21. — Frr. B. 3. 145. — Wild. 16. — Ent. N. XI. 100. — Buck. XI. 2.

Pales, *Schiff.* Taf. 4, Fig. 4. (Sch. Taf. 7, Fig. 4.) Raupe sammtschwarz mit dunkleren und helleren Atomen bedeckt; mit einer bräunlichen Mittellinie auf dem Rücken und daneben zwei Reihen zitronengelber Flecken, von denen die Dornen zur unteren Hälfte ebenfalls gelb sind. Wärzchen rostfarben. Dornen gelblich fleischfarben. Füße rötlichbraun; Kopf eckig schwarzbraun. 3 cm. Puppe grau oder rotbraun mit feinen dunklen Strichen und Punkten. Lebt erwachsen im Mai und Juli an Veilchen. Entwicklung im Juli, August. Mit Variet. *Isis* auf den Alpen und im hohen Norden. Var. *Arsilache* nur auf moorigen Wiesen des Hügellandes und der nördlichen Tiefebene. — Tr. X. 11. — Frr. 7. 115, Taf. 666. — Wild. 17. — J. W. III. S. 94.

Frigga, *Thnb.* (Sch. Hb. 49. 50.) *Schilde* erzog die jungen Räupchen aus Eiern, brachte sie aber nicht zur Entwicklung. Die Eier waren gedrückt bienenkorbförmig, oben wenig gerundet und fast flach mit fein quergekerbten Längsrippen, Farbe wachsgelb. Die jungen Räupchen schokoladefarben, an den Seiten hell gefleckt mit schön hellbraunen Dornen, der Schmetterling im Juli in N. Finnmarken, Russland, Lappland und Labrador. Stett. e. Z. 1873, S. 177.

Dia, *L.* Taf. 4, Fig. 5. (Sch. Taf. 7, Fig. 5.) Schwärzlich oder blaugrau mit einem weißlichen, durch eine schwarze Linie geteilten Längsstreifen auf dem Rücken und zu dessen Seiten ein schwarzer Flecken mit gelblichem oder weißem Mittelpunkte auf jedem Ringe; an den Seiten eine doppelte rostrote Längslinie über den Füßen. Dornen unten gelb, oben weißlich auf rostgelben Wärzchen. Bauch grau, Brustfüße schwarz; Kopf rotbraun mit schwarzer Stirnecke. 3 cm. Puppe braun mit schwarzen Spitzen auf der Oberseite. Im Mai erwachsen an Veilchen. Entwicklung im Juni und wieder im Juli, August; auf Wald- und Bergwiesen. — O. 1. 61. — Hb. 1. 8. — Dup. 17. 58. — Frr. 3. 29, Taf. 211. — Wild. 17. — Pr. Taf. 1, Fig. 8.

Amathusia, *Esp.* Taf. 4, Fig. 6. (Sch. Taf. 7, Fig. 6.) Schwarz oder aschgrau mit einem abgesetzten dunkelschwarzen Rückenstreifen und gleichfarbigen Seitenstreifen; Dornen gelb; Kopf schwarzbraun mit zwei längeren gelben Dornen im Nacken. 3,4—6 cm. Puppe braungrau mit schwarzen Flecken auf den Flügelscheiden und Brustrücken, schwarzen Punkten auf dem Hinterleibe und einem weißlichen Streifen an den Seiten des Hinterleibes. Im Mai erwachsen an Natternwurz, Polygonum bistorta, nach Zeller eher an Viola mirabilis, in deren Nähe derselbe die Raupen angesponnen fand. Entwicklung im Juli; von den Alpen bis Schwaben an feuchten moorigen Wiesen. — O. 1. 75. — Tr. X. 1. 15. — Hb. 1. 7. u. 5. (Diana). — Dup. 16. 50. — Fr. B. 1. 11, Taf. 1. — Wild. 16.

Freya, *Thnb.* (Sch. Hb. 55. 56.) Nach *Sandberg* ist die junge Raupe kurz und breit, nackt, grauviolett, jedes Segment ist mit gelben oder gelbgrünen schwarzhaarigen Dörnchen besetzt. Luftlöcher glänzend schwarz; Bauchfüße rotgelb; Kopf klein, fein behaart, schwarz. 20 mm. Da die Raupe bald nach der Überwinterung starb, so kann nicht mit Bestimmtheit angegeben werden, ob dies die richtige Raupe ist. Der Schmetterling erscheint im Juli in Norwegen, Russland und Lappland. — Tidk. 1883, p. 15. — Berl. e. Z. 1885, S. 251.

Daphne, *Schiff.* Taf. 4, Fig. 7. (Sch. Taf. 7, Fig. 8.) Schwarzbraun, von feinen gelben oder weißlichen Linien der Länge nach gestreift mit einem hellgelben, durch eine schwarze Linie geteilten Rückenstreifen und einem breiten gelben oder weißen Seitenstreifen; Dornen dunkelgelb, schwarz behaart. Kopf braungelb. 3,8—9 cm. Puppe gelblichgrau mit stark gebogenem Rücken, hervorstehenden Flügelscheiden und gold- oder rotglänzenden Knöpfchen auf dem Rücken des Hinterleibes. Erwachsen im Mai an Veilchen und Himbeeren. Entwicklung im Juni; auf Waldwiesen, besonders in Alpenthälern. — O. 1. 72. — Hb. 1. 9. — Dup. 18. 55. — Wild. 18.

Ino, *Esp.* Taf. 4, Fig. 8. (Sch. Taf. 7, Fig. 9.) Weißlichgelb oder gelbgrau mit breiter brauner Zeichnung auf dem Rücken und einer weißlichgelben doppelten Mittellinie; an den Seiten ein brauner Längsstreifen und unter diesen ein schmaler weißlichgelber Streifen. Dornen gelblich, schwarz behaart; Bauch bräunlich, Kopf herzförmig, braun mit zwei schwarzen Flecken. 3—3,9 cm. Puppe gelbbraun, dunkler marmoriert mit gelben Spitzen. Lebt im Mai, Juni an dem Wiesenknopf (Sanguisorba), an der Spierstaude (Spiraea aruncus) und an Rubus-Arten, bei Tage im Grase versteckt. Entwicklung im Juli; auf sumpfigen Wiesen. Naturforscher X. St. S. 90. — O. 1. 69. — Tr. X. 1. 14. — Hb. 1. 9. (Dictynna). — Dup. 18. 54. — Frr. 5. 45, Taf. 409. — Assm. St. e. Z. 1863. 404. — Wild. 17.

Lathonia, *L.* Taf. 4, Fig. 9. (Sch. Taf. 7, Fig. 11.) Ei grauweiß, abgestumpft, kegelförmig mit unregelmäßigen Streifen. (Schluss-Taf. Fig. 11.) Schwarzgrau mit einem abgesetzten weißlichen Rückenstreifen, braungelben Ringeinschnitten und zwei braungelben Längslinien an den Seiten; Dornen kurz, ziegelrot auf gleichfarbigen Wärzchen. Bauch und Brustfüße schwarzgrau, Kopf herzförmig schwarz. 3—3,9 cm. Puppe goldbraun mit einem gelben Rückenstreifen, einem weißen Fleckchen am Ende der Flügelscheiden und einer weißen Querbinde am Anfange des Hinterleibes; auf dem Rücken etwas erhabene, metallisch glänzende Flecken. Lebt in mehreren Generationen im April, Mai, Juli und August an Veilchen, nach Rssl. im Nachsommer auf Stoppelfeldern, wo Rubus caesius wächst. Entwicklung von April bis Oktober allerwärts an Wegen und Rainen. — O. 1. 80. — Rsl. 3. 64. Suppl. Taf. 10. — Hb. 1. 8. — Dup. 16. 49. — Sepp. II. 1. 1. — Fr. B. 1. 79, Taf. 25. — Frr. 7. 125, Taf. 671. — Pr. Taf. 1, Fig. 11. — Wild. 18.

Aglaja, *L.* Taf. 4, Fig. 10. (Sch. Taf. 7, Fig. 12.) Schwärzlich mit feiner doppelter weißer Rückenlinie und weißen Pünktchen und einem roten Flecken auf jedem Ringe an den Seiten; Fußlinie gelblich; Dornen und Kopf schwarz. 4,5—4,8 cm. Puppe dunkel- oder schwarzbraun ohne merkliche Spitzen. Im Mai an Veilchen, besonders an Viola tricolor. Entwicklung Ende Juni, Juli; an Lichtungen und Wegen. — O. 1. 91. — Rsl. 4. 173, Taf. 4. — Hb. 1. 10. — Frr. 3. 69. 241. u. 205. — Sepp. VI. 47. — Esp. 17. — Dup. 14, 46. — Pr. Taf. 1, Fig. 10. — Wild. 18. — Buck p. 71, Taf. X, Fig. 3.

Niobe, *L.* Taf. 4, Fig. 11. (Sch. Taf. 7, Fig. 13.) Bräunlich mit weißem schwarz gesäumten Rückenstreifen, einem dreieckigen, weißen Flecken auf jedem Ringe und einem schwarzen Seitenstreifen. Dornen weißlich-fleischfarbig; Bauch und Füße gelbbraun, ebenso der Kopf mit zwei langen Dornen. 4,5—4,8 cm. Puppe glänzend braungrün mit silberglänzenden Flecken. Mai und Juni an Veilchen. Entwicklung im Juli; auf Wald- und Bergwiesen. — O. 1. 83. — Hb. 1. 11. — Dup. 14. 48. — Frr. 3. 11, Taf. 199. 4. 81, Taf. 337. — Pr. Taf. 1, Fig. 9. — Wild. 18. — Assm. St. e. Z. 1863, S. 398.

Adippe, *L.* Taf. 4, Fig. 12. (Sch. Taf. 7, Fig. 14.) Eier nach Buck: konisch, gerippt, grünlichgrau. Die Raupe braungrau oder schwarzgrau, auf dem Rücken mit zwei abgesetzten weißlichen Linien und unter denselben schwärzliche Schrägsstriche. Dornen rostbraun auf gleichfarbigen Wärzchen. Bauch und Füße gelbgrau. Kopf schwarzbraun. 4,5—8 cm. Im Mai an Veilchen. Puppe braungrau oder grünlichgrau mit bläulichen oder silberfarbenen Flecken. Kopf schwarzbraun. Entwicklung im Juli, August; an lichten Waldstellen und Waldrändern. — O. 1. 88. — Hb. 1. 10. — Dup. 14. 47. — Frr. 1. 5, Taf. 1, 3. 53, Taf. 229. — Wild. 19. — Buck. p. 65, Taf. X, Fig. 2.

Laodice, *Pall.* (Sch. Taf. 7, Fig. 15.) Von *G. Künow* entdeckt und ausführlich beschrieben. Rötlichgrau mit einer gelben schwarz geteilten Rückenlinie und rosaroten, schwarz behaarten Dornen; sechs tiefschwarze Flecken an jeder Seite und ebensolche ein- und dreieckigen daneben. Kopf und Füße von den Körperfarben. 4,2 cm. Lebt im Mai, Juni an Viola canina. Puppe glänzend dunkelbraun mit feinen schwärzlichen Adern. Entwicklung Ende Juni und Juli. Ostpreußen, Pommern, Riga, Russland, östlich bis Pecking. — Schrift. der phys. oek. G. Königsberg 1872, S. 146, Taf. VII, Fig. 1—3.

Paphia, *L.* Taf. 4, Fig. 13. (Sch. Taf. 7, Fig. 16.) Die Eier nach Buck. stumpf, konisch, gerippt, gelblichgrau. Raupe dick, walzig, schwarz mit einem hellgelben, dunkelbraun gesäumten Rückenstreifen, der durch eine schwarze Mittellinie geteilt ist, und mehreren gelbbraunen Längslinien und Strichelchen an den Seiten; Luftlöcher schwarz, gelb gesäumt. Dornen gelblich, die beiden längeren hinter dem Kopfe braun, sämtliche auf rostbraunen Wärzchen. Kopf schwarz mit weißen Punkten. 4,8—5 cm. Puppe braungrau, dunkel gefleckt mit drei Paaren Metallflecken auf dem Hinterrücken und mit einer keilförmigen, mit feinen Häkchen dicht besetzten Spitze. (Wild. 19, Taf. 18, Fig. 16.) Im Mai an Veilchen und Himbeeren bei Tage oft weit entfernt von der Nahrungspflanze versteckt. Entwicklung Ende Juni und Juli; auf Waldwiesen und Waldlichtungen, besonders an Distelblüten. — O. 1. 96. — Rsl. 1. 41, Taf. 7. — Esp. 17. — Hb. 1. 11. — Frr. B. 1. 77, Taf. 25 und 6. 188, Taf. 595. — Dup. 1. 14. 45. — Pr. Taf. 1, Fig. 12. — J. W. III. 641. — Buck. p. 58, Taf. X, Fig. 1.

Pandora, *Schiff.* Taf. 4, Fig. 14. (Sch. Taf. 7, Fig. 17.) Von *Wagner* in Pest entdeckt und von *Freyer* beschrieben. Raupe der von der vorigen Art ähnlich, purpurbraun mit sammtschwarzen Flecken auf jedem Segment über den Rücken und daneben hellere Striche, welche eine Rückenlinie bilden. Dornen graugelb stumpfer als bei Paphia. Kopf eckig, glänzend schwarz. Brustfüße glänzendschwarz, Bauchfüße sehr klein. Luftlöcher sammtschwarz, hell eingefaßt. Im Juni an Veilchen, besonders Viola tricolor. Entwicklung im Juli, August. Oesterreich, Ungarn, Dalmatien, Italien und der Türkei. Frr. VI. 62, Taf. 517, — St. e. Z. 14. 304. — Wild. 20.

VIII. Familie. Danaidae. Buntflügler.

Raupen mit zwei langen Haken auf dem zweiten, fünften und elften Ringe. Puppen am After angehängt. Schmetterlinge meist in Afrika und

Indien, in Europa nur an der äussersten südlichen Grenze und bloß durch eine Gattung und eine Art vertreten. Leben meist an Asclepiadiadeen.

Danais, *F.*

Chrysippus, *L.* Taf. 4, Fig. 15. (Sch. Taf. 7, Fig. 18.) Raupe violett mit gelben, schwarz eingefaßten Querstreifen, zwei längeren Hörnern auf dem zweiten und zwei kürzeren auf dem 11. Ringe. Lebt im Frühjahr auf dem Hundswürger (Asclepias) Gomphocarpus zunticosus und Calotripis procera (Korb. St. e. Z. 1876, S. 29.) Die Puppe ist eichelförmig fleischfarben oder grün mit goldenen und schwarzen Punkten. Entwicklung im Hochsommer; auf den griechischen Inseln, Nordafrika. — Hb. 1. 1. (oder IV. 1.) — Tr. X. 1. 19. — Bd. & G. Taf. 4, Fig. 11. — Pr. Taf. 1, Fig. 13. — Ent. N. VI. 81. Soc. ent. IV. 167. — Dup. 1, Taf. 23, Fig. 65.

IX. Familie. Satyridae. Randäugige Falter.

Raupen in der Mitte dicker, nach hinten abfallend und flach, meistens der Länge nach gestreift, mit feinen weißlichen Härchen dünn besetzt. Der letzte Ring endigt immer in zwei kleine Spitzen, daher auch die Bezeichnung „Zweispitzraupen". Kopf fast kugelig, nur vorn etwas gedrückt. Noch wenig bekannt. Leben sämtlich an Gräsern, meist am Tage verborgen und überwintern. Die Verwandlung geschieht gewöhnlich im Grasboden, bei einigen Arten auch unter der Erde. Puppen stumpf mit zwei kleinen von einander stehenden Spitzen am Kopfe, hängen mit dem Hinterteil fest.

1. Gattung. Melanargia *Meig* (Arge *Hb.*).

Raupen dick-spindelförmig mit einzelnen feinen Härchen besetzt und mit kugeligem Kopfe. Verwandlung an der Erde. Nur eine Art in Deutschland, die übrigen in Südeuropa.

Galathea, *L.* Taf. 4, Fig. 16. (Sch. Taf. 8, Fig. 1.) Das Ei nach Buck. breit und plump, stumpf oval, weißlich braun, porzellanartig. Raupe nach Ochs. 1. 245 lebhaft grün, vor der Verwandlung gelblich, nach Wild. 28 gelblichgrau oder sandfarben mit einer dunklen weißgesäumten Rückenlinie und zwei weißgelben Längslinien über den weißen Luftlöchern an den Seiten. Afterspitzen mit zwei roten Dörnchen besetzt; Kopf rotgrau. 3 cm. Lebt im Mai, Juni erwachsen, besonders am Wiesen-Lieschgras (Phleum pratense) und verwandelt sich frei an der Erde. Puppe eiförmig, glatt mit langen Flügelscheiden und kurzem Hinterleibe, gelblich mit zwei erhabenen schwarzen Punkten an den Seiten des Kopfes. Entwicklung Ende Juli, August, an Waldplätzen und Bergwiesen, meist in größerer Anzahl beisammen. — Hb. 1. 26. — B. & G. Satyr. 2. 3. — Frr. 4. 157. Taf. 379, var. Leucomelas 5. 87. Taf. 433. — Dup. 1. 29. 82. — St. e. Z. 6. 23. — Pr. Taf. 2, Fig. 6. — Buck. p. 160, Taf. III, Fig. 4.

Lachesis, *Hb.* Taf. 4, Fig. 17. (Sch. Taf. 8, Fig. 2.) Nach Mill. der der vorigen Art ähnlich, gelblichgrau mit einem braunen Rücken und ebensolchen Seitenstreifen und feineren Linien dazwischen. Kopf und Füße von der Körperfarbe. Sie lebt auf verschiedenen Gräsern, besonders auf Lamarkia aurea. Fliegt im Juni, Juli in den Pyrenäen, Spanien, Portugal und Italien. — Mill. II. p. 92. pl. 62, Fig. 4.

Japygia, *Cyr.* Taf. 4, Fig. 18. (Sch. Taf. 8, Fig. 4.) Der Raupe von Galathea ebenfalls sehr ähnlich, hellgrün mit weissen Streifen, aber ohne dunklem Fußstreifen. Kopf gelb. Brust und Bauchfüße von der Körperfarbe. Kopf gelb. Lebt ebenfalls auf verschiedenen Gräsern, und wie die vorige besonders an Lamarkia aurea. Puppe dick, gedrungen, einfach gelbbraun. Entwicklung nach 15—16 Tagen im Juni, Juli; in Südfrankreich, Spanien, Portugal, Sicilien. — Mill. II. p. 91. pl. 62, Fig. 1—2.

Syllius, *Hbst.* (Sch. Taf. 8, Fig. 5.) Nach Mill. ist das Ei länglich rund, unten abgeplattet mit tiefen Eindrücken an den Seiten. (Taf. 133, Fig. 4). Rötlichgrau mit einem breiten gelben Seitenstreifen und einem ebensolchen schmalen Fußstreifen, über welchem die kleinen schwarzen Luftlöcher stehen. Brust- und Bauchfüße von der Körperfarbe. Kopf grün. 3 cm. Lebt im Frühjahr besonders auf Brachypodium pinnatum. Puppe hellbraun mit feiner dunkler Zeichnung. Entwicklung im Juni. Südfrankreich, Piemont, Spanien und Portugal. Mill. III. p. 275. pl. 133, Fig. 1—3. (Psyche).

2. Gattung. Erebia *B.*

Die Raupen, nach vorn wenig, nach hinten stärker abfallend, sind fast nackt, nur mit einzelnen kurzen Härchen besetzt. Sie leben mit nur wenigen Ausnahmen in Gebirgsgegenden sehr verborgen an Gräsern, daher sind nur die wenigsten bekannt. Donzel sah wie die Eier von Evias an Grasstengel abgesetzt wurden; nach Roüast S. 13 soll Epiphron auf Poa annua und Festuca ovina leben, doch sind eigentlich nur die wenigen auch im Flachlande vorkommenden Arten vollständig bekannt.

Epiphron, *Kn.* Taf. 4, Fig. 19. (Sch. Taf. 8, Fig. 8.) Die Eier von Var. Cassiope, *F.* sind nach Buck. p. 33 elliptisch, etwas am Centrum gepreßt, gerippt, gelblichgrün. Die jungen Larven grün mit gelben Seiten und Fußstreifen und schmalen schwarzen Längsstreifen. Kopf und Füße von der Körperfarbe. Spitze etwas bräunlich. Lebt an Gräsern, besonders an Aira praecox und cespitosa. Puppe ähnlich der von der folgenden, hellgrau. Entwicklung im Juni, Juli; in Schlesien und auch am Harze. Var. Cassiope in der Schweiz, Piemont, Ungarn, England. — Buck. 1. p. 33 und 171. pl. VI. Fig. 2.

Medusa, *F.* Taf. 4, Fig. 20. (Sch. Taf. 8, Fig. 16.) Hellgrün mit einem dunklen von zwei weißlichen Längslinien gesäumten Rückenstreifen, einem hellen Streifen über den Luftlöchern und einem weißen Längsstreifen über den Füßen. Kopf hellgrün oder graugrün. Im April nach der Überwinterung an dem Bluthirsegras (Panicum sanguineum) und anderen Gräsern. Entwicklung im Mai, Juni auf Waldwiesen, auch in der Ebene. — O. 1. 275. — Hb. 1. 27. — Frr. I. 81, Taf. 43. — Dup. 1. 29. 85. — Wild. 29. — Pr. Taf. 2, Fig. 7.

Oeme, *Hb.* (Sch. Taf. 8, Fig. 17.) Die Entwicklung der Var. Spodia Stgr. hat Roggenhofer in den Verh. z. b. V. 1884, S. 153 beschrieben. Das Ei ist rund, glatt, glänzend weiß. Raupe lehmgelb mit bräunlichem Rücken und zwei Seitenlinien. Vom zweiten bis vorletzten Ring zwischen denselben vier aus braunen Punkten bestehende Querlinien, auf denen in Reihen die weißgelben kurzen Haare stehen. Fußstreif breit, dunkel; chokoladefarben. Kopf gelbbraun, dicht dunkler punktiert, kurz behaart. Bauch und Füße heller, lehmgelb. Sie gleicht der Raupe von Medusa, doch ist diese grasgrün. Lebt auch an Gräsern. Puppe blaß schalgelb, Augen, Rüssel und Fußscheiden braun gerandet, etwas gefleckt mit dicklicher hornbrauner Afterspize. Entwicklung im Juni, Juli; in den österreichischen und steyrischen Alpen.

Lappona, *Esp.* (Sch. Taf. 9, Fig. 4.) Kopf kugelrund, schwarz, Körper rund, nach vorn abfallend, besonders aber nach hinten mit feinen schwärzlichen Härchen besetzt, grasgrün mit einer schwarzen, nach vorn abgebrochenen Rückenlinie und einer andern, durch schwarze Flecken gebildeten Seitenlinie. Luftlöcher schwärzlich. Der Körper endet in zwei Spitzen. 2,5 mm. Puppe steif und unbeweglich, Brust und Flügelscheiden dunkelgrün, Hinterleib schmutzig gelbbraun mit starker Punktierung. Mit einer schmalen rotbraunen Rückenlinie und ebensolchen Flecken an jeder Seite; Kopfgegend mit zwei sichel- oder halbmondförmig gekrümmten schwarzen Strichen. Die Raupe ist träge, zieht sich bei Berührung zusammen wie eine Schnecke, überwintert und verwandelt sich frei zu oder unter der Erde im Mai, Juni. Entwicklung im Juni bis Juli. Alpen, Finnland, Lappland, Schweden und Norwegen. *Sandberg*, Tidk 1883, p. 14. — Berl. e. Z. 1885, S. 29.

Arete, *F.* (Sch. Taf. 8, Fig. 11.) Nach *Höfner* krochen die jungen Räupchen aus runden weißen Eiern, die am 20. Juli gelegt worden, schon nach 11 Tagen aus. Sie waren hellgrün mit sechs feinen braunen Längslinien, zwischen denen feine schwärzliche Punktreihen sichtbar waren. Kopf sehr plump, unverhältnismäßig groß. Auf der Stirne stehen einzelne steife, helle, kurze, nach vorne abstehende Börstchen. Am Aftersegment, ist ein bräunliches Schildchen, welches ebenso mit Börstchen besetzt ist. Sie nährten sich von der Rasenschmiele (Aira cespitosa) und lebten kaum 14 Tage. Der Schmetterling fliegt auf den Alpen und erscheint wie andere Erebien nur in Jahren mit ungeraden Zahlen; was vielleicht auf eine 2jährige Lebensdauer der Raupen schließen läßt. Soc. ent. III, S. 10.

Äthiops, *Esp.* (Medea Hb.) Taf. 4, Fig. 21. (Sch. Taf. 9, Fig. 10.) Nach Buck. p. 30 ist das Ei rundlich gerippt und gegittert, grünlichgelb. Raupe nach Frr. VII, S. 143 dunkelgelbgrau mit einer braunen, weißlich gesäumten Rückenlinie, zu jeder Seite des Rückens mit einer matten dunklen Linie und einem braunen Flecken an jedem Ringe unter demselben; an den Seiten mit einem weißlichen Längsstreifen, über welchem die schwarzen Luftlöcher stehen. Kopf rötlichgrau. 2,8—3 cm. Puppe sandfarbig mit schwarzen Punkten und Strichen. Lebt im April, Mai an Knaulgras (Dactylis) und verwandelt sich an der Erde. Entwicklung im August, auf Waldwiesen sehr verbreitet. — Frr. VII. 143, Taf. 6. 81. Wild. 30. — Buck. I. VI, Fig. 5.

Ligea, *L.* Taf. 4, Fig. 22. (Sch. Taf. 9, Fig. 11.) Raupe nach *Freyer* kurz und dick; gelblichgrau mit einem dunkelbraunen Rückenstreifen, beiderseits von einer dunklen Linie eingefaßt, und zwei weißlichen Längsstreifen an den Seiten. Luftlöcher schwarz, Bauch braungrau. Kopf graugelb mit zwei weißlichen Strichen. 2,7—3 cm. Puppe hellbraun, schwärzlich gezeichnet und punktiert. Im Mai erwachsen an Flattergras (Millium) und anderen Gräsern. Entwicklung im Juli, August; auf lichten Waldplätzen, mehr auf Bergen. — O. 1. 283. — Tr. X. 1. 52. — Standf. Schles. Z. f. Ent. III. 15, Taf. 1, Fig. 1. — Frr. I. 125, Taf. 67. — Wild. 30. — (Nach Tr. gehört die Hübner. Abbildung, 1. 27, Fig. 2 nicht zu Ligea).

Euryale, *Esp.* Taf. 4, Fig. 23. (Sch. Taf. 9, Fig. 12.) Nach Freyer weißlich gelbbraun, mit einer braunen, weiß gesäumten Rückenlinie und zu dessen Seiten mit einer gelblichen Längslinie; an den Seiten über den Füßen ein gelber Längsstreifen, über welchem die schwarzen Luftlöcher stehen. Kopf hellbraun. 3 cm. Puppe gelblich mit schwarzbraunen Strichen und Punkten. Im Mai, Juni an Gräsern. Entwicklung im Juli, August. Mehr in den Alpen, im Riesengebirge. — Frr. 7. 151, Taf. 686. — Standf. 60, Fig. 2. — Arbeit. Schl. G. 1849, Taf. 1, Fig. 1. — Wild. 31.

3. Gattung. **Oeneis** *Hb.* **Chionobas** *B.*

Die Raupen dieser Gattung, erst in der neuesten Zeit entdeckt, gleichen sehr den Erebien-Raupen, sehen aber eher den Blattwespenlarven ähnlich und sind nur durch weniger Fußpaare und durch die Afterspitzen von denselben unterschieden. Die Puppe ist nur bei Bore bekannt und dort beschrieben. Mit Ausnahme von Aello, der nach Zell. nur in Jahren mit geraden Zahlen vorkommen soll, leben alle im hohen Norden.

Jutta, *Hb.* (Sch. Taf. 9, Fig. 14.) Von Holmgren entdeckt, aber nicht zur Entwicklung gebracht. Das Ei ist länglich rund mit erhöhten Seitenreihen. Das junge Räupchen aus dem Ei ist graubraun mit dunklerer Rückenlinie, wird später heller und bekommt einen dunklen Seiten- und mehrere Längsstreifen über dem Rücken. Auch die Schwanzspitzen, die anfangs wenig ausgebildet sind, teilen sich beim Wachstum immer stärker. In Livland, Rußland, Norwegen, in Lappland häufig. — Tidk. 1886. p. 154.

Aello, *Hb.* (Sch. Taf. 9, Fig. 15.) Das Ei ist länglichrund, unten abgeflacht mit einer Reihe runder

Erhöhungen, welche Längsstreifen bilden und die oben am kleinsten sind. (Einleitung S. VIII, Fig. 4 und 5). Die Raupe wurde von *Sintdor* entdeckt und leider auch nicht zur Entwicklung gebracht. Die kleinen Räupchen sind rötlichgrau mit einem braunen Streifen an den Seiten und feinen Streifen über den Rücken. An Gräsern. Der Schmetterling fliegt im Juli nur in den Gebirgen von Tirol und der Schweiz. — A. S. Belg. 1873. L. XI.

Bore, *Schn.* (Sch. *Hb.* 134—6.) Die einzige Art dieser Gattung, bei der die Entwicklung durch G. *Sandberg* vollständig bekannt ist. Ei cylindrisch, marmorweiß, der Länge nach geriffelt. Raupe mit feinen Härchen besetzt, hell, braungelb mit dunkleren Linien, wovon eine schmale abgebrochene Rückenlinie und eine breitere an jeder Seite. Kopf rundlich, im Verhältnis zum Körper klein, grüngelb mit 6 dunklen längslaufenden Streifen und schwarzen Augen, Luftlöcher von der Körperfarbe. Puppe schön gefärbt, kurz und dick, steif und unbeweglich mit langen und breiten Flügelscheiden, welche wie der Thorax eine hellgrüne Farbe haben. Hinterleib hellrotgelb mit dunklen Punkten und einer hellgrünen Linie längs des Rückens nebst einer dunkleren an jeder Seite. Die Punkte in der Nähe der Mittellinie sind paarweise an jedem Segmente geordnet. Die Kopfregion an jeder Seite mit einem kohlschwarzen, glänzenden, halbmondförmig gebogenem Striche. Die Raupe nährt sich von verschiedenen Gräsern und ist sehr träge; bei Berührung zieht sie sich zusammen und liegt lange unbeweglich. Sie überwintert zweimal, verwandelt sich im Mai in ihrem Winterlager zwischen Graswurzeln unter der Erdoberfläche und ist den Angriffen der Schlupfwespen sehr ausgesetzt. Entwicklung nach 3—6 Wochen im Juni. Finnmarken, Lappland, Sibirien und Labrador. — Tidk. 1883, p. 11. Stett. e. Z. 1885, S. 245.

4. Gattung. Satyrus, *F.*

Die Raupen mit kleinem, kugligem Kopfe sind dick, spindelförmig, längs gestreift, völlig nackt, leben bei Tage verborgen an Gräsern und überwintern. Puppen dick, Verwandlung in oberflächlichen Erdhöhlen. Die Schmetterlinge setzen sich gerne an Baumstämme.

Hermione, *L.* Taf. 4, Fig. 24. (Sch. Taf. 9, Fig. 17.) Eier länglichrund, längs gestreift, oben eingedrückt. Gss. Fig. 39. Raupe rötlichgrau; Kopf gelbgrau mit vier schwarzen Strichen; auf dem Rücken mit einem abgesetzten, auf den ersten vier Ringen sehr schwachen, schwarzen Mittelstreifen und einem braungrauen Schattenstreifen an den Seiten. Luftlöcher schwarz, Bauch und Füße dunkelgrau. 2,9—3 cm. Nach der Überwinterung im Mai, Juni am wolligen Roßgrase (Holcus lanatus.) Puppe dunkelbraun, an den Flügelscheiden heller. Entwicklung im Juli, August; auf lichten Hochwaldstellen. — O. 1. 173. — Hb. 1. 23. 2. — Dup. 28. 80. — Wild. 32. — Pr. Taf. 2, Fig. 2.

Alcyone, *Schiff.* Taf. 5, Fig. 1. (Sch. Taf. 9, Fig. 18.) Das Ei ist nach Mill. Fig. 7 rundlich, weißlich; die Raupe beinfarben mit einem braunen Rücken- und einem hellen Mittelstreifen, in welchem sich braune, längliche Zeichnungen in der Mitte des Körpers befinden. Kopf hellbraun mit schwarzen Strichen. Lebt nur an Brachypodium pinnatum. Entwicklung im Juni, Juli, verbreiteter als Hermione. Mill. III. 133. 5.

Circe, *F.* (Proserpina *Schiff.*) Taf. 5, Fig. 2. (Sch. Taf. 10, Fig. 1.) Kopf gelbgrau, mit vier zackigen schwarzen Strichen. Rücken schwarzbraun mit zwei weißen Längslinien, an den Seiten gelbbraun mit gelbroten, weißen und schwärzlichen Längslinien und einem ockergelben, weiß gesäumten Längsstreifen über den Füßen. Luftlöcher schwarz. Bauch und Füße braungrau. 3—4 cm. Lebt im Mai, Juni an Ruchgras (Anthoxanthum odoratum), Lolch (Lolium) und Trespe (Bromus) bei Tage verborgen. Puppe vorn stumpf, in der Mitte dick; Hinterleib spitz kegelig; kastanienbraun mit einer Reihe gelber Flecken auf den Flügelscheiden. Entwicklung im August; auf lichten trockenen Waldstellen. — O. 1. 167. — W. V. 1. Fig. 9. — Esp. 1. 26. — Hb. 1. 23. 1. — Dup. 1. 28. 79. — Wild. 31. — Pr. Taf. 2, Fig. 1. — Soc. ent. II. 16.

Briseis, *L.* Taf. 5, Fig. 3. (Sch. Taf. 10, Fig. 2.) Ei kugelrund mit drei Reihen Wärzchen am oberen Ende und ebensolche Längsstreifen bildend (Gss. Fig. 40.) Raupe gelblichgrau mit zwei dunklen Rückenstreifen; an den Seiten mit einem hellgrauen, weißgesäumten und in der Mitte gewässerten Längsstreifen, unter welchem die feinen schwarzen Luftlöcher stehen. Bauch und Füße hellgrau. Kopf rötlichgrau, klein, kugelig. 2,9—3 cm. Im Mai, Juni an mageren, felsigen Stellen am Felsengras (Sessleria) bei Tage unter Steinen verborgen, verwandelt sich in Erdhöhlen oder frei an der Erde. Puppe dick, kolbig mit einem dunklen Rückenstreifen. Entwicklung Ende Juli, August; an trockenen Abhängen, besonders auf Kalkfelsen. — Frr. 6. 3, Taf. 481. — A. s. Fr. 1838, p. 267. — Wild. 32.

Semele, *L.* Taf. 5, Fig. 4. (Sch. Taf. 10, Fig. 3.) Ei gelblichweiß, gerippt. Raupe braungrau, Kopf heller mit vier dunklen Strichen; Rückenlinie dunkler, an jeder Seite des Rückens mit einem heller oder dunkler gelbgrauen, oder weißlichgrauen, rötlich gerieselten Längsstreifen, der unterwärts abgesetzt, schwarz gesäumt ist und einem grauen, oben rötlichen Längsstreifen an den Seiten. Luftlöcher schwarz. Bauch hellgrau. 2,7—3 cm. Im Mai an Gräsern auf dürren Waldplätzen. Puppe dick, graubraun mit spitzkegeligem Hinterleib (Buck. f. 3d.) Entwicklung im Juni, Juli; auf Waldlichtungen und an sonnigen Waldabhängen. — Dup. 28. 78. — A. s. F. 1838. 267, Taf. 78. — B. & G. Satyr. pl. 1 und 4. — Sepp. VIII, Taf. 23. — Wild. 32. — Buck. p. 28. pl. IV, Fig. 3.

Fidia, *L.* (Sch. Taf. 10, Fig. 9.) Das Ei ist nach Mill. Fig. 4 rundlich gerippt, weißlich. Raupe rötlichbraun mit gelben Mittel- und Fußstreifen, über dem letzteren stehen die schwarzen Luftlöcher. Kopf gelblich mit schwarzer Zeichnung. 4 cm. Lebt an Gräsern, besonders an Piptaterum multiflorum. Puppe dick, hellbraun mit dunkleren Flügelscheiden. Entwicklung Juli. Italien, Südfrankreich, Spanien und Portugal. Mill. II. p. 411. pl. 93, Fig. 1—4. — A. s. Fr. 1838. 267.

Dryas, *Sc.* (Phaedra *L.*) Taf. 4, Fig. 5. (Sch. Taf. 10, Fig. 10.) Gelblichgrau, Kopf mattrötlich mit sechs schwarzen Strichen. Auf dem Rücken mit drei feinen schwarzen Doppellinien und an den Seiten mit einem oberwärts verwaschenen, unten schwarz gesäumten braungrauen Streifen; über den Füßen ein schmaler brauner Längsstreifen; in welchem die Luftlöcher stehen. Bauch und Füße hellgrau. 2,9—3 cm. Mai, Juni in feuchten Laubhölzern an Hafergras (Avena elatior.) Verwandlung frei an der Erde. Puppe dick, braun mit hellerem braungrauem Hinterleibe und einem Borstbüschel am kurzen, stielförmigen Ende. Entwicklung Ende Juli, August; auf Waldlichtungen. — O. 1. 186. — Hb. 1. 23. 3. — Dup. I. 28. 81. — Frr. IV. 147, Taf. 373. — St. e. Z. 6. 22 und 14. 308. — Wild. 33. — Pr. Taf. 2, Fig. 3.

Statilinus, *Hfn.* (Sch. Taf. 10, Fig. 7.) Nach *Bunts* ist die Raupe lehmgelb mit fünf dunklen Streifen, die bei älteren Raupen mehr hervortreten, ziemlich fein und dicht behaart. Kopf groß. Luftlöcher ziegelrot. Füße von der Körperfarbe. 2,7 cm. Lebt auf Bundgras Corynophora canescens und Festuca ovina. Ausführliche Beschreibung Tijd. 1884, p. 200.

5. Gattung. **Pararge,** *Hb.*

Die Raupen sind schlank, spindelförmig mit kurzen feinen Haaren dünn besetzt und kleinem kugeligem Kopfe. Leben mit Ausnahme von Achine in zwei Generationen an Gräsern und verwandeln sich in gestürzt hängende, mit einem Bündel Spinnfäden am Ende befestigte Puppen.

Clymene, *Esp.* Grün mit gelben Längsstreifen, von denen die zwei oberen über den merkwürdigen spitzen Kopfe gehen und in den Spitzen endigen. Kurz behaart. Lebt auf Gräsern. Entwicklung im Sommer. Nur in Rußland, in der Gegend an der Wolga. Mill. III. p. 183. pl. 119, Fig. 1—2.

Maera, *L.* Taf. 5, Fig. 6. (Sch. Taf. 10, Fig. 13.) Hellgrün mit einem bläulichgrünen Kopfe und einem dunklen, weiß gesäumten Rückenstreifen; zu den Seiten des Rückens mit einem weißlichen Längsstreifen und einem weißgrauen, unterwärts schwarz gesäumten Längsstreifen an den Seiten. Bauch grüngrau. 2,9—3 cm. Lebt im Juli und vom Herbste bis Mai an Rispengras. (Poa annua), Schwingelgras (Festuca fluitans) und Mäusegerste (Hordeum murinum). Puppe des Männchen blaß, gelbgrün, die des Weibchen dunkelgrün bis schwarz mit zwei stumpfen Kopfspitzen, schneidig gebogenem Brustrücken und zwei Reihen von je fünf Knöpfchen auf dem Hinterleibe. Spitzen und Knöpfchen gelb, Kremaster stielförmig, unten ausgehöhlt, weißlichgelb mit braunem Häkchen. Wild. 34, Taf. 8, Fig. 7. Entwicklung Juni und wieder im August, September; an steinigen Waldrändern. — O. 1. 231. — Tr. X. 36. — Hb. 125. 2. — Dup. 1. 26. 73. — St. e. Z. 1873, 103. — Ent. N. XI. 137. — Pr. Taf. 2, Fig. 5. — Wild. 34, Fuchs St. e. Z. 1873. 102.

Megaera, *L.* Taf. 5, Fig. 7. (Sch. Taf. 10, Fig. 15.) Eier nach Sepp. II. 1. 2. 3. elliptisch, weißlich, unten glatter, mit grünen Zellen. (Schluß-Taf. Fig. 13.) Raupe meergrün mit dunklen, weißgesäumten Rückenstreifen und einem weißen, oberwärts gelbgesäumtem Längsstreifen an den Seiten, unter welchem die gelblichen Luftlöcher stehen. Kopf braungrün. Lebt im Juli und wieder vom September bis Mai an Schwingelgras (Festuca) und anderen weichen Grasarten. Puppe graulich oder schwärzlich, ähnlich der von Maera, nur hat dieselbe noch eine erhabene stumpfe Spitze auf dem Rücken. (Wild. 34, Taf. 8, Fig. 3.) Entwicklung im Juni und August, September; an Wegen, Mauern und Steinhaufen. — O. 1. 235. — Hb. 1. 25. 1. — Esp. VI. 94. — Dup. 1. 26. 72. — B. & G. Satyr. pl. 2. — Buck. 165. IV. 2. — Mann. V. z. b. V. Wien. 1852. 551.

Egeria, *L.* (Aegeria.) Taf. 4, Fig. 8. (Sch. Taf. 11, Fig. 1.) Ei nach Sepp. 1. 6 fast kugelig, weißlich mit fast regelmäßigen fünfeckigen Zellen bedeckt. Raupe mattgrün mit einem dunkelgrünen, von zwei gelblichweißen Linien eingefaßten Rückenstreifen, und einer weißlichgelben Doppellinie an den Seiten, unter welchen die gelblichen Luftlöcher stehen. Kopf kugelig, mattgrün. 2,9—3 cm. Lebt im Juli und im September, bis Mai an der Quecke (Triticum repens) und an anderen Grasarten. Puppe eckig, heller oder dunkler grün, oder bräunlich mit weißgerandeten Flügelscheiden. Entwicklung Ende Mai, Juni und August; an schattigen Stellen in Laubwäldern. — O. 1. 238. — Hb. 1. 26. 1. — Frr. V. 33, Taf. 403. — Dup. 127. 77. Esp. VII. 25. — Wild. 35. — Buck. 27. und 163, Taf. IV. 1.

Achine, *Sc.* (Dejanira *L.*) Taf. 5, Fig. 9. (Sch. Taf. 11, Fig. 2.) Mattgrün mit kugeligem weißpunktiertem Kopfe, einer dunklen Mittellinie auf dem Rücken und je einer weißen Längslinie zu deren Seiten. Über den Füßen mit einem weißen Längsstreifen und weißen Afterspitzen. Bauch dunkelgrün. 3—3,5 cm. Lebt im August, September und im Mai an Taumelgras (Lolium temulentum) und Carex-Arten. Puppe dick, grün mit zwei weißen Streifen auf den Flügelscheiden und vier weißen Punkten auf dem Hinterleibe. Entwicklung Ende Juni, Juli; an schattigen feuchten Stellen in Laubgehölzen. — O. 1. 229. — Hb. 1. 25. 1. — Dup. 29. 83. — Frr. V. 15, Taf. 391. — Wild. 35. — St. e. Z. 14. 331. 1863. 405.

6. Gattung. **Epinephele,** *Hb.*

Die Raupen, ähnlich denen der vorigen Gattung nur noch feiner behaart, leben an Gräsern bei Tage verborgen und verwandeln sich in gestürzt hängende, platte Puppen. Die Schmetterlinge fliegen im Sommer auf Wiesen und Waldlichtungen.

Lycaon, *Rott.* (Eudora, *L.*) Taf. 5, Fig. 10, (Sch. Taf. 11, Fig. 3.) Saftgrün; Kopf grün mit einem roten, weiß umzogenen Mittelstriche und einer feinen weißen Längslinie zu jeder Seite des Rückens; an den Seiten mit einem gelben, oberwärts rötlichen Längsstreifen; Afterspitzen gelb mit roten Spitzen. Lebt im Mai, Juni an Grasarten. Puppe kurz, kolbig, dunkelbraunrot mit weißen Längslinien, oder grün mit gelbem Rande der Flügelscheiden. Entwicklung im Juli; an Waldrändern und Waldwiesen. — Tr. X. 1. 35. — Hb. 1. 24. — Soc. ent. II. 22. — Wild. 35.

Janira, *L.* Taf. 5, Fig. 11. (Sch. Taf. 11, Fig. 4.) Das Ei ist nach Sepp. I. 5. kugelig, weißlich mit Längsleisten, oberhalb schuppig mit wolligen dunklen Querbändern. (Schluß-Taf. Fig. 14.) Raupe grün mit einem matten schwarzen Rückenstreifen, dunkler an den Seiten und mit einem gelblichweißen Längsstreifen über den Füßen. Bauch graugrün. Kopf gelblichgrün. 3—3,5 cm. Lebt bis Ende Mai an Riedgras (Poa pratensis) und anderen Grasarten. Puppe gelblichgrün mit schwarzbraunen Streifen am Bruststücke und den Flügelscheiden, und braunen Knöpfchen auf dem Hinterleibe. Entwicklung von Juni bis August, überall gemein. — O. 1. 218. — Esp. X. 25. — Hb. 23. 2. (Juturna.) — B. & G. Satyr. pl. 2. — Dup. 26. 76. — Wild. 36. — Buck. V. 1.

Ida, *Esp.* Taf. 5, Fig. 12. (Sch. Taf. 11, Fig. 5.) Rötlichweiß oder weißgrau, mit einer schwarzen Mittellinie auf dem Rücken, je zwei weißlichen Längslinien und feinen schwarzen Punkten zwischen denselben an den Seiten und je zwei weißen Längslinien über den Füßen. Kopf grau. 3 cm. Im April, Mai an Gräsern. Puppe braun mit gelbgrauen Flügelscheiden und schwarzen Punkten auf dem Rücken. Entwicklung Ende Mai, Juni. Südtirol und Südeuropa. — Tr. X. 1. 33. — B. & G. Satyr. pl. 1.

Tithonus, *L.* Taf. 5, Fig. 13. (Sch. Taf. 11, Fig. 6.) Das Ei ist nach Sepp. 1. 3 cylindrisch, bräunlich mit Längs- und Querlinien. (Buck. I. 167.) Raupe grün oder bräunlich mit einer dunklen rötlichen Rückenlinie; zu jeder Seite des Rückens mit einer hellen meist weißlichen Längslinie und einem gelben Längsstreifen über den Füßen. Kopf graunbraun mit sechs braunen Linien. 3 cm. Lebt im Mai an Weggras (Poa annua). Puppe eckig, grüngrau mit schwarzen und rötlichen Flecken auf dem Hinterleibe. Entwicklung im Juli, August; an Waldwegen und zwischen Gebüschen in Laubholzwäldern. — O. 1. 210. — Hb. 23. (Hesse.) — B. & G. Satyr. pl. IV. — Dup. 1. 26. 74. — Esp. 9. 25. Buck. V. 2.

Pasiphäe, *Esp.* (Sch. Taf. 11, Fig. 7.) Gedrungen, gelblichgrau mit welligen Längslinien, verloschenen helleren Streifen und dunklerer Zeichnung. Kopf braun. 2,5 cm. Lebt im Frühjahr an Gräsern. Puppe rotbraun mit helleren Einschnitten und helleren Flügelscheiden. Entwicklung im Juni. Südfrankreich, Spanien und Portugal. Mill. III. p. 184. pl. 119, Fig. 4. 5.

Hyperanthus, *L.* Taf. 5, Fig. 14. (Sch. Taf. 11, Fig. 8.) Die Eier sind nach Sepp. 1. 4 fast kugelig mit dunklen Punktreihen der Länge nach gestreift. (Buck. 1. 171.) Raupe braungrau, grünlichgrau oder weißgrau, fein rötlich behaart, zu jeder Seite des Rückens mit einem schmalen schwarzen oder bräunlichen Rückenstreifen, einer gelblichweißen Längslinie und zwei weißlichen Längslinien an den Seiten, über denen die schwarzen Luftlöcher stehen. Afterspitzen weißlichgrau. Bauch und Füße grau. Kopf hellbraun mit vier braunen Strichen und Punkten. Im Mai, Juni an Hirsegras (Milium effusum) und Rispengras (Poa annua); Verwandlung frei an der Erde. Puppe rundlich mit langen Flügelscheiden, mit kurzem Hinterleibe und Börstchen am Ende, hellbraun mit dunkleren Streifen und Schattierungen. (Wild. 37, Taf. 8, Fig. 13.) Entwicklung im Juli, August; auf Wiesen und Waldwegen. — O. 1. 225. — Hb. 1. 25 (Polymeda.) — B. & G. Satyr. pl. 3. — Dup. 1. 27. 75. — Fr. 4. 4, Taf. 290. — Pr. Taf. 2, Fig. 4. — Buck. V, 3.

7. Gattung. **Coenonympha**, *Hb.*

Raupen dünn, in der Mitte wenig dicker, nach hinten spitz, fein behaart mit einem kleinen kugeligen Kopfe. Leben im Mai, Juli an Gräsern. Verwandlung in etwas kolbige, am Ende angeheftete, gestürzt hängende Puppen.

Oedipus, *F.* (Sch. Taf. 11, Fig. 9.) Nach Assmus der Raupe von Pamphilus ähnlich, nur etwas gedrungener, hellgrün mit dunklem Rücken und gelblich weißen Seitenstreifen. Kopf und Füße olivenfarben. 9 mm. Im Juli an Schwertlilie (Iris pseudacorus); frißt die Blätter nicht ganz, sondern schabt nur das Chlorophyll ab. Puppe olivengrün mit gelblichen, weiß eingefaßten Flügelscheiden und zwei bräunlichen Kopfspitzen. Im Juni fliegt der Schmetterling nur auf Moorwiesen. Mehr in Süddeutschland, bei Wien, in Ungarn und Kleinasien. — St. e. Z. 1863, S. 396.

Hero, *L.* (Sch. Taf. 11, Fig. 10.) Das Ei ist bräungrünlich, länglich, gerippt, oben und unten etwas abgeplattet. (Gss. Fig. 41, Schluß-Taf. Fig. 15), sonst scheint von der Entwicklungsgeschichte nichts bekannt zu sein. Der Falter fliegt im Mai auf feuchten Wiesen und an Waldrändern.

Iphis, *Schiff.* Taf. 5, Fig. 15. (Sch. Taf. 11, Fig. 11.) Kopf bläulich oder dunkelgrün; dunkel oder mattgrün mit dunklerer Rückenlinie, einer weißen feinen Seitenlinie, unter denen die rötlichgelben Luftlöcher stehen. Afterspitzen rötlich; die dünnen Haare lang, etwas gekrümmt. Lebt im Mai an verschiedenen Grasarten, besonders an Brachypodium. Puppe grün mit dunkelgesäumten Flügelscheiden und sechs weißen Punkten auf dem Hinterleibe. Entwicklung im Juni, Juli; auf Waldlichtungen. — O. 1. 310. — Tr. X. 1. 56. — Hb. 1. 28. — Frr. 7, 13, Taf. 606. — Dup. 1. 30. 88. Wild. 37.

Arcania, *L.* Taf. 5, Fig. 16. (Sch. Taf. 11, Fig. 13.) Grün mit etwas eingekerbtem, bläulichgrünem Kopfe und roten Freßwerkzeugen; auf dem Rücken mit einem dunkelgrünen, weißlichgelb gesäumten Mittelstreifen und zu jeder Seite des Rückens mit einer gelben Längslinie; an den Seiten eine gelbe Längslinie über den Füßen. Afterspitzen am Ende rötlich. Lebt im Mai an Perlgras (Melica ciliata) und an verschiedenen Grasarten. Puppe breit, stumpf, am Hinterleibe rötlich mit weißlichen, rötlich eingefaßten Flügelscheiden. 3 cm. Entwicklung im Juni, Juli; auf Waldwiesen und sonnigen Abhängen. — O. 1. 317. — Hb. 28. 2. — B. & G. Satyr. pl. 3 und 4. — Dup. 1. 30. 87. — Wild. 38.

Corinna, *Hb.* (Sch. Taf. 11, Fig. 14.) Grün mit dunklerem Rückenstreifen und hellerer Einfassung und einer bleichgelblichen nach oben dunkler begrenzten Längslinie darunter. Kopf und Vorderfüße rot. Lebt im April, Mai und wieder im Juli, August auf Carex gynomane und Triticum cespitosum. Puppe kurz, schmal, graurötlich mit helleren weißlichen Stellen. Entwicklung im Juni und Herbst. Auf Corsica und Sardinien. — Tr. X. 1. 57. — B. & G. Satyr. 1. pl. 1.

Pamphilus, *L.* Taf. 5, Fig. 17. (Sch. Taf. 11, Fig. 16.) Eier nach Sepp. IV, Taf. 26 etwas buckelig mit flacher Basis, gerippt und gegittert, gelbbraun. Buck. 1. 173. Raupe grasgrün mit einer weißlichen Doppellinie auf dem Rücken und an den Seiten mit einem gelblichen Längsstreifen über den Füßen. Bauch hellgrün; Kopf grün. Lebt in zwei bis drei Generationen fast den ganzen Sommer hindurch an Kammgras (Cynosurus cristatus) und Poa. Puppe kurz, dick, grün mit gelben Strichen und Punkten. Entwicklung von Mai bis September; fast überall gemein. — O. 1. 305. — Hb. 1. 28 (Nephele). — Dup. 1. 30. 86. — Buck. VI. 4.

Tiphon, *Rott.* (Davus *F.*) (Sch. Taf. 11, Fig. 17.) Das Ei ist groß eiförmig, sehr fein gegittert, hellgelb mit etwas braun. Buck. 36. Die Raupe ist nach Buck. der vorigen sehr ähnlich, größer und dunkler, und lebt auf Riedgräsern, besonders Rhynchospora alba. Puppe ebenfalls der vorigen ähnlich, nur sind die weiß und schwarz gezeichneten Streifen kleiner und schiefer gestellt. Entwicklung Mitte Juni. Auf Sumpfwiesen, wo das Wollgras (Eriophorum) wächst.— Buck. 1, Taf. VI. 3. — St. e. M. 1865. 17. — Jahrb. Nassau 1881. 27.

X. Familie. Hesperidae. Dickköpfe.

Raupen in der Mitte dick, nach beiden Enden spindelförmig dünner, fein behaart, fast nackt. Kopf kugelig, wenig gespalten, abstehend; Beine kurz. Leben meistens zwischen zusammengezogenen Blättern und verwandeln sich in leichten Gespinsten zwischen Blättern und Grashalmen in stumpfe, langgestreckte dünnschalige Puppen.

1. Gattung. Spilothyrus, *Dup.*

Die Raupen dieser Gattung sind fast nicht von denen der nächsten Gattung zu unterscheiden, leben fast ausschließlich an Malvengewächsen. (Malvaceen.)

Alceae, *Esp.* (Malvarum *Hffg.*) Taf. 5, Fig. 18. (Sch. Taf. 11, Fig. 19.) Asch- oder rötlichgrau, bald heller, bald dunkler mit vier dunklen Rückenlinien, einem helleren Seitenstreifen und 3—4 gelben oder rotgelben Flecken auf dem ersten Ringe. In zwei Generationen; im Juni, dann wieder im August und September zwischen zusammengesponnenen Malvenblättern; die Raupe der zweiten Generation überwintert in einem Gespinste, das in einem aufgerollten Rande eines Blattes angelegt ist und verpuppt sich, ohne Nahrung zu nehmen, im April. Puppe mit buckelförmig erhabenem Brustrücken, Hinterleib fein behaart; Kremaster kegelförmig, am Ende mit feinen Häckchen, braun, blau bereift. Entwicklung im Mai und Juli, August; an trocknen pflanzenreichen Stellen. — O. 1. 2. 195. — Rsl. 1. 3. 56, Taf. 10. — Hb. 1. 54. — Dup. 1. 32. 92. — St. e. Z. 38. 309. — Pr. Taf. 3, Fig. 17. — Wild. 62.

Altheae, *Hb.* (Sch. Taf. 11, Fig. 20.) Nach Martorell auf Marubium, nach Ramb. auf M. hispanicum. Überwintert und schlüpft im ersten Frühjahr aus. In Österreich, Bayern und Schlesien. Var. Bacticus *Rbr.* in Südeuropa, Italien und Syrien. Weitere Berichte über diese Art fehlen. — Rst. p. 15.

Lavatherae, *Esp.* (Sch. Taf. 11, Fig. 21.) Raupe sehr dick, die beiden ersten Ringe dünner; der ganze Leib nicht mit Borsten, sondern nur mit wenigen Haaren besetzt; hellblaugrau mit schwarzbraunen Atomen besetzt, welche auf dem Rücken zu beiden Seiten Längsstreifen bilden; auf jedem Ringe oben mit zwei hellbraunen, schwarzgesäumten Punkten und mit einem breiten grell hellgelbem Fußstreifen. Luftlöcher braun. Bauch bläulichgrau, dunkler bestäubt. Afterklappe und Bauchfüße hellgrau, gelblich angeflogen. Nackenschild klein, hellbraun, gelb eingefaßt. Brustfüße schwarz. Kopf kugelig, schwarzbraun behaart. Lebt bis Mitte Mai zwischen zusammengesponnenen Blättern von Stachys recta, worin sie sich auch verwandelt. Puppe dick mit einem stumpfen, kegelförmigen, am Ende mit Häkchen besetzten Kremaster, Kopf behaart, dunkelbraun, stark blau bereift. Entwicklung im Juli, August; an sonnigen·trockenen Abhängen. — V. z. b. V. Wien. IV. 541 — Wild. 63.

2. Gattung. Syrichtus, *B.*

Die Raupen unterscheiden sich wenig von der Gattung Spilothyrus, auch sind noch sehr wenige Arten davon recht vollständig beschrieben und beobachtet, Proto kommt nach Roüart p. 115 auf Phlomis Cycheidis vor, doch sind beide nicht weiter beobachtet.

Alveus, *Hb.* (Sch. Taf. 11, Fig. 26.) Die Notizen über die Raupe sind sehr wenige. r. *Hornig* erwähnt in den Verh. z. b. V. Wien. Bd. IV, S. 17, daß er zwei Raupen an Polygala chamaebuxus gefunden hatte, welche mehrere Blätter mit einigen Fäden zusammengesponnen hatten. Die Puppe ist einer Spannerpuppe sehr ähnlich, rauh, hellbraun mit vielen schwarzbraunen Flecken. Kopf, Flügelscheiden und die letzten Hinterleibsringe sind dunkler, blau bereift. Eine kurze Notiz über das Vorkommen an dieser Pflanze, befindet sich in der Mitth. naturw. V. von N. Vorpommern IV, S. 61 von C. Plötz.

Serratulae, *Rbr.* (Sch. Taf. 11, Fig. 27.) Die Raupe lebt nach *Zeller* auf Potentilla incana. Entwicklung im Juli, August. Zentral- und Mitteleuropa.

Malvae, *L.* (Alveolus *Hb.*) Taf. 5, Fig. 19. (Sch. Taf. 11, Fig. 31.) Braunrot mit braunroten Ringeinschnitten, einem braunroten Mittelstreifen über dem Rücken und gleichfarbigen Seitenstreifen, welche beiderseits gelb gesäumt sind. Kopf dunkelbraun, fein behaart mit orangegelbem Halsbande. 2,7 cm. Lebt im Juni, Juli zwischen zusammengerollten Blättern an Erd- und Himbeeren, an Fingerkraut (Potentilla) und nach *Zeller* auch an dem Blutauge (Comarum palustre.) Puppe braun, hellbläulich gefleckt und gestrichelt und schwarz punktiert. Entwicklung im April und Mai, verbreitet an sonnigen Waldstellen. — Tr. X. 1. 95. — Hb. 1. 60. — St. e. Z. 1877, 310. — Frr. IV. 126, Taf. 361. — Isis (Ocken) 1846, 182. — Sepp. VI. 41. — Buck. XVI. 2.

Sao, *Hb.* (Sertorius *Hoffmgg.*) (Sch. Taf. 12, Fig. 3.) Schwarzbraun weißlich behaart mit matten gelben Punkten. Kopf schwarz, rauh behaart, 1. Ring mit gelber Mittellinie. Fußlinie zitronengelb. Luftlöcher schwarz gerandet, Krallen, Bauch und Füße gelbbraun. 2,4 cm. Ende April erwachsen an dem Wiesenknopf, Poterium sanguisorba; verwandelt sich nahe an der Wurzel in einem lockeren Gespinste aus Blattstücken zu einer hell bräunlichgelben, bläulich bereiften Puppe. Entwicklung im Mai und Juli. Im mittleren und südlichen Europa. Von Dorfmeister entdeckt und von Rogenhofer in den Verh. z. b. V. Wien 1875, S. 797 beschrieben. Derselbe zieht die Raupe von Brontes Hb. 1. 61. zu dieser Art. Frr. 361, Taf. 626.

3. Gattung. **Nisoniades** *Hb.*

Die Raupen dieser Gattung unterscheiden sich wenig von der vorigen Gattung, und leben meist in zusammengesponnenen Blättern, gewöhnlich in zwei Generationen.

Tages, *L.* Tafel 5, Fig. 20. (Sch. Taf. 12, Fig. 4). Eier nach Buck. p. 127 ellipstisch, hellgrünlich durchscheinend, Raupe hellgrün mit einem gelben schwarzpunktierten Rückenstreifen, über welchem die schwarzen Luftlöcher stehen 2,5—2,8 cm, leben in 2 Generationen im Juli und September, an Mannstreu (Eryngium campestre) und am Schotenklee (Lotus corniculatus) zwischen zusammengesponnenen Blättern. Verpuppung ebendaselbst; Puppe dunkelgrün mit rötlichem Hinterteile. Entwicklung im April, Mai, Juli und August; gemein an Waldwegen und Waldrändern. — O. 1. 2. 214. — Hb. 1. 54. — Dup. 1. 32. 93. — Wild. 64. — Buck. XVI. 3.

4. Gattung. **Hesperia**, *B.*

Raupen nach beiden Seiten spindelförmig dünner, fein behaart, fast nackt. Kopf kugelig. Sie leben am Gras und überwintern; Verpuppung meist in den Grasstengeln eingewickelt. Puppen schlank mit feiner Kopfspitze.

Thaumas, *Hufn.* (Linea F.) Taf. 5, Fig. 21. (Sch. Taf. 12, Fig. 6.) Die Eier sind nach Buck. p. 196 lang, oval, weißlich dann gelblich. Raupe blaßgrün, am Rücken dunkler, mit zwei weißen Längslinien und an den Seiten mit einem gelben Längsstreifen über den Füßen, Kopf mattgrün, 3 cm. Im Mai, Juni an Gräsern. Puppe gelblichgrün mit einer kleinen Kopfspitze und mit spitzig verlängerter, rötlicher Saugrüsselscheide. Entwicklung im Juli, auf Wiesen, Rainen und Grasplätzen gemein. — Hb. 1. 56. — Dup. 1. 31. 89. — B. & G. Hesper. pl. 1. — Pr. Taf. 3, Fig. 22. — Buck. XVII. 3.

Lineola, *O.* Taf. 5, Fig. 22. (Sch. Taf. 12, Fig. 7.) Gelbgrün mit grüngrauem Kopfe und 2 gelben rotgerandeten Strichen auf demselben; Rückengefäße dunkel durchscheinend von zwei blaßgelben Längslinien gesäumt; zu jeder Seite des Rückens mit einer gelblichen Längslinie und einem gleichfarbigen Streifen über den Füßen; Bauch grünlich, auf dem zehnten und elften Ringe mit je einem doppelten, schneeweißen seideglänzenden Querflecken besetzt. Lebt im Juni an Gräsern und Schlehe. Puppe schlank, mit feiner Kopfspitze, grün mit gelblichen Hinterbeinen. — Isis (Ocken) 1840. 136. — Voll. III. 16. — Wild. 61.

Actaeon, *Esp.* Taf. 5, Fig. 23. (Sch. Taf. 12, Fig. 8). Nach Buck. weißlichgrün, mit grünem Längsstreifen und schwarzem Kopfe; erwachsen mit braunen Rückenstreifen und grünem Kopfe mit zwei braunen Strichen. Lebt auf der Quecke (Triticum repens) oder Schwingelgras (Brachypodium sylvaticum) in einem röhrenförmig zusammengesponnenen Halme. Puppe weißlich, mit einem grünen Rückenstreifen und rosa gefärbtem Kopfe. Entwicklung im Juli, August. Auf trockenen Anhöhen nicht überall. — Buck. 136. pl. XVII. Fig. 2.

Sylvanus, *Esp.* Taf. 5, Fig. 24. (Sch. Taf. 12, Fig. 9.) Schmutziggrün mit braunem, schwarzgerandetem Kopfe, mit gelblichen Ringeinschnitten, einer feinen, dunklen Rückenlinie und einem gelblichen Seitenstreifen 2,5—3 cm. Im Mai an Gräsern, wie Poa annua, Triticum und Holcus in spiralförmig gebogenen Halmen. Puppe schlank mit verlängerter Saugrüsselscheide. Entwicklung im Juni, Juli auf Grasplätzen. — Frr. 7. 170. Taf. 646. Sepp. VIII. 1. — Wild. 61. — Pr. Taf. 3, Fig. 21. — Buck. XVII. 4.

Comma, *L.* Taf. 5, Fig. 25. (Sch. Taf. 12, Fig. 10.) Kopf groß, schwarz mit weißem, schwarz eingefaßtem Nackenring. In der Mitte stark gewölbt, schwarzgrau, rostfarben gemischt mit einer feinen Doppellinie an den Seiten. Bauch heller mit einem weißen Doppelflecken unter dem 10. und 11. Ringe, 2,5—3 cm. In zwei Generationen im Mai und Juli an Gräsern und an der Kronenwicke (Coronilla varia) in zusammengezogenen Blättern. Entwicklung im Juni und August; auf Grasplätzen, Wald- und Bergwiesen. — O. 1. 2. 224. — Frr. 7. 80, Taf. 546. — Hb. 1. 2. E. — Pr. Taf. 3, Fig. 20. — Dup. 1. 36. 90. — Wild. 60.

5. Gattung. **Cyclopides,** *Hb.*

Die Raupe dieser nur aus einer Art bestehenden Gattung unterscheidet sich ebenfalls wenig von den anderen Hesperiden-Raupen, sie lebt an Gräsern und verwandelt sich in eine schlanke vorn etwas eckige Puppe.

Morpheus, *Pall.* Taf. 5, Fig. 26. (Sch. Taf. 12, Fig. 13.) Kopf braun, schwärzlich gerandet und gestrichelt. Körper schmutzig weiß, gelblich in den Ringeinschnitten; auf dem Rücken eine feine dunkle Mittellinie und eine weiße, matt dunkelgesäumte Längslinie zu jeder Seite derselben; über den Füßen eine feine weiße Längslinie an den Seiten. Luftlöcher fein, gelblich, 2,5—3 cm. Lebt im Mai an Gräsern. Puppe schlank, vorn etwas eckig mit feiner Kopfspitze; mattgrün, dunkler gestreift mit rötlicher Kopfspitze. Entwicklung im Juli; auf sumpfigen Wiesen, nicht überall. — B. und G. Hesper. pl. 1. (Aracynthus). — Wild. 60.

6. Gattung. **Carterocephalus,** *Ld.*

Die Raupen, walzig, fast gleich dick, fein behaart mit kugeligem Kopfe. Leben ebenfalls meist an Gräsern und verwandeln sich in längliche, mit spitzig verlängerter Saugrüsselscheide versehenen Puppen.

Palaemon, *Pall.* (Paniscus *F.*) Taf. 5, Fig. 27. (Sch. Taf. 12, Fig. 14.) Nach *Rogenhofer* ist die Raupe einfach grasgrün und lebt im April, Mai nur an Gräsern. Die Beschreibungen bei *Wilde, Ochsenheimer, Freyer*, gehören zu andern Arten, ebenso das Bild bei *Hübner*. Puppe grünlich. V. z. b. V. Wien 25. S. 798. — Frr. 7. 47. Taf. 526. (nur die Puppe). Entwicklung Mai, Juni, an feuchten Waldlichtungen und Waldrändern. — Buck. 129 und 194. pl. XVII. Fig. 1. — (Dup. 91 stimmt auch nicht).

Silvius, *Knoch.* Taf. 5, Fig. 28. (Sch. Taf. 12, Fig. 15.) Schmutzig beingelb, mit einer rötlichen Rückenlinie und drei gleichen farbigen Seitenlinien, unter diesen die schwarzen Luftlöcher. Kopf und Brustfüsse braungelb, 2,5—3 cm. Lebt im April, Mai an Gräsern. Entwicklung im Juli, auf feuchten Waldlichtungen. — Frr. 7, 159. Taf. 691. — Wild. 60.

Zweite Gruppe.

Heterocera. Nachtschmetterlinge.

Die Raupen dieser zweiten Hauptgruppe besitzen meist 16, nur die Geometriden, mit wenigen Ausnahmen, 10 Füße, da die drei vorderen Paare der Bauchfüße fehlen. Die Raupen einiger Bombyciden-Gattungen, sowie auch die der Drepanuliden sind nur 14füßig, bei denen die Nachschieber fehlen, wenige Arten bei den Noctuiden, z. B. die Plusien, sind durch den Mangel der vorderen Paare der Bauchfüße 12- oder 14füßig, und erhalten dadurch einen etwas buckeligen Gang. Die Raupen einiger Familien, welche im Innern der Gewächse leben, haben Kranzfüße.

Sie verwandeln sich entweder in mehr oder weniger festen und dichten Gespinsten über oder unter der Erde, oder ganz ohne Gespinst frei an der Erde oder unter der Erdoberfläche.

A. Sphinges. Schwärmer.

Die Raupen sind entweder nackt oder behaart, eine allgemeine Übereinstimmung derselben giebt es nicht, wie bei den Raupen der Tagschmetterlinge.

1. Familie. Sphingidae. Ächte Schwärmer.

Raupen walzenförmig, stark nach hinten dicker, glatt oder erhaben punktiert, auf dem elften Ringe mit einem Horne oder Schilde, 16füßig. Verwandlung an der Erde im Gras oder Moos, oder in der Erde in einer ausgesponnenen Höhle. Puppen braun, mit einem einfachen Kremaster.

1. Gattung. Acherontia, O.

Die Raupen dieser nur aus einer Art bestehenden Gattung sind groß, dick, mit flachem eirundem Kopfe und einem doppelt gekrümmten Horne auf dem elften Ringe.

Atropos, *L.* Taf. 6, Fig. 20. (Sch. Taf. 12, Fig. 16.) Raupe veränderlich; hellgelb, ockergelb, meistens grün, vom vierten bis elften Ringe mit schwarzblauen Punkten besetzt und an den Seiten mit blauen, unterwärts schwärzlichen Schrägsstrichen, welche über zwei Ringe reichen und auf dem Rücken nach hinterwärts im Winkel zusammenstoßen; die Brustringe und der lezte Ring rein gelb; das Horn rauh, doppelt gebogen, gelb; Luftlöcher schwarz; Kopf gelb mit einem schwarzen Winkelstriche. Die auf Bocksdorn (Lycium barbarum) lebende schwärzlich (Hb. 2. 25.); bei einer auf Äpfel vorkommenden Raupe waren die blauen Schrägsstriche fast auf der ganzen Oberfläche verbreitet, wodurch dieselbe eine ganz dunkle Färbung erhielt; Wild. S. 86 beschreibt eine braungrüne Varietät sehr ausführlich, 12—15 cm. Lebt im Sommer und Herbst an Kartoffeln (Solanum tuberosum), seltener an Lycium, am Stechapfel (Datura stramonium), Jasmin (Philadelphus coronarius) und verwandelt sich in einer geleimten, leicht zerbrechlichen Höhle zur Puppe. Frißt nur bei Nacht, am Tage ist sie verborgen. (Wild. Taf. 1, Fig. 10.) Entwicklung im September, Oktober und aus überwinterten Puppen im Mai, Juni, von letzteren allein stammen die auf Kartoffeln lebenden Raupen; nach *Ochsenheimer* S. 236 entwickelte sich der Schmetterling aus einer Puppe erst nach 11½ Monat. S. 239 bemerkt derselbe, daß die vor Winter auskriechenden Schwärmer, wie Atropos, Convolvuli und Nerii sich nicht begatten, und daß diese keinen Eierstock hätten; dasselbe behauptet *Bau* in der Isis X. S. 58 und Dr. *Pabst* geht in der Gartenlaube 1889, S. 438 noch weiter, indem er behauptet, daß kein weiblicher Schmetterling, welcher bei uns aus der Puppe schlüpft, im stande ist, die Art fortzupflanzen, da bei ihnen die Eierstöcke bis auf ein Minimum verkümmert seien und die Puppen, welche bei uns unter der Erde überwintern, ausnahmslos sterben. Verbreitet, meist selten. — O. 2. 231. — Rsl. III. 1. — Hb. 2. 24. 25. — Sepp. III. 26. 27. und V. 42. — B. & G. Sphing. 8. — Pr. Taf. 2, Fig. 5. — Bucz II. pl. 21. — Isis X. 58. — Ein Totenkopf auf der See. Ent. N. 8. 321. — Isis IX. 156. 403. X. 10.

2. Gattung. Sphinx, O.

Raupen glatt, mit einem eiruuden Kopfe und einem starken schwach gebogenen Horne und mit Querstreifen. Verwandlung in einer Erdhöhle; Puppen mit abstehender Saugsüsselscheide überwintern.

Convolvuli, *L.* Taf. 6, Fig. 21. (Sch. Taf. 12, Fig. 17.) Raupe gelblich-braun mit einer dunkleren Rückenlinie, auf den Brustringen zu den Seiten des Rückens ein ockergelber Streifen; vom vierten bis elften Ringe an jeder Seite sieben ockergelbe, braune beschattete Schrägstriche. Luftlöcher schwarz, gelb gesäumt; Horn schwarz, Banch ockergelb mit vier bis sechs schwarzen Strichen. Die grüne Varietät hat gelbliche, oberwärts schwarz begrenzte Seitenstreifen und auf jedem Gelenke, das erste und letzte ausgenommen, zu beiden Seiten der dunkelgrünen Rückenlinie einen schwarzen Flecken. Das Horn ist gelb, an der Spitze schwarz, 12—15 cm. Lebt im Sommer an der Ackerwinde (Convolvulus arvensis) bei Tage an oder in der Erde verborgen. Puppe braun mit bogig gekrümmter Saugrüsselscheide. (Wild. Taf. 1, Fig. 15). Entwicklung im August, September und aus überwinterten Puppen im Mai, verbreitet. — O. 2. 236. — Rsl. 1. VII. 1. — Esp. II. 5. — B. & G. Sphing. pl. 2. — Fr. Taf. 2, Fig. 6. — Sepp. III. 49. 50. — Buck. II. pl. 21. 22. — Wild. 85.

Ligustri, *L.* Taf. 7, Fig. 1. (Sch. Taf. 12, Fig. 18.) Das Ei ist länglich rund hellgrünlich. (Buck. p. 110.) Einl. S. IV, Fig. 2. Raupe hellgrün, vom vierten bis elften Ringe an jeder Seite mit sieben violettblauen, unterwärts weißen Schrägstrichen; Luftlöcher rotgelb. Horn gelb, auf der Oberseite und an der Spitze schwarzbraun; Kopf grün, 10—12 cm. Lebt im Juli, August au Hartriegel (Ligustrum vulgare), Flieder (Syringa vulgaris), Schneeballen (Viburnum opulus), Spierstaude (Spiraea) und Esche (Fraxinus). Puppe rotbraun mit kurzer, anliegender Saugrüsselscheide. (Wild. S. 85. Taf. 2, Fig. 31.) Entwicklung im Mai und Juni. Verbreitet. — O. 2. 240. — Hb. 2. 23. — Rsl. 3. 25. 5. — B. & G. Sphing. pl. 2. — Sepp. 1. 1. 3—4. — Esp. 1. 6. — Pr. Taf. 2, Fig. 8. — Buck. II. 22.

Pinastri, *L.* Taf. 7, Fig. 2. (Sch. Taf. 12, Fig. 19.) Ei ähnlich von Sm. Populi (Erg. Taf. Fig. 17.), aber nicht so rund, hellgrün, ockergelb. (Buck. p. 27.) Raupe mit fünf weißen oder gelblichen Längsstreifen, von denen der mittelste oben durch eine braunrote Mittellinie geteilt ist. Luftlöcher hochrot, schwarz gerandet, mit einem gelblichen Schrägstriche vor jedem derselben. Horn rauh, schwarzbraun. Kopf ockergelb, mit zwei breiten braunen Streifen, 8—9 cm. Sie lebt im Juli, August an Nadelhölzern, denen sie oft sehr schädlich wird, besonders der Föhre (Pinus sylvestris). Puppe dunkelrot, braun mit kurzer dicht aufliegender Saugrüsselscheide; endigt in drei feine Spitzchen. (Wild. Taf. 2, Fig. 34.) Entwicklung Ende Mai, Juni. Verbreitet in Nadelhölzern. — O. 2. 243. — Hb. 2. 20. — Rsl. 1. 2. 41. Taf. 6. — Rtzb. 2. 74. — Sepp. 1. 1. 5. — Pr. Taf. II, Fig. 7. — Wild. 84. — Buck. II. 22.

3. Gattung. Deilephila, O.

Die Raupen haben bis zu denen von Livornica farbige Seitenflecken, die der übrigen auf dem 4. und 5. Ring an den Seiten Augenflecken und können den Kopf in die Brustringe zurückziehen. Die Verwandlung der ersten Gruppe an der Erde zwischen Blättern, die der anderen in einem grobmaschigen Gespinste.

Vespertilio, *Esp.* Taf. 7, Fig. 3. (Sch. Taf. 12, Fig. 20.) In der Jugend braun mit roten Fußstreifen (Fig. 3a), erwachsen braungrau oder aschgrau mit schwärzlichen Pünktchen; auf jedem Ringe ein beinahe viereckiger, rötlicher oder weißlicher schwarzgesäumter Flecken zu den Seiten des Rückens. Luftlöcher gelblich, schwarz gerandet; über den Füßen ein heller schmaler Längsstreifen. Bauch heller grau, Bauchfüße rötlich; Horn fehlt, Kopf- und Brustfüße rotbraun. Lebt im Juni, Juli auf dem Unholdkraut (Epilobium rosmarinifolium), 8—9 cm. Puppe graubraun mit gelbbrannem Hinterleibe, Fig. 3c. Entwicklung im September oder aus überwinterten Puppen im Mai. Südliche Schweiz, Italien und Südfrankreich. Der Schmetterling selten bei Wien. — O. 2. 229. — Hb. 2. 14. — B. & G. Sphing. pl. 6. — Fr. 1. 73, Taf. 39. — Pr. Taf. 2, Fig. 4. — Wild. 84. Raupe von Var. Vespertilioides B. & G. pl. 9, Fig. 1; (Tr. 1. 135.), von Var. Epilobii ebenda, Fig. 2.

Hippophaës, *Esp.* Taf. 7, Fig. 4. (Sch. Taf. 12. Fig. 21.) Grün-weiß punktiert, mit einem matten gelblichen Längsstreifen vom 4. Ringe an und einem weißen Fußstreifen, über welchem die ockergelben Luftlöcher stehen; Horn ockergelb. Kopf grün mit 2 braunen Strichen. Variiert auch in silbergrau mit schwarzem unterbrochenem Rückenstreifen und schwarzen Fußstreifen, in welchem die roten Flecken stehen; bisweilen ist die schwarze Zeichnung in rot oder gelb gekernte Flecken aufgelöst, 8—9 cm. Lebt im August, September am Sanddorn (Hippophaë rhamnoides) und ist, da sie die Farbe der Blätter hat, schwer zu entdecken. Puppe braungrau, fein schwarz gegittert. Entwicklung im Mai. Südliche Alpen, Italien Frankreich. — Tr. 1, 130. — Hb. 2. 15. — B. & G. Sphing. pl. 9. — Frr. B. 1. 65, Taf. 20. — Wild. 83.

Galii, *Rott.* Taf. 7, Fig 5. (Sch. Taf. 12, Fig. 22.) Die junge Raupe ist grün mit gelben Streifen, welche auf dem mittleren Streifen auf jedem Ringe mit etwas Rot gezeichnet sind. Erwachsen grün, mit Rücken- und gelblichen Seitenstreifen, auf jedem Ringe steht ein dunkelgelber Flecken, der heller eingefaßt ist. Luftlöcher gelblich, schwarz gesäumt. Horn rot. Bauch rötlichgrau. Kopf- und Brustfüße blaugrau. Auf Wolfsmilch lebende Raupen olivengrün mit hochgelben Rückenstreifen, ebensolchen Flecken und schwarzen Punkten; oder glänzend schwarzgrau mit roten Rückenstreifen und zwei Reihen runder gelber Flecken au den Seiten, 8—9 cm. Die dunkle Abart wird fälschlich als angestochene bezeichnet. Lebt im Juli, August an Waldstroh (Galium verum) und an der Färberröte (Rubia tinctorum, seltner an Weidenröschen (Epilobium palustre und hirsutum) und Wolfsmilch (Euphorbia). Puppe gelblichbraun, dunkler gerieselt mit zwei kurzen Spitzen am Ende. (Wild. Taf. 2, Fig. 29.) Entwicklung selten im September, in der Regel nach der Überwinterung der Puppe im Mai, Juni. Nicht überall verbreitet. — O. 2. 217, — Hb. 2. 9. — Rsl. 3. 33, Taf. 6. — Sepp. 10. 14. — Pr. Taf. 2, Fig. 1. — Esp. 2. 21. — Buck. II. 24. (mit 8 verschieden gefärbten Raupen).

Euphorbiae, *L.* Taf. 7, Fig. 6. (Sch. Taf. 13, Fig. 1.) Die junge Raupe ist gelbgrün mit gelben Mittelstreifen, auf jedem Ringe an den Seiten ein weißer, schwarz eingefaßter Flecken; erwachsen schwarzgrün, mit vielen weißen oder gelblichen Punkten besetzt, auf dem Rücken mit einem roten Mittelstreifen und zu dessen Seiten ein länglich runder, gelber Flecken auf jedem Ringe und darunter mehrere kleinere gleichfarbige Flecken; an den Seiten über den Füßen ein gelber, rotgefleckter Längsstreifen. Luftlöcher gelblich. Horn unten rot, oben schwarz. Kopf und Füße rot. 8—9 cm. Lebt vom Juli bis Oktober an Wolfsmilcharten, besonders an Euphorbia cyparissias. Puppe schmutzig, braungelb. (Wild. 83. Taf. 2, Fig. 29.) Entwicklung im Mai bis Juli: oft erst nach mehreren Jahren. — O. 2. 223. — Hb. 2. 18. — Esp. 2. 12. — Rsl. 3. 33. Taf. 6. — Sepp. 111. 4. 5. — Pr. Taf. 2, Fig. 2. — Buck. II. 23. mit 8 verschieden gefärbten Raupen.

Nicaea, *Prun.* Taf. 7, Fig. 7. (Sch. Taf. 13, Fig. 2.) Das Ei ist glänzend grün, die Raupe silbergrau oder lederfarbig mit schwarzem durchbrochenem Rückenstreifen, auf jedem Segment rote oder hochgelbe schwarz eingefaßte Flecken. Lebt im Juli, August an Wolfsmilch besonders an Euphorbia Esula, characias und pinifolia. Entwicklung im September. Südfrankreich, Italien und Spanien. — O. IV. 177. — Hb. 2. 20. (Cyparissiae). — B. & G. Sphing. 1.

Dahlii, *H. G.* (Sch. Taf. 13, Fig. 3.) Raupe der von Euphorbiae ähnlich; Kopf, Horn, Füße und Afterklappe rotbraun; Körper schwarz mit gelben Rücken- und Seitenstreifen und roten Flecken auf jedem Ringe. Lebt im Juni, Juli auf Wolfsmilcharten, besonders Euphorbia paralias und myrsinites. Entwicklung im September und Juni. — Hb. 2. 17. — B. & G. Sphing. 5. Nur auf Sardinien und Corsica.

Livornica, *Esp.* Taf. 7, Fig. 8. (Sch. Taf. 13, Fig. 4.) (Lineata *F.*) Grüngelb punktiert; Kopf- und Rückenlinie rosenrot; auf jedem Gelenke steht ein schwarzer und darunter ein rosenroter, nach unten weißgesäumter Flecken; an den Seiten eine gelbe Linie und auf jedem Gelenke ein runder, rosenroter Flecken. Horn unten schwarz, oben rosenrot. Bauch und Füße gelbgrau. Kopf dunkel rosenrot. 8—9 cm. Eine Abänderung hat einen schwarzen Kopf und eine breite gleichfarbige Rückenlinie, welche sich auf jedem Ringe seitwärts bis zu einem runden, weißen, schwarzgesäumten Flecken zieht. Seitenlinie heller, auf jedem Ringe einen rosaroten Flecken. Bauch und Füße schwarz. Lebt im Juni, Juli an Labkraut (Galium verum), Leinkraut (Linaria) auf Fuchsien und Reben. Puppe gelbbraun. Entwicklung im September, oder nach Überwinterung der Puppe im Mai. In Südeuropa, in Deutschland nur als Zugvogel. — O. 2. 214. — Hb. 2. 16. — Esp. 46. — B. & G. Sphing. pl. 5. — Sepp. V. 12. — Pr. Taf. 1, Fig. 19. — Wild. 83. — Buck. II. 25.

Celerio, *L.* Großer Weinschwärmer. Taf. 7 Fig. 9. (Sch. Taf. 13, Fig. 5.) Braun, selten grün; die Augenflecken am vierten und fünften Ringe schwarz, weißgelb gekernt und gesäumt; an den Seiten des Rückens, vom 6. Ringe bis zu dem aufrecht stehenden geraden Horn ein hellbrauner Streifen und über den Füßen ein in den Ringeinschnitten abgesetzter hellerer Längsstreifen, an dessen oberem Rande die gelblichen, schwarzgesäumten Luftlöcher stehen. Kopf rotbraun. 8—9 cm. Lebt im August und September am Weinstock, seltner an ähnlichen Pflanzen wie die vorige. Puppe rotbraun, an den Flügelscheiden, dem Kopfe und Rücken schwarzgrau. Entwicklung im Mai und Juni. Südeuropa, wie der vorige bei uns ein noch seltener Gast. — O. 2. 205. — Hb. 2. 12. — Rsl. 4. 59. Taf. 4. 8. B. & G. Sphing. pl. 13. — Frr. 6. 62. Taf. 518. und 106. Taf. 548. — Pr. Taf. 1, Fig. 18. — Wild. 81. — Buck. II. 25.

Alecto, *L.* (Sch. Taf. 13, Fig. 6.) Raupe grün mit blauen Augen auf dem vierten und fünften Ringe und einem blauen Horne. 9—10 cm. Lebt ebenfalls am Weinstocke, nicht aber in den Weinbergen, sondern nach Lederer mehr an Spalier an Häusern. August, September. Entwicklung der Sommergeneration in 14 Tagen und nach der Überwinterung im ersten Frühjahr. Griechenland, Kreta, Kleinasien. — V. z. b. V. Wien V. 197.

Elpenor, *L.* Mittlerer Weinschwärmer. Taf. 8, Fig. 1. (Sch. Taf. 13, Fig. 7.) Raupe grün, braun oder schwärzlich mit schwarzen Strichen und Linien gerieselt, Augenflecken mit mondförmigen, braunen weiß gerandeten Kernen; an den Seiten der Brustringe mit einer helleren Längslinie. Horn kurz, schwarzbraun. Kopf klein, je nach der Farbe des Körpers. 7—8 cm. Lebt im Juni bis August an Labkraut (Galium), besonders an Weidenröschen (Epilobium hirsutum und palustre), seltner am Weinstocke; in Gärten an Fuchsien. Puppe gelblichbraun, schwarz punktiert mit dunklen Flügelscheiden, die Hinterleibsringe sind auf dem Rücken mit einem Kranze feiner Stacheln besetzt. Wild. 81. Taf. 1, Fig. 8.) Entwicklung im Mai, Juni, verbreitet. — O. 2. 209. — Hb. 2. 13. — Rsl. 1. 2. Taf. 4. — Sepp. III. Taf. 17. 18. — Esp. II. 9, — Pr. Taf. 1, Fig. 16. — B. & G. pl. 4. — Iris 5. 164.

Porcellus *L.* Kleiner Weinschwärmer. Taf. 8, Fig. 2. (Sch. Taf. 13, Fig. 8.) Ei länglichrund, grünlich, oben mit vielen schwarzen Pünktchen Gss. Fig. 16. (Sch. Taf. , Fig. 18.) Raupe graubraun, selten grün, dunkel gerieselt; Augenflecken schwarz, mit mondförmigen, weiß gerandeten Kernen; an der Stelle des Hornes nur eine kleine spitze Erhöhung auf dem 11. Ringe. Kopf klein graubraun. 6—7 cm. Lebt von Juni bis August an Labkraut (Galium verum und Mollugo), selten an andern Pflanzen wie die vorige. Puppe braungrau mit dunklerem Rücken und ebensolchen Flügelscheiden. Entwicklung im Mai und Juni, verbreitet. — O. 2. 211. — Hb. 2. 13. — Esp. II. 10. — Rsl. 1. 2. 33. Taf. 5. — Sepp. III. 22. 23. — B.

und G. pl. 4. — Pr. Taf. I, Fig. 17. — Wild. 81. — Buck. II. 26. — Isis 5. 164.

Nerii, *L.* Oleanderschwärmer. Taf. 8, Fig. 3. (Sch. Taf. 13, Fig. 9.) Das Ei hat Größe, Gestalt und Farbe wie das von Sph. Ligustri. Die Raupe grün, die Brustringe und der lezte Ring gelblich, selten der ganze Körper ockergelb oder braungelb; am dritten Ringe ein nierenförmiger, weißer, schwarzblau geranderter Augenflecken an den oberen Seiten; vom vierten bis elften Ringe ein weißer Längsstreifen zu den Seiten und über und unter demselben weiße Pünktchen mit bläulichem Hofe. Luftlöcher schwarz, gelb gesäumt. Brustfüße blau. Horn kurz gekrümmt, wachsgelb. Kopf von der Körperfarbe. 12—15 cm. Lebt im August, September am Oleander (Nerium-Oleander), besonders an den Blüten, oft in Mehrzahl an einem Orte. Puppe bräunlich und außer den Flügeldecken mit schwarzen Atomen bedeckt; die Luftlöcher erscheinen als große Flecken. (Wild. 82. Taf. 9, Fig. 74.) Taf. 8, Fig. 3 a. Entwicklung Ende September und Oktober, seltner aus überwinterten Puppen im Juni. In Südeuropa, in Deutschland hie und da als Gast, nach Sepp manchmal auch in Holland. — O. 2. 201. — Hb. 2. 11. — Rsl. 3. 85. Taf. 15. — Esp. IV. 27. — B. & G. Sphing. pl. 3. — Sepp. VI. 21. 23. — Pr. Taf. 1, Fig. 15. — Stett. e. Z. 8. 133. — Isis 4. 158. 342. — J. W. IV. 38.

4. Gattung. Smerinthus, O.

Die Raupen werden nach vorn schlanker, die Haut ist rauh gekörnelt, der Kopf ist flach, oben stumpf zugespitzt, das Horn ist auf dem 11. Ringe. Sie leben auf Laubhölzern, verpuppen sich in der Erde in einer wenig ausgesponnenen Erdhöhle in stark kegelförmigen am Ende zugespitzten Puppen.

Tiliae, *L.* Lindenschwärmer. Taf. 8, Fig. 4. (Sch. Taf. 13, Fig. 10.) Das Ei ist grün und wird einzeln an verschiedenen Plätzen gelegt. Die Raupe grün, auf dem Rücken mehr gelblich; an den Seiten, vom vierten Ringe an, mit rötlichen unterwärts gelben Schrägstrichen. Horn blau oder grün, unter demselben ein gekörntes, rotes oder schwärzliches Shhildchen. Kopf rauh, grün mit gelbem Rande. 8—9 cm. Lebt im Juli, August an Linden, seltner an Ulmen. Erlen, Birken und Eichen. Puppe dunkelbraun, an den Flügelscheiden schwärzlich. Entwicklung im Mai, Juni, nirgends selten. Durch zweimalige Zucht aus Eiern verlieren sich die grünen Stellen der Oberflügel fast gänzlich. Var. Pechmanni. Hartmann, Münchn. ent. V.T. 3. 35. — O. 2. 246. — Hb. 2. 28. — Rsl. 1. 2. 9. Taf. 2. — Esp. 2. 22. — Sepp. I. 1. 6. — Pr. Taf. 1, Fig. 10. — Wild. 87. — Buck. 2. 20.

Quercus, *Schiff.* Taf. 8, Fig. 5. (Sch. Taf. 13, Fig. 11.) Die Raupe gleicht sehr der von Populi und Ocellata. Sie ist grün, gelblich punktiert, an den Seiten vom vierten bis elften Ringe mit 7 gelblichen, abwechselnd breiten Schrägsstrichen; Horn blaßblau; Luftlöcher gelb, braun gesäumt; Kopf oben stumpf, zweispitzig, hellgrün, gelblich punktiert und hochgelb gerandet. 9—10 cm. Lebt im Sommer an Eichen (Quercus robur) und zwar nur auf jungen Bäumen, und ist schwer zu erziehen. Puppe kupferbraun mit zwei Spitzchen am Ende. Wild. 87. Taf. 4, Fig. 70.) Entwicklung im Mai, Juni. Nur in Östreich, besonders in Ungarn, bei Wien, Südfrankreich und Kleinasien. W. V. Taf. I, Fig. 1. — O. 2. 255. — Hb. 2. 28. — B. & G. Sphing. pl. 3. — Esp. 2. 19.

Ocellata, *L.* Taf. 8, Fig. 6 a. b. (Sch. Taf. 13, Fig. 19.) Das Ei ist nach Sepp. eiförmig glatt, apfelgrün. Raupe variiert ziemlich. Bläulichgrün, weiß punktiert mit einem weißen Längsstreifen an den Seiten des Rückens; vom vierten bis elften Ringe sieben weiße Schrägsstriche, welche in seltenen Fällen mit ein oder zwei Reihen roter Flecken versehen sind. Horn blau; Luftlöcher weiß, rötlich gerandet; Kopf blaugrün, in der Mitte mit zwei gelben Bogenlinien, an den Seiten weiß punktiert. 8—9 cm. Lebt von Juni bis September an Weiden, Pappeln, Schlehen und wird sogar den jungen Apfelbäumchen in den Baumschulen öfters gefährlich. Puppe glänzend, dunkel, rotbraun. (Wild. 87. Taf. I, Fig. 6.) Entwicklung im Mai, nirgends selten. — O. 2. 249. — Hb. 2. 26. (Salius). — Rsl. Taf. 10. und 38. — Esp. 2. 1. — Sepp. 1. 1. 2. — Pr. Taf. 1, Fig. 11.) — Buck. II. 20. Bastard-Versuche mit populi Isis 5. 349. VI. 347. (Var. **Hybridus** *Westw.*)

Populi, *L.* Taf. 8, Fig. 7. a—c. (Sch. Taf. 14, Fig. 1.) Das Ei ist rund, glänzend grün. Die Raupe variiert ebenfalls. Gelbgrün, gelb punktiert, vom vierten bis elften Ringe an den Seiten mit sieben gelben Schrägsstrichen. Horn grün. Luftlöcher weiß, braun gerandet, Kopf grün mit gelben Winkelstrichen und an den Seiten feingelb punktiert; oder matt grünlichgelb mit gelben Schrägsstrichen und zwei Reihen rotgelber Flecken an jeder Seite; Horn grün, gelb gestreift. 8—9 cm. Lebt von Juni bis Oktober an Pappeln und Weiden. Puppe schmutzig, schwarzbraun mit feiner Spitze und an derselben zwei schräg liegende ovale Erhöhungen. (Wild. 87. Taf. 2, Fig. 18.) Entwicklung im Mai, Juni, überall. — O. 2. 250. — Hb. 2. 26. 27. — Rsl. 3. Taf. 30. — B. & G. Sphing. pl. 6. 7. — Sepp. I. 1. Fig. 1. — Pr. Taf. I, Fig. 11.

Tremulae, *Tr.* Taf. 6, Fig. 19. (Sch. Hs. 14.) Von Herrn Jetter entdeckt. Körper hellgrün, glatt, äusserst glänzend, nicht chagrinartig. Kopf mehr rund als herzförmig, die schiefen Striche fehlen, nur zuweilen zeigen sich erloschene bläuliche Streifen. Das Horn ist ungewöhnlich lang, bei einigen karminrot. Lebt im Sommer nur auf der Zitterpappel (Populus tremula). Entwicklung im Frühjahr. — Tr. 1. 140. — Dup. Sphing. 8. Nur aus Russland.

5. Gattung. Pterogon, B.

Raupen lang, gestreckt mit einem kugeligen Kopfe und einem knopfförmigen Flecken auf dem elften Ringe. Verwandlung in der Erde in einer oberflächlichen Höhle.

I. Familie. Shingidae. Ächte Schwärmer. — II. Familie. Sesiidae, H.-S. Glasflügler.

Proserpina, *Pall.* Oenotherae, *Esp.* Taf. 8. Fig. 8. a. b. (Sch. Taf. 14, Fig. 2.) In der Jugend mattgrün mit zwei matten gelblichen Längslinien und einem gelblichen Flecken auf dem elften Ringe, an den Blattstengeln am Tage sitzend. Erwachsen dick, walzig, grün oder braungrau mit gitterförmiger schwarzer Zeichnung, welche sich in der Mitte und an den Seiten zu abgesetzten Längsstreifen verdichten. An den Seiten mit schwärzlichen Schrägsstrichen und ockergelben, blau eingefaßten in der Mitte schwarzen Luftlöchern. Auf dem elften Ringe ein etwas erhöhter, schildförmiger, braungelber, schwarz gekernter harter Flecken. Bauch und Füße graugrün. Lebt im Juli, August an Nachtkerze (Oenothera biennis), und Schotenweiderich (Epilobium palustre) und an dem gemeinen Weiderich (Lythrum Salicaria). Puppe schlank mit langem, kegelförmigem mit zwei Spitzen besetztem Ende, rotbraun. (Wild. 80. Taf. 1, Fig. 9.) Entwicklung im Mai, Juni, nicht überall. — O. 2. 196. — Hb. 2. 10. — Esp. 2. 20. — B. & G. Sphing. pl. 10. — Fr. Reitz. 1—14. Taf. — Sepp. VII. 29. — Schles. Z. f. Ent. V. 79. — Pr. Taf. 1, Fig. 14.

Gorgoniades, *Hb.* Gorgon *Esp.* (Sch. Hb. 162. 104.) Raupe beinweiß mit rosafarbenen Längsstreifen über den Rücken und an den Seiten; die kleinen weißen Luftlöcher stehen in einer breiten, ebenso gefärbten Linie. Horn ebenfalls rosafarben eingefaßt; Kopf mit ebensolchen Längsstreifen. 4 cm. Lebt auf einer Galiumart und entwickelt sich im Mai, Juni. Nur in Südrussland und an der Wolga. — Mill. III. pl. 117. Fig. 3—5.

6. Gattung. **Macroglossa**, *O.*

Raupen fein erhaben punktiert, mit einem Horne auf dem elften Ringe und einem kugeligen Kopfe. Verwandlung an der Erde zwischen leicht versponnenen Blättern in durchscheinende Puppen mit etwas vorgebogener Saugrüsselscheide.

Stellatarum, *L.* Taubenschwanz. Taf. 8, Fig. 9. (Sch. Taf. 14, Fig. 3.) Das Ei ist glatt, grünlich weiss. Raupe heller oder dunkler, grün, oder vor der Verpuppung schmutzig braunrot, dicht mit erhabenen weißen Pünktchen besetzt und einer weißen, oder rötlichen Längslinie zu jeder Seite des Rückens. Über den Füßen ein gelber Längsstreifen, über welchem die schwarzen Luftlöcher stehen. Horn bläulich, mit brauner Spitze. Kopf von der Körperfarbe, punktiert. 4—5 cm. Lebt in zwei Generationen im Juli und August, September an Labkraut (Galium verum und Mollugo) nach O. auch an der Färberröte (Rubia tinctorum). Puppe heller oder dunkler, braungrau oder bläulichgrün. Entwicklung im Mai und von Juli bis Oktober an sonnigen blumenreichen Stellen, besonders in Gärten; weit verbreitet bis China, Nordamerika. Er überwintert auch zuweilen nach O. 2. 195. — Hb. 2. 10. — Rsl. 1. 2. 57. Taf. 8. — Sepp. II. 1. 1. — Esp. II. 23. 36. — Pr. Taf. 1, Fig. 13. — Wild. 70. — Buck. II. 26.

Croatica, *Esp.* Taf. 9, Fig. 1. (Sch. Taf. 14, Fig. 4.) Raupe nach *Freyer* grün, fein chagriniert mit breitem weißem Seitenstreif und mit einem rotgelben Horne. 3,8—4 cm. Puppe dunkelrotbraun. Lebt anfangs Juli an einer Skabiosenart und entwickelt sich im Juni, August, zum Falter. Im südlichen Europa, Kleinasien und Armenien. — Frr. II. 151. Taf. 188. — Mill. III. pl. 141. Fig. 7—9. (Farbe der Raupe mehr gelbgrün).

Bombyliformis, *O.* Taf. 9, Fig. 2. (Sch. Taf. 14, Fig. 6 fuciformis). Das Ei kuglig, blaßgrün, an der Blattunterseite der Futterpflanze; kommt nicht zur Entwicklung, wenn man das Blatt abreißt und dieses vertrocknet. Hellgrün oben weißlich, zu jeder Seite des Rückens gelblich punktiert und mit einer gelben Längslinie. Luftlöcher weiß, braunrot gesäumt. Horn gekrümmt, wie die Brustfüße braunrot. Kopf graugrün. 4—5 cm. Lebt im Juli, August auf Waldstroh (Galium verum), Heckenkirschen (Lonicera xylosteum) und Gaisblatt (L. caprifolium). Puppe schwarzbraun mit braunroten Einschnitten. Entwicklung im Mai und Juni, mehr im Süden, auch in Mähren. — O. 2. 189. — Hb. 2. 9. (fuciformis). — Sepp. IV. 43. 44. — Fr. B. 2. 6. Taf. 50. — Wild. 79. — Buck. II. 26.

Fuciformis, *L.* Taf. 9, Fig. 3. (Sch. Taf. 14, Fig. 5. Bombyliformis.) Bläulich grün zu jeder Seite des Rückens mit einer weißen Längslinie, in welcher vor jedem Einschnitte ein braunroter Punkt steht. Luftlöcher weiß, rotbraun gesäumt. Horn fast gerade wie die Brustfüße braunrot, Kopf graugrün. 4—5 cm. Lebt im Juni, Juli auf der Ackerscabiose (Scabiosa arvensis), bei Tage an der Erde verborgen. Puppe schwarzbraun. Entwicklung im Mai und Juni, verbreitet in südlichen Gegenden in zwei Generationen. — O. 2. 185. — Hb. 2. (bombyliformis.) — Esp. II. 23. — Rsl. III. 38. — Pr. Taf. 1, Fig. 12. — O. W. 79. — Ins. W. II. 51. — C. Bl. II. Nr. 29. — Buck. II. 26.

II. Familie. Sesiidae, H.-S. Glasflügler.

Die Raupen sind fast nackt, nur mit wenigen Härchen besetzt, gelblich oder schmutzig weiß mit dunklem Kopfe und Nackenschild und mit starken Freßwerkzeugen; haben 16 Füße, von denen die zehn hinteren Kranzfüße sind und leben im Innern von Bäumen und Gesträuchern, seltener in Stengeln, oder in den Wurzeln krautartiger Gewächse. Sie verwandeln sich in aus zernagten Pflanzenteilen gebildeten Gespinsten in schlanke Puppen, welche sich beim Ausschlüpfen meist zur Hälfte aus dem Gespinste herausschieben und deshalb am Hinterleibe mit Stachelringen versehen sind. Stgr. de Sesiis agri berolinensis. Diss. 1854. Bau, über das Sammeln der Sesienraupen. Isis 2. S. 38. 78. Da die Sesien selten gefangen werden, so ist die Zucht sehr anzuempfehlen.

1. Gattung. **Trochilium**, *Sc.*

Raupen walzig mit flachem Kopfe, leben in den Stämmen von Bäumen und überwintern zweimal. Eier länglich rund.

Apiforme, *Cl.* Taf. 9, Fig. 4. (Sch. Taf. 14, Fig. 7.) Eier länglich rund, dunkelrot (Schl.-Taf. Fig. 21.) Die Raupe auf dem Rücken gewölbt, am Bauche flach mit einzelnen Härchen besetzt, weißlich gelb mit dunkler durchscheinenden Rückengefässe. Luftlöcher braun gesäumt, Nackenschild gelblich, Kopf groß schwarzbraun. 4—5 cm. Lebt in den Stämmen von Pappeln, besonders in der Schwarzpappel (Populus nigra), kenntlich durch hervorstehende Holzteile; macht dort oft einige Meter lange Gänge unter der Rinde und verwandelt sich nach der zweiten Überwinterung im Mai in einem aus abgenagten Holzspänen gefertigten Gewebe im Baume oder unter der Rinde zur Puppe. Diese ist lang gestreckt dunkelrotbraun, mit Stacheln auf den Hinterleibsringen und mit abgerundeten, mit einem Kranze von 10—12 kurzen starken Stacheln versehenen Afterstücke. Entwicklung im Juni, Juli, verbreitet. — O. 2. 121. — Hb. 2. 8. — Rtzb. 2. 78. — Sepp. VI. 1. — Esp. II. 36. Pr. Taf. 1, Fig. 8. — Soc. ent. III. 188. — Buck. II. 27. — Wild. 89.

Crabroniforme, *Esp.* (Sch. Taf. 14, Fig. 8.) Raupe beinfarben mit braunem Kopfe und einzelnen kurzen schwarzen Härchen, namentlich an den Seiten. Lebt in der Saalweide (Salix caprea) im ersten Jahre unter der Rinde, im zweiten tiefer im Holze, Puppe hellbraun. Entwicklung im Juni, Juli, seltener als die vorige. — Tr. 4. 170. — Wild 90. — Buck. II. pag. 125, Taf. 27.

Melanocephalum, *Dalm.* (Laphriaeformis Hb.) (Sch. Taf. 14, Fig. 9.) Die beinfarbene Raupe lebt im Stamme und in den Zweigen von der Zitterpappel (Populus tremula) in langen Gängen und verwandelt sich nach der zweiten Überwinterung am Ende eines Ganges ohne Gespinst. Entwicklung im Juni. Nur in einigen Gegenden Deutschlands bei Berlin. — Tr. X. V. 118. — Stdg. de Sesiis 42. — Wild. 90.

2. Gattung. **Sciapteron** *Stgr.*

Die Raupen dieser Gattung unterscheiden sich durch nichts von denen der vorigen; nur eine Art in Europa, die übrigen sämtlich in Kleinasien.

Tabaniforme, *Rott.* (Asiliformis, *Schiff.*) (Sch. Taf. 14, Fig. 10.) Weißlich gelb mit einer dunklen Rückenlinie und mit einzelnen dunklen Härchen besetzt, Kopf und Nackenschild schwarzbraun. Lebt in dem unteren Stammende von der Schwarzpappel (Populus nigra) und Zitterpappel (P. tremula), die Var. Rhingiaeformis *Hb.* im Stengel des Attichs (Sambucus ebulus) und verwandelt sich nach der Überwinterung Ende Mai in dem ausgenagten Gange unweit der Rinde, welcher vorher so dünn ausgefressen ist, daß die gelbbraune Puppe dieselbe durchbrechen kann. Entwicklung im Juni. Verbreitet, die Var. Rhingiaeformis nur in Südeuropa. — O. 2. 128. — Wild. 90. — Ent. N. IV. 4, — Buck. II. 28.

3. Gattung. **Sesia,** *F.*

Die Raupen der echten Sesien sind walzig, die vorderen Ringe meistens etwas verdeckt, beinfarben mit einzelnen feinen Härchen besetzt; leben zum Teil in Bäumen, zum Teil in den Wurzeln krautartiger Gewächse und überwintern meist zweimal. Die Puppen sind schlank, am Hinterleibe mit Stachelringen und mit einem abgerundeten, oder abgestutztem, mit einem Stachelkranze besetzten Afterstücke versehen. Gruner, einiges über die Sesien. J. W. IV. S. 1.

Scoliaeformis, *Bkh.* Taf. 9, Fig. 5. (Sch. Taf. 14, Fig. 11.) Walzig schmutzig weiß mit rotbraun durchscheinenden Rückengefässen, gelbbraunem Nackenschilde und dunkelrotem Kopfe. An Birken (Betula alba), aber nicht in gesunden Bäumchen, sondern in alten, mit starker Rinde bedeckten Stämmen am unteren Teile zwischen Holz und Rinde in unregelmäßig gefressenen Gängen. Nach zweimaliger Überwinterung im Mai verwandelt sie sich in einem bis an die Oberfläche geführten Gange in einem aus zernagten Borkenteilen geklebtem, inwendig übersponnenem länglich ovalen Gehäuse zur Puppe. Diese ist gelbbraun mit feiner Kopfspitze und stacheligem, abgerundeten Afterstücke. — Wild. 91. Entwicklung Ende Juni, Juli. Nicht häufig.

Spheciformis, *Gerning.* (Sch. Taf. 14, Fig. 12.) Walzig, nach beiden Seiten etwas abgeflacht, gelblich weiß mit braungelb durchscheinendem Rückengefässe, braunrotem Nackenschilde und Kopf. 3—4 cm. In der Erle (Alnus glutinosa) nach Rot. auch in A. incana in jungen und älteren Stämmen; das junge Räupchen dringt am Fuße des Stammes in das Holz. Zuerst abwärts gegen die Wurzel, später tiefer in das Holz und aufwärts in dem Stamme, in welchem sie nach der zweiten Überwinterung einen Gang nach der Rinde führt und dort in eine hellgelbe Puppe sich verwandelt. Entwicklung im Juni, nicht überall. — O. 2. 134. — Stgr. 46. Ent. N. IV. 2. XIII. 193. — Buck. 2. 28.

Tipuliformis, *Cl.* Taf. 9, Fig. 6. (Sch. Taf. 14, Fig. 15.) Weißlich mit dunkler Rückenlinie und geteiltem blauen Nackenschilde. Kopf und Brustfüße braun. 2—3 cm. Lebt im Sommer und Herbste in den jungen Zweigen des Johannisbeerstrauches (Ribes rubrum) und seltener in denen von Haseln (Corylus avellana), und verwandelt sich nach einmaliger Überwinterung im Mai in eine braungelbe Puppe; besonders in Gärten. — O. 2. 171. — Stgr. 53. — Hb. 28. — St. e. Z. 16. 202. — Vall. I. 19. — Pr. Taf. 1, Fig. 9. — Ent. N. IV. 47. — Soc. 1. 19. — Buck. 2. 28. — Tasch. Ent. S. 210. — Wild. 92.

Conopiformis, *Esp.* (Sch. Taf. 14, Fig. 16.) Weißgrau mit schwarzen Luftlöchern und einem gelblichen verwischtem Längsstreifen darunter. Nackenschild hellbraun, Kopf braun, vorn schwarz. Lebt im Stamme und Ästen von der Eiche (nicht Weiden wie Hb. angiebt). Entwicklung vom Juli bis September, nach Rst. p. 20 im Mai. — Tr. X. 1. 123. — Stgr. 52. — Hb. 2. 8. — Wild. 92. — Berl. e. Z. 1. 159.

Asiliformis, *Rott.* Cynipiformis *Esp.* Taf. 9, Fig. 7. (Sch. Taf. 14, Fig. 17.) Beinfarben, schmutzig weiß, stark bläulich grau durchscheinend, mit braungelben, mit braunen Strichen versehenen Nackenschild und braunem, vorne schwarz eingefaßten Kopfe. 2—3 cm. Lebt im Stamme der Eiche, besonders unter der Rinde der von abgehackten Bäumen stehen gebliebenen Stöcken, wo sie sich auch in einer aus Holzspänen geleimten Hülle nach zweimaliger Überwinterung zur gelbbraunen Puppe verwandelt. (Wild. 92. Taf. 3, Fig. 45.) Entwicklung von Ende Juli bis September; verbreitet. Tr. X. 1. 123. — Ent. N. IV. 60. — C. Bl. III. Nr. 20.

Myopaeformis, *Bkh.* Taf. 9, Fig. 8. (Sch. Taf. 14, Fig. 18.) Raupe hellwachsgelb mit rötlichem Scheine und ebenso durchscheinenden Rückengefässen; fein behaart an den Seiten. Luftlöcher schwarz. Kopf und Nackenschild dunkelbraunrot. 1,8—2,4 cm. Lebt unter der Rinde und seltener in den Zweigen der Äpfelbäume (Pyrus malus), seltener in Birn- und Pflaumenbäumen und Weißdorn. Verwandelt sich nach zweimaliger Überwinterung zu einer braungelben Puppe mit zwei kleinen Erhöhungen am Kopfe. Entwicklung im Juni und Juli in Gärten. — Stgr. 48. — Wild. 92. — Soc. ent. III. 185. — Buck. II. 28.

Culiciformis, *L.* Taf. 9, Fig. 9. (Sch. Taf. 14, Fig. 19.) Die weißgraue oder weißlichgelbe Raupe mit gelbbraunem Nackenschilde und hellbraunem Kopfe lebt im Stamme von Birken, besonders in Birkenstöcken, seltener in der Erle (Alnus glutinosa und viscosa) und verwandelt sich nach einmaliger Überwinterung im April und Mai in eine ockergelbe Puppe. Das Gespinst derselben ist eingedrückt, und vor demselben der Länge nach mit Holzfasern verdeckt, um das Schlupfloch zu verdecken. Entwicklung Ende Mai und Juni, in mehreren Gegenden Europas. — O. 2. 159. — Stgr. 47. — Frr. 4. 129, Taf. 362. — Pr. Taf. 1, Fig. 10. — Buck. 2. 29.

Formicaeformis, *Esp.* Taf. 9, Fig. 10. (Sch. Taf. 14, Fig. 21.) Weißlichgelb mit matter brauner Rückenlinie, zwei warzenförmigen, je mit einem Härchen besetzten Erhöhungen und zu jeder Seite mit drei Reihen kurzer Härchen spärlich besetzt. Nackenschild hellbraun, Kopf rotbraun. Lebt im Stamme von Weiden (Salix alba, triandra und viminalis), besonders in den Stümpfen abgehauener Büsche und verwandelt sich im März, April in eine gelbbraune Puppe. Entwicklung von Juni bis August, nicht häufig, aber verbreitet. — O. 2. 165. — Hb. 2. 8. — Stdgr. 50. — Berl. e. Z. 3. 79, Taf. 1, Fig. 2. — Voll. I. 20. — Isis VI. 171. — Soc. ent. I. 19. — Buck. II. 29. 3.

Ichneumoniformis, *F.* (Sch. Taf. 14, Fig. 22.) Raupe beinfarben, dünn behaart. Kopf schwarz gezeichnet. 2 cm. Lebt in den Wurzeln des Hauhechels (Ononis spinosa), nach Woeke in denen von Platterbse (Lathyrus pratensis), nach Buckl. p. 46 in denen von Schotenklee (Lotus corniculatus). Entwicklung im Juli, August; ziemlich verbreitet. — Buck. II. pl. XXVII. Fig. 4.

Empiformis, *Esp.* (Tenthrediniformis, *Lasp.*) (Sch. Taf. 14, Fig. 26. Hb. 52 Weib.) Die Brustringe wulstig, breiter, beingelblich, spärlich mit grauen Haaren besetzt, gelblichem Nackenschilde und gelbbraunem, mit dunklerem Stirndreieck versehenem Kopfe. 1,8—2 cm. Lebt in den Wurzeln von Wolfsmilch (Euphorbia cyparissias) an sonnigen Abhängen; beim Herausziehen der größeren abgestorbenen Wolfsmilchstengel findet man auch öfters statt dieser Raupe die der fußlosen Larve von Oberea erythrocephala, welche einen langgestreckten Bockkäfer ergiebt. Zur Verwandlung geht die Raupe in die Wurzelkrone und umspinnt das Puppenlager mit einzelnen feinen Fäden. Puppe schlank, goldgelb, mit Dornenreihen und einem abgestutzten, mit feinen Börstchen besetzten Afterstücke. (Wild. Taf. 1, Fig. 11.) Entwicklung im Juni, Juli, eine der gewöhnlichsten Sesien, die besonders gegen Abend häufig von Wolfsmilchblüten zu streifen ist. St. e. Z. 20. 382. — Wild. 94, Taf. 2, Fig. 17. (Raupe.)

Muscaeformis, *Wiew.* (Philanthiformis *Lasp.*) (Sch. Taf. 14, Fig. 32.) Walzig, nach hinten etwas verdünnt, gelblich, mit einzelnen feinen Härchen besetzt, mit dunkel durchscheinenden Rückengefässen, braunem Nackenschilde und rotbraunem, mit dunklerem Stirndreiecke versehenen Kopfe. 1,8—1,9 cm. Lebt in den Wurzeln älterer Pflanzen von der Grasnelke (Statice armeria) und geht nach einmaliger Überwinterung zur Verwandlung in die Wurzelkrone. Puppe gelbbraun mit etwas verlängerten Fußscheiden. Entwicklung im Juni, Juli; mehr in Sandgegenden. Berl. e. Z. 3. 81, Taf. 1, Fig. 3. — Stgr. 56. — Wild. 94.

Affinis, *Stgr.* (Sch. Taf. 14, Fig. 34.) Die Raupe im Stengel und im Wurzelstocke von Sonnenröschen (Helianthemum vulgare.) Entwicklung im Mai an sonnigen Bergabhängen an derselben Pflanze. Rst. 20.

Leucopsiformis, *Esp.* (Sch. Taf. 14, Fig. 35.) Walzig mit verdickten Brustringen, blaßgelb mit dunkel durchscheinenden Rückengefässen und feinen Härchen auf den kleinen Wärzchen; Nackenschild hellbraun, Kopf rotbraun mit Börstchen. 1,8—2 cm. Lebt in den Wurzeln von Wolfsmilch (Euphorbia cyparissias), verwandelt sich in der Wurzelkrone oder in einem von der Wurzel nach der Erdoberfläche gesponnenen cylindrischen Gewebe in eine gelblichbraune Puppe. Entwicklung Ende August, September; seltener als die ebenfalls in Wolfsmilch lebende Empiformis. Stgr. 57. — Berl. e. Z. 3. 80, Taf. 1. Fig. 2. — Wild. 95.

Anthraciformis, *Rbr.* (Sch. Taf. 14, Fig. 37.) Die Raupe lebt ebenfalls in den Wurzeln von Euphorbia myrsinites. Die Sesie fliegt im Mai nur auf der Insel Corsika.

Chrysidiformis, *Esp.* (Sch. Taf. 14, Fig. 39.) Raupe ziemlich weiß mit schwachem Rückenstreifen, braunem Kopfe und Nackenschild. Im Stengel und in dem Wurzelstocke von Ampfer (Rumex acetosa), nach Rst. p. 20. an Rumex crispus, Artemisia campestris und Helichrysum. Entwicklung im Frühjahr; am Rhein, in Belgien, Frankreich, England, Südeuropa. Buck. II. p. 45, Taf. XXVIII. Fig. 3.

4. Gattung. Bembecia, Hb.

Die gleich starken, walzigen und einzeln fein behaarten Raupen dieser nur aus einer Art bestehenden Gattung leben in den Wurzeln und Stengeln der Himbeere und verpuppen sich eben dort.

Hylaeiformis, *Lasp.* Taf. 9, Fig. 11. (Sch. Taf. 14, Fig. 43.) Weißlich-grau mit einzelnen grauen Härchen besetzt und gelbem Nackenschild und Afterklappe. Kopf braungelb. 2,5—3 cm. Lebt anfangs in den Wurzeln der Himbeere (Rubus idaeus) und steigt nach einmaliger Überwinterung im Juni zur Verwandlung in die vorjährigen Stiele dieser Pflanze, welche dann leicht abbrechen. Puppe bräunlich-gelb mit einer flachen Kopfspitze, zwei Reihen Häkchen und abgestuztem Afterstücke. (Wild. 95, Taf. 9, Fig. 75.) Entwicklung Ende Juli, August; verbreitet. — O. 2. 139. — Hb. 2. 8 (apiformis.) — Ert. N. IV. 72.

5. Gattung. Paranthrene, *Hb.*

Die Raupen dieser fast nur im Süden vorkommenden kleinen Gattung sind noch wenig bekannt.

Tineiformis, *Esp.* (Sch. Taf. 14, Fig. 44.) Lebt nach Rst. p. 21 in den Stengeln des Natternkopfes (Echium vulgare) und fliegt in Italien, Südfrankreich, Spanien und Griechenland.

III. Familie. Thyrididae, *H.-S.*

Die Raupen dieser nur aus zwei Arten bestehenden Familie sind wicklerartig, kurz, dick mit Wärzchen und einzelnen Härchen besetzt, 16füßig und leben in aufgerollten Blättern verborgen. Einzige

Gattung Thyris, *Ill.*

Fenestrella, *Sc.* Taf. 9, Fig. 12. (Sch. Taf. 14, Fig. 46.) Gelbbraun oder braunrot, mit zwölf braunen oder schwarzen mit einem Härchen besetzten Wärzchen auf jedem Ringe, braunem Nackenschilde und einem weißgrauen Mittelstreifen. Afterklappe hornartig, braun; Kopf glänzend dunkelbraun mit einem weißen Kreuzzeichen. Lebt im Juli, August in den dütenförmig aufgerollten Spitzen der Blätter der Waldrebe (Clematis vitalba) und verbreitet einen wanzenähnlichen Geruch; sie verwandelt sich in einem feinen Gespinste an der Erde oder an den Zweigen, auch im Stengel der Nahrungspflanze zu einer kurzen, dicken, steifen und rotbraunen Puppe. Entwicklung im Mai bis August an warmen Bergabhängen, besonders an Kalkbergen. — Tr. X. 1. 113. (Geht nur zur Verwandlung in den Stengel des Hollunders und der Klette.) — Fr. 7, 160, Taf. 691. — A. s. Belg. VII. pl. 1. — Pr. Taf. 1, Fig. 11. — Wild. 88.

Diaphana, *Stgr.* (Sch. Taf. 14, Fig. 47.) Die Raupe lebt nach Guénée und Boid. in den Stengeln der Bohnen (Phaseolus.) Sizilien.

IV. Familie. Heterogynidae, *H.-S.*

Die Raupen dieser ebenfalls nur aus zwei Arten bestehenden Familie sind asselförmig, den madenförmigen Weibchen etwas ähnlich, kurz fein behaart, leben frei und verpuppen sich in netzförmigen, lockeren länglichen Gespinsten. Nur im Süden von Europa. Die einzige

Gattung: Heterogynis, *Rbr.*

Penella, *Hb.* (Sch. Taf. 14, Fig. 48. *II.-S.* 98.) Raupe gelbgrün mit schwarzen abgesetzten Rücken- und ebensolchen Seitenstreifen, lebt im Mai an Ginster (Genista purgans, scoparia und spinosa.) Die Raupe, Puppe und das Gespinst des Weibchens sind mehr als das doppelte so groß, als wie beim Männchen. Das Weibchen sitzt bei Tage auf dem Gespinste, um die Begattung zu erwarten. Erfolgt diese nicht, so kriecht sie in die Puppenhülse zurück, wo auch die Eier abgelegt werden. Entwicklung im August; auf den Vorbergen der Vogesen, in Kärnten und Südeuropa. — A. s. Fr. 1850. pl. 10. — Ent. N. IV. 309.

Paradoxa, *Rbr.* (Sch. Taf. 14, Fig. 49.) Nach Lederer ist die Raupe weniger schwarz als die von penella und das Gespinst ist rötlich-gelb. Nach Rst. 21 im Mai, Juni an Genista. Fliegt im September sehr häufig in der Sierra Nevada in Spanien. — V. z. b. V. Wien. II. 106.

V. Fam. Zygaenidae. Widderchen.

Die dicken, walzenförmigen fein behaarten Raupen mit kleinem runden Kopfe sind 16füßig, sie überwintern klein, leben meist an Schmetterlingsblütlern (Papilionaceen), und verwandeln sich in Gespinsten, welche oft für eine Art bestimmend sind und die leicht in die Augen fallen.

1. Gattung. Aglaope, *Latr.*

Raupen dieser kleinen Gattung kurz, dick, mit sternhaarigen Wärzchen und einem breiten Rückenstreifen. Leben an Schlehen und verpuppen sich in eiförmigen pergamentartigen Geweben.

Infausta, *L.* Taf. 9, Fig. 13. (Sch. Taf. 15, Fig. 1.) Oben braun mit einem gelben, durch eine unterbrochene schwärzliche Mittellinie geteilten Längsstreifen; an den Seiten blaugrün mit einem gelben oder weißlichen Längsstreifen, in welchem die feinen schwarzen Luftlöcher stehen. Im Mai an Schlehen (Prunus spinosa.) Gehäuse weißlich. Puppe dunkelbraun mit einem orangegelben Halsbande und ebensolchem Rande der Flügelscheiden und mit gelblichem Hinterleibe. Kokon tonnenförmig, blaßbraun. Entwicklung im Juni; im Rheinthale und in Südeuropa. — O. 2. 17. — Hb. II. 2. — B. & G. Zyg. pl. 5. — Guer. pl. 84, Fig. 9. — Wild. 103.

2. Gattung. Ino, *Leach.* Atychia, *O.*

Raupen wie die der vorigen Gattung, nur mit einer Fleckenreihe über den Rücken. Leben frei an verschiedenen Pflanzen, nur die von Globularia miniert, verpuppen sich in länglichen feinen Geweben zu dünnschaligen weichen Puppen mit verlängerten Saugscheiden, welche feine Hakenkränzchen auf dem

Hinterleibe und Börstchen am abgerundeten Afterstücke besitzen.

Ampelophaga, *Bayle*, *Saggio*. (Sch. Taf. 15, Fig. 2. *Hb.* 153. 154.) Aschgrau mit vier Reihen schwärzlicher, mit grauen Sternhaaren besetzten Wärzchen; Bauch und Füße gelblich-weiß. Kopf schwarzgrau. 1,8—2 cm. Lebt in zwei Generationen am Weinstocke (Vitis vinifera.) Die Raupen zerstören zuerst die jungen Triebe derselben, später, in der zweiten Generation, die Blätter; bei Tage sind sie an der Unterseite der Blätter verborgen und spinnen sich in länglich weißen Gehäusen ein. Puppe gelblich mit einer Reihe dunkler Punkte auf jedem Ringe. Entwicklung im Juni und August; Südeuropa. — Tr. X. 1. 100. — Wild. 102. — Isis 1. 142. — Germ. Mag. Ent. II. 327. — Boisd. behauptet in der St. e. Z. VI. 38, daß die Raupe gar nicht auf Weinreben vorkomme, Mann fand aber den Falter in Weingärten. V. z. b. V. Wien 1854. 554.

Pruni, *Schiff*. Taf. 9, Fig. 14. (Sch. Taf. 15, Fig. 3.) Eier gelblich, länglich-rund (Schl.-Taf. Fig. 22.) Fleischfarben oder rötlich-gelb mit kurzen schwarzen Härchen, rautenförmigen schwarzen Flecken auf dem Rücken und schwarzen Längsstreifen an den Seiten. Luftlöcher schwarz im blaugrauen Grunde; Bauch blaugrau; Kopf und Brustfüße schwarz. 1,8—2,4 cm. Lebt im Mai an Schlehen (Prunus spinosa), Eichen (Quercus) und Heide. Wird in einem feinen weißen Gewebe zu einer trübgelben, vorn dunkelbraunen Puppe und entwickelt sich von Ende Juni bis August; nicht selten auf Waldlichtungen und Waldrändern. — Esp. 11. 47. — Hb. II. 1. — O. 2. 15. — Voll. II. 40. — Wild. 102.

Globulariae, *Hb.* Taf. 9, Fig. 15. (Sch. Taf. 15, Fig. 6.) Nach Zeller gleicht die Raupe sehr der von Statice, nur hat dieselbe statt rote hell violett-graue Flecken an den Seiten. Nach F. Schmidt ist die Raupe grau mit schwarzen Atomen besät, mit zwei strohgelben, durch eine dunkelgraue Linie getrennten Streifen auf dem Rücken, welche auf jedem Gelenke in einem halben Bogen vortreten. Unter diesen befinden sich zwei Reihen rötlicher, mit weißlichen und schwärzlichen Borsten besetzten Warzen, ebensolche auch auf dem Rücken. Halsgelenk grünlichgrau, Kopf und Vorderfüße schwarz, Bauchfüße und Nachschieber schmutzig-gelb. Je mehr die Raupe ihrer Entwicklung entgegengeht, desto mehr verschwindet die Zeichnung. Sie lebt in den Blättern von Flockblumen (Centaurea jacea und scabiosa), in welchen die Raupen große weiße Flecken ausfressen und von dem Blattfleische leben. Die Minen werden öfters gewechselt. Zur Verpuppung verläßt sie die Blätter, verwandelt sich unter abgestorbenen Blättern zu einer dunkel honiggelben Puppe und liefert den Schmetterling im Juni, Juli; nicht selten. — Zeller Schlesische Zeitschr. für Ent. IV. 31. — St. e. Z. 12. 74. (Statices.) — Wild. 101 (Statices & Th.) — Frr. 1. 118, Taf. 62. — Buck. II. 18. 2.

Statices, *L.* Taf. 9, Fig. 16. (Sch. Taf. 15, Fig. 7.) Gelblich-grau mit einer schwarzen Rückenlinie, gelben aus länglich runden Blättchen zusammengesetzten Seitenstreifen und einem karmoisinroten Fußstreifen. Kopf klein, schwarz und wird gewöhnlich unter das schwarze vorne rotgesäumte Nackenschild verborgen. Anfangs Juni frei an Sauerampfer (Rumex) und der Kugelblume (Globularia vulgaris), auf der auch in Südeuropa die sehr ähnliche Chloros Hb. vorkommt; die Var. Micans an Cistus salviaefolius. (Rst. 21.) Verwandlung in einem weißen durchsichtigen Gespinste zu einer hellbraunen gestreckten Puppe mit verlängerten Flügelscheiden. Entwicklung nach drei Wochen im Juli; auf Bergwiesen. — Tr. X. 1. 99. — Hb. II. 1. (Globarariae) (nach Lederer.) — Frr. 1. 118, Taf. 14. Buck. II. 18. 1. p. 87. — Wild. 103. (Globularia Th.) — A. s. Fr. 1865. pl. 1, Fig. 1—2. (Micans.)

Geryon, *Hb.* Taf. 9, Fig. 17. (Sch. Taf. 15, Fig. 8.) Grün mit einem dunklen braunen Rückenstreifen, in welchem sich weiße Punkte befinden, und ebensolchen Seitenstreifen. Auf dem Rücken auf jedem Segmente hellbraun, manchmal auch mit einem grünlichen Fussstreifen, ziemlich stark behaart. Kopf glänzend schwarz. 1,2 cm. Lebt im Mai am Sonnenröschen (Helianthemum vulgare), spinnt sich in der Futterpflanze in ein leichtes gelblich-braunes Gehäuse ein und wird zu einer grünlich-braunen Puppe. Entwicklung im Juli; England, Pyrenäen, Spanien. — Buck. II. p. 91. pl. XVIII. Fig. 3.

3. Gattung. Zygaena, *F.* Ächte Widderchen.

Die Eier meist klein, rund; die Raupen dick, faltig, fein und kurz behaart mit schwarzen Fleckenreihen. Sie leben meist auf Schmetterlingsblättlern (Papilionaceen), am Tage meist unter der Nahrungspflanze verborgen und verwandeln sich in länglichen pergamentartigen Geweben oder eiförmigen Tönnchen in dünnschalige weiche Puppen mit verlängerten Beinscheiden. Dorfmeister über Zygaenen 1. V. z. b. V. Wien Bd. III, S. 178; 2. l. c. Bd. IV, S. 473; 3. l. c. 1855, S. 87.

Erythrus, *Hb.* Taf. 9, Fig. 18. (Sch. Taf. 15, Fig. 9.) Nach Graf Saporla hat die Raupe dieser der Minos sehr ähnlichen Zygaena nur zwei Reihen schwarzer Punkte über den Rücken, während die von Minos noch eine Reihe auf jeder Seite besitzt. Sie hat an den Seiten eine Reihe gelber Flecken, lebt an dem Mannstreu (Eryngium campestre), nach Rst. 21 auch an Thymian (Thymus serpyllum), und schlüpft im Mai oder Juni aus; nur in Italien und Südfrankreich. — Tr. X. 1. 103. — Mill. III. 107, Fig. 9—12. (Dorfm. 3, S. 94 bestreitet die Unterschiede der Raupe von Pilosellae.)

Pilosellae, *Esp.* (Minos *Füssl.*) Taf. 9, Fig. 19. (Sch. Taf. 15, Fig. 10.) Das Ei klein, rund, hellgelb; die männliche Raupe bläulich-weiß, die des Weibchens bleichgelb; zu jeder Seite des Rückens eine Reihe von dicken, schwarzen Punkten, auf jedem Ringe einer. Luftlöcher schwarz. Kopf und Brustfüße schwarzbraun. 2,7—2,9 cm. Lebt im Mai auf Kleearten (Trifolium),

Quendel (Thymus), Ehrenpreis (Veronica officinalis), Färberginster (Genista tinctoria), Bibernell (Pimpinella saxifraga), verpuppt sich in einem hochgewölbten bräunlich-gelben Gehäuse zu einer schwarzbraunen Puppe mit gelblichem Hinterleibe. Entwicklung im Juli, August; häufig. — O. 2. 22. — Hb. II. 3. — Esp. 2. 40. — B. & G. Zyg. pl. 3. — Frr. 1. 156, Taf. 86. — St. e. Z. 5. 85. — Pr. Taf. 1, Fig. 3. — Buck. II. 18. — Mill. 107. IV. — Dorfm. 3. 87. 2. 474.

Brizae, *Esp.* (Sch. Taf. 15, Fig. 11. B. Ic. 52. 6.) Nach *Rogenhofer* ist die Raupe grünlich-gelb, vom zweiten Segment an mit zwei rundlichen, sammtfarbenen Flecken nahe am Rande des Rückens; auf jedem Ringe hinter diesen je ein runder hellgelber Fleck, auf dem feine schwarze Punkte mit einigen Härchen stehen. Luftlöcher hell, breit schwarz gerandet. Der Rücken ist dicht mit schwarzen unbehaarten Pünktchen besetzt. Kopf schwarz mit hell gerandetem Stirndreiecke, Brustfüße schwarz, vor denselben je mit einem schwarzen Striche. Bauch und Bauchfüße etwas heller. 1,9 cm. Sie lebt im Mai an der Ackerdistel (Cirsium arvense) und wurde von A. Bartsch in Holzschlägen des Wiener Waldes entdeckt. Puppe schmutzig-gelb mit schwärzlichen Flügel-, Fuß- und Fühlerscheiden. Gespinst glänzend silberweiß mit zwei schwachen Leisten gegen die Mitte. Entwicklung Juni, Juli; bei Wien, Prag und in Südeuropa. — V. z. b. V. Wien, 1884, S. 154.

Scabiosae, *Scheven.* (Sch. Taf. 15, Fig. 12. B. Ic. 53. 1.) Ei länglich, goldgelb; ebenso ist die Raupe gefärbt, die weiß behaart, zwei Reihen von je neun schwarzen Flecken zu beiden Seiten des Rückens hat. Luftlöcher schwarz, Brustfüße schwarz, weiß geringelt. Kopf schwarz, weiß gezeichnet. Lebt im Mai an Klee (Trifolium.) Verwandlung in einem glänzend goldgelben Gewebe zu einer braungelben Puppe mit dunkleren Flügelscheiden; häufig im Juni, Juli auf Bergwiesen. — O. 2. 28. — Dorfm. 3. 92. 2. 481. — Wild. 96. — Rst. 22.

Sarpedon, *Hb.* Taf. 9, Fig. 20. (Sch. Taf. 15, Fig. 14.) Hellgrün mit gelblich-braunem Rücken- und ebensolchen Seitenstreifen, in denen gelbe behaarte Warzen auf jedem Gelenk stehen. Auf jedem Gelenk ein schwarzer Punkt zwischen den Streifen. Kopf und Brustfüße schwarz, ersterer rosa eingefaßt. Lebt im April, Juni an Mannstreu (Eryngium campestre und maritimum.) Verpuppung in einem länglichen, braunen Gehäuse. Entwicklung im Juni, Juli; Südfrankreich, Spanien, Piemont. — B. & G. Zyg. pl. 3, Fig. 2. 3.

Achilleae, *Esp.* Taf. 9, Fig. 21. (Sch. Taf. 15, Fig. 17.) Grünlich-gelb oder dunkelgrün mit feinen, büschelweise beisammenstehenden, schmutzig-weißen Härchen besetzt; Mittellinie weiß, zu den Seiten des Rückens je eine Reihe schwarzer Doppelpunkte, unter denen an jedem Ringe ein gelblicher Flecken steht. Fußstreifen weiß, Luftlöcher schwarz, ebenso der Kopf und die Brustfüße. 1,8—2,4 cm. Lebt im Mai an Tragant (Astragalus glycyphyllos), an der Kronwicke (Coronilla varia) und an der Esparsette (Onobrychis sativa). Verwandlung in einem eiförmigen, glatten weißlichen Gehäuse zu einer schwarzbraunen Puppe mit gelblichem Hinterleibe. Entwicklung im Juni, Juli; auf Kalkboden nicht selten. — O. 2. 30. — Hb. II. 4. — Dorfm. 3. 88. 477. — Wild. 97.

Exculans, *Hochenw.* Taf. 9, Fig. 22. (Sch. Taf. 15, Fig. 20.) Raupe schwarz mit gelblichen Ringeinschnitten und je einem ovalen gelben Flecken an den Seiten vom zweiten bis zehnten Ringe. Bauch und Füße schwärzlich-grün, Kopf klein, schwarz-grün, die feine Behaarung schwärzlich. 2,5—2,7 cm. Lebt im Juni nur auf hohen Alpen auf Azalea procumbens, nach Rst. 21 auch an Lotus, wird in einem länglich hochgewölbtem, gelblich-weißen Gespinste zu einer glänzend schwarzen Puppe und fliegt auf den hohen Alpen Ende Juli, August. — Frr. 6. 178, Taf. 590. — Buck. II. p. 13, Taf. 18. — Wild 97.

Corsica, *B.* Taf. 9, Fig. 23. (Sch. Taf. 15, Fig. 21.) Blaugrau, fein behaart mit einer feinen weißlichen Rückenlinie, mit schwarzen und daneben gelben Flecken und an der Seite einem schwarzen Längsstreifen, unter dem auf jedem Ringe ein Querstreifen steht. Kopf schwarz, gelb eingefaßt; Brustfüße schwarz. Gehäuse gewölbt, braun. Lebt im Frühjahr an Santolina incana. Entwicklung im Mai, Juni; nur auf Corsika und Sardinien. — B. & G. Zyg. pl. 3, Fig. 3. 4.

Meliloti, *Esp.* (Sch. Taf. 15, Fig. 22. Loti Hb. 82.) Mattgrün mit weißer Rückenlinie und zu jeder Seite einem gelblichen Streifen; darunter ein weißlicher Längsstreifen, in welchem an jedem Ringe ein gelber Fleck und unter diesem ein schwarzer Punkt steht. Luftlöcher fein schwarz, ebenso der Kopf und die Brustfüße. 1,8 cm. Lebt im Juni an Klee (Trifolium), an Schotenklee (Lotus corniculatus) und Wicken (Vicia) und wird in einem länglichen hellgelben Gehäuse zu einer schwarzbraunen Puppe mit gelblich-weißem Hinterleibe. Entwicklung im Juli an sonnigen Bergabhängen. — O. 2. 43. — Hb. 2. 3. (Loti.) — Esp. II. 39. — Dorfm. 3. 88. 2. 478. — Wild. 98.

Trifolii, *Esp.* Taf. 9, Fig. 24. (Sch. Taf. 15, Fig. 24.) Das Ei ist länglichrund, gelb. Raupe blaßgelb mit vier Reihen schwarzer Punkte, von denen zwei über den Rücken laufen. Bauch schwärzlich beschattet, Kopf schwarz. 1,8 cm. Lebt im Mai an Kleearten (Trifolium), Schotenklee (Lotus) und verwandelt sich in einem länglichen strohgelben Gewebe zu einer schwarzen Puppe. Entwicklung im Juni; auf feuchten und sumpfigen Wiesen. — O. 2. 47. — Frr. 5. 88. Taf. 434. — Wild. 98. — Voll. III. 21. 22. — Buck. 19. 2.

Lonicerae, *Esp.* Taf. 9, Fig. 25. (Sch. Taf. 15, Fig. 25.) Raupe der Männchen schmutziggelb, die der Weibchen blaß kupfergrün mit einer weißen Mittellinie und einer Reihe schwarzer Punkte; an den Seiten ein weißer gelbgefleckter Längsstreifen; die weiblichen Raupen haben eine Reihe von länglich viereckigen und dahinter einen kleinen schmalen schwarzen Flecken an jedem Ringe. Luftlöcher fein schwarz. Kopf und Brustfüße schwarz. 2,4—2,8 cm. Lebt im Mai, Juni, an Kleearten (Trifolium) und Wicken (Vicia) und wird in einem länglichem, strohgelben Gehäuse zur schwarzen Puppe mit einem abgesetzten Afterstücke. (Wild. 98, Taf. 4, Fig. 59.) Entwicklung im Juli, August; auf Wiesen und lichten Waldstellen. — O. 2. 49. — Hb. 2. 6. — Esp. II. 39. — Frr. 5. 108, Taf. 446. — B. & G. Zyg. pl. 2. — Dorfm. 3. 89. — Pr. Taf. 1, Fig. 4. — Buck. II. 19. 3.

Stoechadis, *Bkh.* Taf. 9, Fig. 26. (Sch. Taf. 15, Fig. 26.) Gelb, ziemlich behaart, unten grünlich, mit schwarzen Strichen zu beiden Seiten auf jedem Gelenke und darunter schwarzen Tupfen, Kopf schwarz. Lebt im Mai, an Dorycnium suffruticosum, verpuppt sich in einem länglichen gelben Gespinste und entwickelt sich im Juni. Im südlichen Italien. — Mill. III. p. 60, pl. 107, Fig. 1—6.

Filipendulae, *L.* Taf. 10, Fig. 1. (Sch. Taf. 15, Fig. 27.) Das Ei ist klein, rund, hellgelb. (Schluß-Taf. Fig. 23.) Die Raupe ist goldgelb mit zwei Reihen schwarzer Flecken auf dem Rücken und einer Reihe kleiner schwarzer Fleckchen an den Seiten; Luftlöcher fein schwarz, ebenso der Kopf und die Bauchfüße. 2,8—3 cm. Lebt im Mai, Juni, auf Kleearten (Trifolium), Wegerich (Plantago), Mausöhrchen (Hieracium pilosella) und anderen niederen Pflanzen und verwandelt sich in einem länglichen schwefelgelben Gehäuse zu einer schwarzen Puppe mit braungelbem Hinterleibe. Entwicklung im Juli, August; auf Wald- und Bergwiesen. — O. 2. 54. — Hb. 2. 6. — Esp. II. 16. — Sepp. I. 22. — Rsl. 1. 4, Taf. 57. — B. & G. Zyg. pl. 1. 2. — Dorfm. 3. 89 u. 429. — Pr. Taf. 1, Fig. 6. — Wild. 99. — Buck. II. 18.

Angelicae, *O.* (Sch. Taf. 15, Fig. 28. Hb. 120.) Gelb mit einem feinen schwarzen Rückenstreifen und feinen schwarzen Pünktchen, gelb und schwarz behaart und mit zwei Reihen schwarzer Härchen besetzt; auf dem Rücken zwei Reihen schwarzer Flecken. Kopf und Füße schwarz, letztere weiß geringelt. Lebt im Mai, an Schotenklee (Lotus), Kronwicke (Coronilla) und auf Bergklee (Trifolium montanum) und verwandelt sich in einem länglichen hochgelben Gespinste zu einer schwarzen, an der Unterseite gelben Puppe. Entwicklung Juni, Juli; mehr im östlichen Teile Deutschlands, bei Wien, Dresden; bei Regensburg eine der häufigsten Zygaene. — O. 2. 67. — Dorfm. 3. 90 u. 479. — Wild. 100.

Transalpina, *Esp.* Taf. 10, Fig. 2. (Sch. Taf. 15, Fig. 29.) Var. Hippocrepidis, *Hb.* Grünlich mit feiner schwarzer Rückenlinie und einem breiten gelblichen Längsstreifen an den Seiten, über welchem eine Reihe dreieckiger schwarzer Flecken steht. Luftlöcher schwarz. Kopf klein, schwarz, weiß gezeichnet. 2,4—2,7 cm. Lebt im Mai, an Tragant (Astragalus glycyphyllos) und Pferdehufschote (Hippocrepis comosa) und wird in einem länglichen, gelblichen Gewebe zu einer schwarzbraunen Puppe mit weißlichgrünem, schwarz gefleckten Hinterleibe. Entwicklung an sonnigen, trockenen Plätzen, die Stammart mehr in den südlichen Gebirgen. Var. Hippocrepidis. — O. 2. 63. — Hb. 2. 6. — B. & G. Zyg. pl. 5. 3. — Frr. 1. 157, Taf. 86, 5. 117, Taf. 452. — Wild. 99.

Ephialtes, *L.* Taf. 10, Fig. 3. (Sch. Taf. 15, Fig. 31.) Raupe von der Ab. Peucedani, *Esp.*, der Filipendulae sehr ähnlich; gelb oder grünlich mit hellen, büschelweise stehenden Härchen besetzt; auf dem Rücken ein schmaler, schwärzlicher Mittelstreifen und eine ebensolche Fleckenreihe, die auf jedem Gelenke aus zwei ungleich grossen rundlichen Flecken besteht. Eine schwarze, in den Gelenken abgesetzte Seitenlinie, oder ein solcher Streifen wird aus geraden Strichen gebildet. Über den Füßen stehen noch schwarze Bogen oder Striche. Die vorkommenden Varietäten sind unerheblich und beziehen sich auf stärkere oder schwächere Anlage der schwarzen Zeichnungen. Im Juni, an der Kronwicke (Coronilla varia), Klee (Trifolium), Quendel (Thymus serpyllum) und wird in silberglänzendem Gewebe zu einer schwarzen Puppe. Entwicklung im Juli. In einigen Gegenden Deutschlands, die Varietäten mehr in O.- u. S.-Europa. — O. 2. 76. 81. — Hb. II. 5. 6. — V. z. b. V. Wien 1855, 91. — St. e. Z. 546. — Wild. 100. — B. & G. Zyg. 2.

Lavandulae, *Esp.* Taf. 10, Fig. 4. (Sch. Taf. 15, Fig. 32.) Oben weiß mit einer roten Mittellinie, zu beiden Seiten mit breiten schwärzlichen Binden und einem bräunlichen Fußstreifen, in welchem die schwarzen Luftlöcher stehen, unten rot. Kopf schwarz. 2,4 cm. Sie lebt im November, Dezember, an Dorycnium suffruticosum und verwandelt sich in einem weißlichen Gehäuse zu einer grauen Puppe mit schwarzen Flügelscheiden. Entwicklung Ende April. Südfrankreich, Spanien. — Mill. I. Livr. 3. p. 116, pl. 1, Fig. 4—8.

Rhadamanthus, *Esp.* Taf. 10, Fig. 5. (Sch. Taf. 15, Fig. 33.) Das Ei ist länglich, rund, gelblich. (*Goss.* Fig. 17, Schluss-Taf. Fig. 24.) Die Raupe ist grau mit schwarzem Rückenstreifen, gelbem, abgesetzten Seitenstreifen und rotem Halskragen im Frühjahr, auf Dorycnium suffruticosum. Gespinst eirund, weiß. Südfrankreich, Ligurien, Catalonien. — B. & G. Zygaen. pl. IV, Fig. 4.

Laeta, *Esp.* Taf. 10, Fig. 6. (Sch. Taf. 15, Fig. 35.) Bläulich- oder grünlichweiß mit weißlichem Rückenstreifen, zu dessen Seiten am Anfange jedes Ringes ein feiner schwarzer und darunter ein gelblicher Punkt stehen; oben an den Seiten eine weiße Fleckenreihe und über den Füßen ein weißer Längsstreifen, über welchem die schwarzen Luftlöcher stehen. Behaarung lang, Kopf klein, schwarz. 2,5—2,8 cm. Lebt im Mai bis Juli, an Mannstreu (Eryngium campestre). Gehäuse länglich, gelbweiß. Entwicklung Ende Juli, August. In Österreich, Südeuropa und Südrußland. — Frr. 7. 64, Taf. 637. — Wild. 100.

Hilaris, *O.* (Sch. Taf. 15, Fig. 36.) Raupe an Hauhechel (Ononis natrix und arvensis), Schmetterling im Juli in Südfrankreich, Italien und Andalusien. — Rst. p. 23.

Baetica, *Emb.* (Sch. Taf. 15, Fig. 37.) Raupe, im April und September, an Wicken (Coronilla juncea). In Andalusien und Nordafrika. — Rst. p. 23.

Fausta, *L.* Taf. 10, Fig. 7. (Sch. Taf. 15, Fig. 38.) Hellgrün mit feinen braunen Rückenlinien, zu jeder Seite des Rückens ein weißlichgelber Längsstreifen, in welchem auf jedem Ringe ein grösserer und ein kleinerer schwarzer Fleck stehen; Luftlöcher schwarz; Brustfüße ebenso. Kopf und Nachschieber rot. 1,8—2 cm. Lebt im Juni, Juli, auf der kleinen Kronwicke (Coronilla minima) und dem Vogelfuß (Coronilla varia), verwandelt sich im Juni, Juli in einem eiförmigen weißen Gewebe zu einer grünbraunen Puppe mit helleren Flügelscheiden. Entwicklung im August; mehr im südlichen Europa, in der Schweiz und in einigen Gegenden Deutschlands. — O. 2. 96. — Hb. 2. 4. — Frr. B. 1. 27, Taf. 9. — Frr. 6. 154, Taf. 578. — Mill. 107. 7. 8. — Wild. 101.

Carniolica, *Sc.* Onobrychis, *Schiff.* Taf. 10, Fig. 8. (Sch. Taf. 15, Fig. 39.) Blaßgrün mit weißlichem Rückenstreifen; zu jeder Seite des Rückens eine Reihe dreieckiger schwarzer Flecken, ein weißlicher Seitenstreif und in demselben eine Reihe gelber Punkte. Luftlöcher schwarz; Kopf und Brustfüße braun. 2,5 bis 2,7 cm. Lebt im Mai, Juni, an Esparsette (Hedysarum onobrychis) und Tragant (Astragalus glycyphyllos) und verwandelt sich in einem eiförmigen weißen oder gelblichen Gewebe zu einer schwarzbraunen Puppe mit grünem Hinterleibe (Wild. 101, Taf. 4, Fig. 61). Entwicklung im Juli; an sonnigen Abhängen, in manchen Gegenden häufig. — O. 2. 87. — Hb. 2. 4. — Frr. 7. 66, Taf. 637. — Esp. 2. 44. — Dorfm. 3. 90. — Pr. Taf. 1, Fig. 6.

Occitanica, *Vill.* Taf. 10, Fig. 9. (Sch. Taf. 15, Fig. 40.) Raupe hellgrün mit weißlichen Rückenstreifen, größeren gelben Seitenflecken und schwarzen Punkten. Im Juni, Juli, an Dorycnium suffruticosum. Verpuppung in einem weißlichen, länglich runden Gehäuse. Entwicklung nach 12—15 Tagen. Südfrankreich, Spanien. B. & G. Zygaen. pl. 4, Fig. 4—6.

VI. Familie. Syntomidae, *H.-S.* Fleckenschwärmerchen.

Die 16-füßigen Raupen, teils lang, teils dünn behaart, überwintern und verwandeln sich in trockenen Gespinsten zu dünnschaligen Puppen. Nur wenige Arten in Europa, mehrere in Kleinasien.

1. Gattung. Syntomis, *Latr.*

Die Raupen dieser nur in einer Art in Europa vorkommenden Gattung sind lang behaart, leben an krautartigen Pflanzen und verwandeln sich in festen, aber weichen Geweben zu langgestreckten Puppen.

Phegea, *L.* Taf. 10, Fig. 10. (Sch. Taf. 15, Fig. 41.) Das Ei rundlich, getupft, gelblich (Schluß-Taf. Fig. 25). Raupe schwarz mit feinen wolligen, braungrauen Haarbüscheln besetzt, aus denen einzelne lange, am Ende dickere Haare hervorragen. Kopf und Brustfüße braunrot. 3 cm. Lebt im April, Mai, an Löwenzahn (Leontodon taraxacum), Wegerich (Plantago) und Ampfer (Rumex) und verwandelt sich in einem mit Haaren vermischten weißlichen Gewebe zu einer schwarzbraunen, durchscheinenden Puppe, Entwicklung Ende Juni, Juli; auf lichten Waldstellen, nicht verbreitet. — O. 2. 105. — Hb. 2. 7. — Guer. pl. 82, Fig. 7 (Puppe). — Wild. 104. — Voll. III. 31. 32. — Pr. Taf. 1, Fig. 7.

2. Gattung. Naclia, *B.*

Die spindelförmigen Raupen sind dünn behaart, leben an Flechten, Lebermoosen, und verwandeln sich in leichten Gespinsten zu Puppen.

Ancilla, *L.* Taf. 10, Fig. 11. (Sch. Taf. 15, Fig. 42.) Schwarz mit einem breiten Rückenstreifen und zwei gelben Längslinien an jeder Seite über den Füßen. Behaarung schwärzlich. Kopf schwarzbraun. 2,4—2,8 cm. Im Mai an Parmelia wie auch an Jungermannia. Entwicklung im Juli, August; an sonnigen, gebüschreichen Stellen. — Hb. 2. G. — O. 3. 157. — Frr. 1. 60, Taf. 32. — Wild. 104.

Punctata, *Fab.* Taf. 10, Fig. 12. (Sch. Taf. 15, Fig. 43.) Raupe bräunlich, ziemlich stark behaart mit schwarzen Tupfen. Kopf schwarz. Lebt von Herbst bis Frühjahr an Baumflechten. Entwicklung im Mai. Südeuropa, Rußland, Balkan, Kleinasien. — Mill. I. Livr. V. p. 250, pl. 4, Fig. 10. 11.

B. Bombyces. Spinner.

Die Raupen sind je nach den Familien sehr verschieden gestaltet, entweder nackt oder behaart, und verfertigen sich zur Verpuppung sehr verschiedene Gespinste.

I. Familie. Nycteolidae, *H.-S.*

Raupen 14- oder 16-füßig, fein behaart, verwandeln sich in festen kahnförmigen Geweben. Die meist kleineren Falter fliegen zum Teil bei Tage und wurden früher zu den Kleinschmetterlingen gerechnet, bei denen sie auch im *Hb.*-Werke zu suchen sind.

1. Gattung. Sarrothripa, *Gn.*

Die 16-füßigen Raupen sind schlank mit einzelnen Härchen und leben in zusammengesponnenen Blättern; die einzige, sehr veränderliche Art ist:

Undulana, *Hb.* (Revayana, *Tr.*) Taf. 10, Fig. 13. (Sch. Taf. 15, Fig. 44.) Raupe grün mit gelblichen Einschnitten und abgesetzter gelblicher Seitenlinie. Im Juni an Wollweiden (Salix caprea) und Eichen. Puppe walzenförmig grün mit braunem Rückenstreifen. Gehäuse weißgrau. Entwicklung im Juli, August; verbreitet bis Schweden. Nach A. Schm. 27 kommt die Var. Punctana, *Hb.*, nur an Eichen, Var. Degenerana nur an Wollweiden vor. — Tr. VIII. 22. —

Hb. Tortr. 2 A. a. Pr. Taf. 12, Fig. 27. — Voll. 1. 33. 34. — Wild. 358.

2. Gattung. Earias, Hb. (Halias, Tr.)

Die Raupen in der Mitte verdickt, kurz behaart mit kleinem kugeligen Kopfe, leben in zusammengesponnenen Blättern; die grünen Falter warden früher zu den Wicklern gerechnet.

Vernana, *Hb.* (Sch. Taf. 15, Fig. 45. *Hb.* Tort. 161) Die Raupe lebt nur auf Büschen der Silberpappel (Populus alba) in die Spitzen der Triebe eingesponnen, vom Juli bis September. Entwicklung im Mai: in Wäldern mehr im Osten, bei Wiesbaden.

Chlorana, *L.* Taf. 10, Fig. 14. (Sch. Taf. 15, Fig. 46.) Veränderlich grün, dunkel oder graugrün mit lichtem, braun geteilten Rückenstreifen, der mit einzelnen dunklen Punkten besetzt ist; an den Seiten mit mehreren dunkleren Wellenlinien. Kopf hellbraun mit weißlichem Halsbande. 1,8—2 cm. Lebt in zwei Generationen, an Büschen von verschiedenen Weidenarten, namentlich an Gräben und Teichen, spinnt die Endspitzen schneckenförmig zusammen und wird dadurch der Weidenkultur oft schädlich. Verpuppung in einem weißen oder gelblichen Gehäuse. Puppe oben braun, bläulich beduftet, an der Unterseite hellbraun oder gelblich. (Wild. 360, Taf. 5, Fig. 14.) Entwicklung im Juni, Juli und nach der Überwinterung im April, Mai. — Tr. VIII. 10. — Hb. Tortr. 5. A. — Sepp. IV. 13. — Wild. 360.

3. Gattung. Hylophila, Hb. (Halias, Tr.)

Raupen glatt, die von Bicolorana mit einem kleinen Zapfen auf dem zweiten Ringe, leben frei an Bäumen und verpuppen sich in kahnförmigen, pergamentartigen Gehäusen.

Prasinana, *L.* Taf. 10, Fig. 15. (Sch. Taf. 15, Fig. 47.) Das Ei (Schluß-Taf. Fig. 26.) Raupe gelbgrün, gelb gerieselt mit drei gelblichen Längslinien auf dem Rücken, zwischen denen fein gelb punktierte Kettenlinien stehen. Nachschieber je mit einem roten Striche. Kopf glatt, mattgrün mit gelbem oder rötlichem Halsbande. 3 cm. Lebt vom Juli bis Herbst, an Eichen (Quercus) und Buchen (Fagus). Das Gehäuse hart, weißlich oder gelblich, am Stamme oder an einem Blatt angesponnen. Puppe auf dem Rücken dunkel, rotblau, an den Seiten rötlich, an der Unterseite gelb, zart blaugrau beduftet. (Wild. 359, Taf. 5, Fig. 13.) Entwicklung im Mai: ziemlich verbreitet in Laubwaldungen. — Tr. VIII. 4. — Hb. Tortr. 5. A. a. — Rsl. IV. 152, Taf. 4. 22. — Sepp. II. 24. — Pr. Taf. 12, Fig. 25.

Bicolorana, *Fuessl.* (Quercana.) Taf. 10, Fig. 16. (Sch. Taf. 15, Fig. 48.) Gelblich grün mit einem etwas zugespitzten mattgrünen oder gelblichen Zapfen auf dem zweiten Ringe und einem gelben Längsstreifen vom vierten Ringe an an den Seiten. Kopf glänzend grün. 3,5 cm. Lebt vom Herbste und nach der Überwinterung bis zum Juni an Eichen. Entwicklung im Juli; nicht so häufig als die vorige Art. — Tr. VIII. 7. — Hb. Tortr. 5. A. a. — Rsl. IV. 73, Taf. 4. — Wild. 359.

II. Familie. Lithosidae, *H.-S.*
Flechtenspinner.

Raupen spindelförmig mit behaarten Wärzchen besetzt und kleinem runden Kopfe. 16-füßig. Sie leben meist an Flechten und Algen, und verwandeln sich in dünnen engen Gespinsten zu dicken, hartschaligen steifen Puppen mit abgerundeten Afterspitzen.

1. Gattung. Nola, *Leach.* Roeselia, *Hb.*

Die 14-füßigen Raupen sind kurz, platt, breit mit behaarten Wärzchen besetzt und verwandeln sich in engen, pergamentartigen, kahnförmigen Gespinsten.

Togatulalis, *Hb.* (Sch. Taf. 15, Fig. 50.) Schmutzig weiß, mit einer Querreihe von vier mit schwarzen Haaren besetzten Wärzchen auf dem vierten Ringe und zwei schwärzlichen Längsstreifen an den Seiten. 1,8—2 cm. Lebt im Mai an Eichen, benagt nur die Oberhaut der Blätter und verpuppt sich in einem langen bräunlichen Gehäuse. Entwicklung Ende Juni, Juli, an Eichenbüschen; in Sandgegenden selten. — Tr. X. 3. 40. — Wild. 356.

Cucullatella, *L.* Taf. 10, Fig. 17. (Sch. Taf. 16, Fig. 1.) Gelbgrau mit einem abgesetzten, breiten weißen, schieferblau gestrichelten Rückenstreifen, der am dunkelsten auf dem vierten, sechsten, achten und zehnten Ringe schieferblau bedeckt ist, so daß auf diesen Ringen nur ein feiner weißer Mittelstrich sichtbar ist. An den Seiten rötlichgrau mit gelbgrauen Wärzchen u. Haaren. Kopf rund, schwarz. 1,8—2 cm. Lebt im Mai, an Schlehen (Prunus spinosa), Pflaumen (Prunus insititia), seltner an Äpfelbäumen (Pyrus malus). Wird in einem braunen Gehäuse zu einer walzigen, an beiden Seiten abgerundeten, braunen Puppe (Wild. 357, Taf. 9, Fig. 87). Entwicklung im Juni, Juli; verbreitet bei Tage in den Ritzen der Stämme. — Tr. VII. 188. — Hb. Pyral. VII. A. a. — Sepp. IV. 13. — Buck. III. 43. 3.

Cicatricalis, *Tr.* (Sch. Taf. 16, Fig. 2.) Nach Speyer der Raupe von Lithosia deplana sehr ähnlich; lebt im Juni, Juli, an Baumflechten von Eichen und Buchen (Fagus sylvatica). Das Gespinst an den Stämmen derselben. Entwicklung im Juli. Selten. Nach Rössler 63, vielleicht nur eine Abänderung von Confusalis.

Strigula, *Schiff.* (Strigulalis, *Hb.*) Taf. 10, Fig. 18. (Sch. Taf. 16, Fig. 3.) Hell ockergelb oder fleischfarbig mit dunklen Wärzchen und langen gelblichen Härchen besetzt und einem schwarzen Querflecken auf dem siebenten Ringe. Bauch und Füße grau. Kopf braun mit gelbem Stirndreiecke. Lebt im Mai an niederen Eichen, deren Blätter sie von oben durchlöchert, so daß nur das Adergerippe stehen bleibt. Verwandelt sich in einem braungrauen Gehäuse zu einer walzigen, braunen, an beiden Enden abgerundeten Puppe. Entwicklung Ende Juni, Juli. Nicht selten. — Tr. VII. 187. — Frr. B. 1. 35, Taf. 12. — Wild. 357, Taf. 6, Fig. 43. — Buck. III. 43. 4.

Confusalis, *H.-S.* (Sch. Taf. 16, Fig. 4.) Hell rotbraun mit einer ungleich breiten dunkelbraunen Rückenlinie, bräunlicher Behaarung und braunem Kopfe. Lebt im Juni au Baumflechten der Buchen und Linden. Verwandelt sich in ein mit Flechten vermengtes Gehäuse. Entwicklung im April, Mai, nicht verbreitet; nach *Wocke* 19 vielleicht nur die Frühlingsgeneration der vorigen. — Wild. 357.

Thymula, *Mill.* Gedrungen, gelblich mit vier Reihen sternförmig behaarter Warzen und einer Reihe schwarzer Warzen, einem breiten roten Fußstreifen, über welchem sich die roten Luftlöcher befinden. Kopf und Vorderfüße schwarz. Lebt auf Thymus vulgaris. Entwicklung Ende Mai. Südfrankreich bei Cannes, Spanien. — Mill. II. p. 337, pl. 85, Fig. 11—16. Falter und Raupe.

Chlamitulalis, *Hb.* (Sch. Taf. 16, Fig. 6.) Oben gelb mit schwarzen Haarbüscheln, einem schwarzen wellenförmigen Seitenstreifen, darüber auf jedem Segment ein schwarzer Punkt und darunter zwei ebensolche mit roter Zeichnung. Kopf schwarz. Im September an Odontitea lutea, und entwickelt sich im April. Südfrankreich, Spanien, Dalmatien und Bulgarien. — Mill. II. p. 140, pl. 114, Fig. 1—4.

Albula, *Hb.* (Sch. Taf. 16, Fig. 7. *Hb.* Pyr. 14.) Kurz, dick, gelbgrün oder hellorange mit sechs Wärzchen auf jedem Ringe, zwei oben und je eine an den Seiten. Auf jedem dieser Wärzchen ein Büschel weißlicher Haare. Auf dem Rücken mit zwei Reihen unregelmäßiger schwarzer Flecken, welche auf dem siebenten und elften Segment durch ein schwarzes Querband verbunden sind. Auf der Wasserminze (Mentha aquatica) und Brombeere (Rubus fruticosus). Entwicklung im Juli. Nicht überall. — Ent. M. 1876. 63. — Rössl. S. 64. — Buck. III. 43. 5.

Centonalis, *Hb.* Taf. 10, Fig. 19. (Sch. Taf. 16, Fig. 8.) Raupe vor der letzten Häutung braun mit gelben Mittelstreifen und schwarzen behaarten Wärzchen, später neben der Mittellinie mit schwarzen Nebenstreifen; an niederen Pflanzen. Entwicklung im Juni. Nicht häufig. — Buck. III. p. 44, pl. 43, Fig. 6.

Cristatula, *Hb.* Taf. 10, Fig. 20. (Sch. Taf. 16, Fig. 9.) Schmutzig braungelb mit einer dunkleren Rückenlinie und zu deren Seiten schwarze Pfeilstriche; an den Seiten rötlichbraun mit gelbbraunen Wärzchen, auf denen gleichfarbige Borstenbüschel und langes schwarzes Haar stehen. Kopf klein, braun mit gelber Stirndreiecke. 1,8—2 cm. Nach Frey an dem edlen Gamander (Teucrium chamaedrys) und Wasserminze (Mentha aquatica). Entwicklung im Juni, Juli; selten. — Tr. VII. 191. — Wild. 358.

2. Gattung. **Nudaria**, *Stph.*

Die Raupen etwas platt, mit kurzen Härchen büschelweise besetzt, überwintern jung und leben an Mauer- und Felsenflechten.

Senex, *Hb.* Taf. 10, Fig. 21. (Sch. Taf. 16, Fig. 12.) Dunkel aschgrau, stark behaart mit schwarzbraunem Kopfe; lebt nach der Überwinterung im Mai, Juni, an Lebermoos (Jungermannia) und verwandelt sich in einem bräunlichen, mit Haaren durchwebten Gehäuse zu einer stumpfen blaßgelben Puppe. Entwicklung im Juli; auf sumpfigen Grasplätzen und Torfmooren. — O. 3. 163. — Wild. 105.

Mundana, *L.* Taf. 10, Fig. 22. (Sch. Taf. 16, Fig. 13. Das Ei ist rund, hellgelb, die Raupe blaß, gelblich- oder blaugrau mit schwärzlichen Haaren, welche büschelweise auf sechs Reihen Wärzchen stehen; zwei Reihen gelber Flecken auf dem Rücken, unter deren jedem ein schwärzliches Strichelchen steht, und welche durch einen schwärzlichen Querflecken auf dem siebenten Ringe unterbrochen sind. Kopf glänzend schwarz. Lebt im Juni, an Felsenflechten (Anthoceros) und Wandflechten (Byssus hotroycides) und wird in einem sehr lockeren mit Haaren durchwebten Gehäuse zu einer stumpfen Puppe. Diese ist glänzend weiß, etwas grünlich oder gelblich mit zwei Reihen gekrümmter schwarzer Flecken auf dem Rücken und am Kopfe. Entwicklung im Juli. An feuchten Mauern und Felsen. — O. 3. 162. — Frr. 6. 70, Taf. 524. — Esp. III. 91. — Buck. III. 43. 1.

Murina, *Hb.* Taf. 10, Fig. 23. (Sch. Taf. 16, Fig. 14.) Hellgrau mit zwei schwefelgelben Fleckenstreifen auf dem Rücken und je eine und an den Seiten je zwei Reihen gelbgrauer Wärzchen mit gleichfarbigen langen Haarbüscheln zu den Seiten des Rückens. Kopf hellbraun. Lebt im Mai, Juni, an Stein-Leberkraut (Marchantia). Entwicklung im Juli; an Mauern und Felsen. — Dup. Lith. 2. — Wild. 105.

3. Gattung. **Calligenia**, *Dup.*

Raupen kurz, walzig mit langen Haaren auf den Wärzchen; sie überwintern klein und verpuppen sich in dichten mit Haaren durchwebten Gehäusen.

Miniata, *Forst.* Rosea, *F.* Taf. 10, Fig. 24. (Sch. Taf. 16, Fig. 15.) Mattgrau mit langen Haaren büschelweise besetzt, welche auf den ersten fünf Ringen schwarz, auf den übrigen grau sind. Kopf bräunlich oder schwarz. 1,8—2 cm. Vom Herbste bis Ende Mai, an Wandflechten (Parmelia), besonders an alten mit Flechten bewachsenen Zäunen, in Wäldern. Verwandelt sich in einem bräunlichen, dicht mit Haaren durchwebten Gewebe zu einer eiförmigen schwarzbraunen Puppe mit gelben Ringeinschnitten. Entwicklung im Juni, Juli; in Laubwäldern, zwischen Gebüsch und hohem Gras. — O. 3. 145. — Hb. 3. 41 (Rubicanda). — Sepp. I. 42. — Wild. 106. — Buck. III. 40.

4. Gattung. **Setina**, *Schrk.*

Die Raupen sind kurz und dick, büschelweise behaart mit kleinem kugeligem Kopfe, überwintern klein, leben meist auf Baumflechten und verpuppen sich in durchsichtigen mit Haaren bedeckten Gespinsten. Nach Rössler können sie auch mit Salat gefüttert werden, wie alle Flechtenraupen.

Irrorella, *Cl.* Taf. 11, Fig. 1. (Sch. Taf. 16, Fig. 16.) Blauschwarz mit einem gelben, auf jedem Ringe sich erweiternden Rückenstreifen; zu den Seiten des Rückens mit einer gleichfarbigen Fleckenlinie und einem abgesetzten gelben Seitenstreifen über den Füßen. Die schwärzlich und rostfarben gemischte Behaarung steht auf zwei Reihen glänzender, schwarzer Wärzchen auf dem Rücken und auf einer Reihe solcher an jeder Seite und ist auf dem letzten Ringe verlängert. Lebt im Mai, Juni, an Wandflechten (Parietina und Parmelia) und verwandelt sich in einem feinen Gewebe zu einer steifen schwarzen Puppe mit abgerundetem Afterstücke. Entwicklung im August; auf Wald- und Bergwiesen. Var. Freyeri und Andereggi nur auf hohen Alpen. — O. 3. 148. — Frr. 7. 106, Taf. 662. — B. & G. Chel. pl. 3. — Wild. 106.

Roscida, *Esp.* (Sch. Taf. 16, Fig. 17.) Raupe nach A. Schmid 28 in den ersten Frühstunden an Erd- und Steinflechten. Falter im Mai, Juni; auf trockenen Grasplätzen der Wälder und Berge, mehr im Süden.

Aurita, *Esp.* Taf. 11, Fig. 2. (Sch. Taf. 16, Fig. 19.) *Millière* hat die Raupe von Var. Ramosa, *F.*, die Herr *R. Zeller* entdeckt hat, beschrieben; sie ist schwarz mit länglichen gelben Zeichnungen auf jedem Gelenke, die auf dem Rücken breiter sind, und schwarzem Kopfe. 2 cm. Sie lebt im Juli, auf Steinen von Flechten. Puppe braun. Entwicklung im August. Nur auf den höchsten Alpen der Schweiz. — Mill. III. p. 87, pl. 109, Fig. 9—11.

Mesomella, *L.* (Eborina.) Taf. 11, Fig. 3. (Sch. Taf. 16, Fig. 20.) Der Raupe von Lith. complana sehr ähnlich; dickwalzig, schwarzbraun mit kurzen und längeren schwärzlichen Haaren besetzt, die auf schwarzen Wärzchen stehen. Bauch heller, braungrau. Kopf glänzend gelbbraun. 2,5—2,7 cm. Im April und Mai, an Flechten (Jungermannia, Sticta). Nach Schmid 29 mehr an Erdflechten. Verwandelt sich in einem Gehäuse zwischen Flechten zu einer kurzen kolbigen schwarzen Puppe. Entwicklung Ende Juni, Juli. Auf Waldlichtungen und zwischen Gebüschen. — O. 3. 152. — Hb. 3. 41. — Frr. VII. 161, Taf. 692. — Wild. 107. — Pr. Taf. 3, Fig. 16. — Buck. III. 42.

5. Gattung. Lithosia, *F.*

Die Raupen kurz und dick, nur dünner wie die der vorigen Gattung behaart mit buntfarbigen Fleckenstreifen auf dunkler Grundfarbe. Sie überwintern nach den ersten Häutungen, leben auf Flechten und verpuppen sich in lockeren mit Haaren durchwebten Gehäusen.

Muscerda, *Hufn.* Taf. 11, Fig. 4. (Sch. Taf. 16, Fig. 21.) Raupe dunkelbraun mit schwarzem Rückenstreifen und stark behaarten Warzen. Kopf schwarz, Nackenschild rot. Lebt auf verschiedenen Flechten. Entwicklung im Juni. Nicht häufig, in Zentral-Europa, Livland, Piemont und Rußland. — Buck. p. 26, pl. 41, Fig. 7.

Griseola, *Hb.* Taf. 11, Fig. 5. (Sch. Taf. 16, Fig. 22.) Von *Musschl* entdeckt. Die Raupe ist schwarz mit kurzen gleichfarbigen Borstenbüscheln und mit einigen längeren Haaren auf den vorderen und hinteren Gliedern. Auf den zwei ersten Ringen steht ein roter, von der schwarzen Mittelader durchschnittener Fleck und zu beiden Seiten des Rückens läuft ein abgesetzter Streifen von derselben Farbe. Kopf glänzend schwarz. Sie lebt im Mai, an Flechten von Eichen- und Pappelstämmen, und verwandelt sich zu einer rötlichbraunen Puppe in einem aus Moos und Flechten verfertigten Gespinste an einem geschützten Platze. Entwicklung im Juni, Juli. Auf Waldlichtungen zwischen Gebüschen, besonders an feuchten Stellen. — Tr. X. 1. 161. — Sepp. IV. 16. — Buck. III. 41. 5.

Deplana, *Esp.* (Depressa, *Esp.* ♀) Taf. 11, Fig. 6. (Sch. Taf. 16, Fig. 23.) Bräunlichgrün mit einem gelben, schwarz punktierten und gleichfarbig gesäumten Rückenstreifen, in welchem kurze schwarze Erhöhungen auf dem dritten, siebenten und elften Ringe und ein weißer Flecken auf dem achten Ringe stehen; an den Seiten schwarze Punkte und Schrägstriche. Kopf schwarz. Lebt im Mai, Juni, an den Flechten von Nadelhölzern, besonders von Pinus sylvestris. Nach Rössl. 62 überall an Baumflechten. Verwandelt sich in einem lockeren bräunlichen Gespinste zu einer glänzend rotbraunen Puppe. Entwicklung Ende Juni, Juli, wo sie in Nadelwäldern unter den Baumzweigen, an den Nadeln ruht. — O. III. 132. — Tr. X. 1. 164. 5. — Hb. 3. 38 (Ochreola). — Wild. 107. — Buck. III. 40. 6.

Lurideola, *Zink.* Taf. 11, Fig. 7. (Sch. Taf. 16, Fig. 24.) Schwarzgrau mit einer schwarzen Rückenlinie und ebensolchen behaarten Wärzchen; an den Seiten mit einem rotgelben, in den Ringeinschnitten unterbrochenen Längsstreifen, in welchen die schwarzen Luftlöcher stehen. Bauch und Bauchfüße grau. Kopf und Brustfüße schwarz. 3 cm. Im Mai an Steinen und alten Stämmen, an Flechten (Parmelia), nach *Schmid* 29 besonders von Buchen und Eichen. Puppe rotbraun mit abgerundetem Afterstücke (Wild. 109, Taf. 3, Fig. 49). Entwicklung Ende Juni bis August; in Laubgehölzen. — Tr. X. 1. 162. — Frr. VII. 153, Taf. 687. 2. — Stett. e. Z. IV. 119. — Dup. Lith. pl. 1. — Pr. Taf 3, Fig. 15.

Complana, *L.* Taf. 11, Fig. 8. (Sch. Taf. 16, Fig. 25.) Der vorigen sehr ähnlich, aber mit zwei Reihen orangegelber Flecken auf jeder Seite; schwarz mit zwei weißen Punktlinien auf den Brustringen; auf dem Rücken jedes Ringes jederseits ein kleiner weißer Flecken; vom vierten Ringe an und dahinter ein grösserer, gelber, vorne weißlicher Streifen und an den Seiten eine schmale gelbliche Linie, oft in Flecken aufgelöst, in denen die schwarzen Luftlöcher stehen. Behaarung kurz, schwärzlich auf schwarzen Wärzchen. Kopf glänzend schwarz. 3 cm. Lebt im Mai, Juni, an Baumflechten, doch häufiger an Erd- und Steinflechten (Parmelia, Sticta); frißt auch das Laub von Zwetschen (Prunus domestica). Verwandelt sich in einem lockeren braungrauen Gehäuse zu einer stumpfen, rotbraunen Puppe mit eirundem Afterstücke (Wild. 109, Taf. 3, Fig. 50) und entwickelt sich Ende Juni, Juli. Auf Waldlichtungen und dürren Abhängen. — O. 3. 129. — Hb. 3. 38. (plumbeola). — Fsp. IV. 106. — Frr. VII. 152, Taf. 687. 1. — B. & G. Chel. pl. 3. — Dup. Lith. 1. — Buck. III. 41. 2.

Sericea, *Gregs.* (Molybdeola, *Gn.*) Raupe braun mit schwarzer Mittellinie, gelben oder weißlichen Nebenstreifen und schwarzen behaarten Warzen. Lebt im Herbste und bis Mai, an verschiedenen Baum- und anderen Flechten, und verwandelt sich in einem sehr leichten Gewebe zur Puppe. Entwicklung im Juli. Nur in England. — Buck. III. p. 22, pl. 41, Fig. 4.

Caniola, *Hb.* Taf. 11, Fig. 9. (Sch. Taf. 16, Fig. 26.) Raupe rotbraun mit mehr oder weniger schwarzer Mittellinie, blaue oder rötliche daneben und mit einem roten Streifen, in welchem sich schwarze Punkte befinden. Manchmal an den Seiten mit einer abgesetzten schwarzen Seitenlinie. Lebt an grünen Wandflechten und zuletzt auch an den Blüten von Lotus corniculatus. Entwicklung im Juni. Kärnthen, Dalmatien, Irland. — Dup. Lith. 1. — Buck. III. p. 14, pl. 40, Fig. 4.

Unita, *Hb.* Taf. 11, Fig. 10. (Sch. Taf. 16, Fig. 27.) Bläulichgrau mit drei schwarzen Rückenlinien, zwei abgesetzten weißen Seitenlinien und einem schmalen schwarzen Streifen über den Füßen. Auf dem Rücken stehen vom dritten Ringe an auf jedem Ringe ein gelber Querflecken und einzelne weiße Pünktchen. Kopf braun mit zwei weißen Pünktchen. Lebt im Mai bis Juli, besonders an warmen Kalkbergen, auf Flechten von Kalkfelsen, verzehrt aber auch häufig die welken Blätter und Blüten der verschiedensten Pflanzen, weshalb man sie des Tages oft an deren Stengel ruhend findet. (Schmidt 29.) Entwicklung im August. Nur an sonnigen trockenen Plätzen, besonders Kalkbergen. — O. 3. 135. — Hb. 3. 40. — St. e. Z. 1876. 95. — (Var. Vittellina, *Tr.*) A. s. Fr. 1865, pl. 8, Fig. 4. — Wild. 110. (Var. Arideala, *Hering*) 109. — St. e. Z. 5. 415. und VII. 223. — Frr. 6. 22, Taf. 494.

Lutarella, *L.* (Luteola, *Schiff.*) Taf. 11, Fig. 11. (Sch. Taf. 16, Fig. 28.) Raupe schwärzlichblau mit schwarzen, gleichfarbig behaarten Wärzchen und einem oberwärts gelben und unten weißen Seitenstreifen. Lebt im April und Mai an Flechten und verwandelt sich in einem braungrauen Gewebe zu einer dunkelbraunen Puppe. Entwicklung von Juni bis August. Zwischen Gebüschen ziemlich verbreitet. — O. 3. 138. O. W. 108. — Buck. III. 41. 5.

Sororcula, *Hufn.* (Aureola.) Taf. 11, Fig. 12. (Sch. Taf. 16, Fig. 29.) Schwarz mit zwei unterbrochenen citronengelben, rotpunktierten Längsstreifen auf dem Rücken, in welchen weiße Fleckchen auf den Brustringen, sowie auf den letzten Ringen stehen. Lebt an den Stämmen von Laubhölzern, an Parmelia, Sticta. Verwandelt sich in einem bräunlichen Gehäuse zu einer rotbraunen Puppe und entwickelt sich nach der Überwinterung im Mai, Juni. An Waldrändern, zwischen Gebüschen. — O. 3. 140. — Hb. III. 39. — Voll. III. 30. — Wild. 108.

6. Gattung. Gnophria, *Stph.*

Die Raupen sind denen der vorigen Gattung sehr ähnlich, leben ebenfalls nur an Baumflechten und verpuppen sich in mit Haaren vermischten Gespinsten.

Quadra, *L.* Taf. 11, Fig. 13. (Sch. Taf. 16, Fig. 31.) Ei Schl.-Taf. Fig. 27. Raupe schwärzlich- oder braungrau; mit einer doppelten gezackten gelben Linie auf jeder Seite des Rückens, in welcher mennigrote, behaarte Knöpfe stehen; auf dem zweiten, siebenten und elften Ringe mit je einem schwarzen Querflecken; an den Seiten in der Mitte eine Reihe schwarzgrauer und über den Füßen eine Reihe gelbgrauer Wärzchen, die alle lang, schwarzgrau behaart sind. Kopf klein, schwarz. 3,5—3,8 cm. Im April, Mai an Baumflechten von Obstbäumen, Eichen, Buchen, Föhren und Rostkastanien (Parmelia furfuracea und saxatilis), verwandelt sich in einem weißlichen Gespinste zu einer dicken, glänzend dunkelbraunen, fast schwarzen Puppe mit eiförmig abgerundetem Afterstücke. Entwicklung im Juli. In Laub- und Nadelholzwaldungen, häufig. — O. 3. 126. — Hb. 3. 40. — Rsl. 1. 4. 110, Taf. 17. — Sepp. III. 6. — Rtzb. 2. 177. — B. & G. Chel. pl. 3. — Dup. Lith. 9. — Pr. Taf. 3, Fig. 13. — Wild. 110. — Buck. III. 42.

Rubricollis, *L.* Taf. 11, Fig. 14. (Sch. Taf. 16, Fig. 33.) Etwas spindelförmig mit tiefen Ringeinschnitten, grünlichgrau, schwarz punktiert und gerieselt, auf jedem Ringe mit vier rotgelben, schwarz behaarten Rückenwärzchen und zwei gelblich behaarten Seitenwärzchen. Bauchfüße gelbgrau. Kopf dunkelbraun mit zwei weißen, in der Mitte sich berührenden Bogenlinien. 3 cm. Lebt im August, September, an Flechten alter Bäume, besonders an den Nadelhölzern, verwandelt sich in einem braungrauen Gewebe zu einer stumpfen braunroten Puppe und entwickelt sich im Mai und Juni zum Falter. Häufig besonders in Nadelwaldungen. — O. 3. 142. — Hb. 3. 39. — Isis (Ocken 1846) 29. — Sepp. VI. 39. — Wild. 110. — Buck. III. 42.

III. Fam. Arctiidae, *Stph.* Bärenvögel.

Die Raupen mit merklichen Ringeinschnitten, mit Wärzchen besetzt und auf denselben mehr oder minder behaart. Kopf klein, rund; 16-füßig. Sie leben fast ausschließlich an krautartigen Gewächsen, selten an Sträuchern, überwintern meistens jung und verwandeln sich über der Erde in weichen Gespinsten zu dickleibigen Puppen.

1. Gattung. Emydia, *B.*

Eier kugelrund, glänzend. Die Raupen sind kurz behaart, überwintern klein, leben an niederen

Pflanzen und verwandeln sich in feinen Geweben zu dicken unbeweglichen Puppen.

Striata, *L.* (Grammica, *L.*) Taf. 11, Fig. 15. (Sch. Taf. 16, Fig. 34.) Das Ei ist goldglänzend, Schluß-Taf. Fig. 28. Die Raupe ist schwarzbraun mit einem orangegelben Rückenstreifen, zu dessen Seiten zwei Reihen rotbrauner, fuchsrot behaarter Wärzchen und über den Füßen an den Seiten mit einem weißlichen Längsstreifen. Kopf schwarzbraun. Die der Var. Melanoptera ohne den orangegelben Rückenstreifen und statt der weißen Seitenlinie mit weißbehaarten Wärzchen. Überwintert nesterweise unter Gespinsten. Lebt im Mai erwachsen an warmen trockenen Stellen, besonders an Kalkbergen, an Schwingelgras (Festuca duriuscula), Mauseöhrchen (Hieracium pilosella), Beifuß (Artemisia campestris und vulgaris), Wegerich (Plantago) und Heidekraut (Calluna vulgaris). Verwandelt sich in einem weißgrauen Gewebe zu einer rotbraunen Puppe. Entwicklung im Juli. Zerstreut. — O. 3. 306. — Hb. 3. 45. — Esp. III. 68. — Rsl. IV. 150, Taf. 4. — B. & G. Chel. pl. VII. — Sepp. VI. 15. — Pr. Taf. 3, Fig. 17. — Ent. Zeitsch. 1888. 101.

Bifasciata, *Rbr.* Taf. 11, Fig. 16. (Sch. Taf. 16, Fig. 35.) Raupe braun mit einem breiten, gelben Seitenstreifen, mit schwarzen Strichen und braunem Kopfe. Behaarung an den vorderen und hinteren Ringen schwarz, an den mittleren rötlichgelb. Lebt an verschiedenen niederen Pflanzen und Gräsern und entwickelt sich im Mai, Juni, Juli und August. Nur auf Corsica. — A. s. Fr. 1832. p. 270, pl. 8, Fig. 11.

Cribrum, *L.* Taf. 11, Fig. 17. (Sch. Taf. 16, Fig. 36.) Das Ei ist kugelrund, goldglänzend. Raupe graubraun, orangebraun an den Seiten mit drei weißlichen Rückenlinien und zwei großen schwarzen Flecken auf jedem Ringe zwischen denselben; auf jedem Ringe mit zwei größeren Wärzchen oben und vier kleineren an den Seiten, die alle mit schwarzen und weißen Haaren besetzt sind. Bauchfüße braun, Kopf und Brustfüße schwarz. Die im Gebirge lebenden sind dunkler. 3 cm. Lebt nach *Hering* im Mai mehr an Grasarten, nach anderen an Heidekraut (Calluna vulgaris). Puppe kurz, dick, schwarzbraun, gleicht etwas der von Thecla Pruni. Entwicklung im Juli. Selten in lichten Föhrenschlägen mit Heidekraut. — Tr. X. 1. 201. (Var. Candida *Cyr.* mehr im Süden. Tr. X. 1. 200. — Frr. 9. 3. Taf. 140.) — Sepp. VII. 17. — B. & G. pl. VII. — Frr. 2. 56. Taf. 128. — Wild. 111. — Buck. III. 46. (Var. Chrysocephala, *Hb.* Mill. 1. Livr. pl. 4.)

2. Gattung. **Deiopeia,** *Stph.*

Die Raupen dieser, nur aus einer Art bestehenden Gattung sind walzig und mit längeren Sternhaaren auf den Wärzchen besetzt.

Pulchella, *L.* Taf. 11, Fig. 18. (Sch. Taf. 16, Fig. 37.) Bläulichgrau mit einem breiten weißen Rückenstreifen, neben demselben auf jedem Ringe mit zwei schwarzen Punkten und dazwischen einer rötlichen Querlinie; über den Füßen eine Reihe schwarzer Wärzchen, die übrigen Wärzchen von der Körperfarbe; Behaarung schwärzlich. Kopf gelbbraun mit zwei schwarzen Punkten und Strichen. 3 cm. Im Mai, Juni an Vergißmeinnicht (Myosotis arvensis), auf der Sonnenwende (Heliotropium europaeum), dem wolligen Nachtschatten (Solanum tomentosum) und in Rußland auf Messerschmidia. Verpuppt sich in einem Gespinste an der Erde und schlüpft im Juli und wieder im Mai aus. In Deutschland selten, mehr in Südeuropa, Nordafrika, Kap, Ostindien, Ceylon und Neuholland. — O. 304. — Hb. 3. 43. — Guer. Ic. pl. 88, Fig. 8. — Soc. ent. I. 130. — Buck. III. 46.

3. Gattung. **Euchelia,** *B.*

Raupen schlank walzig, sammtartig weich, mit einzelnen kurzen Haaren besetzt; leben in Mehrzahl an Senecio und verwandeln sich in einem dünnen Gewebe zu steifen Puppen.

Jacobaeae, *L.* Taf. 11, Fig. 19. (Sch. Taf. 16, Fig. 38.) Das Ei ist gelb, die Raupe schwarz orangegelb geringelt mit schwarzem Kopfe und Nachschiebern. Lebt im Juli nur auf der Jakobsblume (Senecio Jacobaea) und verwandelt sich in einem dünnen Gewebe zu einer rotbraunen, eirunden Puppe. Entwicklung im Mai. Gemein an Abhängen und Waldlichtungen. — O. 3. 154. — Hb. 2. 42. — Rsl. 1. 4. 268. Taf. 49. — Sepp. II. 11. — Pr. Taf. III, Fig. 20. — Buck. III. 46.

4. Gattung. **Nemeophila,** *Stph.*

Behaarung der Raupen ziemlich dicht, an den letzten Ringen verlängert, auf gleichgefärbten Wärzchen. Sie leben auf niederen Pflanzen und verwandeln sich in dünnen Geweben zu glänzenden Puppen.

Russula, *L.* Taf. 11, Fig. 20. (Sch. Taf. 16, Fig. 39.) Schwarzbraun mit weißen, rot punktierten Rückenlinien und fuchsroten Haarbüscheln, welche auf den letzten Ringen länger sind und auf schwarzen Warzen stehen. Luftlöcher weiß; Kopf grau, schwarz gerandet. 3 cm. Im Herbst und Mai und wieder im Juli, August an Wegerich (Plantago), Löwenzahn (Taraxacum), und verwandelt sich in einem dünnen, grauen Gewebe zu einer glänzend rotbraunen Puppe. Entwicklung im Juni und August. Auf Waldlichtungen, fliegt bei Tage. — O. 3. 309. — Hb. 3. 46. — Frr. VII. 41. Taf. 622. — Sepp. VII. 37. — Pr. Taf. III, Fig. 18. Buck. III. 44.

Plantaginis, *L.* Taf. 11, Fig. 21. (Sch. Taf. 16, Fig. 40.) Schwarz, ziegelrot am fünften und zehnten Ringe oben, mit schwarzen, auf den Mittelringen fuchsroten, über den Füßen gelbgrauen und auf den letzten Ringen verlängerten Haaren auf gleichfarbigen Wärzchen. Bauch grauschwarz. Kopf schwarz. 3—3,5 cm. Lebt im Herbst und im April, Mai an Wegerich, Lichtrose (Lychnis dioica), Leimkraut (Silene noctiflora) und anderen niederen Pflanzen; verwandelt sich in einem dünnen, braungrauen Gewebe zu einer schwarzbraunen Puppe mit feinen Börstchen am Ende. Entwicklung

Mai bis Juli. Der Falter fliegt bei Tage in bergigen Gegenden, die Var. Matronalis auf den Alpen. — O. 3. 312. — Hb. 3. 46. — Rsl. 4. 167. Taf. 4. — Frr. VII. 612. — Esp. III. 36. — Pr. Taf. 3, Fig. 19. — Buck. III. 44. — Ent. Zeitschr. 1888, 61. — Gss. 21 (Ei).

5. Gattung. **Callimorpha**, *Latr.*

Raupen mit mehr oder weniger langen Sternhaaren auf Knopfwärzchen. Sie leben an niederen Pflanzen und Sträuchern und verpuppen sich in dünnen Geweben zu glänzenden Puppen. Die Falter fliegen aufgescheucht bei Tage.

Dominula, *L.* Taf. 12, Fig. 1. (Sch. Taf. 16, Fig. 41.) Schwarzblau mit einem breiten gelben Fleckenstreifen oben und zwei ebensolchen weißpunktierten Seitenstreifen. Auf jedem Ringe steht ein großer schwarzer Flecken neben dem Mittelstreifen. Wärzchen grau, die unterste Reihe über den Füßen bläulich, Behaarung braungrau. Kopf klein, glänzend schwarz. 4,5—5 cm. Im Herbst und nach der Ueberwinterung im Mai, Juni an Taubnesseln (Lamium), Vergißmeinnicht (Myosotis), Hundszunge (Cynoglossum), Geisblatt (Lonicera), Himbeeren (Rubus idaeus) und anderen, und verwandelt sich in einem dünnen, weißen Gewebe zu einer glänzenden rotbraunen Puppe. Entwicklung im Juli. In Wäldern und feuchten Thalgründen. Var. Persona, *Hb.* in Italien. — O. 3. 316. — Hb. 3. 44. — B. & G. Chel. pl. 8. — Buck. III. 48. — Wild. 43. — Rsl. III. Suppl. Taf. 47. — (Var. Persona Ins.-W. II. 7, *Standfuss*. Iris 1, p. 28, Taf. 1, Fig. 10; Fig. 8 Var. Rossica, *Kol.*; Fig. 9 Var. Italica.)

Hera, *L.* Taf. 12, Fig. 2. (Sch. Taf. 16, Fig. 42.) Graubraun oder schwarz mit einem hochgelben, zuweilen orangegelben Rückenstreifen und einer gelben oder weißlichen, abgesetzten Seitenlinie. Auf jedem Ringe stehen vier orangegelbe, schwarz gesäumte Wärzchen oben, eine größere rotgelbe Warze in der Mitte und mehrere kleinere unten. Bauch und Füße grau. Kopf schwarz. 4,5—5,5 cm. Nach *Schmid* 31 kommen die Räupchen nach 14 Tagen aus dem Ei, sind mit Salat, Löwenzahn, Klee leicht zu überwintern und werden außerdem im Freien im April, Mai den Tag über unter Laub versteckt, unweit niederen Eschenbüschen, Himbeeren, Stachelbeeren, Wegerich, Weidenröschen (Epilobium) und Besenginster (Sarothamnus), seltener auf Buchen und Eichen gefunden. Verwandeln sich in einem dünnen grauen Gewebe zu einer glänzend dunkelbraunen Puppe, die am Hinterleibe am Afterstück fein behaart ist. Entwicklung im Juli. Falter an dürren, felsigen Abhängen, besonders auf Kalkboden, bei Tage gern in Hopfenäckern fliegend. — O. 3. 319. — Hb. 3. 44. — Frr. III. 128. Taf. 284. — B. & G. Chel. pl. 8.

6. Gattung. **Pleretes**, *Ld.*

Die Raupen dieser aus einer Art bestehenden Gattung haben lange Haare, die büschelweise auf Knopfwarzen stehen. Sie überwintern zweimal und verwandeln sich in weitläufigen, lockeren Gespinsten.

Matronula, *L.* Taf. 12, Fig. 3. (Sch. Taf. 16, Fig. 43.) Das Ei ist rund, weißlich (Schl.-Taf. Fig. 29), das Räupchen in der Jugend weiß mit gelben Wärzchen und bräunlichen Haaren. Nach der Überwinterung häutet sie sich zum sechsten Male und ist dann hellbraun, später dunkler und zuletzt schwarzbraun mit rotbraunen Haaren auf dunkelbraunen Wärzchen. Kopf braun mit dunklerem Mittelstriche. 6—7 cm. Lebt am Habischkraut (Hieracium), Wegerich (Plantago), Hundsbeere (Lonicera xylosteum), Traubenkirschen (Prunus padus) am Tage verborgen und verwandelt sich nach der zweiten Ueberwinterung in einem weißgrauen, dicht mit Haaren vermischten Gehäuse zu einer glänzend schwarzbraunen Puppe mit rotbraunen Einschnitten der Hinterleibsringe. Entwicklung im Juni, Juli; selten, mehr in gebirgigen Gegenden; auf der schwäbischen Alb und in Schlesien nicht selten. — O. 3. 327. — Hb. 3. 50. — B. & G. Chel. pl. 1. — *Keller*, über die Erziehung. Stettin. e. Z. 1855, S. 337. — Soc. ent. III. 109. — C.-Bl. II. No. 7. — Ent. Zeitsch. 1888, 93. — Wild. 114.

7. Gattung. **Arctia**, *Schrk.*

Raupen sehr behend und schnellfüßig, mehr oder minder langhaarig in Büscheln auf Knopfwärzchen. Sie leben meist auf niederen Pflanzen und Sträuchern und verpuppen sich in weichen Gespinsten an der Erde oder unter Steinen.

Caja, *L.* Taf. 12, Fig. 4. (Sch. Taf. 17, Fig. 1.) Gemeiner Bär. Das Ei rund, apfelgrün (Schl.-Taf. Fig. 30). Die junge Raupe ist schwärzlich mit bläulichweißen Wärzchen, einem rotgelben Rücken und Seitenstreifen und mit grauen Haaren. Erwachsen ist sie schwarz mit weißen Warzen, auf denen in deren Mitte und an den Seiten rostrote, auf dem Rücken schwarze, grauspitzige Haare stehen. Kopf schwarz. 5—6 cm. Lebt im Herbst und bis Ende Juni an den verschiedensten niederen Pflanzen und verwandelt sich in einem sehr grossen, weichen, mit Haaren durchwebten Gehäuse zu einer schwarzen Puppe mit geknöpften Borsten am Ende. (Wild. 116. Taf. 4, Fig. 73.) Entwicklung im Juli, August. Weit verbreitet, variiert sehr. Durch Fütterung mit Nußblättern werden oft dunkle Exemplare erzielt, ebenso nach Rössl. S. 38 durch Zucht aus Eiern und Fütterung mit Schneebeere (Symphoricarpus racemosus); auch durch Einstellen der Futterpflanzen in Salzwasser. Die meisten Varietäten erhält man jedoch durch mehrjährige Zuchten. — O. 3. 335. — Hb. 3. 49. — Sepp. I. 2. Taf. 2. — Rsl. 1. 4. Taf. 1. — B. & G. Chel. pl. 2. — Dup. Chel. pl. 2. — Pr. Taf. III, Fig. 21. — Buck. III. 44.

Flavia, *Fuessl.* Taf. 12, Fig. 5. (Sch. Taf. 17, Fig. 2.) Engadiner Bär. Die junge Raupe schwärzlichgrau mit gelblichgrauen Haaren, wird später schwarz mit gleichfarbigen Warzen, auf denen lange feine gelblichgrüne, weißspitzige Haare stehen. Kopf schwarz 6—7 cm. Lebt im Juni bei Tage unter Steinen oder Felsspalten versteckt an niederen Pflanzen und Cotoneaster vulgaris, und verwandelt sich nach zweimaliger

Überwinterung in einem leichten Gespinste zu einer braunen Puppe mit kurzem, stumpfem Ende. Eier, Gespinste und Falter findet man unter Steinen, in den Spalten der Feldmauern und Felsen. Entwicklung im Juni. Nur auf den höchsten Alpen, besonders im Engadin, Sibirien und am Ural. — Frr. VII. 126. Taf. 672. — St. e. Z. 18. 84. — H.-S. n. Sch. Heft 1, S. 7, Fig. 1. — Soc. ent. II. No. 2.—III. 44. (Geschichte der Entdeckung.)

Villica, *L.* Taf. 12, Fig. 6. (Sch. Taf. 17, Fig. 3.) Schwarzer Bär. Die Eier sind gelblichweiß u. kugelig. Die Raupe ist sammtschwarz mit braungrauen Haarbüscheln auf schwarzen Warzen, weißen Luftlöchern und braunroten Füßen und Kopf. 4,5—5 cm. Lebt im Herbst und Frühjahr an niederen Pflanzen, wie Schafgarbe (Achillea millefolium), Erdbeeren (Fragaria vesca), Taubnesseln (Lamium) und Hühnerdarm (Anagallis), und verwandelt sich in einem weißgrauen Gewebe zu einer schwarzen Puppe mit rotbraunen Einschnitten der Hinterleibsringe. Entwicklung im Juni, Juli. Nicht überall; am Rhein, in Sachsen, Schlesien, Österreich, mehr in Südeuropa. — O. 3. 330. — Hb. 3. 48. — Esp. 3. 35. — Rsl. 4. 197. Taf. 4. — B. & G. Chel. pl. 2. — Dup. Chel. pl. 2. — Frr. VII. 89. Taf. 652. — Buck. III. 49. — Wild. 115. — Ins.-W. II. 74. 79.

Purpurata, *L.* Taf. 12, Fig. 7. (Sch. Taf. 17, Fig. 4.) Das Ei ist klein, rund, gelblich; die Raupe schwarz mit einer abgesetzten weißen oder gelblichen Mittellinie auf dem Rücken, zwei rotgelben, abgesetzten Längsstreifen an den Seiten und besonders in den Ringeinschnitten weißlich. Warzen oval, weißlich, fein schwarz punktiert mit fuchsroten, bei den männlichen Raupen an den Seiten mit lehmgelben, bei den weiblichen durchweg gelblichen Haaren besetzt. Bauch grau mit weißlichen Querbinden. Kopf klein und nebst den Brustfüßen schwarz. 4,2—4,5 cm. Lebt vom Herbst bis Mai an niederen Pflanzen, wie Wegerich (Plantago), Labkraut (Galium), Besenginster (Sarothamnus), Schafgarbe (Achillea) und Rainfarrn (Tanacetum), und verwandelt sich in einem gelbgrauen, mit Haaren durchwebten Gespinste zu einer glänzend dunkelbraunen Puppe mit einem Büschel von hakig gekrümmten Borsten. (Wild. 117. Taf. 3, Fig. 43.) Entwicklung im Juni, Juli. Verbreitet. — O. 3. 322. — Hb. 3. 51. — Rsl. 1. 4. 65. Taf. 10. — Esp. III. 65. — B. & G. Chel. pl. 2. — Dup. Chel. pl. 3. — Pr. Taf. III, Fig. 22.

Fasciata, *Esp.* Taf. 12, Fig. 8. (Sch. Taf. 17, Fig. 5.) Oben schwarz mit blauen Punkten und starken Haarbüscheln. Unterseite rot, ebenso die Bauchfüße. Vorderfüße und Kopf schwarz. An Syringa vulgaris, Euphorbia alcaefolia und anderen Pflanzen. Entwicklung im Sommer. Spanien. — Dup. Chel. pl. 1, Fig. 2. — Stgr. Berl. e. Z. 14. 1870. 103.

Hebe, *L.* Taf. 13. Fig. 1. (Sch. Taf. 17, Fig. 6.) Das Ei kugelrund, pomeranzengelb, später dunkel silbergrau. Die Raupe schwarz, die Haare auf dem Rücken schwarzgrau mit helleren Spitzen, an den Seiten rostgelb auf schwarzen Warzen. 5—6 cm. Lebt vom Herbst bis Mai besonders im Sonnenschein gegen Mittag an sandigen warmen Stellen, manchmal stellenweise in Anzahl in Brachfeldern an Schafgarbe (Achillea), Wolfsmilch (Euphorbia cyparissias), Steinkraut (Alyssum), Wald-Chenopodium und anderen Pflanzen, und verwandelt sich in einem weißgrauen Gewebe zu einer dunkel schwarzbraunen Puppe. Entwicklung Ende Mai bis Juli. Zentral- und Südeuropa. — O. 3. 339. — Hb. 3. 48. — Frr. VII. 57. Taf. 632. — Esp. III. 34. — B. & G. Chel. pl. 1. — Dup. Chel. pl. 1. — Wild. 117. — Soc. ent. 1. 165. — Iris VI. 3. — Gss. 20 (Ei).

Festiva, *Bkh.* (Lapponica, *Thnb.*) Ähnlich, aber grösser als die von Fuliginosa. Sammt- oder grauschwarz. Kopf klein, glänzend schwarz; Nackenschild mit kurzen borstenförmigen Haaren. Jeder Ring mit 12 Knopfwarzen, die büschelförmig rotbraun oder kohlschwarz behaart sind. Lebt an sumpfigen Stellen von der Moosbeere (Vaccinium uliginosum) und Rubus chamaedorus, und gibt erst nach zweimaliger Überwinterung den Falter. Nur in Lappland. — Stdf. Berl. e. Z. 1885. 253.

Aulica, *L.* Taf. 13, Fig. 2. (Sch. Taf. 17, Fig. 7.) Der Raupe von Caja sehr ähnlich; sammtschwarz mit schwarzen Warzen, auf denen auf dem Rücken rostfarbene, selten schwarze, über den Füßen stets rostfarbene Haarbüschel stehen; die Haare auf den drei letzten Ringen sind sehr verlängert und stets schwarz. Kopf glänzend schwarz. 4,5—5 cm. Vom Herbst bis Mai an Schafgarben (Achillea), Wegerich (Plantago), Wicken (Vicia), Steinkraut (Alyssum montanum) und Alsine an warmen Plätzen, und verwandelt sich in einem dünnen, weißen Gewebe zu einer glänzend schwarzen Puppe mit rotbraunen Einschnitten. Entwicklung im Mai, Juni. Nicht sehr verbreitet; in Österreich, Bayern, Sachsen. — O. 3. 324. — Stett. e. Z. 3. 14. — Fr. II. 126. Taf. 158. — Wild. 117.

Maculania, *Lang.* (Curialis, *Esp.*) Taf. 13, Fig. 3. (Sch. Taf. 17, Fig. 8.) Raupe der von Caja am ähnlichsten, doch sind die Haare dunkler, steifer und weniger zahlreich. Glänzend schwarz mit gleichfarbigen Warzen, die vier ersten Ringe mit rostroten Haaren besetzt, die übrigen mit steifen, rückwärts gerichteten. In den Seiten stehen rostfarbige Haarbüschel. Luftlöcher schmutzigweiß, Füße schwarz. Vor der letzten Häutung zeigen sich nur die Seitenhaare rostrot, die übrigen schwarz. Lebt bis April an verschiedenen niederen Pflanzen, vorzüglich aber an Simsen (Luzula) und Sauerampfer (Rumex). Kann auch mit Cichorium gefüttert werden. Verpuppung in einem leichten Gewebe unter Steinen in eine dunkel schwarzbraune Puppe. Entwicklung Ende Mai, Juni. Südtirol, Südschweiz, Frankreich und Italien. — Tr. X. 1. 204. — Frr. VI. 4. Taf. 482. — B. & G. Chel. pl. 1. — Wild. 117. — Dup. Chel. pl. IV.

Maculosa, *Gerning.* Taf. 13, Fig. 4. (Sch. Taf. 17, Fig. 10.) Grösse und Färbung wie die von Fuliginosa, aber kürzer behaart. Kopf glänzend schwarz mit einem kleeblattförmigen gelben Flecken über dem Maul; sammtschwarz mit einer gelben oder rötlichen Rückenlinie und bräunlichen kurzen Schrägstreifen an den Seiten. Wärzchen bläulich mit schwarzgrauen, über den Füßen rostgelben Haarbüscheln. Vom Herbst bis Juni an Klebkraut (Galium Aparine) und verwandelt sich in einem leichten Gewebe zu einer schwarzbraunen, blau bereiften Puppe. Entwicklung im Juni, August. Im südlichen Deutschland, Südeuropa, Ungarn und der Türkei. Var. Simplonica, *B.* nur auf den höchsten Alpen. — O. 3. 343. — Hb. 3. 52. — Frr. IV. 95. Taf. 347. — Wild. 118.

Casta, *F.* Taf. 13, Fig. 5. (Sch. Taf. 17, Fig. 11.) In der Größe von Menthastri, mit der sie große Ähnlichkeit hat. Schwärzlich mit einer gelben Rückenlinie, welche auf jedem Ringe einen länglich viereckigen, sammtschwarzen Flecken durchschneidet, und mit einer abgesetzten gelblichen Längslinie zu jeder Seite des Rückens; Wärzchen schwärzlich. Haare schwarzgrau. Kopf schwarzbraun. 3,8—4 cm. Lebt im Juli, August an Labkraut (Galium) und besonders an Hundswürgerartigem Waldmeister (Asperula cynanchica), und verwandelt sich in einem eiförmigen, mit Haaren und Erde vermischten Gewebe zu einer rotbraunen, an beiden Enden abgestumpften Puppe. Entwicklung im Mai. Süddeutschland, besonders bei Wien, Brünn, Ungarn, Sarepta, Südfrankreich. — O. 3. 341. — Frr. IV. 95. Taf. 141. — Hb. 3. 47. — Wild. 48.

Latreillei, *God.* (Sch. Taf. 17, Fig. 12.) Graubraun mit einem bläulichen Rückenstreifen und gleichgefärbten Warzen auf den Segmenten, welche mit braunen Haaren büschelweise besetzt sind. Der untere Teil ist grünlichgelb, ebenso die Füße. Kopf etwas gelber, mit schwarzen Flecken. 4—4,5 cm. Lebt im Herbste an niederen Pflanzen, besonders an Spitzwegerich (Plantago lanceolata), verwandelt sich in einem braunen Gewebe in Moos zu einer braunen Puppe. Entwicklung im März und April. Nur in Spanien. — *Graells*, A. s. Fr. 1863, p. 359, pl. XII. 2. — Mill. n. 345, pl. 41.

Cervina, *Fall.* Taf. 13, Fig. 6. (Sch. Taf. 17, Fig. 13.) Die kugelrunden, goldgelben Eier werden reihenweise und nebeneinander an die Unterseite von Steinplatten abgelegt. Raupe oben schwarz mit schwarzen Haarbüscheln und einem weißlichen oder abgesetzten gelben Streifen zu beiden Seiten; unten braun. Kopf schwarz. Lebt an verschiedenen niederen Pflanzen, wie Primula farinosa, Silene, Saxifraga, Androsacea. Entwicklung im Juli, August. Auf den höchsten Alpen im Engadin, bei Zermatt am Goner Grat. — A. s. Fr. 1864, p. 679, pl. 1, Fig. 2; pl. X, Fig. 1. — St. e. Z. 1874, 200.

Quenselii, *Payk.* Taf. 13, Fig. 7. (Sch. Taf. 17, Fig. 14.) Schwarz, auf dem Rücken mit einer durch hellere Punkte und Striche gebildeten Mittellinie; vom vierten bis zwölften Ringe mit schwärzlichen, ebenso gefärbten, behaarten Warzen; die an den Seiten unterhalb der Luftlöcher sind fuchsrot behaart. Die Haare sind auf den vorderen Ringen kurz, auf den hinteren Ringen bedeutend länger. Kopf und Brustfüße glänzend schwarz; Bauchfüße weißlich, rötlich behaart. Lebt vom Juli bis in den Herbst und nach der Überwinterung auf niederen Alpenpflanzen unter Steinen versteckt. Man füttert sie mit halbwelken Blättern vom Geisblatt (Lonicera xylosteum) und sie verwandelt sich in einem Gespinste zu einer braunen, blau bestäubten Puppe. Entwicklung im Juni, manchmal erst im Juni nächsten Jahres. Nur auf den höchsten Alpen, besonders im Engadin, Lappland, Sibirien und Labrador. — Stettin. e. Zeit. 17. 39 und 184. — A. s. Fr. 1871, pl. 2, Fig. 4. — Wild. 115. — *Sandberg* (Berl. e. Z. 1885, p. 252. — Tidk. l. c. 252) bemerkt, daß eine Raupe die von Oen. Bore, welche in einer Schachtel eingesperrt waren, vollständig aufgefressen habe; sie wird im hohen Norden auf Lathyrus gefunden.

Spectabilis, *Tausch.* Taf. 13, Fig. 8. (Sch. Taf. 17, Fig. 15.) Oben dunkelblau, an den Gelenken gelb mit schwarzen Fußstreifen und darüber ein breiter weißer Streifen, in welchem die roten Luftlöcher stehen. Beharung gelb. Füße rotbraun. An verschiedenen niederen Pflanzen, besonders an Beifuß (Artemisia). Entwicklung im Sommer. Im südöstlichen Rußland an der Wolga. — Ménetr. Entom. III, Taf. 18, Fig. 3 a. b. Mill. III, p. 177, pl. 118, Fig. 7. 8.

8. Gattung. Euprepia, *H.-S.*

Die Raupen dieser, nur in einer Art in Europa einheimischen Gattung sind kurz behaart, verpuppen sich in einem Gespinste und entwickeln sich in drei bis vier Wochen zum Falter.

Pudica, *Esp.* Taf. 13, Fig. 9. (Sch. Taf. 17, Fig. 16.) Grau mit einem gelblichweißen Seitenstreifen über den kleinen Luftlöchern und zuweilen mit einem rosa Rückenstreifen. Warzen glänzend schwarz, jede mit einem kurzen gelben Haarbusch. Bauchfüße rot oder rötlichweiß, Brustfüße grau oder rötlich. Kopf gelbgrau. Vor der letzten Häutung ist der Seitenstreif weißer, die Grundfarbe dunkler und die Haarbüschel rötlicher. Vom Herbst bis April an Grasarten. Verpuppt sich in einem schwarzbraunen Gespinste unter Steinen und entwickelt sich im Mai zum Falter. — Südfrankreich, Italien, Spanien, Nordafrika und Syrien. — Tr. X. I. 206. — B. & G. Chel. pl. 1. — Dup. Chel. 1. — Ent. N. V. 142.

9. Gattung. Ocnogyna, *Ld.*

Raupen mit kurzen Haarbüscheln auf Warzen, leben auf niederen Pflanzen und Sträuchern und verwandeln sich in leichten Geweben zu Puppen, die oben stark gewölbt, am Hinterleibe stumpf zugespitzt sind.

Corsica, *Rbr.* Taf. 13, Fig. 10. (Sch. Taf. 17, Fig. 17.) Das Räupchen aus dem Ei ist grünlichweiß mit schwärzlichen Wärzchen und schwarzem Kopfe. Nach der dritten Häutung bekommt sie eine breite schwarze, mit einer weißen Linie begrenzte Binde, die, wenn sie erwachsen ist, am deutlichsten wird. Die Seiten sind dann rötlich mit drei schwarzen Binden. Bauch bräunlich. Die drei ersten und die drei oder vier letzten Gelenke haben filzige schwarze Haare, die in den Seiten weißlich und länger sind. Lebt im Mai an verschiedenen Grasarten und verwandelt sich in einem leichten, eiförmigen, braunen oder schwärzlichen Gewebe zu einer dunkelroten Puppe. Nach der Überwinterung entwickelt sich der Falter, der auf die Insel Korsika beschränkt ist, im März, April und Mai. — Tr. X. 1. 207.

Baetica, *Rbr.* (Sch. Taf. 17, Fig. 18.) Die rotbehaarte Raupe lebt nach Rbr. an niederen Pflanzen und kann nach Rst. p. 28 mit Löwenzahn (Leontodon taraxacum) und Wegerich erzogen werden. Die Puppe liefert den Falter im November. Nur in Spanien.

Parasita, *Hb.* Taf. 13, Fig. 11. (Sch. Taf. 17, Fig. 19.) Gelblich oder braun, über dem Rücken mit drei weißen oder gelblichen Linien und rotbraunen oder schwarzen Punkten zwischen denselben. Luftlöcher weiß. Haarbüschel rostgelb oder braun. Kopf rötlich mit vier schwarzen Punkten. Lebt im Mai, Juni an verschiedenen Gräsern, an Brennesseln (Urtica), an Scabiosen, nach Mill. an dem gelben Enzian (Gentiana lutea), und verwandelt sich in einem leichten grauen Gewebe zu einer rotbraunen Puppe. Entwicklung im März. In Österreich, Ungarn und Bulgarien. — O. 3. 345. — Hb. 3. 52. — Esp. 3. 92. — Frr. 3. 5. Taf. 194. — Wild. 119. — Mill. 151. 14—16.

Hemigena, *Grasl.* (Sch. Taf. 17, Fig. 20.) Raupe behaart, mit schwarzen Warzen, bleigrau mit einem breiten weißgrauen Rückenstreifen. An den Seiten graubraun, stärker an den drei ersten und gegen den elften Ring. Lebt an verschiedenen niederen Pflanzen im Juli, August; Verpuppung in einem leichten Gewebe zu einer braunroten Puppe. Entwicklung im Mai. Pyrenäen. — A. s. Fr. 1850, p. 402.

Zoraïda, *Grasl.* (Sch. Taf. 17, Fig. 21.) Die sammtschwarzen Raupen sehen sehr der von Maculania ähnlich und leben nach *Korb* an Salvia und Astragalus, unter Tags versteckt unter Blättern und Steinen. Entwicklung im Mai. In gebirgigen Gegenden Andalusiens. — A. s. Fr. 1836, p. 565.

10. Gattung. Spilosoma, *Stph.*

Die Raupen, auf Knopfwarzen büschelweise mäßig behaart, leben auf Kräutern, besonders an Nesseln, und verwandeln sich in mit Haaren vermischten Geweben zu steifen Puppen, welche überwintern.

Fuliginosa, *L.* Taf. 13, Fig. 12. (Sch. Taf. 17, Fig. 23.) Das Ei ist kugelrund, nur unten wenig platt, glatt, glänzend, rötlichgrau. (Schl.-Taf. Fig. 31.) Raupe hellgrau, gelbbraun oder schwärzlich, mit gleichfarbigen Haarbüscheln auf den Wärzchen und braunem oder schwarzem Kopfe. 3 cm. Lebt im März, Mai, Juni und im Herbst an verschiedenen niederen Pflanzen, wo sie oft auf den Straßen laufend gefunden wird; verwandelt sich in einem graubraunen oder bräunlichen Gewebe zu einer schwarzen Puppe mit gelben Einschnitten am Hinterleibe (Wild. 121. Taf. 2, Fig. 30) und erscheint im April und Juli. Überall häufig. — O. 3. 346. — Hb. 3. 51. — Rsl. 4. 244. Taf. 43. — B. & G. Chel. pl. 4. — Sepp. II. 26. — Buck. II. 45.

Luctifera, *Esp.* Taf. 13, Fig. 13. (Sch. Taf. 17, Fig. 24.) Das Ei kugelrund, oben mit einer kleinen Vertiefung, gelblich, schwarz punktiert. (Gss. Fig. 19.) Raupe schwarz mit rotgelben Rückenstreifen und schwarzen Haarbüscheln, die auf den letzten Ringen länger sind. 3,4—3,6 cm. Lebt im Sommer und manchmal auch in der zweiten Generation im Juni an niederen Pflanzen, wie Spitzwegerich (Plantago lanceolata), Mauseöhrchen (Hieracium pilosella), Ehrenpreis (Veronica), verwandelt sich in einem schwarzgrauen Gewebe zur glänzend dunkelrotbraunen Puppe und entwickelt sich im April oder Juli. Nicht überall. — O. 3. 349. — Hb. 3. 53. — Esp. 3. 43. — Wild. 121.

Luctuosa, *H.-G.* (Sch. Taf. 17, Fig. 25.) Raupe der von Fuliginosa sehr ähnlich, aber grösser, braun mit dunkelbraunen, auf gleichfarbigen Wärzchen stehenden Haarbüscheln. Kopf braun, durch eine hellere, dreieckige Linie geteilt. Nackenschild dunkelbraun, ebenfalls mit starken braunen Haaren besetzt. An niederen Pflanzen. Entwicklung im Mai, Juni. Ungarn, Dalmatien, Türkei. — Frr. 260.

Sordida, *Hb.* Taf. 13, Fig. 14. (Sch. Taf. 17, Fig. 25.) Bläulichweiß, auf dem Rücken mit einer weißen Mittellinie, zu deren Seiten auf jedem Ringe vier schwarze, mit gleichfarbigen Haarbüscheln besetzte Knopfwärzchen stehen; an den Seiten eine Reihe größerer behaarter Wärzchen, darunter ein gelblicher Fleckenstreifen mit weißen Luftlöchern; über den Füßen eine Reihe kleinerer Wärzchen. Kopf und Brustfüße schwarz. 3,5—4 cm. Lebt im Mai auf grasreichen Alpenplätzen an Löwenzahn (Leontodon Taraxacum), Taubnesseln (Galeopsis) und anderen niederen Pflanzen, und verwandelt sich an der Erde in einem engen weißgrauen Gespinste zu einer schwarzbraunen Puppe. Entwicklung im Juli, August. In den Alpen und Pyrenäen. — Frr. VII. 136. Taf. 332. — Wild. 120. — Mill. 11. 136, pl. 66, Fig. 5—8.

Mendica, *L.* Taf. 14, Fig. 1. (Sch. Taf. 17, Fig. 27.) Das Ei rund, weißlichgelb. Die Raupe oben bräunlichgrün mit einer feinen, manchmal fehlenden, helleren Mittellinie. An den Seiten grün- oder gelbgrau. Knopfwarzen rostfarben. Haarbüschel hellrotbraun oder grau. Kopf und Brustfüße rostfarben. 3,5—4 cm. Lebt im Sommer an niederen Pflanzen, besonders Wegerich (Plantago), und verwandelt sich in einem Gewebe zu einer glänzend rotbraunen, fein eingedrückt-punktierten Puppe. Entwicklung im Mai, Juni. Ziemlich häufig. — O. 3. 351. — Esp. 3. 42. — Hb. 3. 54. — B. & G. Chel. pl. 5. — Wild. 120. — Buck. III. 45. 5.

Lubricipeda, *L.* Taf. 14, Fig. 2. (Sch. Taf. 17, Fig. 28.) Ei rund, hell, smaragdgrün, wird kurz vor dem Ausschlüpfen glänzend silbergrau. Die jungen Räupchen leben anfangs gesellig und skeletieren das

Blatt, auf dem sie sitzen. Erwachsen sind sie heller oder dunkler, braungelb, blaß- oder grünlichgelb mit einer matten Rückenlinie und einem weißen Seitenstreifen. Knopfwarzen rotgelb mit braungelben Haarbüscheln; Luftlöcher gelblich; Kopf gelbbraun. 4,8—5 cm. Lebt im Sommer und Herbst an Nesseln (Urtica), Hollunder (Sambucus nigra), Himbeeren (Rubus idaeus) und anderen niederen Pflanzen, im Winter im Zimmer auch auf Fuchsia; verwandelt sich in einem grauen mit Haaren vermischten Gewebe zu einer rotbraunen Puppe. Entwicklung im Mai, Juni. Überall. Die Var. Zatima, Cr. auf Helgoland, Holland und England. — O. 3. 358. — Hb. 3. 54. — Rsl. 1. 4. 261. Taf. 47. — Esp. 3. 66. — B. & G. Chel. pl. 6. — Sepp. II. 2. 2. — Pr. Taf. III, Fig. 23. — Wild. 119. — Buck. III. 45. — Var. Zatima, Soc. ent. II, No. 4. — Ins.-W. II. 134. — Berl. e. Z. 1889, p. 140.

Menthastri, *Esp.* Taf. 14, Fig. 7. (Sch. Taf. 17, Fig. 29.) Ei klein, rundlich, weißlichgelb. Raupe dunkelbraun mit einem scharfen, rotgelben Rückenstreifen und weißen Luftlöchern. Knopfwarzen schwarz oder grau; Haarbüschel schwarzbraun. Kopf schwarz mit rotgelben Winkelzeichen. 4,8—5 cm. Lebt im Sommer an verschiedenen Pflanzen, wie Flöhkraut (Polygonum persicaria), Roßmünze (Mentha silvestris), Nesseln, Katzenmünze (Nepeta cataria) und Frauenmünze (Tanacecum Balsamita), und verwandelt sich in einem grauen Gewebe zu einer glänzend schwarzen Puppe. Entwicklung im Mai. Verbreitet. — O. 3. 354. — Hb. 3. 54. — Rsl. 1. 4. 257. Taf. 46. — Esp. 3. 66. — B. & G. Chel. pl. 5. — Sepp. III. 19. — Wild. 119. — Buck. III. 45.

Urticae, *Esp.* Taf. 14, Fig. 4.) Sch. Taf. 18, Fig. 1.) Das Ei ist fast kegelförmig, gelblichweiß, die Raupe dunkelbraun mit gleichfarbigen Haarbüscheln, mattweißen Luftlöchern und rotbraunem Kopfe. 4,8—5 cm. Sie lebt an niederen Pflanzen wie die vorige und verwandelt sich in einem grauen Gewebe zu einer schwarzen Puppe mit helleren Einschnitten der Hinterleibsringe (Wild. 120. Taf. 2, Fig. 24). Entwicklung im Mai, Juni; selten, besonders häufig bei Leipzig. — O. 3. 357. — Hb. III. 54. — Voll. 1. 6. — Buck. III. 45.

IV. Familie. Hepialidae, *H.-S.*

Die Raupen sind 16 füßig, weißlich, schlank walzig, mit wenigen Haaren auf den Wärzchen besetzt, haben einen runden, glänzenden Kopf und Nackenschild und scharfes Gebiß. Sie leben in den Wurzeln von verschiedenen Pflanzen und verwandeln sich in der Erde in langen, röhrenförmigen Gespinsten in behende Puppen, die sich schnell vor- und rückwärts bewegen können. Die Puppen haben kurze Flügelscheiden und einen langen, walzenförmigen, an den Ringen mit Hakenrändern versehenen Hinterleib. Die Falter fliegen in der Dämmerung auf Wiesen und Waldrändern. Nur eine Gattung:

Hepialus, *Fab.*

Humuli, L. Taf. 14, Fig. 5. (Sch. Taf. 18, Fig. 2.) Das Ei ist anfangs weiß und später glänzend schwarz (Schl.-Taf. Fig. 32). Die Raupe gelblich beinfarben, mit einzelnen schwarzen Haaren auf schwarzen Punktwärzchen und ebensolchen Luftlöchern. Nackenschild mit je zwei hornartigen Flecken auf dem zweiten und dritten Ringe gelbbraun. Kopf braun. 5—5,4 cm. Lebt über Winter in verschiedenen Wurzeln vom Löwenzahn (Leontodon Taraxacum), Möhre (Daucus carota), Ampfer (Rumex), Spierstaude (Spiraea) und im Hopfen (Humulus lupulus), dem sie manchmal schädlich werden. Verwandelt sich zu einer dunkelgelbbraunen Puppe (Wild. 66. Taf. 4, Fig. 69) und schlüpft im Juni, Juli aus. Auf feuchten Wiesen, mehr in Norddeutschland, Oberösterreich und auf den Alpen, besonders um die Sennhütten. *Kreye* gibt in der Ins.-W. II. 50. einen längeren Bericht über die Zucht derselben, und bemerkt, daß nur durch öfteres Wechseln der Wurzeln das Schimmeln derselben verhindert wird; ebenso daß an einem Abend im Jahre 1881 schon 150 gute Falter zusammengebracht werden konnten. — O. 3. 104. — Hb. 3. 78. — Pr. Taf. II, Fig. 14. — Buck. III. 30.

Sylvinus, L. Taf. 14, Fig. 6. (Sch. Taf. 18, Fig. 3.) Von *Assmus* entdeckt; die Eier fein, rund, schwärzlich; die Raupe glänzend grauweiß, oben auf jedem Ringe zwei schwarze mit je einem feinen rotbraunen Härchen besetzte Wärzchen und zwischen denselben vom Kopfe bis zum siebenten Ringe eine dunkle Mittellinie. Afterklappe und Nachschieber rötlichgelb. Kopf rund und nebst den Brustfüßen rotgelb. Lebt an den Wurzeln von Lavatera communis, Malva moschata und Althaea rosea, kenntlich an vertrockneten Stengeln. Puppe gelblichweiß, später gelbbraun. Entwicklung im August, September. Nicht häufig. — Wien. ent. Monatsch. 1. 137. — Sepp. VIII. 33. — Wild. 67. — Soc. ent. II. 16. — Buck. II. 5.

Velleda, *Hb.* (Sch. Taf. 18, Fig. 4.) Glänzend weiß, auf den ersten Ringen gelblich gefleckt, mit einzelnen weißlichen und schwarzen Haaren besetzt. Luftlöcher schwarz. Kopf braunrot, durch schwarze Linien herzförmig geteilt. 4,5—4,8 cm. *v. Tischer* entdeckte die Raupe in und an der Wurzel des Adlerfarrens (Pteris aquilina). Verwandelt sich in einem ballenförmig zusammengesponnenen Lager zu einer rotbraunen Puppe. Entwicklung im Juli. Mehr in gebirgigen Gegenden, besonders in den Alpen. — Tr. X. 1. 166. — Frr. IV. 24. Taf. 307. — Wild. 66. — Soc. ent. II. 12. — Buck. II. 30.

Lupulinus, L. Taf. 14, Fig. 7. (Sch. Taf. 18, Fig. 6.) Eier klein, eiförmig glatt, glänzend schwarz. Raupe schmutzig gelblichweiß, mit feinen schwarzen Härchen und gleichfarbigen Punktwarzen; die Brustringe auf dem Rücken schildförmig, bräunlich. Kopf kugelig, wie die Brustfüße braun. 3—3,5 cm. In den Wurzeln von verschiedenen Gewächsen, besonders in Blumenbeeten, dann in Queckenwurzeln (Triticum repens und vulgare). Verpuppt sich in einem bräunlichen

Gehäuse zu einer bräunlichgelben Puppe (Wild. 66, Taf. 1, Fig. 1). Falter verbreitet im Mai, Juni auf Grasplätzen. — O. 3. 115. — Stett. e. Z. 20. 382. — Frr. 2. 45. Taf. 122. — Mill. II, p. 81, pl. 60. 5—7. — Buck. II. 2.

Hecta, *L.* Taf. 14, Fig. 8. (Sch. Taf. 18, Fig. 8.) Ei klein, glänzend schwarz. Raupe glänzend, schmutzig grau mit dunkleren Brustringen und auf jedem Ringe zwei schwarze Flecken auf dem Rücken. Kopf, Brustfüße und Afterklappe braungelb. 3,4—3,5 cm. Lebt in den Wurzeln von Heidekraut (Calluna), Schlüsselblumen (Primula), Ampfer (Rumex), Pfingstrose (Paeonia) und Adlerfarrn (Pteris aquilina), und verwandelt sich in eine braungelbe Puppe mit dunkleren Flügelscheiden, aus welchen der Falter im Juni, Juli entschlüpft. — Frr. VI. 96. Taf. 540. — Wild. 66. — Buck. II. 1.

V. Familie. Cossidae. Holzbohrer.

Raupen 16-füßig, nackt, mit einzelnen kurzen Börstchen, dunklem Nackenschilde und starkem Gebisse; die Bauchfüße sind mit Hakenkränzen versehen. Sie leben im Holze und Marke verschiedener Gewächse. Die Puppen sind gestreckt mit Stachelgürteln am Hinterleibe, mittelst welchen sie sich beim Ausschlüpfen aus dem Gespinste im Innern der Gewächse hervorschieben. Da die Raupen hölzerne Behälter durchfressen, so müssen sie in gläsernen oder Blechgefäßen aufgezogen werden; doch gelingt die Zucht meist nur dann, wenn sie fast erwachsen gefunden werden.

1. Gattung. Cossus, *F.* Holzbohrer.

Raupen dick, oben und unten glatt, an den Seiten faltig. Kopf flach; leben in der Jugend unter der Rinde, später im Holze der Bäume. Verwandeln sich nach zweimaliger Überwinterung im Stamme oder an der Wurzelkrone des Baumes zwischen abgenagten Holzspähnen.

Cossus, *L.* (Ligniperda, *F.*) Weidenbohrer. Taf. 14, Fig. 9. (Sch. Taf. 18, Fig. 9.) Das Ei (Schluß-Taf. Fig. 33). In der Jugend dunkel fleischfarbig oder dunkelrot mit schwarzem Kopfe und Nackenschild. Erwachsen gelblich fleischfarben mit rotbraunem Rücken, oben und an den Seiten mit einzelnen grauen Härchen besetzt. Luftlöcher braun gerandet. Nackenschild gelblich mit zwei schwarzen Flecken. Kopf und Brustfüße schwarz. 8 cm. Vor der Verwandlung werden sie mißfarbig und werden in einem großen länglichen Gehäuse zu einer rotbraunen Puppe (Wild. 69, Taf. 2, Fig. 21). Sie leben in verschiedenen Obstbäumen, denen sie sehr schädlich werden, ebenso den Eichen, ferner in Weiden, Pappeln Eschen, und werden schon von weitem durch den eigentümlichen Geruch nach Holzessig erkannt. In einem Baume wurden schon 200 Raupen gefunden. Entwicklung im Juni, Juli; sehr verbreitet. — O. 3. 91. — Hb. 2. 76. — Rsl. 1. 4. 113, Taf. 18. — Rtzb. 2. 74. — Sepp. III. 43. 44. — Pr. Taf. 2, Fig. 12. — Buck. II. 31.

Terebra, *F.* Taf. 14, Fig. 10. (Sch. Taf. 18, Fig. 10.) Schmutzigweiß mit gelblichem Rücken, geteiltem Nackenschilde mit zwei hornartigen Flecken und dunkelbraunem Kopfe. Auf dem zweiten und dritten Ringe braungelb. Luftlöcher braun. 7—8 cm. Lebt im Stamme der Zitterpappel (Populus tremula) und verwandelt sich, wie Ligniperda, in eine schwarzbraune Puppe mit hellem Hinterleibe. Entwicklung im Juli. Überall selten. — O. 3. 93. — Hb. 3. 76.

2. Gattung. Zeuzera, *Latr.*

Die Raupen dieser nur aus einer europäischen Art bestehenden Gattung ist dick, walzig, am Bauche etwas abgeplattet. Sie überwintert zweimal, und verwandelt sich, nachdem sie einen Gang nach der Rinde gemacht hat, welche bis zu einer sehr dünnen Schichte abgenagt wird, zur Puppe, welche diese leicht durchbrechen kann.

Pyrina, *L.* (Aesculi, *L.*) Taf. 14, Fig. 11. (Sch. Taf. 18, Fig. 11.) Ei walzenförmig, an beiden Seiten flach gerundet, mattfleischfarben (Schluß-Taf. Fig. 34). Heller oder dunkler, gelblich mit erhabenen, glänzenden, grösseren und kleineren, schwarzen Warzen, auf jedem ein feines Härchen. Nackenschild mit gezähneltem Hinterbande, schwarz mit gelblicher Mittellinie, Afterklappe, Kopf und Brustfüße glänzend schwarz. 4—4,5 cm. Lebt in den Stämmen von Kastanien (Aesculus hippocastanum), Eschen (Sorbus aucuparia), Rüstern (Ulmus campestris), Wallnußbäumen (Iuglans regia), Flieder (Syringa vulgaris), und wird besonders in Baumschulen den jungen Birn- und Apfelbäumchen verderblich, da er häufiger vorkommt, als die meisten Sammler glauben. Nach der zweiten Überwinterung verwandelt er sich in einem braungelben Gespinste zu einer gelblichbraunen, an beiden Enden dunkleren Puppe, die am Kopfe zwischen den Augen eine gekrümmte Spitze hat (Wild. 68, Taf. 3, Fig. 54). Entwicklung Ende Juni bis August. Ziemlich verbreitet. — O. 3. 99. — Hb. 3. 77. — Rsl. 3. 276. Suppl. Taf. 48. — Rtzb. 2. 88. — Voll. 1. 41. — Pr. Taf. 2, Fig. 13.

3. Gattung. Phragmatoecia, *Newm.*

Raupe langgestreckt, lebt bis zur Verwandlung unter Wasser nahe an der Wurzel des Rohrschilfes, wo sie sich in demselben zu einer langgestreckten, walzigen, seidenglänzenden Puppe verwandelt.

Castaneae, *Hb.* (Arundinis, *Hb.*) Taf. 14, Fig. 12. (Sch. Taf. 18, Fig. 12.) Ei länglich-walzig, an beiden Enden gerundet, seidenglänzend, weißgrau. Gelblich, auf dem Rücken verloschen, rotbraun mit einer weißlichen Mittellinie, braunem Kopfe und Nackenschilde. 5,4—5,6 cm. Sie lebt im Schafte des Rohrschilfes (Phragmites communis) nahe an der Wurzel, geht nach der zweiten Überwinterung höher hinauf und verwandelt sich im Mai, nachdem sie den Schaft mit einer weißen Gespinstdecke geschlossen hat, zu einer gestreckten graubraunen Puppe mit spitzigen Erhöhungen an den Gelenken, mittelst derer sie sich vor dem Auskriechen des Schmetterlinges aus dem Stengel herausdrängt. Entwicklung Ende Juni bis August; nur an wenigen Orten am Rhein, in Österreich, Schlesien, Pommern, England (Buck. II. 31). — O. 3. 98. — Wild. 68, Taf. 3, Fig. 53 (Puppe). — Corr. Bl. 1. 115.

4. Gattung. Hypopta, *Hb.*

Die Raupen dieser nur aus zwei Arten bestehenden und in Rußland und Südeuropa vorkommenden Gattung sind noch sehr wenig bekannt, leben in den Stengeln von verschiedenen Pflanzen.

Caestrum, *Hb.* (Sch. Taf. 18, Fig. 14.) Die Raupe soll nach *Rst.* 30 in den Stengeln des Zürgelbaumes (Celtis australis) leben; *Poujade* beschreibt diese als eine dem Spargel (Asparagus officinalis) bei Konstantinopel schädliches Insekt. Der Cocon ist lang, weiß, seidenartig, außen mit Erde bedeckt; die Puppe mit Häkchen an den Ringen besetzt. Entwicklung im Juli. Selten in Österreich, Ungarn, Südfrankreich, Südrußland. — An. S. Fr. 1884. CVII.

5. Gattung. Stygia, *Latr.*

Die Raupen dieser ebenfalls nur im Süden vorkommenden Gattung sehen den Sesien-Raupen ähnlich und leben ebenfalls in Stengeln von niederen Pflanzen und Bäumen.

Australis, *Latr.* (Sch. Taf. 18, Fig. 15.) Auch hier fehlen die näheren Beschreibungen. Nach *Rst.* 30 lebt die Raupe im Wurzelhals und in Stengeln vom Natternkopf (Echium vulgare, italicum und viola ceum). Nach andern in den Stengeln von Maulbeeren (Morus alba). Entwicklung im August; in Südfrankreich, Spanien und Ligurien.

6. Gattung. Endagria, *B.*

Raupen ebenfalls mehr im Süden und noch wenig bekannt, leben in den Stengeln von Pflanzen.

Ulula, *Bkh.* (Pantherina, *Hb.*) (Sch. Taf. 18, Fig. 16.) Von *Dorfmeister* entdeckt. Gestalt, Farbe und Geruch wie von einem jungen Cossus ligniperda. Fleischrot, glänzend mit 10—12 hellbräunlichen, je mit einem Härchen besetzten Wärzchen. Kopf und Nackenschild glänzend gelbbraun. Auf dem zweiten Ringe mit einem rundlichen 2 mm breiten hellbraunen glänzenden Hornflecken. Krallen blaßgelblich. Beine sehr kurz mit schwachen bräunlichen Hakenkränzchen. Bauch rötlichweiß. 2,5 cm. Lebt in den Zwiebeln von Allium florum, überwintert in einem feinen mit Erdteilchen besponnenen runden Gespinste und verpuppt sich in einem weißseidenen länglichen Gespinste. Puppe der von Aesculi ähnlich, gelbbraun glänzend mit löffelartigem, nach unten gerichteten, in der Mitte gekielten Stirnfortsatz und einer Anzahl kleiner Zähnchen. Entwicklung im Juni. Selten im Rheinthale, bei Kreuznach, Österreich, bei Wien, Südeuropa und Kleinasien. *Rogenhofer.* V. z. b. V. 1876. 86.

VI. Familie. Cochliopodae, *B.*

Raupen kurz, länglichrund, stark gewölbt; der kleine Kopf kann in die Brustringe zurückgezogen werden; die Brustfüße sind kurz, die Bauchfüße nur als unbedeutende Wulste erkennbar, welche klebrig sind und mittelst deren sich die Raupe schneckenförmig fortbewegt. Sie leben auf Laubholzbäumen und verpuppen sich zwischen Blättern oder Moos in festen Tönnchen, aus denen sie erst nach der Überwinterung ausschlüpfen. Die Puppen entwickeln ihre Glieder nicht unter einer gemeinsamen Hornschale, sondern diese sind nur mit einer weichen gelblichen Haut bedeckt. Nur zwei Arten in Europa, dagegen sind ziemlich viele Arten in Amerika, Asien, Afrika und Australien verbreitet.

Einzige Gattung. Heterogenea, *Kn.*

Limacodes, *Hufn.* (Testudo, *Schiff.*) Taf. 14, Fig. 13. (Sch. Taf. 18, Fig. 17.) Die Eier (Schluß-Taf. Fig. 35) gelblichgrün mit drei Reihen weißlicher oder gelber glänzender Knopfwärzchen auf dem Rücken, dessen Seiten kantig vorstehen, und gelb und rot punktiert sind; über den Füßen eine ebenso gefärbte Längskante, über welcher eine Reihe gelber Pünktchen stehen. Luftlöcher schwarz, weißlich gesäumt. Kopf klein braun. 1,5 bis 1,8 cm. Im Herbste an Eichen, Buchen und Kastanien und verwandelt sich an einem Blatte in ein rundliches gelbbraunes Tönnchen zu einer graugelben Puppe. Das Gespinst fällt mit dem Blatte auf den Boden, überwintert und gibt den Schmetterling im Juni. Verbreitet. — Tr. VIII. 15. (Testudinana). — Hb. VI. 6. a. (Tortrices). — Sepp. II. 15. — Wild. 70. — Buck. III. 53. — Corr. Bl. 1. 20.

Asella, *Schiff.* Taf. 14, Fig. 14. (Sch. Taf. 18, Fig. 18.) Gelblich oder fleischrot mit einer weißlichen Rückenlinie, an den Rändern des Rückens und über den Füßen mehr oder minder rötlich angeflogen. Bauch grünlich. Kopf braun. 1,8 cm. Lebt meist an der Unterseite der Blätter sitzend, an Buchen (Fagus sylvatica), nach *Steudel* anfangs September an Ahorn (Acer platanoides und pseudoplatanus), auch auf Hainbuchen (Carpinus betulus). Verwandlung in einem festen, braunen Gehäuse zu einer mattgelben Puppe. Entwicklung im Juni, Juli; etwas seltener als vorige. — Tr. VIII. 18. (Asellana). — Hb. VI. (Tortrices) 6. a. — Wild. 70.

VII. Familie. Psychidae. Sackträger.

Die Raupen etwas breit, wenig behaart, mit flachen Wärzchen besetzt, haben auf den Brustringen hornartige Schilder. Die Brustfüße, die allein zum Gehen benützt werden, sind sehr stark ausgebildet, die Bauch- und Afterfüße nur ganz kurze Stummeln, die aber an der Sohle mit einem Kranze starker, brauner Häkchen besetzt sind.

Sie leben in Futteralen (Säcken), welche sie, aus dem Ei geschlüpft, sofort selbst verfertigen und im Verhältnisse mit ihrem Wachstum durch Anspinnen von Blattstielen, Blättern, Nadeln und dergleichen vergrößern und nicht verlassen. Sie kriechen mit den Brustfüßen und ziehen ihre Säcke mit dem Körper schubweise nach. Zur Häutung wird der Sack am vorderen Ende angesponnen und nach der Häutung die alte Haut aus der hinteren Öffnung hinausgeschoben.

Die Raupen überwintern, die größeren Arten sogar zweimal; zur Verwandlung spinnen sie ihre Säcke an Steinen, Baumstämmen oder Zäunen an und drehen sich im Sacke mit dem Kopfe nach dem unteren Ende. Die der Männchen verwandeln sich hier in lange, gestreckte Puppen, die am Hinterleibesende mit einzelnen langen, an der Spitze gekrümmten Borsten besetzt sind und welche sich vor dem Ausschlüpfen zur Hälfte aus dem Sacke hervorschieben. Die der Weibchen sind dickwalzig, am hinteren Ende abgerundet, ohne Flügelscheiden, und bleiben stets wie die Weibchen der echten Psychen in den Säcken. *O. Hfm.*, über die Naturgeschichte der Psychiden. Berl., ent. V. 1859.

1. Gattung. **Psyche.** Ächte Sackträger.

Die walzigen, mit flachen Wärzchen besetzten Raupen leben in Säcken aus verschiedenem Materiale verfertigt. Die männlichen Säcke erkennt man leicht an der länger hervorstehenden Röhre, welche denen der Weibchen fehlt. Da die männlichen Schmetterlinge verhältnismäßig selten gefangen werden, weil sie meist in den frühesten Morgenstunden fliegen, so ist die Zucht von großem Werte. Bei angesponnenen Säcken muß man genau die Lage beibehalten, wie diese im Freien angetroffen werden, die männlichen Säcke meist im Grase mit der Röhre nach oben angesponnen, die weiblichen damit nach unten gerichtet. Die Eier sind in der Puppenhülle in kurzer Wolle eingebettet. Heylaerts, Monogr. Psychidae, A. s. Belgiq. XXV (neue Einteilung).

Unicolor, *Hfn.* (Graminella *Schiff.*) Taf. 15, Fig. 1. (Sch. Taf. 18, Fig. 19.) Graubraun mit einem braunen Schilde auf dem letzten Ringe. Brustfüße glänzend braun mit drei gelben Längslinien. 2,5—3 cm. Sack lang, walzenförmig, oben erweitert, mit Grasstengeln, Halmen und Blättchen besetzt. Lebt von Gräsern und verwandelt sich nach zweimaliger Überwinterung im Mai zu einer dunkelbraunen Puppe mit dunklerem Ringe. — (Wild 72, Taf. 4, Fig. 63.) Die meisten an Stämmen und Zäunen angesponnenen Säcke sind männliche, während die weiblichen 2 m und höher angesponnen sind und selten angetroffen werden. Entwicklung im Juni, Juli; verbreitet. — O. 3. 181. — Hb. VI. Tin. I. A. a. — Brd. 55. — Frr. VII. 141, Taf. 682. — F.-R. Taf. 41. — Hfm. S. 19 — Pr. Taf. 3, Fig. 10. — Buck. III. 53.

Villosella, *O.* Taf. 15, Fig. 2. (Sch. Taf. 18, Fig. 20.) Schmutzig gelbbraun, oben dunkler mit grösseren und kleineren Wärzchen und schwarzen hornigen Schildern, welche gelblich gesäumt sind und an jeder Seite von einer hellgelben Längslinie durchschnitten sind. Hornplatten auf den drei letzten Ringen gelblich, Afterklappe schwarzbraun. Luftlöcher braun gerandet. Bauch heller, mit gelblichen Hornplatten. Brustfüße glänzend braun mit dunkleren Hornschildern, 2,5—3,4 cm. Der Sack ist dem der vorigen Art ähnlich, aber größer und gewöhnlich stärker, mit altem Laub bedeckt, die Lebensweise ist ebenfalls sehr ähnlich, doch ist villosella immer viel seltener und weniger verbreitet. Entwicklung aus der rotbraunen Puppe (Wild. 73. Taf. 3, Fig. 35) im Juni, Juli. — Hb. VI. Tincin 2. (Viciella). — Esp. III. 44. — Frr. VII. 109, Taf. 663. — Pr. Taf. 3, Fig. 3. — Hfm. 18. — Soc. ent. III. 51. — Mill. III. p. 12, pl. 102, Fig. 6—10. (Cinerella.)

Febretta, *Boyer de Fons.* (Sch. Taf. 18, Fig. 21.) Der Sack der von der vorigen Art sehr ähnlich, etwas kleiner und dicht der Länge nach mit Gras- und anderen Stengelteilen besetzt. Lebt ähnlich wie die vorige in Italien, Südfrankreich, Spanien, Korsika, Sicilien (gemein), Dalmatien. — A. s. F. 1835. p. 107. pl. 1. e., 1860. p. 190. — Mill. III. p. 210. pl. 122, Fig. 14—16.

Ecksteini, *Ld.* (Sch. Taf. 18, Fig. 22.) Sack ähnlich dem von Unicolor, mit kurzen, abgestorbenen Grasstengeln bedeckt, welche die Raupe der Länge nach parallel nebeneinander, aber in so geringer Menge ausspinnt, dass sie den Sack höchstens an der Basis ganz bedecken. Im Herbst und Frühling. Entwicklung im April. Bis jetzt nur in Ungarn, bei Pest. — Verh. z. b. Verein Wien. 1855 p. 755, Taf. 1, Fig. 1—6.

Viciella, *Schiff.* Taf. 15, Fig. 3. (Sch. Taf. 18, Fig. 23.) Dunkel olivenfarben, schwarz gestreift und gefleckt. Kopf und Brustringe silbergrau, ebenfalls schwarz gefleckt. Schilder auf den letzten Ringen schwarz. 2,5—2,8 cm. Sack walzenförmig mit feinen Grasstengeln quer bedeckt. Weibliche Puppe an beiden Enden rotbraun, männliche hellbraun oder schwarz. Lebt im Mai, Juli auf feuchten Wiesen an Wicken (Vicia), und Wolfsmilch (Euphorbia) und an Gräsern. Entwicklung im Juli. Nicht sehr verbreitet; die der Var. Stetinensis, *Hering* in Norddeutschland, die Var. Viadrina, *Stgr.* in Schlesien. — O. 3. 178. — Hb. VI. Tincin. A. a. (Lattyrella). — Mill. III. p. 377. pl. 147. Fig. 11—12. — Frr. VII. 107, Taf. 662 und VI. 23, Taf. 494. — Brd. 42. — Voll. III. 23. — Hfn. 15. — Wild. 74.

Constancella, *Brd.* (Millirella, *Ld.*) Der Sack ist nach Lederer dem von Graslinella sehr ähnlich, nur lockerer gebaut mit wenigen Fäden — bei Graslinella ziemlich dicht — umsponnen. Entwicklung Ende Mai. Frankreich bei Besançon. — V. z. b. Verein Wien. 1853. p. 111

Apiformis, *Ross.* Taf. 15, Fig. 4. (Sch. Taf. 18, Fig. 24.) Raupe weißlichgelb mit brauner Längszeichnung auf den ersten Ringen. Sack der von Graslinella ähnlich, aber weniger dick mit Querstengeln und weiß überzogen. Lebt an niederen Pflanzen wie Brombeeren (Rubus fruticosus). Entwicklung Ende Juni. Italien, Korsika, Portugal. — O. 3. 177. — Mill. III. p. 208. pl. 122, Fig. 12—13.

Praecellens, *Stgr.* Sack ähnlich dem von der vorigen Art, länger gestreckt mit Stengeln von Erica arborescens quer bekleidet; auf dieser Pflanze wird die Raupe auch gefunden. Nur in Spanien in der Sierra Guadarrama bis zu 1000 Meter. — Berl. e. Z. 1870. p. 106. — Mill. III. p. 376. pl. 147, Fig. 8—9.

Turatii, *Stgr.* Sack ähnlich dem von Viciella, nur etwas weniger bauchig, mit Stengeltheilen besetzt, welche quer und meist unregelmäßig angesetzt sind. Die Raupen wurden im Juni an verschiedenen Seepflanzen bei dem See Alserio in der Brianza (Lombardei) von Graf Turati gesammelt und schlüpften im Juli aus. — St. e. Z. 1877. 178. — Bull. e. Ital. 1879. p. 166. Taf. 8.

Graslinella, *B.* (Atra, *Frr.*) Taf. 15, Fig. 5. (Sch. Taf. 18, Fig. 25.) Graubraun mit einer Reihe von dreieckigen braunen Flecken vom vierten Ringe an auf dem Rücken und mit braunen Strichen; Kopf ebenfalls braun gestrichelt. 2,1—2,4 cm. Sack in der Mitte dicker mit Stengeln quer bedeckt und mit Seide übersponnen. Lebt an Rainen, in Föhrenwaldungen und mit Heidekraut bedeckten Plätzen, mit dem sie auch ernährt werden kann, oft in grosser Anzahl z. B. bei Wien. Die männlichen Säcke sind in dichtem Gras angesponnen, die weiblichen an den Gipfeln junger Föhrenbäumchen, nicht nur am untern Ende, sondern auch in der Mitte mit einem Faden angeheftet, Entwicklung nach zweimaliger Überwinterung im Mai, Juni. Nicht überall. — Frr. III. 38, Taf. 218. — Wien e. M. 1. 73. — Wild. 74. — Soc. ent. III. 73. — Hfm. 15.

Vesubiella, *Mill.* Raupe rotbraun, die ersten drei Ringe, der Kopf und die Vorderfüße weißlich mit schwarzen Strichen. Sack ziemlich bauchig, mit Querstengeln dicht bedeckt, an Gräsern. Entwicklung im Juli. Nur in Italien bei St. Martin. — Mill. III. p. 306. pl. 138, Fig. 5—12. (Falter und Raupe.)

Opacella, *H.-S.* Taf. 15, Fig. 6. (Sch. Taf. 18, Fig. 26.) Braun mit schwarzen Brustringen, einer feinen gelben Mittellinie und einem orangegelben Flecken auf jedem Ringe an den Seiten. Bauch schmutziggelb. Kopf glänzend schwarz. 2,5—3 cm. Sack schlank walzig mit Erdkörnern, Grasstengeln und Blattrippen bedeckt. Männliche Puppe hellbraun, weibliche gelbbraun mit dunklerem Rücken (Wild. 73, Taf. 3, Fig. 36). Lebt im Sommer an Gräsern, an lichten Wäldern oder Erlenbeständen; spinnt sich im Frühjahr an die Stämme fest und entwickelt sich im Mai. Ziemlich verbreitet. — Frr. VII. 110, Taf. 663. — Brd. 59. — Berl. e. Z. 4. 20. — Hfm. 0. — Soc. ent. II. 2. 7. — H.-S. n. Sch., Fig. 2—3.

Zelleri, *M.* Taf. 15, Fig. 7. Sack der der vorigen sehr ähnlich, mit feinen, bräunlichen Sandkörnern und Pflanzenteilen unregelmässig bedeckt. Lebt im April, Mai an Gräsern. Ungarn, Dalmatien, Kroatien. — Mann. Verh. z. b. V. Wien. 1855. p. 756, Taf. II, Fig. 1—8. — Mill. III. p. 208. pl. 122, Fig. 10—11.

Pyrenaella, *H.-S.* Sack fast kugelig, aus verwirrt stehenden kurzen Stengelteilen gebildet. In den Pyrenäen und in Spanien. — Brd. Mon., Fig. 43. — V. z. b. V. Wien 1852. 112.

Albida, *Esp.* (Sch. Taf. 18, Fig. 27.) Raupe weißlich, auf den drei ersten Ringen mit dunkelbraunen Strichen oder viereckigen Flecken. Sack aus Moos verfertigt, im Frühjahr an Gräsern, auch zwischen den Zweigen von Ulex australis versteckt. Var. Lorquiniella, *Brd.*, der Sack nicht aus Moos; Var. Milleriella, *B.*, Sack aus Moos (Mill. III. p. 18. pl. 102, Fig. 13—17). Entwicklung nach drei Wochen. Südfrankreich. Spanien, Italien. — A. s. Fr. 1843. pl. 4. I. — Mill. III. pl. 102, Fig. 17. — V. z. b. V. Wien 1853. 114.

Silphella, *Mill.* Raupe beinfarben, die ersten Ringe oben grau mit schwarzen Platten. Sack lang gestreckt, röhrenförmig, rötlichbraun mit Sandteilchen bedeckt, an verschiedenen niederen Pflanzen, wie Plantago, Rumex, Dorycnium suffruticosum. Entwicklung im April, Mai. Südfrankreich. — Mill. III. p. 204. pl. 122, Fig. 1—5.

Leschenaulti, *Stgr.* Taf. 15, Fig. 8. Sch. Mill. Taf. 63, Fig. 1—3.) Raupe weißlich, nur die ersten drei Ringe sind schwarz. Der Sack gleicht dem von Nudella, er ist aber in der Mitte dicker, dunkler, mit Erdteilchen bedeckt. Lebt von Herbst bis März, ohne sich zu verwandeln. Entwicklung im Frühjahr. — Mill. II. p. 121. pl. 65, Fig. 1—3.

Malvinella, *Mill.* Sack 7—9 cm lang, aus Sandkörnchen gebaut und mit verschiedenen Pflanzenteilen bedeckt. In Pinienwäldern an niederen Pflanzen. Entwicklung im Mai. Andalusien. Var. Albencerragella. — Mill. III. 102. — Dunkler in Kastilien. — Mill. I. pl. 4.

Kahri, *Led.* Säcke 67 mm lang, mit dünnen, der Länge nach gelegten, am Ende abstehenden Grasstengeln bekleidet. An Stämmen und Felsenblöcken angesponnen. Entwicklung im Mai. Sicilien. Wien. ent. M. III. 93. — Mill. III. pl. 147 (Schmetterling).

Atra, *Esp.* (Augustella, *H.-S.*) (Sch. Taf. 18, Fig. 28.) Der Sack ist ähnlich dem von Muscella mit abgestorbenen Grasstengeln der Länge nach bekleidet. Nur an wenigen Plätzen Deutschlands, im südlichen Frankreich und den Pyrenäen beobachtet. — V. z. b. V. Wien 1852. 112. — A. 5. Frr. 1852. XXII.

Schiffermülleri, *Stgr.* (Hirsutella). (Sch. Taf. 18, Fig. 29.) Raupe nach E. Heyne sehr dunkelbraun, auf den zwei ersten Ringen mit einem feinen weißlichen Mittelstreifen und ebensolche auf den beiden Seiten am ersten Ringe und am Kopfe; am dritten Ringe zwei hellere Punkte, und Wulste auf den übrigen Ringen. Sack ähnlich dem von Opacella mit Blättchen von Dryas octopetala und andern abgebissenen Resten von Pflanzenteilen bedeckt. In den österreichischen und bayrischen Alpen (Algäu). Entwicklung im Mai, Juni. — Brd. 40. a—f.

Muscella, *Hb.* (Sch. Taf. 18, Fig. 30.) Schwarzgrau mit flachen schwarzen Wärzchen, kurz behaart, besetzt. Am Bauche und an den Seiten heller. Schilder auf den Brustringen und auf den letzten Ringen glänzend schwarz, ebenso der Kopf. 1,8 cm. Sack in der Mitte etwas dicker mit Grasstengeln der Länge nach besetzt. Die männliche Raupe lebt an Abhängen an Gräsern; Puppe hellbraun, weibliche braun mit dunklerem Rücken. Entwicklung im Mai. Ziemlich verbreitet, fliegt sehr früh am Morgen. — Berl. e. Z. 4. 21. — H.-S. u. Sch. Taf. 1, Fig. 8. 9. — Hfm. 21. — Wild. 74.

Fulminella, *Mill.* Taf. 15, Fig. 9. Raupe weißlich mit dunkel durchscheinendem Darmkanal und schwärzlich auf den ersten drei Ringen. Kopf klein, schwärzlich. Der Sack ist durch angeheftete Blattstücke dick und unförmlich, der Falter aber nach *Stgr.* nicht von der vorigen Art zu unterscheiden. Nur in Kastilien. — Mill. II. p. 127. pl. 65, Fig. 6—8.

Gondeboutella, *Mill.* Taf. 15, Fig. 10. Raupe mit stark abgesetzten Ringen, die ersten bräunlich, die übrigen weißlich; Kopf schwarz. Sack 1 cm lang, mit Moosstengeln dicht bekleidet. Lebt im Sommer an Gräsern. Entwicklnng Ende März bis Anfangs April. Frankreich, bei Lyon. — Mill. Ic. p. 286. pl. 34, Fig. 1—8.

Plumifera, *O.* (Atra, *L.*) Taf. 15, Fig. 11. (Sch. Taf. 18, Fig. 31.) Sack etwas bauchig mit Sand, Moosstückchen und Blattteilen bedeckt. Raupe lebt an Grasarten. Var. **Valesiella,** *Mill.* II. p. 230. pl. 77, Fig. 6—7 auf Quendel (Thymus). Entwicklung Ende März und April auf den Alpen der Schweiz oft häufig; bei Wien. — Voll. III. 2. 25. — A. s. F. 1844. 173.

Plumistrella, *Hb.* Taf. 15, Fig. 12. Sack 17 mm lang, mit unregelmäßigen Grasstengelteilen und Blattstücken quer bedeckt. Entwicklung im Sommer. Nur auf den höchsten Alpen der Schweiz und von Frankreich. — Mill. III. p. 207. pl. 122, Fig. 8—9.

Tenuella, *Spr.* Taf. 15, Fig. 13. Der Sack sieht dem der Pseudobombycella ähnlich, nur kürzer, ist mit verschiedenen Stein- und Sandteilchen bedeckt und auf Grasarten zu finden: die Säcke an Felsen angesponnen. Nur auf den höchsten Alpen der Schweiz. — St. e. Z. 1862. 212. 1865. 249. — Mill. Ic. II. p. 371, Taf. pl. 89, Fig. 6—7.

Hirsutella, *Hb.* (Calvella *O.*) Taf. 15, Fig. 14. (Sch. Taf. 18, Fig. 32.) Rötlichbraun, Kopf und Brustringe dunkelbraun, letztere mit drei hellen Längslinien, an den Seiten mit dunklen Schrägsstrichen, 1,2 - 1,5 cm. Sack schlank, walzenförmig, etwas dicker in der Mitte, mit unordentlich durcheinander liegenden Stückchen von Baumrinde und Stengeln ziemlich struppig bekleidet. Der weibliche Sack ist kürzer und meist 1—2 m hoch an Bäumen, besonders an Eichen angeheftet. Lebt in Waldlichtungen an verschiedenen Bäumen und Sträuchern. Entwicklung Ende Juni. Eine der gewöhnlichsten Arten. — O. 3. 172. — Brd. 71. — Frr. VII. 92, Taf. 653. — Hb. VI. Tineiden A. B. (Hirsutella). — Voll. III. 14. — Hfm. p. 17. — Wild. 72.

Standfussii, *H.-S.* Taf. 15, Fig. 15. Sack dem der vorigen Art ähnlich, aber glatter, quer mit Grasstengelteilchen bedeckt. Lebt auf Kämmen und Torfmooren des Riesen- und Altvatergebirges bis 1300 m. Die zweimal überwinternde Raupe verpuppt sich im Juni, der Schmetterling fliegt im Juli. — Wocke S. 25. — Mill. III. p. 206. pl. 122, Fig. 6—7.

2. Gattung. **Epichnopteryx,** *Hb.* **Fumea,** *H.-S.*

Raupen nach vorn dünner, mit wenigen Härchen besetzt, auf den Brustringen mit hornartigen Schildern. Säcke teils mit Grasstengeln, teils mit Sandkörnchen bekleidet. Diese und die 4. Gattung bilden die Gruppe der Canephorinen, *H.-S.* Die Weibchen verlassen den Sack ebensowenig wie die der echten Psychiden.

Bombycella, *Schiff.* Taf. 15, Fig. 16. (Sch. Taf. 18, Fig. 33.) Schwarzbraun mit fünf helleren Längsstrichen auf den Brustringen und zwei helleren Linien vom vierten Ringe an auf dem Rücken; einem hellen Flecken an den Seiten an jedem Ringe und darunter ein Schrägsstrich. Kopf schwarz mit zwei helleren Reihen. 1,2 bis 1,5 cm. Sack dem von Muscella sehr ähnlich mit kurzen dicken Grashalmen der Länge nach bedeckt. Lebt mehr an Waldplätzen und Waldrändern. Nicht sehr selten. — Brd. 80. — Frr. VII, 119, Taf. 667. — Hfm. S. 30. — Wild. 75.

Pulla, *Esp.* Taf. 15, Fig. 17. (Sch. Taf. 18, Fig. 34.) Schlank, nach hinten etwas dicker, rotbraun mit einem dunklen Seitenstreifen; Brustringe graubraun mit drei helleren Linien. 1,2 cm. Sack walzenförmig, in der Mitte bauchig, mit Grashalmen der Länge nach bedeckt. Auf Wiesen oft ziemlich häufig; auf Gebirgswiesen hie und da in solcher Menge, daß sie schon als den Wiesen schädliche Insekten eingeschickt wurden. Spinnen sich gern an benachbarten Zäunen oder an Straßengeländen an. Entwicklung im April, Mai. — Brd. 85. — Frr. 7. 90, Taf. 653. — Wild. 76. — Hfm. 28. Var. **Radicella,** *Curt.* in England; Var. **Graccella,** *Mill.* 77. 8. Griechenland; Var. **Sieboldii,** *Reutti.* (Mill. 89. 8—9) in Baden, Bayern.

Ardua, *Mann.* Der Sack ist 1 cm lang, cylindrisch mit feinen Grasstengeln der Länge nach belegt. Entwicklung Mitte Juli. Auf der Franz Josefshöhe und in der Gemsgrube des Großglockners. — V. z. b. V. Wien 1867. S. 845.

Reticella, *Neurm.* Sack dem von Pulla äußerst ähnlich, mit gelber Beimischung. Nur aus England. Heyl. Tijd. XXX. pl. 10, Fig. 15—18.

Sapho, *Mill.* Der Sack ist ähnlich dem der folgenden Art, etwas grösser, röhrenförmig und mit kleinen Sand- und Steinteilchen bedeckt und findet sich an Gräsern. Entwicklung im Frühling. Ungarn. — Mill. II. p. 23. pl. 54. (Falter und Sack.)

Nudella, *O.* (Plumella *Hfm.*) Gelbgrau, mit glänzend schwarzen hornigen Flecken auf den Brustringen und eben solchen an den Seiten. Sack walzenförmig, nach unten verengt, etwas gebogen, fest mit graubraunem Sande bedeckt. Lebt im Frühjahr zwischen Ruinen und auf Gebirgswiesen, besonders an den Blättern von Habichtkraut (Hieracium). Entwicklung im Juli.

Selten. — O. 3. 173. — Brd. 78. — Hfm. 29. — Wild. 76. — Mill. II. p. 126. pl. 65. 4. 5. (Var. Suricus.)

3. Gattung. Apterona, *Mill.* (Cochlophanes, *Sieb.*)

Säcke schneckenartig, die männlichen Raupen sind nicht nur auffallend kleiner als die weiblichen, sondern haben auch Brustringe mit schwächer behaarten kleinen Chitinplatten. Nur eine Art.

Crenulella, *Bed.* (Helix, *Sieb.*) Taf. 15, Fig. 18. (Sch. Taf. 18, Fig. 35.) Schmutzig weiß, Kopf, Beine und drei Thoraxsegmente schwarzbraun. Sack schneckenartig gewunden mit feinem Sande bedeckt. Sie leben im Mai an verschiedenen niederen Pflanzen, wie Flockenblume (Centaurea jacea), Steinkraut (Alyssum), und minieren weiße Falten in die Blätter. Zur Verpuppung spinnen sie sich an Felsen, Baumstämme oder Mauern an und schlüpfen im Mai aus. Nur an warmen Bergabhängen, besonders an Kalkbergen. Der männliche Sack bis jetzt nur in Südtirol gefunden, der weibliche mehr verbreitet, z. B. in Regensburg. — Speyer. geogr. Verbr. I. 311. — Sieb. Parthenog. 35. — Hfm. 24. — H.-S. n. Sch. Seite 13. 14. — St. e. Z. 1866. 358. — Crenulella Bd. p. 76, Fig. 49. — Heyl. Tijd. XXX. pl. X. — Cor. B. 1. 183.

4. Gattung. Fumea, *Hb.* (Epichnopteryx, *H.-S.*)

Raupen nach vorne schlank mit hornartigen Flecken. Leben in Säcken von verschiedenen Formen. Die Weibchen begeben sich beim Ausschlüpfen aus dem Sacke und bleiben dort gekrümmt sitzen, die Begattung erfolgt ausserhalb des Sackes.

Crassiorella, *Brd.* (Affinis, *Reutti.*) Der folgenden Art sehr ähnlich, nur größer, ebenso der Sack, welcher mit gröberem, abstehendem Material bekleidet ist. Lebensweise auch so; an verschiedenen Laubhölzern. Vereinzelt. — Berl. e. Z. IV. 33. — Hfm. 33. — Brd. 92, Fig. 68. — Soc. ent. I. 171. (Intermediella, Brd.)

Nitidella, *O.* Taf. 15, Fig. 19. (Sch. Taf. 18, Fig. 37.) (Intermediella, Br.) Rötlich oder gelblich mit einem glänzend kastanienbraunen Kopfe und gleichfarbigen Flecken auf den Brustringen. 1,8 cm. Sack röhrenförmig mit feinen Grasstengeln der Länge nach bekleidet, welche unten abstehen. Lebt auf allerhand Laubhölzern, besonders an Haseln (Corylus) und Eichen (Quercus) und spinnt seinen Sack häufig in die Mitte eines Blattes fest. Entwicklung Ende Mai, Anfangs Juni. Häufig. — O. 3. 169. — Hb. Tineid. A. B. — Frr. VII. 116. — Hfm. 32. — Buck. III. 53.

Betulina, *Zeller.* Taf. 15, Fig. 20. (Sch. Taf. 18, Fig. 38.) Die einfach braune Raupe mit schwarzem Kopf lebt in einem 9 mm langen Sack, der mit kleinen, rundlichen Stückchen von Flechten, Rinden und Blättchen besetzt ist. Puppe bräunlich, mit 2 nach abwärts stehenden Spitzen am Afterstücke (Wild. 78, Taf. 3, Fig. 52). Nicht selten an flechtenreichen Stämmen von Birken und anderen Laubhölzern. Entwicklung im Juni; nicht selten an alten Hecken und Zäunen. Isis. (Ocken.) 1839. 283 und 1846. 34. — Bd. (Anicanella) 100. — Hfm. 33.

Sepium, *Spr.* Taf. 15, Fig. 21. (Sch. Taf. 18, Fig. 39.) Raupe rotbraun, die ersten drei Ringe, der Kopf und die Afterklappe schwarz. Sack dick, gerade, mit Flechtenteilchen bekleidet, auf Fichten, von denen die Säcke abgeklopft werden können. Entwicklung. — Berl. e. Z. IV. 34. — Hfm. 34. — A. e. Belgiq. V. p. 6. pl. 3.

Norvegica, *Heyl.* Raupe der von Crassiorella, Brd. p. Gl. ähnlich. Der Kopf schwarz mit helleren Strichen, das folgende Segment mit breiteren schwarzen Strichen, die anderen Ringe mehr gelblichbraun. Sack cylindrisch mit Stengelteilchen der Länge nach bedeckt. Entwicklung im Juli, August. Norwegen, Seealpen in Südfrankreich. — A. s. Belg. 1882. 2.

VIII. Familie. Liparidae, *B.*

Raupen meist dick, entweder mit sternförmigen, auf Warzen stehenden Haarbüscheln, oder auf dem Rücken mit Bürsten und Pinseln versehen; auf dem neunten und zehnten Ringe mit je einem trichterförmig vertieften Wärzchen, welches kegelförmig vorgeschoben werden kann. 16-füßig. Sie leben mehr an Bäumen als an Kräutern, überwintern meistens als Raupen und verwandeln sich über der Erde in einem Gespinst zu einer mehr oder weniger behaarten Puppe.

1. Gattung. Pentophora, *Stph.*

Die Raupen dieser aus nur einer Art bestehenden Gattung sind mit großen, sternförmigen Knopfwarzen versehen, leben an Gräsern und verwandeln sich in einem leichten Gewebe zu fein behaarten Puppen.

Morio, *L.* Taf. 15, Fig. 22. (Sch. Taf. 18, Fig. 40.) Samtschwarz, an den Seiten, in den Ringeinschnitten und Längsstreifen gelblich. Wärzchen rotgelb, aschgrau behaart. Kopf schwarzgrau, mit gelblichem Stirndreieck. 2,8 cm. Lebt nach der Überwinterung im April, Mai an Lölchgras (Lolium perenne) und mehreren Grasarten. Verwandelt sich in einem nur aus ein paar Fäden bestehenden Gewebe zu einer gelben Puppe, die der Länge nach schwarz gestreift, an den Flügelscheiden schwarzbraun und mit weißgrauen Haarbüscheln besetzt ist. Entwicklung anfangs Juni, nur in wenigen Gegenden, z. B. in der Nähe von Wien häufig bei Tage auf Wiesen. — O. 3. 187. — Frr. II. 4. Taf. 98. — Hb. II. 26. — Wild. 129.

2. Gattung. Orgyia, *O.*

Raupen mit abgestutzten, bürstenartigen Haarbüscheln auf dem Rücken der mittleren Ringe; mit zwei vorgestreckten Haarpinseln an den Seiten des ersten und einem aufgerichteten Haarpinsel auf dem elften Ringe (Bürstenbinder), je nach dem Geschlecht an Größe sehr verschieden. Sie leben auf Bäumen und Sträuchern, und verwandeln sich in dichten, mit Haaren vermischten doppelten Gehäusen zu fein behaarten Puppen. Die Eier werden von den flügellosen Weibchen häufig auf das Gespinst gelegt.

Aurolimbata, *Gn.* Taf. 15, Fig. 23. (Sch. Taf. 18, Fig. 41.) Braun mit gelblichgrünen Seitenstreifen und Zeichnungen; am Rücken rotbraun mit vier ebenso gefärbten Bürsten und schwarzen Pinseln am ersten und am elften Gliede. Lebt im April, Mai an verschiedenen Ginsterarten, besonders Genista purgans. Entwicklung im Juni, Juli. Nur in den Pyrenäen und in Kastilien. — A. s. Fr. 1835. p. 635. pl. 18.

Gonostigma, *F.* Taf. 15, Fig. 24. (Sch. Taf. 19, Fig. 1.) Die Eier sind rund, weiß mit Haaren bedeckt. Raupe schwarz, rotgelb gestreift mit vier Paar gelbbraunen Haarbürsten auf dem Rücken; Haarpinsel am ersten und auf dem elften Ringe schwarz gefiedert; die Fiederhaare länger, so daß sie oben geknöpft erscheinen. Warzen weiß oder gelblich behaart. Kopf schwarzgrau mit roten Halsringen. 3 cm. Leben im Herbst und Frühjahr an Laubhölzern, an Rosen, Schlehen und Himbeeren und verwandeln sich in einem eiförmigen bräunlichen Gespinste zu sehr verschieden großen Puppen. Männliche Puppe schwarzbraun, am Hinterleibe ockergelb, weibliche dicker, ohne Flügelscheiden, glänzend schwarz mit rotgelben Einschnitten des Hinterleibs. Beide haben eine scharfe Endspitze und sind braungrau behaart (Wild. 122, Taf. 3, Fig. 51). Entwicklung im Juli. Weniger verbreitet als die folgende. — O. 3. 218. — Hb. 3. 33. — Rsl. 1. 4. 233, Taf. 40. — B. & G. Bomb. pl. 16. — Dup. Bomb. 6. — Sepp. IV. 45. — Pr. Taf. 3, Fig. 8. — Esp. III. 56. — Buck. III. 39.

Antiqua, *L.* Taf. 15, Fig. 25. (Sch. Taf. 19, Fig. 2.) Eier rundlich, eben abgeplattet, gelblichgrau, oben bräunlich. (Schl. Taf. Fig. 37.) Raupe aschgrau mit feinen rotgelben und weißen Längslinien und Warzen, bei den kleineren männlichen Raupen mit vier Paar gelben, bei den weiblichen mit gelbbraunen Bürsten auf dem Rücken; die schwarzen Haare der Pinsel des ersten und des elften Ringes, sowie die zwei wagrechten Pinsel an den Seiten des vierten Ringes sind gefiedert, an den Spitzen scheinbar geknöpft. Kopf schwarz. 3 cm. Lebt wie die vorige an Laubhölzern und verwandelt sich in einem eiförmigen Gewebe zu einer gelblichgrauen Puppe, die vom Weibchen mit dunkleren Rückenstreifen. Überall häufig. — O. 3. 221. — Hb. 33. — Rsl. 1. 4. 229. 39. — B. & G. Bomb. pl. 16. — Dup. Bomb. 6. — Sepp. II. 23. — Pr. Taf. 3, Fig. 9. — Wild. 122. — Buck. III. 39.

Rupestris, *Rbr.* Taf. 15, Fig. 26. (Sch. Taf. 19, Fig. 3.) Grau mit feinem weißen Seitenstreifen und rötlichen Rückenstreifen, dunkleren Haarbürsten und helleren Haarpinseln. Im Mai an Grasnelke (Statice articulata) und Schotenklee (Lotus creticus). Entwicklung im Juni. Nur in Korsika. — Rbr. A. s. Fr. 1832. pl. VIII, Fig. 3—5.

Trigotephras, *B.* Taf. 15, Fig. 27. (Sch. Taf. 19, Fig. 4. Var. Corsica, *B.*) Raupe braun oder schwarz mit roter Zeichnung, vier hellgelben Haarbürsten und schwarzen Haarpinseln. Lebt an Eichen (Quercus coccifera ilex und suber) und an Ginster (Genista coriaria und Myrtifolia). Entwicklung im Juni, Juli. Südfrankreich, Italien und Spanien. Var. Corsica nur auf Sicilien. — Rbr. A. s. Fr. 1832. pl. VIII, Fig. 7—9.

Ramburii, *Mab.* Taf. 16, Fig. 1. (Sch. Taf. 19, Fig. 5.) Raupe schwarz mit breiten gelb und rötlichen Seitenstreifen und großen roten Punkten dazwischen. Behaarung schwärzlich. Kopf und Vorderfüße schwarz, Brustfüße gelblich. Lebt im Juni, Juli an Spartium lobelii. Entwicklung nach 10 Tagen. Verpuppung in einem länglich rundem braunen Cocou. Nur auf Corsica. — A. s. Fr. 1866. p. 557. pl. 8, Fig. 6. — Mill. II. p. 470. pl. 99, Fig. 1—4.

Ericae, *Germ.* Taf. 16, Fig. 2. (Sch. Taf. 19, Fig. 6.) Das Ei ist ganz dem von Antiqua gleich, glänzend weiß, ohne alle Zeichnung. Raupe safranfarbig mit schwarzen Längsstreifen und weißgrauer Behaarung. Kopf schwarz; hinter diesem zwei weit hervorragende schwarze Bürsten und ebenso am letzten Gelenke; über dem Rücken vier weißgelbe Haarbüschel, vor dem After zwei gelbe Warzen. 3 cm. Lebt auf Heidemooren, vom Mai bis Juli an Heidekraut (Calluna vulgaris und Erica tetralix), nach Wild. 123 auch auf dem Girgel (Myrica Gale) und Kinnporß (Andromeda polifolia) und verwandelt sich in einem gelblichen, mit Haaren vermischten Gewebe zu einer gelbgrauen Puppe mit schwarzbraunen Flügelscheiden und gelblicher Behaarung (Wild. Taf. 2, Fig. 33). Entwicklung Ende Juli, August. Nicht sehr verbreitet. N. Sachsen, Holland, Ungarn, Livland, Rußland. — Tr. X. 180. — Hb. III. 32. (Antiquoides). — A. s. Belg.

Dubia, *Tausch.* (Sch. Taf. 19, Fig. 7.) Raupe fein behaart, mit langen Haarbüscheln an den Seiten, und ohne Pinseln; weißgelb, auf jedem Segment mit einem schwarzbraunen Flecken, neben welchen rote Warzen stehen. Ähnliche Warzen stehen an den Seiten und der After sowie die Hinterfüße sind mennigrot. Kopf mit zwei schwarzen Strichen und zwei starken Haarbüscheln. Im Juni an Heuhechel (Ononis spinosa) und Melde (Atriplex) und verwandelt sich in einem großen gelblichen Gespinst zur Puppe. Entwicklung nach 14 Tagen. Nur in Rußland. Die Varietät splendida in Andalusien. — Frr. 17. 489, Taf. 297.

3. Gattung. **Dasychira**, *Stph.*

Raupen mit vier bis fünf Haarbürsten auf dem vierten und fünften Gelenke, einem Haarpinsel auf dem elften und meist zwei ebensolchen auf dem ersten Gelenke. Sie leben auf niederen Pflanzen und Bäumen, unterscheiden sich wenig von denen der vorigen Gattung, und verpuppen sich in mit Haaren vermengten Gespinsten. Die Schmetterlinge von beiden Geschlechtern sind geflügelt.

Selenitica, *Esp.* Taf. 16, Fig. 3. (Sch. Taf. 19, Fig. 8.) Das Ei ist rund, grünlich mit Afterhaaren bedeckt. Raupe schwarz, dicht mit schwarzgrauen Haaren auf schwarzen Warzen besetzt, mit fünf gelblichgrauen, oben schwarzen Rückenbürsten und schwarzen Haarpinseln auf dem ersten und elften Ringe. Kopf schwarz. 3—3,5 cm. Lebt im Sommer und Herbst auf der Esparsette (Onobrychis sativa) und der Wiesenplatterbse (Lathyrus pratensis) und verwandelt sich in einem eirunden, dunkelgrauen oder braunen Gewebe zu einer rotbraunen Puppe mit dunkleren Flügelscheiden, die gelblich behaart ist. Entwicklung im Mai. An lichten Waldstellen und Bergabhängen, nicht überall. Die Zucht ist schwierig. — O. 3. 123. — Esp. III. 94. — Hb. 3. 33. 34 (Lathyri). — Frr. VI. 90, Taf. 536, nach Dübner. — St. e. Z. 1848. 217, 1849. 269, den Lärchenbeständen manchmal schädlich. — Wild. 123.

Fascelina, *L.* Taf. 16, Fig. 4. (Sch. Taf. 19, Fig. 9.) Das Ei rund, an beiden Enden abgeplattet, weißgrau mit schwarzgrauen Afterhaaren bedeckt. Raupe schwarzgrau mit gelblichgrauen oder weißgrauen Haaren auf schwarzen Warzen; die fünf Rückenbürsten sind halb weiß, halb schwarz, die Haarpinsel schwarz. 4 bis 4,5 cm. Lebt vom Herbste bis Juni an niederen Pflanzen, Sträuchern und Bäumen, wie an Pappeln, Eichen, Weiden, an Brombeeren, Löwenzahn und Gräsern, und verwandelt sich in einem schwarzgrauen Gehäuse zu einer dunkelschwarzbraunen, braungraubehaarten Puppe (Wild. 124, Taf. 3, Fig. 47). Entwicklung Ende Juni, Juli. Überall häufig. — O. 3. 214. — Hb. 3. 35. n. 33 (Medicaginis). — Rsl. 1. 4. 217, Taf. 37. — Sepp. IV. 11. 12. — Esp. III. 55. — B. & G. Bomb. pl. 13. — Dup. Bomb. X. — Pr. Taf. 3, Fig. 7. — Buck. III. 38.

Abietis, *Schiff.* Taf. 16, Fig. 5. (Sch. Taf. 19, Fig. 10.) Ei rundlich, grünlich, später perlgrau. Raupe hellgrün mit samtschwarzen Ringeinschnitten, oben weiß und schwarz gefleckt mit einem weißen, schwarz gefleckten Seitenstreifen. Behaarung bräunlich. Die vier Rückenbürsten braungelb, Haarpinsel am ersten Ringe schwarz, der gekrümmte am elften Ringe braungelb. Luftlöcher weiß, schwarz gesäumt. Kopf grün, mit zwei dunklen Bogenstrichen. 4—4,5 cm. Vom Herbst bis Mai an Tannen und Fichten, von denen die Raupen im Herbste geklopft werden können; die Überwinterung muß im Freien, oder zwischen offenen Fenstern geschehen, da sonst alle zu Grunde gehen. Verpuppung in einem eiförmig, grauen Gehäuse. Puppe glänzend schwarz, bräunlich behaart mit rotbraunen Einschnitten der Hinterleibsringe. Entwicklung im Juni, Juli; selten. — O. 3. 212. — Hb. 3. 35. — Fr. B. 1. 15, Fig. 8. — Ins. W. II. 121. — Wild. 124.

Pudibunda, *L.* Taf. 16, Fig. 6. (Sch. Taf. 19, Fig. 11.) Ei rund, hellbraun mit dunkleren Mittelpunkten. (Schl. Taf. Fig. 38.) Raupe grünlichgelb, rosarot oder braunrot, mit gleichfarbigen Haaren und mit samtschwarzen Ringeinschnitten; die vier Rückenbürsten gelb oder rötlich; auf dem letzten Ringe ein nach hinten gerichteter rosaroter Pinsel. Kopf gelblich. 4—4,5 cm. Lebt im Sommer und Herbst an vielen Laubhölzern und Sträuchern, wie Rosen, Brombeeren. Verwandlung in einem gelblichen, mit Haaren stark vermengten Gehäuse zu einer schwarzbraunen Puppe mit rotbraunem Hinterleibe und gelblichen Haaren besetzt (Wild. 125, Taf. 2, Fig. 23). Entwicklung im Mai; häufig und verbreitet. — O. 3. 209. — Hb. 3. 35. — Rsl. 1. 4. 222. Taf. 30. — Sepp. II. 17. 18. — B. & G. Bomb. pl. 13. — Buck. III. 38. — Soc. ent. II. N. 4. — Pr. Taf. 3, Fig. 6. — Dup. Bomb. XI.

4. Gattung. **Laelia,** *Stph.*

Raupen mit vier bürstenförmigen Haarbüscheln auf dem Rücken, auf dem ersten Ringe zwei Haarpinseln an den Seiten, auf dem zehnten und elften Ringe zwei ebensolche auf dem Rücken. Die Raupen leben im Sommer an Gras und verwandeln sich in dichten Gespinsten zu stark behaarten Puppen.

Coenosa, *Hb.* Taf. 16, Fig. 7. (Sch. Taf. 19, Fig. 12.) Ei glatt, weiß mit einem braunen, nicht geschlossenen Ringe. Raupe gelblichgrau, mit einem schwarzen, weiß punktierten Rückenstreifen, zwei Reihen rotgelben Wärzchen und zwei schwarzen Längsstreifen an den Seiten. Behaarung gelblich. Rückenbürsten gelb; Pinsel schwarz; Bauch und Füße gelbgrau; Kopf rotbraun. 3,5 cm. Lebt im Juni, Juli auf feuchten Wiesen an mehreren Grasarten wie Festuca, Carex acuta, Cladium und Phragmites. Verwandlung in einem gelben, mit Haaren vermischten Gehäuse zu einer rotbraunen Puppe, mit gelben Haaren büschelweise besetzt. Entwicklung im August. Norddeutschland, Ungarn, Bulgarien, England, Frankreich. — Tr. X. 1. 175. — Hb. 3. 30. — Frr. 2. 34, Taf. 116. — Buck. III. 38. — Wild. 125.

5. Gattung. **Laria,** *Hb.*

Die Raupe dieser nur aus einer Art bestehenden Gattung hat Haarbüschel auf dem Rücken und lange Haare an den Seiten. Verwandlung zwischen leicht zusammengesponnenen Blättern zu einer dicken, fein bestachelten Puppe.

L. nigrum, *Müller.* (V. nigrum, *F.*) Taf. 16, Fig. 8. (Sch. Taf. 19, Fig. 13.) Ei rund, glänzend, grasgrün. Raupe schwarz, an den Seiten rostgelb, Haarbüschel auf dem Rücken rostbraun, auf dem ersten und letzten Ringe stark verlängert und auf dem vierten, fünften, neunten und zehnten Ringe weißlich. Behaarung an den Seiten gelblich. Kopf schwarz. 4—4,5 cm. Die im Juli abgesetzten Eier entwickeln sich in 8—10 Tagen, die Raupen überwintern nach den ersten Häutungen und leben an Gebüschen von Weiden, Linden, Pappeln und Ulmen im April, Mai, in manchen Jahren selten, nach O. 200 öfters aber in zahlreichen Herden an Sträuchern, die sie ganz entblättern. Puppe dick, nach hinten zugespitzt, grünlich mit drei gelben Rückenlinien und schwarz gesäumten Flügelscheiden, mit feinen Stacheln besetzt (Wild. 126, Taf. 9, Fig. 79). Entwicklung im Juni, Juli, nicht überall in Laubwaldungen. — O. 3. 200. — Hb. 3. 29 (nivosa). — Fr. B. 1. 67, Taf. 21.

6. Gattung. **Leucoma,** *Stph.*

Die Raupen der ebenfalls nur aus einer europäischen und 3 sibirischen Arten bestehenden Gattung haben eine Reihe schildförmiger Flecken und ein Paar verwachsener Fleischspitzen, verwandeln sich in einem leichten Gespinste zwischen Blättern zu büschelweise behaarten Puppen.

Salicis, *L.* Taf. 16, Fig. 9. (Sch. Taf. 19, Fig. 14.) Die Eier sind rund, grün mit einer weißen, schaumartigen, allmählich sich verhärtenden Decke überzogen. Die Raupe ist schwarz mit einer Reihe großer weißer oder gelber Flecken auf dem Rücken, zu deren Seite auf jedem Ringe eine rötlichgelbe behaarte Knopfwarze steht und einer gelben Längslinie zu jeder Seite des Rückens. Auf dem vierten und fünften Ringe je ein Paar verwachsener Fleischspitzen, an den Seiten braun oder braungrau, mit rotgelben gleichfarbig behaarten Wärzchen; Kopf schwarzgrau. 4—4,5 cm. Lebt im Mai, Juni an Weiden und Pappeln, besonders an der italienischen, und entlaubt oft ganze Alleen davon. Verwandlung zwischen leicht zusammengesponnenen Blättern zu einer glänzend schwarzen, weiß gefleckten und büschelweise gelb behaarten Puppe. (Wild. 127, Taf. 4, Fig. 67.) Häufig. — O. 3. 198. — Hb. 3. 29. — Rsl. 1. 4. 57, Taf. 9. — B. & G. Bomb. pl. 9. — Dup. Bomb. VIII. 1. Rtzb. II. 113. — Sepp. II. 4. — Pr. Taf. 3, Fig. 3.

7. Gattung. Porthesia, *Stph.*

Raupen mit einer fein behaarten niedrigen Erhöhung auf dem vierten und elften Ringe. Die Behaarung kurz auf Wärzchen. Sie leben auf Bäumen und Sträuchern; überwintern klein, Similis einzeln, die andern gemeinschaftlich, und verpuppen sich in eiförmigen Gespinsten.

Chrysorrhoea, *L.* Goldafter. Taf. 16, Fig. 10. (Sch. Taf. 19, Fig. 15.) Die Eier rund, grau mit den braunroten Afterhaaren bedeckt (Schluß-Taf. Fig. 39). Die Raupen sind schwarz, graubraun behaart mit zwei roten Rückenlinien und schwarzen Erhöhungen auf dem vierten und elften Ringe; zu den Seiten des Rückens mit je einer Reihe abgesetzter weißer Striche. Kopf braunschwarz. 3,4—3,6 cm. Überwintern jung in einem gemeinschaftlichen weißen Gespinste, in sogenannten kleinen Raupennestern, welche im Spätherbst leicht gesehen und entfernt werden können, zerstreuen sich im Sommer und fressen Obst- und Waldbäume, besonders Eichen, oft ganz kahl. Verwandeln sich in einem eiförmigen, braungrauen Gewebe zu schwarzbraunen Puppen mit feinen Häkchen an der Spitze (Wild. 126, Taf. 4, Fig. 66). Entwicklung im Juni, Juli, August. Überall. — O. 3. 202. — Hb. 3. 28. — Rsl. 1. 4. 137, Taf. 22. — Rtzb. II. 115. — B. & G. Bomb. pl. 8. — Dup. Bomb. XII. 2. — Sepp. V. 28. — Pr. Taf. 3, Fig. 5. — Buck. 40.

Similis, *Füssl.* (Auriflua. *F.*) Taf. 16, Fig. 11. (Sch. Taf. 19, Fig. 16.) Eier grau mit goldgelben Afterhaaren bedeckt. Raupe schwarz mit schwarzgrauen Haaren dünn besetzt; vom zweiten Ringe an auf dem Rücken ein ziegelroter, durch eine schmale Mittellinie geteilter Längsstreifen und ein abgesetzter weißer Streifen an den Seiten. Erster Ring schwarz mit drei gelblichen Strichen, die Erhöhungen auf dem vierten und elften Ring schwarz, mit schwarzen und weißen Härchen besetzt. Über den Füßen eine rotgelbe Längslinie. Kopf schwarz. Überwintert jung, einzeln in einem kleinen Gespinste unter Baumrinden und lebt fast an allen Laubhölzern und Sträuchern, nie aber in der Menge als die Vorige. Verwandlung in einem dünnen weißlichen Gewebe zu einer schwarzbraunen Puppe mit einem Büschel feiner Häkchen an der Spitze (Wild. 126, Taf. 4, Fig. 68). Entwicklung im Juni, Juli. Häufig. — O. 3. 205. — Hb. 3. 28. — Rsl. 1. 4. 134, Taf. 21. — B. & G. Bomb. pl. 8. — Dup. Bomb. XII. 1. — Rtzb. 11. 118. — Sepp. V. 22. — Pr. Taf. 3, Fig. 4. — Buck. III. 40.

8. Gattung. Psilura, *Stph.*

Die Raupen dieser Gattung unterscheiden sich sehr wenig von denen der folgenden, wie die Schmetterlinge, von denen das Weibchen einen vorstehenden Legestachel hat. Die Eier überwintern.

Monacha, *L.* Nonne. Taf. 16, Fig. 12. (Sch. Taf. 19, Fig. 17.) Eier länglich rund, blaßbraun oder rötlichweiß. Raupe grünlichbraun oder weißgrau, seltener schwarz mit sechs blauen und roten, grau behaarten Knopfwarzen auf jedem Ringe; auf dem zweiten Ring oben ein schwarzer nach vorn ausgeschnittener, nach hinten bläulich und an den Seiten weißlich gesäumter Flecken; die drei letzten Ringe schwarz gefleckt; Kopf groß, hellbraun mit zwei schwarzen vorstehenden Haarbüscheln. 3,5—4 cm. Lebt im Mai, Juni an Nadel- und Laubholz, frißt meist nur die Flechten derselben, wie Ochsenh. III. S. 194 schon berichtet und was Finanzrat *Schuler* und Inspektor *Hahne* bestätigen. Kommt manchmal in ungeheurer Anzahl vor und macht besonders dem Nadelholz grossen Schaden, wie auch in diesem Jahre in Bayern und Oberschwaben. Die Menge der Schmetterlinge ist oft unglaublich; an einem einzigen, ca. 1 m dicken Baum zählten wir über 1000 Stück Schmetterlinge. Dort war der Wald stundenlang kahl gefressen und die abgefressenen Nadeln bildeten mit dem Kot der Raupen und den toten Schmetterlingen eine Schichte von mehreren Centimetern. Verpuppung in einem dünnen Gewebe, entweder an den Stämmen oder an den Ästen. Puppe braunrot oder schwarzbraun mit rotbraunen oder gelblichen Haarbüscheln. Entwicklung im Juli, August. Verbreitet. — Hb. 3. 31. — B. & G. Bomb. pl. 18. — Rtzb. 2. 90. — Pr. Taf. 3, Fig. 2. — Buck. III. 37. — *Rühl,* Corr. Bl. 1. N. 7. — Gartenlaube 1890, S. 588. — *Lampert,* Vom Fels zum Meer, 1890, S. 212. — *Marchal,* Illust. Leipz. Z. 1890, 2460· Nörd. Nacht. Rtzb. 46. — *Hofmann, O.,* Insektentötende Pilze mit besonderer Berücksichtigung der Nonne, 1891. — Die aus dem Ei geschlüpften Räupchen von Var. Eremita füttert *A. Schneider* anfangs mit Birkenknospen, später mit Eichenlaub.

9. Gattung. Ocneria, *H.-S.*

Die Raupen mit großem rundem Kopfe und großen sternhaarigen Kopfwarzen reihenweise besetzt. Leben auf Bäumen und verwandeln sich in leichten Gespinsten in behaarte, mit Haarbüscheln besetzte Puppen.

Dispar, *L.* Schwammspinner. Taf. 16, Fig. 13. (Sch. Taf. 19, Fig. 18.) Eier rund, gelbgrau mit grauen Afterhaaren dicht, schwammartig, bedeckt (Schluß-Taf. Fig. 40). Raupe braun- oder aschgrau mit drei feinen gelben Linien, oder einem breiten dunkelbraunen Streifen auf dem Rücken; auf den ersten fünf Ringen mit je zwei blauen und auf den übrigen Ringen mit je zwei roten Knopfwarzen. Kopf groß, graugelb mit zwei braunen Strichen. 5—5,5 cm. Lebt im April, Mai an Obstbäumen, Waldbäumen, Pappeln, oft in den Alleen sehr schädlich und verwandelt sich in einem gelbgrauen leichten Gespinste zu einer schwarzen Puppe mit rostgelben Haarbüscheln (Wild. 128, Taf. 9, Fig. 81). Entwicklung im Juli, August an Baumstämmen. Sehr verbreitet. — O. 3. 196. — Hb. 3. 31. — Rsl. 1. 4. 17, Taf. 3. — Rtzb. 2. III. — B. & G. Bomb. pl. 9. — Dup. Bomb. VIII. 2. — Sepp. III. 2. 3. — Pr. Taf. 3, Fig. 1. — Buck. III. 37.

Detrita, *Esp.* Taf. 17, Fig. 1. (Sch. Taf. 19, Fig. 21.) Blaugrau mit einer weißen Rückenlinie, neben dieser alle Ringe, außer dem vierten, oben weißlich bestäubt; auf dem neunten und zehnten Ringe zinnoberrote napfförmige Wärzchen; an den Seiten eine Reihe grauer mit gleichfarbigen Haaren besetzter Wärzchen, welche am vierten, zehnten und elften Ringe schwarz sind, und daneben eine Reihe rotgelber Wärzchen, über den Füßen ebenfalls eine Reihe grauer Wärzchen. Luftlöcher schwarz, Bauchfüße rötlichgrau; Kopf rund, blauschwarz. 2,5—3 cm. Lebt im Mai an Gebüschen von Eichen und verwandelt sich in einem lockeren Gespinste in eine schwarze Puppe mit grauen und braunen Haarbüscheln besetzt (Wild. 128, Taf. 3, Fig. 46). Der Schmetterling erscheint in drei Wochen im Juni, Juli. Wenig verbreitet, bei Leipzig, Brünn, Südfrankreich, Bulgarien, Sarepta. — O. 3. 188. — Hb. 3. 26.

Rubea, *F.* Taf. 17, Fig. 2. (Sch. Taf. 19, Fig. 22.) Gelb- oder rötlichgrau, oben braun gewässert und gewölkt, mit einem abgesetzten schwärzlichen Rückenstreifen an jeder Seite und am Anfange eines jeden Ringes ein schwarzer Punkt. Knopfwärzchen gelblich dünn, grau und schwarz behaart. Kopf braunrot. 3,5 cm. Im Mai an Gebüschen von Eichen, bei Tage an der Erde verborgen, und verwandelt sich in einem feinen seidenartigen Gespinste zu einer hellbraunen Puppe, büschelweise gelb behaart. Entwicklung im Juli. Bei Wien, Brünn, Dalmatien, Südfrankreich, Spanien. — O. 3. 190. — Hb. 3. 27. — Frr. 2. 98, Taf. 152. — Wild. 129. — Mill. 78. 4—6.

IX. Familie. Bombycidae.

Raupen 16-füßig, langleibig, behaart, zottig, zum Teil dicht pelzig behaart, ohne besondere Zeichnungen oder mit Längsstreifen. Kopf rund, mehr oder weniger gewölbt. Sie leben teils auf Bäumen, teils auf niederen Pflanzen und verwandeln sich in Gespinsten zu Puppen, die mit kurzen Häkchen und Börstchen versehen sind.

1. Gattung. Bombyx, *B.* Gastropacha, *O.*

Die bald schwächer, bald stärker behaarten Raupen leben meist auf Bäumen, einige gesellschaftlich, und verpuppen sich in festeren oder lockeren Gehäusen an oder über der Erde.

Albaracina, *nov. gen.* Korbi, *Stgr.* St. e. Z. 44, S. 179. Von *M. Korb* in Arragonien entdeckt. Die Raupen sind denen von Porthesia ähnlich; schwarz mit einem unterbrochenen weißen Rückenstreifen, zwei länglichen weißen Flecken auf jedem Ringe und einem rötlichen Seitenstreifen. Auf dem dritten Ringe befindet sich ein wulstiger schwarzer, weiß gerandeter Flecken. Kopf schwarz mit weißer Zeichnung. Auf roten Warzen sitzen ziemlich lange Haare, die ähnliches Jucken verursachen, wie die von Chrysorrhoea-Raupen. Leben im Frühjahr an Ginster (Genista-Arten), an Berglehnen.

Ilicis, *Rb.* Taf. 17, Fig. 3. Raupe rotbraun, oben dunkler, auf beiden Seiten mit einem zusammenhängenden gelben Streifen, der die dunkle Färbung auf jedem Segment bogenförmig einschließt. Dazwischen drei und auf jedem Segment unter denselben fünf gelbe Punkte. Im Mai, Juni an Quercus ilex und coccifera. Entwicklung im ersten Frühjahr. Andalusien und Katalonien. — Mill. II. p. 49, pl. 56, Fig. 5—8; III. p. 281, pl. 134.

Crataegi, *L.* Taf. 17, Fig. 4. (Sch. Taf. 19, Fig. 23.) Die Eier werden in Wolle eingebettet. Raupe sehr veränderlich, blauschwarz mit ziegelroten behaarten Wärzchen, die entweder von weißen Punkten umgeben sind, oder an den Seiten des Rückens durch einen mehr oder minder breiten, zusammenhängenden oder in Flecken aufgelösten weißen Längsstreifen eingeschlossen sind; ein rotgelbes oder weißgelbes Querband hinter jedem Ringe und graugelbe Behaarung. Kopf blau oder braungrau. 4—4,5 cm. Lebt im Juni einzeln an Schlehen (Prunus spinosa), Birken (Betula alba), Weiden und Weißdorn (Crataegus oxyacantha) und verwandelt sich in eiförmigen, blaugrauen Geweben zu einer rotbraunen, an beiden Enden abgestumpften Puppe. Entwicklung im September, Oktober. Nirgends häufig. — O. 3. 280. — Hb. 3. 57. — B. & G. Bomb. pl. 4. — Sepp. II. 25. — Tyd. XXII. pl. 12. — Buck. III. 49. 2. — Frr. 6. 30, Taf. 50, var. Airae, Raupe im Engadin und dem Simplon auf Alnus viridis. St. e. Z. 1860. 126.

Populi, *L.* Taf. 17, Fig. 5. (Sch. Taf. 19, Fig. 24.) Das Ei länglich und platt, grau und dunkler gesprengt. Raupe heller oder dunkler grau, fein behaart, auf dem Rücken schwärzlich oder braun gerieselt, häufig in Form von Rautenflecken mit vier rotgelben, erhabenen Punkten auf jedem Gelenke und einem rotgelben länglichen Flecken hinter dem Kopfe. Bauch dunkelbraun gefleckt; Kopf graubraun. 4,5 cm. Lebt im Mai und Juni auf Obstbäumen, Eichen (Quercus), Birken (Betula alba), Espen (Populus tremula), Linden (Tilia) und Weißdorn (Crataegus), und verwandelt sich in einem festen, aschgrauen Gespinste zu einer dickwalzigen schwarzbraunen Puppe (Wild. 136, Taf. 1, Fig. 3). Entwicklung im September, Oktober; nicht selten. — O. 3. 276. — Hb. 3. 56. — Rössl. I, Taf. 60 und 71. — B. & G. Bomb. pl. 18. — Frr. V. 159, Taf. 477. — Buck. III. 46. 49 (mit 17 Varietäten).

Franconica, *Esp.* Taf. 17, Fig. 6. (Sch. Taf. 19, Fig. 25). Die Eier werden nach *Borkh.* in einem Ringe um einen Zweig gelegt, sind rund, schmutzig weiß, oben mit einem braunen Pünktchen. Raupe bläulichschwarz, rotgelb behaart mit einer schmalen hellbraunen Längslinie, zwei dunkleren Sammtstreifen daneben und rotgelben Längszeichnungen; unter diesen eine breitere hellblaue und über den Füßen eine rotgelbe Linie. Bauch weiß mit drei schwarzen Flecken. Kopf schwarzblau. 4,6 cm. Sie lebt unter einem gemeinschaftlichen Gespinste an Quecken (Triticum), Ampfer (Rumex), Wegerich (Plantago), Nelkenwurz (Geum) und Meer-Grasnelke (Statice maritima) und verwandelt sich unter Steinen in einem weißlichen Gespinste zu einer dunkelbraunen Puppe (Wild. 135, Taf. 2, Fig. 32). Entwicklung Ende Juni bis August. Früher bei Frankfurt a. M., in der Schweiz, an der Ostsee und in Südfrankreich. — O. 3. 292. — B. & G. Bomb. pl. 21. — A. s. Fr. 1871. 105. — St. e. Z. 19. 347. — Mill. 184. 3—4. — Dorycnii p. 357, pl. 43, III. p. 283, pl. 134.

Alpicola, *Stgr.* Taf. 17, Fig. 7. Raupe der Neustria ähnlich, aber mit weißer Rückenlinie und schwarzen Streifen daneben. Lebt auf verschiedenen Sträuchern, wie Rosen, jedoch vorzugsweise an nassen Stellen an den niederen Weidenarten. Verwandelt sich in einem gelben Gespinste zu einer braunen Puppe. Entwicklung im Juli, August. Nach *Frey,* S. 95, schwierig zu erziehen, wenn man nicht die Puppen unter Steinen einsammeln kann. In den Hoehgebirgen der Schweiz. — Mill. 1. p. 363, pl. 44 (Franconica).

Castrensis, *L.* Taf. 17, Fig. 8. (Sch. Taf. 20, Fig. 1.) Die Eier werden an Stengeln in einem Ringe gelegt; Raupe oben orangegelb, abgesetzt, schwärzlich gestreift und punktiert. Mittellinie weißlich und daneben je einen blauen, fein schwarz punktierten Längsstreifen; an den Seiten blaugrau mit gelbgrauen und schwärzlichen zackigen Längslinien. Luftlöcher schwarz; Bauch und Füße grau; Kopf dunkelblau. 4,6 cm. Lebt nach Rössl. 52 in einem gemeinschaftlichen Gespinste, besonders an sandigen Plätzen, an Wolfsmilch (Euphorbia), Flockenblume (Centaurea jacea), Storchschnabel (Geranium), Heidekraut (Calluna) und an jungen Wurzelausschlägen der Birken, später einzeln, polyphag. Sie bedarf der Sonne und ist deshalb sehr schwer längere Zeit gesund zu erhalten. Verwandelt sich in einem weißlichen Gespinste an der Nahrungspflanze zu einer schwarzen Puppe. Entwicklung im Juli, August. Nur in einigen Gegenden Deutschlands, z. B. bei Mombach, Brünn in Mähren, und mehr in südlichen Gegenden. — O. 3. 294. — Hb. 3. 63. — B. & G. Bomb. pl. 3. — Dup. Bomb. pl. 13. — Rsl. 4, Taf. 4. 14. — Sepp. VII. 21—22. — Frr. 1. 100, Taf. 50.

Neustria, *L.* Ringelspinner. Taf. 17, Fig. 9. (Sch. Taf. 20, Fig. 2.) Die blaugrauen Eier werden in fest an den Stengel angelegten Ringen abgelegt. Raupe langleibig, weich und dünn behaart, mit einer weißen Rückenlinie, an den Seiten je mit einem blauen, auf jedem Ringe mit einem schwarzen Flecken versehenen, unten schwarz gesäumtem Längsstreifen und unter demselben mit einer gelblichen Längslinie. Auf dem 12. Ringe mit einer warzigen dunklen Erhöhung. Luftlöcher gelblich. Kopf blaugrau mit zwei schwarzen Punkten. 4,5—5 cm. Leben von Mai bis Juni in einem gemeinschaftlichen Gespinste an Obstbäumen, welche sie oft kahl fressen, an Pappeln, Birken, Eichen, Rüstern, Schlehen und Weißdorn. Verwandelt sich in einem weichen, weißlich gepuderten Gespinste zu einer weichen schwarzen Puppe (Wild. 135, Taf. 3, Fig. 57). Entwicklung im Juli; sehr verbreitet. — O. 3. 296. — Rsl. 1. 4, Taf. 6. — Hb. 3. 63. — B. & G. Bomb. pl. 3. — Dup. Bomb. pl. 13. — Rtzb. 2. 136. — Pr. Taf. 2, Fig. 10. — Sepp. III. 30. — Buck. III. 50.

Neogena, *F. d. W.* (Sch. Taf. 20, Fig. 3.) Raupe ähnlich Lanestris, schwarzgrau, auf den Seiten mit weißen, Linien bildenden Pünktchen und sammtschwarzen Warzen, welche mit rostroten Haaren bedeckt sind. Kopf grauschwarz, ziemlich dicht behaart mit einem hufeisenförmigen Zeichen über dem Munde. Lebt auf einer Akazienart und verwandelt sich in einer braunen Tonne zur Puppe. Entwicklung im August. Rußland. — Frr. 1. 147, Taf. 470.

Loti, *O.* (Sch. Taf. 20, Fig. 4.) Raupe der von Lanestris ähnlich, schwarzbraun, rot gemischt mit gelblichen Haaren und deutlichen runden Flecken auf dem 4.—9. Ringe, und weißlichen Fußstreifen. Lebt von Mai bis August nach Roust. p. 36 an Cistus salviaefolius. Entwicklung im April. Nur in Spanien und Portugal. Rmb. faun. Andalus. 15. 1—2.

Vandalicia, *Mill.* Raupe dunkelbraun, stark behaart mit gelben, quer stehenden, länglichrunden Tupfen auf jedem Ringe. Mill. II, p. 98, pl. 62, Fig. 6—7. Hinter dem schwarzen Kopfe einen gelben Flecken. An Gräsern. Nur in Kastilien.

Lanestris, *L.* Taf. 17, Fig. 10. (Sch. Taf. 20, Fig. 5.) Die spiralförmig um einen Zweig geklebten und mit Afterwolle bedeckten Eier sind walzenförmig an beiden Seiten abgestumpft, grau. Raupe schwarzblau oder -braun; auf dem Rücken mit zwei Reihen rotgelben, gleichfarbig fein behaarten Flecken und an den Seiten unter denselben drei weiße Punkte auf jedem Ringe; die jungen Exemplare mit einer abgesetzten gelblichen Seitenlinie. Bauchfüße braun; Kopf schwarzgrau. 5 cm. Leben im Mai in großen weißen Gespinsten gesellschaftlich an Kirschen, Schlehen, Pflaumen, Weißdorn, Birken, Linden und Weiden und verwandeln sich in festen weißlichen oder braunen Tönnchen zu weichen ockergelben Puppen mit abgerundetem Afterstücke (Wild. 138, Taf. 1, Fig. 14). Entwicklung im März und April, zuweilen erst nach einigen Jahren. Verbreitet. — O. 3. 289. — Hb. 3. 60. — Rsl. 1. 4. 305, Taf. 62. — Esp. III. 17. — Rtzb. 2. 133. — Sepp. V. 10. — Buck. III. 48 (mit 4 Raupen). — St. e. Z. 1889 140. — Var. Arbusculae, *Frr.,* nur auf den hohen Alpen von Bayern. Tirol und der Schweiz, auf niederen Weiden (Salix arbuscula) und der grünen Erle (Alnus viridis) in großen Gespinsten. Entwicklung erst nach mehreren Jahren. — Frr. 96. — Frr. 6. 179, Taf. 590. — Wild. 138. — Mill. III. pl. 134. 5—7, zwei Schmetterlinge.

Catax, *L.* (Everia, *Knoch.*). Taf. 17, Fig. 11. (Sch. Taf. 20, Fig. 6.) Die gliederförmigen, oben flachen, bräunlichgrauen und dunkler punktierten Eier werden noch vor dem Winter in schiefer Richtung um einen Zweig oder Ästchen gelegt und mit der Afterwolle des Weibchens bedeckt. Raupe gelbbraun mit sammtschwarzen Ringeinschnitten, blauschwarzen Flecken auf dem Rücken und blauen, gelb gestrichelten und punktierten Flecken an den Seiten. Behaarung braungrau und rostfarben. Kopf schwarzbraun. 5 cm. Lebt im Juni, Juli in einem gemeinschaftlichen Gespinste an Schlehen, Birken, Pappeln, Eichen und namentlich Weißdorn, und verwandelt sich in einem festen gelblichen Gespinste zu einer stumpfen, zimmtbraunen Puppe. Entwicklung im Oktober oder im nächsten Frühjahre. Nicht selten. — O. 3. 287. — Hb. 3. 59. — Sepp. V. 10. — Esp. III. 16. — Wild. 137. — Frr. 6. 186, Taf. 597. — Pr. Taf. 2, Fig. 10.

Rimicola, *Hb.* Taf. 17, Fig. 12. (Sch. Taf. 20, Fig. 7.) (Catax, *Esp.*) Aschgrau mit breiten blauen Rückenstreifen und schmalen weißlichgelb gesäumten Streifen daneben, in welchen vom 4.–10. Ringe an je ein Büschel kurzer rotgelber Börstchen steht; auf dem 2.–3. Ringe je ein schwarzer rotbrauner behaarter Querflecken. Luftlöcher gelb und darunter eine rötlichgelbe Fußlinie. An den Seiten dünn graugelb behaart. Bauch schwarz, Bauchfüße rotbraun. Kopf glänzend schwarz. 5 cm. Lebt im Mai und Juni, in der Jugend gesellig nur an Eichen, besonders an alten Bäumen. Verwandelt sich in einem festen gelbgrauen oder braunen Tönnchen zu einer hellbraunen abgestumpften Puppe mit dunklem Rückenstreifen (Wild. 137, Taf. 3, Fig. 55.) Entwicklung Ende September, Oktober, zuweilen erst nach 1 bis 2 Jahren und länger. Nicht selten, doch verschwindet sie in manchen Gegenden mit den alten Eichen. — Rsl. 52. — O. 3. 285. — Hb. 3. 60. — Esp. III. 16. — Frr. 7. 4, Taf. 602.

Eversmanni, *L.* (Sch. Taf. 20, Fig. 8.) Raupe der Trifolii am ähnlichsten; die Behaarung ist hellbraun, nicht so gelb als bei dieser. Grundfarbe graublau mit rostroten Flecken auf jedem Ringe oben und weißlichen Flecken und Strichen unten. Lebt im Juni an trockenen Bergen an Kleearten, Scabiosen nach Eversm. (Bull. Mosc. 1843. S. 535) auf Caragana fruticosa. Entwicklung Ende August. Nur in Südrußland. — Bull. Mosc. 1843. 535. — St. e. Z. 1867, S. 340. — Mill. 118. 9–10. — Frr. V. 158, Taf. 476.

Trifolii, *Esp.* Taf. 17, Fig. 13. (Sch. Taf. 20, Fig. 9.) Eier oval, grau, dunkler gefleckt. Raupe mit weichen sammtartigen gelben Filzhaaren besetzt und mit schmalen schwarzblauen Ringeinschnitten, in welchen sich auf dem Rücken drei abgesetzte bläulichweiße Längslinien zeigen. Oben auf jedem Ringe zwei schwärzliche und rötliche Fleckchen. Luftlöcher gelblichweiß, schwarz gesäumt, die in breiten gelblichen Schrägsstrichen stehen. Nacken und Afterklappe orangegelb, schwarz gefleckt. Kopf schwarzbraun, mehr oder minder orangegelb gesprengelt. 7–8 cm. Lebt nach der Überwinterung im Mai, Juni an niederen Pflanzen, wie Wiesenklee (Trifolium pratense), Sichelklee (Medicago falcata), Ginster (Cytisus) und Hauhechel (Ononis spinosa) meist auf dürftiger Vegetation, die Var. Medicaginis, *Bkh.*, mehr auf üppigen Waldwiesen und Grasplätzen, und verwandelt sich in einem walzigen, braungelben Gewebe zu einer dunkelgrasgrünen oder schmutzig graugrünen Puppe (Wild. 139, Taf. 4, Fig. 72). Entwicklung im August, September. Nicht selten, die Varietäten mehr in Südeuropa. Var. Ratamae, *H.-S.* Raupen nach *Korb* nur schön silberweiß behaart; Var. Iberica, *Gn.*, mit der Vorigen zusammen. Die Raupen sind, mehr wie die der Stammform, gelb behaart mit bläulichen Flecken und schwarzen Einschnitten. Nur in Castilien in der Umgebung von Cadix. — O. 3. 262 und Var. Medicaginis 264. — Hb. 3. 61. — Rsl. 1. 4. 201, Taf. 35. — Esp. III. 141. — B. & G. Bomb. pl. 5. — Dup. Bomb. 4. — Frr. V. 88, Taf. 434. — Sepp. II. 13–14. — Buck. III. 20. Var. Cocles, *H.-G.*, A. s. Fr. 1860. 688.

Quercus, *L.* Taf. 17, Fig. 14. (Sch. Taf. 20, Fig. 10.) Eier länglichrund, blaßbraun (Schluß-Taf. Fig. 41.) Raupen graugelb behaart mit breiten sammtschwarzen Ringeinschnitten, von deren jeder mit zwei weißen Punkten besetzt ist; mit einem abgesetzten weißen Längsstreifen an den Seiten, in welchen sich feine weißliche Schrägsstriche befinden. Luftlöcher weiß, Kopf braun. 7–8 cm. Lebt im Mai, an Schlehen, Birken, Eichen, Weiden und Besenginster (Sarothamnus) und verwandelt sich in einem walzigen, braunen, leichten Gewebe zu einer dicken schwarzbraunen Puppe mit helleren Einschnitten (Wild. 140, Taf. 9, Fig. 76). Entwicklung im Juli; nicht selten. — O. 3. 266. — Hb. 3. 61. — Rsl. 1. 4, Taf. 35. — Esp. III. 13. — B. & G. Bomb. pl. 5. — Dup. Bomb. 4. — Sepp. VI. Taf. 17–18. — A. s. Fr. 1860, pl. X, Fig. 4. — Pr. Taf. 2, Fig. 9. — Buck. II. 47. Var. Alpina, *Frr.*, im Engadin. Var. Sicula, *Stgr.*, Fr. X. 1. 191. (Raupe fuchsrot ohne weiße Seitenstreifen. Südeuropa.) Var. Callunae, *Palmer*, A. s. Fr. l. c., Fig. 3.

Rubi, *L.* Taf. 17, Fig. 15. (Sch. Taf. 20, Fig. 11.) Eier oval, glatt, braungrau mit hellen Ringstreifen an den Seiten. Raupe in der Jugend schwarz mit hochgelben Gürteln. Erwachsen sammtartig braun, an den Seiten schwärzlich mit schwarzblauen Einschnitten und ziemlich langen rotbraunen Haaren. Kopf schwarz. 7–8 cm. Lebt vom Herbst bis Mai auf vielen niederen Pflanzen, besonders Brombeeren (Rubus fruticosa) und verpuppt sich in einem langen, weichen, grauen Gehäuse zu einer dickwalzigen schwarzen Puppe mit rotbraunen Einschnitten und feinen Börstchen am Afterstücke (Wild. 140, Taf. 3, Fig. 42). Die im Herbst gesammelten Raupen können nur im Freien überwintert werden; die Raupen im Frühjahr sind ziemlich einzeln. Entwicklung im Mai bis Juli. Nicht selten. — O. 3. 270. — Hb. 3. 62. — Rsl. III. 282, Taf. 49. — Esp. III. 9. — B. & G. Bomb. pl. 12. — Dup. Bomb. pl. 7. — Sepp. II. 7–9. — Buck. III. 46.

IX. Familie Bombycidae.

2. Gattung. Crateronyx, *Dup.* **Lasiocampa,** *Latr.*

Die dick walzenförmigen Raupen sind dünn behaart, leben an krautartigen Pflanzen und verpuppen sich ohne Gespinste.

Taraxaci, *Esp.* Taf. 17, Fig. 16. (Sch. Taf. 20, Fig. 12.) Oben orangegelb, an den Seiten mattbraun, auf jedem Ringe mit einem sammtschwarzen Flecken, welcher auf dem letzten Ringe von einer schmalen orangegelben Querlinie durchschnitten wird. Ringeinschnitte hellbraun. Behaarung dünn orangegelb. Kopf schwarzbraun. 5—6 cm. Lebt im Mai, Juni einzeln am Löwenzahn (Leontodon Taraxacum) und verwandelt sich in einer Erdhöhle zu einer schlanken hellbraunen Puppe. Entwicklung im Oktober. Österreich, Ungarn, Italien und in der Schweiz. — O. 3. 272. — Hb. 3. 58. — Fr. 3. 78, Taf. 248. — Soc. ent. 1. 155.

Balcanica, *H.-S.* (Sch. Taf. 20, Fig. 13.) (Bremeri, *Rol.*) Ei flach gedrückt, steingrau mit zwei weißlichen Ringen und dunkelgrünem, weißgerandeten Mittelpunkte. Raupe jung schwarz. Erwachsen sammtschwarz mit bläulichweißen oder grauen Seitenstreifen, zwei solchen Rückenlinien und je zwei pomeranzengelben, in gleiche Reihe mit den Rückenlinien gestellten Wärzchen auf jedem Gelenke. Unterseite dunkel, die Behaarung lichter grau. Herbst und im Winter an Cichorien (Cichoreum intybus). Entwicklung im Oktober. Schmetterling nur in Bulgarien und Armenien. — Led. Wien. e. M. VII. 24, Taf. 1, Fig. 6.

Dumi, *L.* (Dumeti). Taf. 17, Fig. 17. (Sch. Taf. 21, Fig. 1.) Eier halbrund, oben schmäler, mit eingedrückter Seite, weißlich mit schwarzen Fleckchen. Schluß-Taf. Fig. 42. Raupe dunkelbraun mit einer Reihe großer, länglicher, sammtschwarzer Flecken zu jeder Seite des Rückens. Luftlöcher schwarz. Behaarung braun. Kopf schwarz. 6—7 cm. Von Mai bis Ende Juni an Habichtskraut (Hieracium-Arten), Löwenzahn (Leontodon Taraxacum) und Lattich (Lactuca sativa), und verwandelt sich in der Erde oder unter Blättern zu einer chagrinartigen, dunkelbraunen Puppe, welche auf dem Rücken des ersten Ringes zwei längliche Auswüchse hat. Nur in einigen Gegenden Deutschlands, Schweden, Finnland, Rußland und in der Türkei. — O. 3. 27. 273. — Hb. 3. 58. — B. & G. Bomb. pl. 15. — Dup. Bomb. 7. — Isis (Ocken) 1846. 37. — Groß, Isis VI. 402. — Ent. N. VI. 6. — Soc. ent. 1. 82. 149.

Philopalus, *Dons.* (Sch. A. s. Fr. 1842, pl. 8, Fig. 2.) Die Raupen dieser bis jetzt nur in Algier vorkommenden Art wurden von *M. Korb* im April an Löwenzahn in den Gärten von Chilara (Andalusien) aufgefunden und sind denen von Taraxaci sehr ähnlich.

3. Gattung. Lasiocampa, *Latr.* **(Gastropacha,** *O.***)**

Raupen oben dünnhaarig, an den Seiten länger behaart; auf dem elften Ringe mit einer zapfenartigen Warze, bei Potatoria und Lobulina mit aufrecht stehenden Haarbüscheln, und langhaarigen, warzenartigen Hautwülsten über den Füßen. Hinter den Brustringen ein oder zwei Einschnitte lebhaft gefärbt. Überwintern meist nach den ersten Häutungen und verwandeln sich in längliche, weiche mit Haaren und mehlartigem Staube vermischte Puppen mit abgerundeten Afterstücken.

Potatoria, *L.* Taf. 18, Fig. 1. (Sch. Taf. 21, Fig. 2.) Ei länglichrund, grünlich, oben und unten mit schwärzlichen Ringen. Raupe schwarzbraun, dicht und kurz behaart; an den Seiten gelb gestreift und mit einer Reihe kurzer weißer Haarbüschel über den Füßen; die Haarbüschel auf dem Rücken des zweiten und elften Ringes dunkelbraun oder schwarz; Kopf braungelb mit grauen Streifen. 8 cm. Lebt im April, Mai an Grasarten, besonders am Fingergras (Dactylis glomerata), und verwandelt sich in einem gelblichweißen Gehäuse zu einer glänzend schwarzbraunen Puppe (Wild. 133, Taf. 4, Fig. 58). Entwicklung im Juli. Nicht selten. — O. 3. 256. — Hb. 3. 65. — Sepp. II. 8. — Esp. III. 11. — Rsl. 1. 4, Taf. 2. — B. & G. Bomb. pl. VI. — Dup. Bomb. 5. — Pr. Taf. 2, Fig. 7. — Buck. III. 50.

Pruni, *L.* Taf. 18, Fig. 2. (Sch. Taf. 21, Fig. 3.) Eier rund, kreideweiß mit grauem Mittelpunkte. Raupe bläulichgrau mit gelblichen Längslinien und zuweilen matten, gelbgrauen Flecken. Dritter Ringeinschnitt rotgelb. Kopf braungrau. Nachschieber ausgespreizt wie ein Fischschwanz. 8 cm. Im Mai, Juni an Obstbäumen, Linden, Birken, Erlen, Schlehen, verwandelt sich in einem gelblichen Gehäuse zu einer schwarzen Puppe mit dunkelbraunem Hinterleibe (Wild. 133, Taf. 4, Fig. 64). Entwicklung im Juni, Juli; nicht häufig, besonders in Gärten. — O. 3. 254. — Hb. 3. 66. — Esp. III. 10. — Rsl. 1. 4, Taf. 36. — B. & G. Bomb. pl. 7. — Dup. Bomb. 5. — Sepp. VII. 23. — Frr. 4. 83, Taf. 338. — I.-W. IV. 12.

Quercifolia, *L.* Kupferglucke. Taf. 18, Fig. 3. (Sch. Taf. 21, Fig. 4.) Ei länglichrund, platt, grün, weiß bandiert und mit einem grünen, weiß umzogenen Mittelpunkte. (*Gss.* Fig. 1, Schluß-Taf. Fig. 43.) Raupe aschgrau bis erdbraun mit helleren und dunkleren Winkelzeichnungen, mit zwei braunen Knopfwarzen auf jedem Segment und breitem dunkelblauen Ringeinschnitt auf dem zweiten und dritten Segment. Bauch rostbraun mit schwarzen Flecken. Kopf graubraun mit braunen Strichen. 9—12 cm. Lebt im April, Mai an Schlehen, Obstbäumen, besonders in Obstbaumschulen und ist, an den Ästchen angeschmiegt, schwer zu sehen. Verwandelt sich in einem dichten, schwarzgrauen Gehäuse zu einer schwarzbraunen, dicht mit weißlichem Mehlstaube bedeckten Puppe (Wild. 131, Taf. 4, Fig. 62). Entwicklung Ende Juni, Juli. Ziemlich verbreitet. — O. 3. 247. — Hb. 3. 70. — Esp. III. 6. — Rsl. 1. 4, Taf. 41. — Sepp. V. 33. 34. — B. & G. Bomb. pl. 6 u.10. — Dup. Bomb. pl. 9. — Pr. Taf. 3, Fig. 5. — Buck. III. 51. — I.-W. 4. 12.

Populifolia, *Esp.* Taf. 18, Fig. 4. (Sch. Taf. 21, Fig. 5.) Eier rund, grün, mit einem breiten weißen Streifen umzogen, später dunkelbraunrot (*Gss.* Fig. 2). Raupe aschgrau mit dunkleren Punkten und Flecken; der zweite Ringeinschnitt schwarzblau, der dritte rotgelb, schwarzblau gerandet. Behaarung hellgrau. Kopf graubraun. 8—9 cm. Lebt im Sommer an der Zitterpappel (Populus tremula, Populus nigra und pyramidalis), hält sich gewöhnlich auf den höchsten Zweigen auf und begibt sich nur zur Verwandlung an nahestehende Sträucher. Verwandelt sich in einem weißgrauen Gehäuse zu einer schwarzen Puppe mit rotbraunen Einschnitten, weiß bestäubt. Entwicklung Ende Juni. Selten. — O. 3. 245. — Hb. 3. 71. — Sepp. VIII. 19 bis 20. — B. & G. Bomb. pl. 7. — Esp. III. 58. — C. B. II. N. 19. — I.-W. II. 110. — Rössl. S. 50.

Tremulifolia, *Hb.* (Betulifolia, *O.*) Taf. 18, Fig. 5. (Sch. Taf. 21, Fig. 6.) Ei rund, rötlichbraun, mit einem breiten weißen Bande. Raupe rötlich- oder gelblichgrau, zuweilen rostgelb oder graubraun gezeichnet; der zweite und dritte Ringeinschnitt orangegelb, schwarz und weiß gefleckt; hinter dem fünften Ring ein schwärzlicher Gürtel. Bauch rostfarben mit einer braunen Fleckenreihe und gleichfarbigen Querstrichen. Kopf rötlich oder schwarzbraun. 8—9 cm. Lebt im Sommer an Eichen, Birken, Pappeln und Vogelbeeren, und verwandelt sich im Herbste in einem gelblichen Gehäuse zu einer schwarzbraunen, rötlich bereiften Puppe. Entwicklung im April, Mai. Nicht häufig. — O. 3. 242. — Hb. 3. 72 (Ilicifolia). — B. & G. Bomb. pl. X. — Dup. Bomb. pl. 16. — Frr. 1. 29. 15. — Esp. III. 8 (Ilicifolia).

Ilicifolia, *L.* Taf. 18, Fig. 6. (Sch. Taf. 21, Fig. 7.) Länglichrund, weiß und braun gefleckt mit einem schwarzen Mittelpunkt. Raupe rostfarben mit zwei großen weißen Punkten auf jedem Ringe. Die schwarze Rückenlinie erweitert sich auf jedem Ringe. Ringeinschnitt auf dem zweiten und dritten Ringe rotgelb, schwarz punktiert. Kopf braungrau, rostfarbig behaart. 5—6 cm. Eine Varietät ist grau mit rotgelben, von schwarzen Querlinien unterbrochenen Flecken auf dem Rücken, welche durch eine schwarze Mittellinie verbunden und auf beiden Seiten weiß eingefaßt sind. Lebt von Juli bis August an Weiden und Heidelbeeren (Vaccinium myrtillus) und verwandelt sich in einem gelblichweißen Gehäuse zu einer schwarzbraunen, rötlichweiß bestäubten Puppe. Entwicklung im Mai. Meist überall selten. — O. 3. 240. — Hb. 3. 72 (Betulifolia). — Esp. III. 7 (Betulifolia). — Wild. 132. — Buck. III. 57.

Suberifolia, *Dup.* (Sch. Taf. 21, Fig. 8.) Raupe blaugrau, weißlich behaart mit rotem Querflecken auf dem zweiten und dritten Ringe. In zwei Generationen, im Herbst und Frühjahr einzeln auf Eichen, wie Quercus robur, pubescens und Ilex. Südfrankreich und Spanien. Entwicklung im Februar und Juni, Juli. — Mill. Liv. 6, p. 273, pl. 4, Fig. 1—5.

Lunigera, *Esp.* Taf. 18, Fig. 7. (Sch. Taf. 21, Fig. 9.) Ei länglichrund, blaugrün mit einem dunklen Mittelpunkte an jedem Ende; Raupe dicht behaart, blau; auf dem Rücken eines jeden Ringes ein fast rautenförmiger, schwarz und weiß behaarter Flecken und zu deren Seiten winklige hellgelbe, in den Einschnitten rotgelbe Striche und Flecken; an den Seiten schwarze, oberwärts gelb angelegte Schrägsstriche. Kopf schwarz.

7 cm. Var. **Lunigera,** Esp. III. 91. — Frr. 1. 127, Taf. 69, auf dem Rücken gelb mit einem schwarzen, gleichfarbig behaarten Flecken an jedem Ringe; an den Seiten violett mit gelben schwarz gesäumten Schrägsstrichen, Luftlöcher gelblich. Kopf blauschwarz. Lebt im Sommer und nach der Überwinterung bis Juni, selten an Fichten, von denen sie geklopft werden kann. Selten beide Formen beisammen, z. B. ist bei Gunzenhausen nur Lunigera, bei Regensburg nur Var. Lobulina zu treffen. Verwandelt sich in einem gelblichen mit schwarzen Haaren vermischten Gehäuse zu einer dickwalzigen gelbbraunen Puppe. Entwicklung im August. Nur einzeln und nirgends häufig. — O. 3. 258. — Hb. 3. 64 (mit der Varietät). — F. 1. 126, Taf. 68. — St. e. Z. 1884. 274 (mit Lobulina). — Wild. 133.

Pini, *L.* Fichtenspinner oder Tannenglucke. Taf. 18, Fig. 8. (Sch. Taf. 21, Fig. 10.) Ei groß, länglichrund, gelbgrün. Raupe braun, silber- oder aschgrau mit rötlicher Behaarung; vom vierten Ringe an auf dem Rücken eine Reihe brauner oder schwärzlicher rautenförmiger Flecken; an den Seiten ein abgebrochener brauner Längsstreifen; der zweite und dritte Ringeinschnitt dunkelblau. Luftlöcher weißlich. Kopf gewölbt, braun. Lebt im Sommer und nach der Überwinterung im Moose an Nadelholz, besonders an Föhren (Pinus sylvestris). Tritt auf diesen oft in verheerender Menge auf, so dass in den vorigen Jahren bei Darmstadt und Nürnberg alle Föhren mit Theerringen zum Fangen der im Frühjahr auf die Bäume steigenden Raupen versehen wurden. Verwandelt sich in einem dichten, gelbgrünen, mit Haaren vermischten Gehäuse zu einer schwarzbraunen Puppe mit rotbraunen Einschnitten (Wild. 132, Taf. 3, Fig. 40). Entwicklung von Ende Juni bis August. Häufig. Der Schmetterling variiert sehr häufig. — O. 3. 252. — Hb. 3. 67. — Rsl. 1. 4, Taf. 59. — Esp. III. 12. — Dup. Bomb. pl. 16. — Rtzb. II. 138. — Sepp. VI. 29—31. — Pr. Taf. 2, Fig. 6.

Lineosa, *Vill.* (Sch. Taf. 21, Fig. 11.) Raupe der von Pruni ähnlich, grau mit mehreren dunkleren Längslinien und zwei gelblichroten Wulsten auf dem zweiten und dritten Ringe. Auf dem elften Gelenke stehen zwei kleine Haarzapfen. Lebt im Mai an Cypressen (Cupressus sempervirens und fastigiata) und verwandelt sich in einem pergamentartigen behaarten Gewebe zu einer braunen Puppe. Entwicklung im Juni. Südfrankreich und Katalonien. — Tr. X. 1. 186. — Frr. 3. 23, Taf. 134. — B. & G. pl. 21. — Dup. Bomb. pl. 9.

Otus, *Drury.* (Dryophaga, *H.-G.*) Taf. 18, Fig. 9. (Sch. Taf. 21, Fig. 12.) Ei weißgelblich, marmoriert mit schwarzen Punkten. Raupe der Quercifolia ähnlich, heller oder dunkler, rindenfarbig, braungrau gestreift mit zwei hochorangefarbenen, mit schwarz gemischten Wulsten auf dem zweiten und dritten Ringe. Rücken mit einem aus gelblichen, dunklen eingefaßten Schildern bestehenden Längsstreifen und weißen Wärzchen über den Füßen, welche weit hervorragende gelbbraune Haarbüschel tragen. Lebt im Sommer an Wolleichen (Quercus pubescens). Verwandelt sich in einem seidenartigen, dichten, weißen oder weißlichgrauen Gehäuse zu einer braunen Puppe. Entwicklung im Juli, August. Dalmatien, Balkan und Kleinasien. — Tr. X. 1. 185. — Hb. 3. 68. — Die Zucht derselben St. e. Z. 1849. 156.

4. Gattung. Megasoma, *B.*

Nur in einer Art in Europa vertreten, die andern Arten gehören der indischen und afrikanischen Fauna an.

Repandum, *Hb.* (Sch. Taf. 72, Fig. 4. 10.) Raupe bläulich, aschgrau mit einem dunkleren, weiß eingefaßten, auf jedem Ringe schildförmig ausgebogenen Streifen. Im Mai, Juni an Ginsterarten, wie Genista juncea, Besenginster, Spartium vireus und monospernum, an Pistacea und Tamarix. Im Oktober; in Spanien, bei Cadix häufig, in Syrien und Nordafrika. — A. s. Fr. 1832, p. 340, Taf. 13. — Tr. X. 1. 195. — B. & G. Bomb. pl. II. — Dup. Bomb. 3.

X. Familie. Endromidae, *B.*

Die ganze Familie nur durch eine Art in Europa vertreten; auch in den andern Weltteilen nur schwach; die einzige Gattung ist:

Endromis, *O.*

Raupen nackt mit einer Erhöhung auf dem elften Ringe, 16-füßig, Gewebe pergamentartig.

Versicolora, *L.* Taf. 18, Fig. 10. (Sch. Taf. 22, Fig. 1.) Eier länglichrund und blaßrötlich. (Schluß-Taf. Fig. 44.) In der Jugend schwarz, fein behaart; erwachsen grün, auf dem Rücken weißlich mit einer gelblichweißen Längslinie an den Seiten der Brustringe; unter den anderen Ringen stehen ebensolche Schrägsstriche. Luftlöcher weiß, rotbraun gerandet, Kopf rund mit weißen Strichen. Lebt im Mai, Juni an Birken, Linden, Haseln und Hainbuchen. Kurz vor der Verwandlung wird sie rotbraun und verwandelt sich in einem festen pergamentartigen Gewebe zu einer dunkelbraunen oder schwarzen Puppe. Entwicklung im März und April; in Birkenschlägen, das Männchen fliegt bei Tage. — O. 3. 16. — Hb. 3. 1. — Sepp. V. 1. — Wild. 142. — Pr. Taf. I, Fig. 3. — Buck. III. 51.

XI. Familie. Saturnidae, *B.*

Raupen dick walzig mit Borsten und Knopfwarzen besetzt, oder nackt (Tau) mit einem kleinen runden Kopfe. 16-füßig; unter den wenigen Arten befinden sich die größten Schmetterlinge Europas.

1. Gattung. Saturnia, *Schrk.*

Raupen walzig mit sechs sternförmigen, mit steifen Borsten und einigen Haaren besetzten Erhöhungen auf jedem Körperringe. Auf dem zweiten und dritten Ringe acht, auf dem ersten und letzten nur vier solcher Knopfwarzen. Leben auf Sträuchern und Bäumen und verspinnen sich in birnförmige feste Gehäuse. Die Eier werden haufenweise an die Nahrungspflanzen geklebt.

Pyri, *Schiff.* Wiener Nachtpfauenauge. Taf. 18, Fig. 11. (Sch. Taf. 22, Fig. 2.) Eier länglichrund, rötlich. Die Raupe, in der Jugend schwarz mit roten Knöpfen, wird, nachdem sie sich bei jeder Häutung verändert hat, erwachsen gelbgrün, in den Seiten dunkler mit sechs hellblauen, zuweilen rosaroten, sternförmigen mit steifen Borsten versehenen Knopfwarzen, die mit zwei langen kolbigen Haaren besetzt sind. Über der Afterklappe und auf jedem der Nachschieber steht ein hochroter Flecken und ebenso sind die Luftlöcher gefärbt. 10—12 cm. Lebt im Juli, August an Pflaumen-, Aprikosen-, Mandel-, Äpfel-, Kirsch-, Birn- und Eschenbäumen, und verpuppt sich in einem weißgrauen oder dunkelbraunen Gehäuse zu einer braunen Puppe mit schwarzen Flügelscheiden. Entwicklung im Mai, Juni. Österreich, Mähren, Ungarn, in der Schweiz, Frankreich und Kleinasien. In Stuttgart durch *A. Reihlen* eingebürgert. — O. 3. 2. — Hb. 3. 25. — Rsl. 4. 117, Taf. 4. — B. & G. Bomb. pl. 1. — Sepp. III. 31—33. — Pr. Taf. I, Fig. 1. — O. Wild. 144. — *Ungerer*, Isis II. 129.

Spini, *Schiff.* Taf. 18, Fig. 12. (Sch. Taf. 22, Fig. 3.) Die jungen aus den Eiern kommenden Raupen sind schwarz mit stahlblauen Knöpfen, erwachsen schwarz mit goldgelben Warzen, die mit schwarzgrauen Haaren besetzt sind. Lebt im Mai, Juni an Schlehen, Rosen, Äpfeln, Rüstern und war nach Doleschal, Ins.-W. II. 107 im Jahre 1877 bei Brünn so häufig, daß Schlehen- und Rosenbüsche förmlich bedeckt waren, aber auch an Weiden- und Erlenbüschen waren sie zu finden. Verwandelt sich in einem braungrauen Gewebe zu einer braunen Puppe (Wild. 144, Taf. 9, Fig. 78). Entwicklung im Mai, Juni. Österreich, Ungarn, Südrußland und Kleinasien. — O. 3. 4. — Hb. 3. 24, Hybrida, *O.*, ein Bastard zwischen Spini und Pavonia, wird bei Wien öfters im Freien gefunden, die Raupen sind nach Tr. X. 1. 145 grün, unregelmäßig mit schwarzblau, getigert mit pomeranzenfarbenen Warzen und sind leicht von beiden Raupen zu unterscheiden.

Pavonia, *L.* (*Carpini*, *Schiff.*) Taf. 19, Fig. 1. (Sch. Taf. 22, Fig. 4.) Das Ei nach Sepp. I. 2. 10. (Schluß-Taf. Fig. 45.) Raupe in der Jugend schwarz mit rötlichen Fußstreifen; erwachsen grün mit mehr oder minder breiten sammtschwarzen Gürteln, oder statt deren nur mit schwarzen Flecken an der Basis der Warzen, oder ganz ohne schwarze Zeichnung; die Warzen goldgelb oder rosenrot; Luftlöcher gelbrot. Kopf grün. 6 cm. Lebt im Mai und Juni an Schlehen, Rosen, Brombeeren, Spiraéa ulmifólia, und vielen Laubhölzern, und verwandelt sich in einem weißlichen oder braungelben Gehäuse zu einer schwarzbraunen Puppe mit gelblichen Ringeinschnitten (Wild. 144, Taf. 2, Fig. 22). Entwicklung im Mai, Juni. Nicht selten. — O. 3. 6. — Hb. 3. 24. — Rsl. 1. 4, Taf. 4. — B. & G. Bomb. pl. 2. — Dup. II. Bomb. 2. — Sepp. I. 2. TO. 11. — Buck. III. 52. — Berl. e. Z. 1885. 256.

Caecigena, *Kupido.* Taf. 19, Fig. 2. (Sch. Taf. 22, Fig. 5.) Die Eier ziemlich groß, etwas länglich, von beiden Seiten flach gedrückt, glänzend, weiß und braun marmoriert. Sie werden nicht klumpenweise, sondern nur einzeln, höchstens vier Stücke, zwischen die Gabeln der Eichenzweige gelegt. Raupe grün oder rotbraun, auf jedem Ringe ein brauner Gürtel, welcher mit gelblichen, fein weiß behaarten Pünktchen und mit den dunkelgelben, stärker, weiß behaarten Knopfwarzen besetzt ist, einem gelblichen Fußstreifen und gelben Luftlöchern. 6—8 cm. Lebt im Juni an Eichen (Quercus apennina) und verwandelt sich in netzartigem Gewebe zu einer rotbraunen Puppe. Entwicklung im südlichen Krain, Dalmatien, Türkei, Bulgarien und Kleinasien. — Hb. 3. 22. — Tr. X. 1. 146. — Frr. 1, Taf. 2. 3. — Verh. z. B. V. Wien 1854. 555. — Soc. ent. III. 17. 25, IV. 71.

Isabellae, *Graills.* (Sch. Taf. 22, Fig. 6.) Die nur in Kastilien in Spanien vorkommende Art gehört zu der Gattung Tropaea, *Hb.*, welche in Asien und Afrika und in Nordamerika (Luna, *L.*) ihre Vertreter hat. Die Raupe ist hellgrün, weiß punktiert mit roten, weiß eingefaßten Rückenbüscheln und dunkler Behaarung; über den Rücken läuft ein brauner, auf jedem Segment etwas eingebogener, weiß eingefaßter breiter Streifen; die ersten drei Gelenke sind gelb und rötlich eingefaßt. Im Juni an der Seekiefer (Pinus maritima). Verwandelt sich in einem rotbraunen, birnförmigen Gehäuse zu einer rotbraunen Puppe. Entwicklung im Juni. Nur in Spanien. — A. s. Fr. 1850, pl. 8. — Mill. III. p. 1, pl. 101.

2. Gattung. Aglia, *O.*

Raupe dieser aus einer Art bestehenden Gattung in der Jugend bedornt, später nackt, auf dem Rücken walzig.

Tau, *L.* Taf. 19, Fig. 3. (Sch. Taf. 23, Fig. 1.) Eier kugelrund, rotbraun (Schluß-Taf. Fig. 46). Raupe in der Jugend grünlich mit fünf langen roten Dornen auf dem Rücken besetzt. Erwachsen grün, durch gelbe Pünktchen körnig, rauh und auf dem Rücken durch Querwulste höckerig; an den Seiten mit weißlichgelben Schrägsstrichen und darunter einer gleichfarbigen Längslinie, in welcher auf dem vierten Ringe ein länglicher, rotgelber Flecken steht. Luftlöcher rotgelb. Kopf klein, grün mit gelbem Halsringe. 5—6 cm. Lebt im Juni, Juli an Birken, Erlen und verwandelt sich in einem lockeren Gespinste zwischen Moos zu einer glanzlosen schwarzbraunen Puppe. Entwicklung im März und April. Die Männchen fliegen besonders in Buchenwäldern schnell bei Tage, während die Weibchen verborgen sitzen. — O. 3. 12. — Hb. 3. 21. — Rsl. 3, Taf. 68 u. 70. — Frr. VII. 14. 607. — Wild. 143. — Esp. III. 3. — Isis VIII. 90. — Tr. e. Z. 187.

XII. Familie. Drepanulidae, *B.* (Platypterygidae.)

Raupen 14-füßig mit einzelnen sehr feinen Härchen besetzt; die vorderen Ringe durch fleischige Auswüchse höckerig, der letzte Ring ohne Füße, spitz auslaufend; Kopf herzförmig eingeschnitten, bisweilen mit zwei Spitzchen (hamula). Leben an Laubhölzern und Gebüschen, machen zu ihren Häutungen an einem Blatte ein leichtes Gespinst und verwandeln sich in versponnenen Blättern in schlanke Puppen; zwei Generationen, deren letztere als Puppen überwintern.

1. Gattung. Drepana, *Schrk.* (Platypteryx, *Lasp.*)

Die Raupen haben warzige Erhöhungen auf den hinteren Brustringen und sind behaart.

Falcataria, *L.* (Falcula, *Schiff.*) Taf. 19, Fig. 4. (Sch. Taf. 23, Fig. 2.) Raupe fast gleich dick, oben rotbraun mit dunkleren Binden. Bauch und Seiten blaßgrün mit steifen Härchen vom ersten bis fünften Gelenk. Luftlöcher gelblich, schwarz gesäumt. Kopf bräunlichgelb mit zwei rotbraunen Binden. 2,5—3 cm. Lebt im Juni, August bis Oktober an Birken und Erlen. Puppe braun mit kurzen Börstchen (Wild. 147, Taf. 1, Fig. 12). Entwicklung im Mai und wieder im Juli, August. Nicht selten. — Tr. V. 3. 408. — Hb. 3. 19. — Esp. III. 73. — Buck. III. 53. — Tijd. VII. 113.

Curvatula, *Bkh.* Taf. 19, Fig. 5. (Sch. Taf. 23, Fig. 3.) Raupe grün, auf dem Rücken braun mit zwei Paar Fleischzapfen auf dem dritten und vierten Ringe. Luftlöcher gelblich; Bauch und Füße grasgrün. Kopf herzförmig, weißlich mit braunen Bändern. 2,5—3 cm. Lebt im Juni, August und September an Erlen. Puppe braun mit dunkleren Flügelscheiden (Wild. Taf. 2, Fig. 20). Entwicklung im Mai und Juli. Ziemlich verbreitet, mehr in der Ebene an Erlenbüschen. — Tr. V. 3. 404. — Hb. 3. 19 (Harpagula). — Sepp. II. 12. — Wild. 147. — Tijd. VII. 113.

Harpagula, *Esp.* (Sicula, *Hb.*) Taf. 19, Fig. 6. (Sch. Taf. 23, Fig. 4). Raupe auf den ersten drei Gelenken violett, über dem Rücken zitronengelb; der dritte Ring mit einem fleischigen, in zwei Spitzen geteilten braunen Höcker. Die Seiten und die Schwanzspitze rötlichbraun, heller und dunkler, gestrichelt. Kopf gelblich, zweispitzig. 2,5—3 cm. Lebt im Juli, September und Oktober an Birken, Linden und Eichen. Puppe braun, weißlich bestäubt. Meist selten. — Tr. V. 3. 403. — Hb. 3. 19. — Frr. 2. 95. — Wild. 146. — Buck. III. 51.

Lacertinaria, *L.* (Lacertula, *Schiff.*) Taf. 19, Fig. 7. (Sch. Taf. 23, Fig. 5.) Die Eier länglichrund, glänzend zitronengelb, später rosenrot, korallenrot, grau und zuletzt grün. (Schluß-Taf. Fig. 47.) Raupe braun, bisweilen an den Seiten etwas grünlich; die warzigen Höcker auf dem zweiten und dritten Ring besonders spitzig. Kopf gelbbraun. 2,8 cm. Im Juni und August an Birken und Erlen. Entwicklung im Mai, Juli und August. Der Schmetterling fliegt nicht in allen Gegenden; in Birkenschlägen und setzt seine Eier reihenweise ab, die nach 10—12 Tagen ausschlüpfen. — Tr. V. 3. 417. — Hb. 3. 20. — Sepp. VI. 23. — Wild. 146.

Binaria, *Hufn.* (Hamula, *Esp.*) Taf. 19, Fig. 8. (Sch. Taf. 23, Fig. 6.) Eier gelblich, grünlich oder karminrot mit Längsrinnen und einem Querband (Sepp. II. 16). Raupe oben grünlichbraun, vom vierten Ring an bräunlichgelb mit einem stumpfen, zweispitzigen Höcker auf dem dritten Ringe, neben dem weiße Punkte stehen; an den Seiten eine gelbe Längslinie und am letzten Ringe mit braunen Schwanzspitzen. Kopf mit zwei Spitzen, braungrau. 3 cm. Lebt in zwei Generationen im Juni und August an Eichen. Verwandelt sich zu einer braunen, weißgrau bestäubten Puppe. Entwicklung im Mai, Juli und August. Verbreitet, aber einzeln. — Tr. V. 3. 411. — Wild. 148. — Buck. III. 53. — Mill. III. 212, pl. 124, Fig. 1—5. Var. **Uncinula**, *Brk.*, mit fast einfärbig grüner Raupe an Quercus Ilex. Südeuropa.

Cultraria, *F.* (Unguicula, *Hb.*) Taf. 19, Fig. 9. (Sch. Taf. 23, Fig. 7.) Hellbraun ins Rötliche ziehend, mit einem sattelförmigen Flecken auf dem in der Mitte stärkeren und etwas erhöhten Rücken. Kopf hellbraun. 3 cm. Lebt im Juni, August und September an Buchen (Fagus sylvatica). Puppe glänzend braun, bräunlich bestäubt. Entwicklung im Mai und Juli. In Buchenwäldern, nicht selten. — Tr. V. 3. 414. — Voll. I. 17. — Wild. 148. — Buck. III. 53. 3.

2. Gattung. **Cilix**, *Leach.*

Raupen auf den Brustringen mit warzenförmigen Erhöhungen. Nur eine Art.

Glaucata, *Sc.* (Spinula, *Schiff.*) Taf. 19, Fig. 10. (Sch. Taf. 23, Fig. 8.) Rotbraun; die Erhöhungen auf dem zweiten Ringe größer und an den Spitzen weißlich; hinter diesen ein weißlicher, schwarzbraun punktierter Flecken, der in eine weiße Linie endigt. Auf dem letzten, sehr spitz auslaufenden Ringe ein schwarzes Wärzchen. Kopf mit zwei kleinen Erhöhungen. 1,8 cm. Lebt im Juni und Ende August an Schlehen (Prunus spinosa). Verwandelt sich in eine braune Puppe mit bläulichen Flügelscheiden. Entwicklung im Mai, Juli und August. Verbreitet, aber nicht häufig. — Tr. V. 3. 400. — Hb. 3. 18. (B. b. I, F. a. b.) — Sepp. VII. 4. — Wild. 145. — Buck. III. 52.

XIII. Familie. Notodontidae, *B.*

Eier mehr oder weniger halbrund, Raupen 16- oder 14-füßig, platt, dünn behaart oder höckerig. Leben fast alle auf Laubhölzern, nur einige an Nadelholz. Goossens, Tableau analytique des Chenilles de la Notodontidae. A. s. Fr. 1877, p. 368.

1. Gattung. **Harpyia**, *O.* (**Cerura**, *Schrk.*)

Raupen 14-füßig; nackt, auf dem vierten Ringe etwas erhöht; mit großem flachem Kopfe, welcher in der Ruhe in den ersten Ring zurückgezogen wird; der letzte fußlose Ring endigt in zwei lange Röhren, aus denen bei der Berührung weiche Fäden hervortreten. Sie leben an Laubhölzern und verpuppen sich in feste Gespinste aus abgenagten Holzteilen, weshalb man ihnen bei der Verpuppung stets faules Holz, Torf oder Rinde geben muß. Puppenruhe oft 2jährig.

Verbasci, *F.* Taf. 19, Fig. 11. (Sch. Taf. 23, Fig. 9). Raupe der von Bicuspis sehr ähnlich; die rötlichgelbe Zeichnung des Rückenfleckens ist an der Seite nicht unterbrochen und auf dem fünften und zehnten Ringe befinden sich kleine schwarze, innen weiße Flecken. 5—6 cm. Von Juli bis Herbst an Saalweiden (Salix), nach Rst. p. 40 an helix, monandra und hippophaeoides. Entwicklung im Mai. Südfrankreich. — Dup. III. Bomb. pl. 12. — Frr. 3. 86, Taf. 254. — B. & G. Bomb. pl. 6. — Gss. p. 373.

Bicuspis, *Bkh.* Taf. 19, Fig. 12. (Sch. Fig. 23, Fig. 10.) Hellgrün, Nackenschild auf den ersten beiden Ringen pyramidenförmig, in eine knopfförmige Spitze endigend, rotbraun, weiß gesäumt; der rotbraune, weiß und rötlich gesäumte Rückenflecken beginnt am vierten Ringe spitz, erweitert sich bis zum siebenten Ringe bis zu den Luftlöchern und verschmälert sich dann bis zu den Schwanzspitzen, vor denen er sich noch ein wenig ausdehnt und vor einem schwarzen Flecken endigt. Luftlöcher weiß, schwarz gesäumt. Kopf gelblich mit zwei großen schwarzen Flecken. 5—6 cm. Lebt vom Juli bis September an Birken, Erlen—Espen und Buchen. Entwicklung im Mai, überall sehr selten. — O. 3. 28. — Hb. 3. 17 (E. b. 3) (nach O. schlecht). — Frr. 4. 131, Taf. 363. — B. & G. Bomb. pl. 3. — Dup. Bomb. pl. 2. — Wild. 156. — Buck. III. 32. — Gss. 373, pl. 8, Fig. 5.

Furcula, *L.* Taf. 19, Fig. 13. (Sch. Taf. 23, Fig. 11.) Das Ei ist nach Sepp. I, II, Taf. 6, schwarz, halbrund. Die junge Raupe ist schwarz, erwachsen gelbgrün, etwas rötlich, gelb und dunkelgrün punktiert; der Nackenflecken ist bis zum vierten Ringe violett, rot und gelb gefleckt, gelb gesäumt; der rautenförmige Rückenflecken stößt mit den Nackenflecken zusammen und ist auf dem sechsten und siebenten Ringe bogig ausgeschnitten, violett oder rosenrot mit dunkler Mittellinie, fleckiger Schattierung und gelblichem Saume, die Schwanzspitze gedornt, gelb und braun geringelt; Kopf grünlich, gelb gerandet mit rotbraunen Freßwerkzeugen. 4—5 cm. Von Juli bis September an Weiden, besonders an Salix caprea. Verwandelt sich in einem gelbbraunen Gehäuse zu einer hellbraunen Puppe mit grünlichen Flügelscheiden. Entwicklung im Mai, Juni. — O. 3. 32. — Hb. 3. 17. (E. b. 2). — Esp. III. 19. — B. & G. Bomb. pl. 1. 2. — Frr. B. 2. 10. — Wild. 155. — Gss. 372. — Buck. II. 32.

Bifida, *Hb.* Taf. 19, Fig. 14. (Sch. Taf. 23, Fig. 12.) Das Ei ist grauschwarz, die junge Raupe schwarz, die erwachsene gleicht der vorigen, nur größer, einfärbiger, die Flecken stehen nicht zusammen, weshalb der durch eine weiße Linie geteilte Nackenflecken den violettbraunen Rückenflecken nicht berührt. Die Luftlöcher sind gelb, rotbraun gesäumt; die Schwanzspitzen grün, rot bedornt. 4—4,5 cm. Von Juni bis September an allen Pappelarten, verwandelt sich in einem braungrauen Gehäuse zu einer stumpfen hellbraunen Puppe.

Entwicklung im Mai, Juni. Ziemlich verbreitet. — O. 3. 29. — Hb. 3. 17. (E. b. 1). — Frr. B. 2. 28. — Wild. 155. — Gss. 372. — Buck. II. 32.

Interrupta, *Chr.* Raupe hell, bläulichgrün mit zusammenhängenden dunkelgrünen Nacken- und Rückenflecken. Die Mitte des Rückens ist fast weiß. Im August und September an Populus nigra. Entwicklung im Juni, Juli; nur bei Sarepta. — St. e. Z. 1867, S. 233.

Erminea, *Esp.* Taf. 19, Fig. 15. (Sch. Taf. 23, Fig. 13.) Das Ei ist nach Gooss. pl. 8, Fig. 4, flach, in der Mitte rundlich erhöht, braun mit schwarzen Flecken, unten ringsum weiß eingerandet und geteilt. Die Raupe der von Vinula ähnlich, grün; der dreieckige und rautenförmige Rückenflecken ist aber viel schmäler, schwächer erweitert, mit einem weißen Streifen begrenzt und vom siebenten Ringe an geht ein weißer Querstreifen bis an die Füße. Luftlöcher weiß, schwarz gerandet. Kopf braun mit zwei schwarzen Streifen. Schwanzspitze kürzer. Vor der Verwandlung wird die Raupe rot und wird zu einer hellrotbraunen Puppe. 7—8 cm. Auf Espen, Pappeln und Weiden von Juni bis September. Entwicklung im Mai, Juni. In Deutschland nur in wenigen Gegenden, z. B. bei Dresden und Leipzig, Österreich, Mähren, Italien, Piemont, Livland. — O. 3. 24. — Esp. 3. 68. 69, das Ei (Raupe schlecht). — Hb. 3. 16. (E. a. b.) — B. & G. Bomb. pl. 3. — Dup. Bomb. pl. 1. — Frr. 1. 165, Taf. 92.

Vinula, *L.* Taf. 19, Fig. 16. (Sch. Taf. 23, Fig. 14.) Das Ei flach gewölbt, fleischfarben, später braun mit einem schwarzen, gelb gesäumten Mittelpunkte. (Schluß-Taf. Fig. 48.) Gss. Taf. 8, Fig. 3. Die Raupe in der Jugend schwarz, sodann auf dem Rücken rotbraun und an den Seiten grünlich, mit zwei ohrenförmigen Knöpfen am Kopfe. Erwachsen grün, Kopf dick, rot gerandet, der Nackenflecken und Rückenstreifen graubraun oder rötlich, letzterer in der Mitte stark erweitert. Auf dem siebenten Ring steht zuweilen auf jeder Seite zwischen dem weißen, schwarz eingefaßten Luftloche und dem zweiten Bauchfuße ein hochroter, runder, weißgerandeter Flecken, der auch manchmal mit dem Rückenflecken verbunden ist. Aus den langen Schwanzspitzen kann die Raupe beim Berühren einen weichen hochroten Faden hervorstrecken, den sie nach Willkür wieder einzieht. Auch aus einer Spalte unter dem Munde speit sie bei Beunruhigung einen scharfen Saft. 6—7 cm. Von Juli bis September auf Weiden, Pappeln. Verwandelt sich in einem festen aus Spänen verfertigten Gehäuse zu einer dickwalzigen dunkelroten Puppe (Wild. 154, Taf. 1, Fig. 4). Entwicklung im Mai und Juni. Verbreitet und oft häufig. — O. 3. 20. — Hb. 3. 15. (E. a. 1) — Rsl. 1. 4, Taf. 19. — B. & G. Bomb. pl. 1. — Dup. Bomb. pl. 1. — Sepp. I. II. 5. — Pr. Taf. 1, Fig. 4. — Soc. ent. II. No. 23, III. 21. 37. — Buck. II. 32.

2. Gattung. Stauropus, *Germ.*

Raupen nackt, 14-füßig, die beiden letzten Paar Brustfüße sehr lang, ohne Nachschieber, auf dem Rücken der mittleren Ringe höckerig. Der letzte Ring endigt in zwei keulenförmige Spitzen. Nur eine Art:

Fagi, *L.* Taf. 19, Fig. 17. (Sch. Taf. 23, Fig. 15.) Kastanienbraun, seltner gelb- oder graubraun mit spitzen, kegelförmigen Höckern auf den sechs mittleren Ringen, deren vorderste in zwei Spitzen endigen; das breite, an beiden Seiten gezähnelte Hinterteil endigt in zwei kurze keulenförmige Spitzen. Kopf oben leicht ausgeschnitten, flach, braun, heller gerandet. 6 cm. Lebt im Sommer auf Buchen, Haseln, Eichen, Wallnuß und verwandelt sich in einem weißen seidenartigen Gehäuse zu einer glänzend rotbraunen Puppe (Wild. 157, Taf. 9, Fig. 8). Entwicklung von Mai bis Juli. Meist selten. — O. 3. 39. — Hb. 3. 13 (D. a. b. 1). — Rsl. 3, Taf. 12. — B. & G. Bomb. pl. 3. — Dup. Bomb. pl. 6. — Sepp. IV. 30—31, VI. 37. — Buck. II. pl. 33. — Pr. Taf. 1, Fig. 5. — Gss. 372, pl. 8, Fig. 2.

3. Gattung. Uropus, *B.*

Raupen lang gestreckt, fein behaart mit herzförmigem Kopfe, 14-füßig, ohne Nachschieber, der letzte Ring in zwei gabelförmige Spitzen endigend. Ebenfalls nur eine Art:

Ulmi, *Schiff.* Taf. 19, Fig. 18. (Sch. Taf. 23, Fig. 16.) Braungrau oder gelblichgrün mit vielen gelben, schwarz eingefaßten Pünktchen bedeckt; oben dunkler, mit einem gelbgrauen, durch eine gelblichgrüne Längslinie geteilten Mittel- und ebensolchem Seitenstreifen, einer keilförmigen schwarzen Erhöhung auf dem vierten Ringe und einem gleichfarbigen erhöhten Flecken auf dem elften Ringe. Der letzte Ring endigt in zwei braune gabelförmige, am Ende abgerundete Spitzen. 5 cm. Vom Mai bis Herbst an Ulmen (Ulmus campestris). Verwandelt sich in einer gewölbten, festen Erdhöhle zu einer schwarzbraunen Puppe. Entwicklung im April, Mai. Selten bei Wien, in Steiermark, in der Schweiz, Frankreich, Italien, Ungarn und Sarepta. — O. 3. 36. — Hb. Noet. IV. 1, (A. b. 1). — B. & G. Bomb. pl. 2. — Wild. 158. — Pr. Taf. 1, Fig. 6. — Gss. 373.

4. Gattung. Hybocampa, *Led.* (**Hoplitis** *Hb.*)

Raupen höckerig, nackt, 14-füßig ohne Nachschieber; letzter Ring mit einem schief abgestutzten rhombischen Schild. Puppe mit einem Kopfdorn, mit dem sie das Gespinst durchbricht.

Milhauseri, *F.* Taf. 19, Fig. 19. (Sch. Taf. 23, Fig. 17.) Ei halbrund, hellbraun mit einem violetten, weiß eingefaßten Ringe auf dem oberen Teile. (Schluß-Taf. Fig. 49.) Grün, weißlich gekörnt; auf den mittleren Ringen mit spitzen roten Höckern, deren vorderste gabelspitzig geteilt sind; einem schief abwärts gezogenen fleischfarbenen, rötlich gerandeten Flecken auf jedem Ringe. Luftlöcher braun, Brustfüße rot, Kopf gross, viereckig, rot oder braun. 5—6 cm. Im Juni, Juli an Eichen, Buchen und verwandelt sich in einem festen, mit Holzspänen zusammengeleimten Gehäuse zwischen den Stammritzen (am liebsten an der Unterseite der starken horizontal abstehenden Äste) zu einer schwarzbraunen, auf dem Rücken und Flügelscheiden tiefschwarzen Puppe. Die Gehäuse sind rindenbraun, schwer zu sehen und oft von Spechten schon angehackt. Entwicklung im Mai, Juni. Selten in Deutschland, Italien, Dalmatien und Spanien. — O. 3. 41. — Hb. 3. 13. 14 (Terrifica) (D. a. b.). — Esp. III. 21. — Frr. 4. 15. 296. — B. & G. Bomb. pl. 3. — Sepp. V. 39. — Wild. 156. — Pr. Taf. 1, Fig. 7. — Gss. 372, pl. 8, Fig. 1. 9. 20. — Ins.-W. IV. 62.

5. Gattung. **Notodonta**, *O.*

Raupen 16-füßig, platt, oder mit Höckern und Spitzen versehen, leben auf Laubhölzern oder Gesträuchern und verwandeln sich in mehr oder weniger festen Gehäusen zu Puppen.

Tremula, *Cl.* (Dictaea, *Esp.*) Taf. 20, Fig. 1. (Sch. Taf. 23, Fig. 18.) Ei flach gewölbt, grünlichgelb, später dunkler. (Schluß-Taf. Fig. 50.) Raupe glänzend grün, auf dem Rücken weißlich mit einem pyramidenförmigen Höcker auf dem elften Ringe, und einem breiten hochgelben Längsstreifen an den Seiten, oder grau- und rotbraun schattiert ohne Seitenstreifen. Luftlöcher schwarz, weiß gerandet. Bauch gelblich. Kopf graubraun. 5—6 cm. Lebt im Sommer und Herbst an Pappeln, Birken, Weiden und verwandelt sich in einem leichten Erdgespinste zu einer kastanienfarbigen Puppe (Wild. 162, Taf. 3, Fig. 77). Entwicklung im Mai und manchmal auch im August. Meist nicht selten. — O. 3. 63. — Tr. X. 1. 153. — Hb. 3. 9 u. 12 (C. d. e. f. a. b). — B. & G. Bomb. pl. 4. — Dup. Bomb. pl. 3. — Frr. 6. 155, Taf. 579. — Sepp. III. 26. — Buck. II. 35. 1. — Ent. Zeitsch. 1888. 9. — Soc. ent. 1. 180. — Gss. 374, pl. 8, Fig. 6.

Dictaeoides, *Esp.* Taf. 20, Fig. 2. (Sch. Taf. 23, Fig. 19.) Ei weißlichgrün, später dunkler, zuletzt mohnblau. Raupe rötlichgrau mit einem breiten schwefelgelben Seitenstreifen, über welchem die schwarzen, weißgerandeten Luftlöcher stehen; Bauch schwarzgrau, Kopf braun, weiß punktiert. 5—6 cm. Vom Juli bis September nur an Birken. Puppe walzenförmig dunkelbraun (Wild. 163, Taf. 2, Fig. 19). Entwicklung im Mai, Juni. In einigen Gegenden Deutschlands, im südöstlichen Frankreich und in Piemont. — O. 3. 66. — Hb. 3. 9a. — B. & G. Bomb. pl. 4. — Frr. 6. 156, Taf. 580. — Sepp. VI. 38. — Buck. II. 35. — Gss. 374.

Ziczac, *L.* Taf. 20, Fig. 3. (Sch. Taf. 23, Fig. 20.) Ei rund, grünlich. Raupe violett, rosarot oder rötlichbraun mit zwei großen kegelförmigen Höckern auf dem fünften und sechsten, einem kleinen Höcker auf dem siebenten und einer pyramidenförmigen Erhöhung auf dem elften Ringe. Übrigens variiert die Zahl der Höcker. Am Rücken bis zum ersten Höcker ein braunroter Streifen und an den Seiten der ersten und letzten Ringe rötlichgelb gefleckt; Afterklappe rosenrot; Kopf herzförmig rötlichbraun. 4—5 cm. Lebt im Juni bis September an Pappeln, Weiden und verwandelt sich in einem Gespinst in oder an der Erde zu einer rotbraunen Puppe (Wild. 161, Taf. 1, Fig. 16). Entwicklung im Mai, Juni. In den meisten Gegenden, oft häufig. — O. 3. 53. — Hb. 3. 10. (C. e. f. i). — Rsl. 1. 4, Taf. 20. — B. & G. Bomb. p. 5. — Sepp. T. II. St. 12. — Pr. Taf. 1, Fig. 8. — Buck. II. 32. — Gss. 374.

Tritophus, *F.* (Sch. Taf. 23, Fig. 21.) Schmutzig beinweiß mit drei spitzen, rückwärts gekrümmten Höckern auf dem Rücken des vierten bis sechsten Ringes und einer kegelförmigen Erhöhung auf dem elften Ringe. Zwischen dem Kopfe und dem ersten Höcker steht ein roter Längsstrich; Fußstreifen rot; Luftlöcher schwarz. Kopf rotbraun, fein schwarz punktiert. 4—5 cm. Lebt im Juni und Herbste an Pappeln, Weiden und Birken. Wird vor der Verwandlung mit zusammengeschrumpften Höckern schmutzigbraun, und in einer Erdhöhle zu einer glänzend dunkelbraunen Puppe. Entwicklung im Mai, Juni und August. Ziemlich selten, bis Schweden. — O. 3. 46. — Hb. 3. 10. (11. schlecht). — B. & G. Bomb. pl. 4. 5. — Wild. 161. — Buck. II. 33. — Gss. 374. — Vieweg. i., Heft 1. 3.

Trepida, *Esp.* Taf. 20, Fig. 4. (Sch. Taf. 23, Fig. 22.) Ei halbrund, grünlichweiß (Gss. 377, Taf. 8, Fig. 15). Raupe dick, walzig, nackt, mit einem dunkelgrünen, von zwei weißen Längslinien gesäumten Rückenstreifen und einer gelblichen Längslinie zu jeder Seite des Rückens; an den Brustringen an den Seiten ein roter, gelb gesäumter Streifen, an den übrigen Ringen je ein roter, gelb gesäumter Schrägstrich, über welchem mehrere weißgelbe Punkte stehen. Bauch dunkelgrün, Kopf grün mit vier gelben Strichen und rötlichem Seitenrande. 6 cm. Lebt von Juli bis September an Eichbäumen, nach *Gss.* an Birken, und verwandelt sich in einer leicht umsponnenen Erdhöhle zu einer schwarzen Puppe mit helleren Einschnitten. Entwicklung im Mai, Juni. — O. 3. 36. — Tr. X. 1. 155. — Pr. Taf. 1, Fig. 10. — Hb. 3. 12. (C. g. 2). — Sepp. II. 6. — Esp. III. 57. — Wild. 164. Buck. III. 36.

Torva, *Hb.* Der Raupe von Ziczac so ähnlich, daß sie nur schwer von derselben zu unterscheiden ist. Heller oder dunkler grau, gelb oder lila gemischt, mit zwei flach erhabenen Höckern auf dem fünften und sechsten Ringe und einer kegelförmigen, gelb gefleckten Erhöhung auf dem elften Ringe. Bis zum sechsten Ringe oben ein schwarzer, weiß eingesäumter Streifen; Fußstreifen weiß; Luftlöcher schwarz, weiß gesäumt; Bauch dunkelgrau, seitwärts weiß punktiert. Kopf grau, dunkler punktiert. 5 cm. Lebt von Juni bis Herbst an Populus tremula und nigra, nach Gss. 374 an Birken. Entwicklung im Mai und auch im Jul. Nicht häufig und wenig verbreitet. — O. 3. 51. — Tr. X. 1. 152. — Hb. 3. 11, (C. c. d). — B. & G. Bomb. pl. 4.

Dromedarius, *L.* Taf. 20, Fig. 5. (Sch. Taf. 24, Fig. 2.) Gelbgrün oder bräunlichrot, vom vierten bis siebenten Ringe mit oben rotgefärbten Höckern, und auf dem elften eine kegelförmige Erhöhung; bis zum ersten Höcker einen roten Streifen oben und einen gleichfarbigen, unterbrochenen an den Seiten. Luftlöcher weiß, schwarz gesäumt. Kopf schwarzgrau. 4—5 cm. Lebt in zwei Generationen im Juli und September an Birken, Erlen und Haseln, und verwandelt sich in einer Erdhöhle zu einer schwarzbraunen Puppe (Wild. 161, Taf. 2, Fig. 28). Entwicklung im Mai und August.

Fast überall gemein. — O. 3. 53. — Hb. 3. 12, (C. G. 1). — B. & G. Bomb. pl. 4. — Esp. III. 59. — Sepp. IV. 6. — Frr. 6. 162, Taf. 584. — Pr. Taf. 1, Fig. 11. — Buck. II. 33. — Sandberg. Berl. e. Z. 1885. 257. — Gss. 374, pl. 8, Fig. 7.

Chaonia, *Hb.* Taf. 20, Fig. 6. (Sch. Taf. 24, Fig. 3.) Ei halbrund, etwas grünlicher als das sehr ähnliche von Trepida (Gss. 376, pl. 8, Fig. 12). Raupe lang gestreckt, glänzend hellgrün mit dunkler durchscheinendem Darmkanal, und vier gleich weit von einander stehenden Längslinien, von denen die oberen weißlich, die unteren schwefelgelb gefärbt sind. Luftlöcher schwarz, gelb geringelt; Bauch schmutzig grün, Kopf grün mit gelblichem Stirndreiecke. 5—6 cm. Lebt im Juni an Eichen und verwandelt sich in einer Erdhöhle zu einer schwarzbraunen Puppe mit helleren Ringeinschnitten. Entwicklung im März und April. Nicht selten. — O. 3. 82. — Hb. 3. 3, (C. a. 2). — B. & G. Bomb. pl. 8. — Sepp. V. 3. — Frr. 4. 32, Taf. 308. — Wild. 165. — Buck. II. 34.

Querna, *F.* Taf. 20, Fig. 7. (Sch. Taf. 24, Fig. 4.) Nackt, walzig, nach dem elften Ringe hin etwas erhöht, dunkelgrün mit zwei weißlichgelben Rückenlinien und einem gelben, oben rötlich gesäumten Seitenstreifen, in welchem die schwarzen Luftlöcher stehen. Kopf grün mit gelblichen Kiefern. 4—5 cm. Lebt im Juni an Eichbüschen und verwandelt sich in einer Erdhöhle zu einer schwarzen Puppe. Entwicklung im März, April. Nicht überall. — O. 3. 84. — Hb. 3. 3, (C. a. 1). — B. & G. Bomb. pl. 8. — Frr. 5. 7, Taf. 308. — Sepp. II. 1. — Wild. 165. — Gss. 377, pl. 8, Fig. 16.

Trimacula, *Esp.* (Dodonaea, *Hb.*) Taf. 20, Fig. 8. (Sch. Taf. 24, Fig. 5.) Ei gewölbt, gelblichgrün. Gss. 376, pl. 8, Fig. 13). Glänzend grün, oben gelblich, mit durchscheinenden Rückengefäßen, zwei feinen gelblichweißen Rückenlinien und ebensolchen unterbrochenen Seitenlinien, und darunter mit einem schmalen schwefelgelben Längsstreifen. 4—5 cm. Von Juni bis August an niederen Eichen und Birken, und verwandelt sich in einem Erdgespinste zu einer schwarzbraunen Puppe. Entwicklung im April, Mai. Nicht häufig. — O. 3. 80. — Hb. 3. C. c., Fig. 1. — Frr. 4. 41, Taf. 314. — Wild. 165. — Dorfm. Verh. z. B. V. 1852, 415. — Buck. II. 34.

Bicoloria, *Schiff.* (Bicolora, *Hb.*) Taf. 20, Fig. 9. (Sch. Taf. 24, Fig. 6.) Die Eier perlartig glänzend grün oder gelblich. Raupe schlankwalzig, gelblichgrün mit dunkelgrün durchscheinenden Rückengefäßen, zwei dunkelgrünen, abgesetzten Längslinien über dem Rücken und einem gleichfarbigen Fußstreifen, in welchem die schwarzen, weiß geringten Luftlöcher stehen. Bauch graugrün; Kopf groß, fast grün. 4—5 cm. Im Juni an Birken. Verpuppung in einem weißen Gehäuse zwischen Blättern. Puppe walzenförmig, schwarzbraun. Entwicklung im Mai, Juni; nicht überall. — O. 3. 73. Hb. 3. C. c., (nach Wild). — Frr. 3. 30, Taf. 212. — Buck. II. 34. — Gss. 377. — Hueber Hor. 2. IV, pl. 1, Fig. 4.

Argentina, *Schiff.* Taf. 20, Fig. 10. (Sch. Taf. 24, Fig. 7.) Glänzend rotbraun mit grau gemischt mit einer feinen, weißlich gesäumten Rückenlinie; zwei kegelförmigen Erhöhungen auf dem vierten, einer schmalen, schwarz gesäumten Querwulst auf dem zehnten und einer kleinen stumpfen Erhöhung auf dem elften Ringe. An den Seiten gelblich gefleckt und mit einem weißlichen, oben bräunlichen Fußstreifen. Kopf länglichrund, bräunlichgelb mit zwei dunklen Streifen. 5 cm. Im Juni, Juli an Eichen und zwar nur an niederen Büschen. Verwandelt sich in einem zarten Gewebe zu einer glänzend schwarzbraunen Puppe. Entwicklung im April, Mai und August. Ziemlich selten und nur in einzelnen Gegenden. — O. 3. 67. — Hb. 3. C. D. (kassirt). — Frr. 3. 70, Taf. 242. — Wild. 162. — Gss. 374, pl. 8, Fig. 19.

6. Gattung. **Lophopteryx**, *Stph.*

Raupen 16-füßig, nackt oder mit einzelnen kurzen, feinen Härchen und Erhöhungen auf dem vorletzten Ringe. Verwandlung in der Erde.

Carmelita, *Esp.* Taf. 20, Fig. 11. (Sch. Taf. 24, Fig. 8.) Ei bläulichweiß, fein schwarz punktiert. Raupe breitleibig, runzelig, gelbgrün mit grünem oder gelbem Rückenstreifen, welcher auch häufig fehlt, daneben mit gelblichen Punktlinien und einem schmalen hellgelben Seitenstreifen, in welchem die schwarzen Luftlöcher in mennigroten Flecken stehen. Bauch dunkelgrün; Kopf grün mit zwei krummen weißlichen Linien. 4—5 cm. Im Sommer und Herbst an Birken, und verwandelt sich zu einer schwarzbraunen Puppe. Entwicklung im Mai. Meist selten. — O. 3. 61. — Hb. 3. C. c. (Capucina nach Wild) — Tr. X. 1. 153. — Soc. ent. IV. 9. — Wild. 164. — Buck. II. 35. — Gss. 376 (an Eichen).

Camelina, *L.* Taf. 20, Fig. 12. (Sch. Taf. 24, Fig. 9.) Ei höher gewölbt als das von Trimacula, weißlich. (Schluß-Taf. Fig. 51.) Raupe meergrün, zuweilen rötlich, fast rosenrot, oben weißlich; die beiden Spitzchen auf dem elften Ringe rot mit feinen Härchen besetzt. Mit einem hellgelben, rot gefleckten Längsstreifen an den Seiten und gelb oder rötlichen Luftlöchern. Kopf mattgrün. 4—5 cm. Lebt vom Juli bis September an verschiedenen Laubhölzern, besonders Birken und Linden, und verwandelt sich in einer Erdhöhle zu einer dunkelbraunen Puppe (Wild. 163, Taf. 1, Fig. 13). Entwicklung von April bis Juni. Meist häufig und verbreitet. — O. 3. 58. — Hb. 3. 7, (C. c. d). — Rsl. 1. 4, Taf. 28. — Esp. III. 70. — B. & G. Bomb. pl. 7. — Dup. Bomb. pl. 3. — Sepp. IV. 1. — Pr. Taf. 1, Fig. 11. — Buck. II. 35. — Gss. 375, pl. 8, Fig. 9.

Cuculla, *Esp.* (Cucullina, *Hb.*) Taf. 20, Fig. 13. (Sch. Taf. 24, Fig. 10.) Ei niedergedrückt, rundlich; weißlich (Gss. 375, pl. 8, Fig. 8). Raupe in der Jugend grün, dünn behaart mit einer kegelförmigen, zweispitzigen roten Erhöhung auf dem elften Ringe. Erwachsen grün, rötlich oder mattgelb, mit einem grasgrünen oder bräunlichen Flecken bis zum fünften Ringe, zwei kurzen zackenförmigen Höckern vom fünften bis achten Ringe, zwischen denen eine dunkelgrüne oder rote Mittellinie steht; auf dem elften Ringe einen pyramidenförmigen Höcker. Luftlöcher weiß, schwarz gerandet; Bauch und Bauchfüße gelbgrau. Kopf gelbbraun mit dunkleren Winkelstrichen. 3 cm. Lebt im Juli, August an Ahorn. Puppe schwarzbraun. Entwicklung im Juni. Meist selten. — O. 3. 35. — Hb. 3. 7, (C. c. d), — B. & G. Bomb. pl. 7. — Wild. 160. — Buck. II. 35.

7. Gattung. Pterostoma, *Germ.*

Raupen schlank, wenig abgeplattet, nackt, mit einem flachen, in der Ruhe horizontal vorgestreckten Kopfe. 16-füßig. Verwandlung in einem losen Gespinste. Nur eine Art in Europa, eine im Amurgebiet.

Palpina, *L.* Taf. 20, Fig. 14. (Sch. Taf. 24, Fig. 11.) Ei halbkugelig, matt weißgrün, oben grasgrün (Gss. 378, pl. 8, Fig. 17). Die Raupe bläulichgrün, stark weißlich bereift, oben mit zwei weißen Längslinien und einer feineren Seitenlinie. Darunter ein gelber, an den ersten Ringen meist rötlicher Längsstreifen, welcher auf dem zwölften Ringe in kurze, stumpfe Spitzen endigt. Luftlöcher matt, gelbgrau. Bauch und Füße grasgrün. Kopf flach, grün, mit weißer Zeichnung. 3—4 cm. (Wild. 159, Taf. 2, Fig. 25.) Lebt von Juni bis Oktober, an Pappeln und Weiden, und verwandelt sich in eine rotbraune Puppe. Entwicklung im Mai, Juni. In manchen Gegenden, nicht selten. — O. 3. 69. — Hb. 3. C. c. (Nach Wild). — Sepp. I. 3. 4. — Buck. II. 34. — Gss. 378, pl. 8, Fig. 17.

8. Gattung. Drynobia, *Dup.*

Raupen der von der vorigen Gattung sehr ähnlich, schlank, abgeplattet, verspinnen sich in ziemlich feinen Geweben zu stumpfen rotbraunen Puppen, die oft mehrere Jahre liegen.

Velitaris, *Rott.* Taf. 20, Fig. 15. (Sch. Taf. 24, Fig. 12.) Das Ei halbrund, weißlich mit einigen seitlichen Eindrücken (Gss. 377, pl. 8, Fig. 22.) Raupe gelblichgrün mit dunkel durchscheinendem, mit gelben Punktlinien gesäumtem Rückengefäße und drei gelben Punkten auf jedem Ringe. Mit einem hochroten, unten weiß gesäumten Seitenstreifen, in welchem die schwarzen Luftlöcher stehen. Bauch blaugrün, ebenso der runde Kopf. 4—5 cm. Im Juli, August an Eichen und Pappeln. Entwicklung im Juni. Nicht selten. — O. 3. 75. — Hb. 3. 6, (C. b. b.) (Austera). — Frr. B. 1. 128, Taf. 39. — Sepp. VI. 16. — Wild. 165.

Melagona, *Bkh.* Taf. 20, Fig. 16. (Sch. Taf. 24, Fig. 13.) Blau- oder weißlichgrün mit vier gelblichweißen Längslinien auf dem Rücken und einem schmalen, hochroten, unten weißen Seitenstreifen. Luftlöcher weiß. Kopf grasgrün. Im Juli, August an Buchen an den unteren Zweigen. Puppe stumpf, dunkelbraun. Entwicklung im Juli, nicht sehr verbreitet. — O. 3. 77. — Hb. 3. 5 (C. b. a.). — Tr. X. 1. 154. — Rsl. S. 57. — C. Bl. 11, No. 2. — Wild. 166. — Gss. 376, pl. 8, Fig. 14.

9. Gattung. Gluphisia, *B.* (Glyphidia, *H.-S.*)

Raupen nackt, 16-füßig, mit Längsstreifen, leben in zusammengesponnenen Blättern, in denen sie sich auch verwandeln. Nur eine Art:

Crenata, *Esp.* Taf. 20, Fig. 17. (Sch. Taf. 24, Fig. 14.) Gelbgrün mit einem weißlichen, gelb gesäumten Längsstreifen, in welchem bisweilen eine abgesetzte rote Mittellinie, in der Regel aber statt derselben nur auf dem zweiten, dritten, fünften und elften Ringe je ein dunkelroter, weiß gekernter Flecken steht. Fußstreifen gelblich. Kopf grasgrün. 3—4 cm. Lebt im Sommer und Herbst nur an Pappeln (Populus pyramidalis und tremula). Puppe kurz, breit gedrückt und abgestumpft, glanzlos schwarz. Entwicklung im April, Mai. Nicht sehr verbreitet. — O. 3. 79. — Tr. X. 1. 155. — Wild. 158. — Dup. Bomb. pl. 5. — Buck. II. 34. — Gss. 375, pl. 8, Fig. 11. 21.

10. Gattung. Ptilophora, *Stph.*

Raupen wie die der vorigen Gattung, nackt, 16-füßig. Verpuppung in einer Erdhöhle. Ebenfalls nur eine Art:

Plumigera, *Esp.* Taf. 20, Fig. 18. (Sch. Taf. 24, Fig. 15.) Raupe gelbgrün mit einem dunkelgrünen, weiß gesäumten Rückenstreifen und mehreren feinen weißlichen Seitenlinien, in deren unterster die weißen, gelb gesäumten Luftlöcher stehen. Kopf groß, glänzend gelbgrün mit weißlichen Winkelstrichen. Lebt im Juni an Ahorn (Acer campestris). Puppe dunkelbraun. Entwicklung im Oktober, November, wurde schon um Weihnachten von den Ästen geklopft. Nicht überall, in manchen Gegenden oft häufig. — O. 3. 71. — Hb. 3. 6. (Sph. C. b. c). — Dup. Bomb. pl. 8. — Frr. 7. 81, Taf. 647. — Wild. 158. — Buck. II. 34. — Gss. 375, pl. 8, Fig. 10.

11. Gattung. Cnethocampa, *Stph.*

Raupen 16-füßig, kurz, walzig, mit feinen, brüchigen, widerhakigen Haaren besetzt. Leben im Sommer in gemeinschaftlichen Gespinsten, welche sie in regelmäßig geordneten Zügen, um Nahrung zu nehmen, verlassen und ebenso wieder beziehen. In den Nestern findet man öfters einen der schönsten Laufkäfer, Calosoma sycophanta, *L.* und inquisitor *L.* die den Prozessionsraupen nachgehen und sie vertilgen. Bei dem Einsammeln der Raupen muß man sich stets so stellen, daß der Wind den Staub und die Haare nicht in das Gesicht und auf den Körper bringt, da diese sehr viel Ameisensäure enthalten und ein unerträgliches Jucken verursachen. Sie verwandeln sich in festen, mit Haaren vermengten länglich runden, haufenweise vereinigten Gespinsten. (Nach Dr. Rebel ist die Stellung dieser Gattung bei den Notodont, nach den ersten Ständen nicht passend).

Processionea, *L.* Eichen-Prozessionsspinner. Taf. 20, Fig. 19. (Sch. Taf. 24, Fig. 16.) Ei (Schluß-Taf. Fig. 52). Raupe bläulich, schwarzgrau, an den Seiten weißlich; auf dem Rücken mit einer Reihe rötlichbrauner Flecken, auf denen feine widerhakige Härchen stehen; auf den Brustringen mit je acht, auf den übrigen Ringen mit je vier rötlichbraunen, lang behaarten Knopfwarzen. Luftlöcher schwarz; Kopf braunschwarz.

3—4 cm. Sie leben im Mai und Juni nur an Eichen, meist am Stamme alter Bäume in Nestern, gewöhnlich in der Nähe eines Astes. Fressen nur des Nachts und kehren morgens in das Nest zurück. Wurden den Eichenwäldern oft schon sehr schädlich. Verwandeln sich in einem rötlichbraunen Gehäuse zu ockergelben Puppen. Entwicklung im August, September. In manchen Gegenden häufig. — O. 3. 280. — Hb. 3. 55, (M. a. 2). — Rtzb. 2. 119. — B. & G. Bomb. pl. 19. — Ins.-W. II. No. 11. — Voll. I. 16. — Wild. 148.

Pityocampa, *Schiff.* Fichten-Prozessionsspinner Taf. 20, Fig. 20. (Sch. Taf. 24, Fig. 17.) Die Eier kugelrund, weiß, werden um den untern Teil einer Nadel gelegt, von dünnen häutigen silbergrauen Schuppen bedeckt. Raupe blauschwarz oder schwarzgrau, unten weißlich, mit einem braungelb beharten Querwulst auf dem Rücken eines jeden Gelenkes und weißgrauen Haarbüscheln in den Seiten. Kopf schwarz. Leben im Juli, August an Nadelhölzern, besonders Pinus Sylvestris maritima und Pinea, und überwintern im Sande in einem gemeinschaftlichen Gespinste, in welchen sie auch in bräunlichrötlichen Gehäusen zu rotgelben Puppen werden. Entwicklung im Juni; mehr in Sandgegenden in Südeuropa, namentlich Dalmatien. — O. 3. 283. — Hb. 3. 55. (M. a. 1). — B. & G. Bomb. pl. 20. — Wild. 149. — Ent. N. V. 106. — Nördl. Nachtr. zu Rtzb. p. 50. — Gartenlaube 1890, 744.

Pinivora, *Tr.* (Sch. Taf. 24, Fig. 18.) Bläulichgrau, hell graugelb gesprengt mit je acht Wärzchen auf den Brustringen und auf dem Rücken der folgenden Ringe je ein ovaler oder dreieckiger, von mehreren Wärzchen umgebener Flecken und drei Längsreihen. Wärzchen an den Seiten; sämtliche Wärzchen braunrot mit weißgrauen, zum Teile widerhakigen längeren und kürzeren Haaren besetzt. Bauch graugelb. Luftlöcher schwarz. Kopf und Afterklappe schwarz. 3—4 cm. Juli, August an Nadelhölzern und verwandeln sich im Sande in grauweißen Tönnchen in einem gemeinschaftlichen Gespinste zu hellbraunen Puppen. Entwicklung im Mai, Juni. In Norddeutschland und Rußland, von der vorigen Art zweifellos verschieden. — Tr. X. 1. 194. — Rtzb. 1, S. 128. — St. e. Z. 1840, S. 40.

Herculeana, *Rbr.* (Sch. Taf. 24, Fig. 19.) Die Raupen sind nach *M. Korb* bis zur vorletzten Häutung mausgrau behaart, erwachsen haben sie zitronengelbe Haare. Leben in der Jugend in großen Nestern beisammen. Die jungen Raupen bilden ganze wellige Klumpen, an Storchschnabel (Geranium), an Cistus und anderen niederen Pflanzen. Später trennen sie sich und verpuppen sich an der Erde in braunen Gespinsten zwischen Blättern und Wurzeln. Entwicklung im September, Oktober. Auf Heiden von Andalusien und in Südportugal. Ramb. Faun. And. Taf. 14, Fig. 6.

12. Gattung. **Phalera,** *Hb.* (Pygaera, *B.*)

Raupen walzenförmig, dünn behaart mit halbkugeligem Kopfe. In der Jugend gesellschaftlich auf Laubhölzern und benagen die Blätter löcherförmig; erwachsen leben sie einzeln und verwandeln sich in der Erde ohne Gespinst.

Bucephala, *L.* Taf. 20, Fig. 21. (Sch. Taf. 25, Fig. 1.) Mondvogel, Mondfleck. Eier rund, grün mit einem dunklen, weiß geringelten Mittelpunkt. Schlußtaf. Fig. 53. Raupe schwarz oder schwarzbraun mit abgesetzten, schmalen ockergelben Längsstreifen, welche auf jedem Einschnitte durch eine gleichfarbige Querbinde unterbrochen sind. Behaarung gelbbraun. Kopf schwarz mit gelber Winkelzeichnung. 6 cm. Lebt im Juli, August bis September an Eichen, Linden, Weiden, Pappeln, und verwandelt sich in eine dunkelbraune Puppe (Wild. 153, Taf. 1, Fig. 5). Entwicklung im Mai, Juni; viel verbreitet und in Laubwäldern nicht selten. — O. 3. 235. — Hb. 3. 74. (T. a. b). — Esp. III. 22. — Rsl. 1. 4, Taf. 14. — B. & G. Bomb. pl. 17. — Dup. Bomb. pl. 15. — Sepp. 1. 4. 14. — Pr. Taf. 2, Fig. 3. — Buck. II. 36. — Gss. 378, pl. 8, Fig. 18. — A. s. F. 1884, pl. 22 (Ei).

Bucephaloides, *O.* Taf. 21, Fig. 1. (Sch. Taf. 25, Fig. 2.) In der Jugend hellgelb; erwachsen rötlich aschgrau mit einem abgesetzten schwärzlichen Mittelstreifen auf dem Rücken und zwei rostfarbenen Knopfwärzchen auf jedem Ringe. Mit einem abgesetzten gelben Fußstreifen, in welchem die schwarzen Luftlöcher stehen. Behaarung weißlich; Afterklappe, Nachschieber und Brustfüße schwarz. Kopf dunkelbraun. 7 cm. Lebt im Juli, August an Eichen. Entwicklung im Juli. Österreich (Wien), Ungarn, Südfrankreich, Balkan und Syrien. — O. 4. 203. — Hb. 1, Sph. c. — B. & G. Bomb. pl. 17. — Dup. Bomb. pl. 15. — Wild. 153. — Gss. 378.

13. Gattung. **Rhegmatophila,** *Stdf.*

Raupen walzig, mit großem Kopfe, schwach behaart wie bei Pygaera. Lebt in zwei Generationen im Juni und Herbst an Pappeln und Weiden, ist sehr lichtscheu und verbirgt sich bei Tage in den Ritzen der Bäume.

Alpina, *Bell.* (Sch. A. s. Fr. 1880. pl. 2, Fig. 10). Raupe rötlichgrau, weißlich gewässert, beiderseits des Rückens mit dunkler Längszeichnung. Falter Ende Mai, Juni und August an Pappeln und Weiden. Basses Alpes (Digne) Standf. Berl. e. Z. 1888, p. 239.

14. Gattung. **Pygaera,** *O.* (Clostera, *Stph.*)

Raupen dick, walzig, dünn behaart mit halbkugeligen länger behaarten Wärzchen an den Seiten und einem etwas erhabenen fein behaarten Flecken auf dem vierten und elften Ringe. 16-füßig. Leben in zwei Generationen Anfangs Sommers und September an Laubhölzern und Gesträuchern, zwischen zusammengesponnenen Blättern und verwandeln sich in dichten weichen Geweben daselbst zu walzigen Puppen.

Timon, *Hb.* (Sch. Taf. 25, Fig. 3.) Das Ei glänzend hellgrün. Raupe aschgrau mit zwei erhabenen rosenroten Wärzchen auf jedem Ringe, ebensolchen auf dem vierten und fünften erhabenen Ringe. Behaarung grau. Füße meergrün. Kopf braun. Lebt an Espen (Populus tremula). Gehäuse netzartig aus wenig braunen Fäden bestehend. Puppe kaffeebraun. Entwicklung im Juni, August und September. Nur in wenigen Gegenden Deutschlands, Finnland, Rußland und am Amur. — Tr. X. 1. 182. — Frr. 5. 103, Taf. 442. — Wild. 150. — Hor. ent. Ross. V. 91.

Anastomosis, *L.* Taf. 21, Fig. 2. (Sch. Taf. 25, Fig. 4.) Braun, über dem Rücken schwarz mit weißen und roten Punkten und zwei gelben, von roten behaarten Wärzchen unterbrochenen Seitenstreifen. Auf dem vierten Gelenk steht ein größerer, auf dem letzten ein kleiner, schwarz behaarter und weiß gefleckter Zapfen. Luftlöcher schwarz. Bauch und Füße grau. Kopf rund, gewölbt, mattschwarz. 4—5 cm. Lebt an allen Arten von Weiden und Pappeln, und verwandelt sich in einem grauen dünnen Gewebe zu einer bläulichschwarzen Puppe mit rotbraunem Hinterleibe und zwei rotgelben Rückenstreifen (Wild. 150, Taf. 4, Fig. 60). Entwicklung im Mai und Ende Juni, Juli. Fast überall häufig. — O. 3. 226. — Hb. 3. 36. (E. a). — Esp. III. 52. — Rsl. I. 4, Taf. 26. — Dup. Bomb. pl. 14.

Curtula, *L.* Taf. 21, Fig. 3. (Sch. Taf. 25, Fig. 5.) Die Eier glänzend dunkelgrün mit einem dunklen Mittelpunkte, entwickeln sich nach 8—10 Tagen (Schluß-Taf. Fig. 53.) Raupe blaugrau, gelblichgrüngrau oder weißlichgrau mit einer rötlichen oder schwärzlichen Rückenlinie und zwei Reihen rötlichen Punktwärzchen an den Seiten und einer Reihe rotgelber Flecken über den Füßen. Behaarung grau; Kopf grau. 4—5 cm. Lebt an Weiden und Pappeln und verwandelt sich in einem weißlichgrauen Gewebe zu einer rotbraunen Puppe (Wild. 151, Taf. 2, Fig. 26). Entwicklung im Mai, Juni und August. Fast überall häufig. — O. 3. 232. — Hb. 3. 37. (E. b). — Sepp. III. 8. — Dup. Bomb. pl. 14. — B. & G. Bomb. pl. 14. — Buck. III. 37.

Anachoreta, *F.* Taf. 21, Fig. 4. (Sch. Taf. 25, Fig. 6.) Eier linsenförmig, an der Seite abgeflacht, braungrau mit braunem Querband (Sepp. I. 2, Taf. 1). Raupe gelbgrau oder fleischfarben mit unterbrochenen schwärzlichen Längslinien, schwarzen und gelben Flecken an den Seiten des Rückens, und einem abgesetzten rotgelben, oben schwarz gesäumten Seitenstreifen, in welchem die schwarzen Luftlöcher stehen. Die Erhöhungen auf dem vierten und elften Ringe schwarz, je mit einem kurzen rostfarbenen Haarpinsel und jederseits mit einem weißen Flecken. Behaarung gelbgrau; Kopf schwarzgrau. 3—4 cm. An Weiden und Pappeln, verwandelt sich in einem weißgrauen Gehäuse zu einer schwarzbraunen Puppe (Wild. 152, Taf. 1, Fig. 4). Entwicklung im Mai, Juli und August. Fast nirgends selten. — O. 3. 230. — Hb. 3. 36. (E. a). — Sepp. III. 56. — B. & G. Bomb. pl. 14. — Dup. Bomb. pl. 14. — Sepp. I. 2. 1. — Buck. III. 37. 2.

Pigra, *Hfn.* (Reclusa, *F.*) Taf. 21, Fig. 5. (Sch. Taf. 25, Fig. 7.) Eier flach halbkugelig, platt, fleischrot. Raupe schwärzlichgrau, heller, stark gelb, aschgrau oder grünlich gemischt, auf dem Rücken mit zwei Reihen gelber Punktwärzchen und einem doppelten, kettenförmigen Fußstreifen, in welchem die schwarzen Luftlöcher stehen. Behaarung gelbgrau; die Flecken auf dem vierten und elften Ringe schwarz, ebenso der Kopf mit gelber Mittellinie. 3 cm. Auf Weiden und jungen Espen. Verwandlung in einem weißgrauen Gehäuse zu einer rotbraunen Puppe mit dunkleren Flügelscheiden (Wild. 152, Taf. 1, Fig. 2). Entwicklung im Mai und August. Verbreitet, aber nirgends sehr häufig. — O. 3. 228. — Hb. 3. 37. (E. b). — Esp. III. 51. — Rsl. 4, Taf. 4. — Sepp. IV. 21. — B. & G. Bomb. pl. 14. — Buck. III. 37. I.

XIV. Familie. Cymatophoridae, *H.-S.*

Raupen 16-füßig, nackt, höckerig oder glatt, sitzen entweder in der Ruhe gekrümmt auf einem Blatte oder leben zwischen lockeren, versponnenen Blättern, in welchen auch ihre Verwandlung erfolgt. Verbinden die Spinner mit den Eulen, bei denen sie früher waren.

1. Gattung. Gonophora, *Brd.*

Raupen mit Wülsten auf dem zweiten und elften Ringe, strecken in der Ruhe den Hinterleib in die Höhe und verpuppen sich in versponnenen Blättern. Nur eine Art:

Derasa, *L.* Taf. 21, Fig. 6. (Sch. Taf. 25, Fig. 8.) Pomeranzengelb mit einer Reihe sechseckiger kaffeebrauner Flecken auf dem Rücken, von einer feinen Mittellinie durchschnitten; zu den Seiten je eine schwarzbraune Punktlinie, in welcher auf dem vierten und fünften Ringe je ein blaßgelber, schwarz gesäumter Flecken steht. Bauch bräunlichgrau. Brustfüße gelblich, Bauchfüße braun. Kopf rund, gelbbraun. 4—5 cm. Lebt im Herbste auf Brombeeren (Rubus fruticosus) und verwandelt sich in eine schwarzgraue Puppe mit sehr vertieften Ringeinschnitten. Entwicklung im Juni. In Zentral-Europa, Livland, Piemont. — Tr. 5. 1. 165. — Hb. 4. 22. (E. g. i). — Voll. 1. 37. — B. & G. Noct. pl. 5. — Frr. 3. 124, Taf. 281. — Pr. Taf. 2, Fig. 6. — Wild. 166. — Buck. IV. 54. 1.

2. Gattung. Thyatira, *O.*

Raupen, auf dem ersten Ringe ein gegen den Kopf geneigter, zweispitziger Höcker, auf dem dritten mit zwei erhabenen Punkten und auf dem fünften bis achten und elften Ringe mit einem stumpfen Höcker. Lebensweise wie die der vorigen; ebenfalls nur eine Art:

Batis, *L.* Taf. 21, Fig. 7. (Sch. Taf. 25, Fig. 9.) Braun und rostfarben gescheckt mit einem weißen Flecken vom dritten bis fünften Ringe, und einem dunklen viereckigen Flecken auf dem zehnten Ringe. Zwischen den Brust- und Bauchfüßen an den Seiten höckerig. Bauch braun mit einer weißlichen Mittellinie. Kopf gekerbt, braun. 4—5 cm. Lebt im Mai und Ende Juli, August an Himbeeren und Brombeeren (Rubus idaeus und fruticosus). Entwicklung im Mai. Im Zentral- und östlichen Europa. — Tr. 5. 2. 162. — Hb. 4. 21. (E. f). — Rsl. IV, Taf. 4. 26. — Sepp. VI. 25. — Frr. 3. 122, Taf. 280. — Pr. Taf. 2, Fig. 5. — B. & G. Noct. pl. 5. — Wild. 167. Buck. IV. 54. 2.

3. Gattung. Cymatophora, *Tr.*

Raupen wenig gewölbt, etwas breit, nach hinten verdünnt, mit einem großen kugeligen Kopfe. Leben auf Laubhölzern und Gesträuchern zwischen versponnenen Blättern und verwandeln sich an der Erde oder zwischen Blättern und Moos in leichten Gespinsten.

Octogesima, *Hb.* Taf. 21, Fig. 8. (Sch. Taf. 25, Fig. 10.) Hellgelb oder bräunlichgelb, auf dem ersten und letzten Ringe jederseits zwei bis drei schwarze Punkte. Luftlöcher rostgelb. Kopf hellbraun mit schwarzen Kiefern und einem schwarzen Flecken zu beiden Seiten. 3—4 cm. Im Juni und September an Pappeln, und verwandelt sich in eine dicke braune Puppe. Entwicklung im Mai. — Ziemlich verbreitet. — Tr. 5. 1. 95. — Buck. IV. 54. 7. — Frr. 4. 74, Taf. 334. — Pr. Taf. 2, Fig. 3. — Wild. 170.

Or, *Fb.* Taf. 21, Fig. 9. (Sch. Taf. 25, Fig. 11.) Hellgrünlich oder weißlich mit dunkel durchscheinenden Rückengefäßen und einer weißlichen Längslinie, unter welcher die gelblichen Luftlöcher stehen. An den Seiten des ersten Ringes zwei bis drei schwarze Punkte, die manchmal auch an allen Ringen stehen. Kopf rostgelb mit schwarzen Kiefern. An Pappeln (Populus nigra und tremula). Puppe braun (Wild. 170, Taf. 9, Fig. 80). Entwicklung im April, Mai; verbreitet in Schlägen. — Tr. 5. 1. 98. — Hb. 4. 83. (P. a. b. e. b) — Sepp. IV. 42. — B. & G. Bomb. pl. 11. — Frr. 4. 73, Taf. 333. — Pr. Taf. 2, Fig. 4. — Gn. 1. 18. — Wild. 170. — Ent. N. 10. 369. — Buck. IV. 54. 6.

Duplaris, *L.* Taf. 21, Fig. 10. (Sch. Taf. 25, Fig. 12.) Schlank, schmutzig gelbgrün oder graugrün, mit einer dunklen Rückenlinie und vier bis sechs kleinen weißen Pünktchen auf jedem Ringe. Seiten und Bauch gelbgrau. Luftlöcher schwarz. Nackenschild schmal, schwarz gerandet mit gelblichem Mittelstriche. Kopf rotbraun mit zwei schwarzen Punkten und schwarzen Kiefern. 3 cm. Im Juni bis September an Birken und Pappeln. Puppe dunkelbraun. Entwicklung im Mai, Juni. Nicht überall. — Tr. 5. 1. 92. — Hb. IV. 85 (Undosa). (P. d). — Sepp. VIII. 39. — Wild. 170. Buck. IV. 54. 3.

Fluctuosa, *Hb.* (Sch Taf. 25, Fig. 13.) Nach *Wackerzapp* in der Jugend milchweiß, mit gelbem Kopf und einzelnen feinen Härchen besetzt, dann hellgrün und zuletzt dunkelgrün, Bauch, Seite und Füße grünlichweiß; Stirn dunkelbraun; Kopf und Nackenschild schwarz. Lebt an Birken zwischen zwei Blättern, die lose mit wenigen Fäden zusammengeheftet sind, und verwandelt sich in der Erde unter Laub zu einer schlanken, hell-

braunen Puppe. Entwicklung Ende Juni bis August. Nicht verbreitet. — Stett. e. Z. 1882, S. 213. — Wild. 170. — Buck. IV. 52, 2.

4. Gattung. Asphalia, *Hb.*

Raupen der von der vorigen Gattung sehr ähnlich, wenig gewölbt und nach hinten verdünnt mit kugeligem Kopfe. Die Puppen überwintern, nur Diluta kommt noch im Herbste.

Ruficollis, *F.* Taf. 21, Fig. 11. (Sch. Taf. 25, Fig. 14.) Gelbgrau, oben schmutziggrau mit heller Mittellinie und einer schwarzen Fleckenreihe zu jeder Seite. Luftlöcher schwarz. Bauch weißgrau. Kopf glänzend hellbraun. 3 cm. Von Juni bis September an Eichen. Entwicklung im März, April. Nicht verbreitet und ziemlich einzeln. — Tr. 5. 1. 89. — Hb. 4. 84. (P. C. e. & b. e. Diluta). — Wild. 168. (Diluta).

Diluta, *F.* Taf. 21, Fig. 12. (Sch. Taf. 25, Fig. 15.) Hell wachsgelb mit einer dunklen Mittellinie auf dem Rücken und einer weißlichen Längslinie an jeder Seite des Rückens. Luftlöcher und Kopf schwarz. 3 cm. Im Mai, Juni an Eichen, verwandelt sich in eine braune Puppe (Wild. 169, Taf. 9 A, Fig. 81). Entwicklung noch im August und September. Schmetterling nicht häufig an Stämmen. — Tr. 5. 1. 90. — Hb. 4. 84 (P. c. i. b. i. a. Diluta) Wild. 168 (Ruficollis). — Buck. IV. 54. 5.

Flavicornis, *L.* Taf. 21, Fig. 13. (Sch. Taf. 25, Fig. 16.) Die Eier oval, fein gerinselt, gelblichweiß, dann rötlich, rotbraun und zuletzt blaugrau, werden reihenweise abgesetzt und entwickeln sich in 10—12 Tagen. Raupe bis zur letzten Häutung schwarzgrau mit vier weißen Pünktchen auf jedem Ringe auf dem Rücken; dann gelblich oder weißgrau, an den Seiten dunkler, mit einer hellen Rückenlinie, zwei Reihen schwarzer, weiß gekörnter Flecken und einer Reihe schwarzer über den Füßen. Luftlöcher rotgelb. Bauch und Füße gelbgrau. Kopf gelbbraun. 3—4 cm. Im Mai, Juni winklerartig an Birken, an welchen die Schmetterlinge im ersten Frühling gefunden werden. Puppe rotbraun (Wild. 169, Taf. 5, Fig. 1). — Tr. 5. 1. 100. — Hb. 4. 83. — Pr. Taf. 1, Fig. 2. — Sepp. VII. 41 (Diluta). — B. & G. Bomb. pl. 11. — Frr. 4. 150, Taf. 375. — Buck. IV. 55.

Ridens, *F.* Taf. 21, Fig. 14. (Sch. Taf. 25, Fig. 17.) Gelblich oder grünlichgelb mit vier dunkelgrünen oder schwärzlichen Längslinien; vom zweiten Ringe an stehen eine Reihe weißer und schwarzer Punkte quer über jedem Ringe. Luftlöcher rotgelb. Bauch und Füße gelbbraun. Kopf rötlichgelb mit weißen Pünktchen und zwei krummen weißen Strichen. 3—4 cm. Im Mai, Juni an Eichen und ist eine Mordraupe. Puppe glänzend schwarzbraun (Wild. 168, Taf. 9 A, Fig. 79). Entwicklung im April, Mai. Schmetterling nicht überall; am Fuße junger Eichen. — Tr. 5. 1. 86. — Hb. 4. 82 (Xanthoceros). — B. & G. Noct. pl. 11. — Pr. Taf. 2, Fig. 1. — Frr. 7. 24, Taf. 613. — Buck. IV. 55.

C. Noctuae. Eulen. (Noctuidae.)

Die Raupen dieser grossen Gruppe sind meist nackt, nur die der ersten Gattungen behaart, meist 16-füßig, einige nur 12- oder 14-füßig, indem das eine Paar oder die beiden ersten Paare der Bauchfüße fehlen; der Gang ist dann etwas buckelartig, ähnlich dem der Spannerraupen; ebenso wenn zwar 16 Füße vorhanden sind, aber die vorderen Paare der Bauchfüße unvollkommen oder verkürzt sind. Sie führen vielfach eine sehr verborgene Lebensweise, fressen oft nur des Nachts und sind bei Tage dann unter Steinen oder der Futterpflanze verborgen, weshalb noch manche unbekannt sind. Das Aufsuchen derselben ist daher zwar mühsam, aber auch sehr lohnend, indem man oft die seltensten Arten in sehr schönen Exemplaren erhält, welche selbst beim Anstrich nicht zu erhalten sind. Wenige Arten verwandeln sich über der Erde in Gespinsten; weitaus die Mehrzahl werden in oder auf der Erde zu braunen Puppen, welche oft in festen Erdgespinsten ruhen. Die Schmetterlinge fliegen meist nur zur Nachtzeit und können bei Tage in ihren Schlupfwinkeln aufgesucht werden.

I. Familie. Bombycoidae, B.

Raupen 16-füßig, meist behaart, gleichen mehr den Spinnerraupen; leben auf Sträuchern, Bäumen und niederen Pflanzen, und verpuppen sich in Gespinsten oberhalb der Erde.

1. Gattung. Diloba, *Stph.*

Raupen dick, walzig, mit einzelnen kurzen, borstenartigen Haaren auf Punktwärzchen besetzt; Kopf rund gewölbt, 16-füßig. Die Raupe der einzigen Art lebt auf Obstbäumen und verwandelt sich in einem festen geleimten Gespinste über der Erde.

Caeruleocephala, *C.* Taf. 21, Fig. 15. (Sch. Taf. 25, Fig. 18.) Blaukopf. Eier halbrund, grauweiß mit grünen Längsstreifen und eben solchem Rande und sind mit geknöpften Fäden besetzt. (Schluß-Taf. Fig. 55.) Raupe bläulichweiß oder grünlichweiß mit verwaschenen gelben Längsstreifen, zu dessen Seiten auf dem zweiten und dritten Ringe je eine starke Warze, vom vierten Ringe an zwei kleinere, schräggestellte schwarze Wärzchen, je mit einer steifen schwarzen Borste versehen; mit einem gelben Seitenstreifen, in welchen die schwarzen Luftlöcher stehen und darüber ähnliche Wärzchen wie die vorigen. Bauch graugrün mit einzelnen feinen schwarzen Pünktchen. Kopf blaugrau mit zwei schwarzen Flecken. 4 cm. Lebt im Mai, Juni an Obstbäumen, verwandelt sich in einem an Baumstämmen oder Steinen befestigten Gespinste zu einer walzenförmigen rotbraunen Puppe, blau bestäubt mit dunklem Rücken. (Wild. 171, Taf. 6, Fig. 41). — Tr. 5. 112. — Hb. 3. 74. (T. a. b.) — Esp. 3. 58. — Rsl. 1. 4, Taf. 16. — Sepp. 1. II. 13. — Pr. Taf. 1, Fig. 19. — Buck. III. 36. — Fig. 1.

2. Gattung. Simyra, *O.*

Raupen, 16-füßig, büschelweise auf Knopfwärzchen behaart, Kopf rund. Leben auf Wolfsmilcharten und verwandeln sich in leichten Gespinsten.

Dentinosa, *Frr.* (Sch. Taf. 25, Fig. 19). Raupe grün mit gelben Einschnitten und schwarzem Kopfe, leben im Mai und Juni gesellschaftlich an Wolfsmilch (Euphorbia) und schlagen, wenn sie erschreckt werden, heftig mit den vorderen Segmenten hin und her. Entwicklung im März, April. Bulgarien, Rußland und Armenien. Mén. Enum. III. Taf. 1, Fig. 18. 4.

Nervosa, *F.* Taf. 21, Fig. 16. (Sch. Taf. 25, Fig. 20.) Schwarzgrau mit unregelmäßigen weißen Linien, auf dem Rücken mit einem breiten, schwarzen Fleckenstreifen, welcher beiderseits von einer schmutzig weißen Linie begrenzt ist, in der zwei gleichfarbige Wärzchen auf jedem Ringe stehen. Auf jedem Ringe zwei gelbrote, auf den letzten Ringen durch einen gleichfarbenen Flecken verbundene Wärzchen; alle Wärzchen mit gelblichen Haaren büschelweise besetzt; Bauch schwärzlich. Kopf schwarz, auf der Stirne mit weißlichen Winkelzeichen, auf jeder Seite mit einem großen dunkelroten Flecken. 4 cm. Lebt im Juni an Wolfsmilcharten (Euphorbia) und Ampfer (Rumex) an sandigen Plätzen. Puppe dunkelbraun mit rotbraunem Hinterleibe. Entwicklung im August. Selten bei Wien, in Ungarn, London, Schlesien (Breslau) und Pommern, die Var. Argentacea *H.-S.* in Südrußland (Mén. Ent III, Taf. 18. 3). — Tr. V. 2. 283. X. 2. 85. — Frr. 2. 8, Taf. 101. — Wild. 183.

3. Gattung. Arsilonche, *Ld.*

Raupe dieser aus einer Art bestehenden Gattung ist ähnlich der von der vorigen, lebt in zwei Generationen an Gräsern und verwandelt sich in einem mit Grasstengeln vermischten seidenartigen Gewebe.

Albovenosa, *Götze.* (Venosa, *Bkh.*) Taf. 21, Fig. 17. (Sch. Taf. 25, Fig, 21.) Ei grau, halbrund mit Längs- und Querfalten. Heller oder dunkler, braungrau, mit einem gelben Rücken- und gleichfarbigen Seitenstreifen und vier Reihen rostfarbener gleichfarbig behaarter Wärzchen. Kopf schwarz mit zwei rostbraunen Flecken und zwei gelben Bogenlinien. 4—5 cm. Auf feuchten Wiesen im Juli an Gräsern, besonders Glyceria aquatica. Puppe schwarzbraun mit braungelben Einschnitten. Entwicklung im Mai und August. Mehr in Norddeutschland, England, Holland, Ungarn, Bulgarien, Rußland. — Tr. V. 2. 281. X. 2. 84. — Frr. 5. 46, Taf. 410. — St. e. Z. 4. 17. — Sepp. II. 3. 58. — Wild. 183. — Buck. IV. pl. 57, Fig. 7.

4. Gattung. Eogena, *Gn.*

Raupen ähnlich der von der vorigen Gattung, aber ohne die langen Bürsten; lebt an niederen Pflanzen. Nur in Süd-Rußland und Turan.

Contaminei, *Ev.* (H.-S. 635.) Weißlichgelb, rot getupft mit braunrotem breitem Rückenstreifen und weiß und schwarzen Seitenstreifen. An Statice Gmelini, nicht an Wolfsmilch. Mén. Ent. III, Taf. 18. 6. — Frr. II, Taf. 514.

5. Gattung. Clidia, *B.*

Raupen schlank, walzig, nach vorn etwas verdünnt mit kurz behaarten Knopfwärzchen besetzt. Leben in Südeuropa an Wolfsmilcharten und verwandeln sich in Gespinsten aus leicht zusammengesponnenem Moose.

Geographica, *F.* Taf. 21, Fig. 18. (Sch. Taf. 25, Fig. 22.) Schwarz mit gelben Ringeinschnitten, zwei weißen Seitenstreifen, in denen auf jedem Ringe zwei schwarz behaarte Knopfwärzchen stehen. An den Seiten gelblichweiß, schwarz punktiert und gefleckt mit einer weißgelben Fußlinie und zwei kleinen, grau behaarten Wärzchen auf jedem Ringe. Die Ringeinschnitte sind von einem hochgelben Querbande, welches die Längslinien durchschneidet, gesäumt. Bauch und Füße braungrau. Kopf glänzend schwarz mit feinen grauen Haaren besetzt. 3 cm. Lebt in zwei Generationen im Juni und August an Wolfsmilch — nach Rst. p. 43 an Linaria vulgaris — in der Jugend in einem gemeinschaftlichen Gespinst. Entwicklung im Juli und Mai. Wien, Ungarn, Rußland und der Türkei. — O. 4. 63. — Tr. X. 1. 998. — Frr. 7. 66, Taf. 628. — Hb. IV. 1. c. a. b. (Sericina). Wild. 182.

Chamaesyces, *Gn.* (Sch. Taf. 25, Fig. 23.) Die Raupen leben in großer Anzahl gesellig an Wolfsmilch (Euphorbia characias, nicoëcusis und chamaesyce). Entwicklung im Juli. In Südfrankreich, Piemont, Katalonien. — Rst. p. 43. — B. & G. pl. 67. 3. 4 (Geographica).

6. Gattung. Raphia, *Hb.*

Die Raupen dieser in Südeuropa und Nordamerika vorkommenden Gattung sind dick, glatt und leben an Pappeln.

Hybris, *Hb.* Taf. 21, Fig. 19. (Sch. Taf. 25, Fig. 24.) Das Ei hat die Form eines Malvensamens, weißlich, die Raupe ist dick, einfach grün mit roter und weißer Zeichnung, hinter dem Kopfe einen dunklen Seitenstreifen und feinen Luftlöchern darüber. Füße grün. Lebt im Herbst an Pappeln (Populus nigra). Entwicklung im Juli. — Mill. Livr. 1. pl. 3, Fig. 1—4.

7. Gattung. Demas, *Stph.*

Raupen stark behaart mit längeren Haarpinseln am Kopfe und auf dem elften Ringe und mit stärkeren Haarbüscheln auf der Mitte des Rückens. Kopf kugelig, 16-füßig. Leben an Laubhölzern und verwandeln sich in einem Gespinste an der Erde oder zwischen Blättern.

Coryli, *L.* Taf. 21, Fig. 20. (Sch. Taf. 25, Fig. 1.) Ei kugelig, weißlich oder bräunlich mit Längs- und Querstreifen. Schluß-Taf. Fig. 56. Raupe hellrotbraun oder bleich fleischfarbig mit einem breiten, dunkelbraunen oder schwarzen Rückenstreifen vom dritten Ringe an, auf dem ersten Ringe ein grauer, schwarz gesäumter Flecken; auf dem vierten und fünften Ringe je ein kurzer, abgesetzter fuchsroter Haarbusch; an jeder Seite des ersten Ringes ein vorwärts gerichteter und auf dem elften Ringe ein aufgerichteter schwarzer Haarpinsel. Kopf rötlichgrau. 3—4 cm. Lebt vom Juli bis Oktober besonders auf Haseln (Corylus Avellana) und Buchen (Fagus sylvatica). Verwandelt sich in einem dünnen aschgrauen Gehäuse in eine schwarze Puppe mit rotbraunem Hinterleibe. (Wild. 172, Taf. 5, Fig. 16.) Entwicklung im Mai, Juni. In Buchenwaldungen nicht selten. — Hb. IV. 8. (B. d.) — Tr. X. 1. 178. — Rsl. 1. 4. 58. — Sepp. 1. 2. 17, III. 1. — Frr. 6. 107, Taf. 549. — Pr. Taf. 1, Fig. 20. — Esp. III. 50. Buck. III. 38. — St. e. Z. 2. 59.

II. Familie. Acronyctidae. *B.*

Die Raupen haben das Aussehen von Spinnerraupen mit behaarten Warzen, manchmal mit fleischigen Zapfen oder Haarpinseln. Leben an Bäumen und niederen Pflanzen und verwandeln sich in festen Gespinsten. Manche bohren sich auch in weiches und faules Holz ein, weshalb man ihnen bei der Zucht solches, Kork oder Torf reichen muss.

1. Gattung. Acronycta, *O.*

Raupen auf Wärzchen lang und dicht behaart; einzeln mit behaarten fleischigen Erhebungen oder mit dünnen Haarpinseln auf dem Rücken. Kopf rund, gewölbt. Verwandlung in mit Holzspänen vermischten fest geleimten Geweben. Die Puppen überwintern, entwickeln sich nur bei einzelnen Arten hin und wieder im Sommer und geben dann noch eine zweite Generation.

Leporina, *L.* Taf. 21, Fig. 21. (Sch. Taf. 26, Fig. 2.) Ei violett, fast kugelförmig, Raupe grün, mit langen gebogenen weißen Seidenhaaren dicht besetzt; auf dem vierten, sechsten, achten und elften Ringe je ein dünner schwarzer Haarpinsel, welcher indes auch vielfach ausbleibt, oder gelb mit gleichfarbiger Behaarung und mit einer schwarzen Rücken- und Seitenlinie. Kopf von der Grundfarbe, bei der Variet. schwarz gefleckt. 4—5 cm. Lebt im August bis September an Erlen, Weiden und andren Laubhölzern. Puppe dunkelbraun. Entwicklung im Mai, Juni. In Erlenschlägen nicht selten. — Tr. 5. 1. 5. — Hb. 4. 8 (B. d.) — B. & G. Bomb. pl. 4. — Pr. Taf. 1, Fig. 1. — Wild. 174, — Sepp. 1. IV. 23. — Buck. IV. pl. 56, Fig. 3.

Aceris, *L.* Taf. 21, Fig. 22. (Sch. Taf. 26, Fig. 3.) Ei platt, hellgelb, später orangefarben, rötlichgrau und zulezt rötlichblau mit feinen weißlichen Querstrichen. (Schluß-Taf. Fig. 57.) Raupe in der Jugend schwarz, gelbgrau gescheckt und gleichfarbig behaart. Erwachsen gelb, auf jedem Ringe mit einem glänzend weißen, schwarz gesäumten Rautenflecken und vom dritten an neben denselben jederseits mit einem gelbroten Haarbüschel, an den Seiten dicht gelblichweiß behaart. Kopf schwarz mit gelben Winkelzeichen. 4—5 cm. Vom Juli bis September an Ahorn (Acer), Roßkastanien (Aesculus hippocastanum). Verwandelt sich in einem harten geleimten Gespinst zu einer rotbraunen Puppe (Wild. 175, Taf. 9 A. Fig. 82.) Entwicklung im Mai und Juli. Verbreitet. — Tr. V. 1. 11. — Hb. IV. 7 (B. c. d.) — Rsl. IV. 4, Fig. 5. — Sepp. III. 16. VIII. 50. — Esp. 3. 35. — Dup. Bomb. pl. 1. — Pr. Taf. 1, Fig. 5. — Buck. IV. pl. 56, Fig. 4.

Megacephala, *F.* Taf. 21, Fig. 23. (Sch. Taf. 26, Fig. 4.) Ei kugelig, braun gefleckt und gerippt. Raupe mit großem, an den Seiten schwarz gefleckten Kopfe mit einer gabeligen Doppellinie über dem Maule. Am Rücken schwärzlich, dicht besetzt mit erhabenen gelben Pünktchen und rostfarbenen und lichtbraunen Wärzchen, auf denen gelbliche Haarbüschel stehen, die in den Seiten am längsten sind. Auf dem elften Ringe befindet sich ein großer, länglich viereckiger, gelber, schwarz gesäumter Fleck. 4—5 cm. Lebt von Juli bis Oktober an allen Arten von Pappeln und verwandelt sich in eine glänzend braune Puppe. (Wild. 175, Taf. 5, Fig. 27.) Entwicklung im Mai, Juni. Ebenfalls nirgends selten. — Tr. V. 1. 13. — Hb. IV. 6 (B. c. d.) — Sepp. IV. 9. — Dup. Bomb. pl. 2. — Pr. Taf. 1, Fig. 6. — Buck. IV. pl. 56, Fig. 5.

Alni, *L.* Taf. 21, Fig. 24. (Sch. Taf. 26, Fig. 5.) Raupe einem Vogelexcremente ähnlich, grau, die vier letzten Ringe schmutzigweiß, der erste Ring ockergelb mit vier kolbigen schwarzen Haaren; Behaarung gelblich. Erwachsen mattschwarz, stahlblauglänzend mit zwölf mondförmigen hochgelben Rückenflecken und schwarzen Wärzchen; auf den Flecken stehen einzelne ruderförmige schwarze Haare; auf den Wärzchen kurze Borsten. Kopf herzförmig eingeschnitten, schwarz. 4 cm. Lebt im Sommer an Erlen, selten an Eichen, meist auf Birken, sitzt in der Ruhe gekrümmt auf der Oberseite eines Blattes und verwandelt sich in einem Gespinste im weichen Holze zu einer länglichen, rotbraunen Puppe (Wild. 176, Taf. 9. A, Fig. 84). Entwicklung im Mai. In den meisten Gegenden einzeln und sehr selten. — Tr. V. 1. 16. — Hb. IV. 2. 3 (B. b.) — Isis (Ocken) 1846. 185. — Fr. B. 1. 49, Taf. 16. — B. & G. Bomb. pl. 4. — Pr. Taf. 1, Fig. 4. — St. e. Z. 1883. 419. — Buck. IV. pl. 57, Fig. 1.

Strigosa, *F.* Taf. 21, Fig. 25. (Sch. Taf. 26, Fig. 6.) Gelbgrün oder grasgrün, einzeln und fein behaart, mit einem breiten braunen, von einer bleichen Mittellinie durchzogenen und gelb gesäumten Streifen. Auf dem vierten Ringe höckerartig erhöht, auf dem elften mit einer pyramidenförmigen Erhöhung. Auf jedem Ringe zwei weiße, schwarz gesäumte, fein behaarte Wärzchen. Luftlöcher weiß, schwarz gerandet. Bauch und Füße mattgrün. 3 cm. Vom Juli bis September an Schlehen, Faulbaum und verwandelt sich zu einer länglich walzigen hellbraunen Puppe. Entwicklung im Juni, Juli, ziemlich verbreitet, aber selten. — Tr. V. 1. 23. — Hb. IV. 1. (Favillacea) (A. b.) — Fr. B. 11. — Wild. 176. — Buck. IV. pl. 56, Fig. 6.

Tridens, *Schiff.* Taf. 21, Fig. 26. (Sch. Taf. 26, Fig. 7.) Eier halbkugelig, weißlichgelb, unregelmässig längsrippig. Schwarz mit einem rotgelben, durch eine schwarze Mittellinie geteilten Rückenstreifen, in welchem auf dem vierten Ringe ein kurzer schwarzer Zapfen und auf dem elften Ringe eine lang behaarte schwarze, rot und weiß gefleckte Erhöhung stehen; an den Seiten mit einem breiten weißgrauen, rötlichgelb gefleckten Längsstreifen. Kopf glänzend schwarzgrau. 4 cm. Lebt im Sommer an Pflaumenarten, an Weißdorn (Crataegus oxyacantha) und Weiden. Puppe braun. Entwicklung im Mai, Juli. Verbreitet, nicht selten. — Tr. V. 1. 26. — Hb. IV. 3 (B. b.) — Rsl. 1. 4, Taf. 8. — B. & G. Bomb. pl. 2. — Sepp. III. 22. — Pr. Taf. 1, Fig. 3. — Wild. 177. — Buck. IV. pl. 56, Fig. 1.

Psi, *L.* Taf. 21, Fig. 27. (Sch. Taf. 26, Fig. 8.) Raupe der von der vorigen ähnlich, der breite Mittelstreifen ist nur schwefelgelb und der Fleischzapfen auf dem vierten Ringe sehr lang. Auf jedem Ringe zwei gekrümmte hochrote Striche und eine weißliche Längslinie über den Füßen. Kopf schwarz mit zwei gelben Streifen. 3—4 cm. Lebt im Juni bis September an Obstbäumen, Linden, Pappeln, Erlen, Hainbuchen und Rosen. Entwicklung im Mai, Juni. Meist häufig. — Tr. V. 1. 31. — Hb. IV. 4 (Tridens P. b.) — Rsl. 1. 4, Taf. 7. — B. & G. Bomb. pl. 2. — Frr. 1. 113, Taf. 58. — Pr. Taf. I, Fig. 2. — Wild. 176. — Buck. IV. pl. 56, Fig 2.

Cuspis, *Hb.* Taf. 21, Fig. 28. (Sch. Taf. 26, Fig. 9.) Ebenfalls den Raupen der beiden vorigen ähnlich, doch hat sie auf dem vierten Ringe statt des Fleischzapfens einen langen und dichten Haarpinsel. Bauch schwarzgrau gefleckt. 4—5 cm. Lebt im Herbste nur an Erlen und verwandelt sich an der Erde in einem Gespinste zwischen Blättern zu einer schwarzbraunen Puppe. Entwicklung im Juni. Ziemlich selten. — Tr. V. 1. 32. VI. 1. 378. — Hb. IV. 4 (B. b.) — Sepp. IV. 4. — Frr. 1. 111, Taf. 57. — Wild. 177.

Menyanthidis, *Hb.* Taf. 21, Fig. 29. (Sch. Taf. 26, Fig. 10.) Schwarz, mit acht schwarzen gleichfarbigen Haarbüscheln besetzten Knopfwärzchen auf jedem Ringe; über den Füßen ein breiter, dunkelroter Längsstreifen, über welchem die weißen Luftlöcher stehen. Kopf und das kleine Nackenschild glänzend schwarz. 4—5 cm. Lebt im Juni, Juli au Bitterklee (Menyanthes trifoliata) und der Heidelbeere (Vaccinium oxycoccos) und Myrica gale. Entwicklung im Mai, Juni. Ziemlich selten, bei Berlin, Braunschweig und auf Torfmooren. Fr. V. 1. 34. — Sepp. IV. 49. — Frr. VII. 120, Taf. 668. — Wild. 177. — Buck. IV. pl. 57, Fig. 5.

Auricoma, *F.* Taf. 22, Fig. 1. (Sch. Taf. 26, Fig. 11.) Dick, walzig, schwarz mit einem Gürtel von zehn rostfarbigen, sternhaarigen Warzen auf jedem Ringe, deren Rückenpaar stärker und lebhafter rostrot behaart ist. Füße gelbrot. Kopf glänzend braun. 4 cm. Lebt vom Juni bis September an Heidelbeeren (Vaccinium Myrtillus und Vitis idaea), Bocksbeeren (Rubus caesius und fruticosus), an Haide (Calluna vulgaris), auch an Birkengebüschen, Espen und Rosa canina. Var. alpina, Fr. 7. 42, Taf. 623. Raupe auf den mittleren Ringen mit glänzend weißen Knopfwärzchen, an Gentiana asclepiadea. Puppe schwarzbraun (Wild. 178, Taf. 5, Fig. 28). Entwicklung meist im Mai, manchmal auch schon im August. Nicht häufig, var. Alpina im Gebirge. — Tr. V. 1. 35. — Hb. IV. 5 (B. b. c.) — Rsl. 1. 4, Taf. 44. — B. & G. Bomb. pl. 1. — Frr. VI. 99, Taf. 542. — Pr. Taf. 1, Fig. 7. — Berl. e. Z. 1885. 258. — Buck. IV. pl. 57, Fig. 4.

Abscondita, *Tr.* Taf. 22, Fig. 2. (Sch. Taf. 26, Fig. 12.) Schwarzbraun mit einer schwarzen Fleckenreihe auf dem Rücken, je einer Reihe gelber Wärzchen und einem weißen Flecken auf jedem Ringe; an den Seiten mit einer Reihe roter, und über den Füßen eine Reihe bräunlicher Warzen; diese sind alle schwarz und weißlich behaart. Bauch und Füße schwarzbraun; Kopf schwarz. 4 cm. Vom Juni bis September an Augentrost (Euphrasia) und an Heidekraut (Calluna vulgaris) und verwandelt sich in einem leichten Gespinste zu einer dunkelbraunen Puppe. Entwicklung im Mai, Juni. Mehr in Norddeutschland, Finnland, Rußland und Lappland. — Tr. X. 2. 5. — Fr. 2. 132, Taf. 178. — Pr. Taf. 1, Fig. 10. — Wild. 179.

Euphorbiae, *F.* Taf. 22, Fig. 3. (Sch. Taf. 26, Fig. 13.) Braun- oder schwarzgrau mit einem großen gelbroten, vorn mit einem schwarzen Punkte besetzten Flecken auf dem zweiten Ringe; einer Reihe samtschwarzer Flecken auf dem Rücken vom dritten Ringe an und zu jeder Seite derselben mit einer Reihe weißer Flecken. An den Seiten eine gelbrote Längslinie, in welcher die weißen, schwarz gesäumten Luftlöcher stehen. Bauch und Füße schwarzgrau. Brustfüße schwarz. Behaarung büschelweise grau und schwarz. Kopf schwarz mit weißen Winkelstrichen. 3—4 cm. Im Mai, Juni an Wolfsmilch (Euphorbia), Schafgarben (Achillea millefolium) und anderen niederen Pflanzen. (Wild. 179, Taf. 9, Fig. 83.) Verwandelt sich in einem leichten Gespinste zu einer schwarzbraunen Puppe. Entwicklung im Juli und im Mai. Nicht häufig. — Tr. V. 1. 46. — Hb. IV. 6 (B. c.) — Frr. 6. 94, Taf. 538. Var. Montivaga, Frr. 6. 92, Taf. 737. — Pr. Taf. 1, Fig. 9.

Myricae, *Gn.* 1. 59. pl. III. Nach *Stgr.* vielleicht Varietät von Euphorbiae, Raupe auch sehr ähnlich. Aus Schottland. Buck. IV. 57. 6.

Euphrasiae, *Br.* Taf. 22, Fig. 4. (Sch. Taf. 26, Fig. 14.) Samtschwarz mit einem zinnoberroten, nach vorn herzförmigen Flecken auf dem zweiten Ringe; an den Seiten des Rückens auf jedem Ringe ein großer kleeblattförmiger weißer Flecken; an den Seiten eine mennigrote oder hochrote Längslinie. Luftlöcher und Füße schwarz. Behaarung weiß und schwarz gemischt. Kopf glänzend schwarz mit weißen Winkelzeichen. Lebt im Juli, August an Heidekraut (Erica) und Enzian (Gentiana), Wolfsmilch (Euphorbia) und anderen Pflanzen und Sträuchern. 4—5 cm. Verwandelt sich in einem leichten, weißen Gespinste zu einer braunen Puppe. Entwicklung im Mai. In Süd- und Mitteldeutschland, in der Schweiz und in Rußland. — Tr. V. 1. 43. — Rsl. 1. 4, Taf. 45. — Frr. 6, 92, Taf. 537. — B. & G. Bomb. pl. 1. — Dup. Bomb. pl. 1. — Wild. 179.

Rumicis, *L.* Taf. 22, Fig. 5. (Sch. Taf. 26, Fig. 15.) Schwarzbraun mit einem Gürtel von vier braunen Borstenbüscheln auf dem vierten Ringe, einer Reihe eckiger, weißer Flecken zu jeder Seite des Rückens und einem breiten, weißlichgelben, rotgefleckten Seitenstreifen, Behaarung rostgelb. Kopf schwarz. 3—4 cm. Von Mai bis Oktober an Wolfsmich und anderen niederen Pflanzen und verwandelt sich in einem papierähnlichen, graubraunen Gespinste zu einer schwarzbraunen Puppe mit helleren Einschnitten. (Wild. 180, Taf. 7, Fig. 64.) Entwicklung im Mai bis Juli. Ziemlich verbreitet. — Tr. V. 1. 38. — Rsl. 1. 4, Taf. 27. — Hb. IV. 5 (B. b. c.) — B. & G. Bomb. pl. 2. — Dup. Bomb. pl. 2. — Frr. 6. 100, Taf. 543. — Sepp. V. 11. — Pr. Taf. 1, Fig. 7. — Buck. IV. pl. 56, Fig. 4.

Ligustri, *F.* Taf. 22, Fig. 6. (Sch. Taf. 26, Fig. 16.) Dick, spindelförmig mit tiefen Ringeinschnitten und dünn schwarz behaart; gelblichgrün mit einem gelblichweißen Rückenstreifen und zu jeder Seite des Rückens einen gelben Längsstreifen und dazwischen auf jedem Ringe zwei weiße Punkte. Luftlöcher mennigrot. Kopf dunkelgrün. 4 cm. Lebt im Sommer an Hartriegel (Ligustrum vulgare) und Eschen und verwandelt sich in einem schwärzlichgrauen Gewebe zu einer rotbraunen Puppe mit hellerem Hinterleibe. Entwicklung von Mai bis Juli. Ziemlich selten. — Tr. V. 1. 20. — Hb. IV. 3 (B. b.) — Fr. B. 3. 142. — Voll. 1. 3. — Wild. 180. — Buck. IV. pl. 57, Fig. 2.

2. Gattung. **Bryophila**, *Tr.*

Raupen 16-füßig mit Wärzchen und kurzen Härchen bedeckt und mit einem kleinen runden Kopfe. Leben an Flechten, in welchen sie sich in einem blasigen Gehäuse am Tage verborgen halten. Zur Verwandlung verfertigen sie sich feste mit Erde gemischte, geleimte Gehäuse.

Raptricola, *Hb.* Taf. 22, Fig. 7. (Sch. Taf. 26, Fig. 17.) Bläulichgrau, an den Seiten des Rückens mit einem orangegelben und weiß gefleckten Längsstreifen, in welchem auf jedem Ringe drei schwarze Wärzchen stehen. Luftlöcher schwarz. Kopf braun mit schwarzen Punkten. Lebt nach *Rössl.* S. 78 an den auf den Schieferdächern wachsenden Flechten und wird nach starken nächtlichen Regengüssen öfters am Fuße der Gebäude getroffen, wohin sie hinunter geschwemmt wurde. Verwandelt sich in einem leichten Gespinste zu einer stumpfen, dunkelbraunen Puppe. Entwicklung im Juli, August. Nicht selten. — Tr. X. 2. 15. — B. & G. Bomb. pl. 3. — Frr. 3. 104, Taf. 267. — Wild. 182.

Fraudatricula, *Hb.* (Sch. Taf. 26, Fig. 19.) Nach *Dorfm.* der Raupe von Raptricula ähnlich, hat jedoch einen nicht unterbrochenen Seitenstreifen und lebt ebenfalls an Holzflechten. Mehr im südlichen Deutschland.

Receptricula, *Hb.* (Strigula, *Bkh.*) Taf. 22, Fig. 8. (Sch. Taf. 26, Fig. 20.) Schmutzigweiß oder gelbgrau mit dunkelbraunen Flecken und Punkten, von welchen ringförmige Flecken eine Mittellinie und größere eckige Flecken eine Seitenlinie bilden; mit einer abgesetzten schwarzen Längslinie über den Füßen; schwarzen Luftlöchern und braungrauem, schwarz gefleckten Kopfe. 3 cm. Im Mai, Juni an Lappenflechten (Parmelia) und verwandelt sich in einem leichten Gewebe zu einer kleinen gelbbraunen Puppe. Entwicklung im Juli, August. — Frr. 3. 103, Taf. 179. — Wild. 182. — Hb. IV. II. c. c. (Glandifera).

Ravula, *Hb.* (Sch. Taf. 26, Fig. 21.) Das Ei oval, schmutziggrün mit weißen, geperlten Längsrippen. Schluß-Taf. Fig. 58.) Raupe der Var. Erepricula, *Tr.*, bläulich mit einer abgesetzten schwarzen Rückenlinie und auf jedem Ringe mit zwei bis drei schwarzen Punkten an deren Seiten; einem gelblichroten und darunter einem schwarzen Seitenstreifen, welche zackig ineinandergreifen. Bauch und Füße hellgrau. Kopf blau, häufig mit schwarzen Strichen. 2 cm. Lebt im Mai, Juni an Lappenflechten (Parmelia), wie Raptricula, und verwandelt sich in einem Erdgespinst zu einer ockergelben bereiften Puppe. Entwicklung im Juli. Nicht überall, mehr in südlichen Gegenden. — Tr. V. 1. 66. X. 2. 12. — Hb. IV. 11 (Spoliatricola C. c.) — Frr. 1. 104, Taf. 522. — Wild. 181. — Soc. ent. 1. 123. — Prittw. St. e. Z. 1862. 151.

Algae, *F.* (Sch. Taf. 26, Fig. 22.) (Spoliatricula, *Hb.*) Raupe gelblich, an den Seiten bläulich mit einem grauen Rückenstreifen und auf jedem Ringe mit drei schwarzen Punkten zu dessen Seiten. Luftlöcher schwarz. Kopf glänzend braun. 2,5 cm. Lebt nach *Rössl.* S. 78 an Wald- und Obstbäumen und altem Holzwerke von den darauf wachsenden Staubflechten. Bei Tage ist sie in den Spalten und Ritzen, oder von ihr selbst gebohrten Vertiefungen, in denen sie sich später verwandelt, versteckt und bei Regenwetter leichter zu finden. Auch bewohnt sie in alten Hecken die untersten, mit Flechten bewachsenen Äste. Verpuppung in einem leichten Gespinste. Entwicklung im Juli, August. Nicht selten, schwer an den grünen Baumflechten zu sehen. — Tr. V. 1. 64. — Wild. 181.

Muralis, *Forster.* (Glandifera, *Hb.*) Taf. 22, Fig. 9. (Sch. Taf. 26, Fig. 23.) Grün mit einem breiten dunklen, durch eine weiße Mittellinie geteilten Rückenstreifen, an den Seiten der ersten vier Ringe und des letzten Ringes mit je einem weißen Strich, an den übrigen Ringen je mit zwei derselben. Luftlöcher schwarz. Bauch und Füße dunkelgrün. Kopf schwarz. 2,5—3 cm. Nach *Rössl.* S. 77 im Juli, August an Felswänden und ungetünchten Mauern, welche von der Sonne den ganzen Tag erwärmt werden. Sie lebt von den daran wachsenden grauen Flechten und verbirgt sich bei Tage in den Ritzen oder in einem mit erdigen Teilen durchwebten Gehäuse, worin sie sich später verwandelt. Puppe braun. Mehr in den Gegenden Südeuropas. — Tr. V. 1.58. X. 2. 10. — B. & G. Bomb. pl. 3. — Wild. 180. — Buck. IV. pl. 55, Fig. 4.

Perla, *F.* Taf. 22, Fig. 10. (Sch. Taf. 26, Fig. 24.) Dunkelblau mit einem rotgelben, durch eine schwarze Mittellinie geteilten Fleckenstreifen auf dem Rücken und einer oder zwei weißen Längslinien über den Füßen. Luftlöcher schwarz. Kopf glänzend schwarz. 2,5—3 cm. Lebt nach *Schmid* S. 48 im Mai an Mauerflechten und ist in den ersten Frühstunden oder nach Regenwetter stellenweise in Anzahl ausserhalb ihrer gespinstartigen Gehäuse zu finden. Verwandelt sich in einem eiförmigen Gehäuse zu einer ockergelben Puppe. Entwicklung im Juli, August; verbreiteter als die vorige. — Tr. V. 1. 61. X. 2. 11. — B. & G. Bomb. pl. 3. — Frr. 1. 128, Taf. 70. — Pr. Taf. 1, Fig. 16. — Wild. 181. — Rsl. 77. — Buck. IV. pl. 55, Fig. 3.

3. Gattung. **Moma,** *Hb.*

Raupe 16-füßig, walzig, mit stark behaarten Wärzchen besetzt und drei breiten hellen Flecken auf dem Rücken; Kopf klein, kugelig. Die Verwandlung geschieht in einem ziemlich festen Gehäuse am Boden. Nur eine Art.

Orion, *Esp.* Taf. 22, Fig. 11. (Sch. Taf. 26, Fig. 25.) Ei weiß, halbkugelig mit starken Längsleisten (Einleit. VIII. Fig. 3), Raupe schwarz, auf dem Rücken des zweiten, vierten und siebenten Ringes, je ein breiter, hellgelber Flecken; mit roten und gelben Wärzchen an den Seiten und an dem Rücken, mehreren geschlängelten rötlichen Längslinien über den Füßen und rötlichbrauner Behaarung. Kopf schwarz, weiß punktiert mit einem rötlichen Halbande. 4 cm. Lebt von Juli bis September an Eichen, Buchen und selten an zahmen Kastanien. Puppe dunkelbraun, bei der männlichen mit sechs, bei der weiblichen mit vier im Kreise nach auswärts gekrümmten Dornen am Afterstücke (Wild. 174, Taf. 5, Fig. 2). Entwicklung im Mai in Eichenwäldern. Tr. V. 1. 54. — Hb. IV. 10 (Aprilina C. b.) — Esp. 39. — Dup. Bomb. pl. 3. — Sepp. 1. 9. — Frr. B. 22. — Pr. Taf. 1, Fig. 15. — Buck. IV. 55, Fig. 5.

4. Gattung. **Diphthera,** *O.*

Raupe mit Wärzchen besetzt, auf denen die Haare auf den ersten Ringen besonders lang sind; auf dem elften Ringe ein behaarter Fleischzapfen. Kopf groß, kugelig. 16-füßig. Verwandlung in einem dichten weißen Gewebe. Ebenfalls nur eine Art. (Nach Hein. zu der vorigen Familie.)

Ludifica, *L.* Taf. 22, Fig. 12. (Sch. Taf. 26, Fig. 26.) Graublau mit drei pomeranzengelben Rückenstreifen, braungelben mit gelblichen Haaren besetzten Warzen auf jedem Ringe, und zwei schwärzlichen auf dem achten und zehnten Ringe. Ein weißer Flecken auf dem dritten Ringe und ein ebensolcher, herzförmiger auf der Afterklappe. An den Seiten weißlichgrau mit kleinen gelben Strichen und einer weißlichen Fußlinie. Luftlöcher schwarz, gelb geringelt. Bauch hellgrau. Kopf schwärzlich. 5—6 cm. Lebt im September, Oktober an Ebereschen (Sorbus aucuparia), an Weißdorn (Crataegus oxyacantha), Äpfelbäumen und Saalweiden.

Verwandelt sich zu einer braunen weiß bestäubten Puppe mit helleren Einschnitten. Entwicklung im Mai, Juni. Im Mitteldeutschland einzeln, in der Schweiz ziemlich verbreitet, in Frankreich, Schweden und Rußland. — Tr. V. 1. 50. — Hb. IV. 10 (B. d.) — Fr. B. 2. 46. — St. e. Z. 2. 59. — Pr. Taf. I, Fig. 14. — Wild. 173.

5. Gattung. Panthea, Hb.

Raupe ziemlich lang behaart mit ringförmigem Haarbesatz an den Einschnitten der Brustringe und mit Haarbüscheln auf dem vierten und elften Ringe. Verwandlung in einem geleimten festen Gespinste.

Coenobita, *Esp.* Taf. 22, Fig. 13. (Sch. Taf. 26, Taf. 27.) Braungrau, oben schwarz vom fünften bis elften Ringe mit gelblichweißer, auf jedem Ringe durch zwei gleichfarbige Querstriche durchschnittener Mittellinie und einem rotgelben, in der Mitte bräunlichen Längsstreifen zu jeder Seite des Rückens. Hinter den blauen Einschnitten der Brustringe mit je einem kragenartigen grauen Haarbesatz. Luftlöcher weiß auf schwarzem Grunde mit einem weißen Keilstriche davor. Behaarung grau. Kopf grau. 5—6 cm. Lebt im August, September an Fichten und kann davon abgeklopft werden. Puppe dick, glänzend, rotbraun; überwintert und liefert den Schmetterling im Mai. Selten in Fichtenwäldern von Deutschland, der Schweiz, Piemont, Livland und dem südlichen Schweden. — Tr. V. 1. 48. — Hb. IV. 9 (Bomb. 2. C. c., Noct. 1. C. a. b.) — Rsl. III, Taf. 48. — Fr. B. 1. 51. — Wild. 172. — St. e. Z. 1879. 109. — Pabst. Jsis 1887. p. 115.

III. Familie. Agrotidae, Led.

Die Raupen sind nackt, plump, meist walzenförmig, seltner, fein behaart oder mit einem Absatze auf dem letzten Gelenke. Sie überwintern halbwüchsig, sind sehr träge, gewöhnlich düster gezeichnet, nähren sich von niederen Pflanzen, halten sich bei Tage unter der Nahrungspflanze oder in der Erde verborgen; verpuppen sich in derselben, ohne ein Gespinst anzufertigen und liefern im Sommer die Falter. Manche liegen monatlang in der Erde, ehe sie sich verpuppen und dürfen in dieser Zeit nicht gestört werden. Nur eine Gattung:

Agrotis, O.

v. Hornung, über die Schwierigkeiten Agrotis-Raupen zu unterscheiden. Verh. z. b. V. Wien. 1854. 105. Von den 127 Arten sind nur von 77 die Raupen bekannt. (Molothina siehe S. 80).

Strigula, *Tnb.* (Porphyrea, *Hb.*) Taf. 22, Fig. 14. (Sch. Taf. 27, Fig. 1.) Schmutzig blaßrot, bräunlichrötlich oder gelbbraun mit einer starken, gelblichweißen, dunkel gesäumten Rückenlinie und zwei Reihen gelblicher Flecken neben derselben; an den Seiten ein weißlicher Längsstreifen und über denselben zwei Reihen weißer und brauner Flecken. Kopf rotbraun. Lebt im Sommer und Herbst an Heidekraut (Calluna vulgaris, Erica herbacea und cinerea). Puppe rotbraun. Entwicklung im Juli. In Heidegegenden nicht selten, bis zu 2000 m Höhe. — Tr. V. 1. 73. — Hb. IV. 40 (F. f.) — Voll. II. 42. — Frr. B. 1. 109. — Voll. 2. 42. — Wild. 234.

Polygona, *F.* Taf. 22, Fig. 15. (Sch. Taf. 27, Fig. 3.) Grün, an den vier ersten Ringen mit einer weißen Linie zu den Seiten des Rückens und an den Seiten ein dunkelgrüner, weiß gesäumter Längsstreifen über den Füßen. Luftlöcher gelb, braun gesäumt. Kopf gelbgrün. 4—5 cm. Im Herbst und Mai an Ampfer (Rumex), Knöterich (Polygonum) und anderen niederen Pflanzen. Entwicklung im Juli. Selten bis Schweden. — Tr. V. 1. 226. — Hb. IV. 53 (G. c.) — Wild. 246.

Signum, *F.* Taf. 22, Fig. 16. (Sch. Taf. 27, Fig. 4.) Rotbraun mit drei gelben Rückenlinien, auf jedem Ringe zwei gelben Punkten und einem gelben, vorn braun gesäumten, mit den beiden Enden vorwärts gebogenen Querstrichen. Mit gelblichen, unten braun gesäumten Querstrichen und einer braunen Fußlinie. Luftlöcher gelb. Bauch gelbgrau. Nackenschild braun mit drei gelblichen Strichen. Kopf rotbraun. 4—5 cm. Lebt im Sommer und Frühjahr polyphag an niederen Pflanzen, an Bohnenbaum (Cytisus laburnum), an Waldrebe (Clematis vitalba.) Puppe dick, dunkelbraun. Entwicklung im Juni, Juli. Nicht selten. — Tr. V. 1. 212. — Hb. IV. 59 (Characterea G. g.) — Fr. B. 3. 124. — Wild. 231.

Subrosea, *Stph.* Nur in England. Raupe der Var. Subcaerulea, H.-S. 516. 622. von C. Berg entdeckt; graubraun mit einem Schein ins violette, über dem Rücken mit drei und an den Seiten mit zwei veilgrauen Linien. Über den Füßen ein schwefelgelber Streifen. Kopf kastanienbraun. Nackenschild rostfarbig, Afterklappe veilgrau und Füße zimtfarben. Lebt auf Torfmooren Preußens, Livlands und Finnlands an Kienporst (Andromeda polifolia). Puppe hellbraun. Entwicklung im Juli, August. — Gn. 1. 332. — Stettin. e. Z. 1874, S. 146. — Ent. M. XI. 89.

Janthina, *Esp.* Taf. 22, Fig. 17. (Sch. Taf. 27, Fig. 5.) Rötlich gelbgrau, fein dunkel punktiert mit einer helleren Rückenlinie und vom achten bis elften Ringe schwarze Flecken neben derselben. Luftlöcher weiß, schwarz gesäumt. Bauch hell gelbgrau. Kopf und Nackenschild bräunlichgelb. 4—5 cm. Im April, Mai an Hühnerdarm (Anagallis), Primeln und Aron (Arum maculatum). Puppe graubraun. Entwicklung im Juni, Juli. Nicht selten. — Tr. V. I. 269. — Hb. IV. 50. — Frr. 3. 95, Taf. 262. — Sepp. VIII. 29. — Wild. 247.

Linogrisea, *Schiff.* Taf. 22, Fig. 18. (Sch. Taf. 27, Fig. 6.) Braun, oben rötlich mit einer abgesetzten weißlichen Mittellinie, in welcher auf jedem Ringe zwei kleine bogenförmige, schwarze, rückwärts weiß begrenzte Striche stehen; an den Seiten vom vierten Ringe an je ein feiner schwarzer Strich, welcher unten auf einer feinen rötlichen Längslinie über den Füßen aufsteht. Kopf hellbraun, schwarz gegittert mit zwei schwarzen

Linien. 4—5 cm. Im Frühjahr an Primeln und anderen niederen Pflanzen. Puppe schlank, glänzend braun. Entwicklung im Juni, Juli. Ziemlich verbreitet. — Tr. V. 1. 272. — Hb. IV. 44. B. & G. Noct. pl. 10. — Frr. 3. 79, Taf. 249. — Wild. 247. — Pr. IV. 12.

Fimbria, *L.* Taf. 22, Fig. 19. (Sch. Taf. 27, Fig. 7.) Gelb- oder braungrau, fein dunkel punktiert; mit einer hellen, dunkel gesäumten Mittellinie auf dem Rücken, zu deren Seiten auf jedem Ringe zwei braune, hinterwärts weißgesäumte Bogenstriche stehen und einem weißlichen Seitenstreifen, auf welchen die weißen, schwarz gesäumten Luftlöcher sich befinden. Bauch und Füße etwas hell. Kopf braungrau mit zwei dunklen Punkten. 5—6 cm. Im April, Mai an Primeln und anderen Pflanzen. Verwandelt sich in einer zerbrechlichen Erdhöhle in eine stark gewölbte rotbraune Puppe. Entwicklung im Juni, Juli. Nicht selten. -- Tr. V. I. 266. — Hb. IV. 45 (G. b.) — B. & G. Noct. pl. 10. — Esp. IV. 103. — Sepp. VIII. 2. — Frr. 4. 161, Taf. 381. — Dup. Noct. pl. 2. -- Wild. 247. — Pr. Taf. 4, Fig. 10.

Interjecta, *Hb.* (Sch. Taf. 27, Fig. 8.) Hellgrangelb, mattgelb und bräunlich gestreift mit einer schmalen weißen Mittellinie auf dem Rücken und zu jeder Seite eine weiße, rötlich gesäumte Längslinie, über welcher auf jedem Ringe zwei schwarze gelblich scheinende Punkte stehen. An den Seiten ein breites schwarzbraunes Band, unter welchem ein heller Längsstreifen über den Füßen steht. Kopf grangelb mit zwei schwarzen Strichen. 4—5 cm. Lebt im April, Mai in Gehölzen und zwischen Gebüschen an Gräsern und Kräutern. Entwicklung im Juni. Im westlichen Deutschland, England, Belgien, Dalmatien, Frankreich und Korsika. — Gn. 1. 318. — Wild. 248. — Ent. IV. 1868. p. 91.

Sobrina, *Gn.* (Sch. Taf. 27, Fig. 10.) Graubraun, etwas rötlich, fein weißgelb gerieselt mit drei schmutzig ockergelben, gefleckten Rückenlinien; an der Seite eine helle, oberwärts scharf begrenzte, nach unten verwaschene Längslinie, über welcher an jedem Ringe ein schwarzer Punkt und darüber ein schwarzes Luftloch stehen. Kopf und Füße graubraun. Auf niederen Pflanzen. Sehr selten, bei Leipzig, Breslau, Wiesbaden, in der Schweiz, häufiger in Rußland. — Gn. 1. 335. Wild. 229.

Punicea, *Hb.* Taf. 22, Fig. 20. (Sch. Taf. 27, Fig. 11.) Erdbraun mit einer hellen Mittellinie und dunklen unten hellgesäumten Strichen zu Seiten des Rückens vom vierten bis elften Ringe; an den Seiten ein dunkler Längsstreifen, unter welchem die schwarzen Luftlöcher stehen. Bauch grau. Nackenschild braun mit drei weißen Strichen. Kopf schwarzbraun. Im Frühjahr an Löwenzahn (Taraxacum) und Brombeeren 4 cm. Verwandelt sich in einem leichten Gespinste zu einer rotbraunen Puppe. Entwicklung im Mai, Juni. Nicht verbreitet. — Tr. VI. 1. 387. — Hb. IV. 49 (G. b.) — Fr. B. 1, Taf. 15. — Wild. 227.

Augur, *F.* Taf. 22, Fig. 21. (Sch. Taf. 27, Fig. 12.) Raupe nach dem elften Ringe hin verdickt; rötlichbraun mit einer hellbraunen Mittellinie, zu deren Seite auf jedem Ringe sechs weiße Punktwärzchen und vom vierten Ringe an braune Schrägsstriche stehen; deren letztes Paar sich auf dem elften Ringe auf der Mitte des Rückens vereinigt; mit einem gelben Seitenstreifen, über welchem in einer abgesetzten schwarzen Linie die gelblichweißen Luftlöcher stehen. Bauch hellrötlich. Nackenschild braun. Kopf klein, dunkelbraun mit zwei dunklen Strichen. 4—5 cm. Im April, Mai an Löwenzahn und Schlehen. Puppe dick, rotbrann. Entwicklung im Juni, Juli. Nicht überall. In Europa, Nordamerika. — Tr. V. 1. 210. — Hb. IV. 64 (J. a.) — St. e. Z. 19. 377. — Wild. 224.

Obscura, *Brahm.* (Ravida *Hb.*) (Sch. Taf. 27, Fig. 15.) Braun, auf jedem Ringe mit acht gelblichweißen Warzen und dunkelbraunen Schrägsstrichen an den Seiten des Rückens, welche sich auf den letzten Ringen deutlicher auf dem Rücken vereinigen und auf dem elften Ringe die Gestalt eines Hufeisens bilden. An den Seiten ein dunkler Längsstreifen, in welchem die gelblichen Luftlöcher stehen. Kopf hellbraun, fein dunkel gegittert mit zwei dunkelbraunen Linien. 5 cm. Im Frühling an niederen Pflanzen und verwandelt sich in einem leichten Gespinste zu einer dunkelbraunen Puppe. *Rössl.* S. 86 fand sie in Büscheln von Artemisia campestris tief versteckt. Entwicklung im Mai. Nicht verbreitet. — Tr. V. I. 207. — Fr. 3. 35, Taf. 206. — Wild. 237.

Pronuba, *L.* Taf. 22, Fig. 22. (Sch. Taf. 27, Fig. 16.) Dunkel erdbraun, mit drei abgesetzten helleren Rückenlinien, einem schwarzen Strich vom vierten Ringe an auf jedem derselben und zwei matten, rötlich eingefaßten Längslinien an den Seiten. Luftlöcher schwarz mit einem gleichfarbigen Punkte daneben. Kopf klein, braun. Ist auch manchmal grün oder gelblich mit einer feinen dunklen Rückenlinie und einer Reihe dunkler Längsstriche vom vierten Ringe an. 5—6 cm. An Primeln und Veilchen und anderen Pflanzen. Verwandelt sich in einer zerbrechlichen Erdhöhle zu einer glänzend rotbraunen Puppe. Entwicklung im Juni, Juli. Nicht selten. — Tr. V. 1. 260. — Hb. IV. 45 (G. b.) — Rsl. VI, Taf. 4. 32. — B. & G. Noct. pl. 9. — Dup. Noct. pl. 9. — Frr. 3. 113, Taf. 275. — Sepp. VI. 33. — Wild. 249. — Pr. Taf. 4, Fig. 11.

Orbona, *Hfn.* (Subsequa, *Hb.*) Taf. 22, Fig. 23. (Sch. Taf. 27, Fig. 17.) Der Raupe von Signum ähnlich; braungrau mit drei zarten, weißlichen Rückenlinien und einem viereckigen schwarzen Flecken auf jedem Ringe; an den Seiten heller mit einem breiten rötlichgrauen Längsreifen, auf welchem die weißen, schwarz gesäumten Luftlöcher stehen; auf der Afterklappe ein schwarzer gelb gesäumter Flecken, vor welchem zwei kleine schwarze Striche stehen. Kopf und Nackenschild braun, ersterer mit zwei schwarzen Strichen. 5—6 cm. Kommt auch in undeutlich gezeichneten, oder grünlichen Varietäten vor. Im April, Mai an Primeln und anderen niederen Pflanzen. Puppe glänzend braun. Entwicklung im Juli. In manchen Gegenden Deutschlands, in Österreich in manchen Jahren sehr gemein; Holland, Schweden, Spanien. — Tr. V. 1. 258. —

Fr. 3. 106, Taf. 269. — Dup. Noct. pl. 9. — Sepp. VII. 23. — Wild. 448. — Pr. Taf. 4, Fig. 9.

Comes, *Hb.* Taf. 22, Fig. 24. (Sch. Taf. 27, Fig. 18.) Rötlichgelb mit einer Reihe dunkler, hochgelb eingefaßter länglicher Flecken auf dem Rücken, die nach den letzten Ringen immer deutlicher werden. An den Seiten über den weißlichen Luftlöchern kurze braune Schrägsstriche und unter denselben eine helle Längslinie, in welcher auf jedem Ringe zwei schwarze Punkte stehen. Bauch und Füße hell graugelb, ebenso der Kopf mit zwei dunklen Strichen. 5,5—6 cm. Eine Varietät ist grünlich mit schiefen rötlichweißen Seitenstrichen auf jedem Gelenke; eine andere ist grün, schwarz und weiß punktiert und gestrichelt. Lebt im Mai auf Klee (Trifolium) und anderen niederen Pflanzen. Puppe rotbraun. Seltener als die vorige Art. — Tr. V. I. 255. Hb. 47. — Frr. 3. 106, Taf. 268. — Wild. 248.

Castanea, *Esp.* Taf. 22, Fig. 25. (Sch. Taf. 27, Fig. 19.) Grün, ocker- oder rötlichgelb, dicht braun oder schwärzlich gerieselt mit einem breiten weißen Längsstreifen und gelblich weißen, dunkel geringelten Luftlöchern. Nackenschild braun mit drei weißlichen Strichen. Kopf glänzend braungelb, dunkel gegittert mit braunen Bogenstrichen. 4—5 cm. Var. Neglecta, *Hb.* gelbbräunlich, oben fein schwarz punktiert mit feiner matter Mittellinie und vier braunen Punktwärzchen auf jedem Ringe; zu den Seiten des Rückens je eine abgesetzte helle Längslinie und einen verwaschenen weißgrauen Längsstreifen; Kopf, Nackenschild und Afterklappe glänzend gelbbraun. Von Februar bis Anfangs Juni an Heidekraut (Calluna vulgaris), Heidelbeeren (Vaccinium) und Ginster (Genista). Verwandlung in einer zerbrechlichen Höhle zu einer hell rotbraunen Puppe. Entwicklung im Juli, August. In einigen Gegenden Deutschlands und Österreichs, Englands, die Varietät Neglecta häufiger als die Stammart. — Frr. IV. 33, Taf. 312 und VI. 16. Taf. 489. — Speyer, St. e. Z. 1858. p. 105. — Voll. III. 23. — Wild. 224. — Pr. Taf. V, Fig. 16. — Rössl. p. 83. — C. Bl. III. N. 13.

Hyperborea, *Zett.* (Sch. Mill. 66. 3. 4.) Nach *Stgr.* rötlichgrau, stark mit schwarzen Pünktchen bedeckt, mit einer weißen bis zum sechsten Ringe reichenden Mittellinie und daneben mit je einer helleren Linie, der nach innen am Anfang eines jeden Segments ein kurzer, schwarzer Strich anliegt. Letztere durch einen lichteren Flecken getrennt. Luftlöcher schwarz umrandet. Nackenschild sehr wenig hornig mit einer weißlichen Mittellinie. Kopf gelbbraun marmoriert, vorne mit zwei braunen Linien. Vorderfüße gelblich, Bauchfüße weißlich. Ende Mai in Föhrenwaldungen unter Moos an Stellen, wo besonders Vaccinium Myrtillus wuchs. Verwandlung in einem lockeren, aus Moos verfertigten Gehäuse zu einer kastanienbraunen Puppe. Entwicklung im Juni bis August. Lappland, Norwegen, Schweizer Alpen, Schlesien, Ungarn, Schottland. — Stett. e. Z. 1861, S. 361. — Berl. e. Z. 1885. 259.

Molothina, *Esp.* (Ericae, *B.*) (Sch. Taf. 27, Fig. 2.) Erwachsen dunkelgrün oder braun mit einer doppelten Punktreihe am Rücken und zwei dunklen Seitenstreifen. Von August ab auf Calluna vulgaris. Entwicklung im Juni. Sachsen, in der Pfalz und in Frankreich. Standf. Stett. e. Z. 1884. S. 201.

Collina, *B.* (Sch. Taf. 27, Fig. 21.) Schwarzgrau bis kirschrot mit gelblichen Keilzeichnungen, überwintert und lebt im Mai an niederen Pflanzen (Plantago). Entwicklung im Juli. In den südlichen Alpen und Gebirgen Schlesiens. Wild. 228. — Standf. St. e. Z. 1884, S. 203.

Agathina, *Dup.* Taf. 23, Fig. 1. (Sch. Taf. 27, Fig. 22.) Rosenfarben, in den Einschnitten dunkler mit grauem Seitenstreifen und braunem Kopfe. In zwei Generationen an Heidekraut (Erica cinerea, arborea, multiflora und Calluna vulgaris). Entwicklung im Juni und August. In Deutschland sehr selten bei Wiesbaden und am Rhein an Heideblüte; in England, Holland und Frankreich. — Mill. II. pl. 67. 7—10. — Ent. M. 1876, p. 11.

Triangulum, *Hufn.* Taf. 23, Fig. 2. (Sch. Taf. 28, Fig. 1.) Ei in der Jugend grün und gleicht sehr dem von C. nigrum und Gothica. Schluß-Taf. Fig. 59. Erwachsen dunkelaschgrau mit drei weißlichen, schwarz gesäumten Rückenlinien und zwei weißen Punkten und schwärzlichen Schrägsstrichen auf jedem Ringe dazwischen. An den Seiten ein abgesetzter, graurötlicher Längsstreifen und hinter dem elften Ringe ein weißer Querstrich. Luftlöcher weiß in schwarzen Flecken. Kopf rotbraun 4—5 cm. April, Mai an Nelkenwurz (Geum) und Sternkraut (Stellaria). Puppe dunkelbraun. Entwicklung im Juli, August. Verbreitet. — Tr. V. I. 240. Hb. IV. 49 (Sigma G. b. c.) — Fr. B. 2. 49. — Sepp. VIII. 15. — Wild. 230. — Pr. Taf. V, Fig. 21.

Baja, *F.* Taf. 23, Fig. 3. (Sch. Taf. 28, Fig. 2.) Rötlich gelbgrau mit drei feinen, abgesetzten gelblichen Rückenlinien und vom vierten Ringe an auf jedem Ringe mit einer spatenförmigen braunen Zeichnung, welche auf den letzten Ringe am breitesten und fast schwarz, und hinter dem elften Ringe durch einen weißen Querstrich begrenzt ist. An den Seiten schwärzlich gerieselt mit rötlichem Dufte und einem rötlichgrauen Längsstreifen unter den schwarzen Luftlöchern. Nackenschild bräunlich mit drei gelben Strichen als Anfängen der Rückenlinie. Kopf rotgelb mit zwei schwarzen Bogenstrichen. 4—5 cm. Im Frühjahr an niederen Pflanzen, besonders gern an den Heidelbeeren und nach Tr. an der Tollkirsche (Atropa Belladonna). Puppe rotbraun. Ziemlich verbreitet in Europa und auch in Nordamerika. — Tr. V. I. 215. — Hb. IV. 49 (G. b. c.) — Fr. B. 2. 89. — Voll. 1, 32. — Wild. 229.

Speciosa, *Hb.* (Sch. Taf. 28, Fig. 4.) Var. Artica, *Zett.* Raupe der letzten nach *Sandberg* von der Hyperborea kaum zu unterscheiden. Grau, gelb oder rötlich mit dichten schwarzen Pünktchen und gabelförmigen Schattierungen. Kopf gelbbraun, dunkel marmoriert. Im Sommer ebenfalls mit Raupe von Hyperborea und Carnea unter Moos an dürren Stellen, an Heidelbeeren. Entwicklung im Juli. Am Oberharz, im

Riesengebirge und in den Alpen. Var. Artica im hohen Norden. Sandberg. Berl. e. Z. 1885. 260. — *Stgr.* hält Speciosa und Artica für zwei gut verschiedene Arten. — St. e. Z. 1861. p. 363. — Schild. l. c. 1874. 63.

Candelarum, *Stgr.* (Candelisequa, *Hb.*) Taf. 23, Fig. 4. (Sch. Taf. 28, Fig. 5.) Schwärzlichbraun, mehr oder minder grünlich gemischt mit einer doppelten, schwarzen Rückenlinie; an den Seiten des Rückens, vom dritten Ringe an, auf jedem von diesen zwei rückwärts aufsteigende, vorn feinere, aufwärts dickere schwarze Striche, welche auf den vier letzten Ringen am stärksten und dunkelsten sind. Luftlöcher weiß. Bauch fein weiß punktiert. Brustfüße braun. Kopf rotgelb mit zwei braunen Strichen. 5—5,5 cm. Lebt im Frühjahr an Pulsatilla und Poterium und Kreuzkraut (Senecio). Puppe kolbig, glänzend rotbraun. Entwicklung im Juni. Selten, in Österreich, besonders bei Wien, bei Regensburg, in Ungarn und Sachsen. — Tr. V. 1. 217. — Hb. IV. 15 (2 c. b.) — Frr. VII. 154, Taf. 688. — Pr. Taf. IV, Fig. 20. — O. W. 232.

Ashworthii, *Dbld.* (Sch. Mill. 93 III.) Raupe olivenfarben mit schwarzen abgesetzten Streifen, braunem Kopfe und schwarzem Nackenschilde, im Herbste und Frühjahr an Gräsern, Sedum und Löwenzahn. Entwicklung im Juni. Der der vorigen Art so ähnliche Schmetterling, von *Stdgr.* als Darwin. Art bezeichnet, kommt nur in England vor. — Stt. An. 1855. p. 41, Fig. 2. — Mill. 93. 8—11.

C. nigrum, *L.* Taf. 23, Fig. 5. (Sch. Taf. 28, Fig. 6.) In der Jugend gelblichgrün mit weißer Rückenlinie und hellen Seitenstreifen. Erwachsen rötlichbraun, schwarz gewässert, mit feiner weißer Rückenlinie und schwarzen Rückenflecken, welche vorn spitzig, hinten breit sind, auf den vier letzten Ringen dicker und dunkler werden und unten weiß begrenzt sind. Seitenstreifen gelbgrau, an beiden Seiten schwarz. Luftlöcher weiß, schwarz gesäumt. Bauch und Füße matt grünlichgrau. Kopf braun, mit zwei feineren schwarzen Strichen. 4—5 cm. In zwei Generationen im Juni, Juli und vom September bis April an Wollkraut (Verbascum), Weidenröschen (Epilobium) und Hühnerdarm (Alsine) und verwandelt sich in einem leichten Erdgespinst zur braunen Puppe, mit zwei Spitzen am Kremanter. (Wild. 231, Taf. 6, Fig. 35.) Entwicklung im Mai und August. Ziemlich verbreitet. — Tr. V. 1. 237. — Frr. VII. 15, Taf. 608. — Sepp. VIII. 5. — Pr. Taf. V. Fig. 22.

Ditrapezium, *Bkh.* (Tristigma *Tr.*) Taf. 23, Fig. 6. (Sch. Taf. 28, Fig. 7.) Der Triangulum ziemlich ähnlich. Braun oder rötlichgrau mit dunkler Rückenlinie und vom vierten Ringe an auf dem Rücken je in einem Winkel zusammenstoßende dunkle, auf dem elften Ringe fast schwarze Schrägsstriche; an den Seiten des Rückens meistens eine weißliche Längslinie und darunter einen dunkleren Schattenstreifen. Luftlöcher weiß. Bauch und Füße dunkel aschgrau. Kopf braun mit zwei schwarzen Strichen. 4—5 cm. Lebt im Frühjahr an Gänseblümchen (Bellis perennis) und Löwenzahn (Leontodon taraxacum). Puppe dunkelbraun. Entwicklung im Juli. Ziemlich verbreitet. — Tr. V. 1. 243. 2. 26. — Hb. IV. 52 (G. c.). — Fr. B. 3. 15. — Wild. 230.

Stigmatica, *Hb.* Taf. 23, Fig. 7. (Rhomboidea *Tr.*) (Sch. Taf. 28, Fig. 8.) Raupe der von Baja zum Verz wechseln ähnlich, nur größer, nicht gleich dick, sondern nach hinten breiter; die Farbe ist dunkler, die weiße Wellenlinie weniger sichtbar, die Flecken stärker und deutlicher, ebenso auch der rotgelbe Seitenstreif. 4—5 cm. Im Frühjahr an niederen Pflanzen wie Taubnesseln (Lamium) und Lungenkraut (Pulmonaria). Puppe dunkelbraun. Entwicklung im Juni, Juli. Nicht sehr verbreitet in Österreich und Württemberg. — Tr. V. 1. 231. — Hb. IV. 53 (G. c.). — Wild. 229.

Xantographa, *F.* Taf. 23, Fig. 8. (Sch. Taf. 28, Fig. 9.) Schmutzig gelbbraun mit drei weißlichen Rückenlinien, die zwei seitlichen nach innen schwarz beschattet. Mit dunkelbraunen Seitenstreifen und weißen Luftlöchern in hellem Grunde. Bauch und Füße gelbgrau. Kopf hellbraun mit schwarzen Streifen. 5 cm. Im Frühjahr an Veilchen und Primeln. Verwandlung in einem geleimten Erdgespinste zu einer braunen Puppe. Entwicklung im September. In mehreren Gegenden Deutschlands, bei Wien, in Ungarn, auf Corsika. — Tr. V. 2. 196. — B. & G. Noct. pl. 30. — Sepp. VIII. 32. — Wild. 225.

Umbrosa. *Hb.* (Sch. Taf. 28, Fig. 11.) Nach Wild. 225 der vorigen so ähnlich, daß sie sich nur nach einiger Übung von einander unterscheiden lassen. Mehr grünlich, gelbbraun mit drei helleren Rückenlinien, von denen die beiden seitlichen schwärzlich beschattet sind, einem graubraunen und darunter einem gelbgrauen Seitenstreifen. Luftlöcher weiß, schwarz gerandet. Kopf gelbbraun. 4—5 cm. Im Herbst und Mai auf dürrem Sandboden an Gräsern und niederen Pflanzen. Puppe dick, gelbbraun. (Wild. Taf. 5, Fig. 25.) Entwicklung August, September. Meist selten in Deutschland, England, Holland, Belgien, Frankreich und Ungarn. — Tr. V. 2. 123.

Rubi, *View.* (Bella *Bkh.*) Taf. 23, Fig. 9. Braun, hell gewässert mit drei weißlichen, dunkel gesäumten Längslinien auf dem Rücken und einem bleichen Seitenstreifen, in welchem die feinen schwarzen Luftlöcher stehen. Bauch hellgrau. Kopf tiefbraun, mit einem weißlichen Flecken an jeder Seite. 4 cm. Im April und Mai an Sternkraut (Stellaria). Verwandlung in einem Erdgespinst zu einer glänzend braunen Puppe. (Wild. 226, Taf. 6, Fig. 45.) Entwicklung im Juli, August. Nicht selten. — Tr. V. 2. 121. — Frr. 2. 7, Taf. 100. — Sepp. VIII. 40. — Pr. Taf. 5, Fig. 19.

Florida, *Schmidt.* (Sch. Taf. 28, Fig. 13.) Raupe kaffeebraun, in den Seiten dunkler, mit drei weißlichen Rückenlinien, zwei gleichfarbigen geschwungenen Seitenlinien und darunter einen rotbraunen Längsstreifen Kopf und Nackenschild dunkelbraun. Puppe dick, glänzendbraun. (Wild. 226, Taf. 6, Fig. 46.) Lebt im April, Mai an sumpfigen Stellen an Sternkraut und Dotterblume (Caltha palustris). Entwicklung im Juni, Juli. In Jütland, Nordw. Deutschland und in Frankreich. Nach *Stgr.* vielleicht nur Varietät der vorigen. (St. e. Z. 20. 46.) Was von

G. Eiffinger bestätigt wird. Florida ist nur Sommergeneration von der vorigen.

Dahlii, *Hb.* Taf. 23, Fig. 10. (Sch. Taf. 28, Fig. 14.) Zimmtbraun, blau beduftet oder graurötlich. Auf dem Rücken mit drei graugelben Längslinien, zwischen denen vom vierten bis zehnten Ringe je zwei weiße, schwarz gekernte Punkte schräg an den Außenlinien stehen. Luftlöcher braun. Bauch und Füße grau. Kopf und Nackenschild rotbraun. 4—5 cm. Im Mai an Wegerich (Plantago) und anderen niederen Pflanzen. Puppe dunkelbraun. Entwicklung im Juli. Seltener als die folgende. — Tr. V. 1. 222. — Hb. IV. 55 (G. d.). — Wild. 228.

Brunnea, *T.* Taf. 23, Fig. 11. (Sch. Taf. 28, Fig. 15.) Kaffeebraun mit drei weißlichen Rückenlinien, zwischen denen schwarze Schrägsstriche und Punkte stehen und mit einer weißgrauen Seitenlinie, über welcher matte und schwärzliche Schrägsstriche sich an jene des Rückens in Winkeln anschließen. Ein dicker, weißer Querstrich hinter dem elften Ringe und bräunliche Luftlöcher. Kopf schwarzbraun mit zwei schwarzen Strichen. 4—5 cm. Im Frühling an Primeln und Heidelbeeren. Puppe rotbraun. (Wild. 228, Taf. 6, Fig. 53.) Entwicklung von Mai bis Juli. Nicht selten. — Tr. V. 1. 219. — Hb. IV. 46 (G. b.). — Esp. IV. 188 (Lucifera). — Voll. 1. 12. — Fr. B. 2. 30. — Pr. Taf. IV, Fig. 15.

Festiva, *Hb.* Taf. 23, Fig. 12. (Sch. Taf. 28, Fig. 16.) Heller oder dunkler rotgelb, mit drei gelben Rückenlinien, welche auf dem elften Ringe durch einen gelben Querstrich verbunden sind und zwischen denen auf jedem Ringe zwei gelbe Punkte und ein schwarzer, unterwärts gelblich gesäumter Schrägsstrich stehen; mit einem rotgrauen Seitenstreifen, über welchem die gelben Luftlöcher in schwarzen Flecken stehen. Bauch und Kopf dunkelbraun. 4—5 cm. Im Mai an Primeln und anderen niederen Pflanzen. Puppe glänzend rotbraun. (Wild. 228, Taf. 6, Fig. 51.) Entwicklung im Juli, August. Nicht sehr verbreitet. — Tr. V. 1. 224. VI. 1. 388. — X. 2. 34. — Hb. IV. 55 (2. G. d.). — Fr. B. 1. 135. — Sepp. VIII. 12.

Conflua, *Tr.* (Sch. Taf. 28, Fig. 17.) Heller, oder dunkler graubraun, mit matter, heller Rückenlinie und wellenförmiger Seitenlinie. Aus dem Riesengebirge von Dr. Bodemeyer im Jahr 1878 mitgebrachte Eier lieferten nur Festiva in allerlei Abänderungen, so daß Dr. Speyer, Rössler und G. Eiffinger daraus ersehen, daß Conflua nur eine montane Form von Festiva sei, die in Norddeutschland, Schlesien, den Alpen, auf Island und Labrador vorkommt. Rössl. S. 85. — Tr. VI. 1. 405. — Schles. Z. für Ent. IX. 15, Taf. 1, Fig. 11—12. — Wild. 227.

Depuncta, *L.* Taf. 23, Fig. 13. (Sch. Taf. 28, Fig. 18.) Grünlichgrau, mit einer dunkleren, durch die hellere Mittellinie geteilten Fleckenreihe auf dem Rücken, in jedem Flecken zwei weiße Punkte und einem gelblichen, oben schwärzlichen Seitenstreifen; Luftlöcher weiß. Bauch matt gelblich. Nackenschild braun mit drei hellen Strichen. Kopf braungelb mit zwei krummen, schwarzen Strichen. 5 cm. Im Frühjahr an Brennesseln (Urtica) und anderen Pflanzen. Puppe rotbraun. Entwicklung im Juli, August. Nicht verbreitet. — Tr. V. 1. 229. — Hb. IV. 63 (H. a. b.) — Frr. 2. 118, Taf. 166. — Wild. 231.

Glareosa, *Esp.* Taf. 23, Fig. 14. (Sch. Taf. 28, Fig. 19.) Lehmgelblich mit drei bleichen Rückenlinien, dunkelbraunen Punktwärzchen und einem breiten, grünlichweißen, scharfbegrenzten Seitenstreifen. Luftlöcher fein schwarz. Bauch und Füße gelbgrau. Kopf gelbbraun mit zwei braunen Strichen. 4 cm. Im Mai, Juni an den Blüten von Mauerhabichtskraut (Hieracium murorum). Puppe rotbraun. Entwicklung im August, September. Im westlichen Deutschland, Bayern, Holland, Belgien, England und Frankreich. — B. & G. Noct. pl. 30. — Wild. 232. — Mill. pl. 26, Fig. 4—8.

Margaritacea, *Vill.* Taf. 23, Fig. 15. (Sch. Taf. 28, Fig. 20.) Gelbbraun, oben dunkel gescheckt mit drei weißen Rückenlinien, zwischen denselben kurze, schwarze Striche mit einem rot und weiß gewässerten Seitenstreifen und schwarzen, schrägen Keilstrichen darüber. Kopf hellbraun, schwarz gegittert. 4—5 cm. Im September bis März an niederen Pflanzen (Hieracium). Puppe rotbraun. Entwicklung im Juli, August. Im südwestlichen Deutschland, bei Wien, in der Schweiz, Frankreich, Ungarn. — Tr. V. 2. 247 (Glareosa). — Hb. IV. 58 (J. intactum). Frr. 2. 146, Taf. 185. — Wild. 223.

Multangula, *Hb.* Taf. 23, Fig. 16. (Sch. Taf. 28, Fig. 23.) Erdbraun, mit einem weißen, abgesetzt schwarz gesäumten Rückenstreifen und einer matten, hellen Längslinie zu jeder Seite des Rückens, auf welcher auf jedem Ringe ein länglicher, schwarzer Flecken steht; an den Seiten ein weißlicher Längsstreifen. Luftlöcher schwarz; Nackenschild braun, mit drei weißen Linien. Kopf schwarzbraun mit zwei dunklen Strichen. 4 cm. An Galium bis Mai. Puppe schlank, rotbraun. Entwicklung im Juni. Mehr im südlichen Deutschland, in den Alpen, Ungarn und Griechenland. — Frr. 4. 84, Taf. 339. — Wild. 238. — Pr. Taf. 5, Fig. 1.

Rectangula, *F.* Taf. 23, Fig. 17. (Sch. Taf. 28, Fig. 24.) Grau mit einem schmalen, durch eine gelbliche Fleckenlinie geteilten Rückenstreifen und einer gelblichen Linie zu jeder Seite des Rückens; an den Seiten ein breiter, brauner Längsstreifen, an dessen unterem Rande die weißen, schwarz gesäumten Luftlöcher stehen. Bauch und Füße hellgrau. Kopf gelbbraun mit drei schwarzen Strichen. 4 cm. Einzeln im Frühjahr an Klee (Trifolium) und Steinklee (Melilotus). Entwicklung im Juli. — Tr. V. 1. 126. — Hb. IV. 53. — Wild. 234.

Cuprea, *Hb.* Taf. 23, Fig. 18. (Sch. Taf. 28, Fig. 25.) Raupe graubraun mit drei matten, weißlichen Rückenlinien, zwischen denen auf jedem Ringe zwei Punktwärzchen und ein schwärzlicher, hinterwärts weißlich gesäumter Querstrich stehen; an den Seiten ein weißlichgelber Längsstreifen, über welchem die schwarzen, weiß geringelten Luftlöcher stehen. Nackenschild braun mit drei hellen Strichen. 4—4,5 cm. Lebt im April an Löwenzahn (Leontodon Taraxacum). Entwicklung im Juli, August. Im Taunus, an der Bergstraße und auf den Alpen an Blüten. — Frr. VI. 116, Fig. 555. — St. e. Z. 10. 302. — Wild. 234.

Ocellina, *Hb.* (Sch. Taf. 28, Fig. 26.) Walzenförmig, nach vorn sehr verdünnt. Braun, mit einer hellen Mittellinie und zwei hellen, innen braun eingefaßten Seitenlinien, welche das dunklere Rückenfeld begrenzen. Über den braunen Luftlöchern zwei schwarze halb eingefaßte Wärzchen. Bauch hellgrau mit feinen schwärzlichen Wärzchen. Kopf und Afterklappe braun; Nackenschild schwärzlich mit drei gelblichen Längsstrichen. 3 cm. Lebt im Herbst an niederen Pflanzen. Entwicklung im Juli. Auf den Alpen nicht selten, bei Tage auf Disteln. Dalla Torre Ent. N. 1877. 117.

Plecta, *L.* Taf. 23, Fig. 19. (Sch. Taf. 29, Fig 1.) Ei rund, unten abgeplattet, gefurcht, gelbgrün mit dunkleren Mittelstreifen. (Schluß Taf. Fig. 60.) (Esp. 4. 125, Fig. 7.) Raupe heller oder dunkler gelbgrau, oben rötlich, oder mehr oder weniger schmutzigrot mit vier braunen Punkten auf jedem Ringe, welche zwischen drei braunen, weißlich gefleckten Rückenlinien stehen. Brustringe und die Afterklappe grünlichbraun, vor letzterer ein weißer Querstrich; an den Seiten ein gelbgrauer, oberwärts weißlich, in der Mitte rötlich gerieselter Längsstreifen, in welchem die rötlichen Luftlöcher stehen; Bauch und Füße grünlichgrau. Kopf rötlichbraun, weiß punktiert und mit zwei weißlichen Strichen. 4 cm. Im Mai an niederen Pflanzen, wie Sellerie (Apium graveolens) und Cichorie (Cichorium). Puppe rotbraun. (Wild. 230. pl. 5, Fig. 29.) Entwicklung im Mai, Juni; nicht selten in Central- und im südlichen Europa. — Tr. V. 1. 248. — Frr. VII. 1. 37, Fig. 678. — Sepp. IV. 28. — Pr. Taf. 5, Fig. 13.

Leucogaster, *Frr.* Taf. 23, Fig. 20. (Sch. Taf. 29, Fig. 2.) Raupe oben braungrau mit feinen weißen Linien und einem breiten, gelben Seitenstreifen, unten grau. Im ersten Frühjahr an Schotenklee (Lotus corniculatus). Entwicklung im Juni. Südfrankreich, Spanien, Sicilien und Griechenland. — Mill. 74. — Frr. 6—8.

Musiva, *Hb.* Taf. 23, Fig. 21. (Sch. Taf. 29, Fig. 3.) Matt gelblichweiß, mit einer dunklen Rückenlinie; an den Seiten ein dunkelgrüner Schattenstreifen über den Füßen, in welchem die schwarzen Luftlöcher stehen. Kopf und Nackenschild rotbraun; ersterer mit schwarzen Mittelstrichen. 3—4 cm. Im April an niederen Pflanzen. Puppe schlank, rotbraun. Im südlichen Deutschland, in den südlichen Alpen, Ungarn, Rußland. — Tr. V. 1. 247. — Frr. VII. 138, Fig. 678. 2. — Rogenh. V. z. b. V. Wien 1875. 798. — Wild. 237.

Flammatra, *F.* (Sch. Taf. 29, Fig. 4.) Die Raupe soll einfach grün sein, mit helleren Seitenstreifen. Im April an Löwenzahn (Taraxacum) und Erdbeeren (Fragaria). Entwicklung im Juni. Selten in Süddeutschland, Wallis, Ungarn und Rußland. — Tr. V. 1. 245. — Wild. 238.

Candelisequa, *H.* (Sagittifera *Hb.*) (Sch. Taf. 29, Fig. 5.) Raupe nach Dorfmeister braungrau mit vielen feinen Atomen, aus denen eine Mittellinie und ein Seitenstreifen gebildet werden; auf jedem Ringe oben vier schwarze Punkte, welche bei dem zweiten und dritten Ringe in einer Linie, auf dem elften im Quadrate stehen, während auf den übrigen Ringen die zwei vorderen Paare näher aneinander gerückt sind. Luftlöcher schwarz. Bauch und Füße weißlich. Afterklappe und Nackenschild glänzend braun, letzteres mit einer hellen Mittellinie, der flache Kopf und die Brustfüße lichtbraun. 4—5 cm. Mai und Juni an Turinea mollis. Im Juni, Juli. Selten in Österreich, Ungarn und in der Schweiz, Dorfm. — V. z. b. V. Wien 1854. 104. — Wild. 238. — Bell. An. s. F. 1862, pl, 9, p. 379.

Fennica, *Tausch.* (Sch. Taf. 29, Fig. 6.) Raupe nach Graeser schlank, walzenförmig, nach den Seiten weißgrau gerieselt; an den Seiten des Rückens läuft eine feine, vielfach durch schwarze Atome unterbrochene weiße Längslinie, unter derselben sind die Seiten der Raupen tiefschwarz; über den Füßen zieht sich ein ziemlich breiter, doch unregelmäßiger weißer Streifen hin, welcher auf seiner ganzen Länge in der Mitte zahlreiche bräunliche und schwarze Atome trägt. Bauchseite schwarzbraun; der kleine Kopf, das sehr große Nackenschild und die Afterklappe sind glänzend schwarz. Im Juli in feuchten Schluchten an Corydalis gigantea. Entwicklung im Juli, August. In Rußland, Lappland, Sibirien und Amur. — Berl. e. Z. 1888. 321.

Simulans, *Hufn.* (Pyrophila, *F.*) (Sch. Taf. 29, Fig. 7.) Die matt graubraune Raupe lebt nach der Überwinterung im April an Gräsern und niederen Pflanzen. Entwicklung im Juni, Juli. Nicht selten in Central-Europa, nach Dr. Rebl tritt die bunte Raupe in Ungarn sogar als Schädling auf, Italien, Spanien und Portugal. — Tr. V. 1. 202. — Wild. 235.

Lucernea, *L.* (Sch. Taf. 29, Fig. 8.) Raupe dunkel, grünlichgrau, mit einer doppelten Reihe weißer, vorn beschatteter Rückenflecken, im März an niederen Pflanzen. Entwicklung im August. In den Alpen, den Pyrenäen, in England und Schottland, Schweden und Finnland.

Nyctymera, *B.* (Sch. Taf. 29, Fig. 9. (Nyctymera *B.*) Raupe langgestreckt, schwarz, mit zwei gelblichen, abgesetzten Streifen auf dem Rücken und gelblichen Luftlöchern. Kopf schwarz mit gelber Zeichnung. Behaarung spärlich. Sie lebt an Festuca ovina. Puppe cylindrisch, braun. Entwicklung im Mai. In der Schweiz, Dalmatien und in Frankreich. (Nach *Stgr*. vielleicht zur Vorigen?) — Bruand, A. s. F. 1844. p. 192. pl. VI. C. — St. e. Z. 1862. 152.

Lucipeta, *F.* (Sch. Taf. 29, Fig. 13.) Graugrün, mit dunkeldurchscheinenden Rückengefässen und vier schwarzen Punktwärzchen auf jedem Ringe; an den Seiten heller, etwas gelblich gemischt; Luftlöcher schwarz. Kopf und Füße gelbbraun. 4—5 cm. Im April und Mai an Huflattich (Tussilago farfara) und Petasites officinalis. Entwicklung im Juni, Juli. Abends an Galium-Blüten. In Central- und Südeuropa, in der Schweiz, Belgien und Ungarn. — Tr. V. 1. 200. — Wild. 236. — Wien. E. M. 1860, Taf. 7, Fig. 2.

Fugax, *Tr.* Taf. 23, Fig. 22. (Sch. Taf. 29, Fig. 14.) Glänzend erdgrau, mit einer verloschenen, dunklen Doppellinie auf dem Rücken und einem verwaschenen, breiten

Seitenstreifen, in welchem die schwarzen Luftlöcher stehen. Bauch und Füße hell weißgrau. Nackenschild weißlich, mit zwei schwarzen Strichen und daneben zwei schwarzen Flecken. Kopf hellbraun, schwarz gerandet. 5—6 cm. Lebt im April, Mai an niederen Pflanzen und verwandelt sich in einem dichten Erdgespinste zu einer braunen Puppe. Entwicklung im Juni, Juli. In Österreich (bei Wien), Ungarn und Rußland. — Tr. VI. 1. 384. — Frr. B. 152, Taf. 45. — Wild. 236. — Pr. Taf. 4, Fig. 18.

Putris, *L.* Taf. 23, Fig. 23. (Sch. Taf. 29, Fig. 15.) Erdgrau, fein schwarz punktiert mit einer weißlichen, auf dem dritten und vierten Ringe je zu einem Flecken erweiterten Rückenlinie und unter derselben vom vierten bis elften Ringe etwas schrägen, schwarzen, unterwärts weiß gesäumten Strichen und je einem weißlichen Punkte vor denselben; an den Seiten dunkle Querstriche und ein weißlicher Längsstreifen, in welchem die weißen, schwarz gerandeten Luftlöcher stehen. Kopf braun mit drei weißen Punkten auf dem Nacken. Lebt im Sommer an Wegerich (Plantago), Winden (Convolvulus) und verwandelt sich in einer zerbrechlichen Erdhöhle zu einer rotbraunen Puppe. Entwicklung im Mai, Juni. Fast in ganz Europa, doch nicht häufig. — Tr. V. 3. 29. — Frr. VI. 119, Taf. 557, Grr. 1. 134. — Wild. 237. — Pr. Taf. 5, Fig. 7. — Buck. IV. pl. 62, Fig. 5.

Signifera, *F.* Taf. 23, Fig. 24. (Sch. Taf. 29, Fig. 16.) Schmutzig braungrün, mit einer helleren Rückenlinie, welche eine Reihe matter, rautenförmiger Flecken durchschneidet und auf jedem Ringe jederseits einen schwarzen Punkt hat. An den Seiten am oberen Rande eine auf jedem Ringe nach unten sich dreieckig erweiternde schwarze Längslinie. Luftlöcher schwarz auf gerieseltem Grunde. Nackenschild braun, mit drei hellen Strichen; Kopf klein, braun mit zwei schwarzen Strichen. 4—5 cm. Lebt im Frühjahr an Gräsern und Wegerich. Puppe braun. Entwicklung im Juli. — Tr. V. 1. 172. — Hb. IV. 61 (G. g. h.). — Frr. 2. 109, Taf. 161. — Wild. 239.

Forcipula, *Hb.* Taf. 23, Fig. 25. (Sch. Taf. 29, Fig. 18.) Schmutzigbraun, oben heller mit einer dunkler, rautenförmiger Flecken und einer helleren Seitenlinie. Luftlöcher schwarz. Nackenschild klein, glänzendbraun, ebenso der kleine Kopf. Im April, Mai an niederen Pflanzen, wie Ampfer (Rumex). Puppe glänzendbraun. Entwicklung im Juni, Juli. In Süddeutschland, am Rhein, in der Schweiz und Sibirien. — Tr. V. 1. 168. — Hb. IV. 60 (2 G. g. h.). — Tr. 2. 108, Taf. 190. — Wild. 279.

Fimbriola, *Esp.* (Sch. Taf. 29, Fig. 19.) Dunkel braungrau mit drei hellen Rückenlinien, zwischen denen auf jedem Ringe zwei schräge, schwärzliche Striche stehen, ebensolche schräge Striche an den Seiten und unter denselben ein mehr oder minder deutlicher, abgesetzter, dunkler Längsstreifen. Bauch und Füße hellgrau. Nackenschild braun, mit drei weißen Strichen. Kopf und Brustfüße glänzendbraun. Im April an Wiesengewächsen. Puppe rotbraun. Entwicklung im Juni. In der Schweiz, Piemont, Ungarn. — Frr. 3. 24, Taf. 207. — Wild. 235. — Pr. Taf. 4, Fig. 17.

Latens, *Hb.* Taf. 23, Fig. 26. (Sch. Taf. 29, Fig. 20.) Gelbbraun, mit drei hellen Rückenlinien, von denen die beiden seitlichen nach innen von einer in der Mitte jeden Ringes verdickten schwarzen Linie begrenzt sind; an der Seite eine abgesetzte, schwarze Längslinie; Bauch gelbgrau. Kopf gelbbraun mit zwei dunklen Strichen. 4—5 cm. Im Mai an Gräsern und niederen Pflanzen. Puppe rotbraun. Entwicklung im Juni, Juli. In Central- und im südlichen Europa, ziemlich selten. — Frr. 3. 40, Taf. 219. — Wild. 235.

Grisescens, *Tr*. (Sch. Taf. 29, Fig. 21. Nach Dr. Rebl granbraun, am Bauche gelblich. Die schwärzliche Rückenlinie auf dem 1.—5. Ringe fein weiß geteilt. Am Rücken jedes Segmentes stehen vier schwarze Punkte. Ober den Luftlöchern je drei in Dreiecke gestellte Pünktchen. Kopf gelbbraun, mit zwei dunklen Bogenlinien. Im August, September an Löwenzahn. Schweiz, Gebirge Schlesiens und in Ungarn. Entwicklung im Juli. — Soc. ent. I. 138.

Decora, *Hb.* (Sch. Taf. 29, Fig. 23.) Unten gelblichgrau mit dunkler Rückenlinie, honiggelbem Kopfe und Nackenschild. Im Juni an Salvia pratensis. Entwicklung im Juli, August. In Deutschland und Österreich, in der Schweiz und Piemont. — Tr. V. 1. 188. — Wild. 239.

Simplonia, *H.-S.* (Sch. Taf. 29, Fig. 24.) Die graue Raupe mit schwarzem Kopfe lebt auf den Hochalpen an Gräsern; die Puppe wird unter Steinen aufgefunden. Entwicklung im Mai, Juni. In der Schweiz auf den Alpen und in den Pyrenäen. — Tr. X. 2. 27.

Cinerea, *Hb.* (Sch. Taf. 29, Fig. 27.) Grünlichbraun, oben mit drei dunkleren Längsstreifen; an den Seiten einzelne schwarze, mit je einem Härchen besetzte Wärzchen; Luftlöcher schwarz; Bauch und Füße gelblichweiß. Kopf glänzendbraun mit schwarzen Strichen. Im Frühjahr an niederen Pflanzen. Entwicklung im Juni. In Central- und Südeuropa. — Tr. V. 1. 178. — Wild. 240.

Puta, *Hb.* (Sch. Taf. 29, Fig. 28.) Raupe grün mit zwei braungrünen Streifen, die sich oben und unten vereinigen, feinen schwarzen Punkten und einem hellen Fußstreifen. Kopf hellbraun, Nackenschild braun. Im April an niederen Pflanzen. Entwicklung im Juni. In Süddeutschland selten, in Südeuropa, England, Belgien. — Mill. 112, Fig. 3-4.

Exlamationis, *L.* Taf. 23, Fig. 27. (Sch. Taf. 30, Fig. 1.) Raupe heller oder dunkler braungrau mit bleicher Rückenlinie, zu dessen Seiten je zwei schwarze Punktwärzchen auf jedem Ringe stehen; und einem breiten Schattenstreifen an den Seiten. Luftlöcher schwarz. Bauch grau. Kopf braun mit schwarzem Stirndreiecke. 4—5 cm. Im August und September an Gräsern, spinnt sich in ein festes Erdgespinst und verwandelt sich erst im Frühjahr zu einer braungelben Puppe. (Wild. 243, Taf. 6, Fig. 33). Entwicklung im Juni, Juli. Sehr verbreitet und oft dem Grasboden schädlich. — Tr. V. 1. 150. — Hb. IV. 66 (K. c.) — B. & G. Noct. pl. 29. — Voll. II. 1. — Hofmann, schädl. Ins., Taf. VIII, Fig. 71 (Kreuzwurzackereule).

Spinifera, *Hb.* Taf. 24, Fig. 1. (Sch. Taf. 30, Fig. 2.) Raupe hellgrau mit feinen, hellen Strichen an den Seiten, braunem Kopfe und blauschwarzem Halsschilde. Lebt im Herbst an Gräsern. Entwicklung Ende April, Mai. Sicilien, Spanien und Südfrankreich. — Mill. 112, Fig. 1—2.

Ripae, *Hb.* (Sch. Taf. 30. Fig. 3.) Schmutziggelb bis graubraun, mit drei doppelten dunklen Rückenlinien und vier schwarzen Punktwärzchen auf jedem Ringe; Seiten gelbgrau, mit einzelnen sehr feinen Punktwärzchen besetzt. Luftlöcher braun, Bauch gelblichweiß. Kopf und Nackenschild rötlichgrau. 4—5 cm. Lebt im September, Oktober an Salzpflanzen wie See-Sauerampfer (Rumex maritinus), Strandmelde (Atriplex littorale) und Kakile maritima, bei Tage im Sand verborgen, überwintert mehrere Fuß tief im Sande und verwandelt sich zu einer stumpfen, hellbraunen Puppe. Entwicklung im Juni, Juli. Norddeutschland, England, Schweden und Dänemark. — St. e. Z. 13. 384, 19. 373. — Vall. II. 11. — Mill. An. s. Lyon 1882. IV. 9—10. — Tijdk. 1865, Taf. 3, Fig. 3. — Var. Weissenbornii *Frr.* 7. 171, Taf. 466.

Cursoria, *Hufn.* Taf. 24, Fig. 2. (Sch. Taf. 30, Fig. 5.) Bräunlichgrau, mit einer dunklen Mittellinie über dem Rücken und auf jedem Ringe mit vier mehr oder minder deutlichen dunklen Wärzchen; Seiten gelbgrau mit einem schmutzigweißen Längsstreifen, unter welchem die schwarzen Luftlöcher stehen. Kopf und Nackenschild glänzend braungelb. Lebt im Mai an niederen Pflanzen wie Wolfsmilch (Euphorbia) und Wollkraut (Verbascum) und verwandelt sich zu einer braungelben Puppe. Entwicklung im Juli. Mehr an den Küsten des nördlichen Europas auf Sandboden. — Tr. X. 2. 25. — Frr. 2. 5, Taf. 99. — Wild. 241. — Pr. Taf. V, Fig. 8.

Nigricans, *L.* (Sch. Taf. 30, Fig. 8.) Raupe glänzendbraun mit schwarzen Punkten, einer zackigen, helleren Seitenlinie und braungrauem Kopfe. 3—4 cm. Im April, Mai an niederen Pflanzen wie Löwenzahn und verwandelt sich in einem Erdgehäuse zu einer glänzendbraunen Puppe. Entwicklung im Juli, August. Nicht häufig in Zentral- und Südeuropa. — Tr. V. 1. 140. — Sepp. V. 4. — Wild. 242. — Ent. M. 1865. 162.

Tritici, *L.* (Sch. Taf. 30, Fig. 10.) Raupe nach Rössler heller oder dunkler braun mit dunklen, durch eine helle Linie geteilten Rückenstreifen schwarzbraunen Luftlöchern und hinter diesen ein schiefer, schwarzbrauner, horniger, erhöhter Flecken. Luftlöcher schwarzbraun. Kopf hellbraun mit zwei hellen Linien. Nackenschild schwarzbraun, mit heller Mittel- und zwei Seitenlinien. Im April und Mai an niederen Pflanzen, an Gräsern, Getreide und an Weinstöcken und Zuckerrüben, wo sie öfters in verheerender Masse auftreten, so an der Mährischen Grenze und im Jahre 1871—72 in der Nähe von Bingen. Entwicklung weitaus der Mehrzahl nach der Überwinterung, einzelner schon im Juli, August. Aus einer großen Anzahl erzog Rössler die Varietäten Eruta *Hb.*, Aquilina *Hb.*, außerdem Fumosa *Hb.*, Vitta *Hb.*, Adumbrata *H.-S.*, Ruris *Hb.* und Obelisca *Hb.*, welche alle wohl zu Tritici gehören. — Tr. V. 1. 137. — Ent. M. 1865. 133. — Tasch. sch. Ins., Taf. 1, Fig. 13 bis 14. — Rössl. Jahresh. Nassau 1871 72. Schppfl. 87.

Obelisca, *Hb.* (Sch. Taf. 30, Fig. 13.) Die braungrauen Raupen mit drei lichten Rückenlinien, bräunlichen Schrägstrichen und grauen Seitenstreifen leben an niederen Pflanzen und wurden von Rössler mit der vorigen Art erzogen als Obelisca *Hb.* 123, Ruris *Hb.* 416, Obelisca *H.-S.* 529 und Fictilis *Hb.* 710, wird wohl deßhalb nur Varietät derselben sein, verbreitet aber südlicher. — Hb. IV. — Tr. V. 1. 143. — Wild. 242.

Saucia, *Hb.* Taf. 24, Fig. 3. (Sch. Taf. 30, Fig. 17.) Ei rund mit Längslinien und unregelmäßigen Querlinien. (An. Rep. Trust. St. Mus. 1888. p. 201.) Dunkelbraungrau mit einer Reihe durch die dunkle Mittellinie geteilter viereckiger, grauer Rückenflecken; an den Seiten ein hellgrauer Längsstreifen, unter welchem die schwarzen Luftlöcher stehen. Bauch und Füße grau, Kopf schwarzbraun. Var. Aequa *Hb.* (Mill. 148), mit rautenförmigen Flecken und schwarzen, abgesetzten Längsstreifen. Erscheint nach Rössl. p. 89 in zwei, vielleicht auch drei Generationen im Mai, Juli, August an niederen Pflanzen und verwandelt sich zu einer rotbraunen Puppe. Entwicklung im Mai, Juni. Oft häufig und in Nordamerika ein sehr schädlicher Schmetterling. — Tr. X. 2. 20. — V. 1. 382. — Frr. VI. 71, Taf. 525, Var. aequa Hb. Frr. 2. 27. — Wild. 241. — Mill. 148. 4.

Ypsilon, *Rott.* (Suffusa *Hb.*) (Sch. Taf. 30, Fig. 20.) Ei kugelig, an beiden Seiten abgeplattet, zart gerippt, mattgelb, später rötlich, dann blaugrau. Raupe dick und etwas breit, heller oder dunkler braun mit einer matten Mittellinie, und hellen Seitenlinien; auf jedem Ringe oben vier mit einem Härchen besetzte Wärzchen und zwei hellere derselben unten. Luftlöcher schwarz. Bauch heller, grünlichgrau. Nacken- und Afterschild hellbraun; Kopf braun mit schwarzbraunen Kiefern. 4—5 cm. Lebt im Mai an Graswurzeln und verwandelt sich in einer Erdhöhle zu einer glänzenden, hellbraunen Puppe. (Wild. 244, Taf. 6, Fig. 56.) Entwicklung vom Juli bis September und im April und Mai. Nach Rössl. 89 überwinterte Schmetterlinge. Fast in allen Weltteilen. — Tr. V. 1. 152.

Segetum, *Schiff.* Taf. 24, Fig. 4. (Sch. Taf. 30, Fig. 21.) Dick, plump, glänzend grau mit einer hellen, beiderseits dunkel gesäumten Rückenlinie und einem breiten, bräunlichen Seitenstreifen. Auf jedem Segment mit vier schwarzen Punkten und mit einem schmalen, braunen Fußstreifen, in welchem die schwarzen Luftlöcher stehen; Bauch hellgrau; Füße braungrau. Kopf hellgrau mit zwei schwarzen Bogenstrichen. 4—5 cm. Lebt im Sommer und Herbst an Graswurzeln und wird in Gärten und auf Feldern oft schädlich, überwintert erwachsen, verpuppt sich im April und Mai und schlüpft nach einigen Wochen aus. Puppe gelblich. Verbreitet. — Tr. V. 1. 155. — Hb. IV. 66 (K. c.). — Wild. 244. — Pr. Taf. V, Fig. 10. — Gn. 1. 275. — Hofm., schädl. Ins., Taf. VIII, Fig. 70 (Wintersaateule). — Ratzb. Waldverd. II. Taf. 4, Fig. 3.

Corticea, *Hb.* Taf. 24, Fig. 5. (Sch. Taf. 31, Fig. 1.) Schmutzig braungrau mit heller Rückenlinie, schwarzen Punkten an den Seiten und einem schwarzgrauen Schattenstreifen an den Seiten. Kopf braun.

Überwintert ganz klein unter Steinen. Verwandelt sich zu einer rotbraunen Puppe. Entwicklung im Juni. Seltener als vorige. — Tr. V. 1. 158. — Frr. VII. 49, Taf. 627. — Wild. 244. — Pr. Taf. V, Fig. 11.

Crassa, *Hb.* (Sch. Taf. 31, Fig. 2.) Dick, schmutzigbraun, mit doppelter, schwarzer Rückenlinie und vier schwarzen Punkten auf jedem Ringe; an den Seiten grau gemischt. Luftlöcher schwarz, von drei bis vier mattschwarzen Punkten umgeben. Kopf glänzendbraun, mit zwei schwarzen Bogenstrichen. Im Sommer an Gräsern. Entwicklung im Juli, August. Nicht überall, selten. — Tr. V. 1. 166 B. & G. Noct. pl. 29. — Wild. 245.

Obesa, *B.* Taf. 24, Fig. 6. (Sch. Taf. 31, Fig. 3.) Raupe oben olivengrün, unten heller, mit einem hellen Rückenstreifen, gelbem Kopfe und gelbgezeichnetem Nackenschild. An niederen Pflanzen. Südfrankreich und südöstliches Rußland. Dup. — Mill. 137, Fig. 1—3.

Vestigialis, *Rott.* (Valligera, *Hb.*) Taf. 24, Fig. 7. (Sch. Taf. 31, Fig. 5.) Aschgrau, oben etwas braun, mit feiner, doppelter, schwarzer Mittellinie, vier schwarzen Punkten auf jedem Ringe und zwei abgesetzten, weißlichen Fußlinien, zwischen denen an jedem Ringe zwei bis drei Punkte und die schwarzen Luftlöcher stehen. Bauch und Füße grau. Kopf und Nackenschild braun. Im Herbste an Graswurzeln. Puppe hell rotbraun. Entwicklung im August. Nicht selten, mehr in Norddeutschland, Ungarn. — Tr. V. 1. 163. — Frr. 1. 149, Taf. 81. — Wild. 245. — Pr. Taf. 5, Fig. 18. — Ratzb. Waldverd. 2. Taf. 4, Fig. 2.

Fatidica, *Hb.* Taf. 24, Fig. 8. (Sch. Taf. 31, Fig. 6.) Raupe nach Rector Gleissner blaugrau mit schwarzen Wärzchen, auf dem ersten Ringe in einer Reihe, auf den übrigen Ringen je fünf auf jeder Seite. Kopf hellbraun mit schwarzer Zeichnung. Nackenschild schwarz mit weißer Zeichnung. Nur auf den Alpen, wo Schmetterlinge und Puppen nicht selten unter Steinen gefunden werden. — Mill. 112, Fig. 5—8.

Praecox, *L.* Taf. 24, Fig. 9. (Sch. Taf. 31, Fig. 7.) Grünlichgrau, orangegelb gemischt mit einem weißgrauen Rückenstreifen und zwei schwarzen Punkten auf jedem Ringe; einem gelblichen Seitenstreifen und einem breiten, weißlichen, oder weißgrauen Längsstreifen. Luftlöcher schwarz; Kopf glänzend hellbraun mit zwei dunklen Strichen. Im Mai an Artemisia, Echium, Anchusa und Euphorbia. Puppe glänzend rotbraun. Entwicklung im Juli. Nicht häufig, mehr in sandigen Gegenden. — Tr. V. 2. Alp. — Esp. IV. Taf. 161. — Rösl. 1. Taf. 51, S. 273. — Frr. VII. 25, Taf. 614. — Wild. 246.

Prasina, *F.* (Herbida, *Hb.*) Taf. 24, Fig. 10. (Sch. Taf. 31, Fig. 8.) Grünlich oder blaugrün mit einer abgesetzten, hellen Rückenlinie und einer Reihe spatenförmiger, schwarzer, mit zwei weißen Punkten besetzter Flecken; an den Seiten eine Reihe schwärzlicher Flecken und ein verloschener, rötlichgrauer Fußstreifen. Luftlöcher weiß. Kopf aschgrau mit zwei braunen Flecken. 5 cm. Im Herbst und im Frühjahr an Himbeeren (Rubus), Heidelbeeren (Vaccinium). Puppe braun. (Wild. 250, Taf. 6, Fig. 54.) Entwicklung im Juli, August. Nicht überall in Waldlichtungen. — Tr. V. 1. 56. — Hb. IV. 25 (F.) — Esp. IV. 198 (Egregia). — Frr. B. 1. 131. — Sepp. VII. 10. — Prittw. St. e. Z. 1867. 259.

Occulta, *L.* Taf. 24, Fig. 11. (Sch. Taf. 31, Fig. 9.) Braungrau, mit einer Reihe rautenförmiger, schwarzer Flecken auf dem Rücken; auf jedem Ringe vier weiße Punkte; mit einer weißlichen Mittel- und je einer weißlichen Rückenlinie, welche in einem gelblichen Flecken hinter dem elften Ringe endigt; über den Seiten ein breiter, weißer Längsstreifen, über welchem an jedem Ringe ein schwarzer Flecken mit zwei weißen Punkten in demselben stehen. Luftlöcher schwarz. Kopf und Brustfüße braun. 6 cm. Im August, September an Heidelbeeren und anderen niederen Pflanzen. Puppe braun. Entwicklung im Juni, Juli; ziemlich selten an sonnigen Stellen im Walde. — Tr. V. 2. 52. — Hb. IV. 27 (F. a.). — Fr. B. 10. — Wild. 250. — Pr. Taf. VIII, Fig. 11. — Schilde, St. e. Z. 1874. 66.

IV. Familie. Hadenidae.

Raupen nackt, 16-füßig; leben bei Tage meist verstekt, und fressen bei Nacht, wo sie mit der Laterne aufgefunden werden können. Einige verpuppen sich noch im Herbste, die meisten aber überwintern und geben im Frühjahre die Falter, welche ebenfalls bei Nacht fliegen und ihre Flügel in der Ruhe dachförmig falten.

1. Gattung. Brithys, *Hb.*

Die Raupen der zwei, nur an den Küsten des Mittelmeeres vorkommenden Arten sind plump und leben in den Schoßen und Knollen von Strandpflanzen.

Pancratii, *Cyr.* (Sch. Taf. 31, Fig. 10.) Weißlich, in dem Segmente schwärzlich mit einem schwärzlichen, wolligen Rückenstreifen, gelbbraunem Kopf- und Nackenschild. Im Herbst in den Knollen und Schoßen von Pancratium maritimum. Entwicklung im April, Mai. An den Küsten des Mittelmeeres von Italien, Frankreich, Catalonien und Nordafrika. — Gn. 1. 115. — Mill. pl. 54, Fig. 6—9.

2. Gattung. Charaeas, *Stph.*

Die Raupe der nur aus einer Art bestehenden Gattung ist wenig gewölbt; breit, mit hornigem Nacken- und Afterschild. 16-füßig. Sie lebt an den Wurzeln von Gräsern und verpuppt sich in der Erde; das Ei überwintert.

Graminis, *L.* Taf. 24, Fig. 12. (Sch. Taf. 31, Fig. 12.) Ei nach *Sepp*. zitronengelb. (Schluß-Taf., Fig. 61.) Die Raupe braun oder schwärzlich mit drei hellen Rücken- und einem breiten, hellen, verwaschenen Seitenstreifen, in welchem die schwarzen Luftlöcher stehen. Nacken- und Afterschild hornartig, schwärzlich. Kopf von der Körperfarbe. 4 cm. Lebt vom Herbst bis zum Mai an den Wurzeln der Wiesengräser und verwandelt sich in der Erde mit oder ohne Gespinst zu einer glänzenden, schwarzbraunen Puppe. Entwicklung im Juli, August. Verbreitet und wird oft den Wiesen schädlich, wie bei Prag und Töplitz, wo große Strecken von den Raupen verwüstet wurden. — Tr. V. 1. 120. — Sepp. VIII. 24. — Tasch. sch. Ins. S. 51, Taf. 5, Fig. 45. — Wild. 253. — Hfm. E., schädl. Ins., Taf. 8, Fig. 75. — Buck. IV. p. 70. pl. 64. Fig. 4.

3. Gattung. **Neuronia**, *Hb.*

Raupen nach beiden Seiten ein wenig verdünnt, mit einem runden, kaum gewölbten Kopfe. Leben bei Tage verborgen an Gräsern und verwandeln sich in der Erde zu rotbraunen Puppen.

Popularis, *F.* Taf. 24, Fig. 13. (Sch. Taf. 31, Fig. 13.) Glänzend dunkelbraun, mit hellen Längslinien und mit einem lichtgrauen Längsstreifen an den Seiten. Kopf gelbbraun. 4 cm. Lebt vom Herbste bis Frühjahr an Gräsern, wie Quecke (Triticum) und Lolch (Lolium), ist massenhaft als junge Raupe in den Rispen der Gräser zu finden und frißt des Nachts die Halme dicht über der Wurzel ab. Verwandelt sich zu einer glänzenden, rotbraunen Puppe. Entwicklung im August, September. Verbreitet und auch öfters den Wiesen schädlich. — Gn. 1. 170. — Esp. 3, Taf. 48 (Lolii). — Wild. 253. — Tasch. S. 113, Taf. 5, Fig. 7. — Hofm. E., schädl. Ins., Taf. 8, Fig. 74 (Lölcheule). — Buck. IV. p. 67 pl. 64, Fig. 2.

Cespitis, *F.* Taf. 24, Fig. 14. (Sch. Taf. 31, Fig. 14.) In der Jugend grün, mit weißen oder gelblichen Streifen. Erwachsen glänzend dunkelbraun, der erste und zwölfte Ring schwarz mit drei gelblichen Strichen; mit drei gerieselten, heller oder dunkler braungelben Längsstreifen und einem breiten, gleichfarbigen darunter, in welchem die schwarzen Luftlöcher stehen. Bauch und Füße braungrau. Kopf schwarzbraun. 4—5 cm. Lebt im April und Mai an Gräsern, wie Quecken (Triticum) und Schmiele (Aira) und verwandelt sich in der Erde zu einer glänzenden, rotbraunen Puppe. (Wild. 253. Taf. 9, Fig. 91.) Entwicklung im August, September. Ziemlich verbreitet. — Tr. V. 1. 115. — Rsl. 5. 401, Taf. 68. — Hb. IV. 39 (F. e. f.). — Frr. 2. 26, Taf. 3. — Pr. Taf. 8, Fig. 9. — Buck. IV. p. 75 pl. 65, Fig. 4.

4. Gattung. **Mamestra**, *Tr.*

Raupen walzig, nach hinten etwas dicker mit einzelnen Härchen auf Punktwärzchen besetzt; Kopf klein, rund, wenig gewölbt. 16-füßig. Leben an niederen Pflanzen, einzelne auch an Sträuchern und verwandeln sich an der Erde oder unter einem lockeren Gespinste zu rotbraunen Puppen.

Leucophaea, *View.* Taf. 24, Fig. 15. (Sch. Taf. 31, Fig. 15.) Eier gelblich, später lederbraun, mit dunklem Mittelpunkte. Raupe bereift heller, oder dunkler graubraun, braun gerieselt mit einer scharfen, gelblichweißen, abgesetzt schwarz gesäumten Mittellinie, einem braunen Streifen zu jeder Seite des Rückens und einem schmalen, braunen Längsstreifen an den Seiten. Bauch gelbgrau. Kopf gelblich, braun gegittert, mit zwei braunen Bogenstrichen. Lebt vom Herbste bis April an Gräsern, an der Schafgarbe (Achillea millefolium) und Besenginster (Sarothamnus), überwintert im Moos oder unter Blättern und verwandelt sich in einem leichten Gespinste zu einer glänzenden, rotbraunen Puppe. (Wild. 278, Taf. 9 A, Fig. 89.) Entwicklung im Mai, Juni. Ziemlich häufig. — Tr. V. 1. 319. — Hb. IV. 37 (F. a.). — Frr. 4. 162, Taf. 382. — Gn. 1. 177. — Pr. Taf. 6, Fig. 3. — Buck. IV. p. 71, pl. 65, Fig. 1.

Serratilinea. *Tr.* Taf. 24, Fig. 16. (Sch. Taf. 31, Fig. 16.) Bräunlich mit schwarzen Luftlöchern, Kopf honigbraun, Nackenschild klein, gelblich mit einer hellern Mittellinie. Bauch grünlich. 5—6 cm. Lebt im Mai auf niederen Pflanzen. Entwicklung im Juli. Im südwestlichen Deutschland, bei Wien, in den Alpen und Sibirien. Rogenh. V. z. b. V. Wien 1875. 797.

Advena, *F.* Taf. 24, Fig. 17. (Sch. Taf. 31, Fig. 17.) Graubraun, mit einer bleichen Mittel- und einer dunklen Seitenlinie auf dem Rücken, einem schwarzen, nach hinten gespitzten Winkelstriche an jedem Ringe und zwei weißen Punkten daneben; an den Seiten ein weißer, schwarz begrenzter und fein schwärzlich gestrichelter Längsstreifen, in welchem die weißen Luftlöcher stehen. Bauch und Füße dunkelgrau; Kopf rötlichgelb mit zwei schwarzen Bogenstrichen. 6 cm. Im Sommer an Heidelbeeren, Hauhechel, Löwenzahn, nach *Rössl.* S. 91 in den Dolden von Peucedanum Oreoselinum und an Besenginster. Puppe dunkelbraun. (Wild. 277. Taf. 7, Fig. 71.) Entwicklung im Juni, Juli. Nicht überall. — Tr. V. 2. 39. — Hb. IV. 26 (F. a.). — Fr. B. 1. 28. — B. & G. Noct. pl. 26. — Pr. Taf. 7, Fig. 13.

Tincta, *Brahm.* Taf. 24, Fig. 18. (Sch. Taf. 31, Fig. 18.) Lichtgrau gerieselt, mit feinen, schwarzen Strichen bedeckt; auf dem Rücken mit einer helleren, schwärzlich gesäumten Mittellinie und einer matten, hellgrauen Längslinie zu jeder Seite des Rückens; an den Seiten eine schwarze Längslinie, in welcher die feinen, schwarzen, hellgerandeten Luftlöcher stehen. Kopf ockergelb mit zwei braunen Bogenstrichen. 6 cm. Vom Herbst bis im Mai an Heidelbeeren, Hauhechel. Puppe braun. Entwicklung im Juni, Juli. Schmetterling nicht häufig an Baumstämmen, setzt seine Eier nach *Rössl.* S. 91 vorzugsweise an Birken ab, denn an denselben zwischen Blättern versteckt wird die rosenrote Raupe im Herbste gefunden und bisweilen in Anzahl aus den, auf dem Boden liegenden, abgehauenen Birkenzweigen erhalten. — Tr. V. 2. 43. — Frr. 4. 8, Taf. 293. — Wild. 277. — Pr. Taf. 7, Fig. 15.

Nebulosa, *Hufn.* Taf. 24, Fig. 19. (Sch. Taf. 31, Fig. 19.) Ei nach *Sepp.* grün, glatt, kugelig mit helleren Längsrippen. Raupe braungrau oder lehmgelb, schwärzlich gerieselt, mit großen, rautenförmigen dunklen, durch eine helle Mittellinie geteilten Rückenflecken und tiefschwarzen, kurzen Schrägstrichen an den Seiten. Luftlöcher schwarz, meistens mit einem bogigen, schwarzen Streifen darunter. Kopf rotbraun, mit schwarzem Stirndreieck. 5,5—6 cm. Lebt im Frühjahr an Gräsern und frißt besonders, unter

Hecken bei Tage verborgen, die jungen Triebe derselben. Puppe glänzendbraun, mit dunkleren Flügelscheiden. Entwicklung im Mai, Juni. — Tr. V. 2. 48. — Hb. IV. 27 (Plebeja F. a.). — Sepp. III. 27. — B. & G. Noct. pl. 26. — Fr. B. 2. 15. — Wild. 276. — Pr. Taf. 7, Fig. 12.

Contigua, *Vill.* Taf. 24, Fig. 20. (Sch. Taf. 31, Fig. 20.) Raupe in der Jugend gelbgrün oder rötlichgelb, mit gelblichen Ringeinschnitten und grünen Rücken- und Seitenlinien. Erwachsen gelbgrün, heller oder dunkler, mit einer abgesetzten, roten Rückenlinie, vier roten Punkten auf jedem Ringe und einer Reihe roter, oder dunkelgrüner, etwas schräg gestellter Striche an beiden Seiten des Rückens; an den Seiten ein matter, heller Längsstreifen, in welchem die weißen, dunkel gesäumten Luftlöcher stehen. Kopf grün, selten mit roten Pünktchen. Lebt im August und September an Heidelbeeren, Brombeeren, Senecio, Besenginster und an Schirmpflanzen in den Dolden. Puppe rotbraun. (Wild. 272, Taf. 6, Fig. 32.) Entwicklung im Juni, Juli. Meist verbreitet und häufig. — Tr. V. 1. 352. — Hb. IV, 33 (F. d.). — B. & G. Noct. pl. 8. — Frr. 1. 30. Taf. 16. — Pr. Taf. 6, Fig. 7.

Thalassina, *Rott.* Taf. 24, Fig. 21. (Sch. Taf. 31, Fig. 22.) Eier gelb, später rötlich, zuletzt dunkellila. Raupe grün, mit zwei ziegelroten Schrägsstrichen auf jedem Ringe, welche auf dem Rücken zusammenstoßen und vor denen auf dem Rücken je zwei rote Punkte stehen; an den Seiten eine abgesetzte rötliche Längslinie. Kopf braungrau, mit zwei schwarzen Bogenlinien. Die von Var. Achates Hb. braungrau, fein weiß punktiert mit schwarzen Schrägsstrichen und weißgrauen, rötlichgelb gesäumten Längsstreifen. 4—5 cm. Lebt auf niederen Pflanzen und Sträuchern, wie Berberis, Sarothamnus. Puppe rotbraun. Entwicklung im Mai, Juni und August. Nicht selten. — Tr. V. 1. 342. — Fr. 1. 49. Taf. 27. — Pr. Achates 1. 21, Taf. 11. — Wild. 273. — Pr. Taf. 6, Fig. 8. 9.

Dissimilis, *Knoch.* (Snasa, *Bkh.*) (Sch. Taf. 31, Fig. 23.) Ei rund, bläulich oder rötlich. In der Jugend grün; erwachsen nach *Rössl.* S. 92 gelblich fleischfarben, mit vielen feinen, weißlichen Pünktchen besetzt; auf jedem Ringe zehn bis zwölf schwarze, weiß aufgeblickte, mit je einem Borstenhaar besetzten Punktwärzchen. Rückenfläche grau, die Seitenlinien sind in graue Schiefstriche aufgelöst; an den Seiten ein gelber, oberwärts grau gesäumter Langstreif. Kopf fleischfarben. Bei den männlichen Raupen ist nach *Knoch* 1. 57 der gelbe Seitenstreif breiter und ins grünliche gemischt. 4—5 cm. Lebt im August, September am Melde (Atriplex), Ampfer (Rumex) und anderen niederen Pflanzen. Puppe dunkelrotbraun. Entwicklung im Mai und August. Ziemlich verbreitet. — Tr. V. 2. 136. — Vall. 3. 35. 36. — Wild. 273.

Pisi, *L.* Taf. 25, Fig. 1. (Sch. Taf. 31, Fig. 24.) Rotbraun oder braungrün, mit vier gleichweit von einander entfernten und gleichbreiten, hochgelben Längsstreifen. Bauch und Füße fleischfarben. Kopf bräunlich fleischfarben. 4—5 cm. Lebt vom Juli bis September an Scabiosen, Ampfer (Rumex), Wicken, besonders aber und oft in großer Menge an Erbsen (Pisum sativum),

richtet beim Berühren den halben Körper in die Höhe und fährt sehr schnell, wie zur Verteidigung, damit umher. Verwandelt sich in einem weichen Erdgespinste zur rotbraunen Puppe mit helleren Einschnitten, vorn dicht punktirten Ringen. (Wild. 275, Taf. 6, Fig. 31.) Entwicklung im Mai und Juni. Sehr verbreitet und oft schädlich. — Tr. V. 2. 128. — Hb. IV. 36 (F. e.). — Rsl. 1. 4. 275, Taf. 52. — Sepp. IV. 46. — Pr. Taf. 8, Fig. 1. — Esp. 4, Taf. 167 (Tricomma). Ratzb. Wald. II, Taf. 4, Fig. 1.

Leineri, *Frr.* (Sch. Taf. 32, Fig. 2.) Raupe gelblichgrau mit dunkelbraunen, weiß gekernten Luftlöchern, honiggelbem Kopfe und Afterklappe und hellgelbem Nackenschilde. Lebt im August unter Artemisia campest. Sehr selten in Österreich bei Wien und in Ungarn. Var. **Pommerana** bei Stettin (Dr. Rebl).

Brassicae, *L.* Taf. 25, Fig. 2. (Sch. Taf. 32, Fig. 1.) Das Ei nach Esp. 4. 125, Fig. 8 weiß gerippt mit brauner Binde in der oberen Hälfte. Raupe heller oder dunkler grün, oder dunkel grünlichgrau mit einem schwärzlichen, durch eine abgesetzte, feine Mittellinie durchschnittenen Rückenstreifen und mit zwei unterbrochenen, weißlichen Längslinien zu den Seiten des Rückens, welche auch oft ganz fehlen; an jedem Ringe zu beiden Seiten schräge Striche, welche auf dem elften eine hufeisenförmige Zeichnung bilden, hinter der sich hellere Flecken zeigen. An den Seiten ein breiter, gelber oder grauer Längsstreifen, in denen die weißen, schwarz gerandeten Luftlöcher stehen. Kopf grünlichbraun. Bei den grünen Varietäten sind die Zeichnungen oft sehr schwach und vor dem Einpuppen kaum mehr zu erkennen. 4—5 cm. (Wild. 276, Taf. 5, Fig. 9.) Lebt im Sommer an Gartensalat, Kohl und anderen Gemüsepflanzen, und ist als „Herzwurm" in den Gärten bekannt und gefürchtet. Puppe hellrotbraun. Entwicklung im Mai, Juni. Verbreitet und fast überall häufig. — Tr. V. 2. 150. — Hb. 41 (F. f.). — Rsl. I. 4, Taf. 29. — Esp. IV. 149. — B. & G. Noct. pl. 2. 9. — Pr. Taf. 8, Fig. 8. — Buck IV. pl. 66, Fig. 3.

Persicariae, *L.* Taf. 25, Fig. 3. (Sch. Taf. 32, Fig. 3.) Ei braungrau, kugelig mit Längsrippen (Schl. Taf., Fig. 62). Raupe grün, grünlichbraun oder graubraun, mit einer gelblichen Rückenlinie, einem viereckigen, dunklen Flecken auf dem ersten, und einem dreieckigen, dunkelgrünen oder braunen Flecken auf dem vierten und fünften Ringe, auf diesen eine kleine Erhebung mit einem ovalen Flecken; an den Seiten an jedem Ringe ein weißliches, dunkel beschattetes Wickelzeichen. Bauch bleichgrün. Kopf grün oder braun. 4—5 cm. Puppe glänzend rotbraun. Lebt im September, Oktober an Flohkraut (Polygonum Persicarie) und Wasserpfeffer (Polyg. hydropiper), Holunder (Sambucus nigra) und verwandelt sich noch im Herbste zu einer glänzend rotbraunen Puppe. Entwicklung von Mai bis August. Sehr verbreitet. — Tr. V. 2. 156. — Hb. IV. 19 (F. c.). — Rsl. 1. 4, Taf. 30. — Sepp. II. 10. — Esp. 4. 2. 1. 129. — B. & G. Noct. pl. 30. — Wild. 275. — Pr. Taf. 8, Fig. 5. — Buck. IV. pl. 66, Fig. 4.

Albicolon, *Hb.* (Sch. Taf. 32, Fig. 4.) Ei weiß, fast kugelig, braun gefurcht mit einem braunen

Querband. Raupe schwarzgrün, mit dunklen Atomen bedeckt; auf dem Rücken mit drei Längslinien, zwischen denen auf jedem Ringe ein schwarzer, nach der Mitte des Rückens breiterer, unterwärts weiß gesäumter Schrägsstrich steht; an den Seiten ein gelber, in der Mitte rötlich gerieselter Längsstreifen. Luftlöcher weiß, schwarz gesäumt. Bauch und Füße hell gelblichgrün. Kopf und Füße gelbbraun. 4 cm. Im Juni, August an Wegerich (Plantago) und Löwenzahn (Leontodon Taraxacum). Puppe rotbraun. Entwicklung im Juni. Nicht überall. − Frr. VI. 181, Taf. 501. − Wild. 275. − Buck. IV. pl. 66, Fig. 1.

Aliena, *Hb.* (Sch. Taf. 32, Fig. 5.) Heller oder dunkler braungrau, mit mehreren Längslinien auf dem Rücken, vier schwarzen, fein behaarten Punktwärzchen auf jedem Ringe und einem schrägen, dunklen Schatten auf denselben, welcher die Mittellinie mit den Nebenlinien verbindet. An den Seiten eine dunkle Schattenlinie, in welcher die weißen, schwarz gesäumten Luftlöcher stehen. Bauch und Füße hell grünlichgrau; Kopf und Nackenschild gelbbraun, ersterer mit zwei dunklen Bogenstreifen. 4−5 cm. August, September am Bohnenstrauch (Cytisus nigricans), Wundklee (Anthyllis vulneraria), Pferdehufschote (Hippocrepis) und Vogelfuß (Ornithopus). Puppe dunkelrotbraun. Entwicklung im Juni. In Deutschland selten, in der Schweiz und Piemont. − Wild. 274. − G a r t n e r, St. e. Z. 1861, S. 106.

Splendens, *Hb.* Taf. 25, Fig. 4. Vom Herrn Rektor Gleisser erhalten. (Sch. Taf. 32, Fig. 6.) Farbe sehr verschieden, grün, heller oder dunkler braun, mit einem breiten, gelben Fußstreifen, welcher oben etwas dunkler begrenzt ist; mit drei Reihen sehr kleiner, weißer, schwarz eingefaßter Wärzchen, welche Reihen bilden. Auf den zwei ersten Ringen sechs kleine, schwarze, seitwärts weißliche Pünktchen in einer Reihe, welche sich auf den übrigen Ringen so stellen, daß die oberen zwei näher beisammen sind. Kopf honiggelb oder braun. Füße von der Körperfarbe. Lebt an niederen Pflanzen. Entwicklung im Juni. Fast überall selten in Deutschland, Galizien, Ungarn und am Amur. − Ent. N. VI. 279.

Oleracea, *L.* Taf. 25, Fig. 5. (Sch. Taf. 32, Fig. 7.) Ei grün, rund, längs gerippt. Raupe grün, gelblich- oder rötlichbraun, mit drei weißlichen Rückenstreifen, zwischen denen auf jedem Ringe zwei weiße, schwarz geringelte Punkte stehen; an den Seiten ein weißer oder gelblicher Längsstreifen. Kopf gelbbraun. 4 cm. Im Frühjahr an Kohl, Lattich (Lactuca), Mangold (Beta) und Melde (Atriplex). Verwandelt sich noch im Spätherbste zu einer unten braunen Puppe. Entwicklung im Mai bis August. Verbreitet und fast überall gemein. − Tr. V. 2. 132. − Esp. IV. Taf. 165, Fig 6−7. − Hb. IV. 31 (F. c. d.). − Rsl. 1. 4, Taf. 32. − Sepp. III. 14. − Wild. 274. − Pr. Taf. 8, Fig. 2.

Genistae, *Bkh.* Taf. 25, Fig. 6. (Sch. Taf. 32, Fig. 8.) Eier sind schwefelgelb, dann rostgelb und zuletzt rotblau und entwickelt sich in acht Tagen. Bräunlichgelb, mit feinen, rotbraunen Pünktchen, von denen je zwei Punkte auf dem Rücken jedes Ringes stärker sind; an den Seiten braunrote Schrägsstriche, welche mehr oder minder auf dem Rücken im Winkel zusammenstoßen. Kopf gelbgrün, mit zwei braunen, krummen Linien. Im Juli, August an Ginster (Genista) und Besenginster (Sarothamnus). Verwandlung im Herbst zu einer rotbraunen Puppe. (Wild. 273, Taf. 7, Fig. 73.) Entwickwicklung im Mai, Juni. Verbreitet und oft häufig. − Tr. V. 1. 349. − Fr. 1. 40, Taf. 22. − Sepp. VII. 39. − Gn. II. 104. − Pr. Taf. 6, Fig. 6.

Glauca, *Hb.* Taf. 25, Fig. 7. (Sch. Taf. 32, Fig. 9.) Braunrot, oben gitterartig gezeichnet mit einer abgesetzten, gelblichen Mittellinie und einem sammtartigen, halbmondförmigen Streifen auf jedem Ringe an den Seiten, von einem weißen Punkte begrenzt; auf dem vorletzten Ringe stoßen die Halbmonde auf dem Rücken zusammen und der Raum vor ihnen ist braun ausgefüllt, hinter ihnen der letzte Ring gelblich. Fußstreif breit, gelb, oben braun. Luftlöcher weiß, schwarz gesäumt. Bauch und Füße rötlichgrau; Nacken braun, mit drei weißen Strichen. Kopf gelblichbraun. 4−4,5 cm. Lebt im Sommer an Heidelbeeren (Vaccinium), Huflattig und Aconitum. Verwandlung in einem festen Gespinste zu einer hellbraunen Puppe. Entwicklung Ende Mai. − Tr. V. 1. 322. − Hb. IV. 29 (F. b.). − Frr. 2. 14, Taf. 104. − St. e. Z. 10. 305. − Wild. 271. − Rössl. S. 92.

Dentina, *Esp.* Taf. 25, Fig. 8. (Sch. Taf. 32, Fig. 10.) Ei konisch, gelblich. Raupe dunkelbraun, mit helleren, geschlängelten Rücken- und Seitenlinien, schwarzen, abgesetzten Strichen dazwischen und einer geraden Linie über den schwarzen Luftlöchern. Kopf glänzend schwarz. 4 cm. Im Herbst und Juni an Löwenzahn, vorzüglich die Wurzeln fressend und verwandelt sich im Juli und Oktober in einem festen Erdgespinste zu einer schwarzbraunen Puppe. Entwicklung im August und Mai. Nicht selten. − Tr. V. 1. 222. − Hb. IV. 30 (F. c.). − Sepp. V. 8. − Wild. 271.

Peregrina, *Hb.* (Sch. Taf. 32, Fig. 11.) Heller oder dunkler gelbbraun mit zwei weißen Punkten auf jedem Segment am Rücken und einer weißlichen Punktlinie zu jeder Seite; darunter ein weißer, rötlich gerieselter Längsstreifen, an dessen oberem Rande die weißen Luftlöcher in einem schwarzen Flecken stehen. Bauch und Füße grau. Kopf braun. 4 cm. Lebt im Mai, Juni an Gänsefuß (Chenopodium), Salzkraut (Salsola) und Eiskraut (Mesembrianthemum). Entwicklung im August, September. Südfrankreich, Italien, Dalmatien, Rußland und in der Türkei. − B. & G. Noct. pl. 35. 1. − Tr. VI. 1. 391. − Wild. 271.

Marmorosa, *Bkh.* Sch. Taf. 32, Fig. 14.) Schiefergrau, an jeder Seite mit zwei gelben Längsstreifen, zwischen denen schwarze Punkte und in deren unterem die schwarzen Luftlöcher stehen; Bauch und Füße grünlich- oder bläulichweiß. Kopf und Nackenschild schwarz, letzteres durch eine weißliche Linie geteilt. Lebt im Juni an Pferdehufschote (Hippocrepis) und Vogelfuß (Ornithopus). Verwandelt sich in einem Erdgespinste zu einer rötlichbraunen Puppe. Entwicklung im Mai. Fast überall selten. − Tr. X. 2. 45. − Frr. 1. 8, Fig. 4. − Wild. 270.

Treitschkei, *B.* (Sch. Taf. 32, Fig. 15.) Sammtschwarz, mit vier goldgelben Längslinien. Bauch und

Füße rötlichgrau. Luftlöcher weiß. Kopf und Brustfüße schwarz. Im Juni, Juli an Pferdehufschote (Hippocrepis) und anderen niederen Pflanzen. Entwicklung im August und im Mai. Südfrankreich. — Tr. X. 2. 69. — Wild. 270.

Trifolii, *Rott.* (Chenopodii, *F.*) Taf. 25, Fig. 9. (Sch. Taf. 32, Fig. 16.) Grün, heller oder dunkler, selten gelbgrün oder braun, gelblich in den Einschnitten, mit einer feinen, dunkleren Rückenlinie und beiderseits zwei weißen, oberwärts schwarz gesäumten, häufig unterbrochenen, oder auch ganz fehlenden Längslinie daneben; an den Seiten ein roter, weiß gesäumter Längsstreifen, über welchem die weißen Luftlöcher stehen. Kopf klein, grün oder gelbbraun. 4 cm. Im Sommer und Herbst an Melde (Atriplex) und Gänsefuß (Chenopodium). Verwandelt sich in einem festen Erdgespinste zu einer grünlichbraunen Puppe. Entwicklung im Mai, Juni, August. Nicht selten. — Tr. V. 2. 144. — Hb. IV. 31 (F. c. d.). — Rsl. 1. 4, Taf. 48. — B. & G. Noct. pl. 2. G. — Sepp. VII. 46. — Wild. 270.

Sodae, *Rbr.* (Sch. Taf. 32, Fig. 18.) Raupe grün, Zeichnung wie bei der vorigen Art, mit einem schwarzen, unten weißen Strich auf jedem Ringe, zu beiden Seiten des dunkeldurchscheinenden Gefässes; Fußstreifen gelblich, über welchem die weißen, in schwarzen Dreiecken stehenden Luftlöcher sich befinden. Kopf und Bauchfüße von der Körperfarbe. Im Mai, Juni an der Meeresküste an Salsola und Chenopodium maritimum, verwandelt sich in eine braune Puppe, welche im August und September ausschlüpft. Südeuropa. — B. & G. Noct. pl. 35, Fig. 2.

Reticulata, *Vill.* (Saponariae, *Bkh.*) Taf. 25, Fig. 10. (Sch. Taf. 32, Fig. 20.) Rötlich- oder gelbgrau, fein schwarz punktiert, mit einer schwachen Rückenlinie und mit zwei abgesetzten, schwarzen Seitenstreifen. Bauch heller, gelbgrau. Kopf braungelb. 4—5 cm. Lebt im Juli, August an Nelken (Dianthus) und Seifenkraut (Saponaria) an den Samen fressend. Verwandelt sich in einer Erdhöhle zu einer glänzend rotbraunen Puppe. Entwicklung im Juni. Schmetterling an den Blüten des Natternkopfes (Echium vulgare). Nicht selten, an Ruinen und Abhängen. — Tr. V. 1. 303. — Frr. 3. 55, Taf. 231. — Wild. 269. — Pr. Taf. 6, Fig. 2. — Buck. IV. p. 66, pl. 66, Fig. 5.

Chrysozona, *Bkh.* (Dysodea, *Hb.*) Taf. 25, Fig. 11. (Sch. Taf. 32, Fig. 21.) Ei rund, unten flach gefurcht, oben braun, unten heller. Die Raupe dunkel gelbbraun, mit drei hellen Längslinien auf dem Rücken und zwei dunklen Punkten inzwischen auf jedem Ringe; an den Seiten ein verwaschener, weißgrauer Längsstreifen, an dessen oberem Rande die schwarzen Luftlöcher stehen. Bauch und Füße grau. Kopf gewölbt, rotbraun. Variiert auch in schmutziggrün mit helleren Ringeinschnitten und matten, dunkleren Rückenlinien. 4 cm. Lebt im Mai an Beifuß (Artemisia), Lattich (Lactuca) und verwandelt sich in einer Erdhöhle zu einer glänzenden, rotbraunen Puppe. Entwicklung im Juli, August. Nicht selten an Baumstämmen und Zäunen. Tr. V. 2. 16. — Hb. IV. 16 (D. a.). — B. & G. Noct. pl. 17. — Sepp. V. 22. — Wild. 270.

Serena, *F.* Taf. 25, Fig. 12. (Sch. Taf. 32, Fig. 22.) Ei gelblich, dann hell pomeranzenfarbig, später dunkelblau. Raupe gelb- oder grasgrün oder bräunlich, fein dunkel punktiert, mit einem dunklen Rückenstreifen und einem weißen oder gelben Längsstreifen an den Seiten. Kopf grün oder gelblich mit zwei schwarzen Strichen. 4 cm. Im Mai, Juni an Wasserdost (Eupatorium canabinum), Mauseöhrchen (Hieracium), besonders an den Blüten. Entwicklung im Juli, August. Nicht selten an Baumstämmen. — Tr. V. 2. 12. — Hb. IV. 17 (E. a.). — B. & G. Noct. pl. 17. — Frr. 1. 158, Taf. 87. — Sepp. VIII. 4. — Wild. 269. — Pr. Taf. VII, Fig. 7.

Cappa, *Hb.* Taf. 25, Fig. 13. (Sch. Taf. 32, Fig. 23.) Raupe licht braungrau, ohne bestimmte Zeichnung. Lebt in zwei Generationen an Rittersporn (Delphinium staphysagria) und verwandelt sich in der Erde. Entwicklung im Mai und August. Südeuropa bis Krain und Rußland. — Tr. V. 2. 7. — Mill. 48. pl. 3—6.

5. Gattung. **Dianthoecia**, *B.*

Raupen walzig, nach vorn etwas verdünnt, mit einzelnen, feinen Härchen auf Punktwärzchen besetzt. Kopf klein, rund. 16 füßig. Sie leben an den Blüten und Früchten von Sileneen und verwandeln sich in mit Erdkörnern vermischten Geweben zu spitkegeligen Puppen mit knopfförmiger Rüsselscheide.

Luteago, *Hb.* (Sch. Taf. 32, Fig. 24.) Ei rund, grünlich. Raupe mattbraungrau, oben dunkler, mit bräunlich durchscheinenden Rückengefässen und vier feinen, braunen Punkten auf jedem Ringe. Luftlöcher fleischfarbig, schwarz gesäumt; Nackenschild und Afterklappe matt gelbbraun. Kopf und Brustfüße glänzend gelbbraun. Lebt im Juli, August im Stengel und in den Wurzeln von Leimkraut (Silene nutans und otites) und verwandelt sich in einem Erdgespinste. Puppe rotbraun. Entwicklung Ende August und aus überwinterten Puppen im Mai. Sehr selten im südlichen Deutschland, in der Schweiz, Frankreich, Italien, Corsika und Südrußland. Var. Barettii Db. in England. — A. s. F. 1842, pl. 13, Fig. 8—10. — Wild. 265.

Caesia, *Bkh.* (Sch. Taf. 32, Fig. 26.) Rötlich, mit dunkelbrauner Zeichnung auf dem Rücken, gleich angerieselt, und vielen hellen, schwarz eingefaßten, nur ein Haar tragenden Wärzchen. Kopf und Nackenschild honigbraun. Lebt im Juli in den Kapseln verschiedener Silene-Arten und verwandelt sich in der Erde. Entwicklung im Juni. In den Alpen und England. — Wild. 265. — Ent. M. IX. 64.

Filigramma, *Esp.* (Sch. Taf. 32, Fig. 27.) Rötlichgrau, in den Einschnitten heller, mit dunklen Punkten, die oft zu Häufchen gruppiert sind und auf dem Rücken am dicksten beisammenstehen. Kopf honiggelb mit Kreuzzeichnung. Luftlöcher schwarz gerandet. Lebt auf Silene inflata. Entwicklung im Mai. In Österreich, in Ungarn und Dalmatien. Var. Xanthocyanea, *Hb.* mehr auf den Alpen.

Magnolii, *B.* (Sch. Taf. 32, Fig. 29.) Die der von Albimacula ähnlichen Raupe lebt auf Silene nutans.

Nana, *Rott.* (Conspersa, *Esp.*) Taf. 25, Fig. 14. (Sch. Taf. 33. Fig. 1.) Gelblichgrau, mit feiner Rückenlinie, an deren Seiten auf jedem Ringe ein schwarzer Punkt und ein nach vorne spitzig verlaufender dunkler Schrägsstrich stehen; an den Seiten zwei dunklere Längsstreifen, unter deren unterstem die feinen, schwarzen Luftlöcher stehen. Bauch und Füße weißgrau. Kopf braungrau, mit zwei krummen, braunen Mittelstrichen. 4 cm. Im Juni, Juli an den Samen der Lichtnelke (Lychnis), Verwandlung in einem Erdgespinst zu einer rotbraunen Puppe. Entwicklung im Mai, nicht selten. — B. & G. Noct. pl. 18. — Wild. 260.

Albimacula, *Bkh.* Taf. 25, Fig. 15. (Sch. Taf. 33, Fig. 2.) Rötlichgrau oder schmutzig beingelb mit feinen, braunen Pünktchen und Strichen; einem dunklen Fleckenstreifen und auf jedem Ringe mit einem an den Enden nach vorne gebogenen krummen Striche; an den Seiten mit einem hellgrauen Längsstreifen, über welchem die weißen, schwarz gesäumten Luftlöcher stehen. Bauch hellgrau; Nackenschild braun, mit einem weißlichen Mittelstriche. Kopf gelbbraun, fein dunkel punktiert. 4—5 cm. Im Juli, August an Silena nutans, jung in den Samen, dann am Boden. Puppe schwarzbraun. Entwicklung im April, Mai. Nicht verbreitet und meist selten. — Frr. VI. 180, Taf. 591. — Wild. 265.

Compta, *F.* Taf. 25, Fig. 16. (Sch. Taf. 33, Fig. 3.) Rötlichgrau, oben mit vielen, dunklen Punkten besetzt und mit einem rotbraunen, durch eine abgesetzte, weiße Mittellinie geteilten, auf jedem Ringe etwas erweiterten Mittelstreifen. An den Seiten ein gelbgrüner Längsstreifen, über welchem die weißen Luftlöcher in einem verwaschenen, braunen Schattenstreifen stehen. Bauch hell rotgrau. Kopf und Nackenschild rotbraun. 3—4 cm. Lebt von Juli bis Herbst in den Samenkapseln von Silene- und Dianthus-Arten, am Tage meist an der Erde verborgen. Puppe rotbraun. (Wild. 266, Taf. 6, Fig. 39.) Entwicklung im Juni. Nicht selten. — Tr. V. 1. 389. — Frr. VI. 117, Taf. 556. — B. & G. Noct. pl. 18.

Capsincola, *Hb.* Taf. 25, Fig. 17. (Sch. Taf. 33, Fig. 4.) Erdfarben, fein punktiert, mit einer abgesetzten, fein weißlichen Rückenlinie, einer schwärzlichen Winkelzeichnung oben auf jedem Ringe, und daneben mit zwei schwarzen Punkten; an den Seiten ein brauner, aus feinen Schrägsstrichen gebildeter Längsstreifen. Bauch und Füße schmutziggrau; Brustfüße braun, schwarz geringelt; Kopf glänzend hellbraun, schwarz gestreift und punktiert. 3—4 cm. Lebt im August, September an den Samen von Silene-Arten. Puppe dunkelbraun. Entwicklung vom Mai bis August. Ziemlich verbreitet und nicht selten. — Tr. V. 1. 308. — Hb. IV. 18 (E. a. b.). — Fr. B. 2. 122. — B. & G. Noct. pl. 18. — Sepp. VIII. 26. — Wild. 266. — Pr. Taf. 6, Fig. 12.

Cucubali, *Fuessl.* Taf. 25, Fig. 18. (Sch. Taf. 33, Fig. 5.) Ei nach *Sepp* rund, unten etwas abgeplattet, rosa mit dunklen Punkten. Die Raupe grün oder gelblichgrün mit wellenartigen Strichen und einem in der Mitte meist verwischten Rückenstreifen, zu dessen Seiten auf jedem Ringe ein rostfarbiger oder aschgrauer, nach hinten an den Rückenstreifen anstoßender Schrägsstrich steht. In den Seiten ebenfalls abwärts gerichtete Striche. Mit sieben kleinen, auf jedem Ringe stehenden, weißen, schwarz gesäumten und mit einem Börstchen versehenen Wärzchen, die zwischen den Rückenstreifen und den Seitenstrichen stehen. Bauch und Füße grünlichgrau, Kopf gelblichbraun, mit feinen Börstchen besetzt. 3 cm. Lebt den Sommer hindurch an den Blüten und Früchten von Silene inflata, stellenweise häufig, bei Tage verborgen. Entwicklung im Mai und Anfangs August. Seltener als die vorige. — Tr. V. 1. 311. — Hb. IV. 18 (E. a. b.). — Fr. B. 2 125. — Sepp. IV. 32. — Wild. 267. — Pr. Taf. 6, Fig. 11.

Carpophaga, *Bkh.* Taf. 25, Fig. 19. (Sch. Taf. 33, Fig. 6.) (Perplexa, *Hb.*) Heller oder dunkler grüngrau, mit einer weißlichen Rückenlinie, zwei gelbgrauen Seitenlinien und ebensolchem Fußstreifen, in welchem die schwarzen Luftlöcher stehen. Bauch dunkel grüngrau. Kopf braungrau. 4 cm. Lebt im Juli, August an den Kapseln von Silene inflata, nach *Wullschlegel* auch an S. nutans. Puppe rotbraun. (Wild. 267, Taf. 6, Fig. 56.) Entwicklung im Mai, Juni und August. Nicht überall. — Tr. V. 1. 306. — Hb. IV. 38 (F. e. f.). — Fr. B. 2. 120. — Pr. Taf. 6, Fig. 13.

Capsophila, *Dup.* (Sch. Taf. 33, Fig. 7.) ist nach *Wullschlegel* nur Varietät der vorigen. — Mit. schweiz. ent. G. 1874, Bd. 4. 69.

Irregularis, *Hufn.* (Echii, *Bkh.*) Taf. 26, Fig. 1. (Sch. Taf. 33, Fig. 9.) Gelbbraun, mit zwei dunklen Wärzchen auf jedem Ringe und mit matt dunkleren, meist in der Mitte des Rückens in Winkel zusammenstoßenden Schrägsstrichen. Luftlöcher klein, gelbschwarz gesäumt. Bauch und Füße hell gelbgrau oder weißlichgrau. Kopf klein, ockergelb, fein schwarz punktiert. 4 cm. Lebt im Juni, Juli an trockenen, sandigen Stellen an Gypskraut (Gypsophila fastigiata) und Silene Otites, nach *Hering* an Rittersporn (Delphinium). Puppe gelbbraun. Entwicklung vom Mai bis August. Nicht überall, mehr in Sandgegenden. — Tr. X. 2. 100 — Fr. 2. 127, Taf. 173. — Wild. 268. — Pr. Taf. 6, Fig. 14.

6. Gattung. Cladocera, *Rbr.*

Die Raupen der nur in Südeuropa vorkommenden und nur aus zwei Arten bestehenden Gattung sind 16-füßig, walzig und leben auf niederen Pflanzen. Entwicklung im Herbste.

Optabilis, *B.* Taf. 26, Fig. 2. (Sch. Taf. 33, Fig. 13.) Schmutziggrün, mit einem feinen Rücken- und einem breiten, gelbgrauen Seitenstreifen; auf den zwei ersten Gelenken zwei, auf den übrigen je drei Punkte. Kopf von der Körperfarbe schwarz eingefaßt, mit einem geraden Strich in der Mitte. Vorderfüße dunkler, Bauchfüße von der Körperfarbe. Lebt auf niederen Pflanzen, besonders auf Pterotheca nemausensis. Entwicklung im September. Südfrankreich, Catalonien. — Mill. III. 137, Fig. 4. — Dup. sup. III. p. 170. pl. 16.

7. Gattung. **Episema**, *O.*

Raupen 16-füßig, walzig, mit einem kleinen Kopfe und hornigem Nacken- und Afterschild. Leben im Frühjahr an Zwiebelgewächsen und verwandeln sich in der Erde in weichen Erdgespinsten zu gelblichen Puppen.

Glaucina, *Esp.* (Trimacula, *Hb.*) (Sch. Taf. 33, Fig. 15.) Ei gelblich, längs gerippt. Raupe graubraun, mit violettem Schein, oben eine bleiche, häufig ganz undeutliche Mittellinie, Luftlöcher schwarz; Bauch weißgrau; Füße glänzend bräunlich; Nacken- und Afterschild glänzend dunkelbraun mit einem hellen Mittelstriche; Kopf klein, glänzend lichtbraun, mit einem schwarzen Flecken über dem Gebisse. 4—5 cm. Lebt im Mai an der Muskathyacinthe (Muscari racemosum) und der Grasnelke (Anthericum liliago) und Ornithogallum. Verwandlung an der Erde. Entwicklung im September. In Deutschland nur an einzelnen Plätzen, mehr in Frankreich, in der Schweiz, Ungarn, Südrußland. — Wild. 252. — Mill. Ent. pl. IV, Fig. 8—10.

Scoriacea, *Esp.* (Sch. Taf. 33, Fig. 16.) Raupe grün, mit drei weißen Rückenlinien und einem breiten, weißen Längsstreifen über den Füßen. Bauch hellgrün. Kopf braungrün. Im April und Mai an der Zaunlilie (Anthericum liliago und ramosum). Entwicklung im September. Im südöstlichen Deutschland, Ungarn, Südfrankreich und Piemont. — Wild. 252.

8. Gattung. **Heliophobus**, *B.*

Die Raupen dieser in Europa nur aus zwei Arten bestehenden Gattung sind glatt, 16-füßig und leben an Grasarten. Verpuppung in der Erde.

Hispidus, *H.* Taf. 26, Fig. 3. (Sch. Taf. 33, Fig. 17.) Grau, schwarz punktiert und marmoriert, mit drei dunklen Längsstreifen und Punkten. Die Grundfarbe ist so rötlich als die der folgenden. Kopf sehr stark gezeichnet. Lebt im Frühjahr auf Lattich (Lactuca) und Wegerich (Plantago). Entwicklung im Herbst. Frankreich, Spanien und im Süden von England. — Tr. X. 2. 40. — Dup. VI. 90. 3. — Mill. Livr. 4. p. 199, pl. 2, Fig. 1. — Buck. IV. p. 63. pl. 64, Fig. 3.

Fallax, *Styr.* (Sch. Mill. 151. 12. 13.) In Gestalt der vorigen ähnlich; rötlichgrau, mit sehr feinen, schwärzlichen Pünktchen bestreut, an den Seiten etwas lichter. Kopf licht braungelb. Lebt im Frühjahr an Grasarten. Entwicklung im September. Nur aus Sarepta. — Stgr. Berl. e. Z. 1870, S. 116. — Mill. Ic. 151, 12.

9. Gattung. **Ulochlaena**, *B.*

Die Raupe dieser ebenfalls nur südlichen Form ist gedrungen, 16-füßig und lebt auf Gräsern. Verpuppung in der Erde.

Hirta, *Hb.* Taf. 26, Fig. 4. (Sch. Taf. 33, Fig. 18.) Beinfarben, mit feinen gelblichen Rücken- und Seitenstreifen, und einem breiten, ebenso gefärbten Fußstreifen, über welchem die kleinen, dunkleren Luftlöcher stehen. Kopf gelblich, fein gedupft. Füße weißlich. Lebt auf Gräsern und verwandelt sich in eine rotbraune Puppe. Entwicklung im August. Südfrankreich, in der Türkei, in Rußland und Armenien. — Mill. Livr. 6. p. 276. pl. IV, Fig. 6—9.

10. Gattung. **Aporophyla**, *Gn.*

Raupen 16-füßig, walzenförmig, nackt mit Längsstreifen, leben an niederen Pflanzen und verwandeln sich in Erdgehäusen zu rotbraunen Puppen.

Lutulenta, *Bkh.* Taf. 26, Fig. 5. (Sch. Taf. 33, Fig. 19.) Das Ei ist eirund, mit gelbrötlichen Querstreifen und schwarzen Pünktchen. Raupe grün, die Brustringe auf dem Rücken und an den Seiten, die übrigen Ringe nur an den Seiten heller oder dunkler rosenrot; Luftlöcher weiß; die rosenrote Färbung fehlt selten und dann ist eine rötliche Fleckenreihe vorhanden, in welcher die Luftlöcher stehen. Bauch und Füße mattgrün. Kopf und Nackenschild grasgrün. 5—6 cm. Lebt im Mai und Juni an Vergißmeinnicht (Myosotis) und Sternkraut (Stellaria). Puppe rotbraun. Entwicklung im September, Oktober. — Tr. V. 1. 187. — B. & G. Noct. pl. 32. — Sepp. VII. 18. — Wild. 255. — Ent. M. Mag. VI. 13. 235. — XIII. 184.

Nigra, *Hb.* (Aethiops, *O.*) Taf. 26, Fig. 6. (Sch. Taf. 33, Fig. 21.) Gelbgrün, mit drei abgesetzten, ziegelroten Rückenstreifen und einem gleichfarbigen Seitenstreifen, in welchem die weißen Luftlöcher stehen. Kopf und Nackenschild rötlichgelb. 5—6 cm. Im Frühjahr an Ampferarten und Wicken (Vicia). Puppe braun. Entwicklung im Juni, Juli. Ziemlich selten. Dalmatien. — B. & G. Noct. pl. 31. 32. — Frr. 3. 41, Taf. 221.

Australis, *B.* Taf. 26, Fig. 7. (Sch. Taf. 33, Fig. 22.) In der Jugend grasgrün, mit einem violetten und unten weißlichen Fußstreifen. Später wird sie heller, mit einem feinen, rosaroten Rücken- und Fußstreifen, rot eingefaßten Ringen und darunter befindet sich ein roter Strich an jedem Ringe; erwachsen dunkelgrün oder rötlich, mit breiten, rosaroten Rücken- und Seitenstreifen, in welchen die weißen Luftlöcher stehen. Lebt auf Carex-Arten und verwandelt sich in eine glänzend bräunliche Puppe mit zwei kurzen Afterspitzen. Entwicklung im September. Südfrankreich, Corsika, Sardinien, Dalmatien und Griechenland. — Rbr. A. s. Fr. 1832. pl. 8. 9. — Mill. Livr. 4. p. 202. pl. 2, Fig. 4—8. — Buck. IV. p. 63. pl. 64, Fig. 1.

11. Gattung. **Ammoconia**, *Led.*

Raupen dick, rundlich mit dickem Kopfe, leben an niederen Pflanzen und verwandeln sich in Erdgespinsten zu Puppen mit zwei Dornen am Afterstücke.

Caecimacula, *F.* Taf. 26, Fig. 8. Sch. Taf. 33. Fig. 23.) In der Jugend grün, mit gelblichen Ringeinschnitten und einem hellen Seitenstreifen. Erwachsen grünlichbraun, oben dunkel punktiert mit drei abgesetzten, braunen Längslinien und einem weißgrauen Längsstreifen, in welchem die weißen, schwarz gesäumten Luftlöcher stehen. Bauch grau; Kopf gelbbraun. 5—5,5 cm. Lebt

IV. Familie. Hadenidae.

im April, Mai an Löwenzahn und Sternkraut (Stellaria), nach *Wocke* an Lychnis viscaria. Puppe glänzend kastanienbraun. Entwicklung im September und Oktober. Ziemlich selten. — Tr. V. 2. 202. — Hb. IV. 62 (G. h.). — Esp. IV. 187, Fig. 1. 3. 5 (Millegrana). — B. & G. Noct. pl. 35. — Wild. 251.

Vetula, *Dup.* (Senex, *H.-G.*) Taf. 26, Fig. 9. (Sch. Taf. 33, Fig. 24.) In der Jugend grün, mit gelblichen Rücken- und einem hellen Seitenstreifen. Erwachsen der Raupe der Oleracea sehr ähnlich, der viel dickere Kopf und der schmälere Seitenstreif unterscheidet sie hinlänglich davon. Sie ist licht grüngrau, oben rötlichgrün angelaufen mit feiner, weißlichen Rückenlinie, die beiderseits dunkel begrenzt ist und fein dunkel punktiert. Der lichte, weißlichgrüne Bauch wird vom Rücken durch die feine, rein weiße Seitenlinie scharf abgeschnitten. Luftlöcher klein, rötlich. Kopf sehr licht gelblichbraun. Vorderfüße rötlich, Bauchfüße weißlich. Lebt im Juni unter Hecken an niederen Pflanzen wie Löwenzahn und Wegerich. Entwicklung im September, Oktober. Am Rhein bei Kreuznach, und Lorch, sonst in Südeuropa. — Mill. 146, Fig. 7—9. — Rössl. F. S. 95. — Ent. N. VII. 171. — Rgh. V. z. b. V. 1887. 201.

12. Gattung. Polia, *Tr.*

Die Eier überwintern. Die Raupen schlank und walzig, nähren sich von niederen Pflanzen, sitzen gern an Felsen, nur Chi und Polymita an Baumstämmen. Verwandlung in der Erde meist in geleimten Erdhöhlen.

Serpentina, *Tr.* Taf. 26, Fig. 10. (Sch. Taf. 33, Fig. 26.) Fleischfarben, mit dunkleren Ringeinschnitten, einem dunkelbraunen Rückenstreifen und einer braunen Seitenlinie, über welcher an jedem Ringe zwei schwarze Punkte sich befinden und unter denen ein solcher neben den schwarzen Luftlöchern steht. Bauch und Füße gelblich; Kopf ockergelb, gegittert. 5—6 cm. Im April an Sternmiere (Stellaria media) und anderen Pflanzen. Puppe rotbraun. Entwicklung im September. Krain, Dalmatien und Italien. — Frr. 3. 40, Taf. 220. — Wild. 262. — Pr. Taf. VIII, Fig. 7.

Polymita, *L.* (Ridens, *Hb.*) Taf. 26, Fig. 11. (Sch. Taf. 33, Fig. 27.) Schmutzig dunkelrot, mit drei weißen Rückenlinien, zwischen denen auf jedem Ringe vier weiße Punkte stehen, und einem rotbraunen Schattenstreifen, in welchem auf jedem Ringe ein weißer Punkt steht. Luftlöcher weiß, schwarz gesäumt. Bauch und Füße blaß schwefelgelb; Nackenschild braun; Kopf und Brustfüße braun, ersterer mit zwei schwarzen Bogenstrichen. 5—6 cm. Im Frühjahr an Primeln und benagt auch die Knospen von Schlehen. Puppe glänzend rotbraun. Entwicklung im Juli, August. In Deutschland selten, in Ungarn, Dalmatien, Dänemark und Schweden. — Tr. V. 2. 24. — Frr. 3. 94, Taf. 261. — Wild. 263. — Pr. Taf. 7, Fig. 8.

Flavicincta, *F.* Taf. 26, Fig. 12. (Sch. Taf. 33, Fig. 28.) Heller oder dunkler grün, oben etwas gelblich mit dunkler durchscheinendem Rückengefässe und einem breiten, weißgelben Seitenstreifen, über welchem die weißen, rostbraun gesäumten Luftlöcher stehen. Kopf klein, gelbgrün. 5—6 cm. Mai bis Juli an Ampfer, Beifuß (Artemisia) und Kreuzkraut (Senecio). Verwandlung in einer Erdhöhle zu einer rotbraunen Puppe. Entwicklung im August, September. Ziemlich selten. — Tr. V. 2. 27. — Rsl. I. 283, Taf. 55. — Esp. 4. 153, Fig. 2 & 5. — B. & G. pl. 27, Gn. II. 39. — Mill. 80. 1. 2. — Sepp. V. 21. — Wild. 263.

Rufocincta, *H.-G.* Taf. 26, Fig. 13. (Sch. Taf. 34, Fig. 1.) Gelblichgrün, mit gelben Ringeinschnitten und zwei undeutlichen Rückenlinien; auf dem Rücken jedes Ringes vier schwarze Pünktchen, und zu jeder Seite einen Punkt, welcher mit den zwei Seitenpunkten im Dreiecke steht. Mit einem gelblichweißen Seitenstreifen, schwarzen Luftlöchern und darüber einem schwarzen Punkt. Kopf graubraun. 4—5 cm. Im Mai, Juni an Hieracium, an den Blüten von Silene nutans und an der Mauerraute (Asplenium ruta muraria). Puppe dunkelbraun. (Wild. 263, Taf. 7, Fig. 58.) Entwicklung im September, Oktober. Süddeutschland. — Mill. 80, pl. 11. — Wullsch. St. e. Z. 1859. 379.

Dubia, *Dup.* Taf. 26, Fig. 14. (Sch. Taf. 34, Fig. 2.) Dick, gedrungen, rötlichgrau, unten hell rosa, mit feinen Rücken- und Nebenstreifen, kleinen, dunklen Wärzchen auf jedem Ringe, und feinen, schwärzlichen Luftlöchern. Kopf rötlichgrau, durch zwei dunkle, auseinandergehende Striche in drei Teile geteilt. Im Dezember und Januar an Centranthus ruber, Calitrapa und anderen niederen Pflanzen. Entwicklung im Oktober. Südfrankreich, Catalonien und Andalusien. — Mill. I. Livr. 8. p. 335. pl. 40, Fig. 5—7.

Xanthomista, *Hb.* (Nigrocincta, *Tr.*) Taf. 26, Fig. 15. (Sch. Taf. 34, Fig. 3.) Rötlichbraun, mit dunklen Atomen bedeckt, welche durch Anhäufung einen Rückenstreifen und zwei breitere Streifen zu den Seiten des Rückens bilden; zwischen diesen Streifen stehen auf jedem Ringe vier weiße Punktwärzchen; Luftlöcher weiß, schwarz gesäumt, Bauch hell gelbgrau. Kopf glänzend ockergelb. 4,5—5,5 cm. Lebt im Mai an Ampfer und Wegerich. Puppe glänzend hellbraun. Entwicklung im September, Oktober. Meist selten. (Ofen.) — Frr. 3. 70, Taf. 243. — Wild. 264.

Venusta, *B.* Taf. 26, Fig. 16. (Sch. Taf. 34, Fig. 4.) Grünlich, mit feiner Rückenlinie, einem weißlichen Seitenstreifen, der oben gelb, unten dunkelgrün eingefaßt ist. Die hellen Luftlöcher stehen in gelblich grünem Grunde; Fußstreifen dunkelgrün, mit feinen, schwarzen Punkten. Kopf grün, Bauchfüße dunkelgrün. Vom Oktober bis Frühjahr auf verschiedenen Pflanzen wie Cistus albidus und salviaefolius, Spartium junceum und Calycotome spinosa. Entwicklung im September. Südfrankreich und Südrußland. — Mill. 1. Livr. 7. p. 297. pl. 35, Fig. 6—9 (Argillaceago). B. & G. pl.

Chi, *L.* Taf. 26, Fig. 17. (Sch. Taf. 34, Fig. 7.) Schlank, grasgrün, fein gelblich punktiert, auf dem Rücken matter, zu jeder Seite desselben mit einer weißen Längslinie und mit einem weißen oder gelblichen Seitenstreifen. Bauch und Füße mattgrün; Kopf glatt, grasgrün. 4—5 cm. Lebt in zwei Generationen im Juni und August an Lattich (Lactuca), Akeley (Aquilegia vulgare) und anderen Pflanzen und verwandelt sich in einem zarten, durchsichtigen, weißen Gespinste zu einer dunkelbraunen Puppe. Entwicklung im Juli und im Mai. Nicht selten. — Tr. V. 2. 9. — Rsl. 1. 4. 87, Taf. 13. — Esp. 4. 114. — B. & G. Noct. pl. 27. — Wild. 264.

13. Gattung. **Thecophora**, *Ld.*

Die Raupe dieser nur aus einer Art bestehenden Gattung ist am letzten Gelenke mit einem kleinen, stumpfen Höcker versehen, in der Ruhe hebt sie den Kopf in die Höhe, fast über den Rücken und streckt ihre Brustfüße im halben Zirkel von sich. Verpuppung in einem lichten Gewebe.

Fovea, *Tr.* Taf. 26, Fig. 18. (Sch. Taf. 34, Fig. 8.) Von *Kindermann* entdeckt; gelblich, mit herzförmigen, gelbroten, durch eine helle Mittellinie geteilten Rückenflecken und gleichfarbigen, nach vorn geneigten Schrägsstrichen an den Seiten; Luftlöcher braun gesäumt; Bauch graugelb oder rötlichgelb. Kopf gelbbraun, schwarz gerandet. 4 cm. Im Sommer auf niederen Eichengebüschen. Entwicklung im September, Oktober. Krain, Ungarn und Dalmatien. — Tr. VI. 1. 395. — Fr. B. 1. 46. — Wild. 262.

14. Gattung. **Dryobota**, *Ld.*

Raupen nackt und zart, leben im Frühjahre an Eichen, von welchen sie bei Tage abgeklopft werden können. Verwandlung in der Erde.

Furva, *Esp.* (Occlusa, *Hb.*) Taf. 26, Fig. 19. (Sch. Taf. 34, Fig. 9.) Grünlichweiß, mit einem gelblichen Rücken- und Fußstreifen, zwischen denen sich eine stark gebogene, schwärzliche Seitenlinie hinzieht, in welcher die weißen Luftlöcher stehen. Kopf hochgelb, schwärzlich eingefaßt. Sie variiert in blauer oder brauner Färbung. Im Herbst an Quercus ilex und verwandelt sich in der Erde zu einer dunkelbraunen Puppe. Entwicklung im November und Dezember. Frankreich, Dalmatien. — Mill. 1. Livr. 3. p. 152. pl. 7, Fig. 4—7.

Roboris, *B.* Taf. 26, Fig. 20. (Sch. Taf. 34, Fig. 10.) Rötlichgrau, mit dunklen Atomen bedeckt, mit einer hellen Rückenlinie, welche vom vierten bis elften Ringe auf jedem Ringe von einer dunklen Bogenlinie durchschnitten ist, in deren Winkeln weiße Punkte stehen. Mit einer dunklen Seitenlinie und braunem Fußstreifen. Luftlöcher weiß, schwarz gesäumt, vor denselben je einen weißen Punkt. 4—5 cm. Lebt im Juni an Eichen und verwandelt sich in einer Erdhöhle zu einer braunen Puppe. Entwicklung im Spätherbst und im April, Mai; Ungarn und in Südeuropa. — Frr. VII. 75, Taf. 643. — Wild. 261. — Pr. Taf. 6, Fig. 19.

Monochroma, *Esp.* (Distans, *Hb.*) (Sch. Taf. 34, Fig. 12.) Die hellgrüne Raupe mit gelben Seitenstreifen lebt im Mai und Juni an Eichen und verwandelt sich Ende Juni in der Erde. Entwicklung im August, September. Selten. — Tr. V. 1. 359. — Wild. 261.

Protea, *Bkh.* Taf. 26, Fig. 21. (Sch. Taf. 34, Fig. 13.) Eier weißlichgelb, später rotbraun, zuletzt weißgrau. Raupe grün, fein dunkel punktiert, mit einer scharfen, hellgelben Rückenlinie und einer gelben Seitenlinie, in welcher die feinen, schwarzen Luftlöcher stehen. Kopf grün. 4 cm. Die Raupe verläßt nach der Überwinterung das Ei und lebt bis Ende Juni an Eichen. Verwandlung in der Erde zu einer braungelben Puppe. Entwicklung im September. In Deutschland, Schweden, Livland. — Tr. V. 1. 362. — Sepp. VII. 29. — Wild. 261.

15. Gattung. **Dichonia**, *Hb.*

Raupen, dick, walzig, nackt, mit kleinem, runden Kopfe. 16-füßig. Leben an Laubhölzern und verwandeln sich in lockeren Erdgespinsten zu dicken Puppen mit mehreren Börstchen am Afterrande.

Convergens, *F.* Taf. 26, Fig. 22. (Sch. Taf. 34, Fig. 14.) Sandfarbig, mit einer abgesetzten, rotbraun begrenzten Rückenlinie und weißlichen Seitenlinien; vom vierten Ringe an steht auf jedem Ringe zu den Seiten der Mittellinie ein unregelmäßiger, rostbrauner oder schwärzlicher Flecken, welcher in der Mitte sehr matt ist und in welchem zwei weiße Punkte stehen. Seiten rostbraun gewässert mit einzelnen weißlichen Punkten. Mit einem gelblichweißen Fußstreifen, in welchem die weißen, schwarz gesäumten Luftlöcher stehen. Nacken schwärzlich, mit drei weißen Strichen. Kopf hellbraun, mit zwei schwarzen Bogenlinien. 4 cm. Lebt im Mai an Eichen, jung in zusammengesponnenen Blättern und verpuppt sich in der Erde. Puppe rotbraun. Entwicklung im August und September. Ziemlich selten in Österreich, Ungarn, Bulgarien, Frankreich und Piemont. — Tr. V. 1. 357. — Hb. IV. 375 (F. d. e.). — Fr. B. 2. 91. — Prittw. St. e. Z. 1867, 262. — Wild. 260. — Pr. Taf. 6, Fig. 18.

Aeruginea, *Hb.* Taf. 26, Fig. 23. (Sch. Taf. 34, Fig. 15.) Weißgelb, mehr rötlichgelb auf den Brustringen; vom vierten Ringe an oben auf jedem Ringe ein spatenförmiger, rotgelber Fleck, von einer feinen, weißlichen Mittellinie durchzogen und jederseits mit zwei rostbraunen, weiß umzogenen Pünktchen besetzt, welche zu jeder Seite des Rückens eine Reihe bilden; an den Seiten zwei abgesetzte, rotgelbe Längsstreifen, in deren unterem die schwarzen, weißgesäumten Luftlöcher stehen. Bauch heller als der Rücken. Kopf braungelb. 4—5 cm. Lebt im Mai an der österreichischen Eiche (Quercus pubescens). Puppe rotbraun. Entwicklung im September. Ebenfalls in Österreich, Ungarn, Galizien, Bulgarien und in Frankreich. — Tr. V. 1. 355. — Hb. IV. 34 (F. d. e.). — Frr. 3. 63, Taf. 279. — Wild. 260. — Pr Taf. 6, Fig. 17.

Aprilina, *L.* Taf. 26, Fig. 24. (Sch. Taf. 34, Fig. 16.) Ei kugelig, längsgestreift, braun. (Schluß-Taf. Fig. 63). Raupe heller oder dunkler braungrau, dunkler gerieselt mit einer unterbrochenen, feinen, weißlichen Rückenlinie und zu deren Seiten mit weißen und gelben Punktwärzchen auf dunklem Grunde, welcher durch feine, weißliche Linien auf jedem Ringe in einen rantenförmigen Flecken eingeschlossen ist; auf jedem Ringe an den Seiten ein weißlicher Punkt und über den Füßen ein

IV. Familie. Hadenidae.

weißgrauer Längsstreifen. Bauch hellgrau, Kopf braun, mit zwei schwarzen Bogenstrichen. 6 cm. Lebt im Mai an Eichen, bei Tage in Rindenspalten verborgen, und verwandelt sich Ende des Monats in eine dicke, braune Puppe. Entwicklung im August, September. Nicht häufig. — Tr. V. 1. 411. — Hb. IV. 28 (Runica F. a. b.). — Rsl. 3, Taf. 68, Fig. 5. — Sepp. II. 20 (Ludifica). — Gn. II. 59. — Wild. 260. — Pr. Taf. 7, Fig. 5.

16. Gattung. **Chariptera**, *Gn.*

Wie die der vorigen Gattung, nur mit verdickten Brustringen. Leben ebenfalls an Baumstämmen und verwandeln sich in Erdgespinsten.

Viridana, *Walch.* (Culta, *F.*) Taf. 27, Fig. 1. (Sch. Taf. 34, Fig. 17.) Bräunlich, grün, selten grau, auf den Brustringen mit ankerförmiger, schwarzer Zeichnung; an den Seiten des Rückens etwas ins Fleischfarbige ziehend, weiß punktiert; an den Seiten mit hakenförmiger, schwarzer Zeichnung; der elfte Ring höckerartig erhöht. Kopf grün, schwarz gezeichnet. 4—5 cm. Lebt im August, September an den Stämmen der Zwetschen- und Birnbäume, besonders in Gärten, bei Tage unter Flechten und Moos verborgen und verwandelt sich in eine dicke, gelbbraune Puppe. Entwicklung im Mai, nicht überall. — Tr. V. 1. 395. — Hb. IV. 12 (A. a.). — Frr. 1. 165, Taf. 93. — Wild. 259. — Pr. Taf. 7, Fig. 1.

17. Gattung. **Miselia**, *Stph.*

Raupen 16-füßig, schlank, walzig, steif, auf den letzten Ringen mit Spitzchen; Kopf groß, flach; Leben wie die vorigen an Laubholzbäumen, bei Tage in Stammritzen verborgen und verwandeln sich in dichten Erdgespinsten. Die Eier überwintern.

Bimaculosa, *L.* Taf. 27, Fig. 2. (Sch. Taf. 34, Fig. 18.) Braungrau, mit dunkleren Brustringen; auf dem Rücken ein schmaler, heller Mittelstreifen und zu dessen Seiten auf jedem Ringe vier weiße Wärzchen; an den Seiten ein oberwärts dunkler, nach unten heller, etwas geschlängelter Längsstreifen. Der elfte Ring zweispitzig erhöht. Kopf hellgrau, mit braun eingefaßtem Stirndreiecke. 6—6,5 cm. Im Mai an Schlehen und Ulmen. Entwicklung im August zerstreut und selten, mehr im südlichen Deutschland, in Ungarn, Rußland, Frankreich und England. — Tr. V. 1. 408. — Hb. IV. 12 (A. a. b.) — Dup. VI. 95. — Wild. 259.

Oxyacanthae, *L.* Taf. 27, Fig. 3. (Sch. Taf. 34, Fig. 19.) Ei kugelförmig, weißlich, mit Längsleisten und Querleisten. (Schluß-Taf. Fig. 64, Gss. 28.) Raupe heller oder dunkler weißlich blaugrün oder bräunlichgrau, mit vielen braunen oder schwärzlichen, hakenförmigen Strichen, deren Stärke und Anzahl sehr wechselt; auf dem vierten Ringe meist auf jeder Seite ein dunkler Schrägsstrich, welcher sich bis auf den etwas erhöhten Rücken hinzieht. Auf dem Rücken an jedem Ringe vier helle Wärzchen auf einem dunklen Flecken; Luftlöcher fein weiß, schwarz gesäumt. Bauch hellgrau, mit einem breiten, an jedem Ringe fleckenartig erweiterten blau-rötlichen Streifen. Auf dem elften Ringe etwas erhöht mit zwei Paar Spitzen, deren hinteres Paar stärker ist: auf dem zwölften Ringe zwei kleine Spitzwärzchen. Kopf flach, wenig eingeschnitten, blaßbraun. 5—6 cm. Lebt im Mai an Schlehen, Zwetschen und Weißdorn, am Tage in Stammritzen und verwandelt sich in einem dichten Erdballen zu einer dicken, honiggelben Puppe mit einem dunklen Rückenstreifen. (Wild. 258, Taf. 6, Fig. 44.) Entwicklung im September. Ziemlich verbreitet. — Tr. V. 1. 405. — Hb. IV. 12 Gn. II. 55. — Rsl. 1. Taf. 33. — Sepp. III. 13 (A. a. b.). — Esp. IV. Taf. 160. — Pr. Taf. 7, Fig. 4.

18. Gattung. **Valeria**, *Germ.*

Raupe schlank, auf dem Rücken mit einzelnen behaarten Wärzchen und zwei stumpfen Spitzen auf den letzten Ringen. Kopf groß, etwas gewölbt. 16-füßig. Leben an Schlehen, Pflaumen, bei Tage versteckt, und können des Nachts mit der Laterne gesucht oder geklopft werden.

Jaspidea, *Vill.* Taf. 27, Fig. 4. (Sch. Taf. 34, Fig. 20.) Graubraun, die wenig verdickten Brustringe dunkler, mit einem grauen Streifen zu den Seiten des Rückens; auf dem Rücken des vierten und elften Rings je zwei braunrote, weiß gekernte und mit einem feinen Härchen besetzte Warzen; der elfte, etwas erhöhte Ring mit einer hufeisenförmigen, schwarzen, nach hinten weiß gesäumten Zeichnung; an den Seiten ein matter, weißlicher Längsstreifen. Kopf graubraun, mit rötlichem Halsbande. 5—6 cm. Lebt im Mai, Juni an Schlehen. Sehr selten; in Thüringen und in Frankreich. — A. s. F. 1842, p. 211. — Frr. V. 138, Taf. 465; VII. 82, Taf. 648. — Wild. 257. — Pr. Taf. 7, Fig. 3.

Oleagina, *F.* Taf. 27, Fig. 5. (Sch. Taf. 34, Fig. 21.) Braungrau, die verdickten Brustringe etwas heller; vom vierten Ringe an zu den Seiten des Rückens hellere Schrägsstriche, auf dem elften und zwölften Ringe zwei Paar stumpfe Spitzen; an den Seiten zwei gelbliche Längslinien, zwischen denen die schwarzen Luftlöcher stehen. Kopf schwarz mit orangefarbigem Halsbande. 5—6 cm. Lebt im Mai an Schlehen, besonders an alten, mit Flechten bedeckten Sträuchern, deren Farbe sie trägt, meist am Tage an der Rinde im dunklen Innern des Strauchs sitzend, schnellt sich bei der Berührung zur Erde und verwandelt sich in der Erde in einem erdigen, schichtenweise umsponnenen Gehäuse. Entwicklung im März, April. Ziemlich selten in Deutschland, bei Wien, Ungarn, Schweden, England, Piemont. — Tr. V. 1. 401. — Hb. IV. 12. — Gn. II. 51 (A. a.). — Fr. II. 64, Taf. 134. — Wild. 257. — Pr. Taf. 7, Fig. 2. C. Bl. III. 1.

19. Gattung. **Apamea**, *Tr.*

Raupen kurz dick walzig, mit hornigen Schildern auf dem ersten und den beiden letzten Ringen. Kopf groß, rund; 16-füßig. Leben sehr verborgen an Gräsern und verwandeln sich in der Erde ohne Gespinst.

Testacea, *Hb.* Taf. 27, Fig. 6. (Sch. Taf. 34, Fig. 23.) Kurz und dick; schmutzig fleischfarben mit gelbbraunem Nackenschilde und gleichfarbigen Schildern auf den beiden letzten Ringen. Kopf groß, blaß gelbbraun. 5 cm. Nach *Wullschlegel* im Frühling an Grasarten, bei Tage unter Steinen und Wurzeln verborgen, nachts die untersten Grasstiele benagend. Verwandelt sich im Juli zu einer schlanken, glänzend hellbraunen Puppe und entwickelt sich im August, September. Nicht häufig. — Tr. V. 2. 107. — Sepp. VIII. 155. 41. — Wild. 254. — Buck. IV. p. 73. pl. 64, Fig. 3.

20. Gattung. Luperina, *B.*

Die glattwalzigen, 16-füßigen Raupen leben an Gräsern und Kräutern, bei Tage verborgen, mehr im südlichen Europa und sind noch wenig bekannt.

Haworthii, *Curt.* (Sch. Taf. 34, Fig. 26.) Heller oder dunkler braun, mit dunklen Seitenstreifen, und schwarzen, ein Haar tragenden Wärzchen. Unterseite. Halsschild und Afterschild schmutziggelb. Kopf braun, mit zwei weißen Punkten. Lebt auf dem Wollgras und verpuppt sich in den unteren Grasteilen. Puppe rotbraun. Entwicklung im Juli. In Deutschland mehr nördlich, in England, Livland, Finnland, Lappland und Frankreich. — Stett. e. Z. 1857. 192. — Buck. IV. p. 107. pl. 68, Fig. 7.

Matura, *Hufn.* (Texta, *Esp.*) Taf. 27, Fig. 7. (Sch. Taf. 35, Fig. 1.) Die Eier kugelrund, weißlichgelb, später fleisch- oder bläulichrot und zuletzt blaugrün. Raupe in der Jugend gelblichgrau, mit braungrauen Längslinien; erwachsen graubraun, oben heller, mit einem schwarzen Mittelstreifen, in welchem eine abgesetzte, helle Längslinie steht; zu den Seiten des Rückens je eine dunkelbraune und darunter eine gelblichweiße Längslinie, Luftlöcher weiß, schwarz gesäumt. Bauch und Füße gelbgrau; Kopf gelbbraun, mit zwei schwarzen Bogenstrichen. Im Herbste an Gräsern, überwintert zwischen den Wurzeln der Nahrungspflanze oder unter dürren Blättern, und verwandelt sich erst im Frühjahr zu einer glänzendbraunen, bläulich bereiften Puppe. Entwicklung im Juli, August. Nicht häufig, an Stämmen und Steinen. — Tr. V. 2. 62. — Fr. 3. 91. Taf. 257. — B. & G. Noct. pl. 23. — Gn. 1. 179. — Wild. 256. — Buck. IV. pl. 64. Fig. 2 (Cytherea).

Virens, *L.* (Sch. Taf. 35, Fig. 3.) Eier kugelrund, gelblichweiß. Raupe schmutziggrün, mit rötlichem Glanz schwachen Punkten und schwarzem Kopfe. 4—5 cm. Lebt an Hühnerdarm (Alsine media) und Spitzwegerich (Plantago lanceolata), nach *Assmus* an Brachypodium, und verwandelt sich im Juni in einem leichten Gewebe zu einer dunkelbraunen Puppe. Entwicklung im Juli, August. Die Eier werden an den Stengeln der Futterpflanze dicht an der Wurzel von Brachypodium pinatum abgesetzt und entwickeln sich erst im Mai des nächsten Jahres. Die Raupen bohren sich in die Erde ein und nähren sich von den Wurzeln dieser Pflanze. Nicht überall und nicht häufig. — Tr. V. 2. 278. — Assmus, St. e. Z. 1863. 401. — Wild. 254.

Chenopodiphaga, *Rbr.* Taf. 27, Fig. 8. (Sch. Taf. 35, Fig. 6.) Graugrün, mit schwarzen Atomen und Linien, lebt im Winter und Anfangs Mai an Chenopodium fruticosum. Entwicklung im Herbst und Frühjahr. Im südlichen Frankreich, auf Korsika und in Catalonien. — Mill. Livr. 3. pl. 65, Fig. 9—11.

21. Gattung. Hadena, *Tr.*

Raupen walzig, gewöhnlich mit Wärzchen besetzt, die dünne Härchen tragen, Nackenschild meist hornig; 16-füßig. Leben meist von Gräsern, bei Tage verborgen und verwandeln sich im Herbste oder nach der Überwinterung in der Erde, oder zwischen Grashalmen in losen Gespinsten.

Porphyrea, *Esp.* (Satura, *Hb.*) Taf. 27, Fig. 9. (Sch. Taf. 35, Fig. 8.) In der Jugend grün, mit drei schwachen Rückenlinien und weißen Punkten. Erwachsen rötlich braungrau, mit kurzen, dunkleren Strichen besetzt und mit drei hellen, gerieselten Rückenstreifen, zwischen denen auf jedem Ringe zwei weiße Punkte stehen; an der Seite eine helle, oberwärts dunkel schattierte Längslinie über den Füßen. Bauch hellgrau. Kopf gelblichbraun. 5—6 cm. Lebt im Mai, Juni auf schattigen Waldstellen polyphag an verschiedenen Pflanzen wie an Wasserdost (Eupatorium canabinum), Gaisblatt (Lonicera) und Rubus-Arten. Verwandelt sich in eine glänzendbraune Puppe. Entwicklung im Juli, August, nicht überall. — Tr. V. 1. 333. — Hb. IV. 25 (F.). — Voll. 2. 42. — Fr. 3. 71, Taf. 244. — Wild. 278.

Funerea, *Hein.* Raupe der von Rurea sehr ähnlich, lebt auf Grasarten. Entwicklung im Juni und Juli. Hannover.

Adusta, *Esp.* Taf. 27, Fig. 10. (Sch. Taf. 35, Fig. 9.) Graugrün, aber meistens etwas rötlich, mit vielen feinen Strichelchen, dunkel durchscheinenden Rückengefässen und vier dunklen Wärzchen auf jedem Ringe; an den Seiten ein heller Längsstreifen, in welchem die weißen Luftlöcher stehen. Kopf grünbraun, schwarz punktiert. 5—6 cm. Lebt an niederen Pflanzen, wie Goldruthe (Solidago virgaurea), Labkraut (Galium) und verwandelt sich in eine glänzend rotbraune Puppe. Entwicklung im Mai, Juni. Ziemlich verbreitet. — Tr. V. 1. 339. — Bork. 156. — Fr. VI. 125, Taf. 561. — Wild. 279.

Sommeri, *Lef.* (Sch. Taf. 35, Fig. 10.) Oben braunrot in den Einschnitten und die ersten Ringe rosarot, unten gelb, mit weißen, rotbraun eingefaßten Luftlöchern; Kopf und Füße honiggelb. Im September an niederen Pflanzen, wie Hieracium und Leontodon. Puppe braunrot. Entwicklung im Mai, Juni. Nur im hohen Norden, Nordcap, Grönland, Island und Labrador. — Mill. II. Liv. 12. pl. 58, Fig. 4—6.

Solieri, *B.* Taf. 27, Fig. 11. (Sch. Taf. 35, Fig. 11.) Gelblichbraun, mit feiner Rückenlinie und helleren Fußstreifen, über welchen die weißen, schwarz eingefaßten Luftlöcher stehen. Neben der Rückenlinie ein schräger, aus dunklen Pünktchen gebildeter Streifen. Kopf von der Körperfarbe, vorn schwarz eingefaßt. Lebt im Januar,

Februar an Cyclamen, Valeriana tuberosa und andern Pflanzen. Entwicklung im Mai. Südfrankreich, Spanien, Dalmatien, Griechenland. — Mill. 1. Livr. 4. p. 213, pl. 4, Fig. 3—5.

Amica, *Tr.* (Sch. Taf. 35, Fig. 7.) Ei olivengrün. Raupe mattgrasgrün, mit drei dunkleren Linien über dem Rücken und einer weißlichen Fußlinie. Kopf grasgrün. Aus Eiern erzogen und mit Aconitum und Prunus padus gefüttert. Entwicklung im August. Finnland und Rußland. — Sintenis Stett. e. Z. 37. 368. — Sievers Etud. entom. 1859, p. 145, Taf. II, Fig. 7.

Ochroleuca, *Esp.* Taf. 27, Fig. 12. (Sch. Taf. 35, Fig. 12.) Gelb- oder blaßgrün, mit zwei matten, grauen Längslinien auf dem Rücken und auf jedem Ringe vier schwarze Punktwärzchen mit je einem schwarzen Härchen; an den Seiten ein weißer, abwärts schwarz gesäumter Längsstreifen, in welchem die schwarzen Luftlöcher stehen. Kopf blaßbraun, dunkelbraun punktiert. Lebt im Mai, Juni an Gräsern wie Triticum und Secale und erwachsen vorzugsweise an den Ähren und verwandelt sich in der Erde zu einer glänzend rotbraunen Puppe. Entwicklung Ende Juli. Der Falter ist bei Tage an Disteln und Flockenblumen zu finden; nicht überall. — Tr. V. 2. 345. — Frr. VII. 98, Taf. 657, Gn. II. 16. — Wild. 293. — Ent. M. VIII. p. 21.

Platinea, *Tr.* (Sch. Taf. 35, Fig. 14.) Die der Polyodon ähnliche Raupe wurde von *Wullschlegel* mit anderen Eulenraupen an Pferdehufschote (Hippocrepis comosa) gefunden. Der seltene Schmetterling fliegt des Nachts an Natternkopf (Echium vulgare). Süddeutschland, bei Regensburg, Wien, in der Schweiz.

Gemmea, *Tr.* (Sch. Taf. 35, Fig. 19.) **Exulis,** *Lef.* (worin Maillardi, H. G., als alpine Form zu ziehen ist) Mill. Sc. 69, Fig. 9, larv. Von Herrn *Werner* entdeckt. Die Eier schmutzigweiß, später dunkler; Räupchen schmutzigweiß, mit schwarzem Kopfe und verfertigen sich bald aus kleinen Grasstengelstückchen und Kot röhrenartige Gänge, in denen sie leben. Erwachsen walzig, glänzend bläulich- oder grünlichgrau, mit schwarzen, ein kurzes, helles Haar tragenden Wärzchen, von denen die auf dem dritten und vierten Ringe kreisrund um den Körper stehen, die übrigen aber je zwei und zwei schrägs gegenüber. Kopf, Nackenschild und Afterklappe glänzend schwarz. Sie nähren sich von dem Wiesenfuchsschwanz (Alopecurus pratensis) und verwandeln sich Ende Juni innerhalb ihres Versteckes in braune, sehr bewegliche Puppen, welche die Falter im August liefern. Nicht überall und selten. — Werner, Ent. Nach. 1888, S. 257 und Pabst, Ent. Zeit. 1889, S. 129. — Insekt. Welt 2. 129.

Furva, *Hb.* Taf. 27, Fig. 13. (Sch. Taf. 35, Fig. 21.) Violettbraun, oben dunkler, mit vier schwarzen, mit einem Härchen besetzten Wärzchen auf jedem Ringe, und an den Seiten mit je drei bis vier solcher Luftlöcher schwarz. Kopf, Nackenschild und Afterklappe schwarzbraun. 5—6 cm. Lebt im April bis Juni an Gräsern, besonders an Schmiele (Aira), bei Tage an der Erde verborgen und verwandelt sich in eine rotbraune Puppe mit Börstchen am Afterstücke. Entwicklung im Juli, August. Selten in Deutschland, in den Pyrenäen, Südrußland und Finnland. — Frr. 2. 107, Taf. 159 (Freyeri). — Sepp. VII. 35. — Wild. 280. — Buck IV. p. 79. pl. 66, Fig. 2.

Abjecta, *Hb.* (Sch. Taf. 35, Fig. 22.) Raupe nach *Buckler* der von Monoglypha sehr ähnlich, nur sind die Schildwarzen kleiner, der Rücken ist schmutzig fleischfarben oder durchscheinend graugrün. Die Raupe lebt an Gräsern, an deren Wurzeln oder unter Steinen versteckt. Entwicklung im Juli, verbreitet, aber selten im südlichen Deutschland, England Holland, Frankreich, Schweden und Rußland. — Ent. M. 1879, S. 21. — Rssl. S. 98. — Buck. IV. p. 76. pl. 65, Fig. 5.

Lateritia, *Hufn.* Taf. 27, Fig. 14. (Sch. Taf. 36, Fig. 1.) Raupe dunkelgrau, mit schwarzen Punktwärzchen besetzt; Luftlöcher braun; Nackenschild schwarz mit brauner Mittellinie. Afterklappe schwarz; Kopf braun mit schwarzem Stirndreiecke. 4—5 cm. Lebt im April, Mai an Gräsern, am Rande von Steinen in einer festgesponnenen Wohnung von Gras und Moos. Puppe gestreckt, rotbraun. Entwicklung im Juli, August. — Tr. V. 3. 45. — Frr. 1. 122, Taf. 65. — Wild. 280. — Pr. Taf. 8, Fig. 15.

Monoglypha, *Hufn.* (Polyodon, *L.*) Taf. 27, Fig. 15. (Sch. Taf. 36, Fig. 2.) Schmutzig weiß- oder schwarzgrau, auch blaßbraun, mit einem doppelten, helleren Rückenstreifen und gelbbraunen, verwischten Schattenstrichen daneben, in welchen vor jedem Ringeinschnitte zwei schwarze, mit je einem Härchen besetzte Punkte stehen; mit einer helleren Seitenlinie, über welcher die weißen, schwarz gesäumten und von drei schwarzen Punkten umgebenen Luftlöcher stehen. Nacken- und Afterschild schwarz, ersterer mit hellem Mittelstriche; Kopf groß, kugelig, schwarz, mit weißem Mittelstriche. 6 cm. Lebt an Gräsern an den Wurzeln, bei Tage versteckt unter der Erde und verwandelt sich in eine glänzend kastanienbraune Puppe. Entwicklung im Juni, Juli; ziemlich verbreitet. — Tr. V. 3. 41. — Hb. IV. 91 (Radicea). — Rssl. S. 99. — Sepp. V. 17. — Wild. 281. — Tasch. Taf. 5, Fig. 9. — Hfm., Sch. Ins., Taf. 8, Fig. 72, die Wurzeleule. — Buck. V. p. 56, pl. 63, Fig. 2.

Lythoxylea, *F.* (Sch. Taf. 36, Fig. 3.) Durchscheinend bräunlichgrün, der Monoglypha ähnlich, mit kleineren, weiter von einander abstehenden schwarzen Punktwarzen auf dem Rücken jedes Ringes. Kopf und Nackenschild schwarzbraun. 5—6 cm. Lebt vom Herbste bis zum Mai an Gräsern, meistens nur an den Wurzeln, zwischen denen sie sich auch verwandeln. Entwicklung im Juni, Juli, nicht selten. Die Puppe zeigt am Cremanter nur zwei, einwärts gekrümmte Borsten (*Mctzger*). — Wild. 281. — Buck. IV. p. 52. pl. 63, Fig. 1.

Sublustris, *Esp.*, gleicht in Gestalt und Lebensweise ganz der von Lythoxylea, zeigt aber einen rötlichen Anflug. — Der Cremanter der Puppe ist größer und zeigt vier kronenförmig gestellte Borsten (*Metzger*).

Sordida, *Bkh.* (Infesta, *Tr.*) (Sch. Taf. 36, Fig. 5.) Hellbraun, mit einem erloschenen, dunklen Rückenstreifen und zwei dergleichen Seitenstreifen; zu beiden Seiten des Rückenstreifens auf jedem Ringe vier schwarze

Punkte; unter dem Seitenstreifen an jedem Ringe ein hinterwärts geneigter, schwarzer Strich; Kopf, Nackenschild und Afterklappe schwarzbraun. Lebt im März, April an Gräsern bei Tage verborgen und verwandelt sich in der Erde. Entwicklung im Juli, August. Nicht selten. — Bkh. IV. 578. — Tr. V. 2. 112. — Wild. 283.

Basilinea, *F.* Taf. 27, Fig. 16. (Sch. Taf. 36, Fig. 7.) Braungrau, oben mit vier breiten, weißlichen Mittel- und zwei dergleichen feineren Seitenlinien und vier schwarzen Punkten auf jedem Ringe; mit einer weißlichen Fußlinie, die oberwärts abgesetzt schwarz gesäumt ist; Luftlöcher schwarz; Nackenschild und Afterklappe schwarzbraun, mit drei weißlichen Strichen. Kopf rotbraun. 4—5 cm. Lebt in der Jugend an Getreideähren, im Herbste und nach der Überwinterung an Gräsern und Kräutern. Verwandelt sich in der Erde zu einer rotbraunen Puppe. Entwicklung im Juni. Nicht selten. — Tr. V. 2. 110. — Hb. IV. 61 (F. a.). — Fr. B. 1. 90, Taf. 29. — St. e. Z. 13. 386 und 18. 372. — Tasch. Taf. 4, Fig. 7—8. — Hfm., schdl. Ins., Taf. 8, Fig. 51, Queckeneule. — Buck. IV. pl. 67, Fig. 1.

Rurea, *F.* Taf. 27, Fig. 17. (Sch. Taf. 36, Fig. 8.) Gelbbraun, schwärzlich gerieselt, oben mit einem breiten, dunkelbraunen, durch eine weiße Mittellinie geteilten Längsstreifen und vier schwarzen Wärzchen auf jedem Ringe; einem ockergelben Seitenstreifen, über welchem auf jedem Ringe ein länglicher, schwarzer Flecken steht; Luftlöcher weiß, schwarz gesäumt; Nackenschild groß, schwarzbraun, mit drei weißen Linien. Kopf schwarzbraun. 4—5 cm. Lebt vom Herbste bis Frühjahr an Gräsern, besonders Lolium, Triticum repens und verwandelt sich in eine kastanienbraune Puppe. Entwicklung im Juni. Nicht selten. — Tr. V. 3. 35. — Hb. IV. 91 (Putris, F. a.). — Esp. 4. 188, Fig. 6 (Luculenta). — Frr. B. 1. 19, Taf. 4. — Sepp. VIII. 8. — Wild. 281. — Pr. Taf. 8, Fig. 18. — Buck. IV. pl. 62, Fig. 6. — St. e. Z. 13. 386.

Scolopacina, *Esp.* Taf. 27, Fig. 18. (Sch. Taf. 36, Fig. 9.) Schiefergrau, mit drei helleren Rückenlinien; Bauch und Füße matt gelbgrau; Kopf ockergelb, mit zwei braunen Strichen. Lebt im Mai an Gräsern, besonders an Zittergras (Briza) und Binsen (Scirpus). Verpuppung in der Erde. Puppe rotbraun, mit zwei Dornen am Afterstücke. Entwicklung im Juli, nicht überall, an den Blütenrispen der Gräser. — Tr. VI. 1. 411. — Frr. 1. 121, Taf. 64. — Wild. 282. — Pr. Taf. 8, Fig. 14. — Buck. IV. p. 59. pl. 63, Fig. 4.

Hepatica, *Hb.* Taf. 27, Fig. 19. (Sch. Taf. 36, Fig. 10.) Erdbraun, an den Seiten licht graurötlich, ebenso der Bauch mit einer feinen, gelben Mittel- und zwei dergleichen feineren Seitenlinien und vier schwarzen Punkten auf jedem Ringe, von denen die zwei vorderen näher aneinander und senkrecht über dem Luftloche stehen. Luftlöcher schwarz. Nackenschild und Afterklappe braun, mit drei weißlichen Strichen. Kopf braun. 4—5 cm. Lebt nach *Rssl.* in der Jugend im August, September in einem korkzieherartig gerollten Blatte von der Zwecke (Brachypodium silvaticum), dann in einer aus zwei Blättern zusammengesponnenen Wohnung und zuletzt frei am Boden. Puppe kolbig kastanienbraun. Entwicklung im Juni, Juli. Ziemlich selten, der Falter an Baumstämmen und Planken. — Tr. V. 3. 39. — Frr. IV. 34. Taf. 310. — Rssl. S. 99. — Wild. 282. — Pr. Taf. 8, Fig. 16. — Rssl. Faun. S. 99. — Buck. IV. pl. 63, Fig. 3.

Gemina, *Hb.* Taf. 27, Fig. 20. (Sch. Taf. 36, Fig. 11.) Braungrau, mit drei hellen Längslinien und auf jedem Ringe mit vier schwarzen Punkten zwischen den Linien und an den Seiten eine abgesetzte schwarze Längslinie; Luftlöcher schwarz; Bauch und Füße gelbgrau, Kopf und Nackenschild schwarzbraun; Var. Remissa, *Tr.* nur mit zwei schwarzen Punkten zwischen den Rückenlinien und mit einem rötlichgrauen, an der Mitte jedes Ringes oberwärts schwarz beschatteten Längsstreifen. Lebt im April, Mai an Gräsern und Primeln. Verwandelt sich im Mai in eine braune Puppe. Entwicklung im Juni, Juli. Ziemlich selten. Der Falter abends auf Wiesen an Salbeiblüten und honigschwitzendem Grase. — Tr. V. 1. 345. — Hb. IV. 39 (Unanimis). — Frr. 1. 50, Taf. 28. 29. — Wild. 283. — Pr. Taf. 6, Fig. 10. — Buck. IV. p. 86. pl. 67, Fig. 2.

Unanimis, *Hb.* Taf 27, Fig. 21. (Sch. Taf. 36, Fig. 12.) Gelb- oder graubraun, mit drei weißlichen Rückenlinien und dazwischen auf jedem Ringe vier dunkle Wärzchen und einem weißgrauen Seitenstreifen, in welchem die weißen, schwarz gesäumten Luftlöcher stehen. Bauch hellgrau. Kopf und Nackenschild braungelb, letzterer mit drei weißen Strichen. Im Frühjahr an Sumpfgräsern, besonders an Glanzgras (Phalaris arundinacea), bei Tage in einem zusammengesponnenen Blatte, verpuppt sich womöglich in Rohrstoppeln. Puppe braun. Entwicklung von Ende Mai bis Juli. Nicht selten, doch nicht überall. — Tr. X. 2. 62. — Frr. IV. 144, Taf. 371. — Voll. 1. 27. — Wild. 284. — Buck. IV. p. 87. pl. 67, Fig. 3.

Didyma, *Esp.* Taf. 27, Fig. 22. (Sch. Taf. 36, Fig. 14.) Schön grün, in den Ringeinschnitten gelblich, mit zwei rosaroten Rückenstreifen und an den Seiten eine gelbliche Längslinie, über welcher die schwarzen Luftlöcher stehen. Lebt im Frühjahr an Grasbüscheln und frißt nur die Wurzeln der Gräser. Puppe schlank, ockergelb. Entwicklung im Mai, Juli. In manchen Gegenden gemein. — Tr. X. 2. 61. — Frr. V. 104, Taf. 443. — Sepp. VIII. 47. — Pr. Taf. 6, Fig. 11. — Wild. 284.

Pabulatricula, *Brahm.* (Connexa, *Bkh.*) Taf. 27, Fig. 23. (Sch. Taf 36, Fig. 15.) Gelbbraun, mit einer gelblichen, abgesetzt schwarz gesäumten Rückenlinie, an den Seiten dunkel graubraun, oben und unten schwarz schattiert und gesäumt; Luftlöcher schwarz; Bauch gelbgrau; Kopf braun, mit zwei schwarzen Bogenstrichen. 4 cm. Im Mai an Gräsern und verpuppt sich in der Erde. Entwicklung im Juli. Selten in Deutschland; England, Livland und Galizien. — Tr. V. 2. 105. — Hb. IV. 48 (G. b. c.). — Wild. 284.

Literosa, *Hw.* (Sch. Taf. 36, Fig 17.) Gelb, mit zwei breiten, rötlichen Nebenstreifen, oder grüngelb, mit grauen Neben- und Seitenstreifen, braunem, geteilten Nackenschild und schwärzlichem Kopfe mit zwei weißen Punkten. Füße von der Körperfarbe. Lebt im Juni in den Blüten von Iris foetidissima. Nach *Grenzenberg* anfangs in den Wurzeln, später in den Trieben von Elymus arenarius. Puppe braun, in einem weißen, seidenen Gespinste. Entwicklung im Juli. Mehr in Norddeutschland, England, Holland, Livland, Frankreich. Dalmatien. — Buck. IV. p. 100, pl. 68, Fig. 3. — Var. Onichina, *H.-S.*, von Helgoland.

Ophiogramma, *Esp.* (Sch. Taf. 36, Fig. 16.) Schmutzig fleischfarben, mit vier kleinen Punktwärzchen auf dem Rücken eines jeden Ringes und an den Seiten drei bis vier ebensolcher Wärzchen, welche die Luftlöcher umgeben. Bauch schmutzigweiß. Kopf glänzend hellbraun; Nacken- und Afterschild dunkelbraun. 3—4 cm. Lebt im Mai in den zarten Trieben von der Schwertlilie (Iris), Glanzgras (Phalaris), Rohr (Arundo). Süßgras (Glyceria spectabilis) und anderen Sumpfgräsern, dicht an der Wurzelkrone und verrät sich dort durch eine daselbst gebohrte Öffnung. Verwandelt sich in einer Erdhöhle zu einer schlanken, hellbraunen Puppe. (Wild. 285, Taf. 5, Fig. 26.) Entwicklung im Juni, Juli. Nicht überall, der Falter in der Abenddämmerung auf feuchten Wiesen. — St. e. Z. 19. 379.

Strigilis, *Cl.* (Sch. Taf. 36, Fig. 18.) Nach Kopf und After zu verjüngt, schmutzig weiß oder gelblich, auf dem Rücken rötlich mit weißer Mittellinie und an den Seiten mit zwei rötlichen Längslinien. Luftlöcher schwarz. Bauch grau. Kopf und Nackenschild mattbraun. 3 cm. Vom Herbst bis Mai in Grasstengeln, welche sie bis zur Wurzel aushöhlt und verwandelt sich im Stengel oder unter Moos zu einer glänzend rotbraunen Puppe. Entwicklung im Juni, Juli, fast überall, oft gemein. — Tr. V. 2. 102. — Frr. 3. 112, Taf. 273. — Gn. 1. 214. — Pr. Taf. VIII, Fig. 12. — Wild. 285. — Buck. IV. pl. 68, Fig. 1.

Fasciuncula, *Hw.* (Sch. Taf. 36, Fig. 19.) Gedrungen, gelblichweiß mit feinen Rücken- und zwei dunkleren Seitenstreifen, mit braunen Strichen auf dem Rücken und schwarzbraunen Atomen besetzt; Kopf bräunlich. Brustfüße dunkler gelb, Bauchfüße von der Körperfarbe. Lebt im April im Stengel von Aira cespitosa. Puppe hellbraun. Entwicklung im Juli. Nur in England, Jütland, Holland, Frankreich und Andalusien. — Buck. IV. p. 99. pl. 68, Fig. 2.

Bicoloria, *Vill.* (Furuncula, *Tr.*) (Sch. Taf. 36, Fig. 20.) Glatt, glänzend, gelblich fleischfarben mit blaßgelb durchscheinenden Rückengefäße, oben rötlich aufgestreut, braunem Kopf- und etwas heller braunem Nacken- und Afterschilde. Luftlöcher groß und tiefschwarz. Lebt in einer Höhle von Gräsern, wie Schwiele (Aira cespitosa) und Schwingel (Festuca arundinacea), wo sie sich auch in einem seidenen Gespinste verpuppt. Entwicklung im Juni, Juli. Auf Sandboden häufig, seltener in der Nähe des Waldes. — E. M. 1878, S. 91. — Rssl. S. 101. — Buck. IV. pl. 68, Fig. 4.

22. Gattung. **Dipterygia**, *Stph.*

Die dickwalzige Raupe ist 16-füßig und hat am elften Ringe eine kleine Erhöhung. Sie lebt im Sommer von Kräutern und verwandelt sich in einem leichten Gespinste an der Erde. Nur eine Art.

Scabriuscula, *L.* (Pinastri, *L.*) Taf. 27, Fig. 24. (Sch. Taf. 36, Fig. 22.) Hell kastanienbraun mit dunkleren Punkten und Flecken marmoriert; auf dem Rücken mit einer zarten, weißen, braun gesäumten Mittellinie und an den Seiten mit einem dunkelbraunen, unterwärts weißlichen Längsstreifen, auf welchem braune Schrägsstriche und in den durch diese mit den Streifen gebildeten Winkeln je ein weißer Punkt stehen. Bauch braungrau. Kopf braun mit vier schwarzen Strichen. 4 cm. Lebt im Juli, August an Ampfer und Knöterich (Polygonum). Puppe lederartig genarbt, glänzendbraun. Ziemlich selten und nicht überall. — Gn. 1. 146. — Wild. 291. — Voll. I, Taf. 3. — Buck. IV. pl. 63, Fig. 5.

23. Gattung. **Hyppa**, *Dup.*

Die Raupe dieser ebenfalls nur aus einer Art bestehenden Gattung ist der Gestalt nach kaum von der der vorigen zu unterscheiden, lebt ebenso an Kräutern und verwandelt sich an der Erde zu einer schlanken Puppe.

Rectilinea, *Esp.* Taf. 28, Fig. 1. (Sch. Taf. 36, Fig. 23.) Gelblichbraun oder erdfarben, dunkel gerieselt mit einer feinen Rückenlinie, dunklen Schrägsstrichen neben derselben und mit einzelnen, weißen Punkten besetzt; an den Seiten ein scharf gesäumtes, dunkles Band, welches auf dem etwas erhöhten und heller gefärbten elften Ringe in einem breiten, gelblichen Flecken endigt. Luftlöcher weiß. 4 cm. Kopf dunkelbraun. Lebt im Sommer und Herbst an Heidelbeeren, Himbeeren und nach Wullsch. S. 48 auch an Farrenkräutern. Puppe schlank, braun. Entwicklung im Juni, Juli. — Tr. V. 3. 61. — Hb. IV. 97 (U. c.). — Frr. 1. 101, Taf. 51. — Wild. 291. — Assm. St. e. Z. 1863. 402. — Pr. Taf. 8, Fig. 20.

24. Gattung. **Rhizogramma**, *Ld.*

Die 16-füßige, schlank walzige Raupe von hadenenartigem Aussehen, verwandelt sich Ende Mai tief in der Erde in einer geleimten Höhle.

Detersa, *Esp.* (Petrorhiza, *Bkh.*) (Sch. Taf. 36, Fig. 24.) Erdbraun, mit feinen, dunklen Strichen bedeckt und mit drei matt hellen Rückenlinien; an den Seiten ein abgesetzter, tiefbrauner Längsstreifen; Luftlöcher schwarz. Bauch weißgrau. Kopf braun mit zwei hellen Streifen. 4—5 cm. Im Herbst und im Frühjahr an Berberitzen, von denen sie des Nachts geklopft werden können. Puppe rotbraun. Entwicklung im Juli, August. Mehr in Süddeutschland, im Gebirge nicht selten. — Tr. V. 3. 49. — Fr. B. 3, 64, Taf. 113. — Wild. 290.

25. Gattung. **Chloantha**, *B.*

Raupen dick walzig mit hellen Längslinien; Kopf rund, gewölbt, 16-füßig und leben bei Tag an der Erde fast allein an Johanniskraut; die kurzen Puppen überwintern.

Hyperici, *F.* Taf. 28, Fig. 2. (Sch. Taf. 36, Fig. 25.) Violettbraun oder rötlichgrau mit drei weißlichen Rückenlinien, deren mittlere eine Reihe ovaler dunkler Flecken durchschneidet, neben denen jederseits zwei weiße Pünktchen stehen; an den Seiten ein weißer Längsstreifen, in dessen oberem Rande die schwarzen Luftlöcher stehen. Kopf gewölbt, von der Körperfarbe mit einem weißen und gelblichen Striche an jeder Seite. 3—4 cm. Im Juni und September an Johanniskraut (Hypericum) an den untern Blättern, nach F ch s., *Rghf.*, in 2 Generationen und verwandelt sich in einem leichten Gespinste zu einer braunroten Puppe mit dunkleren Flügelscheiden und Rückenstreifen. Entwicklung im Mai, August. In Süddeutschland und Südeuropa. — Tr. V. 3. 67. — B. & G. Noct. pl. 22. — Frr. 2. 99, Taf. 154. — Wild. 292. — Pr. Taf. 8, Fig. 28.

Polyodon, *Cl.* (Perspicillaris, *L.*) Taf. 28, Fig. 3. (Sch. Taf. 36, Fig. 26.) Kirschbraun, mit feinen Punkten und Härchen besetzt und auf dem Rücken mit drei helleren Längslinien, zwischen denen auf jedem Ringe vier etwas schräg gestellte, schwarzbraune Striche stehen; an den Seiten ein breiter, gelber Längsstreifen. Luftlöcher weiß, schwarz gesäumt. Kopf braun. 4 cm. Lebt im Juli, August an Johanniskraut, bei Tage auf der Erde zusammengerollt ruhend und verwandelt sich im September an der Erde oder unter der Erdoberfläche in eine glänzend kastanienbraune Puppe. Entwicklung im Mai, Juni. Nicht selten in manchen Gegenden. — Tr. V. 3. 69. — Hb. IV. 98 (U. e.). — Fr. B. 1. 20, Taf. 5. — Wild. 292. — Pr. Taf. 8, Fig. 29.

Radiosa, *Esp.* (Taf. 28, Fig. 4. (Sch. Taf. 36, Fig. 27.) Rötlich graubraun, mit drei matten, dunklen Rückenlinien, zwischen denen matte Schrägsstriche stehen und an den Seiten mit einem weißgelben, in seiner Mitte rötlich gelb gewässerten Längsstreifen, über welchem an jedem Ringe ein länglicher, schwärzlicher Flecken steht. Bauch rötlichgrau. Nackenschild und Afterklappe braun, Kopf rund, honiggelb. 3 cm. Lebt im Juli, August an Johanniskraut, bei Tage an der Erde verborgen; und verwandelt sich in einem lichten Gespinste zu einer braunen Puppe. Entwicklung im Mai. Selten in Süddeutschland. — Tr. 5. 3. 73. — Hb. IV. — Frr. 3. 64, Taf. 238. — Wild. 293.

26. Gattung. Eriopus, *Tr.*

Raupe schlank, walzig, nach hinten dicker, der elfte Ring etwas erhöht, 16-füßig. Leben an Kräutern und verpuppen sich in der Erde.

Purpureofasciata, *Piller.* (Pteridis, *F.*, Juventina, *Cr.*) Taf. 28, Fig. 5. (Sch. Taf. 37, Fig. 1.) Veränderlich; hellgrün, mit einem weißen, braun gesäumten Halbmonde und unter demselben jederseits einen weiß und braunen auf jedem Ringe. Kopf rötlich; oder dunkelgrün, mit roten, weiß gesäumten Mondflecken und roten Seitenstrichen, oder rötlich, mit blaßgelben Mondflecken und Seitenstrichen. Lebt im August, September an den Wedeln der Adlerfarren (Pteris quilina), am Tage an der Unterseite der Wedel, besonders an Sandboden an feuchten Waldstellen. Verwandelt sich nach langer Raupenruhe in der Erde in einem dicken, eiförmigen Gehäuse zu einer nach hinten spitzigen, hellbraunen Puppe. Entwicklung im Juni. Selten und nur in wenigen Gegenden. — Tr. V. 1. 365. — Hb. IV. 20 (E. e.). — Frr. 1. 141, Taf. 76. 1V. 29, Taf. 305. — Gn. II. 71.

Latreillei, *Dup.* Taf. 28, Fig. 6. (Sch. Taf. 37, Fig. 2.) Rotbraun mit schwarzen, ziemlich breitgelb gesäumten Dreiecken auf jedem Gelenke; zwischen den gelben Fußstreifen, in welchen die kleinen Luftlöcher stehen, ist auf jedem Ringe ein großer schwarzer Fleck, welcher durch die gelbe Einfassung der Dreiecke ebenso verbunden ist. Kopf von der Körperfarbe. Lebt nur auf Ceterach officinarum und verwandelt sich in eine bräunliche Puppe mit grünen Flügelscheiden. Entwicklung im Oktober. Wallis, Südtirol, Krain, Südeuropa, Nordafrika. — Tr. X. 2. 49. — Mill. 1. Livr. 10, p. 388, pl. 47, Fig. 4—7.

27. Gattung. Polyphaenis, *B.*

Die Raupe dieser nur aus einer deutschen Art bestehenden Gattung ist walzig mit kugeligem Kopfe; 16-füßig. Sie lebt an Sträuchern, überwintert unter Blättern und verwandelt sich in einem festen Erdgespinste.

Sericata, *Esp.* (Prospicua, *Bkh.*) Taf. 28, Fig. 7. (Sch. Taf. 37, Fig. 3.) Weiß- oder gelbgrau mit einem doppelten, schwärzlichen, abgesetzt, hell ausgefüllten Mittelstreifen und zu dessen Seiten mit feinen weißen Pünktchen besetzt. Bauch hellgrau. Kopf kugelrund, hellbraun. Lebt im Herbst und Frühling an Geißblatt (Lonicera) und Hartriegel (Ligustrum vulgare) und verwandelt sich im Mai an der Erde zu einer kurzen rotbraunen Puppe. Entwicklung im Juli. In Deutschland nur in einigen südlichen Gegenden; in Ungarn, Frankreich, Italien und Kleinasien. — Frr. 3. 31, Taf. 213. — Mill. 104, 4—8. — Wild. 257. — Pr. Taf. 7, Fig. 16.

28. Gattung. Trachea, *Hb.*

Die Raupe dieser früher bei der Gattung Hadena befindlichen Art ist von dieser wenig unterschieden, lebt auf Kräutern und verpuppt sich ohne Gespinst in der Erde. Puppe überwintert.

Atriplicis, *L.* Taf. 28, Fig. 8. (Sch. Taf. 37, Fig. 5.) In der Jugend grün mit drei Reihen weißer Augenpunkte; erwachsen braun, fein schwarz punktiert mit einer schwarzen Rückenlinie, zu dessen Seiten auf jedem Ringe vier schwarze Punkte und bisweilen ein schwarzer Bogenstrich stehen. Auf dem letzten Ringe zu jeder Seite des Rückens ein gelber, schwarz begrenzter Flecken. Mit einem gelben Seitenstreifen, in welchem die weißen, schwarz gerandeten Luftlöcher stehen. Bauch grau. Kopf rötlichbraun. 5—6 cm. Von Juli bis Herbst an Melden (Atriplex) und Ampfer (Rumex). Am letzteren oft tief versteckt, bisweilen in Gärten. Puppe dick, rotbraun. Entwicklung im Mai und Juni. Fast nirgends, selten. — Tr. V. 2. 66. — Hb. IV. 32. (F. c. d.). — Esp. 4, Taf. 168. — Rsl. 1. 4. 177, Taf. 31. — B. & G. Noct. pl. 21. — Sepp. IV. 27. — Wild. 279.

IV. Familie. Hadenidae.

29. Gattung. Prodenia, *Gn.*

Raupe ebenfalls denen der Hadena ähnlich, leben in Europa nur an der äußersten Grenze und sind in den Tropen zahlreich vertreten.

Littoralis, *B.* (Sch. Taf. 37, Fig. 6.) Raupe in der Form denen der Gattung Hadena ähnlich, lebt vom November bis Januar unter Steinen, nährt sich von Paradiesäpfeln (Solanum-Arten) und liefert vier Wochen nach der Verpuppung den Schmetterling. Canarische Inseln, Kreta, in Zentral-Asien weit verbreitet, auf Madagaskar und Mauritius.

30. Gattung. Trigonophora, *Hb.*

Die Raupen der nur aus zwei südeuropäischen Arten bestehenden Gattung sind ebenfalls wenig von denen der Hadenen verschieden, leben an niederen Pflanzen und verwandeln sich in leichten Erdgespinsten zu Puppen mit zwei Börstchen an der Spitze.

Flammea, *Esp.* (Sch. Taf. 37, Fig. 7.) Holzbraun, grau gemischt, oben mit einer Reihe rautenförmiger, rotbrauner Flecken, welche durch eine helle Mittellinie geht und an deren vorderen Rändern auf jedem Ringe vier weiße, schwarz gesäumte Punkte stehen. Zu den Seiten des Rückens je eine helle, fein dunkel gesäumte Längslinie; Seiten matt rostbraun, an jedem Ringe mit zwei übereinanderstehenden weißen, schwarzbraun gesäumten Punkten. Luftlöcher gelbweiß, braun gesäumt. Bauch und Füße braungrau. Kopf und Nackenschild von der Grundfarbe, erstere aus zwei dunkleren Seitenstreifen. 6 cm. Lebt im März, April an Feigwarzenkraut (Ficaria ranunculoides). Entwicklung im September, Oktober. Südeuropa. — B. & G. Noct. pl. 24. — Wild. 288. — Ent. M. 20. 63.

31. Gattung. Euplexia, *Stph.*

Raupe nach hinten dicker, der elfte Ring stark verdickt. Lebt an niederen Pflanzen und verwandelt sich in einem geleimten Gespinste zu einer Puppe mit zwei doppelt gekrümmten Häkchen am Afterstücke. Nur eine Art:

Lucipara, *L.* Taf. 28, Fig. 9. (Sch. Taf. 37, Fig. 9.) Gras- oder graugrün, heller in den Ringeinschnitten und an den Seiten, mit dunkelgrünen Winkelzeichen und weißen Pünktchen auf dem Rücken und einer weißlichgelben Seitenlinie, über welcher die dunkelbraunen Luftlöcher stehen. Der etwas erhöhte elfte Ring an jeder Seite mit einem starken weißen Punkte. Bauchfüße grün, Brustfüße und Kopf grünlichbraun. 4 cm. Lebt im August, September an Ochsenzunge (Anchusa), Schöllkraut (Chelidonium) und Nachtschatten (Solanum), und verwandelt sich in eine rotbraune Puppe. Entwicklung im Mai, Juni. Nicht verbreitet und meist nicht häufig, nach *Rössl.* in zwei Generationen. — Tr. V. 1. 377. — Hb. IV. 23. (E. g. h.) — Esp. 4, Taf. 174. — Frr. 1. 50, Taf. 82. — Sepp. IV. 19. — Pr. Taf. 6, Fig. 21. — Wild. 289.

32. Gattung. Habrinthis, *Ld.*

Raupe schlankwalzig, nach hinten verdickt, auf dem elften Ringe etwas erhöht, 16-füßig; die Raupe dieser Gattung lebt nach der Überwinterung an niederen Pflanzen und verwandelt sich in eine schlanke Puppe mit zwei Dornen am Afterstücke.

Scita, *Hb.* Taf. 28, Fig. 10. (Sch. Taf. 37, Fig. 10.) Gelbgrün, fein dunkel punktiert mit hellerer Rückenlinie. An den Seiten bilden an jedem Ringe zwei sich kreuzende dunkle Schrägsstriche eine förmige Zeichnung, unter dieser Zeichnung mit einem matten Längsstreifen, an dessen oberem Rande die feinen weißen, schwarz gesäumten Luftlöcher stehen. Bauch hellgrün. Kopf braun mit zwei dunklen Strichen. 5—6 cm. Lebt im Herbst an Pteris aquil. und Aspidium filix mas, nach der Überwinterung mit Geum urbanum zu erziehen; verwandelt sich in einer rotbraunen Puppe. Entwicklung im Juli. In Deutschland, der Schweiz, Pyrenäen und Ungarn. — Tr. V. 1. 371. — Hb. IV. 23. (E. b.) — Frr. 2. 16, Taf. 105. — Pr. Taf. 6, Fig. 20. — Wild. 290.

33. Gattung. Protolomia, *Ld.*

Die Raupe gleicht der Gestalt nach der von der vorigen Gattung und verwandelt sich in einem losen Erdgespinste zu einer Puppe mit feiner Spitze.

Meticulosa, *L.* Taf. 28, Fig. 11. (Sch. Taf. 37, Fig. 11.) Die Eier sind rund niedergedrückt, weißgelb, später werden sie orange und zuletzt grau. (Schluß-Taf. Fig. 65.) Schmutziggrün oder gelbbraun mit einer unterbrochenen weißen Rückenlinie und einem schmalen weißlichen Fußstreifen; an den Seiten vom vierten bis elften Ringe mit dunklen Schrägsstrichen. Luftlöcher gelblich. Kopf braun. 4—5 cm. Lebt in zwei Generationen vom Herbst bis zum Mai, an Lamium (Beta), Brennesseln und anderen niederen Pflanzen. Puppe rotbraun. Entwicklung Ende Mai, Juni und August. Fast nirgends selten. — Tr. V. 1. 373. — Hb. IV. 23. (E. g. h.) — Esp. 4. 117. — Rsl. 4. 65, Taf. 4. 9. — Sepp. 1. 2. 21. — Wild. 290.

34. Gattung. Mania, *Tr.*

Raupe dickwalzig, auf dem elften Ringe etwas erhöht, nackt, mit einem kleinen runden Kopfe. Lebt an niederen Pflanzen und verwandelt sich in einem dichten, innen geleimten Gehäuse an der Erde zu einer blaubereiften Puppe.

Maura, *L.* Taf. 28, Fig. 12. (Sch. Taf. 37, Fig. 12.) Heller oder dunkler, gelbgrau mit einer weißlichen, auf den ersten vier Ringen fleckig erweiterten Rückenlinie und einer gleichfarbigen feinen Längslinie zu jeder Seite des Rückens; an den Seiten, vom vierten Ringe an, je ein gelblichweißer, schwärzlich gesäumter Schrägsstrich, welcher oben hinterwärts gebogen, und unten dicker ist; über den Füßen eine gelbe Längslinie, über welcher die gelbroten Luftlöcher stehen. Auf dem elften Ringe ein gelbweißer, vorn schwarzgesäumter Querstrich. Kopf braungelb mit zwei gelblichweißen Punkten im Nacken. 6—7 cm. Lebt im April, Mai an niederen Rumex-Pflanzen, selten an Erlen, und verwandelt sich in eine kolbige, rötlichbraune, blaubereifte Puppe. Entwicklung im Juli, August. Schmetterling nicht häufig, an dunklen feuchten Plätzen, besonders unter Brücken. — Tr. V. 1. 295, X. 2. 161. — Hb. IV. 124. — Gn. II. 64. — Dup. Noct. pl. 3. — Fr. B. 2. 14, Taf. 53. — Wild. 335. (G. a. b.) — Pr. Taf. 10, Fig. 4.

35. Gattung. Naenia, *Stph.*

Raupe walzig, nach hinten dicker, an den Seiten faltig. 16-füßig. Sie überwintert erwachsen, lebt an niederen Pflanzen und verwandelt sich im Frühjahr zu einer walzigen Puppe mit zwei langen, am Ende gekrümmten Dornen, und zu deren Seiten und auf der Rückenseite mit je zwei feinen Häkchen.

Typica, *L.* Taf. 28, Fig. 13. (Sch. Taf. 37, Fig. 13.) Das Ei rund, unten abgeplattet, mit zwölf Längsrippen, violett. (Schluß-Taf. Fig. 66.) Die Raupe bläulichgrau oder erdfarben, am Rücken heller; zu den Seiten mit zwei weißlichgelben Punkten an jedem Ringe. An den Seiten dunkler, mit hellen, nach hinten aufwärts gerichteten Schrägsstrichen. Über den Füßen ein rötlichgrauer Längsstreifen, über welchem die weißen Luftlöcher stehen. Bauch grau. Kopf sandfarben. 5—6 cm. Lebt im Mai, an Ampfer, Schlüsselblumen und anderen niederen Pflanzen und verwandelt sich in einem mit Erdkörnern vermischten Gespinste zu einer rotbraunen Puppe. (Wild. 251, Taf. 7, Fig. 75.) Entwicklung im Juni, Juli. Ebenfalls an feuchten Plätzen, öfters in Gesellschaft der Vorigen; nicht gemein. — Tr. V. 1. 298. — Esp. 4, Taf. 173, Fig. 3; Taf. 197, Fig. 3. — Rsl. 1. 4, Taf. 56. — Sepp. V. 35. — Dup. Noct. pl. 3. — Isis IX. 21.

36. Gattung. Jaspidea, *B.*

Dick, walzenförmig, vorn und hinten ein wenig verdünnt. Lebt auf Sandboden, an Gräsern und verwandelt sich in der Erde in eine Puppe mit löffelartig ausgehöhltem Hinterleibsende.

Celsia, *L.* Taf. 28, Fig. 14. (Sch. Taf. 37, Fig. 14.) Ei elliptisch, oben eingedrückt, gerippt, rötlichgelb. Raupe von *T. Thurau* entdeckt und von Rektor *Gleissner* mitgeteilt. Der Raupe von Had. monoglypha so täuschend ähnlich, daß sie leicht damit verwechselt werden könnte. Gelblich-weißgrau, in den vordern Ringen schwärzlich, mit durchscheinendem Rückengefäße. Der Körper ist mit schwarzen Punktwarzen in regelmäßiger Stellung besetzt, deren jede ein kurzes helles Härchen trägt. Kopf groß, Nacken- und Afterschild glänzend, ersteres rotbraun, die beiden letzteren gelblichbraun. Lebt von Juni bis August an den Wurzeln von Aira caespitosa und mehreren anderen Nadelwaldgräsern, als Nardus stricta, Anthoxanthum odoratum, Agrostis und verwandelt sich in einem lockeren Gewebe an den Wurzeln zu einer glänzend rotbraunen Puppe. Entwicklung im September. Meist selten, bei Berlin, in der Schweiz, Tirol, bei Regensburg. — St. e. Z. 1879, S. 511.

37. Gattung. Helotropha. *Ld.*

Raupe walzenförmig mit feinen Haaren besetzt, 16-füßig. Verpuppung in einem länglichen Gespinste zu einer olivengrünen Puppe mit bräunlicher Spitze.

Leucostigma, *Hb.* (Sch. Taf. 37, Fig. 15.) Raupe nach *Houghton* schwarzbraun mit helleren Rücken- und Seitenstreifen und schwarzen, ein Haar tragenden Warzen auf jedem Ringe. Nackenschild und Afterklappe schwarz. Kopf braungelb. Füße von der Körperfarbe. Lebt im Juli in den Stengeln von Carex-Arten und Cladium mariscus, nach anderen im Stiele von der Schwertlilie (Iris speudacorus) und der Igelkolbe (Sparganium), die sie bis in die Wurzel ausfrißt, wenn die Pflanzen nicht zu nahe am Wasser stehen. Puppe gelbbraun. (Wild. 287, Taf. 5, Fig. 22.) Entwicklung im August. Mehr in Norddeutschland, in Schweden, Livland, England, am Ural und Sibirien. — Buck. IV. p. 94 (Fibrosa, Hb.), pl. 67, Fig. 4. — Tr. 5. 2. 301.

38. Gattung. Hydroecia, *Gn.*

Raupen walzig mit einzelnen Börstchen auf Punktwärzchen und mit einem hornigen Nackenschilde. Kopf rund. Leben im Mai, Juni im Innern und an den Wurzeln von Sumpfpflanzen.

Nictitans, *Bkh.* (Sch. Taf. 37, Fig. 16.) Schmutzig braun mit einem braunen Punktwärzchen zu den Seiten des Rückengefäßes auf jedem Ringe. Nackenschild glänzend braun. Kopf gelb mit zwei gelben Linien. 4—5 cm. Lebt im Mai an den Wurzeln von Gräsern, besonders Aira caespitosa. Entwicklung im Juli, nicht selten auf feuchten Wiesen. — Tr. V. 2. 82. — Wild. 287. — Buck. IV. p. 48, pl. 62, Fig. 2.

Micacea, *Esp.* Taf. 28, Fig. 15. (Sch. Taf. 37, Fig. 17.) Rötlich fleischfarben mit einer rötlichen Rückenlinie, neben welcher auf jedem Ringe drei schwarze, mit je einem Härchen besetzte Punktwarzen stehen. An den Seiten mehr gelblich, mit einer schwarz punktierten Längslinie über den Füßen. Luftlöcher schwarz. Bauch weißgrau. Nackenschild und Afterklappe gelblich. Kopf glänzend rotbraun. 4 cm. Lebt im Mai, Juni an sumpfigen Stellen, in der Jugend im unteren Wurzelstock von Riedgras (Carex) und Wasserampfer (Rumex aquaticus), Equisetum arvense, und frißt das Mark 8—10 cm hoch aus. Mehr erwachsen verbirgt sie sich auf dem Boden unter Pflanzen oder selbst in der Erde. Mordraupe. 4—5 cm. Verwandelt sich in einer geleimten Erdhöhle zu einer schlanken, gelbbraunen Puppe. Entwicklung im August. Nicht häufig. — Tr. V. 2. 333. — X. 2. 99. — Hb. IV. 74. (Cypriaca M. d.) — Frr. 2. 35, Taf. 117. — Sepp. IV. 38. — Buck. IV. p. 51, pl. 62, Fig. 4. — Wild. 287. — Pr. Taf. 3, Fig. 12. — Ent. Nachr. 1879. 30.

Petasitae, *Dbld.* (Vindelicica, *Fr.*) Taf. 28, Fig. 16. (Sch. Taf. 37, Fig. 18.) Schmutzig beinfarben mit dunkel durchscheinendem Rückengefäße und vier schwarzen Wärzchen auf dem Rücken jedes Ringes; an den Seiten jedes Ringes ebenfalls vier schwarze Wärzchen, in deren Mitte die weißen, schwarz gesäumten

Luftlöcher stehen. Kopf, Brustfüße, Nackenschild und Afterklappe braun. 4—5 cm. Lebt im Mai bis Juli, anfangs in dem Stengel, später in der Wurzelkrone von Pestilenzwurz (Petasites officinalis) und verwandelt sich ebenda oder in der Erde zu einer rotbraunen Puppe. Entwicklung im August, September. Bei Angsburg, in Österreich, England, Schottland. — Frr. VI. 126, Taf. 531. — Wild. 287. — Buck. IV. pl. 62, Fig. 3.

Xanthenes, *Germ.* Moesiaca, *H.-S.* (Sch. Taf. 37, Fig. 19.) Rötlichbraun, auf jedem Ringe eine Reihe verschieden gestellter Wärzchen. Nackenschild mit zwei braunen Platten. Kopf braun. Vor der schwarzen Afterklappe befinden sich oben zwei ziemlich große schwarze Flecken. Lebt in mehreren Arten von Artischoken (Cynara scolymus und carduncellus). Entwicklung im Oktober. Türkei, Südfrankreich, Sizilien, Andalusien. — Mill. 2. Livr. 15, p. 172, pl. 69, Fig. 10—11.

Leucographa, *Bkh.* (Lunata, *Frr.*) (Sch. Taf. 37, Fig. 21.) Eier gelb, ohne Längsrippen. Raupe der von Ochracea sehr ähnlich, ist aber bleicher und hat ein pechbraunes Nackenschild. Blaßviolett, die ersten drei Ringe wachsfarbig, glänzend. Erster Ring mit vier schwarzen, winkelförmigen Zeichnungen, der zweite und dritte Ring mit zwei kleinen mattschwarzen Punkten, dann über dem Seitenwulze im Dreiecke stehende drei unregelmäßige Flecken; vom vierten Ringe an werden die Flecken mehr warzenartig und stehen in Trapezform; sind im siebenten, achten und neunten schwächer und kurz behaart. Um die schwarzen Lüfter stehen vom vierten Ringe an nach hinten und gegen den Rücken eine große schwarze Warze, nach vorn eine kleinere, unter derselben eine rundliche. Kopf gelbrot mit bräunlichen, feinen einzelnen Haaren besetzt. Nackenschild heller, weiß geteilt. Luftlöcher schwarz, vom vierten Ringe ab von einer größeren und kleineren Warze umgeben. Bauchfüße wachsfarben braun, geringelt. Lebt im Wurzelstock vom Peucedanum longifolium, im Stengel und verwandelt sich darin zu einer rotbraunen Puppe. Entwicklung im September. Sehr selten in Deutschland, bei Halle, Stuttgart, Weilburg, in Frankreich, Ungarn. *Rogenhofer*, Verh. z. b. V. Wien 1862, S. 1227.

39. Gattung. **Gortyna**, *O.*

Raupe diekwalzig mit einzelnen Börstchen auf Warzen und mit hornigem Nackenschild. Lebt in Stengeln verschiedener Pflanzen und verwandelt sich in eine gestreckte Puppe mit zwei Dornen am Afterstücke. Das Ei überwintert.

Ochracea, *Hb.* (Flavago, *Esp.*) Taf. 28, Fig. 17. (Sch. Taf. 38, Fig. 1.) (Esp. 4, Taf. 125, Fig. 6.) Ei rundlich, unten abgestutzt, flach gerippt, gelblich. (Schluß-Taf. Fig. 67.) Raupe schmutzig weiß oder gelb mit einem dunklen rötlichen Anfluge über dem Rücken und drei helleren Längslinien; zwischen denselben auf jedem Ringe vier schwarze, ein kurzes Haar tragende Wärzchen und fünf solcher an den Seiten; in deren Mitte das schwarze Luftloch steht. Brustfüße schwarz geringelt, Bauchfüße mit einem schwarzen Punkt an der Außenseite. Nackenschild und Kopf braun, letzteres mit dunkelbraunem Stirndreiecke. 4—5 cm. Lebt im Mai, Juni an den Stengeln der Klette (Arctium Lappa), des Wollkrautes (Verbascum), der Wasserbraunwurz (Scrophularia aquatica), Baldrian (Valeriana) und in den Zweigen des gemeinen Hollunder (Sambucus nigra), Puppe rotbraun. Entwicklung im August, September. Der fast nirgends seltene Schmetterling fliegt im Sonnenschein. — Tr. V. 2. 335. — Hb. 4. 7C. — Esp. 4, Taf. 112. — Assm. St. e. Z. 1863. 406. — Frr. VI. 8, Taf. 414. — Sepp. I. 4. 3. — Wild. 288. — Pr. Taf. 3, Fig. 11. — Buck. IV. pl. 62, Fig. 1. (N. a.)

V. Familie. **Leucanidae**, *Boisd.*

Die Raupen dieser Familie sind meist nackt, beinfarben und leben fast ohne Ausnahme im Innern von Stengeln und Wurzeln. Verpuppung gewöhnlich ebendort.

1. Gattung. **Nonagria**, *O.* Schilfeulen.

Raupen nackt, rundlich, schmutzig gelblich, mit hornigem Nacken- und Afterschild; leben in den Stengeln von Gräsern und Rohrarten, und verwandeln sich in denselben zu kopfaufwärts gerichteten Puppen (Ausnahme Arundinis, *F.*, und Nernica, *Hb.*, Jahresb. Schles. 1853, S. 100.)

Nexa, *Hb.* (Sch. Taf. 38, Fig. 2.) Schmutzig weiß mit zwei verwaschenen rötlichen Rückenstreifen und auf jedem Ringe oben mit vier schwarzen, ein feines Härchen tragenden Punktwärzchen; über den Füßen eine abgesetzte schwarze Linie, in welcher die Luftlöcher als schwarze Pünktchen stehen. Nackenschild gelblich, vorn braun gerandet und an den Seiten braun gefleckt. Afterschild gelb oder braun, glänzend, nach hinten in zwei zuweilen schwarze Zähne endigend. Brustfüße braun, gelb punktiert. Kopf klein, braun mit weißlicher Winkelzeichnung. 3 cm. Lebt von April bis Juni in den Halmen von Süßgras (Glyceria) und Riedgras (Carex riparia) dicht über der Wurzel und steigt im Juli höher hinauf, und verwandelt sich in einem leicht umsponnenen Lager zu einer schlank-walzigen, glänzend gelbbraunen Puppe. (Wild. 157, Taf. 5, Fig. 24.) Entwicklung im August, September. In einigen Gegenden Deutschlands, Frankreich, Schweden und Dänemark. *Schmidt*, St. e. Z. 1858. 365. — Tr. X. 2. 94.

Cannae, *O.* (Sch. Taf. 38, Fig. 3.) Schmutzig gelb oder gelblich mit vier feinen schwarzen Wärzchen auf jedem Ringe am Rücken; Luftlöcher schwarz gesäumt. Nacken- und Afterschild grünlichweiß. Kopf hellbraun. 5—6 cm. Lebt vom Herbst bis in Juli im Stengel von Rohrkolben (Typha) und verwandelt sich im grünen oder auch im abgestorbenen vorjährigen Stengel in aufgerichteter Stellung mit dem Ausschlüpfloche über dem Kopfe zur Puppe. Diese ist walzig mit einer rüsselartig vorgestreckten, abgerundeten Kopfspitze; rotbraun, am Bauche gelblich. (Wild. 184, Taf. 7, Fig. 60.) Entwicklung im August, September.

In einigen Gegenden Deutschlands, Hollands, Englands, Piemonts und Rußlands. Der Schmetterling fliegt in der Abenddämmerung an Teichrändern zwischen den Nahrungspflanzen. — Tr. 5. 2. 325.

Sparganii, *Esp.* Taf. 28, Fig. 18. (Sch. Taf. 38, Fig. 4.) Glänzend grün mit vier dunklen Längsstreifen auf dem Rücken. Luftlöcher dunkelbraun. Nackenschild und Afterklappe glänzend grün. Kopf hellbraun mit dunklem Gebisse. 6 cm. Lebt in den Stengeln der Rohrkolben (Typha) nach *Hering* besonders da, wo die Pflanzen nicht im Wasser stehen, und verwandelt sich im Juli in einer oben und unten zugesponnenen Höhle in aufgerichteter Stellung zu einer schlank-walzigen braunen Puppe. Entwicklung im August, September. Nicht sehr verbreitet, der Schmetterling abends an Teichrändern. — Tr. 5. 2. 323. — B. & G. Noct. pl. 1. — Fr. 1. 159, Taf. 88. — Sepp. VIII. 14. — Buck. IV. pl. 61, p. 44, Fig. 3.

Arundinis, *F.* (Typhae, *Esp*) Taf. 28, Fig. 19. (Sch. Taf. 38, Fig. 5.) Schmutzig fleischfarben mit drei lichten Längslinien auf dem Rücken. Luftlöcher fein schwarz. Bauch schmutzig weiß. Kopf, Nacken- und Afterschild schwarzbraun. 6—7 cm. Lebt ebenfalls in den Rohrkolben, aber nach *Hering* in solchen, welche im Wasser stehen. Verwandelt sich im Stengel zu einer kopfabwärts gerichteten, langgestreckten, hellbraunen Puppe. (Wild. 185, Taf. 7, Fig. 63.) Entwicklung im August, September, Oktober. Häufiger als vorige an Teichrändern und Sümpfen. — Tr. 5. 2. 327. — B. & G. Noct. pl. 1. — Frr. 1. 160, Taf. 89. — Sepp. VIII. 13. — Berl. e. Z. 1863, S. 441. — Pr. Taf. 3, Fig. 6. — Buck. IV. pl. 61, p. 47, Fig. 4.

Geminipuncta, *Hatchett.* (Paludicola, *Hb.*) Taf. 29, Fig. 1. (Sch. Taf. 38, Fig. 6.) Ei rund, dunkelbraun, an Grasstengeln. Raupe schmutzig gelblichweiß, auf dem Rücken mit zwei Reihen schwarzer mit je einem feinen Härchen besetzter Wärzchen, so daß auf jedem Ringe in jeder Reihe zwei Wärzchen stehen. Luftlöcher schwarz mit gleichfarbigen Wärzchen vor denselben. Kopf, Nacken- und Afterschild schwarzbraun. 4—5 cm. Vom Herbst bis zum nächsten Juni im Schaft von Schilfrohr (Phragmites communis) an Orten, wo das Rohr nicht im Wasser steht. Puppe gestreckt mit einer rüsselartigen Kopfspitze, hellbraun. Entwicklung im August. Meist nicht selten. — Tr. 5. 2. 321. — B. & G. Noct. pl. 1. — A. s. Fr. 1832, pl. XVI. — Sepp. IV. 20 (arundinis). — St. e. Z. 4. 346. — Buck. IV. pl. 61, p. 42, Fig. 2.

Neurica, *Hb.* (Sch. Taf. 38, Fig. 7.) Gestreckt, wenig gewölbt, mit langen Bauchfüßen, matt bläulichgrau. Auf dem Rücken mit drei undeutlichen hellgrauen Längsstreifen, zwischen denen auf jedem Ringe vier sehr feine, mit je einem Härchen besetzte, schwarze Wärzchen stehen. Luftlöcher schwarz. Afterklappe gelblich, braun punktiert. Bauch und Bauchfüße weißgrau, letztere schwarz gefleckt. Nackenschild gelbbraun, dunkelbraun punktiert und gerandet. Brustfüße grau, braun gefleckt. Kopf schwarzbraun. 3—4 cm. Lebt bis Mai und anfangs Juni in frischen Schaften von Teichrohr (Phragmites communis). Die Verwandlung geschieht unten im Halm, oder im vorjährigen Stengel. Die hellbraune Puppe liegt mit dem Kopfe nach unten. (Wild. 185, Taf. 6, Fig. 49.) Entwicklung im Juli, August. Nicht häufig an Teichen und Sümpfen. — Schmidt, St. e. Z. 4, 345. Var. Hessii B. l. c. 1858, 367. — M. M. X. 275. — Buck. IV. pl. 61, p. 40, Fig. 1.

Dissoluta, *Tr.* (Arundineti, *Schmidt.*) (Sch. Taf. 38, Fig. 8.) Schmutzig weiß, oben blaßrötlich; auf dem zweiten und dritten Ringe je acht feine schwarze Punktwärzchen in einer Querreihe, auf dem Rücken der folgenden Ringe je vier solcher mit kurzen Härchen besetzter Wärzchen. Luftlöcher weiß, schwarz gesäumt, von drei feinen schwarzen Wärzchen umgeben. Gleichfarbige, sehr feine Wärzchen an den Außenseiten der weißgrauen mit einer Reihe brauner Häkchen besetzten Bauchfüße. Nackenschild und Afterklappe braungrau, je mit vier größeren und mehreren kleineren braunen Wärzchen besetzt. Brustfüße gelbgrau mit braunen Krallen. Kopf rund, wenig gewölbt, dunkelbraun. 3—4 cm. Lebt wie die vorige in Phragmites und verwandelt sich in den unteren Enden des Schaftes zu einer schlanken, braungelben Puppe. (Wild. 186, Taf. 6, Fig. 52.) Verbreitung wie die vorige. — Tr. 5. 2. 319 (Neurica). — Schmidt, St. e. Z. 1858, 369; Desz. p. 121.

2. Gattung. **Coenobia**, *Hw.*

Die Raupe dieser nur aus einer Art bestehenden Gattung gleicht sehr der von Nonagria Arundineti. Die Puppe langgestreckt, vorne mit kurzem rüsselartigen Fortsatz.

Rufa, *Hw.* (Despecta, *Tr.*) (Sch. Taf. 38, Fig. 9.) Bedeutend kleiner als Nonagr. Arundineti, schlank, oben zart rötlich, unterseits beinahe weiß. Mit Vergrößerung sieht man vier dunkle Rückenpunkte auf jedem Segment und eine feine schwärzliche Seitenlinie. Der halbkugelige Kopf, sowie die Schilder etwas bräunlich glänzend. Lebt im Juni in Stengeln der Binse (Juncus lamprocarpus). Puppe braungelb, liegt im Halm kopfaufwärts. Entwicklung im Juli. In wenigen Gegenden Deutschlands, in Sachsen, Österreich, England, Frankreich, zwischen Schilfrohr. — Tr. 5. 2. 311. — Wild. 187. — Schmidt, Verz. Meckl. 1879, p. 122,

3. Gattung. **Senta**, *Stph.*

Raupen schlank, etwas platt, mit einzelnen Härchen besetzt, 16-füßig. Die Bauchfüße mit einer Reihe steiler Häkchen besetzt. Kopf rund und flach. Leben im Innern von Rohrpflanzen und nähren sich mit Vorliebe von den darin vorkommenden Insekten. (Schmidt und Wilde.) Verwandlung in Rohrstoppeln in einem leichten Gespinste. Puppe dünn und lang.

Maritima, *Tausch.* (Ulvae, *Hb.*) Taf. 29, Fig. 2. (Sch. Taf. 38, Fig. 10.) Schlank, unten platt, mit gespreizten Nachschiebern ruhend. Gelblichgrau ins Bläuliche oder Rötliche spielend, mit einer feinen weißlichen, häufig abgesetzten Rückenlinie und einer feinen weißlichen Längslinie zu jeder Seite des Rückens; einen zarten weißlichen Seitenstreifen und darunter eine deutliche dunkle Saumlinie, über welcher die schwarzen Luftlöcher stehen; auf dem ganzen Körper sehr feine schwarze Pünktchen und einzeln stehende hellfarbige Härchen. Kopf oben etwas eingeschnitten, glänzend schwarzbraun. Nackenschild kurz, halbrundlich, glänzend, heller oder dunkler braun. Lebt vom Sommer bis zum Mai im Teichrohr, bei Tage in den Höhlungen der Stoppeln verborgen, frißt zur Nachtzeit andere im Rohr vorkommende Insekten, selbst Raupen und Puppen, und verwandelt sich in eine hellbraune, unten gelbliche Puppe. (Wild. 189, Taf. 5, Fig. 19.) Entwicklung im Juni, Juli. — Tr. 5. 2. 310. — Schmidt, St. e. Z. 19. 353. — Verz. Meckl. 1879, p. 125. — Sepp. VIII. 42. — Berl. e. Z. 1861, 405.

4. Gattung. Mycteroplus, *H.-S.*

Raupe walzig, erstes Segment beträchtlich breiter als der Kopf. 16-füßig. Lebt an Chenopodium oder Atriplex-Arten und verwandelt sich in einem gebrechlichen kleinen Erdgehäuse zu einer hell rotgelben Puppe.

Puniceago, *B.* Taf. 29, Fig. 3. (Sch. Taf. 38, Fig. 11.) Licht rötlichgelb mit sehr feinen roten Schattierungen. Rückenlinie kaum erkennbar, Seitenlinie stark rötlich, unten lichtgelb. Kopf honiggelb. 3,6 cm. Lebt im Oktober, November an Atriplex nitens und Chenopodium polyspermum, deren unreife Samen sie hauptsächlich genießt. Entwicklung Ende November. Südrußland, Türkei. — Christoph, St. e. Z. 1867, 242. — Mill. III. p. 308, pl. 139, Fig. 6. 7.

5. Gattung. Tapinostola, *Ld.*

Die spindelförmigen Raupen leben in den Stengeln und Wurzeln von Gräsern (Carex).

Fulva, *Hb.* Taf. 29, Fig. 4. (Sch. Taf. 38, Fig. 13.) Die Raupe ist nach *Tr.* schmutzig weiß, durch zwei undeutliche, verfließende, unterbrochene rötliche Rückenstreifen fleischfarben erscheinend. Auf jedem Gelenk oben vier schwarze, hell umzogene Pünktchen mit einem einzelnen Härchen; zwischen diesen einzelne Gruppen von sehr kleinen, parallelen kurzen Längsstreifen. Kopf klein, braun mit hellen Fleckchen und weißlicher Gabelzeichnung, dahinter stark ausgeschnitten. Nackenschild oben gelb, vorn braun gerandet, mit einem Grübchen an jeder Seite und einem solchen in der Mitte. Schwanzklappe braun oder gelb glänzend, hinten in zwei, zuweilen schwarze Zähne auslaufend. Lebt in Sumpfgräsern, wie Poa aquatica und Carexarten, innerhalb des untersten Teiles der Halme und verwandelt sich im oberen Teile zu einer gelbroten Puppe. Entwicklung im August. Mehr in Norddeutschland. — Tr. X. 2. 94. — Berl. e. Z. 1863, S. 440. — Buck. IV. pl. 60, Fig. 4.

Hellmani, *Er.* (Sch. Taf 38, Fig. 14.) Ei rund, glänzend, weiß. Raupe nach *Kretschmar* gelblichweiß, oben rötlich, unten mehr weiß mit einer helleren Scheinseitenlinie und schwarzen Luftlöchern. Kopf glänzend, gelbbraun mit einem schwarzen Fleckchen am Munde; Nackenschild heller, weniger glänzend, Schwanzklappe und Nachschieber ebenso. Sie lebt bis Ende Juni des folgenden Jahres tief in den Stielen von Calamogrostis Epigeios auf feuchten Stellen, die bewohnten Pflanzen sind an dem gelben Herzblatt kenntlich. Zur Verpuppung verläßt sie den Halm, um sich in einem leichten Erdgespinste zu einer blaßgelben Puppe zu verwandeln. Entwicklung Ende Juli. Norddeutschland, Holland, Rußland. — Berl. e. Z. 1863, S. 440.

Elymi, *Tr.* Taf. 29, Fig. 5. (Sch. Taf. 38, Fig. 16.) Nach *Kretschmar* spärlich behaart, weißlichgelb mit einer schmalen weißen Rückenlinie, welcher sich zu beiden Seiten eine breitere rötliche anschließt. Kopf braungelb, Nackenschild und Afterklappe etwas heller gefärbt. Die Luftlöcher mit einem dunklen Rande umgeben. Brustfüße mit gelben Spitzen, der untere Teil der Bauchfüße nach innen schwarz angeflogen. Lebt von August bis Mai im Halme von Haargras (Elymus arenarius), in dem sie sich auch zu einer glänzend braunen Puppe verwandelt. Entwicklung im Juni, Juli. Ostseeküste, England, Österreich, Ungarn. — Berl. e. Z. 1861, S. 405. — Verh. Bremen X. 561. — St. e. Z. 1858. 362. 1863. 207. — Buck. IV. pl. 60, Fig. 5.

Frumentalis, *Lindemann.* Bull. Mosc. 1883. 145. Raupe blaßgrünlich mit vier gleich weit von einander stehenden Längslinien. Über den Hinterrand der Körperringe tretend, wird jede von diesen Linien etwas verdunkelt, so daß am genannten Rande eines jeden Ringes, ausgenommen die drei ersten, vier dunkle zuweilen ganz schwarze Flecken stehen. Auf jeder dunklen Längslinie steht je ein kleines, Borsten tragendes Wärzchen. Kopf rotbraun oder gelb, ohne alle Flecken, Halsschild gelb. Luftlöcher schwarz. 2,6 cm. Die Raupe lebt im Innern der Halme von Roggen, selten vom Winterweizen und verursacht dadurch das Absterben derselben. Entwicklung im Juli und wahrscheinlich auch noch von der zweiten Generation im Frühjahr. Bis jetzt nur in Südrußland. — Entom. Nachr. 1884, p. 173.

6. Gattung. Sesamia, *Gn.*

Raupen walzig, Kopf ziemlich klein, leben in den Kolben des Welschkorn und sind meist Bewohner der Mittelmeerküsten.

Nonagrioides, *Lef.* (Sch. Taf. 38, Fig. 17.) Oben rötlich, unten gelblichgrau mit durchscheinendem Darmkanal und rötlichen, schwarz eingefaßten Luftlöchern. Kopf braun mit schwarzer Zeichnung. Lebt in den Kolben des Welschkorn (Zea Mais). Die Raupen werden manchmal schädlich und leben oft mehrere in einem Stengel. Entwicklung im Juni. Sizilien, Spanien, Südfrankreich und Algier. — Dup. III. 470. pl. 44. — A. s. F. 1858. p. L. XXI.

Cretica, *Ld.* Sch. Taf. 38, Fig. 18. Rötlich, unten grau, mit zwei helleren Streifen und rötlichen, schwarz eingefaßten Luftlöchern, braunem Kopfe und rötlicher Afterklappe. Lebt ähnlich wie die vorige in

Maiskolben. Auf Creta, Korsika, in Italien und Dalmatien. — Mab. A. F. 1867. p. 640. Taf. 14, Fig. 1.

7. Gattung. **Calamia**, *Hb.*

Raupen gestreckt, walzig mit Punktwärzchen und kurzen Härchen auf denselben. Kopf groß, kugelig. Sie leben in den Wurzeln von Teichrohr. Puppen mit Borsten am abgerundeten Afterstücke.

Lutosa, *Hb.* (Bathyerga, *Frr.*) (Sch. Taf. 38, Fig. 19.) Fleisch farbig, rötlichbraun, glänzend; auf dem Rücken jeden Ringes vier feine schwarze mit einem Härchen besetzte Punktwärzchen; Luftlöcher weiß, braun gesäumt; an der Außenseite der Bauchfüße eine halbmondförmige Reihe brauner Häkchen. Nackenschild und Afterklappe hellbraun, beide durch eine hellere Linie geteilt. Kopf groß, kugelig, braun mit hellerer Einfassung des Stirndreieckes. 5—6 cm. Lebt im Frühjahr bis Juli in den Wurzeln von Teichrohr (Phragmites communis), wodurch die Pflanzen gelb werden und absterben, besonders an Plätzen, wo die Rohre außerhalb des Wassers stehen. Verwandelt sich an der Oberfläche in der Erde, oder in liegenden Rohrteilen zu einer gelbbraunen Puppe. Entwicklung im August, September. Selten an Teichen und Flußufern. — Schmidt, St. e. Z. 19. 1858. 363. — Frr. 2. 122. Taf. 170. — Wild. 189.

Phragmitidis, *Hb.* (Sch. Taf. 38, Fig. 20.) Raupe dünn, schmutzigweiß, auf dem Rücken mit einer unterbrochenen schmutzigbraunen geteilten Binde und mit feinen schwarzen Wärzchen besetzt. Kopf, Nackenschild und Afterklappe schwarz. Lebt im Mai in den jungen Stengeln von Teichrohr (Phragmites communis), wächst sehr schnell und verwandelt sich an der Erde oder in Rohrstoppeln. Entwicklung im Juli, an sumpfigen Stellen. — Tr. 5. 2. 317. — Wild. 190. — Buck. IV. pl. 60, Fig. 2.

8. Gattung. **Meliana**, *Curt.*

Raupe gestreckt, walzig, nach beiden Enden wenig verdünnt mit hornigem Nackenschild und flachem rundem Kopfe. 16-füßig. Die Raupe der einzigen Art lebt im Schilfrohr. Puppe schlank, walzig, am Afterstück abgerundet mit einigen Dörnchen besetzt.

Flammea, *Curt.* (Sch. Taf. 38, Fig. 21.) Hell beinfarben mit einer schwachen weißlichen, dunkel gesäumten Mittellinie und einer abgesetzten Seitenlinie; darunter ebenfalls eine zarte weißliche Längslinie, in welcher die schwärzlich umzogenen Luftlöcher stehen. Afterklappe durch dunkle Atome gebräunt; Nackenschild hellbraun, etwas dunkler als der gelbbraune mit einzelnen feinen Härchen besetzte Kopf. Lebt im Sommer und Herbst bei Tage in Rohrstengeln (Phragmites), in welchen auch die schwarzbraune Puppe im Winter zu finden ist. (Wild. 189. Taf. 5, Fig. 20.) Entwicklung im Mai. An Weihern, Flußufern und an der Meeresküste. — Stett. e. Z. 1852. 382. 1858. 350. — Isis VI. 180 (Zucht). — Buck. IV. pl. 60, Fig. 3.

9. Gattung. **Leucania**, *O.*

Raupen walzig, nach beiden Seiten spindelförmig verdünnt, mit einzelnen feinen Härchen auf Punktwärzchen besetzt. 16-füßig. Sie leben bei Tage verborgen, verkriechen sich gern unter abgebrochenen Rohrstückchen, nähren sich von Schilf, Gräsern und weichblättrigen Pflanzen und verpuppen sich in der Erde. Puppen schlank mit mehreren Bürstchen. (Neustädt. Jahresb. Schles. Ges. 1852, S. 98).

Impudens, *Hb.* (Pudorina *Hb.*) Taf. 29,·Fig. 6. (Sch. Taf. 38, Fig. 22.) Schmutzig gelbweiß, oben mit einer weißen Mittellinie, zu deren Seiten auf jedem Ringe zwei schwarze Punktwarzen stehen und mit einer weißen oberwärts schwarzgesäumten Längslinie zu jeder Seite; an den Seiten drei feine weißliche Längslinien und eine schmale graue Binde, in welcher die schwarzen Luftlöcher stehen. Bauch und Füße weißlich; Kopf gelbbraun mit dunklen Punkten und zwei dunklen Strichen. Nackenschild glänzendbraun mit drei weißlichen Strichen. 5 cm. Lebt bis Mai an Sumpfgräsern und verwandelt sich an der Erde oder an der Erdoberfläche zu einer rotbraunen Puppe. Entwicklung im Juli, August. An nassen Stellen nicht selten, besonders in den Alpen. — Tr. 5. 2. 299. — Hb. IV. 90. (S. b.) B. & G. pl. 13. — Frr. VI. 163, Taf. 585. — Wild. 190. — Buck. IV. pl. 59, Fig. 2.

Impura, *Hb.* Taf. 29, Fig. 7. (Sch. Taf. 38, Fig. 23.) Gelblichgrau mit einem breiten schmutziggelben, durch eine weiße Mittellinie geteilten Rückenstreifen, in welchem auf jedem Ringe vier schwarze Punktwärzchen stehen; an den Seiten mit einem breiten gelblichen, braun gesäumten Längsstreifen, an dessen unterem Rande die schwarzen Luftlöcher stehen. Bauch und Füße gelblich; Brustfüße rötlich. Kopf hellbraun mit schwärzlichen Strichen und einem braunen Halsbande. 4—5 cm. Lebt in zwei Generationen an Schilfrohr und Gräsern und verwandelt sich in einem leichten Gespinste zu einer hellrotbraunen Puppe. Entwicklung im Juli und September. Nicht selten in feuchten Gegenden. — Tr. 5. 2. 294. 10. 2. 89. — Hb. IV. 90. (S. b.) — B. & G. pl. 12. — Wild. 191. — Buck. IV. pl. 59, Fig. 5.

Pallens, *L.* Taf. 29, Fig. 8. (Sch. Taf. 38, Fig. 24.) Das Ei rundlich, unten abgeplattet, gefurcht, violett. Schluss-Tafel, Fig. 68. Raupe glänzend, gelblich oder rötlich, grau bestäubt mit einer weißlichen, dunkel gesäumten Rückenlinie, zu deren Seiten auf jedem Ringe vier schwarze Punktwärzchen stehen, an den Seiten ein gelblichweißer, schwarz beschatteter und gesäumter Längsstreifen, in welchem die schwarzen Luftlöcher stehen. Nackenschild, Brustfüße und Kopf braun. 4—5 cm. Lebt in zwei Generationen im Juni und September auf Wiesen und Grasplätzen an Ampfer (Rumex), Löwenzahn (Taraxacum), am Tage zusammengerollt unter den Blättern der Nahrungspflanze. Verwandelt sich in einem leichten Gewebe zu einer hellrotbraunen Puppe. Entwicklung im Mai, Juni und August, September. —

Tr. 5. 2. 290. — Sepp. II. 2. 3. — Frr. VII. 6. Taf. 643. — Gn. 1. 92. — Wild. 192. — Buck. IV. pl. 60, Fig. 1. — Stett. e. Z. 1867. 257.

Obsoleta, *Hb.* Taf. 29, Fig. 9. (Sch. Taf. 38, Fig. 25.) In der Jugend grünlich; erwachsen durchscheinend lichtgrau mit einer dunklen Rückenlinie. Luftlöcher schwarz. Kopf, Nacken und Afterschild braungrau. 4—5 cm. Lebt im Sommer an Schilfrohr (Phragmites), bei Tage in hohlen abgeschnittenen Rohrstengeln verborgen, und spinnt sich im unteren Ende, oder in alten Rohrstoppeln ein, überwintert in denselben und verwandelt sich Anfangs Mai in eine braune Puppe mit Dornen und Börstchen. (Wild. 192. Taf. 6, Fig. 36.) Entwicklung im Juni. Nicht selten an Teichen und feuchten Plätzen. — Tr. 5. 2. 301. — St. e. Z. 1852. 383. — Gn. 1. 81. — Sepp. VIII. 36. — Buck. IV. pl. 58, Fig. 4.

Straminea, *Tr.* Taf. 29, Fig. 10. (Sch. Taf. 38, Fig. 26.) In der Jugend lederfarbig mit einer blaugrauen Rückenlinie, erwachsen matt strohgelb mit dunklen Atomen besetzt und mit fünf weißlichen Längslinien. Luftlöcher schwarz. Bauch bläulichgrau. Kopf platt, braungelb. 4—5 cm. Ebenfalls an Schilfrohr, bei Tage in Rohrstoppeln verborgen, frißt nur des Nachts, überwintert in halber Größe und verwandelt sich Ende Mai und Juni in eine braune Puppe. (Wild. 191. Taf. 5, Fig. 21.) Entwicklung im Juli. Seltener als die Vorige. — Tr. 5. 2. 297 und 10. 2. 89. — Frr. 2. 46. Taf. 603. — Gn. 1. 91. — Sepp. VIII. 43. — Buck. IV. pl. 59, Fig. 4.

Hispanica, *Bell.* (Sch. Taf. 38, Fig. 27.) Grün oder rötlichbraun mit weißen Rücken- und Seitenstreifen und dunklen Luftlöchern. Kopf von der Körperfarbe, längs gestreift. In zwei Generationen an Gräsern, besonders an Piptaterum multiflorum. Entwicklung im Mai und Dezember. Nur in Spanien. — Mill. II. p. 414. pl. 93, Fig. 5—7.

Scirpi, *Dup.* (Sch. Taf. 38, Fig. 30.) Der Raupe von L album ähnlich, lebt an Gräsern. Entwicklung im Mai und September bei Wiesbaden, die Var. Montium B. in den Südalpen, sonst mehr in Südeuropa.

Punctosa, *Tr.* Taf. 29, Fig. 11. (Sch. Taf. 38, Fig. 32.) Weißgrau mit violettem Schimmer an den Seiten mehr weißlich, mit feiner Mittellinie und schwärzlichen unterbrochenen Nebenstreifen. Kopf gelblich mit schwarzer Zeichnung. 3—4 cm. Lebt an Gräsern und entwickelt sich im Juli. In Wallis, Südfrankreich, Spanien. — Mill. II. p. 253. pl. 77, Fig. 10.

Putrescens, *Hb.* Taf. 29, Fig. 12. (Sch. Taf. 38, Fig. 33.) Die Raupe ist der vorigen sehr ähnlich, aber ohne den schwärzlichen unterbrochenen Streifen, dagegen mit einem scharf begrenzten weißlichen Seitenstreifen. Auf den einzelnen Ringen befinden sich sehr feine schwarze Wärzchen. Kopf honiggelb. Entwicklung im August. Südfrankreich, Katalonien und England. — Mill. l. c. Fig. 11. — Buck. IV. p. 24. pl. 58, Fig. 5.

Comma, *L.* Taf. 29, Fig. 13. (Sch. Taf. 38, Fig. 35.) Rötlichbraun mit einzelnen schwarzen Punkten und drei feinen schwarzen Rückenlinien. Bauch gelblichgrau. Nackenschild schwarz mit drei weißen Strichen. Kopf braun. 4—5 cm. Lebt in zwei Generationen auf feuchten Wiesen an Gräsern (Schwingelgras, Festuca), nicht an Ampfer und verwandelt sich in einem losen Gespinste an der Erde zu einer hellbraunen Puppe. Entwicklung im Mai, Juni und August. Der Falter abends auf Wiesen. — Tr. 5. 2. 302. — Wild. 193. — Buck. IV. pl. 59, Fig. 3.

Conigera, *F.* Taf. 29, Fig. 14. (Sch. Taf. 39, Fig. 2.) Matt gelbbraun mit einer weißen, schwarz begrenzten Rückenlinie, zu deren Seiten sich je eine schwarze Längslinie befindet; an den Seiten oben eine weiße, rot gerieselte Binde und unter derselben ein breiter brauner Streifen, an dessen unterem Rande die schwarzen Luftlöcher stehen. Nackenschild schwarz mit drei weißen Strichen. Kopf glänzend braun mit zwei krummen dunklen Strichen. 4—5 cm. Lebt im April, Mai an niederen Pflanzen bei Tage unter Gras oder dürren Blättern verborgen und verwandelt sich in einem leichten Erdgespinste zu einer gelbbraunen Puppe. Entwicklung im Juni, Juli. In ganz Europa nicht selten. — Tr. 5. 2. 190. — Hb. IV. 89. (R. a. & a. b.) — Wild. 193. — Buck. IV. p. 27. pl. 58, Fig. 1.

Evidens, *Hb.* (Sch. Taf. 39, Fig. 3.) Walzig, rötlichgelb, am Rücken eines jeden Segments dunkler mit vier sehr verloschenen weißlichen Pünktchen. Kopf klein, bernsteingelb. Im August des Nachts an den Blüten von Seseli montanum. Entwicklung im August. Südöstliches Deutschland, Wallis, Ungarn. Friv. Jell. 1866. Taf. VI, Fig. 2. (Dr. Rebel).

Vitellina, *Hb.* Taf. 29, Fig. 15. (Sch. Taf. 39, Fig. 4.) Bleich fleischfarben mit drei weißen Rückenlinien, zwischen denen auf jedem Ringe zwei schwarze Punktwärzchen stehen; an den Seiten ein gelblicher Längsstreifen, über welchem die schwarzen Luftlöcher stehen. Kopf braun, schwarz punktiert. 4—5 cm. Im März und April auf Grasplätzen an Gräsern. Verwandelt sich in einem leichten Gespinste an der Erde zur Puppe. Entwicklung von Juni bis August. Nicht überall. — Tr. 10. 2. 88. — B. & G. Noct. pl. 12. — Wild. 193.

Littoralis, *Curt.* (Sch. Taf. 39, Fig. 5.) Rötlich oder grünlichgrau mit sieben weißen, schwarz gesäumten Rückenlinien und einem weißgesäumten Seitenstreifen. Kopf rotbraun oder grünlich. Lebt im ersten Frühjahr an Calamagrostis arenaria. Entwicklung im Juli, August. In Norddeutschland, England, Frankreich und Holland an den Küsten. — Mab. A. s. Fr. 1863. pl. 2, Fig. 2. — Buck. IV. p. 25. pl. 59, Fig. 1.

L album, *L.* (Sch. Taf. 39, Fig. 8.) Gelblich fleischfarben mit einer feinen dunklen Doppellinie auf dem Rücken, neben welcher auf jedem Ringe ein schwarzer Punkt steht; über den Füßen zwei schwärzlichgrüne Längsstreifen, unter denen an jedem Ringe einige schwarze Flecken stehen. Luftlöcher schwarz. Kopf grünlichgrau. 4 cm. Lebt in zwei Generationen im Juni und Herbst an Gräsern und verwandelt sich in einem leichten Gespinste an der Erde zur Puppe. Entwicklung im Mai, Juli und August. Meist häufig. — Tr. 5. 2. 306. — Esp. 4. Taf. 90, Fig. 5. — Wild. 194.

Congrua, *Hb.* Taf. 29, Fig. 16. (Sch. Taf. 39, Fig. 9.) Rötlichgrau mit fünf weißen, braun gerandeten Streifen, und feinen schwarzen Luftlöchern. Nackenschild gelblichbraun. Kopf hellrotbraun. 5 cm. Lebt im Mai, Juni an Gräsern, bei Tage verborgen und verwandelt sich in der Erde zu einer rotbraunen Puppe. Entwicklung im August. Südeuropa, Ungarn. — Frr. 2. 130, Taf. 176. — B. & G. pl. 12 (Aminicola). — Wild. 194.

Albipuncta, *F.* Taf. 29, Fig. 17. (Sch. Taf. 39, Fig. 10.) Schmutzig rötlichgrau mit einem weißen, schwarz gesäumten Rückenstreifen und zwei schwarzen Punktwärzchen an den Seiten auf jedem Ringe; an den Seiten des Rückens ein abgesetzter, unten weißgesäumter, schwarzer Streifen; darunter eine dunkle Schattenlinie, unter welcher die schwarzen Luftlöcher auf hellerem Grunde stehen. Nackenschild braun mit drei weißen Strichen. Kopf lichtbraun mit zwei braunen, gegen einander gekrümmten Streifen. 4—5 cm. Lebt an Sumpfgräsern und ist nach *Rössl.* mit Gras und Alsine media leicht zu erziehen; überwintert unter Steinen und geht Anfangs Mai in die Erde, wo sie etwa 6 Wochen in einem lockeren Gespinste liegt, bevor sie sich verwandelt. Puppe rotbraun. Entwicklung im Juli, August. Nicht überall. — Tr. V. 2. 197. — Hb. IV. 89. (R. a. b.) — B. & G. Noct. pl. 13. — Wild. 194.

Lithargyria, *Esp.* Taf. 29, Fig. 18. (Sch. Taf. 39, Fig. 11.) Bräunlichgelb mit einer weißen Rückenlinie, an den Seiten ein breiter weißlicher, oberwärts braun begrenzter Längsstreifen, in welchem die schwarzen Luftlöcher stehen. Bauch gelbgrau, fein schwarz punktiert. Kopf gelbbraun, schwarz punktiert. 4—5 cm. Sie lebt im Herbst und Mai nach *Rössler* S. 118 nur von Gräsern und ist an Steinen abends nicht selten zu finden. Puppe walzig gelbbraun mit schwarzen Flügelscheiden. (Wild. 195, pl. 7, Fig. 76.) Entwicklung im Juni, Juli. Falter auf Wiesenblumen nicht selten, doch nicht überall. — Tr. 5. 2. 183. — Hb. IV. 89. (R. a.) — Buck. IV. pl. 58, Fig. 3.

Turca, *L.* Taf. 29, Fig. 19. (Sch. Taf. 39, Fig. 12.) Gelbbraun mit einer hellen Rückenlinie, auf jedem Ringe zwei gelbliche Punkte, an den Seiten zwei dunkle Schattenstreifen, in deren unterem die gelblichen Luftlöcher stehen. Bauch gelbgrau. Kopf grünlichbraun. 5—6 cm. Lebt an Gräsern, bei Tage verborgen und verwandelt sich in einem leichten Gewebe in der Erde zu einer braunen Puppe. In Zentral-Europa, Livland, Schweden, Italien, Korsika. — Tr. 5. 2. 181. — Hb. 88. (R. a.) — Frr. B. 3. 92. Taf. 122. — Sepp. VIII. 27. — Gn. 1. 73. — Wild. 195. — Buck. IV. pl. 58, Fig. 3.

10. Gattung. **Mithymna,** *Gn.*

Raupen walzenförmig, mit einzelnen Härchen besetzt. Leben an niederen Pflanzen und verwandeln sich in der Erde ohne Gespinst.

Imbecilla, *F.* Taf. 29, Fig. 20. (Sch. Taf. 39, Fig. 13.) Schmutziggrau mit einzelnen gelbgrauen Härchen besetzt. Auf dem Rücken mit einer Reihe länglich runder, schwarzer oder brauner Flecken, welche von einer feinen weißlichen Mittellinie durchschnitten sind; an den Seiten ein schwarzgrauer Längsstreifen mit heller Mittellinie. Luftlöcher schwarz mit einem gleichfarbigen glänzenden Punkte darüber. Kopf schwärzlichgrau mit drei matten weißlichen Strichen. 4—5 cm. Im Sommer an Sternkraut (Stellaria) und anderen niederen Pflanzen. Puppe rotbraun. Entwicklung im Mai. In den Alpen, aber auch bei Wien, in Schlesien, Galizien, Ungarn, Frankreich, Livland, Finnland und der Türkei. — Tr. 5. 2. 193. — Frr. 2. 98. Taf. 153. — Wild. 195.

VI. Familie. Caradrinidae, *B.*

Raupen meist nackt, ohne viel Zeichnung, leben an niederen Pflanzen und verwandeln sich an der Erde oder unter der Erdoberfläche zu bereiften Puppen. Die Schmetterlinge fliegen bei Nacht und halten ihre Flügel flach über einander geschoben.

1. Gattung. **Grammesia,** *Stph.*

Die Raupe ist kurz und dick, nach hinten breiter, mit einzelnen Börstchen besetzt. 16-füßig. Kopf klein. Lebt an niederen Pflanzen, bei Tage an der Erde verborgen und entwickelt sich in einem leichten Gespinste an der Erde.

Trigrammica, *Hfn.* (Trilinea, *Bkh.*) Taf. 29, Fig. 21. (Sch. Taf. 39, Fig 14.) Aschgrau oder braun mit unterbrochenen dunkleren Längsstrichen und zwei schwarzen Schrägsstrichen auf dem Rücken jeden Ringes; an den Seiten ein hellerer Längsstreifen. Bauch rotbraun. Kopf braunschwarz. 4 cm. Lebt im April, Mai an verschiedenen niederen Pflanzen, besonders an Wegerich, bei Tage an der Erde verborgen, überwintert und verwandelt sich im Frühjahr zu einer rotbraunen Puppe. Entwicklung im Juni, Juli. Der Schmetterling fliegt nicht selten an Salbei an Wiesen und versteckt sich im dürren Laube. — Tr. 5. 272. 275. — Frr. 3. 49, Taf. 226. — Wild. 202. — Buck. IV. p. 110. p. 69, Fig. 1.

2. Gattung. **Stilbia,** *Stph.*

Raupe nackt, dickwalzig, nach vorn wenig verdünnt, 16-füßig, lebt an Gräsern und verwandelt sich in der Erde zu dicken Puppen mit vier feinen Börstchen am Afterstücke. Der Schmetterling versteckt sich im Grase.

Anomala, *Hw.* (Stagnicola, *Tr.*) Taf. 29, Fig. 22. (Sch. Taf. 39, Fig. 16.) Die Raupe ist nach *Rössl.* S. 104 denen der Satyriden ähnlich, cylindrisch, grün; zwei dunklere grüne Linien mit einer weißen dazwischen bilden den Rückenstreifen. Seitenstreifen grauweiß, oben rauchbraun begrenzt. Luftlöcher schwarz. Nach der letzten Häutung blaßbraun, Kopf dunkelbraun besprengt; die gelbe Rückenlinie von rotbraunen Linien eingefaßt, daneben zwei gelbe Linien. 4 cm. Lebt vom Herbst bis Frühjahr auf lichten Waldstellen an Gräsern und verwandelt sich in der Erde zu einer ockergelben Puppe mit einem dunklen Rückenstreifen. Entwicklung im August, September. Ziemlich selten am Rhein bei St. Goarshausen, in Frankreich und England. — A. s. Fr. 1842. pl. 13, Fig. 1—7. — E. Mag. 1880. S. 211. — Wild. 196.

3. Gattung. Caradrina, *O.*

Raupen kurz, wenig gewölbt unten flach, 16-füßig, mit einem schwachen Absatz auf dem letzten Segment, trüb gefärbt, Kopf klein. Leben von Herbst bis Frühjahr an niederen Pflanzen. Verwandeln sich in der Erde zu weichen Puppen mit Börstchen am Afterstücke. Falter bei Tage in dürren Büschen und Laub verborgen.

Exigua, *Hb.* Taf. 29, Fig. 23. (Sch. Taf. 39, Fig. 18.) Ei pyramidenförmig, gerippt mit einem weißen Ring im zweiten Drittel. (Schluß-Tafel 68.) Oben schwarzgrau mit einem gelblichweißen Fußstreifen der von einer schwarzen, in der Mitte eines jeden Ringes staffelförmig hinaufreichenden Linie begrenzt wird. Eine gleiche, korrespondierende Linie befindet sich bis zu den vier ersten Ringen, wo diese Linie gerade fortläuft. Auf den einzelnen Ringen befinden sich weiße Punkte. Kopf hellbraun. Im Herbste an niederen Pflanzen. Entwicklung im Juni und Juli. Südeuropa, Schweiz, Ungarn. — Mill. II. p. 222. pl. 75, Fig. 2—3.

Morpheus, *Hfn.* Taf. 29, Fig. 24. (Sch. Taf. 39, Fig. 19.) Rot- oder graubraun, mit einer gelblichweißen Mittellinie und zwei schwärzlichen Nebenlinien, aus denen vom vierten bis elften Ringe auf jedem Ringe ein schwarzer Schrägsstrich hinterwärts nach der Mittellinie geht; an den Seiten eine gelbliche Längslinie, über welcher die schwarzen Luftlöcher stehen. Bauch und Füße hellrot. Kopf glänzend rotbraun. 3—4 cm. Im September und Oktober, besonders an Bachufern an Winden, (Convolvolus sepium), Taub- und Brenn-Nesseln, Beifuß (Artemisia vulgaris). Verpuppung in einem leichten Gewebe. Entwicklung im Juni. Nicht selten. — Tr. 5. 2. 249. — Hb. IV. 65. (Sepii) (K. b.) — Sepp. IV. 34. (Seppii). — Wild. 201. — Prittw. St. e. Z. 1869. 260. — Buck. IV. p. 111. pl. 69, Fig. 2.

Quadripunctata, *F.* (Cubicularis, *Bkh.*) Taf. 29, Fig. 25. (Sch. Taf. 39, Fig. 21.) Rötlichgrau mit einer unterbrochenen, meist nur auf den ersten Ringen wahrnehmbaren hellen Rückenlinie und einer Reihe weißer Punkte; die Seiten dunkelgrau gerieselt. Nackenschild schmal, schwarz. Kopf klein, schwarz. Lebt überwinternd im April und Mai an Getreideähren, spinnt sich Ende Mai ein und liefert den Schmetterling Ende Juni bis September. Derselbe ist sehr häufig und besonders in den Wohnungen Abends an den Fenstern zu finden. — Tr. X. 2. 81. — Vall. 1. 8. — Wild. 200. — Ent. Zeitschr. 1888. 28. — Buck. IV. pl. 69, Fig. 5. —

Kadenii, *Frr.* Taf. 30, Fig. 1. (Sch. Taf. 39, Fig. 23.) Graubraun mit einer abgesetzten weißen Mittellinie vom zweiten bis zehnten Ringe und einer bogigen schwarzen Längslinie zu jeder Seite des Rückens. Luftlöcher schwarz; Bauch hellbraun, Nackenschild braun. Kopf klein, schwarzbraun. 3—4 cm. Durch hellere Färbung und Mangel der weißen Rückenpunkte von der Quadripunctata-Raupe verschieden (*Habich*). Lebt im März, April an niederen Pflanzen und verwandelt sich in der Erde zu einer stumpfen, rotbraunen Puppe. Entwicklung Ende Mai. In Böhmen, Ungarn, Krain und Italien. Frr. 2. 147, Taf. 186. — Wild. 201.

Terrea, *Frr.* (Sch. Taf. 39, Fig. 24.) Die Raupe ist veilgrau mit dunkler Rückenzeichnung, in den Segmenteinschnitten heller. Kopf dunkel, ebenso ein Querstrich am Halsschild. Lebt an niederen Pflanzen, besonders an Löwenzahn (Taraxacum). Entwicklung im Juli. Bei Wien (Baden), in Ungarn, Südrußland, Frankreich. — Friv. Jell. 1866. Taf. VI, Fig. 3.

Pulmonaris, *Esp.* Taf. 30, Fig. 2. (Sch. Taf. 39, Fig. 26.) Fahlgrau mit einer weißlichen Rückenlinie und drei weißen Punkten an der Seite eines jeden Ringes. Luftlöcher schwarz. Bauch weißgrau. Kopf, Nackenschild und Brustfüße gelbbraun. 3—4 cm. Lebt im Mai besonders an Lungenkraut, (Pulmonaria angustifolia) am Tage an der Erde unter Blättern verborgen und verwandelt sich in einem leichten Gespinste an der Erde zu einer rotbraunen Puppe. Entwicklung im Juni, Juli. — Tr. 5. 2. 342. — Fr. 3. 33, Taf. 215. — Pr. Taf. III, Fig. 3. — Wild. 200.

Respersa, *Hb.* Taf. 30, Fig. 3. (Sch. Taf. 39, Fig. 28.) Dunkelbraun, fast schwarz, mit einem breiten, hellen, durch feine schwarze Linien gewässerten Rückenstreifen, in welchem auf jedem Ringe zwei gelblichweiße Punkte mit je einem Härchen stehen, auf den letzten Ringe zwei weiße Querstreifen. Luftlöcher schwarz. Bauchfüße braun mit einem schwarzen Flecken und rötlichen Sohlen. Kopf schwarzbraun. 4—5 cm. Lebt im Herbste an niederen Pflanzen, bei Tage unter Ampfer oder Labkraut versteckt, und verwandelt sich Ende Mai in einem Gespinste unter der Erdoberfläche zu einer hellrotbraunen Puppe. Entwicklung im Juli. Selten. — Tr. 5. 2. 269. — Hb. IV. 67. (K. c.) — A. s. F. 1844. p. 194. pl. 6. D. — Frr. 1. 167, Taf. 94. — Pr. Taf. III, Fig. 3. — Wild. 200.

Alsines, *Brahm.* Taf. 30, Fig. 4. (Sch. Taf. 39, Fig. 30.) Erdgrau mit einzelnen braunen Haaren auf hellen Wärzchen besetzt; auf dem Rücken eine feine weiße, dunkelgesäumte Mittellinie und zu jeder Seite eine feine helle Längslinie; an den Seiten ein sägezähniger heller Längsstreifen, an dessen oberem Rande in den sägezähnigen Einsenkungen die schwarzen Luftlöcher stehen. Kopf hellbraun. 3—4 cm. Lebt nach *Rössl.* S. 103 in wenigstens zwei Generationen im Juni und Herbste an niederen Pflanzen, besonders im Frühjahr unter Primeln, Ampfer und Taubnesseln. Verwandelt sich in einem leichten Gewebe zu einer walzigen, braunen Puppe. (Wild. 200, Taf. 9, Fig. 86.)

Entwicklung im Juni und im Herbst. Schmetterling oft gemein an Heideblüten. — Tr. 5. 2. 266. — Gn. I. 244. — Hb. IV. 67. (K. c.) — Vall. I. 29. — Assm. St. e. Z. 1863. 407. — Buck. IV. pl. 69, Fig. 3.

Superstes, *Tr.* Taf. 30, Fig. 5. (Sch. Taf. 39, Fig. 31.) Heller oder dunkler braungrau; manchmal auch weißgrau mit dunkleren Rückenlinien und Schrägsstrichen; an den Seiten ein heller Längsstreifen, in welchem die schwarzen Luftlöcher stehen. Kopf bräunlich. 4—5 cm. Lebt im Mai, Juni an niederen Pflanzen versteckt unter Labkraut und verwandelt sich in einem lockeren Erdgehäuse zu einer rotbraunen Puppe. Entwicklung im Juli. Meist selten. — Tr. 5. 2. 260. — — Frr. 2. 152, Taf. 190. — Wild. 199. — Pr. Taf. III, Fig. 4. — Fuchs. St. e. Z. 1884. 261 (gibt eine abweichende Beschreibung).

Ambigua, *F.* (Plantaginis, *Hb.*) Taf. 30, Fig. 6. (Sch. Taf. 40, Fig. 1.) Braungrau mit feinen schwärzlichen Linien gewässert; auf dem Rücken drei feine Längslinien, zwischen denen sich feine Schrägsstriche und auf jedem Ringe zwei schwarze Punkte zeigen; an den Seiten unter den Luftlöchern eine vorn und hinten gelbliche, in der Mitte dunkelbraune Längslinie, über welcher an jedem Ringe ein schwarzer Punkt in einem verloschenen gelblichen Flecken steht. Kopf und Brustfüße hellbraun. 4—5 cm. Lebt im Herbste und Frühjahr an niederen Pflanzen, besonders an Wegerich (Plantago) und Löwenzahn (Taraxacum) und verwandelt sich Ende Mai in einem feinen Gewebe zwischen Moos oder Blättern zu einer hellbraunen Puppe. Entwicklung im Juni und nochmals im Herbste. Nicht selten, der Schmetterling an Heideblüten. — Tr. 5. 2. 265. — Hb. IV. 69. (K. c.) — Frr. B. 3. 119, Taf. 47. — Wild. 199.

Taraxaci, *Hb.* Taf. 30, Fig. 7. (Sch. Taf. 40, Fig. 2.) Hell rötlichbraun mit einem hellen Seiten- und ebensolchen Nebenstreifen, sehr feinen schwärzlichen, ein Haar tragenden Wärzchen und größeren dunkelbraunen Luftlöchern. Kopf hellbraun. Lebt im Mai auf Ampfer. Entwicklung im Juni, Juli; seltener als vorige, doch fast überall in Europa. — Gn. II. 245. — Buck. IV. pl. 69, Fig. 4. (Blanda).

Lenta, *Tr.* Taf. 30, Fig. 8. (Sch. Taf. 40, Fig. 4.) Erdgrau mit einer helleren Längslinie auf den Brustringen zu beiden Seiten des Rückens, vom vierten Ringe an zu den Seiten des Rückens auf jedem Ringe ein gelblicher, nach hinten aufwärts gerichteter, vorderwärts schwarz begrenzter Schrägsstrich; an den Seiten heller, rötlichgemischt. Luftlöcher schwarz. Kopf klein, schwarz. Im Frühjahr an niederen Pflanzen, verwandelt sich in der Erde in einem lockeren Gewebe zur Puppe. Entwicklung im Juni, Juli. In Ungarn, Österreich, bei Wien, in Armenien. — Tr. 6. 407. — Fr. B. 1. 155, Taf. 47. — Wild. 199.

Glutcosa, *Tr.* (Sch. Taf. 40, Fig. 5.) Heller oder dunkler samtartig grau mit drei undeutlichen weißlichen Rückenlinien, zwischen denen vom dritten bis elften Ringe je zwei rückwärts an der Mittellinie in einem Winkel zusammenstoßende dunkle Schrägsstriche stehen, deren an die äußeren Rückenlinien stoßende Enden verdickt und schwarz sind; an den Seiten mit schwärzlichen Schatten unter den äußeren Rückenlinien. Luftlöcher, klein, schwarz. Lebt im Herbst an niederen Pflanzen, überwintert im Moose und verwandelt sich im März in einem leichten Moosgespinste zu einer weichen dunkelbraunen Puppe. Entwicklung im Mai. In Schlesien, Nassau, Österreich, Ungarn, dem Wallis und am Ural. — Standfuß St. e. Z. 1857, S. 142. — Wild. 198.

Palustris, *Hb.* Taf. 30, Fig. 10. (Sch. Taf. 40, Fig. 6.) Rindenfarben rotbraun, mit einer abgesetzten weißen Rückenlinie und daneben einer weißen Punktreihe; in den Seiten des Rückens eine winkelartige Zeichnung; die Winkelspitzen nach den Seiten in schwarze Flecken endigend. Luftlöcher schwarz, ebenso der Kopf. 3—4 cm. Lebt im Sommer auf Wiesen an niederen Pflanzen, bei Tage unter der Nahrungspflanze verborgen; überwintert in einer Erdhöhle und verwandelt sich in derselben zu einer kurzen rotbraunen Puppe. Entwicklung im Juni, Juli. Sehr selten. Der Schmetterling, bei Tage tief im Gras versteckt, fliegt bei beginnender Abenddämmerung auf Wiesen. — Tr. 5. 2. 255. — Frr. 7. 145, Taf. 683. — Wild. 198. — Pr. Taf. III, Fig. 5.

Arcuosa, *Hw.* (Lampetia). Taf. 30, Fig. 9. (Sch. Taf. 40, Fig. 8.) Schmutzig gelbweiß, das Rückengefäß auf den ersten Ringen dunkel durchscheinend; auf dem Rücken jedes Ringes vier feine, mit je einem kurzen Härchen besetzte dunkle Wärzchen, unter denen das schwarze Luftloch steht; über den Füßen an jedem Ringe ebenfalls zwei kleine dunkle, je mit einem Härchen besetzte Wärzchen. Bauch und Füße schmutzigweiß. Nacken- und Afterschild gelblich. Kopf klein, flach und nebst den Brustfüßen gelbbraun. 1,80 cm. Lebt erwachsen im Mai und Anfangs Juni an der Rasenschmiele (Aira cespitosa) zwischen den Halmen und frißt sich auch in dieselben aufwärts hinein. Zur Verwandlung spinnt sie die Halme dicht über der Wurzelkrone leicht zusammen und wird zu einer braungelben Puppe. (Wild. 197, Taf. 6, Fig. 38.) Entwicklung Ende Juni. Besonders im nördlichen Deutschland, Finnland, England. — Ent. M. VI. p. 260. — Buck. IV. p. 106, pl. 68, Fig. 6.

4. Gattung. Acosmetia, *Stph.*

Raupe vorn und hinten stark verdünnt; lebt auf Sumpfwiesen und verwandelt sich in einem rundlichen Erdgehäuse zur Puppe, die überwintert.

Caliginosa, *Hb.* (Sch. Taf. 40, Fig. 9.) Ei kegelförmig mit starken Rippen, die sich oben erweitern, unten grünlichblau mit einer braunen Binde, unten weiß. Gss. 27. Nach *Stange* ist die Raupe saftgrün mit gelben Ringeinschnitten und einigen feinen weißen Längslinien; lebt an der Färberdistel (Serratula tinctoria), nach *Bertram* auch an Wiesenknopf (Sanguisorba) und sitzt am Stiele oder der Mittelrippe auf der Unterseite der Blätter. Verwandlung in einem rundlichen geleimten Erdgehäuse. Entwicklung Ende Mai und Ende Juli.

In Zentral- und Norddeutschland, in Galizien, Ungarn, England, Frankreich und Piemont, doch meist selten. — Rössl. S. 104.

5. Gattung. Rusina, B.

Raupe dickwalzig, nackt mit Längslinien und Schrägsstrichen. 16-füßig, lebt an niederen Pflanzen und verwandelt sich in einer geleimten Erdhöhle zur Puppe.

Tenebrosa, *Hb.* Taf. 30, Fig. 11. (Sch. Taf. 40, Fig. 10.) Dunkelrotbraun, auf dem Rücken rötlich gemischt und blau bereift mit einer gelblichen Mittellinie und einer gleichfarbigen Längslinie an jeder Seite des Rückens, über welcher vom vierten Ringe an schwärzliche Schrägsstriche nach der Mittellinie ziehen; an den Seiten über den Füßen ein grauer Schattenstreifen, in welchem die schwarzen Luftlöcher stehen. Kopf dunkelbraun. 4—5 cm. Lebt im Sommer und nach der Überwinterung im Mai an Erdbeeren (Fragaria) und Nelkenwurz (Geum) und verwandelt sich in einer Erdhöhle zu einer kurzen, dicken rotbraunen Puppe. Entwicklung im Juli. Nicht überall. — Tr. 5. 1. 180. — Hb. IV. 65 (K. b.) — Frr. 1. 74, Taf. 40. — Wild. 196.

6. Gattung. Amphipyra, O.

Raupen grün, walzig, nackt oder mit einzelnen feinen Härchen besetzt, meistens auf dem elften Ringe erhöht oder daselbst mit einem spitzen Höcker. Verwandeln sich in losen Gespinsten zwischen Blättern zu walzigen Puppen. Die Eier überwintern. (Ausnahme: Effusa und Cinnamomea).

Tragopoginis, *L.* Taf. 30, Fig. 12. (Sch. Taf. 40, Fig. 11.) Grün, auf dem Rücken mit drei weißen oder gelblichen Längslinien und einzelnen mit je einem Härchen besetzten weißen Punktwärzchen; an den Seiten ein gelblichweißer Längsstreifen. Luftlöcher schwarz. Kopf grün mit gelbem Halsbande. 4—5 cm. Lebt im Mai an verschiedenen Pflanzen, wie Weidenröschen (Epilobium angustifolium), Beifuß (Artemisia campestris), Färberdistel (Serratula), und verwandelt sich im Juni in einem leichten Gespinste zu einer walzigen, braunen Puppe. (Wild. 333, Taf. 7, Fig. 70.) Entwicklung im Juli, August. In Zentral- und Norddeutschland. — Tr. 5. 1. 277. — Hb. IV. 14 (2. B. b.) — Sepp. VII. 13.

Tetra, *F.* (Sch. Taf. 40, Fig. 12.) Durchscheinend grün mit dunklerem Rückengefäße und einer gelblichen Linie an jeder Seite des Rückens. Kopf schwarz, in der Mitte hell geteilt. Lebt im Mai, Juni an Habichtkraut (Hieracium.) Entwicklung im Juli, August. Süddeutschland und Südeuropa, Armenien. — Tr. 5. 1. 279. Wild. 333. — Ent. N. 1882. p. 321.

Livida, *F.* Taf. 30, Fig. 13. (Sch. Taf. 40, Fig. 13.) Gelbgrünlich mit einer dunklen, weißgesäumten Rückenlinie, einer gelblichen Längslinie an jeder Seite des Rückens und einem gelben Seitenstreifen. Kopf blaugrün. Lebt im Mai, Juni an niederen Pflanzen, besonders Löwenzahn (Taraxacum) und verwandelt sich in einem leichten Gespinste an der Erde zur Puppe. Entwicklung im Juli, August. Selten, in einigen Gegenden Deutschlands, in Ungarn, Frankreich, Italien, Korsika, Armenien und am Altai. — Tr. 5. 1. 281. — Hb. IV. 14 (B. b.) — Wild. 333 — C. Bl. III. N. 3.

Pyramidea, *L.* Taf. 30, Fig. 14. (Sch. Taf. 40, Fig. 14.) Mattgrün mit einer weißen Rückenlinie; zu deren Seiten auf jedem Ringe vier weiße, mit je einem schwarzen Härchen besetzte Punkte, und darunter noch ein ebensolcher Punkt; an den Seiten des Rückens eine meistens in Punkte aufgelöste, in der Mitte eines jeden Ringes zackig aufsteigende weiße Längslinie, welche auf dem elften, pyramidenförmig erhöhten Ring in einem spitzen Winkel aufsteigt, und von da nach den Nachschiebern ausläuft. Über den Füßen eine weiße, oben gelbliche Fußlinie, in welcher die weißen, braungesäumten Luftlöcher stehen. Spitze der Erhöhung rötlich. Bauch und Füße grasgrün; die Brustfüße mit rotbraunen Punkten an der Außenseite. Kopf klein, flach, grasgrün mit weißgesäumtem Stirndreieck. 5—6 cm. Lebt im Mai an Pflaumen, Weiden, Pappeln und Geisblatt (Lonicera) und verwandelt sich in einem leichten Gewebe zu einer walzig, kegeligen rotbraunen Puppe. (Wild. 334, Taf. 6, Fig. 37.) Entwicklung im Juli. Überall, außer im hohen Norden und auf Sizilien. Tr. 5. 1. 235. — Hb. IV. 13 (B. a. b.) — Esp. IV, Taf. 171. — Bel. 1. 4, Taf. 11. — Sepp. VII. 16. — Pr. Taf. IV, Fig. 14.

Effusa, *B.* Taf. 30, Fig. 15. (Sch. Taf. 40, Fig. 15.) Hell oder dunkelgrün mit weiß und roten Fußstreifen und grünem Kopfe. Lebt im Herbst und im Frühjahr an Heidekraut, Geisklee (Cytisus), Cistus und Eibisch (Lavatera). Entwicklung im Juli. In Südfrankreich, Katalonien, Korsika, Sizilien und Dalmatien. — Mill. Livr. VII. p. 136. pl. 3, Fig. 5—8.

Perflua, *F.* Taf. 30, Fig. 15. (Sch. Taf. 40, Fig. 16.) Gelbgrünlich, die Brustringe dunkler, mit drei weißen Rückenlinien, vom vierten Ringe an das dunkel durchscheinende Rückengefäß von zwei weißen Linien eingefaßt und auf jedem Ringe seitwärts mit einem weißen, zwischen drei oder vier weißen Punkten stehenden Schrägsstriche; an den Seiten ein gelblichweißer Längsstreifen; am elften Ring kegelförmig erhöht. Luftlöcher weiß, braun gesäumt. Bauch graugrün, weiß punktiert. Kopf grün mit zwei weißen Bogenstrichen. 5—6 cm. Lebt im Mai, Juni an Pappeln, Ulmen, Rüstern, Salweiden, Buchen. Puppe hellbraun. Entwicklung im August. Selten, in Deutschland, Belgien, Nordfrankreich, Dänemark, Schweden, Livland und Rußland. — Tr. 5. 1. 289. — Hb. IV. 13 (A. b.) — Fr. B. 1. 72, Taf. 23. — Wild. 334. — Pr. Taf. IV, Fig. 16.

Cinnamomea, *Goeze*. Taf. 30, Fig. 17. (Sch. Taf. 40, Fig. 17.) Gelblichgrün mit einer weißlichen Rückenlinie und einem gelben Seitenstreifen; an den Seiten des zehnten und elften Ringes zieht sich am Seitenstreifen ein gelber Schrägsstrich nach der Rückenlinie. Kopf bläulichgrün. Lebt im Juni, Juli an Ulmen, Spindelbaum und auf Pappeln zwischen zusammengezogenen Blättern. Verwandelt sich in einem dichten Gewebe zu einer dunkel rotbraunen Puppe. Entwicklung im September und aus überwinterten Puppen im Mai. Selten im südwestlichen Deutschland, Frankreich, Piemont und Ungarn. — Tr. 5. 1. 282. — Hb. IV. 13 (Perfusa). (B. a. b.) — Esp. 4. 171 (Conica.) — Wild. 335. — Pr. Taf. IV, Fig. 13. — Soc. ent. III. 2.

VII. Familie. Orthosidae, B.

Raupen meist dickwalzig, glatt, nach vorn wenig verdünnt mit einem kleinen runden, wenig gewölbtem Kopfe. 16-füßig. Leben teils auf Laubholzbäumen, selten an Nadelhölzern, und teils an niederen Pflanzen. Die Schmetterlinge fliegen bei Nacht und halten die Flügel in der Ruhe dachförmig.

1. Gattung. Perigrapha, *Ld.*

Raupen schlankwalzig, nach vorne wenig verdünnt mit Längsstreifen. 16-füßig. Kopf rund gewölbt. Leben an niederen Pflanzen und verwandeln sich in der Erde; Puppen überwintern.

Cincta, *F.* Taf. 30, Fig. 18. (Sch. Taf. 40. Fig. 18.) In der Jugend apfelgrün mit hellgelben Streifen. Erwachsen rötlich mit feinen graubraunen Atomen dicht bedeckt; auf dem Rücken eine weißgelbe Mittellinie und eine schwächere gelbliche Längslinie zu jeder Seite; mit einem breiten gelben Fußstreifen, über welchem die weißen, schwarz gesäumten Luftlöcher stehen. Bauch und Füße hellgelb. Kopf honiggelb mit hellgelbem Halsband. 6 cm. Lebt von April bis Mai an Erdbeeren (Fragaria), Wegerich (Plantago) und anderen Pflanzen, und verwandelt sich in der Erde zu einer braunen, bläulich bestäubten Puppe. Entwicklung im März. Bei Wien, Brünn und in Ungarn. — Tr. 5. 1. 115. — Hb. IV. 63 (I. cinctum), (H. a. b.) — Frr. 3. 48, Taf. 225. — Wild. 203. — Pr. Taf. II, Fig. 12. — Gartner Brünn. Verh. 1867, p.36.

2. Gattung. Taeniocampa, *Gn.*

Raupen walzig, nach dem elften Ringe hin etwas verdickt, nackt oder mit einzelnen Härchen besetzt. 16-füßig. Kopf rund, wenig gewölbt. Leben meist an Laubholzbäumen, wenige an niederen Pflanzen und verwandeln sich in der Erde in losen Gespinsten zu Puppen mit abgerundet-kegelförmigem Afterstück, die überwintern. Die Schmetterlinge im ersten Frühjahr, bei Tage unter Laub versteckt.

Gothica, *L.* Taf. 30, Fig. 19. (Sch. Taf. 40, Fig. 19.) Eier nach *Fritsche* halbkugelig, gelb mit Längsrippen. Die Raupe grün mit drei gelblichweißen Rückenlinien und einem breiten, kreideweißen Seitenstreifen. Luftlöcher weiß, braun gesäumt. Kopf grün. 4—5 cm. Lebt im Mai, Juni an Schlehen, Linden, Eichen und an saftigen niederen Pflanzen wie Labkraut (Galium) und verwandelt sich in einem Erdgespinste zu einer braunen Puppe. Entwicklung im März, April. Der Schmetterling nicht selten an Weidenkätzchen. — Tr. 5. 1. 233. — Frr. 1. 31, Taf. 17. — B. & G. Noct. pl. 35. — Sepp. III. 43. — Pr. Taf. II, Fig. 13. — Wild. 204.

Miniosa, *F.* Taf. 30, Fig. 20. (Sch. Taf. 40, Fig. 21.) Das Ei kugelig, querrippig, mattgelb, sodann braungelb, hell schokoladebraun und zuletzt mohnblau. Raupe oben blau mit einem gelben Mittelstreifen und zwei schwarzen Flecken auf jedem Ringe; zu den Seiten des Rückens je eine gelbe Längslinie; an den Seiten schwarz mit einem gelben Längsstreifen, welcher auf jedem Ringe einen weißen Flecken hat. Bauch und Bauchfüße weißlich. Brustfüße schwarz. Kopf weißlich mit großen schwarzen Flecken. 4 cm. Lebt im Mai an Eichen, Schlehen, Birken und Brombeeren. Verwandlung in einem festen Gehäuse. Entwicklung im März, April. Meist häufig, ebenfalls an Weidenkätzchen. — Tr. 5. 1. 228. — Hb. IV. 69 (2. L. d.) — Sepp. II. 1. 60. — Frr. IV. 35, Taf. 340. — Wild. 204.

Pulverulenta, *Esp.* (Cruda, *Tr.*) Taf. 30, Fig. 21. (Sch. Taf. 40, Fig. 22.) Heller oder dunkler gelbgrün, manchmal zimmtbraun, auf dem Rücken mit drei feinen weißen oder gelben Längslinien, zwischen denen auf jedem Ringe vier schiefgestellte, mit je einem Härchen besetzte, schwarze Punktwärzchen stehen; an den Seiten ein breiter, gelber Längsstreifen und auf dem elften Ringe ein gelber, sichelförmiger Querstrich; über und unter den Seitenstreifen auf jedem Ringe je ein schwarzes Punktwärzchen, in den Streifen selbst die weißen schwarz gesäumten Luftlöcher. Bauch gelbgrau. Kopf, Nackenschild und Afterklappe bis zur letzten Häutung schwarz; nach derselben die Afterklappe schmal schwarz gerandet; der Nackenschild schwarz mit drei weißen Strichen. Der Kopf gelbgrün, schwarz punktiert und mit schwarzen Seitenflecken. 4—5 cm. Lebt im Mai zwischen zusammengesponnenen Blättern an Eichen, Ahorn und anderen Waldbäumen, und verwandelt sich dicht unter der Erdoberfläche in einem leichten Gespinste zu einer dunkelbraunen Puppe. (Wild. 204, Taf. 5, Fig. 6.) Entwicklung im März, April. Nicht selten, in manchen Gegenden häufig. — Tr. 5. 2. 230. — Hb. IV. 69 (Ambigua), (2. L. d.) — Frr. 4. 86, Taf. 341. — Pr. Taf. II, Fig. 15.

Populeti, *Tr.* (Sch. Taf. 40, Fig. 23.) Das Ei grünlichgrau, später mohnblau. Raupe nach *Rössler* S. 105 der von Cym. or. ähnlich, ziemlich gleich dick, rundlich, der letzte Ring dünner, der Kopf groß, rund, leicht mit Braun angelaufen, nicht dunkler als die mattgelbgrüne Körperfarbe, das Gebiß braun punktiert. Gelbe Seitenlinie nicht stärker als die wenig ins Auge fallenden Nebenrückenlinien. Über und unter den Luftlöchern eine feine unter der Lupe gezackt erscheinende Linie. Luftlöcher klein, weißlich, fein braun begrenzt. 4—5 cm. Lebt im Mai zwischen zusammengehefteten Blättern an Pappeln (Populus nigra und tremula), ruht gewöhnlich in gekrümmter Lage und verwandelt sich in der Erde zu einer rotbraunen Puppe. (Wild. 205, Taf. 9a, Fig. 85.) Entwicklung im März, April. Schmetterling unter Laub versteckt, fliegt abends an Weidenkätzchen. Nicht selten. — Tr. 5. 2. 221.

Stabilis, *View.* Taf 30, Fig. 22. (Sch. Taf 40, Fig. 24.) Ei abgeplattet, kugelig, zart gerieselt, matt grünlichweiß mit rötlichgrauem Mittelpunkte und Ringstreifen. Die Raupe in der Jugend grün, fein gelblich punktiert; erwachsen grün, gelb gerieselt, mit einer gelblichen Rückenlinie und zu jeder Seite des Rückens einer mehr oder minder deutlichen gelben Längslinie, an den Seiten ein gelber Längsstreifen; auf dem elften Ringe ein dicker gelber Querstrich. Luftlöcher weiß, schwarz gerandet. Kopf grün mit gelblichem Halsbande. 4 cm. Lebt im Mai, Juni an Eichen und Buchen und verwandelt sich in einer gebrechlichen Erdhöhle zu einer dunkelbraunen Puppe. (Wild. 205, Taf. 5, Fig. 5.) Entwicklung im März und April. Der Schmetterling häufiger als alle andern an Weidenkätzchen. — Tr. 5. 2. 223. — Sepp. IV. 46. — B. & G. Noct. pl. 19. — Frr. 4. 44, Taf. 316. — Pr. Taf. II, Fig. 19.

Gracilis, *F.* Taf. 30, Fig. 23. (Sch. Taf. 40, Fig. 25.) Bläulichgrün mit drei weißlichen Rückenlinien, zwischen denen zwei verloschene weiße Punkte auf jedem Ringe stehen; an den Seiten ein weißer, oberwärts schwärzlich schattierter Längsstreifen. Luftlöcher weiß, schwarz gesäumt. Bauch grünlich. Kopf einfarbig braungelb. Wird vor der Verwandlung meist rötlichgrau. 4—5 cm. Lebt im Juni, Juli sehr polyphag zwischen Blättern eingesponnen an verschiedenen Pflanzen, wie Beifuß (Artemisia vulgaris), Schafgarbe (Achillea), Wiesenknopf (Sanguisorba) und Schlehen und verwandelt sich in der Erde in einem losen Gespinste zu einer dicken, braunen Puppe. (Wild. 206, Taf. 5, Fig. 3.) Entwicklung im März, April. Schmetterling häufig an Weidenkätzchen. *Rössl.* S. 106 traf die Weibchen spät Abends, wie sie ihre Eier an die vorjährigen Stengel des Beifußes ablegten. — Tr. 5. 2. 217. — Hb. IV. 57 (G. e. c.) — Sepp. V. 47. — Isis 1846. 38. — Frr. 4. 45, Taf. 317.

Incerta, *Hufn.* (Instabilis, *Esp.*) Taf. 30, Fig. 24. (Sch. Taf. 40, Fig. 26.) Grün, gelblichweiß gerieselt, auf dem Rücken mit einer weißen oder gelblichen Mittellinie und zu jeder Seite desselben mit einer matten oder nur punktierten gelblichen Längslinie; an den Seiten ein hellgelber, nach oben fein schwarz gesäumter Längsstreifen, unter welchem die weißen, schwarz geringelten Luftlöcher stehen. Kopf bläulichgrün. 4—5 cm. Mordraupe. Lebt von Mai bis Juli an Eichen, Birken und Obstbäumen und verwandelt sich in einem Gespinste zu einer rotbraunen Puppe. (Wild. 206, Taf. 5, Fig. 4.) Entwicklung im März, April. Der Schmetterling ebenso häufig an Weidenkätzchen. — Tr. 5. 2. 204. — Rsl. 1. 4. 278, Taf. 53. — Sepp. VI. 36. — Frr. 4. 42, Taf. 315. — Pr. Taf. II, Fig. 18.

Opima, *Hb.* (Sch. Taf. 40, Fig. 27.) Nach *Euffinger* gleich dick, rundlich, Kopf gelb, am Gebiß rotbräunlich; der Rücken purpurfarben, schwärzlich gerieselt, mit einem feinen lichten Rückenstreifen und dunkelbraunen, gelb begrenzten Seitenstreif. Bauch gelblichgrün, Füße von der gleichen Farbe, rötlich angeflogen. Lebt im Mai, Juni an Weiden und Buchen, nach *Wild.* 206 an Eichen. Entwicklung im März, April. Schmetterling selten in Deutschland, England, Ungarn, Liv- und Finnland und am Ural. — Rssl. S. 105. — Ent. XVII. 65. — Heylaerts Tijd. 1883. p. CLI. — Gn. 1. pl. 2, Fig. 5.

Munda, *Esp.* Taf. 30, Fig. 25. (Sch. Taf. 41, Fig. 1.) Oben gelbbraun oder rehfarben mit einer hellen Mittellinie und einer hellen, meistens in Punkte aufgelösten Längslinie an jeder Seite des Rückens; über dieser Seitenlinie stehen dunkle Schrägsstriche, welche auf dem elften Ringe bis gegen die Mitte des Rückens reichen und vor denen an jedem Ringe zwei weiße Punktwärzchen stehen. Die Seiten rindenbraun, dunkler schattiert und über den Füßen mit einem gelbgrauen, in seiner Mitte dunklen, bisweilen rötlichen, gerieselten Längsstreifen, in dessen oberem Rande die feinen weißen, schwarzgesäumten Luftlöcher auf weißlichem Grunde stehen. Bauch grünlich- oder gelblichweiß. Bauchfüße braunrötlich. Kopf rotbraun, fein schwarz punktiert mit schwarzem Stirndreiecke. 4—5 cm. Lebt im Mai, Juni an Pappeln, Eichen und Obstbäumen und verwandelt sich in eine rotbraune Puppe. (Wild. 206, Taf. 5, Fig. 7.) Entwicklung im März, April. Nicht selten, der Schmetterling auf Weidenkätzchen. — Tr. 5. 2. 208. — Frr. 4. 63, Taf. 328.

3. Gattung. Panolis, *Hb.*

Raupe nackt, schlank mit rundem, netzartig gezeichnetem Kopfe. Lebt oft in großer Menge an Nadelhölzern und verwandelt sich in einem Gespinste an der Erde zu einer Puppe mit einigen Börstchen an jeder Seite und zwei länglichen Borsten in der Mitte. Die Puppe überwintert.

Piniperda, *Panz.* Taf. 31, Fig. 1. (Sch. Taf. 41, Fig. 2.) Grün mit drei weißen oder gelblichen Rückenstreifen und orangefarbenen Fußstreifen; der grüne Grund zwischen diesen Streifen ist schwarzgesäumt und von gleicher Breite mit den Streifen. Bauch grün. Füße bräunlich, netzartig rot gezeichnet. 4 cm. Sie leben vom Juni bis August gesellschaftlich an Föhren, Fichten, oft in solch großer Anzahl, daß ganze Waldungen zerstört werden und verwandeln sich im September in einem zwischen Moos angelegten Gespinste. Puppe rotbraun. (Wild. 202, Taf. 6, Fig. 67.) Entwicklung Ende März, April. Oft in großer Menge in Wäldern. — Tr. 5. 2. 76. — Rtzb. 2. 170. — Hb. IV. 38 (Flammea) (F. e. f.) — Esp. 4. 124. — Sepp. III. II. 5. — Pr. Taf. II, Fig. 11. — Soc. ent. 1. 33. — Ann. S. Lyon 1883. pl. I, Fig. 7.

4. Gattung. Pachnobia, *Gn.*

Die Raupen walzig, nach dem elften Ringe etwas verdickt, nackt. Sie leben an niederen Pflanzen und verwandeln sich in der Erde. Puppen überwintern.

Leucographa, *Hb.* (Sch. Taf. 41, Fig. 3.) Grün mit weißen und braunen Atomen bedeckt, welche letztere durch Anhäufung braune Schrägsstriche bilden; über den Füßen ein matt rostfarbener, oberwärts schwarzgesäumter Längsstreifen. Bauch grün. Kopf grün mit zwei bräunlichen Strichen. 3—4 cm. Lebt im Mai an Heidelbeeren und anderen niederen Pflanzen. Schmetterling im April abends an Weidenkätzchen. Selten, in

Central-Europa und südöstlichem Rußland. — Tr. 5. 2. 118. — Wild. 207. — Weymer, St. e. Z. 1865. 106.

Rubricosa, *F.* Taf. 31, Fig. 2. (Sch. Taf. 41, Fig. 5.) Rötlich braungrau mit einer matten Rückenlinie; zu den Seiten des Rückens je eine abgesetzte gelbe Längslinie, über welcher auf jedem Ringe ein weißer Punkt auf schwarzem Grunde steht; an den Seiten unter den schwarzen Luftlöchern ein breiter, weißlicher, hie und da rötlichgerieselter Längsstreifen; auf dem letzten Ringe ein dreieckiger schwarzer Flecken mit zwei hellgelben Pünktchen. Kopf braungrau, schwarz gegittert mit zwei schwarzen Linien. 4—5 cm. Lebt im Juni, Juli an niederen Pflanzen, wie Labkraut (Galium) und Sternkraut (Stellaria) und verwandelt sich in der Erde zu einer kolbigen glänzendbraunen Puppe. Entwicklung im März, April. Selten, in Central- und südlichem Europa. — Tr. 5. 2. 396. — Hb. IV. 56 (G. e.) — Fr. B. 3. 79, Taf. 117. — Wild. 207. — Mill. 154. 4. 5. — Rssl. 106.

Carnea, *Thnb.* (Sch. Taf. 41, Fig. 6.) Raupe nach *Stgr.* rötlichbraun, sehr dicht schwarz gewässert mit feiner weißer Rückenlinie, die an den mittleren und hinteren Segmenten schwarz gesäumt ist, und fast ganz schwarzen Gelenkeinschnitten. Mit einer sehr verloschenen Seitenlinie und weißlichen, schwarz eingefaßten Luftlöchern auf sehr dunklem Grunde. Kopf hell, kastanienbraun, netzartig gezeichnet. 3,2 cm. Lebt polyphag auf verschiedenen Pflanzen und verwandelt sich in eine dunkelbraune Puppe. Entwicklung im Juli. Norwegen, Lappland, Labrador. — St. e. Z. 1861. 367. — Sandberg, Berl. e. Z. 1886. 259.

5. Gattung. **Mesogona**, *B.*

Raupen schlank, walzig mit einigen Härchen besetzt, hornigem Nackenschild und einem runden, wenig gewölbten Kopfe. 16-füßig. Leben am Tage verborgen, fressen nur des Nachts und verwandeln sich in einem dicken erdigen Gespinste in der Erde zur Puppe. Schmetterlinge bei Tage in dürrem Laub versteckt.

Oxalina, *Hb.* Taf. 31, Fig. 3. (Sch. Taf. 41, Fig. 7.) Hellbraun mit einem helleren Mittelstreifen und weißen Punkten auf dem Rücken; an den Seiten ein abgesetzter schwärzlicher Längsstreifen, unter welchem die Grundfarbe gelblichweiß und Luftlöcher schwarz; Nackenschild schwarz mit drei hellen Strichen. Kopf braun. 5 cm. Lebt im April, Mai an Weiden und Pappeln, bei Tage unter Steinen, nach *Wocke* unter altem Laube verborgen. Verwandelt sich in der Erde zu einer braunroten Puppe. Entwicklung im September. Im südlichen Deutschland, Ungarn, Galizien, in der Schweiz, in Piemont und Ural. — Tr. 5. 2. 178. — Fr. B. 3. 62, Taf. 112. — Wild. 208.

Acetosellae, *F.* Taf. 31, Fig. 4. (Sch. Taf. 41, Fig. 8.) Schmutzig fleischfarben mit vielen schwarzen Atomen bedeckt; auf dem Rücken ein matter, graugelber Mittelstreifen und vier gleichfarbige Punkte auf jedem Ringe. Luftlöcher schwarz. Bauch und Füße graugelblich. Nackenschild braun. Kopf dunkelbraun mit fleischfarbenem Halsbande. 5—6 cm. Lebt im Mai, Juni an Schlehen und Eichenbüschen, nach *A. Schmid* auch an niederen Pflanzen, und verwandelt sich in einem Erdgespinste zu einer rotbraunen Puppe. Entwicklung im August, September. Nach *Wullschl.* sitzt der Schmetterling gerne an Obstködern. Ziemlich vereinzelt und selten, mehr im Süden. — Tr. 5. 2. 179. — Sepp. IV. 38. 39. — Frr. 3. 17. Taf. 202. — Wild. 208. — Pr. Taf. III, Fig. 14.

6. Gattung. **Hiptelia**. *Gn.*

Die noch wenig bekannte Raupe lebt auf niederen Pflanzen; die Schmetterlinge mehr im Süden.

Ochreago, *Hb.* (Sch. Taf. 41, Fig. 9.) Nach einer mündlichen Mitteilung V. Dorfmeisters an Dr. Rebel ist die Raupe lichtgrün mit verwaschenem lichten Seitenstreif und lebt auf Wollkraut (Verbascum). Entwicklung im Juli. Sehr selten, in den Alpen, bei Wien, in Steiermark, Frankreich, wo der Schmetterling bis 500 m Höhe an Origanumblüten angetroffen wird.

7. Gattung. **Dicycla**, *Gn.*

Raupe schlank, walzig, nackt mit Fleckenstreifen auf dem Rücken. 16-füßig. Lebt an Laubholzbäumen zwischen zusammengesponnenen Blättern, zwischen denen sie sich auch verwandelt. Das Ei überwintert.

Oo, *L.* Taf. 31, Fig. 5. (Sch. Taf. 41, Fig. 11.) Rotbraun mit einem weißen Fleckenstreifen auf dem Rücken und einer weißen Längslinie zu jeder Seite des Rückens, welche von weißen Pünktchen beiderseits umgeben ist; an den Seiten ein weißlicher Längsstreifen über den Füßen. Bauchfüße braun, Kopf und Brustfüße schwarz. 4—5 cm. Lebt im Mai an Eichen und verwandelt sich in zusammengesponnenen Blättern zu einer rotbraunen Puppe. Entwicklung im Juli, August. Der Schmetterling bei Tag an Eichenzweigen und an Baumstämmen ruhend. In Deutschland in wärmeren Gegenden, bei Kassel, Frankfurt, häufiger in Ungarn. — Tr. 5. 1. 84. — Rsl. 1. 4, Taf. 63. — Frr. 5. 119, Taf. 454. — Hb. IV, 78 (Ferruginago), (2. N. d.) — Gn. II. 8. — Wild. 209. — Pr. Taf. II, Fig. 10.

8. Gattung. **Calymnia**, *Hb.*

Raupen dickwalzig, nach vorn etwas verdünnt mit einzelnen Härchen auf Punktwärzchen besetzt und mit einem kleinen Kopfe. Leben zwischen zusammengesponnenen Blättern und verwandeln sich an der Erde zwischen Moos oder Blättern zu blaubereiften Puppen mit kegelförmigem Hinterleibe. Die Raupen fallen in Gefangenschaft öfters andere Raupen an (Mordraupen). Die Eier überwintern.

Pyralina, *View.* Taf. 31, Fig. 6. (Sch. Taf. 41, Fig. 12.) Kurz, dicker nach hinten, schlanker nach dem Kopfe, hellgrün mit weißlichen Rücken- und zwei blassen Fußstreifen. Über den Füßen läuft ein gelblicher, besonders auf den drei ersten Ringen oben schwarz begrenzter Streif. Auf den Ringen stehen weißgelbe Warzen mit feinen Härchen besetzt, zu beiden Seiten des Rückenstreifens je zwei und über den gelben Streifen eine auf jedem Ringe. Kopf und Vorderfüße hellgrün. Luftlöcher bräunlich. Lebt im Mai an Eichen, Obstbäumen, besonders Äpfelbäumen, Ulmen, selten an Linden, und nach *Schenk* auch an Gartenmalven und verwandelt sich in einem leichten Gespinst an der Erde zu einer hellbraunen Puppe. Entwicklung im Juni; nicht selten. — Tr. 5. 2. 392. — Hb. IV. 81 (O. b.) — Frr. 2. 57 Taf. 129. — Wild. 211. — Pr. Taf. III, Fig. 18.

Diffinis, *L.* Taf. 31, Fig. 7. (Sch. Taf. 41, Fig. 13.) Weißlichgrün mit fünf gleichweit von einander entfernten weißen Längsstreifen und dazwischen weißen, braun gekernten Wärzchen. Bauch und Füße gelbgrün. Brustfüße schwarz. Kopf glänzendschwarz mit heller Gabelzeichnung. 4 cm. Lebt nur auf niederen Büschen von Rüstern zwischen zusammengesponnenen Blättern und verwandelt sich in einem leichten Gespinste zu einer hellbraunen Puppe. Entwicklung im Juli. Nicht häufig, doch verbreitet. — Tr. 5. 2. 386. — Hb. IV. 81 (O. b.) — Fr. 2. 58, Taf. 130. — Wild. 211. — Pr. Taf. III, Fig. 17.

Affinis, *L.* Taf. 31, Fig. 8. (Sch. Taf. 41, Fig. 14.) Raupe blaß, kupfergrün, ins Gelbliche fallend mit feinen schwarzen Wärzchen und fünf weißen Längslinien. Luftlöcher schwarz. Kopf gelblichgrün. 3 cm. Lebt im Mai an Eichen und Rüstern zwischen Blättern eingesponnen. Entwicklung im Juli; nicht häufig. — Tr. 5. 2. 389. — Gn. II. 11. — Sepp. IV. 3. — Wild. 211.

Trapezina, *L.* Taf. 31, Fig. 9. (Sch. Taf. 41, Fig. 15.) Matt- oder gelblichgrün; auf dem Rücken mit einer weißen, dunkelgesäumten Mittellinie; daneben auf jedem Ringe mit vier weißen, schwarz gekernten Wärzchen und einer matten Längslinie zu jeder Seite des Rückens; an den Seiten ein gelblicher Längsstreifen, in welchem die schwarzen Luftlöcher stehen. Bauch und Füße schwarzgrün, letztere mit einem schwarzen Flecken. Brustfüße schwarz. Kopf gelblich mit dunkelbraunen Strichen. 4 cm. Lebt im Mai an Eichen und Weiden und anderen Laubhölzern und ist eine der bekanntesten Mordraupen. Verwandelt sich an der Erde zwischen Moos oder Blättern zu einer hellbraunen, leicht blaugrau bereiften Puppe. Entwicklung im Juli, August. Fast überall gemein. — Tr. 5. 2. 383. — Hb. IV. 80 (N. f.) — B. & G. Noct. pl. 19. — Frr. 7. 43, Taf. 624. — Sepp. III. 46. — Pr. Taf. III, Fig. 16. — Wild. 210.

9. Gattung. **Cosmia,** *O.*

Die Raupen dieser früher mit der vorigen Gattung vereinigten Gruppe sind wie die Vorigen gestaltet, und haben auch die gleiche Lebensweise.

Paleacea, *Esp.* (Sch. Taf. 41, Fig. 16.) Durchscheinend schmutzig hellgrün oder gelblichgrün mit einem weißlichen Mittel- und zwei matten Seitenstreifen auf dem Rücken; an den Seiten eine dunklere weißgesäumte Längslinie, über welche die Luftlöcher stehen. Kopf hellwachsgelb mit braunem Maule. 4—5 cm. Lebt im Mai, Juni an Birken, Erlen und Espen zwischen zwei zusammengeklebten Blättern, zwischen denen sie in gekrümmter Lage ruht. Puppe hellbraun, blau bereift. Entwicklung im Juli, August; verbreitet und meist häufig. — Tr. 5. 2. 280. — Isis 1846. 39. — Esp. 4. 323. — Hb. IV. 79 (Fulvago).

Abluta, *Hb.* (Sch. Taf. 41, Fig. 17.) Beschreibung bei Tr. und Wilde nicht richtig. Nach einem Exemplar aus Wien ist die Raupe grün mit dunkleren Mittel- und Nebenstreifen. Kopf braun, unten dunkler mit schiefen braunen Streifen in der Nähe der Ränder. Afterklappe gelb. Lebt auf der Weißpappel (Populus alba). Entwicklung im Juli, August. Selten in Österreich, Ungarn. — Tr. 5. 2. 341. — Wild. 210.

Contusa, *Frr.* Taf. 31, Fig. 10. (Sch. Taf. 41, Fig. 18.) Blaßgrün auf dem Rücken weißlich, mit dunkeldurchscheinendem weißgesäumtem Rückengefäße und vier weißen Punktwärzchen auf jedem Ringe; an den Seiten ein weißer Längsstreifen, auf welchem die weißen schwarzgesäumten Luftlöcher stehen. Lebt im Mai in zusammengesponnenen Blättern von Espen (Populus tremula) und verwandelt sich in einem weißen Gespinste zu einer hellbraunen, blaubereiften Puppe. Entwicklung im Juli. Sehr vereinzelt und selten im nordöstlichen Deutschland und in Sachsen. — Frr. 6. 108, Taf. 534. — Wild. 210.

10. Gattung. **Dyschorista,** *Ld.*

Raupen schlank, nackt, 16-füßig, leben an Laubhölzern und verwandeln sich an der Erde zwischen Moos oder in Stammritzen in leichten Gespinsten.

Suspecta, *Hb.* (Sch. Taf. 41, Fig. 19). Rotbraun mit scharfer gelber Dorsale und zwei verloschenen Seitenlinien. Über und unter den schwarzen Luftlöchern stehen weiße schwarz gekernte Wärzchen. Kopf braun, an der Seite schwarz gerandet. Nackenschild schwärzlich mit einer weißlichen Mittellinie. Lebt xantienartig anfangs in den Kätzchen von Populus nigra, später polyphag. Falter anfangs Juli (Metzger, Wien). Selten in Deutschland, Österreich, Holland, England, Frankreich.

Fissipuncta, *Hw.* (Ypsilon, *Bkh.*) Taf. 31, Fig. 12. (Sch. Taf. 41, Fig. 20.) Graubraun mit drei hellen Rückenlinien, deren mittlere sich auf den Ringeinschnitten in rautenförmige Flecken ausdehnt und mit vier weißlichen Punktwärzchen auf jedem Ringe; an den Seiten ein rötlichgrauer, scharf begrenzter Längsstreifen, in welchem die weißen, schwarz gesäumten Luftlöcher stehen. Nackenschild braun mit drei weißlichen Strichen. Kopf hellbraun. 4 cm. Lebt im Mai an Pappeln und Weiden, in der Jugend zwischen zusammengesponnenen Blättern der jungen Triebe, erwachsen am Tage unter der losgesprungenen Rinde versteckt und verwandelt sich in einem leichten Gewebe in der Erde oder zwischen der Rinde zu einer hellbraunen Puppe. (Wild. 214, Taf. 6, Fig. 47.) Entwicklung im Juni, Juli. In manchen Gegenden gemein. — Tr. 5. 2. 210. — Hb. IV. 59 (G. g.) — Frr. 4. 61, Taf. 329.

11. Gattung. Plastenis, B.

Raupen schlank, 16-füßig, Rücken wenig gewölbt, Bauch flach; mit einzelnen feinen Härchen auf Punktwärzchen besetzt. Kopf rund, wenig gewölbt. Leben an Laubholz zwischen zusammengesponnenen Blättern und verwandeln sich an der Erde in einem leichten Gespinst. Das Ei überwintert.

Retusa, *L.* Taf. 31, Fig. 12. (Sch. Taf. 41, Fig. 21.) Hellgrün mit drei weißlichen Rückenlinien; an den Seiten ein weißer Längsstreifen, über welchem einzelne weiße Pünktchen stehen. Kopf und Brustfüße grün. 3 cm. Lebt im Mai an Weiden (Salix viminalis und fragilis), selten an Pappeln, namentlich an den Spitzen der jungen Triebe und verwandelt sich an der Erde zu einer rotbraunen Puppe. (Wild. 212, Taf. 7, Fig. 62.) Entwicklung im Juli. Nicht selten. — Tr. 5. 1. 80. — Hb. IV. 86 (Gn. a. 2.) — Sepp. III. 39. — Frr. 1. 3. 157, Taf. 143. — Pr. Taf. III, Fig. 15.

Subtusa, *F.* Taf. 31, Fig. 13. (Sch. Taf. 41, Fig. 22.) Grün mit drei weißen Rückenlinien; an den Seiten ein weißer Längsstreifen. Kopf und Brustfüße glänzend schwarz, ersterer mit weißlicher Gabelzeichnung. Lebt im Mai an Pappeln (Populus tremula und nigra). Puppe rotbraun. Entwicklung im Juli, August. Nicht häufig. — Tr. 5. 1. 82. — Hb. IV. 86 (Q. a.) — Gn. II. 3. — Voll. 1. 26. — Frr. 1. 20, Taf. 10. — Wild. 212.

12. Gattung. Cirrhoedia, Gn.

Raupen kurz und dick mit merklichen Ringeinschnitten, einem kleinen flachen Kopfe und hornartigen Nackenschild. 16-füßig. Leben an Laubholzbäumen und verwandeln sich zwischen zusammengesponnenen Blättern. Das Ei überwintert.

Ambusta, *F.* Taf. 31, Fig. 14. (Sch. Taf. 41, Fig. 23.) Schmutzig fleischfarbig mit drei abgesetzten weißlichen Streifen auf dem Rücken, zwischen denen sich auf jedem Ringe schräge bräunliche Schattenstriche zeigen; an den Seiten ein gelblicher Längsstreifen, über welchem die feinen weißen, schwarz gesäumten Luftlöcher stehen. Bauch gelbgrau. Füße schmutzigbraun. Nackenschild braun mit drei weißen Strichen. Kopf schwarzbraun mit schwarzen Strichen. 3 - 4 cm. Lebt im Mai an Birnbäumen, bei Tage unter losgesprungener Rinde versteckt und verwandelt sich an der Erde zwischen Blättern oder Moos zu einer rotbraunen Puppe. Entwicklung im August. Mehr südlich verbreitet und selten in Deutschland, bei Wien, in Ungarn, Frankreich und Piemont. — Tr. 5. 1. 78. — Frr. 2. 151, Taf. 189. — Wild. 212.

Xerampelina, *Hb.* Taf. 31, Fig. 15. (Sch. Taf. 41, Fig. 24.) Schmutzig graubraun mit einer abgesetzten, gelblichen, auf den letzten Ringen ausbleibenden Rückenlinie, neben welcher je eine Reihe schwarzer Längsstreifen steht; an den Seiten des Rückens je eine schwarze Längslinie, über welcher auf jedem Ringe ein kleiner schwarzer Punkt mit gelblichem Hofe steht. Luftlöcher klein, schwarz. Kopf klein, flach, braun. 3 cm. Lebt im Juni an Eschen (Fraxinus excelsior) und verwandelt sich in der Erde. Entwicklung im August, September. Im südwestlichen Deutschland, Österreich, England, Belgien und Frankreich. — B. & G. Noct. pl. 28. — Gn. 1. 403. — Mill. pl. 33, Fig. 4-7. — Wild. 213. — Monthl. Mag. IV, p. 136.

13. Gattung. Cleoceris, B.

Raupe schlankwalzig mit Punktwärzchen besetzt und mit Längsstreifen. 16-füßig. Die Raupe der einzigen Art lebt auf Laubholzbäumen zwischen zusammengesponnenen Blättern und verwandelt sich in der Erde. Das Ei überwintert.

Viminalis, *F.* (Saliceti, *Bkh.*) (Sch. Taf. 41, Fig. 26.) Blaßgrün mit weißlichen Ringeinschnitten und fünf weißen Längsstreifen, von denen der Rückenstreifen am stärksten und kreideweiß ist, auf dem Rücken auf jedem Ringe vier weißliche Wärzchen. Bauch und Bauchfüße grasgrün. Kopf braun oder schwärzlich, dunkel gefleckt. 4 cm. Lebt im Mai, Juni an Saalweiden (Salix caprea) zwischen zusammengesponnenen Blättern. Entwicklung im Juli, August. Nicht häufig. — Tr. 5. 1. 104. — Wild. 213.

14. Gattung. Anchocelis, Gn.

Raupe dick, walzenförmig, oben etwas abgeflacht, lebt auf niederen Pflanzen. In Frankreich, England und Kastilien.

Lunosa, *Hw.* (Sch. Taf. 41, Fig. 27.) Schmutzig grüngelb mit durchscheinendem Darmkanal, schmutzig weißen Seitenstreifen und sehr feinen weißen Luftlöchern, die von vier schwärzlichen Linien begrenzt werden. Warzen groß und glänzend. Kopf und Füße braun, ersterer mit schwarzen Flecken. Lebt im April auf trockenen Hügeln von Gräsern und niederen Pflanzen und entwickelt sich im Juli. — Gn. 1. 367. — Monthl. Mag. III, p. 260.

15. Gattung. Orthosia, O.

Raupen dickwalzig, nach vorn wenig verdünnt mit einem kleinen, runden, wenig gewölbten Kopfe. Leben meist in der Jugend an Laubbäumen, später an niederen Pflanzen, und sind zum Teil Mordraupen, wie Pistacina, Lota und Litura, die nach Rössler S. 109 in der Gefangenschaft ihresgleichen anfallen, meist aus Mangel an Feuchtigkeit. Bei Tage sind sie verborgen und verpuppen sich in der Erde. Die Schmetterlinge entwickeln sich im Herbst und überwintern (Ausnahme: Ruticilla), oder es überwintern die Eier.

Ruticilla, *Esp.* (Sch. Taf. 41, Fig. 28.) Raupe braun mit dunklen Winkelschatten und schwarzem Kopfe, lebt im Mai, Juni an Eichen, meist an den Knospen. Puppe überwintert. Entwicklung im April. An wenigen Orten des nordwestlichen Deutschlands, z. B. bei Braunschweig, bei Wien, in Holland, Frankreich, Italien, Spanien. — Tr. VI. 1. 409. — Wild. 215.

Lota, *Cl.* Taf. 31, Fig. 16. (Sch. Taf. 41, Fig. 29.) In der Jugend zart bläulichgrau mit weißer Rückenlinie und weißgrauem Bauche. Erwachsen dunkelblau oder braungrau, fein schwärzlich gerieselt; auf dem Rücken wenig heller, mit einer abgesetzten weißen Mittellinie, welche auch oft fehlt, an jeder Seite des Rückens eine gleichfarbige feine Längslinie; auf jedem Ringe vier schief gestellte weiße, schwarz gesäumte Punktwärzchen; an den Seiten zwei matte weißgraue Längsstreifen. Luftlöcher schwarz. Bauch hellgrau. Nackenschild braun mit drei weißen Linien. Kopf braun mit zwei dunklen Bogenstrichen. 4 cm. Lebt an Weiden, Pappeln und Erlen in der Jugend in zusammengesponnenen Blättern der jungen Triebe, erwachsen am Tage in Astwinkeln oder Stammritzen ruhend; spinnt Ende Juli in der Erde ein lockeres Gespinst, in welchem sie sich nach etwa 6 Wochen zu einer schlanken, gelbbraunen Puppe verwandelt. (Wild. 215, Taf. 7, Fig. 77). Entwicklung Ende August und September. Der fast nirgends seltene Schmetterling fliegt Nachts gern an Lythrum salicaria und an Honiggras. — Tr. 5. 2. 212. — Hb. IV. 57. — Fr. B. 3. 60, Taf. 131. — Sepp. III. 38.

Macilenta, *Hb.* Taf. 31, Fig. 17. (Sch. Taf. 41, Fig. 30.) Das Ei halbrund, unten flach, gelb, alsbald dunkler, dann braungrau. Die Raupe rotbraun mit einer weißen, auf jedem Ringe zu einem ovalen Flecken erweiterten Rückenlinie und jederseits zwei weißlichen Längslinien, zwischen denen weiße Punkte stehen. Bauch rötlichgelb. Nackenschild dunkelbraun mit drei weißlichen Strichen. Kopf gelbbraun. 4—5 cm. Die Raupe lebt in der Jugend in zusammengesponnenen Blättern von Buchen; erwachsen am Tage in Stammritzen, bei Nacht an niederen Pflanzen. Verpuppung in der Erde. Entwicklung im August, September. Nicht selten. — Tr. 5. 2. 215. — Frr. 3. 80, Taf. 251. — Wild. 215. — Pr. Taf. II, Fig. 20.

Circellaris, *Hufn.* (Ferruginea, *Esp.*) Taf. 31, Fig. 18. (Sch. Taf. 41, Fig. 31.) Ei rund mit feinen Querrippen, grün oder rötlich. Die Raupe hell rotbraun mit dunkleren Pünktchen besetzt, auf dem Rücken eine Reihe brauner, spatenförmiger Flecken, welche durch eine bleiche Mittellinie geteilt und auf jedem Ringe mit zwei braunen Punkten besetzt sind; an den Seiten eine bleiche Längslinie mit einem dunklen Fleckenstreifen über derselben. Bauch und Füße rötlich oder gelblichweiß. Nackenschild schwärzlich mit drei grauen Strichen. Kopf hellbraun mit dunkleren Strichen. 4 cm. Lebt nach *Rössl.* S. 108 anfangs in den Stielen der Kätzchen von Pappeln oder Saalweiden, an denen das Ei befestigt war, und begiebt sich später an den Boden, um von niederen Pflanzen zu leben. Verwandelt sich in einem leichten Erdgespinste zu einer rotbraunen Puppe. Entwicklung im August, September. Nicht selten. — Tr. 5. 2. 349. — X. 2. 162. — Frr. B. 3. 96, Taf. 123. — Sepp. VIII. 31. — Wild. 216. — Monthl. Mag. IV, p. 180.

Helvola, *L.* (Rufina, *L.*) Taf. 31, Fig. 19. (Sch. Taf. 41, Fig. 32.) Eier rötlichbraun, vor der Entwicklung graublau. Raupe rot- oder gelblichbraun mit vier gelblichen Rückenlinien und zu deren Seiten auf jedem Ringe vier bis sechs gelbliche Punkte; an den Seiten ein breiter, weißer Längsstreifen, an dessen oberem Rand die schwarzen Luftlöcher stehen. Kopf und Füße rotbraun. 4 cm. Lebt im Mai, Juni an Eichenbüschen, Heidelbeeren und Heidekraut, bei Tage an der Unterseite der Blätter oder am Stengel verborgen. Verwandelt sich in einem leichten Erdgespinste zu einer rotbraunen Puppe. Entwicklung im August, September. Meist nicht selten. — Tr. 5. 2. 347. — Hb. IV. 72 (M. c.) — Esp. 4, Fig. 123. 2 (Catenata). — Wild. 216.

Pistacina, *F.* Taf. 31, Fig. 20. (Sch. Taf. 42, Fig. 1.) Ei länglichrund, oben etwas eingedrückt, weiß oder rötlich mit vielen feinen Erhöhungen. Die Raupe gelblichgrün mit rostfarbigen oder weißlichen Punkten besetzt; auf dem Rücken drei feine rostfarbige Längslinien, an den Seiten ein breiter weißer, oberwärts rostfarben gesäumter Längsstreifen, an dessen oberem Rande die rostfarbenen Luftlöcher stehen. Kopf braungrau. Andere sind dunkelgrün mit drei dunklen Rückenlinien, auf jedem Ringe acht weiße Punkte und an den Seiten mit einem breiten hellen Längsstreifen. Luftlöcher rostbraun. Kopf grün. 4 cm. In der Jugend an Schlehen, Obstbäumen und Faulbäumen (Prunus padus), später an niederen Pflanzen, wie Schafgarben (Achillea) und Flockenblumen (Centaurea), vorzugsweise die Blüten fressend; verwandeln sich in eine dunkelbraune Puppe. Entwicklung im September, Oktober. Nicht selten und verbreitet. — Tr. 5. 2. 239. — Hb. IV. 68 (Lychnides) (L. c.) — Sepp. VIII. 9. 3. — Wild. 216.

Nitida, *F.* Taf. 31, Fig. 21. (Sch. Taf. 42, Fig. 3.) Grau- oder grünlichgrau mit dunkleren Pünktchen und einzelnen feinen Härchen besetzt; auf dem Rücken jeden Ringes eine dunkle doppelte Winkelzeichnung und zu jeder Seite des Rückens eine weißliche Längslinie; über den Füßen ein heller Längsstreifen, in welchem die schwarzen Luftlöcher stehen. Nackenschild schwarz mit zwei weißen Linien. Kopf grau mit schwarzem Gebisse. 4 cm. Lebt im Mai, Juni an Ampfer, (Rumex) Primeln und andern niederen Pflanzen und verwandelt sich in einem Erdgespinste zu einer dunkelbraunen Puppe. Entwicklung im Juli, August. Etwas seltener als die vorigen, doch ziemlich verbreitet. — Tr. 5. 2. 234 und X. 2. 78. — Hb. IV. 70 (M. b.) — B. & G. Noct. pl. 25. — Fr. B. 3. 81, Taf. 118. — Wild. 217.

Humilis, *F.* Taf. 31, Fig. 22. (Sch. Taf. 42, Fig. 4.) Grün mit drei weißen Rückenstreifen, zwischen denen auf jedem Ringe vier weiße Punkte stehen; an den Seiten über den Füßen ein weißer, oberwärts schwarz gerandeter Längsstreifen, an dessen oberem Saume die weißen schwarzgesäumten Luftlöcher stehen. Kopf braungrün. 4—5 cm. Lebt im Mai, Juni an niederen Pflanzen wie Distel (Carduus acanthoides), Sonchus. Entwicklung im August, September. Verbreitet, doch nicht sehr häufig. — Tr. 5. 2. 237. — Hb. IV. 68 (L. c.). — Wild. 217.

Laevis, *Hb.* (Sch. Taf. 42, Fig. 5.) Lichtbraun mit einem gelblichen Rückenstreifen. Nackenschild schwarz mit zwei weißen Linien. Kopf braun. Lebt im Mai an niederen Pflanzen (Ampfer) und entwickelt sich im August. Fast überall selten. — Tr. 5. 2. 232. — Wild. 215.

Litura, *L.* Taf. 32, Fig. 1. (Sch. Taf. 42, Fig. 7.) In der Jugend grün mit weißer, schwarz gesäumter Rückenlinie und einem weißen Seitenstreifen; auf dem ganzen Körper fein schwarz und weiß punktiert. Erwachsen ist sie grau, braun oder rötlich mit einer hellen Rückenlinie, neben welcher in der Regel noch mehrere feine Linien stehen; an den Seiten mit einem weißen, unten gelben Längsstreifen, in welchem die weißen, schwarzgesäumten Luftlöcher stehen. Auf dem Rücken stehen auf jedem Ringeinschnitte sechs weiße Punkte, während die Seiten des Rückens bis zu den Seitenstreifen herab mehr oder minder dicht fein schwarz punktiert sind. Nackenschild und Afterklappe dunkelgrün mit drei weißen Linien. Kopf braun. 4—5 cm. Lebt im Mai, Juni an niederen Pflanzen wie Taubnesseln (Lamium) und Leimkraut (Silene inflata) und verwandelt sich in der Erde zu einer rotbraunen Puppe. Entwicklung im September, Oktober. Nicht häufig aber verbreitet bis Rußland. — Tr. 5. 2. 224. — Hb. IV. 50 (G. b. c) — Frr. IV. 76, Taf. 335. — Wild. 217. — Pr. Taf. II, Fig. 14.

16. Gattung. **Xanthia**, *Tr.*

Die Raupen sind schlank, wenig gewölbt, nach hinten verdickt, nackt mit kleinerem flachen Kopfe und einem hornigen Nackenschilde. 16-füßig. Leben meist anfangs in den Kätzchen der Bäume und Sträucher, später am Boden an niederen Pflanzen und verwandeln sich in der Erde in einem leichten Gespinste.

Citrago, *L.* Taf. 32, Fig. 2. (Sch. Taf. 42, Fig. 8.) Schiefergrau mit drei weißlichen Rückenlinien, zwischen denen auf jedem Ringe je ein schwarzer Flecken zwischen drei weißen Punkten steht; an den Seiten ein breiter weißgelber Längsstreifen, in welchem die weißen, schwarz gesäumten Luftlöcher stehen. Bauch weißlich, gelbgrau. Nackenschild schwarz mit drei hellen Strichen. Kopf braungelb. 4 cm. Lebt im Mai in der Jugend an Linden zwischen zusammengesponnenen Blättern und verwandelt sich da zu einer rotbraunen Puppe. Entwicklung im September. Nicht überall, doch meist nicht selten. — Tr. 5. 2. 357. — Hb. IV. 79 (N. c.) — Frr. 4. 151, Taf. 376. — Sepp. III. 48. — Wild. 220.

Sulphurago, *F.* Taf. 32, Fig. 3. (Sch. Taf. 42, Fig. 9.) Rötlich- oder aschgrau; auf dem Rücken mit einer weißen, braungesäumten Mittellinie, zu deren Seiten auf jedem Ringe ein weißer, braun umzogener Punkt und hinter diesem ein brauner Schrägsstrich stehen; zu den Seiten des Rückens zwei weißliche Längslinien; an den Seiten ein breiter, weißer, gelbrötlich gewässerter, oberwärts schwärzlich begrenzter Längsstreifen, in welchem die schwarzen Luftlöcher, jedes mit einem weißen Pünktchen darüber stehen. Bauch und Nacken weißlich. Kopf klein, schwarzbraun. 4 cm. Lebt im Mai an Ahorn zwischen zusammengesponnenen Blättern, welche sie im Juni fester zusammenspinnt, um sich darin zu einer schlanken rotbraunen Puppe zu verwandeln. Entwicklung im September, Oktober. Selten, im südlichen Deutschland, in der Schweiz, Galizien, Ungarn, Rußland und Schweden. — Tr. 5. 2. 365. — Hb. VI. 78 (N. d.) — Frr. 6. 24, Taf. 495. — Wild. 219.

Aurago, *F.* (Sch. Taf. 42, Fig. 10.) Das Ei ist gefurcht, rosenrot, bräunlich und zuletzt braungrau. Die Raupe ist nach *Rössl.* S. 110 rundlich, nach vorne zugespitzt. Kopf klein, hellbraun. Grundfarbe durchscheinend rotbraun. Rückenlinie fein hell, beiderseits dunkel eingefaßt. Halsringe heller. Auf jedem Ringe drei lichte, dunkler begrenzte Trapezflecken, die auf jeder Seite in gerader Linie stehen. Diese beiden Linien nähern sich nach dem Kopf zu der Rückenlinie und entfernen sich weit von einander nach hinten. Mit ähnlichen Flecken ist die ganze Oberfläche leicht marmoriert. Alle Zeichnungen sind sehr schwach. Kein Seitenstreif. Bauch lichter ohne Zeichnung. Luftlöcher fein, schwarz. Sie lebt im Mai an Buchen zwischen Blätter eingesponnen, später aber am Boden; Dr. *Speyer* ernährte sie mit Heidelbeerblättern. Entwicklung im August, September. Nicht selten bis Schweden. Der Schmetterling kann durch Erschütterung der Stämme an günstigen Stellen in Mehrzahl erhalten werden.

Flavago, *F.* (Togata, *Esp.*) (Sch. Taf. 42, Fig. 11.) Braungrau mit sehr feinen braunen, roten und gelben Punkten dicht besetzt, welche durch dichtere Häufung einen dunkleren Rücken- und Seitenstreifen bilden. Luftlöcher schwarz. Bauch heller, rötlichgrau. Nackenschild und Afterklappe dunkelbraun. Kopf braun mit dunklen Strichen. 3 cm. Lebt anfangs März in den Kätzchen der Saalweiden, später in deren Stiel, dann in zusammengesponnenen Blättern und zuletzt am Boden an niederen Pflanzen. Verwandelt sich in einem lockeren Erdgespinste zu einer kurzen, fein behaarten braunen Puppe. Entwicklung Ende August, September. Verbreitet. — Tr. 5. 2. 367 u. 10. 2. 103. — Frr. 2. 68, Taf. 135 (Silago). — Wild. 219. — Pr. Taf. III, Fig. 10.

Fulvago, *L.* (Cerago, *F.*) Taf. 32, Fig. 4. (Sch. Taf. 42, Fig. 12.) Graubraun, auf dem Rücken dunkler gerieselt, mit einer abgesetzten weißen Mittellinie; meistens auf jedem Ringe mit einem verwischten dunklen Schrägsstriche; an den Seiten ein grauer Längsstreifen. Nackenschild schwarz mit zwei weißen Strichen. Kopf braun. 3 cm. Lebt im März wie die vorige in den Weidenkätzchen, später am Boden. Verwandelt sich in einem lockeren Erdgespinste zu einer schlanken, hellrotbraunen Puppe. Entwicklung im August, September und Oktober. Fast überall häufig. — Tr. 5. 2. 370. — Frr. VII. 127, Taf. 673. — Gn. 1. 393. — Assm. St. e. Z. 1863. 406. — Wild. 218.

Gilvago, *Esp.* (Sch. Taf. 42, Fig. 13.) Ei rötlich oder grau mit feinen Querrippen. Die Raupe ist nach einem Exemplar aus Wien hellbraun mit hellen Rückenlinien, helleren verloschenen Querstreifen und kleinen schwarzen Luftlöchern. Kopf braun, Nackenschild braunschwarz mit zwei schmalen hellen Streifen zu jeder Seite. Lebt im Frühjahr an Pappelkätzchen, dann an niederen Pflanzen. Entwicklung im September. Verbreitet. — Tr. 5. 2. 377. — Mouth. M. IV, p. 156.

Ocellaris, Bkh. Die Raupe ist nach *Rössler* S. 110 der von der vorigen Art außerordentlich ähnlich, beide sind gelblichgrau mit schwarzen Rückenflecken und leben zusammen in den Kätzchen von Pappeln, später am Boden unter abgefallenem Laube und nähren sich von niederen Pflanzen. Entwicklung im August, September. Wahrscheinlich keine gute Art. Nicht selten. — Sepp. II. p. 19, Taf. 5. — Gn. 1. 389.

17. Gattung. **Hoporina,** B.

Raupe dickwalzig, der elfte Ring etwas erhöht, mit hornigem Nackenschilde und großem rundem Kopfe. 16-füßig. Lebt an Laubbäumen und verwandelt sich in der Erde zur Puppe. Der Schmetterling überwintert.

Croceago, F. Taf. 32, Fig. 5. (Sch. Taf. 42, Fig. 14.) Gelblichgrau mit dunkleren Atomen bedeckt und mit weißen Punktwärzchen besetzt; vom vierten bis elften Ringe auf dem Rücken braune Winkelzeichen, die Spitzen nach hinten; hinter dem erhöhten elften Ringe zwei breite weiße Flecken. Luftlöcher weiß, braun geringelt. Nackenschild braun, weiß punktiert. Kopf groß, rotbraun, mit vielen weißen und gelbbraunen Pünktchen. 4—5 cm. Lebt im Mai, Juni an Eichenbüschen und verwandelt sich in einem leichten Erdgespinste zu einer hellroten Puppe. Entwicklung im September, Oktober. Der Schmetterling überwintert und ist im Frühjahr an Weidenkätzchen nicht selten zu finden. — Hb. IV. — Tr. 5. 2. 360. — Wild. 220. — Esp. IV. 186, Fig. 5 - 6.

18. Gattung. **Orrhodia,** Hb. (**Cerastis,** Tr.)

Die Raupen sind walzenförmig, nach vorn wenig verdünnt, hinten etwas erhöht. Sie leben an niederen Pflanzen und verwandeln sich in der Erde.

Fragariae, Esp. (Serotina, O.) Taf. 32, Fig. 6. (Sch. Taf. 42, Fig. 15.) Ei rund, unten flach mit Längsrippen und einem flachen Knopf, hellgrau (Zehrfeld). Raupe ist am Rücken samtartig pomeranzenrot. Luftlöcher weiß, schwarz gerandet. Bauch gelblich. Nackenschild ziemlich groß, schwarz, an jeder Seite mit einem gelben Striche. Kopf braun. 6—7 cm. Mordraupe. Lebt im Mai, Juni auf trockenen Plätzen an Gräsern und niederen Pflanzen, bei Tage unter Steinen verborgen und verwandelt sich in der Erde in einem feinen Erdgespinste zu einer glänzend rotbraunen Puppe. Entwicklung im September, Oktober. Mehr in südlichen Gegenden Deutschlands, in Württemberg, Österreich, Ungarn, Rußland und Sibirien. — Tr. 5. 2. 418. — Hb. IV. 71 (M. b. c.) — Frr. 5. 89, Taf. 435. — Wild. 221. — Pr. Taf. IV, Fig. 7.

Erythrocephala, F. Taf. 32, Fig. 7. (Sch. Taf. 42, Fig. 16.) Heller oder dunkler braungrau oder gelbbraun mit drei feinen hellen Rückenlinien, deren beide äußere auch bisweilen fehlen, und mit einzelnen weißen Punkten auf dem Rücken. Luftlöcher schwarz. Bauch hellgrau. Nackenschild hellbraun bis schwarz mit zwei weißen oder gelben Strichen an der Seite, ebenso die Afterklappe. Kopf schwarzbraun. 4—5 cm. Auf niederen Pflanzen. Nach *Rössler* S. 111 ziehen die jungen Räupchen Eichenblätter allem anderen Futter vor, später nehmen sie auch Schneebeere und Salat an. Verwandelt sich in der Erde in einem dichten Gespinste zu einer rotbraunen Puppe. Entwicklung im September, Oktober. Nach der Überwinterung im März, April an Weidenkätzchen. In ganz Europa, doch nicht häufig. — Tr. 5. 2. 410. — Frr. 5. 91, Taf. 436. — Wild. 221. — Pr. Taf. IV, Fig. 5.

Veronicae, Hb. (Dolosa, Hb.) (Sch. Taf. 42, Fig. 17.) Nach Dr. *Rebel* ist die Raupe dunkelbraun, gewässert, mit sehr feinen lichten Längsstreifen an Stelle der Dorsale und Subdorsalen. Kopf und Nackenschild schwarz, letzteres doppelt gelb durchschnitten. Lebt an niederen Pflanzen und ist bei Tage unter Laub versteckt. Entwicklung im Spätherbst. Nur in einzelnen Gegenden Österreichs, Ungarn, im Rheingau, in der südlichen Schweiz und Frankreich. — Friv. Jell. 1866, Taf. VII, Fig. 1.

Vau punctatum, Esp. (Silene, Tr.) (Sch. Taf. 42, Fig. 18.) Nach *Rössl.* S. 111 rundlich, nach vorn etwas verdünnt, gelbbraun, die Nebenstreifen fallen durch ihre schwefelgelbe Farbe in die Augen, ziehen über das samtschwarze Nackenschild und begrenzen die Afterklappe. Eine leichte Rückenlinie ist wenig hervortretend, die ganze obere Fläche mit zahlreichen lichtgelben, dunkel eingefaßten Punkten besetzt. Die Luftlöcher schwarz. Bauch grau. Kopf rotbraun, keine Seitenlinie. Sie lebt in der Jugend an Schlehen und am Faulbaum (Prunus padus), später findet man sie unter alten Hecken am Boden versteckt. Entwicklung im Herbst. Der Schmetterling überwintert in altem Laub. Nicht häufig in Europa, fehlt in England. — Tr. 5. 2. 412. — Wild. 221. — Rössl. Fauna von Nassau S. 111.

Daubei, Dup. Taf. 32, Fig. 8. (Sch. Taf. 42, Fig. 19.) Dunkelgrün mit einem breiten weißen, oben durch eine dunkelgrüne Linie begrenzten Seitenstreifen, in welchem die schwarzen Luftlöcher stehen. Kopf, Nackenschild und Vorderfüße honiggelb. Bauchfüße von der Körperfarbe. Im Frühjahr ausschließlich auf Buchs (Buxus sempervivens). Entwicklung im Herbst. Südfrankreich. — Mill. Il. p. 15. pl. 52, Fig. 5—8.

Vaccinii, L. Taf. 32, Fig. 9. (Sch. Taf. 42, Fig. 20.) Gelbbraun, an den Seiten rotbraun oder matt braungrau, auf dem Rücken mit drei hellen Längslinien, zwischen denen auf jedem Ringe vier helle Punkte stehen. Luftlöcher schwarz. Bauch grau. Nackenschild dunkelbraun mit drei gelben Strichen als Anfänge der Rückenlinien. Kopf glänzend gelbbraun mit zwei krummen braunen Strichen. Die bei Ligula dem Nackenschild nachgebildete Zeichnung auf dem letzten Ringe fehlt ganz oder ist nur sehr schwach. 3—4 cm. Lebt im Mai in der Jugend an Eichen, später am Boden an niederen Pflanzen. *Rössl.* erzog sie einmal in Menge aus Eiern, die in den Vertiefungen der Zellen von Cynips terminalis gelegt waren, und erhielt daraus lauter unzweifelhafte Vaccinii. Verwandelt sich in der Erde in eine rotbraune Puppe. Entwicklung im Spätherbst. Eine der gewöhnlichsten Eulen im Walde. — Tr. 5. 2. 401. — Hb. IV. 77 (1. M. b.). — Frr. 1. 87, Taf. 46. — Wild. 222. — Pr. Taf. IV, Fig. 4. — Rössl. Fauna, Nassau, S. 112.

Ligula, *Esp.* (Spadicea, *Hw.*) Taf. 32, Fig. 10. (Sch. Taf. 42, Fig. 21.) Raupe nach *Rössl.* grünlichbraun lasiert, Rückenlinie weißlich, fein dunkel eingefaßt, vielfach unterbrochen. Die Trapezflecken licht, dunkel gesäumt, die Nebenlinien fein lichter. Zwischen diesen ist die Rückenfläche immer heller als der Raum zwischen letzteren und dem aus lichteren Punkten bestehenden Seitenstreif, in dessen oberer dunkler Begrenzung die kleineren schwarzen Luftlöcher stehen. Bauch braungrün, durchscheinend. Nackenschild glänzend gelbbraun mit Fortsetzung der Nebenlinien und des Rückenstreifes, erstere stärker; auf der Afterklappe dieselbe Zeichnung schwächer. 4 cm. Sie lebt in der Jugend auf Pflaumen, Schlehen und Weißdorn in Hecken, später an niederen Pflanzen. Die im Freien gefundenen Raupen töten einander, mit einander aus dem Ei erzogene nicht, eine Erfahrung, die bei den meisten Arten zutrifft. Entwicklung im September, Oktober. Ebenfalls nicht selten. — Hb. IV. 70 (Spadicea) (1. M. b.) — Wild. 222. — Rössl. Fauna S. 112.

Rubiginea, *F.* Taf. 32, Fig. 11. (Sch. Taf. 42, Fig. 23.) Schwarzgrau oder bräunlichgrau, dünn behaart mit einer großen schwarzen Fleckenbinde auf dem Rücken und einer dunklen Seitenlinie über den Füßen. Luftlöcher schwarz. Kopf und Nackenschild schwarzbraun. 4 cm. Lebt im Mai ebenfalls an Laubhölzern, später auf der Erde; nach *Weymer* zahlreich in Ameisenhaufen gefunden, die ihr vielleicht wegen ihrer höheren Temperatur besonders zusagen. 4 cm. Puppe braun mit zwei gekrümmten Dornen am Afterstücke. (Wild. 223, Taf. 9, Fig. 92.) Entwicklung im September, Oktober. Der Schmetterling an Baumzweigen ruhend, überwintert und ist im März fast nirgends selten, abends an Weidenkätzchen. — Tr. 5. 2. 398. — Hb. IV. 73 (2. M. c.) — Frr. 1. 84, Taf. 45. — Pr. Taf. IV, Fig. 3. — Rössl. Fauna S. 112. — Stett. e. Z. 1865, p. 113.

19. Gattung. Scopelosoma, *Curt.*

Raupe mit einzelnen feinen Haaren besetzt, sonst wie die der vorigen Gattung. 16-füßig. Verwandlung in der Erde, der Schmetterling überwintert.

Satellitia, *L.* Taf. 32, Fig. 12. (Sch. Taf. 42, Fig. 24.) Eier rund, anfangs hellrot, zuletzt schwarzblau. Raupe in der Jugend schwärzlichgrau mit drei hellen Rückenlinien und einem weißen, auf jedem Ringe fleckenartig erweiterten Seitenstreifen; erwachsen samtartig schwarz, an den Seiten des ersten, zweiten, vierten und zehnten Ringes je ein weißer oder gelblicher Längsstreifen, als Reste des früheren Seitenstreifens. Bauch und Füße erdfarbig. Brustfüße schwarz. Nackenschild und Afterklappe schwarz, erstere mit zwei gelben Strichen. Kopf dunkel, rostbraun. 4—5 cm. Die Mordraupe lebt bis Ende Juni an Eichen, Schlehen, Ahorn und Weiden und verwandelt sich in einem leichten Erdgespinste zu einer gelbbraunen Puppe. Entwicklung im August, September. Fast überall häufig. — Tr. 5. 2. 414. — Rsl. 3. 388. — Suppl. Taf. 50. — Hb. IV. 72 (2. M. c.) — Esp. IV. 169. — Sepp. VII. 25. — Wild. 223. — Assm. St. e. Z. 1863. 402. — Pr. Taf. IV, Fig. 6.

20. Gattung. Scoliopteryx, *Germ.*

Raupe schlank, glatt, durchscheinend mit rundem flachem Kopfe. 16-füßig. Lebt an Weiden und verwandeln sich in einem leichten Gespinste zu einer Puppe mit kappenförmig vorstehendem Vorderrücken. Der Schmetterling überwintert.

Libatrix, *L.* Taf. 32, Fig. 13. (Sch. Taf. 42, Fig. 25.) In der Jugend durchscheinend grün mit drei dunkleren Längslinien; erwachsen grasgrün mit einem gelblichen, selten rötlichen Längsstreifen über den Füßen. Kopf rund, oben wenig eingeschnitten, flach, grün. 5—6 cm. Lebt im Mai an Pappeln, besonders aber an Weiden, wo sie manchmal den Weidenkulturen schädlich wird. Verwandelt sich zwischen Blättern zu einer mattschwarzen Puppe. Entwicklung fast das ganze Jahr. Der Schmetterling in Häusern, an Mauern und Zäunen, im März, April an Weidenkätzchen. — Hb. III. 107 (W. b.) — Rsl. 4. 4. 20. — B. & G. pl. 28. — Esp. 3, Taf. 69. — Sepp. 1. 4. 15. — Wild. 332.

VIII. Familie. Xylinidae, *H.-S.*

Raupen meist nackt, ziemlich lang oder kürzer, 16-füßig, manchmal mit erhöhtem vorletzten Ringe, leben auf Bäumen und Sträuchern, verwandeln sich in der Erde und entwickeln sich im Herbst. Der Schmetterling überwintert.

1. Gattung. Xylina, *O.*

Die Raupen dickwalzig, mit Wärzchen und einzelnen Börstchen auf denselben. 16-füßig. Leben meist an Laubhölzern und verwandeln sich in der Erde zu ziemlich schlanken Puppen. Die Schmetterlinge überwintern.

Semibrunnea, *Hw.* Taf. 32, Fig. 14. (Sch. Taf. 42, Fig. 26.) Grün mit weißlichen Rücken- und Nebenstreifen, einem breiten gelblichen Fußstreifen, auf welchem die weißen, schwarzgerandeten Luftlöcher stehen; unter diesem Streifen mit vielen, weißen Punkten; zwischen den oberen Linien ebenfalls einige derselben.

Kopf grünlich mit dunkler Zeichnung. Füße von der Körperfarbe, die Bauchfüße ebenfalls weiß punktiert. April, Mai an Eschen (Fraxinus excelsior). Puppe braunrot. Entwicklung im September und Oktober. Südeuropa, Österreich, Südfrankreich. — Mill. Jc. I. p. 282. pl. 33, Fig. 1—3.

Socia, *Rott*. (Petrificata, *F.*) (Sch. Taf. 42, Fig. 27). Das Ei pomeranzenfarben, zuletzt graubraun. Die Raupe apfelgrün, weißlich punktiert und gerieselt, mit einem breiten weißen Rückenstreifen; Luftlöcher weiß, schwarz gesäumt; Kopf glänzend grün. 4—5 cm. Lebt im Mai, Juni an Schlehen, Linden, Eichen und Obstbäumen und verwandelt sich in einer Erdhöhle zu einer rotbraunen Puppe. Entwicklung im September, Oktober. — Tr. 5. 3. 33. — Wild. 298.

Furcifera, *Hfn*. (Conformis, *F.*) Taf. 32, Fig. 15. (Sch. Taf. 42, Fig. 28). Ei gelblich, zuletzt zitronengelb; die Raupe rötlichbraun, auch erdgrau oder grünlich, mit feinen schwärzlichen Pünktchen und Strichelchen gesprengelt; Rückenlinie hellgelblich, auf jedem Segment durch einen schwarzen Längsstrich unterbrochen, auf dem elften und zwölften Segment durch solche ganz verdeckt; die Subdorsallinien ebenfalls hellgelblich, auf jedem Ring von einem schief nach hinten gegen die Mittellinie gerichteten schwarzen Strich durchschnitten und bezw. verdeckt. Warzen, je sechs auf dem Rücken in drei Reihen, und je vier an der Seite jeden Segmentes übereinanderstehend, weiß. Die Seitenlinien über den Füßen schwarzgrau, doppelt, nicht scharf begrenzt, in der Mitte jeden Segmentes von einem helleren Fleck unterbrochen; Bauch hellgelblich weiß, auf dem vierten und fünften Segment fein rötlichbraun gesprengelt; Luftlöcher in dem unteren Teil des Seitenstreifens stehend weiß, schwarz gerandet. Kopf: Hemisphären dunkelbraun, gelblich punktiert; Stirndreieck grau; Mundteile hellbraun; Nackenschild wie die kleine rundliche Afterklappe schwarz. Sämtliche Füße hell gelblichweiß. (Nach einer von Herrn Rektor Gleißner erhaltenen präparierten Raupe). 5—6 cm. Lebt im Mai, Juni, Juli an Birken und Erlen und verwandelt sich in einem Gespinste von Moos oder Blättern zu einer kastanienbraunen Puppe. Entwicklung im August bis Oktober. Der Schmetterling im Frühjahr an Baumstämmen. Verbreitet, doch nicht in Menge, mehr im südlichen Europa. — Tr. 5. 3. 12. — Esp. 4, Taf. 125, Fig. 3 (Bifurca). — Fr. 1. 75, Taf. 46. — Wild. 298. — Pr. Taf. IX, Fig. 4.

Ingrica, *H.-S.* (Sch. Taf. 43, Fig. 1.) Von A. Hiendlmayr entdeckt; in der Jugend apfelgrün mit drei gelblichweißen Rücken- und Seitenstreifen; erwachsen graubraun mit unterbrochenen Seiten- und Rückenstreifen, die von Gelb ins Ziegelrote übergehen, und samtschwarzen Flecken. Am Vorderrand des ersten Ringes befindet sich in der Mitte eine samtschwarze Makel, die von ziegelroten Streifen eingesäumt ist und in der Mitte der Hinterhälfte des Ringes von dem ebenso gefärbten Reste des Mittelstreifens erreicht wird. Jeder Ring hat Mittel-, Neben- und Seitenstreifen durch eine samtschwarze Zeichnung unterbrochen; die sechs Warzen auf jedem Ringe sind tief gelb; die Seiten gelb und schwarz punktiert; Luftlöcher weiß, schwarz gerandet. Kopf bräunlichgrau, mit beinweiß begrenzten Gesichtsdreieck; Afterklappe schwarz. 3,8 cm. Lebt im Juni auf Alnus glutinosa, und verwandelt sich in einem Erdgespinste zu einer braunen Puppe. Entwicklung im August. In der Schweiz, Ostpreußen, Livland, Finnland, Rußland, Norwegen, aber auch bei Wien, in Kärnten und Tyrol. — Wien. e. Z. VII. 1888, S. 229.

Lambda, *F.* Taf. 32, Fig. 16. (Sch. Taf. 43, Fig. 2). Var. Somniculosa, *Her.* Bläulichgrün mit fünf weißen Längslinien; Luftlöcher gelblich, braun gesäumt; Bauch und Füße heller grün, letztere mit ockergelben Sohlen. Kopf und Nackenschild hell gelbbraun; Afterklappe von der Körperfarbe. Warzen kaum sichtbar. — Motsch. Etud. ent. 1858. 145. — T. II, Fig. 5. Var. Zinkenii, *Tr.* Blaugrün mit feinen weißen Pünktchen besetzt, auf dem Rücken mit drei weißlichen Längslinien; an den Seiten ein gelber Längsstreifen, in welchem die weißen, schwarz gerandeten Luftlöcher stehen. Brustfüße braungelb. Kopf bei beiden Varietäten grün mit zwei weißen Punkten, bei ersterer mit ockergelbem Maule. 4—5 cm. Lebt im Mai an Weiden, Heidelbeeren und Gagel (Myrica gale), besonders in feuchten moorigen Gegenden und verpuppt sich in einem Gespinst von feuchtem Moose. Puppe ockergelb. Entwicklung im September, Oktober. Mehr in Norddeutschland, Lappland, Finnmark und in Rußland, v. Zinckenii auch bei Salzburg, in Belgien und England. — Frr. 5. 132, Taf. 462 (Somniculosa). — St. e. Z. 1841. 165. — Tr. 5. 3. 16; 10. 2. 109. — Frr. 6. 95, Taf. 539. — Pr. Taf. IX, Fig. 5 (Zinkenii).

Ornithopus, *Rott.* (Rhizolitha, *F.*) Taf. 32, Fig. 17. (Sch. Taf. 43, Fig. 3). Ei hellgelb, rötlich oder hell blutrot mit feinen Härchen filzig bedeckt. Raupe bläulichgrün mit vielen weißen erhabenen Punkten dicht besetzt; auf dem Rücken drei weißliche Längslinien und zwischen denselben auf jedem Ringe vier weiße mit je einem starken weißen Haar besetzte Knopfwärzchen;. an den Seiten eine weiße Längslinie, in welcher die schwarz gesäumten Luftlöcher stehen. Kopf groß, weißgrün mit blaugrünem Stirndreiecke. 4 cm. Im Mai überall gemein; ist eine arge Mordraupe, lebt an Eichen und Schlehen und verwandelt sich in der Erde zu einer kolbigen rotbraunen Puppe. Entwicklung im August, September. Schmetterling überall gemein an Baumstämmen und Planken; im März, April an Weidenkätzchen. — Tr. 5. 2. 21. — Hb. IV. 92 (2. T. b.) — Esp. 4, Taf. 125, Fig. 1. — B. & G. Noct. pl. 34.

Lapidea, *Hb.* Taf. 32, Fig. 18. (Sch. Taf. 43, Fig. 4.) Am elften Segment etwas erhöht, dunkelgrün mit weißer, in der Mitte jedes Segmentes etwas erweiterter, zuweilen unterbrochener Rückenlinie, und ebensolchen Subdorsallinien. Stigmastreifen weißgelblich, auf jedem Segment nach oben gebogen; Bauch und Füße hellgelbgrün. Warzen weiß, schwarz gesäumt; Stellung wie bei Furcifera; die der dritten Reihe stehen dicht an den Subdorsallinien, welche dadurch nach innen erweitert erscheinen; Kopf grün, bräunlich marmoriert; auf dem Stirndreieck zwei große schwarze Punkte dicht nebeneinander. Nackenschild sehr schmal, bräunlichgelb. Luftlöcher dick schwarz umrandet. Keine deutliche Afterklappe. (Nach einer präparierten Raupe aus der Sammlung des Herrn Rektor Gleißner). Die Raupe der Var. Sabinae, H.-G. ist ähnlich, jedoch heller grün gefärbt; Rücken- und Subdorsallinien weißer, deutlich unterbrochen, scharf und fein schwarz gesäumt; auf jedem Segment sind die Warzen der dritten Querreihe gelblich und stehen in den weißen Subdorsalstreifen, die dadurch nicht so stark wie bei Lapidea nach innen erweitert erscheinen. Stigmenstreif weiß, unterbrochen, fein schwarz gesäumt, auf jedem Segment nach oben gebogen und von einem karminroten unregelmäßigen Fleck begrenzt, in welchem die gelben, schwarzgesäumten Luftlöcher stehen. In jedem Abschnitt des Stigmenstreifens steht ein feines ein Haar tragendes Wärzchen in einem gelblichen Hofe. Unterhalb der Stigmenlinie ist die Fläche mit feinen schwarzen und rötlichen Fleckchen und Strichelchen bestreut, zwischen welchen weiße Warzen stehen. Bauch und sämtliche Füße blaßgrün; auf dem vierten und fünften wie zehnten und elften Segment dis Andeutung zweier unterbrochener karminroter Längslinien. Sohlen der Bauchfüße karminrot. Kopf braungelb mit helleren Tupfen. Stirndreieck breit gelb gesäumt. Nackenschild und Afterklappe von der Körperfarbe, ersteres mit den Anfängen der drei Rückenlinien, welche hier lebhaft gelb sind. (Nach einer präparierten Raupe von Herrn Dr. Staudinger.) Die Abbildung auf Taf. 32 bezieht sich auf die Var. Sabinae. Lebt auf Cypressen und Juniperus-Arten. Entwicklung im Oktober. Südfrankreich, Katalonien; die Var. Sabinae im Wallis; die Var. Cupressivora kommt im Balkan, auf Creta und in Katalonien vor. — Mill. Je. I. p. 170, pl. 19, Fig. 3. (Lapidea) stimmt besser mit obiger Beschreibung der Var. Sabinae. — B. Gr. & Rbr. pl. 114, Fig. 2—3. (Leautieri.)

Merkli, *Rbr.* Taf. 32, Fig. 19. Die Raupe ist gelbgrün, weiß punktiert, mit gelber Rücken- und Seitenlinie; unterhalb letzterer stehen die schwarz geringten Stigmen. Kopf hellgrün in der Mitte dunkel geteilt. Bauchseite blaßgrün. Lebt ausschließlich auf Alnus viscosa im Mai, Juni. Die braunschwarze Puppe liegt in einem festen Erdcocon. Entwicklung im Oktober, November. Im Wallis, Südfrankreich, Corsica, Ungarn. — B. Gr. & Rbr. pl. 114, Fig. 4.

2. Gattung. Calocampa, *Stph.*

Raupen nackt, gestreckt; 16-füßig. Leben an niederen Pflanzen und verwandeln sich in der Erde. Die Schmetterlinge überwintern. Puppen tief in der Erde.

Vetusta, *Hb.* Taf. 32, Fig. 20. (Sch. Taf. 43, Fig. 6.) Ei rund, hellgelb, später lederbraun mit weißlicher Zeichnung, zuletzt blau. Die im Frühjahr abgelegten Eier entwickeln sich in 10—12 Tagen. Raupe grasgrün mit drei gelblichen Längslinien auf dem Rücken, zwischen denen je eine Reihe von drei weißen Punkten (Warzen) auf jedem Ringe steht; an den Seiten ein gelber, oben schwarzgesäumter Längsstreifen, in welchem die rotbraunen Luftlöcher stehen. Kopf gelbgrün. 8 cm. Kommt auch in rötlichbrauner, auf dem Rücken dunkelbrauner, am Bauch hellgelbbrauner Färbung vor. Kopf hellbraun. Lebt im Juni, Juli besonders auf Polygonum und Sumpfgräsern (Cyperaceen) und an Schwertlilie (Iris) und verwandelt sich in einer Erdhöhle zu einer braunen Puppe. Entwicklung im August und September. Weit verbreitet aber seltener als die folgende. Schmetterling im Frühjahr an Weidenkätzchen. — Tr. 5. 3. 4. — Hb. IV. 93. — B & G. Noct. pl. 14. — Sepp. V. 59. — Gn. II. 115. — Wild. 301. — Pr. Taf. IX, Fig. 2.

Exoleta, *L.* Taf. 32, Fig. 21. (Sch. Taf. 43, Fig. 7.) Ei gelblichweiß, später dunkelgelb, braun. Raupe grün, mit einem gelben Längsstreifen an jeder Seite des Rückens, über welchem auf jedem Ringe in schräger Richtung zwei weiße, schwarz geringelte und durch einen schwarzen Strich verbundene Punkte stehen; an der Seite ein roter, unterbrochener, unten weiß gesäumter Längsstreifen, über welchem an jedem Ringe drei weiße, schwarz geringelte Punkte und zwischen denselben die gelblichen Luftlöcher stehen. Kopf braun, gelb oder grün mit einem schwarzen Punkt auf jeder Hemisphäre. Nackenschild viereckig, hellgelbbraun, in der Mitte fein geteilt mit vier dicken schwarzen Punkten an jeder Ecke und einem schwarzen gebogenen Strich an jeder Seite. Afterklappe von der Körperfarbe, von zwei feinen schwarzen Bogenstrichen begrenzt, Füße und Bauch von der allgemeinen Körperfarbe. 8—9 cm. Die im Frühjahre in Klümpchen abgesetzten Eier entwickeln sich in sieben bis neun Tagen. Die Raupe lebt im Mai, Juni an vielen zarten saftigen Pflanzen und Blüten, wie Fetthenne (Sedum Telephium), Pestwurzel (Petasites officinalis), Klee, Disteln, Kartoffeln, Spargeln (Asparagus officinalis). Verwandelt sich in einer ausgesponnenen Erdhöhle zu einer dünnschaligen, durchscheinend gelbbraunen Puppe und entwickelt sich im August, September. Der Schmetterling versteckt sich gerne an dunklen Orten. Häufiger als die vorige. — Tr. 5. 3. 7. — Hb. IV. 93 (2. T. c.). — Esp. 4. 138, Fig. 2. — Rsl. 1. 4. 145, Taf. 24. — Sepp. VIII. 17. — B. & G. Noct. pl. 14. — Wild. 301. — Pr. Taf. IX, Fig. 1.

Solidaginis, *Hb.* Taf. 32, Fig. 22. (Sch. Taf. 43, Fig. 8.) Braun, auf dem Rücken mit drei hellen Längslinien, zwischen denen auf jedem Ringe vier gelbliche Punkte stehen; die Linien enden in einem dunklen Querstriche auf dem letzten Ringe; an den Seiten ein gelber, oben braunrot begrenzter Längsstreifen, über welchem an jedem Ringe zwei gelbliche Punkte und das helle Luftloch stehen. Kopf und Brustfüße gelbbraun. Lebt im Mai, Juni an Heidel- und Preiselbeeren (Vaccinium Myrtillus und vitis idaea) und Ledum palustre und verwandelt sich in einer Erdhöhle zu einer schlanken rotbraunen Puppe. Entwicklung im August; meistens

VIII. Familie. Xylinidae, H.-S.

überwintert das Ei. Zerstreut, besonders in Berggegenden, wie am Ober Harz, Ober Steiermark. — Tr. 5. 3. 11. — Hb. IV. 98 (U. e.) — Frr. 7. 59, Taf. 634. — Wild. 301. — Pr. Taf. IX, Fig. 3. — Schildl. St. e. Z. 1874. 69. — Porritt. Month. Mag. IX. p. 92.

3. Gattung. Xylomiges, *Gn.*

Raupe nackt, schlank; erwachsen 16-füßig; bis zur Vollendung der zweiten Häutung fehlen die mittleren drei Bauchfußpaare, bis dahin ist der Gang spannerartig. (Knatz). Lebt an niederen Pflanzen, verpuppt sich in der Erde. Die Puppe überwintert.

Conspicillaris, *L.* (Sch. Taf. 43, Fig. 9.) Rötlichbraun, auf den drei bis vier ersten Ringen heller, ins gelbliche spielend, (kommt auch grün vor), keine deutliche Dorsal- und Subdorsallinie. Fußstreifen dunkler rötlichbraun, breit, verwaschen. Luftlöcher weiß, fein schwarz gerandet. Bauchfläche und Bauchfüße schmutziggelblich. Brustfüße braun. Kopf braun, Nackenschild halbkreisförmig, in der Mitte fein hell geteilt, fein schwarz gerandet. Afterklappe und Nachschieber von der allgemeinen Körperfarbe. Warzen kaum sichtbar. (Nach einer präparierten Raupe aus der Sammlung des Herrn Rektor Gleißner in Berlin). Eier grünlichgrau, alsbald rötlich, dann lila und zuletzt dunkel rotbraun. Die Eier entwickeln sich in acht Tagen. Die Raupe lebt im Juni, Juli an Gräsern und niederen Pflanzen und verwandelt sich nach langer Ruhe in der Erde zu einer braunen Puppe. (Wild. 302, Taf. 9. A, Fig. 94.) Entwicklung im April, Mai. Nicht selten in Centraleuropa, Schweden, Rußland, Piemont. — Tr. 5. 3. 26. — Gn. I. 150. — Sepp. VI, Fig. 7. — Buck. IV, p. 60. pl. 63, Fig. 6. — Pabst, Chemnitz 1890 p. 21.

4. Gattung. Scotochrosta, *Ld.*

Pulla, *Hb.* (Sch. Taf. 43, Fig. 10.) Raupe gleichmäßig dick, braun (nach *Tr.* grün) mit zahlreichen gelblichen Pünktchen besetzt. Mittellinie fein gelb, an den Seiten schwärzlich beschattet, in den Einschnitten unterbrochen. Seitenlinie ebenso; auf jedem Segment ist in der Umgebung des zweiten Warzenpaares die schwarze Beschattung zu einem unregelmäßigen schwarzen Flecken erweitert. Warzen weiß. Stigmenlinie schwarz, fein, mit wellenförmigen Biegungen. Luftlöcher schwarz; Bauch und Füße blaßgelblichbraun, ohne Zeichnung. Kopf ziemlich groß, schwarz, in der Mitte der Hemisphären dicht gelbbraun betupft. Die untere Hälfte des Stirndreieckes und die tief ausgebuchtete Oberlippe gelb. Nackenschild schwarz mit den Anfängen der drei Rückenlinien und kleinen gelbbraunen Tupfen. Afterklappe schwarz mit gelbbraunen Zeichnungen. 5 cm. (Nach einer präparierten Raupe von Herrn Dr. Staudinger, welche nach ansteckendem Zettel bei Budapest gefunden wurde). Lebt nach *Wilde* im April, Mai an niederen Pflanzen, während die Wiener Entomologen bestimmt die Eiche für die Nahrungspflanze halten; bei Tage an der Erde verborgen; verwandelt sich in der Erde zur Puppe. Entwicklung im September.

In Österreich (Wien), Ungarn, Rußland, Südfrankreich und Piemont. — Tr. 5. 3. 51. — Wild. 302.

5. Gattung. Asteroseopus, *B.*

Raupen dick, nackt, durchscheinend grün, nach hinten sehr verdickt, der elfte Ring etwas erhöht; 16-füßig; Kopf rund, flach. Leben an Laubhölzern und halten in der Ruhe das Vorderteil steil in die Höhe gerichtet. Verwandlung in einer Erdhöhle.

Nubeculosa, *Esp.* Taf. 32, Fig. 23. (Sch. Taf. 43, Fig. 11.) Durchscheinend grün mit einem abgesetzten, oft nur auf jedem Ringe als ein Punkt hervortretenden gelblichen Rückenstreifen; an den Seiten des Rückens auf jedem Ringe jederseits sechs gelbweiße Punkte; an der Seite des dritten Ringes ein dicker, gelber, etwas rötlich gesäumter senkrechter Strich; an den Seiten der Erhöhung des elften Ringes je ein gelber Strich und weiter abwärts ein nach den Nachschiebern gerichteter gelber, rötlich gesäumter Strich; Luftlöcher weiß, braun gerandet; Bauch und Bauchfüße grasgrün, die Brustfüße gelbbraun gefleckt; Kopf rund, bläulichgrün. 5—6 cm. Lebt von Mai bis Juni an Birken, Ulmen, Hainbuchen (Carpinus betula), Prunus-Arten etc. und verwandelt sich nach langer Raupenruhe zu einer lederartig genarbten, braunen Puppe. Entwicklung im März. Der Schmetterling kommt öfters erst nach zwei Jahren und ist an Baumstämmen zu suchen. Seltener ist die folgende. — Tr. 5. 3. 55. — Hb. III. 2 (Sphinx I. B. a) Wild. 297. — Fr. B. I. 83, Taf. 27. — Isis 1846. 40. — Pr. Taf. I, Fig. 7. — Ent. N. 1886. 41. — Buck. III. 36. 3.

Sphinx, *Hufn.* (Cassinia, *Hb.*) Taf. 32, Fig. 24. (Sch. Taf. 43, Fig. 12.) Ei flach, längsrippig, grünlich. Die Raupe durchscheinend hellgrün mit einem kreideweißen Rückenstreifen und an den Seiten des Rückens je einer weißen Längslinie vom vierten bis letzten Ringe; über den Füßen ein weißgelber, oberwärts dunkel beschatteter, selten rötlich gemischter Längsstreifen, in welchem die weißen, schwarz gesäumten Luftlöcher stehen; Bauch dunkelgrün; Kopf grün mit zwei gelben Strichen. 5—6 cm. Lebt im Mai oft häufig an Eichen, Pappeln und Obstbäumen. *Lössler* sah nach heftigen Gewitterregen oft eine Menge Raupen unter den Bäumen von Populus nigra. Verwandelt sich in einer Erdhöhle zu einer dicken dunkelbraunen Puppe. (Wild. 297, Taf. 9 A, Fig. 93.) Entwicklung im Oktober. Der Schmetterling ruht an Baumstämmen. Das Ei überwintert, nach Rogenhofer auch der Schmetterling. Nicht überall. — Tr. 5. 3. 53. — Hb. III. 2 (Cassinea B. a.) — Rössl. III. 43. 1—5. — Sepp. II. 115. — Buck. III. 36. 2.

6. Gattung. Dasypolia, *Gn.*

Raupe dick mit starken Warzen, lebt in den Wurzeln von Schirmpflanzen (Umbelliferen). Schmetterling nur im Norden und im Gebirg.

Templi, *Thnb.* Taf. 33, Fig. 1. (Sch. Taf. 43, Fig. 13.) Gelblichgrau, oben rötlich, später hell fleischfarbig; auf den zwei ersten Ringen schwarze Wärzchen iu einer Reihe, vom dritten Ringe an mit je vier schwarzen Warzen oben, und einer Anzahl größerer und kleinerer über den Füßen. Kopf, das geteilte Nackenschild und Afterklappe hellbraun. Die Eier werden anf die Blüten von Heracleum sphondylium gelegt. Die jungen Räupchen verbergen sich anfangs in den Blüten, später fressen sie sich in die Stengel ein und dringen darin bis zur Wurzel vor, in der sie dann leben und sich auch verpuppen. Puppe braun. Entwicklung im September und Oktober. Der Schmetterling überwintert. Schweden, Norwegen, Livland, Finnland, England, Schlesien, Tirol (Innsbruck), Engadin (St. Moritz). — Mill. Jc. II. p. 351. pl. 87, Fig. 3—7. — Buckl. Month. Mag. IV, p. 251.

7. Gattung. **Xylocampa**, *Gn.*

Raupe ophiusenartig, nackt, sehr schlank und gestreckt, nach vorne etwas verdünnt, 16-füßig. Lebt auf Lonicera und verwandelt sich in der Erde in einem Gespinste.

Areola, *Esp.* (Lithorhiza, *Bkh.*) Taf. 33, Fig. 2. (Sch. Taf. 43, Fig. 14.) Bräunlich- oder eisengrau mit einer weißlichen Rückenlinie, an deren Seiten auf dem siebenten und achten Ringe je ein länglicher schwarzer Flecken steht; mit weißlichen Wärzchen besetzt und mit einem dunklen doppelten Seitenstreifen. Kopf und Brustfüße braun. 5—6 cm. Lebt im Juni an Gaisblatt (Lonicera), bei Tage an der Erde verborgen, oder an Stämmen sitzend und verwandelt sich in einem Erdgespinste zu einer rotbraunen Puppe. Mehr im westlichen Europa. Schmetterling selten. Entwicklung im März. — Tr. 5. 3. 66. — Frr. 5. 130, Taf. 460. — Gn. II. 110. — Wild. 296, — Mill. 104. 1—3. — Pr. Taf. VIII, Fig. 22.

8. Gattung. **Lithocampa**, *Gn.*

Raupen schlank, flach, der elfte Ring zweispitzig erhöht; 16-füßig, die beiden vorderen Bauchfußpaare wenig verkürzt, ihr Gang ist daher gleich dem der Catocalen, auch können sie sich, wie diese, lebhaft schnellen; die Nachschieber lang; Kopf rund, flach. Sie leben auf Gaisblatt-Arten, bei Tage am Stamme angedrückt und verwandeln sich in einem zähen Gewebe zu einer kolbigen Puppe, die überwintert.

Ramosa, *Esp.* Taf. 33, Fig. 3. (Sch. Taf. 43, Fig. 15.) Holzfarbig gelbbraun mit vier einzelbehaarten schwarzen, weiß umzogenen Wärzchen auf dem Rücken jedes Ringes; auf dem Rücken mit unterbrochener weißlicher Zeichnung und mit schwärzlichen, auf der Mitte zusammenstoßenden Schrägsstrichen; an den Seiten ein gelbbrauner Längsstreifen, unter welchem eine dunkle Linie mit den schwarzen Luftlöchern steht. Der elfte Ring zweispitzig erhöht. Kopf braungrau mit dunkleren Strichen. Die Raupe imitiert die Zweige von Lonicera. 4—5 cm. Lebt im September an Gaisblatt (Lonicera), sitzt an den Zweigen dicht angedrückt mit ausgestreckten Nachschiebern und verwandelt sich an dem Stamme oder zwischen Moos in eine gelblichbraune Puppe mit dunklen Flügelscheiden. Süddeutschland ziemlich selten. — Tr. 5. 3. 64. — Hb. IV. 95. 96 (2. U. a. b. & U. b.) — Frr. 3. 72, Taf. 245. — Wild. 296. — Pr. Taf. VIII, Fig. 21.

Millieri, *Stgr.* (Sch. Mill. 117.) Junge Raupe beinfarben mit feinen Längsstrichen und feinen, ein starkes Haar tragenden Wärzchen. Erwachsen oben graugrün, mit einem gelben Seitenstreifen, unter welchem die hellen; schwarz umzogenen Luftlöcher stehen. Über den Rücken läuft eine weiße Linie, welche sich vom vierten bis zum neunten Ringe erweitert, innen dunkelrot ausgefüllt ist und in zwei stark behaarte Erhöhungen endigt. Kopf von der Körperfarbe. Lebt im September an Lonicera. Puppe rotbraun. Entwicklung im Juni und von der zweiten Generation im Juli, August. In Katalonien. — Mill. Jc. III, p. 219. pl. 123.

IX. Familie. **Cleophanidae**, *Ld.*

Raupen lang, spindelförmig, nackt, 16-füßig. Kopf klein; leben meist im Süden von Europa und verwandeln sich in kleinen eiförmigen, pergamentartigen Gespinsten zu Puppen mit einer langen gebogenen spitz endenden Zungenscheide.

1. Gattung. **Epimecia**, *Gn.*

Raupe sehr schlank, nach hinten dünner, mit kugeligem Kopfe. 16-füßig. Die zwei vorderen Bauchfußpaare um die Hälfte kleiner als die zwei hinteren. Lebt an niederen Pflanzen und verwandelt sich in einem dichten Gehäuse.

Ustula, *Frr.* (Lurida, *Tr.*) Taf. 33, Fig. 4. (Sch. Taf. 43, Fig. 16.) Grasgrün, auf dem Rücken ein gelblichgrüner, in den Ringeinschnitten mehr gelblich gefärbter Längsstreifen; an den Seiten mit einer gelbgrünen Längslinie, welche oben namentlich in der Umgebung der weißen, schwarz gesäumten Luftlöcher rot begrenzt ist; Bauch und Füße graugrün. Kopf klein, grün. Nackenschild und Afterklappe von der Körperfarbe. 3·5 cm. (Nach einer präparierten Raupe von Dr. Staudinger). Lebt in zwei Generationen Ende Mai bis Mitte Juni und im August an Scabiosa leucantha, nach Wild. an Chrysanthemum leucanthemum, am Tage an der Erde verborgen, und verwandelt sich in einem weißen, ovalen dichten Gespinst zu einer rotbraunen Puppe. Entwicklung im August und April, Mai. Ungarn, Süd-Tirol, Bulgarien, Frankreich, Katalonien. — B. & G. pl. 22. — Wild. 295.

2. Gattung. **Calophasia**, *Stph.*

Raupen schlank, spindelförmig, nackt, 16-füßig; mit gelben Linien und vielen dunklen Flecken. Kopf klein, flach, sie leben meist auf Leinkraut und verwandeln sich in festen pergamentartigen Geweben zu Puppen mit verlängerter Rüsselscheide.

Casta, *Bkh.* (Opalina, *Esp.*) Taf. 33, Fig. 5. (Sch. Taf. 43, Fig. 17.) Gelb mit zwei Längsreihen, teils größerer, teils kleinerer tief schwarzer Flecken über dem Rücken, vom ersten bis zwölften Segment und zahlreichen teils größeren teils kleineren schwarzen Punkten an den Seiten der Segmente und über den Füßen; in den Segmenteinschnitten vom vierten Segment an je zwei getrennte schwarze Querstriche. Bauch und Füße von der allgemeinen Körperfarbe, ersterer ungefleckt. Luftlöcher schwarz; Kopf klein, blaugrau mit schwarzen Längsstrichen und schwarzen Punkten. Lebt im Juli, August an Leinkraut (Linaria), Antirrhinum majus, Rittersporn (Delphinium) und verwandelt sich in eine gelbbraune Puppe mit fadenförmig verlängerter Saugrüsselscheide. Entwicklung im Mai, Juni. Im südöstlichen Deutschland, Ungarn, Balkan, Südfrankreich, Italien Südrußland. — Tr. 5. 3. 80. — B. & G. Noct. pl. 4. — Fr. B. 2. 101, Taf. 79. — Wild. 294. — Pr. Taf. VIII, Fig. 26.

Platyptera, *Esp.* (Sch. Taf. 43, Fig. 18.) Die Raupe ist nach Gn. der von Lunula sehr ähnlich; die Flecken sind aber verhältnismäßig kleiner und zahlreicher und die gelben Linien an den Einschnitten mehr unterbrochen. Der Kopf nur schwarz punktiert ohne Längsstreifen. An Leinkraut (Linaria). Entwicklung im Juni. In den Alpen von Krain, der Schweiz und im südlichen Europa. Nach G. Dorfmeister lebt die Raupe bei Graz nur auf Antirrhinum minus; auch bei Wien. — Dup. VII. 120. 5. — Gn. II. 164. — St. e. Z. 1862. 152.

Lunula, *Hfn.* (Linariae, *F.*). Taf. 33, Fig. 6. (Sch. Taf. 43, Fig. 21.) Gelb, an der Unterseite bleicher. Die Subdorsallinien sind in je eine Reihe samtartig schwarzblauer, querstehender, länglich viereckiger Flecken aufgelöst, welche sich vom Kopf bis zur schwarzen, in der Mitte gelb geteilten Afterklappe erstrecken. Die Stigmenlinie ist ebenfalls in einen aus zahlreichen schwarzen Fleckchen und Strichen bestehenden breiten Längsstreifen aufgelöst. Luftlöcher schwarz; dicht über den Füßen und auf die Außenseite der Bauchfüße sich erstreckend, zieht sich noch ein aus schwarzen und rotbraunen Fleckchen und Punkten bestehender Streifen hin. Warzen sehr klein, nicht deutlich sichtbar. Kopf gelb mit zwei schwarzen Längsstreifen und vier schwarzen Punkten ober den Mundteilen. Brustfüße braun; Bauchfüße blaßgelb. 4 cm. Lebt in zwei Generationen im Juni und August an Leinkraut (Linaria vulgaris, genistifolia und repens) und verwandelt sich in einem zähen, weißgrauen Gewebe zu einer walzigen Puppe mit sehr verlängerter, schmaler Saugrüsselscheide. (Wild. 294, Taf. 7, Fig. 78.) Entwicklung mitunter erst nach langer Puppenruhe im Mai und Juli. Nicht selten. — Tr. 5. 2. 77. — Hb. IV. 94. (2. U. a.) — B. & G. pl. 4. — Frr. 2. 124, Taf. 171. — Pr. Taf. VIII, Fig. 25.

3. Gattung. **Cleophana,** *B.*

Raupen schlank, wenig gewölbt mit kleinem Kopfe, 16-füßig. Leben ebenfalls an niederen Pflanzen, besonders an Leinkraut und verwandeln sich in festen Gespinsten zu Puppen mit langer, abstehender Zungenscheide; mehr in Südeuropa.

Antirrhini, *Hb.* Taf. 33, Fig. 7. (Sch. Taf. 43, Fig. 22.) Mattgrün, auf dem Rücken dunkler, mit einem breiten weißgelben Mittelstreifen, feinen schwarzen Wärzchen und vier weißlichen feinen Längslinien an jeder Seite. Luftlöcher weiß, schwarz gerandet; Bauch und Füße gelblichweiß; Kopf klein, hellgrün mit zahlreichen dunkelbraunen Fleckchen und weißer Winkelzeichnung. 5 cm. Lebt im Juli an Löwenmaul (Antirrhinum), namentlich auf Scabiosa ochroleuca, und verwandelt sich in einem länglichen festen weißen Gespinste zwischen Pflanzenstengeln oder in der Erde zu einer rotbraunen Puppe. Entwicklung im Juni. Schmetterling an sonnigen trockenen Abhängen bei Tage fliegend; im südlichen Europa. Österreich, Ungarn, Böhmen, und Kleinasien. — Tr. 5. 3. 75. — Frr. 2. 126, Taf. 172. — Wild. 295. — Pr. Taf. VIII, Fig. 24.

Serrata, *Tr.* (Sch. Taf. 43, Fig. 23.) Langgestreckt, grünlich mit hellerer Rückenlinie und feinen Seitenlinien und breitem Fußstreif, lebt auf Scabiosen und entwickelt sich im Mai. Nur im südlichen Spanien und Sicilien. — Rmb. Cat. S. And. 14. 2. — Mill. Jc. 66, Fig. 1—2.

Olivina, *H.-S.* Eine wahrscheinlich hierher gehörige Raupe ist nach Lederer schlanker als die von Linariae, glänzend rotgelb mit einem lichtgelben, schmalen Rückenband und beiderseits vier feinen braunen Linien, von denen je zwei sehr genähert dem Rückenband als Einfassung dienen, eine in der Seite und eine mitten zwischen der zweiten und vierten zieht. Auf Nelken. Puppe wie bei Linariae. — Wr. Mts. 1863, p. 26. — Falter Mai, Juni, in Bulgarien, Dalmatien, Piemont, Kleinasien.

Dejeanii, *Dup.* (Sch. Taf. 43, Fig. 26. Raupe gelblichweiß mit vier rötlichen Streifen; im Juni auf dem Samen des Sonnenröschens (Helianthemum). Entwicklung im Mai des folgenden Jahres. Südfrankreich, Andalusien und Griechenland. — Rmb. Cat. S. And. 14. 3.

Diffluens, *Stgr.* (bon. sp.) Yvani Rbr. Cat. And. pl. 14. 4.) (Sch. Taf. 43, Fig. 27.) Raupe nach Rmb. rötlich mit breiter, gelber Seitenlinie über den Füßen und feinen Seitenstreifen. An dem Samen von Sonnenröschen (Helianthemum). Entwicklung im Mai. Andalusien.

Baetica, *Rbr.* Fn. And. pl. 18. 4 (1839). Grün mit einer breiten doppelten, in den Ringeinschnitten unterbrochenen gelblichen Mittellinie; auf dem ersten und zweiten, sowie dem letzten Segment laufen beide Linien nahe beisammen und parallel; auf den übrigen Segmenten divergieren die einzelnen Teile nach hinten. Seitenlinie rot, unterbrochen; vom dritten Ring an mit je einem spitzen Fortsatz nach innen, welcher sich an die Mittellinie dicht anlegt. Warzen weiß. Seitenfläche grünlichgelb mit einer breiten rötlichen Stigmenlinie, in welcher die gelblichen schwarz gesäumten Luftlöcher stehen, und einem roten Tupfen über dieser Linie auf jedem Segment, vom vierten anfangend. Bauch und Füße weißlichgrün, unbezeichnet. Kopf einfarbig, hellgelbbraun; Afterklappe braun; Nackenschild nicht besonders ausgezeichnet. 3 cm. (Nach einer präparierten Raupe von Dr. Staudinger, Dresden). Auf Helianthemum. Sardinien, Andalusien, Castilien, südöstliches Frankreich.

X. Familie. Cucullidae, H.-S.

Raupen 16-füßig, glatt, nackt; zum Teil auf dem Rücken mit kurzen Fleischhöckern; Kopf halbkugelförmig. Sie sind meist sehr lebhaft gezeichnet, im Gegensatze zu den meist düster gefärbten Schmetterlingen, welche oft nur gezogen ganz sicher bestimmt werden können. Die Raupen ahmen die Stengel der Pflanzen mit dem Samen täuschend nach. Leben meist auf krautartigen Gewächsen und machen bei der Berührung lebhafte Sprünge. Je eine Arten-Gruppe lebt auf Beifuß (Artemisia) und Königskerze (Verbascum). Sie verwandeln sich in dicken, eiförmigen Erd-Gespinsten zu dünnschaligen durchscheinenden Puppen mit keulenförmig verlängerter Saugrüsselscheide und mit einem flachen abgerundeten, spatelförmigen Cremanter. Puppen überwintern. Oft zweijährig. Nur eine Gattung:

Cucullia, Schrk., Mönchseulen.

Prenanthis, *B.* Taf. 33, Fig. 8. (Sch. Taf. 43, Fig. 28.) Grün mit drei gelblichen Rückenlinien, zwischen denen auf jedem Ringe vier gelbe Punktwärzchen mit je einem kurzen Haare stehen; an den Seiten eine weiße Punktreihe und über den Füßen eine weiße Längslinie, über welcher die weißen, schwarz gekernten Luftlöcher stehen. Kopf grasgrün. 4—5 cm. Lebt im Juni bis Mitte Juli an den Blüten und an den Samenkapseln, dann an den Blättern der Braunwurz (Scrophularia vernalis). Sie sitzt auf der Unterseite der Wurzelblätter und schnellt bei Berührung besonders wild umher. H. Groß in Steyr fand die Raupe häufig im Mai an der Unterseite der Blätter von Scrophularia nodosa. Puppe ockergelb, liegt oft zwei Winter. Entwicklung im April, Mai. Wenig verbreitet in Sachsen, Österreich, Kärnten, Galizien, Ungarn und Rußland. — Frr. 5. 85, Taf. 432. 644. — Wild. 304. — Pr. Taf. IX, Fig. 20.

Verbasci, *L.* Taf. 33, Fig. 9. (Sch. Taf. 34, Fig. 29.) Ei rund, unten flach mit starken Längsrippen, weiß, gelblich gefleckt. (Schluß-Taf., Fig 19.) Die Raupe dickwalzig, perlglänzend bläulich, grünlich- oder gelblichweiß mit einem gelben Gürtel auf jedem Ringe und vier schwarzen Flecken, zwei vorderen rundlichen und zwei hinteren länglichen oder hakenförmigen. An den Seiten zahlreiche schwarze Punkte und Querstriche bis an die Außenseite der Füße. Kopf groß, gelb, schwarz punktiert mit einem feinen schwarzen Mittelzeichen, Bauchfüße schwarz. Bauch mit vielen schwarzen Flecken und Querstrichen, Gelenkeinschnitte schwarz. Lebt in der Jugend gesellschaftlich an den Blüten und Blättern der Wollblume (Verbascum thapsus, phlomoides, lychnitis und nigrum) und auf Braunwurz (Scrophularia), später als die sehr ähnliche Raupe von Scrophulariae. 4—5 cm. Puppe gelbbraun. Entwicklung im April, Mai. Ziemlich verbreitet. — Tr. 5. 3. 127. — Hb. IV. 106 (2. V. c.) — Esp. IV. 139, Fig. 2. — Rsl. 1. 4, Taf. 23. — B. & G. Noct. pl. 3. — Sepp. III. 15. — Fr. B. 2. 107, Taf. 82. — Wild. 303. — Pr. Taf. IX, Fig. 15. — Ann. Fr. 1833, pl. 1, Fig. 6. — Buck. Monthl. Mg. IV. p. 116.

Scrophulariphila, *Stgr.* Die Raupe gleicht sehr der vorigen Art, nur ist der Kopf breiter und die schwarzen Flecken des Leibes sind stärker. Lebt auf Scrophularia sambucifolia. Nur in Andalusien. — Stett. ent. Z. 1859, p. 215.

Scrophulariae, *Capieux.* Taf. 33, Fig. 10. (Sch. Taf. 44, Fig. 1.) Schlank walzig, bläulich oder grünlichweiß mit einem hochgelben Rückengürtel auf jedem Ringe; die schwarze Fleckenzeichnung ist der von Verbasci ähnlich; jedoch sind die Flecken dicker; an den Seiten wie am Bauch fehlen die schwarzen Querstriche; die Bauchfüße nur schwarz gefleckt. Die Ringeinschnitte schwarz; Brustfüße gelb; Kopf gelb, schwarz punktiert. 4—5 cm. Lebt im Juni nicht nur an Scrophularia, sondern auch ebenso häufig an Verbascum. Puppe braungelb. (Wild. 303, Taf. 5, Fig. 18.) Entwicklung im Mai. Ebenso häufig als Verbasci. — Tr. 5. 3. 130. — Hb. IV. 106 (2. V. c.) — Ann. Tr. 1833, pl. 1, Fig. 1. — Sepp. VII. 27. — VIII. 7. — Fr. B. 2. 109, Taf. 83. — Pr. Taf. IX, Fig. 16. — Buck. Month. Mg. IV. p. 116.

Lychnitis, *Rbr.* Taf. 33, Fig. 11. (Sch. Taf. 44, Fig. 2.) Die Raupe gleicht am meisten der von Scrophulariae; gelblich mit schwarzen und gelben Flecken, welch letztere öfters ein zusammenhängendes Band bilden. Zuweilen ist die Raupe ganz gelb, ohne deutliche schwarze Flecken. Lebt im Juni, Juli später als Scrophulariae an den Blüten und Früchten des Wollkrautes (Verbascum Lychnitis, pulverulentum, nigrum, phlomoides, austriacum und sinuatum). Nur an einzelnen Plätzen in Deutschland, bei Wiesbaden, bei Breslau, Wien, in England, Frankreich, Korsika und Rußland. — Ann. Fr. 1833. pl. 1, Fig. 3. — South. Entomologist 1891, p. 155, pl. III, Fig. 3 c: Die grünliche Raupe der Varietät Rivulorum, *Gn.* lebt nur an Scrophularia. — Lederer Noct. 228; Speyer geogr. Verbreitg. II. 185.

Thapsiphaga, *Tr.* Taf. 33, Fig. 12. (Sch. Taf. 44, Fig. 3.) Bläulich- oder grünlichweiß mit einer breiten, abgesetzten blaßgelben Rückenlinie, an deren Seiten auf jedem Ringe je zwei feine schwarze Wärzchen stehen; außerdem ist der ganze Körper, oben an der Seite und am Bauch mit sehr feinen schwarzen Quer- und Längsstrichelchen besät. Die gelblichen schwarzgerandeten Luftlöcher stehen in einer schwach angedeuteten helleren Längslinie. Bauch grünlichweiß; Kopf hellbraun; fein schwarz punktiert. 5—6 cm. Lebt im Mai an Wollkraut, (Verbascum thapsus und thapsiforme); ihre Exkremente sind mennigrot. Puppe braunrot. Entwicklung im Juni, Juli. In Deutschland selten, so bei Glogau, Wiener Schneeberg, sonst mehr im Süden, in Frankreich und Rußland. — Tr. 5. 3. 120. — Hb. IV. 105 (2. V. a.) — Fr. B. 2. 103, Taf. 80. — Ann. Fr. 1833. pl. 1, Fig. 2. — St. e. Z. 19. 371. — Wild. 304. — Pr. Taf. X, Fig. 13.

Scrophulariphaga, *Fbr.* Taf. 33, Fig. 13. (Sch. Taf. 44, Fig. 4.) Raupe grünlichweiß mit gelben Neben-Rückenlinien, gelben Flecken an der Seite und vier schwarzen quadratisch gestellten Punkten auf jedem Gelenke. Lebt im Mai und Juni auf Scrophularia ramosissima an den Zweigen und Blüten. Entwicklung im März, April; auf Korsika, Krain. — Rmb. A. s. F. 1833. pl. 1, Fig. 4. — B. & G. Noct. pl. 15. (Blattariae). — Ld. Noct. 228.

Blattariae, *Esp.* (Caninae, *Fbr.*) Taf. 33, Fig. 13. (Sch. Taf. 44, Fig. 5.) Zitronengelb mit dicker schwarzer x-förmiger Flecken-Zeichnung auf dem Rücken des vierten bis elften Segments; das erste bis dritte, das zwölfte Segment und die Seiten des Leibes mit dicken schwarzen Punkten und Querstrichen besetzt. Luftlöcher schwarz; Bauch und Füße gelb mit einzelnen schwarzen Punkten besetzt, besonders am vierten und fünften, wie zehnten und elften Segment. Kopf gelb, schwarz punktiert. 4—4,5 cm. Lebt im Mai, Juni an den Blüten von Scrophularia canina, ramosissima und vernalis. Puppe braungelb. Entwicklung im Mai. Im südöstlichen Deutschland selten, Frankreich und Südeuropa. — Tr. X. 2. 129 — Hb. IV. 105 (V. c. Blattariae). — Dnp. VII. 124. 4 (Thapsiphaga). — B. & G. Noct. pl. 16. — Fr. B. 2. 106, Taf. 304. — Rbr. A. s. F. 1833, pl. I, Fig. 5. — Wild. 304. — Pr. Taf. IX, Fig. 19. — Ld. Noct. 229.

Asteris, *Schiff.* Taf. 33, Fig. 14. (Sch. Taf. 44, Fig. 6.) Gelb, auf dem Rücken zwei schwarze breite Längsstreifen, welche auf den drei ersten Segmenten durch die gelbe Grundfarbe noch einmal geteilt werden; vom vierten bis elften Segment stehen nur in den Ringeinschnitten kleine gelbe Längsflecken in den schwarzen Streifen; an den Seiten verlaufen vom Kopf bis zum After vier sehr feine geschlängelte schwarze Längslinien, in deren unterster die weißen, schwarz gesäumten Luftlöcher stehen. Dicht über den Füßen verläuft noch eine fünfte feine schwarze, aber weniger geschlängelte Linie. Bauch, Brustfüße, Bauchfüße und Nachschieber bleichgelb, ungefleckt. Kopf hellbraun, dicht schwarz punktiert. (Nach einer präparierten Raupe von Herrn Gleißner in Berlin). Kommt auch in bunter Färbung vor. 4—5 cm. Lebt im August, September an den Blüten von Astern (Aster amellus), manchmal in Anzahl an Astern in Gärten, an der Goldrute (Solidago virgaurea) und Chrysocoma Lynosyris. Puppe rotgelb. Entwicklung im Juni, Juli. Nicht selten, doch nicht leicht aufzufinden. — Tr. 5. 3. 118. — Hb. IV. 104. (V. b. c.) — B. & G. Noct. pl. 7. — Isis 1846. 42. — Wild. 305. — Pr. Taf. IX, Fig. 17.

Balsamitae, *B.* Taf. 33, Fig. 15. (Sch. Taf. 44, Fig. 16.) Raupe blaßgelb mit orangegelbem, in den Einschnitten unterbrochenen Rückenstreifen; die Subdorsallinien sind in zahlreiche dicke schwarze Punkte aufgelöst, welche in zwei Reihen neben dem Rückenstreifen verlaufen; die Stigmalinie besteht aus je einem großen orangegelben Flecken auf jedem Segment und einer Reihe dicker schwarzer Punkte darüber; Stigmen schwarz. Bauch blaßgelb, auf dem vierten und fünften sowie zehnten und elften Segment reichlicher, sonst sparsam schwarz betupft. Brustfüße schwarz, Bauchfüße und Nachschieber hellgelb mit großem, glänzend schwarzem Fleck an der Außenseite; Nackenschild, Afterklappe nicht besonders gezeichnet; Warzen kaum sichtbar. Kopf groß, breit, gelb mit einem großen schwarzen Flecken am Hinterrand und zwei schwarzen senkrechten Strichen auf jeder Hemisphäre; Stirndreieck schwarz, querrunzelich. Oberlippe weiß, am Rande tief eingebuchtet. 4,5 cm. (Nach einer präparierten Raupe aus der Sammlung des Herrn Gleißner). Lebt im Mai auf Chondrilla juncea und Thalictrum, auch Hieracium (*Gn.* Grenzenberg). Entwicklung im Juli. Bei Wien, Danzig, in Ungarn und Sarepta. — Frr. IV. 110, Taf. 358.

Umbratica, *L.* Taf. 33, Fig. 16. (Sch. Taf. 44, Fig. 11.) Ei rund, unten abgeflacht mit starken Längsrippen, gelblichrot. Raupe dickwalzig, an den Seiten faltig, braun, mit zahlreichen kleinen schwarzen Punkten und Strichen dicht überzogen. Die rotgelbe Dorsal- und die ebenso gefärbten Subdorsallinien sind nur auf den drei ersten und zwei letzten Segmenten deutlich erkennbar. Die Stigmalinie, gleichfalls an den drei ersten und zwei letzten Segmenten am deutlichsten, ist unter den schwarzen Luftlöchern nach abwärts gebogen. Bauchfüße an den Sohlen weiß, sonst ebenso wie die Brustfüße und Nachschieber glänzend schwarz. Kopf kugelig, in der Mitte vertieft, matt schwarz. 5—6 cm. Lebt von Juli bis September an der Milchdistel (Sonchus), Hypochaeris glabra und Endivien (Cichorium), bei Tage sehr versteckt. Puppe gelbbraun. Entwicklung im Mai, Juni. Sehr häufig. — Tr. 5. 3. 117. — X. 2. 126. — Hb. IV. 102 (V. b, Fig. 2. und 1. c. d.) — Rsl. 1. 4, Taf. 25. — Frr. 5. 109, Taf. 447. — St. e. Z. 20, 418. — Sepp. III. 25. — Wild. 305. — Pr. Taf. IX. Fig. 10.

Lactucae, *Esp.* Taf. 33, Fig. 17. (Sch. Taf. 44, Fig. 12.) Dick walzig, milchweiß, mit einer auf jedem Ringe fleckenartig erweiterten hochgelben Rückenlinie, an deren Seiten sich je eine Reihe großer runder schwarzer Flecken hinzieht, zwischen denen vor den Ringeinschnitten je ein länglicher, eckiger, schwarzer Flecken senkrecht steht; über den Füßen eine Reihe gelber, an beiden Seiten mit einem schwarzen Punkte versehener Flecken; Luftlöcher schwarz; Bauchfüße und Nachschieber schwarz; Kopf schwarz mit weißer Winkelzeichnung. 5—6 cm. Lebt im Juli, August einzeln an blühenden Sonchus-Arten, an Dolden von Habichtskraut (Hieracium) und an Salat-Blüten in Gärten. Puppe gelbbraun, mit anfangs grünlich durchscheinenden Flügelscheiden. (Wild. 306, Taf. 5, Fig. 17.) Entwicklung im

Mai, Juni. Nicht selten. — Hb. IV. 103 (V. b. c.) — Esp. 4, Taf. 137, Fig. 5. — B. & G. Noct. pl. 6. — Frr. 6. 34, Taf. 502. — St. e. Z. 20. 420. - Isis 1846. 43 (Lucifuga). — Pr. Taf. IX, Fig. 14. — Pabst Noct. II. 1890. p. 160.

Lucifuga, *Hb*. Taf. 33, Fig. 18. (Sch. Taf. 44, Fig. 13.) In der Jugend dunkelbraun mit einem gelben Rückenstreifen und einem gleichfarbigen, schwarz punktierten Seitenstreifen. Erwachsen glänzend schwarz mit zwei runden mennigroten Flecken auf dem Rücken und einer Reihe dergleichen kleinerer Flecken an jeder Seite; auf dem letzten Ringe ein mennigroter Querstrich; Kopf kugelig, glänzend schwarz. 5—6 cm. Lebt im Juli, August an Sonchus, Möhren (Daucus) und Hasenlattich (Prenanthes). Nicht überall, ziemlich selten. Häufiger in den Alpen. — Hb. IV. 102 (V. b. Fig. 1. a. b.) — Esp. 4. Taf. 137. 2 (Umbratica). — B. & G. Noct. pl. 6. — Frr. 5. 83, Taf. 431 (nicht der Falter). — St. e. Z. 1870. p. 405. — Wild. 306. — Pr. Taf. IX, Fig. 11.

Campanulae, *Frr*. Taf. 34, Fig. 1. (Sch. Taf. 44, Fig. 11.) Dick walzig, perlweiß mit einem aus ovalen gelben Flecken gebildeten Rückenstreifen und einer aus kleinen gelben Flecken gebildeten Seitenlinie über den Füßen; auf jedem Ringe fünf bis sechs größere und sieben bis acht kleinere schwarze Fleckchen; Kopf perlweiß, dunkel punktiert. 5—6 cm. Lebt im August an der Glockenblume (Campanula rotundifolia), läßt sich mit Leontodon und Erica füttern, nach A. Sch. S. 74 die Blüten, Blätter und Stengel verzehrend, entweder frei an der Pflanze oder nächst solcher am Boden unter Moos verborgen. Die Zucht ist wenig lohnend, da sehr viele Raupen angestochen sind. 5—6 cm. Puppe braungelb. (Wild. 305. Taf. 7, Fig. 68.) Entwicklung im Juni. Leben an warmen sonnigen Kalkbergen wie bei Regensburg, Wien, in der Schweiz, Ural. — Frr. 1. 64, Taf. 35. — St. e. Z. 1859, S. 423. — Pr. Taf. IX, Fig. 13.

Santolinae, *Rbr*. Taf. 34, Fig. 2. (Sch. Taf. 44, Fig. 5.) Oben schmutziggrün oder rötlich, unten heller mit wellenförmigen schwarzen Linien, in welchen sich an den Seiten auf jedem Ringe violette Striche befinden; auf dem Rücken sind weiße Flecken. Kopf heller. Lebt im Juni an Artemisia arborea und entwickelt sich im April und Mai. In der Schweiz, Südfrankreich, Korsika, Andalusien. — Ramb. A. s. Fr. 1834. p. 387. pl. 8, Fig. 4. — B. & G. Noct. pl. 33, Fig. 1—2.

Chamomillae, *Schiff*. Taf. 34, Fig. 3. (Sch. Taf. 44, Fig. 16.) Dick walzig mit tiefen Ringeinschnitten; porzellanartig glänzend, strohgelb, rötlich oder grünlich mit zwei braunen, fein schwarz gesäumten, abwechselnd nach ein- und auswärts gebogenen, in der Mitte der Segmente fast zusammenstoßenden Rückenlinien; vom Kopf bis zum After an den Berührungsstellen auf dem Rücken der Segmente unbestimmte rotbraune Flecken; an den Seiten verlaufen ebenfalls zwei geschlängelte Linien von derselben Farbe wie die Rückenlinie, in deren unterer die braunen schwarz gesäumten Luftlöcher stehen; dicht über den Füßen ein verwaschener blaßbräunlicher Längsstreif. Bauch schmutzig hellgelb, ungefleckt; Brustfüße schwarzbraun; Bauchfüße und Nachschieber von der Farbe des Bauches. Kopf braun marmoriert; Stirndreieck querrunzelig. (Präparierte Raupe von Gleißner.) 5—6 cm. Lebt von Juli bis September an der unechten Chamille (Anthemis arvensis, cotula und nobilis), bei Tage an der Erde verborgen. Puppe gelbbraun. Entwicklung im Juni, Juli. Nicht häufig. — Tr. 5. 3. 111. — Hb. IV. 101 (V. a. b.) — Esp. 4. 193, Fig. 2. — B. & G. Noct. pl. 6. — Sepp. VII. 27. — Wild. 307. — Var. Wredowii Costa (Calendulae, *Tr.*), Faun. Napol. pl. 14. — Gn. II. 143.

Anthemidis, *Gn*. Taf. 34, Fig. 4. (Sch. Mill. 145, Fig. 7.) Gelbgrau mit dunklem Streifen und einem breiten violetten Seitenstreifen, über welchem die hellen schwärzlich gerandeten Luftlöcher stehen. Kopf dunkler mit zwei braunen, gebogenen Linien. Mitte September und im Oktober an Aster acris. Puppe braun. Entwicklung im Oktober. Südfrankreich. — Mill. III. p. 363. pl. 145, Fig. 6—8.

Tanaceti, *Schiff*. Taf. 34, Fig. 5. (Sch. Taf. 44, Fig. 27.) Dick, nach beiden Enden etwas verdünnt; perlfarbig grau; auf dem Rücken mit einem, und an jeder Seite mit zwei zitronengelben oft undeutlichen und abgesetzten Längsstreifen; der ganze Körper mit vielen schwarzen Punkten und Querstrichen besetzt; Kopf von der Körperfarbe, srhwarz punktiert. 3—4 cm. Lebt von Mai bis September an Beifuß (Artemisia vulgaris und camphorata) und Rainfarren (Tanacetum vulgare); auf den Blüten zuweilen häufig; auch an anderen Compositen, wie Chamille und Schafgarbe. Puppe rostfarbig mit grünlichen Bruststücken. Entwicklung im Juni, Juli. Nicht selten. — Tr. 5. 3. 100. — Hb. IV. 103 (V. b. c.) — B. & G. Noct. pl. 33. — Wild. 307. — Rghfr. z. b. V. 1862. p. 1228 (Formosa).

Santonici, *Hb*. Taf. 34, Fig. 6. (Sch. Taf. 44, Fig. 18.) Walzenförmig, grün, auf dem Rücken mit weißen, nach vorn offenen Winkelzeichnungen, die durch einen blaßroten Flecken begrenzt werden; auf jedem Ringe sechs schwarze Punktwärzchen; an den Seiten ein weißer Längsstreifen, an dessen unterem Saume die weißen, schwarz geringten Luftlöcher stehen; Füße weiß; Kopf grünlich. 6 cm. Lebt im Juli auf Blüten von Wermut (Artemisia absynthium) und Camillen. Puppe braungrün. Entwicklung im Juli. Wallis, Südfrankreich. (Var. Odorata, *Gn*.) Südrußland. — Frr. 4. 119, Taf. 357. — Gn. 2. 138. — St. e. Z. 1864. 305. — Wild. p. 307.

Praecana, *Ev*. (Sch. Taf. 44, Fig. 19.) Glänzend gelblichgrün; auf dem Rücken schwärzlich grüne Atome, mehr oder weniger durchscheinend, mit unterbrochener hellerer Rückenlinie und gleichen Längslinien an den Seiten. (Subdorsalen). Zwischen diesen Linien stehen auf jedem Ringe auf rotbraunen Fleckchen, welche längs der Rückenlinie am dunkelsten sind, je zwei braune mit einem Härchen besetzte fleischige Erhöhungen, die auf den drei ersten Ringen kleiner, auf den folgenden größer sind; gleiche Erhöhungen befinden sich auch an den Seiten hinter den gelben, schwarz umsäumten Luftlöchern, welche auf braunen Flecken stehen. Ein Wulst über den Füßen, wie auch eine fleischige Falte, die schräg die einzelnen Ringe in der Richtung der Luftlöcher verbindet, sind grünlichweiß; Füße grün, an der Außenseite mit weißlichen, bisweilen bräunlichem Anflug; Klauen der Brustfüße weißlichgrün, an den Spitzen braun; Bauch hellgrün, stark weiß belegt, mit mehr oder weniger feinen braunen Fleckchen, welche mit drei unterbrochenen undeutlichen Längslinien enden. Kopf perlfarbig, grünlichgrau marmoriert mit zwei dunkleren bräunlichen Strichen auf der Stirn, welche im Nacken in zwei dunkelbraune Flecken auslaufen; das Stirndreieck weißlich gesäumt, an den Wangen drei schwarze erhabene Punktaugen, Mundteile schwärzlich. Im jugendlichen Alter ist die Raupe trüb grün mit vielen schwärzlichen Pünktchen besetzt, welche auf jedem Ringe gleichsam eine schwärzliche Querlinie bilden. Die Raupe, welche Ende Juli und Anfangs August auf dem gemeinen Beifuß (Artemisia vulgaris, L.), an den Blüten und jungen Samen und auf Artemisia abrotanum lebt, sieht der von C. Artemisiae, *Hfn.* und der Absynthii, *L.* sehr ähnlich. Sie verpuppt sich in der Erde in einem festen mit Erdkörnchen durchmischten Gespinste. Puppe gelblich mit grünlichen Flügelscheiden. Entwicklung Ende Mai und Juni. Praecana kommt nach *Stgr.* am Ural, in Livland, Curland, dem nordöstlichen Deutschland und in Dänemark vor. — O. F. Rosenberger Corr. der Naturf. V. in Riga. XX. Bd. p. 45.

Xeranthemi, *B.* Taf. 34, Fig. 7. (Sch. Taf. 44, Fig. 20.) Schlank, cylindrisch, nach hinten etwas verdünnt, von oben nach unten ein wenig zusammengedrückt. Nach der dritten Häutung staubig grau, auf dem Rücken und an den Seiten überall mit zahlreichen ganz feinen, gezähnelten, schwärzlichen Längslinien besetzt. Rückenlinie breit, vielfach mit weißlichen und dunkelvioletten Längslinien durchzogen. An den Seiten ein schmaler, weißer, oben violett gesäumter Seitenstreif mit den orangegelben, schwarzgesäumten Luftlöchern. Kopf schmutzig gelbgrün mit zahlreichen aus kleinen gruppenweise beisammenstehenden braunen Pünktchen gebildeten Flecken. Stirndreieck ungefleckt, querrunzelig, Oberlippe weiß, halbkreisförmig, ausgerandet. Beine und Bauch schmutziggrün, letzterer mit helleren Wellenlinien. Afterklappe klein, braun. Nach der letzten Häutung ist die ganze Raupe violett mit helleren, wenig deutlichen und nicht scharf begrenzten Längsstreifen. Seitenlinie weiß. Am Kopf und Körper stehen sehr zerstreut und wenig sichtbar kurze rötlichbraune Borstenhaare. 4 cm lang. Lebt im August, September an Chrysocoma Linosyris. (Originalbeschreibung nach der lebenden Raupe von Anton Schmid-Regensburg). Entwicklung im Juni, Juli. Bei Regensburg, im Rheingau, Wien, Ungarn, Türkei, Rußland. — Mill. Icon. II. p. 373. pl. 89, Fig. 10—11.

Gnaphalii, *Hb.* Taf. 34, Fig. 8. (Sch. Taf. 44, Fig. 22.) Gelblichgrün mit einem breiten, rotbraunen, netzartig gezeichneten Rückenstreifen an den Seiten eine Reihe schräger, rotbrauner Flecken, in denen die weißen Luftlöcher stehen; Kopf gelbgrün, fein schwarz punktiert. Bauch und sämtliche Füße hell gelbgrün, Warzen sehr klein, kaum sichtbar. 5—6 cm. Lebt im Juli, August an den Blüten der Goldrute (Solidago virgaurea), auf Chrysoma und Lychnis in Livland. Puppe gelbbraun mit flachem am Ende sehr breiten Kremanter. Entwicklung im Juni. Nicht sehr verbreitet und selten. — Tr. X. 124. — B. & G. Noct. pl. 7. — Frr. l. 10, Taf. 5. — Isis 1846. 41. — Wild. 308. — Pr. Taf. IX, Fig. 9. — Soc. ent. 1891, S. 61.

Fraudatrix, *Ev.* (Sch. Taf. 44, Fig. 22.) Grünweiß mit lichtem fleischrotem Schimmer, durchweg mit grünlichen Atomen bestreut und mit braunen, heller gekernten, je ein dunkles Härchen tragenden Wärzchen; der erste Ring jederseits mit einem breiten braunen Längsstriche; auf dem Rücken eine helle Mittellinie, welche jederseits durch einen aus rotbraunen Atomen gebildeten Streifen begrenzt ist; vom vierten bis elften Ringe auf beiden Seiten auf jedem Ringe ein keilförmiger, grünlicher, rotbraun schimmernder Flecken mit dem breiten Ende an die Rückenlinie stoßend, mit der Spitze den Füßen zugekehrt; über den Füßen je ein wulstiger Flecken, auf welchem die weiße Grundfarbe deutlich hervortritt; Luftlöcher hellbraun, schwarz umzogen; Bauch perlfarben mit grünen Atomen bestreut; Bauchfüße vorderseits grünlich, hinten weißlich; Brustfüße fleischfarben; Kopf flach, perlfarben mit grünlichem Gebisse, grünem Stirndreiecke oben grün punktiert. Lebt im September an Beifuß (Artemisia vulgaris). Puppe wachsgelb. Entwicklung im Juli. Sehr selten, bei Breslau und Brieg, in Livland, Ungarn, Rußland. — Schles. Z. IX. 3. — Stett. e. Z. 1857. 374. — Friv. Jell. 1866, Taf. VII, Fig. 3.

Scopariae, *Dorfm.* Taf. 34, Fig. 9. (Sch. Taf. 44, Fig. 23.) Walzig, in den Einschnitten runzelig; rotbraun, heller braun- oder olivengrün, an den Seiten heller; auf dem Rücken ein blaßrötlicher, fein schwarz gesäumter Längsstreifen, an dessen Seiten auf den Brustringen je zwei, auf den übrigen Ringen je vier schwarze, glänzende, mit je einem Härchen besetzte Punktwärzchen; an den Seiten des Rückens blaßrote, in ihrer Mitte erweiterte, nach unten breit braun begrenzte Schrägstriche. Die weißlichen schwarzgesäumten Luftlöcher stehen in dem untern braunen Teil der Schrägstriche; über den Füßen ein breiter, weißer, unterwärts dunkel gesäumter, auf jedem Segment unterbrochener Längsstreifen; Bauch und Füße weiß; zwischen den letzteren zwei rotbraune feine Längslinien; Nackenschild blaßrotbraun, jederseits mit einem dunkleren Flecken; Kopf blaßbraun mit braunem, weiß umzogenem Stirndreiecke. 3—4 cm. Lebt im September an Beifuß (Artemisia scoparia). Entwicklung im August. Bei Wien, Brünn, Ofen, in Armenien und im Amurgebiet. — Dorfm. Verh. z. b. V. Wien. 1853. S. 415. — Wild. 309.

Artemisiae, *Hufn.* (Abrotani, *F.*) Taf. 34, Fig. 10. (Sch. Taf. 44, Fig. 24). Grün mit dunkleren, tiefen Ringeinschnitten, einer feinen weißen Rückenlinie und auf jedem Ringe acht, in je zwei rote Dornspitzen endigenden Erhöhungen. Auf dem ersten bis dritten Ring steht zwischen dem oberen und seitlichen

Spitzenpaare je ein gelblicher kurzer Zapfen. Über den Füßen verläuft eine breite, geschlängelte, auf den Segmenten unterbrochene gelbe Längslinie (Schrägflecken). Luftlöcher weiß, schwarz gerandet; Bauch und Füße blaßgrün, am Bauche zwei feine Längslinien, die am vierten und fünften Ringe rotbraun, auf den übrigen dunkelgrün sind; Kopf braun, am Hinterrand schwarz gesäumt, Stirndreieck hell gerandet. 4—5 cm. Lebt im August, September an Beifuß (Artemisia campestris, auch Abrotanum und Absinthium), nach *Rouast* 73 auch an Matricaria chamomilla und dracunculus. Puppe gelblich mit grünlichem Vorderteil. Entwicklung im Juni, Juli. In Sandgegenden oft häufig. — Tr. 5. 3. 88. — Hb. IV. 101 (V. a. b.) — Rössl. 3. 289, Taf. 51. — Frr. 4. 50, Taf. 320. — Wild. 308. — Pr. Taf. IX, Fig. 7.

Absinthii, *L.* Taf. 34, Fig. 11. (Sch. Taf. 44, Fig. 25.) Raupe schmutziggrün mit einem rötlichbraunen stark vortretenden Querwulst auf jedem Segment, vom vierten anfangend. Dorsal- und Subdorsallinien fein, weiß, auf den Wulsten unterbrochen. Stigmalinie breit, weiß, oben breit dunkelbraun gesäumt, auf den Wulsten breit unterbrochen; die braunen, schwarz gesäumten Stigmen stehen am untern Ende der Querwülste; die Warzen, besonders die zwei hinteren auf dem Rücken jeden Wulstes sind zu feinen braunen Spitzchen ausgezogen, welche je ein Haar tragen. Bauch, Bauchfüße und Brustfüße weiß, rötlich gesprengelt. Kopf gelblich, rötlichbraun gefleckt, besonders über den Tastern. Stirndreieck rötlichbraun, weißlich gesäumt, querrunzelig. Oberlippe weiß, nicht ausgerandet. Nackenschild und Afterklappe rötlichbraun. Nachschieber braun. 3,5 cm. (Nach einer präparierten Raupe von Herrn Gleißner in Berlin). Lebt im August und September an den Blüten von Beifuß, besonders Artemisia Absinthium. Entwicklung im Mai, Juni. Ziemlich verbreitet. — Tr. 5. 3. 92. — Esp. 4, Taf. 117. — Rsl. 1. 4, Taf. 61. — B. & G. Noct. pl. 33. — Fr. 4. 51, Taf. 321. — Wild. 309. — Pr. Taf. IX, Fig. 8.

Formosa, *Rogenh.* Taf. 34, Fig. 12. (Sch. Ver. z. b. V. Wien. XI. Taf. II, Fig. c.) Die Raupe sieht der Absinthii-Raupe zum Verwechseln ähnlich. (Die Abbildung Fig. 12 ist nach einer von H. Bohatsch erhaltenen präparierten Raupe angefertigt.) Rogenhofers Beschreibung der Formosa-Raupe (z. b. V. 1862. p. 1228) gehört zu Tanaceti (z. b. V. 1875. p. 802). Lebt auf Artemisia camphorata. Aus Ungarn und dem südöstlichen Frankreich. — Mill. Jc. II. p. 463.

Argentea, *Hfn.* Taf. 34, Fig. 13. (Sch. Taf. 45, Fig. 1.) Raupe der von Absinthii, L. ähnlich, schmutziggrün, mit einem rotbraunen, ziemlich schmalen Querwulst auf jedem Ring, schon vom zweiten anfangend. Dorsal- und Subdorsallinien sowie Stigmenlinie gelb, breit, auf den Wulsten unterbrochen, so daß sie Fleckenreihen bilden. Stigmen weißgelblich, schwarz umzogen am unteren Ende der Querwulste sitzend. Bauch blaßgelb, ebenso die Brustfüße und Bauchfüße; vom dritten bis olften Segment eine rotbraune feine doppelte Mittellinie, welche zwischen den Bauchfüßen durchläuft. Die rot-

braunen Querwulste sind auf dem Rücken mit feinen weißgelblichen Pünktchen besetzt. Die Warzen sehr fein, schwarz, nicht spitz vorgezogen. Die Hemisphären des Kopfes rötlichbraun marmoriert; Stirndreieck gelb, quer gerunzelt. Oberlippe schmal, gelblich. Nackenschild und Afterklappe rötlichbraun. Nachschieber blaßbraun. 4 cm. (Nach einer präparierten Raupe von Herrn Gleißner). Lebt von Juli bis September an den Blüten und Samen von Beifuß (besonders auf Artemisia campestris) an den unteren Zweigen versteckt. Puppe grünlichgelb mit grasgrünem Vorderteile. Entwicklung im Mai, Juni; in Sandgegenden des nordöstlichen Deutschlands, bei Wien, in Ungarn, Dalmatien, Rußland, Schweden und Livland. — Tr. 5. 2. 95. — Esp. 4. 99. 181, Fig. 4. — Frr. 4. 52, Taf. 322. — Wild. 309.

Argentina, *F* Taf. 34, Fig. 14. (Sch. Taf. 45, Fig. 2.) Form und Gestalt von Heliothis Scutosus. Weißlichblau mit meergrünen Längsstreifen, und auf jedem Absatze in den Einschnitten schwarze Punkte. Sie lebt auf einer Artemisia. die der Absinthium sehr verwandt ist. Im Mai, Juli, in Südrußland ziemlich häufig, bei Sarepta und Astrachan, seltener bei Odessa. Der Schmetterling wurde am 8. August von Alexander Becker auf Alhagi Camelorum bei Sarepta gefangen. — Frr. IV. 18, Taf. 298.

XI. Familie. Eurhipidae, *H.-S.*

Raupe ziemlich kurz, nach hinten etwas verschmälert, 16-füßig, nackt, lebt an Bäumen und verwandelt sich in einem Gespinste an der Erde. (Nur eine, in Südeuropa weit verbreitete Art).

Eurhipia, *B.*

Adulatrix, *Hb.* Taf. 34, Fig. 15. (Sch. Taf. 45, Fig. 3.) Raupe an Rücken-, Seiten- und Bauchfläche grün; eine feine weißliche Mittellinie ist nur sehr schwach angedeutet; (nach *Lederer* ist die Rückenlinie dunkel); die zwei gelbweißen Seitenlinien sind dagegen scharf ausgeprägt, gerade verlaufend; eine feine gelbliche Stigmenlinie über den bräunlichen nicht dunkel gesäumten Luftlöchern, ist auch nur sehr undeutlich. Kopf verhältnismäßig klein, einfach gelblichbraun. Nackenschild von derselben Farbe, am Vorderrand gelb, am Hinterrand dunkelbraun gesäumt, an den Seiten von den Anfängen der gelben Seitenlinien begrenzt. Afterklappe hellgelbbraun. Sämtliche Füße grün. Warzen kaum sichtbar. (Nach einer präparierten Raupe von Dr. Staudinger, Dresden). Lebt in den Sommermonaten an Rhus cotinus und Pistacia lentiscus und sitzt gewöhnlich an der Unterseite der Blätter mit etwas eingezogenem Kopfe. Verpuppung in der Erde in einem dicht mit Erde vermengten ovalen Gespinste. Entwicklung entweder noch im nämlichen Jahr oder im nächsten Mai oder Juni (*Led.* S. 166). Die Raupe kommt auch in rotbrauner und blaugrüner Färbung vor. Südeuropa. — Mill. II. p. 260. pl. 78, Fig. 7—11. — Frr. Isis 1837.

XII. Familie. Calpidae, *B.*

Die Raupe dieser ebenfalls in Europa nur aus einer Art bestehenden Familie ist schlank, nackt, 16-füßig, hält die ersten Ringe etwas gekrümmt und verwandelt sich zwischen Blättern oder Moos in einem ovalen Gespinste.

Calpe, *B.*

Capucina, *Esp.* (Thalictri, *Bkh.*) Taf. 34, Fig. 16. (Sch. Taf. 45, Fig. 4.) Gelbweiß mit einer tiefschwarzen, breiten, auf der Mitte jeden Ringes etwas verdickten Rückenlinie und an jeder Seite mit zwei Reihen großer tiefschwarzer Flecken; Luftlöcher schwarz; Bauchseite scharf abgeschnitten schwarzgrau; Bauch und Füße gelblich, außen mit einem schwarzen Flecken; Brustfüße gelb; Kopf honiggelb mit vier schwarzen großen Punkten; Nackenschild gelbbraun mit einem breiten schwarzen Querstriche; Afterklappe hell gelbbraun mit zwei großen schwarzen seitlichen Flecken. Warzen auf der gelben Körperfläche ohne Lupe nicht sichtbar; über den Bauchfüßen und an der schwarzen Bauchseite dagegen weiß und scharf vortretend. (Nach einer präparierten Raupe von Dr. Staudinger). 5—6 cm. Lebt im Herbste und nach der Überwinterung im April an der Wiesenraute (Thalictrum), besonders an Th. flavum. Puppe eingedrückt, punktiert, schwarzbraun. Entwicklung im Juli. Mehr in den südlichen Alpen, Pyrenäen, Ungarn, Rußland und in der Türkei. — Tr. 5. 2. 169. — Frr. 2. 117, Taf. 165. 6. 63, Taf. 519. — Led. Noct. 168. — St. e. Z. 1851. 76. — Wild. 332. — Pr. Taf. X, Fig. 3.

XIII. Familie. Plusiidae, *B.*

Raupen nach vorne sehr verdünnt, nach hinten verdickt mit einem schwachen Absatze auf dem letzten Ringe und feinen Härchen auf den Warzen. Die der Gattungen Abrostola und Telesilla haben 16 Füße, die der anderen Plusien nur 12 Füße. Der Gang ist bei allen gekrümmt, spannerartig. (Ausnahme: Telesilla). Meist ist die Haltung in der Ruhe gestreckt. Verwandeln sich in einem seidenartigen Gespinste zu Puppen mit mehr oder minder verlängerter Saugrüsselscheide.

I. Gattung. Telesilla, *H.-S.* (Eucarta, *Ld.*)

Raupe nach vorn verschmälert, hinten dicker, nackt. 16-füßig, geht nicht spannerartig und sitzt nicht eingezogen, sondern gestreckt; verwandelt sich in einer geleimten Erdhöhle. Die Puppe überwintert.

Amethystina, *Hb.* Taf. 34, Fig. 17. (Sch. Taf. 46, Fig. 5.) Schön grün mit einem weißgelben, dunkelgrün gesäumten Rückenstreifen und weißlichen Nebenrückenlinien, zwischen denen auf jedem Ring vier gelbliche Punkte stehen. Seitenstreif in der Jugend rein weiß, später gelb, orange- oder karminrot beduftet; in ihm befinden sich die schwarzen Luftlöcher. Kopf klein, glänzend, bläulichgrau, beiderseits mit einem braunen Strich. Gebiß vorwärts gerichtet. 4—5 cm. Lebt in zwei Generationen an den unteren Blättern des Wiesenhaarstranges (Peucedanum Silaus), wo sie unten am Stiele platt angeschmiegt sitzt. Verwandlung in der Erde, Puppe dunkelrotbraun. Entwicklung Ende Mai und Ende Juli (*Rössl.* S. 81). Selten bei Wiesbaden, in Mittel- und Norddeutschland, in der Schweiz, Italien und im südöstlichen Rußland. — Tr. V. 3. 136. — Frr. 7. 67, Taf. 639. — Pr. Taf. X, Fig. 5. — Wild. 324. (Beschreibung der Raupe nicht gut.) — Burmeister in Thons Archiv II. 1. Heft 36, Abb. 1827.

2. Gattung. Plusia, *O.*

Die Raupen der drei ersten Arten, welche Ochsenheimer unter Abrostola stellt, und bei welchen die Puppe überwintert, haben 16 Füße; die der übrigen Arten sind 12-füßig, vorn sehr verdünnt, nach hinten verdickt, haben einen schwachen Absatz an den Gelenken und leben meist an niederen Pflanzen, häufig in Blättern eingesponnen. Verwandeln sich in einem seidenartigen Gespinste in Puppen mit verlängerter Saugrüsselscheide.

Triplasia, *L.* Taf. 34, Fig. 18. (Sch. Taf. 45, Fig. 7.) Der vierte, fünfte und elfte Ring etwas erhaben; vom letzteren zum zwölften Ring steil abfallend; grün (oder fleischfarben); auf den drei ersten Ringen zwei breite dunkelgrüne Seitenlinien; auf dem vierten Ring ein dreieckiger, dunkelgrüner samtartiger Fleck, an beiden Seiten von je einem großen gelbweißen etwas erhabenen Fleck begrenzt; auf dem vierten Segment ein dunkelgrüner, halbrunder, nach vorn konkaver, aber in der Mitte eckig vortretender Fleck. Vom fünften bis achten Ring sind die dunkelgrünen Seitenlinien in schräge, hinten in der Mittellinie fast zusammenstoßende Striche aufgelöst, welche auf dem neunten und zehnten Ring kaum erkennbar sind. Auf der Höhe des elften Ringes steht ein querovaler dunkelsamtgrüner Flecken, der hinten von einem schmalen halbmondförmigen, weißgelben, fein rötlich gefleckten Zeichen begrenzt ist. Warzen weiß, besonders deutlich auf den drei ersten Ringen. Stigmenlinie fein, weiß, oben dunkelgrün gesäumt, erst vom vierten Segment an deutlich, an den weißen schwarzgerandeten Stigmen fein rötlich gesprengelt; auf dem vierten Segment hinter dem Stigma ein großer runder weißgelber Fleck. Unterhalb der Stigmenlinie auf jedem Segment ein dunkelgrüner Schrägsstrich bis zu den Füßen herab, besonders deutlich über den Bauchfüßen. Bauchseite hellgrün mit einer doppelten, feinen, dunkelgrünen Mittellinie, die stellenweise (1., 2., 3., 8. und 9. Segment) undeutlich ist; sämtliche Füße und Nachschieber braungrün, gelblich gefleckt. Kopf braun, gelb gefleckt; Stirndreieck gelb, glatt. Oberlippe gelb, tief ausgerandet. Nackenschild braun, in der Mitte breit gelb geteilt. Afterklappe nicht besonders hervortretend. 4 cm. (Nach einer präparierten Raupe von Herrn Gleißner, Berlin.) Lebt im August, September an Brennnesseln, oft in Gesellschaft, und verwandelt sich in einem weißen Gespinste zu einer braunen Puppe mit dunkleren Flügelscheiden. Entwicklung im Mai, Juni, Juli. In Europa überall verbreitet. — Tr. 5. 3. 138. — Hb. IV. 108 (2. W. & W. a.) — Esp. IV, Taf. 169. — Rsl. 1. 4, Taf. 34. — Sepp. I. 2. 24. — Frr. 3. 129, Taf. 285. — Wild. 324. — Pr. Taf. X, Fig. 6.

Asclepiadis, *Schiff*. Taf. 34, Fig. 19. (Sch. Taf. 45, Fig. 8.) Bläulichweiß, die Brustringe grünlich angeflogen mit vielen feinen schwarzen Punkten und auf jedem Ringe vier größeren Punkten (Warzen), die auf dem vierten Ringe in einem gelblichen Hofe stehen; an den Seiten ein breiter, gelber Längsstreifen, über welchem an jedem Ringe ein größerer, schwarzer Punkt und unter diesem zwei größere und mehrere kleinere schwarze Punkte stehen; Luftlöcher in dem gelben Streifen, weiß; Kopf gelbgrün mit schwarzen Punkten und je einem schwarzen Längsstrich auf jeder Hemisphäre; Brustfüße schwarz; Bauchfüße und Nachschieber weißlich. 4,5 cm. Lebt im Juli, August an der Schwalbenwurz (Cynanchum vincetoxicum); bei Tage an der Erde unter Blätter verborgen; verwandelt sich in einem Gespinste zu einer rotbraunen Puppe. Entwicklung im Mai, Juni, selten; mehr in Gebirgsgegenden. — Tr. 5. 3. 142. — Hb. IV. 109 (W. & W. a. b.) — Frr. 3. 130, Taf. 286. — Wild. 325.

Tripartita, *Hfn*. (Urticae, *Hb*.) Taf. 35, Fig. 1. (Sch. Taf. 45, Fig. 9.) Grün oder rötlich, an Gestalt der Raupe von Triplasia ähnlich, doch sind die Erhöhungen auf dem vierten, fünften und elften Segment nicht so ausgesprochen, wie bei dieser; Dorsallinie schmal, weiß, auf jedem Segment erweitert und durch einen Fleck der Grundfarbe gespalten; die weißen Subdorsallinien sind vom vierten bis elften Ring in schrägstehende Striche aufgelöst, welche nach innen und oben von dunkelgrünen Strichen begrenzt sind. Auf dem etwas erhabenen vierten und fünften Segment je ein schwärzlichgrüner halbmondförmiger Flecken zwischen den weißen Seitenstreifen; auf dem elften Segment sind die zwei dunklen Schrägstriche oberhalb der weißen Seitenstriche besonders deutlich, stoßen nach hinten in spitzem Winkel fest zusammen und tragen an ihrem Ende je eine kegelförmig erhabene mit einer Borste versehene bräunliche Warze. Die übrigen Warzen sind von gewöhnlicher Beschaffenheit, weiß. Stigmenlinie weiß; Stigmen weiß, schwarz umrandet. Bauch, Bauchfüße und Nachschieber grün; Brustfüße braun. Hemisphären des Kopfes blaßbräunlich, am Innen- und Außenrand dunkler braun gesäumt. Stirndreieck und Oberlippe gelb; Wärzchen am Kopf schwarz; ein besonders ausgezeichnetes Nackenschild oder eine solche Afterklappe ist nicht vorhanden. 4 cm. (Nach einer präparierten Raupe von Herrn Gleißner, Berlin). Lebt im Juni und September an Brennesseln, manchmal in Gesellschaft von Triplasia und verwandelt sich in einem lockeren Gespinste zur Puppe. Entwicklung Ende Mai und Juli; ziemlich verbreitet. — Tr. 5. 3. 145. — Frr. 3. 131, Taf. 287. — Sepp. I. 24, Fig. 3. 4. — Pr. Taf. X, Fig. 8. — Wild. 325.

C. aureum, *Knoch*. (Concha, *F*.) Taf. 35, Fig. 2. (Sch. Taf. 45, Fig. 10.) Hellgrün; die Segmente fünf, sechs, sieben etwas nach oben vorgewölbt; am Rücken des vierten bis zehnten Segmentes je zwei dunkelgrüne, gelblichweiß eingefaßte, dreieckige, mit ihren Spitzen am Hinterrande zusammenstoßende Flecken, deren jeder mit zwei weißgelben kegelförmig erhabenen Wärzchen besetzt ist. Am Rücken des elften erhabenen Segmentes ein rundlicher dunkelbraungrüner Fleck mit je zwei gelbweißen kegelförmigen Wärzchen an jeder Seite. An den Seiten der drei ersten Segmente ein breiter weißgelber Streif, an dessen oberen Rande auf dem ersten Segment das erste große Stigma steht. An den Seiten der Segmente vier bis neun zieht sich von der weißgelben Einfassung der Rückenflecke je ein weißer Streifen schräg nach vor- und abwärts, der sich nach unten bedeutend verbreitert; die Seiten des zehnten und elften Segmentes sind ganz weiß; die weißen schmal braun gerandeten Luftlöcher stehen im untern breiten Teil der weißgelben Seitenstreifen. Bauch weißlichgrün; die Außenseite der zwei Paar Bauchfüße und der Basis der Brustfüße dunkelgrün. An der Bauchseite des sechsten und siebten Segmentes stehen an der Stelle der Bauchfüße je drei große braune mit vier schwarzen Borsten versehene Warzen auf dunkelgrünem Grunde. Brustfüße hellgebbraun; Nachschieber hellgrün; Kopf groß, einfarbig, hell gelbbraun mit schwarzen Härchen; Nackenschild und Afterklappe nicht besonders ausgezeichnet. (Nach einer präparierten Raupe von Gleißner in Berlin). 4—5 cm. Lebt im Mai, Juni auf schattigen Plätzen unter Gebüschen an Wiesenraute (Thalictrum aquilegifolium) und Akelai (Aquilegia vulgaris) und verwandelt sich in einem seidenartigen weißen Gespinste zu einer schlanken hellgrünen Puppe mit blauschwarzem Rücken. (Wild. 326, Taf. 7, Fig. 66.) Entwicklung im Juli. In Gebirgsgegenden Deutschlands, in der Schweiz, in Piemont, Ungarn, Rußland und Armenien. — Tr. 5. 3. 161. — Hb. IV. 114 (3. A. b. c.) — Fr. B. 2. 92, Taf. 76. — Pr. Taf. X, Fig. 13.

Deaurata, *Esp*. (Sch. Taf. 45, Fig. 11.) Grasgrün mit fünf weißen Linien auf den Brustringen und vom vierten Ringe an mit einem dunkelgrünen weiß gesäumten Halbmonde auf jedem Ringe und einer pyramidenförmigen Erhöhung auf dem elften Ringe; an den Seiten ein dunkelgrüner, beiderseits weiß gesäumter Längsstreifen; Luftlöcher weiß; Bauch und Beine hellgrün; Kopf grün, sparsam schwärzlich behaart. 3—4 cm. Lebt im Mai, Juni an Wiesenraute (Thalictrum flavum), in Blättern eingesponnen und verwandelt sich in einem seidenartigen, weißen Gewebe zu einer weißlichgelben Puppe mit dunklem Rücken. Entwicklung im August und aus überwinterten Puppen im Mai. In den südlichen Alpen, Niederösterreich, Andalusien, Ungarn und Rußland. — Tr. 5. 3. 157. — Frr. 3. 6, Taf. 196. — Pr. Taf. X, Fig. 15. — Wild. 326.

Moneta, *F*. Taf. 35, Fig. 3. (Sch. Taf. 45, Fig. 12.) In der Jugend dunkelblaugrün, reichlich schwarz punktiert. Erwachsen grasgrün mit dunkeldurchscheinenden, von mehreren weißlichen Längslinien eingefaßtem Rückengefäße; an den Seiten drei Reihen weißer Punkte (Warzen) und ein oberwärts dunkel beschatteter weißer Längsstreifen; Luftlöcher weiß, Brustfüße von der Körperfarbe; Kopf klein, gelbgrün. 3—4 cm. Lebt im Mai, Juni an Eisenhut (Aconitum lycoctonum, napellus); Trollius europaeus und Delphinium meist an den Blüten. Verwandelung in zusammengesponnenen Blättern in einem ovalen gelblichen Gespinste zu einer hellgrünen Puppe mit schwärzlichem Rücken und kolbiger, sehr verlängerter Saugrüsselscheide. Entwicklung im Juni, Juli; nicht häufig, in Deutschland, seit den letzten zwei Dezennien mit zunehmender Verbreitung nach Nord-Westen, sonst mehr im Süden und Osten Europas. — Tr. 5. 3. 158. — Hb. IV. 113 (3. A. b.) — Fr. B. 2. 77, Taf. 71. — Pr. Taf. X, Fig. 14. — Wild. 324.

Cheiranthi, *Tausch.* (Eugenia, *Ev.*) Taf. 35, Fig. 4. (Sch. Taf. 45, Fig. 13.) Grün, vom vierten bis elften Ringe auf dem Rücken mit höckerigen Erhöhungen; die Brustringe mit fünf weißen Linien; die übrigen Ringe an den Seiten der Höcker mit weißen Schrägsstrichen und je zwei weißen Punkten davor; an den Seiten eine abgesetzte weiße Längslinie, in welcher die weißen, schwarz gesäumten Luftlöcher stehen; Kopf grün. 4—5 cm. Lebt im Mai an der Wiesenraute (Thalictrum) und Akelei (Aquilegia) und verwandelt sich in einem weißen Gewebe zu einer grünen Puppe mit braunem Rücken. Entwicklung Ende Juni. Nur in einigen Gegenden des nordöstlichen Deutschlands, namentlich bei Breslau, bei Petersburg und in Ungarn. — Frr. 6. 83, Taf. 449. — Mill. 136, Fig. 1—3. — Friv. Jell. 1866, Taf. VII, Fig. 6.

Consona, *F.* Taf. 35, Fig. 5. (Sch. Taf. 45, Fig. 14.) Matt- oder bläulichgrün; ein hellerer Rückenstreifen und ebensolche Stigmenstreifen sind kaum wahrnehmbar; die feinen schwarzen, weißumzogenen Wärzchen sind etwas erhaben und tragen ziemlich lange weißliche Haare. Stigmen weiß, schwarz gerandet; Kopf von der Körperfarbe mit einem breiten glänzend schwarzen Längsstreifen über die Mitte jeder Hemisphäre, welcher sich auch auf der unteren Seite derselben fortsetzt. Unterlippe an der Basis tief schwarz. Nackenschild und Afterklappe von der allgemeinen Körperfarbe, wenig deutlich. Brust- und Bauchfüße hellgelbbraun. (Nach einer präparierten Raupe von Dr. Staudinger). 3—4 cm. Lebt in zwei Generationen auf dem Krummhals (Lycopsis) und Lungenkraut (Pulmonaria) und verwandelt sich in einem dichten weißen Gespinste zu einer grünlichen Puppe mit schwarzbraunem Rücken. Entwicklung im Juli und September. Sachsen, Österreich, Ungarn, Bulgarien, Rußland. — Frr. 3. 32, Taf. 214. — St. e. Z. 1853, S. 137. — Pr. Taf. X, Fig. 12.

Beckeri, *Stgr.* (Sch. Mill. II. pl. 70, Fig. 1.) Blaugrün, gelblich untermischt, an den Einschnitten gelblich, mit kaum bemerkbaren weißlichen Längslinien. Kopf rostrot und gelbbraun. Brustfüße hell bräunlichgelb, am Grunde schwarzbraun, die Bauchfüße weißlich. Ist mit einzelnen, recht langen weißen Haaren bekleidet. Lebt Anfangs bis Mitte Mai an Rindera tetraspis; klein in den Knospen eingesponnen. Entwicklung im Sommer. Nur aus Sarepta. — Standf. St. e. Z. 1884; S. 200.

Italica, *Stgr.* (Calberlae, *Standf.*) Tief blaugrün mit sechs weißen Längsstreifen, wovon der vorletzte am breitesten ist. Kopf schwarz, oberhalb des Stirndreieckes jederseits mit etwas brauner Zeichnung. Brustfüße glänzend schwarz, Bauchfüße weißgrün, oben mit schwarzem Ringe. Behaarung nur spärlich. Lebt bis Mitte Juli an Cynoglossum Magellense, bis zur Verpuppung in einer aus Blättern gebildeten Röhre eingesponnen. Puppe schwarz, oder grün mit schwarzen Rückenstreifen. Aus Italien (Apenninen), Standfuss l. c. S. 201. Nach *Stgr.* vielleicht nur eine Lokalform der Vorigen.

Uralensis, *Ev.* (Sch. Taf. 45, Fig. 15.) Grün mit weißem Rücken- und Seitenstreifen, unter dem die weißen, schwärzlich gerandeten Luftlöcher stehen. Kopf von der Körperfarbe. Behaarung spärlich. Lebt auf Aconitum anthora und verwandelt sich in einem weißen Gespinste zu einer schwarzen Puppe. Entwicklung im Juli. Südliches Frankreich (Basses Alpes), Ural und Amur. — Bell. Chavign. A. s. Fr. 1859. p. 191. pl. 5, Fig. 7. 8.

Illustris, *F.* Taf. 35, Fig. 6. (Sch. Taf. 45, Fig. 16.) Bläulichgrün mit vier großen schwarzen Wärzchen auf dem Rücken jeden Ringes, zwischen denen ein dunkel schwarzgrüner Mittelstreifen und zwei feine schwärzliche Subdorsallinien stehen; an den Seiten über den Füßen ein gelber Längsstreifen, in welchem an jedem Ringe schwarze Warzen und die schwarzen Luftlöcher stehen. Bauch graugrün mit schwarzen Warzen besetzt. Brustfüße und Kopf schwarz, letzterer mit grünlichen Winkelzeichen. 4—5 cm. Lebt im Mai am gelben Eisenhut (Aconitum Lycoctonum), in Blättern leicht eingesponnen und verwandelt sich in einem feinen weißen Gewebe zu einer dunkelgrünen Puppe mit braunen Schattierungen. Entwicklung im Juni, Juli. Mehr in Gebirgsgegenden. — Tr. 5. 3. 154. — Hb. IV. 111 (3. A. b.) — Fr. B. 2. 50, Taf. 65. — Pr. Taf. X, Fig. 10. — Wild. 328.

Modesta, *Hb.* Taf. 35, Fig. 7. (Sch. Taf. 45, Fig. 17.) Grün, mit feinen schwarzen Atomen dicht gesprengelt, dazwischen mit größeren weißlichen Tupfen, besonders an den Seitenflächen. Bauchseite weißlichgrün, sämtliche Füße grün, Warzen fein schwarz, weiß umzogen, etwas erhaben mit weißen Härchen, (wie bei Consona). Luftlöcher weiß, schwarz gerandet. Von den gewöhnlichen Längsstreifen ist fast keine Spur vorhanden. Kopf grün, die beiden Hemisphären oben fast ganz glänzend schwarz, so daß nur ein schmaler grüner Längsstrich über dem ebenfalls grünen Stirndreieck bleibt; an der Unterseite jeder Hemisphäre ebenfalls ein schwarzer Längsstrich. Unterlippe an der Basis nicht schwarz. Nackenschild und Afterklappe von der Körperfarbe. 3,5 cm. (Nach einer präparierten Raupe von Rektor Gleißner). Lebt im Mai und Juni an Lungenkraut (Pulmonaria), auch auf Cynoglossum officinale, in der Jugend zwischen zusammengerollten Blättern, und verwandelt sich in einem feinen weißen Gespinste zu einer beingelben, grünlichen oder schwarzbraunen Puppe. Entwicklung im Juni, Juli. Der Schmetterling mehr in Gebirgsgegenden, in Ungarn und Rußland. — Tr. 5. 3. 152.. — Frr. 5. 69, Taf. 424. — Pr. Taf. X, Fig. 11. — Wild. 327. — Friv. Jell. 1866, Taf. VII, Fig. 7.

Chrysitis, *L.* Taf. 35, Fig. 8. (Sch. Taf. 45, Fig. 18.) Ei mit Längsstreifen und Querfalten, kugelig. (Esp. 4. 125. 3.) Raupe hellgrün mit mehreren feinen, weißlichen Rückenlinien und gleichfarbigen, gewellten Längslinien an den Seiten; über den Füßen ein weißer Längsstreifen; Bauch hellgrün, fein weiß punktiert; Kopf gelbgrün. 4 cm. In zwei Generationen im Mai und Juli an Nesseln (Urtica), Salbei (Salvia), Natternkopf (Echium) und Marrubium; verwandelt sich in einem weichen, weißen Gespinste zu einer schwarzbraunen Puppe mit verlängerter Saugrüsselscheide. (Wild. 328, Taf. 6, Fig. 40.) Entwicklung im Juni und August. Fast überall häufig; der Schmetterling abends auf Wiesen und in Gärten an Blüten. — Tr. 5. 3. 169. — Hb. 112 (A. a. b.) — Esp. IV, Taf. 109. — B. & G. Plus. pl. 1. — Fr. B. 89. — Sepp. 1. 5. — Wild. 328.

Chryson, *Esp.* (Orichalcea, *Hb.*) Taf. 35, Fig. 9. (Sch. Taf. 45, Fig. 20.) Grün, mit dunkel durchscheinendem, von zwei weißen Linien eingefaßten Rückengefäße, daneben jederseits zwei weißen mit einem Börstchen besetzten Wärzchen auf jedem Ringe, und mit bogigen weißen Längslinien an den Seiten des Rückens. Über den Füßen eine bogige weiße Längslinie und ein weißer, oberwärts schwarz gesäumter Längsstreifen; Bauch grün, fein weiß punktiert; Kopf grasgrün. 4 cm. Lebt im August, September, und nach der Überwinterung im Mai an dem klebrigem Salbei (Salvia glutinosa) Wasserdost (Eupatorium cannabinum) und Mentha, gewöhnlich an der Unterseite der Blätter, und verwandelt sich in einem weißgrauen Gespinste zu einer grünen Puppe mit schwarzem Rücken. (Wild. 328, Taf. 7, Fig. 74.) Entwicklung im Juli. Besonders in den Alpen, in England, Rußland und am Amur. — Tr. 5. 3. 173. — Fr. B. 2. 32, Taf. 59. — Pr. Taf. X, Fig. 17.

Bractea, *F.* (Sch. Taf. 45, Fig. 21.) Raupe nach Wullschlegel (Noct. Schweiz, Seite 84) der von Jota täuschend ähnlich; nach der von Direktor von Sendtner gesendeten Abbildung ist die Raupe grasgrün mit weißer Seitenlinie und weißen Gelenken. Kopf und Füße grün. Behaarung kurz, ziemlich dicht. Im Mai und Juni an Habichtskraut (Hieracium) und Löwenzahn (Leontodon). Die Raupen nehmen in der Gefangenschaft Tussilago farfara und Plantago media an. Entwicklung im August. Nur in einigen Gegenden Deutschlands (Ostpreußen); in den Alpen verbreitet, doch nirgends häufig, in Ober-Ungarn, England, Rußland und am Amur. — Stett. e. Z. 1859. p. 38. — Battersby Entomol. XV. p. 20.

Festucae, *L.* Taf. 35, Fig. 10. (Sch. Taf. 45, Fig. 23.) Hellgrün mit einem gelblichen Querstriche auf jedem Ringe; auf dem Rücken eine dunkelgrüne, weiß gesäumte Mittellinie und an beiden Seiten mehrere feine gelbliche Längslinien; über den Füßen ein weißer, oberwärts dunkelgrün beschatteter Längsstreifen; Kopf braungrün. 4—5 cm. Lebt in zwei Generationen im Mai, Juni und August an Carex- und Festuca-Arten. *Rössl.* S. 80 fand einmal am 12. August Raupe, Puppe und Schmetterling gleichzeitig im Salzthale in Menge an Teichrohr (Phragmites communis). Die Puppe war schon von Weitem zu bemerken, indem sie regelmäßig an der Unterseite eines in der Mitte leicht geknickten Blattes befestigt war. Die Raupe lebt auch an der Igelkolbe (Sparganium ramosum). Verwandelt sich in einem dünnen, grauen Gespinste in eine grünlichgelbe oder beinfarbige Puppe mit braunem Rücken. (Wild. 229, Taf. 9. A. Fig. 95). Weit verbreitet. Entwicklung im Juli und September. — Tr. 5. 3. 165. — Fr. B. 3. 18, Taf. 100. — Hb. IV. 117 (3. B. a.) — Vall. 1. 14.

V. argenteum, *Esp.* (Mya, *Hb.*) (Sch. Taf. 45, Fig. 24.) Die Raupe ist der von Pl. Festucae ähnlich, nach einer Beschreibung von Herrn Streckfuß- (Berlin) mattgrün mit feinen hell mattgelben Längslinien; sie lebt an verschiedenen Thalictrum-Arten, vorzugsweise an Thalictrum foetidum. Auch an Jsopyrum thalictroides soll die Raupe vorkommen. Entwicklung im Juni. In den südlichen Alpen der Schweiz, Tirols, Krains und Piemonts.

Accentifera, *Lef.* (Sch. Taf. 45, Fig. 26.) Grün mit weißlichen Längslinien und gelblichen Seitenlinien, in welchen die feinen schwarzen Luftlöcher stehen. Unter diesen auf jedem Ringe schwarz eingefaßte Wärzchen. Kopf von der Körperfarbe, ebenso die Bauchfüße. Lebt im Januar und Februar und wieder im Herbste auf Mentha, und verwandelt sich in einem weißen Gespinste zu einer gelblichen vorn braunen Puppe. Entwicklung nach 20 Tagen. Bei Acqui (Piemont) in Spanien, Sicilien und auf Creta. — Mill. II. p. 177. pl. 70, Fig. 2—4.

Gutta, *Gn.* (Circum flexa, *Esp.*) Taf. 35, Fig. 11. (Sch. Taf. 45, Fig. 27.) Grün, selten bräunlich oder violett mit geraden, dunkelgrünen weiß gesäumten Linien auf den Brustringen; vom vierten Ringe an ein doppelter, weißer Rückenstreifen; an den Seiten des Rückens je eine geschlängelte gelbliche oder grüne, weiß gesäumte Linie, über welcher auf jedem Ringe zwei schwarze Punkte mit je einem kurzen Börstchen stehen. Über den Füßen ein breiter, weißer Längsstreifen, in welchem die weißen, schwarz geringelten Luftlöcher stehen. Kopf und Brustfüße schwarz. 4—5 cm. Lebt im Mai und Juli an Schafgarbe (Achillea millefolium), nach Wullschlegel S. 85 nur an Chamillen (Matricaria Chamomilla) und verwandelt sich in einem weißlichen Gespinste in eine grünlichweiße Puppe mit schwarzem Rücken. Entwicklung im Juni und in zweiter Generation im August. Südeuropa, Rußland und Kleinasien. — Tr. 5. 3. 179 und X. 2. 138. — Hb. IV. 116 (3. A. c.) — Frr. 2. 36, Taf. 118. — Wild. 320. — Pr. Taf. X, Fig. 18.

Chalcytes, *Esp.* Taf. 35, Fig. 12. (Sch. Taf. 45, Fig. 28.) In der Gestalt der Gamma ähnlich, bleichgelblichgrün mit einzelnen feinen Haaren besetzt und mit einem weißen Seitenstreifen, über welchen die kleinen schwarzen Luftlöcher stehen. Auf jedem Ringe stehen ober dem Streifen sechs und unter demselben drei weiße Punkte. Kopf grün, schwarz gerandet. Sie lebt auf verschiedenen niederen Pflanzen, besonders Urtica, Cytisus argenteus, Solanum nigrum und dulcamara. Verwandelt sich in einem weißen Gespinste zu einer schwärzlichen Puppe. Entwicklung nach 20 Tagen. — Tr. V. 3. 163. — Mill. I. p. 139. pl. 15, Fig. 1—4.

Jota, *L.* Taf. 35, Fig. 13. (Sch. Taf. 45, Fig. 29.) Hellgrün mit einer feinen dunklen Rückenlinie, an deren Seiten je ein feiner weißlicher Streifen steht, welcher auf jedem Ringe von feinen, weißen Strichen mehrfach durchschnitten ist; an den Seiten des Rückens auf jedem Ringe zwei weiße Pünktchen; an den Seitenflächen wellige weiße Längslinien und ein weißer Streifen über den Füßen; Kopf flach, grün. 4 cm. Nach *Rössl.* S. 80 am leichtesten durch ihren **welligen**, nicht wie bei Chrysitis und Gamma-Raupen, geraden Seitenstreif von diesen zu unterscheiden. Im Herbst und April, Mai polyphag an verschiedenen niederen Pflanzen, besonders an Stachys- und Mentha-Arten. Mehr in bergigen Gegenden; bei Wiesbaden nur die Form **Pulchrina**, *Hw.* Sp. Stett. e. Z. 1883. p. 354; auf der schwäbischen Alb V. **aureum**, *Gn.*, deren Raupe auf Heidelbeeren lebt. Verwandelt sich in einem dünnen Gespinste zu einer schwarzen, unten gelblichen Puppe. (Wild. 330, Taf. 7, Fig. 72.) Entwicklung im Juni, Juli. — Tr. 5. 3. 181. — Hb. IV. 115 (A. b. c.) — B. & G. Plus. pl. 1. — Fr. B. 2. 94. — Sepp. VI. 43. — St. e. Z. 1863. 401. — Pr. Taf. X, Fig. 19. — Pabst Noct. 1890. p. 25. — Rühl Soc. Ent. II. p. 99.

Gamma, *L.* Taf. 35, Fig. 14. (Sch. Taf. 45, Fig. 30.) Ei rundlich unten abgeflacht mit Querrippen. (Schluß-Taf. Fig. 70). (Esp. 4. 125. 3.) Raupe grün oder bläulichgrün mit sechs feinen weißen oder gelblichen, zum Teil doppelten Längslinien, zwischen denen weiß geringte Wärzchen sich erheben; über den Füßen ein schmaler gelblicher **gerader** Seitenstreifen; Luftlöcher weiß, schwarz gesäumt; Kopf braungrün mit schwarzen Seiten. 4—5 cm. Lebt auf verschiedenen niederen Pflanzen und wird oft den Kleefeldern schädlich. Tritt mitunter, wie im Jahre 1879, in besonders großer Zahl auf. Meist in drei Generationen; eine der gewöhnlichsten Eulen. Verwandelt sich in einem dünnen, weißlichen Gewebe zu einer mattschwarzen Puppe mit stark aufgetriebenen Flügelscheiden. Entwicklung vom Frühjahr bis zum Spätherbste. Mitunter überwintert der Schmetterling. — Tr. 5. 3. 185. — Hb. IV, 116 (A. c.) — Rsl. 1. 21, Taf. 5. — Esp. 4. 111. — B. & G. Plus. pl. 1. — Fr. B. 3. 37, Taf. 106. — Sepp. 1. 5. — Fr. ent. s. Lond. V. pl, V. Fig. 8 (Ei). — Pr. Taf. X, Fig. 9. — Wild. 330. — Hfm. schdl. Schm. Taf. VI, Fig. 36.

Daubei, *B.* Taf. 32, Fig. 8. (Im Text irrtümlich bei Orrhodia Daubei Dup. p. 119 zitiert). (Sch. Taf. 45, Fig. 32.) Oben rotbraun, unten braun; mit roten Einschnitten, schrägen, schwärzlichen Strichen auf jedem Ringe und ziemlich starken auf Wärzchen stehenden Härchen. Lebt im Sommer in zwei Generationen auf Sonchus maritimus. Spanien, Südfrankreich, Sizilien und Korsika. — Mill. II. p. 180. pl. 70, Fig. 5—7.

Ni, *Hb.* (Sch. Taf. 46, Fig. 1.) Gelbgrün mit feiner Rückenlinie und einem breiten weißen Streifen über den schwarzen Luftlöchern. Neben der Rückenlinie auf jedem Ringe je zwei helle Warzen. Kopf schwach gelblich. Lebt auf Nachtschatten (Solanum) und Urtica und verwandelt sich in eine braune Puppe. Entwicklung im Juni und August. Bei Wien, sonst in Südeuropa, Krain, Ungarn, England, Kleinasien und Nordafrika. Am Albula von Frey gefangen. — Mill. Jc. 149, Fig. 11.

Interrogationis, *L.* (Sch. Taf. 46, Fig. 2.) Hellgrün mit dunklerer Rückenlinie und neben derselben mehreren hellen gewässerten Längslinien; an den Seiten eine weiße Längslinie, unter welcher die weißen, schwarz gesäumten Luftlöcher stehen; Bauch weißlichgrün; Kopf klein, gelbbraun marmoriert. 4 cm. Lebt im Mai, Juni auf der Moosheidelbeere (Vaccinium uliginosum) und Vacc. myrtillus. Verwandelt sich in einem dünnen weißen Gewebe zu einer schwarzen Puppe. Entwicklung im Juli. Mehr auf den Alpen, in Italien, am Ural und in Sibirien. — Tr. 5. 3. 190. — Wild. 331.

Diasema, *B.* (Sch. Taf. 46, Fig. 4.) Grün mit sechs über den Rücken laufenden, auf den vorderen Ringen sehr schwachen, weißlichen Längslinien; dicht über den hellen, schwärzlich eingefaßten Luftlöchern zieht sich ein schmaler weißgelber Streif. Auf den schwarzen, licht umgebenen Wärzchen stehen feine Härchen. Kopf grün, in ziemlich regelmäßigen Bogenstreifen fein braun punktiert. Brustfüße graubraun. Bauchfüße und Nachschieber am Ende rötlich. Lebt im Juni an Betula nana und verwandelt sich in einem weißen seidenen Gespinste zur tintenschwarzen Puppe. Entwicklung Ende Juli. Finnmarken, Lappland und Grönland. — Schilde. Stett. e. Z. 1874, S. 70.

Ain, *Hochenw.* (Sch. Taf. 46, Fig. 5.) Die erwachsene Raupe gleicht in Gestalt am meisten der von P. Interrogationis; Körper, Bauchfüße und Kopf schön grün, wie die jungen Nadeln der Lerche, mit einzelnen kurzen schwarzen sehr feinen Härchen. Brustfüße schmutziggrün mit schwarzen Enden. Auf dem Rücken vier gleich weit von einander entfernte gelblichweiße Längsstreifen, deren zwei mittlere sich auf dem letzten Gliede vereinigen. Seitenstreif oberwärts etwas dunkler, in demselben stehen die kleinen gelblichen, sehr fein schwarz umzogenen Luftlöcher. 2 cm. Die Raupe überwintert und lebt im April bis Mai auf Lerchen (Pinus larix), anfangs an den Knospen, zu welcher Zeit die jungen Räupchen bleich grünlichgelb aussehen. Zur Verwandlung verfertigt sie sich ein feines, zuerst weißes, später bräunlich gefärbtes Gespinste und wird zu einer dunkelbraunen Puppe mit wenig helleren braunen Einschnitten. Entwicklung Ende Mai und Juni. Sehr selten in Gebirgsgegenden und den Alpen. — Dr. Wocke Bresl. ent. Z. 1881. p. 52.

Hochenwarthi, *Hochenw.* (Sch. Taf. 46, Fig. 6.) (Divergens, *F.*) Rotbraun mit helleren Ringeinschnitten; auf dem Rücken eine gelblichweiße Mittellinie und an den Seiten des Rückens zwei verloschene, gewellte helle Längslinien; an den Seiten über den Luftlöchern eine grelle, gelbweiße Längslinie; Kopf braungelb mit schwarzen Punkten. 3 cm. Lebt im Juni an Schirmpflanzen (Umbelliferen). Entwicklung im Juli. Auf den Alpen, Lappland. — St. e. Z. 17. 1856. 41. — Wild. 331.

Devergens, *Hb.* (Sch. Taf. 46, Fig. 7.) Violettgrau mit weißer, in der Mitte durch einen dunklen Strich geteilter Rückenlinie und weißen Seitenstreifen, in welchen schwarze Pünktchen stehen. Behaarung ziemlich stark auf dunklen Wärzchen stehend. An verschiedenen niederen Pflanzen, wie Silene acaulis, Viola, Geum. Puppe schwarzbraun. Entwicklung Ende Juli, August. Auf den höheren Apen. — Guenée. A. s. Fr. 1865. p. 93. pl. 8, Fig. 5.

XIV. Familie. Heliothidae, B.

Die Raupe 16-füßig, mit einzelnen feinen Härchen auf Punktwärzchen, lebt auf krautartigen Pflanzen und frißt die Blüten und Samen derselben. Die Verwandlung erfolgt in der Erde.

1. Gattung. Anophia, Gn.

Raupe nackt, 16-füßig, nach vorn zu etwas dünner; Kopf verhältnismäßig klein. Die Raupe, der einzigen nur in Südeuropa vorkommenden Art, lebt an Winden (Convolvulus).

Leucomelas, *L.* (Ramburii, *Rbr*). Taf. 35, Fig. 15. (Taf. 46, Fig. 8). Grau oder grünlich, dicht und grob schwarz punktiert. Rückenlinie ziemlich breit, orangegelb; an den Seiten derselben sind die schwarzen Punkte besonders groß, namentlich je einer auf jeder Seite derselben vom vierten bis zehnten Segment; auf dem elften Segment ist die Rückenlinie eine kurze Strecke beiderseits gelb gesäumt. Seitenlinien viel schmaler, gleichfalls orangegelb; oberhalb der weißen schwarz gesäumten Luftlöchern läuft wieder eine feine orangegelbe Linie, auf jedem Ring beiderseits von einem größeren schwarzen Flecken begleitet. Unterhalb der Stigmen zieht sich eine breitere blaßorangegelbe Längslinie hin, oben weißgelb, unten ebenso und auch noch schwarz gesäumt. Der hellgelbliche Bauch wird schließlich wieder von einer sehr feinen orangegelben Linie beiderseits abgegrenzt; in der Mitte des Bauches befindet sich eine Reihe großer schwarzer länglichrunder Flecken. Füße gelblich, außen und an der Basis schwarz getupft. Kopf gelb, schwarz getupft. Nackenschild und Afterklappe nicht besonders ausgezeichnet. Warzen kaum sichtbar. 5,5 cm. (Nach einer präparierten Raupe von Dr. Staudinger). Lebt an Winden (Convolvulus). Entwicklung im Juli. Im südlichen Krain, Dalmatien, Südfrankreich, Italien, Spanien, Nordafrika und Kleinasien. — Wild. 340. — Mill. Ic. 30, Fig. 4—7.

2. Gattung. Aedia, Hb.

Raupe 16-füßig, nackt, cylindrisch, nach vorn etwas dünner, Kopf verhältnismäßig klein. Lebt ebenfalls an Winden und verwandelt sich in einem festen Erdgespinste.

Funesta, *Esp.* (Leucomelas, *Hb.*) Taf. 35, Fig. 16. (Sch. Taf. 46, Fig. 9.) Bräunlich, überall mit zahlreichen, schwarzen, weißgelb umzogenen Punkten dicht besetzt. Rückenlinie fein, orangegelb; Seitenlinien ebenso, doch nur an den vorderen Segmenten deutlich. Warzen sehr klein, schwarz, breit orangegelb umzogen. Nackenschild und Afterklappe nicht besonders ausgezeichnet. Eine feine orangegelbe, wenig deutliche Linie über den schwarzen, weißgesäumten Luftlöchern, ist vom sechsten Ringe an in einzelne Flecken aufgelöst. Unter den Stigmen ein breiter, weißgelber, schwarz und orangegelb getupfter Streifen. Bauch zwischen den Füßen gelblichweiß, auf jedem Segment in der Mitte mit einem dunkelvioletten unregelmäßigen Flecken. Brust- und Bauchfüße braun. Kopf bräunlich, schwarz getupft. 5 cm. (Nach einer präparierten Raupe von Dr. Staudinger). Lebt im Juli, August an der Winde, (Convolvulus Sepium) meist unter Hecken, am Tage unter der Erde verborgen; spinnt im September ein dichtes Erdgewebe und verwandelt sich darin erst nach der Überwinterung im März zu einer rotgelben Puppe mit schwarzen Flügelscheiden. Entwicklung im Mai, Juni. In verschiedenen Gegenden Mittel- und Südeuropas, Ungarn, Rußland, Belgien und Kleinasien, meist selten. — Tr. 5. 3. 321. — Frr. 4. 100, Taf. 347. — Led. Noct. p. 174. — Wild. 339. — Pr. Taf. 12, Fig. 10. — F. R. p. 232.

3. Gattung. Anarta, Tr.

Raupen nackt, ziemlich gleich dick; grünlich gezeichnet mit einem kleinen Kopfe; 16-füßig, leben an Heidekraut und Heidelbeeren (Vaccinium) und verwandeln sich in einem leichten Gewebe. Einige leben auf den Alpen, die meisten Arten aber im hohen Norden.

Myrtilli, *L.* Taf. 35, Fig. 17. (Sch. Taf. 46, Fig. 10.) Grün, mit drei Reihen länglicher, vorn weißlicher, hinten gelber, rundlicher Flecken auf dem Rücken, welche zwischen sich und nach innen dunkelgrau begrenzt sind und mit einer Reihe schiefer, weißer, nach oben dunkelgrün begrenzter Flecken an jeder Seite; Kopf hellgrünbraun. 3 cm. In zwei Generationen im Juni, Juli und im Herbste an Heidekraut (Calluna vulgaris und Erica carnea). Soll auch auf Vaccinien leben; nährt sich an den zarten Trieben und den Blüten. Puppe mit stumpfen schwärzlichen Kremanter, rotbraun. Entwicklung im Mai und August. Ziemlich verbreitet, bis in die Alpen. — Tr. 5. 3. 201. — Hb. IV. 43 (2. G. a.) — Sepp. III. 1. 29. — Esp. IV. 165. — Wild. 314. — Pr. Taf. XI, Fig. 1. — Gn. II. 194. — Rösel N. Taf. XI. A. B. 85.

Cordigera, *Thnb.* Taf. 35, Fig. 18. (Sch. Taf. 46, Fig. 11.) Schlank, porphyrrot mit einer hellen gelblichen Mittellinie, an deren Seiten vom vierten Ringe an dunkle Schrägstriche, welche rückwärts an der Mittellinie in Winkeln zusammenstoßen; auf jedem Ringe vier gelbliche Punkte; an den Seiten über den Füßen eine schwärzliche Längslinie, welche an den Brustringen unterwärts weiß gesäumt ist; in derselben stehen die gelben Luftlöcher und hinter jedem ein gelber Flecken; Kopf rotbraun mit feinem schwarzen Doppelstriche. 4 cm. Lebt im Sommer an der Sumpfheidelbeere (Vaccinium uliginosum). Entwicklung im Mai. Nur an einigen Stellen Deutschlands, meist auf Torfmooren; mehr im Gebirge (Alpen), Skandinavien, England. — Hb. 42 (G. a. Albirena). — Wild. 315. — Hellins Monthl. Mag. XIII. p. 12 (1876).

Melaleuca, *Thnbg.* (Sch. Taf. 46, Fig. 12). Körper lang und schmal, dunkel schokoladebraun; der erste Ring mit einem gelben Strich; an den Seiten mit hell violettgrauen Schattierungen, oder mit einem längslaufenden Baude von derselben Färbung, worin die schwarzen Luftlöcher stehen; am Rücken entlang vom zweiten Ringe an eine braungelbe Doppellinie; die Ringeinschnitte oben violett gefärbt; von der Mittellinie läuft nach abwärts eine doppelte Reihe pomeranzengelber, schräger Striche, paarweise von einem Punkte oben auf jedem Segment ausgehend, die Ringeinschnitte nach auswärts und vorwärts durchschneidend. Kopf hell rotgelb mit feinen schwarzen Härchen, Mundteile schwarz. 3 cm. Lebt im Juni an der gemeinen Rauschbeere (Empetrum nigrum). Verwandlung unter Moos zu einer kleinen, glänzendschwarzen Puppe mit drei gelben Ringen. Entwicklung im Herbst. Nur im hohen Norden; in Finnmarken überall gewöhnlich. — Sandberg, Tijdschr. 1883. p. 25. — Berl. e. Z. 1875. S. 261.

Anarta Melanopa, *Thnb.* Die Raupe zeigt nach Hellins Month. Mag. XIII. p. 11 im allgemeinen den Noctuen-Typus. Der Körper ist grünlich, am Rücken bräunlich mit bleichem Mittellängsstreifen und breiteren, bleichen, braun geteilten Subdorsalen. Der hornige Kopf ist glänzend rötlichbraun mit dunklerer Zeichnung. Wurde vorzugsweise mit Salix caprea und acuminata erzogen, verpuppt sich Ende Juli. Entwicklung des Falters Anfang Juni. In Schottland (nordische Form). Auf den Alpen findet sich nur die Var. rupestralis Hbn. mit schwarzen Hinterflügeln.

Schönherri, *(Zett.), Stgr.* (Sch. Taf. 46, Fig. 17). Eier ziemlich groß, rundlich, auf der Oberfläche gekörnt und von gelblicher Farbe. Raupe fast rundlich, oben etwas abgeplattet, nur die ersten Glieder etwas dünner. Schwarz, auf dem Rücken ein wenig heller mit rautenförmigen dunkleren Flecken auf jedem Gliede, in denen die vier schwarzen, sehr glänzenden Wärzchen stehen. In der Mitte auf jedem Gelenkeinschnitte steht ein noch größerer, schwarzer, aber nicht glänzender Flecken. An den ganz schwarzen Seiten stehen in der Mitte auf jedem Ringe je ein bis zwei glänzendschwarze, größere Wärzchen. Bauch grünlichschwarz; die ebenso gefärbten Bauchfüße und Nachschieber sind in der Mitte von einem glänzendschwarzen Ringe umgeben. 2,1 cm. Lebt im Juli, August an Gras. Verpuppung unter Moos. Entwicklung nach der Überwinterung im Juli. Nur im hohen Norden, in Norwegen, Lappland, Grönland und Labrador. — Stgr. Stett. e. Z. 1861, p. 375.

Lapponica, *Thnb.* (Sch. Taf. 46, Fig. 18). Nach G. *Sandberg* ist die Raupe noch nicht sicher bekannt, da sie nicht zum Ausschlüpfen gebracht wurde. Die als solche vermutete ist zimmtbraun, an den Seiten graulich mit einer feinen hellen Linie an jeder Seite der aus schwarzen Punkten bestehenden Mittellinie; zwischen diesen Linien vom vierten Ringe an längs des Rückens eine Reihe von dunklen, schrägen Strichen, welche an der Mittellinie in Winkeln zusammenstoßen. 3 cm. Die sehr lebhafte Raupe lebt auf Birken und Heidelbeeren. Nur im hohen Norden, Finnmarken, Lappland, Labrador, Grönland. — Berl. e. Z. 1885, S. 262. — Sandberg, Tijdschr. 1883. p. 25.

Quieta, *Hb.* (Sch. Taf. 46, Fig. 20). Ei abgerundet, konisch, mit feinen regelmäßigen gelblichen Rippen. Raupe hellrotbraun mit tief schwärzlichen, ziemlich dicken Linien. Auf jedem Ringe vier kleine Wärzchen und sonst überall einzelne, auf denen ein kleines Härchen steht. Luftlöcher weißlich umzogen. Kopf, Nacken- und Afterschild glänzend dunkel schwarzbraun. An den Knospen der Rauschbeere (Empetrum nigrum). Nur im hohen Norden, in Finnmarken und Lappland. — Staudinger und Wocke, St. e. Z. 1861. 378.

4. Gattung. Heliaca, H.-S.

Raupe dick, 16-füßig, lebt an niederen Pflanzen und verwandelt sich in der Erde in einem engen Tönnchen. Die kurz zusammengeschobene Puppe überwintert.

Tenebrata, *Sc.* (Arbuti, *F.*) (Sch. Taf. 46, Fig. 21). Weißlichgrün mit dunkeldurchscheinendem Rückengefäße, einer weißlichen Längslinie an jeder Seite des Rückens und einem weißen, oberwärts dunkelgrünen Seitenstreifen über den Füßen; Kopf dunkelgrün. 2—3 cm. Lebt im Juli an Acker-Hornkraut (Cerastium arvense, triviale und glomeratum), die Blüten und Samen fressend; verwandelt sich in eine kurze, grünlichbraune Puppe mit zwei auswärts gekrümmten Häkchen am Afterstücke und mit dunkleren Flügelscheiden. (Wild. 315, Taf. 9 A, Fig. 88). Entwicklung im Mai. Verbreitet; der heliophile Schmetterling auf Waldwiesen. — Fr. B. 3. 84, Taf. 119. — Pr. Taf. XI, Fig. 3. — Buckl. Month. Mag. XXI. p. 36 (Arbuti).

5. Gattung. Heliothis, Tr.

Raupen schlank, walzenförmig, mit feinen schwarzen Härchen auf Punktwärzchen, 16-füßig. Kopf klein, rund. Leben im Sommer an niederen Pflanzen, Blüten und Samen fressend; Verwandlung in der Erde.

Cognatus, *Frr.* Taf. 35, Fig. 19. (Sch. Taf. 46, Fig. 26). Braungrau mit vier gelblichen Rückenlinien und einer sehr breiten weißen Stigmenlinie. Luftlöcher schwarz, Bauch schmutzigweiß, Füße hellbräunlich. Kopf honiggelb, einfarbig. Nackenschild braun mit drei weißen Längslinien; Afterklappe nicht ausgezeichnet. Warzen kaum sichtbar. 2,5 cm. (Nach einer präparierten Raupe von Dr. Staudinger). Lebt im August und September an Hasenlattich (Prenanthes purpureus) und Krümling (Chondrilla juncea). Entwicklung im Juni. In Österreich, Ungarn, Rußland, in der Türkei und Kleinasien. — Tr. X. 2. 142. — Frr. 2. 24, Taf. 110. — Wild. 314. — Pr. Taf. XI. Fig. 3. — Friv. Jell. 1866, Taf. VII, Fig. 8. a. b.

Cardui, *Hb.* Taf. 35, Fig. 20. (Sch. Taf. 46, Fig. 27.) Dick, braun, auf dem Rücken mit zwei Reihen weißlicher Flecken; außerdem überall mit Ausnahme des gelblichen Bauches weißgelb punktiert. Kopf hellbraun mit einem dicken schwarzen Strich auf der Höhe jeder Hemisphäre. Nackenschild schwarz mit vier gelben Längsstreifen. Brustfüße braun, Bauchfüße außen schwarz. Lebt im August am Bitterkraut (Picris hieracioides) und verwandelt sich an der Erde in einem leichten Gespinste. Entwicklung im Juli. Im südlichen Deutschland, in der Schweiz, Ungarn, Rußland, Türkei und Kleinasien. — Tr. X. 2. 142. — Frr. 2. 25, Taf. 110. — Wild. 314. — Pr. Taf. XI, Fig. 4.

Purpurascens, *Tausch.* (Sch. Taf. 46, Fig. 28). Oben gelb mit feinen schwarzen Wärzchen, unten weißlich. Kopf, Nackenschild und Afterklappe gelb. Lebt an niederen Pflanzen. Im Juni, Juli an Bergabhängen von Sarepta und Kleinasien. — Mill. 128, Fig. 5—7.

Ononis, *F.* Taf. 35, Fig. 21. (Sch. Taf. 46, Fig. 30). Dunkelgrün mit drei gelblichen Rückenlinien, oder heller oder dunkler rotbraun mit schwärzlichen und gelblichen Längslinien und feinen schwarzen Wärzchen auf dem Rücken; an den Seiten mit einem breiten weißgrauen Längsstreifen, in welchem die schwarzen, weiß geringten Luftlöcher in rötlichen Flecken stehen; Bauch und Füße dunkelbraun; Kopf braungelb, schwarz punktiert. 3—4 cm. Lebt im August, September an Lein (Linum), Hauhechel (Ononis) und Salbei (Salvia) an den Blüten und Samen. Puppe schlank, gestreckt, hellbraun. Entwicklung im Mai und Juni und wieder August. Mehr im Süden, nicht selten. — Tr. 5. 3. 217. — Hb. IV. 120 (3 F. a. b. u. b.) — Frr. 6. 17, Taf. 490. — Wild. 313. — Pr. Taf. XI, Fig. 6.

Dipsaceus, *L.* Taf. 35, Fig. 22. (Sch. Taf. 46, Fig. 31.) Heller oder dunkler graugrün, gelbgrau oder rötlichgrau mit vielen feinen geschlängelten gelblichweißen Längsstreifchen besetzt; auf dem Rücken mit zwei weißen Mittelstreifen und zwei dergleichen an den Seiten des Rückens; über den Füßen eine breite weiße Längslinie, in der die schwarzen, weiß geringten und von einem rötlichen verwischten Hof umgebenen Luftlöcher stehen. Kopf gelblichgrün oder bräunlich, schwarz punktiert. Lebt von Juli bis September an Zichorien, Rittersporn (Delphinium) und Flockenblume (Centaurea) und verwandelt sich in einem leichten Gespinst zu einer schlanken, gelbbraunen, bläulichgrau bestäubten Puppe. (Wild. 313, Taf. 5, Fig. 10). Entwicklung von Ende Mai bis August. Nicht selten; der Falter an sonnigen Abhängen, auf Kleefeldern in der Mittagssonne. — Tr. 5. 3. 220. — Hb. IV. 3. F. b. — B. & G. Helioth. pl. 2. — Frr. 6. 18, Taf. 491. — Wild. 313. — Pr. Taf. XI, Fig. 7.

Scutosus, *Schiff.* Taf. 35, Fig. 23. (Sch. Taf. 46, Fig. 33.) Rückenfläche dunkel graugrün, fast schwärzlich; Seitenfläche und Bauch gelb, über den Rücken verlaufen beiderseits je drei unterbrochene gelbe Längslinien, von welchen die zwei mittleren die stärksten sind; auf jedem Segment stehen je vier große schwarze Warzen. Die Luftlöcher sind schwarz, weiß umzogen und je von einem großen schwarzen Fleck, der mit der dunklen Rückenfläche zusammenhängt, umgeben. An den Seiten des zweiten und dritten Segmentes stehen an Stelle der Luftlöcher je zwei schwarze zapfenartige Warzen, am ersten Ring eine solche vor dem ersten Luftloch. Dicht über den Füßen zieht ein heller, beiderseits unregelmäßig dunkel begrenzter Längsstreifen hin. Bauch unbezeichnet, sämtliche Füße schwarz. Kopf gelb, dick schwarz gesprengelt; untere Hälfte des Stirndreieckes schwarz. Oberlippe schmal, gelbbraun; Nackenschild schwarz mit drei gelben Längslinien; Afterklappe nicht besonders ausgezeichnet. (Nach einer präparierten Raupe von H. Gleißner). 4—5 cm. Lebt im Juni, Juli an den Blüten von Artemisia campestris und scoparia, seltener an Chenopodium und verwandelt sich zu einer rotbraunen Puppe mit grünlichen Flügelscheiden. Entwicklung im August und nach der Überwinterung im Mai, Juni. Nicht überall verbreitet, der Schmetterling fliegt auf Thymus-Blüten. — Tr. 5. 3. 224. — Hb. 121. F. a. b. — B & G. Hel. pl. 2. — Frr. 2. 153, Taf. 191. — Wild. 312. — Pr. Taf. XI, Fig. 5.

Peltiger, *Schiff.* Taf. 35, Fig. 24. (Sch. Taf. 46, Fig. 34.) Grünlichgelb, auf dem Rücken jeden Ringes breit ziegelrot angeflogen und mit drei grauen Längsstreifen; an den Seiten ein weißlicher Längsstreifen, über welchem die feinen schwarz geringten Luftlöcher stehen; Bauch und Füße blaßgelb; Kopf klein, hellbraun. 4—5 cm. Lebt im Juli, August an den Samenkapseln von Bilsenkraut, Hyoscyamus niger, an Senecio, Ulex und Salvia und verwandelt sich in einem leichten Gewebe zu einer schlanken, braunen Puppe. Entwicklung im September und nach der Überwinterung im Mai, Juni, mehr im westlichen und südlichen Europa, in Kleinasien und Nordafrika. — B. & G. Helioth. pl. 2. — Frr. 2. 118, Taf. 167. — Wild. 312.

Nubiger, *H.-S.* Die der vorigen ähnliche Raupe lebt auf Gaisblatt (Lonicera) und andern in- und ausländischen Sträuchern in den Gärten. Entwicklung fast das ganze Jahr. Sarepta, Andalusien und Syrien. — Mill II. p. 38. — Jc. 104.

Armiger, *Hb.* Taf. 36, Fig. 1. (Sch. Taf. 46, Fig. 35.) Braunrot mit einer feinen grüngrauen Rückenlinie und neben derselben zwei schwarzen Punkten auf jedem Ringe; an den Seiten des Rückens eine auf jedem Ringe erweiterte graugrüne Längslinie und in derselben vier schwarze Punkte auf jedem Ringe; an den Seiten ein gelber, in seiner Mitte rötlich gerieselter Längsstreifen, über welchem die schwarzen Luftlöcher stehen. 4—5 cm. Lebt im Juni, August an Wau, Reseda luteola, Hyoscyanus niger (*Lederer*), nach *Roñast.* an Cucusbita, Nicotiana und Cannabis. Nach *Rogenhof.* Ver. z. b. V. Wien 1887. p. 63 waren die Raupen in der Umgebung von Görz den Maisfeldern sehr gefährlich. Verpuppung in der Erde. Entwicklung im Mai bis Juni. Mehr im Süden, aber dort sehr weit verbreitet. In Nordamerika ist die Raupe ein gefürchteter Schädling des Mais und der Paradiesäpfel. — Boisd. Coll. Chen. pl. 118. —

Helioth. pl. 2, Fig. 23. — Frr. 3. 18, Fig. 203. — Wild. 312. — Pr. XI. 9.

Incarnatus, *Frr.* (Sch. Taf. 46, Fig. 36.) Hellgelb oder rotbraun mit je zwei schwarzen Punkten beiderseits der Rückenlinie. Lebt im Juni, Juli an Silene viscosa und vespertina. Entwicklung im Frühjahr. In Ungarn, Bulgarien, Südrußland, Konstantinopel, Kastilien, Andalusien und Armenien. — Mén. Ent. Taf. 18. 7. a. b.

Gattung. Aedophron, *Ld.*

Phlebophora, *Led.* Raupe in der Form der von Helioth. Armiger ähnlich, aber kürzer und in den Gelenken mehr ausgeschnitten. Kopf nur wenig schmäler, als das erste Segment, lichtbraun, die Hemisphären oben fein schwarz gerandet. Grundfarbe der präparierten Raupe gelblich (im Leben wohl grünlich) mit rotbraunen, nach hinten an Intensität abnehmenden Zeichnungen. Diese bilden auf jedem Segment eine Art sehr aufgelöster Binde, die nur unten scharf begrenzt ist und sich bis zum schwarzen Stigma zackenförmig hinunterzieht; in dieser braunen Zacke steht je ein ganz scharfer, heller Punkt. Auf dem sehr stark aufgelösten Rückenteil bemerkt man eine schärfere helle Dorsallinie. Auch der untere Teil der Raupe, namentlich dicht oberhalb der Füße, ist schwach bräunlich gewässert, so daß nur ein nach oben ausgebogenes ganz rein grünes Seitenband bleibt. Einzelne sehr kurze Haare stehen auf den Warzen, die vorne etwas dunkler sind. (Beschreibung von Dr. Staudinger nach einer präparierten Raupe in Lederers Sammlung.) Lebt in zusammengesponnenen Blättern an einer großen wolligen Phlomis, deren Blumen und Samen sie frißt; Puppe braun, am Kopfende ziemlich zugespitzt. Kommt in Syrien, Lydien (Magnesia) und im nordöstlichen Kleinasien vor. — Hor. Soc. ent. 1878, S. 401.

Gattung. Chariclea, *Stph.*

Raupen 16-füßig; schlank, wenig gewölbt; mit einzelnen feinen Börstchen auf Punktwärzchen besetzt. Kopf rund, wenig gewölbt. Sie leben wie die der Heliothis, doch mehr im Süden und verwandeln sich in der Erde zu Puppen, die überwintern.

Delphinii, *L.* Taf. 36, Fig. 2. (Sch. Taf. 46, Fig. 37.) Violettgrau mit einer schwarzen abgesetzten beiderseits gelb begrenzten Rückenlinie und vier schwarzen großen Warzen auf jedem Ringe; an den Seiten heller mit einem breiten gelben Bande über den Füßen, über welchem an jedem Ringe fünf große schwarze Flecken stehen. Kopf gelb mit drei großen schwarzen Flecken und breit schwarzem Hinterrand jeder Hemisphäre und schwarzem Stirndreieck. Nackenschild schwarz, von der gelben Querlinie mitten geteilt. Afterklappe gelb, schwarz punktiert. 4 cm. Lebt im Juli, August an den Blüten und Samen von Rittersporn (Delphinium consolida) auf Brachfeldern und verwandelt sich tief in der Erde in einer Erdhöhle. Puppe mit einer warzenförmigen Erhöhung am Kopf, rotbraun mit grünlichen Flügelscheiden. Entwicklung im Mai, Juni. — Tr. 5. 3. 82. — Rsl. I. 4. 81, Taf. 12. — Hb. 107. W. a. — B. & G. Noct. pl. 20. — Wild. 311. — Pr. XI. 10.

Victorina, *Sodof.* (Sch. H.-S. 552.) Grün oder rötlich violett mit dunkler Dorsallinie und einem dunkleren, oben oft violetten Seitenteil mit lichter Längslinie darin. Die Warzen sind scharf schwarz, klein mit kurzen Härchen. Kopf schmutzigbraun, oben dunkler, zuweilen ganz schwarz. Verpuppung in einem leichten Erdgespinste. Puppe braun mit etwas zugespitztem Kopfteil. Im Juli, August an Dictamnus und Salvia. Entwicklung im Mai, Juni; in Südrußland, Armenien und Kleinasien. — Stgr. Hor. s. e. 1878, S. 493.

Treitschkei, *Friv.* (Sch. Taf. 46, Fig. 38.) Chagrinartig rauh, mit feinen kurzen Härchen bedeckt; jedes der gewöhnlichen Wärzchen trägt ein langes krauses Haar. Grundfarbe rötlichgrau; auf dem Rücken auf jedem Gelenke ein dunkelrotbraunes Dreieck, das mit der Basis auf dem Hinterrand des Ringes aufsitzt und mit der Spitze an das vorne befindliche stößt; nach vorne nimmt die Zeichnung an Deutlichkeit ab. Lebt an einer Melissenart und verwandelt sich in eine lichtbraune Puppe. Entwicklung im Juni. Nur in Bulgarien und der Balkanhalbinsel. — Lederer Wien. Mon. VII. S. 27. — Hor. Ent. Ross. 1878, S. 403.

Purpurites, *Tr.* Taf. 36, Fig. 3. (Sch. Taf. 46, Fig. 39.) Heller oder dunkler apfelgrün oder braunrot mit dunkel durchscheinendem, von zwei hellen Linien eingefaßtem Rückengefäße und einer hellen Linie an jeder Seite des Rückens; auf dem Rücken jedes Ringes vier schwarze Punkte; an den Seiten auf jedem Ringe zwei schwarze Punkte über, und ein solcher unter vier schmalen dunklen Längslinien. Bauch hellgrün oder hellrot. Kopf und Nackenschild graubraun. 4—5 cm. Lebt im Mai an Centaurea scabiosa, und Succisa pratensis und verwandelt sich in der Erde zu einer glänzend braunen Puppe. Wild. 312, Taf. 6, Fig. 55. Entwicklung im Mai. Angeblich in Österreich, sonst in Ungarn und der Türkei. — Tr. X. 2. 144. — Hb. 80. N. f. — Frr. B. 3. 136.

Umbra, *Hufn.* (Marginata, *F.*) Taf. 36, Fig. 4. (Sch. Taf. 46, Fig. 40.) Schmutziggrün oder rötlichbraun, gelblich gerieselt und mit feinen schwarzen Punktwärzchen besetzt; auf dem Rücken ein dunkler, weißlich gesäumter Mittelstreifen und zu jeder Seite des Rückens eine feine weißgelbe Längslinie; an den Seiten über den Füßen ein weißer oder gelblicher Längsstreifen; Luftlöcher fein schwarz; Nackenschild braun; seitlich fein schwarz gesäumt, von zwei gelben Linien durchzogen und mit vier schwarzen Punkten; oder bei den dunkel gefärbten Raupen schwarz mit feiner Mittellinie. Kopf einfarbig hellbraun. Afterklappe hellbraun oder schwarz. 3—4 cm. Lebt im Mai, Juni an den Blüten und Samen von Hauhechel (Ononis spinosa), selten an Wiesenstorchschnabel (Geranium pratense) und verwandelt sich in eine schlanke braungelbe Puppe. (Wild. 310, Taf. 5, Fig. 12) Entwicklung im Mai, Juni, auch August; meist nicht selten, der Schmetterling an

Rainen und Abhängen, wo Ononis wächst. — Tr. 5. 3. 232. — Hb. 75. N. a. (Rutilago). — Sepp. VII. 37. 10.

Xanthodes, *Gn.*

Die Raupen dieser, nur aus zwei in Südeuropa vorkommenden Arten bestehenden Gattung sind lang gestreckt, gleichmäßig dick, 12-füßig, spärlich behaart; leben an Malvengewächsen. Puppe in der Erde.

Malvae, *Esp.* Taf. 36, Fig. 5. (Sch. Taf. 46, Fig. 41.) Weißlich mit seitlichen gelben Flecken und Punkten auf jedem Gelenke und gelbem Kopfe. Lebt an Malva moschata und nach *Roüast* auch an Lavatera Olbia. In Sizilien, Andalusien und Kastilien. — Mill. 84. 3. 4.

Graellsii, *Feist.* (Taf. 47, Fig. 1.) 4 cm lang. Kopf groß, gelb, dick, schwarz punktiert; Rücken grün mit rötlicher oder rötlichgelber Beimischung, besonders auf den fünf ersten Segmenten. Rückenlinie breit, weißgelb; 1. Segment (Nackenschild) gelb mit je vier großen schwarzen Warzen am Vorder- und am Hinterrand. Auf dem zweiten und dritten Segment stehen zuerst beiderseits von der Mittellinie je zwei schwarze Querstriche, dann über die Mittellinie weglaufend sechs große schwarze Warzen in einer Querreihe, dann wieder vier schwarze Querstriche, wie vor der Warzenreihe. Die Zeichnung der Segmente 4—12 incl., besteht aus je einem schwarzen feinen Querstrich links und rechts von der Mittellinie am Vorder- und am Hinterrande des Segmentes; zwischen diesen Querlinien stehen seitlich von der Mittellinie je ein schwarzer bogenförmiger Strich mit der Öffnung nach innen, an dessen Enden die gleichfalls schwarzen, je ein ziemlich langes Haar tragenden Warzen stehen; am vierten bis achten Segment befindet sich außerdem noch ein schwarzer dicker Querstrich in der Öffnung eines jeden Bogens. Afterklappe schmal, halbkreisförmig, rötlichbraun. Seitenfläche besonders vom vierten bis achten Segment rötlichgelb gefleckt, mit vielen schwarzen großen Warzen und rotbraunen Luftlöchern. Bauchfläche weißlichgrün, ohne Warzen. Bauchfüße und Nachschieber ebenso; Brustfüße hellbraun. (Nach einer präparierten Raupe von Dr. Staudinger). Lebt an Lavatera-Arten. Kastilien, Andalusien. — Mill. 59. 6. — Graels Mem. pl. VI, Fig. 4.

Euterpiä, *Gn.*

Raupen 16-füßig, plump, nach beiden Seiten dünner werdend; lebt an Silenen und verwandelt sich in der Erde in einem engen Erdgehäuse zu einer gedrungenen Puppe.

Laudeti, *B.* Taf. 36, Fig. 6. (Sch. Taf. 47, Fig. 2.) Gelblichweiß; Kopf hellbraun, oben mit zwei schwärzlichen Punkten; Nackenschild hellbraun, am Vorder- und Hinterrand mit schwarzbraunen Flecken. Auf jedem der übrigen Segmente stehen vier große runde schwarze Warzen, deren vordere einander näher stehen, als die hinteren. In derselben Weise befinden sich in ziemlich gleichem Abstande in den Seiten noch zwei Reihen großer schwarzer Warzen; Afterklappe hellbraun, vorn und seitlich schwarz gefleckt. Alle Füße sind schwarz, die Bauchfüße sehr kurz. Lebt im Juni und Juli an Silene otites, in Südrußland an Silene wolgensis und Gypsophila panniculata, an den unreifen Samenkapseln. Entwicklung im Mai und Anfangs Juni und in Rußland im September desselben Jahres. Im Wallis, (Gamsen) Bulgarien, Südrußland, Armenien und Kleinasien. — Christoph, Stett. e. Z. 1867, S. 243. — Mill. 128. 1—4.

XV. Familie. Acontiidae, *B.*

Die Raupen dieser kleinen, mehr im Süden einheimischen Familie sind glatt, teils 12-, teils 16-füßig, leben auf niederen Pflanzen und verwandeln sich in der Erde in geleimten Höhlen. Die Raupen der im Mai fliegenden Falter überwintern erwachsen; die der zweiten Generation sind im Juni oder Juli zur Verwandlung reif. Nur eine Gattung.

Acontia, *Tr.*

Der Gang der Raupen ist meist spannerartig, durch das Fehlen der zwei Paare Bauchfüße bedingt. Die Schmetterlinge fliegen rasch, an heißen, sonnigen Stellen, besonders wüsten Plätzen, bei Tage an Blumen und erscheinen zweimal im Jahre im Mai und Juli oder August.

Urania, *Fr.* (Sch. Taf. 47, Fig. 3.) Die Raupe gleicht der von Lucida, ist etwas lichter bräunlich oder violett gewässert und lebt an Althaea cannabina. Entwicklung im Mai und Juli. In Bulgarien, Kleinasien und Armenien. — Stgr. Hor. 1878. p. 404.

Lucida, *Hufn.* (Solaris, *Esp.*) Taf. 36, Fig. 7. (Sch. Taf. 47, Fig. 5.) 3,5 cm lang, dick, nach vorne wenig verjüngt, nackt, 12-füßig, das elfte Segment etwas erhöht. Kopf klein, rotbraun, gelblich getupft. Körperfarbe überall rotbraun mit feinen mattgelben Fleckchen und Streifen gerieselt. Nackenschild viereckig, glänzend, von der allgemeinen Körperfarbe. Rücken- und Seitenlinie nur sehr schwach angedeutet. Warzen klein, dunkelbraun, an der Basis gelblich, etwas spitzig, besonders die vier auf dem Rücken des etwas verdickten elften Segmentes; Afterklappe gelblich mit schwarzen Warzen. Stigmenlinien sehr fein, aus feinsten gelblichen Fleckchen bestehend, geschwungen; Stigmen weiß, schwarz gesäumt. Vom vierten bis sechsten Segment incl. lauft vom Stigma schräg nach hinten und aufwärts zur hintern äußern Warze ein feiner gelblicher Schrägstreif, der vorn stark und breit dunkelrotbraun beschattet ist, welche Färbung sich bis auf die Rückenfläche der betreffenden Segmente erstreckt. Am achten und neunten Segment geht von der Stigmenlinie je ein feiner gelber Strich nach abwärts und hinten zu den Bauchfüßen hinunter; sämtliche Füße von der allgemeinen Körperfarbe. Lebt in zwei Generationen im Juni und September an Winden (Convolvulus) und

Malva rotundifolia und verwandelt sich in einer Erdhöhle. Entwicklung im Mai und August. Nur lokal, an trockenen Plätzen. — Tr. 5. 3. 244. X. 2. 146. — Frr. 4. 97, Taf. 345. — Wild. 317. — Mill. 136, Fig. 8. Pr. Taf. XI, Fig. 14.

Luctuosa, *Esp.* Taf. 36, Fig. 8. (Sch. Taf. 47, Fig. 6.) Gelbgrau mit feinen dunklen Atomen bedeckt; auf dem Rücken zwei helle Längslinien und an den Seiten ein weißer Streifen; Bauch hellgrau. Nackenschild braun mit drei weißlichen Strichen; Kopf klein, gelblich mit schwarzen Strichen. Lebt im Mai, Juni und September an Winden (Convolvulus arvensis) in den Blüten versteckt und verwandelt sich in der Erde zur rotbraunen Puppe. Nicht selten und viel häufiger als die vorige Art an denselben Lokalitäten. — Frr. 4. 99, Taf. 346. — Wild. 316. — Pr. Taf. XI, Fig. 13.

XVI. Familie. Noctuophalaenidae, *B.*

Raupen dick, ziemlich gedrungen, nackt oder mit feinen Härchen bedeckt, 12- oder 14-füßig, leben mehr im Süden an niederen Pflanzen und verwandeln sich in der Erde zu kurzen Puppen.

1. Gattung. Thalpochares, *Ld.* (Micra, *Guen.* Anthophila, *O.*)

Raupen wicklerartig, gedrungen, nach vorn und hinten etwas verjüngt, träge, meist 12-füßig; die Nachschieber sehr klein, teilweise ganz verkümmert. Die Lebensweise ist ungemein verschieden, entweder wicklerartig in zusammengesponnenen Blättern, in leichten Geweben, oder in Samenkapseln. Die Verpuppung geschieht entweder in der Nahrungspflanze oder in der Erde.

Arcuina, *Hb.* Raupe nach *Lederer* im Frühjahr in den Herztrieben von Onosma echioides. Südöstliches Deutschland, Wien, Ungarn, Dalmatien. Falter im Juli.

Dardouini, *B.* Taf. 36, Fig. 9. (Sch. Taf. 47, Fig. 12.) Mattgelb oder grün; auf jedem Ringe ein breiter, braunroter, durch eine mattgelbe Mittellinie geteilter Querflecken, in welchem zu jeder Seite der Mittellinie in einer Querreihe mehrere gelbe Punkte stehen. Nackenschild schmal, schwarzbraun, in der Mitte fein geteilt; Afterklappe von der Körperfarbe. Kopf braungelb oder schwarz; Brustfüße braungelb; Bauchfüße von der Körperfarbe (12-füßig). 1 cm. Lebt im August und September an den Samenkapseln von Anthericum ramosum und verwandelt sich in einem zähen Gespinste an der Erde. Entwicklung im Mai, Juni. — Gn. 2. 237. — v. Hornig V. z. b. V. Wien. 1853, S. 134. — Wien. ent. Monats. Bd. IV. S. 317. Taf. 8, Fig. 4. — Wild. 320.

Lacernaria, *Hb.* (Glarea, *Tr.*) (Sch. Taf. 47, Fig. 13.) Raupe im Juli in einer Phlomis-Art, wo sie an den filzigen Blättern förmliche Gänge spinnt. Entwicklung im Mai, Juli, August. In Südfrankreich, Andalusien, Dalmatien und Griechenland. — Stgr. Hor. ent. Ross. 1878. p. 409.

Respersa, *Hb.* Taf. 36, Fig. 10. (Sch. Taf. 47, Fig. 14.) (Amoena, *Hb.*) Plump, dick, schmutzig hellgrau mit feinen schwarzen Atomen dicht bedeckt; auf dem Rücken mit einer hellen Mittellinie, ebensolchen Seitenlinien und schwarzen Wärzchen; Luftlöcher schwarz von vier kleinen schwarzen Wärzchen umgeben; sämtliche Wärzchen mit je einem feinen langen, hellen Haare besetzt; Nackenschild glanzlos schwarz mit feiner gelber Mittellinie; Afterklappe schwärzlichgrau; Kopf klein, rund, glanzlos schwarz mit mehreren langen Haaren besetzt. 2,5—3 cm. Lebt im Mai und Juni an der Eselsdistel (Onopordum acanthium) und verwandelt sich am Stengel in einem lichten Gespinste. Puppe kastanienbraun. Entwicklung im Juni. In Österreich (bei Wien), Ungarn, Italien, Südfrankreich und Kleinasien. — Wild. 321. — Wien. ent. Monatsch. II. (1858), S. 20. 1860. Taf. VIII, Fig. 2.

Communimacula, *S.-V.* (Sch. Taf. 47, Fig. 18.) Die cochliopodenartige Raupe ist kurz und dick mit sehr kleinem Kopf; die Nachschieber sind rudimentär. Farbe weißgelb, ohne Linien und Flecken; nur das erste Segment weingelb. Nackenschild schmal, glänzend, schwarz, durch eine Einbuchtung geteilt; Kopf herzförmig, glänzend schwarz, in der Mitte purpurrötlich. Brustfüße klein, schwarz; Bauchfüße rötlich; die sehr kleinen rötlichen Stigmen stehen hoch an den Seiten der Raupe. Sie lebt bis Juli auf Schlehen, Zwetschen- und Pfirsichbäumen, wo sie die Schildläuse (Cocciden) aussaugt und sich aus den leeren Schalen derselben eine Rückendecke verfertigt (ganz analog wie Erastr. Scitula Rbr.) Der gelblich braun gefleckte Cocon wird am Stamme befestigt. — Friv. Jell. 1866. Taf. VIII, Fig. 13 a, b. — Mill. Jc. III. p. 312, pl. 139, Fig. 4. (*Mill.* vermutet eine andere Lebensweise.)

Pannonica, *Frr.* Taf. 36, Fig. 11. Die Raupe ist der von Talp. Rosina *Hb* sehr ähnlich, erwachsen $1/2$—$3/4$ Zoll lang, verhältnismäßig dick, gegen den Kopf zu allmählich, nach hinten zu aber schnell an Dicke abnehmend, 12-füßig. Kopf rund, dunkelbraun, schwarz, glanzlos, mit einigen Härchen besetzt. Nackenschild braun, in der Mitte hell geteilt, mit acht etwas erhabenen schwarzen Wärzchen und am Hinterrand mit einigen kleinen schwarzen Flecken; auf der blaßbräunlichen Afterklappe mehrere Wärzchen. Farbe des Leibes oben und unten hell schmutzig beinfarben, an den drei ersten Leibringen dunkler, ins graue ziehend. Rückenlinie hell, verloschen. Warzen sehr klein aber deutlich, schwarz, mit je einem langen und feinen hellen Haar. Luftlöcher rotbraun. Auf der Mitte der Unterseite hat jedes Gelenk einen hellrotbraunen Fleck. Brustfüße hellbraun; an der Basis mit einem kurzen dunkelbraunen Querstrich; Bauchfüße mit drei sehr kleinen schwarzen Pünktchen am Stamme. Lebt im Mai und Juni an Gnaphalium arenarium in einem aus abgenagten Pflanzenteilen bestehenden, an den Stengeln oder Blättern angebrachten filzigen Gehäuse. Verwandlung zur Puppe wie bei

T. Rosina. Entwicklung Juni bis Ende Juli. Ungarn, Kleinasien, Armenien. — W. ent. M. Il. 1858. S. 19. — Friv. Jell. 1866. Taf. VII, Fig. 12.

Purpurina, *Hb.* (Sch. Taf. 47, Fig. 20.) Die erwachsene Raupe ist der von Th. respersa ungemein ähnlich, 12-füßig, plump und träge, nach vorn und hinten verschmälert, von fast madenförmigem Aussehen, mit einzelnen feinen Härchen und schwarzen Wärzchen besetzt; von Farbe matt steingrün; über den Rücken führt sie eine etwas hellere, schmutzige, ziemlich verloschene Linie, in den Seiten zwei etwas deutlichere und breitere gleichfarbige Streifen; die Unterseite ist etwas heller, als die obere. 1,8—2,0 cm. Lebt in zwei Generationen an der Kratzdistel (Cirsium arvense) und verwandelt sich in einem doppelten, braungrauen Gewebe zur schlanken, rotbraunen Puppe mit hellen Einschnitten der Hinterleibsringe. Entwicklung im Mai, August und September. In Österreich und im südlichen Europa. — Wild. 321. — Wien. ent. Monatsch. 1860. S. 313. Taf. 8, Fig. 1.

Rosea, *Hb.* (Rosina, *Hb.*) (Sch. Taf. 47, Fig. 21.) Schlank, mit einzelnen feinen Härchen besetzt, fleischfarbig, mit dunklen Atomen bedeckt; auf dem Rücken zwei weißliche rötlich beduftete Längslinien; an jeder Seite eine etwas breitere weißliche Längslinie, unter welcher die fein schwarzen, hell gerandeten Luftlöcher auf gelblich gemischtem Grunde stehen; Bauch und Füße mattgelb; Kopf braun. 1,8—2 cm. Lebt im Mai in einem leichten Gewebe an der weichen Distel (Jurinea mollis) und verwandelt sich in einem ovalen, weißgrauen Gehäuse zu einer schlanken, braungelben Puppe mit dunkleren Flügelscheiden. Entwicklung im Juni, Juli, in Österreich, Südrußland, Kleinasien. — Wild. 321. — Hornig z. b. V. 1852. p. 68. — Wien. ent. Monatsch. 1860. S. 317. Taf. 8, Fig. 3.

Ostrina, *Hb.* (Sch. Taf. 47, Fig. 22.) In drei Generationen an Helychrysum augustifolium und Carlina. Im südlichen Deutschland, z. B. bei Freiburg, in Krain, Frankreich und England.

Parva, *Hb.* (Sch. Taf. 47, Fig. 23.) Raupe im Fruchtknoten von Inula montana, viscosa und Centaurea calcitrapa im Oktober, November. Entwicklung im Juli. Im südlichen Deutschland und Europa (*Roßasi*).

Paula, *Hb.* (Sch. Taf. 47, Fig. 24.) Weißlichgrün mit einer feinen dunklen Doppellinie auf dem Rücken und feinen weißen Härchen auf schwarzen Wärzchen; Luftlöcher weiß, schwarz gesäumt, Nackenschild bräunlich gelb; Kopf dunkelgrün. 1,8 bis 2 cm. Lebt im Juni an Ruhrkraut (Gnaphalium arenarium), in dessen Stiel sie sich einfrißt und verwandelt sich in der Erde zwischen den Wurzeln der Nahrungspflanze zu einer dicken braungelben Puppe. Entwicklung im Juli, August. Ziemlich verbreitet, meist in Sandgegenden. — Frr. Bd. 7. S. 99. — Wild. 322. — Pr. Taf. XI, Fig. 21. — Wien. ent. M. IV. Bd. 1860, S. 317. Taf. 8, Fig. 5.

Helichrysi, *Rbr.* (Sch. Taf. 47, Fig. 25.) Bräunlich oder rötlichgrün mit dunkler Rückenlinie, weißem oder weißlichem Bande unweit derselben und dunklerer Beschattung dahinter. Die Raupe dieser zweifelhaften Art lebt nur auf Korsika und Sardinien auf Helychrysum angustifolium. — Rbr. A. s. Fr. 1832. p. 125. — Led. Wien. Monatsch. IV. 317.

2. Gattung. **Erastria**, O.

Raupen schlank, spannerartig, 14-füßig, die Füße des siebenten Ringes verkümmert; nackt; sie leben im Sommer und verwandeln sich in oder an der Erde oder in einem leichten Gespinste zu kolbigen Puppen. Die Schmetterlinge fliegen im Mai bis Juni in der Dämmerung in lichten Gehölzen.

Argentula, *Hb.* (Bankiana, *F.*) Taf. 36, Fig. 12. (Sch. Taf. 47, Fig. 29.) Grün mit dunklerer Rückenlinie und zu deren Seiten je einer weißlichen Längslinie; darunter eine gelbliche Längslinie, in welcher die feinen roten Luftlöcher stehen; Kopf braungrün. 3 cm. Lebt im August, September an Riedgräsern (Cyperaceen) und verwandelt sich an der Erde oder zwischen Grashalmen in einem leichten Gespinste zu einer kleinen, kolbigen hellbraunen Puppe. Entwicklung im Mai, Juni; auf feuchten Wiesen in ganz Mitteleuropa, aber zerstreut. — Tr. 5. 3. 255. — Hb. IV. 3. B. b. C. a. (Olivea). — Wild. 319. — Frr. 6. 191. Taf. 599. — Buckl. Monthl. Mag. XX. p. 77.

Uncula, *Cl.* (Sch. Taf. 47, Fig. 30.) Grün, auf dem Rücken mit einer dunklen Mittel- und je einer weißen Seitenlinie; an den Seiten über den Füßen eine gelbliche Längslinie, in welcher die rotbraunen Luftlöcher stehen. 3—4 cm. Lebt im Juni, Juli an Riedgräsern und verwandelt sich an der Erde in einem mit Erde und Pflanzenteilen vermischten Gespinste zu einer dicken, kurzen, braungrünen Puppe. Entwicklung im Mai, Juni, fast überall häufig an sumpfigen Stellen. — Tr. 5. 3. 253. — Frr. 6. 190, Fig. 598. — Wild. 319.

Obliterata, *Rbr.* (Wimmeri, *Tr.*) (Sch. Taf. 47, Fig. 31.) Raupe grün mit dunklen Längs- und weißen Fußstreifen und grünem Kopfe. Lebt an Artemisia coerulescens und campestris. Entwicklung im Juni. In Süddeutschland, bei Wien und Bozen sehr selten; in Italien, Bulgarien, Südrußland und Kleinasien. — St. e. Z. 1855. 339. — Wild. 319. — Mill. Jc. 103, Fig. 13—15.

Pusilla, *View.* (Candidula, *S.-V.*) Taf. 36, Fig. 13. (Sch. Taf. 47, Fig. 32.) Mattgrün mit gelblichen Ringeinschnitten, mit drei dunklen Rückenlinien, deren beide seitliche unterwärts eine weißliche Längslinie neben sich haben, und mit einer matten weißlichen Längslinie über den Füßen. Kopf grün. 3 cm. Lebt im August und September an verschiedenen Gräsern, an Sparganium, und in Stengeln von Polygonum und verwandelt sich in einem lockeren Gewebe zu einer braungelben Puppe. Entwicklung im Juni, in ganz Europa nicht häufig und zerstreut. — Frr. VII. 163, Taf. 693. 1.

Venustula, *Hb.* (Sch. Taf. 47, Fig. 33.) Kopf schmaler als das erste Segment, abwärts geneigt, glänzend. Körper glatt, sammtartig, am 3. und 4. Segment beträchtlich verdickt; die Einschnitte zwischen den Ringen sind kaum wahrnehmbar; die Farbe des Kopfes und Körpers ist purpurbraun mit einer blassen, unbestimmten Rückenlinie, welche auf dem 2. und 3. Segment fast verloschen ist; an jeder Seite des 4. Segmentes steht ein rundlicher Fleck von derselben blassen Farbe wie die Rückenlinie (Newmann Br. Moths. S. 445.) Lebt im August an den Blüten der Blutwurzel (Tormentilla vulgaris) und verwandelt sich zu einer schmalen, rotbraunen Puppe. Entwicklung im Juni, zerstreut und selten in Zentraleuropa, Balkan und Südrußland. — Tr. 5. 3. 264. — Wild. 318. — E. Ann. 1861. p. 98. — Zoologist XVIII. 1860. p. 7289.

Scitula, *Rbr.* (Sch. Taf. 47, Fig. 34.) Raupe mit 10 Füßen, buckelig, rosa oder hellgrün, mit einer doppelten Krone von Haken statt der Afterfüße; Kopf und Vorderfüße glänzend schwarz; lebt analog wie die Raupe von Communimacula auf Feigenbäumen, Rosen, Lorbeer und Yucca, und nährt sich ausschließlich von Eiern der Schildläuse mit harter Schale wie Ceroplastes und Lecanium. Die Schalen dieser Tiere werden zu einer tragbaren Hülle benützt, in welcher sie sich auch verpuppt. Entwicklung im Mai und Juli. Korsika, Andalusien, Südfrankreich. Die interessante Lebensweise ist in der Stett. e. Z. 1887, S. 274 zu finden, außerdem hat sie Millière in Rev. Ent. III. 1884. pag. 2. beschrieben und pl. 1, Fig. 1—2 die Raupe abgebildet, Ent. m. mag. 24. 1888. 225.— Bull. Soc. ent. France 1886. 234.

Numerica, *B.* Raupe gelbgrün, etwas sammtartig, mit einer Reihe weißgelblicher Flecken; Subdorsale aus länglichen Flecken bestehend; an den ersten drei Ringen einige runde Flecken. Dorsale weiß, dunkelgrün begrenzt; Seitenlinie unterbrochen, weiß; Lüfter in zwei länglichen Flecken, die sich oben vereinigen. Bauch gleichmäßig gelbgrün, gefleckt auf den fußlosen Ringen; Kopf rund, grün gefleckt, Füße hell glänzend. Das erste Bauchfußpaar verkürzt, die anderen mit weißem Seitenfleck. — G. Ann. ent. France 1871. 292. pl. IV, Fig. 6. An Santolina.

Deceptoria, *Sc.* (Atratula, *Bkh.*) Taf. 36, Fig. 14. (Sch. Taf. 47, Fig. 35). Grasgrün, auf dem Rücken heller mit einer dunklen Mittellinie und einer weißen Linie zu jeder Seite des Rückens; an den Seiten ein gelblichweißer Längsstreifen; Kopf grün mit schmalem, weißem Halsbande. Lebt im Sommer an Gräsern besonders am Lieschgras (Phleum) und verwandelt sich in einem leichten Gespinste zu einer kurzen, kolbigen gelbbraunen Puppe. Entwicklung im Mai und Juni, fast in ganz Europa häufig. — Tr. 5. 3. 261. — Hb. 119. 3. B. b. 2. C. a. — Frr. VII. 163. Taf. 693. 2. — Wild. 318.

Fasciana, *L.* (Fuscula, *Bkh.*) Taf. 36, Fig. 15. (Sch. Taf. 47, Fig. 36.) Gelb mit einem breiten rötlichen Rückenstreifen und mehreren feinen rötlichen Längslinien an den Seiten; Bauch und Füße gelbrötlich; Kopf gelb mit mehreren bräunlichen Längslinien; Nackenschild nicht besonders ausgezeichnet; Afterklappe gelbbraun. 2,5 cm. Lebt im August, September nach Hellins an Molinia coerulea. Verwandelt sich in einem lockeren Gespinste zu einer kolbigen rotbraunen Puppe. Entwicklung im Mai, Juni. Ziemlich häufig und verbreitet. Der Falter fliegt bei Tage zwischen Gebüschen. — Tr. 5. 3. 257. — Hb. 120. 3. C. b. — Stett. e. Z. 1861. 302. — Wild. 318. — Ent. m. magaz. XI. 1874. 66.

3. Gattung. **Photedes**, *Ld.*

Nur eine Art. Die in England entdeckte Raupe der Var. Expolita hat das Aussehen einer Miana (Hadenide). Die Raupe entspricht also nicht Lederers Vermutung, welche er bei der Aufstellung dieser Gattung aussprach.

Captiuncula, *Tr.* (Sch. Taf. 47, Fig. 37.) Der Schmetterling in Steiermark, Österreich, Galizien, Liv- und Finnland, Ural, die Var. Expolita, *Stt.* nur in England und Schottland. Raupe schmutzig ockerrötlich, am Rücken des dritten bis achten Ringes dunkler. Rückenlinie undeutlich, Seitenlinie schwarz. Kopf glänzend rotbraun, Nackenschild heller; Vorderbeine ebenso, an der Seite des dritten und vierten Ringes stehen im Dreiecke angeordnet drei gelbbraune hornige Fleckchen. Afterschild klein, heller. Im August bis Mai an der blaugrünen Segge (Carex glauca). — Buck. Ent. Month. Mg. XVIII. p. 76.

4. Gattung. **Prothymia**, *Hb.*

Raupe schlank; sie hat nur zwei Paar Bauchfüße am neunten und zehnten Segment, daher ihr Gang spannerartig, und wurde von Hellins aus Eiern erzogen. Nur eine Art in Europa, mehrere im Süden.

Viridaria, *Gl.* (Laccata, *Scop.*, Aenea, *Hb.*) (Sch. Taf. 47, Fig. 38.) Samtgrün unten etwas heller; Kopf rund, blaßbraun gescheckt; Rückengefäß als grüne Linie durchscheinend, gesäumt von blasseren Linien; zwischen diesen und den Luftlöchern drei blasse Längslinien; Luftlöcher gelblich, unter ihnen eine breitere blasse Linie; Trapezwarzen klein, schwarz, licht eingefaßt. Hellins fütterte sie mit Polygala vulgaris, wo sie bei Tage an den Stengeln ausgestreckt ruht; wahrscheinlich wird sie auch an anderen niederen Pflanzen leben. Verpuppung in einem grauen gewobenen Cocon. Entwicklung im Mai und Juli. Fast überall häufig. — Hellins Ent. Month. Mg. II. p. 163. X. 139. — Rössler, Schuppenflügler, S. 125.

5. Gattung. **Mesotrosta**, *Ld.*

Nur eine Art.

Signalis, *Tr.* Raupe dick, gedrungen, nach vorn und hinten etwas verjüngt, nackt, 16-füßig; die Bauchfüße sind jedoch keine vollkommen entwickelten Klammerfüße, sondern nähern sich sehr den pedes coronati der Microlepidopteren, indem die Sohle ringsum mit Häkchen besetzt ist. Kopf klein, eingezogen, einfarbig hellbraun; Rückenfläche schmutzig fleischrötlich, in den Ringeinschnitten heller; eine dunklere Rückenlinie ist nur angedeutet. Warzen sehr klein, kaum sichtbar. Nackenschild halbmondförmig, gelblich, ringsum braun eingefaßt. Auf dem elften Segment zwei dicke braune, chitinöse Querstriche, auf dem zwölften ein ebensolcher und dahinter die halbkreisförmige gelbe, braun eingefaßte Afterklappe; Seitenfläche heller, an den drei ersten und zwei letzten Segmenten und über den Füßen mit braunen hornigen Fleckchen. Stigmen weiß, braun eingefaßt. Stigmenlinie kaum angedeutet. Bauchfläche und sämtliche Füße weißlichgelb (nach einer präparierten angeblich hierher gehörigen Raupe von Dr. Staudinger). Lebensweise unbekannt. Österreich, Ungarn, Ural. Flugzeit Mai, Juni und August. Zwei Generationen.

6. Gattung. Agrophila, *B.*

Raupe 12-füßig, schlank, spannerartig mit verdickten Brustringen, lebt auf Winden und verwandelt sich in leichtem Gespinst zur Puppe.

Trabealis, *Sc.* (Sulphuralis, *L.*) Taf. 36, Fig. 16. (Sch. Taf. 47, Fig. 41.) Grasgrün mit weißen, oder braun mit breiten, gelben, oben schwärzlich beschatteten Stigmenstreifen; eine matte schwarze Rückenlinie ist durch die sehr feine rötlichgelbe Begrenzung derselben angedeutet. Warzen sehr fein, wenig sichtbar; Nackenschild braun mit drei schwärzlichen Längslinien; Kopf klein, rotbraun, hinten schwarz gesäumt, in der Mitte gelblich getupft. Afterklappe schwärzlich; Brustfüße dunkelbraun; Bauchfüße und Nachschieber hellbraun. Lebt in zwei Generationen versteckt an der Ackerwinde (Convolvulus arvensis) und verwandelt sich zwischen Grashalmen zu einer kleinen, braunroten Puppe. Entwicklung im Mai, Juni und August, nicht selten; der Falter auf Feldern und Abhängen. — Tr. 5. 3. 251. — Hb. 118. 3. B. a. — Frr. VI. 110. Taf. 552. — Wild. 316. — Hellins Month. Mag. IV. 115.

7. Gattung. Haemerosia, *B.*

Raupe dick, gedrungen, 16-füßig, die Bauchfüße mit vollständigem Hakenkranz; lebt an niederen Pflanzen; nur eine Art im südlichen Frankreich und Kleinasien.

Renalis, *Hb.* Taf. 36, Fig. 17. (Sch. Taf. 47, Fig. 42.) Gelblichgrün mit dicken rotbraunen, auf dem Rücken hufeisenförmig gestellten Flecken und rotgefleckten Seiten. Kopf braun, die Hemisphären innen und oben dunkelbraun gerandet. Nackenschild gelb mit zwei dicken, schwarzen Längsstreifen; Afterklappe gelblich mit schwarzen Fleckchen; Bauch blaßgelb, Füße schwarzbraun; Warzen sehr klein, ohne Lupe nicht wahrnehmbar (nach einer präparierten Raupe von Dr. Staudinger). Lebt im Sommer an Lattich (Lactuca sativa) und nach *Mill.* Ende September auf Knorpelsalat (Chondrilla juncea). Entwicklung im Mai. — Mill. Ann. Fr. 1864. pl. 5, Fig. 5.

8. Gattung. Metoponia, *Dup.*

Raupen ziemlich schlank, 16-füßig, nackt, leben auf Rittersporn und kommen mehr im Süden von Europa vor.

Flava, *Hb.* Taf. 36, Fig. 18. (Sch. Taf. 47, Fig. 43.) 3 cm lang, nach vorn und hinten etwas verjüngt. Kopf klein, einfarbig hellbraun. Gelb mit breiter grauer Rücken- und ebensolcher Stigmenlinie. Stigmen schwarz. Nackenschild schwarz, viereckig, in der Mitte von einer gelblichen Linie geteilt. Afterklappe grau. Warzen sehr klein, ohne Lupe nicht sichtbar. Über den Füßen eine orangegelbe Längslinie. Bauchfüße außen mit großen schwarzen Flecken. Brustfüße dunkelbraun; Bauchfüße blaßgelb, unbezeichnet. (Nach einer präparierten Raupe von Dr. Staudinger). Lebt im Juli und August an Rittersporn (Delphinium). Verpuppung in einem festen Gehäuse. Österreich, südliches Krain, Ungarn, Balkan, Südrußland, Armenien. Flugzeit Juni. — Frr. 227. — Roßast Cat. de Chen. S. 327. — Friv. Jell 1866, Taf. VIII, Fig. 2.

9. Gattung. Megalodes, *Gn.*

Nur eine Art.

Eximia, *Frr.* (Sch. Taf. 47, Fig. 45.) Raupe sehr dick und gedrungen, faltig, 2,5 cm lang, nackt, 16-füßig, mit gleichmäßig und vollkommen entwickelten Bauchfüßen. Kopf klein, einfarbig, hellbraun, zuweilen schwärzlich, Grundfarbe gelbgrün, um die kleinen weißgelblichen Wärzchen und um die braunen, dick schwarz gesäumten Luftlöcher braunrot gefleckt; diese Flecke verlieren sich in der hinteren Körperhälfte, vom siebten Segment an ganz, oder können auch überhaupt ganz fehlen. Nackenschild braunschwarz mit lichter Mittellinie; Afterklappe hell gelbbraun. Bauchfüße und Bauch blaßgelblich, Brustfüße blaßbräunlich. (Nach einer präparierten Raupe aus der Sammlung von Lederer, von Dr. Staudinger erhalten). Lebt anfangs Juli in den Blütenknospen der großen breitblätterigen Malve; die in der Mitte Juli erwachsene Raupe liegt ganz krumm in der Knospe und füllt dieselbe ganz aus; sie wechselt je nach Bedürfnis die Blütenknospen und verpuppt sich Ende Juli, anfangs August in einem sehr fest geleimten Erdcocon; die Puppe ist hellbraun; am Kopf sitzt nach unten eine konische Erhöhung, wahrscheinlich um das harte Cocon zu zerbrechen. Entwicklung im Mai und Juni. Kleinasien und Armenien, von Lederer bei Magnesia häufig gefunden. — Hor. soc. ent. Röss. 1878, S. 417.

XVII. Familie. Ophiusidae, *H.-S.*

Die Raupen haben die beiden vorderen Paare der Bauchfüße mehr oder weniger verkümmert, weshalb der Gang etwas buckelig ist. Sie verwandeln sich in leichten Gespinsten zu Puppen, die öfters mit einem blauen Duft bedeckt sind.

1. Gattung. Metoptria, *Gn.*

Monogramma, *Hb.* Taf. 36, Fig. 19. (Sch. Taf. 47, Fig. 46). Ziemlich gestreckt, nach vorn stark, nach hinten nur wenig verdünnt, nackt, 16-füßig; alle Bauchfüße gleichmäßig und vollkommen entwickelt. 3,2 cm. Kopf klein, gelblich, dunkelbraun getüpfelt

Grundfarbe dunkelgrün, am Rücken heller; Rücken- und Seitenlinie hellgelb, breit, schmal dunkelgrün gesäumt. Warzen äußerst klein, nur mit guter Lupe sichtbar. Nackenschild schwarz, von den Anfängen der drei gelben Rückenlinien durchzogen, und seitlich von einem gebogenen gelben Strich begrenzt. Afterklappe braun, von den Enden der drei Rückenstreifen durchzogen. Stigmenlinie breit, weiß, doppelt. Stigmen schwarz, in der oberen Hälfte der Linie. Bauchseite und Füße blaß weißlichgrün mit größeren weißlichen Wärzchen. Brustfüße hellbraun, (nach einer präparierten Raupe von Dr. Staudinger). Lebt nach Millière am Psorolea bituminosa. Entwicklung im Juni. Südfrankreich, Spanien, Süditalien, Malta (Rgbf.) — Mill. 144. 12—14.

2. Gattung. Euclidia, *O.*

Raupen lang, spannerartig, nackt, mit drei Paar Bauchfüßen, deren vorletztes verkümmert, oder nur mit zwei Paar Bauchfüßen, leben im Juli, August und im Herbste an Gras oder Klee, halten in der Ruhe den Vorderleib in die Höhe gerichtet und zusammengeknickt und verpuppen sich in zähen ovalen Gespinsten.

Mi, *Cl.* Taf. 36, Fig. 20. (Sch. Taf. 47, Fig. 47.) 4,2 cm lang, 12-füßig; Kopf so breit, wie das erste Segment mit weißgelben Längsstreifen. Grundfarbe rötlichbraun, überall mit zahlreichen sehr feinen weißgelblichen, etwas geschlängelten Längslinien. Auf dem Rücken eine sehr feine gelblichweiße Rückenlinie und zwei breite dunkelbraune Nebenlinien; Nackenschild und Afterklappe nicht besonders ausgezeichnet; Warzen sehr fein, ohne Vergrößerung nicht sichtbar. Stigmenlinie breit, dunkelrotbraun, auf den drei ersten Segmenten unten breit gelb; auf den übrigen Segmenten blaß rötlichbraun gesäumt. Stigmen weiß, schwarz gesäumt. Auf der Bauchfläche vom ersten bis vierten und vom achten bis zwölften Segment eine breite gelbe, zwischen den Füßen durchlaufende Mittellinie. Brustfüße hellbraun. Bauchfüße gelblich, außen rötlich gesprengelt. Lebt in zwei Generationen an Kleearten (Trifolium). Myrica gale und Rumex und verwandelt sich in einem eiförmigen Gespinste an der Erde zu einer rötlichgelben, schwarz punktierten Puppe. Entwicklung im Mai, Juni, der zweiten Generation im August. In fast ganz Europa häufig. — Tr. 5. 3. 395. — Hb. 135. 3. k. — Sepp. 1. 4. St. f. 1. — Wild. 347. — Porritt. Month. Mag. XXV. p. 13.

Glyphica, *L.* Taf. 36, Fig. 21. (Sch. Taf. 47, Fig. 48.) Ei grün, kugelig mit hellen Längsstreifen. (Erg. Taf. II, Fig. 71.) Die Raupe ist 14-füßig, gelblich- oder rötlichbraun mit einer dunkleren Rückenlinie; Bauch dunkelbraun; Kopf gelbbraun mit zwei dunkelbraunen Strichen. Lebt an Klee und verwandelt sich in einem eiförmigen ziemlich dichten Gespinst zu einer braunen, bläulich bedufteten Puppe. Entwicklung im Mai, Juni und August. Häufiger als die vorige. — Tr. 5. 3. 390. — Hb. 136. 3. k. — Sepp. II. 1. 83. — Wild. 347. — Pr. Taf. XI, Fig. 24. — Porritt. Month. Mag. XVII. p. 210.

Triquetra, *F.* Taf. 36, Fig. 22. (Sch. Taf. 48, Fig. 2.) Ei hellgrasgrün. Die 12-füßige Raupe (von Habich erhalten) ist blaß rostgelb mit bräunlichen Atomen und zwei aus angehäuften Pünktchen bestehenden Rückenstreifen; vier schwarzen Wärzchen auf jedem Ring, die nach außen etwas weißlich gefärbt sind. Luftlöcher ockergelb, fein schwarz gerandet in weißem Felde; Bauch schwärzlich, vorn dunkler, nach hinten heller. Kopf weißgrau mit zwei bräunlichen Binden. Eintöniger und blasser als Mi, die sich auch durch die namentlich auf den ersten drei Ringen sehr scharfe, helle Seitenlinie unterscheidet. Von Dorfmeister auf Astragalus onobrychis entdeckt, verwandelt sich in einem ziemlich festen Gewebe aus Pflanzenresten zu einer glatten rotbraunen Puppe. Entwicklung im April und Ende Juni, zwei Generationen. Österreich, Ungarn, in der Türkei, Südrußland, Armenien und Sibirien. — Rogenh. Verh. z. b. V. Wien. 1875. S. 800.

3. Gattung. Cerocala, *B.*

Nur eine Art.

Scapulosa, *Hb.* (Sch. Taf. 48, Fig. 3.) Raupe langgestreckt, von spannerartigem Ansehen, cylindrisch, nach hinten wenig verjüngt, ohne Seitenkiele, 12-füßig, nackt, 3,5 cm lang. Kopf etwas schmäler als das erste Segment, kugelig, einfarbig hellbraun. Ocellen schwarz. Körperfarbe blaßgrau, am Rücken mit rötlicher Einmischung, welche aus zahlreichen sehr feinen, gezähnelten, gebogenen und unterbrochenen Längslinien besteht. Rücken- und Seitenlinien sind nicht deutlich zu unterscheiden, Warzen nicht sichtbar. Nackenschild und Afterklappe gelblich, ebenfalls mit undeutlichen rötlichen Längslinien. Eine Stigmenlinie fehlt; die Luftlöcher sind schwarz. Bauch und sämtliche Füße blaß gelbgrau. (Nach einer präparierten Raupe von Dr. Staudinger, Dresden). Die Larve erreicht schon in wenig Tagen ihre vollkommene Größe und lebt Ende April bis Ende Juni und in zweiter Generation im September und Oktober an Helianthemum halimifolium und var. sanguineum, unter dessen Stöcken sie sich im Sande verbirgt. Verpuppung im Sand in ziemlicher Tiefe. Entwicklung im März und zum zweitenmale Mitte Juli bis Mitte August. Andalusien. — Mill. 89, Fig. 3—4.

4. Gattung. Pericyma, *H.-S.*

Nur eine Art.

Albidentaria, *Frr.* (Sch. Taf. 48, Fig. 4.) Raupe sehr schlank, spannerartig, nach vorn und hinten allmählich verjüngt, nackt, 14-füßig. Das Bauchfußpaar des siebten Ringes verkümmert. 2,5 cm. Kopf so breit wie das erste Segment, kugelig, einfarbig, grünlichgelb mit feinen einzelnen Härchen besetzt. Grundfarbe blaß grüngelb, an den ersten zwei und letzten drei Ringen rötlich angehaucht. Rückenlinie fein und hell, nur auf den mittleren Ringen deutlich zu unterscheiden; Seitenlinie fehlen. Nackenschild und Afterklappe nicht ausgezeichnet. Warzen sehr klein, nur mit guter Lupe sichtbar. Von den von Milliére erwähnten rechtwinklig oder rundlich grünlichen Flecken auf dem Rücken der Segmente fünf bis elf ist an der präparierten Raupe nichts zu sehen. Stigmenlinie rot, unten breit gelb gesäumt, sendet am achten und neunten Segment nach den Bauchfüßen verlaufende Fortsätze; Luftlöcher hellbraun, dunkelbraun gerandet; Bauch blaß, gelbgrün, ohne Linien. Brustfüße lang, rötlichbraun; Bauchfüße gelbgrün, am letzten Glied rötlich. (Nach einer präparierten Raupe von Dr. Staudinger). Lebt im Frühjahr an einer dornigen Pflanze (Ulex oder Genista). Sarepta; nach Romanof Mem. d. Ent. II. 75. an Alhagi camelorum. — Mill. Jc. 98. V. — Mén. En. III. T. 18. 8. a. b. — Christ. Stett. ent. Z. 1867, p. 244.

5. Gattung. **Acantholipes,** *Ld.*

Nur eine Art.

Regularis, *Hb.* Raupe langgestreckt, spannerartig, nackt, (resp. mit sehr einzeln stehenden feinen Härchen besetzt), 12-füßig, 3,5 cm. Kopf so breit wie das erste Segment, gelblich mit rotbraunen Längsstreifen. Grundfarbe gelb mit einem rötlichen Anflug, der dadurch hervorgebracht wird, daß sehr zahlreiche feine, leicht geschlängelte und oft unterbrochene rötlichbraune Linien überall der Länge nach sich hinziehen. Auf dem Rücken bilden diese Linien deutliche dunklere Nebenrückenstreifen und an den Seiten einen ebensolchen Stigmenstrich. Luftlöcher weiß, schwarz gerandet. Nackenschild und Afterklappe nicht ausgezeichnet. Warzen sehr fein, ohne Lupe nicht sichtbar. Am Bauche eine feine rotbraune, auf den mit Füßen besetzten Segmenten fehlende Mittellinie. Brustfüße braun, Bauchfüße von der allgemeinen Körperfarbe, fein rötlichbraun gestrichelt. (Nach einer präparierten Raupe von Dr. Staudinger). Lebt auf Glycirrhiza glandulifera (Romanoff.) Im südöstlichen Rußland und Armenien.

6. Gattung. **Leucanitis,** *Gn.* **(Ophiusa,** *O.*)

Die Raupen der nur in wenigen Arten in Südeuropa vertretenen Gattung sind denen der folgenden Gattung äußerst ähnlich und leben ebenfalls in zwei Generationen an Sträuchern und Bäumen.

Cailino, *Lef.* Taf. 36, Fig. 23. (Sch. Taf. 48, Fig. 6.) Gestreckt, spannerartig, nackt, (resp. mit ganz einzelnen Härchen besetzt), nach hinten etwas verschmächtigt, 16-füßig; die zwei vorderen Bauchfußpaare sehr klein, jedoch sonst typisch entwickelt. 3,5 cm. Kopf so breit wie das erste Segment, gelb fein rotbraun getüpfelt, Stirndreieck schwarz begrenzt. Grundfarbe gelbgrau, durch zahlreiche feine rotbraune in Längsreihen angeordnete Tüpfel rötlichbraun erscheinend. Rückenlinie undeutlich, sehr fein, rotbraun, oft unterbrochen; die beiden Seitenlinien sind deutlicher, doppelt, auf jedem Segment bis zum zehnten nach außen gebogen; von da an gerade verlaufend. Nackenschild und Afterklappe nicht besonders ausgezeichnet, von den drei Rückenlinien durchzogen. Warzen fein, schwarz, die größeren am Grunde mit einem gelben Fleckchen. Stigmenlinie braunrot, undeutlich; Luftlöcher gelblich, schwarz gerandet. Bauch heller gelblich als der übrige Körper, fein rötlich gerieselt, aber ohne Linien. Brustfüße sehr lang, blaß, gelbbraun; Bauchfüße und Nachschieber gelblich, fein rot gesprengelt. (Nach einer präparierten Raupe von Dr. Staudinger.) Lebt in erster Generation im Mai, in zweiter im August, September an Salix viminalis. Verpuppung in einem leichten Gespinste von graulicher Seite. Puppe langgestreckt, glatt, sehr beweglich, rotbraun; Afterende mit zwei ziemlich langen, braunen, an der Basis verbreiteten Spitzen. Entwicklung der zweiten Generation im Mai des nächsten Jahres, der ersten Generation im August. Sizilien, Italien, Spanien, Südfrankreich, Griechenland. — Mill. Jc. 92, Fig. 1—4.

Stolida, *F.* (Sch. Taf. 48, Fig. 7.) Raupe in Gestalt, Farbe und Lebensweise vollkommen der Algira gleich, lebt im Mai, Juni und August an Paliurus aculeatus, Rubus fruticosus, Coriaria myrtifolia und Eichen. Entwicklung im Juni, Juli. In Südeuropa und Kleinasien. — Tr. 5. 3. 312 (Cingularis). — Lederer Wien. ent. Mtsch. VII. 27.

7. Gattung. **Grammodes,** *Gn.*

Raupen schlank, denen von Catocala etwas ähnlich, nach vorn etwas verschmächtigt, nackt, 14-füßig; das erste Paar der Bauchfüße verkümmert, leben in Südeuropa auf Sträuchern und verwandeln sich auf der Oberfläche der Erde zwischen Blättern in einem leichten Gespinste.

Bifasciata, *Petag.* (Geometrica, *Foes.*) Taf. 36, Fig. 24.) Sch. Taf. 48, Fig. 8.) 5,5 cm. Kopf hellgelb, dicht schwarz gefleckt. Grundfarbe grau, am Rücken und an den Seiten mit zahlreichen kleinen schwarzen, hellgrau gesäumten, meist in Längsreihen angeordneten Punkten besetzt, und dadurch dunkler aussehend. Rückenstreifen etwas heller als die Grundfarbe, auf den hinteren Segmenten blaß rötlichgelb gefärbt, von feinen schwarzen Punktlinien begrenzt und von einer solchen in der Mitte durchzogen. Nebenstreifen intensiv orangegelb, von schwarzen Punktlinien eingesäumt; auf der Mitte des vierten bis siebten Segmentes sind die Nebenstreifen zu ziemlich großen rundlichen Flecken erweitert, an deren unterem Rande, am vierten Segment zur Hälfte in die orangegelben Flecken hineinragend, je ein länglicher tiefschwarzer, gelblich eingefaßter Flecken steht. Auf dem elften Segment befindet sich an der Innenseite der Nebenlinien je ein rundlicher, tiefschwarzer fein hellgesäumter Fleck. Nackenschild und Afterklappe blaugrau, von schwarzen Punktreihen der Länge nach durchzogen. Warzen sehr klein, ohne starke Vergrößerung nicht sichtbar. Stigmenlinie breit, rötlichbraun, beiderseits blaßgelb und dann fein schwarz gesäumt. Die schwarzen, kleinen Luftlöcher stehen am oberen Rande dieses Streifens. Unterhalb der Stigmenlinie ist die Grundfarbe hellgrau mit feinen gelblichen etwas geschlängelten Längslinien durchzogen. Nach unten bildet ein etwas breiterer lebhaft gelber Streifen, welcher sich an der Basis der drei Brustfüße und des zweiten und dritten Bauchfußpaares verbreitert und hier schwarz getupft ist, den Abschluß gegen die einfarbig tief schwarzgraue Bauchfläche, an welcher nur die Basis der Brustfüße lebhaft gelb, die der drei Bauchfußpaare aber orangegelb ist. Brust- und Bauchfüße schwarz, die langen Nachschieber gelblich mit schwarzem Längslinien an der Außenseite. (Nach einer präparierten Raupe von Dr. Staudinger). Lebt im Mai, Juni an Brombeeren, nach *Lederer* an Granatäpfel, Smilax, Polygonum persicaria und Cistus salvifolia. Entwicklung im Juli, August. In Südeuropa, von Südtirol und Krain an, in Kleinasien, Syrien und Nordafrika. — Wild. 346. — Mill. 75. 4. 5. — Boisd. coll. Jconog. p. 123, Fig. 2. 3.

Algira, *L.* Taf. 36, Fig. 25. (Sch. Taf. 48, Fig. 9.) Gelbgrau, etwas dunkler, auf dem Rücken mit feinen schwärzlichen Längslinien und hellgrauem Bauche und gleichgefärbten Füßen; Luftlöcher schwarz; Kopf gelbgrau. 5 cm. Lebt im Juni an Brombeeren und verwandelt sich in einem Gespinste zwischen Moos zu einer rotbraunen Puppe. Entwicklung im Juli, August. In Südtirol, Italien und in ganz Südeuropa, Kleinasien und Nordafrika (fehlt in Südrußland). — Tr. 5. 3. 308. — B. & G. pl. 123 Fig. 1. — Wild. 346. — Mill. 92. 9—10.

8. Gattung. **Pseudophia**, *Gn.*

Raupen 16-füßig, schlank, wenig gewölbt, nackt, die beiden ersten Bauchfußpaare verkümmert, bezw. bedeutend kleiner als die zwei hinteren. Sitzen bei Tage fest angeklammert an den Stämmen und Zweigen verschiedener Bäume und Sträucher und verwandeln sich in einem leichten Gewebe an der Erde zu nackten rotbraunen Puppen mit schwarzem gerunzeltem Cremanter und vier rötlichen konvergierenden Spitzen. (Rogenhofer.)

Illunaris, *Hb.* (Sch. Taf. 48, Fig. 10.) Raupe in der Jugend bis zur dritten Häutung von zartem Grün ohne Längslinien. Erwachsen hellrötlichbraun. Kopf mit zwei weißlichen Streifen, die Dorsale holzbraun mit weißen Tupfen, Seitenlinie etwas heller, gleichfalls weiß getupft. Die Linie über den Füßen einfärbig rotbraun. Das vierte Segment zeigt einen runden gelblichen Fleck, das elfte Segment einen kleinen Querwulst. Lebt in zwei Generationen Mitte Juli und Ende September auf Tamarix gallica. Entwicklung Juni und August. Südfrankreich, Italien und Dalmatien. — Mill. Jc. III. p. 239. pl. 126, Fig. 8. — Die Abbildung bei B. Rbr. & Grasl. pl. 120, Fig. 2. 3 (ohne Text) stimmt schlecht mit Millière. (Rghfr.)

Lunaris, *Schiff.* Taf. 37, Fig. 1. (Sch. Taf. 48, Fig. 11.) In der Jugend grün, weiß punktiert mit einer rötlichen Seitenlinie über den Füßen. Erwachsen 7—7,5 cm lang. Kopf so breit, wie das erste Segment, rötlichbraun, an den Seiten mit je einem sehr breiten bis zu den Mundteilen hinabreichenden, auf dem Scheitel mit zwei schmäleren und kürzeren gelben Längsstreifen. Grundfarbe gelblich, überall mit zahlreichen dunkelbraunen in unregelmäßig geschlängelten Längsreihen angeordneten Punkten dicht besetzt und dadurch rotbraun erscheinend. Rückenlinie nicht wahrnehmbar; Nebenlinie rotbraun, undeutlich, unterbrochen, auf dem siebten bis neunten Ring am deutlichsten; auf dem vierten Ring an Stelle der Nebenlinie je ein länglich, viereckiger auffallender, lebhaft gelber Flecken. Nackenschild rotbraun, schwarz getupft; Afterklappe von der allgemeinen Körperfarbe. Warzen klein, schwarz, auf weißgelben Fleckchen stehend; die zwei hinteren Warzen des elften Segmentes zu kleinen kegelförmigen Spitzen erhoben. Stigmenlinie ziemlich breit, rötlichbraun, erst vom vierten Ringe an deutlich. Die großen gelblichen, schwarz gerandeten Luftlöcher stehen am oberen Rande dieser Linie. Bauchseite gelb, fein rotbraun getüpfelt, zwischen den Fußpaaren große braune Flecken, die am ersten und zweiten Bauchfußpaar nach vorn tief schwarz werden und hier rötlich umrandet sind. Brustfüße blaßbraun, Bauchfüße gelblich, rotbraun getüpfelt; Nachschieber von der allgemeinen Körperfarbe. (Nach einer präparierten Raupe von Dr. Staudinger.) Lebt im Juli, August an Eichen, Pappeln, frißt nur die jungen Triebe und verwandelt sich in einem leichten Gespinste zwischen Moos oder Blätter zu einer schwarzbraunen Puppe mit sechs Häkchen am Kremanter. Entwicklung im Mai, Juni. In Mittel- und Süddeutschland, in Südeuropa, Kleinasien und Nordafrika. — Tr. 5. 3. 302. — Hb. 125. 126. 3. G. b. — Fr. B. 3. 34. — Sepp. IV. 35. 26. — Esp. IV. 87. — Pr. Taf. XII, Fig. 1. — Wild. 345.

Tirrhaea, *Cr.* Taf. 37, Fig. 2. (Sch. Taf. 48, Fig. 12.) Rotbraun oder graubraun, der Länge nach fein dunkel gestrichelt; auf dem elften und zwölften Ringe je zwei kleine rötliche erhabene Warzen; über den Füssen ein hellerer undeutlicher Längsstreifen, über welchem die schwarzen Luftlöcher stehen; Bauch dunkel, zwischen den Bauchfüßen je ein großer schwarzer rötlich eingefaßter Flecken; Kopf dunkelbraun. 8 cm. Die länglich hellgelben Eier entwickeln sich in zwei bis drei Wochen; die Raupe lebt im Juli, August an Pistacia lentiscus, Cistus und Rhus coriaria, ruht dicht an die Zweige oder an dem Stamme angeschmiegt und verwandelt sich an der Erde zwischen Moos in einem leichten braunen Gewebe zu einer braunen, blaubestäubten Puppe. Entwicklung Ende Mai, Juni. Im südlichen Europa, Asien und Nordafrika. — Tr. 5. 3. 300. — B. & G. Pl. 120 Fig. 1, 2. — Wild. 345.

9. Gattung. **Catephia**, *O.*

Raupen 16-füßig, die beiden ersten Bauchfußpaare kleiner und kürzer als die zwei letzten, schlank, mit Wärzchen besetzt, welche auf dem vierten und elften Ringe zu zapfenförmigen Erhöhungen sich gestalten. Kopf rund, wenig gewölbt. Leben auf Eichen und verwandeln sich in leichten Geweben zu blaubereiften Puppen.

Alchymista, *Schiff.* Taf. 37, Fig. 3. (Sch. Taf. 48, Fig. 13). Heller oder dunkler, grau oder rötlichgrau mit zahlreichen schwarzen Pünktchen besetzt;

auf dem Rücken jedes Ringes vier größere und an den Seiten sechs kleine gelbe Wärzchen; auf dem vierten und elften Ringe je zwei dunklere zapfenförmige Erhöhungen mit helleren Spitzen; auf dem vierten, siebenten, achten und elften Ringe an den Seiten je ein weißlicher oder rötlicher, verwischter, fein schwarz punktierter Flecken; hinter dem Kopfe ein gelbes, schwarz punktiertes Halsband; Kopf rund, grau mit feinen helleren Winkelzeichen. 4—5 cm. Lebt im Juli an Eichenbüschen und verwandelt sich in einem leichten Gewebe zur braunen, blaubereiften Puppe. Entwicklung im Mai, Juni. In Deutschland selten und einzeln, in der Schweiz, in Frankreich, Belgien, im südlichen Europa, Ungarn, Rußland. — Frr. 3. 65, Taf. 239. — Wild. 340. Pr. Taf. XII, Fig. 9.

10. Gattung. Catocala, *Schrk.*

Raupen gestreckt, 16-füßig, die beiden vorderen Bauchfußpaare etwas verkürzt; auf dem Rücken oft mit einem Höcker oder einer Spitze auf dem achten und einer flachen Erhöhung auf dem elften Ringe; über den Füßen eine Reihe behaarter Hautwimpern; Bauch flach, bleich, schwarz gefleckt. Leben an den Laubholzbäumen und ruhen am Tage an Zweigen oder in Rindenspalten, flach angedrückt mit ausgestreckten Nachschiebern; Verwandlung in einem leichten Gespinnste zwischen Blättern, Rindenspalten in eine schlanke, blaubereifte Puppe mit mehreren Börstchen am kurzen Kremanter.

Fraxini, *L.* Blaues Ordensband, Taf. 37, Fig. 4. (Sch. Taf. 48, Fig. 14.) Ei rund, schwarz, weiß gegittert mit einem breiten lichten Gürtel. (Schluß-Taf. II, Fig. 72.) Grau mit feinen schwarzen Punkten dicht besetzt und mit einem unbestimmten lichten Rückenstreifen; der achte Ring nur wenig wulstartig erhöht, mit zahlreichen feinen schwarzbraunen Punkten besetzt, welche sich beiderseits bis zu den Bauchfüßen hinabziehen und oben auf dem Rücken eine helle Stelle frei lassen. Luftlöcher schwarz; am Rücken des elften Segmentes ein schmaler, etwas erhabener, aus schwarzbraunen Tüpfchen bestehender Querstrich; an beiden Seiten des Bauches eine Reihe von Hautwimpern. Kopf groß, schwarz gegittert mit zwei gelben Bogen am Hinterrand. 8—9 cm. Lebt von Mai bis Juni an Eschen, nach *Rössl.* Fauna S. 68 nie dort, sondern stets an Populus tremula, alba und nigra, nach anderen auch an Eichen und verwandelt sich in eine braune, blaubereifte Puppe. (Wild. 341, Taf. 7, Fig. 69). Entwicklung im September. In Zentraleuropa, Schweden, Finnland, Rußland und am Amur. — Tr. 5. 3. 329. — Hb. 126. 3. H. a. — B. & G. Catocal. pl. 3. — Dup. Catocal. pl. 1. — Frr. 7. 34. Taf. 619. — Sepp. IV. 18. 20. — Esp. 4. 101. — Pr. Taf. XII, Fig. 11.

Elocata, *Esp.* Taf. 37, Fig. 5. (Sch. Taf. 48, Fig. 15.) Aschgrau oder braungrau, fein dunkel punktiert mit zwei braunen breiten Streifen an den Seiten des Rückens, in welchem die gelblichen Wärzchen stehen; auf dem Rücken des achten Ringes ein schmaler, flacher, gelblicher, schwarzeingefaßter Querwulst zwischen den Wärzchen. Der elfte Ring etwas erhaben mit zwei gelblichen, hinten schwarz gesäumten querstehenden Bogenflecken. Stigmenlinie breit, schwärzlichbraun geschlängelt, Seiten des Bauches gewimpert; Kopf mit zwei stumpfen Spitzen und einem schwarzen Längsstrich mitten durch jede Hemisphäre. Lebt an Weiden und Pappeln besonders Populus pyramidalis und verwandelt sich in eine rotbraune, blaubestäubte Puppe. Entwicklung im Juli, August. Im Zentral- und südlichen Deutschland, Schweden, Kleinasien, Syrien, Sibirien und Nordafrika. — Tr. 5. 3. 334. — Wild. 342. — Mill. 129. 4—6.

Nupta, *L.* Taf. 37, Fig. 6. (Sch. Taf. 48, Fig. 16.) Ei rund, grün mit Querleisten. Raupe heller oder dunkler grau oder rötlichgrau, in allen wesentlichen Teilen der vorigen Art äußerst ähnlich, nur fehlen die bei jener sehr deutlich ausgesprochenen breiten Rücken- und Seitenstreifen (Stigmenstreifen), welche hier nur ganz schwach angedeutet sind. 7—8 cm. Lebt im Mai, Juni an Weiden und Pappeln und verwandelt sich in eine braune, blau bereifte Puppe. (Wild. 342, Taf. 7, Fig. 67.) Entwicklung von Juli bis September. Häufig bis Schweden, Livland, Rußland und Sibirien. — Tr. 5. 3. 337. — Hb. 127. 3. Hb. b. (Concubina). — B. & G. Catocal. pl. 4. — Frr. 5. 71, Taf. 425 und 132, Taf. 461. — Sepp. 1. 33. 7. — Esp. 4. 37. und 125 (Ei). — Tijdschr. 1884. — Pr. Taf. XII, Fig. 12.

Dilecta, *Hb.* Taf. 37, Fig. 7. (Sch. Taf. 48, Fig. 17.) Grau mit grünlicher Beimischung, fein weiß oder fleischfarbig punktiert; auf dem Rücken eine auf jedem Ringe etwas erweiterte dunkle Doppellinie; die Warzen hellgelb oder weißlich; der Wulst auf dem achten Ringe gelblich, an beiden Seiten bis zu den Füßen herab schwarzbraun beschattet; Kopf hellbraun mit schwarzen Strichen. Lebt im Mai und Juni in Südeuropa, Ungarn und Nordafrika an Eichen. Entwicklung im August, September. — Tr. 5. 3. 341. — Wild. 342.

Sponsa, *L.* Taf. 37, Fig. 8. (Sch. Taf. 49, Fig. 1.) Rindenfarbig braungrau oder rotbraun fein dunkel punktiert; die Rückenwarzen rötlich, wie kleine Zapfen vorstehend; der Wulst auf dem achten Ringe hoch, mit einem ovalen gelben schwarzumrandeten Querfleck. Der elfte Ring ebenfalls mit einer starken Erhöhung, auf der die zwei hinteren in braune kegelförmige Spitzen verwandelten Warzen besonders hervorragen; Kopf grau mit zwei stumpfen Höckern und schwarzem Querband. 7 cm. Lebt Ende Mai, Juni an Eichen und an Kastanien und verwandelt sich in eine schlanke, braune, blau bereifte Puppe. Entwicklung von Ende Juli bis September. Ziemlich häufig in Europa bis Schweden, Livland, Rußland und Sibirien. — Tr. 5. 3. 343. — Hb. 127. H. d. — Rsl. 4. 137, Taf. 4. — B. & G. Catoc. pl. 1. — Sepp. VII. 1.

Promissa, *Esp.* Taf. 37, Fig. 9. (Sch. Taf. 49, Fig. 2.) Bläulich oder grünlichgrau mit schwärzlichen teils bogenförmigen, teils winkligen und fleckigen, mehr oder minder deutlich auftretenden Zeichnungen auf dem Rücken und an den Seiten und feinen weißlichen erhabenen Warzen; der Wulst auf dem achten Ringe schwarzbraun umzogen, in der Mitte weiß, auf dem elften Ring zwei stark vortretende Spitzen. Kopf gelb mit schwarzem Bogenstreifen; Höcker desselben wenig entwickelt. Hautwimpern an den Seiten des Bauches stark entwickelt. 6—7 cm. Lebt im Mai, Juni an Eichen und zahmen Kastanien, wo sie wegen ihrer Ähnlichkeit mit den Baumflechten oft schwer zu sehen ist. Entwicklung Ende Juni, Juli. Ziemlich verbreitet bis Schweden, Livland und Kleinasien. — Tr. 5. 3. 349. Hb. 127. H. d. — Frr. 7. 58, Taf. 633. — Wild. 343. — Pr. Taf. XII, Fig. 13.

Conjuncta, *Esp.* (Sch. Taf. 49, Fig. 3.) Dahl hat die Raupe mit jener von Dilecta bei Florenz gefunden; sie scheint dieser so sehr zu gleichen, daß er sie für dieselbe hielt. Verpuppung und Entwicklung erfolgt wie bei jener. In den Mittelmeerländern, Syrien und Nordafrika auf Eichen. — Tr. 5. 3. 347.

Lupina, *H.-S.* (Sch. Taf. 49, Fig. 4.) Der Electa äußerst ähnlich; hell gelblich aschgrau, fein schwarz punktiert und mit zwei sehr undeutlichen Rückenstreifen. Der Wulst am achten Ringe ist sehr klein, fein schwarz gerandet. Auf jedem Ringe vier sehr kleine gelbliche Wärzchen. Die Erhöhung auf dem elften Ringe schwach, zweispitzig. Kopf klein, grau mit dunkleren Linien, und zwei schwachen rötlichen Erhöhungen. Lebt Ende Juni an Weiden, am liebsten an solchen, die an einem steinigen, fast ausgetrockneten Bachbette stehen. Falter Ende Juli. Von A. Streckfuß im österreichischen Küstenlande, bei Wippach entdeckt. Südrußland, Armenien und im Altai. — Berl. e. Z. 1889. S. 310.

Pacta, *L.* Taf. 37, Fig. 10. (Sch. Taf. 49, Fig. 5.) Asch- oder rötlichgrau, an den Seiten durch zarte Querfalten runzlich; auf dem Rücken eines jeden Ringes eine verloschene M förmige Zeichnung, welche manchmal auch ganz fehlt; Warzen gelblich, die Erhöhung des achten Ringes schwärzlich oder braunrot, zuweilen orange beduftet; die Erhöhung des elften Ringes mit zwei Spitzwärzchen besetzt, schwarzbraun. Luftlöcher weiß, schwarz gesäumt, Franzenbesatz kurz, grau; Bauch hellgrau mit schwarzen Flecken. Kopf flach, grau, fein schwarz gerandet. oben mit zwei kleinen braunen oder orangegelben Spitzen. 6 cm. Lebt im Mai in moorigen Gegenden, an Weiden und Saalweiden und verwandelt sich in eine schlanke, braune, blaubereifte Puppe. Entwicklung im August im nördlichen Deutschland, Rußland, Livland. — Frr. 6. 25. 35. Taf. 503. — B. & G. Cat. pl. 3. — Wild. 343. pl. 7, Fig. 59 (Puppe). — Teich. Stett. ent. Z. 1866, S. 134.

Optata, *God.* (Sch. Taf. 49, Fig. 6.) Gleicht nach Gestalt und Farbe sehr der Raupe von Electa, Grundfarbe blaß, isabellgelb oder gelblich aschgrau; der Wulst auf dem achten Segment lebhaft gelb, rötlich umzogen, auf seiner Höhe weiß; die Erhöhung des elften Segmentes, etwas nach hinten umgelegt, steigt hufeisenförmig herab bis zu den Nebenrückenlinien; die sehr deutlichen Warzen sind am Grunde mehr oder weniger fahlgelb umzogen. Die gewöhnlichen Längslinien sind in der Regel nur schwach angedeutet; die Gefäßlinie doppelt, gerade; die Nebenlinien fein, gewellt, grau; die Stigmenlinie grau, unregelmäßig und sehr fein braun gerandet. Luftlöcher weiß, schwarz umzogen. Bauch grauweiß mit schwarzen Flecken zwischen den Bauchfüßen. Kopf abgeplattet, eingeschnitten, bläulichgrau, umgürtet mit einem breiten orangegelben, schwarz gesäumten Bande. Vorderbeine fleischfarbig, die andern blaugrau (Milliere). Lebt auf Saalweiden (Salix caprea et viminalis) im Juni und Juli. Verpuppung Ende Juli in einem leichten Gespinst zwischen Blättern. Südfrankreich, Andalusien (Milliere Jc. 31, Fig. 5.)

Electa, *Bkh.* Taf. 37, Fig. 11. (Sch. Taf. 49, Fig. 7.) Ei rund, unten abgeplattet, gelblichweiß mit einem blauen Bande um die Mitte. Raupe heller oder dunkler gelbgrau oder gelbbraun fein schwarz punktiert; die Rückenwarzen gelb; die linsenförmige Erhöhung des achten Ringes, lebhaft gelb, fein schwarz gerandet; die Erhöhung auf dem elften Ringe zweispitzig gelbbraun; Luftlöcher weiß, schwarz gesäumt; die Franzen kurz, weißlich; Kopf wenig herzförmig eingeschnitten, gelb mit brauner Bogenlinie. 8—9 cm. Lebt im Mai und Juni an Weiden und Pappeln und entwickelt sich aus einer braunen blau bereiften Puppe. Im August, September. Mehr im Süddeutschland, in Belgien, Frankreich, Rußland, Amur. — Tr. 5. 3. 355. — B. & G. Catoc. pl. 4. — Dup. Catoc. pl. 1. — Frr. 5. 41, Taf. 407. — Wild. 344.

Puerpera, *Giorna*. Taf. 37, Fig. 12. (Sch. Taf. 49, Fig. 8.) 6,8 cm lang. Kopf rotbraun, gelb gefleckt mit einem schwarzen Bande mitten durch die Hemisphären. Gelblich mit rotbraunen Flecken dicht gesprengelt, daher rötlichgrau aussehend. Warzen sehr klein, nicht vorstehend; vom vierten oder fünften Segment an stehen die zwei hinteren Warzen auf schwarzen, innen oft weiß aufgeblickten Fleckchen; am achten Segment kein Wulst; am elften Segment keine Spitzen, wohl aber zwei tief schwarze Querstriche an Stelle der hinteren Warzen. Rückenlinie, Nebenrückenlinien und Stigmenlinien hell, nur schwach angedeutet. Luftlöcher weiß, schwarz umrandet. Bauch gelb, rot gesprengelt mit rotbraunen Flecken zwischen den Bauchfüßen; keine Hautwimpern an den Seiten des Bauches; Brustfüße blaßbraun; Bauchfüße gelb, rötlichbraun gefleckt. (Präp. Raupe von Gleißner-Berlin). Lebt im Juni ausschließlich an Salix helix L. und Populus (Ungarn). Verwandlung Ende Juni in einem Gespinst zwischen Blättern. Entwicklung im Juli und August. Südeuropa bis Wallis und Südtirol, auch bei Wien und in Ungarn. — Milliere, Ic. pl. 30, Fig. 1.

Neonympha, *Esp.* (Sch. Taf. 49, Fig. 9.) Raupe von den Verwandten sehr abweichend, der Form nach einer Ophiusa-Raupe ähnlich, dunkel-schmutzig-grün mit einem helleren Bauch- und einem gelben Seitenstreif vom Kopf bis zum letzten Absatz. Rücken mit feinen schwarzen Atomen dicht besetzt; Rückenlinie bläulich; Luftlöcher weiß, schwarz eingefaßt. (Frr. IV. 19 t. 299.) Lebt im Juni auf Süßholz (Glycirrhiza) in der Gegend von Sarepta und bleibt vier Wochen in der Puppe. Entwicklung im Juli. Südrußland, Armenien, Altai.

Nymphaea, *Esp.* Taf. 37, Fig. 16. (Sch. Taf. 49, Fig. 10.) 5,0 cm. Grundfarbe rötlich gelbbraun oder vielmehr gelb, mit rotbraunen Fleckchen dicht besprengt. Rückenlinie nur stellenweise schwach angedeutet; Warzen gelbbraun, kegelförmig vorstehend, besonders die zwei hinteren des etwas erhabenen elften Segmentes. Der Wulst auf dem achten Ring fehlt, ebenso fehlen die Hautwimpern an den Seiten des Bauches. Stigmenlinie schwärzlichgrau, schwach angedeutet; Luftlöcher gelblichbraun, schwarz gerandet. Bauch lebhaft gelb, mit blaßroten Flecken zwischen den gelblichen Bauchfüßen. Brustfüße blaßbraun. Kopf rotbraun, gelb gefleckt, ohne dunklen Bogenstrich und ohne hervortretende Höcker. (Nach einer präparierten Raupe von Dr. Staudinger.) Lebt an Quercus suber, ilex etc. in Andalusien, Sardinien, Südfrankreich, Dalmatien und Griechenland.

Paranympha, *L.* Taf. 37, Fig. 13. (Sch. Taf. 49, Fig. 11.) Dunkelbraun oder aschgrau mit braunen vorstehenden Wärzchen, auf denen einzelne feine Haare stehen. Auf dem achten Ringe ein langes, braunes spitziges Horn; auf dem vierten und elften Ringe ist je das hintere Warzenpaar zu vorstehenden Spitzen verlängert; Kopf von der Körperfarbe mit schwarzem Ringband, Bauch an den Seiten gewimpert. 6 cm. Lebt im Mai an Pflaumen, Schlehen, besonders an alten Büschen und Weißdorn. Entwicklung im Juli, August. Sehr verbreitet bis Norddeutschland, Livland, Ural und im Altai. — Tr. 5. 3. 368. — Hb. 130. H. — H. e. f. — Esp. 4. 95. — Frr. 6. 75, Taf. 527. — Pr. Taf. XII, Fig. 17. — Wild. 344.

Hymenaea, *S.V.* Taf. 37, Fig. 14. (Sch. Taf. 49, Fig. 12.) Aschgrau oder braunrot, schwärzlich punktiert; Wärzchen braun, wenig vorstehend; auf dem Rücken vier feine weißgraue, dunkel gerandete, mehr oder weniger deutliche wellige Längsstreifen. Auf dem Rücken des achten Ringes ein großer, brauner, stumpfer, nach hinten gerichteter Zapfen, hinter welchem noch ein zweiter spitziger, aber viel kleinerer steht. Die Erhöhung auf dem elften Ringe zweispitzig, rotbraun; Bauch gelb mit rotbraunen Flecken, an den Seiten gewimpert. Kopf braun gerieselt mit zwei weißen Strichen neben dem Stirndreieck und zwei schwarzen Strichen auf den Hemisphären. 5 cm. Lebt im Mai an Schlehen und verwandelt sich in eine schlanke, hellbraune Puppe. Entwicklung im Juli, August. Im südöstlichen Europa, Österreich, Ungarn, Kleinasien. — Tr. 5. 3. 373. — Hb. 130. 3. H. — H. e. f. (Posthuma). — Frr. 2. 82, Taf. 143. — Wild. 344. — Pr. Taf. XII, Fig. 18.

Conversa, *Esp.* Taf. 37, Fig. 15. (Sch. Taf. 49, Fig. 13.) Sammtschwarz oder schwarzgrau oder braun, mit einer feinen hellen Mittellinie und vier rostgelben oder braunen, weißgrau behaarten Wärzchen auf jedem Ringe; auf den Rücken des vierten und fünften, manchmal auch des sechsten Ringes jederseits ein hellgelbes Fleckchen und an den Seiten zwischen dem siebenten und achten, sowie zwischen dem neunten und zehnten Ringe je ein großer, graugelber oder weißer, schwarzpunktierter, unregelmäßiger Flecken. Die Erhöhung des elften Ringes mit zwei rotbraunen Spitzen; der Franzenbesatz über den Füßen fehlt. Kopf braun, schwarz gerandet oder ganz schwarz. 6 cm. Lebt im Mai an Eichen. Im südlichen Europa, in Österreich, Kleinasien und Nordafrika. Entwicklung im Juli, August. — Tr. 5. 3. 366. — Hb. 132. 3. H. f. (var. Agamos, *Hb.*, lebt nach *Rogenhofer* auf Quercus sessiliflora. — Wild. 345.

Diversa, *H.-G.* (Sch. Taf. 50, Fig. 2.) Rostfarbig, stellenweise mehr braun, mit einer gelblichen, zu beiden Seiten schwarz eingefaßten Rückenlinie und einer weiteren schwarzen Linie über den Füßen, darunter und darüber befinden sich gelbliche Flecken. Auf jedem Gelenke stehen zwei schwarze Wärzchen, ein jedes mit zwei auseinander stehenden Haaren besetzt, und mehrere schwarze Punkte. Achtes Segment ohne Wulst oder Zapfen. Lebt im Mai an Eichen. Entwicklung im August. In Ungarn, Balkan, Südfrankreich, Andalusien und Kleinasien; in neuerer Zeit auch bei Bozen gefunden. — Tr. X. 2. 163. — Frr. 155. 1. a.

Nymphagoga, *Esp.* Taf. 38, Fig. 1. (Sch. Taf. 50, Fig. 4.) 4,5 cm. Kopf rötlichbraun, verloschen gelb gefleckt mit zwei gelblichen stumpfen Höckern auf dem Scheitel. Grundfarbe gelblich, mit zahlreichen rotbraunen Fleckchen dicht punktiert, so daß das Aussehen mehr braunrot wird, Längslinien sind kaum angedeutet. Warzen braun, etwas vorstehend, am Grunde hell umzogen. Auf dem etwas erhöhten achten Ring ein gelblicher, von vielen schwärzlichen Punkten umzogener Fleck. Elfter Ring erhaben mit zwei Spitzen (hinteres Warzenpaar) Bauch gelb, nur zwischen erstem und zweitem Bauchfußpaar braun gefleckt, an den Seiten schwach gewimpert. Brust- und Bauchfüße gelblich (präparierte Raupe von Dr. Staudinger). Lebt im Mai an Eichen, besonders auf höheren Stämmen. Verwandlung und Entwicklung wie bei Paranympha. Bei Wien, sonst in Ungarn und Südeuropa. — Hb. III. H. f. I. a. — Tr. V. 3. 371.

12. Gattung. **Spintherops**, *B.*

Raupen 16-füßig, schlank, spindelförmig, leben mehr in Südeuropa und verwandeln sich in geleimten Gespinsten an der Erde zu kolbigen Puppen.

Spectrum, *Esp.* Taf. 38, Fig. 2. (Sch. Taf. 50, Fig. 5). Gelb mit vier schwarzen Rückenstreifen, von denen die beiden mittleren am breitesten sind, und die gelbe Mitte des Rückens einschließen; unter den beiden äußeren Linien an jeder Seite eine Reihe schwarzer Flecken und Punkte; über den Füßen eine doppelte schwarze Linie, in welcher auf den drei ersten Ringen je ein, vom dritten bis zehnten je drei, und am elften Ringe je zwei weiße Kreise eingeschaltet sind; Bauch gelb, an den Seiten mit einer schwarzen Linie. Der erste und zwölfte Ring gelb mit mehreren schwarzen Punkten. Kopf gelb, schwarz punktiert. 9 cm. Lebt im Mai, Juni an Ginster (Genista) und Besenginster (Sarothamnus) und verwandelt sich in einem langen geleimten Gespinste zwischen Moos und Blättern zu einer dunkel rotbraunen Puppe. Entwicklung im Juli. Im südlichen Europa bis in die Alpen, Kleinasien und Nordafrika. — Frr. 3. 54, Taf. 230. — Dup. Noct. 1. — Wild. 336. Var. phantasma, Ev. Proc. zool. S. London. 1880. p. 414.

Cataphanes, *Hb*. Taf. 38, Fig. 3. (Sch. Taf. 50, Fig. 6.) Sehr schlank, nach vornen und hinten verschmächtigt, ohne Erhöhungen. Grundfarbe mehr oder weniger hell, gelblichgrau; außer den gewöhnlichen, deutlich entwickelt, in Längslinien ziehen noch mehrere feine und zusammenhängende, mehr oder weniger dunkel holzfarbige Längslinien vom Kopf bis zur Afterklappe, nur die Stigmenlinie ist weißlich; Afterklappe sehr klein, Warzen nur bei Vergrößerung sichtbar, Luftlöcher sehr klein, weiß, schwarz umzogen. Bauch blaß fleischfarbig, mit einer feinen braunen Linie, welche sich zwischen jedem Paar der Bauchfüße fleckartig erweitert. Lebt im Juli an Genista purgans. und Ulex europaeus. Verwandlung in einem weißseidenen Cocon zwischen den Zweigen. Entwicklung nach 25—26 Tagen. Südeuropa mit Ausnahme von Italien und Rußland), Krain. — Mill. III. 146, Fig. 1—3.

Dilucida, *Hb*. (Sch. Taf. 50, Fig. 7.) Lang gestreckt, weißlich mit schwarzen, im Trapez stehenden Warzen auf dem Rücken und ähnlichen Warzen an den übrigen gewöhnlichen Stellen. Lebt an Esparsette (Hedysarum Onobrychis, Genista und verwandten Pflanzen; am Tage am Boden versteckt. Südeuropa, auch in Krain und Südtirol. — An. Soc. Fr. 1851, S. 688. — Stett. ent. Ztg. 1862, S. 153.

Limbata, *Stgr.* 4,0 cm lang. Färbung bräunlich, genau besehen am ganzen Körper streifen- und fleckenartig braun und licht gewässert. Auf dem ersten Segment elf schwarze, licht umzogene Punkte, in zwei Reihen stehend, auf dem zweiten und dritten Segment zwölf in einer Reihe stehend, auf den andern Segmenten zehn bis zwölf solcher Punkte, von denen vier oben im Viereck stehen und die beiden letzten nach vorn besonders stark weiß umzogen sind. An den Seiten unterhalb der Stigmata eine etwas hellere Linie. Vorderfüße ganz schwarz; Kopf dunkel und hell marmoriert. Lebt Ende Mai an den kleinen Büschen des stachligen Astragalus echinus und verwandelt sich in einem leichten Gespinst zu einer ziemlich schlanken, mattbraunen Puppe. Entwicklung Ende Juni und im Juli. Südfrankreich, Spanien, Griechenland, Kleinasien. — Hor. soc. ent. 1878, p. 424.

13. Gattung. **Exophila**, *Gn.*

Raupe 16-füßig, schlank, walzig, nackt; Kopf kugelig, das erste Paar der Bauchfüße bis zu kleinen weißlichen Knöpfen verkümmert. Nur eine in Süden vorkommende Art.

Rectangularis, *H.-G.* Taf. 38, Fig. 4. (Sch. Taf. 50, Fig. 8.) Hell gelbgrün; auf dem Rücken jedes Ringes eine weiße Zeichnung in Gestalt eines eckigen Achters und daneben jederseits zwei weiße Punkte; an den Seiten des Rückens eine weiße Längslinie und unter derselben weiße Schrägsstriche; Brustfüße hellbraun; Kopf kugelig grüngrau. 5—6 cm. Im Mai an dem Zürgelbaum (Celtis australis), und verwandelt sich in einem weißseidenen Gespinste zwischen Blättern zu einer braunen Puppe mit etwas verlängerter Saugerscheide. Entwicklung Ende Juli. Südtirol, Südeuropa, wo Celtis vorkommt. In Armenien und in der Türkei. — Hb. III. G. Fig. 1, a, b. — Tr. X. 2, p. 157. — Frr. 485. —

14. Gattung. **Eccrita**, *Ld.*

Raupe 16-füßig, schlank, walzig, nackt; die zwei ersten Bauchfußpaare bedeutend kleiner. Verwandlung in einem Gespinste an der Erde.

Ludicra, *Hb*. Taf. 38, Fig. 5. (Sch. Taf. 50, Fig. 9.) Blaßbraun; auf dem Rücken ein breites dunkelbraunes Band, welches auf jedem Ringe wenig erweitert, durch eine lichte Mittellinie geteilt auf jeder Seite von einer feinen schwarzen Linie gesäumt ist; an den Seiten weißlich gemischt, mit einem braunen Längsstreifen; unter diesem ein breiter weißer Streifen, in welchem die schwarzen Luftlöcher stehen. Bauch an den Seiten dunkler, zwischen den Füßen hellbraun mit einer feinen schwärzlichen Mittellinie. Kopf rötlichbraun mit weißgelben Strichen und Flecken und einem schwarzen Strich in der Mitte des Stirndreieckes. 5—6 cm. Lebt im Mai an Wicken (Vicia), ruht bei Tage an der Erde im Moos und verwandelt sich zu einer schlanken schwarzbraunen Puppe mit helleren Einschnitten der Hinterleibsringe. Entwicklung Ende Juni. In Österreich, Mähren, Ungarn, Südenropa, Kleinasien und Sibirien. *Dorfmeister*, V. z. b. V. Wien 1853, 416. — *Lederer*, Wr. ent. M. 1860, p. 312. — Wild. 337. — Friv. Jell. 1866, Taf. VIII, Fig. 4.

15. Gattung. **Toxocampa**, *Gn.*

Raupen 16-füßig, schlank, nach hinten etwas verdickt, wenig gewölbt, unten flach, die ersten beiden Bauchfußpaare unvollkommen. Kopf klein gewölbt. Leben an niederen Pflanzen, besonders an Wicken und verwandeln sich an der Erde in einem mit Erdkörnern besetzten Gespinste zu stumpfen Puppen.

Lusoria, *L.* Taf. 38, Fig. 6. (Sch. Taf. 50, Fig. 10.) Bläulich-aschgrau mit einer abgesetzten roten Mittellinie in einem weißen Rückenstreifen und neben letzterem jederseits einer schwarzen Längslinie; an den Seiten zwei ziegelrote Längslinien, zwischen denen der Grund fein schwarz und weiß punktiert ist; Bauch und Füße schwarzgrau; Kopf klein, braun. 5—6 cm. Lebt im Mai, Juni an Wicken (Vicia) und Tragant (Astragalus), und verwandelt sich an der Erde in einem erdigen Gespinst zu einer schwarzbraunen Puppe. Entwicklung im Juli, August. Im südlichen Deutschland, Österreich, Ungarn, in der Schweiz, Türkei, Rußland und Kleinasien. — Tr. 5. 3. 289. — Frr. 3. 8. 197. — Wild. 337. — Pr. Taf. XII, Fig. 4.

Pastinum, *Tr.* Taf. 38, Fig. 7. (Sch. Taf. 50, Fig. 11.) Auf dem Rücken lichtgelb, grau, schwarz punktiert mit einer gelben Fleckenreihe in der Mitte und einer Reihe kleiner gelber Flecken an jeder Seite des Rückens; an den Seiten oben mit einem breiten weißen, grau gerieselten und schwarz punktierten Streifen, darunter mit einer orangenfarbenen, weiß punktierten und unterwärts gelb gesäumten Längslinie und einem schwarzen Längsstreifen über den Füßen, in welchem an jedem Ringe drei dunkle Wärzchen mit je einem feinen Härchen besetzt stehen; Bauch gelb; Kopf gelblich, schwarz und weißlich gefleckt. 5—6 cm. Lebt vom Juni bis Herbst an Wicken, besonders Vicia cracca, überwintert und verwandelt sich im Mai in einem lockeren Gespinste zu dunkelbrauner Puppe mit schlankem Hinterleibe. Entwicklung im Juli. Nicht selten in Zentral-Europa bis Schweden, Livland und am Amur. — Tr. 5. 3. 229. — 10. 2. 153. — Frr. B. 2. 149, Taf. 95. — St. e. Z. 7. 234. — Pr. Taf. XII, Fig. 5. — Wild. 338.

Viciae, *Hb.* (Sch. Taf. 50, Fig. 12). Lichtgrau, auf dem Rücken mit einem dunklen, durch eine helle Linie geteilten, auf der Mitte jedes Ringes etwas erweiterten Längsstreifen und einem schwarzgrauen Streifen an jeder Seite, zwischen welchen auf jedem Ringe vier schwarze, weiß geringte Wärzchen stehen; an den Seiten dunkle Schrägsstriche und unter den schwarzen Luftlöchern eine dunkle zackige Längslinie; Kopf graubraun. 4—5 cm. Lebt im Sommer an Wicken und verwandelt sich im Herbste an der Erde zu einer stumpfen, glänzend braunen Puppe. Entwicklung im Mai. In Süd- und Norddeutschland, in der Schweiz, Frankreich, Ungarn und am Ural. — Tr. X. 2. 152. — Frr. 2. 17, Taf. 166. — Wild. 338. — Pr. Taf. XII, Fig. 7.

Craccae, *F.* (Sch. Taf. 50, Fig. 13.) Lehmgelb oder grau mit einem breiten graubraunen Rückenstreifen, welcher von einer feinen dunkelbraunen, hell gerandeten Mittellinie geteilt ist; an den Seiten auf dem fünften bis siebenten und am zehnten Ringe jederseits ein schwärzlicher Schräg-Strich; auf dem zwölften Ringe ein dreieckiger, gelblichweißer Flecken; unter den Luftlöchern braun schattiert; Bauch heller mit einer dunkelbraunen Mittellinie; Kopf grau mit vier schwarzen Strichen. 4 cm. Lebt im Mai, Juni an Wicken und Tragant (Astragalus) und verwandelt sich an der Erde zu einer rotbraunen Puppe. Entwicklung im Juli, August. In Zentral- und Südeuropa, in Belgien, Holland, Livland, Kleinasien und Sibirien. — Tr. 5. 3. 295. — Hb. 123. 3. G. a. — Frr. 2. 18, Taf. 107. — Wild. 339. — Pr. Taf. XII, Fig. 8. — Buckl. Month. Mg. II, p. 67.

Limosa, *Tr.* Taf. 38, Fig. 8. (Sch. Taf. 50, Fig. 14.) Hell bläulichgrau, fein und dicht schwarz getupft und gesprengelt, mit einer orangefarbenen Rücken- und zwei gleichfarbigen Seitenlinien, sowie einer weißen, unten breit, gelbbraun gesäumten Längslinie über den Füßen; Kopf hellgrau, schwarz getupft. 4 cm. Lebt in zwei Generationen im April, Mai und Juli bis September, an Wicken (Vicia, Coronilla) und Colutea arborescens, und verwandelt sich in einem feinen Gespinste an der Erde zu einer braunen Puppe. Entwicklung im April und Juli. In der Schweiz (Wallis), Ungarn und Dalmatien. — Tr. 5. 3. 298. — Frr. 3. 58, Taf. 233. — Wild. 339. — Friv. Jell. Taf. VIII, Fig. 5a.

XVIII. Familie. Deltoidae, *Gn.*

Raupen sehr verschieden gestaltet, mit zwölf, vierzehn oder sechzehn Füßen; waren früher bei den Kleinschmetterlingen (Pyralididen) eingereiht und wurden von Herrich-Schäffer zu den Eulen versetzt, was auch Lederer bestätigte.

1. Gattung. **Aventia**, *Dup.*

Raupen 16-füßig, schlank, flach, an den Seiten mit haarartigen Wimpern besetzt; die beiden ersten Bauchfußpaare viel kürzer und dünner als die beiden letzten. Leben an Flechten, denen sie sehr ähnlich sehen, überwintern in halber Größe und verwandeln sich im Juni in einem weichen Gespinste.

Flexula, *Schiff.* Taf. 38, Fig. 9. (Sch. Taf. 50, Fig. 16.) Grau oder grünlich, mit einer mattgrauen Mittellinie und schwarzen, zerrissenen, auf der Mitte jeden Segmentes nach den Seiten winklig ausgebogenen Seitenlinien, an welche sich vom vierten bis zehnten Segment je zwei kleine, tief schwarze, nach hinten stehende, kurze Schrägstriche anschliessen; auf dem Rücken des elften Segmentes eine schwarze Querlinie, auf dem zwölften sechs schwarze Wärzchen. An den Seiten schwarze Winkelstriche und Flecken; der Franzenbesatz über den Füßen grau; der abgeschrägte Kopf grau mit vier schwarzen Flecken. 2—3 cm. Lebt im Herbst und nach der Überwinterung an Flechten von Nadelhölzern, nach Zeller auch an denen von Weißdorn und Schlehen, und verwandelt sich im Juni in einem gelblichen Gespinste zu einer kleinen grünlichbraunen Puppe. Entwicklung im Juli, August. Nicht häufig, in fast ganz Europa bis Schweden. — Tr. 6. 1. 4. — Hb. Geometr. 1. C. b. — Frr. B. 1. 112, Taf. 35. — Mill. Ann. S. Cannes 1878, pl. 3, Fig. 1—3. — Wild. 347. — Pr. Taf. XI, Fig. 23. — Buckl. M. Mag. X, p. 42.

2. Gattung. **Boletobia**, *B.*

Raupe 12-füßig mit feinen gekrümmten Haaren auf Punktwärzchen, spannerartig. Die Verwandlung erfolgt in einem freihängenden, doppelten, Hängematten-ähnlichen Gespinste.

Fuliginaria, *L.* Taf 38, Fig. 10. (Sch. Taf. 50, Fig. 17.) Schwarz mit einer weißen, stellenweise erweiterten, innen schwarz ausgefüllten Mittellinie und mehreren, sehr feinen, unterbrochenen und geschlängelten weißlichen Linien an den Seiten; Warzen groß, lang behaart, das hintere Paar auf dem Rücken jeden Segmentes und die Warzen an den Seiten orangegelb; Bauch und Bauchfüße weißlich; Brustfüße braun. Kopf schwarz mit zwei gelben Längsstreifen auf den Hemisphären. 2 cm. Lebt im Mai und Juni an Flechten (Parmelia) und Baumschwämmen (Polyporus), der in der Abbildung auf Taf. 38 leider pilzartig dargestellt ist, und verwandelt sich in einem an ein paar Fäden freihängenden tonnenartigen Gespinste. Entwicklung im Juli. Verbreitet in ganz Europa besonders in Häusern. — Hb. Geom. I. x. 6. — Tr. VI. 6. 184. — Esp. V. t. 32 f. 6. — Stett. ent. Z. 1889.

3. Gattung. Helia, *Gn*.

Raupen 14-füßig mit großen Punktwarzen, auf denen einzelne Härchen stehen, und kleinem rundem Kopfe. Leben an niederen Pflanzen und verwandeln sich in mit Erdkörnern vermischten Tönnchen zu Puppen.

Calvaria, *F*. Taf. 38, Fig. 11. (Sch. Taf. 50, Fig. 19.) Erdbraun, Chokolad- oder rötlichbraun mit zwei Reihen großer schwarzer Warzen auf dem Rücken und einer solchen Reihe an den Seiten. Luftlöcher fein schwarz; Kopf, Nackenschild und Afterklappe einfarbig dunkelbraun. 2—3 cm. Lebt im Mai, Juni an dürren Blättern von Weiden und Pappeln und verwandelt sich in eine gelblichbraune Puppe mit dunkleren Hinterleibsringen. Entwicklung im August, September. Ziemlich selten; mehr in Zentral-Südeuropa, Rußland, Kleinasien und Sibirien. — Tr. 7. 41. — Hb. Pyral. 2. B. a. — Frr. B. 1. 34. Taf. 12. — Wild. 348. — Pr. Taf. XI. Fig. 22. — Raake Bresl. e. Z. 1879 p. 86.

4. Gattung. Simplicia, *Gn*.

Nur eine Art.

Rectalis, *Ev*. (Sch. Taf. 50, Fig. 19.) Ei mit der abgeplatteten Seite fest geklebt, halbkugelig, anfangs wasserfarben, später grünlich, zuletzt graubraun. Entwicklung der Räupchen nach 8—10 Tagen, im August. Die Raupe überwintert und ist Ende Mai erwachsen; sie ist 30 mm lang, 3,5 mm dick, nach hinten mehr, nach vorn weniger verschmälert, 16-füßig, hellgrünlich gelbgrau oder erdbraun, gewölbt, mit gelblichen Segmenteinschnitten, an der Seiten etwas heller. Kopf erdbraun, hell betupft, mit kurzen Härchen besetzt. Nackenschild schwärzlich braun, in der Mitte geteilt. Rückenlinie fein aber deutlich, graubraun, bis fast an das Aftersegment reichend. Nebenrückenlinien von der Grundfarbe, gegen den Rücken hin dunkler beschattet. Warzen schwarz, grünlichgelb umzogen, Stigmenlinien fehlen; Luftlöcher groß und schwarz. Bauch und Füße hell grünlich gelbgrau, unbezeichnet. Die Raupen wurden von A. Fuchs mit Salat und Quecken (Triticum repens), ihrem wahrscheinlich natürlichen Futter, aufgezogen. Verpuppung Ende Mai in einem Gespinste im Moose; Puppe 12—13 mm lang, von der Färbung halbreifer Zwetschen, am Rücken am dunkelsten. Segmenteinschnitte gelblichbraun. Entwicklung nach 3 Wochen, im Freien frühestens Mitte Juli bis Mitte August. Wahrscheinlich kommt unter günstigen Verhältnissen eine zweite Generation vor, deren Falter im September fliegen. Nassau, Wien, Ungarn, Bulgarien, Rußland. — A. Fuchs, Stett. ent. Ztg. 1883. S. 264.

5. Gattung. Nodaria, *Gn*.

Ebenfalls nur eine Art.

Nodosalis, *H.-S*. (Sch. Taf. 50, Fig. 20.) (Hispanalis *Gn*.) Ei kugelig, leicht abgeplattet, weiß, oben rot gefleckt. Das junge Räupchen ist gelb und hat nur zwei Paar Bauchfüße; erst nach der zweiten Häutung bekommt dasselbe vier Paar Bauchfüße. Die erwachsene Raupe gleicht ihrer Gestalt nach der von Herminia crinalis; sie ist nach vorn und hinten verjüngt, am Rücken gewölbt, unten leicht abgeplattet, 16-füßig mit kleinem Kopf. Nackenschild und Afterklappe deutlich entwickelt, von dunkler Färbung. Körperfarbe fleischfarbig, an beiden Körperenden etwas verdunkelt; Gefäßlinie und Nebenrückenlinien sehr fein, rötlich. Stigmenlinie heller, als die Grundfarbe. Warzen groß, braun. Kopf kugelig, braun vom ersten Ringe stark abgesetzt, wie bei H. crinalis. Die Raupe kommt im Herbst (Oktober) und nach der Überwinterung im Frühjahr vor; sie scheint polyphag zu sein. Die Zucht ist nicht gelungen; es scheinen zwei Generationen vorzukommen; die Falter der zweiten fliegen im September. Südfrankreich, Spanien, Sizilien. — Millière III. pl. 151, Fig. 10.

6. Gattung. Zanclognatha, *Ld*.

Raupen 16-füßig (mit Ausnahme von Emortualis) in der Mitte verdickt, nach hinten abfallend, mit einem kleinen kugeligen Kopfe, nackt oder mit einzelnen feinen Härchen besetzt; leben nur von vertrockneten, oder vermoderten Blättern, Tarsiplumalis, Tarsipennalis und Tarsicrinalis am Boden, Grisealis und Emortualis auf Bäumen an Windbruch, Emortualis an Eichen, Grisealis an Carpinus betula. Verpuppung im Frühjahr in einem leichten Gespinste.

Tarsiplumalis, *Hb*. Taf. 38, Fig. 12. (Sch. Taf. 50, Fig. 21.) Rötlichgelb mit grünlich durchscheinendem Innern; die Gelenkeinschnitte lichter, die Mittellinie des Rückens rotbraun. Beiderseits in gleicher Entfernung von dieser und untereinander drei in unregelmäßigem Zickzack geschlängelte öfter in Flecken aufgelöste feinere parallele lichtrötliche Längslinien. Unter den schwarzen Luftlöchern eine doppelte unregelmässig geschlängelte zerrissene Seitenlinie. Auf jedem Ringe zu beiden Seiten der Rückenlinie je zwei schwarze Punktwärzchen; über und unter den Luftlöchern ein schwarzes Punktwärzchen zwischen den rötlichen Linien, mit den ersterwähnten Wärzchen einen nach dem Kopf aufsteigenden Schiefstrich bildend. Kopf dunkler, rotgelb; die Wurzel der Taster weiß, die Füße dem Bauche gleich gefärbt. Lebt im Herbst am Boden von vermoderten Blättern und ist leicht mit Salat aus dem Ei zu ziehen. Entwicklung im Juni, Juli. Zerstreut und ziemlich selten in Europa, Kleinasien und im Altai. *Rössler*, Schuppenfl. S. 120. — Pabst, Chemnitz 1890, p. 32.

Grisealis, *Hb*. (Sch. Taf. 50, Fig. 22). Schwarzgrau, auf dem Rücken mit einer Reihe schwarzer, nach hinten gelbgrau gesäumter Dreiecke und neben denselben zwei weißen Wärzchen auf jedem Ringe; an den Seiten schwärzliche Schrägsstriche. Kopf kugelig, schwarz. 2—3 cm. Lebt im Herbst und nach der Überwinterung hauptsächlich an Windbruch von Carpinus Betulus wahrscheinlich aber auch an Brombeer- und Himbeerbüschen, an welchem der Schmetterling in Gärten gefunden wird. Verwandelt sich im Mai zwischen Moos oder unter Steinen in einem leichten Gespinst zu einer schlanken, glänzend gelbbraunen Puppe mit mehreren Endhäkchen. Entwicklung im Juli; nicht selten in Europa bis Schweden, Rußland und am Amur. — Tr. 7. 9. — Frr. B. 3. 106. Taf. 126. — Wild. 350. — Pabst, Chemnitz 1890, p. 32.

Tarsipennalis, *Tr*. (Sch. Taf. 51, Fig. 2.) Mattgrau mit einer doppelten Reihe schwarzer Wärzchen auf dem Rücken; Bauch rötlich grau, Kopf schwarzbraun. Lebt am Boden an vertrockneten Blättern und entwickelt sich im Juli und August. Auf großen Grasflächen Deutschlands, in Belgien, England, Schweden, Livland und Sibirien. Sepp. VIII. 53, 16. — *Fuchs*, Stett. e. Z. 1877. S. 140. — Wild. 350. — Pabst Chemnitz 1890, p. 33. — Buckl. Month. Mag. X. p. 101.

Tarsicrinalis, *Knoch*. Taf. 38, Fig. 13. (Sch. Taf. 51, Fig. 3.) Grünlichbraun, dicht gelb gesprengelt; auf jedem Ringe ein mit der Spitze auf der Gelenkfuge stehendes schwärzliches Dreieck, durch einen S-förmig geschlängelten, weißlichen Zug beiderseits begrenzt. Die dunklen Dreiecke sind in der Körpermitte am größten und stärksten, werden nach hinten kleiner, und undeutlicher nach vorn. An den Seiten schwärzliche Schiefstriche, welche an den Luftlöchern beginnen und schief nach vorn und oben verlaufen. Warzen schwarz, deutlich. Der Kopf kugelig, schwarz, gelb gefleckt. 2 cm. Lebt am Boden von trockenen Blättern von Brombeeren, Himbeeren und Waldreben. Puppe matt gelbbraun mit sechs Cremasterhäkchen. Schmetterling im Juli. Ziemlich verbreitet in Europa, am Ural und Amur. — Wild. 350. — Tr. 7. 13. — Frr. 1. 22. Taf. 12. — *Rössler*, Schuppenfl. — S. 121.

Emortualis, *Schiff*. Taf. 38, Fig. 14. (Sch. Taf. 51, Fig. 4.) 14-füßig. Braungelb mit einer braunen Rückenlinie, schwarzen Wärzchen, und abgesetzten schwarzen Nebenrückenlinien. Kopf klein rund, rotbraun, schwarz gerandet. 2 cm. Lebt im September an Windbruch von Eichen an niederen Büschen und verwandelt sich noch im Herbst in einem leichten Gespinste zu einer gelblichbraunen Puppe mit zwei gebogenen Endspitzen. Entwicklung im Mai. Einzeln an Eichengebüschen. — Tr. 7. 5. — Hb. x. Pyralid. 1. A. a. — Frr. 1. 53. Taf. 30. — Wild. 349. — Pabst, Chemnitz, 1890, p. 33. — Gul. VIII. 51.

7. Gattung. Madopa, *Stph*.

Raupen 14-füßig, schlank, weich, Kopf halbkugelig. Leben auf Sträuchern und verwandeln sich in länglichen, mit zernagten Holzteilen vermischten Gespinsten zu einer schlanken Puppe.

Salicalis, *Schiff*. Taf. 38, Fig. 15. (Sch. Taf. 51, Fig. 5.) Apfelgrün oder schmutzig graugrün mit gelblichen Ringeinschnitten, schwarzen Luftlöchern und grüngrauem Bauche. 2 cm. Lebt im Juli, August an Weiden besonders Salix caprea, auch auf Populus Tremula, und verwandelt sich in eine glänzend schwarzbraune Puppe, welche überwintert. Entwicklung im Mai, Juni. Einzeln in ganz Europa bis Rußland. — Tr. 7. 34. — Hb. Pyralid. I. B. — Frr. 1. 134. Taf. 72. — Wild. 351. — Pabst, Chemnitz 1890, p. 34.

8. Gattung. Herminia, *Latr*.

Raupen 16-füßig, von denen von Zanclognatha kaum verschieden, mit kleinem kugeligem Kopfe, nackt oder mit einzelnen feinen Härchen besetzt. Leben auf niederen Pflanzen und verwandeln sich in leichten Gespinsten in der Erde.

Cribrumalis, *Hb*. (Sch. Taf. 51, Fig. 6.) (Cribralis *Hb*.) Spindelförmig, graubraun, fein ockergelb besprengt; Rückenlinie dunkler, hell eingefaßt, Luftlöcher schwarz. Seiten mehr ockerfarbig. Lebt an Gräsern an sumpfigen Stellen zwischen Rohr und verwandelt sich Mitte Mai zwischen lose zusammengesponnenem Moose oder Grashalmen zu einer schwarzbraunen Puppe mit hellbraunen Ringeinschnitten. (Wild. Taf. 6, Fig. 47.) Entwicklung im Juni, Juli. In Sumpfgegenden Deutschlands, in Holland, England, Ungarn, Rußland und am Amur. — Sepp. 2 Ser. II. Taf. 35. — Buckl. Month. Mag. X. p. 103. — *Rössler*, Schuppenfl. 122.

Crinalis, *Tr*. Taf. 38, Fig. 16. (Sch. Taf. 51, Fig. 8.) Raupe vom 3.—7. Ring gewölbt, nach hinten sehr verschmächtigt, unten ein wenig abgeflacht, Kopf klein, mattschwarz. Hals abgeschnürt; die einzelnen Ringe sind ziemlich stark abgesetzt, die zwei letzten sehr schmal. Bis zur dritten Häutung ist die Raupe mehr oder weniger dunkel kastanienbraun, später unbestimmt gelb und rötlich geriefelt; manchmal aber auch bis zur Verpuppung holzbraun. Nackenschild braun, in der Mitte geteilt. Rückenlinie breit, braun, jedoch undeutlich. In den Einschnitten des 5. bis 10. Segmentes ein rechtwinkliger weißlicher Fleck, welcher um so mehr sichtbar ist, je dunkler die Grundfarbe. Nebenrückenlinien sehr schmal, Stigmenlinien meistens nicht vorhanden; an den Seiten jedes Ringes ein mehr oder weniger deutlicher dunkler Schrägstrich. Luftlöcher schwarz; Füße mit dem Körper gleichfarbig; Warzen braun, deutlich. Sehr träge, rollt sich bei Beunruhigung asselförmig zusammen. Lebt an Rubia peregrina L., frißt aber auch die Blätter anderer Bäume und Sträucher, überwintert, wächst langsam und verwandelt sich im März in der Erde oder unter Moos in einem dünnen aber festen Coccon. Entwicklung im Mai — Südeuropa, Süddeutschland, Belgien. — Millière. Jc. 86. 1.

Tentacularia, *L*. (Sch. Taf. 51, Fig. 9.) Hell braungrau, durch weiße Pünktchen chagrinartig; auf dem Rücken eine dunkle Mittellinie, an deren Seiten auf jedem Ringe zwei steife, nach hinten gekrümmte weißgraue Haare stehen; auch an den Seiten des Körpers einzelne weißgraue Haare. Kopf rund, dunkel erdbraun. 2—3 cm. Lebt bis zum Mai an niederen Pflanzen, besonders an Hieracium pilosella und verwandelt sich im Juli zum Falter. — Tr. 7. 11. — Wild. 351.

Derivalis, *Hb.* (Sch. Taf. 51, Fig. 10.) Eine von H. *Habich*-Wien erhaltene präparierte Raupe ist hinten dicker, vorn verschmälert mit dunkelbraunem Kopf, ebensolchem schmalen Nackenschild und stumpfdreieckiger Afterklappe von der Körperfarbe. Brustfüße braun, Bauchfüße weißlich, an der Basis mit dreieckigen dunkelbraunen Flecken. Lebt nur von dürren Eichenblättern. Entwicklung im Juni und Juli. Seltener als die vorige Art, aber weit verbreitet in Centraleuropa, Livland, Finnland, Italien, Balkan, Südrußland. — Buckl. Month. Mag. X. p. 104. — Rössl. Fauna S. 123.

9. Gattung. Pechipogon, *Hb.*

Raupe 16-füßig, von denen der Gattung Herminia wenig verschieden. Nur eine Art.

Barbalis, *Cl.* Taf. 38, Fig. 17. (Sch. Taf. 51, Fig. 11.) Rostbraun oder braungrau mit einem schwarzen Rückenstreifen und daneben jederseits zwei schwarzen Punkten auf jedem Ringe; an den Seiten mit dunklen mehr oder weniger deutlichen Schrägsstrichen; Luftlöcher schwarz; Kopf klein, kugelig, dunkelbraun. 2—3 cm. Lebt vom Herbste bis zum April an Eichen, Birken, Erlen, aber nur an dürren Blättern auf dem Boden, und verwandelt sich im leichten Gespinste zu einer vorn kolbigen, nach hinten gestreckten, dunkelbraunen Puppe mit helleren Ringeinschnitten. Entwicklung im Mai. Fast überall häufig, der Falter im Gebüsch und Wald. — Tr. 7. 15. — Hb. Pyral. 1. B. b. — Frr. 1. 23. Taf. 12. — Sepp. VIII. 44 — Wild. 351. — Buckl. Month. Mag. X. p. 100. — Pabst, Chemnitz 1890, pag. 34. — Gul. VIII. 57.

10. Gattung. Bomolocha, *Hb.*

Raupe 14-füßig (eigentlich 16-füßig, da das erste Bauchfußpaar vorhanden, aber sehr verkümmert ist), schlank, walzig, mit deutlichen Wärzchen besetzt; Kopf klein. Lebt auf niederen Pflanzen und verwandelt sich in leichtem Gespinste zur Puppe.

Fontis, *Thnb.* (Crassalis). Taf. 38, Fig. 18. (Sch. Taf. 51, Fig. 12.) Lebhaft grün mit gelblichen Ringeinschnitten und feinen dunklen, wenig deutlichen Längslinien; auf dem Rücken jedes Ringes vier weiße, schwarz gekernte und mit einem schwarzen Härchen besetzte Wärzchen; Luftlöcher schwarz; Kopf grün, schwarz punktiert. 3 cm. Lebt im August, September, überall, wo reichlich Heidelbeeren (Vaccinium Myrtillus), wachsen (Speyer), an denen sie sich auch verpuppt und den Falter Ende Mai bis Ende Juli ergiebt. Nicht selten in ganz Europa, außer den polaren Gegenden. — Tr. 7. 24. — Frr. 6. 128, Taf. 563. — An. s. Belg. VI. pl. 1, Fig. 4. — Wild. 352. — Pabst p. 34.

11. Gattung. Hypena, *Tr.*

Raupen 14-füßig, schlank, walzig mit merklichen Ringeinschnitten und einzelnen auf Wärzchen stehenden Härchen. Leben an niederen Pflanzen, schnellen sich ähnlich wie die Raupe der Zünsler und verwandeln sich in Gespinsten zu Puppen.

Antiqualis, *Hb.* (Sch. Taf. 51, Fig. 13.) Raupe nach Mann auf Salvia officinalis in den oberen Blättern. Kraiu, Balkan, Italien. — V. d. zool. bot. V. in Wien 1854, S. 571.

Lividalis, *Hb.* (Sch. Taf. 51, Fig. 15.) Zwischen den Blättern von Parietaria diffusa, fast das ganze Jahr hindurch. Südeuropa. — Roñast, Cat. de Chen. Eur. — An. d. l. Soc. Lin. Lyon, 29. Bd. 1882, S. 331.

Rostralis, *L.* Taf. 38, Fig. 19. (Sch. Taf. 51, Fig. 16.) Grün mit dunkel durchscheinendem Rückengefäße, zwei weißen Längslinien an den Seiten des Rückens und einer gleichen über den Füßen; Luftlöcher schwarz; Warzen fein, etwas erhaben, schwarz; Kopf klein, rund, braungelb. 3—4 cm. Lebt in zwei Generationen im Mai, Juni und August, September an Brennesseln und Hopfen, an denen sie Löcher in die Blätter frißt, und verwandelt sich in einem durchsichtigen grauen Gespinste zu einer schlanken dunkelbraunen Puppe. Entwicklung im Juli. Der Falter überwintert. Häufig fast in ganz Europa, Kleinasien und Sibirien. — Tr. 7. 29. — Hb. Pyral. 1. C. a. — Frr. 1. 132. Taf. 72. — Sepp. n. Ser. V. 4. — Wild. 352. — Pabst, Chemnitz 1890, pag. 34. — Porritt. Month. Mag. 1891, p. 73.

Proboscidalis, *L.* Taf. 38, Fig. 20. (Sch. Taf. 51, Fig. 17.) Ei grün, knglig mit Längsleisten. Schluß-Tafel 2, Fig. 73. Grasgrün mit tiefen gelben Ringeinschnitten, einem dunklen Rückenstreifen und hellen, mit je einem starken braunen Haare besetzten Wärzchen; an den Seiten ein abgesetzter, gelblicher Längsstreifen; Bauchfüße weißgrün; Kopf rund, gelbbraun. 3 cm. Lebt im Mai, Juni, August und September an niederen Pflanzen, besonders an Nesseln und wildem Hopfen, woran sie in der Jugend minirend, später in einem zusammengezogenen Blatte wohnt, und wo sie sich auch zur länglichen dunkelbraunen Puppe verwandelt. Entwicklung im Mai, Juli und August. Ziemlich häufig in ganz Europa, Kleinasien und Sibirien. — Tr. 7. 22. — Hb. Pyral. 1. C. a. — Wild. 353. — Pabst, Chemnitz 1890, p. 35. — Gul. VIII. 31.

Munitalis, *Mann.* (Sch. Taf. 51, Fig. 18.) Lederer fand die Raupe gesellig in Menge auf Vincetoxicum tmoleum in Lydien. Bulgarien, Kleinasien. — Stdg. Horae soc. ent. Ross. XIV. 1878, Seite 430.

Palpalis, *Hb.* (Sch. Taf. 51, Fig. 19.) Man fand die Raupe auf Parietaria bei Fiume, beachtete sie aber nicht genau; sie ist ebenfalls grün wie die von Obsitalis, aber größer. Verpuppung unter einem weißen Gespinst.

Entwicklung Ende Juni. — Kommt vor in Krain, Dalmatien, Griechenland, Italien, Korsika. — W. z. b. V. 1854, S. 570.

Obesalis, *Tr.* (Sch. Taf. 51, Fig. 20.) (Crassalis, *Hb.*) Die Raupe sieht nach *V. Dorfmeister* der Proboscidalis-Raupe sehr ähnlich, hat aber keinen Rückenstreifen. Lebt gesellig im Juni an Nesseln und verwandelt sich in zusammengesponnenen Blättern zu einer schlanken, schwarzbraunen Puppe. Entwicklung im August. Ziemlich verbreitet in Europa, aber selten, mehr in Gebirgsgegenden. — Wild. 353. — Frr. I. p. 78.

Obsitalis, *Hb.* (Sch. Taf. 51, Fig. 21.) Schön gelbgrün mit einer dunkelgrünen Mittellinie auf dem Rücken und einem weißen Längsstreifen oberhalb der Luftlöcher an den Seiten. Lebt im Mai an Glaskraut (Parietaria) doch nur im Schatten, verkriecht sich, wenn die Pflanze von der Sonne beschienen wird und verwandelt sich in einem dichten weißen Gespinste zu einer anfangs grünen, später braunen Puppe. Entwicklung Ende Juni. Südeuropa, Kleinasien und Nordafrika. — Wild. 353. — Mann, Verh. z. b. V. Wien 1854, 570.

12. Gattung. **Hypenodes,** *Gn.*

Die Raupen dieser Gattung sind 12-füßig, spannerartig, mit verdickten mittleren Seg-menten; sie leben an niederen Pflanzen und kommen mehr im Süden vor.

Costaestrigalis, *Stph.* (Sch. Taf. 51, Fig. 22.) Raupe ganz durchscheinend und glasig, oben glänzend dunkelpurpurbraun mit hellem Rücken- und blaßbraunen Nebenstreifen, unten schwarz gesäumt. Seiten und Bauch mehr gelb, Kopf schwärzlich. Lebt im Juli und August an niederen Pflanzen, besonders Thymian (Thymus Serpyllum). Puppe stumpf, braun. Der Falter wurde von *Rössler* mehrmals im Juli an Waldrändern und Felsen in der Nähe von Sumpfwiesen gefangen, sonst sehr selten; in Deutschland, Galizien, Ungarn, Holland, Belgien, England und Frankreich. — Hellins Month. Mag. VI. pag. 216. — Rössler, Schuppenfl. 124. — Tijdschr. v. Ent. 33. Bd. 1889/90, S. 175.

Albistrigatus, *Hw.* (Taenialis, *Hb.*, Acuminalis, *Wck.*) Das Ei ist weißgelb, wie eine Fischreuse geformt, fein gerippt und gegittert; die jungen Räupchen sind schlank, glashell, lang behaart; nach der ersten Häutung einfarbig glänzend licht gelbbraun, der Kopf dunkler; die Gelenkeinschnitte sind tief eingeschnürt, die Mittelringe, besonders vom vierten bis achten, sehr stark verdickt; die Behaarung ist noch sehr lang. Die erwachsene Raupe ist tief dunkelgrau, mit braunem Kopf und feiner kurzer Behaarung. Die gewöhnliche Haltung der Raupe ist eine spannerartig gekrümmte; sie kann sich aber auch bedeutend strecken, wobei die mittleren Segmente dünner werden. Die Raupen schlüpften aus den am 26. Juli gelegten Eiern am 2. August aus, häuteten sich zum erstenmal am 10. August und nahmen die Blumen von Thymus Serpyllum und Calluna vulgaris als Nahrung an; ungefähr am 8. September waren sie erwachsen und schickten sich zur Überwinterung an, während welcher sie sämtlich zu Grunde gingen. Der Schmetterling fliegt im Freien Ende Juni und im Juli; früh entwickelte Falter können wahrscheinlich noch eine zweite Generation im August oder September liefern. Holland, England und Deutschland. — Snellen, Tijdschrift v. Ent. 33. Bd. 1889/90, S. 174. p. 7, Fig. 5—8.

13. Gattung. **Rivula,** *Gn.*

Raupe walzig, 16-füßig, mit merklichen Ringeinschnitten, und großen mit starken Borsten besetzten Warzen. Lebt auf Gräsern und verwandelt sich ähnlich wie die Pieriden an einem Grashalm am Hinterleib und mit einer Schlinge um den Leib angeheftet, den Kopf nach aufwärts gerichtet.

Sericealis, *Scoss.* Taf. 38, Fig. 21. (Sch. Taf. 51, Fig. 25.) Grün, mit erhabenen und mit starken Borsten besetzten Warzen, zwei weißlichen Längsstreifen auf dem Rücken und mattbraunem Kopfe. Lebt im Mai, Juni. — Plötz, Stett. e. Z. 1861. p. 202. — Buckl. Month. Mag. XIX. p. 49. — Gn. VIII. p. 49. — Pabst, Chemnitz 1890, p. 35. — Gnl. VIII. 48. (1854).

XIX. Familie. **Brephides,** *H.-S.*

Raupen schlank, auf dem Rücken schwach gewölbt, an der Unterseite flach, mit einzelnen kurzen Härchen auf Punktwärzchen. 16-füßig, aber die drei ersten Bauchfußpaare verkümmert und klein, nur kurze Stummeln mit einem Kranz von Häckchen, wie bei den Microlepidopteren; das letzte Paar der Bauchfüße und die Nachschieber sind ächte Klammerfüße. Kopf klein, halbkugelig. Leben im Mai an Laubholzbäumen, haben einen spannerartigen Gang und fressen sich zur Verwandlung meistens in weiches Holz oder spinnen sich am Stamme in der Rinde oder im Moos ein; Puppen überwintern. Nur drei deutsche und zwei hochnordische Arten.

Brephos, *O.*

Die einzige Gattung dieser kleinen Familie, deren Schmetterlinge im ersten Frühlinge in Birkenschlägen fliegen.

Parthenias, *L.* Taf. 38, Fig. 22. (Sch. Taf. 51, Fig. 26.) Grün mit drei dunkleren, fein gelb gesäumten Rückenlinien, zwischen denen auf jedem Ringe vier gelbliche Wärzchen mit je einem kurzen schwarzen Härchen stehen; an jeder Seite ein gelber Längsstreifen, über welchem die schwarzen Luftlöcher stehen; Bauch gelblichgrün, Nacken- und Afterschild gelbgrün; Kopf grün. 3 cm. Lebt auf Birken und Buchen und verwandelt sich zu einer walzigen, dunkelbraunen Puppe. Wild. 355, Taf. 5, Fig. 15. Entwicklung im ersten Frühjahr; ziemlich verbreitet in Europa bis Sibirien und Labrador. — Tr. 5. 3, 379. — Hb. 134. 3. J. — B. & G. Noct. Phal. pl. 1. — Frr. 6. 26, Taf. 493. — Pr. Taf. XII, Fig. 20.

Nothum, *Hb.* Taf. 38, Fig. 23. (Sch. Taf. 51, Fig. 27.) Heller oder dunkler gelbgrün mit dunkeldurchscheinendem Rückengefäß und sehr feinen schwarzen Punktwärzchen; an den Seiten eine weiße, oberwärts mehr oder minder breit schwärzlich beschattete Längslinie, in welcher die schwarzen Luftlöcher stehen; Kopf grün mit zwei krummen schwarzen Strichen und schwarzem Gebisse. Nackenschild glänzend schwarz, in der Mitte fein gelb geteilt; Afterklappe hellbraun, schwarz gesäumt, mit zwei großen schwarzen Warzen. 3—4 cm. Lebt im Mai, Juni an Weiden und Pappeln, besonders Espen und verwandelt sich in eine längliche rotbraune Puppe, welche oft mehrere Jahre liegt. Selten. — Tr. 5. 3. 383. — Hb. 135. 3. J. — B. & G. Noct. Phal. pl. 1. — Frr. 5 169, Taf. 551. — Wild. 355. — Buckl. Month. Mag. II. IX. pag. 41.

Puella, *Esp.* Taf. 38, Fig. 24. (Sch. Taf. 51, Fig. 28.) Violett oder rosenrot mit zwei weißen Rückenlinien und zu deren Seiten auf jedem Ringe zwei weißen Wärzchen. An den Seiten ein weißer Längsstreifen über den Füßen. Bauch und Füße grau; Kopf und Brustfüße grünbraun. 3 cm. Lebt im Mai, Juni an Zitter- und Weißpappeln. Entwicklung wie die vorige. In Süddeutschland, Österreich, in der Schweiz, Ungarn und Rußland. — Tr. 5. 3. 385. — Hb. 134. 3. J. (Spuria). — Wild. 356.

D. Geometrae. (Geometridae.) Spanner.

Die meist langgestreckten oft sehr schlanken Raupen sind mit wenig Ausnahmen (in den Gattungen Ellopia, Metrocampa Odontoptera und Rumina) 10-füßig, indem die drei ersten Bauchfußpaare fehlen. Die Afterfüße (Nachschieber) sind immer vorhanden, meist sehr kräftig entwickelt und stehen seitlich vom Körper ab (Klammerfüße), nicht wie bei den Eulen, nach hinten gerichtet. Nicht selten besitzen sie nach hinten horizontal abstehende Spitzen. Die drei ersten und die drei letzten Segmente sind immer kürzer, als die mittleren und zwar im allgemeinen um so mehr, je schlanker die Raupe ist, so daß in den extremsten Fällen die Bauch- und Afterfüße ungemein nahe zusammengerückt erscheinen. Der Kopf ist meist so breit wie das erste Segment, selten ein wenig breiter, häufig schmäler, vorn abgeplattet; die Hemisphären sind am Scheitel nicht selten in Höcker oder Spitzen verlängert. (Kopf zweispaltig.) Die Haut ist mehr oder weniger querfaltig und bildet an den Seiten einen Längswulst (Seitenkante). Sie ist nur bei wenigen Arten (Syringaria) mit kurzen weichen Härchen dicht besetzt, bei den übrigen nackt, d. h. nur mit sehr einzeln stehenden Härchen oder Börstchen besetzt, welche aus kleinen halbkugeligen oder spitzen Hervorragungen (Warzen genannt), entspringen. Manchmal zeigen diese Börstchen bei entsprechender Vergrößerung eine knopf- oder keulenförmige Gestalt. Büschelförmig auf einer Warze stehende Härchen kommen nur sehr selten vor. (Mes. virgata.) Die Warzen haben eine im allgemeinen bei sämtlichen Arten gleichbleibende typische Stellung, nämlich in einer oder zwei Querreihen auf dem Rücken der drei ersten und auf dem letzten Segment, und in Trapezform (: :) auf dem Rücken der übrigen Segmente; an den Seiten der Segmente sind sie in Form eines Dreieckes gruppiert (:o.), innerhalb dessen das Stigma steht, und an der Bauchseite in ein bis zwei Querreihen. Außerdem stehen am untersten Rand der Segmente in der Höhe der Basis der Füße auf jedem Segment zwei Warzen hinter- oder übereinander und endlich finden sich am Kopf und an der Außenseite der Füße einige Wärzchen. Bei manchen Arten sitzen die Warzen auf verschiedenartig gestalteten, bald mehr, bald weniger großen Auswüchsen, Spitzen und dergl. Die Zeichnung läßt sich wie bei den meisten Schmetterlingsraupen, auch bei den meisten Spannerraupen auf einige typische Längslinien zurückführen, nämlich die Rückenlinie in der Mitte der Rückenfläche (Dorsale, Gefäßlinie), die Nebenrückenlinien an deren beiden Seiten (Subdorsalen) und die Stigmenlinien (Stigmatale, Laterale, Spirakularlinie) in der Höhe der Luftlöcher (Stigmata). Auch am Bauch findet sich nicht selten eine Mittellinie (Ventrale) allein oder in Begleitung von zwei Seitenlinien. Diese Linien können einfach oder doppelt sein. Durch Anschwellungen oder Verbreiterungen, Unterbrechungen oder gegenseitige Berührungen dieser Linien entstehen die meisten der bei den einzelnen Arten zu beschreibenden Zeichnungen, welche jedoch durchaus nicht immer bei einer und derselben Art konstant sind. Die Fortbewegung der Raupen in dieser Familie ist höchst charakteristisch; der Körper wird nämlich zuerst lang gestreckt und nachdem die Brustfüße Halt gefunden, stark nach oben gekrümmt, indem die Bauchfüße ganz nahe an die Brustfüße gesetzt werden. Der Weg wird also gleichsam „spannend" von den Raupen zurückgelegt, woher die Familie ihren Namen erhielt. Hievon machen nur wenige Arten eine Ausnahme (z. B. Eupithecia Strobilata und Togata), bei welchen die Raupen einen kriechenden Gang zeigen, weil sie in den engen selbstgefressenen Gängen keinen Raum haben sich zu krümmen. In der Ruhe klammern sich die Raupen nur mit den After- und Bauchfüßen fest, und halten den Körper steif und lang ausgestreckt, häufig vollkommen frei, so daß sie kleinen dürren Zweigen oder Blattstielen äußerst ähnlich sehen. Bei einigen Arten sind die vorderen Segmente in der Ruhestellung nach abwärts gebogen, eingerollt. Die meisten Arten leben frei an Bäumen, Sträuchern oder niederen Pflanzen, einige aber auch sehr versteckt zwischen Blättern eingesponnen, oder in Blüten und Samenkapseln, oder am Boden unter Laub, Moos etc. verborgen. Minieren in Blättern kommt nur bei einer Art, (Incultaria), und bei dieser nur ausnahmsweise vor. Mit einer Umhüllung aus Teilchen ihrer Nahrungspflanze sind die Raupen der Gattung Phorodesma bedeckt. Die verborgen lebenden Raupen weichen mehr oder weniger vom Spannertypus ab, indem sie meist eine kurze, gedrungene Gestalt annehmen. Die Verwandlung erfolgt entweder in Gespinsten zwischen Blättern auf oder in der Erde, oder ebenda ohne Gespinst. Einige Gattungen (Zonosoma, Pericallia) haben frei an Zweigen, nach Art der Tagfalter befestigte Puppen. Die Puppen sind meist von gewöhnlicher Gestalt, nackt, mit einem dornähnlichen Kremanter oder mit Börstchen am Afterstücke versehen; nur die freihängenden Puppen zeigen abweichende Formen.

Anmerkung. Die meisten der nachfolgenden Beschreibungen der Spannerraupen sind durch Vergleichung mit präparierten Raupen, namentlich auch durch Herrn Custos Rogenhofer in Wien vervollständigt und beziehungsweise richtig gestellt, manche nach lebenden Raupen neu angefertigt worden.

1. Gattung. Pseudoterpna, *H.-S.*

Raupen schlank, walzig; die Hemisphären des Kopfes oben in zwei lange Spitzen ausgezogen: auf dem ersten Segment gleichfalls zwei spitze Höcker. Afterklappe dreieckig. Afterfüße außen breit dreieckig, nach hinten in eine horizontal vorstehende Spitze verlängert; in der Mitte des unteren Randes des letzten Segmentes noch eine kleine vorstehende Spitze. Warzen sehr klein, nur mit starker Vergrößerung sichtbar. Leben an Schmetterlingsblütlern (Papilionaceen und verwandeln sich in einem dünnen Gespinste zur Puppe. Drei Arten, darunter eine Deutsche.

Pruinata, *Hufn.* (Cythisara, *Schiff.*) Taf. 39, Fig. 1. (Sch. Taf. 52, Fig. 1.) Grün, auf dem Rücken mit dunklerer Mittel- und blassen gelblichen Seitenlinien; an den Seiten ein weißlicher Längsstreifen, von welchem am dritten Ringe ein weißer Strich zu den Füßen hinabgeht; Spitzen der Afterfüße rötlich; Bauch dunkelgrün, Kopf flach, zweispitzig, grün. 3 cm. Lebt im Mai an Besenginster (Sarrothamnus), Cytisus und Ginster (Genista) und verwandelt sich in einem dünnen Gespinste zwischen Blättern der Nahrungspflanze zu einer hellgrünen, fein schwarz punktierten Puppe. Entwicklung Ende Juni bis August. Nicht selten, mehr im südlichen Europa und Kleinasien. — Tr. VI. 1. 120. — Hb. V. 1. B. a. — Wild 361. — Pr. Taf. 1, Fig. 5. — Mill. 91. 8—9. — Esp. 5. Taf. 44, Fig. 3. — Sepp. VI. 19.

Coronillaria, *Hb.* Taf. 39, Fig. 2. (Sch. Taf. 52, Fig. 2.) Nach der von Millière pl. 91 gegebenen Abbildung ist die Raupe der vorigen ähnlich, aber dicker, dunkelgrün mit einem weißen, rosa angeflogenen Seitenstrich vom Kopf bis zur Afterklappe, welcher vom vierten Segment an gegen die Brustfüße hinabläuft, und sich an diesem Segment mit einem zweiten weiter unten verlaufenden weißen Streifen kreuzt; auf dem neunten Segment sind beide Streifen gegen die Bauchfüße hinabgebogen und laufen dann bis zur Kreuzungsstelle am vierten Segment ziemlich parallel; auch in der Mitte der Bauchfläche verläuft ein weißer Streifen. Kopf und erstes Segment zweispitzig. Lebt nach Rambur im Frühjahr an Cytisus laniger und spinosus. Südwestliches Europa. Entwicklung Mai, August und September. — Rambur Soc. ent. Fr. II. p. 33. — Millière pl. 91, Fig. 13. — Z. Isis 1847, p. 489.

Corsicaria, *Rbr.* (Sch. Taf. 52, Fig. 3.) Kleiner als die vorige Art, gewöhnlich grün, manchmal dunkelgelb, sehr selten rötlich; die beiden weißen Seitenstreifen zeigen ein ähnliches Verhalten wie bei der vorigen Art; jedoch ist der obere breiter, wellig gebogen und rosenrot angelaufen; an den Seiten des Rückens verläuft außerdem noch eine aus abgesetzten weißen Flecken bestehende Nebenrückenlinie. Kopf und erstes Segment zweispitzig. Lebt nach Rambur im März und Juni an Genista corsicaria. Die Verpuppung erfolgt in einem weitmaschigen dunklen Gespinste; die Puppe ähnelt der von P. cytisaria, ist lehmgelblich mit zahlreichen verschieden großen Punkten besetzt. Entwicklung im April und Mai, sowie im Juli und August. Auf Korsika und Sardinien. — Ann. Soc. ent. Fr. T. II, p. 32, pl. 2, Fig. 6. — Millière pl. 91. 11—12.

2. Gattung. Geometra, *B.*

Gemeinsame Merkmale nicht vorhanden, teils dick, walzig mit Höckern auf dem Rücken und plattem Kopf, teils schlank mit plattem Körper und zweispitzigem Kopf und Nackenschild.

Papilionaria, *L.* Taf. 39, Fig. 3. (Sch. Taf. 52, Fig. 4.) Ei gelb, später braun, etwas komprimiert, 3,5 cm lang. Raupe dickwalzig; Kopf braungelb, platt; auf dem ersten Segment (Nackenschild) vier kleine stumpfe, im Viereck stehende Erhöhungen, die zwei vorderen etwas in die Quere gezogen; auf dem zweiten Segment eine große dicke kegelförmige Hervorragung; am fünften Ring zwei sehr kleine, am sechsten, siebten und achten Ring je zwei dickere kurze Spitzen; die am sechsten Ring sind die größten und stehen einander am nächsten, vom siebten bis achten Ring werden sie kleiner und treten weiter auseinander; am elften Ring nochmals zwei sehr schwache bräunliche Hervorragungen; Grundfarbe schön grün. Die Spitzen der Erhebungen rot, ebenso ein kurzer Längsstrich auf dem zehnten, elften und Anfang des zwölften Segmentes, sowie ein dicker Längsstreif, der über den Bauchfüßen am neunten Segment beginnt und bis in die untere Hälfte der Nachschieber reicht. Diese sind außen sehr breit, rötlichbraun; Afterklappe dreieckig, grün. Warzen sehr fein, nur bei starker Vergrößerung sichtbar. Lebt im Mai, Juni an Birken, Haseln, Buchen und Erlen und verwandelt sich in einem durchsichtigen weißen Gespinste zu einer lebhaften, auf dem Rücken rötlichbraunen, übrigens gelbgrünen Puppe. Entwicklung im Juli, August. In Zentral- und Südeuropa verbreitet, aber nicht häufig. — Hb. V. 1. B. a. — Tr. VI. 1. 103. — Sepp. II. VI. — W. 361. — Assmus Stett. ent. Z. 1863. 402. — Esp. 5, Taf. 6, Fig. 7. — Grapes Entom. 1889 p. 110. — Weymer Stett. e. Z. 1865, p. 113.

Vernaria. *Hb.* Taf. 39, Fig. 4. (Sch. Taf. 52, Fig. 5.) 2,5 cm. Schlank, vorn dünn, cylindrisch. Kopf vorn platt, gelbgrün, weißgrieselig, an den Rändern und der Hinterseite braun, die Hemisphären in zwei lange Spitzen ausgezogen; Stirndreieck hoch und schmal, schwarz eingefaßt; Mundteile schwarz. Auf dem ersten Ring zwei lange, nach vorn gerichtete Spitzen. Afterklappe schmal, spitz dreieckig, hellbraun. Grundfarbe grün, Haut mit sehr feinen weißlichen erhabenen Pünktchen bedeckt (grieselig). Rückenlinie dunkel, fein gelb eingefaßt; Nebenlinien fein gelblich. Bauch graugrün mit heller Mittellinie. Brustfüße und Nachschieber hellbraun, Bauchfüße grün, Warzen sehr klein, nur bei starker Vergrößerung sichtbar. Lebt Ende Juni bis Juli an Clematis vitalba und verwandelt sich zwischen Blättern in einem leichten weißen Gesinste. Puppe hellgrün, an den Flügelscheiden dunkler. Kremanter dick, genabelt; Afterspitze dunkel mit Häckchen. Entwicklung im Juli, August oder aus überwinterten Raupen im Mai, Juni. — Zentral- und südöstliches Europa, auch im Norden mit Ausnahme der Polarregien und Finnland. — Hb. V. I. B. a. (III b). — Tr. VI. 1. 101. — O. W. 361. — Esp. 5, Taf. 1, Fig. 5. — Stett. ent. Z. 1889, S. 282.

3. Gattung. Phorodesma, *B.*

Raupen ziemlich dick; Haut chagriniert und querfaltig; auf dem Rücken und an den Seiten **zapfenartig** verlängerte Warzen, an welchen die Abfälle der Nahrung, mit denen die Thiere wie mit einem Sack lose umhüllt sind, mittelst feiner Gespinstfäden festhaften. Kopf halbkugelig glatt, ohne Vertiefung. Afterklappe halbkreisförmig. Zehn Arten, darunter zwei Deutsche. Die Raupen überwintern.

Pustulata, *Hufn.* (*Bajuearia, Schiff.*) Taf. 39, Fig. 5. (Sch. Taf. 52, Fig. 6.) Ziemlich schlank, gleichmäßig cylindrisch. Braungelb mit schwärzlicher, auf den drei ersten Ringen undeutlicher, fein gelb eingefaßter Rückenlinie, wellenförmig gebogenen, sonst ebenso gefärbten Nebenlinien, und einer undeutlichen schwärzlichen Mittellinie am Bauche, dessen Seiten schwarz gefleckt sind. Von den zapfenförmigen Wärzchen stehen auf dem fünften bis siebten Segment je zwei außerhalb der Nebenlinien; am ersten bis vierten und achten Segment steht je ein solcher Zapfen an der Seite jeden Segmentes. An den Seiten des fünften bis achten Segmentes außerdem noch je zwei (am achten Ring nur einen) fast horizontal stehende Längswulste, von die die größeren oberen gelb, die kleineren unteren braun gefärbt sind. Kopf hellbraun; Brustfüße dunkelbraun. Bauchfüße von der Körperfarbe. 3 cm. (Nach einer präparierten Raupe von Herrn Gleißner, Berlin.) Lebt im Mai an Eichen, seltener an Erlen und Pflaumen. Verwandlung in einem zusammengezogenen Blatte zur bräunlichen Puppe. Entwickelung im Juni bis Juli. Selten, in Central-Europa, Livland, Piemont, Balkan, Rußland. Var. Neriaria H.-S. im Südosten. — Tr. VI. 1. 122. — Hb. II. 3. A. b. — Frr. B. 1. 93, Taf. 30. — Wild. 362. — Gartner, Fauna v. Brünn, S. 21. — Pr. Taf. 1, Fig. 21. — Hellins Month. Mag. II, p. 114.

Smaragdaria, *F.* Taf. 39, Fig. 6. (Sch. Taf. 52, Fig. 8.) Die Eier sind nach Gartner oval, gelblich, an der Anheftungsstelle abgeplattet. Dicker als die vorige Art, nach vorn verschmächtigt. 2,8 cm. Kopf gelbbräunlich, vorn flach, fast etwas concav, mit undeutlichen schwärzlichen Längsstrichen. Grundfarbe braun, auf dem Rücken heller, mit einem Stich ins Rötliche. Rückenlinie und die wellenförmigen Nebenlinien wie bei Pustulata. Der weißrötliche Bauch mit undeutlicher, abgesetzter, dunklerer Mittellinie und zwei schwarzen, gebogenen, in den Einschnitten abgesetzten Nebenlinien, welche außen von einer rötlichweißen ziemlich scharfen Linie begrenzt sind. An den Seiten des ersten bis siebten Segmentes weißliche, unten schwarz begrenzte etwas erhabene Schrägflecke; Füße braun. Warzenstellung ähnlich wie bei Pustulata, nur sind vom fünften bis achten Segment seitlich zwei übereinanderstehende Warzen, vom neunten bis zwölften Segment je eine solche vorhanden; auf dem Rücken des ersten bis dritten, sowie des achten bis zwölften Segmentes je zwei kleinere nahe der Mittellinie stehende Warzen. (Nach einer präparierten Raupe von Staudinger, Dresden). 3 cm. Nach 8 Tagen verläßt die Raupe ihre Eierschale und ihr erstes Geschäft besteht darin, von ihrer Nahrungspflanze Teilchen abzubrechen und mit denselben ihren Rücken zu bedecken; nach jeder Häutung werden zu den alten Rückenladungen neue hinzugefügt, welche gewöhnlich aus Blütenfragmenten bestehen. Die Raupe lebt am liebsten auf der Schafgarbe (Achillea millefolium), kommt aber auch auf Senecio jacobea, Tanacetum, Artemisia campestris, absynthium, vulgaris und nutans (in Südrußland) vor. Zur Verwandlung benützt sie ihre Umhüllung und wird, nachdem sie dieselbe an einem Gegenstand angesponnen hat, zur braungrauen, schwarz gestrichelten und gestreiften Puppe. Entwicklung im Juli, August und aus überwinterten Puppen im Juni. Im südlichen Deutschland hie und da, in Frankreich, England, Schweiz, Sibirien und Armenien. — Tr. VI. 1. 128. X. 2. 178. — Frr. 2. 128, Taf. 174. — St. e. Z. 12. 265. — Wild. 362. — Mill. 152. 16—18. — Gartner Verh. d. nat. Ver. in Brünn 1866, S. 21. — Pr. Taf. 1, Fig. 22.

Plusiaria, *B.* (Sch. Taf. 52, Fig. 9.) Die Raupe ist nach Gestalt, Färbung und Zeichnung der von Smaragdaria sehr ähnlich; nur ist die Bauchseite nicht so hell und die Mittellinie daselbst noch undeutlicher; auch fehlen die weißlichen unten schwarz begrenzten erhabenen Schrägflecke an den Seiten der Segmente. Die Haut ist mit feinsten weißen Körnchen wie besät (chagriniert). Kopf braun mit drei undeutlichen weißlichen Längsstreifen. Von den zapfenförmigen Warzen stehen auf dem Rücken des ersten bis dritten Segmentes je zwei innerhalb der Nebenrückenlinie, vom vierten bis siebten je zwei größere außerhalb dieser Linien, am achten und neunten je vier kleine in einem flachen Bogen; an den Seiten des ersten bis dritten Ringes je zwei, vom vierten bis siebten Ring je drei zapfenförmige Warzen, am achten je zwei auf einem ziemlich starken braunen Längswulst; am neunten Segment unter dem Luftloch ein dreieckiger frei nach unten hängender Hautlappen; ein ebensolcher dicht über den Bauchfüßen; am Bauch tragen die Segmente vier bis sieben an den Seiten je eine lange zapfenförmige Warze. (Nach einer präparierten Raupe von Dr. Staudinger.) Lebt nach Korb auf Artemisia. Andalusien und Nordafrika.

4. Gattung. Eucrostis, *Hb.*

Die Raupen gleichen an Gestalt denjenigen der Gattung Pseudoterpna. Die Hemisphären des Kopfes sind oben glatt (Indigenata), oder in stumpfe niedrige Höcker ausgezogen; das erste Segment zweispitzig oder stark gekielt. Sie leben auf niederen Pflanzen, und kommen nur in Südeuropa vor. Sechs Arten. (cfr. Mill. Natur. Sic. III. N. 2.)

Herbaria, *Hb.* (Sch. Taf. 52, Fig. 10.) Die Raupe ist 1,2 mm lang, stark querfaltig, die Haut mit weißlichen Körnchen bedeckt (chagriniert). Blaugrün mit einer braunroten, auf der Mitte der Segmente fleckig erweiterten Rückenlinie. Nebenlinien sehr schwach angedeutet; Stigmenlinie deutlich, ebenfalls braunrot. Kopf gelblich, schmal und lang, die Hemisphären nach oben höckerig verlängert, mit ziemlich tiefer Zwischenfurche. Das erste Segment zeigt auf dem Rücken zwei kurze, stumpfe Spitzen. Warzen ohne Vergrößerung nicht sichtbar. Brustfüße gelblich; Bauch- und Afterfüße von der Körperfarbe. (Nach einer präparierten Raupe von Dr. Staudinger.) Lebt im Juni an Teucrium capitatum. Entwicklung im Mai und in zweiter Generation im Juli und Anfangs August. In Südfrankreich, den Mittelmeerländern. Kleinasien. — Staudinger Hor. soc. ent. Ross. XIV, S. 432. — Goossens Ann. Fr. 1871. p. 291. Pl. IV, Fig. 5. — Mill. Ann. S. Cannes 1875. Pl. II, Fig. 1. (var. Advolata, *Ev.*)

Olympiaria, *H.-S.* (Sch. Taf. 52, Fig. 11.) Die Raupe der nur in Kleinasien vorkommenden Stammart ist nicht bekannt, wohl aber die der Var. Beryllaria, *Mn.* z. b. V. 1853. p. 76 (Aureliaria, *Mill.*) Erwachsen ist dieselbe mittelmäßig gestreckt, mit kleinem zweispitzigem, grünem, oben weinrot angehauchtem Kopfe, welcher unter das erste Segment eingezogen ist; dieses ist erhöht, zweispitzig und an den Seiten wie die übrigen Segmente stark gekielt; die Afterklappe endet in eine scharfe Spitze. Grundfarbe der Raupe dunkelpistaciengrün. Unter der Lupe besehen, erscheint sie mit zahlreichen weißen Atomen besät. Die gelbe Stigmenlinie ist breit und ununterbrochen. Die Spitzen des I. Segmentes, die Außenseite der Füße und die Spitze der Afterklappe sind rötlich. Stigmen rötlichgelb, etwas vorstehend. Die junge Raupe ist bis zur dritten Häutung gelblichweiß. Lebt frei an Phillyrea angustifolia und media, besonders die Knospen und Blüten verzehrend; sie schlüpft im Oktober aus dem Ei, überwintert und ist im März erwachsen. Verpuppung in einem leichten Gespinst zwischen Blättern. Puppe mattgrün, Entwicklung nach 24—26 Tagen. — Die Var. Beryllaria kommt in Frankreich, Italien, Dalmatien und Griechenland vor. — Mill. Jc. pl. 81. I. 1—3; III. p. 462.

Indigenata, *Vill.* (Sch. Taf. 52, Fig. 12.) Die Raupe ist nach dem Verlassen des Eies bis zur zweiten Häutung einfarbig zitrongelb mit mattschwarzem Kopf. Erwachsen ist sie mäßig lang, nach vorn etwas verschmächtigt; die Segmente sind durch tiefe Einschnitte getrennt und führen auf dem Rücken des ersten Segmentes vier, auf dem vierten bis achten und elften Segment je eine rötliche Spitze. Die zwei ersten Segmente sind stark gekielt. Die Grundfarbe ist ein zartes Hellgrün; Ringeinschnitte und Unterseite gelblich; die drei ersten und zwei letzten Ringe rötlich angehaucht. Jede Linienzeichnung fehlt. Stigmen klein, rund, braun. Kopf klein, halbkugelig, vorn abgeplattet, ohne Hervorragungen, weingelb; Brustfüße ebenso, Bauchfüße grün. Lebt in zwei Generationen am Euphorbia spinosa und anderen Euphorbia-Arten unter einem leichten Gespinste zwischen den Ästchen der Pflanze, in welchem sie sich Ende April oder Ende Oktober zu einer grünen Puppe verwandelt. Entwicklung nach 20—25 Tagen. In Katalonien, Südfrankreich, Italien, Dalmatien, Griechenland, Kleinasien und Syrien. — Mill. Jc. 82. 8—11.

5. Gattung. Nemoria, *Hb.*

Raupen schlank, querfaltig, Haut chagriniert. Kopf nach oben in zwei Spitzen ausgezogen; auf dem ersten Ring zwei Spitzen; Afterklappe spitz, dreieckig oder stumpf zweispitzig. Verwandlung in einem Gespinste. Neun Arten, darunter drei Deutsche.

Viridata, *L.* Taf. 39, Fig. 7. (Sch. Taf. 52, Fig. 13.) Ei rund, flach an beiden Seiten, grünlich (Schluß-Taf. 2, Fig. 74). Raupe hellgrün, die Haut weißlich gekörnt, die Spitzen auf dem Kopfe und I. Segment rot. Rückenstreif purpurrot, manchmal auf den mittleren Ringen zu scharf weißlich begrenzten Rauten geformt; Nebenlinien weißlich; Seitenlinien gelblich oder weißlichgrün; bei einigen Exemplaren stehen in denselben kleine rote Fleckchen. Bauch mit blassen Mittel- und Seitenlinien, Brustfüße rot. Lebt Anfangs August, besonders an Heidekraut (Calluna vulgaris), auch auf Salix caprea und Betula. Die zwischen den Ästchen mit wenigen Fäden befestigten Puppen überwintern. Entwicklung im Mai und Juli. Zentral- und Südeuropa, Kleinasien und Sibirien. — Sepp. IV. 48. 49. — Mill. 96. 13. 15. — Hellins Ent. M. 1865. 263 (Crataegus).

— Rössl. Faun. S. 138. — Gss. 12. (Ei). — Spr. Stett. e. Z. 1885, p. 91.

Porrinata, *Z.* (Sch. H.-S. 566). Fleischfarbig mit einer dunklen Rückenlinie; nach *Rössler* einfarbig grün. Kopf und erster Ring mit je zwei hellbraunen Spitzen. Lebt wahrscheinlich polyphag in zwei Generationen an niederen Pflanzen, nach *Wilde* an Weißdorn und Haselnußstauden. Entwicklung im Mai und Juli. In Deutschland, Frankreich, in der Schweiz und Südrußland. — Tr. 6. 1. 107 (viridata). — St. e. Z. 9. 273. — Wild. 363. — Rössl. S. 138.

Pulmentaria, *Gn.* Taf. 39, Fig. 8. (Sch. Taf. 52, Fig. 14.) 2,5 cm. Kopf rötlichbraun, ober den Mundteilen (clypeus) gelb, die Spitzen der Hemisphären braun, fein gezähnt. Grundfarbe hellgrün, mit einer breiten rötlichen Rückenlinie und zwei ebensolchen aber blasseren und abgesetzten Nebenlinien. An den Seiten grün mit rötlichen Atomen gemischt. Luftlöcher sehr klein, gelbbraun; Bauch einfarbig grüngelb; Brustfüße braun, Bauchfüße rötlich. Die zwei Spitzen auf dem ersten Segment braun, die fein gezähnte Afterklappe stumpf zweispitzig. (Nach einer präparierten Raupe von Staudinger, Dresden). Nach *Millière* haben manche Raupen eine lebhaft seidengelbe Färbung oder sind ganz weißlich, wenn die Blüten, an welchen sie fressen, diese Farben besitzen. Lebt im Juli und September an verschiedenen Umbelliferen, wie Bupleurum, Seseli, Foeniculum etc., besonders Peucedanum alsaticum. Verpuppung in einem leichten Gespinste zwischen Moos oder dürren Blättern. Die Puppe überwintert und entwickelt sich im Frühjahr; eine zweite Generation kommt im August vor. Südeuropa, auch bei Wien, in Ungarn, Kleinasien und Syrien, Armenien. — Mill. 96, Fig. 9 und 10.

Faustinata, *Mill.* Ei rund, deprimiert, anfangs bläulich, später braun. Raupe dünn, gestreckt, nach vorn etwas verschmächtigt; die Haut ist runzelig und dicht chagriniert; Grundfarbe matt weißlichgrün. Kopf klein, vorn abgeplattet, braun gerandet und in zwei braune Spitzen ausgezogen; auf dem ersten Ring zwei rotbraune Spitzen, hinter denen noch zwei kleinere hellbräunliche stehen. Rückenlinie rot, auf dem siebten und achten Segment undeutlich, fast unterbrochen; auf den mittleren Segmenten 5—9 von länglichen weißen, außen fein rot umzogenen Flecken begrenzt, welche von den Gelenkeinschnitten halbiert werden. Nebenrückenlinien und Stigmenlinien fehlen; bei manchen Exemplaren sind an den Seiten der mittleren Segmente rötliche oft undeutliche Schrägsstriche zu sehen. Warzen ohne Vergrößerung nicht sichtbar. Afterklappe spitz dreieckig, rötlich; Stigmen klein, braun. Brustfüße und Außenseite der Bauchfüße rötlichbraun. (Nach einer präparierten Raupe von Dr. Standinger). Nach *Millière* sind manche Raupen mehr oder weniger dunkelweinrot, stellenweise wie mit Mehl bestäubt. Lebt nach der Überwinterung Ende März und Anfang April frei auf dem Rosmarinstrauch, vorzugsweise die Blüten verzehrend. Verpuppung in einem leichten Gespinst zwischen Moos oder dürren Blättern. Puppe grün, an den Flügelscheiden schwarz gestreift; an den Bauchringen je ein großer, schwärzlicher Seitenfleck. Entwicklung im Mai. Seealpen und Kleinasien. — Mill. 96, Fig. 2—8.

Strigata, *Muell.* (Aestivaria, *Hb.*) Taf. 39, Fig. 9. (Sch. Taf. 52, Fig. 15.) 2,5 cm lang. Kopf braun, die Spitzen der Hemisphären stumpf, sehr fein gezähnt. Grundfarbe gelbbraun oder grünlichbraun, auf den vier ersten Segmenten dunkler rotbraun; auf diesen sind auch eine dunklere Mittel- und ebensolche Seitenlinie schwach angedeutet; vom vierten bis achten Segment in jedem Einschnitt ein schwarzer, von vier mehr weniger deutlichen weißlichen Fleckchen umgebener Punkt in einem unbestimmten rötlichen Hofe; die vier letzten Segmente und die spitz dreieckige Afterklappe rötlich; an den Seiten und am Bauche sind die vier ersten und vier letzten Segmente mehr rötlichbraun, die mittleren mehr gelblich gefärbt, nur in den Einschnitten rötlich; am Bauch vom vierten bis achten Segment in jedem Einschnitt je ein, am achten Segment vier weiße Fleckchen. Brustfüße braun, Bauchfüße rötlich. Die zwei Höcker am ersten Segment braun, dick und stumpf. (Nach einer präparierten Raupe von Staudinger, Dresden). Lebt polyphag an Hecken von Schlehen, Rosen und Johannisbeeren, und verwandelt sich in einem netzartigen Gespinste zur gelbbraunen Puppe mit dunklen Rückenstriemen und ausgehöhlten Aftersegmente. Entwicklung im Juli, August. In Europa bis Schweden und in Kleinasien. — Tr. 6. 1. 117. — Hb. B. a. b. u. B. a. (Bd. IV. 7). — Sepp. 10. 48. VIII. 49. — Wild. 363. — Pr. Taf. 1, Fig. 24.

6. Gattung. Thalera, *Hb.*

Raupen schlank, stielförmig mit zweispitzigem Kopfe und zwei Afterfußspitzen. Leben an niederen Pflanzen und verwandeln sich in netzartigen Geweben.

Fimbrialis, *Sc.* (Thymiaria, *L.*, Bupleuraria, *Tr.*) Taf. 39, Fig. 10. (Sch. Taf. 52, Fig. 16). Gelblichgrün mit einer rosenroten Rückenlinie, welche sich oft nur als eine Reihe roter Flecken zeigt; zwei Spitzen auf dem ersten Ring, sowie die Afterfußspitzen sind rot; Kopf zweispitzig, grün mit roten Spitzen. Lebt im Mai, Juni an Schafgarben (Achillea millefolium), Thymian (Thymus Serpyllum), Goldrute (Solidago) und Beifuß (Artemisia campestris) und verwandelt sich in einem netzartigen Gewebe. Puppe gelblichweiß mit einem rosaroten, durch eine braune Linie geteilten Rückenstreifen, braunen Punkten oben, und dunklen Strichen an der unteren Seite des Hinterleibes; mit fein schwarz gestriemten Flügelscheiden, dunklem längsgerripptem Cremanter und feinen Häckchen an der Afterspitze. Entwicklung im Juli, August. Nicht selten in ganz Europa außer England; in Kleinasien und Armenien. — Tr. VI. 1. 114. — Hb. B. a. b. (Bd. IV. 8). — Sepp. 2. Scr. III. 5. — Esp. 5. Taf. 4. — Wild. 363.

7. Gattung. Jodis, *Hb.*

Raupen dünn und schlank, querfaltig, mit vorn abgeplattetem, zweispitzigem Kopfe; leben auf niederen

Pflanzen und verwandeln sich in einem leichten Gewebe zur Puppe. Drei Arten, darunter zwei Deutsche.

Putata, *L.* (Sch. Taf. 52, Fig. 17.) (Putataria, *L.*) Hellgrün mit mehreren kleinen roten Flecken auf jedem Ringe; Kopf zweispitzig, grün, breit braun eingefaßt, auf dem ersten Segment gleichfalls zwei kleine Spitzen. Afterklappe bräunlich, spitz dreieckig, jederseits am Rande mit einem kleinen, nach hinten gerichteten Dorn. 2—3 cm. Lebt im Juli, August an Heidelbeeren (Vaccinium) und verwandelt sich in eine grüne Puppe, welche überwintert. Entwicklung im Mai und Juni. Fast in ganz Europa bis Schweden in Wäldern. — Tr. 6. 1. 112. Wild. 364.

Lactearia, *L.* (Aeruginaria, *Hb.*) Taf. 39, Fig. 11. (Sch. Taf. 52, Fig. 18.) 1,7 cm lang, grün mit rotbraunen großen, beiderseits gelb gesäumten Flecken auf jedem Ringeinschnitt, welche sich auf den letzten Ringen zu einer breiten Mittellinie vereinigen. Kopf vorn gelbgrün, breit braun gerandet, hinten und an den Spitzen braun. Nackenschild grün, in der Mitte und an dem mit zwei kleinen Spitzen versehenen Vorderrand schwärzlich. Afterklappe schmal, spitz dreieckig, rotbraun. Brustfüße braun, Bauchfüße grün. Bauch einfarbig grün. Warzen ohne Vergrößerung nicht sichtbar. (Nach einer präparierten Raupe von Dr. Staudinger). Lebt auf Birken, Ginster und anderen Pflanzen und verwandelt sich in einem dünnen Gespinste zu einer grünlichen oder gelbbraunen Puppe. Entwicklung Ende Mai und August. Fast in ganz Europa in Wäldern. — Tr. VI. 1. 109. — Hb. B. b. — Frr. 1. 95, Taf. 109. — Sepp. VIII. 41. — Wild. 364. — Pr. Taf. 1 Fig. 25.

8. Gattung. **Acidalia,** *Tr.*

Raupen teils sehr schlank und lang gestreckt, teils kurz und plump, nach hinten verdickt, nach vorn etwas verjüngt. Haut querfaltig; Seitenwulst meist stark entwickelt. Die Warzen, an Größe sehr verschieden, bald ohne Lupe nicht sichtbar, bald sehr deutlich, tragen meist einfache Härchen oder Börstchen, bei manchen dagegen, besonders den am Boden unter Laub etc. verborgen lebenden Arten, knopf- oder keulenförmige Haargebilde. Die Zeichnung der Raupen ist sehr veränderlich; bei ein und derselben Art kommen zeichnungslose, oder mit einfacher Rückenlinie, oder mit rautenförmigen Zeichnungen auf dem Rücken versehene Raupen vor. Letztere Zeichnung entsteht durch Aufschwellen der Rückenlinie und Auflösen der Nebenrückenlinien (Subdorsalen) und Seitenlinien (Stigmenlinien) in Schiefstriche, welche einen nach dem Kopf zu spitzen Winkel auf der Rückenmitte bilden. Leben zumeist polyphag an zarten, niederen Pflanzen, die sie auch welk oder trocken verzehren, und überwintern im Raupenzustande. Verpuppung auf oder in der Erde in einem leichten Gespinste. Staudinger führt 132 Arten auf, darunter 63 in Deutschland, Österreich und der Schweiz vorkommende. Seither sind noch viele Arten aus Südeuropa und dem Amurgebiet beschrieben worden.

Pygmaearia, *Hb.* (Sch. Taf. 52, Fig. 20). Kurz, nach vorn dünner werdend, stark gekielt, schwärzlich grün. Kopf klein, abgeplattet, bräunlich, vom ersten Ring teilweise bedeckt. Rückenlinie fein, hell, braun eingefaßt. Nebenrückenlinie braun, auf dem letzten Segment erloschen. Stigmenlinie kaum heller als die Grundfarbe; Stigmen dick schwarz eingefaßt. Lebt von September bis Mitte Juli des nächsten Jahres polyphag an niederen Pflanzen, dürre Blätter den frischen vorziehend. Verpuppung zwischen trocknen mit einigen Fäden zusammengesponnenen Blättern. Puppenruhe 12—14 Tage. Nur eine Generation im August. Südliches Krain, Tyrol, Schweiz, Italien, Dalmatien. — Mill. Ann. Soc. Lin. 1882. p. 175. Pl. IV. Fig. 6—7.

Trilineata, *Sc.* Taf. 39, Fig. 12. (Sch. Taf. 52, Fig. 24.) Die Raupe ist nach *Rössler* schlank, gleich dick, nur die drei letzten Ringe verdünnen sich nach dem Körperende zu; Rücken rundlich, Bauch abgeplattet, Seitenkante scharf. Rötlichgrau, auch an Kopf und Füßen; die weiße Rückenlinie beiderseits schwarz eingefaßt, eine Verstärkung der kaum sichtbaren Nebenrückenlinie erscheint in jedem Gelenkeinschnitt als ein dunkler Punkt. Warzen sehr klein, nur auf den drei ersten Ringen deutlicher. Lebt im Juni und im August an Ampfer (Rumex), Esparsete, Coronilla varia, frißt auch Salat. Im südlichen und mittleren Deutschland, in der Schweiz, Frankreich, Ungarn, Rußland und Kleinasien. *Rössl.* Fauna S. 179. Puppe gelblich mit dunklem fast löffelförmigem Cremanter, der vier an der Spitze umgebogene Borsten trägt (Roghf.)

Luteolaria, *Const.* Die Raupe ist kurz nach vorne verjüngt, ockergelblich. Die mittleren Rückensegmente mit einer X-förmigen dunklen Zeichnung. Die Seitenlinie weißlich. Kopf klein, braun. Polyphag. Die erste Generation fliegt im Mai. Ost-Pyrenäen und Castilien. — Mill. Ann. S. Fr. 1885. p. 114. Pl. 2, Fig. 6.

Flaveolaria, *Hb.* Taf. 39, Fig. 13. (Sch. Taf. 52, Fig. 26.) Ei blaugrün, verhältnismäßig dick, elliptisch, durch die Lupe besehen granuliert. Raupe kurz, nach vorn verschmächtigt, faltig, an den Seiten mäßig gekielt, mit stark abgesetzten Ringen und kleinem Kopf; dunkel lehmgelb. Rückenlinie fein, hell, ein wenig rosenrot angelaufen, beiderseits braun eingefaßt; Nebenrückenlinien fein, leicht geschwungen, braun; Stigmenlinie hell, auf dem Seitenwulst stehend; Kopf braun mit zwei hellen Linien (Fortsetzungen der Nebenrückenlinien); Bauch gleichfarbig mit einer doppelten hellen Linie, welche auf den mittleren Ringen rautenförmige Zeichnungen bildet; Stigmata weiß, ohne Umrandung. Am fünften bis neunten Ring steht je ein dicker brauner Punkt unter jedem Stigma; auf dem Rücken des ersten Segments vier braune Striche. Lebt an verschiedenen niederen Pflanzen vom Juli bis Anfang Mai des folgenden Jahres. Schmetterling im Juli. In den Alpen, aber auch in Sachsen und Oberungarn. — Mill. 100, Fig. 6—7.

Perochraria, *F. R.* (Sch. Taf. 52, Fig. 27.) Nach *Rössler* grau, holzfarben; die Rücken- und Nebenrückenlinien in je drei kleine nach vorn zugespitzte Striche auf jedem Ringe aufgelöst. Gestalt wie Antiquaria. Lebt an Grasarten, besonders an Schwingelgras (Festuca). Aus dem Ei mit Salat von Rössler erzogene Raupen waren zeichnungslos. Entwicklung im Juni und in geringerer Anzahl im August. Ziemlich verbreitet in Europa auf Wiesen und Grasplätzen. — Tr. VI. 2. 6. — Wild. 365. — Rössl. F. S. 175.

Ochrata, *Sc.* Taf. 39, Fig. 14. (Sch. Taf. 52, Fig. 28.) Nach *Rössler* der Antiquaria sehr ähnlich; licht grünlich gelbgrau; Mittellinie fein doppelt; keine Nebenrückenlinie; eine über der Seitenkante her ziehende Längsvertiefung bildet scheinbar eine Linie. Kenntlich durch je zwei schwarze Punkte auf dem Bauche am Ende jeden Ringes. Haltung S-förmig; beunruhigt macht sie pendelartige schnelle Schwingungen nach beiden Seiten. Kopf hellrötlich. Lebt im Mai an Hühnerdarm (Alsine). Entwicklung im Juli, August; in Zentraleuropa, Schweden, Kleinasien und Armenien. — Rössl. Fauna S. 175. — Mill. 76. 19—20.

Macilentaria, *H.-S.* (Sch. Taf. 52, Fig. 29.) Nach *Rössler* mittelmäßig schlank, nach vorn stark verdünnt, in den Gelenken etwas, am stärksten auf dem achten Ringe eingeschnürt; grau- bis braungrün in der Jugend, erwachsen beinfarbig; Rückenlinie hell, von zwei bräunlichen Linien gesäumt, die auf den drei letzten Ringen von gleichfarbigen Nebenlinien begleitet werden. Auf den übrigen Ringen sind die Nebenlinien nur mit der Lupe erkennbar und in jedem Einschnitt durch einen feinen Punkt markiert. Die Luftlöcher erscheinen als dunkle Punkte. Bauch dunkelgrau. Kopf etwas rötlicher als die Grundfarbe. Lebt auf trockenen Wiesen, wo Salbei, Schafgarben Centaureen und Scabiosen reichlich wachsen. Entwicklung im Juni. Im mittleren und südlichen Deutschland, z. B. bei Nassau, in Baden, auch in den Alpen, ferner in Frankreich, Andalusien, Castilien und Dalmatien. — Rössler F. S. 175.

Rufaria, *Hb.* Taf. 39, Fig. 15. (Sch. Taf. 52, Fig. 30.) Nach *Rössler* und im Vergleich mit einer präparierten Raupe von Herrn Habich-Wien nur wenig nach dem Kopf verdünnt; nach dem neunten Ringe schwach eingeschnürt, gelbgrau. Rückenlinie weiß, scharf, von zwei dunklen Linien eingefaßt; neben derselben auf jedem Ringe je zwei schwärzliche unbestimmt gezeichnete, wie aus schwarzem Staub bestehende, sehr in die Augen fallende Fleckchen. Seitenstreif licht, der Raum über denselben mit schwarzem Staub angeflogen. Der Bauch mit heller Mittellinie von gewässerten schwärzlichen Längsstreifen begleitet. Kopf und Brustfüße dunkelbraun. Warzen sehr klein, auf den drei ersten Ringen größer. Lebt im Mai an Stellaria und andern niederen Pflanzen. Entwicklung im Juli. Mehr im südlichen Deutschland, in Frankreich, Italien, in der Schweiz, Rußland und Kleinasien. — v. Hornig, V. z. b. V. Wien 1852. 151. — Rössl. F. S. 174. Puppe gelbbraun mit dunklem seitlich gewulstetem knopfförmigem Cremanter, am Ende mit sechs Häkchen in Einer Reihe besetzt (Roghf.).

Consanguinaria, *Ld.* Raupe 1,8—1,9 cm lang, schlank, gegen den Kopf zu allmählich verjüngt, mit deutlicher Seitenkante, etwas flach gedrückt. Kopf oben zweispitzig, holzfarben, schwarz punktiert. Der Kopf, die Brust, und das Aftersegment sind mit einzelnen hellen Borsten besetzt. Rückenseite hellbräunlich holzfarben; ober der Seitenkante ein schwarzgrauer undeutlich begrenzter Längsstreifen, welcher sich auf den mittleren Segmenten öfters als dunkle Bestäubung nach oben ausbreitet und dann die helle Grundfarbe nur in Längsschildern freiläßt. Auf dem achten Segmente ist dieser Seitenstreif am schwächsten. Rückenlinie hell, auf den vier letzten Segmenten scharf schwarz gesäumt, auf dem Aftersegment in eine schwarze Spitze endigend. Warzen stark entwickelt, schwarz. Brustfüße schwärzlich, außen holzfarben geringt. Bauchfüße schwärzlich; Afterfüße außen hellbraun gewässert, letztere beide Fußpaare innen grünlich; Bauch schwärzlich mit kaum erkennbarer feiner, heller Mittellinie. Stigmen schwarz. Lebt an niederen Pflanzen, ist Ende September erwachsen und liefert in der Gefangenschaft den Schmetterling Ende Oktober und im November; im Freien überwintert wahrscheinlich die Raupe. (Hugo May sen. in Wien). Dalmatien, Italien, Süd-Ungarn, Griechenland und Kleinasien. — II. Jahresbericht des W. ent. V. 1891. p. 25.

Mediaria, *Hb.* (Sch. Taf. 52, Fig. 33.) Mäßig lang, nach vorne verdünnt, kaum gekielt an den Seiten, sehr faltig, dunkelgrau. Rückenlinie breit, braun. Die Stigmenlinie auf der Seitenkante ist kaum heller, als der Grund. Stigmen sehr klein, schwarz. Kopf klein, viereckig, vorn abgeplattet, mit einem braunen vertikalen Strich bezeichnet. An jeder Seite des zweiten und dritten Ringes ein brauner scharf ausgeprägter Fleck. Brustfüße mit schwarzen Spitzen, Bauch- und Afterfüße von der Körperfarbe. Lebt an Euphorbia spinosa, besonders von den Blüten, sie kommt im Juli aus dem Ei, überwintert und ist erst Anfang Juni erwachsen. Verpuppung in einem kleinen lichten Gespinst zwischen Pflanzenabfällen am Fuße der Futterpflanze. Puppe braun mit rötlichen Hinterleibsringen. Entwicklung Anfangs Juli. Im südlichen Frankreich, Andalusien, Piemont, Dalmatien, Sarepta und Kleinasien. — Mill. 82, Fig. 5 - 7.

Moniliata, *F.* Taf. 39, Fig. 16. (Sch. Taf. 53, Fig. 2.) Nach *Rössler* von Größe und Gestalt der Dilutaria, doch schlanker, in den Gelenken eingeschnürt, die letzten Ringe an Breite wenig abnehmend. Der an der Stirn eingekerbte Kopf, der erste und letzte Ring, sowie die sechs Brustfüße sind mit lichten Knopfhaaren besetzt. Die Grundfarbe gelbbraun oder schwärzlich. Die lichte, fast weiße Rückenlinie durch eine einfache Reihe feiner Knopfwarzen auf dem Kamm der Querfalten gebildet, die Seitenkanten ebenso besetzt. Kopf und die zwei vorletzten Ringe, auch die Halsringe dunkler braun, die Afterklappe und die vier mittleren Rauten in der Mitte fast weiß, von dunkel punktierten Linien eingefaßt. Vor dem Ende jedes Ringes in den Seitenlinien der Raute zwei dunkle Punkte, aus Knopfwarzen bestehend. Der Bauch schwärzlich mit einer leierförmigen Zeichnung auf jedem Ringe, die aus einem Mittelstrich und zwei S-förmigen Seitenstrichen besteht. Lebt im Frühjahr an niederen Pflanzen wie Vicia, Leontodon, Myosotis. Entwicklung im Juli; im südlichen und westlichen Deutschland, in der Schweiz, Südeuropa, Ungarn und Kleinasien. — Mill. 76. 10—12. — Rössler Seite 180.

Muricata, *Hufn.* (Auroraria, *Bkh.*) Nach *Rössl.* schlank, nach dem Kopfe zugespitzt, die letzten Ringe ziemlich gleich dick. Farbe ein mehr oder weniger blasses Zimmtrot; auf jedem Ring eine auf der Spitze stehende Raute, welche durch die doppelte Rückenlinie geteilt wird. Diese Zeichnung verlischt jedoch häufig, manchmal in dem Grade, daß nur zwei stärkere Punkte von der Rückenlinie in jedem Segment übrig bleiben. Auf den drei letzten Ringen ist aber die doppelte Mittellinie immer kräftig ausgedrückt. Lebt im Mai an niederen Pflanzen. Entwicklung im Juli bis August. Verbreitet in Europa, aber einzeln. — Wild. 365. — Rössl. F. S. 175. — Lyonet Mem. XIX. 429.

Dimidiata, *Hufn.* Taf. 39, Fig. 17. (Sch. Taf. 53, Fig. 4.) (Scutulata, *Bkh.*) Nach *Rössler* hat die Raupe die Gestalt und oft auch Zeichnungen wie die Raupen von Euphithecien, namentlich gleichen dunklere Stücke derjenigen von Castigata. Die Farbe wechselt von grüngrau bis schwärzlichbraun mit dunkleren Zeichnungen, die so sehr variieren, daß eine Beschreibung der Einzelheiten zwecklos wäre. Die Rückenlinie ist fein doppelt, bricht in der Mitte jeden Ringes ab, während die Nebenrückenlinien sich in nach hinten gerichtete Schrägsstriche verwandeln, welche dann meist die Spitze einer dunkleren Raute bilden. Der Bauch dunkler mit veränderlichen Zeichnungen. Bei einer präparierten, von Herrn Habich-Wien erhaltenen Raupe ist der Bauch hellgrau mit je einem starken schwärzlichen Strich an den Seiten jedes Ringes. Kopf blaßbraun, dunkelbraun getupft. Warzen ziemlich deutlich entwickelt mit starken Borsten, besonders auf den drei ersten, seitlich etwas aufgetriebenen Ringen. Lebt im Mai an feuchten Orten, Bachufern und in Gärten. Entwicklung im Juli. Ziemlich verbreitet, bis Finnland, Rußland, Kleinasien und Syrien. — Tr. 6. 2. 288. — Sepp. VI. 8. — Frr. 7. 100. Taf. 658. — Rössl. F. S. 176. — Newm. Br. M. 76.

Contiguaria, *Hb.* Taf. 39, Fig. 18. (Sch. Taf. 53, Fig. 9.) Nach *Rössler* am Rücken und Bauch etwas abgeplattet, die Seitenkante schwach, die beiden ersten Ringe etwas breiter; ihnen folgt eine Einschnürung, Farbe hell holz- fast fleischfarbig. Der Raum zwischen den Nebenlinien lichtbraun, in der Mitte des Ringes sich öfters erweiternd. Mittellinie fein; am Anfang und Ende jedes Ringes zwei feine Punktwarzen. Kopf licht, in der Mitte dunkel geteilt. Auf den zwei ersten Ringen der Raum zwischen den Nebenlinien nach Außen dunkel begrenzt, so daß er lichter als die Seiten erscheint. Bauch dunkelbraungrau gewässert. Die Raupe wird im Mai an Sedum album gefunden, gedeiht aber bei künstlicher Zucht viel besser mit Ampfer, Salat und Alsine media. Sie ist gegen Kälte empfindlich. Sehr vereinzelt in Europa, in Gebirgsgegenden und den französischen Alpen, wo sich der Schmetterling sehr versteckt unter Felsenvorsprüngen verborgen hält. — Mill. 143. 3—4. — Rössler F. p. 177.

Cervantaria, *Mill.* Die Raupe ist sehr gestreckt, gegen den Kopf zu stark verjüngt, querfaltig mit deutlicher Seitenkante; sie zeigt ein bleich thonfarbenes Aussehen mit sehr undeutlicher Zeichnung. Der kleine gleichfarbige Kopf ist vorne abgeplattet und durch eine ockergelbliche Linie geteilt. Die breite Rückenlinie tritt nur auf den vier bis fünf ersten Segmenten als bräunliche Längslinie deutlicher auf, und ist auf den übrigen Segmenten durch eine bleiche ockergelbliche, unterbrochene Längslinie angedeutet. Die helle Seitenlinie ist fein und undeutlich. Die Bauchseite ist dunkel schiefergrau mit heller Mittellinie. Die Bauchfüße von der Körperfarbe. Kopf und letzte Segmente sind fein beborstet. Die träge Raupe lebt in zwei Generationen auf niederen Pflanzen, namentlich Alyssum. Die Raupe der zweiten Generation überwintert. Flugzeit Mai und Juli; bei Barcelona und in Südfrankreich. — Mill. Jc. III. p. 195. Pl. 121, Fig. 1, 2 und 3.

Assellaria, *H.-S.* (Alyssumata, *Mill.* Jc. 121. 6—4.) (Sch. Taf. 53, Fig. 10). Raupe kurz, beiderseits verjüngt, sehr stark querrunzelig. Kopf klein, schwarzbraun. Körper dunkel erdgrau. Auf dem Rücken liegt zwischen den Einschnitten der mittleren Segmente eine Längsreihe rotgelber Flecken. Die Brustsegmente führen eine hellgelbe, die Aftersegmente eine feine schwarze Rückenlinie. Die scharfe Seitenkante ist abwechselnd schwarz und bräunlich bezeichnet. Bauchseite einfärbig dunkel. Lebt polyphag an niederen Pflanzen, überwintert Falter im Juni. Südtyrol, Wallis, Südfrankreich und Spanien. — Mill. An. S. Fr. 1885. Pl. 2, Fig. 4. — Auch die von Mill. Jc. 143, Fig. 9 gegebene Abbildung der Vesubiata-Raupe gehört nach Mitteilung des Herrn Amtsrichters Püngeler zu Asellaria (Dr. Rebel).

Vesubiata, *Mill.* Die Raupe ist 16—17 mm lang, ziemlich gestreckt, nach rückwärts erweitert, rotbraun; der kleine Kopf mit oben geteiltem Scheitel ist stark beborstet und gelb punktiert. Die drei Brustsegmente ebenfalls mit rauher, nach vorne gestrichener Beborstung, zeigen eine feine helle Dorsale. Das sechste bis neunte Segment hat am oberen Segmentrande zwei helle Punkte, welche aber am neunten Segment durch einen kurzen dicken, schwarzen Längsstrich getrennt sind. Die Seiten sind schwärzlich verdunkelt mit hellerem gelbbraunem Längsfleck auf jedem Segmente. Die Bauchseite rotbraun, in der Mitte heller. Lebt polyphag an niederen Pflanzen und überwintert als Raupe. Entwicklung im Mai. Seealpen (Südfrankreich). Die Abbildung der Vesubiata-Raupe bei Mill. Jc. 143, Fig. 9 gehört zu Asellaria. (Original-Beschreibung nach von Amtsrichter Püngeler erhaltenen Raupen durch Dr. Rebel).

Sodaliaria, *H.-S.* 1,3—1,5 cm lang, schlank, ziemlich flach gedrückt, mit deutlicher Seitenkante, gegen den Kopf verjüngt. Dieser ist am Scheitel tief eingeschnürt, gelblichbraun, dunkel gewässert, und ebenso wie das erste Brustsegment und das Aftersegment mit kurzen hellen Borsten besetzt. Körper rötlich holzfarben, die mittleren Segmente oben schwärzlich verdunkelt. Die Zeichnung besteht auf den vier ersten Segmenten nur aus einem feinen schwärzlichen Seitenstreifen (Subdorsalen); am fünften bis incl. achten Segment steht unmittelbar am vorderen Segmentrande ein sehr kräftiger schwarzer Mittelpunkt; oft ist in der erwähnten Verdunklung der mittleren Segmente eine rautenförmige Zeichnung mehr oder weniger deutlich erkennbar; die letzten Segmente zeigen eine helle, deutlich schwarz gesäumte Rückenlinie und ebensolche sehr feine Nebenrückenlinie. Die Seitenkante, das Bauchfußpaar und die Klammerfüße sind hellbräunlich. Brustfüße von der Körperfarbe, außen dunkel geringt. Bauch schwärzlichbraun, zeichnungslos, gegen die Mitte der Segmente und gegen die Klammerfüße bedeutend aufgehellt. Die Raupe gleicht in Gestalt und Zeichnung sehr der Acid. Virgularia, *Hb.* und deren Var. Canteneraria, *B.*, nur ist die Färbung viel rötlicher, niemals schmutziggrün, und der Bauch ist dunkler. — Lebt Ende Mai und im Juni an niederen Pflanzen, läßt sich mit welkem Salat aufziehen. Puppe 6,0 mm lang, hellbraun, auf der Bauchseite in regelmäßigen Querreihen schwarz gefleckt; die Ränder der Bauchringe mit sehr kurzen schwarzen Borsten besetzt; der braune Cremanter ist deutlich nabelförmig gestaltet; das Ende mit kurzen, an ihrer Spitze umgebogenen Borsten besetzt. (Hugo May sen., Wien). Falter im Mai, Juli und in dritter Generation Ende September. Krain, Dalmatien, Griechenland, Korsika und Katalonien. — II. Jahresb. des W. ent. V. 1891, p. 23.

Nexata, *Hb.* 1,7—1,8 cm lang, nach vorn sehr verdünnt, an den Seiten gekielt, einfarbig grünlichgelb. Rückenlinie rötlichbraun, doppelt. Nebenrückenlinien fehlen. Stigmenlinie hell, breit, gebogen. Stigmen oval, braun, sehr klein. Bauch blaßbläulichgrün mit einer ziemlich breiten aber undeutlichen grünen Linie. Kopf klein, viereckig, rötlich, ebenso der erste Ring und die Brustfüße; Bauchfüße von der Körperfarbe. Die Raupe verläßt das Ei im Mai, ist wahrscheinlich polyphag; von *Mill.* wurde sie mit Linaria origanifolia genährt. Verpuppung im Juni in einem leichten weißen Coccon. Die untersetzte Puppe ist gelb mit grünlichem Schein, rötlichen Fühlerdecken und Hinterleibseinschnitten. Die Hinterleibsspitze ist braun und mit mehreren kleinen Häkchen besetzt. Puppenruhe zwölf Tage. Entwicklung Ende Juni und August. Andalusien. — Mill. 57. 5—9.

Virgularia, *Hb.* (Incanaria, *Hb.*) Taf. 39, Fig. 20. (Sch. Taf. 53, Fig. 14). Raupe am Rücken und Bauch etwas abgeplattet, mit scharfer Seitenkante, nach vorne verschmälert; hinter dem zweiten Ring eine schwache Einschnürung. 2,5 cm. Kopf gelblich, an den Seiten mit je einer aus schwarzen Fleckchen bestehenden Längslinie, Fortsetzung der Stigmenlinie. Grundfarbe holzfarbig hellbraun. Rückenlinie undeutlich grau, vom zehnten Ring an scharf ausgeprägt, vom vierten bis neunten Ringe durch winklige Ausbiegung in der Mitte jedes Ringes eine mehr oder weniger deutliche Rautenzeichnung bildend. Stigmenlinie auf den drei ersten Ringen, sowie vom neunten bis zwölften schwärzlich, am neunten Ring stumpfwinklig nach abwärts gebogen; auf den mittleren Ringen ganz undeutlich. Luftlöcher ziemlich groß, schwarz. Bauch mit zwei undeutlichen abgesetzten doppelten, bräunlichen Seitenlinien. Füße von der Körperfarbe; am neunten Ring bis in die Hälfte der Bauchfüße ein tief schwarzer Längsstrich. Nackenschild nicht besonders gezeichnet. Afterklappe schmal, hinten abgestutzt, gelb mit schwarzen Wärzchen; Warzen deutlich, schwarz, weiß umrandet, besonders auch an der Seitenkante bemerkbar. (Nach einer präparierten Raupe von Dr. Staudinger). Puppe gelblich mit vier dunkelbraunen Rückenlinien, den Adern entlang fein braun gestriemten Flügelscheiden, knopfförmiger abgestutzter Afterspitze, an der Seite mit je ein, an der Spitze mit vier Häkchen (Rogenhofer). Lebt in Häusern und Holzstellen, wo Reisig, Holz- oder ähnliche trockene Pflanzenabfällen vorhanden sind, an denen die Raupen tief am Boden versteckt im Sommer ihre Nahrung finden. Verpuppung ebendaselbst. Der Schmetterling schwärmt abends im Mai und August oft in Menge um aufgehäuftes Reisig. — Tr. VI. 2. und Wild. 367. Angaben der Futterpflanzen alle falsch. — Rössl. F. S. 178. — Mill. 76, Fig. 13. 14. (var. Canteneraria Bd.)

Straminata, *Tr.* (Sch. Taf. 53, Fig. 15.) Das Ei violett weißgrau, die Raupe nach *Rössler* schlank, etwas nach vorn zugespitzt, rundlich, schwärzlich braungrau, auf jedem Ringe mit Ausnahme der beiden ersten und drei letzten, eine lichte, begrenzte, in die Länge gezogene Raute. Im Gelenkeinschnitt, wo die Spitzen zweier Rauten sich verbinden, beiderseits ein weißlicher Punkt. Die Raute auf dem neunten Ringe ist weißlich ausgefüllt; der Bauch schwärzlich. Lebt auf unbebauten trockenen, wenig bewachsenen Orten an Thymian (Thymus Serpyllum) und anderen Pflanzen und verwandelt sich in einem leichten Gespinste zu einer rötlichgrauen Puppe mit grünlichen Flügelscheiden und schwärzlichen Ringen. Entwicklung Anfangs Juli und August. — Tr. X. 2. 205. — Wild. 366. — Rössler Faun. S. 176. — Mill. 100. 10—11. — Porritt. Monthl. Mag. XI. p. 116. Jahrb. der Nass. V. für Naturkunde, Heft XII.

Subsericeata, *Hw.* Taf. 39, Fig. 21. (Sch. Taf. 52, Fig. 17.) (Pinguedinata, *Zell.*, Asbestaria, *Z.*, Oloraria, *Rössl.*) Schlank, nach vorn verschmächtigt, hinten breiter. 2,5 cm, rötlichgrau. Kopf bräunlich, dunkler gefleckt, etwas breiter als der erste Ring. Rückenlinie hellweißgelb, sehr fein schwarz eingefaßt, vom Nackenschild bis zur Afterklappe deutlich; an beiden Seiten dieser Mittellinie stehen vom vierten bis achten Ring incl. schwarze kurze, wenig schräge Striche und zwar in der hintern Hälfte jedes Ringes; am neunten Segment statt dieser Striche beiderseits je ein rundlicher, schwarzer, weißgelb gekernter Fleck. Stigmenlinie weißlich, breit, unbestimmt begrenzt, nach oben schwarzgrau gesäumt; am sechsten, siebten und achten Segment bildet diese dunkle Einfassung in der Mitte des Segmentes einen schwarzen Fleck. Luftlöcher klein, schwarz. Bauch weißgrau mit undeutlicher dunklerer Mittellinie und je einem schwarzen Fleck an den Seiten des vierten bis neunten Segmentes. Brustfüße blaßbraun, Bauchfüße von der Körperfarbe. Afterklappe stumpf dreieckig mit zwei sehr kleinen Spitzen nach hinten. Warzen klein, schwarz, an den drei ersten Segmenten mit besonders starken Borsten versehen. (Nach einer präparierten Raupe von Dr. Staudinger). Sehr veränderlich an Farbe und Zeichnung; manche Exemplare bleichgelb, ohne Zeichnung, andere mit langgezogenen nicht geschlossenen Rauten auf dem Rücken; die hintere Hälfte der Raute auf dem neunten Segment manchmal rein weiß; ein weißer Strich an den Bauchfüßen und eine am Ende ebenfalls weiße Rückenlinie. Nach *Mill.* ist die Raupe 2,6—2,8 cm lang, gestreckt, leicht abgeplattet, nach vorn verdünnt, in der Färbung sehr variierend, gewöhnlich dunkelrötlich; auf dem Rücken heller, bei manchen Exemplaren hier dunkelgrün; Kopf bräunlich; das dritte Paar der hellbraunen Brustfüße soll länger sein als die beiden ersten. Brustfüße, Kopf und die drei letzten Segmente reichlicher mit Härchen besetzt, als der übrige Körper. Warzen nur mittelst einer Lupe sichtbar. Stigmenlinie hell, gewellt, auf die Bauchfüße hinabziehend und da endend; auf dem achten Segment wird diese Linie breiter und rein weiß; der letzte Ring ist jederseits mit zwei feinen gelblichen Strichen gezeichnet, welche sich in einem dicken braunen Punkt auf der Mitte des neunten Ringes vereinigen. Stigmen sehr klein, schwarz. Auf dem Rücken jedes Ringes eine vorne offene Winkelzeichnung mit zwei kleinen braunen Punkten vor derselben, welche durch die feine doppelte Rückenlinie getrennt sind. Bauch graulichweiß, nach dem Kopfe zu mehr grünlich. Puppe 10 mm lang, dunkelweinbraun, glänzend; Flügeldecken dunkelgrün mit durchscheinenden Rippen; Afterende mit zwei sehr feinen nebeneinander stehenden Spitzen. Stigmen sehr deutlich, heller. Lebt an Wegerich, zieht aber welken Salat und Alsine media allem anderen vor. Entwicklung Ende Mai und Ende Juli; an südlichen Bergabhängen im südlichen Deutschland, England und Kleinasien. — Mill. An. Soc. Lin. III. 1856, S. 523. — Crewe, Zool. 1863. 873. — Rössl. F. S. 177. — Jahrb. d. V. f. Naturk. in Nassau, Heft XII (Oloraria).

Mancuniata, *Knaggs.* 3/4 Zoll lang, nach vorn dünner werdend, runzelich mit zerstreuten kurzen Härchen. Kopf graubraun mit einer dunkelbraunen Linie auf jeder Hemisphäre. Körper blaß, rötlichgrau. Rückenlinie kaum blasser, sehr dünn, beiderseits von einer breiten braunen Linie gesäumt, welche sich auf jedem Segment allmählich erweitert und nahe dem hinteren Rande desselben sich wieder zusammenzieht; an dem breitesten Teil der so entstandenen Zeichnung steht außen beiderseits ein ziemlich großer schwärzlichbrauner Flecken. Nebenlinien graubraun, sehr fein, doppelt, mit einem schwärzlichbraunem ovalen Flecken, ungefähr an derselben Stelle wie der Flecken neben der Rückenlinie. Stigmenlinie schwarzbraun, erst vom zehnten bis dreizehnten Segment erscheinend; die vier letzten Segmente sind blässer als die andern, die Rückenlinie ist auf ihnen nur schmal braun gesäumt, die Nebenlinie ohne dunkle Flecken, mit Ausnahme einer leichten Andeutung auf dem zehnten Segment. Lebensweise wie bei Subsericeata, von welcher sie vielleicht nicht spezifisch verschieden ist. England. — Knaggs, Month. Mag. II. p. 130. 184. — An. 1866. p. 144; 1867. 134; 1868. 102; 1870. 134.

Laevigaria, *Hb.* Taf. 39, Fig. 19. (Sch. Taf. 53, Fig. 18.) Nach *Rössler* etwas schlanker als Humiliata, licht gelbgrau, ins grünliche fallend, durchscheinend. Rückenlinie fein weiß, dunkel gesäumt. Zu Anfang jedes Ringes am Einschnitt ein gelblichweißer erhabener Punkt, von dem zwei helle feine Linien nach beiden Seiten in schiefer Richtung nach hinten ausgehen. In der Mitte jeden Ringes in der Rückenlinie ein feiner heller Punkt. Auf dem stärksten Ringe ein T-Zeichen. Lebt in zwei Generationen von altem trockenem Laub, Salat, Moos. Entwicklung im Juni bis August. In Europa nicht häufig; um dichte Hecken fliegend. — Tr. 6. 2. 291. — Sepp. VI. 14. — Mill. 64. 1—3. — Rössl. S. 180.

Incarnaria, *H.-S.* (Sch. Taf. 53, Fig. 27.) Ei gelblich, an der Spitze purpurfarbig. Raupe in der Jugend dünn, cylindrisch, lehmgelb, in der Mitte purpurfarbig geringelt, Kopf schwarz. Erwachsen kurz und ziemlich dick, blaßbraun, am Bauche dunkelfleischfarbig. Kopf und Füße lehmgelb. Rückenlinie fein, weißlich. Stigmenlinie nur angedeutet durch einen feinen, doppelten, dunkelpurpurroten Rand. Lebt in zwei Generationen im Herbst und ersten Frühjahr, sowie im Juni und Juli, polyphag an niederen Pflanzen, Genista, Geranium, Trifolium etc. Verpuppung zwischen trockenen Blättern. Entwicklung im Mai, Juni und wieder im September. Südliches Krain und Süd-Europa. — Mill. An. Fr. 1886. pl. 1, Fig. 8—9.

Obsoletaria, *Rbr.* Ei länglich, kanneliert, wachsweiß, 24 Stunden vor dem Ausschlupfen matt dunkelgrün. Die eben ausgeschlüpfte Raupe ist weißlich mit mehreren Längslinien und mit dickem, braunem Kopf. Die erwachsene Raupe ist kurz, nach vorne sehr verdünnt, quer gefaltet, runzelig, grob genarbt, seitlich gekielt. Grundfarbe gelblich oder grünlichgelb, am Rücken meergrün, vorn und hinten leicht bläulich überhaucht. Auf dem Rücken jedes Segmentes findet sich eine birnförmige hellere Zeichnung. Die Rücken- und Nebenrückenlinien sind nur auf den drei ersten Ringen deutlich, und zwar ist die erstere breit und dunkelgrün. Die Stigmenlinie auf dem Kiel ist auf dem fünften, sechsten, siebten und achten Segment unten mit einem dicken dunklen Punkt bezeichnet. Stigmen außerordentlich klein. Afterklappe sehr klein. Bauch bläulich mit hieroglyphenartigen Zeichnungen. Kopf klein, dreieckig, dunkelrötlich und wie das erste Segment mit zahlreichen kurzen, weißlichen, nur bei Vergrößerung sichtbaren Haaren bedeckt. Die zehn Füße sind von der Körperfarbe, ebenso die Warzen. Sehr träge, lebt im Herbst und nach der Überwinterung im Mai polyphag an niederen Pflanzen. Verpuppung Ende Juni. Entwicklung in der zweiten Hälfte des Juli. Nur eine Generation.

Südöstliches Deutschland, Frankreich, Korsika, Katalonien, Andalusien, Ungarn, Dalmatien, Griechenland. — Mill. 76. 4—6. n. var. — Helianthemata Mill. Jc. 118. 6—9; 121. 12—15.

Ostrinaria, *Hb.* (Sch. Taf. 53, Fig. 28.) Ei länglich, körnig, gelbweiß, später fleischfarbig, an der Spitze rötlich. Raupe nach dem Ausschlüpfen gestreckt, weißlich; nach drei Wochen etwa zu ⅓ ihrer Größe herangewachsen, zeigt sie sich mit zerstreuten ziemlich ziemlich langen, sehr feinen, weißlichen, an der Spitze umgebogenen und nach vorn gerichteten Haaren besetzt, welche von dem Blütenstaub der Futterpflanze bedeckt, die Raupe fast unkenntlich machen. Vor der Überwinterung, d. h. halbgewachsen, dunkelbraun, fast schwarz mit hellen Rückenflecken. Erwachsen (Mai) ist die Raupe kurz, seitlich gekielt, nach vorn verschmächtigt, sehr runzelig. Die Haare, welche von schwarz eingefaßten Warzen entspringen, sind immer noch lang, aber nicht mehr so auffallend als früher. Von den gewöhnlichen Linien ist nur die Stigmenlinie, etwas heller als die Grundfarbe, vorhanden. Die Einschnitte des sechsten, siebten und achten Segmentes sind auf dem Rücken mit einem dicken länglichen, weißen, schwarz umrandeten Punkt gezeichnet, welcher sich auf dem achten Segment zu einem weißen herzförmigen Fleck mit braunem Mittelpunkt entwickelt. Bauch einfarbig mit einer hellen, undeutlichen Raute auf jedem Ring. Kopf klein, einfarbig, oben blaßgelb, sonst rötlichbraun; die einziehbaren Brustfüße von der Körperfarbe. Stigmen klein, weiß, schwarz eingefaßt. Lebt im September und nach der Überwinterung im Mai an Compositen, nelkenartigen Pflanzen, Heliotrop, Weiden, Glockenblumen, Heidekraut etc. und hält sich an dicken Stengeln, im Innern der Blüten oder zwischen Blättern verborgen. Verpuppung im Moos Ende Mai. Entwicklung Mitte Juni. Südfrankreich, Catalonien, Andalusien, Sicilien, Balkanhalbinsel. — Mill. 100. Fig. 1—2.

Circuitaria, *Hb.* (Sch. Taf. 53, Fig. 29.) Raupe dünn, nach vorn verschmächtigt, an den Seiten gekielt, mit tief gespaltenem Kopf und zwei Spitzen auf dem ersten Ring, erdfarben. Rückenlinie fein, braun; Nebenrückenlinien breit, braun, weit unterbrochen; Stigmenlinien fein, hell, unterbrochen. Stigmen sehr klein, schwarz, weiß eingefaßt. Die Afterklappe endet in eine kurze Spitze. Füße einfarbig, die vorderen sowie die hinteren Paare einander sehr nahe gerückt; rollt sich bei der leisesten Berührung spiralförmig zusammen. Lebt nach der Überwinterung im Mai und Juni polyphag an Osyris, Clematis etc., verdorrte Blätter vorziehend, selbst halbtrockne Rinde von Himbeersträuchern nicht verschmähend. Verpuppung Ende Juni oder Anfangs Juli zwischen zusammengesponnenen Blättern. Puppe lehmgelb, am Scheitel braun gefleckt. Entwicklung nach vierzehn Tagen. Südwestliches Europa, Italien, Dalmatien. — Mill. 105, Taf. 23—27.

Herbariata, *F.* (Sch. Taf. 53, Fig. 30). (Pusillaria, *Hb.*, Microsaria, *Bd.*) Das Ei wird im Juni gelegt, ist rundlich, gelblich, später hell lachsfarbig, überall regelmäßig punktiert, auf trocknen Pflanzenteilen festgeklebt. Ende Juli wird es glänzend bronzefarben und anfangs August schlüpfen die Räupchen aus. Die erwachsene Raupe (Anfangs April) ist 1,2—1,5 cm lang, gedrungen, nach vorn dünner werdend, querfaltig; die ohne Lupe nicht sichtbaren schwarzen Wärzchen sitzen auf kleinen halbkugeligen Erhöhungen der Haut und tragen sehr kurze steife Haare, welche bei 80facher Vergrößerung eine keulenförmige Gestalt zeigen. Grundfarbe mehr oder weniger dunkelbraun, gelblich oder grünlich; Kopf klein, goldgelb oder rötlich, schwarz begrenzt. Nackenschild aus zwei kleinen, braunen, schwarz eingefaßten Flecken bestehend; Rückenlinie schwarz, vom vierten bis achten Segment doppelt; Nebenrückenlinie und Stigmenlinie gleichfalls schwarz. Stigmen schwarz, sehr klein; auf dem neunten und zehnten Segment bilden die Nebenrückenlinien mit der Rückenlinie eine leierförmige Zeichnung, besonders deutlich auf dem zehnten Segment. Elftes und zwölftes Segment ohne alle Zeichnung, sehr hellgrau. Bauch hellgrau, überall mit sehr kurzen schwarzen Längsstrichen besetzt, welche jedoch keine zusammenhängenden Linien bilden. Brustfüße von der Farbe des Kopfes, Bauchfüße mit dem Bauch gleichfarbig. Nach dem Verlassen des Eies ist das Räupchen gelblich ohne alle Zeichnung, mit schwarzem Kopf; nach der ersten Häutung zeigt sich die Rückenlinie als ein weinroter Streifen; nach der zweiten Häutung ist die Rückenlinie doppelt, Nebenrückenlinie und Stigmenlinie sind vorhanden, alle weinrot; einige rötliche Flecken an den Seiten; nach der dritten Häutung werden die Zeichnungen schwarz, die doppelte Rückenlinie ist auf jedem Segment winklig nach außen gebogen, wodurch rautenförmige Figuren entstehen. Afterklappe mit schwarzen Punkten und kurzen Haaren versehen. (Beschreibung nach Heylaerts und präparierter Raupe von Dr. Staudinger). Lebt von August bis Mai des nächsten Jahres von allen möglichen trockenen Pflanzenteilen, Gräsern etc. *Gartner* fand sie einmal zahlreich in einem Herbarium. Verpuppung Mitte Mai in einem sehr leichten Gespinst. Puppe kastanienbraun, glänzend, an der Spitze mit einigen Häkchen und gebogenen Haaren. Entwicklung von Mitte Juni bis Mitte Juli; nur eine Generation. Südliches und östliches Deutschland, Ungarn, Schweiz, Frankreich, England, Castilien, Italien, Balkanhalbinsel. — Gartner, Fauna von Brünn, S. 27. — Heylaerts Ann. Soc. ent. Belg. 1878. — Sorhagen, Berl. ent. Z. 1881, p. 17. — Fischer von Rössl. Taf. 61, Fig. a—g.

Calunctaria, *Stgr.* (Sch. Taf. 53, Fig. 31.) (Doryeniata, *Bell.*) Ziemlich lang gestreckt, auf dem Rücken abgeflacht, an den Seiten gekielt; Kopf zweispaltig, d. h. die beiden Hemisphären oben höckerartig verlängert. Körper mit einzelnen kurzen, steifen Haaren besetzt. Färbung variierend zwischen Rötlichgrau und einem mehr weniger dunklen Erdgrau; auf dem Rücken eine Reihe pfeilförmiger schwärzlicher Striche (Reste der Rücken- und der Nebenrückenlinie), welche aber auch oft fehlen. Bauch gewöhnlich dunkelgrau. Lebt im Frühjahr an Doryenium an unfruchtbaren, sehr heißen Orten. Verpuppung in einer leichten Hülle an der

Oberfläche der Erde oder niederen Ästen der Futterpflanze. Puppe hellbraun, auf den Bauchringen mit vier Reihen schwärzlicher Punkte gezeichnet, Afterspitze mit fünf kleinen Häkchen besetzt. Entwicklung im Mai, dann Juni und August, manchmal auch noch im Oktober (wahrscheinlich drei Generationen). Andalusien, Katalonien, Südfrankreich. Die Var. Valesiaria Püngeler bei Zermatt im Juli. — A. s. Fr. 1862. p. 128, Pl. I, Fig. 4.

Consolidata, *Led.* 1,5 cm lang, ziemlich gedrungen; gegen den Kopf zu etwas verjüngt, querrunzelig, mit scharfer Seitenkante, mit einzeln kurzen gelben dicken Borsten besetzt, besonders am Kopf, sowie den ersten und letzten Segmenten. Kopf dunkelbraun, am Scheitel etwas eingeschnürt, die Innenränder der Hemisphären gelb gesäumt. Körper grünlich schwarzbraun; auf dem Rücken des fünften bis achten Segmentes je ein kurzer, etwas erhabener weißgelber Querwulst in der Nähe des vorderen Segmentrandes. An den beiden seitlichen Enden dieses Querwulstes steht ein Paar sehr kleiner schwarzer Wärzchen und ein zweites Paar ebensolcher Wärzchen in der Nähe des hinteren Segmentrandes. Auf den heller gefärbten letzten Segmenten (neun, zehn und elf) stehen die zwei Warzenpaare auf gelblichen Erhöhungen und rücken auf jedem folgenden Ring immer näher zusammen; auf dem letzten (zwölften) Ring stehen die vier Warzen in einer Querreihe. Afterklappe klein, schwarz, mit einem gelben Mittelstrich. An den Seiten stehen um die sehr kleinen, braunen Stigmen mehrere feine schwarze Wärzchen, von welchen je eine auf dem fünften bis achten Segment auf einem gelblichen runden erhabenen Fleck sich befindet; auf den letzten Segmenten sind auch an den Seiten die Warzen größer, gelblich und etwas erhaben. Bauch zwischen den Brust- und den hinteren Füßen hellgrünlich; erstere sind braun, letztere hellgrünlich, außen schwarz gefleckt. (Nach einer von Herrn May, Wien erhaltenen präparierten Raupe). Lebt in zwei Generationen an niederen Pflanzen. Entwicklung Juni und September. Puppe 6—7 mm lang, hellbraun, der dunkle Cremanter mit ganz kurzer, stumpfer Spitze, mit sehr kleinen hakenförmigen Borsten. Dalmatien, Griechenland, Kleinasien (Brussa). — II. Jahresb. d. W. e. V. 1891, p. 24.

Elongaria, *Rbr.* (Pecharia, *Stgr.*) (Sch. Taf. 53, Fig. 32.) Die Raupe (der Var. Zephyrata, *Mill.*) ist ziemlich gestreckt, querfaltig mit deutlicher Seitenkante. Der kleine, bräunliche Kopf ist vorn abgeplattet. Die Färbung des Körpers ist hell bräunlich mit unterbrochener weißlicher Dorsallinie und breitem weißlichem Seitenstreif. Die Stigmen sind schwarz. Am dritten, vierten und fünften Segment liegt oberhalb des Stigma ein deutlicher Punkt. Die Raupe lebt polyphag an niederen Pflanzen in zwei Generationen im Juli und September. Flugzeit Juni und August. — Mill. Jc. III. pag. 468, Pl. 132, Fig. 1, 2. — In Südeuropa weit verbreitet. Hierher gehören als bräunlich verdunkelte Varietät: Pecharia, Stgr. aus Ungarn, Sarepta und Central-Asien; und als weißliche Varietät: Zephyrata, Mill. aus Südfrankreich. — Var. Zephyrata Mill. Jc. 132. 1—8.

Bisetata, *Hfn.* (Sch. Taf. 53, Fig. 33). Nach *Rössler* rundlich, schlank, nach dem Kopfe zu etwas verdünnt, erdfarbig graubraun ohne Zeichnung, nur die schwachen Seitenkanten etwas lichter. Am Anfang und Ende eines jeden Ringes auf dem Rücken je zwei spitze lichtere Wärzchen. Lebt sowohl an trockenen Waldstellen, als am Ufer der Waldbäche in zwei Generationen an niederen Pflanzen. Entwicklung im Juli. Verbreitet fast in ganz Europa und Kleinasien. — Wild. 367. — Rössler F. S. 176. — Hellins. M. M. V. p. 37.

Trigeminata, *Hw.* (Sch. Taf. 53, Fig. 34.) Die Raupe nach *Rössler* von Gestalt der Moniliata. Die drei letzten Segmente mehr als gewöhnlich verkürzt, (scheinbar zusammengeschoben), mit starken, auch dem freien Auge sichtbaren Haaren besetzt, gelbbraun; Dorsale weißlich, durch die schwärzlichen Zeichnungen vielfach unterbrochen. Diese bestehen auf jedem Segmente in zwei mit der Spitze nach dem Kopf gerichteten Winkeln, von denen der erste mit den Schenkeln in die Seiteneinschnitte verläuft, der zweite in den vorigen geschoben, je zur Hälfte auf zwei Segmenten steht. Zwischen den Schenkeln der Winkel auf dem neunten und zehnten Segmente liegt ein blütenweißer Fleck. Kopf dunkelbraun. Der Bauch in der Mitte heller, zeigt unregelmäßige Wellenlinien. An niederen Pflanzen, mit Polygonum aviculare zu erziehen. Entwicklung im Juni. In Central- und Südeuropa verbreitet, aber selten. — Rössler, Schuppfl. p. 176. — Buckler Month. Mag. VIII, p. 22.

Belemiata, *Mill.* Ei sphärisch, wachsgelb. Raupe ziemlich kurz, in der Mitte verdickt, nach vorn und hinten etwas dünner, seitlich gekielt. Kopf klein, kugelig, dunkelbraun. Körper fleischfarbig mit feiner Rückenlinie; auf jedem der mittleren Ringe zeigt sich ein pfeilförmiger, weinroter, undeutlicher Flecken. Nebenrückenlinie fein, schmal. Stigmenlinien heller als die Grundfarbe. Lebt von Mitte Juli bis in April des nächsten Jahres an den Blütenblättern verschiedener niederer Pflanzen. Verpuppung wie bei den verwandten Arten. Entwicklung im Juni, Juli. Katalonien. — Mill. 113, Fig. 12—13.

Politata, *Hb.* (Sch. Taf. 53, Fig. 35.) Ziemlich kurz, nach vorn verdünnt, seitlich gekielt, stark querfaltig, blaßmeergrün; bei manchen sind die Segmente sieben und acht fleischfarbig, gelblich oder bläulich überhaucht. Rückenlinie doppelt, auf den Ringeinschnitten unterbrochen, undeutlich. Nebenrückenlinien fehlen. Stigmenlinie breit, heller als die Grundfarbe. Warzen braun; von den auf dem Rücken, wie gewöhnlich im Viereck stehenden Warzen sind vom sechsten bis neunten Ring incl., die zwei hinteren des einen Segmentes mit den zwei vorderen des nächstfolgenden durch dunkle, in der Mitte der Ringeinschnitte sich kreuzende Striche verbunden. Unter der Stigmenlinie steht auf jedem der mittleren Segmente ein ziemlich dicker brauner Punkt. Stigmen sehr klein. Kopf klein, dreieckig und braun. Bauch fast bläulich, in der Mitte mit einem doppelten, zackigen, hellen Streifen; Brustfüße grünlich mit schwarzen Spitzen; Bauch- und

Afterfüße fleischfarbig, auf jeder Seite mit einem bräunlichen Strich gezeichnet. Nach dem Ausschlüpfen ist das Räupchen blaßgelb, fast durchsichtig, mit dunklem Kopf; erst nach der dritten Häutung wird es meergrün. Lebt von Anfang Juli bis Ende April des nächsten Jahres frei an verschiedenen niederen Pflanzen. In der Ruhe hält sie sich halbkreisförmig gebogen. Verpuppung im Mai oder Anfangs Juni. Puppe gestreckt, mit etwas vorstehenden Flügeldecken, rötlichgelb, an Kopf und After bräunlich; letzterer stumpf; vor ihm steht ein dunkler körniger Wulst, welcher in eine scharfe, mit hakenförmig gebogenen Haaren umgebene Spitze endigt. Entwicklung nach 20—25 Tagen. Ende Juni. Krain und ganz Südeuropa. — Mill. 76, Fig. 7—9.

Filicata, *Hb.* (Sch. Taf. 53, Fig. 36.) 1,3 cm lang, nach vorn bedeutend dünner, an Gestalt der Rusticata, *F.* sehr ähnlich; die Haut ist stark querfaltig und warzig, dicht chagriniert; doch sind diese warzigen Unebenheiten viel schwächer als bei Rusticata. Körperfarbe schmutziggrün (an der präparierten Raupe rötlichgrün), heller als bei Rusticata. Kopf hellbraun, bei Rusticata schwarzbraun; Nackenschild etwas dunkler braun, schmal, in der Mitte von einer hellen Linie geteilt, an den Seiten mit feinen schwarzen Tupfen. Von einer Rückenlinie ist an der präparierten Raupe nichts zu bemerken; nur am vorderen Rand des sechsten, siebten und achten Segmentes steht in der Mitte ein unbestimmter gelblicher Fleck. Nebenrückenlinie rötlichbraun, undeutlich; Stigmenlinie deutlicher, gelblich, besonders auf den letzten Segmenten in der Mitte derselben etwas erweitert. Sämtliche Linien sind durch die grauen Zwischenräume der Querfalten unterbrochen und sehen daher wie Fleckenreihen aus. Bauch unbezeichnet. Brustfüße braun, Bauchfüße hellgrau. Die Raupe ist mit einzeln stehenden, nur am Kopf und den drei ersten Segmenten zahlreicheren kurzen dicken Härchen besetzt, welche bei Vergrößerung keulenförmige Gestalt zeigen. (Nach einer präparierten Raupe von Dr. Staudinger und brieflicher Mitteilung von Dr. Rebel). Lebt im Sommer und Spätherbst an den Blüten von Dianthus, Veronica anagallis und an deren niederen Pflanzen. Die Raupen der zweiten Generation überwintern (Gartner). Südeuropa, Steiermark, bei Brünn, in Ungarn, Kleinasien. Entwicklung im Juni und September.

Rusticata, *F.* Taf. 39, Fig. 22. (Sch. Taf. 53, Fig. 37.) Nach *Millières* Abbildung ist die Raupe bedeutend schlanker als Dilutaria, querfaltig, wenig gekielt, nach vorn sehr verdünnt. In der Jugend gelblichgrün, nach der zweiten Häutung braun, erwachsen dunkelbraun. Rückenlinie fein, unterbrochen, dunkelweinrot. Nebenrückenlinien von derselben Farbe, aber breit und ununterbrochen. Stigmenlinie schmal. Stigmen sehr klein, braun eingefaßt. Bauch fast weißlich mit dreieckiger schwärzlicher Zeichnung auf dem fünften bis achten Segment. Füße dunkelgrünlich. Kopf sehr klein, kugelig. Nach *Rössler* ist sie der Dilutaria fast gleich, der Kopf ist aber schwarz, sehr klein, und der neunte Ring weniger auffallend licht gefärbt. Die Zeichnung der einzelnen Exemplare ist sehr verschieden, bald tragen sie scharfgezeichnete Rauten auf den vier mittleren Ringen, bald sind sie mit Ausnahme der Rückenlinie zeichnungslos. Leben an sonnigen Berglehnen, in manchen Gegenden Europas häufig in alten Hecken, wo sie sich wahrscheinlich von dem Moos derselben ernähren. Zwei Generationen, im Herbst und Frühjahr, dann wieder im August. Verpuppung ohne Hülle an Moos. Entwicklung im Juli und September. — Sepp. II. Ser. III. 18. Mill. 64. 4—6. — Rössl. F. S. 179.

Robiginata, *Stgr.* Die kurze dicke Raupe mit sehr scharfer Seitenkante und dickem, herzförmigem, dunklen Kopf zeigt eine bräunliche Körperfärbung und als Zeichnung drei helle Längsbänder. Sie ist polyphag an niederen Pflanzen und überwintert. Alt-Kastilien. Nur eine Generation. Falter im Juli. Mill. Ann. S. Fr. 1885. Pl. 2, Fig. 2. a. b.

Humiliata, *Hufn.* Taf. 39, Fig. 23. (Sch. Taf. 53, Fig. 38.) Nach *Rössler* nach vorn zugespitzt, in der Art, daß vom neunten Ringe an jeder vorhergehende am vorderen Einschnitt schmäler ist als am hinteren, dabei aber jeder vorhergehende Ring mit einer breiteren Basis endigt, als der folgende beginnt. Nach dem neunten Ringe folgt eine stärkere Einschnürung nach welcher der Körper sich bis zum Ende zuspitzt. Auf der Seitenkante und an den beiden Seiten der Rückenlinie stehen in gleichen Entfernungen an den Querfalten gereiht, kleine, runde, warzenartige Erhöhungen, wie kleine Sandkörner, auf denen ein kleines, oben mit einem Knöpfchen endigendes Haar steht. Diese Erhöhungen bilden Nebenlinien, welche nicht mit der Rückenlinie; sondern mit den Seitenkanten der Ringe parallel laufen, sich daher am vorderen Ende nähern, am hintern von einander entfernen. Die Rückenlinie besteht aus Erhöhungen gleicher Art, von denen aber nur zwei bis drei am Anfang jedes Ringes die Größe derjenigen der Seitenkante erreichen. Der Kopf ist dunkelbraun, ebenfalls mit solchen Härchen besetzt. Deutliche Zeichnungen sind nicht vorhanden, außer auf dem Bauch ein dunkler Fleck beiderseits auf der Mitte jedes Ringes und der dunkleren Farbe zwischen den die Rückenlinie begleitenden Punktreihen auf den drei letzten Ringen. Lebt an trockenen, unbebauten Orten, besonders um Hauhechel, Ononis spinosa. Verbreitet im Mai und Juni, mehr im südlichen Europa, Kleinasien und Nordafrika. Entwicklung im Juli, August. — Mill. 64. 7. 10. — Rössl. F. S. 180.

Dilutaria, *Hb.* Taf. 39, Fig. 24. (Sch. Taf. 53, Fig. 39.) (Interjectaria, *B.*) Nach *Rössler* breit, kurz, nach dem Kopfe zu steil zugespitzt und ebenso vom neunten Ringe an nach hinten. Bauch etwas abgeplattet; stark hervorstehende Seitenkante. Auf den parallelen Querfalten stehen in regelmäßiger Entfernung von einander kleine spitze Wärzchen und auf diesen, besonders sichtlich auf den drei ersten Ringen kurze Härchen. Diese meist hellen gefärbten Knopfwärzchen bilden die Zeichnungen der Rückenfläche, nämlich auf jedem Ringe neben der wenig ins Auge fallenden hellen Mittellinie zwei fast parallele nach hinten auseinander gehende Striche, ferner eine helle, in den Gelenkeinschnitten dunkel unterbrochene Bezeichnung der Seitenkante. In der Mittellinie am Ende jedes Ringes ein lichter und zu beiden Seiten derselben je ein dunkler Punkt. Der neunte, breiteste Ring ist in der Mitte weißlichgelb, abstechend gegen die übrige dunkel holzfarbige Fläche; die Rautenflecke am vorderen oberen Rand der Segmente stehend, kaum angedeutet, die drei letzten Ringe lichter. Kopf braun, schwarz gefleckt. Die auf den Wärzchen stehenden Borsten sind bei starker Vergrößerung keulen- oder becherförmig (nach einer präparierten Raupe von *Habich*-Wien). Leben in alten Hecken, fast in ganz Europa, manchmal häufig am Moos der Sträucher. Entwicklung Ende Juli. — Mill. 64. 11—14. Rössl. F. S. 179. — Ent. Month. Mag. V. 95.

Holosericata, *Dup.* (Sch. Taf. 54, Fig. 1.) Nach *Rössler* kurz und breit; die doppelte Rückenlinie und Seitenkante mit hellen kugelförmigen, mit einem Stiele aufsitzenden Wärzchen dicht besetzt. Kopf, Seiten und letzter Ring tragen Haare, welche an der Spitze mit weißen runden Knöpfchen besetzt sind. Zwischen je zwei Ringen ein dunkler gefärbter, eingeschnürter Gürtel ohne Haare und Knöpfe. Der kleine Kopf und die Brustfüße dunkelbraun. Die vorderen Ringe sind dunkelrotbraun, die hinteren mehr gelbweiß. Auf den letzten Ringen zeigt sich auf hellem Grunde die doppelte Rückenlinie dunkel. An den gegenüberliegenden Enden des letzten dunkel, und des ersten hell gefärbten Ringes steht, durch dunkle Punktwarzen gebildet, die Figur :·:. Am Ende des folgenden Ringes zwei gleiche Punkte neben einander. Bauch lichter, graugrün. Leben in manchen Gegenden Europas ganz gemein, in manchen selten, in alten Hecken, und nähren sich vom Moose derselben. — Rössl. F. S. 178. — Hellins Month. Mag. V, pag. 95.

Nitidata, *H.-S.* 2 cm lang, von gedrungener, kräftiger Gestalt, etwas platt gedrückt, mit kantigen Seiten, verjüngt sich nach vorn. Die ersten Segmente zeigen eine ringförmige wulstige Erhöhung; die fünf mittleren Segmente sind besonders stark abgesetzt (eingeschnürt), wie dies bei einer ganzen Gruppe der Acidalien-Raupen, z. B. bei Suffusata, *Tr.*, der Fall ist; jedes dieser fünf Segmente endet an der Basis breiter, als es begonnen hat und erscheint an dieser auch breiter, als das vorhergehende Segment. Die zwei letzten Segmente sind wieder bedeutend schmäler, die Afterklappe ist dreieckig. Der geteilte Kopf und das Nackenschild sind rotbraun, die Freßwerkzeuge schwarz. Die Grundfarbe der Raupe ist graubraun; auf jedem der mittleren Segmente zeigt sich eine rautenförmige Zeichnung, welche durch die schwarz eingefaßte Mittellinie geteilt wird; letztere tritt besonders auf beiden letzten Segmenten deutlich hervor. Vor dieser rautenförmigen Zeichnung stehen am Anfang eines jeden Segmentes zwei deutliche schwarze Punkte; das neunte breiteste Segment, sowie das zehnte und elfte sind lichter gelblich gefärbt. Die Raupe ist querfaltig, mit kleinen Warzen besetzt, auf welchen nur mit der Lupe sichtbare Härchen stehen; zwei dieser Warzen an den Kanten der fünf mittleren Ringe treten besonders hervor. Die Seiten sind hell, die dunkel gefärbte Bauchseite ist durch helle Längslinien gewässert. Die Raupe überwintert, läßt sich mit Salat leicht aufziehen. Entwicklung im Juni. Bei Wien, Graz, Triest, in Slavonien, Ungarn. — Hugo May, I. Jahresb. d. W. e. V. f. 1890. p. 25.

Circellata, *Gn.* Etwa $3/4$ (engl.) Zoll lang, dünn, gegen den Kopf zu verschmächtigt, ziemlich abgeplattet. Kopf klein und gekerbt am Scheitel; Haut sehr runzelig; Färbung blaßgrau oder gelbgrau, unten dunkler grau. Rückenlinie und Stigmenlinien sehr fein und weißlich; Nebenrückenlinien dunkelschwärzlichgrau; bis zum fünften Segment ist die Dorsallinie von feinen schwarzen Linien eingefaßt; vom sechsten bis neunten Segment zeigen sich schwarze kreuzförmige Zeichnungen, deren Mittelpunkt in den Ringeinschnitten liegt; hinter den Kreuzen liegen auf jedem Segment ein Paar schwärzlicher Punkte oder Flecken (Warzen?). Das neunte Segment ist am blassesten; die drei hinteren sind viel dunkler. Alle Linien sind scharf gezeichnet. Lebt im Juli und August an Polygonum aviculare. Verpuppung in einem leichten Gespinst aus Erdkörnchen oder zwischen Blättern. Puppe schlank, endigt sehr stumpf mit drei kleinen hornigen Warzen. Farbe rötlichbraun, die Ränder der Flügeldecken heller. Entwicklung im September. Manchmal kommen zwei Generationen vor. England. — Hellins An. 1866. p. 164.

Agrostemmata, *Gn.* 1. p. 512. Raupe in den Kapseln von Agrostemma dioica.

Bilinearia, *Fuchs.* (Degeneraria, *Hb.*, abr. Rubraria, *Stgr.* Cat.) Raupe von der Gestalt der Degeneraria, wenig größer und kräftiger als diese. 1,9—2,0 cm. Grau oder gelblichgrau, auf dem Rücken bis zu $2/3$ der Körperlänge braun, heller oder dunkler, zuweilen schwärzlich braun, und dadurch hauptsächlich von Degeneraria zu unterscheiden. Die Zeichnung ist ganz ähnlich wie bei Degeneraria, aber nur bei den helleren Raupen zu erkennen. Vom neunten Ringe an ist der Rücken bei **allen** Raupen aufgehellt und zeigt eine braune doppelte Rückenlinie, welche auf dem neunten Ring innen hell ausgefüllt ist, dann aber einfach und dick wird und auf der Afterklappe sich zuspitzt. Das neunte Segment zeigt außerdem noch zwei nach hinten im Gelenkeinschnitt zusammenstoßende Schrägsstriche, welche sich jedoch auf das nächstfolgende Segment nicht mehr fortsetzen und deshalb die Figur eines \/ bilden. Bauch braun, in der Mitte große helle Flecken in Form eines Trapezes, welche in ihrem Innern eine doppelte, in den Gelenkeinschnitten genäherte, nach hinten zackig auseinandergehende braune Mittellinie aufweisen. Einzelne kurze, borstenförmige helle Härchen sind über den Körper verteilt, am reichlichsten am Kopf und After. Die Raupe ist Mitte Juni erwachsen, lebt von niederen Pflanzen. Puppe hat die Gestalt derjenigen von Degeneraria, ist aber kräftiger und zuweilen rötlich angelaufen. Entwicklung im August. Rheingau, bei Wiesbaden und Bornich. — Jahrb. d. Nass. V. f. Naturkunde. 42. (1889), Seite 211.

Degeneraria, *Hb.* Taf. 39, Fig. 25. (Sch. Taf. 54, Fig. 3.) Schlank, hinten etwas verdickt, nach vorn schmächtiger. 2,5 cm. Gelblichbraun; auf den drei ersten Ringen rotbraune Querflecken; vom vierten bis siebten Ringe große rotbraune Rautenflecke, in der Mitte von einer feinen hellen oft undeutlichen Längslinie geteilt; auf dem hellen achten Segment ist nur die hintere Hälfte der Raute in Gestalt eines \/ deutlich entwickelt; am vorderen Rand desselben zwei ziemlich große schwarze Flecken; vom neunten bis zwölften Segment eine breite, rotbraune gelbgesäumte Rückenlinie. An den Seiten eine nicht scharf begrenzte, weiße, abgesetzte, am achten Segment nach unten ausgebogene Stigmenlinie. Luftlöcher sehr klein, schwarz. Bauchseite rotbraun mit unbestimmten dreieckigen weißen Figuren in der Mitte des fünften bis achten Ringes. Kopf gelb, auf der Stirne breit schwarz. Brustfüße braun, Bauchfüße von der Körperfarbe. Nackenschild und Afterklappe nicht besonders gezeichnet, letztere kurz, halbkreisförmig. Warzen klein, schwarz. (Nach einer präparierten Raupe von Staudinger, Dresden.) Nach *Millière* ist die Raupe samtschwarz, auf den ersten und letzten Ringen fleischfarbig, bei Var. meridiaria rötlich, manchmal mit hellen rautenförmigen Flecken auf dem Rücken. Nach *Fuchs* ist die feine, helle, dunkel begrenzte Rückenlinie auf den ersten Ringen ganz, auf den folgenden hauptsächlich nur gegen die Segmenteinschnitte hin ausgebildet, vom neunten Ringe an aber stark ausgeprägt, braunschwarz, doppelt. Die Rautenflecke entstehen nach ihm durch je zwei auf der Mitte der Segmenteinschnitte sich kreuzende braune Schrägstriche, welche jedoch manchmal ganz fehlen. Lebt mehr in gebirgigen Thälern des südöstlichen Deutschlands an niederen Pflanzen. Entwicklung im Mai und August. Kommt auch in Ungarn, England, Frankreich, Südeuropa und Kleinasien vor. — Tr. 6. 2. 263. — Wild. 369. — Mill. 100. 12—15. — Fuchs, St. e. Z. 1878, S. 331.

Inornata, *Hb.* (Sch. H.-S. 309.) Raupe (der Var. Deversaria) von der Gestalt der Degeneraria. Grundfarbe blaß graugelb, seltener blaß gelbbraun; Zeichnung wie bei Degeneraria, doch nicht bei allen Raupen deutlich; bei den heller gefärbten ist eine helle dunkel begrenzte feine Mittellinie bemerkbar, besonders auf den ersten Segmenten; auf den letzten Ringen ist sie stark, schwarz und doppelt, beiderseits grauschwarz beschattet, welche Beschattung auf dem After (Afterklappe) in einem spitzen Winkel mit der Rückenlinie zusammentrifft. Nebenrückenlinie gerieselt, grauschwarz, doppelt. Seitenkante von der Farbe des Rückens. Bauch schwärzlich, scharf abgegrenzt, nach der Mitte zu heller werdend; Zeichnung ähnlich wie am Rücken mit einer doppelten unterbrochenen Mittellinie. Die Inornata-Raupe ist ebenso gefärbt und gezeichnet, hat jedoch in der Kreuzzeichnung im Scheitel des nach vorn geöffneten Winkels einen weißen Punkt, der übrigens auch bei einzelnen Deversaria-Raupen vorkommt. (Fuchs, St. e. Z. 1878, S. 333.) Puppe gelbbraun, Cremanter gewölbt, dunkel, Afterspitze konisch, seitlich mit zwei, am Ende mit vier Häkchen (Roghf.) Lebt bis Mai an Ononis, Rumex, Lysimachia an feuchten Plätzen. Zentraleuropa bis Finnland. — Wild. 379 (Deversata). — Fuchs, St. e. Z. 1872. 269; 1878. 331. — Rössl. F. S. 172 (Suffusata, *Tr.*).

Aversata, *L.* Taf. 39, Fig. 26. (Sch. Taf. 54, Fig. 4.) Etwas abgeplattet, nach vorn verschmächtigt, nach hinten bis zum achten Ring etwas dicker werdend, dann in den drei letzten Ringen wieder ein wenig schmäler. Seitenkante stark entwickelt. 2,6 cm lang. Grundfarbe gelb, fein rötlichbraun gesprengt. Kopf braun, schwarz getupft, besonders über den Mundteilen; zwischen den Hemisphären ziemlich tief eingeschnitten; auf letzteren je ein gelblicher Strich. Mittellinie sehr fein, weißgelb, undeutlich, am vorderen Rande des vierten bis siebten Segmentes jederseits mit je einem kleinen schwarzen Fleckchen besetzt, vom neunten bis zwölften Segment schwarzgrau. Die dunkelgrauen feinen Nebenlinien sind nur auf den vier ersten Ringen deutlich; am fünften bis achten Ringe mit undeutlichen blaßgrauen Rautenzeichnungen oder vielmehr nur deren hintere Hälfte in Gestalt eines \/, in dessen Winkel auf dem siebten Segment ein weißes Fleckchen steht. Unterhalb der kleinen braunen Stigmen ein ziemlich breiter unbestimmt begrenzter weißlicher, nach unten breit schwarzgrau gesäumter Streifen, vor den Bauchfüßen winklig nach abwärts gebogen. Bauch vom vierten bis achten Segment in der Mitte mit weißlichen Dreiecken, deren Spitze nach vorn gerichtet und deren Basis mit zwei braunen Fleckchen besetzt ist. Brustfüße braun, Bauchfüße von der Körperfarbe. Nackenschild braun, in der Mitte fein hell geteilt, mit starken kleinen Borsten besetzt. Afterklappe von der Körperfarbe, stumpf dreieckig, ebenfalls mit kleinen Borsten. Warzen klein, schwarz. Lebt an Laubabfällen in zwei Generationen. Entwicklung im Juni und August. Fast in ganz Europa und Kleinasien. — Tr. VI. 2. 268. — Hb. S. a. Bd. 4. 5. — Frr. 1. 66. Taf. 36. — Wild. 369. — Rössl. F. S. 172.

Emarginata, *L.* (Sch. Taf. 54, Fig. 5). Nach *Rössler* schmutziggelb; das neunte Segment am breitesten. Die helle Rückenlinie wird je von einer dunklen Linie, stärker auf den letzten, blasser auf den ersten Ringen begrenzt. Auf dem sechsten bis neunten Ring je ein schiefes Kreuz; die Seitenkante gelbrot gefleckt; die Fläche darüber bis zur Rückenlinie braun besprengt, ebenso der Bauch. Lebt im Frühjahr an niederen Pflanzen. Entwicklung Mitte Juli. An feuchten schattigen Orten fast in ganz Europa. — Fr. 6. 1. 28 — Wild. 370. — Ent. M. 1876. S. 15. — Rössl. S. 172.

Immorata, *L.* Taf. 39, Fig. 27. (Sch. Taf. 54, Fig. 6.) Schlank, fast gleichmäßig cylindrisch. 3,0 cm. Grundfarbe gelb mit dichten rötlichbraunen, in Querlinien stehenden Punkten, daher mehr blaßbräunlich aussehend. Mittellinie weißgelb, am Kopf und den vier ersten schwach behaarten Ringen deutlich, rotbraun gesäumt, vom fünften bis siebten Ringe undeutlich und nur durch die zwei kleinen schwarzen Fleckchen am vorderen Rande dieser Segmente angedeutet; vom achten bis zwölften Ringe wieder sehr deutlich, und schwarz eingefaßt; die breiten schwarzen Nebenlinien beginnen schon auf dem gelblichen Kopf und setzen sich bis auf die Afterklappe fort; auf den hinteren Segmenten sind sie innen weißgelb gesäumt. Die Seiten der drei ersten Segmente weiß, die der übrigen Ringe von der Körperfarbe. Luftlöcher groß, schwarz. Am helleren, fein braun gerieselten Bauche ist eine Mittellinie durch kurze schwarze Striche auf den mittleren Ringen angedeutet. Brustfüße weißlich, Bauchfüße von der Körperfarbe. Warzen sehr klein. Nach einer präparierten Raupe von Dr. Staudinger). Puppe gelbbraun mit schwärzlichen Flügelscheiden, leichtem violettem Schimmer, kugelförmiger oben gefurchter Afterspitze, zwei seitlichen und vier Endhäkchen (nicht Dornen wie Wilde), Rghf. Lebt an Calluna, Thymus und Origanum. Entwicklung Ende Mai. Auf trockenen Gras- und Heideplätzen und Wiesen fast in ganz Europa, aber zerstreut. — Tr. 6. 1. 295. — Frr. B. 2. 134, Taf. 90. — Rössl. S. 171. — Mill. Ann. Soc. Cannes 1879. pl. VII. Fig. 2—3.

Rubiginata, *Hufn.* Taf. 39, Fig. 28. (Sch. Taf. 54, Fig. 7.) Sehr lang und dünn, an den Seiten kaum gekielt; die drei Paar Brustfüße und die zwei Paar Bauchfüße einander sehr genähert; Kopf klein, kuglig; Färbung oben und an den Seiten fleischfarbig gelblich; Rückenlinie fein, rötlich; die übrigen Linien fehlen. Bauch einfarbig hellgrün. Kopf, Rücken und die drei ersten Segmente rötlich überhaucht, Stigmen deutlich, rund, schwarz. Lebt bis Juni an Thymus, Medicago, Lotus, Vicia, Convolvulus, Polygonum aviculare etc. und verwandelt sich in einem leichten Gespinste an der Erde zu einer braunen Puppe mit feinen Börstchen am Afterstücke. Entwicklung Ende Juli, August. An Kalkbergen, nicht selten in Europa, Kleinasien und Sibirien. — Tr. 6. 2. 8 und 10. 2. 203. — Sepp. 2. Ser. II. Taf. 33. — Mill. 100. 16. 17. — Wild. 371. — Hellins Month. Mag. II. p. 66.

Marginepunctata, *Göze.* Taf. 39, Fig. 29. (Sch. Taf. 54, Fig. 10.) (Immutata, *Tr.*, Promutata, *Gn.*) Nach *Rössler* lang und schlank, rundlich wie ein Draht, licht gelbgrau. Mittelstreif aus zwei ineinander geflossenen Linien bestehend. An den Gelenkeinschnitten zu Anfang und Ende jedes Ringes je zwei stärkere und am Ende zwei kleinere Punkte. Bauch schwarzgrau, dunkler als der Rücken. Lebt an Sedum album, Stellaria media, Origanum, Teucrium und Hippocrepis. Entwicklung im Juni und wieder im August. An Felsen und Mauern ziemlich verbreitet in Zentraleuropa, Kleinasien und Syrien. — Frr. Tab. 180. 1. a. b. — Wild. 371. Taf. X, Fig. 2. — Rössl. F. 171.

Luridata, *Z.* (Sch. Taf. 54, Fig. 11.) Ei oval, eingedrückt, gelblich, am zweiten Tage lehmfarben, rot gestreift; vor dem Ausschlüpfen braun. Raupe (der Var. Romanaria) gestreckt, cylindrisch, ungekielt; die drei ersten und drei letzten Segmente sehr kurz, so daß die Brust- und die Bauchfüße sehr nahe zusammengedrängt sind. Grundfarbe fleisch- oder lehmfarbig grau, unten fahl weißlich, ohne Linien. Kopf klein, rundlich, einfarbig; Afterklappe klein. Rückenlinie doppelt, fein, braun, auf den drei letzten Ringen stärker als auf den vorhergehenden. Nebenrückenlinie schiefergrau, weit unterbrochen. Warzen gut entwickelt, schwarz; zwischen den von den Nebenrückenlinien gebildeten Strichen und den Rückenwarzen findet sich bei manchen Exemplaren eine helle bleifarbige Stelle. Stigmen ziemlich dick, schwarz, innen rötlich. Lebt in zwei Generationen im April und Juni an Linaria Cymbalaria, an Mauern, frißt nur bei Nacht; bei Tag in den Mauerritzen verborgen. Verpuppung Mitte April in einer leichten Hülle an den Wurzeln der Pflanze oder in Ritzen der Mauer. Puppe mittelmäßig lang, lehmrötlich mit lebhaft gelben Ringen. Entwicklung im Mai und Juli. Südtyrol (Stammart), Dalmatien, Griechenland, Sicilien (Var. confinaria, *H.-S.*), Italien, Sicilien (Var. Romanaria, *Mill.*). Andalusien (Var. isabellaria, *Mill.*) — Mill. II. 53. 106, Fig. 4—11. (Var. romanaria) Mann. zool. bot. Verein 1854. IV. 563. — Rebel Zool. bot. V. 1892 (nond. edit).

Submutata, *Tr.* Taf. 40, Fig. 1. (Sch. Taf. 54. Fig. 13.) Ei länglich, kanneliert, korallenrot. Die junge Raupe ist dunkelgrün, wird aber später heller. Die erwachsene Raupe ist sehr gestreckt, kaum nach vorn verdünnt, schwach gekielt, aber stark querfaltig, meergrün. Stigmenlinie breit, weißlich; Rückenlinie fein, weißlich, undeutlich. Nebenrückenlinien fehlen. Stigmen sehr klein, weiß, braun umrandet. Kopf viereckig, gelblich mit zwei hellen, den Stigmenlinien entsprechenden Strichen. Bauch und Afterfüße außen braun. Zwei oder drei Tage vor der Verpuppung wird die Raupe dunkel veilchenblau, behält jedoch die weißliche Stigmenlinie. Manche Exemplare haben eine mehr bläulichgraue oder schiefergraue Färbung. Lebt in zwei Generationen im Mai und wieder vom Herbst bis Mitte April auf Quendel (Thymus vulgaris), manchmal auch auf Dorycnium. Verpuppung im Moos oder zwischen trockenen Blättern. Puppe mäßig gestreckt, glänzend. After mit scharfer Spitze. Flügeldecken grünlich. Ringe dunkelrot. Entwicklung Ende Mai und Ende August, Anfang September. Südeuropa und Krain. — Mill. Taf. 85, Fig. 8. — Mann, zool. bot. Verein IV. 1854. 563.

Incanata, *L.* (Sch. Taf. 54, Fig. 14.) (Mutata, *Tr.*) Nach *Rössler* schlank, rundlich, weißgrau oder gelblichgrau. Auf den fünf mittleren Ringen schmale, längliche Ovale, die sich an beiden Enden zuspitzen und durch die Rückenlinie geteilt sind. Rückenstreif auf dem letzten Ringe besonders deutlich. Zu Anfang jedes Ringes, und bei den mittleren an dem vorderen Ende des Ovals, je zwei dunklere Punkte. Lebt nach der Überwinterung im Frühjahr und in zweiter Generation im Sommer an Thymus, Lychnis und Dianthus und verwandelt sich in einem losen mit Erdkörnern vermischten Gespinste zu einer braungelben Puppe mit abgestupftem Cremanter, der beiderseits zwei Häkchen und mitten zwei längere, etwas divergierende Spitzen trägt. Entwicklung im Mai und Ende Juli. In bergigen Gegenden in Europa, Kleinasien und Sibirien auf trockenen sonnigen Abhängen. — Tr. VI. 2. 275. — Wild. 371. — Rössl. F. S. 171.

Fumata, *Stph.* (Sch. Taf. 54, Fig. 15.) Nach *Rössler* lang und schlank, lichtgrau, die Seitenkante wie ein runzeliger Wulst, weißlich. Rückenlinie doppelt, stärker auf den vier letzten Ringen und den Ringeinschnitten. Luftlöcher über der Seitenkante, klein. Lebt im Herbst und nach der Überwinterung an Heidelbeeren, wo auch der Schmetterling Ende Mai in Waldstellen gefangen wird. Ziemlich verbreitet in gebirgigen Gegenden Europas, wo viele Heidelbeeren wachsen. — Tr. X. 2. 222. — Wild. 372 (Commutata, *Tr.*). — Rössl. F. S. 170. — Mill. Nat. Sic. 1886. Taf. 1.

Remutaria, *Hb.* Taf. 40, Fig. 2. (Sch. Taf. 54, Fig. 16.) Nach *Rössler* sehr schlank; Kopf rund, vorn wie abgeschnitten. Farbe lichtgrau mit angedeuteten Rautenzeichnungen, die gegen einzelne, stark aufgetragene, schwarzbraune Punkte verschwinden. Die stärksten stehen paarweise auf dem zweiten und dritten Ring; auf mehreren der folgenden Ringe Gruppen solcher Punkte, die mehr oder weniger vollständige schiefe Kreuze bilden. Die Seiten und der dunkler gefärbte Bauch tragen ebensolche größere unregelmäßige Flecken. Lebt im Mai an Galium und Asperula odorata und verwandelt sich an der Erde in einem mit Erdkörnern vermischtem Gewebe zu einer schlanken braunen Puppe. Entwicklung Ende Juni. Fast in ganz Europa besonders an Waldrändern. — Tr. VI. 2. 273. — Hb. Q. a. — Frr. 7. 173, Taf. 699. — Wild. 372. — Rössl. F. S. 170.

Punctata, *Sc.* (*Tr.*) (Sch. Taf. 54, Fig. 18.) In der Gestalt der Raupe von Caricaria gleichend. 3,5 cm. Grundfarbe licht gelbbraun; Rückenlinie auf den vorderen vier Segmenten fein weiß, über das hellbraune Nackenschild fortgesetzt; auf dem fünften und sechsten Ring fast verloschen, vom siebten an bis über die Afterklappe wieder breiter, deutlich, dunkelgrau. Nebenlinien nur auf den drei ersten und etwa den vier letzten Ringen deutlich, schwarzgrau; sonst verloschen. Zwischen Mittel- und Nebenlinien stehen auf jedem Ring vom fünften an je vier bis acht schwarze kurze Schrägstriche oder Fleckchen, welche auf den hinteren Segmenten, besonders dem siebten und achten, undeutliche Rautenzeichnungen bilden; eine eigentliche Stigmenlinie nicht vorhanden. Stigmen schwarz, deutlich. An den Seiten des Bauches eine breite schwarzgraue Linie, welche sich auf die Vorderseite der Bauchfüße und Nachschieber fortsetzt; in der Mitte des Bauches zwei weißliche geschlängelte Mittellinien. Bauchfüße hellgelbbraun; Afterklappe schmal, hinten gestutzt. Warzen sehr klein, schwarz. (Nach einer präparierten Raupe von Dr. Staudinger.) Nach H. *Gross* sind nicht bei allen Raupen die Zeichnungen deutlich ausgeprägt, es finden sich Stücke, wo dieselben besonders nach vorn sehr verschwommen sind und auch solche, wo nur noch die Rückenlinie über den Nachschiebern sichtbar bleibt. 3—3,5 cm. Leben von Herbst bis Mai an niederen Pflanzen und wurden von H. *Gross* aus Eiern erzogen und mit Salat gefüttert. Puppe hellbraun mit gelbbraunen Flügeldecken. Entwicklung im Juni. Im südöstlichen Deutschland, in der Schweiz, Italien, Südfrankreich, Ungarn und Kleinasien. — Gross, St. e. Z. 1887, S. 48. — Mill. Jc. 72. 12—15 (Depunctata, *Gn.*) — Habich, W. e. Z. 1884, p. 246.

Caricaria, *Reutti.* Taf. 40, Fig. 3. (Sch. Taf. 54, Fig. 19.) 2,7 cm lang, schlank, gleichmäßig cylindrisch. Grundfarbe gelblich, schmutzig rötlichbraun gefleckt; Rückenlinie undeutlich, rotbraun, in der Mitte hellgelblich ausgefüllt, besonders fleckenartig auf den mittleren Ringen; am Nackenschild und in der Verlängerung über die Mitte des braunen Kopfes deutlich und dunkelbraun; Nebenlinien auf den vier bis fünf ersten Ringen sehr deutlich, schwarzbraun, auf die Seiten des Nackenschildes und Kopfes fortgesetzt, auf den folgenden Ringen undeutlich; Stigmenlinie undeutlich, hell. Luftlöcher schwarz gesäumt; über den drei Brustfüßen und in gleicher Höhe in der Mitte des vierten bis achten Ringes je ein ziemlich großer schwarzer Punkt; Bauch von der allgemeinen Körperfarbe; Brustfüße gelb, schwarzfleckig; Bauchfüße vorn mit einem starken schwarzen Längsstrich. Afterklappe schmal, bräunlich, hinten abgestutzt. Warzen sehr klein, schwarz. (Nach einer präparierten Raupe von Dr. Staudinger.) Lebt frei an verschiedenen niederen Pflanzen, Centaurea jacea, Artemisia vulgaris und campestris etc., einige sind schon im Herbst ausgewachsen, die meisten aber erst im Frühjahr. Verpuppung in einer festen Hülle von Moos, Sand und braunem Gespinst. Puppe hellgelb, grünlich überhaucht mit schwarzroten Ringen; die Flügeldecken lassen zuletzt die Zeichnung der Flügel durchscheinen; Kopf und After braun, der letztere mit einem doppelten, nach außen gebogenen Haken. Puppenruhe kaum einen Monat. Entwicklung im Juni und August. Südöstliches Deutschland, Wien, Südtyrol, Schweiz, südöstliches Frankreich, Ungarn, Rußland. — Mill. Jc. 72, Fig. 4—7.

Immutata, *L.* Taf. 40, Fig. 4. (Sch. Taf. 54, Fig. 20.) (Sylvestraria, *Hb.*) Schlank, etwas abgeplattet, gleichmäßig cylindrisch, bräunlich gelb, undeutlich bräunlich getupft. Rückenlinie auf den drei ersten Ringen weißlich, fein schwarz gesäumt, vom vierten bis achten Ringe undeutlicher, jedoch am Vorderrande jeden Segmentes durch ein helles weißes, von zwei schwarzen Punkten eingefaßtes Fleckchen sehr bemerkbar; vom achten Ringe an wieder bedeutend dunkler und deutlicher. Nebenlinien nur auf den drei bis vier ersten Segmenten deutlich. An den Seiten dicht unter den großen schwarzen Luftlöchern ein breiter, unbestimmt begrenzter, unten schwarz gesäumter hellgelber Längsstreif, der in gerader Linie bis zu den Nachschiebern verläuft, vorher aber unter spitzem Winkel eine Abzweigung auf die Außenseite der Bauchfüße schickt. Bauch weißlich, ohne Zeichnung. Kopf blaß, braungelb, dunkler braun getupft. Hemisphären oben mit kleinen stumpfen Höckern. Nackenschild blaßbraun mit den Anfängen der Rückenlinien. Afterklappe schmal, halbkreisförmig. Brustfüße blaßbraun, Bauchfüße und Nachschieber gelb. Warzen sehr klein, schwarz. Im Gegensatz zu allen anderen Acidalien, zog diese Raupe frisches Futter dem welken und Plantago major dem Salat vor. Lebt im Mai an niederen Pflanzen und verwandelt sich an der Nahrungspflanze zwischen wenigen Fäden zu einer hellbraunen Puppe mit grünlichen Flügelscheiden. (Wild. 371, Taf. 10, Fig. 2.) Entwicklung im Juni und zweite Generation im August. Ziemlich verbreitet fast in ganz Europa, in Kleinasien und am Amur. — Tr. 6. 2. 278. — Frr. 2. 136, Taf. 77. — Mill. 72. 1—3. — Rössl. 170.

Corrivalaria, *Kretschmar*. Raupe fadenförmig mit kielförmig vortretendem Seitenwulst, faltig, spärlich beborstet. Rücken hell staubgrau, gelb gemischt mit braungrauer Doppellinie; eine sehr verloschene feinere und lichtere Doppellinie über dem hellen Seitenwulst. Bauch liniiert. Kopf klein, horizontal, länglichoval mit Fortsetzung des dunklen Rückenstreifens. Zwischen den Luftlöchern schwarze Punkte; Füße zur Hälfte braun. Afterklappe verlängert, stumpf zugespitzt, flach, mit Fortsetzung des Rückenstreifs (*Zeller*). Auf Moorpflanzen. Entwicklung Juni bis Juli. Auf feuchten Moorwiesen des nordöstlichen Deutschland und in Polen. — Zeller, Stett. ent. Ztg. 1868, p. 409.

Strigaria, *Hb.* Taf. 40, Fig. 5 a. b. (Sch. Taf. 54, Fig. 21.) Nach *Stange* ziemlich schlank, sehr dünn, schwach behaart, nur am Kopfe etwas stärker, mit geringer Rücken- und noch geringerer Bauchwölbung, so daß der Durchmesser zwischen den Seitenkanten der größte ist. Die beiden letzten Leibesringe sind kaum merklich, die vorderen etwas mehr verdünnt. Die Haut ist stark querrunzelich und in den Ringeinschnitten über einander geschoben. Die Farbe der Oberseite ist weißgrau mit geringer gelber Einmischung; die Rückenlinie breit schwarzgrau, undeutlich licht geteilt, auf den Ringeinschnitten etwas erweitert und dort wegen der zusammengeschobenen Haut am dunkelsten und mit am meisten ausgesprochener heller Teilungslinie; in der Mitte ist sie am breitesten, auf der Afterklappe zugespitzt. Die Nebenrückenlinien sind sehr schwach, breit, undeutlich licht geteilt. Die Seitenkante ist von der Grundfarbe, aus unregelmäßigen Wülsten bestehend. Der Bauch zeigt eine hell bläulichgraue, auf den vorderen Ringen mehr weißliche Färbung. Mittellinie weißlich, schwach und öfters unterbrochen; die Nebenlinien breiter, auf jedem Ringe einen nach außen gerichteten Bogen bildend. Kopf klein, weißgrau mit zwei nach außen gebogenen, oben sich vereinigenden schwarzgrauen Linien. Brustfüße von der Rückenfarbe; Nachschieber außen mit kurzem dunklem Strich. Lebt auf trockenem spärlichem Rasen auf niederen Pflanzen. Entwicklung Juni und August. In Zentral- und Südeuropa, Rußland und Kleinasien. — Stange, St. e. Ztg. 1881, S. 113. — (Tr. 6. 235 und Wild. 373 jedenfalls falsch.)

Umbellaria, *Hb.* Taf. 40, Fig. 6. (Sch. Taf. 54, Fig. 22.) Sehr schlank, rehfarben mit dunklen Punkten und feinen dunklen Strichen bezeichnet und dunklem Rückenstreif; an den Seiten ein heller, fein gestrichelter Längsstreifen, über dem die schwarzen, weißgesäumten Luftlöcher stehen; Bauch dunkel graubraun; Brustfüße hellbraun mit dunklen Strichen. Kopf heller gefärbt und feinen dunklen Strichen bezeichnet. Lebt im August und Mai an niederen Pflanzen, von *A. Schmid* an Asclepias vincetoxicum gefunden. Verwandlung in einem lockeren Gespinst. Puppe gelbbraun mit dunklerem Cremaster, der abgerundet an der Spitze zwei längere gerade Dornen und seitlich je zwei Häkchen trägt. Der obere Rand des letzten Ringes ist schwarz gekörnelt (Rogenhf.) Entwicklung Ende Juni, Juli. Seltener als die vorige Art an einigen Plätzen Deutschlands, in der Schweiz, in Holland, Türkei und Kleinasien. — Frr. 7. 174, Taf. 699 (Compararia, H.-S.) — Wild. 373.

Strigilaria, *Hb.* Taf. 40, Fig. 7. (Sch. Taf. 54, Fig. 23.) (Prataria, *B.*, Nigropunctata, *Ld.*) Nach *Rössl.* lang gestreckt, nach dem Kopfe zu etwas dünner, beingelb; Rückenlinie doppelt; Nebenlinien einfach, matt rotbraun, oft kaum sichtbar; eine unregelmäßige geschlängelte, sehr schwache Linie zwischen beiden. Zu Ende eines jeden Ringes in der Nebenlinie ein schwarzbrauner Fleck; bei einzelnen auch ein solcher schwächerer im ersten Drittel des Ringes. Auf den anderen Ringen bei einzelnen unregelmäßig zerstreute schwarzbraune Punkte. Bauch mit drei Linien, die aber nur durch die Lupe sichtbar sind. Lebt an Vicia, Stachys, Origanum, Viola und Veronica und verwandelt sich in einem leichten Gespinste zu einer hellbraunen Puppe. Entwicklung im Juli. Verbreitet in Zentraleuropa, Livland, Rußland, Kleinasien und am Amur. — Tr. 6. 1. 25. — Frr. 29, Taf. 114. — Mill. 143. 1—3. — Wild. 373. — Rössl. F. S. 170. — Porritt. Month. Mg. VIII, p. 91.

Emutaria, *Hb.* Taf. 40, Fig. 8. (Sch. Taf. 54, Fig. 24.) Die Raupe ist lang, fadenförmig, vorn dünner, seitenkantig und querfaltig, rollt sich bei Berührung zusammen, wie Imitaria. Grundfarbe gelbgrau; Rückenlinie und Nebenrückenlinien etwas dunkler, erstere auf den letzten Ringen deutlicher. Kopf viereckig, gleichfarbig, Stigmata weiß, braun eingefaßt. Füße von der Körperfarbe. Lebt in zwei Generationen, nach der Überwinterung im April, und dann wieder im Juli an Convolvulus Sepium, Statice limonum etc. Verwandlung Ende April. Entwicklung Anfangs Juni und zum zweitenmale im August. Mittelmeergebiet, England, Österreich, Ungarn, Dalmatien. — Mill. 143, Fig. 7—8. — Gumpp, Syst. Geom. IV. S. 501.

Imitaria, *Hb.* (Sch. Taf. 54, Fig. 26.) Sehr lang, fadenförmig, fein querfaltig, an den drei letzten Ringen etwas dicker, ungekielt. Variiert sehr: a) Isabellgelb mit doppelter, gerader brauner, außen etwas schattierter Gefäßlinie, und dunklem Bauche ohne Linien; b) grünlichgelb oder bläulichgrau; an den Seiten vom vierten bis neunten Segment mit je einem dicken, deutlich sternförmigen braunen Flecken (Stigmenflecken) gezeichnet; c) auf mehr oder weniger hellem Grunde zeigen sich breite braune Rückenflecke und eine starke braune Rückenlinie; Nebenrückenlinie gleichfalls braun; seitlich an den Stigmen große braune Flecken. Bauch mehr oder weniger rauchbraun. Kopf klein, punktiert, mit zwei weißlichen Streifen von der Stirn bis zu den Augen; Stigmen schwarz. Vorderfüße von der Körperfarbe, sehr auseinandergestellt; Hinterfüße ziemlich stark, außen schwarz gefleckt; Afterklappe sehr klein. Lebt vom September bis März auf Rubus, Artemisia, Rubia, Erica, einem strauchartigen Galium, Lotus angustissimus etc. Verpuppungszeit sehr verschieden, vom Februar bis April, je nach dem Wetter und der Lage. Verpuppung in einem leichten Gespinst zwischen kleinen Zweigen. Entwicklung im März, April; mehrere Generationen. Südöstliches Europa und Baden, Südfrankreich. — Mill. 72, Fig. 8-11. — Goos, Month. Mag. XV, p. 108.

Ornata, *Sc.* Taf. 40, Fig. 9. (Sch. Taf. 55, Fig. 1.) Ei länglichrund, die untere Seite mit starken Erhöhungen, oben abgeplattet. (Schluß-Tafel.) Raupe schlank, querfaltig, grau mit einem rötlichen, dunkelgesäumten Rückenstreifen. An den Seiten stehen zwei feine dunkle Längslinien, deren oberer in einzelne Längsstriche aufgelöst ist. Kopf und Brustfüße hellgrau. 3 cm. Lebt im Mai, Juni und im September an Thymus und Origanum und verwandelt sich auf der Erde zwischen zusammengesponnenen Blättern zu einer braunen Puppe mit grünen Flügelscheiden. Entwicklung im August und im Mai, Juni. Fast überall gemein bis Schweden, Kleinasien und Nordafrika. — Tr. 6. 2. 283. — Frr. 7, 77, Taf. 645. — Wild. 374. — Pr. Taf. XI. Fig. 5.

Decorata, *Bkh.* Taf. 40, Fig. 10. (Sch. Taf. 55, Fig. 3.) Langgestreckt, sehr gefaltet, ungekielt, lebhaft lehmgelb. Rückenlinie fein, doppelt, schwarz auf gelblicher Grundfarbe. Nebenrückenlinien sehr breit, schieferschwarz, nach oben verwaschen. Stigmenlinie breit, weiß, auf den Einschnitten schiefergrau gefleckt, fein rötlichbraun eingefaßt. Stigmen dick und schwarz. Kopf klein, rundlich mit dunklen Linien, den Fortsetzungen der Nebenrücken- und Stigmenlinien, gezeichnet. Bauch auf jedem der mittleren Ringe mit einem braunen rechteckigen Fleck. Füße mit dem Körper gleichfarbig, die hinteren Paare einander sehr genähert. Lebt nach der Überwinterung Mitte oder Ende April an Thymus vulgaris und serpyllum, die zarten Blätter und Blüten verzehrend. Verpuppung in der ersten Hälfte des Mai unter Moos in einem leichten Gespinst. Puppe apfelgrün mit rötlichen Ringen. Entwicklung nach 18—20 Tagen. Zwei Generationen. Mittleres und südliches Europa (mit Ausnahme von England), Livland, Finnland. — Mill. 85, Fig. 5—7.

Subtilata, *Christoph.* Raupe der von Ornata ähnlich, lang, faltig, ohne Seitenkante, grau. Kopf klein, kugelig, von gleicher Farbe wie der Körper, dunkel liniiert. Rückenlinie fein, doppelt, schwarz, auf gelbem Grund. Nebenrückenlinien breit, schwarzgrau, ununterbrochen. Stigmenlinie breit, weiß, rotbraun eingefaßt. Stigmen dick, schwarz. Bauch mit braunem Fleck auf jedem Ring. Füße von der Körperfarbe. Lebt im Mai an Thymus vulgaris und serpyllum. Verwandlung unter Moos in leichtem Gespinst Mitte Mai. Entwicklung nach 20 Tagen. Mehrere Generationen. Sarepta. — Gumpp, Syst. Geom. IV. S. 491.

9. Gattung. Zonosoma, *Ld.*

Raupen schlank, gleichmäßig cylindrisch. Kopf so breit, wie das erste Segment oder breiter, vorne flach, zwischen den Hemisphären wenig eingeschnitten. Leben in zwei Generationen an Laubhölzern. Verpuppung frei, nach Art der Pieriden an einem Stengel oder Blatt. Puppe mit platt abgestutztem, nach oben gerichtetem Kopfende, am After und mit einem Faden um den Leib befestigt. Neun Arten, sämtlich in Deutschland vorkommend.

Pendularia, *Cl.* Taf. 40, Fig. 11. (Sch. Taf. 55, Fig. 4.) Grün oder braun, 2,5 cm, mit undeutlicher, schwärzlicher, stellenweise fein gelb gefleckter Mittellinie und sehr feinen gelblichen geschlängelten Nebenlinien, welche vom vierten bis achten Segment beiderseits mit je einem rotbraunen unbestimmten Fleck besetzt sind. Stigmenlinie vom vierten Segment an breit, weißgelb, abgesetzt, Flecken bildend. Bauch schwärzlich, in der Mittellinie mit weißlichen Flecken. Brustfüße schwarz; Bauchfüße von der Körperfarbe. Nackenschild und Afterklappe nicht besonders gezeichnet. Warzen groß, braun, hell gerandet. Kopf braun mit zwei gelben Längslinien. (Nach einer präparierten Raupe von Dr. Staudinger.) Lebt im Juni und August, September, besonders an Birken, aber auch an Eichen, Erlen und verwandelt sich zu einer grünen oder gelblichen Puppe mit grünen Flügelscheiden. Entwicklung im April, Mai und Juli, August. Nicht selten in Zentral- und nördlichem Europa, Italien, Rußland und Sibirien. — Tr. 6. 1. 361. — Hb. L. a. b. — Frr. B. 54. 2. — Wild. 374. — Sepp. VI. pl. XXVI. — Pr. Geom. Taf. II, Fig. 7.

Orbicularia, *Hb.* (Sch. Taf. 55, Fig. 5.) Gelblichgrün mit gelblichen Ringeinschnitten; auf dem Rücken eine gelbe, fein dunkel gesäumte Mittellinie und an jeder Seite eine gelbliche Wellenlinie; über den Füßen ein breiter, gelblich punktierter Längsstreifen; Bauch grün, hell gestreift. Bauchfüße rosarot beduftet; Kopf rötlich, braun marmoriert. 3 cm. Lebt im Juni und September an Weiden und Erlen. Entwicklung im Frühjahr und Juli. Seltener; in Zentraleuropa, Finnland, Südrußland, Slavonien und Piemont. — Tr. 6. 1. 364. Sepp. 2. Ser. III, Taf. 13. — Wild. 374.

Annulata, *Schulze.* (Sch. Taf. 55, Fig. 6.) (Omicronaria, *Hb.*) Samtartig grün mit feinen schwarzen Pünktchen (Warzen) besetzt; auf dem Rücken mit einer feinen gelben Mittellinie und mit einer gleichfarbigen, etwas welligen Längslinie an jeder Seite des Rückens; an den Seiten eine matte weißliche Längslinie, in welcher die feinen rötlichen Luftlöcher stehen; Kopf im Gesicht gelblichweiß, am Scheitel braun getupft, breit, zwischen den Hemisphären ziemlich tief eingeschnitten. Gesicht platt. 2,5 cm. Lebt im Juli, August, September an Ahorn, Birken und frißt die Blätter nicht von der Seite, sondern schält sie von oben ab. Entwicklung im April, Mai und Juli. In Zentraleuropa, Livland, Rußland, Italien, Dalmatien und Kleinasien. — Tr. 6. 1. 358. — Wild. 375. — Entom. Mag. M. 1867. 181.

Albiocellaria, *Hb.* (Sch. Taf. 55, Fig. 7.) In der Jugend (Anfangs September) goldbraun mit dunkelbrauner Rückenlinie und auf dem Rücken der mittleren Segmente je einem dunklen, nach vorn zu hellgelb gesäumten Seitenstreif. Bauch mit hellgelben Längslinien und dunkelbraunen Ringeinschnitten. Kopf groß, hellbräunlich mit zwei gelblichen Längsstreifen über die Hemisphären. Brust- und Bauchfüße rosenfarben. Erwachsen (Ende September) ist die Raupe 1,9 cm lang, licht saftgrün, gegen Kopf und After gelbgrün mit einem Stich ins Rötliche. Von der schmalen, bräunlichen, auf dem Analsegment verstärkten Rückenlinie, zieht sich längs der Ränder der mittleren Segmente je ein dunkler Schrägstrich nach unten, jedoch nicht immer gleich deutlich und zuweilen ganz fehlend, nur am fünften Segment immer vorhanden. Bauchseite einfarbig grün, nach vorn heller gelbgrün. Kopf proportioniert, blaßrosa mit zwei hellen Längsstreifen. Brust- und Bauchfüße, sowie die überall vorhandenen einzelnen kurzen Borsten rosenfarben. Puppe 11 mm lang, hellgelblich, die Flügelscheiden schwärzlich gesäumt und dunkel gerippt; der übrige Körper ist schwarz punktiert mit einer Doppelreihe größerer Punkte (je vier auf jedem Segment) über der Rückenmitte und die oben abgestutzte Kopffläche. Lebt in zwei Generationen im Juni und September an Ahorn (Acer campestre). Entwicklung Mitte April und Mitte Juli. Südeuropa mit Ausnahme des östlichen Rußland, südöstliches Deutschland, Ungarn, Schweiz. — Strckf. Berl. ent. Ztg. 1889, p. 309. — Hugo May sen., II. Jahresbericht d. W. ent. V. 1891, pag. 27.

Lennigiaria, *Fuchs*. Raupe sehr veränderlich. Die am stärksten gezeichnete Form der Herbstgeneration hat einen großen dicken, hellbräunlichgelben, ins Orange ziehenden Kopf mit drei breiten, aus feinen Punkten zusammengesetzten Längslinien, eine in der Mitte und je eine an den beiden Seiten. Körper licht bräunlichgelb, in den Ringen orange. Auf dem Rücken ist die vordere Hälfte der fünf mittleren Segmente dunkel, schwärzlich graubraun, die hintere Hälfte heller; seitlich ist diese dunkle Färbung durch einen kurzen schwarzbraunen, nach abwärts und hinten laufenden Schrägstrich ziemlich scharf begrenzt; auf den letzten Ringen ist diese Zeichnung jedoch undeutlich. Rückenlinie schwarzbraun, auf den letzten Segmenten fein doppelt, im Innern etwas lichter ausgefüllt, auf dem After fein, braun, seitwärts verwaschen. Außerdem führt der Rücken undeutliche gerieselte Längslinien (Nebenrückenlinien). Warzen sehr klein, schwarz. Seitenkante schwach, schwärzlichbraun, in den Gelenkeinschnitten dunkler. Bauch grünlich gelbgrau, mit einer hellen Mittellinie und ebensolchen Nebenlinien. Die vorderen Füße von der Grundfarbe, die hinteren rötlichorange. Von der beschriebenen Zeichnung verschwinden bei manchen Raupen zuerst die schrägen Seitenstriche, dann auch die Rückenlinie, statt deren der Rücken nur mit feinen gelblichen Punkten bestreut erscheint, und eine gelbliche punktierte Längslinie oberhalb der Seitenkante sich zeigt; endlich verschwindet auch diese Zeichnung und die Raupe ist nur einfarbig, grün mit nacktem Kopfe. Außerdem variiert die Körperfarbe von grün, gelblichgrün, gelb, bis gelblichbraun und gelblich ziegelrot. Lebt in zwei Generationen Ende Juni und im September bis Anfangs Oktober auf dem französischen Ahorn (Acer monspessulanum). Verpuppung im Juli. Puppe frei an einem Blatt oder Zweige angeheftet, grün, strohgelb oder dunkler gelb mit braunen Flügelscheiden; am Bauch eine Doppelreihe brauner Fleckchen, vier auf jedem Segment; an den Seiten fein braun punktiert und mit bräunlichen Atomen bestreut; die grüne Form führt vom Ende der Flügelscheiden bis zur Schwanzspitze eine gelbliche Längslinie. Am Bauch fünf undeutliche, gerieselte, gelbliche Längslinien. Schwanzende rötlich. Entwicklung der ersten Generation Mitte April bis Mai, der zweiten im Juli, August. Rheingau. — Fuchs, St. e. Z. 1883, S. 268.

Pupillaria, *Hb.* (Sch. Taf. 55, Fig. 8.) Raupe cylindrisch, sehr schwach gekielt; Kopf so breit wie das erste Segment, oben leicht zweispaltig, gelblich, am Scheitel dunkel karminrot. Körper hellapfelgrün, variierend in zitrongelb, zimmtgelb, dunkelgrün, braun oder mehr oder weniger hellrötlich. (Die dunklen Varietäten sind häufig kranke oder von Parasiten angegriffene Raupen.) Von den gewöhnlichen Linien sind nur die schmalen, gelblichgrünen Nebenrückenlinien vorhanden. Stigmen oval, rötlich; Unterseite ohne Linien. Füße und Afterklappe mehr oder weniger dunkelkarminrot. Unter der Lupe erscheint die Haut mit zahlreichen weißlichen Punkten bestreut (chagriniert). Lebt frei an Cistus monspeliensis und salviaefolius, Myrtus communis, Phillyrea angustifolia, Arbutus unedo und verschiedenen Eichen. Verpuppung wie bei den verwandten Arten; Puppe oben viereckig abgestumpft, bläulich dunkelgrün mit hellen Linien auf dem Kopf und dem Rande der Flügeldecken. Unter der Lupe erscheint sie schwarz und weiß bestäubt auf hellgrünem Grunde. Kopfende und Schwanzspitze leicht karmin- oder weinrot. Färbung veränderlich, wie bei der Raupe. Puppenruhe 4—6 Wochen. Südeuropa (mit Ausnahme von Südrußland), südöstliches Deutschland, Ungarn, Schweiz. — Mill. 81, Fig. 9—12.

Porata, *F.* (Sch. Taf. 55, Fig. 9.) Grün, auf dem Rücken rötlichbraun; auf den ersten und letzten Ringen mit einer feinen dunklen, innen weißlich ausgefüllten Rückenlinie; Nebenrückenlinien als gelblichgeschlängelte Linien angedeutet; Seitenfläche einfarbig grün, darunter an beiden Seiten des Bauches wieder ein braun rötlicher unbestimmt begrenzter Längsstreifen. Bauch grün, an den vorderen Segmenten rötlich; Brustfüße gelb; Bauch- und Afterfüße außen rötlichbraun mit gelblichen Flecken. Nackenschild grün, am Hinterrand braunrötlich begrenzt; Afterklappe stumpf dreieckig, braunrot; Warzen ziemlich groß, schwarz. (Nach einer präparierten Raupe von Dr. Staudinger.) 3 cm. Lebt im Juni, und im August, September an Birken und Eichen und verwandelt sich zu einer hellgrünen Puppe mit zwei Reihen dunkler Flecken auf dem Rücken, abgestutzten Kopfstücke und zwei rundlichen Cremanterspitzen. Entwicklung im Mai, Juli und August. In Zentral- und Südeuropa, Kleinasien und Armenien. — Tr. 6. 1. 3. 56. — Wild. 375.

Punctaria, *L.* Taf. 40, Fig. 12. (Sch. Taf. 55, Fig. 10.) Ei länglichrund, gelblich, getupft. (Schluß-

Taf. 50, Fig. 75.) Gelblich- oder rötlichbraun. 2,5 cm. Kopf am Scheitel mit vier schwärzlichen Längslinien, (Anfang der Rückenlinien) an der Stirn rötlichweiß. Rückenlinie sehr fein, doppelt, schwärzlich, stellenweise weiß ausgefüllt. Nebenlinien unbestimmt schwärzlich, nur auf den drei ersten Ringen sichtbar; vom vierten bis neunten Ring je zwei schwärzliche, vorn gelbgesäumte Schrägstriche an den Seiten der Segmente. Stigmen sehr klein, schwarz. Bauch heller, auf den drei ersten Ringen weißlich. Nackenschild mit den Anfängen der drei Rückenlinien. Die Innenseite der Nebenlinien gelb gesäumt. Afterklappe stumpf dreieckig, dunkelbraun. Füße von der Körperfarbe. Warzen groß, schwarz. (Nach einer präparierten Raupe von Dr. Staudinger.) Lebt im Juni und September an Eichen, Birken und verwandelt sich in eine schlanke, fleischfarbene Puppe mit dunklen Strichen und einer Doppelfleckenreihe am Rücken. (Wild. Taf. 10, Fig. 3.) Entwicklung im Mai, Juni und August. — Tr. 6. I. 352. — Frr. B. 2. 17. Taf. 54. — Esp. V, Taf. 6. — Sepp IV. 1. 10. — Wild. 376. — Pr. Taf. I, Fig. 6. — Esp. 5, Taf. VI, Fig. 7. — Porritt Month Mag. VIII, pag. 83.

Linearia, *Hb.* (Sch. Taf. 55, Fig. 11.) (Trilinearia, *Bkh.*) Blaß apfelgrün, fein weiß punktiert. Afterklappe, Nachschieber und Bauch rötlich. Kopf braunrot. Lebt in zwei Generationen an Eichen, Buchen und Heidelbeeren. Ziemlich häufig in Europa, Livland, Südrußland und Piemont. — Tr. VI. I. 367. — Sepp 2. Ser. II, Taf. 17. — OW. 376.

10. Gattung. Timandra, *Dup.*

Nur eine deutsche und eine sibirische Art.

Amata, *L.* Taf. 40, Fig. 13. (Sch. Taf. 55, Fig. 12.) (Amataria, *L.*) Ei gelb, später glänzend purpurrot. Raupe am vierten Ringe verdickt, von da nach vorn verschmälert, nach hinten gleichmäßig zylindrisch. Kopf vorn abgeplattet, fast viereckig, ohne Höcker. Grundfarbe braun; Mittellinie vom Nackenschild bis Afterklappe hell rötlichgrau, stellenweise mit dunkler Teilungslinie. Nebenlinien auf den ersten vier Segmenten deutlich, schwarz, auf den Kopf verlängert, vom fünften Ringe an sehr fein, hell rötlichweiß, auf jedem Segment gegen die Mittellinie eingebogen. Vom vierten bis achten Segment je zwei schwarze an der Mittellinie spitz zusammenstossende, vorn weißlich gesäumte Schrägstriche. Stigmenlinie breit rötlich weißgrau, unbestimmt begrenzt, auf den drei ersten, dann dem vierten bis achten Ring sehr deutlich, sonst nur angedeutet. Bauch dunkelbraun mit rötlichweißer feiner Mittellinie. Brustfüße außen weißgrau; Bauchfüße und Nachschieber außen mit weißlichen Längsstrichen. Warzen ohne Vergrößerung nicht sichtbar. 3 cm. Lebt im Juni, August und September am Ampfer (Rumex) und Melde (Atriplex) und verwandelt sich in einem leichten Gespinst zu einer hellbraunen Puppe, dunkel punktiert und gestrichelt, vorstehender, zweispitziger Kopfscheide, kegelförmigem zweispitzigem Cremaster. Entwicklung im Mai und Juli. Die Puppe der zweiten Generation überwintert. Fast in ganz Europa, Kleinasien, Armenien und Sibirien. — Tr. 6. I. 20. — Hb. J. b. — Frr. B. 2. 35, Taf. 60. — Sepp IV. 1. 25. — Esp. V. 7. 3. — Wild. 376. — Pr. Taf. I. Fig. 27.

11. Gattung. Ochodontia, *Ld.*

Nur eine in Sarepta und Armenien vorkommende Art.

Adustaria, *F. d. W.* (Sch. Taf. 55, Fig. 13.) (Sareptanaria, *Frr.*) Die Raupe ist ausgezeichnet durch die bedeutende Erweiterung der vorderen Segmente, welche vom ersten bis vierten Segment zunimmt; nach einer beträchtlichen Einschnürung zwischen viertem und und fünftem Segment ist der Körper von da bis zum Afterende gleichmässig zylindrisch. 2,3 cm lang. Die Einschnitte zwischen den Segmenten sind ziemlich stark. Kopf klein, schmäler als das erste Segment, mit schwacher Scheitelfurche, braun mit einem gelben Längsstrich auf jeder Hemisphäre. (Fortsetzung der Nebenrückenlinien.) Körperfarbe rotbraun; Rückenlinie fein, gelblich, doppelt, auf der vorderen Hälfte der mittleren Segmente unterbrochen. Nebenrückenlinien fein, gelblich, am vorderen Rand der Segmente fünf, zu einem gelblichen Schrägstrich nach hinten und unten abzweigend. Stigmenlinie vom fünften bis neunten Segment in gelbe Schrägstriche aufgelöst, welche mit den oben erwähnten Abzweigungen der Nebenrückenlinien parallel verlaufen. Der Schrägstrich auf Segment neun setzt sich bis zur Sohle der Bauchfüsse fort. Die weißen, braun umzogenen Stigmen sitzen am hinteren oberen Ende der Schrägstriche auf großen, flachen, warzigen Erhöhungen. Bauch heller als die Oberseite, mit einer gelblichen Mittel- und ebensolchen doppelten, feinen, unterbrochenen Nebenlinien. Brustfüße gelb, Bauch- und Afterfüße von der Körperfarbe. Afterklappe halbkreisförmig, braun, mit gelber Mittellinie, hinten in der Mitte tief und schmal eingekerbt. Warzen nur bei Vergrösserung sichtbar. (Nach einer präparierten Raupe von Dr. Staudinger.) Lebt nach *Rouäst* (Catalog. d. chen. europ. in d. Ann. S. Lin. 29, J. 1882, S. 339) im Juni und September an Evonymus europaeus.

12. Gattung. Pellonia, *Dup.*

Raupen sehr schlank, nach vorn etwas dünner werdend. Kopf vorn und an den Seiten abgeplattet, so breit wie das erste Segment, am Scheitel wenig eingeschnitten. Die drei ersten und drei letzten Segmente sehr kurz. Leben in zwei Generationen an niederen Pflanzen und verwandeln sich zu schlanken Puppen. Fünf Arten, darunter zwei deutsche.

Vibicaria, *Cl.* Taf. 40, Fig. 14. (Sch. Taf. 55, Fig. 14.) Stark querfaltig, gelbbräunlich oder grau, am Bauch weißlich oder weißgrau. Rückenlinie weiß, beiderseits braun eingefaßt, nur auf den drei bis vier ersten und namentlich den vier letzten Ringen deutlich, auf den mittleren Ringen verloschen. Die schwärzlichen, beiderseits unbestimmt weißlich eingefaßten Nebenrückenlinien sind nur auf den drei ersten Ringen deutlich, und setzen sich auf die Seitenkanten des grauweißen Kopfes fort. Seitenwulst ziemlich stark entwickelt, mit kleinen, steifen, gelblichen Dörnchen besetzt, besonders am vorderen Körperende, nebst der unmittelbar über ihm stehenden breiten Stigmenlinie weiß oder rötlichweiß, am unteren Rande fein, schwärzlichgrau begrenzt, besonders über den Hinterfüßen; diese sind wie die Brustfüße und der Bauch weißlich, letzterer zeichnungslos. Afterklappe halbkreisförmig, braungrau. Warzen fein, schwarz. (Nach einer lebenden Raupe.) 3 cm. Rollt sich korkzieherartig zusammen und lebt nach der Überwinterung im April und Mai von Ginster (Genista), Buphthalmum und anderen niederen Pflanzen und verwendelt sich in eine schlanke, gelbbraune Puppe mit kegelförmigem Cremanter, der an der Spitze zwei divergierende Häkchen trägt. Entwicklung im Juni und Juli. Verbreitet in Europa und Kleinasien. — Tr. 6. 2. 263. — Wild. 377. — Esp. 5, Taf. 3, Fig. 6 bis 7.

Calabraria, *Z.* Taf. 40, Fig. 15. (Sch. Taf. 55, Fig. 16.) Eier festgeklebt, länglich, an der Seite etwas eingedrückt, anfangs bläulich, später rötlich, zuletzt violett. 3,3 bis 3,5 cm lang, ziemlich gleich dick, wenigstens nur schwach nach vorn verdünnt. Kopf vorn platt, oben eingekerbt. Die Haut weist sehr feine, regelmäßige Querfalten auf. Warzen klein, weisslich, mit kurzen, schwarzen Börstchen, in sechs Längsreihen angeordnet. Jede der zwei auf dem Rücken befindlichen Warzenreihen läuft auf den letzten Segmenten in eine dicke, zusammenhängende, braune Längslinie aus, welche vor jedem Segmenteinschnitt durch einen kurzen schwarzen Längsstrich verstärkt ist. Gegen den After hin nähern sich beide Linien, jedoch ohne einander zu berühren. Ihre innere Ausfüllung ist licht holzfarbig. Gewöhnlich ist die Raupe gelbbraun, seltener gelbgrau, auf dem Rücken der mittleren Segmente mehr oder weniger verdunkelt; in dieser Verdunkelung zeigen sich mehr oder weniger deutlich einzelne helle Flecken, ein ovaler, vorn spitziger, am vorderen Rand der Segmente und auf ihn folgend ein grösserer, fast die ganze Breite des Rückens einnehmender, weniger heller Flecken; diese Flecken werden von der braunen, unterbrochenen und in den breiten Flecken sich gabelartig teilenden Rückenlinie durchschnitten. Seitwärts an der oberen Warzenreihe läuft, ihr parallel, zuweilen eine dunkle Längslinie (Nebenrückenlinie) hin. Zwischen ihr und der Seitenkante zeigt sich öfter eine undeutliche, gelbliche Längslinie. Bauch hellgrau, mit einer aus Flecken bestehenden, geschwungenen, dunklen Linie an jeder Seite und einer doppelten, dunklen, unterbrochenen Mittellinie. Die hinteren Füße sind seitwärts mit einem weißen, violett angelaufenen Strich versehen. Lebt im September und nach der Überwinterung im Mai an Besenpfriem, Sarrothamnus scoparius und wahrscheinlich auch an andern Ginsterarten. Verwandlung Ende Mai, Anfang Juni in einem grossen länglichen Gespinst im Moose oder in der obersten Erdschichte. Puppe 14 mm lang, schlank. Der Vorderrand der honiggelben Flügelscheiden stark geschwungen. Der dunklere Brustschild tritt etwas in die Höhe;

Rücken und Hinterleib gelbbraun, mit einfacher dunkler Mittellinie, welche auch das Brustschild teilweise durchzieht. Entwicklung nach drei bis vier Wochen im Juni und Juli. Südeuropa, Krain; in Deutschland im Rheinthal. — Led. Geom. 1853. 260. — B. Geom. pl. 2. — St. e. Z. 1878, S. 339. 79, S. 46. — Rössl. Faun. 168. — O. W. 377.

13. Gattung. **Rhyparia,** *Hb.*

Nur eine, auch in Moorgegenden Deutschlands vorkommende Art.

Melanaria, *L.* Taf. 40, Fig. 16. (Sch. Taf. 55, Fig. 17). Ei breit oval, oben abgestumpft, beiderseits stark eingedrückt, matt glänzend, weiss mit durchscheinendem grauem Embryo. Raupe 2,5 cm lang, schwarz mit doppelter gelber Mittel- und doppelten gelben Nebenlinien; auf dem fünften bis achten Ring sind die Nebenlinien bei manchen Exemplaren ganz oder fast ganz unterbrochen, wodurch grosse tiefschwarze Flecken an den beiden Seiten der Mittellinie entstehen. — Nackenschild schwarz, von der Mittellinie geteilt, vorn breit weiß gesäumt. Kopf hell kastanienbraun, unbezeichnet, schmäler als das erste Segment, am Scheitel schwach eingekerbt. Afterklappe stumpf dreieckig, schwarz. Warzen sehr klein, ohne Vergrösserung nicht sichtbar. Stigmenlinien sehr breit, weißgelb, von zwei unterbrochenen und geschlängelten, feinen, schwarzen Linien durchzogen. Stigmen groß, schwarz, von rostgelben, besonders an den drei letzten Segmenten sehr deutlichen Flecken und drei großen schwarzen Punkten mit kleinen Wärzchen umgeben. Bauch von einer breiten weißgelben Mittellinie und beiderseits zwei Seitenlinien durchzogen, von welchen die innere rötlichgelb und breit, die äußere weißgelb und fein ist; zwischen der letzteren und dem Stigmenstreif noch eine undeutliche, abgesetzte, gelbliche Längslinie; alle Füße rotbraun. Lebt im Mai an der Sumpfheidelbeere (Vaccinium uliginosum) und verwandelt sich an der Erde ohne Gespinst in eine braungelbe Puppe. (Wild. 378, Taf. 10. Fig. 4.) Entwicklung im Juli. Zerstreut in mehreren Gegenden Norddeutschlands, in den Alpen, im südlichen Frankreich, Schweden, Lappland, Rußland und Sibirien. — Frr. 7. 82, Taf. 649. — St. e. Z. 19. 379. — Pr. Taf. III, Fig. 6. — O. W. 378.

14. Gattung. **Abraxas,** *Leach.* (**Zerene,** *Tr.*)

Raupen schlank, aber von kräftiger Statur, nach vorn kaum dünner werdend. Ringeinschnitte seicht. Kopf wenig schmäler als das erste Segment, vorn etwas gewölbt, Scheitelfurche schwach. Zehn Arten, darunter fünf deutsche. Leben an Bäumen und Sträuchern und verwandeln sich teils zwischen Blättern, teils in der Erde zu lebhaft gefärbten Puppen.

Grossulariata, *L.* Taf. 40, Fig. 17. (Sch Taf. 55, Fig. 18.) Ei gelb, glatt, elliptisch, seitlich eingedrückt. Taf. 50, Fig. 76. Die Raupe weißgelb mit einer Reihe breit viereckiger, schwarzer Flecken über den Rücken; an den Seiten gelblich, mit einer doppelten schwarzen Punktreihe über den Füßen, zwischen welcher eine orangegelbe Stigmenlinie verläuft. Stigmen deutlich, schwarz. Bauch gelb mit zwei schwarzen Längslinien an den Seiten. Kopf, Brustfüße, Afterklappe und Nachschieber glänzend schwarz. Bauchfüße gelb, außen schwarzfleckig. Warzen ziemlich gross, schwarz, mit starken schwarzen Haaren, besonders an den drei ersten Segmenten besetzt. 3 bis 4 cm. Lebt im Mai, Juni an Stachelbeersträuchern, selten auf Prunus Padus, die sie oft ganz entlaubt, und verwandelt sich zwischen Blättern zu einer glänzend braunen Puppe mit gelben Ringeinschnitten (Wild. 378, Taf. 10, Fig. 5.) Entwicklung im Juli, August. Verbreitet in Europa, in der Türkei, Armenien und Sibirien. — Tr. 6. 2. 237. — Hb. O. 2. a. b. — Rsl. 1. 3, Taf. 3. — Sepp II. 1. 2. — Pr. Taf. III, Fig. 7.

Pantaria, *L.* Taf. 40, Fig. 18. (Sch. Taf. 55, Fig. 19.) 2,7 cm lang, gleichmäßig dick, gelb, mit schwarzer Mittel- und doppelten schwarzen Nebenlinien. Kopf, Nackenschild, Afterklappe, Nachschieber und Füsse hell kastanienbraun. Stigmenlinie schwarz, öfter unterbrochen. Stigmen schwarz, von feinen schwarzen Wärzchen umgeben. Über den Füßen ein breiter und an den Seiten des einfarbig gelben Bauches ein feinerer schwarzer Längsstreifen. Bei der Raupe der Var. Cataria, *Gn.*, sind von der schwarzen Mittellinie nur einzelne Striche auf den vorderen Segmenten übrig geblieben; die Nebenlinien sind gleichfalls in Striche aufgelöst, die Stigmenlinie, sowie die schwarzen Längsstreifen über den Füßen und an den Seiten des Bauches fehlen ganz. (Nach einer präparierten Raupe von Dr. Staudinger.) Lebt im Herbst an Eschen (Fraxinus excelsior et ornus), überwintert, und ist im Juni erwachsen. Verpuppung in Moos etc. ohne Gespinst. Die Puppe ist konisch, kurz, rötlich, an der Brust grünlich, glänzend. Entwicklung nach 15—20 Tagen. Schweiz, Frankreich, England Spanien, Piemont, Sizilien, Dalmatien. Die var. Cataria, *Gn.* in Südfrankreich. — Mill. Livr. 3. 141. pl. 6 (16). Fig. 1—3.

Sylvata, *Sc.* Taf. 40, Fig. 19. (Sch. Taf. 55, Fig. 20.) (Ulmata, *F.*) Raupe in der Jugend weißlich, fast ohne alle Zeichnung; erwachsen bläulichweiß, Rücken und Seiten etwas gelblich; Rückenlinie, die doppelten Nebenrückenlinien, die Stigmenlinie und die zwei Längslinien an den Seiten des Bauches breit und blauschwarz. Auf dem ersten Ringe stehen nur einige schwarze Punkte. Kopf- und Brustfüße glänzend schwarz. Bauch- und Afterfüße weiß mit ein paar schwarzen Flecken. Afterklappe schwarz. Warzen klein schwarz, Luftlöcher groß, schwarz, stehen in der schwarzen Stigmenlinie. Zuweilen ist die Grundfarbe mehr gelblich und die schwarzen Streifen sind sämtlich in kleine zerrissene Flecken aufgelöst; selten verschwinden auch diese fast gänzlich. (Beschreibung von A. Voelschow-Schwerin.) 2,4 cm. Lebt im August, September, an Ulmen, bei Wien und in Norddeutschland nur am Faulbaum (Prunus padus), läßt sich zur Verwandlung vom Baum an Fäden herunter, und verwandelt sich an der Erde unter Moos oder in einem sehr lockeren Erdgespinst zu einer schwarzbraunen Puppe, welche an trockenen Stellen stark weiß bereift erscheint. Entwicklung im Mai, Juni. Nicht überall, in Zentraleuropa, Livland, Schweden, Piemont, Südrußland, Armenien und Sibirien. — Tr. 6. 2. 240. — Hb. O. 1. a. b. — Frr. 2. 49, Taf. 125. — Wild. 379. — Pr. Taf. III, Fig. 8. — Sepp I. 5. — Stett. ent. Ztg. 1861, p. 302.

Adustata, *Schiff.* Taf. 40, Fig. 20. (Sch. Taf. 55, Fig. 21.) Dunkelgrün, auf dem Rücken des fünften bis siebten Ringes, zuweilen auch auf den folgenden Ringen bis zum elften Ringe je zwei rote, weiß oder gelblich gesäumte Punkte; an den Seiten des fünften und sechsten Ringes fleischfarbene, dunkelbraun gesäumte Flecken; Kopf braun, Stirn blaßgrün mit rötlichen Streifen, dunkelbraun eingefaßt. Außenseite der Bauchfüße, der drei Brustfüße und der Nachschieber rötlich. Warzen sehr klein. 3 cm. Lebt im August, September am Spindelbaum (Evonymus europaeus) und verwandelt sich zwischen Blättern zu einer rotbraunen Puppe. Entwicklung Ende April bis Juli. Nicht selten im Zentral- und südlichen Europa, Rußland, Schweden, Kleinasien und Armenien. — Tr. 6. 2. 225. — Hb. 2. L. a. — Frr. 2. 10, Taf 102. — Wild. 379.

Marginata, *L.* Taf. 40, Fig. 21. (Sch. Taf. 55, Fig. 22.) Dunkel grasgrün mit helleren Ringeinschnitten, drei feinen, dunklen Rückenlinien und einer breiten, gelblichen Längslinie an den Seiten; Kopf hellgelb mit dunkelbraunem Mittelstriche auf jeder Hemisphäre. Warzen sehr deutlich, schwarz. 3 cm. Lebt in zwei Generationen im Juni, August und September an Pappeln, Weiden, Espen und Haseln. Entwicklung im Mai und wieder im Juli, August. Häufig fast in ganz Europa bis Sibirien. — Tr. 6. 2. 231. — Hb. N. b. — Wild. 379.

15. Gattung. **Bapta**, *Stph.*

Raupen walzig, gleichmäßig dick, höchstens nach vorn und an dem ersten Segmente etwas verschmälert, glatt, Kopf ohne Auszeichnung. Leben an Bäumen und Sträuchern und verwandeln sich an der Erde mit oder ohne Gespinst zu Puppen.

Pictaria, *Curt.* (Sch. Taf. 55, Fig. 24.) Nach *Rössler* rundlich, mittelmäßig schlank, nach dem Kopfe zu etwas verdünnt. Kopf halbkugelförmig; am Ende des vorletzten Rings ein etwas erhöhter, querlaufender, schwärzlicher Wulst. Grundfarbe hell leberbraun, licht grau die hintere Hälfte des achten und neunten Ringes, noch heller grau die aus zwei feinen Parallelen bestehende, oft unterbrochene Rückenlinie. Dunkelrotbraun sind die ersten Hälften des achten und neunten Ringes, zwei Schiefstriche, welche von hinten her nach dem zweiten und dritten Paare der vorderen Füße laufen, sowie kleine, unregelmäßige Striche und Punkte. Schwärzlichbraun ist auf dem sechsten, siebten, achten und neunten Ring eine zwischen den beiden Rückenlinien am Ende jedes dieser Segmente stehende X förmige Zeichnung. Die Luftlöcher sind licht orangegelb eingefaßt. Ihr sicherstes Erkennungszeichen ist die Schattierung des siebenten und achten Ringes, durch zwei im Gegensatz stehende Farben. Lebt im Juni an Schlehen und verwandelt sich auf der Erde unter Laub. Die Puppe überwintert. Entwicklung Mitte Juni. Vereinzelt im südlichen und westlichen Deutschland, in der Schweiz, Frankreich, England und Kastilien. — Wild. 380. — Rössl. F. 131; Wr. Mts. 1862, p. 212.

Bimaculata, *F.* (Sch. Taf. 56, Fig. 1.) (Taminata, *Hb.*) Nach *Rössler* mittelmäßig schlank, rund, gleich dick; anfangs weißlich, dann hellgrün mit zwei weißen Nebenrückenlinien; Rücken dunkler grün. Später sind die Nebenrückenlinien gelb. Rote unregelmäßig gestaltete Flecken in der dunkelgrünen Rückenfläche an beiden Körperenden. Derjenige auf der Mitte des letzten Ringes, auffallend durch Größe und breitovale Form, schiebt die Nebenlinien auseinander. Auch der Kopf ist bei einigen rot gesprengelt. Unter der Lupe sind die Luftlöcher als rote Punkte sichtbar. Rückenlinie ganz fein dunkelgrün. Einige Raupen waren ganz braunrot, die Nebenlinien in gelbe Flecken an den Einschnitten aufgelöst, oder hatten auf der Spitze stehende rote, rautenförmige Rückenflecken. Lebt im Juni, nicht an Eichen, sondern an Pflaumen, besonders an Prunus avium. Verwandlung in oder auf der Erde. Entwicklung im Mai. Selten, in Zentraleuropa, Italien, Livland, Rußland und Kleinasien. — Rössl. F. S. 130. — Delahaye Bull. Soc. Fr. 1888, p. 137.

Temerata, *Hb.* Taf. 40, Fig. 22. (Sch. Taf. 56, Fig. 2.) Samtartig grün mit einem rotbraunen, seitlich dunkelbraun gesäumten, vom vierten Ringe ab in der Regel in Flecken aufgelösten Rückenstreifen; Bauch weißgrün. Kopf grün, jederseits mit einem braunroten, dunkelbraun gesäumten, nach unten spitz zulaufenden Flecken. Nackenschild und Afterklappe hellbräunlich; Brustfüße braun, Bauchfüße grün. Warzen sehr klein, braun. 3 cm. Lebt im August an Kirschen, Pflaumen, Rosen, Weiden, Birken und Eichen. Entwicklung im Mai, Juni. Mittleres Europa, Livland, Mittel- und Norditalien, Ural. — Tr. VI. 2. 246. — VII. 223. — Frr. I. 52, Taf. 84. — Wild. 380. — Pr. Taf. III, Fig. 9.

16. Gattung. **Stegania,** *Dup.*

Raupen schlank, gleichmäßig zylindrisch. Bauch- und Afterfüße einander sehr genähert. Kopf ziemlich so breit wie das erste Segment, mit seichter Scheitelfurche. Leben auf Bäumen (Pappeln) und verwandeln sich in einem weitmaschigen Gespinst an der Erde oder zwischen Blättern. Fünf Arten, darunter zwei deutsche.

Trimaculata, *Vill.* Taf. 40, Fig. 23. (Sch. Taf. 56, Fig. 3.) Zylindrisch, nach vorn kaum verschmälert, auf dem Rücken und an den Seiten grün, unten ins Violette ziehend. Rückenlinie weiß, rotbraun gesäumt, in der Mitte jedes Ringes ein wenig erweitert. Nebenlinien weißlich, auf jedem Einschnitt unterbrochen. Stigmenlinie weißgrün, wenig deutlich. Stigmen weiß, fein rötlich eingefaßt. Bauch ohne bestimmte Linien. Warzen kaum sichtbar. Kopf weingelb, die beiden Hemisphären innen und oben rötlich gerandet, wodurch ein x-förmiger Fleck entsteht. Brustfüße blaßbraun, Bauchfüße grün. 2,5 cm. (Millière I, S. 65 und nach einer präparierten Raupe von Dr. Staudinger.) Lebt im Mai und in zweiter Generation im Herbst an Pappeln (Populus alba). Verpuppung in der Mitte eines zusammengefalteten Blattes, wo die Puppe mit braunen Seidenfäden befestigt ist. Puppe von gewöhnlicher Form, braun, mit zwei auseinander stehenden Spitzen am Hinterleibsende. Entwicklung im April und Anfang Mai bis Juli, sowie im September. Südliches Krain, Tirol und Schweiz, Frankreich, Spanien. — Mill. Ic. pl. 6, Fig. 7—12.

Dilectaria, *Hb.* (Sch. Taf. 56, Fig. 4.) In der Jugend blaßgrün mit scharf gezeichneter roter Rückenlinie, welche sich auf dem Kopfe gabelt. Erwachsen apfelgrün, in den Segmenteinschnitten gelb, mit weißlicher, von zwei blaßroten Streifen eingefaßter Dorsallinie, welche sich undeutlich auf die beiden Hälften des Kopfes fortsetzt. Körper ca. 2 cm lang, gleichmäßig dick, schlank; auf jedem Segment an beiden Seiten der Dorsallinie sind je zwei schwarze mit kurzen Borsten besetzte Wärzchen; auch finden sich einzelne Borsten an den Seiten. Kopf herzförmig, blaßbräunlich. Stigmen oval, weiß, braun umzogen. Bauch weißlich. Brustbeine wie der Kopf gefärbt. Eine von Herrn Habich erhaltene präparierte Raupe zeigt auch deutliche gelbliche Nebenrückenlinien; der Kopf ist rötlichbraun mit gelblichem Stirndreieck. Die Afterfüße haben eine nach hinten gerichtete kleine Spitze; eine solche findet sich auch in der Mitte des unteren Randes des letzten Segmentes. Afterklappe dreieckig, an der Spitze abgestutzt. Lebt in zwei Generationen im Juni, Juli und im September an Populus alba. Verpuppung an der Erde in einem weitmaschigen Gespinst. Puppe schwarzbraun, kolbig mit gegabelter Spitze am Cremanter und hervortretenden Rippen auf den Flügelscheiden. Entwicklung im Juni und August. Bei Wien und in Ungarn. — Habich, W. e. Z. 1884, p. 245. — Schernhammer III. Jahresb. des W. e. V. 1892, p. 22.

17. Gattung. **Cabera,** *Tr.*

Raupen gestreckt, gleichmässig walzig; Kopf fast so breit wie das erste Segment, vorn flach, die Hemisphären aber ziemlich stark gewölbt, mit tiefer Scheitelfurche. Bauch- und Afterfüße sehr genähert. Afterklappe mit zwei kleinen Spitzen. Leben auf Sträuchern und verwandeln sich in der Erde zu Puppen, die überwintern.

Pusaria, *L.* Taf. 40, Fig. 24. (Sch. Taf. 56, Fig. 6.) Hellgrün oder gelbgrün mit gelblichen Ringeinschnitten und feinen gelblichen Rückenlinien, am vorderen Rand des fünften bis achten Ringes mit einem breiten, rötlichen, beiderseits weiß gesäumten Tupfen. Kopf rund, grüngrau, außen schwarz gesäumt. Brustfüße braun, Bauchfüße und Nachschieber außen mit braunem Strich. Warzen äußerst klein. Eine Varietät ist rotbraun und zeigt die weißen Fleckchen am vordern Rand der mittleren Segmente besonders deutlich. 3 cm. Lebt vom Juli bis September an Birken und Erlen und verwandelt sich in einem Erdgespinste in eine schlanke bräunliche Puppe mit stark genarbtem Endsegment, konischem Cremanter mit 2 Häkchen an der Spitze. Entwicklung im Mai bis Juli. Häufig, in Zentral- und südlichem Europa, Rußland und Sibirien. — Tr. 6. 1. 344. — Hb. P. b. — Fr. 3. 159, Taf. 144. — Sepp V. Il. 30. — Esp. 5. 31. — Rtzb. 2. 194. — Wild. 380. — Pr. Taf. III, Fig. 13.

Exanthemata, Sc. (Sch. Taf. 56, Fig. 7.) Raupe einfarbig gelbgrün, oder weißlichgrün, wie mehlartig bestaubt. Kopf mit ziemlich stark gewölbten Hemisphären, unbezeichnet. Nackenschild, Afterklappe, Füße von der Körperfarbe. Luftlöcher sehr klein, blaßbraun. 2,0 cm. (Newm. Br. Moths. S. 85.) An einer von Herrn Gleißner erhaltenen präparierten Raupe lassen sich eine undeutliche weißliche, dunkler gesäumte Rückenlinie und zwei ebenso undeutliche, mehr weißgelbliche Nebenrückenlinien unterscheiden. Die stumpfdreieckige Afterklappe ist in der Mitte deutlich vertieft. Lebt im Herbst an Laubhölzern und verwandelt sich in eine gelbbraune Puppe mit dunklem Cremanter in leichtem Gespinst. Entwicklung vom Mai bis August. Ebenso häufig und verbreitet als die vorige. — Tr. VI. I. 346. — Wild. 381. — Hb. Pb. 1. a. b. (Strigaria). — Lyonet. rech. s. l'Anat. 1832. Taf. 26, Fig. 6— 10. S. 265.

18. Gattung. **Numeria,** *Dup.*

Raupen schlank, walzig, stielartig steif, auf dem neunten Ringe kegelförmig erhöht, mit herzförmig eingeschnittenem Kopfe. Drei Arten, darunter zwei deutsche.

Pulveraria, L. Taf. 40, Fig. 25. (Sch. Taf. 56, Fig. 8.) 3,0 cm. Grundfarbe purpurbraun, in ockerfarbig variierend; Stigmenlinie weißgelb. Auf dem Rücken jedes Segmentes von fünften an, steht ein Paar kleiner, vorn lichter, hinten dunkler, etwas erhabener Punkte (Warzen); auf dem Rücken des neunten Segmentes sind diese Warzen sehr groß, vom zehnten bis zwölften Segment wieder kleiner, besonders klein auf dem zehnten und zwölften; die drei letzten Segmente zeigen außerdem auf dem Rücken dunkle, pfeilspitzenähnliche Zeichnungen, welche nach außen ockergelb gesäumt sind. Bauch purpurbraun, jederseits mit ockerfarbenen Flecken, zwischen den dunkelbläulichgrünen Füßen gelblich, manchmal mit heller Mittellinie. Kopf zweispaltig, hellockerfarbig, besonders vorn. Lebt im Juli, August an Weiden und Heckenkirschen. Verwandelt sich in der Erde oder in einem Gespinst zwischen Blättern und Moos zu einer gelbbraunen Puppe mit dunkelem stark chagriniertem Cremanter mit zwei seitlichen und zwei Endhäkchen (Roghf.). Entwicklung in zwei Generationen im April, Mai und Juli. Häufig in Zentral- und südlichem Europa, Piemont, Bulgarien, am Ural und am Altai. — Tr. 6. 1. 309. — Hb. G. b. — Wild. 381. — Pr. Taf. III, Fig. 10. — Sll. Manual of Br. Butt. a. M. Vol. II. S. 59. — Newm. Br. M. S. 90. — Zoologist 22. 1864. 8970.

Capreolaria, F. (Sch. Taf. 56, Fig. 9). Gelbbraun; an beiden Seiten des Rückens zieht ein schwärzlicher Längsstreif, in welchem in jedem Einschnitt noch ein schwärzerer Punkt oder Fleck steht (Nebenrückenlinien). In jeder Seite ist ein schmaler blaßgelber Streif (Stigmenlinie?). Kopf herzförmig, grau, oben mit schwarzer Einfassung. Nach Millière Nat. Sic. IV. 1884/85, S. 13 hat die Raupe zwei Paar Bauchfüße, von welchen das erste Paar kürzer und rudimentär ist, wie bei den Raupen der Gattung Ellopia, in welche sie Millière auch stellt. Lebt Mitte Mai auf Fichten, verpuppt sich in demselben Monat zwischen den Nadeln in einem lockeren Gewebe. Entwicklung Ende Juni, anfangs Juli. — Süddeutschland, Schlesien, Schweiz, Frankreich, Piemont, Griechenland. — Tr. VI. I. 306. — O. W. 381.

19. Gattung. **Ellopia,** *Tr.*

Nur eine im mittleren und nördlichen Europa, und eine in Corsika vorkommende Art, deren Raupe nicht bekannt ist.

Prosapiaria, L. Taf. 41, Fig. 1. (Sch. Taf. 56, Fig. 10 a. b.) (Fasciaria, *Schiff.*) 2,5 cm lang, gleichmäßig zylindrisch; ausgezeichnet durch zwar unvollkommene, aber mit einem vollständigen Kranz von Häkchen versehene Bauchfüße am achten Segmente (daher zwölffüßig). Kopf so breit wie das erste Segment mit sehr schwacher Scheitelfurche, hellbraun, fein schwarz getüpfelt, manchmal mit zwei größeren schwarzen Fleckchen oberhalb des Stirndreieckes. Körper rötlichbraun; Rückenlinie besteht aus zwei feinen schwarzen Linien, welche auf den Segmenteinschnitten parallel und nahe beisammen sind, auf dem Rücken der Segmente aber in der vorderen Hälfte derselben verschwinden, um in der hinteren Hälfte als schwarze gegen die Segmenteinschnitte hin konvergierende Schrägstriche wieder zu erscheinen. Nebenrückenlinien breit, hellgelb, auf jedem Segment etwas nach außen gebogen. Von den Warzen sind die zwei hinteren auf dem Rücken jedes Segments, vom vierten anfangend, groß, erhaben, an der Spitze schwarz. Auf dem ersten Segment stehen vier schwarze Längsstriche dicht neben einander als die Anfänge der Rückenlinie und der Nebenrückenlinien. Afterklappe rötlichbraun, stumpf dreieckig, an der Spitze ein wenig eingekerbt; eine deutliche Stigmenlinie ist nicht vorhanden, doch ziehen sich vom vierten Ringe an aus den Nebenrückenlinien gelbe nach vorn und unten zum Seitenwulst verlaufende Schrägstreifen. Stigmen groß, rund, schwarz gerandet. Längs des Seitenwulstes steht eine Reihe einzelner, nach abwärts gerichteter, gelbbrauner Borsten. Bauch weißgelb mit großen braunen Warzen (zwei auf jedem Segment) und Andeutungen von braunen Längslinien. Brustfüße hellgelbbraun, an den Spitzen schwarz. Bauch- und Afterfüße außen hellbraun, innen gelblich. (Nach lebenden Raupen.) Die Raupe scheint sehr zu variieren in Schärfe und Deutlichkeit der Zeichnung und in der Färbung; Millière bildet auf pl. 31 eine einfarbig dunkelbraune und eine ebensolche mit breitem gelbgrünem Seitenstreif (Stigmenstreif) ab. Die Raupe gebraucht beim Sitzen in der Ruhe auch die Vorderbeine, sitzt also nicht weggestreckt, und lebt in zwei Generationen im Juni, und wieder im August, September an Föhren und Fichten (namentlich var. Prasinaria, *Hb.*) und verwandelt sich in einem leichten Erdgespinnst in eine glänzend braune Puppe mit abgestutztem Cremanter mit zwei seitlichen Häkchen, die nach achtzehn Tagen den Falter im April, Mai liefert. (Rghf.) II. Generation im Juli. — Tr. VI. 1. 95 und 97., X. 2. 175. Hb. V. 1. Q. a. b. — Esp. Suppl. Taf. 90, Fig. 1—2. — Sepp IV. 1. 50. — Mill. 36. 1—3. — Fuchs Stett. ent. Z. 1873, S. 143. — Wild. 382. — Zoologist 1861, 7323.

20. Gattung. Metrocampa, *Latr.*

Raupen denen der Catocalen ähnlich, schlank, am Rücken gewölbt, am Bauch flach, an den Seiten über den Füßen mit einer zusammenhängenden Reihe kurzer häutiger, beiderseits gefranster Fortsätze (Wimpern) versehen, zwölffüßig; das dritte Bauchfußpaar viel kleiner als das vierte; an Stelle des ersten und zweiten je zwei größere Warzen. Kopf groß, so breit wie das erste Segment. Haltung der Raupen in der Ruhe wie bei Ellopia. Leben in zwei Generationen an Laubholzbäumen und verwandeln sich in einem leichten Gespinst. Puppen der zweiten Generation überwintern. Zwei, auch in Deutschland vorkommende Arten.

Margaritaria, *L.* Taf. 41, Fig. 2. (Sch. Taf. 56, Fig. 12.) Raupe 2,6—4,0 cm lang, dunkelolivengrün oder rötlich graubraun mit einer dunkeln Rückenlinie, an deren Seiten auf jedem Ring zwei erhabene weißgraue, mit je einem grauen Härchen besetzte Wärzchen stehen; über den Füßen eine dunkle, oberwärts verwaschene Längslinie; Bauch und Füße grau. Kopf schwarz. Ist nach Groß (Steyr) eine sog. Mordraupe. Soll nach Mohr, Societas entom. II, 1887, S. 83 nur von Flechten (an Eichen) leben. Lebt im August, September an Eichen, Buchen, Hainbuchen etc. und verwandelt sich im Frühjahr an der Erde in einem leichten Gespinst in eine schlanke rötlichbraune Puppe. Entwicklung nach 24 Tagen im Juni, Juli. Mitteleuropa, Schweden, Nord- und Mittelitalien, nordöstliche Türkei. — Hb. V. 1. A. b. — Tr. VI. 1. 92. — Sepp II. 2 Ser. 1. 46. — Sepp Suppl. Taf. 94, Fig. 6 (Sesquistriataria). — O. W. 383. — Newm. Br. M. 53.

Honoraria, *Schiff.* Taf. 41, Fig. 3. (Sch. Taf. 56, Fig. 13.) Rötlichgrau, auf dem Rücken steht am Ende jedes Segmentes ein schwärzlicher von einem kurzen weißen Längsstrich geteilter Flecken (unterbrochene Rückenlinie). Nackenschild und Afterklappe von der Körperfarbe; Warzen weiß, erhaben; Kopf schwarz. Nebenrückenlinien und Stigmenlinien kaum angedeutet; Stigmen groß, weiß, schwarz gerandet. Bauchfläche scharf abgeschnitten, weiß; Brustfüße schwarz; Bauch- und Afterfüße von der Körperfarbe. 4 cm. Lebt im Juni und im August, September an Eichen. Puppe mit zwei am Ende auswärts gekrümmten Dornen und jederseits zwei Häkchen an dem gerieften stielförmigen Cremanter, rotbraun. (Wild, 383, Taf. 10, Fig. 6.) Entwicklung im Mai und Juli. Süd- und Mitteldeutschland; Schweiz; mittleres Frankreich, Belgien, Holland, Catalonien, Piemont, Dalmatien. — Tr. VI. 1. 90. — Mill. 124. 8—11.

21. Gattung. Eugonia, *Hb.* (Ennomos, *Tr.*)

Raupen schlank, nach vorn etwas dünner werdend, mit wulstigen oder spitzigen Auswüchsen (aus den starkentwickelten Warzen hervorgehend) versehen. Kopf groß, breiter als das erste Segment, Leben im Sommer an Laubholz und verwandeln sich in einem dünnen Gespinste. Sieben Arten, bis auf eine südrussische sämtlich in Deutschland vorkommend.

Quercinaria, *Hufn.* Taf. 41, Fig. 4. (Sch. Taf. 56, Fig. 14.) (Angularia, *Bkh.*). Ei flaschenförmig, grün mit bräunlichem Rande. Taf. 50, Fig. 77. Raupe 4,0—4,5 cm lang, rotbraun; Kopf dunkelbraun mit einem helleren Querstreif über den Mundteilen; eine doppelte Rückenlinie und die einfachen Nebenrückenlinien sind nur als hellere Streifen angedeutet, am deutlichsten am Vorderrande des ersten Segmentes (Nackenschild) als vier weißgelbe Fleckchen. Warzen stark entwickelt, schwarz, an der Basis nach außen mit kleinen strichförmigen gelblichen Fleckchen versehen; auf dem Rücken des fünften Segmentes bildet das hintere Warzenpaar einen ziemlich hohen schwarzen Querwulst, welcher sich auf dem achten Segment wiederholt; am sechsten Segment bildet das hintere Warzenpaar zwei getrennte kleine Querwulste, auf dem elften Ring das vordere Paar zwei schwarze nahe beisammenstehende Spitzen. An den Seiten ist eine Stigmenlinie nicht zu sehen; dagegen steht am fünften und sechsten Ring dicht hinter dem Stigmen je ein schwarzer, oben mit einem gelblichen Fleck versehener, ziemlich großer Höcker. Stigmen, groß, gelb, schwarz gesäumt. Bauch grau; Brustfüße braun; Bauch- und Afterfüße, sowie die Afterklappe von der Körperfarbe. Eine seltene Abänderung der Raupe ist grün und ohne Rückenwülste. (Spr. Stett. e. Ztg. 1883, p. 350). Lebt im Mai, Juni an Linden, Eichen, Buchen etc. und verwandelt sich zwischen Blättern in leichtem Gespinste. Puppe mattgrün, fein gerieselt, mit länglichem Cremanter, an der Spitze mit vier größeren und seitlich je zwei kleineren braunen Häkchen (Rghf.). Entwicklung August bis Ende September. Mitteleuropa, Schweden, Livland, Italien, Corsika, Dalmatien. — Hb. V. 1. D. a. — Tr. VI. 1. 69. — Sepp IV. 1. 41. — O. W. 383. — Newm. Br. M. 58.

Autumnaria, *Wernb.* Taf. 41, Fig. 5. (Sch. Taf. 56, Fig. 15.) (Alniaria, *Esp.*) Eier (Ann. Fr. 1884, Taf. V, Fig. 7) tonnenförmig, grünlichbraun mit scharf weißem Rande, in Reihen abgelegt. Raupe 5—6 cm lang, braungrau; die doppelte Mittellinie, einfach feine Nebenrückenlinien und ebensolche Stigmenlinien sind in dem breiten schwarzen Vorderrand des ersten Segmentes (Nackenschild) als feine gelbliche Striche scharf und deutlich; auf den übrigen Segmenten ist die Mittellinie nur durch kleine gelbliche Flecken in der hinteren Hälfte der Ringe angedeutet; die Nebenrückenlinien bilden undeutliche, hellere, innen schwärzlich beschattete gebogene Längslinien. Die Stigmenlinien setzen sich als undeutliche schwärzliche Streifen an den Seiten fort. Auf dem Rücken des fünften Segmentes befindet sich ein wie bei der vorigen Art beschaffener Querwulst; auf dem achten Segment sind die zwei hinteren, auf dem elften die zwei vorderen Warzen zu schwarzen Spitzen entwickelt; an den Seiten des fünften und sechsten Segmentes stehen ebensolche Höcker wie bei Quercinaria; zwischen diesen seitlichen Höckern des sechsten Segmentes steht am Bauche eine Querreihe von sechs etwas erhabenen schwarzen Warzen. Luftlöcher gelblichweiß, braun geringt. Kopf hell gelbbraun, dunkelbraun getupft, besonders nach unten zu, mit einem weißlichen, in der Mitte unterbrochenen Querstrich über den Mundteilen. Bauch ebenso gefärbt wie der Rücken, mit einer undeutlichen, unterbrochenenen, gelblichen, an den Seiten schwärzlich eingefaßten Mittellinie, zwischen den Bauch- und Afterfüßen hellgelblich; jene sind braun, außen mit gelbrötlichem Längsstrich; die Afterfüße haben einen horizontal nach hinten gerichteten breiten Dorn. Brustfüße braun; über ihrer Basis drei unbestimmte große gelbrötliche Flecken. Afterklappe von der Körperfarbe. — Lebt von Juni bis August an Schlehen, Erlen, Eichen etc. Puppe schlank mit einem Stachel am kegelförmigen Afterstück; grünlichweiß oder gelblichweiß, fein dunkel gestrichelt und ein wenig bläulich beduftet, Falter im August, September, selbst noch im Oktober. Mitteleuropa, Schweden, Livland, Piemont. — Bkh. V. 83. — Tr. VI. 1. 79. — Stett. ent. Z. 1859. 361. — Hb. I. D. b. (Alniaria). — Roesl 13. 3, Taf. 3. 1. — Wild. 384. — Hellins. M. M. III. p. 162. — Ent. Tydsch. XIII. 236.

Alniaria, *L.* (Sch. Taf. 56, Fig. 16.) (Tiliaria, *Bkh.*; Canaria, *Hb.*) Ei birnförmig, dunkelbraun. Taf. 50, Fig. 78. Raupe 4,3 cm lang, dunkelbraun oder rötlichbraun; von der typischen Zeichnung ist nur wenig zu erkennen, die Rückenlinie ist nur hie und da durch kleine gelbliche Fleckchen oder Strichelchen angedeutet. Nebenrückenlinien und Stigmenlinien kaum zu erkennen. Nackenschild und Afterklappe nicht ausgezeichnet. Die Warzen sind an einigen Ringen zu mehr weniger großen kegelförmigern Höckern entwickelt, so an den Seiten des zweiten Ringes die beiden äußersten Warzen, auf dem fünften Ring das hintere Warzenpaar und je eine seitliche Warze, auf dem sechsten Ring zwei seitliche und zwei an der Bauchfläche, auf dem achten und neunten Ringe das hintere (am achten Ring auf einem starken Querwulst stehend) und auf dem elften das vordere Warzenpaar; die übrigen Warzen sind klein, dunkelbraun. Stigmen groß braun, dunkelbraun gesäumt. Kopf braungrau mit einem weißen, schwarz gesäumten Querstrich. Am Bauch sind eine doppelte gelbliche, feine Mittellinie und einfache, feine gelbe Seitenlinien bemerkbar. Brustfüße braun; Bauch- und Afterfüße außen gelblich gesprengelt. Lebt im Juni und Anfang Juli auf Birken und Erlen Linden u. a.

Puppe auf dem Rücken höckerig, uneben, mit kegelförmigem, feinspitzigem Cremanter, dunkelbraun. Falter vom Juli bis September. Mitteleuropa, Schweden, Livland, Piemont. — Esp. 5. Taf. 9, Fig. 1. 2. — Hb. V. 1. D. b. — Tr. VI. 1. 79. — Rsl. 1. 3. t. 3. — Sepp. 1. 6. 7. — O. W. 384. — Stett. ent. Z. 1859, p. 354. — Pr. t. IV. f. 14.

Fuscantaria, *Hw.* (Sch. Taf. 56, Fig. 17.) Eier fast viereckig, mit gerundeten Ecken; sie sind reihenweise dicht zusammengedrängt an den Zweigen von Eschen befestigt; die junge Raupe ist undurchsichtig dunkelgrün, wird mit dem Alter heller, und ist ausgewachsen einfarbig blaßgrün mit kaum einer Spur von Zeichnung (Newman). Eine von Dr. Staudinger erhaltene präparierte Raupe ist 3,5 cm lang, rötlichbraun, fein bleichgelb getupft, und läßt auch fast keine Zeichnung, mit Ausnahme der auf den vorderen Ringen schwach angedeuteten gelben Nebenrückenlinien erkennen. Die Warzenreihe auf dem zweiten Ring ist in zwei schwarze schräg nach abwärts zwischen erstem und zweitem Fußpaar verlaufende Querwülste verwandelt, welche in der Mittellinie von einander getrennt sind; auf dem fünften Ring ein schmaler brauner Querwulst (hinteres Warzenpaar) und je ein seitlicher schwarzer aus je zwei Warzen bestehender Höcker; ein ebensolcher an den Seiten des sechsten Segmentes, auf dessen Bauchseite überdies vier schwarze erhabene Warzen stehen; auf dem achten Ring wieder ein dunkelbrauner Querwulst (hinteres Warzenpaar) und auf dem elften zwei kleine, schwarze, wenig erhabene Wärzchen. Alle übrigen Warzen klein, weißlich. Nackenschild und Afterklappe nicht besonders gezeichnet. Stigmen groß, oval, weißlich, nicht dunkel geringt. Bauch einfarbig wie der Rücken; Brustfüße dunkelbraun, Bauch- und Afterfüße von der Körperfarbe. Kopf rötlichbraun, bleichgelb getupft, über den Mundteilen schwarz. Lebt im Juni an Eschen, in deren Blätter sie runde Löcher frißt. Die Puppe hängt in einem aufgerollten Blatt, ist weißgrün mit runzeligen Ringen; der kegelförmige Cremanter mit vier braunen Häkchen am Ende und je zwei kleineren an der Seite (Rghf.). England, Holland, Nordfrankreich, Schweiz; in Deutschland selten, so bei Hamburg, in Ostpreußen, Lausitz, auch bei Wien und Troppau. — Sepp 2. Ser. III. t. 38. — Newm. Br. Moths 56. — Gn. Phal. pl. 2, Fig. 4 e. — Torge Stett. e. Z. 1880, p. 213. — Hellins M. M. I. 187; III. 59. — Tijdschr. v. Ent. XIII. 180.

Erosaria, *Bkh.* Taf. 41, Fig. 6. (Sch. Taf. 56, Fig. 18.) Raupe gleichmäßig dick, 2,5 cm lang. Kopf groß, breiter als das erste Segment, mit kleinem, vertieft liegendem Stirndreieck und langer, ziemlich tiefer Scheitelfurche; über den Mundteilen ein weißer, oben dunkelgesäumter Querstrich und ein weißer runder Fleck auf der Höhe jeder Hemisphäre. Körper braun, rindenfarbig, auf den ersten Segmenten rötlichbraun; Nackenschild braun, mit zwei feinen gelblichen Seitenlinien; am zweiten Segment beiderseits ein brauner, mit einem gelben länglichen Fleck gezierter schwacher Seitenwulst; am vierten Segment zwei veilgraue Nebenrückenlinien und der Anfang einer ebensolchen Mittellinie, welche auf dem fünften, sechsten, siebten und teilweise noch auf dem achten Ring sich zu einem großen, die ganze Rückenfläche einnehmenden, veilgrauen Fleck erweitert. (Bei manchen Exemplaren fehlen diese Erweiterungen der dunklen Rückenlinie, und ist diese, wie die Nebenrückenlinien, durch die helle gelbliche Einfassung dieser Linien wenigstens stellenweise angedeutet.) Am fünften Segment ein ziemlich hoher, aber schmaler, die beiden hinteren Rückenwarzen tragender Querwulst, vor dem ein großer ockergelber Flecken steht; an den Seiten des fünften bis sechsten Ringes große, braune, kegelförmige Hervorragungen; am achten Ring wieder ein schmaler, beiderseits eine Spitze bildender Querwulst und je ein kleinerer, schwacher, seitlicher Höcker. Die Warzen ziemlich groß, etwas erhaben, besonders auf dem elften Ring, sind schwarz, an der Basis weiß gerandet. Afterklappe von der Körperfarbe, mit weißen Warzen. Stigmen braun; die Stigmenlinie fehlt oder ist nur angedeutet. Bauch mit großen, verwischten, veilgrauen Mittelflecken, zwischen den hinteren Füßen gelblich; am sechsten Ring mit einer Reihe von vier etwas erhabenen Warzen. Brustfüße braun, Bauch- und Afterfüße braun, veilgrau gesprengelt. (Nach einer lebenden Raupe.) Lebt im Juni, Juli an Eichen, Linden, Hainbuchen, Birken etc. Puppe mit vier feinen Häkchen an der Seite, zwei etwas längeren, auswärts gebogenen am Ende des kegelförmigen Cremanter; grüngelb oder gelbbraun. (Rghf.) (O. W. 385, Taf. 10, Fig. 7.) Entwicklung im August, September. Mitteleuropa, Schweden, Livland, Piemont, Andalusien, südöstliches Rußland. — Esp. 5, Taf. 10, Fig. 5, 6. — Hb. V. 1. D. a. — Tr. VI. 1. 73. — Tr. X. 2. 172. — Sepp. IV. t. 23. — Pr. t. III. Fig. 15. — Frr, 216.

Quercaria, *Hb*. (Sch. Taf. 56, Fig. 19.) Rötlichgrau, Kopf abgerundet; Nackenschild und Afterklappe von der Körperfarbe, ersteres etwas heller; Warzen sehr klein, schwarz. Auf dem Rücken des fünften und achten Segmentes ein dunklerer, ziemlich starker Querwulst; auf dem elften Ring zwei kleine, dunkle Spitzen (vorderes Warzenpaar); an den Seiten des zweiten, fünften und sechsten Segmentes ist ein kleiner, dunkler Höcker, am schwächsten am zweiten Segment; Bauchseite und Füße von der allgemeinen Körperfarbe. 3 bis 4,7 cm. (Nach einer präparierten Raupe von Heyne.) Lebt bis Juli auf Eichen. Entwicklung August, September. Krain, südöstliches Deutschland, Wien, Ungarn, Dalmatien, Katalonien, Andalusien; selten.

22. Gattung. Selenia, *Hb*.

Raupen vom dritten Segment gegen den Kopf zu etwas verschmächtigt; letzterer kaum breiter als das erste Segment; auf dem Rücken einzelner Segmente starke kegelförmige Warzen; Hüftstücke des dritten Bauchfußpaares bedeutend größer und länger als die der zwei ersten Paare. Nehmen in der Ruhe eine sehr eigentümliche Stellung an, indem der horizontal vorgestreckte Kopf mit den zwei ersten Segmenten, an welche die zwei ersten Brustfußpaare dicht angeschmiegt sind, nach rückwärts gebogen und das dritte Brustfußpaar dicht zusammengelegt, gerade ausgestreckt gehalten wird; das siebente und achte Segment sind dabei stark zusammengeschoben und sehen daher verdickt aus. Leben in zwei Generationen an Laubholzbäumen und verwandeln sich an der Erde in einem leichten Gespinste. Drei Arten, alle in Deutschland vorkommend.

Bilunaria, *Esp*. Taf. 41, Fig. 7. (Sch. Taf. 57. Fig. 1 a. b.) (Illunaria, *Hb*.) Ei nach *Esper* länglich, seitlich eingedrückt, rosarot. Raupe gegen den Kopf zu sehr stark verdünnt, rötlichbraun; eine aus drei feinen, gelblichweißen Linien bestehende Rückenlinie ist auf den zwei ersten und dann wieder vom achten bis zwölften Ringe ziemlich deutlich zu unterscheiden; die sehr feinen gelblichen Nebenrückenlinien und die ebenso beschaffenen doppelten Stigmenlinien sind nur an den zwei ersten Ringen angedeutet, an deren Seiten über den Brustfüßen noch ein breiter gelber Längsstrich steht, welcher sich auf die Basis (Hüften) der zwei ersten Brustfußpaare fortsetzt; auf dem Rücken des fünften Segmentes und zwar am vorderen Rande desselben zwei kleine, weiße, schwarz eingefaßte ovale Flecken; auf dem siebten und achten Segment bildet das vordere Warzenpaar kleine, braune, kegelförmige Hervorragungen, deren Basis vorn und seitlich von feinen, weißen, bogenförmigen Linien umgrenzt ist; die übrigen Warzen sind sehr klein, schwarz. Kopf rothbraun, mit undeutlichen, schwärzlichen Längsstrichen. Nackenschild und Afterklappe von der Körperfarbe; an den Seiten des siebten und achten Segmentes befindet sich je ein großer, unregelmäßiger, hellerer, auf dem achten Segment gelblicher Flecken, welcher oben, vorn und unten von feinen schwarzen Linien begrenzt ist. Luftlöcher groß, weiß, braun umrandet. Bauch mit nur stellenweise deutlicher hellerer Mittellinie und ebensolchen Seitenlinien, an der Basis der Brustfußpaare vorn große schwarze Flecken, zwischen Bauch- und Afterfüßen gelblich; Brustfüße dunkelbraun, außen mit gelbem Längsstrich. Bauchfüße rotbraun, an der Basis außen mit drei übereinander stehenden gelben, oben fein schwarz gesäumten Schrägstrichen; Afterfüße braun, mit starken Dornfortsätzen. Lebt im Juni und wieder im August, September an Linden, Erlen, Himbeeren. Die etwas gedrungene Puppe bräunlich, mit vier, durch die weißen Gespinstfäden verschlungenen End-, und vier kurzen, seitlichen Häkchen an dem knopfförmigen Cremanter. (Rghf.) Falter im April, Mai und Juli, August. Mittel- und Nordeuropa, Piemont, südöstliches Rußland. — Hb. V. 1. F. b. — Tr. VI. p. 61. — Frr. 228. — Sepp 1. 5. Fig. 2. — O. W. 385. — Pr. Taf. II, Fig. 11. — Berl. e. Z. 1885, p. 262. — Lyonet l. c. Taf. 31, Fig. 1—3.

Lunaria, *Schiff*. Taf. 41, Fig. 8. (Sch. Taf. 57, Fig. 2.) Ei braun, elliptisch, seitlich vertieft. Taf. 50, Fig. 79. Raupe 3,5 cm lang, rötlichgrau; Segmenteinschnitte feingelb; die gewöhnlichen Längslinien sind als feine gelbliche Striche nur auf dem ersten Segment bemerkbar; am zweiten und dritten ist noch eine ziemlich breite, undeutliche, schwärzliche Einfassung der feinen Rückenlinie bemerkbar, von welcher aus je ein schwärzlicher Querstrich bis zur Basis der Füße hinabläuft; die vorderen Warzenpaare des fünften und achten Ringes sind kurz kegelförmig und stehen auf einem schwarzen, vorn von einem feinen weißlichen Bogenstrich begrenzten Höcker; auch das hintere Warzenpaar des siebenten Ringes ist etwas erhaben, auf dunklem Grunde stehend; die übrigen Warzen kleiner, braun; von der hinteren Hälfte des siebenten bis zum vorderen Warzenpaar des achten Segmentes ist die Grundfarbe gelblich mit dunkelbraunen Längsstreifen, welche Färbung sich auch in großer Ausdehnung auf den Seiten der beiden Ringe und als breites Band quer über den Bauch auf dem Einschnitt zwischen denselben fortsetzt; an den Seiten der drei ersten Segmente je ein großer, unregelmäßiger, gelber Fleck über der Basis der Brustfüße; Stigmen groß, weiß, braun gerandet. Kopf braun, ober den Mundteilen mit einem gelblichem, bogenförmigem Querstrich. Nackenschild und Afterklappe von der Körperfarbe. Bauch mit Spuren einer helleren, unterbrochenen, beiderseits breit dunkel gesäumten Mittellinie, zwischen Bauch- und Afterfüßen. Brustfüße braun, Klauen außen gelblich; Bauchfüße braun, an der Basis mit einem gelben, beiderseits schwarz gesäumten Querstrich. Afterfüße braun, mit dunklem Längsstrich. Lebt an Eichen, Eschen, Schlehen, Rosen etc. Puppe gedrungen mit mehreren Börstchen und vier zusammengesponnenen Häkchen am Afterstücke, rotbraun. Die Puppe der Winterform (Lunaria) ist viel dickhäutiger und dunkler gefärbt als jene der Sommergeneration (Delunaria), welche auch in einem zarteren, helleren Gespinste ruht, als die erstere (Roghf.). Mitteleuropa, Livland, Finnland, Piemont, Sizilien, nördlicher Balkan, Südrußland. — Esp. 5. Taf. 12, Fig. 8. — Sepp III. XXI. 116. — Hb. F. a. b. — Tr. VI. 1. 56. — Frr. 234. — O. W. 386. — Pr. Taf. 1, Fig. 12. — Rössl., Schuppfl. 127.

Tetralunaria, *Hufn.* Taf. 41, Fig. 9. (Sch. Taf. 57, Fig. 3.) (Illustraria, *Hb.*) Ei länglichrund, seitlich eingedrückt; erst grün, dann rotbraun. Raupe 3 cm lang. Kopf heller oder dunkler braun, mit lichterem, fein schwarz gesäumtem Stirndreieck. Körperfarbe mehr oder minder dunkelbraun, manchmal gelbgrau; die heller braun oder gelbrötliche feine Mittellinie ist nur auf den zwei ersten Segmenten erkennbar, sonst nur angedeutet. Warzen schwarz, spitz; das vordere Paar auf dem Rücken des vierten und fünften, sowie des siebten und achten Segments besonders stark entwickelt; am elften und zwölften Segment bedeutend schwächer; zwischen den vergrößerten Warzen des siebten und achten Segmentes ein breiter gelblicher oder hellbrauner Querfleck, welcher sich auf der Bauchseite fortsetzt und das vordere Warzenpaar auf dem achten Ring kreisförmig fein umsäumt. Afterklappe von der Körperfarbe. Stigmenlinie fein, geschlängelt, gelb, oben und unten fein schwarz gesäumt, nur auf den zwei ersten Ringen deutlich, sonst nur angedeutet. Unterhalb der ersten Stigmen sind die

Seiten der zwei ersten und des vorderen Teiles des dritten Segmentes lebhaft ockergelb. Stigmen groß, weiß, schwarz gesäumt. Bauch zwischen den drei Brustfüßen bald mehr, bald weniger lebhaft gelblich; vor jedem Fußpaar ein tiefschwarzer Fleck, der sich vom zweiten Segment als scharfer, schwarzer Schrägstrich bis zur Stigmenlinie hinaufzieht, weniger weit am dritten Segment. Brustfüße vorn glänzend schwarz, hinten weißgelb. Vom vierten bis achten Segment ist der Bauch braun mit Andeutung einer ziemlich breiten gelblichen Mittellinie; der breite gelbe Fleck zwischen dem siebten und achten Segment ist hinten fein schwarz gerandet; vom neunten bis zwölften Segment ist die Bauchfläche weißlichgelb mit dunkelgrauer, ziemlich breiter, unbestimmter Mittellinie. Bauchfüße und Afterfüße außen von der Körperfarbe, innen grau, erstere an der Basis mit einem gelben, oben schwarz gesäumten Querstrich, letztere mit starken, nach hinten gerichteten Spitzen. Je dunkler die Raupe, desto undeutlicher sind die beschriebenen Zeichnungen. Lebt im Juni und September auf Eichen, Erlen, Schlehen, Himbeeren etc. Puppe gedrungen mit mehreren steifen, am Ende kolbigen Borsten und an deren Basis sechs bis acht Häkchen am Afterstücke, rotbraun. Entwicklung im Mai und Juli. Mitteleuropa, Livland, Finnland, Piemont, Dalmatien, südöstliches, Rußland. — Hb. VI. I. F. c. — Tr. VI. 1. 63. — Frr. 222. — O. W. 386. — Pr. Taf. I, Fig. 10. — Sepp III. 142. — Esp. 5. Taf. 12, Fig. 4.

23. Gattung. **Pericallia**, *Stph.*
Nur eine, auch in Deutschland heimische Art.

Syringaria, *L.* Taf. 41, Fig. 10. (Sch. Taf. 57, Fig. 4.) Raupe 3,5 cm lang, dick, vom dritten Ringe an gegen den Kopf zu bedeutend, auch gegen das Afterende etwas verjüngt. Haut überall mit kurzen feinen Härchen flaumartig bedeckt. Kopf klein, braun; Körper gelb, graugelb oder rötlichgelb; Rückenlinie als ein undeutlicher, schwärzlicher, ziemlich breiter Streifen nur auf den ersten Ringen bemerkbar; Nebenrückenlinien fein, weißlich, doppelt, vom ersten bis dritten Segment divergierend, dann auf jedem Segment einen nach außen konvexen Bogen bildend und vom neunten bis zwölften Segment konvergierend, innen dunkel beschattet; die ganze Rückenfläche zwischen ihnen ist dunkler als der übrige Körper. Die vorderen Warzen auf dem fünften und sechsten Segment sind zapfenförmig verlängert, jene auf dem siebten Segment bilden zwei lange, nach hinten und auswärts gekrümmte Hörner; die hinteren Warzen auf den genannten drei Segmenten bilden kleine, innen braune, außen weißgelbe Spitzen; die übrigen Warzen klein, schwarz. Nackenschild und Afterklappe von der Körperfarbe. Stigmenlinie gelb, nur auf den zwei ersten Segmenten sichtbar; Stigmen klein, braun. Bauch mit einer hellen, außen besonders am fünften, sechsten und siebten Ring breit schwarz eingefaßten Mittellinie. Füße von der Körperfarbe, Brustfüße außen schwarz. Aus kleineren (2,5 cm) fast ganz schwarzen Raupen sollen sich die Männchen entwickeln. Lebt im April und Mai auf Geisblatt und Liguster;

in der Ruhe krümmt sie den Körper derart, dass die vordere Körperhälfte der hinteren dicht anliegt. Die kurze, dicke, in der Mitte viel breitere, braungelbe Puppe mit Häkchen am Ende des kurzen, dicken Cremanter ist an wenig Gespinstfäden mit dem Kopfende nach oben an einem Zweige aufgehängt. Entwicklung im Juni bis August. Nord- und Mitteleuropa, Piemont, südöstliches Rußland. — Hb. V. I. G. a. — Tr. VI. 1. 52. — Rsl. 1. 3. 37. tab. 3. 10. — Sepp II. 27, Taf. 7. — O. W. 387. Taf. 10, Fig. 8. — Pr. Taf. II, Fig. 13. — Esp. 5. Taf. 11, Fig. 3. 4.

24. Gattung. **Therapis**, *Hb.*

Nur eine, auch in Deutschland vorkommende Art.

Evonymaria, *Schiff.* Taf. 41, Fig. 11. (Sch. Taf. 57, Fig. 5.) Ei oval, glänzend, vertieft, genarbt, anfangs grün, dann braungrau (*R.*). Raupe 3,5 cm lang, 0,5 cm dick, vollkommen glatt. Kopf klein, rundlich, schmaler als das erste Segment, schwarz, gelb getupft und gesprengelt. Körper schiefergrau mit zahlreichen dicht beisammenstehenden geraden oder geschlängelten, häufig durch Zwischenäste verbundenen gelben Querlinien; die Rückenlinie ist in große schwarze Flecken aufgelöst, von welchen je einer in der Mitte jedes Segmentes steht; eingesäumt ist dieselbe von gelben, neben jedem Fleck lebhaft orangegelb oder mennigrot werdenden Längslinien. Nackenschild schwarz, vorn breit orangegelb oder mennigrot, hinten sehr schmal weißgelb eingefaßt, mit zwei gelben nebeneinander stehenden ringförmigen Zeichnungen. Warzen sehr klein, schwarz. Stigmenlinie breit, weißgelb, auf jedem Ring mit einem orangegelben oder mennigroten Flecken, vor welchem die schwarzen Luftlöcher stehen; über der Stigmenlinie auf jedem Segment ein großer, runder, schwarzer, gelb eingefaßter Flecken; ebensolche stehen auch unter der Stigmenlinie auf grauschwarzem Grunde und zwar je einer auf dem vierten und zehnten, je zwei, oft durch einen gelben Längsstrich brillenartig verbunden, auf dem fünften bis neunten Segment. Bauch ebenso gestrichelt wie die Oberseite, mit einer doppelten, breiten, weißgelben Mittellinie. Brustfüße schwarz, Bauch- und Afterfüße von der Körperfarbe, mit gelben Quer- und Längslinien. Lebt im Anfang Mai an Evonymus und verwandelt sich frei an der Erde. Puppe hellbraun mit einem feinen Dorn an dem warzigen Cremanter. Falter im Juli, August. Mittel- und Süddeutschland, Hannover, Ungarn, selten. — Hb. V. 1. G. b. — Tr. VI. 1. 67. — Frr. 480. — O. W. 387. — Pr. Taf. 1, Fig. 16.

25. Gattung. **Odontopera**, *Stph.*

Nur eine europäische Art; eine zweite kommt im Amurgebiet vor.

Bidentata, *Cl.* Taf. 41, Fig. 12. (Sch. Taf. 57, Fig. 6.) Raupe schlank, nach hinten wenig verdickt, 5,4 cm lang, ausgezeichnet durch die, freilich sehr stark verkümmerten und kleinen Bauchfüße am siebten und achten Segment, daher 14 füßig. Kopf so breit wie das erste Segment, im Gesicht fast konkav, an den Seiten abgeflacht, oben mit zwei stumpfen, durch eine tiefe Furche getrennten Höckern, braun, mit zwei schwarzen, dreieckigen, zusammenhängenden Flecken auf der Stirne, bei manchen Exemplaren hell braungelb, dunkler getupft, im Gesicht fast weißgelb, nach oben dunkel braungelb gerandet. Körper weißgrau oder weißgrün, oder braungrau oder rindenfarbig braun, überhaupt in der Färbung sehr veränderlich; die dunkelgraue oder schwärzliche Rückenlinie und die ebenso gefärbten Nebenrückenlinien sind in einzelne Flecken oder Schrägstriche aufgelöst, welche zusammen mehr oder weniger deutliche rautenförmige Figuren bilden. Über den großen weißen, schwarz gesäumten Luftlöchern läuft eine doppelte feine, schwarze, unterbrochene Längslinie, unter denselben eine stark gewellte, oder ausgebuchtete schwarze Linie, welche auf jedem Segment hinter dem Luftloch einen mehr oder weniger deutlichen, schwarzen Schrägstrich bildet. Bauch mit drei undeutlichen, in Flecken aufgelösten Längslinien, welche bei den dunkel gefärbten Raupen gelbgrau, bei den hell gefärbten Raupen grau oder schwärzlich sind, zwischen den Brustfüßen und den Bauch- und Afterfüßen einfarbig grau oder schmutzig grau oder schmutzig grün. Füße, sowie Nackenschild und Afterklappe mit dem übrigen Körper gleich gefärbt. Warzen spitz vortretend, bei hellen Exemplaren weiß, auf dem elften Segment auf einem nach hinten ansteigenden Wulst sitzend. Lebt im September auf Nadelhölzern, Birken, Eichen, Ahorn, Hainbuchen, Heidelbeeren etc. Verpuppung in einem Erdgespinst. Puppe matt rotbraun, mit wenig helleren Einschnitten, plumper chagrinierter Hinterleibsspitze, die zwei schwach gebogene Dornen und jederseits drei kleine Häkchen trägt. (Rghf.). Falter nach Überwinterung im Mai, Juni. Mittleres und nördliches Europa (mit Ausnahme der Polarregion), Piemont, Südrußland. — Hb. V. 1. C. c. — Tr. VI. 1. 76. — Frr. 156. — Isis. 1846. 44. — Sepp VII. 52. 53. — O. W. 385. — Pr. Taf. I, Fig. 19. — Zoologist 1861, 7360.

26. Gattung. **Himera**, *Dup.*

Nur eine Art.

Pennaria, *L.* Taf. 41, Fig. 13. (Sch. Taf. 57, Fig. 7 a. b.) 4,5 cm lang, kräftig, nach vorn kaum dünner werdend; Kopf so breit wie das erste Segment, einfarbig braun. Körperfarbe sehr veränderlich, bald bleichgrau, bald hellbraun, auch lebhaft rotbraun; Zeichnungen gleichfalls mehr oder weniger deutlich; eine helle, fast weißliche, fein schwarz gesäumte, ziemlich breite und unregelmäßig begrenzte Rückenlinie und je zwei ockergelbliche Längsstriche auf den drei ersten Segmenten (Nebenrückenlinien?) sind meist vorhanden; die Stigmenlinie ist ziemlich breit, aber unterbrochen, weißlich, auf jedem Segment mit drei rostbraunen Fleckchen versehen. Luftlöcher weiß, schwarz gesäumt. Warzen sehr klein, ohne Lupe nicht sichtbar; nur das vordere Paar des elften Ringes zu kegelförmigen rotbraunen Spitzen umgewandelt, welche auf einem ziemlich hohen Querwulste stehen. Bauch von der Farbe des Rückens mit einer doppelten, feinen, gelblichweißen

Mittellinie; zwischen den Vorder- und Hinterfüßen einfarbig gelb. Sämtliche zehn Füße von der Körperfarbe. Bauch- und Afterfüße außen heller gefleckt. Die Raupe ist in der Jugend zwölffüßig (Chretien). Lebt im Juni, Juli an Eichen, Pappeln, Espen, Schlehen etc. Verwandelt sich in der Erde in eine glänzende rotgelbe Puppe mit schwärzlichem, kegelförmigem, zweispitzigem Cremanter (Rghf.). Entwicklung im September und Oktober. Mitteleuropa, Schweden, Livland, Andalusien, Piemont. — Hb. V. 1. C. b. — Tr. VI. 1. 156. — Frr. B. 78. — Sepp VI. 57. VIII. 49. — O. W. 388. — Pr. Taf. 1, Fig. 18.

27. Gattung. Crocallis, Tr.

Raupen schlank, aber kräftig gebaut, hinten nur wenig dicker als vorn; mit zwei kegelförmigen, flach nach hinten gerichteten Warzen auf dem elften Segment. Kopf am Scheitel und an den Seiten abgeplattet, an der Stirn etwas vertieft; die Hemisphären daher oben nicht gewölbt, sondern eckig. Drei Arten, darunter zwei in Deutschland.

Tusciaria, *Bkh.* (Sch. Taf. 57, Fig. 8.) (Extimaria, *Hb.*) 4—5 cm lang, gleichmäßig dick, erdgrau mit braun vermischt. Rückenlinie bräunlich, unterbrochen; Nebenrückenlinien braun, geschwungen; die Grundfarbe zwischen den letzteren vom fünften Ringe an verdunkelt, so dass ein sehr breiter, dunkler, beiderseits etwas aufgebogener Rückenstreif vorhanden zu sein scheint. Stigmenlinie sehr fein, grau, wenig ausgeprägt, nur vom zehnten bis zwölften Segment scharf und tief schwarz. Unter den hellbraunen, schwarz umzogenen, großen Luftlöchern verläuft noch eine bräunliche, feine, doppelte, leichtgeschwungene, oft undeutliche Linie. Bauch bläulichgrau mit mehreren braunen, feinen, geschwungenen, sehr wenig sichtbaren Linien. Warzen schwarz, ziemlich deutlich, besonders das zweite Paar auf dem Rücken der Ringe etwas erhaben. Auf dem elften Ringe findet sich eine doppelte, braune, am äußersten Ende weißliche Spitze, welche sich nach hinten neigt. Kopf gelblich, am oberen Rand des Gesichtes braun, am Scheitel und an den Seiten abgeplattet, im Gesicht etwas konkav, so dass die Spitzen der Hemisphären deutlich hervortreten. Brust- und Hinterfüße braun, letztere außen weißlich gesprengelt. (Nach einer präparierten Raupe von Heyne.) Lebt im Mai und Juni frei an Schlehen. Verpuppung unter Moos in einem leichten Erdgespinst. Puppe cylindrisch, konisch, ziemlich gestreckt, mit langer, starker, fast schwarzer Spitze; Oberfläche überall, mit Ausnahme der Ringeinschnitte fein chagriniert. Entwicklung im August, September. Die Raupe der Var. Gaigeri aus Südtirol und Dalmatien ist auch sehr variabel und lebt auf Rosmarinus (Hndfl.), Phyllirea media, Cistus monspeliacus, salviaefolius, Stett. Zeitg. 85, S. 350. Deutschland, Ungarn, Mittelitalien, Südfrankreich, Castilien. — O. W. 389. — Mill. Ic. Livr. I. 23. pl. 3. — Roessl. F. 133.

Elinguaria, *L.* Taf. 41, Fig. 14. (Sch. Taf. 57, Fig. 9.) Ei weißlich, glänzend, fast rechteckig, oben und unten abgestutzt (Rghf.). Raupe 4,0 cm lang. Kopf unter das erste Segment eingezogen, braun, im Gesichte weißgelblich, fein braun getupft und mit einem großen, dreieckigen braunen Fleck über dem Stirndreieck. Körper hellbraun (rindenfarbig), unter der Lupe fein weiß gesprengelt; erstes Segment (Nackenschild) weißgelb, am Vorderrand flach ausgeschnitten. Rückenlinie und Nebenrückenlinien schwärzlichgrau, letztere in der hinteren Hälfte der mittleren Segmente nach außen gebogen; auf dem Rücken des vierten Segmentes stehen die zwei vorderen Warzen auf einem hellbraunen, dunkelbraun gefleckten, flachen Querwulst; das elfte Segment endet an dem etwas erhabenen Hinterrand in zwei kleine, stumpfe, gelbliche Spitzen, von welchen je ein scharfer schwarzer Strich nach vorn bis an das zehnte Segment führt. Afterklappe stumpf dreieckig, von der Körperfarbe; die schwarzen Warzen stehen auf sehr kleinen weißgelben Erhöhungen, besonders die hinteren Paare auf dem Rücken der Segmente. Stigmenlinie schwarzgrau, undeutlich; unter ihr stehen die hellen, schwarz umrandeten Lüfter in weißgelblichen, unregelmäßigen Fleckchen; zwischen den Stigmen- und Nebenrückenlinien verläuft noch eine undeutliche, doppelte, schwarzgraue Längslinie. Bauch braun; eine gelbliche, doppelte, in der Mitte der Segmente auswärts gebogene Mittellinie ist nur auf einzelnen mittleren Segmenten deutlich; auf dem achten Segment bildet sie eine weißgelbe, herzförmige, fein schwarz gesäumte Figur. Sämtliche Füße hellbraun, dunkel gefleckt; die Bauchfüße außen mit einem weißlichen Längsstrich, die Afterfüße mit einem starken horizontalen Fortsatz nach hinten, an dessen Spitze eine schwarze Warze mit einem Härchen steht. Lebt im September und nach der Überwinterung bis in den Mai an Wollweiden, Schlehen, Himbeeren, Rosen, Geisblatt und Ginsterarten. Mordraupe. Verpuppung in einem leichten Gespinst. Puppe matt rotbraun mit zwei hakenförmigen Dornen an der Spitze des glänzenden Afterstückes und je zwei kleinen Häkchen an der Seite (Rghf.) Entwicklung im Juli und im August. Zentral- und Nordeuropa (mit Ausnahme der Polarregion), Piemont, Dalmatien. — Hb. V. 1. C. c. — Tr. III. 1. 153. — Rsl. 1. 3. t. 3. — Sepp VIII. 32. — O. W. 389. — Pr. Taf. 1, Fig. 20. — Esp. V. Taf. 22, Fig. 3—4.

Dardoinaria, *Donz.* (Sch. Taf. 57, Fig. 10.) Langgestreckt, dick, erdgrau, auf dem Rücken rötlich, bei den Füßen bläulich überhaucht. Der erste Ring oben schwarzbläulich. Rückenlinie fein, braun, ununterbrochen, ziemlich deutlich vom vierten bis elften Ring. Nebenrückenlinien doppelt, braun, fein, schwach gewellt. Stigmenlinie ebenfalls gewellt, sehr undeutlich. Stigmen weiß, schwarz gerandet. Bauch heller erdgrau, einfarbig, ohne Linien; die zwei Spitzen auf dem elften Ring braun. Kopf vorn wenig abgeplattet und halb unter das erste Segment zurückgeschoben. Füße von der Körperfarbe. Variiert in rotbraun, mit braunen, nur auf der ersten Hälfte jedes Ringes deutlichen Nebenrückenlinien. Eine von Dr. Staudinger erhaltene präparierte Raupe ist gelblichbraun, mit ebenso gefärbtem erstem Segment und zeigt vom vierten bis elften Segment zwischen Rückenlinie und Nebenrückenlinie noch je eine schwarzgraue, außen stellenweise gelblich gesäumte, wellig gebogene, die schwarzen Warzen verbindende Längslinie, welche in die beiden Spitzen des elften Segmentes ausläuft. Lebt im Mai an Ulex nanus, besonders die Blüten und zwar nur nachts fressend. Verpuppung zwischen Moos, Pflanzenüberresten etc. in einem weichen Gespinste. Puppe zylindrisch konisch, glatt, glänzend, dunkel rotbraun. Das letzte Segment endet in zwei größere und mehrere kleinere, unter den ersteren stehende, am Ende nach außen gebogenen Spitzen. Entwicklung von Anfang Juni bis Ende August. Schlüpft nur nachts von elf bis ein Uhr aus. Südfrankreich (Marseille), Catalonien. — Mill. 3. Livr. pl. 2, Fig. 3. 4. — Rev. d'Entom. 1884, p. 5.

28. Gattung. Eurymene, *Dup.*

Nur eine, auch in Deutschland vorkommende Art.

Dolabraria, *L.* Taf. 41, Fig. 15. Ei (Taf. 50, Fig. 80) grüngelb, glatt, elliptisch. Raupe 3 cm lang, kräftig, noch vorn etwas verdickt (zweites Segment). Kopf etwas schmaler als das erste Segment, seitlich und vorn abgeflacht; oben stumpf, zweihöckerig und tief eingeschnitten, braun oder rotbraun mit gelblichen Sprengeln. Körper rotbraun, fast ganz ohne Zeichnung; das erste Segment ganz schwärzlich oder mit einem schwärzlichen Querstreif versehen; das zweite Segment verdickt, beiderseits mit einer stark vorspringenden schwarzen Warze, welche durch ein schwarzes über den Rücken laufendes Band verbunden sind; auf dem Rücken des achten Segmentes ein dunkelbrauner, gelblich gesprengelter, vorn bogenförmig schwarz und dann fein gelb begrenzter Querwulst; die zwei vorderen Warzen des 11. Segmentes kaum etwas höher als die übrigen schwarzen Warzen, jedoch durch ein schmales schwarzes Querband vereinigt. Afterklappe ohne Auszeichnung; die Seiten der drei ersten Segmente über der dunkelgrauen Basis der Brustfüße gelblich. Stigmen groß, schwarz, Stigmenlinie fehlt. Bauch unbezeichnet, rotbraun, mit je zwei kleinen schwarzen Wärzchen in der Mittellinie des vierten bis siebten Segmentes inklusive. Brustfüße braun oder gelblich, rotbraun gesprengelt. Bauchfüße rotbraun, gelblich gesprengelt. Lebt in zwei Generationen im Juni und wieder im August, September besonders an Eichen, auch Linden etc. und verwandelt sich an der Erde in einem Gespinst zu einer schlanken rotbraunen Puppe. Entwicklung im Mai, dann wieder Juli und August. Nach *Rössler* nur eine Generation. Mittleres und nördliches Europa (mit Ausnahme der Polarregion), Piemont, Sizilien, Bulgarien, Südrußland. — Hb. V. 1. G. b. — Tr. VI. 1. 38. — Frr. 414. — Sepp. II, Taf. 15. — Pr. Taf. 1, Fig. 9. — O. W. 389.

29. Gattung. Angerona, *Dup.*

Nur eine, auch in Deutschland vorkommende Art.

Prunaria, *L.* Taf. 41, Fig. 16. (Sch. Taf. 57, Fig. 12 a. b.) 5,0 cm lang, zylindrisch, nach hinten etwas verdickt, nach vorn etwas abgeflacht. Grundfarbe, sowie Kopf, Nackenschild und die dreieckige Afterklappe gelblich, gelbbraun oder dunkelbraun. Kopf flach, Mundteile nach vorn gerichtet; Stirndreieck heller, mit gelblichen, außen mehr weniger schwarz gesäumten Linien begrenzt. Hemisphären mit zwei oder drei gelblichen Längslinien, Fühler lang. Auf dem Rücken sind die Mittellinie und Nebenlinien schwärzlich, undeutlich, oft weit unterbrochen; die Mittellinie ist auf den ersten Segmenten (zwei bis vier) am deutlichsten und dunkelsten, besonders bei hellgefärbten Exemplaren; bei dunklen Exemplaren fließen oft die drei Linien, besonders am zweiten bis vierten und achten bis zehnten Segment zusammen und bilden hier einen breiten schwärzlichen Streifen. Die Warzen sind schwarz, an der Basis oft weißlich gesäumt, etwas erhaben und spitzig, an Größe sehr verschieden; auf dem Rücken des vierten Segmentes sind die Warzen groß und schwarz; die zwei hinteren stehen an beiden Enden eines hohen aber schmalen Querwulstes; am fünften Segment sind die zwei vorderen Warzen größer als die hinteren; am sechsten bis achten Segment stehen vorn ein bis zwei weißliche oder schwarze, weiß umzogene, kleine, feine Querstreifen, welche auch manchmal fehlen; dann folgen zwei weißliche und gegen den Hinterrand zwei schwarze, größere spitze Warzen, welche sich am achten Ring zu großen zweispitzigen Höckern entwickeln, deren innere Spitze bedeutend kürzer als die äußere ist; auch auf dem neunten und elften Segment ist das hintere Warzenpaar in ziemlich starke, schwarz gefärbte Spitzen umgewandelt. An den Seiten ist eine helle, beiderseits dunkel begrenzte Stigmenlinie angedeutet, bei hellen Exemplaren nur sehr undeutlich. Stigmen groß, weiß, schwarz gerandet. Bauch heller mit einer doppelten schwärzlichen Mittel- und ebensolchen undeutlichen Seitenlinien, mit schwarzen erhabenen Warzen besetzt. Füße von der Körperfarbe, die Afterfüße mit einer horizontal nach hinten gerichteten Spitze, welche eine starke schwarze Borste trägt. (Beschrieben nach drei lebenden Raupen.) Lebt im Herbst besonders auf Clematis und nach der Überwinterung im April und Mai auf Birken, Saalweiden, Schlehen, Himbeeren, Geisblatt, Viburnum, Solidago, Heidelbeeren und Ginsterarten; verwandelt sich zwischen zusammengesponnenen Blättern zu einer matt schwarzbraunen Puppe mit braungelben Hinterleibsringen, glänzendem After, stark gerunzeltem Cremanter, durch Gespinstfäden verfilzten Endhäkchen und zwei seitlichen Borsten (Rghf.). Entwicklung im Juni und Juli. Mittleres und nördliches Europa (mit Ausnahme der Polarregion), Mittel- und Norditalien; südöstliches Rußland. — Hb. V. 1. H. a. — Tr. VI. 1. 45. — Sepp II. t. 8. 9. — O. W. 390. — Pr. Taf. 2, Fig. 5. — Esp. V. Taf. 17, Fig. 4—6. — Ent. II. 1864. 10.

30. Gattung. Urapterix, *Leach.*

Nur eine, auch in Deutschland vorkommende Art

Sambucaria, *L.* Taf. 41, Fig. 17. (Sch. Taf. 58, Fig. 1.) Ei länglich, oben und unten abgeflacht, mit hellen Längsrippen, braun. Raupe sehr schlank, nach vorn verdünnt, 6 cm lang. Kopf breiter als das erste Segment, über den Mundteilen am breitesten, oben abgeflacht, rotbraun. Körper dunkelrotbraun. Die typischen Linien sind nur stellenweise als schwärzliche, fein weiß gesäumte Längsstriche angedeutet. Gelenkfalte zwischen Kopf und dem etwas dunkleren ersten Segment schwarz, in der Mitte von zwei gelblichen Fleckchen geteilt; Afterklappe halbkreisförmig, von der Körperfarbe. An den Seiten des sechsten Segmentes beiderseits ein schwärzlicher, oben mehrfach gefurchter, ziemlich großer Höcker; auf dem achten Segment oben ein brauner Querwulst; Warzen ziemlich groß, braun, besonders das vordere Paar des elften Ringes. Stigmen groß, weiß, schwarz gesäumt. Bauch rotbraun, mit einer doppelten, geschlängelten, schwärzlichen Mittellinie. Alle Füße von der Körperfarbe. Die Afterfüße mit starkem Dornfortsatz. Lebt nach der Überwinterung im Mai an Pappeln, Syringa, Wollweiden, Schlehen, Liguster, Linden, Hollunder etc. und verwandelt sich in einem freihängenden, mit wenig Fäden an einem Zweig befestigten, mit dürren Blattstücken durchwebten lockeren Gespinste zu einer schlanken, gelblich graubraunen Puppe. Entwicklung im Juni, Juli. Mitteleuropa, Livland, südliches Schweden, mittleres und nördliches Italien, Corsika, Dalmatien, südöstliches Rußland. — Hb. V. 1. E. a. — Tr. VI. 1. 85. — Rsl. 1. 8. 25. tab. 3. 6. — Sepp I. 5 St. 1. — Curtis brit. Ent. 508. — Pr. Taf. 1, Fig. 17. — Esp. 5. Taf. 8, Fig. 3. 4.

31. Gattung. Rumia, *Dup*.

Nur eine, auch in Deutschland vorkommende Art.

Luteolata, *L.* Taf. 42, Fig. 1 a—c. (Sch. Taf. 58, Fig. 2.) Ei grünlich, mit kleinen Zellen und braunen Flecken (Sepp). Raupe 3,5 cm lang, nach vorn verschmälert, 14 füßig (die zwei vorderen Bauchfußpaare verkümmert, aber mit deutlichem Hakenkranz); die Basis des dritten Brustfußpaares bedeutend verlängert und verdickt (in der Ruhe dieselbe Haltung wie die Raupen der Gattung Selenia). Das letzte Bauchfußpaar ist den Afterfüßen ziemlich genähert, an seinem hinteren Rande, ebenso wie der untere Rand der drei letzten Segmente mit dicken, gefranzten, zapfenartigen Hautfortsätzen besetzt. Das hintere Rückenwarzenpaar des sechsten Segmentes ist in zwei dicht beisammenstehende, stumpfspitzige Höckerchen umgewandelt; auf dem achten und elften Segment sind die hinteren Warzenpaare durch einen flachen Querwulst vereinigt; die übrigen Warzen von normaler Größe und Beschaffenheit, braun. Kopf klein, im Gesicht vertieft, an den Seiten abgeflacht; die Hemisphären sind oben zu zwei kleinen, nach vorn gerichteten, stumpfen Höckern verlängert; Farbe des Kopfes braun; Stirndreieck heller, von zwei gelblichen, beiderseits tief schwarz begrenzten Linien eingefaßt. Farbe des Körpers grün, braun oder lederfarbig; von den gewöhnlichen Linien ist kaum eine Spur zu sehen. Die Seiten des ersten und zweiten Ringes sind schwärzlich, etwas gewulstet; die schwarze Färbung geht ziemlich weit gegen den Rücken hinauf und endet hier, besonders am zweiten Segment, mit einer feinen, etwas erhabenen, tiefschwarzen Längslinie; die vergrößerten Warzen des sechsten Segmentes sind schwarz, an den Spitzen rötlich, an den Seiten manchmal mit einem weißlichen Striche; der Querwulst auf dem Rücken des achten Segmentes ist etwas heller, jener am elften Segment etwas dunkler als die Grundfarbe. Afterklappe von der Körperfarbe. Die schwarz geringten, ovalen Stigmen sind meist von schwärzlichen unbestimmten Fleckchen umgeben; nach *Wilde* findet sich an den Seiten des zweiten, zehnten und elften Ringes je ein hellerer Flecken. Bauch einfarbig, wie der Rücken. Füße von der Körperfarbe. Lebt im September auf Schlehen, Weißdorn, Haseln, Mehlbeeren, Obstbäumen etc. Verwandlung in einem dichten weißen Gespinst zwischen Blättern, meist an der Erde. Puppe überwintert; dieselbe ist ziemlich schlank, matt gelbbraun mit ausgehöhltem Cremanter mit vier stärkeren in einer Reihe stehenden Endhäkchen und zwei kleinern an der Seite. (Rghf.). Entwicklung im Mai und Juni. Ganz Europa mit Ausnahme der Polarregion. — Hb. V. 1. F. a. und a. b. — Tr. VI. 1. 41. — Sepp 1. 6. VIII. 50. — O. W. 391. — An. soc. Fr. 1855, p. 2. — Gul. I. 109.

32. Gattung. Epione, *Dup*.

Raupen schlank, von dem etwas verdickten fünften Ring an nach vorn zu dünner werdend. Kopf etwas breiter als das erste Segment, vorn abgeflacht, oben abgerundet. Verwandlung in der Erde oder zwischen zusammengesponnenen Blättern. Die beiden ersten Arten treten bisweilen in zwei Generationen auf. Fünf Arten, darunter drei deutsche.

Apiciaria, *Schiff.* (Sch. Taf. 58, Fig. 3.) 2,7 cm lang, rotbraun oder graubraun; die Rückenlinie besteht aus drei sehr feinen, gelblichen Linien, von welchen die beiden äußeren etwas gewellt sind; auf dem vierten Ring sind diese drei Linien durch einen schwarzen Längsstrich verdeckt, bezw. unterbrochen. Nebenrückenlinien sehr fein, gelblichweiß, nur auf dem vierten Segment, zu beiden Seiten des schwarzen Längsstreifens deutlich. Stigmenlinie fein gelblich, unterbrochen; die schwarzen Stigmen stehen in derselben. Unter der Seitenkante eine breite, weißgelbe, abgesetzte, wellig gebogene Linie vom dritten Brustfußpaare bis zu den Bauchfüßen, auf welche sie sich, beiderseits schwarz eingefaßt, fortsetzt; am Bauch findet sich in der Mitte der Segmente vier bis acht je ein weißes, beiderseits schwarz eingefaßtes Fleckchen, und eine doppelte, undeutliche, hellere Mittellinie. Kopf braun, mit einem weißen Querstrich über den Mundteilen. Nackenschild und Afterklappe von der Körperfarbe. Warzen schwarz; das hintere Paar jedes Ringes nach außen weißlich aufgeblickt; am fünften Ring eine Querreihe von vier größeren schwarzen Warzen. Brustfüße gelblichweiß, und schwarz gefleckt. Afterfüße von der Körperfarbe. Lebt im Mai, Juni an Weiden, Erlen zwischen leicht zusammengesponnenen Blättern, welche sie zur Verwandlung fester zusammenspinnt. Puppe schlank mit zwei Spitzchen am Kopfe, rotbraun, mit grünlichen Flügelscheiden, glänzend, kegeligem, stark gerunzeltem Cremanter, zwei hellbraunen Endhäkchen und zwei sehr kleinen an der Seite (Rghf.). Das Ei überwintert. Falter Ende Juli, August. Mittleres und nördliches Europa (mit Ausnahme der Polarregion), südliches Lappland, Südrußland, Piemont und Dalmatien. — Tr. VI. 1. 34. — Fr. B. 102. — O. W. 393. — Pr. Taf. I. Fig. 6. — Rößler, Schuppfl. 129. — Entomologist 1864. 221,

Paralellaria, *Schiff.* Taf. 42, Fig. 2. (Sch. Taf. 58, Fig. 4.) 2,4 cm lang, der vorigen ähnlich, aber dunkel braungrau; die drei feinen hellen Mittellinien bilden am vorderen Abschnitt des fünften, sechsten, siebenten und achten Ringes unbestimmt begrenzte weißlichgelbe Flecken; die zwei mittleren großen Warzen auf dem fünften Ring nach außen weiß begrenzt; der helle breite Seitenstrich nur am vierten und neunten Segment deutlich, hier auf die Außenseite der Bauchfüße übergehend, sonst alles wie bei Apiciaria. Lebt im Mai auf jungen Espen und Birken und verwandelt sich in einem zusammengehefteten Blatt zur schlanken, schwarzbraunen Puppe. Falter Juni, Juli und August. Das Ei überwintert. Verbreitungsbezirk, wie bei der vorigen Art, auch in der Schweiz (Bergün). — Hb. V. 1. H. b. — Tr. VI. 1. 31. — Fr. B. 42. — O. W. 392. — Pr. Taf. 1, Fig. 7. — Rößler, Schuppfl. 128. — Zoologist 1861, 7322.

Advenaria, *Hb.* (Sch. Taf. 58, Fig. 5.) Ei glatt, weiß, perlmutterglänzend. Raupe 2,2 cm lang, am fünften Segment wenig verdickt, rotbraun oder dunkelgrau, mit zwei ovalen schrägstehenden und nach vorn konvergierenden, schneeweißen Flecken am Vorderrande des fünften Segmentes; die Stigmenlinie besteht aus weißen Flecken, welche am fünften, sechsten und siebten Segment von schwarzen Flecken gefolgt sind und am neunten und zwölften Segment auf die Außenseite der Bauch- und bezw. Afterfüße sich fortsetzen; am Bauch stehen auf den Segmenten vier bis acht je zwei schwarze, nach hinten konvergierende Schrägstriche. Kopf braungrau, weiß gefleckt; auf dem elften Segment zwei spitze, schwarze Wärzchen. Sonst alles wie bei Apiciaria. Lebt im Juli an Heidelbeeren, Melampyrum und Fragaria an schattigen Waldstellen. Verwandlung in der Erde zu einer braunen Puppe mit dunkleren Flügelscheiden, welche überwintert. Falter Ende April und im Mai. Mitteleuropa, Livland, Finnland, Piemont. — Tr. VI. 1. 36. — Fr. B. 120. — O. W. 392. — Pr. Taf. 1, Fig. 5.

33. Gattung. **Hypoplectis**, *Hb.*

Nur eine, auch in Deutschland vorkommende Art.

Adspersaria, *Hb.* Taf. 42, Fig. 3 a–d. (Sch. Taf. 58, Fig. 6.) Ei gelblich, länglich oval, spitz, chagriniert. Raupe jung mit gelblichem Kopfe, chokoladfärbig, schwefelgelber Dorsale und breiter gleichfarbiger Laterale, Füße hell (Roghf.). Erwachsen 3,8 cm lang, sehr schlank, nach vorn zu allmählich dünner werdend, mit flachen, unten breiterem, oben schmälerem und abgerundetem Kopf von gelbbrauner Farbe mit drei gelblichen Längsstreifen. Körper gelblichgrau oder braun; Rückenlinie doppelt, gelblich mit je einem schwarzen Fleckchen in der Mitte der Segmente drei bis neun. Nebenrückenlinie fein gelblich. Stigmenlinie breit, gelb, nach oben dunkel beschattet; die großen, braunen, schwarz eingefaßten Stigmen stehen über dieser Linie. Bauch einfarbig, dunkel rotbraun, Füße von der Körperfarbe. Warzen auf den Segmenten vier bis neun auf größeren schwarzen Fleckchen stehend, Nackenschild und Afterklappe nicht besonders gezeichnet. Lebt vom August bis in den Oktober an Sarrothamnus, Genista und Senecio; verwandelt sich nach der Überwinterung in einem leichten Gespinste an der Nahrungspflanze zu einer mattgelben Puppe mit rotgelben Flügelscheiden. Falter im Mai. Mittleres und südöstliches Deutschland, Bayern, Kärnthen, Belgien, Mittelfrankreich, östliches Ungarn, Livland, Finnland. — Hb. V. 1. U. a. und 2 C. b. — Tr. VI. 1. 8. — Fr. B. 48. — O. W. 393. — Pr. Taf. III, Fig. 2.

34. Gattung. **Caustoloma**, *Ld.*

Nur eine, auch in Deutsch-Österreich vorkommende Art.

Flavicaria, *Hb.* (Sch. Taf. 58, Fig. 7.) Raupe schlank, walzig, einen Zoll lang, heller oder dunkler bräunlich, am Kopfe bis zum Nacken mit zwei weißen Längslinien; längs der Brustfüße mit lichtem Streifen; an den Seiten des Bauches mit fünf schiefen, dunkleren, weiß gesäumten Streifen (Nowicki). Lebt in zwei Generationen im Juni und August an Lamium album, besonders wo solches an Umzäunungen wächst. Verpuppung Ende Juni in einem zusammengesponnenen Blatte der Nahrungspflanze. Puppe dunkelbraun, glatt, chagriniert. Hinterleib mit löffelförmigem, seitlich je zweidornigem Cremanter und einem gewundenen, etwas längeren Doppelhäkchen am Ende (Rghf.). Entwicklung Mitte Mai und Mitte Juli. Österreich (Wien), Ungarn, Galizien, nordöstliche Türkei, südliches Rußland. — Nowicki Verh. Z. b. V. Wien 1865, p. 180.

35. Gattung. **Venilia**, *Dup.*

Nur zwei Arten, darunter eine aus Syrien, deren Raupe nicht bekannt ist (Syriacata).

Macularia, *L.* Taf. 42, Fig. 4. (Sch. Taf. 58, Fig. 8.) Raupe der von Boarmia cinctaria ähnlich, grün mit dunklerer, beiderseits weiß eingefaßter Rückenlinie. Stigmenlinie weiß, nach oben dunkel gesäumt an ihr stehen die schwarz geranderten Luftlöcher. Afterklappe spitz, weiß gesäumt; Nackenschild mit zwei weißen Streifen (Fortsetzung der Stigmenstreifen). Kopf dunkelgrün mit weißem V-Zeichen. Lebt im August an Stachys sylvatica Lamium und Münze, und verwandelt sich in einem aus Moos und Erde verfertigten Gespinste in eine schlanke, rothbraune Puppe mit scharfer Afterspitze. Entwicklung nach der Überwinterung im April und Mai, im Gebirge bis Juli. Europa mit Ausnahme der Polarregion, Südspanien und Süditalien. — Hb. V. 1. V. b. c. — Tr. VI. 2. 234. — Frr. 558. — Sepp. VIII. 37. — O. W. 394. — Pr. Taf. 1, Fig. 8. — Newm. Br. M. 52.

36. Gattung. **Eilicrinia,** *Hb.*

Von den fünf Arten dieser Gattung, von welchen nur Cordiaria, *Hb.*, Taf. 58, Fig. 9, auch in Österreich vorkommt, während die übrigen in Südeuropa, Sarepta, Kleinasien und am Amur sich finden, ist nur von:

Canteriata, *Stgr.*, welche im April bei Granada, im März bei Chiclana in Spanien gefunden wurde, bekannt, daß die Raupe auf Quercus coccifera lebt. Eine Beschreibung derselben fehlt. — Stgr. Stett. ent. Z. 1859, p. 217. — Rbr. Cat. S. And. 20. 1.

37. Gattung. **Macaria,** *Curt.*

Raupen schlank, überall gleichmäßig breit; Kopf so breit wie das erste Segment, rundlich oder herzförmig. Leben in zwei Generationen. Verwandlung an der Erde. Elf Arten, von welchen vier in Deutschland, eine in Südeuropa, die übrigen am Amur, in Labrador und Sibirien vorkommen.

Notata, *L.* Taf. 42, Fig. 5. (Sch. Taf. 58, Fig. 11.) Grün mit einer Reihe brauner, herzförmiger Flecken auf dem Rücken und einer braunen Seitenlinie. Kopf grün mit braunem Rande. 1 Zoll. (Hübn.) Lebt im Juni und August an Erlen, Weiden, Saalweiden u. a. Puppe braun mit grünlichen Flügelscheiden Entwicklung im Mai und Juli. Mittel- und Nordeuropa (mit Ausnahme der Polarregion) Piemont, Griechenland, Südrußland. — Hb. V. 1. J. — Tr. VI. 1. 10. — Frr. 53. — Sepp VII. 9. — O. W. 398. — Pr. Taf. I, Fig. 1. — Newm. Br. M. 87.

Alternaria, *Hb.* (Sch. Taf. 58, Fig. 12.) Raupe 1 Zoll lang, licht grün mit drei dreieckigen, rötlichbraunen Flecken an den Seiten der mittleren Segmente; vor der Verwandlung wird sie einfarbig rotbraun. Die Brust- und Bauchfüße sind rötlichbraun. (Newmann.) Lebt an Weiden, Eichen, Schlehen im Juni und August. Puppe rotbraun mit grünlichen Flügelscheiden. Entwicklung im Mai und Juli. Mitteleuropa, Livland, Finnland, Nord- und Mittelitalien, Dalmatien, südöstliches Rußland. — Tr. VI. 1. 17. — Fr. B. 138. — O. W. 394. — Pr. Taf. I, Fig. 2. — Newm. Br. M. 87.

Signaria, *Hb.* Taf. 42, Fig. 6. (Sch. Taf. 58, Fig. 13.) Raupe grün, in der Jugend am Rücken weißlich; Rückenlinie schmal, nicht dunkler als die Grundfarbe, von zwei dunkleren Längslinien eingefaßt. Nebenrückenlinien breit schwarz, setzen sich auf dem Kopf fort. Stigmenlinie breit, weiß, in der Mitte jedes Segmentes gelb angelaufen; am Bauch zwei schwarzgrüne, außen weiß gesäumte Längsstreifen, welche sich auf die Bauchfüße fortsetzen. Kopf dick, gelbbraun, grünlich angeflogen mit schwarzen und braunen Fleckchen. Brustfüße braun, Afterfüße grün. Erwachsen wird die Raupe ganz grün, die Rückenlinie ist dunkler, von zwei hellgrünen Längslinien begrenzt. Nebenrückenlinien dunkelgrün, innen weiß gesäumt (Fuchs). Lebt im August auf Fichten. Puppe schlank, schwarzbraun, überwintert. Entwicklung im Mai und Juni, auch noch Anfang Juli; nach *Fuchs* kommt nur eine Generation vor. Deutschland, Schweiz, Livland, Finnland, südöstliches Rußland. — Hb. V. 1. J. c. D. — Tr. VI. 1. 15. — Fr. B. 42. — O. W. 395. — Pr. Taf. I, Fig. 3. — Stett. Zeitg. 1874. 241. — Fuchs, Jahrb. d. Nass. Ver. für Naturk., Jahrg. XXV u. XXVI, S. 433. — Rössl. Schuppenfl. 136.

Aestimaria, *Hb.* (Sch. Fig. 58, Fig. 14.) Grundfarbe mattgrün, Rückenlinie dunkelgrün, beiderseits fein weiß gesäumt; Nebenrückenlinien breit, weiß, auf jedem Segmenteinschnitt stark verengert, oben und unten fein schwarz gesäumt. Stigmenlinie schwach gewellt, auf jedem Segment mit einem zitrongelben, von drei schwarzen Punkten umgebenen Flecken. Stigmen schwarz. Am Bauch drei schwärzliche, aus je zwei feinen Linien bestehende Längsstreifen vom dritten Brustfußpaar bis zu den Bauchfüßen. Kopf grün mit zahlreichen schwarzen symmetrisch gestellten Punkten. Füße grün, außen schwarz gefleckt. Nackenschild und Afterklappe nicht besonders bezeichnet. Warzen schwarz, das vordere Paar der Rückenwarzen bedeutend größer, als das hintere. (Nach einer präparierten Raupe von Dr. Staudinger.) Lebt im Juni und Juli am Tamarix gallica. Verwandlung in der Erde 2—3 cm tief. Puppe ziemlich schlank, braun mit schwarzen Ringeinschnitten; das letzte Segment hat eine konische, starke, schwarze Spitze. Entwicklung im April, Mai und in zweiter Generation im Herbst. Südeuropa, Südfrankreich, Spanien, Italien, Sizilien, Südrußland. — Mill. Jc. pl. 21, Fig. 7—10.

Liturata, *Cl.* Taf. 42, Fig. 7. (Sch. Taf. 58, Fig. 15.) Raupe derjenigen von Signaria ähnlich. Kopf gelbbraun, Körper grün; Rückenlinie und Nebenrückenlinien sind schmutzig weiß, die Stigmenlinie dagegen rein weiß, unterhalb gelb. Lebt im Juli und August an Fichten, aber auch an Föhren und Wachholder. Verwandlung an der Erde unter Moos zu einer schlanken braunen Puppe, mit einem höckerigen mit einer zweigabeligen Spitze besetztem Cremanter; überwintert. Entwicklung im Mai und Juni. Mittleres und nördliches Europa, Castilien, Piemont, südöstliches Rußland. — Hb. V. 1. — J. a. b. — Tr. VI. 1. 12. — Frr. 53. Rtzbg. 2. 185. Taf. XI, Fig. 2. — Sepp VII. 29. 8. — O. W. 395. — Pr. Taf. 1. Fig. 4.

38. Gattung. **Ploseria,** *B.*

Nur eine, auch in Deutschland vorkommende Art.

Pulverata, *Thnb.* (Sch. Taf. 58, Fig. 16.) (Diversata, *W. V.*) Raupe schlank, (3,5 cm) gleichmäßig dick, der elfte Ring mit einem Querwulst. Kopf fast etwas breiter als das erste Segment, veilgrau, schwarz getupft. Körper heller oder dunkler veilgrau; Rückenlinie auf den drei ersten Ringen schwarz, fein weiß gesäumt, auf dem vierten bis siebenten Ring in dunkle Flecken in der Mitte jedes Ringes aufgelöst; die feine weiße Einfassung ist jedoch der ganzen Länge des Körpers nach deutlich und bildet hinter den schwarzen Flecken in der Mitte jedes Ringes je zwei weiße, besonders scharf hervortretende Fleckchen. Nebenrückenlinien schwarz, auf dem zweiten und dritten Ring schräg nach hinten konvergierende Striche bildend, auf dem folgenden bogenförmig um die von der Rückenlinie gebildeten schwarzen Flecken herumlaufend, besonders deutlich auf dem fünften und sechsten Segment; auf dem folgenden ist meist nur die hintere Hälfte der von den Nebenrückenlinien gebildeten Bogen deutlich; bei manchen besonders dunklen Exemplaren sind die Nebenrückenlinien außen von rötlichweißen, ziemlich breiten, unterbrochenen Linien begrenzt; Warzen groß, schwarz; der Querwulst auf dem elften Ring schwarz, hinten mit rötlichweißem Saum, in dem zwei schwarze, längliche Warzen stehen; Hinterrand des elften Segmentes mit vier schwarzen, fein weiß gesäumten Warzen. Afterklappe von der Körperfarbe. Die Stigmenlinie ist in große, rötlichgelbe, unregelmäßige Flecken aufgelöst, in welchem die großen, weißen, braun gesäumten Luftlöcher stehen. Bauch mit einer breiten rötlichweißen oder grauen Mittel- und je zwei sehr feinen, manchmal undeutlichen Seitenlinien. Brustfüße rötlichweiß, schwarz getupft; Bauch- und Afterfüße außen mit rötlichweißem Längsstrich. Lebt im Mai und anfangs Juni an niederen Espen, bei Tage am Boden verborgen. Verwandlung zwischen zusammengesponnenen Blättern. Die überwinternde Puppe schlank, walzig, am kurzen Cremanter mit zwei umeinander gewundenen Dornen und jederseits zwei bis drei Häkchen, braun (Wilde Taf. 10, Fig. 9). Entwicklung Ende März, Anfang April. Mittleres und nordöstliches Deutschland, Bayern, Schweiz, Livland, Finnland, Lappland, südöstliches Rußland. — Tr. VI. 1. 278 u. X. 2. 187. — O. W. 395. — Rössl. Jahrb. d. Ver. f. Naturk. in Nassau, Heft XII.

39. Gattung. Chemerina, *B.* (Dysemon, *Ld.*)

Nur eine, dem Süden angehörige Art.

Caliginearia, *Rbr.* (Sch. Taf. 58, Fig. 17.) Die Eier sind länglich, leicht eingedrückt, grünlichbraun, vor dem Ausschlüpfen dunkelrot. Raupe 4,0—4,5 cm lang, glatt, ohne Erhöhungen, nach vorn zu verschmälert. Kopf klein, flach, oben gerundet, braun; die ganze Rücken- und Seitenfläche mit Nackenschild und Afterklappe erscheint durch zahlreiche, dicht beisammenstehende, geschlängelte, aus kleinen, dunkel rotbraunen Punkten bestehende Längslinien rötlichbraun; eine Rückenlinie und die Nebenrückenlinien sind nicht zu erkennen; desto deutlicher ist die schwarze, unten gelblichweiß gesäumte Stigmenlinie, welche die dunkle Rückenfläche scharf von der hell rötlichgelben Bauchfläche trennt; in der Stigmenlinie steht hinter den braunen, schwarz gerandeten, großen Luftlöchern vom vierten Ring an je ein kurzer, tiefschwarzer Strich. Der Bauch ist von zahlreichen, weißlichen, geschlängelten Linien seiner ganzen Länge nach durchzogen. Brustfüße braun; Bauch- und Afterfüße von der Farbe des Bauches. Warzen schwarz, ziemlich groß. (Nach einer präparierten Raupe von Dr. Staudinger.) Lebt im April und Mai an Cistus incanus und salvifolius L., frißt aber auch gern Helianthemum polyfolium. Verwandlung in einem weichen, aber sehr dichten Gespinste unter Pflanzenabfällen am Boden. Puppe cylindrisch-konisch, ein wenig abgestumpft, ohne Rauhigkeiten, glänzend, rötlich und ins Grüne spielend bis zu den Hinterleibsringen; diese sind rotbraun; das fast schwarze letzte Segment endigt in zwei gerade starke, sehr nahe beisammenstehende Spitzen. Die Puppenruhe dauert den ganzen Sommer, Herbst und einen Teil des Winters hindurch; Entwicklung im Januar. Dalmatien, Südfrankreich, Corsika, Catalonien, Andalusien. — Mill. Livr. II. 68. pl. 2, Fig. 1—5.

40. Gattung. Lignyoptera, *Ld.*

Die Raupe der einzigen, nur bei Wien, in Ungarn und Sarepta vorkommenden Art Fumidaria, *Hb.*, ist zur Zeit noch nicht bekannt.

41. Gattung. Hibernia, *Latr.*

Raupen mäßig schlank, gleichmäßig zylindrisch, glatt, nur selten mit höckerig oder spitzig vortretenden Wärzchen. Kopf so breit wie das erste Segment, oben abgerundet. Leben an Laubholzbäumen und verwandeln sich in der Erde mit oder ohne Gespinst. Sieben europäische Arten, die bis auf eine (Ankeraria) auch in Deutschland vorkommen.

Rupicapraria, *Hb.* Taf. 42, Fig. 8. (Sch. Taf. 58, Fig. 19.) 2,5 cm lang. Kopf und Körper mattgrün; Rückenlinie wenig dunkler als der Grund, breit, fein weiß gesäumt, erst vom vierten Ring an deutlicher; Nebenrückenlinien fein weiß; Nackenschild und Afterklappe nicht ausgezeichnet. Warzen sehr klein. Stigmenlinie sehr fein, doppelt; in der unteren Linie stehen die kleinen braunen Stigmen. Bauch und Füße grün. Eine Varietät der Raupe ist rötlichbraun mit braungelbem, schwarz getupftem Kopf; die Rückenlinie ist vom fünften bis achten Segment beiderseits zwischen den deutlichen schwarzen Rückenwarzen breit weiß gesäumt; der Bauch ist rötlichweiß, an den Seiten von einer dunkelbraunen welligen Linie begrenzt. Brustfüße blaßbraun, hintere Füße von der Körperfarbe, innen hell. Lebt im Juni auf Schlehen und Weißdorn und verwandelt sich in einem Erdtönnchen. Puppe gelbbraun, mit zwei divergierenden Häkchen an dem warzenartigen Cremanter, überwintert. Entwicklung im Februar bis März. — Mitteleuropa, Piemont, Schweden. — Hb. V. 1. B. a. b. — Tr. VI. 1. 327. — Sepp II. 1. 2. — O. W. 397. — Pr. Taf. III, Fig. 20. — Entomologist II. 141.

Bajaria, *Schiff.* Taf. 42, Fig. 9. (Sch. Taf. 58, Fig. 20.) Raupe 2,8 cm lang, Kopf braun mit schwärzlichen Pünktchen; Grundfarbe heller oder dunkler grau oder braun; die schwärzliche, feine, doppelte Rückenlinie ist nur auf den vier ersten Segmenten als solche deutlich, während sie vom fünften bis zehnten Segment durch Auseinanderweichen der zwei Linien längliche, innen hell ausgefüllte Rautenfiguren bildet (manchmal sehr undeutlich). Nebenrückenlinien nicht vorhanden; die Stigmenlinien sind dunkelbraun, fein, doppelt, aber oft sehr undeutlich, auf dem fünften Ring, der an jeder Seite eine weißliche, oben schwarz punktierte Hervorwölbung zeigt, unterbrochen; unter diesen Linien steht je ein schwärzlicher Längsstrich auf jedem Ring. Stigmen weiß, schwarz gesäumt. Bauch heller als der Rücken, in der Mitte mit einer doppelten, gelblichen, feinen Längslinie, zwischen den hinteren Füßen weißgelb. Brustfüße braun. Bauch- und Afterfüße, sowie Afterklappe und Nackenschild von der Körperfarbe. Warzen schwarz, das vordere Paar des elften Ringes spitz vorstehend. Lebt Ende Mai, anfangs Juni auf Schlehen, Liguster und Weißdorn. Verwandlung in der Erde. Puppe matt rothbraun, mit glänzendem, glattem, oben gefurchtem, fein zweispitzigem Cremanter. Falter im Oktober und November. Das Ei überwintert. Deutschland, Schweiz, Frankreich, Belgien, Ungarn, Piemont, mittleres und südöstliches Rußland. — Esp. Taf. 37, Fig. 5. — Tr. VI. 1. 321. — Frr. 610 (irrtümlich mit Höckern). — O. W. 392. — Pr. Taf. III, Fig. 19. — Zeller, Tijds. v. Entom. XIII. 1870, 246.

Leucophaearia, *Schiff.* (Sch. Taf. 59, Fig. 1.) Schmutziggrün mit braunen Punkten und Strichen auf dem Rücken und einer abgesetzten weißlichen Längslinie an jeder Seite des Rückens (Nebenrückenlinien); an den Seiten eine doppelte braune Längslinie (Stigmenlinie). Luftlöcher weiß, dunkel gesäumt; Bauch matt graugrün. Kopf kugelig, braun. 1 Zoll (Wilde). Lebt im Juni an Eichen und Espen und verwandelt sich in der Erde. Die matt rötlichbraune, mit feinem Cremanterstachel versehene Puppe überwintert. Entwicklung im Februar, März. Mitteleuropa, Galizien, Schweden, Mittel- und Norditalien. — Tr. VI. 1. 123. — O. W. 397. — Gn. X. 251. — Ent. II. 202. — Ent. M. Mag. II. 16.

Aurantiaria, *Esp.* Taf. 42, Fig. 10. (Sch. Taf. 59. Fig. 2.) Grünlichbraun oder rotbraun mit dunkel durchscheinendem Rückengefäße; auf dem Rücken jedes Ringes zwei feine gelbe Wärzchen, welche auf den ersten und letzten Ringen am stärksten sind; an den Seiten ein dunkler, grünlichbrauner, oberwärts durch eine weiße Linie gesäumter Streifen, in welchem die weißlichen Luftlöcher stehen (Stigmenlinie). Afterklappe und Bauch hellbraun, fein schwarz punktiert; Kopf herzförmig eingeschnitten, hellbraun mit schwärzlichen Querstrichen. 1 Z. 3 L. (Wilde). Lebt im Juni an Eichen, Schlehen, Weißdorn, Bandweiden und Birken und verwandelt sich in der Erde zu einer matt hellbraunen Puppe mit dunklem, an der Spitze gabeligem Cremanter. Entwicklung im Oktober, November. Mitteleuropa, Livland, Piemont, südöstliches Rußland. — Hb. V. 2. B. a.— Tr. VI. 1. 311. — O. W. 396. — Pr. Taf. 3, Fig. 17. — Ent. M. Mag. VIII. 90.

Marginaria, *Bkh.* Taf. 42, Fig. 11. (Sch. Taf. 59, Fig. 3.) (Progemmaria, *Hb.*) 2 cm lang. Kopf braun; Körper bräunlichgelb, Rückenlinie braun, fein gelb gesäumt; in ihr stehen am Vorder- und Hinterrand der Segmente je zwei kleine schwarze Längsfleckchen, von welchen die am Vorderrand des vierten und siebten Segmentes größer und etwas schiefstehend sind; am elften Segment ein fast schwarzer breiter Strich quer

über dasselbe. Nebenrückenlinien fein gelblich, nach unten breit dunkelbraun gesäumt; Stigmenlinie breit, gelb, am vierten bis zehnten Segment von großen, braunen, unregelmäßigen Flecken hinter den breit schwarz eingefaßten Luftlöchern unterbrochen; Nackenschild und Afterklappe von der Körperfarbe; Warzen auf dunkelbraunen Fleckchen stehend, schwarz. Bauch mit einer doppelten, feinen, gelblichen Längslinie; alle Füße braun, besonders dunkel die hinteren Paare. Lebt im Juni auf Eichen, Pappeln, Erlen, Schlehen, wilden Rosen und verwandelt sich in einer ausgesponnenen Erdhöhle zu einer glänzend braunen Puppe mit zwei Dornen am Cremanter, welche überwintert. Entwicklung im Februar und März. Mitteleuropa, Livland, Ural, Mittel- und Norditalien. — Hb. V. 2. B. a. — Tr. VI. 1. 313. — Rtz. 2. 195. — Sepp 2. Ser. III. t. 8. — O. W. 397. — Pr. Taf. 3, Fig. 18.

Defoliaria, *Cl.* Taf. 42, Fig. 12. (Sch. Taf. 49, Fig. 4 a. b.) Ei braungelb, elliptisch, seitlich eingedrückt, überwintert (Sepp II. VI. 93). Raupe jung schwärzlich mit gelblichen Seiten; erwachsen 3 cm lang, Kopf hell gelbbraun oder dunkler braun; Körper gelb, bei manchen Exemplaren an der Rückenfläche und an den Seiten der drei ersten, sowie der vier letzten oder an allen Segmenten rötlichbraun; Rückenlinie bei den dunklen Exemplaren braun, fein gelb eingefaßt, bei den hellen deutlich doppelt, fein, schwarz. Nebenrückenlinien breit, schwarz, gewellt; zwischen diesen und der Rückenlinie noch je eine feine doppelte, schwärzliche oder bräunliche Längslinie, bei den dunklen Exemplaren undeutlich; Nackenschild und Afterklappe von der Körperfarbe; Warzen sehr klein, schwarz; bei den gelben Exemplaren fehlt eine Stigmenlinie; bei den dunklen Exemplaren besteht sie aus einer Reihe von je drei übereinanderstehenden braunen Flecken, in deren obersten die runden, weißen, schwarz gesäumten Stigmen stehen. Bauch und Füße einfarbig gelb; bei den dunkleren Exemplaren sind die Füße außen braun. Lebt im Mai und Juni auf Obstbäumen und Eichen und verwandelt sich in einem ausgesponnenen Erdballen in eine hellbraune Puppe mit zwei Dornen am kegelförmigen Cremanter. Entwicklung im Oktober, November. Manchmal schädlich. Mittleres und nördliches Europa (mit Ausnahme der Polarregion), Piemont. — Hb. V. 2. B. a. — Tr. VI. 1. 315. — Rtzb. 2. 192. Taf. XI, Fig. 5. — Sepp II. Taf. 6. — O. W. 396. — Pr. Taf. 3, Fig. 16. — Esp. V. Taf. 36, Fig. 5—6. — Gn. II. 254. — Zoologist XIX. 1861, S. 7679. — Curtis brit. Ent. XV. P. 703.

42. Gattung. **Anisopteryx**, *Stph.*

Raupen mäßig schlank, gleichmäßig cylindrisch, glatt; Kopf so breit wie das erste Segment, oben abgerundet. Sie sind zwölffüßig da sie ein (unvollkommen entwickeltes) Bauchfußpaar mehr besitzen. Leben an Laubhölzern und verwandeln sich an oder in der Erde in einem lockeren Erdgespinste.

Aceraria, *Schiff.* Taf. 42, Fig. 13. (Sch. Taf. 59, Fig. 5 a. b.) 2 cm lang. Kopf gelblich, dunkelbraun gesprengelt; Grundfarbe grün oder rötlichbraun; Rückenlinie fein, weißlich; Nebenrückenlinien ebenso, doppelt; zwischen den weißen Linien stehen die Rückenwarzen auf großen, schwarzen, rundlichen Flecken. Nackenschild und Afterklappe von der Körperfarbe. Stigmenlinie breit, gelblich, unterbrochen, oben und unten fein weiß begrenzt. Stigmen rund, schwarz gesäumt. Bauch grau oder rötlichgrau mit undeutlichen weißen Längslinien. Brustfüße hell gelbbraun, Bauch- und Afterfüße von der Körperfarbe. Lebt im Juni, Juli an Eichen, Ahorn etc. und verwandelt sich unter der Erde zu einer kolbigen rotbraunen Puppe. Entwicklung im November. Mittleres und westliches Europa (mit Ausnahme von England), Piemont, Castilien. — Hb. V. 2. B. a. b. — Tr. VI. I. 318. — O. W. 398. — Pr. Taf. I, Fig. 22.

Aescularia, *Schiff.* (Sch. Taf. 59, Fig. 6.) Die Eier graubraun, glänzend, tonnenförmig, werden nebeneinander aufrecht stehend, ringförmig um zweijährige Zweige gelegt (nach Art d. Bomb. Neustria) mit der Afterwolle bedeckt; kriechen nach acht Tagen aus (Rghf.). 1879 in West-Ungarn dem Bergahorn, schädlich. (Zool. bot. Ges. Wien 1879. XXIX. 40.) 3,0 cm lang. Kopf grün oder gelblich. Körper weißlichgrün; Rückenlinie undeutlich, dunkelgrau, beiderseits fein weißlich eingefaßt; Nebenrückenlinien stärker, lebhafter weiß. Nackenschild und Afterklappe von der Körperfarbe. Warzen äußerst klein, kaum mit der Lupe sichtbar. Segmente gelblich. Stigmenlinie undeutlich, weiß; Stigmen schwarz gerandet. Bauch nebst Bauch- und Afterfüßen einfarbig grün; Brustfüße hell gelbbraun. Lebt im Mai und Juni an verschiedenen Laubhölzern, besonders Eichen, Ahorn, Buchen, Schlehen, Liguster etc. und verwandelt sich an oder unter der Erde in eine überwinternde Puppe. Entwicklung Ende Februar, und im März. — Mitteleuropa (mit Ausnahme von Livland), Schweden, mittleres und nördliches Italien. — Tr. VI. I. 325. — Rtz. 2. 192. — Sepp VIII. 32. — O. W. 398. — Pr. Taf. 3, Fig. 21. — Porrit. M. M. IX p. 272. — Gn. IX. 256.

43. Gattung. **Phigalia**, *Dup.*

Nur eine, auch in Deutschland vorkommende Art.

Pedaria, *F.* Taf. 42, Fig. 16. (Sch. Taf. 59, Fig. 7.) (Pilosaria, *Hb.*) Ei (Taf. 50 Fig. 81) grün, elliptisch, glatt, braun punktiert. Raupe 5,0 cm lang, 4,0 mm dick, gleichmäßig zylindrisch mit etwas vortretenden schwarzen, je ein starkes, schwarzes Haar tragenden Warzen, besonders groß sind diese an der Seite des fünften und auf dem Rücken des 11. Segmentes. Kopf etwas schmäler als das erste Segment, vorn und seitlich abgeflacht, oben stark gewölbt, mit tiefer Scheitelfurche, braun. Körper grünlichbraun, gelblichbraun oder rötlichbraun. Rückenlinie schwarzgrau, nur auf den ersten Ringen deutlich, auf den folgenden undeutlich, doppelt. Nebenrückenlinie nicht sichtbar. Nackenschild dunkelbraun, vorn gelblich gesäumt. Afterklappe von der Körperfarbe. Das hintere Paar der Rückenwarzen ist vom dritten bis zehnten Ringe an nach innen von gelblichen Fleckchen gesäumt. Eine Stigmenlinie fehlt oder ist sehr undeutlich. Stigmen schwarz gerandet, am fünften Ringe von einem schwarzen Flecken umgeben. Bauch mit einem undeutlichen, gelblichen, aus mehreren feinen Linien bestehenden Mittelstreifen. Füße von der Körperfarbe. Lebt im Mai und Juni auf allen Prunus-Arten, auch auf Eichen, Espen, Ahorn, Linden, Rüstern und verwandelt sich in der Erde ohne Gespinst zu einer rotbraunen Puppe mit gabelspitzigem Cremanter, welche überwintert. Entwicklung im Februar bis April. Mitteleuropa, Livland, Schweden, Piemont, südwestliches Frankreich, Ural. — Hb. V. 2. A. d. — Tr. VI. I. 240. — Sepp. III, Taf. II. — O. W. 400. — Lyonet. Mem. d. Mus. Hist. Nat. XIX. 1830. 409. Taf. 35, Fig. 12–18.

44. Gattung. **Chondrosoma**, *Ank.*

Nur eine, bisher nur in Ungarn gefundene Art.

Fiduciaria, *Ank.* (Sch. Taf. 59, Fig. 8.) 2,5 cm lang, mäßig schlank, von oben nach unten etwas zusammengedrückt mit starken Seitenkanten, glatt. Kopf etwas schmäler als das erste Segment, abgerundet, gelb; Körper grün (an der präparierten Raupe gelblich); Rückenlinie dunkler, beiderseits fein weißlich gesäumt; Nebenrückenlinien ebenso. Nackenschild und Afterklappe von der Körperfarbe; Warzen sehr klein schwarz. Stigmenlinie breit, weiß gelblich, unten fein schwarz gesäumt; Stigmen hellbraun eingefaßt. Bauch mit drei feinen, weißlichen Längslinien; Brustfüße blaß gelbbraun; Bauch- und Afterfüße von der Körperfarbe. (Nach einer präparierten Raupe von Dr. Staudinger.) Lebt nach *Friwaldsky* an einer Euphorbia-Art. Flugzeit Oktober. Vaterland Ungarn. — Friw. Jell. 1866. Taf. VIII, Fig. 6 a. b.

45. Gattung. **Biston**, *Leach.*

Raupen gestreckt, gleichmäßig cylindrisch, glatt, mit abgerundetem Kopf (Stratarius hat eine gänzlich abweichende Raupe mit zweispitzigem Kopf und mit Höckern am ersten, siebten und achten Segment). Leben teils auf Laubhölzern, teils auf anderen Pflanzen und verwandeln sich in der Erde ohne Gespinst; Puppen überwintern. Vierzehn Arten, darunter sieben auch in Deutschland vorkommende.

Hispidarius, *F.* Taf. 42, Fig. 15. (Sch. Taf. 59, Fig. 9.) 4 cm lang. Kopf braungelb, im Gesicht schwarz gefleckt. Stirndreieck vertieft, Scheitelfurche ziemlich tief. Körper braun; erstes Segment mit zwei großen, seitlichen, braungelben Flecken; Afterklappe braungelb. Rückenlinie dunkel, undeutlich, auf jedem Segment von zwei kleinen orangegelben Flecken oder Strichen eingefaßt. Nebenrückenlinien fein, orangegelb, mehr oder weniger unterbrochen. Rückenwarzen groß, schwarz, spitz vortretend vom vierten Ring an. Von den seitlichen Warzen steht je eine hinter den großen, weißen, schwarz eingefaßten Luftlöchern befindliche auf einem spitzen Höcker, der am fünften Ring am größten ist; Stigmenlinie fein, orangegelb, doppelt, mehrfach unterbrochen, in der Umgebung der Luftlöcher von mehreren kleinen orangegelben Fleckchen begleitet. Bauch mit einer breiten, gelblichen Mittellinie. Brustfüße rotbraun. Bauchfüße von der Körperfarbe. Raupe im Juli an Eichen und Ulmen. Entwicklung im Anfang April. Puppe glänzend, rotbraun, mit dunklem, seitlich wenig höckerigem, abgestutztem Cremanter und feiner, schwach gabeliger Endspitze, in einem leichten Erdgespinste, überwintert. Mitteleuropa, mittleres und nördliches Italien. Tr. VI. 1. 247. — O. W. 400. — Hellins M. M. 1867. p. 186.

Pomonarius, *Hb.* Taf. 42, Fig. 14. (Sch. Taf. 58, Fig. 10.) 4,2 cm lang. Kopf hellbraun, schwarz getüpfelt. Körper grünlichgrau oder weißgrau oder blaß veilgrau; die doppelte Rückenlinie, die Nebenrückenlinien, Stigmenlinien und noch eine weitere zwischen den letzteren verlaufende Linie sind gelblich, fein schwarz eingefaßt. Nackenschild schwarz, mit gelbem, schwarz geflecktem Vorderrand. Afterklappe von der Körperfarbe. Das hintere Paar der sehr kleinen Rückenwarzen steht vom vierten bis achten Ring auf schwefelgelben, etwas erhabenen, kleinen Querwülsten, vor welchen unbestimmte schwärzliche Flecken sich finden; an den Seiten des vierten bis elften Segmentes stehen in der Stigmenlinie und hinter dem schwarzen Luftloch je zwei schwefelgelbe, etwas erhabene Fleckchen mit einem schwarzen Flecke vor und zwischen denselben. Bauch heller als die Rückenfläche mit undeutlichen, gelblichen, fein schwarz gesäumten Längslinien; zwischen den Brustfüßen gelb mit schwarzer Mittellinie. Brustfüße gelb, schwarz gefleckt; Bauch- und Afterfüße von der Körperfarbe. Lebt im Mai und Juni an Eichen u. a. Puppe stumpf, dunkelbraun mit feinem Stachel am Cremanter. Entwicklung im April und anfangs Mai. Deutschland, nordwestliches Frankreich, Livland, Finnland, Schweden, Lappland. — Esp. V. Taf. 34, Fig. 8. — Hb. V. 2. A. d. — Tr. VI. 3. 249. — Werneb. Stett. Ztg. 1861, 322. — Ann. Soc. France 1874. — Wildes Beschreibung 399 gehört zu Pilosaria, da auf Hübners Tafeln die Nummern 1 und 2 offenbar verwechselt sind (Rghf.).

Lapponarius, *B.* Taf. 42, Fig. 17. Ei abgeplattet, fein gekörnt, hell bläulichgrün, nach und nach blaugrau werdend. Raupe 3,5 cm lang, der vorigen Art sehr ähnlich; jedoch stehen hier schon am Rücken des dritten Segmentes vier schwefelgelbe Fleckchen; die gelben Rückenwarzen der Segmente vier bis neun sind wie bei Pomonarius, aber kleiner, und die schwarzen Flecken vor denselben sind nur angedeutet. Der Nackenschild ist vorn schmal gelb gesäumt; die gelben, etwas erhabenen Flecke in den Stigmenlinien einfach, auf den ersten drei Ringen rundlich, vom vierten bis elften Segment lang gestreckt, winklig nach oben gebogen, oben und und unten tief schwarz schattiert; unter denselben steht noch eine Reihe ähnlicher aber kleinerer, gelber Flecken; bei Pomonarius finden sich dagegen auf jedem Segment zwei getrennte gelbe Fleckchen in einer Linie, von welchem das größere rundlich und nach oben ausgezogen ist; die großen schwarzen Stigmen stehen in der oberen schwarzen Schattierung. (Nach einer präparierten Raupe von Dr. Staudinger.) Lebt im Mai bis Juli an Lärchen und wird in der Erde zu einer matt rotbraunen Puppe mit dunklem, runzeligem, glänzendem, in zwei kleine, divergierende Spitzen endigendem Cremanter; seitlich stehen an diesem zwei dunkle kleine Warzen. Entwicklung im April des nächsten Jahres. Österreichisch-Schlesien, Graubünden, Bayern, Oberengadin (Heyden), Lappland, Voralpen Niederösterreichs (Rghf.). — Jahresb. d. Graubündner naturf. Gesellschaft IX. 1868. S. 138. — Breslauer Zeitschrift f. Ent. W. F. VII. Heft. 1879. 70. — Habich Stett. ent. Z. 1889. 350. — Teich. Stett. e. Z. 1884. p. 213.

Zonarius, *Schiff.* Taf. 42, Fig. 18. (Sch. Taf. 59, Fig. 11 a. b.) Ei grünlich, fein chagriniert. Raupe 3,5 cm lang, gleichmäßig dick, gelbgrün mit gelblichen Ringeinschnitten; eine weiße, äußerst fein dunkel begrenzte Rückenlinie und ebensolche Nebenrückenlinien nur angedeutet, besonders auf den drei bis vier ersten Segmenten. Kopf weißgelb, fein schwarz getüpfelt. Nackenschild weiß, fein schwarz getupft. Warzen klein aber deutlich, schwarz. Afterklappe von der Körperfarbe, fein schwarz getupft. Stigmenlinie lebhaft schwefelgelb, breit, oben von einer feinen tiefschwarzen und darüber zwei aus schwarzen getrennten Strichen bestehenden, auf weißlichem Grunde verlaufenden Längslinien begrenzt. Bauch weißgrau mit einer doppelten gelben, schwarz gesäumten Mittellinie von den Brust- bis zu den Bauchfüßen; unterhalb der gelben Stigmenlinie eine tiefschwarze, unregelmäßig begrenzte und mit weißgelben Fleckchen besetzte Seitenlinie; zwischen dieser und der Mittellinie ist die Bauchfläche schwarz gesprengelt; Brustfüße braun, an der Spitze schwarz; Bauch- und Afterfüße von der Körperfarbe, fein schwarz getupft. Lebt im Juni und Anfang Juli an Schafgarbe, Klee (Rghf.), Salvia pratensis (Gartner) und Centaurea jacea (Rössler) und verwandelt sich in der Erde in eine kurze, dicke, matt rotbraune Puppe mit einem gerunzelten, kegelförmigen in eine Gabelspitze endenden Cremanter. Entwicklung Ende März, Anfang April, oft nach zweijähriger Puppenruhe. — Deutschland, Schweiz, nördliches Frankreich, England, Ungarn, Schweden, südwestliches Rußland, Ural. — Hb. V. 2. A. c. — Tr. VI. 1. 251. — O. W. 399. — Pr. Taf. 3, Fig. 28. — Esp. V. Taf. 34, Fig. 4. — Curtis brit. Ent. XIII. Taf. 615. — Gn. IX. 200.

Alpinus, *Sulz.* Taf. 42, Fig. 19. (Sch. Taf. 59, Fig. 12 a. b.) Ei oval, flachgedrückt, blaugrün, bis zum Ausschlüpfen weich und elastisch bleibend. Raupe 3,5 cm lang, 5,0 mm dick; Kopf und Körper bläulichweiß mit einem Stich ins Gelbliche, überall mit schwarzen unregelmäßig gestalteten Fleckchen dicht betetzt. Eine aus zwei Reihen schwarzer Flecken gebildete Rückenlinie ist besonders auf den ersten Segmenten deutlich; sie wird auf jedem Segment von je zwei kleinen gelben Fleckchen eingefaßt. Nebenrückenlinien sind nicht zu erkennen. Nackenschild und Afterklappe von der Körperfarbe und ebenfalls schwarz gefleckt. Warzen sehr klein, schwarz. Stigmenlinie breit, gelb, etwas geschlängelt. Stigmen groß, oval, schwarz, gelb eingefaßt. Bauch schwarzgefleckt mit einer gelben, doppelten, öfter unterbrochenen, undeutlichen Mittellinie. Brustfüße schwarz. Bauch- und Afterfüße von der Körperfarbe, schwarz gefleckt. Lebt im Juli und August polyphag an niederen Pflanzen, Chrysanthemum, Bellis, Centaurea, Kleearten, aber auch an Weißdorn, Weiden etc. Verpuppung in der Erde in einem ziemlich festen Erdcocon. Die Puppe ist in der Mitte verdickt, mattbraun, runzelig; Endsegment seitlich etwas verengert, endigt in zwei kleine divergierende, braune Spitzen. Die Puppe liegt aufrecht in der Erde. Entwicklung im Frühling des folgenden Jahres, manchmal erst nach zwei Jahren, nach Groß-Steyr. regelmäßig erst nach zwei Jahren. Nur in den höheren Alpen. — Hb. V. 2. A. c. — Tr. VI. 1. 244. — Mill. 88, Fig. 4—6.

Graecarius, *Stgr.* Ei grasgrün, dicht chagriniert, sehr fein längs gerippt, glänzend. Raupe jung glänzend schwarz; zweiter und dritter Ring mit je einem hellen weißen Punkt; an der Seite der fünf mittleren Ringe je mit vier hellweißen, etwas erhabenen Punkten. Leib sparsam fein weißlich behaart; unter den Lüftern je zwei weiße Pünktchen. Afterklappe fein weiß punktiert. Nach der zweiten Häutung wird das Grüngelb vorherrschend, die vielen schwarzen Stricheln, welche auf den ersten Ringen eine fast linienförmige Anordnung zeigen, werden hinten zu mehr verworren und düsterer. Die Raupe sieht in diesem Stadium sehr der von Th. Evonymaria ähnlich (Rghf.). Erwachsen der vorigen Art ähnlich, ebenso groß, aber schlanker; Kopf und Leib grünlichgelb, dicht schwarz punktiert aber viel feiner als bei Alpinus; eine Rückenlinie ist kaum bemerkbar, wohl aber je zwei kleine gelbe Fleckchen auf dem Rücken der mittleren Segmente. Stigmenlinie breit, gelb, heller als bei Alpinus, geschlängelt. Stigmen oval schwarz. Bauch mit zwei breiten schwarzen, innen braun werdenden Seitenstreifen, in der Mitte gelb, ebenso zwischen den Brustfüßen und den Hinterfüßen, überall fein schwarz gefleckt. Füße gelb, schwarz gefleckt, sonst wie bei Alpinus. (Nach einer präparierten Raupe von Dr. Staudinger.) Lebt im Juni nach *Erber* und *Standfuss* an Spartiumblüten; *Rogenhofer* erzog sie aus dem Ei mit Taraxacum und Rumex; in die Erde gingen sie Anfang Juni. Puppe matt braunrot, dicht gerunzelt, Cremaster in zwei kurze divergierende Spitzen endend. Entwicklung nach der Überwinterung im Frühjahr. Krain, Istrien, Dalmatien, Türkei, Korfu. — Stndf. Bull. Ital. XVI, p. 81.

Hirtarius, *Cl.* Taf. 42, Fig. 20. (Sch. Taf. 59, Fig. 13.) Ei (Taf. 50, Fig. 82) grün, elliptisch, abgeplattet. Raupe 5 cm lang, kräftig gebaut, gleichmäßig dick. Kopf etwas schmäler als das erste Segment, abgerundet, rötlichgrau, fein schwarz punktiert. Körper lichter oder dunkler veilgrau, mit gelblichen, stellenweise rötlichgelben, beiderseits fein schwarz gesäumten, unterbrochenen und hie und da etwas ausgebuchteten Längslinien (doppelte Rückenlinie, Nebenrückenlinien, obere und untere Stigmenlinie, Mittellinie und Seitenlinie am Bauche). Erstes Segment vorn schmal schwefelgelb gesäumt mit schwarzen Fleckchen. Warzen klein, schwarz; das hintere Paar auf dem Rücken des vierten bis achten und des elften Segmentes steht auf feinen, lebhaft schwefelgelben Querwülstchen; an denselben Segmenten befinden sich seitlich je ein bis zwei lebhaft schwefelgelbe, etwas erhabene Wärzchen; unter und vor diesen Warzen zeigt auch die untere Stigmenlinie schwefelgelbe Fleckchen. Stigmen braun, schwarz gerandet. Bauch an der Basis der Vorderfüße und von den Bauch- bis zwischen die Afterfüße schwefelgelb. Füße rötlich oder rötlichgrau, außen fein schwarz getupft; an der Basis jedes Brustfußpaares am Bauche ein tiefschwarzer Fleck. Afterklappe rötlichgrau mit schwarzen erhabenen Warzen. Lebt im Juli auf Birken, Eschen, Eichen, Ulmen, Pappeln, Linden, Weiden, Obstbäumen und Robinia, bei Tag in den Rindenritzen versteckt und verwandelt sich in der Erde zu einer kurzen, dicken, rauhen, schwarzbraunen Puppe mit einem fein zweispitzigen Dorne an dem kurzen dicken Cremaster. Entwicklung im März, April, manchmal nach zwei- und sogar dreijähriger Puppenruhe. Mittleres und südliches Europa, Catalonien, Corsika, Mittel- und Norditalien nördlicher Balkan, südöstliches Rußland. — Hb. V. 2. A. b. c. — Tr. VI. 1. 236. — Sepp II. 12. 13. — O. W. 400. Taf. 10, Fig. 10. p. — Esp. V. Taf. 29, Fig. 5. 6. — Gn. IX. 205.

Stratarius, *Hufn.* Taf. 42, Fig. 21. (Sch. Taf. 59 Fig. 14.) (Prodromaria, *Schiff.*) Ei blaß fleischfarben, chagriniert, oval. Raupe 5,5 cm lang, 5 mm dick. Kopf vorn und an den Seiten abgeflacht, am Scheitel zweihöckerig, rotbraun, Stirndreieck gelbbraun. Grundfarbe aschgrau, braun, oder rostfarbig; Haut chagriniert (mit schwarzen Körnchen besetzt); Rückenlinie schwarzgrau, am deutlichsten auf den vordersten Segmenten, dann verwaschen; an der Seite derselben vom vierten Segmente an je ein kleineres, helleres Fleckchen. Nebenrückenlinien fehlen. Nackenschild und Afterklappe von der Körperfarbe. Warzen sehr klein, ohne Vergrößerung nicht sichtbar. Auf dem ersten, dem siebten und achten Segmente stehen je zwei ziemlich stark nach der Seite gerückte schwärzliche, kegelförmige Höcker; am elften Segment ein schwärzlicher, innen gelblicher, flacher Querwulst. Stigmenlinien fehlen; vor und über den großen, ovalen, weißen, schwarz gesäumten Luftlöchern steht je ein etwas hervorragender, aus schwarzen Körnchen gebildeter Fleck, der besonders am vierten Segment deutlich ist, und am siebten und achten Segment auf den beschriebenen Erhöhungen sitzt. Bauch mit einer undeutlichen, doppelten, gelblichen Mittellinie und je zwei schwarzen Fleckchen in der Mitte der Segmente vier bis acht; zwischen den Brust- und Bauchfüßen gelb; an der Basis jedes Bauchfußpaares vorn ein tiefschwarzer Querstrich. Füße von der Körperfarbe. Lebt von Juni bis Mitte September auf Eichen, Linden, Birken, Rüstern, wilden Rosen und verwandelt sich in der Erde zu einer glänzenden, schwarzbraunen Puppe mit helleren Ringen und einem starken in zwei auswärts gebogene Häkchen endigendem Dorne an dem kegelförmigen Cremaster. Entwicklung Ende Februar bis April. Mitteleuropa, Piemont, südöstliches Rußland. — Hb. V. 2. A. a. — Tr. VI. 1. 234. — Sepp V. 13. — O. W. 400. Taf. 10,

Fig. 11. P. — Pr. Taf. 3, Fig. 25. — Esp. V. Taf. 28, Fig. 7. 8. — Entom. II 11.

46. Gattung. Amphidasys, *Tr.*

Drei Arten, darunter nur eine in Deutschland vorkommend; die zwei übrigen in Sibirien und am Amur; deren Raupen unbekannt.

Betularius, *L.* Taf. 43, Fig. 1. (Sch. Taf. 59, Fig. 15.) Ei (Taf. 50, Fig. 83) grasgrün, dann blaß fleischfarben, elliptisch, chagriniert. Raupe 4—5 cm lang, gleichmäßig dick (4,0 mm); Kopf vorn abgeflacht und etwas konkav; Hemisphären zu spitzen Höckern ausgezogen, welche das erste Segment überragen, gelbbraun, am Rande und an der Rückseite dunkelbraun. Körper in der Färbung wechselnd, rindenbraun, gelbgrau oder grünlichgrau mit vielen kleinen schwarzen Körnchen besetzt; eine dunkle Rückenlinie ist vorhanden oder fehlt. Am vorderen Rand der Segmente und an den Seiten um die braunen großen Luftlöcher weißliche Fleckchen. Bauch mit einer aus weißlichen Fleckchen gebildeten, unzusammenhängenden Mittellinie und je einer großen, weiß und schwarz getüpfelten Warze mitten auf dem sechsten und siebenten Segment; zwischen den Brustfüßen und von den Bauch- bis zu den Afterfüßen weißlichgrün, hier an den Seiten weißlich gefranzt. An den Seiten des achten Segmentes zwei große weißliche, schwarz getupfte Warzenhöcker und zwei große, weißliche, zu einem Höcker zusammengeflossene Warzen auf dem Rücken des elften Segmentes. Nackenschild und Afterklappe von der Körperfarbe. Brustfüße gelbbraun. Bauch- und Afterfüße außen braun, innen hell weißgrün, an der Hinterwand fein weiß gefranzt; letztere mit ziemlich starken, die Afterklappe überragenden Fortsätzen. Die Haare tragenden Wärzchen sehr klein, schwarz. Lebt vom August bis Oktober auf Pappeln, Weiden, Linden, Birken, Rüstern, Heidel- und Himbeeren, auch an Ginster und Beifuß. Verwandlung in der Erde ohne Gespinst. Puppe schlank kegelförmig, glänzend dunkelbraun, mit einem am Ende gabelig geteilten Dorne an dem kegelförmigen Cremanter. Falter im Mai bis Juli. Mittleres und nördliches Europa (mit Ausnahme der Polarregion), Piemont, südöstliches Rußland. — Hb. V. 2. A. b. — Tr. VI. 1. 230. — Rtzbg. II. 95. Taf. XI, Fig. 3. — Sepp III, Taf. XXI. — Esp. V. Taf. 27, Fig. 4—6. — Gn. IX. 209.

47. Gattung. Apocheima, *H.-S.*

Nur eine in Sizilien und Sardinien, Algier und der asiatischen Türkei vorkommende Art.

Flabellaria, *Heeger.* (Sch. Taf. 59, Fig. 16.) 4,5 cm lang, 0,7 cm dick, gleichmäßig breit. Kopf ein wenig schmäler als das erste Segment, abgerundet, dunkelgrün, weiß gestreift; Stirndreieck weißlich, in der Mitte mit einem dicken schwarzen Längsstrich. Körper vollständig grün. Rückenlinie doppelt, weiß, in einzelne etwas schief nach auswärts gerichtete Striche aufgelöst; Nebenrückenlinien auf jedem Segment in je zwei weiße Schrägstriche aufgelöst. Stigmenlinie breit weiß. Die Warzen sind in starke und ziemlich lange, spitze Stacheln umgewandelt, von welchen die vorderen Paare auf dem Rücken des vierten bis achten und des elften Segmentes besonders stark und lang sind, lebhaft rosa gefärbt mit weißer Spitze. Um die großen, ovalen, schwarz geränderten Luftlöcher stehen drei, und am unteren Rande jedes Segmentes noch je ein Dorn. Bauch mit drei weißlichen Längslinien und dunkelbraunen Flecken längs der mittleren Linie. Füße von der Körperfarbe. (Nach einer präparierten Raupe von Dr. Staudinger.) Puppe in einem kugeligen, festen Erdgespinste, gelbbraun, kurz, gedrungen, Kopf vorstehend; Cremanter genarbt, stumpf, mit zwei kleinen, schwarzen Spitzen, überwintert (nach *Heeger* und *Lederer*) und liefert im nächsten Frühjahr den Falter. Lebt Ende Sommer vereinzelt auf Senecio, Chrysanthemum, Calendula etc. In der Ruhe hält sie die ersten Ringe, beständig eingebogen. — P. Heeger, Beitrg. z. Schmettlk. 6, Fig. 6—11. 1838. — Ann. Soc. Fr. 1860. pl. XII, Fig. 9. S. 699. — Pr. Taf. 3, Fig. 29.

48. Gattung. Hemerophila, *Stph.*

Raupen, soviel bekannt, lang gestreckt, nach vorn verdünnt, mit kleinem, plattem Kopf und mehrfachen vorstehenden Warzen. Leben auf niederen Sträuchern und verpuppen sich zwischen Blättern in einem lockeren Gespinste. Fünf Arten, darunter nur eine deutsche.

Abruptaria, *Thnb.* Taf. 43, Fig. 2. (Sch. Taf. 59, Fig. 17.) (Petrificata, *Hb.*) Ei kugelig, leicht gerieft, bläulich wie Schwefelkupfer, liefert nach 12 Tagen das Räupchen. Raupe gelblichgrau, manchmal mehr oder weniger dunkel fleischfarben oder bläulich gewölkt auf den zwei ersten, dem fünften und sechsten und an den Seiten des letzten Ringes; Afterklappe wenig markiert; das zwölfte Segment endet in einer doppelten kleinen Spitze; die gewöhnlichen Linien verschwinden fast; von einem Rückengefäß ist keine Spur zu sehen; an Stelle der Subdorsalen (Nebenrückenlinien) einige schlecht angedeutete, doppelte, abgesetzte Striche. Stigmen weißlich, klein, braun umrandet. Auf dem vierten und achten Ring je eine kleine, braune, an den Seiten helle Warze; das elfte und zwölfte Segment haben die hinteren Trapezoidalen (Warzen) vorstehend, mit einem kurzen steifen Haar versehen; die zwei vorderen Haar tragenden Punkte haben nichts Auffallendes. Die Vorderfüße sind lang und dünn, ihr letztes Glied ist schwärzlich; die vier hinteren Füße sind gleichfarbig (mit dem Körper); die beiden ersten (Brustfüße) haben an der Basis einen schwarzen Querstrich. Bauch dunkel fleischfarben, vom ersten bis neunten Segment mit einer breiten, grauen, ununterbrochenen Linie gezeichnet. Kopf klein, viereckig, vorn schräg abgeschnitten, gleichfarbig, braun punktiert, oben weißlich überflogen (Millière). Lebt im Frühjahr und in zweiter Generation im Juni auf Smilax aspera, frißt aber auch Genista, Cytisus und Jasminum fruticans, nach *Newmann* auch Rosen, Holler. In der Ruhe hält sich die Raupe außerordentlich steif. Die Verpuppung erfolgt meist zwischen den Blättern des Strauches in einer sehr leichten Hülle. Puppe gestreckt, ohne Vorsprünge, bräunlichrot, glänzend, der Hinterleib in eine kurze, starke, schwarze Spitze ausgehend, vor der ein kleines, braunes, geriefetes Wülstchen steht. Entwicklung im Mai. Südwestliches Deutschland, Südfrankreich, Corsika, Catalonien, Italien, Balkan, England. — Mill. Jc. 51. 3—5. — Newm. Br. M. S. 62.

Nycthemeraria, *H.-G.* Taf. 43, Fig. 3. (Sch. Taf. 59, Fig. 18.) Raupe gestreckt, vorn zugespitzt, unbehaart, erdgrau, manchmal bräunlich, unten bläulich gewölbt. Sie unterscheidet sich von der ähnlichen Abruptaria-Raupe: 1) durch den weniger verlängerten, weniger markierten Kopf, welcher mit zwei stumpfen, auf dem Scheitel stehenden, vorn weißlichen Spitzen versehen ist; 2) durch die größere Entwicklung mehrerer Trapezoidalen (Warzen), besonders des ersten Paares auf dem neunten Ring; 3) durch einen vierfachen Auswuchs auf jeder Seite des fünften Ringes (nach der Abbildung vier Warzen); 4) durch die entwickeltere Afterklappe; 5) durch die großen, gelblichen, elliptischen, schwarz eingefaßten Stigmen; die Raupe ist überdies sehr querfaltig, zeigt keine Spur der gewöhnlichen Linien; die zehn Füße sind gleichfarbig (mit dem Körper); nur bei den vorderen ist das letzte Glied schwarz (Millière). Lebt Ende März, Anfang April, an verschiedenen Genista- und Cytisus-Arten, nach *Daube* auch an Juniperus oxycedrus, nach *Blach.* an J. communis, frißt nur nachts. Wahrscheinlich kommt noch eine zweite Generation vor, welche überwintert. Verpuppung zwischen Blättern in einem leichten Gewebe; Puppe gestreckt mit vorstehender Fühlerscheide; die Hinterleibsspitze endigt in eine starke, leicht gebogene, ganz schwarze Spitze; allgemeine Färbung tief dunkelrot, Flügeldecken und Ringe bräunlich; Entwicklung nach 25 Tagen, gewöhnlich am Morgen. Wallis, Südfrankreich, Ungarn. — Mill. Jc. 51. 6—8. — An. S. Fr. 1889. 259. pl. 4, Fig. 9.

49. Gattung. **Nychiodes**, *Ld.*

Nur zwei Arten, eine in Südeuropa, die zweite in Kleinasien.

Lividaria, *Hb.* (Sch. Taf. 60, Fig. 2.) Raupe 3,7 cm lang, 5 mm dick, nach vorn und hinten kaum schmäler werdend. Kopf schmäler als das erste Segment, vorn und seitlich abgeflacht, die Hemisphären oben in kurze, stumpfe Spitzen ausgezogen, braun, schwarz getupft. Körper dunkelbraun, stark querfaltig mit nur spurenweise angedeuteten helleren Längslinien (Nebenrückenlinien); das erste Segment ist am Vorderrand rings herum lebhaft orangerot eingefaßt. Afterklappe von der Körperfarbe. Warzen schwarz, stark vorstehend, besonders die vorderen Paare auf dem Rücken des fünften, sechsten und siebenten, sowie des elften Segmentes. Eine helle Stigmenlinie ist nur schwach angedeutet. Stigmen oval, schwarz eingefaßt, von drei schwarzen erhabenen Warzen umgeben, deren hintere nach oben von einem kleinen, lebhaft orangeroten Fleckchen begrenzt ist (viertes bis neuntes Segment). Bauch mit einer undeutlichen, dunkleren Mittellinie; Brustfüße braun, außen schwarz gefleckt; Bauch- und Afterfüße von der Körperfarbe. Die Raupe der var. Andalusiaria, *Mill.*, ist ganz ähnlich, hat aber eine deutliche schwärzliche Rückenlinie, welche am vierten bis siebenten Segment von je zwei kleinen, weißen, hinten zusammenstoßenden und ein kleines Dreieck bildenden Schrägstreifen begrenzt ist. Nebenrückenlinien weißlich, gewellt, innen schwärzlich beschattet. Rückenwarzen wie bei der Stammart, doch sind nur die vorderen Paare des sechsten und elften Segmentes besonders vorstehend. Stigmenlinie weißlich, oben dunkel schattiert. Bauch mit einer doppelten weißgelben Mittel- und zwei feinen weißlichen Seitenlinien. Kopf mehr abgerundet, die Hemisphären oben nicht so spitz ausgezogen, alles übrige wie die Stammart. Lebt im Mai an Schlehen, Erica arborescens und Genista. Entwicklung im Juli. Schweiz, Mittel- und Südfrankreich, Castilien, Andalusien, Piemont, Balkan. Var. Andalusiaria in Castilien. — Dup. Phal. pl. 27. — Gn. IX. p. 222. — Mill. Bull. Soc. ent. p. 202 (var. Andalusaria).

50. Gattung. **Synopsia**, *Hb.*

Sechs Arten, darunter nur eine in Europa und Deutschland vorkommend.

Sociaria, *Hb.* Taf. 43, Fig. 4. (Sch. Taf. 60, Fig. 4.) 5,0 cm lang, nach vorn verschmälert, sehr schlank. Kopf so breit wie das erste Segment, an den Seiten abgeflacht, oben abgerundet, gelblichbraun, an den Seiten dunkelbraun gestreift. Körper braun, holzfarbig, glänzend. Die schwärzliche, nicht sehr deutliche Rückenlinie ist in der Mitte der Segmente vier bis neun strichweise dunkler und hier gelblichweiß gesäumt. Die gelblichweißen, sehr feinen Nebenrückenlinien sind mehrfach unterbrochen und nicht besonders vortretend. Warzen schwarz, ziemlich gross, etwas vorstehend, besonders stark das hintere Paar auf dem Rücken des achten Segmentes. Unterhalb der großen weißlichen, schwarz gesäumten Luftlöcher verläuft ein breiter, mehrfach unterbrochener, weißlichgelber Längsstreif, welcher auf den drei ersten Segmenten oben von einem dunklen Strich begrenzt ist und vom sechsten bis zehnten Segment je einen schwarzen Fleck oder Strich in sich führt. Bauch mit vier schwarzen, geschlängelten, feinen Längslinien und jeder Ring mit vier schwarzen Warzen. Füße von der Körperfarbe; Brustfüße vorn schwarz gefleckt; die Afterfüße mit langen, die Afterklappe überragenden horizontalen Fortsätzen (nach zwei präparierten Raupen von Dr. Staudinger; die Abbildungen von Freyer und Millière sind nicht naturgetreu); rollt die vorderen Ringe in der Ruhe ein, wie Vibicaria (Rghf.). Lebt im Mai und Juni auf Spartium scoparium, Genista-Arten, ferner auf Centaurea paniculata, Dorycnium und Hippophaë rhamnoides, Artemisia campestris und absinthium, sowie Thymus vulgaris. Die Verpuppung erfolgt in einem weichen Gespinst zwischen Moos etc. Puppe gestreckt, fast schwärzlichbraun, wenig glänzend, mit helleren Segmenten und breitem kolbigem Cremaster mit zwei Endhäkchen und kleinen, zarten, seitlichen.

Puppenruhe ca. drei Wochen. Nach Millière kommen in Südfrankreich zwei Generationen vor, auch bei Wien, Mitte Mai und August. Südöstliches und nordwestliches Deutschland, Holland, Südfrankreich, Catalonien, Castilien, Piemont, Corsika, Sardinien, Ungarn, Balkan. — Tr. VI. 1. 215. — Frr. 348. — Mill. Jc. 385. T. 91. 1. — O. W. 402. — Stgr. Horae soc. ent. VII. 162. — Gartner. Geomet. Mier. p. 64.

Sociaria var. Propinquaria, *B.* Ei oval, gerieft, gelb, später dunkel purpurrot. Raupe der der Sociaria sehr ähnlich, aber heller, glatt, porzellanartig; das zweite Paar der Rückenwarzen etwas höher als das erste. Gefäßlinie (Rückenlinie) fein, braun, nur auf den ersten und letzten Ringen deutlich; Nebenrückenlinien fein, unterbrochen, rötlichgrau. Stigmenlinien sehr breit kaum geschwungen, weiß, ununterbrochen vom ersten bis zwölften Segment. Die Seiten sind an den Einschnitten der drei ersten, des neunten und zehnten Ringes mit einem schwärzlichen, länglichen Flecken gezeichnet. Bauch mit vier dunkel purpurfarbenen Linien, deren zwei mittlere feiner sind, als die äußern. Stigmen groß, schief, orangefarben, schwarz eingefaßt. Kopf etwas abgeplattet, gleichfarbig, mit zwei hell lila Linien gezeichnet; im übrigen wie Sociaria. Lebt im Juli an Genista purgans, Artemisia campestris und Plantago cynops. Verpuppung zwischen den Zweigen der Futterpflanze in einem losen Gewebe. Puppe braun, sehr lebhaft, konisch zylindrisch mit zwei parallelen zurückgebogenen Spitzen am Afterende. Entwicklung nach zwanzig Tagen. Südfrankreich und Castilien. — Mill. Jc. 91. 2—5.

Serrularia, *Ev.,* var. **Phaeoleucaria,** *Ld.* Raupe an den Seiten gelbgrün mit einem breiten rötlichbraunen Rückenstreif, einem dunkel rotbraunen Kopf und einem ähnlichen Nackenschild mit lichtem Fleck in der Mitte. Auf dem letzten Segment trägt sie eine kurze, kegelförmige, dunkle Spitze (Staudinger). Lebt im Mai und Juni an Ephedra distachya und Spartium, verwandelt sich in einem leichten Gespinst zu einer braunen Puppe mit zwei starken Afterspitzen, die an der Basis nach außen noch eine kleine Spitze führen. Entwicklung von Anfang Juni bis Ende Juli. Sarepta, Kleinasien. — Hor. S. E. Ross. 1878. p. 451. — Wr. Mts. 1861. p. 160.

51. Gattung. Boarmia, *Tr.*

Raupen gestreckt, gleichmäßig zylindrisch, bei manchen Arten mit Höckern oder Wülsten an einzelnen Segmenten. Kopf so breit wie das erste Segment, im Gesicht mehr weniger abgeflacht, Scheitel meist breit, selten stumpf, zweispitzig. Leber am Laub- und Nadelhölzern, niederen Pflanzen, selbst Flechten. Verwandlung in einem Gespinst oder in der Erde. Mehr als 40 Arten, darunter 17 auch in Deutschland vorkommend.

Atlanticaria, *Stgr.* (Sch. Taf. 60, Fig. 6.) 2,0 cm lang, grün, mit einer Reihe rotbrauner, vorn gelblich eingefaßter Flecken über den Rücken (aufgelöste Rückenlinie); Nebenrückenlinien kaum bemerkbar; Stigmenlinie breit, weißlich, auf jedem Segment abgesetzt. Stigmen klein, braun. Bauch mit einer hellgelblichen Längslinie, welche auf den mittleren Ringen durch je einen gelben Querstreif gekreuzt wird. Brustfüße gelbbraun. Bauch- und Afterfüße von der Körperfarbe. Kopf gelbbraun, dunkel gesprengelt. Nackenschild und Afterklappe blaß gelbbraun. Warzen klein, schwarz. (Nach einer präparierten Raupe von Dr. Staudinger.) Lebt im Februar an Juniperus phoenicea in Andalusien (Chiclana). Schmetterling im April und Mai. — Stett. ent. Ztg. 1859. S. 218.

Occitanaria, *Dup.* (Sch. Taf. 60, Figur 7.) Raupe gewöhnlich erdgrau, manchmal auch dunkelbraun. Erster Ring (Nackenschild) fleischfarben mit zahlreichen schwarzen, nur mit der Lupe sichtbaren Punkten. Rückenlinie breit, ununterbrochen, dunkelgrau, vom vierten bis achten Ring braun. Auf jedem dieser Ringe steht in dem Ringeinschnitt ein doppelter weißer, mehr oder weniger deutlicher Punkt. Nebenrückenlinien breit, doppelt, ununterbrochen vom ersten bis elften Ring, leicht geschwungen, dunkelgrau. Stigmenlinie auf der Seitenkante liegend, ziemlich breit, schwach geschwungen, weißlich, im Innern rötlich gefleckt. Stigmen oval, rötlichgelb, schwarz umrandet; Bauch schmutzig weiß mit einem abgesetzten grauen, beiderseits weißlich eingefaßten Mittelstreif. Kopf so hoch wie der erste Ring, grau, braun gestreift. Brust- und Bauchfüße von der Körperfarbe, letztere außen mit drei übereinanderstehenden schwarzen Punkten (Millière). Lebt im Herbst und nach der Überwinterung im März und April an Thymus vulgaris. Verpuppung Ende März, Anfang April zwischen den Wurzeln der Nahrungspflanze. Puppe glatt, dunkelrötlich, an den Flügelscheiden und Augen grün überflogen, mit ziemlich starker und langer Spitze. Entwicklung Ende August, Anfang September. Frankreich und Spanien. — Mill. Jc. pl. 25. Fig. 7—11.

Perversaria, *B.* (Sch. Taf. 60, Fig. 9.) 3,0 cm lang. Kopf grau, flach, seicht eingedrückt, sparsam behaart, hell, mit zwei schwarzen Bogenzeichnungen. Leib rötlich; die doppelte Dorsale ist schwarz, die Zeichnung über den Rücken rautenförmig, seitlich gelblichweiß begrenzt. Stigmen hell, fein schwarz gerandet. Bauch gelblichweiß mit schwarzem Querstrich auf jedem Segment, beiderseits mit einer dunkleren Linie eingefaßt. Brust und Krallen hell. Afterklappe dunkel gerandet (Rogenhofer). Lebt im Frühjahr auf Cypressen. Entwicklung im Juni. Krain, Wallis, Piemont. Dalmatien.

Cinctaria, *Schiff.* Taf. 43, Fig. 5. (Sch. Taf. 60, Fig. 10.) 3 cm lang, ziemlich gleichmäßig dick; Kopf so breit wie das erste Segment, einfarbig grün, abgerundet. Körper grün, mit feinen gelblichen Hinterrändern der Segmente; Rückenlinie dunkelgrün, beiderseits fein weiß gesäumt. Nebenrückenlinien doppelt, fein, weiß, die äußere Linie stärker als die innere, über den weißen, braun gerandeten Stigmen läuft eine doppelte, feine, etwas geschlängelte weiße Längslinie. Afterklappe grün, an den Seiten fein gelb gesäumt;

Warzen sehr klein, schwarz, mit schwarzen Börstchen. Bauch grün mit einer hellen, undeutlichen Mittellinie und zwei doppelten, feinen, grauschwarzen Seitenlinien. Brustfüße braun; Bauch- und Afterfüße grau, letztere mit kurzen, breiten Fortsätzen. Lebt im Juli und August an Schlehen und vielen niederen Pflanzen, wie Cytisus ratisbonensis, Hypericum, Biscutella laevigata, Artemisia campestris, Genista tinctoria, Calluna vulgaris etc. Verwandlung in der Erde; Puppe hellbraun, schwach glänzend, mit zwei divergierenden, feinen Dornen am kegelförmigen, groß genarbtem Cremanter, überwintert. Entwicklung, im März, April. Mittleres und nördliches Europa (mit Ausnahme der Polarregion), Oberitalien, Balkan, Südrußland. — Frr. 498. — Mill. 130. 7—9. — O. W. 403, Taf. 10, Fig. 14. — Pr. Taf. II, Fig. 15.

Gemmaria, *Brahm.* Taf. 43, Fig. 6. (Sch. Taf. 60, Fig. 11.) (Rhomboidaria, *Hb.*) 3 cm lang, graubraun, Rückenlinie dunkelgrau, meist nur auf den drei ersten und drei letzten Segmenten deutlich; vom vierten bis elften Ring stehen auf dem Rücken der Segmente ockergelbliche, auf dem letzten Ringe weißlichgelbe Rautenzeichnungen, welche indes auch oft sehr undeutlich sind. Nebenrückenlinien dunkelgrau, manchmal unterbrochen, fein weißlich eingefaßt. Nackenschild und Afterklappe von der Körperfarbe; Warzen sehr klein, nur mit der Lupe sichtbar. Kopf graubraun, am Scheitel schwärzlich gesäumt mit ziemlich tiefer und breiter Scheitelfurche. Stigmenlinie in gelbbraune, um die großen, weißen, schwarz gesäumten Luftlöcher stehende Flecken aufgelöst. Am fünften Segment steht unter dem Stigma ein großer, durch eine Längsfurche in zwei Teile geteilter, braungelber, schwarz und weiß getupfter Höcker (Seitenwulst). Bauch braungrau mit einem doppelten weißen, am Anfang und Ende der Segmente ockergelb ausgefüllten und außen beiderseits schwarz gesäumten Mittelstreifen und einer Andeutung weißlicher Seitenlinien. Sämtliche Füße braungrau, fein schwarz getupft. Lebt nach der Überwinterung im April, Mai, Juni an Schlehen, Geisblatt, wilden Rosen, Epheu, Waldreben, Nerium (b. Fiume). Verwandlung in der Erde. Puppe dick mit kegelförmigem Cremanter, glänzend dunkelbraun. Entwicklung im Juni, Juli, Spätlinge noch Anfangs September. Mittleres und südliches Europa (mit Ausnahme von Livland). — Hb. V. 1. Y. c. — Tr. VI. 1. 211. — Fr. 288. — Mill. 130. 6. — Gn. IX. 241. — O. W. 405. — Pr. Taf. 2, Fig. 16. — Entom. III. 340.

Abstersaria, *B.* (Subflavaria, *Mill.*, non Gn. IX. 256.) Lehmgelb, auf den ersten und letzten Ringen grünlich überhaucht. Rückenlinie und Nebenrückenlinien ziemlich breit, ununterbrochen, braun. Stigmenlinie zwar auch breit und hell, aber wenig deutlich. Auf den Mittelringen je ein weißlicher, rechteckiger Fleck, welcher das erste Paar der Rückenwarzen verbindet. Stigmen weiß. Bauch mit einer breiten, weißlichen und ununterbrochenen Linie vom sechsten bis neunten Segment. Kopf klein, vorn abgeplattet, von der Körperfarbe. Ähnelt sehr der Raupe von Rhomboidaria und hat, wie diese, an den Seiten des fünften Segmentes je einen Höcker. Die Höcker (vorstehende Warzen?) auf dem neunten, zehnten und elften Ring scheinen bei der erwachsenen Raupe zu verschwinden (Millière). Lebt im Herbst und nach der Überwinterung im Frühjahr an Genista. Pyrenäen, Seealpen, in 1400—1500 m Höhe. — An. Soc. Belg. 1877. Pl. 1, Fig. 14—16.

Ilicaria, *H.-G.* (Sch. Taf. 60, Fig. 12). 3 cm lang, schlank. Kopf vorn und seitlich abgeflacht, braun, gelblich gefleckt; der Scheitel durch eine tiefe Furche in zwei stumpfe Höcker geteilt, vorn schwarz gerandet. Körper grünlich- oder gelblichgrau. Rückenlinie schwarz, unterbrochen, stellenweise sehr undeutlich. Nebenrückenlinien vom zweiten bis achten Ring in je zwei schwarze, nach hinten konvergierende Schrägstriche aufgelöst; in diesen Schrägstrichen stehen die stark erhabenen, außen schwarzen, innen weißlichen, hinteren Warzenpaare; der Raum zwischen den schwarzen Schrägstrichen ist hell gelblichweiß ausgefüllt. Der erste Ring (Nackenschild) ist vorn schwarz gerandet und trägt vier weiße, in einer Querreihe stehende Fleckchen; die halbkreisförmige Afterklappe ist bräunlich. Die Stigmenlinie ist in je einen schwarzen Schrägstrich auf jedem Segment unterhalb der hellen, braun eingefaßten Luftlöcher stehend, aufgelöst. Die Umgebung der Stigmen selbst ist fleckenartig hell, weißgelblich. An der Seite des fünften Segmentes steht je eine starke aus zwei übereinanderstehenden Höckern gebildete Hervorragung. Bauch zwischen Brust und Hinterfüßen einfarbig gelblich; vom vierten bis neunten Ring mit je einem gelblichweißen, vorn spitz zulaufenden und schwärzlich begrenzten, hinten durch einen tiefschwarzen Querstrich abgeschnittenen Flecken. Füße von der Körperfarbe, außen schwarz gesprengelt. (Nach einer präparierten Raupe von Dr. Staudinger.) — Lebt im Mai und Juni auf Eichen (Quercus robur und ilex). Entwicklung im Juli, August. Bei Arolsen, in Südfrankreich, Castilien, Andalusien, Dalmatien. — Gn. I. 236. — Speyr. Stett. ent. Z. 1872. S. 169.

Buxicolaria, *Mab.* Die Raupe ist hellgelb mit kleinen Zeichnungen auf jedem Ring; sie variiert kaum, lebt vom Februar bis März auf Buxus sempervirens; der Schmetterling entwickelt sich vom Juli bis August und hat nur eine Generation. Ziemlich verbreitet auf den steilen Abhängen des Berges Alaric-ande. — Mabille An. Soc. Fr. 1872. p. 490.

Secundaria, *Esp.* Taf. 43, Fig. 7. (Sch. Fig. 60, Fig. 13.) 3,2 cm lang. Kopf braun mit einem schwarzen Querstrich. Körper rötlichbraun (oder grau). Rückenlinie fein, doppelt, schwarz, auf jedem Segment von zwei schwarzen, mehr weniger deutlichen, nach hinten konvergierenden Schrägstrichen begleitet, hinter welchen je zwei gelbliche, unbestimmt begrenzte Flecken beiderseits der Seitenlinie stehen. Nebenrückenlinien breit, schwarz. Nackenschild und Afterklappe von der Körperfarbe. Warzen sehr klein, braun. Stigmenlinie breit, gelb; Stigmen braun eingefaßt. Bauch mit einer breiten gelben Mittellinie, beiderseits von einer feinen, doppelten, schwarzen Linie begleitet, auf jedem Segment in der Mitte ein kleiner schwarzer Querstreif. Brustfüße blaßbraun; Bauch- und Afterfüße von der Körperfarbe. Lebt im April und Mai auf Fichten und Wachholder. Verwandlung in der Erde in einem leichten Gespinst. Puppe rotbraun mit feinspitzigem Cremanter. Deutschland, Schweiz, Ungarn, Italien, Griechenland. — Hb. V. 1. J. b. c. — Tr. VI. 1. 218. — Frr. 276. — Sepp VI 11. — O. W. 264. — Pr. Taf. 2, Fig. 20. — Esp. V. Taf. 39, Fig. 8.

Abietaria, *Hb.* Taf. 43, Fig. 8. (Sch. Taf. 60, Fig. 14.) 4,0 cm lang, heller oder dunkler braun, sehr variierend. Rückenlinie fein, doppelt, schwarz, auf den mittleren Segmenten nur in der Endhälfte derselben deutlich; Nebenrückenlinien fein, doppelt, schwarz, in der Mitte der Segmente stark nach außen gebogen; der Raum zwischen den Nebenrückenlinien und den vier schwarzen etwas erhabenen Rückenwarzen ist bräunlichweiß oder gelblichweiß ausgefüllt, wodurch eine Reihe von helleren, rundlichen oder rautenförmigen Rückenflecken entsteht, welche indes bei manchen Exemplaren undeutlich sind. Nackenschild nicht besonders ausgezeichnet; Afterklappe stumpf dreieckig, grubig, mit vier größeren, gelblichen Warzen mit steifen Borsten am Hinterrand. Stigmenlinie ebenfalls doppelt, fein, schwarz, geschlängelt, unterbrochen; unter ihr manchmal ein breiter, heller, nicht sehr deutlicher Längsstreifen. Stigmen groß, weiß, schwarz gesäumt. Bauch gelblich, zwischen den Vorder- und Hinterfüßen bläulichweiß, rotbraun getupft, auf den mittleren Segmenten mit je einem größeren braunen Mittelfleck; alle Füße außen rötlichbraun, innen hell gefärbt, wie der Bauch. Afterfüße mit einer horizontal nach hinten stehenden Spitze mit einer starken Borste. Kopf heller oder dunkler gelbbraun, manchmal im Stirndreieck weißlich, rotbraun gefleckt, besonders dicht auf der Höhe des Scheitels, der oft ganz dunkelbraun ist; auf der Stirn zwei größere braune Flecken. Lebt nach der Überwinterung im Mai auf Fichten, nach *Rössler* auch an Eichen und Saalweiden. Verwandlung in der Erde. Puppe glänzend gelbbraun, mit einem breit kegelförmigen, unten dunklen, tief ausgehöhlten, am Ende mit zwei kleinen Häkchen versehenen Cremanter. Entwicklung im Juni und Juli. Deutschland, Schweiz, östliches Frankreich, Belgien, England, Galizien, Österreich. — Hb. V. 1. Y. b. — Tr. VI. 1. 204. — Frr. 264. — O. W. 404. — Pr. Taf. 11, Fig. 13.

Umbraria, *Hb.* (Sch. Taf. 60, Fig. 15.) 5,75 cm lang. Kopf schwarzbraun mit hellerem Stirndreieck; Hemisphären oben abgerundet, aber mit ziemlich tiefer Scheitelfurche. Körper braun mit zahlreichen kleinen, schwärzlichen Fleckchen und Strichelchen. Rückenlinie hell, schwarz eingefaßt, auf den ersten Ringen zusammenhängend, dann nur stellenweise deutlich sichtbar. Nebenrückenlinien ähnlich, aber sehr undeutlich, nur am Vorder- und Hinterrande der Segmente deutlicher. Nackenschild dunkelbraun, Afterklappe von der Körperfarbe. Warzen sehr klein, schwarz. Stigmenlinien sind nicht erkennbar; Stigmen hell, oval, schwarz gerandet; das Stigma des fünften Ringes steht auf einem flachen Höcker. Bauch mit einer breiten, hellen, breit dunkel-

grau eingefaßten Mittellinie von der Brust- bis zu den Bauchfüßen. Alle Füße von der Körperfarbe. (Nach einer präparierten Raupe von Dr. Staudinger.) Lebt im Februar und März an Olivenbäumen. Verpuppung an der Erde. Entwicklung im April und September (II. Generation). Südfrankreich, Corsika, Andalusien, Piemont, Ungarn, Dalmatien, Griechenland. — Mill. Jc. 130. 4. 5.

Repandata, *L.* Taf. 43, Fig. 9. (Sch. Taf. 60, Fig. 16.) 3,0 cm lang. Kopf gelbgrau oder weißlichgrau, dunkel rotbraun getupft, besonders an den Seiten und dem zweihöckerigen Scheitel, der manchmal fast schwärzlich gesäumt ist. Grundfarbe gelblichbraun, in verschiedenen Abstufungen variierend, auf den ersten und letzten Segmenten meist heller; Haut chagriniert mit weißlichen, in unregelmäßigen Längsstreifen angeordneten Körnchen. Rückenlinie dunkelbraun oder grau, sehr fein, weißlich eingefaßt, auf den ersten und letzten Segmenten deutlich und zusammenhängend, auf den mittleren nur am Vorder- und Hinterrand deutlich, und am Hinterrand beiderseits etwas breiter weißlich gesäumt. Nebenrückenlinien weißlich, jedoch auch nur am Vorder- und Hinterrand der Segmente deutlich, wodurch weißliche, fast viereckige Flecken entstehen, welche von den Ringeinschnitten geteilt werden. An andern Exemplaren sind die Nebenrückenlinien wenig heller als der Grund, fein schwarz gesäumt, auf den mittleren Segmenten winklig gebrochen, wodurch rautenförmige Zeichnungen entstehen, die manchmal dunkel ausgefüllt sind. (Die Zeichnungen variieren vielfach.) Warzen schwarz, etwas vorstehend; das hintere Paar der Rückenwarzen, in den Biegungsstellen der Nebenrückenlinien stehend, ist größer als das vordere; Nackenschild von der Farbe und Zeichnung des Kopfes, durch die dunkle Rückenlinie geteilt. Afterklappe von der Körperfarbe, dreieckig, grubig, mit feinen, schwarzen Tupfen, am Hinterrand schwach gezahnt und mit starken Borsten versehen. Stigmenlinie heller als der Grund, fein schwarz gesäumt, gewellt. Stigmen unterhalb dieser Linie, weiß, schwarz gesäumt. Bauch heller als der Rücken mit einer rotbraunen, beiderseits weiß und oft auch noch schwärzlich gesäumten Mittellinie. Brustfüße braun, Bauch- und Afterfüße von der Körperfarbe, außen fein schwarz getupft. Lebt im Herbst und nach der Überwinterung im April und Mai polyphag auf Birken, Saalweiden, Rüstern, Geisblatt, Waldrehen, auch an Ginsterarten, Heidelbeeren etc. Verwandlung in der Erde zu einer schwach glänzenden, gelbbraunen Puppe mit stark gerunzeltem, dunklem, dickem, an der Spitze gabeligem Cremanter. Entwicklung im Juni und Juli. Mittel- und Nordeuropa (mit Ausnahme der Polarregion), Mittel- und Norditalien. Nordöstliche Türkei. Südrußland. — Esp. V. Taf. 41, Fig. 5. — Hb. V. 1. Y. b. c. — Tr. VI. 1. 208. — Frr. 252. — O. W. 343. — Pr. Taf. 11, Fig. 12.

Roboraria, *Schiff.* Taf. 43, Fig. 10. (Sch. Taf. 60, Fig. 17.) 5,5—6,0 cm lang, 0,5—0,6 cm dick. Kopf dunkelbraun, die Hemisphären in zwei stumpfe Höcker verlängert. Körper braun, mit weißen und schwärzlichen Strichelchen und Flecken wie marmoriert; von den typischen Linien ist nur eine undeutliche, dunkle Rückenlinie und eine helle Linie unter den großen ovalen, weißen, dunkelbraun gesäumten Stigmen erkennbar. Nackenschild und die dreieckige Afterklappe von der Körperfarbe; Warzen sehr klein, schwarz. An den Seiten des fünften Segmentes je ein großer stumpfer Höcker; an der Bauchseite des sechsten Segmentes zwei große schwarze Warzen in der Mittellinie, und zwei kleine, spitze, schwarze Warzen (vorderes Paar der Rückenwarzen) auf dem elften Segment. Bauch mit zwei sehr undeutlichen dunklen Längslinien, zwischen den Bauch- und Afterfüßen einfarbig gelblich. Füße von der Körperfarbe. Lebt im Herbst und nach der Überwinterung im Mai an Eichen und auf Äpfelbäumen. Verwandlung in der Erde. Puppe rotbraun glänzend mit zwei am Ende auswärts gebogenen Dornen am kurzen, kegelförmigen, genarbten, unten ausgehöhlten Cremanter. Entwicklung im Juni nach 24 Tagen. Mitteleuropa, Livland, Finnland, Catalonien, Mittel- und Norditalien, südöstliches Rußland. — Hb. V. 1. Y. a. — Tr. VI. 1. 198. — Frr. 270. — O. W. 403. Taf. 10, Fig. 15. — Newm. Br. M. 65. — Ent. M. Mag. XI. 40.

Consortaria, *F.* Taf. 43, Fig. 11. (Sch. Taf. 60, Fig. 18.) 4,5 cm lang, an Gestalt und Färbung der Raupe von Roboraria ähnlich, doch nicht so dick wie diese. Kopf braun, der zweihöckerige Scheitel fast schwarz, im Gesicht vier gelbliche Fleckchen oder Striche. Körper braun oder graubraun mit einer dunkelbraunen Rücken- und ebensolchen Nebenrückenlinien, alle jedoch sehr undeutlich, höchstens auf den ersten Ringen deutlicher; erster Ring dunkelbraun (Nackenschild). Afterklappe von der Körperfarbe. Warzen klein, schwarz, das vordere Paar auf dem elften Ring jedoch größer und vorstehend. An den Seiten des fünften Ringes steht je ein großer, dunkler Höcker, jedoch nicht abgerundet wie bei Roboraria, sondern durch eine Furche in zwei stumpfe Spitzen geteilt. Eine eigentliche Stigmenlinie fehlt; Stigmen oval, weiß, braun gerandet. Bauch ohne Höcker am sechsten Segment, mit einer undeutlichen helleren Mittel- und mehreren ebenfalls undeutlichen dunkleren Seitenlinien; zwischen den Brust- und den Hinterfüßen einfarbig gelbgrau. Füße von der allgemeinen Körperfarbe, Afterfüße mit starken Horizontalfortsätzen. Lebt im August auf Eichen, Birken, Äpfeln, Saalweiden, Schlehen, Himbeeren etc. Verpuppung in einem leichten Erdgespinst. Puppe braun mit zwei Dornen am kurzen Cremanter. Entwicklung im Mai. Mitteleuropa, Livland, Catalonien, Corsika, Piemont, nördlicher Balkan, südöstliches Rußland. — Hb. V. 1. Y. a. — Tr. VI. 1. 200. — Frr. 240. — Newm. Br. M. 65. — Gn. IX. 253.

Angularia, *Thnb.* (Sch. Taf. 61, Fig. 1.) (Viduaria, *Bkh.*) Walzig, der zweite Ring breiter mit seitlichen Erhöhungen; der fünfte Ring jederseits mit einer schwachen Erhöhung auf dem Rücken, die Seiten faltig; matt graubraun oder rotbraun, heller gemischt, Kopf abgestutzt viereckig, herzförmig eingeschnitten, in der Mitte mit vertieftem Winkelzeichen (Wilde). Lebt im August und September an den Flechten der Buchen und Eichen. Verwandlung in einem leichten Gespinste unter Moos, Flechten an Baumstämmen. Puppe dunkel rotbraun mit einem in zwei divergierende Häkchen endenden Dorne am Afterstücke. Entwicklung im Mai, Juni. Mitteleuropa, Schweden, Piemont. — Tr. VI. 1. 223. — O. W. 403. — Trans. ent. Soc. Fr. 1876. XXX.

Lichenaria, *Hufn.* Taf. 43, Fig. 12. (Sch. Taf. 61, Fig. 2.) 2,3 cm lang; Kopf weißgrün, oben abgerundet, mit zwei schwarzen Flecken im Gesicht, und zwei ebensolchen am Scheitel. Körper weißlichgrün, Nackenschild gelblichbraun mit schwarzen Fleckchen am Vorderrand. Rückenlinie in tief schwarze einzelne Flecken aufgelöst; Nebenrückenlinien ebenfalls unterbrochen, tief schwarz, auf dem vierten Ring nach vorn konvergierend und ein braunes Dreieck einschließend; auch auf dem achten Ring ist der Raum zwischen den Nebenrückenlinien braun ausgefüllt, auf den drei ersten Ringen ist die Mittellinie braun eingefaßt. Stigmenlinie breit, tief schwarz, nach oben mit den Nebenrückenlinien zusammenstoßend und dadurch große schwarze Flecken an den Seiten bildend, nach dem Bauche vom vierten bis achten Ringe schwarze, nach vorn konvergierende und in der Mittellinie zusammenstoßende Schrägstriche entsendend. Afterklappe von der Körperfarbe. Warzen vorstehend, am Rücken schwarz, an den Seiten weiß; das hintere Paar der Rückenwarzen vom vierten bis achten Segment auf je einem starken Querwulst; das vordere Paar auf dem elften Segment ebenfalls sehr stark, an den Seiten vom vierten Segment an bis zum elften je eine kegelförmige Hervorragung mit einer Warze auf der Spitze. Luftlöcher blaßbraun eingefaßt, stehen über der schwarzen Stigmenlinie. Bauch grün mit schwarzen Warzen, an der Basis der Bauch- und Afterfüße und zwischen den Brustfüßen rötlichbraun. Füße von der Körperfarbe, außen schwarz getupft. — Lebt im Mai und Juni an Zaun- und Baumflechten, zwischen denen sie sich auch in einem leichten Gespinst verpuppt. Puppe braun, schlank, mit zwei Dornen und zwei Paar Häkchen am kurzen Cremanter. Entwicklung im Juli, August. Mitteleuropa, Livland, Schweden, Corsika, Mittel- und Norditalien, Makedonien. — Esp. 5. Taf. 26, Fig. 8. — Hb. V. 1. Y. b. — Tr. VI. 1. 220. — Frr. 71. — Sepp IV. Taf. VIII. 49. — O. W. 402. Taf. 10, Fig. 13. — Pr. Taf. II, Fig. 23.

Glabraria, *Hb.* (Sch. Taf. 61, Fig. 3.) 2,5 cm lang, zylindrisch mit etwas abgeflachtem Bauch, querfaltig, grünlichweiß mit drei, aus schwarzen Flecken oder Linien zusammengesetzten Strichen über dem Rücken (Rücken- und Nebenrückenlinie), von welchen die seitlichen von zwei breiteren, vorn auf jedem Segment unterbrochenen, blaßgelben Linien eingefaßt sind. Zwischen den Seitenstreifen und dem Mittelreif stehen je zwei Börstchen auf jedem Segment (Rückenwarzen). Über dem blaßgelben, faltigen Seitenwulst, welcher unterhalb in sehr veränderlicher Stärke und bisweilen gar nicht, schwarz eingefaßt ist, liegt hinter jedem sehr deutlichen Luftloch ein schwarzes Fleckchen von veränderlicher Größe. Bauch mit mehreren kurzen schwarzen

Längsstrichelchen oder Punkten in der Mitte eines jeden Segmentes, oder ganz schwarz mit heller Mittellinie, die auf jedem Segment einen schwarzen Längsstrich enthält. Kopf oben schwach ausgerandet, vorn flach, ungefleckt, oder vor den Augen mit zwei dünnen gekrümmten schwärzlichen Linien, die sich oben vereinigen und einen blaßgelblichen Raum umgrenzen. (Stirndreieck) Analschild (Afterklappe) abgestumpft, dreieckig, blaßgelb gerandet; die schwarze Dorsallinie setzt sich gewöhnlich über das Analschild fort. Brustfüße hellgelb bräunlich, an der Basis mit einem schwarzen Fleckchen; Bauch- und Afterfüße ungefleckt, grob punktiert. In der Stärke der schwarzen Zeichnungen sehr veränderlich, bis zum völligen Verschwinden derselben. Lebt von Mitte Mai bis Anfang August an den Baumflechten (Usnea Bar.) und bedarf zu ihrem Wohlsein und schnelleren Wachstum durchaus der Feuchtigkeit. Verpuppung in einem leichten Gewebe zwischen den Flechten. Puppe glänzend gelbbraun mit etwas helleren Rändern der Hinterleibssegmente und einem spitzen braunen in zwei divergierende Stacheln ohne Widerhaken auslaufenden Endkegel. Entwicklung nach 14—16 Tagen im Juli und August. Deutschland, Schweiz, England, Livland, Finnland, südöstliches Rußland. Tr. VI. 1. 225. VII. 212. — O. W. 403. — Rössl. F. 139. — Zeller. Stett. e. Ztg. 1868, p. 405. — Ent. VIII. 1875. 193.

Selenaria, *Hb.* Taf. 43, Fig. 13. (Sch. Taf. 61, Fig. 4.) 4 cm. Kopf gelblich, fein braun gesprengelt, besonders um die Mundteile; Körper gelblichgrau mit einer in einzelne Flecke aufgelösten braunschwarzen Rückenlinie, welche jedoch in Bezug auf die Zahl der Flecken sehr zu variieren scheint. (Die Abbildung bei Freyer zeigt zehn solcher Flecken; das mir vorliegende präparierte Exemplar zeigt nur einen einzigen †förmigen auf dem fünften Segment.) Nebenrückenlinie undeutlich, gelblich. Nackenschild und Afterklappe von der Körperfarbe; Warzen ziemlich groß, etwas spitz vortretend, braun. Stigmenlinie nicht zu erkennen; Stigmen weiß, dunkelbraun gesäumt. Bauch beiderseits breit rotbraun eingefaßt, besonders vom dritten Brustfußpaar bis zu den Bauchfüßen, in der Mitte gelb. Brustfüße außen und an der Basis rötlichbraun angehaucht. Bauchfüße gelbgrau, vorn rotbraun (Fortsetzung der braunen Färbung des Bauches). Afterfüße gelbgrau. Lebt im Juni und September an Artemisia campestris, Melilotus officinalis, Euphorbia Cyparissias, Umbelliferen. Verwandlung in der Erde in einem Gespinste. Entwicklung im Mai und Juli. (Zweite Generation im Süden als Var. Dianaria, *Hb.*) Südöstliches Deutschland, Schlesien, Ungarn, nördliche Türkei, Mittelfrankreich, Mittel- und Norditalien, Sizilien. — Hb. V. 1. Y. c. — Tr. VI. I. 195. — Frr. 71. — O. W. 407. — Mill. 130. 1—3. — Pr. Taf. II, Fig. 19.

Biundularia, *Brkh.* (vielleicht nur englische Lokalvarietät). Die Raupe ist von der nachfolgenden Crepuscularia nicht konstant verschieden, variiert außerordentlich, aber mehr in der Färbung, als in der Zeichnung. Lebt im Juni und Juli an Eichen und Birken, hat nur eine Generation, deren Falter Ende Mai und anfangs Juni fliegen, während Crespuscularia immer zwei Generationen hat, Anfang April und Juli. England, Deutschland. Bohatsch. W. e. Z. 1885, p. 176 (gehört zu Crepuscularia). Newm. Br. M. S. 166 (ohne nähere Beschreibung der Raupe).

Crepuscularia, *Hb.* Taf. 43, Fig. 14. (Sch. Taf. 61, Fig. 5.) 3,8 cm lang, in der Färbung sehr veränderlich, je nach der Futterpflanze; braungrün auf Weiden, graulichgrün auf Pappeln, braungrau auf Erlen, heller grün auf Ulmen, graubraun auf Hollunder, gelblich auf Besenpfriem (Bkh. S. 164). Kopf braun, an der Stirn und an den Seiten schwärzlich gefleckt; Rückenlinie doppelt, fein, grauschwarz, nicht besonders deutlich. Nebenrückenlinie ebenso, aber noch undeutlicher. Erstes und zweites Segment am Rücken heller, rötlichgelb gefärbt; am zweiten Segment sind die drei Rückenlinien als kurze tiefschwarze Doppelstriche besonders deutlich; das elfte Segment steigt schräg nach hinten aufwärts und bildet dadurch einen flachen, rötlichgelben hinten schwarz begrenzten Querwulst. Afterklappe von der Körperfarbe. Warzen klein, schwarz. Bei manchen Exemplaren sind die Rückenlinien deutlicher, unterbrochen und dadurch schwarze Striche bildend; auch finden sich manchmal schwarze Rautenzeichnungen am Rücken. (Frr.) Stigmenlinie rötlichgelb, undeutlich, auf den mittleren Ringen unterbrochen, am neunten Ring besonders stark und hier auf die Außenseite der Bauchfüße sich fortsetzend. Stigmen groß, weiß, schwarz eingefasst. Bauch auf den mittleren Ringen mit einer gelblichen Mittellinie, zwischen den Brust- und noch mehr zwischen den Hinterfüßen gelblich. Brustfüße blassbraun, Bauch- und Afterfüße von der Körperfarbe. Lebt in zwei Generationen im Juni und September polyphag an Obstbäumen, Saalweiden, Birken, Schleben, den verschiedensten Sträuchern etc. Verwandlung in der Erde in einem weichen Gespinste. Puppe matt rotbraun mit kegelförmigem, glänzendem, fein gabelspitzigem Cremanter. Entwicklung im März, April und im Juli. Mittleres und nördliches Europa (mit Ausnahme der Polarregion), Piemont, Corsika, Südrussland. Hb. V. I. Y. c. — Tr. VI. I. 190. — Frr. 246. — Sepp V. 36. VIII. 49. — O. W. 406. Taf. 10, Fig. 16. — Pr. Taf. II, Fig. 14.

Consonaria, *Hb.* (Sch. Taf. 61, Fig. 6.) 3,5 cm lang schlank; Kopf ziemlich gross, oben abgerundet, aber mit ziemlich tiefer Scheitelfurche, braun. Grundfarbe grüngelb oder gelbbraun; Rückenlinie schwach sichtbar, weißgelblich; Nebenrückenlinie noch undeutlicher. Warzen schwarz, etwas erhaben, besonders die zwei vorderen Rückenwarzen auf dem elften Segment. Nackenschild und Afterklappe von der Körperfarbe. Eine Stigmenlinie nicht erkennbar; Seitenfläche rötlichbraun; Stigmen gross, weiss, schwarz gerandet. Bauch scharf abgeschnitten, weißlichgelb oder weißlichgrün; Brustfüße blaßbraun, Bauchfüße und Afterfüße von der Körperfarbe. Lebt im Juni auf Buchen, Eichen, Birken, Linden etc. Verpuppung in der Erde; die rotbraune Puppe überwintert. Entwicklung Ende April, Anfang Mai. Mitteleuropa (mit Ausnahme von Rußland), Piemont. — Hb. 1. Y. c. — O. W. 406. — Rössl. 1866,

S. 225, F. 140. — Zoologist 1863, N. 8782. Ent. M. Mag. IX. 17.

Luridata, *Bkh.* Taf. 43, Fig. 15. (Sch. Taf. 61, Fig. 7.) (Extersaria, *Hb.*) 3,6 cm lang, schlank, Kopf groß, abgerundet, rötlichbraun. Körperfarbe rotbraun (wie junge Birkenreiser). Eine hellere Rückenlinie ist sehr schwach sichtbar, nur auf dem vierten Ringe durch zwei weißgelbe Fleckchen angedeutet; Nebenrückenlinie ebenfalls nur durch je zwei kleine weißliche Fleckchen auf jedem Ring angedeutet. Das hintere Paar der Rückenwarzen auf dem vierten und neunten Ring etwas erhaben, schwarz; auf dem achten Ring in zwei dunkelbraune ziemlich große Höcker verwandelt; die übrigen Warzen sehr klein. Nackenschild und Afterklappe nicht ausgezeichnet. Stigmenlinie fehlt; Stigmen weiß, schwarz gerandet. Auf dem Bauch sind ebenfalls eine Mittel- und zwei Seitenlinien durch kleine weißliche Fleckchen angedeutet; zwischen den Brust- und Hinterfüßen ist der Bauch einfarbig weißgelb. Brustfüße blaßbraun, Bauch- und Afterfüße von der Körperfarbe. Lebt im August an Eichen, Birken, Erlen, Haseln. Verpuppung in der Erde in einem Gespinste. Puppe rotbraun mit zwei bis drei verschlungenen Dornen und mehreren Häkchen an dem kurzen abgestumpften Cremanter. Entwicklung im Mai, Juni. Mitteleuropa (mit Ausnahme von Norddeutschland und Rußland), Piemont. — Frr. 664. — O. W. 406. — Pr. Taf. II, Fig. 21. — Rössl. 140. — Newm. Br. M. 67.

Punctularia, *Hb.* Taf. 43, Fig. 16. (Sch. Taf. 61, Fig. 8.) 2,5 cm lang; Kopf braun, schwarz getupft mit gelblichen Mundteilen. Grundfarbe rötlichbraun, auf dem Rücken heller, in der Mitte der Segmente ringförmig dunkler braun gefärbt. Rückenlinie undeutlich, sehr fein weißgelblich, beiderseits fein schwarz gesäumt, auf den mittleren Segmenten von je vier sehr kleinen weißgelblichen Flecken begleitet. Nebenrückenlinie fein weißgelblich, nur auf den mittleren Segmenten durch kleine Striche angedeutet. Warzen klein, schwarz, meist in kleinen schwarzen Flecken stehend. Nackenschild von der Körperfarbe, Afterklappe braun, vorn weißlich gesäumt. Stigmenlinie fehlt; Stigmen klein, dunkelbraun gesäumt. Bauch heller braun als der Rücken, mit drei weißgelblichen, nicht sehr deutlichen Längslinien. Brustfüße blaßbraun, Bauch- und Afterfüße von der Körperfarbe. Eine Varietät der Raupe ist fast einfarbig grün. Lebt im Juni und Juli auf Erlen und Birken. Verwandlung in der Erde; die rotbraune Puppe mit zwei Spitzchen am Kopfe überwintert. Entwicklung Ende April und im Mai. Mittel- und Nordeuropa (mit Ausnahme der Polarregion), Mittel- und Norditalien. — Hb. V. 1. U. b. — Tr. VI. 1. 180. — O. W. 407.

52. Gattung. **Tephronia**, *Hb.*

Raupen kurz, in der Mitte dicker, nach beiden Enden hin etwas dünner werdend; Kopf klein, vorn abgeflacht, oben abgerundet; Warzen spitz vorstehend. Leben an Flechten und verwandeln sich in einem Gespinste an der Nahrungspflanze. Drei Arten, davon zwei auch in Deutschland.

Sepiaria, *Hfn.* Taf. 43, Fig. 17. (Sch. Taf. 61, Fig. 9.) 2,0 cm; Kopf gelbgrau, mehr weniger dunkelbraun getupft, besonders auf dem Scheitel. Körper heller oder dunkler braungrau; Rückenlinie fein, doppelt, gelblich, biegt sich auf jedem der mittleren Segmente etwas nach außen und bildet dadurch mitunter anscheinend eine Reihe gelblicher Fleckchen. Nebenrückenlinie fein gelblich, nur auf dem ersten Ring deutlich, sonst verloschen. Afterklappe von der Körperfarbe. Warzen schwarz, spitzig. Seiten des Körpers mit geschlängelten und in Fleckchen aufgelösten weißgelblichen und schwärzlichen Linien; eine eigentliche Stigmenlinie ist nicht zu unterscheiden. Stigmen klein und schwarz. Bauch hell gelblichweiss, fein braun getupft, ohne besondere Zeichnung. Brustfüße grau, schwarz getupft; Bauch- und Afterfüße von der Körperfarbe. Lebt im Juni von Flechten an alten Bretterwänden, Zäunen, Pappeln (Bryopogon, Moosbart u. a.). Entwicklung im Juli und August. Deutschland, Schweiz, Frankreich, Piemont, Andalusien, Ungarn. Hb. V. 1. Y. d. — Frr. VI. I. 227. — O. W. 407. — Gn. I. 326.

Cremiaria, *Frr.* Taf. 43, Fig. 18. (Sch. Taf. 61, Fig. 10.) 2,0 cm lang; der vorigen Art ähnlich, aber heller bräunlich, nach Freyer moosgrün, ins Braune spielend; Kopf gelbgrau, dicht braun punktiert. Rückenlinie weißlichgelb, doppelt, wie bei Sepiaria, aber undeutlicher. Warzen weißlich, spitz. Nebenrückenlinie schwarz, fein, doppelt, vielfach unterbrochen und nur auf einzelnen Segmenten, z. B. dem vierten und achten, als je zwei tiefschwarze Fleckchen bemerkbar. Nackenschild und Afterklappe von der Körperfarbe. Stigmenlinie schwarz, nur auf dem vierten und dann wieder vom neunten bis elften Segmente deutlich, sonst sehr verloschen; Stigmen klein, braun gesäumt. Bauch hell gelbgrau ohne besondere Zeichnung. Brustfüße hellbraun, schwarz gefleckt, Bauchfüße hell gelbgrau, Afterfüße von der Körperfarbe. Lebt im Juli an bemoosten Planken, Zäunen etc., nach Wilde im Juni an Flechten (Parmelia etc.). Puppe mit zwei kurzen Dörnchen am Cremanter, gelbbraun. Entwicklung im August, September. Südliches Tirol, Frankreich, Piemont. — Frr. 258. — O. W. 408. — Gn. IX. 326.

53. Gattung. **Pachycnemia**, *Stph.* (Sthanelia, *B.*)

Nur eine, auch in Deutschland vorkommende Art.

Hippocastanaria, *Hb.* Taf. 43, Fig. 19. (Sch. Taf. 61, Fig. 11.) 2,8 cm; schlank, nach vorn kaum verdünnt, glatt; Kopf so breit wie das erste Segment, abgerundet, braun. Grundfarbe variierend, fleischfarbig oder rostbraun, braun oder grau, manchmal fast weiß. Rückenlinie fein, schwärzlich, doppelt, stellenweise undeutlich; Nebenrückenlinie fein, schwarzgrau, nicht sehr deutlich, auf jedem Segment nach außen gebogen und in den Gelenkeinschnitten vom vierten bis neunten Ring von weißgelben Strichen begleitet; die Grundfarbe bildet dadurch auf dem Rücken eine zusammenhängende Reihe rautenförmiger oder rundlicher Flecken. Nackenschild und Afterklappe von der Körperfarbe. Warzen schwarz mit ziemlich langen Haaren.

Stigmenlinie weißgelb, abgesetzt, fein schwarzgesäumt, bildet eine Reihe gelblicher Striche an den Seiten. Stigmen klein, rund, schwarz gesäumt. Bauch mit einer doppelten schwarzen, innen gelblich ausgefüllten Mittellinie. Brustfüße gelblich, an den Enden der Glieder schwarz. Bauch- und Afterfüße von der Körperfarbe. Lebt im Juli und Anfang August an Heidekraut (Calluna vulgaris). Verwandlung im Moos oder auf der Erde unter Pflanzenabfällen, ohne Kokon. Puppe rotbraun, an Kopf und Flügelscheiden gelblich gefärbt; die schwarze Afterspitze endet in zwei nur an ihrer Basis vereinigte Borsten und ist mit sehr feinen schwarzen Haaren bedeckt. Entwicklung Ende April, anfangs Mai. Westliches und südliches Europa; Mittel- und Süddeutschland, Schweiz. Tr. VI. 1. 341. — Sepp 2 Ser. II. 1. 41. — Mill. 2 Livr. pl. 4. f. 5. — O. W. 408.

54. Gattung. Gnophos, *Tr.*

Raupen dick, gedrungen, nach vorn kaum verschmächtigt, teils glatt, teils mit hervorragenden Wärzchen besetzt, namentlich mit zwei kurzen Spitzen am vorletzten Segmente. Kopf klein, schmäler als das erste Segment, überall abgerundet. Bei Beunruhigung machen sie sich unter festem Anziehen der Füße ganz steif; bevor sie sich in Bewegung setzen zittern sie hin und her. Leben bei Tag sehr versteckt an der Erde, unter Steinen etc., sind polyphag und lieben zarte, saftige Pflanzen, auch Flechten. Verwandlung in oder an der Erde, mit oder ohne Gespinst. 31 Arten, darunter 17 deutsche.

Dumetata, *Tr.* (Sch. Taf. 61, Fig. 13.) Ziemlich gestreckt, ohne vorspringende Warzen, nicht gekielt an den Seiten; fleischfarben, auf dem Rücken dunkler, als am übrigen Körper. Rückenlinie fein schwarz, nur auf den drei ersten und den letzten Ringen ununterbrochen; auf dem vierten bis siebten Ring steht nur je ein schwarzer Strich in der Mitte, dem ein rechteckiger, lebhaft gelber Querfleck folgt. Stigmenlinie nur auf den sieben ersten Ringen deutlich und auf jedem dieser Ringe hinten weiß gefleckt. Stigmen weiß, schwarz umrandet. Der Bauch zeigt auf den mittleren Ringen je einen viereckigen schwärzlichen Fleck. Warzen schwarz, sehr sichtbar. Der viereckige starke Kopf ist fast so hoch wie das erste Segment und gleichfarbig. Die zehn Füße sind fleischfarbig (Millière). Lebt wahrscheinlich polyphag, vielleicht an Schlehen, an denen die Stammart öfters bei Wien gefunden wurde. (Nach Fuchs überwintert des Ei). Verpuppung zwischen Pflanzenabfällen in einem leichten Gespinst. Puppe ziemlich dick, rotbraun mit leicht vorstehenden Fühlerscheiden und einfacher, ziemlich starker Afterspitze. Entwicklung im September. Deutschland (Rheingau), Österreich, Ungarn, Dalmatien, südöstliches Russland. — Mill. Jc. 36. f. 7—9. (var. Daubearia B.); III, p. 457. — Fuchs St. e. Z. 1880, S. 94. 1883, S. 273.

Furvata, *F.* Taf. 43. Fig. 20. (Sch. Taf. 61, Fig. 14.) 3,5 cm lang, dick (5—6 mm), gelbgrau mit schwärzlichen, fein weißlich umzogenen kleinsten Tüpfchen übersät (nur mit Lupe deutlich erkennbar); Rückenlinie nur auf den zwei bis drei ersten Segmenten angedeutet, doppelt, dunkelgrau, weiterhin nicht mehr erkennbar, ebenso wenig Nebenrücken- und Stigmenlinien. Kopf, Nackenschild und Afterklappe von der Körperfarbe; Afterklappe an den Seiten heller gerandet, am Hinterrand mit vier etwas vorstehenden Wärzchen und Borsten. Warzen fein, schwarz, wenig auffallend; die zwei vorderen des elften Segmentes bilden zwei kleine Spitzen. Stigmen weiß, schwarz gesäumt, Bauchseite heller als die Oberseite, mit einer doppelten, feinen, weißen, wellig gebogenen Mittellinie. Sämtliche Füße von der Körperfarbe. Lebt an verschiedenen niederen Pflanzen, z. B. Origanum, Rumex, Clenopodium vulgare, Thymus, Teucrium montanum, Hippocrepis comosa, bei Tage am Boden versteckt; kann nachts mit der Laterne an den jungen Trieben der Schlehen und Eichen gefunden werden; wird vor dem Winter 1,5—2,0 cm groß und ist im Juni erwachsen. Verpuppung frei an der Erde. Puppe glänzend rotbraun mit stark punktierten Segmenten, rundlich verbreitertem, fein zweispitzigem Cremanter. Entwicklung im Juli. Mittel- und Süddeutschland, Schweiz, Belgien, Frankreich, Piemont, Ungarn, Galizien, südwestliches Russland, Bulgarien. — Hb. V. 1. X. a. — Tr. VI. 1. 161. — O. W. 409. — Pr. Taf. 3, Fig. 8.

Respersaria, *Hb.* (Sch. Taf. 61, Fig. 15.) Mittelmässig lang, vollständig zylindrisch, ohne vorspringende Warzen, ohne Seitenkiel, mit kleinem Kopf, welcher niedriger ist als das erste Segment. Rücken und Seiten gelblich, dicht schwarz gekörnt und daher dunkelgrau erscheinend. Doppelte, zeisiggelbe Striche auf der ersten Hälfte der drei ersten Ringe deuten die Rückenlinie an; Nebenrückenlinien fehlen; Stigmenlinien breit, weißlich auf jedem Ring vom vierten an, mit einem dicken, grossen, schwarzen Punkt, der von mehreren kleineren umgeben ist. Bauch weißlich, fleischfarben überhaucht, mit zwei braunen einander gegenübergestellten Halbmonden auf jedem Ring. Warzen sehr dick und schwarz, aber nur vom vierten bis siebten Ring; vor den hintern Rückenwarzen stehen zwei dicke zeisiggelbe Punkte. Schwarze Punkte finden sich auch an den Seiten und am Bauche. Stigmen weißlich, auffallend klein. Kopf und Brustfüße schwarz gekörnt; Bauchfüße stark, gleichfarbig, am Ende schwarz. (Millière.) Lebt im Mai an Rhamnus Alaternus an den zartesten Blättern, auch auf Spartium und Genista. Verpuppung tief in der Erde in einem Erdgespinst. Entwicklung im Juni. Süd-Alpen, Andalusien, Catalonien, Dalmatien. — Mill. Jc. 90. Fig. 12. 13. — (von Wilde.)

Sariata, *Tr.* (Sch. Taf. 61, Fig. 16.) Raupe 3 cm. Kopf grau mit schwarzen Flecken; Scheitel stark eingeschnürt. Leib rötlichgrau mit etwas dunkleren, wenig scharfen Mittellinien, ziemlich schlank (ähnlich der Selidosema Ericetaria); erstes Segment mit zehn in einer Reihe stehenden Wärzchen, zweites und drittes Segment mit je sechs Wärzchen in einer Reihe, von welchen die am Rande die grössten sind; die übrigen

Segmente haben die gewöhnlichen in Trapezform stehenden vier Rückenwärzchen, aber weniger deutlich; Stigmen hell, schwarz gerandet, dahinter ein schwärzlicher Punkt; Bauch einfärbig; Brust hell, Brustfüße vorne und an der Basis schwarz gefleckt. (Beschreibung von Rogenhofer nach einer präparierten Raupe.) Lebt im Frühjahr auf Rhamnus alaternus (Rouast) und auch an Polygonum-Arten. Entwicklung im Juli. Bereits in Krain, sonst in Südeuropa und Kleinasien.

Obscuraria, *Hb.* Taf. 43, Fig. 21. (Sch. Taf. 61, Fig. 17.) 3 cm lang; Kopf braun mit gelblichen Flecken, besonders auf der Höhe der Hemisphären; Körper licht hellgrau oder rötlichgrau; Rückenlinie fein, doppelt, gelblich, wenig deutlich. Nebenrückenlinie ebenso, jedoch vom neunten Segment an breit und deutlich. Erstes Segment (Nackenschild) dunkelbraun mit fünf gelblichen Längsstreifen (Anfänge der Linien). Afterklappe in der Mitte dunkelbraun, an den Seiten weißgelblich. Warzen etwas erhaben, weißlich, besonders stark die zwei vordern Rückenwarzen des elften Segmentes. Zwischen den vorderen Rückenwarzen des sechsten, siebten und achten Segmentes je ein gelblicher Fleck, von welchen aus beiderseits nach hinten und unten gerichtet, kurze schwarze Schrägstreifen verlaufen. Seitenkante gewellt, gelblich; Stigmen oval, schwarz; eine eigentliche Stigmenlinie fehlt; Bauch dunkel, mit einer dreifachen feinen, gelblichen Mittellinie und je einer einfachen ebensolchen Seitenlinie. Brustfüße grau, schwarz gefleckt. Bauchfüße von derselben Färbung der Seitenkante. Afterfüße dunkelbraun. Lebt im Mai ebenso wie Furvata, auf den gleichen und andern niederen Pflanzen, besonders Sedum album und Bupleurum falcatum; kann mit Salat aufgezogen werden. Verwandlung frei in der Erde. Puppe rotbraun mit zwei kurzen Dornen am kegelförmigen Afterstücke. Entwicklung im Juli und August. Mitteleuropa (mit Ausnahme von Norddeutschland), Livland, Finnland, Mittelitalien, Dalmatien etc. — Hb. V. I. X. a. — Tr. VI. 1. 168. — O. W. 409. — Gn. IX. 302.

Ambiguata, *Dup.* Taf. 43, Fig. 22. (Sch. Taf. 61, Fig. 18.) (Ophthalmicata, *Ld.*) Ei schön rosa, ganz chagriniert. Raupe jung: Kopf gelblich mit weißen Streifen, Leib hell schmutziggrün, gegen hinten rötlich, dicht mit undeutlichen, etwas dunkleren Stricheln und Streifchen besetzt. Dorsale und Laterale weißlich. (Rghf.) Erwachsen 3,0 cm lang, etwas flach gedrückt, mit stark vortretendem Seitenwulst. Kopf klein, braun, mit zwei helleren Längsstrichen am Scheitel. Leib oben heller oder dunkler grau, ins chokoladefarbene ziehend; die drei ersten und ein oder zwei der drei letzten Segmente haben einen rotbraunen Anflug. Haut hell chagriniert, rauh, stark querfaltig. Rückenlinie dunkel, breit hell eingefaßt, nur auf den drei ersten Ringen deutlich; weiter nach hinten mehr oder weniger verlöschend, resp. in einzelne Wische aufgelöst. Die dunklen Nebenrückenlinien sind ebenfalls nur auf den drei ersten Segmenten deutlich; vom vierten bis siebenten Segment sind sie in kurze, schwarze, etwas gekrümmte Schrägstriche aufgelöst, welche zu beiden Seiten der Mittellinie stehen; am Vorderrand des fünften, sechsten und siebenten Segmentes kommen dazu noch zwei kleine, tiefschwarze, etwas erhabene Querstriche, beiderseits von der Rückenlinie. Warzen weißgelblich, erhaben; auf dem elften Segment geht das vordere Warzenpaar in zwei ansehnliche, aufwärts gerichtete, dunkelgraue, innen und rückwärts braun gefärbte Spitzen über. Nackenschild von der allgemeinen Färbung; Afterklappe braun, in der Mitte mit einer Längsfurche, welche sich hinten spatelförmig erweitert, und beiderseits von einem Längswulst begrenzt wird. Außenrand mit sechs hellen Wärzchen besetzt. Die Seitenkante führt auf jedem Ring zwei größere, spitze, bräunliche, horizontal abstehende Wärzchen, wodurch die Kante wie gezähnt aussieht. Eine eigentliche Stigmenlinie fehlt. Stigmen weiß, schwarz gerandet. Bauch grau, etwas heller als oben, mit breitem schwarzbraunem Längsstreifen unter dem Seitenwulst vom vierten Ringe an, hellen Wärzchen und dunklen Flecken in der Mitte der fußlosen Ringe, sowie mit undeutlichen hellen Mittel- und Längslinien. Brustfüße blaßbraun, Bauch- und Afterfüße von der allgemeinen Färbung. Lebt im Sommer und Herbst bis in die zweite Hälfte des nächsten April wie die übrigen Gnophosarten an niederen Pflanzen, besonders Sedumarten, auch Salat. Verwandlung in einem leichten weißlichen Gespinst zwischen Moos. Puppe glänzend kastanienbraun, ins Olivenfarbene ziehend, mit dunklerer, rauher, stumpf kegelförmiger Afterspitze mit zwei starken Borsten. Entwicklung in der zweiten Hälfte des Mai; nach *Rössler* im Juli gefangen. Alpen, Österreich (Wien), Schweiz, Frankreich, Piemont, auch bei Wiesbaden (Rössl.) und Regensburg. — Mill. Jc. 90, Fig. 1–3. — Rössl. S. 142. — v. Hornig. W. e. M. I. 69. — Societas. ent. II. 1887. 133.

Pullata, *Tr.* Taf. 43, Fig. 23. (Sch. Taf. 61, Fig. 19). Ei oval, gelb, durchaus fein chagriniert, später rot. Raupe 2 cm lang, dick, nach vorn vom vierten Segment an dünner, hellgrau; Rückenlinie auf den drei ersten Segmenten schwarz, auf den mittleren gelbgrau, auf den letzten wieder schwärzlichgrau, überall beiderseits weißlich gesäumt. Nebenrückenlinien weiß, auf den drei ersten und den vier letzten Segmenten gerade, vom vierten bis achten in nach vorn konvergierende, innen schwarzgrau gesäumte Schrägstriche aufgelöst. Ober den schwarzen Stigmen eine feine, weiße, oben schwarz gesäumte, geschlängelte Linie; unterhalb derselben auf dem Seitenwulst eine breite weiße Linie. Kopf braungelb mit zwei weißen Längsstreifen (Verlängerung der Nebenrückenlinien). Nackenschild von der Körperfarbe; Afterklappe ebenso, abgestumpft, dreieckig mit einer dreieckigen dunkelgrauen Vertiefung am Hinterrand; Warzen ohne Lupe nicht wahrnehmbar, nur das vordere Paar des elften Segmentes zwei kleine weißliche Spitzen bildend. Bauch veilgrau, in der Mitte weißlich mit zwei feinen, aus einzelnen schwärzlichen Fleckchen bestehenden Mittellinien. Unter der Seitenkante ein breiter aus schwärzlichen Fleckchen bestehender Längsstreif, innen weiß begrenzt und auf jedem Segment mit einem verwaschenen, gelblichen Flecken versehen. Brustfüße gelblichgrün; Bauch- und

Afterfüße grau, letztere außen schwarz getupft. (Nach einer lebenden Raupe.) Lebt im Mai und Juni an niederen Pflanzen, wie Gn. Obscurata, besonders auch Sedum album, Teucrium montanum. Verpuppung in einem leichten Gespinst an der Erde. Puppe gelblich braunrot, glänzend. Cremanter rauh, breit, abgestutzt mit zwei längeren divergierenden Spitzen in der Mitte und je drei kleinen Häkchen beiderseits. Entwicklung im Juni und Juli. Südliches und mittleres Deutschland, besonders in den Alpen, Schweiz, Piemont, mittleres Frankreich. — Mill. Jc. Livr. 2. pl. 1, Fig. 12—14. — Fuchs Stett. ent. Ztg. 1872, S. 429 und 1874, S. 79.

Glaucinaria, *Hb.* Taf. 43, Fig. 24. (Sch. Taf. 61, Fig. 20 a. b.) Raupe plump und dick. Seitenkante stark wulstig, Haut fein querfaltig. Grundfarbe schmutzig graugelb, auf dem Rücken wenig heller; Rückenlinie sehr fein, braun. Nebenrückenlinien auf den ersten Segmenten fein, braun, auf den mittleren Segmenten in je zwei dunkle, graubraune, schwarzgesäumte Schrägstriche aufgelöst, welche von den Gelenkeinschnitten durchzogen werden; auf den letzten Ringen wiederum sichtbar der Rückenlinie sich nähernd und zuletzt mit ihr zusammentreffend. Seitenkante kaum heller als die Grundfarbe, schmutzig gelbgrau. Luftlöcher schwarz. Auf dem Bauch eine feine doppelte Mittellinie und mehrere ihr parallele Längslinien. An beiden Seiten des Bauches dicht neben der Seitenkante, eine dunkelbraune, schwarzgefleckte Doppellinie. Auf dem elften Segment zwei feine, senkrecht in die Höhe stehende Spitzen. (Beschreibung der Raupe der var. plumbearia, *Stgr.* nach Fuchs, welche mit der Beschreibung und Abbildung der Glaucinaria-Raupe von Mill. im Wesentlichen übereinstimmt). Lebt nach der Überwinterung im April und Mai an Sedum album, und anderen niederen Pflanzen wie Obscurata, nach Millière an verschiedenen Compositen. Verpuppung in einem festen Gespinste im Moos oder in der obersten Erdschichte. Puppe gelbbraun, glatt, glänzend mit genarbtem schwarzem Cremanter, zwei stärkeren divergierenden Spitzen am After und je zwei kleinen Häkchen seitlich. Entwicklung vom Ende Juni bis in den September. Deutschland, Schweiz, Südfrankreich, Pyrenäen, Piemont. — Mill. 2. Livr. pl. 1, Fig. 7—8. — O. W. 409. — Frr. 593. — Pr. Taf. 2, Fig. 10. — Fuchs Stett. e. Z. 1873, p. 107 (var. plumbearia.) — v. Heyden Stett. e. Z. 1862, S. 171.

Variegata, *Dup.* (Sch. Taf. 61, Fig. 21.) Ist der Raupe der nachfolgenden Mucidaria sehr ähnlich in Gestalt und Färbung, unterscheidet sich aber von derselben nach Millière dadurch, daß die Ringe fünf, sechs, sieben, acht und elf drei hervorragende fleischige Spitzen zeigen, eine oben und je eine zu beiden Seiten der Ringe, während die Raupe der Mucidaria auf jedem gleichen Ringe sechs paarweise gestellte Spitzen zeigt, zwei auf dem Rücken und je zwei an jeder Seite. Lebt nach der Überwinterung im April, nach Freyer an Asplenium ruta muraria, nach Bruand an Hauswurz, nach andern an Verbascum lychnitis, Lunaria cymbalaria (Var. Cimbalariata, *Mill.*) und Clematis vitalba. Nach Millière drei Generationen. Verpuppung in einem dichten weißlichen Gespinst am Boden unter der Nahrungspflanze. Puppe schwärzlich, lebhaft, nur auf den Flügelscheiden braun Ringe dunkel gelblichgrün mit deutlichen braunen Stigmen; mit dunklem, kurzem, kegeligen Cremanter mit zwei hellen Spitzen am Ende. Entwicklung im Mai. Süddeutschland, Schweiz, südöstliches Frankreich, Sizilien, Ungarn, Mittelitalien, Dalmatien. — Bruand Ann. soc. Fr. 1843. — Mill. Jc. 106, Fig. 12—13. — Mn. z. b. V. 1854, S. 566. Supinaria larv. (exklusive der Puppe.)

Mucidaria, *Hb.* (Sch. Taf. 61, Fig. 22.) Eier oval, leicht angedrückt, sehr glatt, zuerst zeisiggelb, dann korallenrot und vor dem Ausschlüpfen dunkellila. Die junge Raupe ist zuerst hellgelb; die Spitzen und Vorsprünge, welche sie charakterisieren, erscheinen erst nach der dritten Häutung und sind dann noch kaum mit der Lupe sichtbar. Ausgewachsen ist die Raupe cylindrisch, so dick wie Variegata, verhältnismäßig kürzer als die Raupen von Pullata und Glaucinata, welchen sie auch der Form nach nicht ähnlich ist. Färbung heller oder dunkler fahlgelb. Rückenlinie und Nebenrückenlinie fein, grünlichbraun, kaum mit der Lupe sichtbar; erstere unterbrochen, letztere breit unterbrochen in allen Einschnitten. Stigmenlinie weißlich, gewellt, unterbrochen durch die Auswüchse des 5., 6., 7. und 8. Ringes. Bauch weißlich mit drei parallelen, unterbrochenen, weiß eingefaßten Linien. Stigmen rötlich, schwarz eingefaßt. Kopf fast viereckig, auf dem Scheitel schwach ausgeschnitten, gelblich, unregelmäßig grau punktiert, zurückziehbar. Füße von der allgemeinen Färbung mit Ausnahme der Afterfüße, welche grau sind mit schwarzen Punkten. Auf dem 5., 6., 7., 8. und 11. Ring stehen je sechs dicke und ziemlich lange Fortsätze (das verlängerte und nahe zusammengerückte hintere Rückenwarzenpaar und je ein Paar der seitlichen Warzen vor den Stigmen), welche an ihrer Spitze mit dicken mattweißen Borsten besetzt sind; die übrigen Warzen des Körpers sind ebenfalls erhaben, gelblich und mit weißen Borsten besetzt. Außerdem ist der ganze Körper übersät mit einer Unmasse kleinster weißer Börstchen, welche indeß nur mit guter Lupe sichtbar sind. Die unterbrochenen Nebenrückenlinien bilden mit der Rückenlinie auf jedem mit der mit einem Auswuchs versehenen Segmente eine dreieckige Figur, deren Spitze gegen die Basis des Auswuchses gerichtet ist; außerdem findet sich an der Außenseite jedes mittleren Auswuchses ein dicker dunkelbrauner Strich, der bis zu den seitlichen Auswüchsen hinabläuft. (Millière und nach einer präparierten Raupe von Dr. Staudinger). Lebt im Mai und in zweiter Generation im Herbst, nicht (wie mehrere Autoren glaubten) an Lichenen, sondern an niederen Pflanzen, besonders Rumex, verschiedenen Compositen und Umbelliferen, vorzüglich aber an Anagallis arvensis und Polygonum aviculare. Verpuppung in einem leichten, mit Sand untermischten Gespinst. Puppe gestreckt, matt schwarz; Abdominalringe oft dunkelschwarz; die drei letzten Segmente zart behaart; After mit zwei am Grunde sehr genäherten, am Ende zurückgebogenen Häkchen. Entwicklung im März und April und wieder im August und September. Mittleres und südliches Frankreich, südliche Schweiz, Corsika, Spanien und Portugal. — Mill. Livr. II. p. 53. pl. I. Fig. 1—6. — O. W. 410, Taf. 10, Fig. 18 P. — Gn. IX. 298.

Asperaria, *Hb*. (Sch. Taf. 61, Fig. 24.) Ziemlich kurz, ohne Hervorragungen, unten schwach abgeplattet; die einzelnen Ringe oben stark gewölbt. Färbung verschieden, manchmal dunkelrötlich, manchmal weinbraun, meist grau, mehr oder weniger ockergelb überflogen; die Linien ziemlich wenig sichtbar, ohne Lupe schwer zu unterscheiden. Rückenlinie braun, nicht unterbrochen, Stigmenlinie meist ziegelrot. Stigmen kaum sichtbar, weiß, schwarz eingefaßt. Rückenwarzen schwarz, hinten von einem kleinen weißen Punkt begleitet, mit einem braunen, kurzen und steifen Haar versehen. Auf dem bläulichgrauen Bauch läuft vom vierten bis neunten Ring eine breite ununterbrochene Linie. Kopf klein, rundlich, nicht unter dem ersten Ring versteckt. Die zehn Füße sind von der allgemeinen Färbung; letztes Glied der Bauchfüße schwarz (Millière). Lebt anfangs Dezember frei an den Blättern von Cistus monspeliensis und salviaefolius, hat zwei Generationen (nach Mill.). Verpuppung in der Erde in geringer Tiefe oder zwischen Moos in leichter Hülle. Puppe rötlichbraun mit einer starken schwarzen Afterspitze. Entwicklung im April, Mai. In Krain, Südfrankreich, Corsika, Spanien, Griechenland. — Mill. Livr. V. 239, pl. 3, Fig. 3—5, III. 457.

Serotinaria, *Hb*. (Sch. Taf. 62, Fig. 2.) Ei tonnenförmig, lebhaft zitrongelb, fein chagriniert, nach zwei Tagen rosenrötlich. Raupe jung fleischrötlich mit vier feinen weißlichgelben Rückenlinien, auf den mittleren Ringen mit dreieckigen dunkleren Zeichnungen, fein gerieselt, Seitenwulst weißlich; Kopf mit hellen Zeichnungen; Bauch dunkler roth, mitten weißlich (Rghf.). Erwachsen 3,0 cm, ziemlich breit, nach vorn etwas zugespitzt, und ebenso vom letzten Ringe an nachhinten; Bauch abgeplattet; Ringe stark eingeschnürt, und deßhalb die Seitenkante wulstig. An beiden Seiten der kaum bemerkbaren Rückenlinie befinden sich auf jedem Ring vier kleine Knopfwarzen; auf dem 11. Ring stehen dicht nebeneinander zwei nach hinten gerichtete starke Spitzen. Der erste Ring ist wulstig und bedeckt klappenartig den oberen Teil des Kopfes. Grundfarbe grünlichgelb, Bauch und Rücken mit rostbraunen Atomen dicht besprengt, so dass die Farbe bräunlichgelb erscheint. Vom 8. bis an den letzten Ring laufen über den Rücken rautenförmige Zeichnungen, die bald scharf begrenzt sind, bald nach den Einschnitten zu fleckenartig verfließen. In der Mitte des Bauches steht auf jedem Ring ein scharf abgegrenzter runder rostroter Fleck. Kopf gelblich mit rostroten Flecken. Luftlöcher schwarz, hell umgeben. (Eiffinger-Frankfurt a. M.). Lebt im Frühjahr polyphag an niederen Pflanzen, nahm bei Zimmerzucht besonders die zarten Sprossen von Lonicera xylosteum und Taranaxum officinale; bei Tag unter Moos und Steinen versteckt. Lieferte bei Zimmerzucht teilweise eine zweite Generation; ein Teil der Raupen überwintert, etwa 1,0 cm groß. Verpuppung in einem festen Gewebe von Moos und Sandkörnern. Puppe schlank, von hellbrauner Farbe. Cremaster mit zwei längeren konvergierenden Mittel- und vier kürzeren Seitenhäkchen besetzt. Entwicklung im Juli. Alpen, Österreich, Schweiz, Piemont, Frankreich. — Rogenhf. V. z. b. V. 1884, S. 157; Fauna v. Hernstein p. 40. Fig. 3. — Mill. Lepidopt. pl. X. Fig. 12.

Sordaria, *Thnb*. (Sch. Taf. 62, Fig. 3.) Mittelmäßig gestreckt, mit starken Seitenkanten; auf dem elften Ring eine sehr entwickelte zweispaltige spitze Warze, welche von der Raupe auf und ab bewegt wird, wenn sie beunruhigt wird. Das zwölfte Segment bedeckt mit seinem vorgestreckten Rand (Afterklappe) die langen starken Afterfüße. Grundfarbe chamoisgelb. Linien undeutlich. Rückenlinie fein, braun, ununterbrochen; Nebenrückenlinien dargestellt durch einen schmalen, dunkel ockergelben, sehr gewellten Streifen, welcher auf der Spitze der Warzen am elften Segment endet. Stigmenlinie ebenfalls wellig, ziemlich breit und hell, unten von einem ockerfarbenen Streifen gesäumt, welcher auf jedem Ring breit unterbrochen ist; inmitten jeder dieser Lücken steht das dicke, runde, schwarze Stigma. Der Bauch zeigt eine breite weißliche Linie, welche an den Einschnitten des fünften bis achten Ringes je einen kleinen schwarzen Punkt trägt. Diese weißliche Linie ist beiderseits eingesäumt von einem breiten ununterbrochenen ockerfarbenen Streifen. Das erste Segment, welches den Kopf teilweise bedeckt, ist weißlich, ebenso der Rücken des fünften bis achten Ringes; auf jedem dieser Ringe steht oben eine helle, braun gesäumte winkelförmige Zeichnung. Kopf sehr entwickelt, roßkastanienfarben mit zwei hellen Streifen. (Fortsetzungen der Nebenrückenlinien.) Brustfüße lehmgelb, schwarz punktiert. Bauchfüße weißlich. (Millière.) Zeller zog die Raupen aus den überwinterten Eiern; sie schlüpften Ende Februar aus, wuchsen sehr langsam, waren träge und häufig wie leblos; erst im Juni hatten sie ihre volle Größe erreicht; sie wurden mit Tannennadeln gefüttert, aber nicht zur Verpuppung gebracht; möglicherweise dauert der Raupenzustand zwei Jahre lang. Der Schmetterling fliegt im Juli. Lappland, Skandinavien. Var. Mendicaria in den Alpen und auf den schlesischen Gebirgen. — Staud. Stett. e. Z. 1861, S. 385. — A. Hoffm. Stett. e. Z. 1884, p. 315. — Mill. Nat. Sicil. VI. 1886,87, Taf. I, Fig. 14. 15.

Dilucidaria, *Hb*. Taf. 43, Fig. 25. (Sch. Taf. 62, Fig. 4.) Ei zitrongelb, kürbisförmig, fein punktiert. (Rghf.) Raupe ziemlich dick, runzelig, an den Seiten gekielt, von steifer Haltung. Der kleine mit dem Körper gleichfarbige Kopf zeigt die Fortsetzung der Nebenrückenlinien; auf dem elften und zwölften Segment befinden sich zwei kleine Vorsprünge. Grundfarbe variierend; einige sind ledergelb mit ziemlich deutlichen feinen, braunen, ununterbrochenen Linien, andere dagegen mehr oder weniger weingelb. Rückenlinie nur auf den letzten Ringen deutlich. Nebenrückenlinien auf jedem Einschnitt der mittleren Segmente mit einem dicken schwärzlichen Punkte gezeichnet. Stigmenlinie breit, hell, unten und oben breit schwarz eingefaßt. Die obere Einfassung lässt auf den mittleren Ringen eine kleine Stelle frei, wo sich das dicke schwarze Stigma zeigt. (Millière.) Überwintert sehr klein, ist Ende Mai, Anfang Juni erwachsen, lebt von niederen Pflanzen, Hypericum Cistus, Linaria, Genista. Verpuppung im Moos in einer leichten Hülle aus Gespinstfäden. Puppe gelbbraun mit etwas helleren Flügelscheiden, glänzendem Hinterleibe, breitem ausgehöhltem zweispitzigem Cremanter, beiderseits mit je drei feinen Häkchen. Entwicklung Juli, August. Mittel- und Süddeutschland, Alpen, Schweiz, Frankreich, Piemont, Galizien, Schweden, Finnland, Ural. — Frr. 625. — Mill. An. S. Lyon. 1882. Pl. II, Fig. 6. — O. W. 411. (Puppe falsch.) — Pr. Taf. II, Fig. 9.

Obfuscaria, *Hb.* (Sch. Taf. 62, Fig. 5.) (Myrtillata *Thunbg.*) Ei zitrongelb, dann rötlich. Raupe ganz jung blassrötlich, fein weiß gestrichelt und gewürfelt, am Rücken mit helleren Lateralen, Kopf bräunlich (Rghf.). Erwachsen 4,0 cm lang; Haut runzelig (querfaltig), hellgelb, ins Grünliche oder Graubraune ziehend. Rückenlinie unterbrochen, wenig sichtbar, vorn auf jedem Einschnitt von einem pfeilförmigen graulichen Flecken begleitet. Auf den Seiten kaum sichtbare Schräglinien, welche über der Stigmenlinie enden, die weißlich, breit und leicht geschwungen ist. Stigmen dick, rund, schwarz, weiß eingefaßt. Bauch mit einem breiten, länglichen, schwach veilchenblauen, durch einen weißlichen Streifen geteilten Flecken. Warzen vorspringend, graulich. Der elfte Ring zeigt zwei fleischige sich nach hinten neigende Warzen; die erste derselben mit stumpfer Spitze ist höher als die zweite. Kopf rundlich, gelblich mit feinen weißlichen nur mit der Lupe sichtbaren Haaren bedeckt. Die zehn Füße sind von der allgemeinen Färbung, nur das letzte Glied der Brustfüße ist schwärzlich. (Millière.) Lebt im August, September und nach der Überwinterung im Mai an niederen Pflanzen, besonders Vicia und Genista-Arten. Verpuppung in einem leichten Gewebe zwischen Moos, Pflanzenabfällen etc. Puppe 1,8—2,0 cm. lang, glänzend, gelbrötlich; Leib dicht punktiert, Cremanter breit, abgestutzt, dunkler gekörnt, endet in zwei braune, starke, kurze, auseinanderstehende Spitzen. Stigmen dunkelbraun, stark vortretend, sehr sichtbar. Entwicklung im Juli und August. Alpen, England, Schweden, Livland, Finnland. — Tr. VI. 1. 164. — Mill. Livr. 1. pl. II. Fig. 4. 5. (schlecht, zu hell). III. 455. — O. W. Taf. 11, Fig. 56, S. 411. — Hellins M. M. VIII. p. 20. — Gn. IX. 312.

Zelleraria, *Frr.* (Sch. Taf. 62, Fig. 6.) Ei oval, blaßgrün, später dunkel bleifarben. Raupe ganz jung der Obfuscata ähnlich. Zeichnungen heller; Nacken- und Afterschild dunkler. Nachschieber und Leib schwach rötlich, chagriniert. Erwachsen 3,5 cm. Kopf grau, dicht schwarz punktiert, am Scheitel dunkler. Leib schiefergrau; die Segmente sind etwas eingezogen, in ihrer Mitte runzelig. Haut chagriniert. Rückenlinie etwas dunkler als die Grundfarbe, hell gesäumt, sehr undeutlich. Nebenrückenlinien und Stigmenlinien gelblich, nicht besonders hervortretend. Nackenschild und Afterklappe von der allgemeinen Färbung. Warzen, klein, schwarz, nicht erhaben. Stigmen schwarz, Bauch einfarbig hellgrau. Brustfüße braungelb mit schwarzen Enden der Glieder.

Bauch- und Afterfüße von der allgemeinen Färbung. (Beschreibung von Rogenhofer und nach einer präparierten Raupe von Dr. Staudinger.) Lebt Anfang Juli an verschiedenen niederen Pflanzen, gewöhnlich bei Tage unter Steinen verborgen. Puppe des ♀ hell gelbbraun, etwas glänzend, glatt. Cremanter dunkler, etwas ausgehöhlt, breit abgestutzt, seitlich mit einigen Börstchen, am Ende mit einem Paar divergierender Spitzen. Entwicklung Juli, August. Alpen Krains, Süd-Tirols, Graubündens. — F. Schmidt, Stett. ent. Ztg. 1851, S. 80.

Caelibaria, *H.-S.* (Sch. Taf. 62, Fig. 7.) Var. Spurcaria, *Lah.*, Taf. 43, Fig. 26. 2,5 cm lang, dick, plump, stark runzelig, nach vorn ein wenig zugespitzt, mit ziemlich ausgeprägten Seitenkanten; schmutziggrau, etwas ins Grünliche spielend; Rückenlinie doppelt, fein, weißlich, am Vorderrand der Segmente gelblich, in der Mitte derselben schwarz ausgefüllt, am Hinterrand am deutlichsten; dadurch wird eine Reihe gelblicher, schwarzer und weißlicher Fleckchen in der Mittellinie des Rückens gebildet, die aber manchmal gänzlich fehlen. Nebenrückenlinie fein, weißlich, undeutlich; der Raum zwischen ihnen und der Mittellinie auf jedem Ring strichartig dunkel ausgefüllt. Über den ganz schwarzen Stigmen zwei undeutliche, weißliche, feine, unterbrochene Längslinien, die nicht bei allen Exemplaren sichtbar sind; die Stigmen selbst stehen in weißlichgrünen verwischten und undeutlichen Fleckchen, zwischen welchen sich dunkle graubraune breite Längsstriche befinden. Kopf braun, abgerundet, schwarz getupft. Nackenschild nicht ausgezeichnet, nur bei einem Exemplar mattschwarz; Afterklappe stumpf dreieckig grau, gelblich gerandet. Warzen weißlich mit dicken, kurzen, knopf- oder keulenförmigen schwarzen Borsten. Bauch und Bauchfüße grüngrau oder gelbgrau. Brustfüße braun, Afterfüße außen grau. Erwachsen im August unter Steinen auf höheren Alpen. Nahrung niedere Pflanzen. (In der Gefangenschaft Salat, Thymus. serpyllum, Sedum album.) Verpuppung unter Pflanzenabfällen am Boden, ohne Gespinst. Puppe gelbbraun, ähnlich jener von Zelleraria gestaltet. Entwicklung im Juli. Bei Zimmerzucht schlüpfte mir ein Exemplar am 3. November aus. Alpen von Graubünden (Albula), Wallis und Piemont; die Stammart in Österreich, Steiermark und Kärnten. — Mill. Jc. 50, Fig. 3 bis 7. (Scalettaria.) — Gn. An. S. Fr. 1965, p. 95.

Operaria, *Hb.* (Sch. Taf. 62, Fig. 8.) Ei oval, wachsgelb, chagriniert, nach zwei Tagen fleischfarbig. Entwicklung nach vierzehn Tagen. Raupe jung ziemlich lebhaft, hält sich bloß mit den Nachschiebern und zittert mit den vorderen Ringen. Kopf gelbbraun, Leib schmutziggrün, Bauch weißlich, Rücken mit fünf undeutlichen Linien, Seiten gelblich, Segmentränder weißlich, in den Bauchseiten komma-ähnliche helle Schrägstriche. Nach *Rogenhofer* erwachsen 3,0 cm lang; Kopf rundlich, gelbbräunlich mit dunklen Atomen an der Seite und der Stirne. Leib ziemlich dick, walzenförmig, rötlichgelb mit hellerer Rückenmitte und doppelter, schwärzlich gesäumter Rückenlinie; die Seiten wulstig mit schwach sichtbaren helleren Strichen, matter

Seitenlinie, unter welcher die schwarzen Stigmen stehen. Bauch und Beine eintönig schmutzig gelblich (Rogenhofer). Lebensweise wohl ebenso wie bei den übrigen Arten; Rogenhofer erzog die Art aus dem Ei mit Taraxacum officinale. Entwicklung im Juli. Alpen Österreichs, Schlesien.

55. Gattung. **Dasydia**, *Gn.*

Nur eine, auf den höchsten Alpen von Tirol, Kärnten und der Schweiz lebende Art.

Tenebraria, *Esp.* Taf. 43, Fig. 27. (Sch. Taf. 62, Fig. 9.) Ei oval, gekörnt, hellbraun, schlüpft nach zwölf Tagen aus. Raupe kurz (2,5 cm) und gleichmäßig dick (4,0 mm), stark querfaltig, chagriniert, mit in den Ringeinschnitten eingeschnürter Seitenkante; Kopf etwas kleiner als das erste Segment, überall abgerundet, braun, schwarz getupft, mit schwärzlichem Stirndreieck. Körper braun. Rückenlinie breit, gelblich, auf den ersten Ringen sehr undeutlich, von zwei sehr feinen geschlängelten schwärzlichen Linien durchzogen. Nebenrückenlinien ebenfalls breit, sehr wenig vortretend und undeutlich, von zwei sehr feinen gelblichen Linien begrenzt und einer solchen durchzogen. Der Raum zwischen Rückenlinie und Nebenrückenlinie ist streifenartig dunkler. Nackenschild und Afterklappe ohne Auszeichnung. Warzen äußerst klein, ohne starke Vergrößerung nicht sichtbar. Bauch rötlichgelb mit mehreren verwaschenen und undeutlichen gelblichen Längslinien. Brustfüße braun, Bauch- und Afterfüße von der allgemeinen Färbung (nach einer präparierten Raupe von Dr. Staudinger). Die jungen Räupchen nach Millière bis zur dritten Häutung oben weingrün, sollen sechzehn normale Beine haben, ein braunes schmales horniges Nackenschild, eine ebensolche kleine Afterklappe und einen runden schwärzlichen Kopf. Frißt niedere Pflanzen. Verpuppung an der Erde. Puppe ähnlich Caelibaria, After stumpfer. Entwicklung im Juli nach vierzehn Tagen. — Mill. 153. 1—5. Mill. Nat. Sic. 1888. VI. Bd. S. 129.

Wockearia, *Stgr.* Grundfarbe mehr grünlichgrau; Rückenlinie fein, doppelt, oft abgesetzt, gelblich, viel undeutlicher wie bei der Stammart. Nebenrückenlinie weißgelblich, fein, meist unterbrochen. Nackenschild viereckig, schwarz, in der Mitte fein geteilt; Afterklappe von der Körperfarbe, halbkreisförmig, am Hinterrand mit vier steifen Borsten. Warzen klein, schwarz, nicht vorragend. Stigmenlinie breit, gelbgrau, auf jedem Ringe unterbrochen, oben von einem dunklen Wulst (Seitenkante) begrenzt; die großen bräunlichen, schwarz geränderten Stigmen liegen zwischen der Stigmenlinie und dem Afterwulst in einer kleinen Vertiefung. Bauch einfarbig hellgelbgrau, ebenso die Bauchfüße; Brustfüße braun; Afterfüße von der Körperfarbe (nach einer präparierten Raupe von Dr. Staudinger). Lebt höchst wahrscheinlich auch an niederen Pflanzen, wie die Stammart, nicht an Flechten, wie Millière vermutet. In Tirol am Stilfser Joch, am Piz Aela bei Bergün in Graubünden. — Mill. III. p. 426.

56. Gattung. **Psodos**, *Tr.*

Von den fünf Arten dieser Gattung, welche sämtlich fast nur auf den Alpen und zwar in der Regel in bedeutender Höhe vorkommen, sind nur zwei im Raupenzustande bekannt.

Alticolaria, *Man.* (Sch. Taf. 62, Fig. 10.) Ei ähnlich dem von D. Wockearia, nur weniger oval, fein chagriniert, entwickelt sich Mitte August nach fünfzehn Tagen. Die jungen Raupen brachte Millière bloß bis zur zweiten Häutung; sie waren gedrungener und heller als Wockearia, nach dem Bilde (Fig. 6) grasgrün mit weißlicher Dorsale, weißlichgelber Laterale, mit feinen schwarzen Punkten, sparsam behaart und grünem Kopfe. Die Beschreibung dürfte nach Millières eigener Aussage (S. 430) keine richtige Vorstellung der erwachsenen Raupe geben; gefüttert wurden sie in der Gefangenschaft mit Leontodon. — Mill. Ic. III. 153, Fig. 6.

Quadrifaria, *Sulz.* (Sch. Taf. 62, Fig. 14.) (Equestrata, *Bkh.*) Erwachsen ist die Raupe fast cylindrisch, leicht abgeplattet gegen die letzten Ringe hin. Grundfarbe matt hellgelb, an den vordern und hintern Segmenten leicht rötlich überhaucht. Rückenwarzen schwarz und sehr deutlich. Rückenlinie und Nebenrückenlinien sind sehr undeutlich. Stigmenlinie weiß, oben breit und unten fein braun eingefaßt. Die Ringeinschnitte sind schief durchschnitten von braunen, schräg von oben nach unten und hinten verlaufenden Strichen, welche von den Rückenwarzen ausgehen und an der Stigmenlinie enden. Stigmen schwarz, weiß umrandet, nur mit Mühe mit der Lupe sichtbar. Der Bauch zeigt seiner ganzen Länge nach doppelte, weißliche Linien, von welchen die mittlere am breitesten und außen sehr fein braun gesäumt ist. Der Kopf, rundlich und zurückziehbar, ist wie die Brustfüße dunkelrötlich. Afterfüße von der allgemeinen Färbung (Mill.). Lebt im Frühjahr am Tag unter Moos, dürren Blättern etc. verborgen, frißt nur des Nachts und zwar verschiedene niedere Pflanzen, besonders Leontodon-Arten. Verpuppung in einem weichen aber soliden Gespinst, in welches Moos, dürre Blätter, Erdkörnchen etc. eingewebt sind, und welches innen mit feiner weißer Seide dicht ausgekleidet ist. Puppe ziemlich dick, hellrötlich; Flügeldecken lebhaft gelb mit sehr deutlich hervortretenden braunen Rippen; die Ringeinschnitte rötlichweiß. Entwicklung im Juli; nach Millière zwei Generationen. Alpen, Schlesien und Galizien. — Mill. 1. Livr. pl. 4, Fig. 1—3.

57. Gattung. **Pygmaena**, *B.*

Nur eine auf den höchsten Alpen, in Norwegen und Lappland vorkommende Art.

Fusca, *Thnb.* Taf. 44, Fig. 1. (Sch. Taf. 62, Fig. 15). Ei oval, gekörnt, blaugrün. Raupe 1,5 cm lang, gedrungen, gleichmäßig dick, querfaltig, chagriniert, an den Seiten gekielt, mit kurzen dicht stehenden Haaren besetzt. Kopf so breit wie das erste Segment, überall abgerundet, braun, über den Mundteilen schwarz, behaart. Grundfarbe braun. Rückenlinie aus zwei feinen schwärzlichen Linien bestehend, welche in den gelblichen Ringeinschnitten zu kurzen schwarzen Flecken zusammenfließen. Nach außen ist die Rückenlinie sehr fein gelblich gesäumt; Nebenrückenlinien sehr fein, gelblich, nicht deutlich. Nackenschild und Afterklappe von der allgemeinen Färbung. Warzen klein, schwarz. Stigmenlinien breit, weißgelb, unten und oben verwaschen dunkelbraun gesäumt. Luftlöcher klein, rund, schwarz gesäumt. Bauch heller als der Rücken, mit einer undeutlichen weißlichgelben Mittellinie. Alle Füße von der allgemeinen Körperfarbe. Lebt im Juni und Juli auf verschiedenen niederen Pflanzen wie Draba verna, Viola calcarata, der Bärentraube (Arctostaphylos uva ursi). Verpuppung Ende Juli in einem Gespinst zwischen Moos oder dürren Blättern. Entwicklung noch im Juli oder August. Raupe überwintert. — Mill. Jc. 109, Fig. 5—8. — Stt. e. Z. 1861, p. 385. — Berl. e. Z. 1885, p. 264.

58. Gattung. Anthometra, B.

Zwei in Spanien und Corsika vorkommende Arten. Raupen unbekannt.

59. Gattung. Egea, Dup.

Drei in Sibirien, Südrußland und am Amur vorkommende Arten. Raupen unbekannt.

60. Gattung. Eremia, H.-S.

Zwei Arten, eine im südöstlichen Rußland, die zweite in Spanien vorkommende Raupe unbekannt.

61. Gattung. Fidonia, Tr.

Raupen schlank, glatt, überall gleichmäßig dick; Kopf so breit wie das erste Segment, überall abgerundet. Verwandlung in der Erde. Fünf, sämtlich auch in Deutschland vorkommende Arten.

Fasciolaria, *Rott.* (Sch. Taf. 62, Fig. 20 a. b.) (Cebraria, *Hb.*) 2,0 cm; Kopf grünlichbraun, an den Seiten mit einem breiten, oben schwarz gesäumten Strich (Fortsetzung der Stigmenlinie). Körper grün. Rückenlinie ziemlich breit, grauschwarz, weiß gesäumt. Nebenrückenlinie weiß; zwischen diesen und der Rückenlinie noch eine undeutliche weißliche Längslinie. Nackenschild nicht ausgezeichnet; Afterklappe grüngelb, grubig punktiert, mit schwarzen Borsten am Hinterrand. Warzen klein aber deutlich, schwarz. Stigmenlinie breit, weiß, unten schmal, oben breit, d. h. bis zu den Nebenrückenlinien schwarzgrau gesäumt. Die runden, braun gerandeten Stigmen stehen gegen den oberen Rand der Stigmenlinie. Bauch grün, mit dichtstehenden weißen Längslinien. Brustfüße braun; Bauchfüße grün; Afterfüße außen mit einer gelbbraunen, grubig punktierten Platte. (Nach einer präparierten Raupe von Hrn. Gleißner, Berlin.) Lebt im Juni, August und September am Beifuß (Artemisia campestris und scoparia). Puppe gelbbraun, Flügelscheiden etwas gekörnt, Leib wenig glänzend, fein punktiert, After abgestutzt, Cremaster kurz, in zwei divergierende Spitzen endigend. Entwicklung Anfang Mai, dann wieder Juli. Östliches Deutschland, Livland, Ungarn, Dalmatien, Türkei. — Zeller St. e. Z. 1867, p. 181. — Gn. X. 153.

Carbonaria, *Cl.* (Sch. Taf. 62, Fig. 21. (Picearia, *H. G.*) Kopf etwas vorgestreckt, wenig schmäler als das erste Segment, aber niemals unter dasselbe zurückgezogen, dunkelbraun, das Gesicht mit Weißbraun gesprengelt. Körper mit welliger Seitenkante und düster holzbrauner Rückenfläche, welche zwei dunkle, etwas wellige Längsstreifen durchziehen; Warzen schwarz, klein. Stigmen blaß, schwarz geringt. Bauch etwas bleicher als die Rückenfläche, mit einem breiten, noch blasseren Mittelstreifen und einem schmäleren blassen Streifen an jeder Seite zwischen dem Mittelstreif und dem Seitenkiel. Brustfüße und Hinterfüße nahezu von derselben Farbe wie der Bauch (Newmann). Lebt Mitte Juli an Birken und Saalweiden, meist an der Unterseite der Blätter sitzend. Verpuppung an der Oberfläche der Erde zwischen Pflanzenabfällen. Entwicklung im Mai. Alpen von Wallis und Graubünden, Schottland, nordöstliches Deutschland, Livland, Finnland, Norwegen, Lappland. — Newm. Br. M. 92. — Entomologist II. 1865, S. 314.

Famula, *Esp.* Taf. 44, Fig. 2. (Sch. Taf. 62, Fig. 22.) (Concordaria, *Hb.*) 3,5 cm. Kopf braun, schwarz getupft mit breiter schwarzer Mittel- und ebensolchen Seitenlinien (Fortsetzung der Rückenlinie und der schwarzen Begrenzung der Stigmenlinie). Körper grün (in der Jugend braun). Rückenlinie schwärzlich, ziemlich breit, beiderseits fein weiß eingefaßt. Die Rückenlinie setzt sich über den Nackenschild auf den Kopf und bis ans Ende der Afterklappe fort. Warzen klein, schwarz. Stigmenlinie breit, leuchtend weißgelb, oben und unten breit schwarz begrenzt; die obere schwarze Begrenzung reicht bis zu den Nebenrückenlinien hinauf; in der unteren steht auf den mittleren Ringen je ein grüner oder (in der Jugend) brauner Fleck. Stigmen groß, oval, weiß, braun gerandet, am oberen Rand der Stigmenlinie stehend. Bauch mit doppeltem, feinem weißgelbem Mittelstreifen und je zwei schwarzen, feinen, geschlängelten Seitenlinien, deren äußerste gegen die schwarze untere Begrenzung der Stigmenlinie fein weißgelb gesäumt ist. Brustfüße an der Basis schwarz, die drei Glieder hellbraun, schwarz gefleckt. Bauchfüße braun mit schwarzen Warzen; Afterfüße ebenso, vorn ganz schwarz. Lebt Ende Juni und im Juli an Besenpfriem (Sarrothamnus scoparius), verschiedenen Genista-Arten und Goldregen, besonders die Zweigspitzen fressend. Verpuppung unter dem Moose, ohne Gespinst. Puppe rotbraun, gegen den Kopf zu dunkelgrün, mit einer einfachen, schwarzen, kräftigen Hinterleibsspitze. Entwicklung im Mai und Juni; nur eine Generation (in Frankreich nach Millière zwei). Westliches Deutschland (Berlin), Belgien, Nord- und Mittelfrankreich, Castilien, Andalusien. — Mill. Livr. V. pl. 2, Fig. 1—3. — Rössl. Schuppenfl. S. 145.

Limbaria, *F.* (Sch. Taf. 62, Fig. 23). (Conspicuata, *Schiff.*) Kopf etwas breiter als der Körper, vorgestreckt, am Scheitel eingeschnitten, schwach glänzend, blaßbraun, mit schwarzen Zeichnungen, mit einzelnen Härchen besetzt. Körper grünlich rauchfarben; Rückenlinie schmal, rauchbraun; Nebenrückenlinien sehr fein.

doppelt, geschwungen, rauchbraun. Stigmenlinie sehr deutlich gelb, nach oben breit schwarz gesäumt. Bauch grün mit einem blassen Mittelstrich und mehreren sehr feinen, blassen, gewellten, seitlichen Streifen. Warzen sehr klein (Newmann). Lebt in zwei Generationen im Juni und im August, September an Besenpfriem (Spartium scoparium) und Genista. Verwandlung in der Erde. Puppe braun mit zwei am Ende auswärts gekrümmten Dornen an dem kegelförmigen Cremanter. Falter im Mai und dann wieder im Juli und August. Südwestliches Deutschland, Schweiz, Belgien, Holland, österreichische Alpen, England, nördliches und mittleres Frankreich, Piemont. — Tr. VI. 1. 272. — O. W. 413. Taf. 10, Fig. 20. — Newm. Zoologist 1861. 7761. — Reaum. II. 355. pl. 28, Fig. 8—20.

Roraria, *F.* Taf. 44, Fig. 3. (Sch. Taf. 62, Fig. 24.) (Spartiaria, *Tr.*) 2,8 cm; Kopf grün, an den Seiten mit einem breiten weißen Strich als Fortsetzung der Stigmenlinien. Grundfarbe grün, manchmal auch gelblich oder bräunlich. Rückenlinie dunkler als die Grundfarbe, beiderseits fein weiß eingefaßt; Nebenrückenlinie breiter, weiß, nicht unterbrochen. Nackenschild und Afterklappe nicht besonders ausgezeichnet; Warzen sehr klein, schwarz. Stigmenlinie ziemlich breit, gelblichweiß; Stigmen oval, weiß, braun gerandet. Bauch grün mit sehr feinen, geschlängelten, undeutlichen, schwärzlichen Längslinien. Brustfüße grünlichbraun, die übrigen Füße grün. Lebt im August und September auf Ginster, Spartium scoparium und Genista. Verwandlung in der Erde. Puppe glänzend schwarzbraun mit feiner etwas langer Afterspitze. Entwicklung im Mai und Juni. Mittel- und Süddeutschland, Schweiz, Belgien, Piemont, Galizien, Türkei, Österreich. — Tr. VI. 1. 270 — X. 2. 186. — Frr. 59.

62. Gattung. **Athroolopha**, *Ld.*

Von den zwei im Süden (Spanien, Südfrankreich, Sizilien, Andalusien) vorkommenden Arten ist nur die Raupe der einen bekannt, nämlich:

Pennigeraria, *Hb.* (Sch. Taf. 62, Fig. 25.) 3,7 cm lang, 4,0 mm dick, nach vorn sehr wenig verschmächtigt. Kopf klein, rund, braun, dicht schwarz gesprengelt, behaart; Körperfarbe rötlichbraun, dicht schwarzbraun gesprengelt; Rückenlinie schwarz, auf jedem Ring abgesetzt und etwas erweitert, fein gelb beiderseits eingefaßt. Nebenrückenlinien sehr fein, weißgelb. Nackenschild und Afterklappe ohne Auszeichnung. Warzen groß, lebhaft hellbraun mit je einem sehr feinen, langen, gebogenen, weißen Haar besetzt. Stigmenlinien breit, leuchtend weißgelb; beiderseits, besonders aber oben, schwarz gesäumt; die schwarzen großen Luftlöcher stehen in diesen Linien und sind von einigen großen, tief schwarzen Flecken und rotbraunen großen Warzen umgeben. Unter der Stigmenlinie auf jedem Ring ein großer, ovaler, schwarzer Flecken. Bauch rötlichbraun, in der Mitte mit einer weißgelben, auf jedem Ring sich etwas erweiternden und dann innen braun ausgefüllten Linie. Alle Füße braun, schwarz gefleckt. Staudinger vermutet als Nahrungspflanze der Raupe Santolina chamaecyparissus; Graslin fand die Raupe auf Lavandula vera und pyrenaica im April. Verwandlung unter Moos Puppe braun, mit einfacher Schwanzspitze und schwarzen Flecken an den Stigmen. Entwicklung im Frühjahr und in zweiter Generation im Herbst. Spanien, Südfrankreich. — Mill. 98, Fig. 3—4.

Chrysitaria, *Hb.* (Sch. Taf. 62, Fig. 26.) Die Raupen fand Mann bei Palermo April und Mai an Erica arborea. Die Puppe, in einem ziemlich festen Erdgespinste, matt rotbraun; Flügelscheiden fein gekörnt, etwas heller. Leibringe punktiert, wenig glänzend. Cremanter dunkler, in einem längeren Stachel mit hellerer, schwach gabeliger Spitze endigend (Rghf.). — Wien. ent. Mont. III. 1859. 103.

63. Gattung. **Eurranthis**, *Hb.*

Nur eine, in Südfrankreich, Piemont und Spanien vorkommende Art.

Plumistaria, *Vill.* (Sch. Taf. 62, Fig. 27.) 3 cm lang, überall gleichmäßig dick (4,0 mm) ohne Höcker. Kopf gelbbraun, so breit wie das erste Segment, abgerundet, mit einem lichten Fleck auf dem Scheitel und zwei Reihen schwarzer Punkte in je einem hellen Streifen, welcher die Fortsetzung der Nebenrückenlinien bildet. Körper trüb ockergelb, stark querfaltig. Die Rückenlinie wird von einem ziemlich breiten, aber undeutlichen braunen Streifen gebildet, an dessen Seiten auf jedem Ring vom dritten bis achten je zwei kleine, orangegelbe rundliche Flecken stehen. Nebenrückenlinien fein gelblich, etwas gewellt, nach innen von ebensolchen braunen Streifen begleitet wie die Rückenlinie. Die Warzen sitzen auf großen, runden, schwarzen, fein gelb umrandeten Flecken. Warzenhaare sehr kurz, steif, schwarz. Nackenschild mit zwei Reihen von je vier großen, schwarzen Flecken; die Haut zwischen Kopf und erstem Segment lebhaft orangegelb; Afterklappe von der allgemeinen Körperfarbe. Stigmenlinie breit, lebhaft weißgelb, etwas wellig. Stigmen am oberen Rand der Linie, groß, rund, schwarz und vom vierten bis zehnten Segment von je einem hinter ihnen stehenden orangegelben Fleckchen begleitet; am zweiten und dritten Segment steht das orangegelbe Fleckchen in der Stigmenlinie unter einem an der Stelle des Stigma stehenden, großen, schwarzen Punkt. Unter der Stigmenlinie steht auf jedem Segment ein schwarzer Flecken, welcher vom ersten bis vierten Segment unregelmäßig rundlich, vom fünften bis zehnten Segment aber strichförmig ist. Bauch mit einer dunkleren Mittel- und zwei helleren Seitenlinien, alle ziemlich breit; alle Füße von der Körperfarbe, dunkelbraun gefleckt und gesprengelt. Lebt im Juli frei an Dorycnium suffruticosum, insbesondere die Blumenblätter verzehrend. Verpuppung in einem leichten Gewebe zwischen Moos oder Pflanzenresten. Puppe braun, an der Brust rötlich angeflogen; Afterspitze ziemlich lang mit zwei auseinanderstehenden Spitzen. Die Fühlerscheiden der männlichen Puppe sind breit und vorspringend und lassen die einzelnen Kammzähne erkennen. Entwicklung im März und in zweiter Generation im September. — Mill. Livr. 3. pl. 1—3.

64. Gattung. **Ematurga,** *Ld.*

Nur eine in ganz Europa, mit Ausnahme der Polarregion, sowie von Andalusien und Sizilien, häufig vorkommende Art.

Atomaria, *L.* Taf. 44, Fig. 4. (Sch. Taf. 63, Fig. 1. a. b.) Raupe 2,6—2,8 cm, schlank, gleichmäßig cylindrisch; Kopf so breit wie das erste Segment, abgerundet, braun oder gelbgrün und rötlichbraun gesprengelt. Grundfarbe sehr variierend, rötlich, grün, ockergelb oder braun. Rückenlinie bei den grünen Exemplaren dunkel, beiderseits fein gelblich eingefaßt. Nebenrückenlinien fein gelblich, alle sehr undeutlich; bei den dunkelbraunen Exemplaren ist kaum etwas von diesen Linien zu sehen. Nackenschild und Afterklappe bei den dunklen Exemplaren nicht ausgezeichnet, bei den grünen rötlichbraun gesprengelt. Warzen sehr klein, schwarz. Stigmenlinie bei den grünen Raupen breit, gelblichweiß, aber von einem breiten rotbraunen Streifen begrenzt, welcher sich bis auf die Afterfüße fortsezt; bei den braunen Raupen ist diese Linie und ihre dunkle Beschattung nach oben viel undeutlicher. Stigmen oval, schwarz, am oberen Rande der Stigmenlinie stehend. Bauch bei den grünen Raupen hell rötlichbraun mit einer breiten gelblichen Mittel- und je einer sehr feinen gelblichen Seitenlinie; bei den braunen Raupen sind diese Streifen viel undeutlicher. Füße rötlichbraun gesprengelt oder ganz braun. Lebt in zwei Generationen im Juni und September an den Blüten von Beifuß- und Ginsterarten, Heide, Ampfer, Esparsette, Hauhechel etc. Verwandlung in der Erde. Puppe gelbbraun, wenig glänzend, Flügelscheiden schwach runzelig, Leibringe ziemlich grob punktiert mit glattem, langem, spitzigem, am Ende kurz gabeligem Cremanter. Entwicklung im April und Mai, dann wieder Juli und August. — Hb. V. 1. V. b. — Tr. VI. 1. 286. — Sepp 2 Ser. II. tab. 43. — O. W. 413. — Esp., Taf. 23, Fig. 8. — Entom. III. 341 u. VI. 407. — Gn. X. 155.

65. Gattung. **Bupalus,** *Leach.*

Nur eine, in ganz Europa mit Ausnahme der Polarregion häufige Art.

Piniarius, *L.* (Sch. Taf. 63, Fig. 2 a und b.) Raupe 2,6—2,8 cm lang, gleichmäßig cylindrisch, ziemlich dick. Kopf flach, vorgestreckt, oben abgerundet, grün mit drei weißen Längsstreifen, die zwei äußern sehr blaß (Fortsetzungen der drei Rückenlinien), Körper dunkelgrün; Rückenlinie von dem Nackenschild bis zum Ende der Afterklappe laufend, auf den drei bis vier ersten Segmenten weiß, dann mehr gelblich, auf der grünen Afterklappe sehr fein und blaß. Nebenrückenlinien ebenfalls vorn weißlich, dann gelblich, viel blasser als die Rückenlinien, beiderseits fein dunkelgrün gesäumt. Stigmenlinien gleichfalls vorn weiß, dann gelber, unten blaugrün gesäumt. Stigmen braun, Bauch blaugrün mit drei gelblichen, fein dunkelgrün gesäumten Längslinien. Alle Füße grün, die Afterfüße hinten mit die Afterklappe überragenden Fortsätzen. Warzen sehr klein und schwarz. Lebt im August, September auf Fichten und Föhren, manchmal schädlich auftretend. Verwandlung an der Erde im oder unter dem Moose. Puppe glänzend gelb, braun mit grünlichen Flügelscheiden und kegelförmigem, genarbtem stumpfspitzigem Cremanter, überwintert. Entwicklung von Ende April bis in den Juni. — Tr. VI. 1. 278. — Rtzb. 2. 182. — Sepp I. 5 St. 4. — O. W. 413. — Esp. V. Taf. 21, Fig. 12.

66. Gattung. **Selidosema,** *Hb.*

Raupen gestreckt, aber ziemlich dick, nach vorn wenig verschmächtigt, ohne Erhöhungen; Kopf so breit wie das erste Segment, vorn ziemlich abgeplattet; Scheitel manchmal zweihöckerig. Fünf Arten, darunter nur eine deutsche.

Ericetaria, *Vill.* Taf. 44, Fig. 5. (Sch. Taf. 63, Fig. 3 a, b.) (Plumaria *Hb.*) Raupe 3,0 cm. Kopf oben abgerundet, braun, mit zwei schwarzen Bogenstrichen; Körper querfaltig, gelblichbraun, mit feinen dunkelbraunen und schwarzen Pünktchen, die oft in Längsreihen angeordnet sind, übersät (chagriniert). Rückenlinie doppelt, fein, schwarz, nicht sehr hervortretend, auf den mittleren Ringen durch je einen kleinen schwarzen Flecken ausgefüllt, hinter welchen manchmal zwei undeutliche gelbliche Fleckchen stehen. Nebenrückenlinien kaum sichtbar, fein, gelblich. Nackenschild und Afterklappe nicht ausgezeichnet. Warzen schwarz, deutlich. Stigmenlinie nicht vorhanden. An ihrer Stelle undeutliche, gelbliche und braune zerrissene und verwaschene Längslinien. Stigmen gross, oval, weiß, schwarz gerandet. Bauch mit einem breiten, gelblichen, von zwei feinen rotbraunen Linien durchzogenen Mittelstreifen, auf welchen nach außen je ein breiter brauner und dann ein ebenso breiter gelblicher Längsstreifen folgt. Alle Füße braun. (Nach einer präparierten Raupe von Dr. Staudinger; variiert, heller oder dunkler gelbbraun.) Lebt im Mai und Juni an Lotus, Dorycnium (Treitschke), nach E. M. 1878, S. 137 an Haidekraut, nach Sand an Genista, Rumex, nach Rössler an Vicia. Bei Tag unter Steinen verborgen. Falter im Juli, August. Westliches Europa, Schweiz, Mittel- und Süddeutschland, südliches Schweden, Galizien, Ungarn. — Hb. V. I. W. b. (zu dunkel). — Tr. VI. 1. 306. — O. W. 414. — Rössl. Schuppenfl. 145.

Taeniolaria, *Hb.* (Sch. Taf. 63, Fig. 4.) Raupe 4,0 cm. Kopf an der Stirne stark abgeflacht, am Scheitel ziemlich tief eingeschnitten, rötlichbraun mit einem dunkelbraunen Bogenstrich quer über die Stirne. Grundfarbe graugelb, oder blaugrau, oder dunkelrötlich. Rückenlinie grauschwarz, doppelt, auf den ersten Ringen deutlicher als auf den folgenden; auf den mittleren Ringen, besonders dem sechsten, siebten und achten, beiderseits von je einem kleinen, weißlichen, länglichrunden Flecke begleitet. Nebenrückenlinien sehr undeutlich, aus mehreren feinen, zerrissenen, aus dichten grauschwarzen Pünktchen gebildeten Linien bestehend. Erstes Segment (Nackenschild) dunkelbraun; Afterklappe nicht ausgezeichnet. Warzen deutlich, schwarz mit kurzen schwarzen Börstchen. Stigmenlinie sehr verwaschen, geschwungen, gelblich oder fleischfarbig. Stigmen sehr klein, rund, schwarz gerandet; Bauch mit einem breiten, beiderseits fein schwarz gesäumten, gelben, innen von einer feinen unterbrochenen braunen Linie geteilten Längsstreifen und mehreren feinen gelblichen Längslinien an beiden Seiten dieses Mittelstreifen. Brustfüße braun, die übrigen von der Körperfarbe. An der Seite des fünften Segmentes steht je eine etwas erhabene, senkrechte, gelbliche Hornleiste, beiderseits breit weißlich gesäumt. (Nach einer präparierten Raupe von Dr. Staudinger.) Lebt im Mai an Schlehen und Genista sagittalis. Verpuppung anfangs Juni in der Erde, ohne Gespinst. Puppe braunrot, glänzend, glatt. Entwicklung im August. Südfrankreich, Catalonien, Andalusien. — Mill. Livr. II. pl. 3. Fig. 4—7.

Ambustaria, *H.-G.* (Sch. Taf. 63, Fig. 5.) Ei elliptisch, eingedrückt, blassgrün, schlüpft 14 bis 21 Tage nach dem Legen aus. Raupe ziemlich gestreckt, ohne Erhöhungen, kanariengelb, vorn rötlich überhaucht. Rückenlinie breit, braun, ununterbrochen; an jeder Seite derselben drei bis vier undeutliche braune Längslinien. Kopf viereckig, vorn abgeplattet, rötlich punktiert. Variiert in braun oder rötlichbraun mit noch weniger sichtbaren Linien. Lebt auf Hypericum perforatum, überwintert und ist Ende März ausgewachsen. Verpuppung in der Erde ohne Gespinst; die Puppenruhe dauert den ganzen Sommer. Entwicklung Mitte September. In Sizilien, Spanien, Mittelitalien und Algier. — Mill. An. Soc. Fr. 1875. 12. pl. I. Fig. 3—7.

67. Gattung. Halia, *Dup.* (Thamnonoma, *Ld.*)

Raupen ohne besondere Auszeichnung, ziemlich schlank, cylindrisch, nach vorn kaum verjüngt; Kopf sehr wenig schmäler als das erste Segment, oben abgerundet. Zehn Arten, darunter nur zwei deutsche.

Vincularia, *Hb.* (Sch. Taf. 63, Fig. 6.) Raupe an den Seiten gekielt, stark querfaltig, rötlichgrau auf dem Rücken und an den Seiten. Rückenlinie sehr fein und undeutlich, braun, stellenweise, besonders zwischen den Warzen, fein gelblichweiß eingefaßt. Nebenrückenlinien fehlen. Stigmenlinie breit, heller als der Grund, ununterbrochen, geschwungen, unten fein weiß eingefaßt. Stigmen oval, gelblichweiß, schwarz eingefaßt. Kopf braun, im Gesichte weißgelblich, schwarz gefleckt. Warzen gross, schwarz, vorstehend, besonders das zweite Paar auf dem vierten, fünften, achten und elften Ring und die Warzen an den Seiten des fünften und sechsten, sowie an der Bauchseite des sechsten Segmentes. Die Warzen führen kurze schwarze Börstchen. Bauch von der Körperfarbe mit undeutlicher, doppelter, feiner, gelblicher Mittellinie. Brustfüße braun, Bauchfüße von der Körperfarbe. Nackenschild und Afterklappe nicht ausgezeichnet. (Millière und präparierte Raupe von Dr. Staudinger.) Lebt im Juli von den Blättern von Rhamnus infectorius L. Stützt sich in der Ruhe auf das dritte Paar der Brustfüße, während die beiden ersten gegen den mäßig erhobenen Kopf angedrückt sind. Verpuppung in der Erde in einem weichen mit Erdkörnchen vermischten Gespinst. Puppe braun mit deutlicher Fühlerscheide, welche die einzelnen Kammzähne der Fühler erkennen läßt. Kopfende tiefbraun und glänzend. Afterspitze schwarz, glänzend, zweispitzig. Entwicklung im August. Südfrankreich, Andalusien. — Mill. Livr. 3. pl. 7, Fig. 1—3.

Gesticularia, *Hb.* (Sch. Taf. 63, Fig. 8.) Raupe im Juli auf Quercus ilex und robur. Beschreibung nicht vorhanden. In Andalusien und Catalonien.

Contaminaria, *Hb.* (Sch. Taf. 63, Fig. 9.) Raupe blaß, gelblich grün, mit etwas dunklerer, wenig sichtbarer Gefäßlinie, an den Ringeinschnitten mit rosa, vorn zweispaltigen Flecken; Warzen von derselben Farbe wie die Gefäßlinie. Keine Stigmenlinie. Kopf grün, weißlich gegittert. Bauchfüße außen rosa gefleckt; Brustfüße rötlich; Stigmen eisenfarbig eingefaßt. Lebt im September und Oktober an Eichen. Entwicklung im Juni. Frankreich, mittleres und nördliches Italien. Gn. II. p. 52.

Loricaria, *Ev.* (Sch. Taf. 63, Fig. 10.) 2,2 cm lang, mit einzelnen kurzen Härchen besetzt, hell violettbraun, oben mit zehn dunkleren, paarweise stehenden Längslinien. Segment vier bis inklusive acht mit kurzen meist hell gelblichweißen — bei Aberrationen aber oft weißlichen oder gar nur lichteren — Seitenstreifen, die in wulstigen Erhabenheiten stehen. Diese führen einen hinter den Luftlöchern beginnenden, schräg nach vorne hin über dieselben hinwegreichenden schwärzlichen Fleck, von welchem nach dem Rücken zu, schwarze Sprengel ausgehen, die dort mit denen der gegenüberliegenden Seite zusammentreffen, wodurch die fünf Segmente (vier bis acht inklusive) oben in der Mitte schwarz schattiert erscheinen. Bei einzelnen Stücken sind diese Sprengel zu dunklen Querbinden auf den Segmenten gehäuft. Der Kopf und die Nachschieber sind etwas heller; ersterer ist bräunlich marmoriert. Die Unterseite ist lichter, mehr violett mit sechs bräunlichen Längslinien und einigen schwarzen Quersprengeln (Fr. Baron Hoyningen-Huene). Lebt Ende Mai an Birken (Betula alba). Verpuppung in der Erde. Puppe 1,0 cm lang, hellbraun, glänzend, unter der Lupe besehen granuliert, mit zwei Börstchen am Ende des Afterstückes. Entwicklung Ende Juni, Anfang Juli. Livland, Finnland, Petersburg, Schweden, Ural. — Corresp. d. nat. V. zu Riga 1890. — Nolken, Fauna von Livland, p. 250. — Mill. An. Soc. Cannes 1880, Pl. IX, Fig. 6.

Wauaria, *L.* Taf. 44, Fig. 6. (Sch. Taf. 63, Fig. 11.) Ei Taf. 50, Fig. 84. Raupe 2,5 cm lang; Kopf blaß gelbbraun mit großen schwarzen Warzen; Grundfarbe sehr wechselnd, bläulichgrün, bläulichweiß, grau oder schwärzlich; Rückenlinie dunkel, sehr zart weißgelb eingefaßt, Nebenrückenlinien kaum bemerkbar. Stigmenlinien breit, hochgelb, auf jedem Ring etwas abgesetzt. Stigmen tief schwarz. Warzen sehr groß, glänzend schwarz mit starken schwarzen Borsten. Nackenschild und Afterklappe nicht ausgezeichnet. Bauch ähnlich gefärbt wie der Rücken. Brustfüße blaß gelbbraun, Bauch- und Afterfüße von der Körperfarbe. Lebt im Mai auf Stachelbeeren, welche sie oft ganz entblättert und verwandelt sich in einem leichten Gespinst in der Erde zu einer schlanken, glänzend rotbraunen Puppe mit glattem Cremanter, der in zwei kleine divergierende Spitzen endet. Entwicklung im Juni, Juli. Raupe überwintert. Mittleres und nördliches Europa mit Ausnahme der Polarregion, Piemont, Dalmatien, Griechenland, Südrußland. — Hb. V. 1. K. a. — Tr. VI. 1. 302. — Sepp II. 3. 69. — Rössl. 1. 3. Taf. 3—4. — O. W. 414. — Esp. 5, Taf. 30, Fig. 4—5.

Brunneata, *Thbg.* (Pinetaria, *Hb.*). Taf. 44, Fig. 7. (Sch. Taf. 63, Fig. 12.) 2,0 cm lang. Kopf braun, schwarz gesprengelt. Körper violett oder rötlichbraun. Rückenlinie sehr deutlich vom ersten Segment bis zu der einfarbig braunen Afterklappe, schwarz, beiderseits fein gelblich eingefaßt; zwischen der Rückenlinie und der breiten gelben, oben breit schwarz gesäumten Stigmenlinie verlaufen je zwei undeutliche mehr oder weniger unterbrochene feine gelbliche Längslinien (Nebenrückenlinien). Stigmen groß, schwarz geringt, am oberen Rande der gelben Stigmenlinie. Warzen klein, schwarz, gelblich umrandet, mit sehr kurzen Börstchen. Bauch etwas heller braun als die Oberseite, mit einer feinen undeutlichen doppelten Mittellinie und zwei ebensolchen oft weit unterbrochenen schwärzlichen feinen Seitenlinien. Brustfüße glänzend gelbbraun. Bauchfüße von der Körperfarbe. Schlüpft im Frühjahr aus dem überwinterten Ei, ist im Mai erwachsen und nährt sich von Heidelbeeren und nach Hoyningen-Huene auch von Birken. (Die von diesem Autor gegebene Beschreibung ist etwas abweichend.) Verpuppung Anfang Juni in der Erde. Entwicklung Ende Juni, anfangs Juli. Mittleres und nördliches Europa. Pyrenäen, Piemont, Südrußland. — Tr. VI. 1. 265. — O. W. 414. — Corresp. d. nat. V. Riga 1890. — Hellins M. M. V. p. 108.

68. Gattung. **Diastictis,** *Hb.*

Nur eine, auch in Deutschland vorkommende Art.

Artesiaria, *F.* Taf. 44, Fig. 8. (Sch. Taf. 63, Fig. 13.) Schlank, gleichmäßig cylindrisch, glatt; Kopf so breit wie das erste Segment, abgerundet, hellbraun. Grundfarbe blaugrün, Rückenlinie dunkler, beiderseits weiß eingefaßt, vom ersten Ring bis zur grünen Afterklappe nicht unterbrochen. Nebenrückenlinien weiß, Stigmenlinie dunkelgrün, oben fein weiß, unten breit gelb gesäumt; die großen weißen, schmal braun geringelten Luftlöcher stehen auf der Grenze zwischen dem dunkelgrünen und gelben Streifen. Warzen sehr klein, schwarz mit kurzen schwarzen Börstchen. Bauch grün mit undeutlichen weißen Längslinien. Bauchfüße blaßbraun, Bauch- und Afterfüße von der Körperfarbe. Lebt im Mai an Weiden und verwandelt sich zwischen zusammengesponnenen Blättern. Puppe dunkelgrün mit hellen Einschnitten der Hinterleibsringe und zwei Häkchen am Ende des kurzen kegelförmigen Cremanters. Entwicklung im Juni, August, September. Deutschland, Schweiz, Frankreich, Ungarn, Livland, Finnland, südöstliches Rußland. — Tr. VI. 1. 140. — Frr. B. 35. 2. — O. W. 415. Taf. 10, Fig. 21.

69. Gattung. **Phasiane,** *Dup.*

Raupen denen der Gattung Halia der Gestalt nach sehr ähnlich, ohne besondere Auszeichnung. Acht Arten, darunter drei Deutsche.

Petraria, *Hb.* (Sch. Taf. 63, Fig. 14.) Grün, etwas durchscheinend, manche gelbrot angeflogen; Rückenlinie fein, doppelt; daneben viele schwarze gewässerte Parallellinien; auf jedem Ring im Verlauf der kaum sichtbaren Nebenrückenlinie zwei kleine dunkle Punkte (Warzen). Seitenstreif sehr hell, gelblich; an seinem oberen Rand sind die Luftlöcher als schwarze Punkte sichtbar. Kopf verhältnismäßig groß (Rössler). Lebt im Mai und Juni auf dem Adlerfarn (Pteris aquilina). Verpuppung in der Erde. Falter Ende April, Anfang Mai. Mittelenropa, Livland, Pyrenäen, mittleres und nördliches Italien, südöstliches Rußland. — W. e. Mts. 1863. 128. — Ann. Belg. VII, p. 37, pl. I, Fig. 6.

Partitaria, *Hb.* (Sch. Taf. 63, Fig. 15.) 2,2 cm. Kopf graugelb, bräunlich gefleckt. Körper graugelb (thonfarben), an den Seiten der vier oder fünf ersten Ringe ins Grünliche spielend. Rückenlinie sehr fein, doppelt, grau. Nebenrückenlinien sehr fein, hell, auf den letzten Ringen unterbrochen, überhaupt wenig deutlich. Die auf dem Kiel liegende Stigmenlinie ist breit, ununterbrochen, wellig gebogen, weiß, oben von einigen sehr feinen grauen Längslinien begrenzt; Stigmen rund, schwarz. Bauch mit mehreren sehr feinen, welligen weißen Längslinien (nach Millière dunkel lehmfarbig mit mehreren feinen weißen Längslinien und zwei breiteren holzfarbigen Linien an den Seiten des Bauches. Auf dem Rücken des vierten bis neunten Ringes befindet sich je eine braune pfeilförmige Zeichnung mit abgestumpfter Spitze). Afterklappe kurz, hornig, braungelb, dunkel gefleckt, Warzen deutlich, schwarz mit schwarzen Börstchen. Brustfüße braungelb, schwarz gefleckt; Bauch- und Afterfüße von der Körperfarbe (Millière und präparierte Raupe von Dr. Staudinger). Lebt Ende September, Anfang Oktober an Teucrium chamaedrys, L. Verpuppung Ende Oktober in einem Gespinst von braunrötlicher Seide zwischen Moos und dürren Blättern. Puppe verlängert, bleich rötlichbraun mit einer braunen Spitze, welche durch kaum sichtbare Häkchen in dem Gespinst befestigt ist. Entwicklung im Frühjahr, zum Teil aber auch erst im August und September. Südfrankreich, Catalonien, Andalusien. — Mill. Ic. 99. 11—13.

Scutularia, *Dup.* (Sch. Faf. 63, Fig. 16.) (Peltaria B.) Raupe 2,6 cm lang. Kopf klein, gelblich, rotbraun gesprengelt. Körper grau oder rötlichgrau. Rückenlinie fein, doppelt, braun, in der Mitte durch eine sehr feine weiße Linie geteilt und beiderseits fein weiß eingefaßt. Nebenrückenlinien sehr fein, weißlich, geschlängelt; zwischen ihnen und den breiten, geraden, weißen Stigmenlinien verlaufen noch drei sehr feine. weißliche, stellenweise undeutliche, welliggebogene Längslinien. Die kleinen, runden, schwarzen Stigmen stehen dicht am obern Rand der weißen Stigmenlinie. Bauch mit einer feinen weißen Mittellinie und zwei breiten, dunkleren Seitenstreifen, welche in der Mitte durch eine sehr feine weiße Linie geteilt und beiderseits sehr fein weiß ausgefüllt sind. Erstes Segment nicht ausgezeichnet. Afterklappe halbkreisförmig braungrau; Warzen klein, schwarz mit kurzen schwarzen Börstchen. Brustfüße blaßbraun, schwarz gefleckt; Bauch und Afterfüße von der Körperfarbe. Lebt im April frei an Thymus vulgaris und Lavandula Spica. Verpuppung in einem weichen Gespinst zwischen Moos. Puppe rotbraun glatt und glänzend, ohne besondere Auszeichnung. Entwicklung Mitte September bis Mitte Oktober. Südfrankreich, Spanien, Piemont. — Mill. Jc. 39. Fig. 4. 5. — III. 458.

Rippertaria, *Dup.* (Sch. Taf. 63, Fig. 17.) Raupe der von Artesiaria ähnlich, bläulich grün; Rückenlinie fein, dunkelgrün; Nebenrückenlinien fein, doppelt, weißlich. Stigmenlinie breit, gerade, weiß. Die über ihr stehenden Stigmen sind oval, rötlichgelb, braun eingefaßt. Bauch bläulichgrün mit zahlreichen hellen Längslinien gezeichnet. Kopf abgeplattet, grün mit rötlichen Mundteilen und braunen Augen. (Millière.) Lebt in zwei Generationen im Mai und im September frei an Salix viminalis und rosmarinifolia, frißt nur nachts. Verpuppung in einem durchsichtigen Gewebe zwischen trockenen Blättern. Puppe rötlich, an den Flügeldecken grünlich überflogen; Afterspitze am äußersten Ende etwas umgebogen. Entwicklung der ersten Generation nach 18 bis 20 Tagen, der zweiten nach der Überwinterung der Puppe. Südfrankreich. — Mill. 92. Fig. 5—8.

Glarearia, *Brhm.* (Sch. Taf. 63, Fig. 18.) Raupe blaugrün, auf den ersten Ringen mit einem rahmfarbigen Längsstreifen. (Hornig in litt.) Eine genaue Beschreibung der Raupe ist nicht vorhanden. Lebt nach A. Schmid im Juni und September am Lathyrus pratensis. Entwicklung Ende April, Mai und wieder im Juli. Deutschland, Schweiz, Nordfrankreich, Corsika, Mittel- und Norditalien, Sizilien, Galizien.

Clathrata, *L.* Taf. 44, Fig. 9. (Sch. Taf. 63. Fig. 19.) Raupe 2,0—2,2 cm. Bläulichgrün oder rötlichbraun, Rückenstreif dunkel, breit, von einer sehr feinen weißen Linie geteilt, und von zwei ebenso feinen weißen Linien gesäumt; zwischen ihm und dem breiten Stigmenstreifen noch drei feine weiße Längslinien (Nebenrückenlinien). Der Stigmenstreif ist weiß, oben breit schwarzgrau gesäumt, setzt sich auf die Seiten des gelbbraunen oder dunkelbraunen Kopfes fort. Die großen, weißlichen, fein schwarz geringten Stigmen stehen auf der Grenze zwischen dem weißen Streifen und seiner dunklen Beschattung. Bauch grüngrau mit sechs nahe beisammenstehenden weißen feinen Längslinien. Warzen sehr klein, schwarz mit kurzen Börstchen. Erstes Segment nicht besonders gezeichnet. Brustfüße heller oder dunkler braun; Bauch- und Afterfüße, sowie Afterklappe von der Körperfarbe. Lebt im Juni, August und September an verschiedenen Kleearten. Verwandlung entweder frei an der Erde oder in einem leichten mit Erdkörnern vermischten Gewebe. Puppe kurz, schwach glänzend, rotbraun mit dichten feinen Punkten, glattem drehrundem Kremanter und schwacher gabeliger Spitze (Rghf.). Entwicklung im Mai und wieder Juli, August.

In ganz Europa. — Tr. VI. 1. 290. — O. W. 415. — Entomol. IX. 178.

70. Gattung. **Eubolia,** *B.*

Raupen schlank, gleichmäßig cylindrisch, glatt; Kopf so breit wie das erste Segment, vorn etwas abgeflacht. Zehn Arten, darunter nur zwei deutsche.

Arenacearia, *Hb.* (Sch. Taf. 63, Fig. 20.) 2,5—3,0 cm; Kopf gelblich mit je einem breiten purpurbraunen Längsstrich, mitten auf jeder Hemisphäre; vorn und seitlich abgeflacht und dadurch etwas eckig erscheinend. Leib gelbgrün. Rückenlinie dunkel, wenig deutlich, fein weiß gesäumt. Nebenrückenlinien ebenfalls undeutlich, fein, weißlich, doppelt. Stigmenlinie breit, weißlich, oben breit schwarzgrau gesäumt. Stigmen groß, weißlich, hellbraun geringt. Bauch mit undeutlichen helleren Längslinien; am achten und neunten Segment und der Vorderseite der Bauchfüße rötlich angelaufen. Nackenschild nicht besonders gezeichnet. Warzen von der Körperfarbe mit kurzen dunklen Börstchen. Brustfüße braungelb, Bauch- und Afterfüße sowie Afterklappe gelbgrün (Beschreibung von Rogenhofer und nach einer präparierten Raupe von Dr. Staudinger). Lebt auf der Kornwicke, Coronilla varia. Verwandlung in der Erde. Entwicklung im Mai und Juni. Österreich, Ungarn, Galizien, Dalmatien, Piemont, südöstliches Rußland. — O. W. 416.

Murinaria, *F.* Taf. 44, Fig. 10. (Sch. Taf. 63, Fig. 21.) Walzenförmig, glatt, grün; Rückenstrich dunkler, fein weiß gesäumt; daneben zwei feine weiße Parallellinien (Nebenrückenlinien); der Raum zwischen diesen und dem gelblichweißen Seitenstreif (Stigmenlinie) dunkler grün. Auf dem Bauch unter dem Seitenstrich in der Mitte jedes Ringes ein rostfarbiger Fleck; der bei einzelnen sich mit dem gegenüberstehenden zu einer Querbinde vereinigt. Mittellinie des Bauches rotbraun, unbestimmt gezeichnet. Kopf wie der der Raupe von Sph. Ligustri, dreieckig, an den Seiten braun eingefaßt, mit einem helleren gelbgrünen Strich nach innen daneben (Rössler). Lebt im Juli, August an verschiedenen Klee- und Wickenarten, besonders an Medicago sativa, am Tage an der Erde verborgen. Verpuppung zwischen trockenen Gräsern oder in der Erde. Puppe etwas bauchig, dunkel rötlichbraun, überwintert. Entwicklung Ende April und Mai, sowie im Juli. Deutschland, Belgien, Frankreich, Piemont, Ungarn, nördlicher Balkan. — O. W. 416. — Mill. Ic. 99, Fig. 14-16. — Rössler Schupp. S. 146.

Catalaunaria, *Gn.* Ei sehr verlängert, an den Enden eingedrückt und abgestumpft, hellgrün, an dem freien Ende bedeckt mit zahlreichen kleinen korallroten Fleckchen, welche sich auf einen der seitlichen Kiele in dessen ganzer Länge hinabziehen. Die erwachsene Raupe ist dunkel rötlichbraun; Rückenlinie schmal, doppelt, schwärzlich vom ersten bis zwölften Segment durchlaufend. Nebenrückenlinien gleichfalls doppelt, sehr fein, schwärzlich; Stigmenlinie sehr breit, weiß, oben begrenzt von einer doppelten, feinen schwarzen Linie. Zwischen den schwärzlichen feinen Linien verlaufen hellere rötlichgelbe Längslinien. Stigmen oval, gelblich, fein braun gesäumt. Bauch mit dicht gedrängten helleren und zwei feinen braunschwarzen Mittellinien. Kopf flach, rötlichgelb oder rötlichgrau mit schwarzen Längslinien, an den Seiten breit weiß (Fortsetzung der Stigmenlinie); Warzen sehr klein, nur mit der Lupe sichtbar. Brustfüße braungelb, am Ende der Glieder schwarzgefleckt; Afterklappe, Bauch- und Afterfüße von der Körperfarbe, letztere mit kurzen horizontalen Fortsätzen, an deren Spitze ein steifes Härchen sich befindet (nach Millière und einer präparierten Raupe von Dr. Staudinger). Lebt im Mai und Juli an Dorycnium, dessen schmale Blätter sie verzehrt. Verpuppung in einem Gespinst zwischen Moos. Puppe hell rötlichgelb, glänzend, mit einer einzigen Spitze am Abdominalende Entwicklung Mai bis Ende Juni und in einer zweiten Generation anfangs August. Catalonien. — Mill. Ic. 79, Fig. 1—4.

Assimilaria, *Rbr.* (Sch. Taf. 63, Fig. 23.) Raupe hell gelblichgrün, der Murinaria-Raupe ähnlich. Gefäßlinie dunkelgrün; Nebenrückenlinien doppelt, sehr fein, grau, undeutlich. Stigmenlinie zeisiggelb, weinrot gefleckt, vom zweiten bis zehnten Ring von je einem weißlichen Schrägstrich durchzogen. Kopf gelblichgrün, ohne Striche. Bauch mit vier feinen dunkelgrauen Linien. Stigmen dick, rund, schwarz, auf einem emailweißen, auf der Stigmenlinie sitzenden Flecken stehend; im Gegensatz zur Murinaria kommen hier zahlreiche mehr oder weniger dunkle Abänderungen vor (Millière). Lebt im Mai auf Genista corsica, frißt aber auch Genista tinctoria und Spartium junceum, besonders die Blüten. Verpuppung Anfang Juni in der Erde in einem leichten Gespinste. Puppe lang cylindrisch, dunkelrötlich; letztes Segment braun, in eine einzige dünne, lange, schwarze Spitze auslaufend. Entwicklung im Oktober, teilweise erst im Mai des nächsten Jahres. Corsika, Sardinien. — Mill. Jc. Taf. 99, Fig. 7—10.

71. Gattung. Enconista, Ld.

Raupen dick, gleichmäßig cylindrisch, nicht gekielt, glatt, ohne Hervorragungen; Kopf etwas schmäler als das erse Segment, oben abgerundet. Drei, sämtlich dem Süden Europas angehörige Arten.

Miniosaria, *Dup.* (Sch. Taf. 63, Fig. 24.) Die Raupe der var. Perspersaria, *Dup.*, ist 3,0 cm lang; Kopf braun, schwarz getupft. Körper rötlichgelb; Rückenlinie vom ersten bis elften Segment breit, aus lauter schwarzen Fleckchen zusammengesetzt, beiderseits fein gelblich gesäumt. Nebenrückenlinien fein, gelblich. Stigmenlinie breit, gelbweiß, oben tief schwarz gesäumt, mit zwei chromgelben Flecken neben, und zwei schwarzen Flecken hinter jedem der tiefschwarzen großen Luftlöcher, unten vom ersten bis achten Segment von je einem schwarzen Fleck in der Mitte jedes Ringes begleitet. Bauch mit einer dunkelgrauen, fein gelb gesäumten Mittellinie und zwei gelblichen Seitenlinien. Warzen sehr klein, schwarz. Brustfüße gelblichbraun, schwarz gefleckt. Afterklappe, Bauch- und Afterfüße von der Körperfarbe. (Nach Millière und einer präparierten Raupe von Dr. Staudinger.) Lebt im März und April an Genista und Ulex europaeus. Puppenruhe dauert mindestens fünf Monate. Puppe länglich, rötlichbraun, in eine einzige Spitze endend. Entwicklung im September. Südfrankreich, Castilien, auch in Südtyrol (Meran) und Dalmatien. — Mill. Jc. 35, Taf. 1—5.

Argaritharia, *Dard.* (Sch. Taf. 64, Fig. 1.) 3,5 cm lang, gelbgrau (nach Millière fleischfarben oder weinrot gewölkt). Vom ersten Ring bis ans Ende der Afterklappe zieht ein sehr breiter grauschwarzer Streifen, bestehend aus einer größeren Zahl (12) sehr feiner schwarzgrauer Längslinien, von welchen die äußeren dunkler sind und dichter beisammenstehen als die mittleren, so daß in der Mitte die gelbe Grundfarbe mehr hervortritt. Außen ist der breite Rückenstreif, welcher wohl von der Rückenlinie und den Nebenrückenlinien gemeinschaftlich gebildet wird, beiderseits fein weißgelb gesäumt. Unterhalb desselben verläuft beiderseits eine feine schwärzliche, innen weißgelb ausgefüllte Doppellinie. Stigmenlinie sehr breit weißgelb, durch einen unterbrochenen orangegelben Längsstreif geteilt, oben und unten durch je vier schwärzliche dicht beisammenstehende wellig gebogene Linien breit eingesäumt, auf dem zweiten und dritten Ring mit einem kleinen schwarzen Strich mitten in der weißen Linie. Die großen, schwarzen, ovalen Stigmen stehen dicht am oberen Rande der weißen Linie in deren dunklen Beschattung. Bauch mit einer breiten, schwarzen, fein gelb gesäumten Mittel- und je zwei feinen gelben Seitenlinien vom vierten bis neunten Segment, zwischen der Brust- und Hinterfüßen einfarbig gelblich. Kopf gelbgrau mit drei aus schwarzen Flecken bestehenden Längslinien auf jeder Hemisphäre. Warzen sehr klein, schwarz mit kurzen schwarzen Börstchen. Brustfüße hellbraun. Bauch- und Afterfüße von der Körperfarbe; die ersteren außen dicht schwarz getupft; auf der Außenseite der letzteren setzt sich die weiße Stigmenlinie mit ihrer beiderseitigen dunklen Beschattung fort; dieselben haben kurze, in eine starke braune Borste endende Horizontalfortsätze. (Nach einer präparierten Raupe von Dr. Staudinger.) Lebt nach Staudinger auf einer großen Ginsterart, nach Dardoin auf Ulex, wahrscheinlich Ulex provincialis. Südfrankreich, Andalusien. — Mill. Jc. 91. 6. 7.

72. Gattung. Scodiona, B.

Raupen schlank, gleichmäßig cylindrisch, mit einem einfachen kegelförmigen, aus der Verwachsung der zwei vordern Rückenwarzen hervorgegangenen Fleischzapfen auf dem elften Segment und langen Horizontalfortsätzen der Afterfüße. Kopf vorn flach, oben abgerundet, so breit wie das erste Segment. Sechs Arten, darunter zwei deutsche, die meisten dem Süden Europas angehörig.

Emucidaria, *Dup.* (Sch. Taf. 64, Fig. 2.) Grundfarbe lehmgelb, an den Einschnitten bläulich, unter der Stigmenlinie rötlich gewölkt. Gefäßlinie (Rückenlinie) sehr fein, gelb, nur mit der Lupe sichtbar, breit weiß gesäumt, verläuft vom ersten Ring bis zur Spitze der Warze des elften Ringes. Die Dorsal- und Subdorsallinien (Nebenrückenlinien) sind zitterig; letztere bläulichgrau, auf jeder Seite von einem sehr feinen braunen Streifen begrenzt. Stigmenlinie geschwungen, weißlich, oben braun, unten gelblich beschattet. Stigmen rund, weiß, schwarz eingefaßt. Nur das zweite Paar der Trapezoidalen (Rückenwarzen) deutlich sichtbar, besonders vom vierten bis zehnten Segment. Bauch schmutzig weiß, in der Gegend der Füße bläulich gewölkt; in der Mitte ein breiter weißlicher, zitteriger, ununterbrochener, an jeder Seite mit einer doppelten braunen Linie begrenzter Längsstreifen. Kopf viereckig, an den Ecken abgerundet. Füße von der Körperfarbe. Die sehr vorstehende Warze des elften Ringes ist wie der Kopf und die Vorderfüße mit einem weißen Strich gezeichnet. Der zwölfte Ring ist tief gespalten (resp. die Afterfüße haben lange Horizontalfortsätze). Variiert in schwarz purpurfarbig; vor jedem Einschnitt der Mittelringe ein breiter gelblicher Ring. Dorsale und Subdorsalen bläulichbraun, an jeder Seite mit einer sehr feinen schwarzen Linie begrenzt (Millière). Lebt vom Juli bis März des nächsten Jahres frei auf Artemisia campestris, unter Tages an den untersten Zweigen verborgen. Verpuppung Anfang April in einem leichten, weichen Gewebe von brauner Seide zwischen Moos oder dürren Blättern. Puppe braunrot, am Kopf und an den Bauchringen schwarzbraun; der letzte Ring rauh, in zwei kurze, gerade, schwarze, starke, nicht umgebogene Spitzen endigend. Entwicklung im Juni. Südfrankreich. — Mill. I. pl. 10, Fig. 1—4.

Belgaria, *Hb.* (Sch. Taf. 64, Fig. 3.) 3,0 cm lang. Kopf gelbgrau mit drei eckigen rotbraunen Flecken über den Mundteilen. Körper graugelb. Rückenlinie breit rötlichbraun, vom ersten Segment bis zur Afterklappe verlaufend. Nebenrückenlinien aus einzelnen rötlichbraunen Flecken zusammengesetzt, ziemlich breit, auf den ersten und letzten Ringen fast verlöschend, so daß hier die gelbliche Grundfarbe stark hervortritt. Stigmenlinie gelblich, oben von einer ähnlichen bräunlichen Linie wie die Nebenrückenlinien begrenzt. Stigmen groß, gelblich, nicht dunkel gesäumt. Bauch mit sieben dicht beisammenstehenden feinen, gelblichen Längslinien. Warzen groß und deutlich, schwarz. Brust- und Bauchfüße gelb, braun gefleckt; Bauchfüße und Afterfüße innen und vorn weiß, außen rötlichbraun, wie die Längsstreifen. (Nach einer präparierten Raupe von Dr. Staudinger.) Lebt im Herbst und nach der Überwinterung im April und Mai an Heidekraut, bei Wien nur an Globularia vulgaris (Hornig). Verwandlung in einem leichten Gespinst an der Oberfläche des Bodens. Entwicklung Ende April, Mai. Holland, Belgien, nördliches Frankreich, England; var. Favillacearia in Österreich, Sachsen, bei Berlin, Braunschweig, Galizien. — Tr. X. 2. 189. — Sepp 2. Ser. III, Taf. 6. — O. W. 416 (schlecht). — Newm. Br. M. 91. — Hornig, zool. bot. Ver. Wien 1854. 18.

Penulataria, *Hb.* (Hispanaria, *Mill.*) (Sch. Taf. 64, Fig. 4.) 4,0 cm lang; Kopf gelblich, rotbraun gefleckt. Körper lehmfarbig grau mit undeutlicher Linienzeichnung; die braune Rückenlinie ist nur auf dem zweiten und dritten Segment sichtbar. Nebenrückenlinien fein, doppelt, rötlichbraun, erst vom vierten Ringe an deutlich, an den Seiten der vorn weißen Spitze des elften Segmentes endend. — Die Stigmenlinie, auf dem schwachen Seitenkiel liegend, ist sehr wellig gebogen, gelblich; Stigmen oval, weiß, schwarz geringelt. Bauch mit einer weißlichen Mittellinie, welche auf den mittleren Ringen beiderseits von je einem kleinen schwarzen Fleckchen begleitet ist. Warzen schwarz, auf dem dritten und vierten, und dann wieder vom neunten bis zwölften Segment besonders deutlich. Nackenschild (erster Ring), Afterklappe und Füße von der Körperfarbe; Bauchfüße außen mit einem feinen weißen Längsstreifen. (Nach Millière und einer präparierten Raupe von Dr. Staudinger.) Lebt im Juni an Dorycnium suffruticosum, gelegentlich auch an Genista und Plantago lanceolata. Verpuppung in einem Gespinst von heller Seide zwischen Moos. Puppe rotbraun mit einer brauner starker Abdominalspitze, welche in zwei parallele zurückgekrümmte Häkchen endigt. Entwicklung nach fünf bis sechs Wochen. Andalusien, Catalonien. — Mill. Jc. 79, Fig. 5—9. (Hispanaria.)

Conspersaria, *F.* Taf. 44, Fig. 11. (Sch. Taf. 64, Fig. 5.) Ei tonnenförmig, weißgelb, schwach chagriniert, liegt vierzehn Tage. Raupe 4 cm lang; Kopf graugelb; beide Hemisphären innen und außen breit braun gerandet. Körper grau, etwas ins rötliche spielend, chagriniert. Rückenlinie breit, weiß, auf den drei ersten Ringen in der Mitte schwarz, auf den folgenden rötlichbraun geteilt, auf jedem Ring etwas erweitert, bis auf die Spitze des Fortsatzes am elften Ring sich erstreckend. Nebenrückenlinien fein, gelblichweiß, etwas wellig gebogen; der Raum zwischen ihnen und der Rückenlinie streifenartig dunkler. Stigmenlinie undeutlich, bräunlich, auf den vorderen und hinteren Ringen von gelblichen unbestimmten Flecken in der Gegend der Stigmen unterbrochen. Stigmen groß, weiß, schwarz gerandet. Bauch mit einer breiten weißgelben Mittellinie, die vorn (vierter und fünfter Ring) tief schwarz, dann rötlichbraun ausgefüllt ist, und mit zwei undeutlichen, feinen, weißen Seitenlinien. Warzen groß, schwarz, sämtlich etwas vorstehend, besonders vom achten Ring an; Nackenschild mit sechs gelben Längsstrichen, den Anfängen der typischen Linien. Afterklappe braun mit zwei weißen Streifen (Fortsetzung der Nebenrückenlinien) und zwei stumpfen kurzen Spitzen am Hinterrand. Brustfüße rötlichbraun, dicht schwarz getupft. Bauchfüße braun, außen mit einem weißgelben Längsstrich. Afterfüße braun mit sehr langen Horizontalfortsätzen. Puppe: Flügelscheiden matt schwarz, Rücken und Leib heller; Ringeinschnitte gelblich; Cremanter stumpf kegelig, unten wenig glänzend, mit zwei auswärts gebogenen längeren Spitzen am Ende und jederseits drei starken Häkchen (Rghf.). Lebt im Juni an Salvia, Artemisia. Verwandlung nach drei Wochen. Falter im Juli. Südöstliches Europa, Österreich, Ungarn. Hb. V. 1. X. a. (Figur zu bunt). — Tr. VI. 1. 299. — O. W. 417.

Lentiscaria, *Donz.* (Sch. Taf. 64, Fig. 6.) Raupe grau, ins Rötliche spielend, aber auch in Gelb, Weißgrau, Blaugrau und Braun variierend, mäßig schlank, vom ersten bis zehnten Ring an zunehmend. Das elfte Segment trägt eine fleischige zweispitzige Erhöhung. Rückenlinie breit, rötlich, fein braun gesäumt, auf der Erhöhung des elften Ringes endigend. Eigentliche Nebenrückenlinien und Stigmenlinien sind nicht zu unterscheiden, wohl aber finden sich zwischen der Rückenlinie und den Stigmen drei helle, bläuliche, sehr fein braun gesäumte Linien an jeder Seite. Stigmen weiß, oval, schwarz geringt. Der Bauch ist gelbrötlich und zeigt drei wellige, bläuliche, grau gesäumte Längslinien, sowie am 5., 6., 7., 8. und 9. Ring in der Mitte einen doppelten weißen Punkt nebst einem weißen dreieckigen Fleck darüber auf dem siebten, achten und neunten Ring. Kopf an der Spitze rötlich, an der Basis blaugrau, mit unregelmäßigen, schwarzen Punkten gefleckt. Die Warzen sind vom dritten Ring an sehr vorstehend. Füße von der Körperfarbe; die Afterfüße haben lange spitzige und zarte Horizontalfortsätze. (Millière; nach diesem wäre das Aftersegment (12.) tief gespalten in zwei horizontale zarte Spitzen, was aber unrichtig ist.) Lebt von Mitte April, zu welcher Zeit sie das Ei verläßt, bis in den Herbst an verschiedenen Helianthemum-Arten. Wachstum sehr langsam. Raupenzustand dauert sieben Monate. Verpuppung im November in einem leichten weißseidenen Gewebe mit eingewebten Erdkörnchen und Pflanzenabfällen zwischen Moos oder dürren Blättern. Puppe glänzend rotbraun, am Kopf und den letzten Ringen schwärzlich; das Endsegment schwarz mit zwei divergierenden Häkchen. Die Puppe ist ganz mit einem graublauen Anflug bedeckt. Entwicklung anfangs März des folgenden Jahres. Südfrankreich, Andalusien. — Mill. II. Livr. pl. V, Fig. 4—9.

73. Gattung. **Cleogene**, *B.*

Von den drei Arten dieser Gattung, welche sämtlich den Alpen bezw. Pyrenäen angehören, ist nur die Raupe von Lutearia, *F.* bekannt.

Lutearia, *F.* Taf. 44, Fig. 12. (Sch. Taf. 64, Fig. 7.) Ei rund, hellgelb. Raupe cylindrisch, dick und kurz, wie die einer Orthosia, vorn und hinten merklich verjüngt, rötlich ockergelb, manchmal auch viel dunkler, mehr oder weniger violett. Rückenlinie und Nebenrückenlinien grauschwarz, dick, fein weiß gesäumt. Die Rückenlinie ist auf den mittleren Ringen weit unterbrochen und auf den drei ersten gar nicht sichtbar; die letzten Segmente zeigen auf dem Rücken pfeilförmige Flecken. Unterseite des Körpers ausgesprochen violett. Der Kopf ist klein, kugelig und zurückziehbar; die Füße sind von der Körperfarbe, die Spitzen der vorderen drei Paare hornig und schwarz. Die Stigmen sind rund, schwarz und weiß umsäumt. (Millière, Figur schlecht.) Lebt vom August an den Herbst hindurch polyphag an niederen Pflanzen und wurde von Millière mit Plantago und Leontodon gefüttert, welche sie in welkem und selbst trockenem Zustande vorzog. Bei Tag hält sich die Raupe versteckt. Verpuppung nach der Überwinterung Ende April an der Erde in einem weichen Gespinst aus gelblicher Seide mit eingewebten Erdkörnchen und Moosstengelchen. Entwicklung im Juli, August. Alpen, Galizien, Ural, Mittelitalien (Apenninen). — Mill. Livr. I. pl. 2, Fig. 1—3.

74. Gattung. **Scoria**, *Stph.*

Nur eine, auch in Deutschland vorkommende Art.

Lineata, *Sc.* Taf. 44, Fig. 13. (Sch. Taf. 64, Fig. 10.) (Dealbata, *L.*) 4,0 cm lang; nach vorn zu bedeutend, nach hinten wenig dünner werdend. Kopf klein, horizontal vorstehend, abgerundet, gelblichgrau mit braunen und schwarzen Flecken und braunem Längsstrich an jeder Seite (Fortsetzung der Nebenrückenlinien). Grundfarbe gelblich oder schiefergrau. Rückenlinie dunkelbraun, bald enger, bald weiter werdend, fein gelblich gesäumt. Nebenrückenlinien gelblich, nach außen breit braun begrenz. Warzen (besonders am Rücken) sehr deutlich, schwarz. Erstes Segment etwas dunkler, schwärzlichgrau. Afterklappe lang, spitz dreieckig, von der Körperfarbe. Stigmenlinie fein gelblich; Stigmen über derselben, blaßbraun, in einem gelblichweißen Fleckchen stehend. Bauch mit sieben feinen gelblichen Längslinien. Brustfüße blaßgelb, dunkel braun gefleckt; Bauch- und Afterfüße von der Körperfarbe, letztere mit ziemlich langen Horizontalfortsätzen. Lebt nach der Überwinterung im April bis Anfang Mai an verschiedenen niederen Pflanzen, Origanum, Hypericum, Achillea, Lamium und Centaurea. Verwandlung zwischen Pflanzenstengeln in einem gelblichweißen, dem einer Zygaena ähnlichen Gehäuse. Puppe sehr lebhaft, gelblich mit dunkleren Schattierungen und einer eigentümlichen zweispitzigen, kronenartigen, fein gekörnten Hervorragung an der Stirne. Cremanter glänzend, kegelförmig mit zwei geraden Spitzen am Ende. (Wildes Figur 19 ganz unrichtig.) Entwicklung Ende Mai und im Juni, Juli. Europa (mit Ausnahme der nördlichen Region), Holland, Belgien, nordwestliches Deutschland, mittleres und südwestliches Frankreich, Spanien, Balkan. — Tr. VI. 2. 259. — O. W. 418. — Stett. ent. Ztg. 1855, S. 336. — Newm. Br. M. S. 94.

75. Gattung. **Aspilates**, *Tr.*

Raupe schlank, meist ganz gleichmäßig cylindrisch, glatt. Kopf so breit wie das erste Segment, vorn und seitlich abgeflacht, oben abgerundet; die Afterfüße mit einem langen spitzen Horizontalfortsatz (Afterspitzen). Verwandlung in einem losen Gespinst an der Erde. Acht Arten, darunter vier deutsche.

Gilvaria, *F.* Taf. 44, Fig. 14. (Sch. Taf. 64, Fig. 13.) 4,5 cm lang, sehr dünn, rollt bei Berührung den vordern Teil des Körpers ein; Kopf so breit wie das erste Segment, weißgrau, an den Seiten abgeflacht und mit einem undeutlichen dunklen Längsstrich. Körper hellgrau, oder gelbgrau; Rückenlinie dunkelgrau, beiderseits weißlich eingefaßt, auf den ersten und letzten Segmenten ist sie viel dunkler und deutlicher, als auf den mittleren, am dunkelsten auf der ein spitzes Dreieck bildenden Afterklappe, welche am Ende winklig ausgeschnitten ist. Vom achten bis zwölften Ring ist die Rückenlinie beiderseits noch von zwei feinen schwarzen Linien begleitet. Nebenrückenlinien undeutlich, d. h. nicht scharf begrenzt, grau, bei manchen Exemplaren auf dunkleren Ringen (5—8) kurze, schwarze Schrägstriche bildend. Stigmenlinie undeutlich, weißlich, unterbrochen, oben breit dunkelgrau beschattet. Seitenkante weißlich, unten fein schwarz begrenzt; dann folgt ein breiter aber nicht scharf begrenzter oekergelber Längsstreif. Bauch grau mit einem breiten weißen Mittelstreif. Stigmen sehr klein, hellbraun. Warzen deutlich, schwarz. Nackenschild von der Körperfarbe. Brustfüße grau, Bauch- und Afterfüße ebenso, fein schwarz getupft, letztere mit je einem sehr langen spitzen Horizontalfortsatz. (Nach einer lebenden Raupe.) Lebt vom Mai bis in den Juli an verschiedenen niederen Pflanzen, wie Onobrychis sativa, Hippocrepis comosa, Cytisus, Hypericum, Achillea, Thymus, Teucrium etc. Verpuppung am Boden in einem Gespinst unter Pflanzenabfällen. Entwicklung Ende Juli, anfangs August. Westliches Europa (mit Ausnahme von Holland), Piemont, Mittel- und Süddeutschland, Schweiz, Galizien, Ungarn, südöstliches Rußland. — Hb. V. 2. C. b. — Esp. 5. Taf. 25, Fig. 6. — Tr. VI. 1. 32. — Mill. Jc. 127, — Curtis brit. Ent. X. T. 467. — Ent. monthe. mag. VIII. 116.

Ochrearia, *Rossi.* Taf. 44, Fig. 15. (Sch. Taf. 64, Fig. 14). (Citraria, *Hb.*) Fast 3,0 cm lang, lehmfarbig grau und rötlich überhaucht, oder braun, hin und wieder auch sehr hell, ohne die typischen Linien und ganz mit braunen, regelmäßig gestellten Punkten bedeckt. Rückenlinie braun, sehr fein gelblich gesäumt, auf den vier ersten Ringen viel dunkler, fast schwarz, als auf den folgenden, wo sie blasser und undeutlicher wird und öfters unterbrochen ist. Die Nebenrückenlinien schließen sich dicht an die gelbliche Einfassung der Rückenlinien an, sind ebenfalls braun, durch eine sehr feine gelbliche Linie, die aber nicht überall deutlich ist, geteilt, und außen ebenfalls fein weiß gesäumt. Die Stigmenlinie ist ziemlich breit, weißgelblich, unterbrochen. Die hellbräunlichen, dunkelbraun geringten Stigmen sitzen am obern Rand dieser Linie. Der Raum zwischen ihr und dem gelblichen Saume der Nebenrückenlinien ist streifenartig dunkler. Der Bauch zeigt einen breiten weißen Mittelstreif, der durch eine bald mehr, bald weniger dunkelbraune Linie geteilt ist, und je eine feine gelbliche Seitenlinie; der Raum zwischen Mittel- und Seitenlinien ist streifenartig dunkelbraun. Warzen schwarz; das zweite Paar der Rückenwarzen auf dem vierten bis neunten Segment etwas vorspringend. Der Kopf ist von der Körperfarbe und zeigt die Fortsetzung der Nebenrücken- und Stigmenlinien als braune bis zu den Augen gehende Längsstreifen. Nackenschild nicht besonders gezeichnet. Afterklappe halbkreisförmig mit breitem schwarzem Mittelstrich. Brustfüße braun, dunkel gefleckt. Bauch- und Afterfüße von der Körperfarbe, außen mit schwärzlichen Längsstreifen. Afterfüße mit langen spitzen Horizontalfortsätzen. (Nach einer präparierten Raupe von Dr. Staudinger.) Lebt nach der Überwinterung im März und Anfang April und wieder im Juni, Juli an vielerlei niederen Pflanzen, namentlich Scabiosa, Lotus und Cistus, verschiedenen Cruciferen. Verpuppung in einem lichten Gespinst mit eingewebten Moosstückchen. Puppe verlängert, lehmgelb, mit schwarzen, kielförmig erhabenen Ringen an den Abdominalsegmenten, und feinen schwarzen Einfassungen der Fühler-, Flügel- und Rüsselscheiden etc. Entwicklung gegen Ende April, und in zweiter Generation im September. Südeuropa, mittleres Frankreich. — Mill. Jc. 74, Fig. 2—5. — Newm. Br. M. S. 97. — Ent. VI. 125.

Strigillaria, *Hb.* Taf. 44, Fig. 16. (Sch. Taf. 64, Fig. 15.) 3,2 cm lang, nach hinten zu schwach verdickt, grau; Rückenlinie dunkelbraun, auf den drei ersten Ringen deutlich, vom vierten bis neunten Ring nur durch einen kleinen schwarzen Fleck vor dem hintern Paar der Rückenwarzen angedeutet. Nebenrückenlinien breit dunkelbraun, am zwölften Segment konvergierend. Stigmenlinie braun, ziemlich breit, auf dem dritten Segment breit fleckenartig unterbrochen durch die helle Grundfarbe. Die dick schwarzbraun gerandeten Stigmen stehen am untern Rand der Stigmenlinie. Bauch mit einer breiten braunen Mittel- und zwei ebensolchen doppelten Seitenlinien, sowie zwei kleinen schwarzen Flecken in der Mitte jedes Ringes. Warzen schwarz, das hintere Paar der Rückenwarzen des achten Ringes etwas vorspringend. Kopf braun, im Gesicht schwarz, mit den Fortsetzungen der Nebenrücken- und Stigmenlinien als dunkle Längsstreifen. Nackenschild nicht besonders gezeichnet. Afterklappe klein, braun, hornig, am Hinterrand in zwei kurze stumpfe Spitzen geteilt. Bruttfüße braun, vorn tief schwarz. Bauch- und Afterfüße grau, außen dunkelbraun; Afterfüße mit kürzerem Horizontalfortsatz als die vorigen Arten. Überwintert fast erwachsen. Lebt Mitte April an Heidekraut und Ginsterarten, nach Freyer an Spartium scoparium. Verwandlung zwischen leicht zusammengesponnenen Trieben der Nahrungspflanze. Puppe glänzend rotbraun. Entwicklung im Mai und Juni. Mitteleuropa, Livland, Mittel- und Norditalien, Balkan, südwestliches Rußland. — Hb. V. 1. U. a. Respersaria. — Freyer 113. — O. W. 417. — Newm. Br. M. 97. — Zoologist XIX. 7678.

76. Gattung. Eusarca, *H.-S.*

Vier in Südeuropa und Kleinasien vorkommende Arten, von welchen nur eine Art im Raupenzustand bekannt ist.

Jacularia, *Hb.* (Sch. Taf. 64, Fig. 18.) 3,5 cm lang, sehr schlank, nach vorn allmählich schmäler werdend, querfaltig rötlichgrau. Rückenlinie auf den drei ersten Ringen deutlich, braun, fein gelb gesäumt; vom vierten bis neunten Ring undeutlich, nur am Ende jedes Ringes durch die hier sich fleckenartig verbreiternde gelbliche Einfassung bemerkbar, in welcher überdies am achten Ring jederseits ein kleiner schwarzer Strich steht; vom neunten bis zwölften Ring ist die Rückenlinie wieder deutlich und breiter gelb eingefaßt. Nebenrückenlinien gelblich, sehr fein schwärzlich eingefaßt, nur auf den vier ersten Ringen deutlich, dann unterbrochen und undeutlich. Eine deutliche Stigmenlinie ist nicht vorhanden; Stigmen klein, schwarz. Bauch mit zahlreichen in undeutlichen Längslinien geordneten kleinen schwarzen und gelben Punkten und einer undeutlichen gelblichen Mittellinie. Kopf ein wenig schmäler als das erste Segment, abgerundet, gelbgrau, rötlich und schwarz punktiert. Vorderrand des ersten Segmentes aufgewulstet, gelb mit vier schwarzen Flecken Afterklappe rötlichbraun, schwarz getupft, hinten gestutzt. Warzen sehr klein, nur mit starker Lupe sichtbar. Brustfüße blaß gelbbraun. Bauch- und Afterfüße außen mit einem breiten rötlichgrauen Längsstrich, außerdem schwarz gesprengelt. (Nach einer präparierten Raupe von Dr. Staudinger.) Futterpflanze unbekannt. Falter nicht selten bei Sarepta.

77. Gattung. Ligia, *B.*

Drei südeuropäische Arten, darunter zwei, deren Raupen bekannt sind.

Opacaria, *Hb.* (Sch. Taf. 64, Fig. 19 a. b.) Die Raupe gleicht sehr der von Jourdanaria. 4,5 cm lang, hinten 4, vorn 3 mm dick, grauweiß oder graugelb; Rückenlinie, fein, braun, doppelt, auf jedem Ringe (vom vierten an) sich etwas erweiternd und braun ausgefüllt. Nebenrückenlinien breit, braun, vom ersten Segment bis an die Afterklappe, woselbst sie einander fast berühren. Stigmenlinie braun, sehr fein schwarz eingefaßt. Die weißen, fein dunkelbraun geringelten Stigmen stehen unter dieser Linie in unregelmäßigen gelblichen Flecken; hinter jedem Stigma (vom vierten bis elften Ring) steht eine ziemlich große, oben orangegelbe unten schwarze Warze. In dem gelblichen Raume zwischen Nebenrücken- und Stigmenlinien verläuft noch eine sehr feine, schwarze, etwas höckerige Doppellinie. Bauch mit einer breiten, leuchtend weißgelben, fein schwarz gesäumten und innen stellenweise braun geteilten Mittel- und je einer feinen, schwarzen, zackigen Nebenlinie vom vierten bis neunten Segment, nach außen breit braun begrenzt; zwischen den vorderen und hinteren Füßen einfarbig gelblich. Kopf etwas schmäler, wie das erste Segment, abgerundet gelblich, rotbraun gesprengelt, mit vier dunkelbraunen Längslinien (Fortsetzung der Nebenrückenlinien und Stigmenlinien). Nackenschild nicht gezeichnet. Afterklappe gelblich, die Enden der Nebenrückenlinien gehen auf ihr wieder auseinander. Warzen deutlich, schwarz, besonders das hintere Paar der Rückenwarzen groß und etwas vorspringend. Brustfüße gelb; Bauchfüße außen braun, innen rotbraun gesprengelt. Afterfüße dicht rotbraun gesprengelt. (Nach einer präparierten Raupe von Dr. Staudinger.) Lebt im März und April an Genista, Dorycnium suffruticosum und Ulex parviflorus. Verpuppung in einem eiförmigen leichten Gespinst in der Erde. Puppe ziemlich dick, braunrot, in eine schwarze Spitze endigend. Entwicklung im September und Oktober. Südliches und mittleres Frankreich; Corsika, Piemont, Spanien. — B. R. et. Gr. Coll. inconogr. d. chen. Taf. 127, Fig. 3 - 4. (Geom. pl. 3.) — Pierret Ann. Soc. Fr. 1843. Bull. 11.

Jourdanaria, *Vill.* (Sch. Taf. 64, Fig. 20.) Aschgrau oder weißlichgrau mit braunen Längsstreifen. Auf jeder Seite des Rückengefäßes befindet sich eine am Anfang und Ende jedes Ringes etwas nach außen gebogene braune Längslinie (Nebenrückenlinie); der Raum zwischen diesen Linien sieht aus wie eine Reihe von hellen Rauten. Über den Füßen verläuft ein gerader, brauner Streifen, welcher die Stigmen trägt (Stigmenlinie). Diese sind ziemlich klein, schwarz, grauweiß eingefaßt. Kopf aschgrau; Bauch wie die Oberseite gezeichnet; Füße aschgrau; nur der innere Teil der Hinterfüße ist etwas weißlich (Daubè). Lebt im Frühjahr an Thymus serpyllum an unfruchtbaren Orten. Verpuppung in einer eirunden Hülle in der Erde. Puppe braunrot, in eine kleine Spitze endigend. Entwicklung September. Südfrankreich, Castilien, Andalusien. — Tr. VI. 2. 303. — B. R. et Gr. Geom. Taf. 1, Fig. 1—2.

78. Gattung. Cimelia, *Ld.* (Axia, *Hb.*)

Margarita, *Hb.* (Taf. 64, Fig. 21.) Ei Taf. 50, Fig. 85. Millière beschreibt in Livr. X. (1864, S. 409) die junge, eben aus dem Ei gekommene Raupe. Diese ist vorn dick, nach hinten allmählich dünner, gekielt an den Seiten, glatt und schmutziggelb. Sie hat sechzehn Füße, sechs Brustfüße, acht Bauchfüße mit brauner Häkchenkrone und zwei kleine mit wenigen Borsten versehene Nachschieber. Kopf verhältnismäßig groß, herzförmig abgeplattet, schwarz und glänzend. Millière hält sie eher für eine Pyralide oder Noctuelide. Dardoin glaubt, daß Margarita, welche man immer nur in der Nähe vom Wasser fängt, als Larve ähnlich wie manche Hydrocampiden in den Stengeln von Arundo lebe. Das Ei von C. Margarita ist oval, gelblich, granuliert und der Länge nach cannelirt. Südfrankreich, Piemont, Catalonien, Andalusien, Istrien und Dalmatien. — Mill. Je. Livr. 6. pl. 3. 1. p. 267. Livr. 10. 12. 409.

79. Gattung. Heliothea, *B.*

Nur eine, in Andalusien und Castilien heimische Art.

Discoidaria, *B.* (Sch. Taf. 64, Fig. 22.) 2,0 cm, ziemlich dick, nach vorn wenig verschmächtigt, ohne Vorsprünge, breit querfaltig, schwach gekielt. Haut rauh durch Auflagerung zahlreicher größerer, weißer und sehr kleiner schwarzer Körnchen (chagriniert). Grundfarbe blaugrün oder graugrün; Rückenlinie dunkelgrün; Nebenrückenlinien weißlich, breit, auf jedem Segment in der Mitte nach innen gebogen und dadurch aus der dunkeln Grundfarbe undeutliche Rauten bildend. Stigmenlinie breit, weißlich, nicht scharf begrenzt; vom vierten bis achten Ringe stehen in dem Raum zwischen Nebenrückenlinien und Stigmenlinien auf jedem Segment beiderseits ein undeutlicher weißer, von hinten unten nach vorn oben gerichteter Schrägstrich. Stigmen hellbraun, dunkelbraun gesäumt. Bauch wie die Oberseite, mit einer feinen undeutlichen, weißlichen Mittellinie. Kopf vom ersten Segment scharf abgesetzt, etwas schmäler als das erste Segment, vorn abgeflacht, oben ziemlich tief eingeschnitten (zweihöckerig), gelbbraun. Erstes Segment an dem etwas aufgewulsteten Vorderrand mit zwei spitz vortretenden, gelbbraunen Warzen. Afterklappe gelblichweiß gesäumt. Warzen deutlich, dunkelbraun mit dicken braunen Börstchen. Brustfüße gelbbraun, Bauch- und Afterfüße von der Körperfarbe. (Nach einer präparierten Raupe von Dr. Staudinger.) Lebt an Santolina chamaecyparissus. L. vom Juni bis in den Herbst, überwintert und ist im April des folgenden Jahres erwachsen. Verpuppung in einem lockeren Gespinst zwischen Moos. Puppe graugelb mit mehreren Reihen schwarzer Punkte vom Kopf bis zur Schwanzspitze. Flügeldecken schwarz punktiert. Afterende braun mit abgestumpfter Spitze und mehreren kleinen Häkchen. Entwicklung Ende Mai, Anfang Juni. Andalusien und Castilien. — Mill. Jc. 37, Fig. 4—7.

80. Gattung. **Aplasta**, *Hb.*

Nur eine, auch in Deutschland vorkommende Art.

Ononaria, *Fuesl.* (Sch. Taf. 64, Fig. 23.) Etwa 10 Linien lang, meergrün, spindelförmig, nämlich in der Mitte am dicksten. Die Ringeinschnitte sind sehr sichtbar. Eine schwarze punktierte Linie zieht sich über den Rücken. An beiden Seiten oberhalb der Füße erscheint eine wellenförmige gelbliche Linie; gleiche Farbe haben die hinteren Füße. Der Kopf ist gelblichbraun und der ganze Körper mit kleinen Punkten und grauen Härchen besetzt (Treitschke). Lebt in zwei Generationen, Anfang Mai und Ende Juni an Ononis spinosa. Verwandlung in einem durchsichtigen weißen Gespinst. Puppe grünlichgelb mit braunen Flügelscheiden. Falter im Juni und Ende Juli, August. Deutschland, Schweiz, England, Catalonien, Andalusien, Italien, Dalmatien, Griechenland. — Tr. VI. 1. 351. — O. W. 418. — Newm. Br. M. 89. — Entom. Ill, 1866. 162.

81. Gattung. **Gypsochroa**, *Hb.*

Nur eine, in Südfrankreich und bei Sarepta an Klee vorkommende Art (Renitidata, *Hb.*), deren Raupe unbekannt ist.

82. Gattung. **Sterrha**, *Hb.*

Von den zwei in Südeuropa und Nordafrika vorkommenden Arten ist nur eine im Raupenzustand bekannt.

Sacraria, *L.* Taf. 44, Fig. 17 a. b. (Sch. Taf. 64, Fig. 25.) Die Eier haben eine von den übrigen Schmetterlingseiern ganz abweichende Form; sie sind sehr verlängert, leicht eingedrückt, mit einer Menge kleinster, rundlicher, mennigroter Fleckchen besät, so daß sie einfach rot erscheinen; sie sind einzeln an den Stengeln der Futterpflanze mit Hilfe einer klebigen Flüssigkeit befestigt. Die Raupe ist schlank, cylindrisch, ohne Hervorragungen und Seitenkiele, dunkelgrün, am Rücken und Bauch weißlich. Rückenlinie fein braun; Nebenrückenlinien fehlen. Stigmenlinie weißgelb, breit, schwach gewellt. Stigmen sehr klein, weiß, schwarz gerandet. Bauch weißlich, ohne bestimmte Linie. Kopf ebenso hoch wie das erste Segment, sehr kräftig, grau mit zwei fahlbraunen Strichen am Scheitel (Millière). Lebt an Polygonum aviculare. Wurde von Millière aus dem Ei gezogen und mit mehreren Rumex- und Compositen-Arten insbesondere einer Anthemis-Art gefüttert, aber nicht zur Verwandlung gebracht. Frißt nur des Nachts. Die Raupen waren am 5. Januar ausgeschlüpft und hatten anfangs Februar bereits drei Häutungen überstanden. Südeuropa, England. — Mill. 3. Livr. pl. 10, Fig. 3—5. — Ent. M. Mag. II. 1866. 134. — Mc. Lachlan Trans. ent. soc. London. II. 1866. 453. Pl. 23, Fig. 1.

Anthophilaria, *Hb.* (Sch. Taf. 64, Fig. 26.) Von der ab. Rosearia, *Tr.* fand Erber die Raupe auf einer Alisma-Art in Corfu. — Stgr. Hor. Soc. e. Ross. 1870. p. 168.

83. Gattung. **Lythria**, *Hb.*

Raupen sehr schlank, gleichmäßig cylindrisch, sehr schwach gekielt an den Seiten, ohne Hervorragungen; Kopf so breit wie das erste Segment vorn flach, oben abgerundet. Vier Arten, darunter eine in Deutschland vorkommend.

Plumularia, *Frr.* (Sch. Taf. 65, Fig. 1.) Raupe nach Zeller auf Rumex acetosa. Schmetterling im August in den Alpen Graubündens. Beschreibung nicht vorhanden.

Purpuraria, *L.* Taf. 44, Fig. 18. (Sch. Taf. 65, Fig. 2.) 2,2 cm lang, sehr schlank; über den Rücken zieht sich vom ersten Ring bis zur Afterklappe ein breiter, rotbrauner, seitwärts sehr fein gelblich eingefaßter Streifen (zusammengeflossene Rücken- und Nebenrückenlinien) mit gelblichen Ringeinschnitten und feinen gelblichen in Querreihen stehenden Pünktchen, besonders auf den drei ersten Ringen; dann folgt beiderseits ein graugrüner unten scharf schwarz begrenzter, ziemlich breiter Längsstreifen und unter diesem die gelblichweiße, ziemlich breite Stigmenlinie. Stigmen sehr blaßbraun eingefaßt, schwer zu sehen. Bauch grüngelb, ohne Linien. Kopf rötlichbraun, an den Seiten in der Gegend der Augen ein paar kleine weiße Striche. Kein horniges Nackenschild. Afterklappe grüngelb, am hintern Rande rotbraun gesäumt. Warzen nur mit scharfer Lupe sichtbar, schwarz. Brustfüße gelblich, Bauch- und Afterfüße außen rötlich. Lebt in zwei Generationen im April und Juni an Polygonum und Rumex gewöhnlich im bebauten Feld. Verwandlung in einem leichten Gespinste an der Erde. Entwicklung im Mai, dann wieder im Juli, August. Ganz Europa, mit Ausnahme der Polarregion und Spaniens. — Hb. V. 2. C. b. — Tr. VI. 1. 127. — Frr. 60. — Sepp VI. 1. 42. — O. W. 419.

Sanguinaria, *Dup.* (Sch. Taf. 65, Fig. 3.) Die Raupe ist der von Acidalia Rubricata, *F.* ähnlich, sehr schlank; die Rückenfläche ist bis zu den Nebenrückenlinien rotbraun, scharf getrennt von dem übrigen Teil des Körpers, welcher blaugrau ist. Rückenlinie fein, lebhaft weiß; Nebenrückenlinien braun, in die braune Färbung der Rückenfläche sich verlierend. Stigmenlinien breit, weiß, leicht wellig gebogen. Stigmen sehr klein, weiß, schwarz geringt. Füße graublau, Kopf braun

(Millière). Die Raupe scheint polyphag zu sein, nimmt aber besonders gern Rubia peregrina als Futter, findet sich im Juli und August. Der Schmetterling entwickelt sich im Oktober. Ohne Zweifel giebt es zwei Generationen (die erste im Juni) Spanien und Ostpyrenäen. — Mill. Natur Sic. 1884. Taf. 1, Fig. 1.

84. Gattung. **Ortholitha**, *Hb.*

Raupen ziemlich plump, hinten etwas dicker als vorn, ohne besondere Auszeichnung; Kopf so breit oder nahezu so breit wie das erste Segment, oben abgerundet; Verwandlung an oder unter der Erde in einem leichten Gespinste. Zwölf Arten, darunter sieben deutsche.

Coarctata, *F.* (Sch. Taf. 65, Fig. 4.) Die Raupe soll im Frühjahre an den Blättern von Pulsatilla leben, ist aber noch nicht beschrieben. Südöstliches Deutschland, Holland, Ungarn, südöstliches Frankreich, Mittel- und Norditalien, Dalmatien (nicht Alpen wie Wilde 419 sagt). Die von Mill. Ann. Soc. Lyon 1882. pl. III, Fig. 9—10 gegebene Abbildung gehört zu Cidaria Miata, *L.* (Coraciata, *Hb.*).

Plumbaria, *F.* Taf. 44, Fig. 19. (Sch. Taf. 65, Fig. 5). 3 cm lang, weißgrau oder blaß gelbgrau. Rückenlinie undeutlich, dunkelgrau, weißlich gesäumt. Nebenrückenlinien schwärzlich, sehr fein, vielfach unterbrochen; die Stigmenlinie besteht aus drei feinen schwärzlichen Linien, welche in unregelmäßige, größere und kleinere Fleckchen aufgelöst sind, nur auf den drei bis vier letzten Ringen ist sie mehr zusammenhängend, nach unten ist sie weißlich begrenzt. Stigmen ziemlich groß tief schwarz. Bauch mit einer undeutlichen, doppelten, weißen Mittellinie und zwei ebenso undeutlichen, doppelten, schwärzlichen Seitenlinien. Kopf gelbgrau, schwärzlich gefleckt. Erster Ring am Vorderrand weißlich mit vier schwarzen Längsstreifen. Afterklappe gelblich, schwarz punktiert. Warzen deutlich schwarz, mit kurzen Börstchen. Brustfüße hellbraun, schwarz gefleckt; Bauchfüße gelbgrau, schwarz punktiert. (Nach einer präparierten Raupe von Dr. Staudinger.) Eine Varietät der Raupe ist auf dem Rücken dunkelgrau; die schwarzen Flecken der unterbrochenen Rückenlinie wechseln mit schmalen, lichten länglichen Flecken ab, welche gerade vor den Segmenteinschnitten stehen (Newmann). Lebt nach der Überwinterung im April, Mai an Ginsterarten und Spartium, und verwandelt sich in einem lockeren Gespinste. Puppe hellbraun mit dunklen Adern auf den Flügelscheiden. Entwicklung von Ende Mai bis August. Mitteleuropa (mit Ausnahme von Livland), Corsika, Mittel- und Norditalien, nördlicher Balkan, südliches Rußland. — Sepp VIII. 1. 38. — O. W. 419. — Newm. Br. M. 196. — de Roo Tijd. II. 1859, p. 131.

Cervinata, *Schiff.* Taf. 44, Fig. 20. (Sch. Taf. 65, Fig. 6.) 3,2 cm lang, grün mit einer undeutlichen dunklen Rückenlinie und sehr feinen, ebenfalls sehr undeutlichen schwärzlichen Nebenrückenlinien. Ein Stigmenstreif fehlt; Stigmen groß, tiefschwarz. Bauch grün mit undeutlichen helleren Längslinien. Kopf einfarbig grüngelb; erstes Segment und Afterklappe von der Körperfarbe; Warzen groß, vorspringend, weiß mit ziemlich langen bräunlichen Borsten. Die Raupe bekommt dadurch ein rauhes Aussehen. Brustfüße durchscheinend, blaß braungelb. Bauch- und Afterfüße grün. Lebt im Juni an verschiedenen Malven, Malva Alcea, sylvestris, Althaea, Lavatera trimestris, Alcea rosea etc., bei Tag an der Unterseite der Blätter oder Blattstiele ausgestreckt sitzend; bei Beunruhigung rollt sich die Raupe vom Kopf aus zusammen und läßt sich schließlich zu Boden fallen, wo sie dem Samen der Malven ganz ähnlich sieht. Verwandlung in einem leichten Gespinst aus Blättern oder oberflächlich in der Erde. Puppe glänzend dunkelbraun mit zwei kurzen Dornen am Cremauter. Entwicklung Ende August, September. Deutschland, England, Holland, Frankreich, Catalonien, Piemont, Livland, Finnland, Südrußland. — Hb. V. 2. L. a. b. — Tr. VI. 2. 76. — Sepp III. t. 47. — O. W. 420. — Newm. Br. M. 194. — Zeller Tijdsch. v. Entom. 1870. 244.

Limitata, *Sc.* (Sch. Taf. 65, Fig. 7.) (Mensuraria, *Schiff.*) 3,2 cm lang, lichtgrau. Rückenlinie dunkelgrau, schmal, auf der vorderen Körperhälfte undeutlich und unterbrochen, auf der hintern zusammenhängend und etwas dicker. Nebenrückenlinien sehr fein dunkelgrau, ebenfalls an der vorderen Körperhälfte undeutlicher, aus drei feinen Linien bestehend, welche mehr oder weniger zusammengeflossen sind. Stigmen groß, schwarz; hinter jedem Stigma ein brauner, warzenartiger Fleck; dicht unter der Stigmenlinie verläuft ein ziemlich breiter, braungelber Streifen. Bauch gelblich mit einer dunkleren, beiderseits hell gesäumten Mittellinie und zwei hellen, fein braun gesäumten Nebenlinien vom vierten bis neunten Segment, zwischen den vorderen und hinteren Füßen einfach weißlich. Kopf gelbgrau, schwarz getupft, oder braun mit lichteren Fleckchen. Erstes Segment und Afterklappe von der Körperfarbe. Warzen deutlich schwarz, mit ziemlich langen Härchen. Brustfüße graugelb. Bauch- und Afterfüße von der Körperfarbe. (Nach einer präparierten Raupe.) Lebt nach der Überwinterung im April und Mai und wurde mit Lathyrus pratensis, Trifolium repens, Viola hirsuta und Lotus corniculatus durch de Graaf erzogen. Verwandlung im Juni in der Erde. Entwicklung im Juli und August. Europa (mit Ausnahme von Catalonien, Süditalien und Griechenland). — Borkh. Vol. 5. p. 342. 343. — Tijd. v. Ent. XXIX. p. 233. pl. 9, Fig. 1—2. — Porritt. Ent. 1872/73, p. 361.

Moeniata, *Sc.* (Sch. Taf. 65, Fig. 8.) Etwa 1 Zoll lang; Kopf klein, rund, grau, mit schwarzbraunen Wärzchen besetzt, auf welchen einzelne weiße Haare stehen. Körper dunkel aschgrau mit dunkelbraunen Atomen bedeckt, welche auf der Mitte des Rückens eine braune Punktreihe und an jeder Seite desselben braune Längsstreifen bilden (Rücken- und Nebenrückenlinien); die braune Punktreihe in der Mitte des Rückens hat in ihrer Mitte kurze, schwarze Längsstriche, die durch weißliche, bald hellere, bald dunklere Punkte zusammenhängen; an den Seiten dunkelgraue Längslinien (Stigmenlinien), auf deren unterster vom vierten bis neunten Ring je ein schwärzlicher Flecken steht. Luftlöcher fein schwarz. Bauch hell braungrau mit bräunlichen breiten Streifen und einer rötlichen Mittellinie. Füße dunkelgrau, weiß geringelt. Variiert in rötlich aschgrau, dunkel schwärzlichgrau mit schwarzbraunen Linien (Treitschke und Wilde). Lebt nach der Überwinterung im Mai an Spartium scoparium und Genista tinctoria und verwandelt sich an der Erde in einem losen Gespinst. Puppe matt rotbraun, Ringeinschnitte heller, Cremaster dunkel, am Grunde seitlich ohrförmig erweitert, in der Mitte glatt, schwach löffelförmig, mit zwei zarten Häkchen an der Seite und vier wenig stärkeren an der Spitze (Rghf.). Entwicklung Ende Juli, August. Mitteleuropa, mittleres und nördliches Italien. — Tr. VI. 2. 173. — O. W. 420.

Peribolata, *Hb.* (Sch. Taf. 65, Fig. 10.) Ei länglichrund mit rundlichen Erhöhungen, grünlich (Gss. 15). Raupe 2,5 cm lang, graugelb, manchmal mit einem grünlichen Schimmer, oder braun (Mill.); Rückenlinie grau, in der Mitte jedes Ringes vom vierten bis achten an strichförmig verdunkelt, fast schwarz; auf diese kurze strichförmige Verdunkelung folgt ein kleiner, länglicher, weißer Flecken, dann und über den Ringeinschnitten eine breite, fleckenartige, weißliche Einsäumung. Nebenrückenlinien fein, braun, nicht deutlich. Stigmenlinie schmal, weißlich, nach oben breit dunkelbraun gesäumt. Bauch mit drei feinen dunkelgrauen Linien, von welchen die zwei äußern dunkler als die mittlere und nach außen weißgelb gesäumt sind. Kopf von der Körperfarbe, braun getupft. Erstes Segment nicht besonders ausgezeichnet. Afterklappe von der Körperfarbe. Warzen sehr klein, schwarz. Brustfüße blaß gelbbraun. Bauch- und Afterfüße graugelb, letztere außen weiß, da sich die Stigmenlinie auf sie fortsetzt. (Nach einer präparierten Raupe von Dr. Staudinger.) Die Raupe verläßt Mitte November das Ei und ist Ende April oder Anfang Mai erwachsen, lebt an verschiedenen Genista- oder Ulex-Arten. Verwandlung an der Oberfläche der Erde in einem leichten Gespinst. Puppe rotbraun, an den Flügeln grünlich; der Hinterleib endet in eine einzige ziemlich dicke Spitze ohne Häkchen. Entwicklung im August und September. Südfrankreich, Catalonien, Andalusien. — Mill. Jc. 38. 3—7.

Proximaria, *Rbr.* Rotbraun, Rückenlinie fein, doppelt, schwarz, auf den sechs mittleren Ringen durch je einen Fleck auf den Einschnitten unterbrochen, welcher durch letztern in zwei geteilt wird; dieser Fleck ist nach vorn winklig und schwarz, nach hinten ein wenig abgerundet und weiß. Stigmen klein, weiß, breit schwarz gesäumt. Bauch mit drei dunklen Linien vom vierten bis neunten Segment, von welchen die mittlere feiner ist als die beiden andern; der runde Kopf und die Füße sind mit dem Körper gleichfarbig (Millière). Lebt vom Oktober bis Ende März an Genista corsica und an Ulex. Verpuppung zwischen trockenen Blättern oder Pflanzenabfällen in einem leichten Gewebe. Puppe dunkel rotbraun, in eine sehr verlängerte und gespaltene Spitze endigend. Entwicklung im Oktober. Corsika. — Mill. Jc, 99. 5. 6.

Bipunctaria, *Schiff.* (Sch. Taf. 65, Fig. 14.) 3,0 cm, blaß gelbgrau; Rückenlinie und Nebenrückenlinien grau, nicht deutlich. Stigmenlinie grau, ebenfalls nicht sehr ausgeprägt. Stigmen groß, schwarz; hinter jedem ein kleiner, etwas erhabener, rotbrauner Fleck, ähnlich wie bei Limitata; nach unten ist die Stigmenlinie von mehreren, öfters unterbrochenen rötlichbraunen Längslinien begrenzt. Bauch mit mehreren (sieben) solchen Längslinien vom vierten bis neunten Segment; zwischen den Vorder- und Hinterfüßen einfarbig weißgrau. Kopf klein, gelbgrau, schwarz getupft. Nackenschild und Afterklappe gelbgrau. Warzen ziemlich groß, schwarz. Alle Füße von der Körperfarbe. (Nach einer präparierten Raupe von Dr. Staudinger.) Lebt im Mai an niederen Pflanzen wie Hippocrepis comosa, Teucrium montanum, Thymus, am Tage an der Erde verborgen. Entwicklung im Juli und August. — Tr. VI. 2. 87. — O. W. 420.

85. Gattung. **Mesotype**, *Hb.*

Nur eine, auch in Deutschland vorkommende Art.

Virgata, *Rott.* Taf. 44, Fig. 21. (Sch. Taf. 65, Fig. 15.) (Lineolata, *Hb.*) 2,4 cm lang, sehr schlank, gleichmäßig, cylindrisch, Rückenfläche rotbraun, Seitenfläche vom Stigmenstreifen an, und Bauch einfarbig hellgelb. Rückenlinie schwärzlich, fein hellgelb gesäumt. Nebenrückenlinien nur auf den drei ersten und drei bis vier letzten Ringen angedeutet, fein, gelblich, auf den mittleren Ringen verloschen. Stigmenstreif breit dunkelbraun; an seinem unteren Rande stehen die schwarzen Luftlöcher. Kopf so breit wie das erste Segment, abgerundet, gelblichgrau, braun getupft mit zwei hellgelben Längsstreifen auf dem Scheitel, entsprechend den Nebenrückenlinien. Nackenschild und Afterklappe gelblich. Warzen schwarz, fein gelb gesäumt, deutlich mit ziemlich steifen schwarzen Börstchen. Brustfüße blaßbraun; Bauchfüße außen rötlich; Afterfüße außen gelb, nach hinten breit braun gesäumt. Lebt im Juni und im September an Galium verum. Verwandlung in der Erde. Puppe kolbig dunkelbraun. Entwicklung Ende April, Anfang Mai, dann wieder im Juli. Mitteleuropa (mit Ausnahme der Schweiz), südliches Schweden, Livland, Piemont, Sizilien, nordöstliche Türkei, südöstliches Rußland. — Hb. V. 2. F. b. — Tr. VI. 1. 144. — O.W. 421.

86. Gattung. **Minoa**, *B.*

Nur eine, in Deutschland häufige Art.

Murinata, *Sc.* Taf. 44, Fig. 22. (Sch. Taf. 65, Fig. 16.) (Euphorbiata, *S. V.*) 1,5 cm, kurz und gedrungen, nach vorn dünner werdend, rauchbraun (oder schmutziggrün, Wilde). Rückenlinie fein, weißlich; nur stellenweise, auf dem ersten und den mittleren Ringen angedeutet. Nebenrückenlinien fehlen. Stigmenlinie schwarz, unten durch eine Reihe schmutzig rötlichweißer Flecken begrenzt, oben stellenweise und fleckig fein gelbweiß gesäumt. Stigmen klein, schwarz. Bauch etwas heller als der Rücken, einfarbig. Kopf sehr klein, überall abgerundet, glänzend schwarz mit gelben Stirn-

Stirunähten. Nackenschild und die kleine Afterklappe schwarz, ersterer durch die feine helle Rückenlinie geteilt. Auffallend ist die Raupe durch die großen, zusammengesetzten, weißgelben Warzen, welche kleine Büschel ziemlich langer, weißlicher, feiner Haare tragen; das hintere Paar der Rückenwarzen auf dem fünften bis inklusive achten Segment besonders groß und in die Quere gezogen. Brustfüße hellbraun, Bauch- und Afterfüße von der Körperfarbe. Lebt in zwei Generarationen Ende Juni und dann wieder im September und Oktober an Euphorbia cyparissias. Verpuppung in einem kleinen Erdgespinst an der Erdoberfläche. Puppe kurz, dick, braun, nicht selten zweimal überwinternd. Entwicklung im Mai, dann wieder im Juli und August. Mitteleuropa (mit Ausnahme von Holland und Rußland), Catalonien, Corsika, Mittel- und Norditalien, Sizilien, Ural. — Hb. V. 1. N. a. — Tr. VI. 2. 249. — O. W. 421. — Pr. III. Fig. 24. — Poritt. M. M. IX. p. 137.

87. Gattung. Odezia, *B.*

Zwei, auch in Deutschland vorkommende Arten.

Atrata, *L.* (Sch. Taf. 65, Fig. 17.) (Chaerophyllata, *L.*) Erwachsen ³/₄—1 Zoll lang, cylindrisch, gedrungen, überall gleichmäßig dick, etwas glänzend; Grundfarbe am Rücken grün oder blaugrün, an den Seiten gegen die Stigmenlinie hin allmählich blasser werdend. Rückenlinie dunkler grün, auf dem Aftersegment sehr auffallend dunkelrot und dicker. Nebenrückenlinien dunkler grün als der Grund, fein weißlichgrün eingefaßt, bei manchen Exemplaren außerdem noch fein dunkelgrün gegen außen gesäumt. Luftlöcher rot; unter ihnen verblaßt die grüne Farbe zu einem weißlichen Streifen, welcher scharf absticht gegen das Dunkelgrün des Rückens und allmählich übergeht in das blassere Grün der Bauchfläche, welche von drei weißlichen Längsstreifen durchzogen ist, deren mittelster am breitesten ist (Buckler.) Nach Treitschke ist die Raupe dünn, stengelartig, grün, wie mit einem zarten Sammt bedeckt, ohne Zeichnungen oder Punkte. Lebt im Mai und Juni und in zweiter Generation Ende Juli (Treitschke) an Anthriscus sylvestris, nach Buckler an Bunium flexnosum. Verwandlung in einem dünnen Gewebe. Entwicklung Ende Juni Juli. Die Eier der zweiten Generation überwintern und schlüpfen erst im April aus. Mittleres und nördliches Europa (ausgenommen Holland, Frankreich und die Polarregion), dann in Castilien, Andalusien, Piemont, am Ural. — Tr. VI. 2. 251. — O. W. 422. — Newm. Br. M. 201. — Buckler M. M. IV. p. 85.

Tibiale, *Esp.* (Sch. Taf. 65, Fig. 18.) (Tibialata, *Hb.*) 2,0 cm lang, nach dem Kopf zu verjüngt, etwas breit gedrückt, querfaltig, mit vortretenden faltigen Seitenkanten. Kopf gelblichgrün, an beiden Seiten breit braunrot gerandet, flach, oben abgerundet. Körper grün mit gelblichen Ringeinschnitten. Rückenlinie breit braunrot, auf den drei ersten Ringen ununterbrochen, vom vierten bis achten Ring derart abgesetzt, daß am Hinterrande jedes Ringes ein größerer rundlicher Fleck steht, dem sich am Vorderrand des folgenden Ringes ein kleinerer, ovaler, nach hinten spitz ausgezogener Fleck dicht anschließt; vom neunten bis zwölften Ring ist die Rückenlinie wieder zusammenhängend und sehr breit. Nebenrückenlinien und Stigmenlinie fehlen. Stigmen ziemlich groß, schwarz, deutlich vortretend. Bauch hellgrün. Brustfüße gelblich, Bauch- und Afterfüße grün. Warzen grün, mit kurzen feinen Härchen. (Nach der Beschreibung und einer präparierten Raupe von Herrn Habich, Wien.) Lebt im Angust in schattigen feuchten Waldschluchten an Actaea spicata, wo sie in der Ruhe langgestreckt an der Unterseite der Blätter sitzt, das Gebiß gegen das dritte Fußpaar gedrückt. Verpuppung in einem mit Erdkörnchen besetzten Gespinste. Puppe anfangs hellgrün, später dunkler, Hinterleib gelblich, Ringeinschnitte braun, dicht punktiert, das letzte Segment glatt, mit zwei weit auseinanderstehenden Spitzen. Entwicklung im Juli. Südöstliches Deutschland, südliche Schweiz, südöstliches Frankreich, Piemont, Galizien, Ural, Amur. — Stett. e. Z. 1889, p. 349. (Habich.)

88. Gattung. Siona, *Dup.*

Zwei in Österreich und Rußland vorkommende Arten, deren ersten Stände noch unbekannt sind.

89. Gattung. Lithostege, *Hb.*

Zehn Arten, darunter zwei deutsche, von welchen jedoch nur eine im Raupenzustand bekannt ist.

Griseata, *Schiff.* (Sch. Taf. 65, Fig. 20). Ei länglich, gelb. Raupe fast 1 Zoll lang, ziemlich schlank, überall gleichmäßig dick, unten etwas abgeflacht; Kopf breit und abgerundet. Variiert sehr; Grundfarbe gewöhnlich dunkel olivengrün, an den Seiten blaßgelb. Rückenlinie dünn und dunkler als die Grundfarbe; manchmal ist noch eine Längslinie an jeder Seite der Rückenlinie vorhanden; bei anderen Exemplaren erscheinen diese Linien nur als zwei olivenbraune oder purpurbraune Keile vor jeder Segmentfalte. Die Nebenrückenlinien sind graugrün mit dunklerer Einfassung; die Luftlöcher sind schwarz; über und hinter ihnen stehen in der gelben Stigmenlinie dunkle Flecken von derselben Farbe wie die Einfassung der Nebenrückenlinien. Eine Varietät ist von lebhafterer, mehr gelbgrüner Farbe mit dunkelgrünem Rücken; Stigmenstreifen gelblich mit dunkel purpurroten und schärfer gezeichneten Flecken. Eine zweite Varietät ist grünlichweiß mit drei sehr feinen purpurbraunen oder schwarzen Linien auf dem Rücken, von welchen die mittlere vor den Segmentfalten und die beiden seitlichen gerade über diesen dunkler und dicker werden; manchmal sind diese Linien unterbrochen und bleiben nur die verdickten Partien derselben sichtbar; in wieder andern Fällen entstehen durch die Vereinigung der drei verdickten Stellen Querbänder. Nebenrückenlinien blasser, als der Grund, unten dunkel gesäumt; Stigmengegend ebenso gefärbt wie der übrige Körper; über und unter den Stigmen stehen braune keilförmige Flecken, welche manchmal zusammenfließen. Afterklappe und Afterfüße dunkel schwärzlichgrün oder purpurbraun (Hellins). Die beschriebenen Varietäten der Raupe wurden vom Ei an mit Erysimum cheiranthoides gefüttert. Lebt Ende Juni und Juli an den Schoten von Sisymbrium Sophia; frißt nur Nachts. Verwandlung Anfang August in der Erde ohne Gespinst. Puppe kurz mit zwei divergierenden Dornen am Afterstücke; braun mit grünlichen Flügelscheiden, überwintert. Entwicklung im Mai, Anfang Juni. Deutschland, Holland, Südfrankreich, Andalusien, Piemont, Galizien, Ungarn, nördlicher Balkan, südliches Rußland. — O. W. 422. — Mill. Jc. 127, Fig. 6—9. — Newm. 199. — Hellins M. M. IV. 115.

90. Gattung. Anaitis, *Dup.*

Raupen mäßig schlank, nach vorn wenig verschmälert, querfaltig und mit deutlicher Seitenkante; Kopf so breit wie das erste Segment, oben abgerundet, Verwandlung an oder in der Erde. Puppe mit verlängerter Saugrüsselscheide. 16 Arten, darunter 5 deutsche.

Praeformata, *Hb.* Taf. 44, Fig. 23. (Sch. Taf. 65, Fig. 24.) Gleicht nach Form und Gestalt der Raupe von A. Plagiata, ist jedoch dicker und größer als diese. Farbe dunkel semelfarben mit einer dunkleren Rückenader. An jeder Seite führt sie einen weißen Streifen durch ihre ganze Länge, der auf einer scharfen Kante aufsitzt, unter welcher die Farbe dunkelbraun sich zeigt. Der Kopf ist gerundet, etwas eckig nach oben. Die Klauenfüße sind hellbraun (Standfuß). Nach Rössler sind die Raupen bei der Überwinterung an Größe und Farbe verwelkten Blättern von Hypericum gleich, glatt, graugelb und mit Ausnahme feiner Längslinien ohne Zeichnung. Lebt nach der Überwinterung im Mai an Hypericum perforatum (Johannisbeerkraut); im Herbst ist sie zwischen den Samenkapseln versteckt. Verwandlung Ende Mai in der Erde in einem lockeren Gespinst. Puppe schlank, mit verlängerter Saugerscheide, braun. Entwicklung im Juni. Deutschland, Schweiz, Belgien, Frankreich, Italien, Galizien, Livland, Rußland, Balkan. — Frr. 694. — O. W. 423. — Rössl. Jahrb. Naß. V. Bd. 10. S. 260.

Plagiata, *L.* Taf. 44, Fig. 24. (Sch. Taf. 65, Fig. 25.) 2,8 cm lang, cylindrisch, querfaltig, nach vorn etwas verschmälert, rötlichbraun mit gelblichen Ringeinschnitten; Rückenlinie dunkelgrau, auf den mittleren Ringen unterbrochen, auf den letzten bedeutend breiter, als vorn. Nebenrückenlinien gelblich, innen sehr fein schwarz gesäumt. Stigmenlinie breit, gelblichweiß, rötlichbraun gesprengt, nach oben durch eine sehr feine, wellig gebogene, nicht deutliche Linie begrenzt, nach unten durch eine gerade schwarze Linie von der Bauchfläche scharf getrennt. Stigmen weiß, blaßgelb gesäumt; hinter jedem ein kleiner, gelbweißer, rotbraun umzogener Fleck, welcher wie ein zweites Stigma aussieht. Bauch rötlichgelb mit einem weißgelben Mittel- und zwei ebensolchen undeutlichen Seitenstreifen. Kopf so breit wie das erste Segment, oben abgerundet, einfarbig gelb. Nackenschild und Afterklappe nicht besonders ausgezeichnet; letztere abgestumpft am Hinterrand. Warzen deutlich, weißgelb. Brustfüße hellbraun; Bauch- und Afterfüße rötlichbraun. Lebt in zwei Generationen im April und anfangs Mai und im Juni, anfangs Juli an Hypericum perforatum, Blätter und Blüten fressend. Verpuppung frei an der Erde oder in einem lockeren Gespinste. Puppe gestreckt mit verlängerter Saugerscheide, weiß gesprengt; sie hat eine schmale, rauhe, rötlichbraune Platte an jeder Seite des Nackens und an der Basis der Schulterdecken (tegulae); diese Platte ist zusammenhängend mit dem ersten Stigma (Newmann). Entwicklung im Mai und Juni, sowie im August und September. Ganz Europa (mit Ausnahme der nördlichen Region über dem 60.—62. Breitengrad). — Tr. VI. 2. 82. — Sepp 2. Ser. t. 30. — O. W. 423. — Newm. Br. M. 198.

Simpliciata, *Tr.* (Sch. Taf. 65, Fig. 26.) Raupe kürzer als die der Plagiata, seitenkantig, mit kleinem Kopf, welcher teilweise unter den ersten Ring eingezogen ist. Grundfarbe weinrot, Seitenkante und Bauch gelbweiß. Rückenlinie fein, braun, unterbrochen, auf den letzten Ringen breit und zusammenhängend. Nebenrückenlinien aus je drei dunkeln ununterbrochenen Linien gebildet, schwarz, beiderseits weiß begrenzt. Stigmenlinie weißlich, innen braun. Kopf und Füße rotbraun; Afterfüße von der Körperfarbe. Stigmen klein, schwarz. Bauch grau mit weißer Mittellinie (Millière). Lebt im Herbst und nach der Überwinterung im Frühjahr an Hypericum alpinum in Höhen von 1700—1800 m. Verwandlung in einem durchsichtigen Gespinste. Puppe anfangs schön grün, dann braun, mit langer Rüsselscheide, welche in eine scharfe Spitze endet. (Zwei Generationen.) Entwicklung im Mai und Juni. Alpen Fraukreichs, östliche Pyrenäen, Dalmatien, Griechenland, Bosnien. — Mill. Jc. 145, Fig. 1—5. — Gumpp. Syst. Geom. IV. 451.

Paludata, *Thnb.* (Sch. Taf. 65, Fig. 27.) Var. Imbutata, *Hb.* (Sororiata, *Tr.*) Die Raupe ist ziemlich kurz, weißlich oder rötlichgelb mit drei oft helleren, oft dunkleren, oft zusammenfließenden violetten oder kirschroten Rückenstreifen, worüber zuweilen noch seitwärts ein blaß rötlicher Anflug sich verbreitet. Sie hat eine gelblichweiße Seitenlinie oberhalb des Bauches, in welcher die Lüfter stehen; der Kopf ist blaß rötlich (Freyer). Lebt im Juni auf Vaccinium oxycoccus, meistens die Blüten fressend. Verwandlung zwischen feuchtem Moos, ohne besonderes Gespinst. Puppe braungelb mit etwas verlängerten Fühler- und Fußscheiden. Entwicklung im Juli. Norddeutschland, Alpen, Schottland, Livland, Jütland, Norwegen. — Frr. 659, Fig. 1. — O. W. 423. — Hellins M. M. IX. 92.

91. Gattung. Chesias, *Tr.*

Raupen schlank, gleichmäßig cylindrisch, glatt. Kopf etwas breiter als das erste Segment, oben abgerundet. Verwandlung frei an der Erde. Zwei, auch in Deutschland vorkommende Arten.

Spartiata, *Fuesl.* Taf. 44, Fig. 25. (Sch. Taf. 65, Fig. 28.) Ei länglich, glatt, stark vertieft, gelbgrün, später hellbraun; die Eier werden reihenweise an die Stengelkanten des Besenstrauches abgesetzt (Völchow, Schwerin). Raupe 2,5 cm, schmutziggrün; Rückenlinie dunkelgrau, beiderseits fein weiß gesäumt; Nebenrückenlinien dunkelgrau, nicht scharf ausgeprägt; nach außen von diesen ein breiter dunkelgrauer, beiderseits fein weiß gesäumter Streifen und dicht unter diesem die breite weiße Stigmenlinie, welche nach unten wieder breit dunkelgrau gesäumt ist; die Stigmen sind blaß gelbbraun gesäumt und stehen in der Mitte der Stigmenlinien. Bauch mit drei weißen Längslinien vom vierten bis neunten Segment, sonst einfärbig weißlichgrün; Kopf gelb, braun getupft, besonders am Scheitel; Nackenschild und die herzförmige Afterklappe gelb. Warzen klein, schwarz, weiß geringt. Brustfüße hellbraun; Bauch- und Afterfüße von der Körperfarbe. Lebt im Mai und Juni an Sarrothamnus scoparius (Besenstrauch). Puppe grün, späterhin rotbraun. Die Raupe war 1890 bei Schwerin so massenhaft, daß der Besenginster auf weite Strecken vernichtet wurde (Völchow). Entwicklung im September, Oktober. Mittel- und Westeuropa, Deutschland, Schweiz, Piemont, Catalonien, Castilien. — Hb. V. 2. F. a. — Tr. VI. 1. 331. — Sepp V. 1. 45. — O. W. 424. — Gn. II. 506. — Pr. III. Fig. 25. — Ent. M. Mag. VII. 260. — Fuesl. Archiv 2, 1782. 1—4.

Rufata, *F.* (Sch. Taf. 65, Fig. 29.) (Obliquaria, *Bkh.*) Raupe 2,2 cm; dünner als die vorige, dunkler grün, die Längslinien nicht so deutlich hervortretend; Rückenlinie grau, fein weiß beiderseits gesäumt. Nebenrückenlinien kaum angedeutet, sonstige Zeichnung wie bei Spartiata; die Stigmenlinie ist jedoch nicht so breit und nicht so rein weiß; Stigmen weiß, dunkelbraun gesäumt; Bauch grün mit undeutlichen weißen Linien. Kopf einfarbig grün, Nackenschild und Afterklappe in der Mitte gelblich. Warzen sehr klein, braun. Brustfüße hellbraun; Bauch- und Afterfüße von der Körperfarbe. Lebt im Juni, Juli und August an Spartium scoparium und an Cytisus. Verwandlung an der Erde. Puppe überwintert. Entwicklung im April und Mai. Mitteleuropa (mit Ausnahme von Livland), Catalonien, Mittel- und Norditalien. — Lyonet rech. s. l'anat. et metam. des ins. (1832) 275. pl. 28, Fig. 11—13. — O. W. 424. — Buckl. Month. Mg. VII. p. 260. — Newm. Br. M. 201. — Gn. II. 507.

92. Gattung. **Lobophora,** *Curt.*

Raupen ziemlich kurz, gedrungen, nach vorn, einige auch nach hinten etwas verdünnt, glatt; Kopf klein, abgerundet; Afterfüße mit zwei mäßig langen Horizontalfortsätzen. Verwandlung an der Erde zwischen Moos oder Blättern. Puppe überwintert. Zehn Arten, darunter acht deutsche.

Polycommata, *Hb.* Taf. 44, Fig. 26. (Sch. Taf. 65, Fig. 31.) Raupe 2,2 cm lang, gedrungen, mit einer Seitenkante, Haut sehr fein gekörnt und genarbt (runzelig). Rückenfläche trübgrün mit schmalem etwas dunklerem Rückenstreifen, der jedoch manchmal kaum bemerkbar ist. Seitenkante weißgelb, ebenso die dicht darüber verlaufende Stigmenlinie. Stigmen sehr klein, blaßbraun. Bauchfläche meergrün mit einem schmalen, weißgrünen Mittelstreifen. Kopf grün, kleiner und schmäler als das erste Segment; dieses ist gelblich, am Vorderrand etwas aufgetrieben, so daß der Kopf teilweise unter dasselbe eingezogen werden kann. Afterklappe gelblich, besonders in der hinteren Hälfte. Warzen sehr klein, braun, nur mit starker Lupe sichtbar. Afterfüße mit zwei nach hinten gerichteten Spitzen, ebenso wie die Bauchfüße grün. Brustfüße blaß gelbbraun. (Nach Newmann und einer präparierten Raupe.) Lebt im Mai, Anfang Juni an Liguster, Geisblatt und Eschen. Verwandlung an oder in der Erde; Puppe grün mit hellbraunem Hinterleib. Entwicklung Ende März, anfangs April. Mitteleuropa (mit Ausnahme von Belgien und Galizien), Livland, Finnland, Piemont, südöstliches Rußland. — Hb. V. 2. G. a. b. — Tr. VI. 1. 333. X. 2. 206. — Frr. 522. — O. W. 424. — Pr. III, Fig. 27. — Newm. Br. m. 149.

Sabinata, *H.-G.* (Sch. Taf. 66, Fig. 1.) 2,8 cm, dick, nach vorn und hinten etwas dünner werdend, gelbgrün. Rückenlinie fein, schwarz, vom vierten Ring an in jedem Ringeinschnitt einen starken schwarzen Punkt bildend; Nebenrückenlinien lebhaft gelb, links und rechts von den eben erwähnten schwarzen Punkten gelbe Flecken bildend, sonst undeutlich; Stigmenlinie breit, weiß, unten graulich beschattet; auf dem zweiten Ring von einem rotgelben, auf dem 5., 6., 7., 8., 9. und 11. Ring von je einem dunkelbraunen Punkt mit dicht dahinterstehendem rotgelbem Schrägstrich unterbrochen; diese Punkte und Schrägstriche stehen vor den runden dunkelbraun eingefaßten Stigmen. Bauch mit drei undeutlichen, weißgelben, fleckigen Längslinien. Kopf einfarbig hell gelbbraun; Nackenschild und die dreieckige Afterklappe gelblich. Warzen sehr klein, schwarz. Alle Füße von der Körperfarbe. (Nach einer präparierten Raupe von Dr. Staudinger.) Lebt nach Frey an Juniperus Sabina. Wallis, Graubünden, auch in den bayrischen Alpen.

Sertata, *Hb.* Taf. 44, Fig. 27. (Sch. Taf. 66, Fig. 2.) 2,3 cm, nach vorn und hinten etwas verschmälert, gelblichgrün mit helleren Längslinien; Stigmen ganz blaß gelblich eingefaßt, daher kaum sichtbar. Kopf hell gelbbraun. Nackenschild, Afterklappe und hintere Füße von der allgemeinen Körperfarbe. Warzen sehr klein, braun, nur mittels der Lupe sichtbar. Brustfüße blaß gelbbraun. (Nach einer präparierten Raupe.) Lebt im ersten Frühjahr in zusammengesponnenen Trieben von Acer pseudoplatanus; am Rosenstein auf der schwäbischen Alb im Jahre 1866 in solcher Menge, daß fast alle Triebe, ähnlich wie durch den Frostspanner vernichtet waren. Falter im April und Mai. Österreich, Sachsen, Schlesien, Galizien, mittleres und westliches Rußland, Schweiz, östliches Frankreich. — Habich W. e. Z. 1886, p. 60.

Carpinata, *Bhh.* Taf. 44, Fig. 28. (Sch. Taf. 66, Fig. 3.) (Lobulata, *Hb.*) Raupe ziemlich dick, etwas abgeflacht, mit einer breiten Hautfalte (Kiel) an jeder Seite; dunkelgrün, mit einem schmalen weißen Streifen an jeder Seite, in welchen auch die seitliche Hautfalte eingeschlossen ist. Bauch dunkelgrün mit einem breiten meergrünen Mittelstreifen und zwei weißen Seitenstreifen;

Kopf vorgestreckt, unter den Vorderrand des ersten Segmentes zurückgezogen, am Scheitel nicht merklich eingekerbt, dunkelgrün. Brustfüße durchsichtig blaßgrün, Bauch- und Afterfüße grün, rosa angeflogen; letztere mit kurzen rosa angelaufenen Horizontalfortsätzen (Newmann). Nach Rössler ist die Raupe am Rücken gesättigt blaugrün; die dunkelgraue Rückenlinie und Nebenrückenlinien kaum sichtbar. Die Rückenfläche ist von zwei lichtgelben Seitenlinien begrenzt, die auf dem Ende der Afterklappe zusammenlaufen. Bauch weißlichgrün. Lebt im Mai und Juni an Pappelarten und Saalweiden, auch an Lonicera periclymenium. Verpuppung in einem leichten Gespinst an der Erde. Puppe länglich, glänzend blaugrün. Entwicklung Ende März, Anfang April. Mittleres und nördliches Europa (mit Ausnahme der Polarregion), Piemont, Ural. — Hb. V. 2. G. a. b. — Tr. VI. 2. 29. — Isis 1846. 47. — O. W. 425. Pr. III. Fig. 26. — Rössl. Schupp. 150. — Newm. Br. Moths. 148.

Halterata, *Hufn.* (Sch. Taf. 66, Fig. 4.) (Hexapterata, *Schiff.*) Raupe in Gestalt und Sitten jener von G. Cythisaria sehr ähnlich, schön grün mit einer schwefelgelben Seitenlinie, und zwei ebenso gefärbten Spitzen über dem After (Afterfußspitzen). Der Kopf endet in zwei gelbe Spitzen (Treitschke VII. 216.) Lebt im Juni und Juli auf Espen, Pappeln und Wollweiden. Verwandlung in der Erde. Puppe überwintert. Entwicklung im April, Mai. Mittel- und Nordeuropa, Südlappland, Mittel- und Norditalien, Dalmatien. — Tr. VII. 216. — O. W. 425. — Lyonet. Metam. Pl. 27, Fig. 1—4.

Sexalisata, *Hb.* Taf. 44, Fig. 29. (Sch. Taf. 66, Fig. 5.) (Sexalata, *Vill.*) Raupe weißlichgrün, oder apfelgrün mit drei weißen Streifen über den Rücken; Kopf platt gedrückt; oben herzförmig eingeschnitten; an jedem Hinterfuße sitzt eine Fleischspitze; beide zusammen bilden gleichsam einen Gabelschwanz, und sind am Ende rötlich. Kopf schmäler als das erste Segment; dunkel gelblichgrün (Treitschke, Newmann). Lebt Ende August und September an Weiden. Verwandlung in einem lichten ovalen Gespinst zwischen abgefallenen Blättern, nach Freyer in einem nußbraunen, etwas festen Gewebe, ähnlich dem von Degenerana an einem Blatt oder Stämmchen der Futterpflanze. Puppe kurz, kastanienbraun und glänzend, überwintert. Entwicklung im Mai und Juni. — Mittel- und Nordeuropa (mit Ausnahme von Skandinavien), südöstliches Rußland. — Hb. V. 2. G. a. b. — Tr. VI. 2. 40. — Frr. 6. — O. W. 425, Taf. 10, Fig. 22. — Pr. III, Fig. 38. — Newm. Br. M. 146.

Appensata, *Ev.* Taf. 44, Fig. 30. (Sch. Taf. 66, Fig. 6.) 1,3 cm lang, hinten dick, nach vorn verschmächtigt; Kopf klein, abgerundet, dunkelbraun. Grundfarbe grün; Rückenlinie lebhaft rotbraun, oft erst am dritten Ring beginnend; Nebenrückenlinien breit, dick rotbraun, vom vierten bis siebten Ring abgesetzt, auf jedem Ring nach hinten dreieckig erweitert und hier mit der Mittellinie zusammenstoßend, vom achten Ring an fehlend. Nackenschild von der Körperfarbe, Afterklappe klein, gelbbraun, rotbraun umzogen. Warzen sehr klein, ohne Lupe nicht sichtbar. Stigmenlinie fehlt. Stigmen sehr klein, nicht ausgezeichnet. Seiten und Bauch, sowie die kleinen Bauch- und Afterfüße grün, Brustfüße blaßbraun. Lebt im Juli an Actaea spicata, in der Jugend in den unreifen Früchten, später zwischen leicht zusammengesponnenen Blättern, dieselben ganz nahe am Blattstiel unregelmäßig durchlöchernd. Verpuppung Ende Juli, anfangs August in einem festen Erdcocon. Puppe kurz, dick, hellbraun, an Kopf und Afterspitze etwas dunkler. Entwicklung April, anfangs Mai (bei Zimmerzucht schon im März). Bayern (bei Regensburg nicht selten), Österreich, Ural, östliches Sibirien. — Wien ent. Mon. 1864, p. 26 (Viretata).

Viretata, *Hb.* Taf. 45, Fig. 1. (Sch. Taf. 66, Fig. 7.) 1,8 cm; nach vorn etwas verschmälert. Haut etwas querfaltig, Grundfarbe apfelgrün, Zeichnung braunrot, sehr veränderlich; bei den am wenigsten gezeichneten Exemplaren sind von den gewöhnlichen drei Rückenlinien nur Reste in Form von je einem bis drei kleinen braunroten, runden Fleckchen am Vorderrand des 5., 6., 7. und 8. Ringes übrig geblieben; bei andern Exemplaren finden sich auf dem Rücken des ersten und zweiten Segmentes nur schwache, unregelmäßige braunrote Fleckchen; die Rückenfläche des dritten und vierten ist ganz, die des fünften, sechsten und siebten Ringes in der hinteren Hälfte in Form eines Halbkreises braunrot; auf dem achten Segment ist die braunrote Färbung bedeutend schwächer und fehlt auf dem neunten und zehnten Segment ganz; das elfte und zwölfte samt der Afterklappe sind dagegen auf dem Rücken wieder braunrot; von der Rückenfläche des vierten Segmentes zieht sich die braunrote Farbe als ein breites Band am vordern Rande dieses Segmentes rings um den Körper; am Vorderrande der Segmente fünf, sechs, sieben und acht finden sich außerdem noch zwei dunkel braunrote, durch einen feinen grünlichgelben Strich getrennte Querstriche über die ganze Breite des Rückens; die dunkel braunrote Rückenlinie ist auf dem dritten bis fünften und dann wieder auf dem siebten bis elften Ring deutlich, und ist am Vorderrand des vierten Ringes dreieckig erweitert; an beiden Seiten derselben stehen auf dem dritten bis achten Ring je zwei kleine gelbliche Punkte. Nebenrückenlinien sind nur am siebten und achten Ring als Begrenzung der roten Färbung deutlich. Eine Stigmenlinie ist nicht vorhanden. Stigmen sehr klein, rund und ganz blaß gelbbraun eingefaßt, daher schwer sichtbar. Bauch mit Ausnahme des vierten Ringes einfarbig grün; Kopf klein, abgerundet, hell- oder dunkelbraun; ein horniges Nackenschild fehlt; Warzen deutlich gelbbraun mit sehr kurzen Börstchen. Brustfüße hellbraun; Bauch- und Afterfüße grün; letztere mit braunroten Horizontalfortsätzen oder ganz braunrot. (Nach einer präparierten Raupe.) Wilde p. 425 beschreibt eine Var. mit rotbraunen Winkelstrichen und gleichfarbigen Seitenlinien auf dem Rücken und rotbraunen Längslinien an den Seiten. Lebt im Juni in den Blütendolden von Cornus sanguinea, Ligustrum vulgare, Viburnum opulus und Rhamnus frangula, nach Sand auch an Eschen, dann in England in zusammengesponnenen

Blättern der Endtriebe der Sycomore (wilden Feige) und in den Blüten des Epheu, immer in leichtem Gespinst. Verwandlung am Boden in einem leichten Erdcocoon, oder in einem Gespinst zwischen zusammergezogenen Blättern der Futterpflanze. Puppe kolbig grünlichbraun. Entwicklung Ende April, Mai, ebenso nach Buckler in England und nach Weymer in Elberfeld zum zweitenmal im August. Mitteleuropa, Livland, Finnland, Piemont, Ural. — Hb. V. 2. G. b. — Tr. VI. 2. 51. — O. W. 425. — Newm. Br. M. 147. — Rössl. Schuppenfl. 150. — E. M. 1877, S. 186. 231. — Niederl. ent. Zeitschr. Bd. VI, S. 179.

93. Gattung. **Sparta**, *Stgr.*

Nur eine, in Griechenland und auf Sizilien vorkommende Art, deren Raupe noch unbekannt ist.

94. Gattung. **Cheimatobia**, *Stph.*

Raupen ziemlich gedrungen, nach beiden Enden etwas verschmälert, mit kleinem, oben abgerundetem Kopf. Leben in Gespinsten an Laubhölzern. Das Ei überwintert. Verwandlung in der Erde. Zwei, überall vorkommende Arten.

Brumata, *L.* Taf. 45, Fig. 2. (Sch. Taf. 66, Fig. 9 a.) Ei grünlichweiß, später orange, vor dem Ausschlüpfen braun. Raupe 2,0 cm lang, blaugrün oder gelblichgrün. Rückenstreif fein, schwärzlich. Nebenrückenlinien, Stigmenlinien und eine dritte mitten zwischen diesen stehende Längslinie gelblichweiß oder weiß. Stigmen hellbraun gerandet. Bauch einfarbig grün. Kopf blaßgrün durchscheinend (in der Jugend schwarz), an den Seiten in der Gegend der Ocellen öfters rauchbraun angeflogen. Nackenschild und Afterklappe von der Körperfarbe (ersteres in der Jugend schwarz). Warzen sehr klein, ohne Lupe nicht sichtbar. Alle Füße durchscheinend grün. Die Raupe variiert bedeutend, ist manchmal rein grün, manchmal rauchbraun bis schwärzlich; die Linien sind bei den verschiedenen Individuen an Deutlichkeit sehr verschieden; die Rückenlinie ist manchmal an jeder Seite mit einer undeutlichen, weißen Linie gesäumt, so daß dann im ganzen acht helle Längsstreifen vorhanden sind. Das Räupchen verläßt anfangs April das Ei und lebt dann in Gespinsten an den jungen Trieben fast aller Laubbäume, besonders an Birn- und und anderen Obstbäumen, auch die Blütenknospen verzehrend; erwachsen im Mai, oft sehr schädlich. Verwandlung in der Erde. Puppe hellbraun mit zwei kurzen Häkchen am abgerundeten Afterstück. Entwicklung Ende Oktober und November. Mittel- und Nordeuropa (mit Ausnahme der Polarregion). Castilien, Piemont, südwestliches Rußland. — Hb. V. 2. B. b. — Tr. VI. 2. 23. — Rtzb. 2. 188. — Sepp III, Taf. 41. — O. W. 426. — Pr. IV, Fig. 1. — Zell. St. e. Z. 1873. 120. — Newm. Br. M. 106. — Esp. V. Taf. 37, Fig. 10—12. — Zell. Tijdsch. v. Ent. XIII. 1870. 251.

Boreata, *Hb.* Taf. 45, Fig. 3. (Sch. Taf. 66, Fig. 10.) Raupe 2,2 cm lang, der Brumata-Raupe sehr ähnlich, dicker, mehr durchscheinend; die Längsstreifen sind mit Ausnahme der Nebenrückenlinien undeutlicher; Stigmen rund, klein, tief schwarz. Kopf fast ganz dunkelbraun oder schwarz, nur auf dem Scheitel zwei etwas hellere bräunlichgelbe Stellen. Brustfüße schwarz; Bauch- und Afterfüße von der Körperfarbe, sonst alles wie bei Brumata. Lebt im Mai an Birken zwischen zusammengesponnenen Blättern, gelegentlich auch an anderem Laubholz. Verwandlung in der Erde. Puppe rotbraun mit feiner Afterspitze. Falter im Oktober. Deutschland, Schweiz, England, nördliches Frankreich, Belgien, Galizien, Livland, südöstliches Rußland. — Tr. X. 2. 204. — Frr. 674. — O. W. 426. — Pr. IV, Fig. 2. — Zell. St. e. Z. 1873. 120. — Tijdsch. v. Ent. XIII. 1870. 248. — Newm. Br. M. 108.

95. Gattung. **Triphosa**, *Stph.*

Raupen dick, gedrungen, nach beiden Enden ein wenig verschmälert. Kopf klein, oben abgerundet, schmäler als das erste Segment. In der Jugend in zusammengefalteten oder zwischen zusammengesponnenen Blättern. Verpuppung in der Erde. Vier Arten, darunter zwei deutsche.

Sabaudiata, *Dup.* (Sch. Taf. 66, Fig. 11.) Raupe schwärzlich; Kopf schwarz, glänzend; an der Seite führt die Raupe oberhalb der Füße auf jedem Absatz, ähnlich wie die Raupe von Eucosm. Certata, einen länglichen, orangegelben, weißlich begrenzten Flecken, in welchem ein weißer Punkt steht. Oberhalb dieser Flecke stehen die weißen Lüfter. Klauenfüße glänzend, hornartig, braun. In der Jugend ist die Raupe hellgrün mit drei weißen Linien durch ihre ganze Länge, ähnlich der von Dubitata (Freyer). Lebt im Juni, Juli auf Rhamnus carniolica Kern (alpina. aut., non L.) Verwandlung in einem leichten Gewebe, oberhalb der Erdoberfläche zwischen Moos. Puppe mattbraun mit glänzenden, fein punktierten, hinteren Ringen, abgestutztem Cremanter, gabeliger Endspitze und jederseits zwei kleineren Häkchen an der chagrinierten dunkleren Basis (Rghf.). Entwicklung im August. Österreichische und bayerische Alpen, westliche Schweiz, schwäbische Alb, mittleres und südöstliches Frankreich, Piemont. — Frr. VII. p. 139. Taf. 679. — O. W. 427. — Pr. Taf. IV, Fig. 9.

Dubitata, *L.* Taf. 45, Fig. 4. (Sch. Taf. 66, Fig. 12.) Raupe 2,0 cm lang, blaß gelbgrün mit zwei weißlichgelben Rückenlinien und ebensolchen Nebenrückenlinien; die Stigmenlinie ist lebhaft gelb und orange, unter ihr stehen die ockergelben Luftlöcher; der Bauch ist zeichnungslos. Kopf hellgrün; Nackenschild grün; Afterklappe ebenso, auf ihr laufen die gelben Stigmenlinien zusammen. Warzen schwarz. Füße von der Körperfarbe. Lebt im Mai, Juni zwischen Blättern eingesponnen an Rhamnus frangula und cathartica, auch an Prunus (wohl Padus). Verpuppung Mitte Juni in einem Erdgespinst. Puppe matt braunrot, mit weniger verlängerter Rüsselscheide, kegelförmigem glattem Cremanter, längerer, am Ende schwach gabeliger Spitze und kleinen Häkchen beiderseits. Entwicklung im Juli, August; die befruchteten Weibchen überwintern gerne in Höhlen und Kellern und legen ihre Eier im Frühling

(Newman). Mitteleuropa, Livland, Finnland, Piemont, Sizilien, nördlicher Balkan. — Hb. V. 2. K. b. — Tr. VI. 2. 69. — Frr. 402. — Pr. Taf. IV, Fig. 7. — Newm. Br. M. 176.

96. Gattung. Eucosmia, *Stph.*

Raupen dick, nach vorn und hinten sehr wenig verschmälert, ohne Auszeichnung. Kopf schmäler als das erste Segment, überall abgerundet; in der Jugend in Gespinsten zwischen Blättern. Verwandlung in der Erde. Drei deutsche Arten.

Certata, *Hb.* Taf. 45, Fig. 5. (Sch. Taf. 66, Fig. 13.) 2,8 cm lang. Rückenfläche veilgrau oder blaugrau, beiderseits breit schwarz gesäumt; Seiten und Bauch gelblich, letzterer ohne Zeichnung. Rückenlinie doppelt, sehr fein weiß, oft unterbrochen; Nebenrückenlinien ebenso, dicht an der breiten schwarzen Einfassung der Rückenfläche stehend, Stigmenlinie breit, gelb, auf jedem Segment mit einem großen orangegelben Flecken, in dessen Mitte die tiefschwarzen runden Luftlöcher stehen; unter der Stigmenlinie verläuft noch vom elften bis zwölften Segment eine doppelte Reihe schwarzer Flecken, von welchen die der oberen Reihe kleiner sind als die der unteren. Kopf braun, fein schwarz getupft. Nackenschild schmal, schwarz, hornig mit den Anfängen der drei weißen, feinen Rückenlinien. Afterklappe halbkreisförmig, schwarz. Warzen sehr klein, dunkelbraun. Brustfüße glänzend schwarz; Bauch- und Afterfüße gelblich, letztere hinten mit einem braunen hornigen Flecken. Lebt im Juni zwischen zusammengesponnenen Blättern des Sauerdornes (Berberis vulgaris). Verwandlung anfangs Juli an der Erde in einem leichten Gespinste. Puppe rötlichbraun mit fein spitzigem Cremaster, überwintert. Entwicklung im April und Mai; ausnahmsweise manchmal auch noch im Juli desselben Jahres. Mitteleuropa (mit Ausnahme von Holland) mittleres und nördliches Italien, südöstliche Türkei. — Hb. V. 2. K. a. b. — Tr. VI. 2. 72. — Frr. 396. — O. W. 428. — Pr. Taf. IV, Fig. 8. — Newm. Br. M. 178.

Montivagata, *Dup.* (Sch. Tafel 66, Fig. 14.) Ei sehr klein und schmal, gelblichweiß. Das junge Räupchen ist weißlich mit dunklem Kopf und wird nach erfolgter Nahrungsaufnahme grünlich durchscheinend. Von der ersten Häutung an bleibt sich die Zeichnung gleich, nur ist die Zeichnung anfangs dunkler als später. Erwachsen ist die Raupe der von E. Certata var. simplonica Wakerzapp ähnlich, aber viel eintöniger gefärbt. Die Rückenmitte bis zu den wenig dunkleren Nebenrückenlinien ist trübbraun; die Rückenlinie deutlich, fein, schwärzlich; zwischen ihr und den Nebenrückenlinien läuft noch beiderseits eine etwas gewellte hellere Linie. Der Raum bis zu den nur angedeuteten Seitenlinien (Stigmenlinien) ist rötlichgrau; die sehr feinen Luftlöcher sind schwarz. Der Bauch ist blaßgrau und zeichnungslos. Nackenschild und Afterklappe ohne deutliche Zeichnung, die Afterfüße blaßgrau, die Brustfüße und der Kopf hellbraun, das Gebiß ist etwas dunkler (Püngeler). Lebt im August, September, anfangs unter einem aufgebogenem Blattrand, später zwischen Blättern versponnen; erwachsen ruht sie bei Tage in gekrümmter Stellung am Boden in einer zwischen abgefallenen Blättern gesponnenen Wohnung und besteigt nur nachts die Futterpflanze. Verpuppung nach 6—8 Wochen zwischen Pflanzenabfällen in einem ziemlich festen Gespinst. Puppe rotbraun, schlank. Falter in der ersten Julihälfte bis in den August. Alpen, Wallis, Frankreich, Piemont, Andalusien (Sierra Nevada). — Püngeler St. e. Ztg. 1889, S. 147. 1892, S. 75.

Undulata, *L.* Taf. 45, Fig. 6. (Sch. Taf. 66, Ei klein, oval, weißlich. Raupe 2,5 cm lang. Rückenfläche blaß fleischfarben bis dunkelbraun, Seiten und Bauch blaß bis dunkelgrau. Rückenlinie dunkelbraun, beiderseits sehr fein weiß gesäumt. Nebenrückenlinien sehr fein, weiß, wellig gebogen; unter ihnen bis zu der breiten, schmutzig rötlichweißen Stigmenlinie ist die braune Färbung streifenartig dunkler. Stigmen groß, weiß, dunkelbraun eingefaßt, in einem weißlichen Fleckchen stehend. Bauch mit einer feinen weißlichen Mittellinie. Abgrenzung zwischen Seitenstreif und Bauchfläche nicht scharf. Kopf braun, schwarz getupft, besonders an dem Hinterrand. Nackenschild schmal, hornig, braun, an beiden Seiten breit schwarz. Afterklappe klein, schwarz. Warzen klein, schwarz. Brustfüße glänzend schwarz, Bauchfüße hellgrau; Afterfüße ebenso mit einem dunkelbraunen, hornigen, rautenförmigen Flecken an der Außenseite. Die jungen Raupen leben nach dem Ausschlüpfen noch einige Zeit in einem gemeinsamen Hyponomeutiden ähnlichen Gewebe beisammen. Erwachsen sind sie zwischen den Blättern von Weiden eingesponnen, kommt auch an Saalweiden und Heidelbeeren vor; die Blätter werden skeletiert. August, September. Verpuppung in einem leichten Erdgespinst oder zwischen Moos. Puppe überwintert. Entwicklung Ende Mai, Juni. Mittleres und nördliches Europa (mit Ausnahme der Polarregion), Piemont, Ural. — Tr. VII. 218. — Sepp V. Taf. 26. — O. W. 427. — Newm. Br. M. 179.

97. Gattung. Scotosia, *Stph.*

Für die Raupen der drei in dieser Gattung vereinigten Spanner, welche sämtlich in Deutschland vorkommen, lassen sich gemeinschaftliche Merkmale nicht angeben. Vetulata gleicht nach Gestalt und Zeichnung den Raupen der vorigen Gattung.

Vetulata, *Schiff.* Taf. 45, Fig. 7. (Sch. Taf. 66, Fig. 16.) 2,0 cm lang, spindelförmig, dunkel graubraun. Rückenlinie doppelt, weiß, sehr deutlich; Nebenrückenlinien sehr fein, weißlich, auf den mittleren Ringen fast verloschen; Stigmenlinien sehr breit, schmutzig weiß, mit einem schwarzen Fleck vor und einem rötlichen oder orangefarbenen Fleck hinter jedem der schwarzen Luftlöcher. Bauch schmutzigweiß mit je einem kleinen weißen Flecken an jeder Seite des 5., 6., 7. und 8. Segmentes. Kopf klein, tiefschwarz. Nackenschild braun mit vier schwarzen Längsstrichen. Afterklappe klein, schwarz. Warzen groß, schwarz, etwas vorstehend. Brustfüße dunkelbraun; Bauch- und Afterfüße schmutzig weißgrau, letztere mit einem dreieckigen, braunen hornigen Fleck an der Außenseite. Lebt im Mai an Rhamnus in einem dütenartigen Blattgespinst. Verwandlung an der Erde im Moos oder zwischen Blättern. Puppe länglich rötlichbraun, glatt, glänzend; Cremanter etwas dunkler, am Grunde wenig verbreitert, kurz kegelig mit schwacher Endgabel (Rghf.) Falter im Juni, Juli. Wahrscheinlich überwintert das Ei. Mittleres Europa (mit Ausnahme von Belgien) Schweden, Livland, mittleres und nördliches Italien, Ural. — Hb. V. 2. K. a. b. — Tr. VI. 2. 54. — Sepp VII, Taf. 47. — O. W. 428. — Newm. Br. M. 177.

Rhamnata, *Schiff.* Taf. 45, Fig. 8. (Sch. Taf. 66, Fig. 17.) (Transversata, *Hufn.*) Raupe kräftig gebaut, 2,8 cm lang, 3,0 mm dick, vorn nicht, hinten nur sehr wenig verschmälert, sehr variierend; Grundfarbe grün, Ringeinschnitte gelblich; Rückenlinie grün oder braun, oft nur auf den vier letzten Ringen in Form einiger brauner Flecken sichtbar. Nebenrückenlinien gelblich, dünn, undeutlich. Stigmenlinien bleichgelb oder weiß, fein, vom neunten Segment an unten mehr oder weniger breit rotbraun gesäumt. Stigmen rund, ockergelb. Bauch mit drei weißen Längslinien und manchmal mit kleinen rötlichgelben Flecken an den Seiten. Kopf sehr klein, in das viel breitere erste Segment eingezogen, grüngelb; erstes Segment am Rücken rötlichgelb oder rötlichbraun. Afterklappe ebenso; Warzen sehr klein, nur mit der Lupe sichtbar. Brust- und Bauchfüße grün. Afterfüße rotbraun. Andere Varietäten sind nach Wilde auf dem Rücken schwarzbraun mit buchtig gezacktem Saume, an den Seiten weißlich, oberwärts und besonders in den Einbuchtungen des Rückensaumes gelb mit einzelnen schwarzen Punkten, unterwärts durch eine bogige schwarze Linie begrenzt, über welcher die schwarzen Luftlöcher stehen, Bauch schmutzig braungrau; Kopf schwarz, mit gelbem Halsbande. Lebt, Ende Mai anfangs Juni erwachsen, an Rhamnus cathartica. Verpuppung in einem mit Erdkörnchen untermischten Gespinste. Puppe rotbraun mit schwärzlichen Flügelscheiden. Entwicklung Ende Juni, anfangs Juli. Mitteleuropa (mit Ausnahme von Holland und Belgien), südliches Schweden, Livland; mittleres und nördliches Italien, nördlicher Balkan. — Hb. V. 2. K. b. — Tr. VI. 2. 67. — O. W. 428. — Newm. Br. M. 178.

Badiata, *Hb.* Taf. 45, Fig. 9. (Sch. Taf. 66, Fig. 18.) Die Raupe dieser in neuerer Zeit wieder in das Genus Cidaria (bei Nigrofasciaria) versetzten Art rollt sich zusammen, wie eine Blattwespenlarve, ist gleichmäßig dick, 2,5 cm lang; Kopf ebenso breit wie das erste Segment, orangegelb mit einem starken schwarzen Punkt beiderseits über den Augen (wie das Auge einer Blattwespe aussehend). Körper mattgrün, die mittleren Segmente am Hinterrand fein gelb. Rückenlinie (resp. durchscheinendes Rückengefäß) nur undeutlich; Nebenrückenlinien fehlen. Stigmenlinien breit, rosa, vom vierten bis zehnten Ring mit je einem schwarzen Punkt vor und unter den braungelben Stigmen. Bauch grün, mit ganz undeutlicher, gelblicher Mittellinie. Warzen groß, etwas vorspringend, weiß; der Vorderrand des ersten Segmentes, Afterklappe, Bauch- und Afterfüße rosa; Brustfüße weißlichgrün. Nach Freyer variiert die Raupe in ihrer Färbung in hell bläulichgrün, weißlichgrün, gelblichgrün, braun oder grau, doch nimmt sie den letzten dunkeln Farbenton meist erst kurz vor der Verwandlung an. Das Hauptkennzeichen ist immer der orangegelbe Kopf mit den zwei schwarzen Punkten. Lebt im Mai und Juni auf Feld- und Gartenrosen. Verwandlung an der Erde in einem Erdgespinst. Puppe dunkel rotbraun, schlank mit einer feinen Afterspitze. Entwicklung im März und April. Mitteleuropa, Finnland, mittleres und nördliches Italien, Dalmatien, südöstliches Rußland. — Hb. V. 2. L. a. b. — Tr. VI. 2. 80. — Frr. 635. — Sepp 2. Ser. Taf. 9. — O. W. 447. — Newm. Br. M. 165. — Gn. II. 407.

98. Gattung. **Lygris**, *Hb.*

Raupen lang, schlank, nach vorn sehr wenig verschmächtigt, denen der folgenden Gattung sehr ähnlich. Kopf verschieden, manchmal schmäler als das erste Segment, manchmal ebenso breit oder etwas breiter, oben immer abgerundet. Zehn Arten, darunter fünf deutsche.

Reticulata, *F.* Taf. 45, Fig. 10. (Sch. Taf. 66, Fig. 19.) Körper nach vorn verdünnt, Kopf klein; Grundfarbe hell gelbgrün, wie die unreifen Samenkapseln der Futterpflanze. Rückenlinie blutrot, nur auf den drei ersten Segmenten zusammenhängend, sonst abgesetzt, in den Gelenkeinschnitten verdickt. Auf der Afterklappe tritt sie noch einmal als ein dicker blutroter Längsstrich auf. Subdorsalen (Nebenrückenlinien) fein, weißgelb, ebenso die Gelenkeinschnitte. Bauch hell gelbgrün, die feine, abgesetzte Mittellinie weißgelb. Die vorderen Füße bräunlich, die hinteren grün. Die Raupe variiert, indem die Rückenlinie bald mehr, bald weniger deutlich hervortritt. Auch war ein Stück in den Seiten und über den Bauch blutrot angelaufen (Fuchs). Bei einer von Dr. Staudinger erhaltenen präparierten Raupe ist nur auf dem zweiten und dritten, sowie dem zehnten Segment eine Spur der roten Rückenlinie zu sehen. Warzen sehr klein, von der Körperfarbe. Stigmen klein, blaßbraun eingefaßt. Lebt von Mitte bis Ende Oktober an der Balsamine (Impatiens noli tangere), die Blätter und jungen Samenkapseln fressend. Verwandlung in einem Erdgehäuse. Die braungelbe Puppe überwintert. Entwicklung im Juli (Mitte Juli). Deutschland, Schweiz, England, Pyrenäen, Livland, Schweden, Ural. — Frr. 694. — O. W. 429. — Fuchs Stett. e. Z. 1874, S. 237. — Buckl. M. M. XV. p. 61.

Prunata, *L.* Taf. 45, Fig. 11. (Sch. Taf. 66, Fig. 20.) Ei flaschenförmig mit drei Riefen an dem schmaleren Ende und einem Eindruck an der Seite, rot oder grün glänzend, wird an die Rinde der Nahrungssträucher gelegt, überwintert. Raupe 3,5 cm lang, nach vorn verschmächtigt; Grundfarbe grün, braun oder grau mit je einem weißlichen, dreieckigen Flecken dicht am Hinterrande der Segmente drei bis neun. Jedes dieser weißen Dreiecke hat in der Mitte einen schwarzen Punkt (Andeutung der Rückenlinie) und links und rechts je einen schwarzen Schrägstrich, welche vom siebten bis neunten Segment immer dicker und schräger werden (gebrochene Nebenrückenlinien); am Vorderrande des vierten bis siebten Segments inkl. stehen dicht hinter den weißen Dreiecken drei feine schwarze, sehr nahe beisammenstehende kurze Längslinien (Reste der Rückenlinie, welche sonst kaum sichtbar ist). Um diese Längslinien ist die Grundfarbe weißlich aufgehellt. Auf dem zehnten und elften Segment sind die weißen Dreiecke sehr schwach angedeutet, die schwarzen Schrägstriche sehr klein. Eine eigentliche Stigmenlinie existiert nicht; die Stigmen sind oval, weiß, breit dunkelbraun gesäumt. Bauch von der Körperfarbe mit einer doppelten gelblichweißen Mittellinie, welche am Hinterrand des vierten bis achten Segmentes inklusive von je einem kurzen schwarzen Strich unterbrochen ist. Kopf so breit wie das erste Segment, braun, vorn stark abgeplattet mit zwei weißen braun gesäumten Längsstreifen. Stirndreieck weißlich. Erstes Segment mit zwei kurzen dunklen, außen weißgelb gesäumten Längsstreifen. Zweites Segment etwas dicker als das erste und dritte mit einem schwarzen nach hinten gebogenen, quer über dasselbe von einem Brustbein zum andern verlaufenden Band. Drittes Segment an der Seite mit einem schwarzen Fleck. Afterklappe gelblich. Warzen groß, etwas erhaben, weiß, an den Seiten zum Teil schwarz gesäumt. Brustfüße hellgelbbraun; Bauch- und Afterfüße von der Körperfarbe; erstere außen mit einem schwarzen, letztere ebenda mit einem weißen, beiderseits braun eingefaßten Längsstrich. Bei einer grünen Varietät ist das erste Segment in der Mitte rotbraun und geht von da eine rotbraune Rückenlinie über die drei ersten Segmente; das Querband am zweiten Segment ist nur schwach angedeutet; die Dreiecke auf dem Rücken sind klein und unvollkommen oder undeutlich, außen rotbraun begrenzt; Afterklappe und Außenseite der Bauch- und Afterfüße rotbraun; Stigmen hellbraun umrandet. Lebt im Mai und Juni an Johannis- und Stachelbeeren und verpuppt sich in einem leichten Gespinst zwischen den Blättern der Futterpflanze. Puppe graugelb mit dunkleren Flügelscheiden, Flecken und Strichen. Entwicklung im Juli. Mittleres und nördliches Europa, mittleres und nördliches Italien, Dalmatien, Ural. — Hb. V. 2. M. b. — Tr. VI. 2. 194. — Sepp I. 6. p. 21. 5. II. VIII. 94. — Newm. Br. M. S. 190 (Ribesiaria).

Pyropata, *Hb.* (Sch. Taf. 66, Fig. 21.) Eier von der Größe eines kleinen Mohnkornes, an Stachelbeerblättern angeklebt. Die gelblichgrünen Räupchen schlüpften anfangs Juni aus und lebten bis Anfang August; sie scheinen den Raupen der Prunata sehr ähnlich zu sein, da sie Nolken mit diesen erzog, ohne sie unterschieden zu haben. Verpuppung in der Erde. Puppe braun, mit schwarzen Luftlöchern versehen. Entwicklung Mitte August. Wismar, Livland, Petersburg, mittleres Rußland. — Nolken, Fauna v. Livland S. 258. — Assmus Bresl. Zeitschr. f. Ent. 10. Jahrg. 1856, S. 10.

Testata, *L.* Taf. 45, Fig. 12. (Sch. Taf. 66, Fig. 22, Achatinata, *Hb.*) 3,0 cm lang, schlank, nach vorn etwas dünner werdend, graugelb. Rückenlinie fein, schwärzlich, auf den vorderen und hinteren Segmenten deutlich, auf den mittleren sehr schwach und stellenweise unterbrochen. Nebenrückenlinie fein, weißlich, auf den drei ersten Ringen immer sehr fein schwarz gesäumt, vom vierten bis zehnten Ring inklusive mit je einem schwarzen Punkt an der innern Seite, gerade dicht vor den weißlichen Ringeinschnitten. Stigmenlinie fein, schwärzlich, oben fein weiß gesäumt, etwas wellig gebogen. Stigmen groß, tief schwarz. Bauch mit einer doppelten, lebhaften, innen rötlichbraun geteilten Mittel- und je zwei undeutlichen, weißlichen, gegen innen fleckig schwärzlichgrauen Seitenlinien. Kopf etwas breiter wie das erste Segment, vorn abgeflacht, oben abgerundet, gelbgrau, mit zwei schwarzen Längsstrichen im Gesicht. Erstes Segment und Afterklappe gelbgrau. Warzen klein, von der Körperfarbe, nicht auffallend, am deutlichsten auf den hinteren Segmenten. Brustfüße gelbgrau, an der Basis schwarz gesprengelt. Bauch- und Afterfüße graugelb, erstere außen mit einem tiefschwarzen, letztere mit einem weißgelben, beiderseits, besonders aber nach innen schwarz gesäumten Längsstrich. Nicht bei allen Raupen sind die beschriebenen Zeichnungen so deutlich und ausgeprägt, namentlich ist bei manchen die innere Einsäumung der Nebenrückenlinien braun statt schwarz und fehlen die schwarzen Fleckchen neben denselben vor den Ringeinschnitten. Lebt im Juni und Juli auf Weiden, nach Newman auch auf Birken, frißt aber auch Ledum und Vaccinium oxycoccus (Rghf.). Verwandlung zwischen zusammengesponnenen Blättern. Puppe graugelb mit dunkelgestreiften Flügelscheiden, schwärzlichen Rückenstreifen und dergleichen Punkten; Kremanter kegelförmig mit zwei Borsten und jederseits einem Häkchen. Entwicklung im August und September. Mittleres und nördliches Europa, Ural. — Hb. V. 3. M. a. b. — Tr. VI. 2. 170. — Frr. 198. — O. W. 429, Taf. 10, Fig. 23. — Newm. Br. M. 191. — Zell. Tijd. v. Ent. 1870. 244.

Populata, *L.* Taf. 45, Fig. 13. (Sch. Taf. 66, Fig. 23.) Ei flaschenförmig, fein getupft, mit einem erhöhten Rande, violett (Völchow, Schwerin). Raupe 3,2 cm; schlank, nach vorn etwas verschmächtigt; Farbe sehr veränderlich, hell- oder dunkelbraun, aschfarben, auch grünlich, zuweilen gelb gemischt (Treitschke). Rückenlinie schwarz, auf den zwei ersten Segmenten sehr breit, dann feiner. Nebenrückenlinien schwarz, in einzelne Längsstriche aufgelöst, welche sich auf den mittleren Ringen nach einwärts biegen und mit der Rückenlinie zusammenfließen, wodurch eine Reihe langgestreckter schwarzer Kreuze entsteht. Die hinteren Schenkel dieser Kreuze sind mehr oder weniger weiß ausgefüllt. Stigmenlinie breit, weißlich, auf jedem Segment, vom vierten an, durch einen dicken schwarzen Längsstrich unterbrochen; Stigmen oval, weiß, braun gesäumt. Bauch mit einer doppelten, innen rotbraun und stellenweise tief schwarz ausgefüllten, lebhaft weißen Mittellinie. Kopf etwas breiter als das erste Segment, vorn abgeflacht, oben abgerundet, hellbraun mit zwei schwarzen Längsstrichen im Gesicht. Nackenschild und Afterklappe nicht besonders ausgezeichnet. Warzen groß, weiß, etwas erhaben, schwarz umrandet. Über das zweite Segment läuft quer von einem Bein zum andern, ein breites, schwarzes Band, ganz ähnlich wie bei L. Prunata, das sicherste Kennzeichen der Raupe, bei der die Zeichnungen sehr verändert sind. Brustfüße gelbbraun; Bauch und Afterfüße von der Körperfarbe, letztere außen mit einem weißen, beiderseits dunkelbraun gesäumten Längsstrich. Lebt anfangs Juni (erwachsen) an Heidelbeeren; nimmt in der Gefangenschaft auch Weiden an; nach Rössler S. 153 soll sie im Norden auch an Pappeln, Weiden und Epilobium leben. Verwandlung an der Erde zwischen zusammengesponnenen Blättern. Puppe gelbbraun mit fein gestriften Flügelscheiden, dunklen Seitenstreifen und dergleichen Flecken und Punkten; Cremanter dunkel, unten mit einer Rinne, breit, kegelig mit zwei Endspitzen und je drei kleinen Häkchen am Seitenrande (Rghf.). Falter Ende Juni, August. Mittleres und nördliches Europa, Ural. — Hb. V. 2. M. a. b. — Tr. VI. 2. 167. VII. 221. Sepp II. Taf. 1. — O. W. 430. — Newm. Br. M. 191.

Associata, *Bkh.* (Sch. Taf. 66, Fig. 24.) (Marmorata, *Hb.*) Ei oval, glatt, stark eingedrückt, matt graugelblich, dunkler gefleckt (Völchow, Schwerin). Die Raupe ist glatt, ohne Vorsprünge, lang, schlank und gegen den Kopf zu verschmälert. Grundfarbe blaß gelbgrün; Rückenlinie dunkler, Nebenrückenlinien blaßgelb und undeutlich, ebenso die Stigmenlinien; Stigmen klein, ganz blaßbraun eingefaßt. Der kleine Kopf, Nackenschild, Afterklappe, Bauchfläche und Füße gelbgrün; Warzen sehr klein, von der Körperfarbe, nicht auffallend (Wormald). Lebt im Mai an Johannisbeeren (Ribes nigrum et rubrum), nur des Nachts fressend, ist anfangs Juni erwachsen und verpuppt sich in einem leichten Gewebe an der Erde. Puppe blaßgelb, hell, durchscheinend. Entwicklung im Juni, Juli. Das Ei überwintert und schlüpft in der zweiten Aprilhälfte aus. Norddeutschland, Schlesien, Holland, England, südöstliches Frankreich, Piemont, Livland, Finnland, Ural. — Newm. Br. M. 193.

99. Gattung. **Cidaria,** *Tr.*

Die Raupen dieser großen Gattung sind in Bezug auf Gestalt und Zeichnung sehr verschieden. Die meisten sind mäßig schlank, ähnlich wie die Acidalien und Eupithecien, am Hinterende dicker, nach vorn zu dünner; bei einigen werden auch die letzten Segmente etwas dünner. Andere sind gleichmäßig cylindrisch, schlank, manchmal sehr dünn (stielförmig). Nur wenige Arten haben kurze, gedrungene, dicke Raupen (Dilutata, Comitata). Der Kopf ist meist so breit, oder etwas schmäler als das erste Segment, am Scheitel mit wenig Ausnahmen (Corylata) abgerundet. Die Warzen sind in Bezug auf Größe und Deutlichkeit sehr verschieden; stark vorstehende Warzen haben indes nur wenig Arten (Comitata, Berberata, Candidata). Die Afterfüße sind häufig mit nach hinten gerichteten horizontalen Fortsätzen versehen, welche die Afterklappe überragen. Die Zeichnung besteht bei einer großen Reihe von Arten aus den gewöhnlichen Längslinien (Cuculata, Galiata, Variata etc.), zwischen welchen ab und zu noch weitere sekundäre Linien auftreten. Veränderungen der Zeichnung kommen dadurch zu Stande, dass die gewöhnlichen Linien ihre scharfe Abgrenzung verlieren und zu mehr oder weniger breiten Streifen (Corylata, Nigrofasciaria, Adaequata etc.) werden, daß die Rückenlinie sich stellenweise erweitert, dann unterbrochen und in eine Reihe von Flecken aufgelöst wird (Picata, Aquata, Vitalbata, Tersata etc.), daß die Nebenrückenlinien mehr oder weniger wellenförmig gebogen (Procellata, Lugubrata) verlaufen. Noch mehr wird die Zeichnung dadurch kompliziert, das auch die Nebenrückenlinien in einzelne Striche sich auflösen und mit der gleichfalls unterbrochenen Rückenlinie mit der Spitze nach vorn gerichtete, mehr oder weniger deutliche Dreiecke oder auch Rauten (Sociata, Molluginata, Rivata, Viridaria, Caesiata, Rubidata etc.) oder kreuzförmige Figuren (Fluctuata, Incursata, Frustrata etc.) bilden. Mit der Spitze nach hinten gerichtete Dreiecke, deren doppelte Schenkel von der auseinanderweichenden doppelten Rückenlinie und den Nebenrückenlinien gebildet werden, fand ich bisher nur bei Ocellata. Nur wenige Arten haben ganz, oder fast ganz einfarbige Raupen (Affinitata, Dilutata). Bemerkenswert ist, daß die beschriebenen Auflösungen der Linien immer nur auf den mittleren Segmenten vier bis acht stattfinden, und daß die Deutlichkeit der verschiedenen Zeichnungen bei den einzelnen Individuen sehr verschieden ist. Quer verlaufende Zeichnungen kommen nur sehr selten vor und sind von untergeordneter Bedeutung (Nigrofasciaria). In Bezug auf die Lebensweise ist zu bemerken, daß die schlanken, mit scharfen Linien oder sonstigen deutlichen Zeichnungen, namentlich auf dem Bauche, versehenen Raupen frei leben und zwar sowohl auf Bäumen und Sträuchern, als auch auf niederen Pflanzen. Raupen, die sich versteckt am Boden aufhalten haben meist graue oder braune Färbung, undeutliche Zeichnungen (besonders am Bauch) und stärker entwickelte Warzen. Die in zusammengesponnenen Blättern oder Samenkapseln etc. lebenden Raupen sind kurz und dick, gestreift (Rivulata, Unifasciata, Adaequala, Incultaria etc.), am Bauch immer, manchmal auch überhaupt, ganz zeichnungslos (Affinitaria). Dagegen werden bei diesen Nackenschild und Afterklappe oft sehr stark chitinös und glänzend. Verwandlung frei an oder in der Erde, oder in einem leichten Gespinst. 151 Arten (nach Staudinger) darunter 103 deutsche.

Dotata, *L.* Taf. 45, Fig. 14. (Sch. Taf. 66, Fig. 25.) (Pyraliata, *F.*) Ei (Taf. 50, Fig. 26) fast kreisrund, lebhaft gelb, schwach vertieft. Raupe 3 cm lang, nach vorn dünner werdend, bläulichgrün. Rückenlinie dunkler grün mit gelblichen Segmenteinschnitten. Nebenrückenlinien weißlich; Stigmenlinie gelb, manchmal fehlend. Stigmen hellbraun umrandet, nicht hervortretend. Bauch graugrün mit einer gelblichen Mittellinie. Kopf so breit wie das erste Segment, einfarbig gelb. Nackenschild nicht ausgezeichnet; Afterklappe klein, gelblich. Warzen sehr klein, von der Körperfarbe. Brustfüße hell gelbbraun. Bauch und Afterfüße grün, letztere mit ziemlich starken Horizontalfortsätzen. Lebt im Mai an Galium verum und Asperula galioides und noch andern Galium-Arten. Verwandlung in einem leichten Gespinst zwischen den Blättern oder Blüten der Futterpflanze. Puppe ziemlich schlank, grünlich mit gelblicher Afterspitze. Rückensegment etwas weich, mit einzelnen Haaren. Cremanter unten vertieft, an der Spitze mit zwei braunen, seitlich mit je drei schwächeren Häkchen (Rghf.) Entwicklung Ende Juni, Juli. Mittleres und nördliches Europa, mittleres und nördliches Italien. — Frr. 444. — O. W. 430. — Newm. Br. M. S. 192. — Rössl. Schuppenfl. 152. — Wild. 430.

Fulvata, *Forst.* Taf. 45, Fig. 15. (Sch. Taf. 66, Fig. 26.) Ei lilafarben, überwinternd. Raupe 2,0 cm lang, vom dritten Segment bis zum Kopf und vom neunten Segment bis zum After sich verjüngend; Kopf kleiner als das am Vorderrand seicht ausgeschnittene erste Segment, einfarbig gelblichgrün; Körper durchaus lebhaft hellgrün; Hinterrand der Segmente fein gelblich gesäumt. Rückengefäß als dunkelgrüne Linie durchscheinend, seitlich von zwei blassen, weißlichen Linien begrenzt. Nebenrückenlinien und Stigmenlinien fein, gelblichweiß. Stigmen sehr klein, braun. Warzen ohne Lupe nicht sichtbar, Brustfüße gelblichgrün; Bauch- und Afterfüße grün, letztere etwas rötlich angehaucht und mit langen über die Afterklappe vorstehenden horizontal nach hinten gerichteten Spitzen versehen. Lebt im Mai auf Garten- und Feldrosen. Verwandlung zwischen zusammengesponnenen Blättern. Puppe grün, späterhin rotbraun mit grünlichem Hinterleibe. Entwicklung Ende Juni, Juli. Mitteleuropa, nördliches und mittleres Italien, Balkan. — Hb. V. 2. M. a. — Tr. VI. 2. 177. — Sepp VII. Fig. 48. — O. W. 430. — Rössl. Schupp. S. 153. — Newm. Br. M. 192.

Ocellata, *L.* Taf. 45, Fig. 16. (Sch. Taf. 66, Fig. 27.) 2,5 cm, nach vorn verdünnt, rötlichgrau. Rückenlinie weiß, in der Mitte fein braun geteilt, nur auf den drei ersten Segmenten deutlich; Nebenrückenlinien weiß, alle drei auf den drei ersten und vier letzten Segmenten gerade verlaufend; vom vierten bis inklusive achten Ring besteht die Rückenzeichnung aus weißen Winkeln, deren Spitzen nach hinten gerichtet sind; außen sind dieselben nochmals von weißen Schrägstrichen begleitet, die aber in der Mittellinie nicht zusammenstoßen. Die Winkel selbst und die Zwischenräume zwischen den doppelten, weißen Außenlinien derselben sind braun ausgefüllt. Stigmenlinie weiß, oben fein schwarz gesäumt, Stigmen groß, tief schwarz. Bauch mit einer undeutlichen und abgesetzten, feinen, doppelten Mittellinie und ebenso undeutlichen grauen, stark wellig gebogenen Seitenlinien. Kopf etwas schmäler wie das erste Segment, braun, mit zwei weißen Längslinien (Fortsetzung der Nebenrückenlinien). Nackenschild nicht ausgezeichnet; Afterklappe am abgestutzten Hinterrand mit einem dreieckigen, hornigen, braunen Flecken. Warzen groß, etwas erhaben, schwarz, mit steifen Börstchen. Brustfüße dunkelbraun. Bauch- und Afterfüße von der Körperfarbe, außen mit einem weißen mit der Stigmenlinie zusammenhängenden Längsstrich. Lebt im Juli und Oktober an Galium sylvaticum und verum. Die Raupe der Herbstgeneration überwintert in einem Erdgehäuse und wird erst im Frühjahr zu einer glänzend braunen Puppe. Entwicklung Ende Mai, anfangs Juni und dann wieder im August. Ganz Europa (mit Ausnahme von Andalusien. — Hb. V. 2. I. b. — Tr. VI. 2. 158. — O. W. 431. — Rössl. Schuppenfl. p. 157. — Newm. Br. M. 155.

Bicolorata, *Hufn.* Taf. 45, Fig. 17. (Sch. Taf. 67, Fig. 1.) (Rubiginata, *F.*) Kopf und Körper der Raupe ist apfelgrün, der letztere mit einer breiten, dunkelgrünen Rückenlinie und gelblich- oder weißlichgrünen Nebenrückenlinien. Der Kopf ist vorgestreckt, fast so breit wie das erste Segment. Der Körper ist lang, schlank und samtartig glatt, ohne Hervorragungen; die Afterfüße haben ziemlich lange, über die Afterklappe hinausreichende Horizontalfortsätze (Newman). Lebt im Juni an Schlehen, Erlen und in England in Gärten an Pflaumen. Verpuppung in einem leichten Gespinst zwischen den Blättern der Futterpflanze. Puppe schlank, grün oder grünbraun mit feiner Endspitze. Entwicklung im Juli. Mittleres und nördliches Europa (mit Ausnahme der Polarregion) Piemont. — Tr. VI. 2. 223. — Frr. 102. — O. W. 431. — Newm. Br. M. 154.

Variata, *Schiff.* Taf. 45, Fig. 18. (Sch. Taf. 67, Fig. 2 a. b.) 2,5 cm lang, schlank, gleichmäßig cylindrisch, grün. Rückenlinie braun oder rotbraun, beiderseits weiß gesäumt, auf den mittleren Ringen undeutlich. Nebenrückenlinien breit, weiß. Stigmenlinien schmal, weiß. Stigmen braun; Bauch mit schmaler, weißer Mittellinie. Kopf so breit wie das erste Segment, oben abgerundet, grün. Nackenschild und Afterklappe nicht besonders ausgezeichnet; Warzen sehr klein, nur mit der Lupe sichtbar. Brustfüße braun; Bauch- und Afterfüße grün, letztere mit ziemlich langen Horizontalfortsätzen. Lebt im April und Juli auf Fichten und Föhren (var. Obeliscata, *Hb.*) Verwandlung in der Erde. Puppe grün mit weißen Seitenlinien, glatt; Cremanter kurz, kegelig, mit einem Büschel von Häkchen an der Spitze und einem Kranze von sechs unterhalb derselben (Rghf.). Entwicklung im Juni und September. Mitteleuropa, Livland, Finnland, Piemont, Griechenland. — Hb. V. 2. I. b. — Tr. VI. I. 334. — O. W. 431. — Newm. Br. M. 151.

Simulata, *Hb.* (Sch. Taf. 67, Fig. 3.) 1,8 cm lang, kurz und gedrungen, gleichmäßig cylindrisch.

grün. Rückenlinie breit, bläulichweiß; Nebenrückenlinien bedeutend schmäler, ebenso gefärbt wie die Rückenlinien. Stigmenlinien breit weiß, oben vom vierten Segment an lebhaft rot gesäumt. Stigmen hellbraun, am oberen Rande der roten Einfassung. Bauch einfarbig weißlichgrün. Kopf nicht ganz so breit wie das erste Segment, oben abgerundet, blaßbraun. Nackenschild und Afterklappe nicht ausgezeichnet; Warzen sehr klein, ohne Lupe nicht sichtbar. Brustfüße braun, an der Basis rötlich. Bauch- und Afterfüße grün. Lebt an Wachholder, schlüpft Ende März aus dem Ei und ist anfangs Juni erwachsen. Verpuppung zwischen Moos oder abgefallenen Nadeln der Futterpflanze. Puppe glatt, dunkel grasgrün mit helleren Segmenten, das vorletzte oben mit einer Reihe brauner, stumpfer Zähne. Cremanter walzig, gekörnt, braun, mit gebüschelten End- und je zwei seitlichen Häkchen (Rghf.) England, Schottland, Belgien, nördliches Lappland, Livland, Pyrenäen, in den Alpen nur eine Generation. — Newm. Br. M. 150; Berge p. 193. — M. M. III. 277.

Juniperata, *L.* Taf. 45, Fig. 19. (Sch. Taf. 67, Fig. 4.) Raupe nach Gestalt und Färbung der vorigen sehr ähnlich; die Rückenlinie ist dunkel, beiderseits weißlich gesäumt; Nebenrückenlinien und Stigmenlinien zitronengelb, letztere oben breit braunrot gesäumt. Afterfüße mit ziemlich langen Horizontalfortsätzen; alles übrige wie bei Simulata. Lebt im Juni und August auf Wachholder. Verwandlung in einem lockeren Gespinst zwischen den Nadeln der Futterpflanze. Puppe schlank, graubraun oder grünlich; Cremanter kurz kegelförmig mit sechs büschelig stehenden, am Ende stark umgebogenen Häckchen. Entwicklung im Juli und wieder im Oktober. Mitteleuropa, Livland, Finnland, mittleres und nördliches Italien. — Hb. V. 2. I. b. — Tr. VI. 1. 336. — Frr. B. 3. 47. — O. W. 431. — Sepp 2. Ser. III, Taf. 29. — Newm. Br. M. S. 150. — Gn. II. 371.

Cupressata, *H.-G.* (Taf. 67, Fig. 5.) Raupe ziemlich kurz, cylindrisch, kahl, glatt, im ruhenden Zustand nach vorn etwas verdickt, hellgrün, auf dem Rücken und an den Seiten unten heller gefärbt. Rückenlinie breit, dunkelgrün, wenig vortretend. Die feinen weißen Nebenlinien verlaufen zickzackartig und bilden durch das Zusammenstoßen ihrer Spitzen eine Art Raute auf jedem Ring. Stigmenlinie hellgrün, breit. Stigmen elliptisch, rötlich, schwarz umrandet. Am Bauche befindet sich auf jedem Ring ein rautenförmiger, grünlichweißer Flecken. Kopf abgerundet, grün, narbig; Mundteile rötlich. Brustfüße rötlich; After- und Bauchfüße grün (Millière). Lebt auf Cypressen und Juniperus Sabina; schlüpft im Mai aus dem Ei, ist aber erst im Oktober erwachsen, sehr träge, von den Zweigen der Futterpflanze schwer zu unterscheiden. Verpuppung in einem leichten Gewebe zwischen den Zweigen der Futterpflanze. Puppe schlank, apfelgrün; Kopf und Augen braun; Rücken mit zwei zickzackförmigen weißen Linien, welche ähnliche Rautenzeichnungen bilden, wie bei der Raupe; Cremanter kegelig, genarbt, blaß karminrot, an den Seiten mit je sechs kleinen, hinter einander stehenden, mit bloßem Auge kaum sichtbaren, braunen,

steifen Häkchen und am Ende mit stärkerer Gabelspitze (Rghf.). Entwicklung nach drei Wochen. Südfrankreich, Dalmatien (Geiger), Toskana. — Mill. Livr. III. 168. pl. 19, Fig. 6—9. (1860.)

Siterata, *Hufn.* Taf. 45, Fig. 20. (Sch. Taf. 67, Fig. 6.) (Psittacata, *Schiff.*) Sehr schlank, gleichmäßig cylindrisch, oben gelbgrün, unten dunkelgrün; die gelbgrüne Farbe fängt vorn in Gestalt zweier Streifen an, die zu beiden Seiten des Rückens liegen (Nebenrückenlinien), nach hinten sich aber so verdicken, daß sie schon vom vierten Ringe an die ganze obere Hälfte des Körpers bedecken. Unter der Afterklappe stehen zwei etwas verlängerte rote Spitzen nach hinten hinaus (Horizontalfortsätze der Afterfüße). Varietäten sind meergrün mit gelben Einschnitten, violettfarbigem Kopf, gleichfarbigen Füßen und ebensolcher unterbrochener Rückenlinie oder einer Reihe hellroter Flecken am Rücken (Newm.). Manche Stücke haben auch noch eine blaß karminrote Linie in jeder Seite, oder mitten auf dem Rücken auf jedem Ring einen roten Punkt (Tr.). Newman beschreibt noch eine Varietät mit rosafarbenem Mittelstreif am Bauch und ebensolchen Brustfüßen. Lebt nach Wilde in zwei Generationen im Mai und wieder im Juli, August auf Linden, Äpfelbäumen, Kirschbäumen, Rosen, Eichen, Ahorn, Schlehen. Verwandlung in der Erde, oder in den Spalten der Baumrinde in leichtem Gewebe. Puppe schlank mit vier feinen Häkchen am Ende des gestreckten, walzigen, dunklen Cremanters, gelbbraun, schwarz punktiert, schwach bereift (Rghf.). Falter im September, Oktober. Die befruchteten Weibchen überwintern. Mitteleuropa, Finnland, südliches Schweden, Piemont, Castilien, Andalusien. — Tr. VI. 2. 94. — Frr. 684. — O. W. 432, Taf. 10, Fig. 24. — Pr. Taf. IV, Fig. 17. — Newm. Br. M. 180.

Miata, *L.* (Sch. Taf. 67, Fig. 7.) Ei auffallend hell, wasserfarben bis gelblich, festgeklebt an Blättern, an der freien Seite eine tiefe Narbe. Raupe 3,4 cm lang, ziemlich dünn, nach vorn verschmälert, gegen den Kopf hin wieder an Dicke zunehmend, der Siterata-Raupe ähnlich, gelbgrün mit gelben Ringeinschnitten; der Kopf, die ersten Segmente und der After blaugrün. Rückenlinie (resp. durchscheinendes Rückengefäß) blaugrün; einzelne Raupen haben diese Linie deutlicher, und links und rechts von ihr in einiger Entfernung noch eine verschwommene Parallellinie (Nebenrückenlinie). Beim Gehen zeigt sich in jedem Ringeinschnitt oben ein blaugrüner Fleck. Seitenkante schwach, in der Regel, doch nicht immer, blaugrünlich. Bauch grasgrün, minder gelb als der Rücken. Ringeinschnitte auch hier gelb; manchmal eine dicke zusammenhängende rote Mittellinie, gewöhnlich aber eine undeutliche, blaugrüne, doppelte Mittellinie. Brustfüße grünlich, das letzte Paar zuweilen rötlich angelaufen. Hinterfüße grün, Afterfüße mit rötlichen Horizontalfortsätzen (Fuchs). Schlüpft im Mai aus dem Ei, ist im Juli erwachsen und lebt auf verschiedenen Laubhölzern, Eichen, Bandweiden, Erlen, Birken. Verpuppung in einem Gespinst in der Erde oder zwischen Moos. Puppe ähnlich der von Siterata, 12—13 mm lang, ziemlich schlank, rostbraun, blau bereift. Entwicklung im August, September und nach der Überwinterung im April (befruchtete Weiber). Mittleres und nördliches Europa (mit Ausnahme der Polarregion, Holland und Galizien), Piemont, nordöstliche Türkei, Ural. — Tr. VI. 2. 48. — Frr. VII. p. 148. Taf. 684, Fig. 2. — Mill. An. S. Lyon. 1882. p. 167. pl. 3. Fig. 9—10 (Coarctata). — Fuchs Stett. e. Z. 1879. S. 173.

Taeniata, *Stph.* (Sch. Taf. 67, Fig. 8.) Ei weiß, später gelb, schließlich grau. Raupe 1,5—1,9 cm lang, erdbraun, mit feinen kurzen Härchen besetzt; der Kopf und die Seitenlinien sind lichtbraun; der Rücken ist matt braunschwarz mit sehr feinen, lichteren, heller ausgefüllten Winkelzeichnungen, die vorne geschlossen und schwärzlich angelegt sind. Die drei letzten Ringe über den Nachschiebern sind licht gelbbraun mit vier dunklen Punkten, von denen der erste und letzte auf der Klappe die größeren sind. Die Bauchseite ist licht graubraun. Diese Zeichnungen und Schattierungen sind vor der letzten Häutung sehr verschwommen, und treten erst nach derselben etwas deutlicher hervor (Groß-Steyr.). Schlüpft Ende Juli aus dem Ei und lebt im Spätsommer und Herbst sehr versteckt, die abgestorbenen Blätter niederer Pflanzen verzehrend; nach der Überwinterung bleiben sie am Futter, z. B. Alsine media, sitzen. Verpuppung in der ersten Hälfte des April zwischen Moos an der Erde. Puppe 9—10 mm lang, gelbbraun. Entwicklung im Juni, Anfang Juli. Alpen, England, Schlesien, Schweiz, südöstliches Norwegen, Galizien, Livland, Finnland, mittleres Rußland. — Groß. St. e. Z. 1885, p. 375. — Hodgk. Entom. XIV, p. 257. XV, p. 285.

Truncata, *Hfn.* Taf. 45, Fig. 21. (Sch. Taf. 67, Fig. 9.) (Russata, *Bkh.*) Das Ei ist an der Spitze abgeflacht oder eingedrückt, schmutziggelb. Raupe: Kopf so breit wie das erste Segment, am Scheitel nicht eingekerbt, zerstreut behaart, mattgrün; der Körper ist fast gleichmäßig cylindrisch, aber unmittelbar hinter dem dritten Segment etwas eingezogen, blaß gelbgrün mit einer schmalen, undeutlichen, dunkelgrünen Rückenlinie und ebensolchen bleichen Nebenrückenlinien; bei manchen Exemplaren verläuft unter diesen ein oft unterbrochener rosaroter oder purpurfarbiger Seitenstreifen (Stigmenlinie.). Die Segmenteinschnitte sind gelblich; die Warzen sind weiß mit einer dunklen Umrandung und feinen Härchen. Afterfüße gewöhnlich rosenrot angeflogen mit scharf gespitzten Horizontalfortsätzen. Brustfüße und Bauchfüße purpurfarbig angeflogen (Newmann). Nach Freyer ist die Raupe einfarbig grün und den Raupen von C. Siterata und Rubiginata ähnlich; die Afterfußspitzen sind nicht rötlich, sondern gelblichgrün. Nach Treitschke führen die zwei ersten Ringe auf dem Rücken einen gelben Streifen, Rücken- und Nebenrückenlinien sind dunkelgrün. Lebt in zwei Generationen im April und Mai und Ende August an Brombeeren. Heckenkirsche, Geisblatt, Heidelbeeren, Erdbeeren, Birken, Weißdorn, Weiden, auch an Geranium Robertianum etc. Die Raupen der zweiten Generation überwintern, bei mildem Wetter zeitweise wieder fressend. Verpuppung in einem leichten Gespinst zwischen Blättern. Puppe sehr lebhaft, gelbgrün, glatt; Segmente seitlich einzeln behaart, Cremanter breit, kegelig, oben gerieft, am Ende mit vier und seitlich mit zwei feinen Häkchen (Rghf.). Entwicklung Ende Mai, Anfang Juni und im August. Mittleres und nördliches Europa und Italien. — Frr. B. 18. — Tr. VI. 2. 189. — Sepp IV, Taf. 7. 8. — O. W. 432. — Pr. Taf. IV, Fig. 24. — Newm. Br. M. 185.

Immanata, *Hw.* (Sch. 67, Fig. 10.) 2,0 cm lang, gleichmäßig cylindrisch, hinter dem dritten Segment ein wenig eingeschnürt, apfelgrün mit gelben Ringeinschnitten; Rückenlinie undeutlich, dunkelgrün, Nebenrückenlinien sehr fein, weißlichgrün. Stigmenlinien sehr fein, weißlich, wellenförmig gebogen, vom vierten bis zehnten Ring unten rötlich gesäumt. Stigmen weiß, sehr fein, und ganz blaß gelbbraun umrandet, daher schwer zu sehen. Bauch einfarbig grün. Kopf so breit wie das erste Segment, am Scheitel abgerundet, einfarbig schmutzig grün. Nackenschild und Afterklappe von der Körperfarbe. Warzen klein, weiß, dunkelgrün umrandet, etwas erhaben mit je einem feinen weißen Haar. Füße grün; die Enden der Brustfüße und die Spitzen der Afterfüße purpurrot angelaufen. Die Räupchen schlüpfen Ende März aus dem Ei und leben an Erdbeeren; anfangs runde Löcher in die Blätter bohrend, später dieselben wie gewöhnlich vom Rande aus verzehrend. Ende Mai, anfangs Juni sind sie erwachsen und verfertigen zur Verwandlung ein leichtes Gespinst zwischen Moos oder dürren Blättern. Puppe glatt, grün, halb durchscheinend. Entwicklung im Juli, Eierablage im August; das Ei überwintert. Mittleres und nördliches Europa (mit Ausnahme von Ungarn und südöstlichem Rußland), Island, England, Schottland, Irland. — Newm. Br. M. 186. — Gn. II. 467.

Firmata, *Hb.* (Sch. Taf. 67, Fig. 11.) 1,8—1,9 cm, gleichmäßig cylindrisch, die zwei ersten Segmente jedoch etwas an Breite zunehmend, grün. Rückenlinie dunkelgrün, beiderseits etwas heller gesäumt. Nebenrückenlinien weißlichgelb, besonders auf den drei ersten Ringen sehr scharf ausgeprägt. Stigmenlinien auf den drei ersten Segmenten breit, weiß, dann fein und gelblich bis zur Afterklappe. Der Raum zwischen den Nebenrückenlinien und den Stigmenlinien ist an den drei ersten Segmenten lebhaft braunrot ausgefüllt; unterhalb der Stigmenlinien verläuft noch eine verloschene gelbliche, nach innen breit grau beschattete Längslinie. Stigmen hellbraun gerandet. Bauch mit drei weißlichen Längslinien. Kopf dick, so breit wie das erste Segment, seitlich etwas abgeflacht und am Scheitel mit einer etwas stärkeren Furche zwischen beiden Hemisphären als bei den verwandten Arten, daher etwas eckig erscheinend, rotbraun mit zwei dunkleren Längsstrichen am Scheitel. Nackenschild und Afterklappe grün. Warzen sehr klein, ohne Lupe nicht sichtbar. Brustfüße hellbraun; Bauch- und Afterfüße grün, erstere manchmal braun und mit einer rötlichen Linie an der Außenseite, letztere mit kleinen Horizontalfortsätzen. Ist im August erwachsen, lebt auf Föhren und verwandelt sich in einem lichten, zwischen den Nadeln angelegten Gewebe. Entwicklung im Juli, das Ei überwintert. Nach Wilde sollen zwei Generationen vorkommen, die erste im Mai. Deutschland, England, Holland, Livland, Südfrankreich, Castilien. — Zell, Tijdsch. v. Ent. XIII. 1870. 242. — O. W. 433. — Rössl. Schuppenfl. 154. — Newm. Br. M. 152.

Munitata, *Hb.* (Sch. Taf. 67, Fig. 13.) 2,0 cm lang, nach vorn etwas verschmälert, braungrau. Rückenlinie fein, schwarz, weißgelb gesäumt auf dem zweiten bis vierten und neunten bis zwölften Segment, auf den mittleren Ringen je zwei erweiterte punktförmige, weißgelb eingefaßte schwarze Flecken bildend. Nebenrückenlinien schmal, weißgelb, fein dunkelbraun gerandet. Stigmenlinien dunkelgrau, unten breit weiß gesäumt. Zwischen den Nebenrückenlinien und den Stigmenlinien noch eine feine weißgelbe, etwas verwaschene Längslinie. Stigmen klein, rund, schwarzgerandet. Bauch bedeutend heller, gelbgrau, von dem dunkeln Rückenteil scharf abstechend, mit einer dunkelbraunen, beiderseits gelblichweiß gesäumten Mittel- und mehren dünnen, braunen, unterbrochenen und undeutlichen Längslinien. Kopf abgerundet, so breit wie das erste Segment, dunkelbraun mit zwei weißen Längsstreifen auf jeder Hemisphäre (Fortsetzungen der Nebenrückenlinien und Stigmenlinien). Nackenschild dunkelbraun mit den Anfängen der weißen Längslinien. Afterklappe von der Körperfarbe mit breiter schwarzbrauner Mittellinie. Warzen klein, von der Körperfarbe, mit steifen schwarzen Börstchen. Brustfüße braun, Bauchfüße von der Farbe des Bauches mit einem schwarzen Längsstrich vorne, der sich auf die Bauchfläche des neunten Segments fortsetzt. Afterfüße mit einem schwarzen, unten breit weiß gesäumten Längsstrich außen (Fortsetzung der Stigmenlinie). Schlüpft im August aus dem Ei, überwintert und ist im Mai des folgenden Jahres erwachsen; lebt an niederen Pflanzen, Alchemilla vulgaris, Alsine media, Bellis perennis etc. Verpuppung in einem leichten Gespinst zwischen Moos und Erde. Die Puppe ist glänzend braun mit helleren Einschnitten und stark hervortretenden Flügelscheiden. Gebirge von Sachsen, Alpen von Österreich, Schweiz und Piemont; England, Irland, Lappland, Finnland, Livland. — Greene Zool. Mg. 1859. — Stett. e. Z. 1861. p. 390. — Gross. E. N. 1883. 216. — Newm. Br. M. S. 168.

Olivata, *Bkh.* (Sch. Taf. 67, Fig. 15.) 2,5 cm lang, hinten dick, nach vorn bedeutend dünner, schmutzig graugrün. Rückenlinie und Nebenrückenlinien undeutlich dunkelgrau, nur die erstern auf den letzten Segmenten etwas deutlicher; Stigmenlinien ebenfalls undeutlich, rötlichgrau, in einzelne verwischte Flecken aufgelöst. Stigmen rund, tiefschwarz. Bauch heller als die Rückenfläche mit einer feinen dunkelgrauen, unterbrochenen Mittellinie, und je einem seitlichen grauen Schrägstrich an jedem Segment. Kopf klein, oben abgerundet, braun, am Hinterrand dicht schwarz gesprengelt. Nackenschild dunkelbraun, schmal; Afterklappe von der Körperfarbe. Warzen groß, schwarz, hell umrandet, mit steifen schwarzen Borsten. Brustfüße dunkelbraun; Bauch- und Afterfüße von der Körperfarbe. (Nach einer präparierten Raupe.) Die Raupe schlüpft im Herbst aus dem Ei, überwintert, lebt im Mai, tief versteckt zwischen Steingeröll am Boden und frißt Galium verum und mollugo. Verpuppung an der Erde. Entwicklung im Juni, Juli. Alpen, südliches und mittleres Deutschland, Belgien, England, Galizien, Livland, Ural. — Newm. Br. M. 112. — Rössl. Schupp. 161. — Stett. Ztg. 1874. 242.

Viridaria, *F.* Taf. 45, Fig. 22. (Sch. Taf. 67. Fig. 16.) (Miaria, *S.-V.*, Pectinataria, *Knoch.*) 2,0 cm, nach vorn verschmächtigt, schmutzig olivenbraun. Rückenlinie auf den ersten vier Segmenten weißlich, dann fein dunkelgrau; am Hinterrand des fünften bis neunten Segments mit je einem rötlichweißen mit der Spitze nach vorn gerichteten Dreieck, beiderseits dunkel begrenzt in Form eines Schrägstriches; zehntes und elftes Segment oben rötlichweiß mit dunkelgrauer, breiter Mittellinie. Nebenrückenlinien fein, weißlich, gewellt. Stigmenlinien nur angedeutet, fein, weiß, unterbrochen, vom neunten bis zwölften Segment breit schwarz gesäumt. Stigmen tief schwarz. Bauch rötlichgrau mit einer doppelten gelbweißen Mittellinie und je einer schwarzen, beiderseits weiß gesäumten Seitenlinie. Kopf abgerundet, so breit wie das erste Segment, braun, schwarz getupft. Nackenschild nicht ausgezeichnet, Afterklappe schwarz. Warzen groß, schwarz mit steifen, braunen Borsten. Brustfüße braun. Bauch- und Afterfüße von der Körperfarbe, letztere außen mit schwarzem Längsstrich. Lebt im April, Mai an Ampfer, Meierich, Taubnesseln, den Tag über unter den Wurzelblättern der Pflanzen verborgen. Puppe gelbbraun. Entwicklung im Juni und Juli. Mittleres und nördliches Europa (mit Ausnahme der Polarregion), Castilien, mittleres und nördliches Italien, Dalmatien. — Hb. V. 2. M. a. b. — O. W. 433. — Newm. Br. M. 112.

Austriacaria, *H.-S.* (Sch. Taf. 67, Fig. 19.) Raupe braunrot mit hellem Seitenstreif. Im Juni auf Vaccinium. Verpuppung in der Erde. — Gumppenberg. III. 387.

Aqneata, *Hb.* (Sch. Taf. 67, Fig. 21.) Ei rund, weiß. Raupe mäßig schlank, nach vorne dünner werdend, sehr faltig, schmutzig grüngelb (lehmfarben), mit einem kleinen kugeligen braunen, zurückziehbaren Kopf. Nackenschild schmal, braun, hornig. Auf den zwei letzten Ringen ist das zweite Paar der Rückenwarzen stärker entwickelt, ähnlich wie bei den Raupen von Gnophos. Afterklappe gut entwickelt; die gewöhnlichen Linien sind sehr wenig sichtbar mit Ausnahme der Stigmenlinien. Die Rückenlinie und die Nebenrückenlinien sind unterbrochen und nur durch braune Striche auf jedem Segment angedeutet; die Stigmenlinie ist breit, wellenförmig gebogen, bleicher und heller grün als die Grundfarbe. Die Stigmen sind sehr klein und schwarz (Millière). Schlüpft im Oktober aus dem Ei und überwintert, ist im April erwachsen und frißt verschiedene niedere Pflanzen, besonders Cichoriaceen und Rubiaceen. Verpuppung in einem leichten Gespinst zwischen trockenen Blättern. Entwicklung im Juli, August. Sachsen, Böhmen, Alpen. — Mill. An. Soc. Lyon. 1882. p. 164, pl. 2, Fig. 8—9.

Salicata, *Hb.* (Sch. Taf. 67, Fig. 22.) Ei rund, oben abgeplattet, schwach gerieft und chagrinartig rauh, blaß zitronengelb, später pomeranzengelb (Var. Podevinaria). Raupe 2,0 cm lang, plump, ziemlich gleichmäßig dick, nach vorn wenig verschmälert, erdfarbig graubraun, oberhalb der Seitenkante nahezu schwärzlich, hier gegen die sehr lichten weißlichen unteren Partien sich scharf abhebend. Rückenlinie und Nebenrückenlinien graubraun, auf dem vorletzten Segmente zusammenlaufend. Die Rückenlinie ist am feinsten und in der Mitte jedes Segmentes verdickt; die beiden Nebenrückenlinien sind merklich breiter und führen vor jedem Gelenkeinschnitt einen dunklen Fleck. Der von diesen Linien eingeschlossene Raum ist mehr oder weniger aufgehellt und vor den Ringeinschnitten zwischen den dunklen Flecken der Nebenrückenlinien weißlich. In der dunklen Seitenfärbung des Rückens läßt sich noch eine undeutliche Längslinie unterscheiden. Segmenteinschnitte ziegelrötlich; die breite Seitenkante ist sehr licht, fast weißlich, unbezeichnet, beiderseits scharf abgegrenzt. Einzelne Wülste, die sich an der Seitenkante vorfinden, zeigen einen lichtrötlichen, in den Ringeinschnitten bläulichgrauen Anflug. Bauch erdig grau, glasig, über die Mitte heller, hier schwach rötlich angeflogen, mit einer in den Ringeinschnitten verstärkten, einfachen, graubraunen Mittellinie und je einer undeutlichen, unterbrochenen, nur in den Ringeinschnitten sichtbaren graubraunen Doppellängslinie beiderseits. Luftlöcher schwarz. Warzen klein mit feinen Härchen. Kopf glasig, glänzend, licht rötlichgrau mit vielen dunklen, braunen Flecken bestreut. Füße ohne besondere Auszeichnung. Afterfüße seitlich weiß gefleckt. Bei einer bunter gezeichneten Varietät ist die Seitenkante lichtgrau, auf jedem Segment mit einem graubräunlichen Fleck; oberhalb derselben eine graubräunliche Doppellinie; Rückenlinie nur am Nacken und After zusammenhängend, auf den mittleren Ringen unterbrochen. Rückenfläche derselben Segmente schwärzlich, mit weißen dunkel umzogenen Warzen und weißlichen Flecken in der Form spitzer, nach vorn geschlossener Winkel (Fuchs). Lebt in zwei Generationen im Herbst (Oktober) und im Juni an Galium verum (nicht auf Weiden) und verpuppt sich noch im Herbst in einem Erdtönnchen. Puppe gelbbraun; Rücken, Kopf und Flügelscheiden olivengrün, mit schwarzen Stigmen; die dunkle Afterspitze mit sechs Häkchen besetzt (Var. Podevinaria). Entwicklung im Mai (erste Generation) und im Juli, August (zweite Generation). Alpen, England, Belgien, Galizien; Var. Ruficinctaria, *Gn.*, südöstliches Frankreich, Corsika, Italien, Schweiz, Griechenland; Var. Probaria, *H.-S.*, in Kärnthen und Croatien. — Rghf. z. b. V. 1858, p. 251. (Var. Podevinaria, *H.-S.*) — Mill. Ic. Livr. II. pl. 3. Fig. 8—15. (Var. Ablutaria). — Fuchs Stett. ent. Z. 1880 p. 94. — Jahrb. d. Nass. V. f. Naturk. Jahrg. 44 (1891), S. 229. — Newm. Br. M. 111. — Gross Stett. e. Z. 1891, p. 355.

Multistrigaria, *Hw.* (Sch. Taf. 67, Fig. 23.) Kopf so breit wie das erste Segment, oben abgerundet; Körper gleichmäßig cylindrisch mit stark abgesetzten Segmenten und einer seitlichen Hautfalte. Farbe von Kopf und Körper graubraun, hie und da rötlich oder gelblich überflogen. Rückenlinie schmal, scharf ausgeprägt, dunkelbraun, vom zweiten Segment bis zur Spitze der Afterklappe verlaufend. Zwischen dieser und den intensiv schwarzen Stigmen verlaufen jederseits noch drei breite, weniger scharf ausgeprägte Streifen. (doppelte Nebenrückenlinien und Stigmenlinien, letztere weißlich. Bauch bleicher als die Oberseite mit einem sehr feinen und zarten Mittelstreifen; zwischen diesem und den Stigmen stehen wieder jederseits drei wellig gebogene Streifen, von welchen der der Mittellinie zunächst stehende doppelt ist. Warzen sehr klein, dunkler als die Grundfläche mit kurzen Börstchen (Newman). Lebt im Mai an verschiedenen Arten Galium, nimmt in der Gefangenschaft aber auch Waldmeister an. Verpuppung in einem leichten Gespinst zwischen Pflanzenteilen. Puppe matt rotbraun mit hervorragenden Scheiden für die Fühler und Flügel; Afterspitze lang und sehr spitz, vor ihr ein dunkler schwarzer Wulst; überwintert. Entwicklung im ersten Frühling; in Südfrankreich, (Var. Olbiaria, *Mill.*) schon im November, Dezember und Januar. England, Holland, mittleres und südliches Frankreich, Catalonien. — Mill. Ic. 68. Fig. 5—8. (Var. Olbiaria). — Newm. Entom. III. 1866, p. 113. — Br. M. S. 110.

Didymata, *L.* (Taf. 67, Fig. 24.) (Scabrata, *Hb.*) Grün mit gelblichen Ringeinschnitten und mit kurzen braunen Härchen dünn besetzt; auf dem Rücken eine dunkelgrüne Mittellinie und an deren Seiten abgesetzte dunkle und weißliche Längslinien (Nebenrückenlinien); an den Seiten ein weißlicher Längsstreifen (Stigmenlinie). Bauch und Füße gelbgrün, Kopf rund, hellgrün (Wilde). Lebt im April, Mai und Juni an Vaccinium, Anthriscus sylvestris, Cerastium; verwandelt sich in der Erde in einem leichten Gespinst. Puppe kurz, mit zwei Dornen am Afterstücke, braungrün, mit grünlichen Flügelscheiden. Entwicklung im Juni, Juli, August. Mittleres und nördliches Europa (mit Ausnahme von Südfrankreich und Nordwestdeutschland). Piemont, Ural. — Sepp VI. 17. — O. W. 434. — Newm. Br. M. 109.

Cambrica, *Curt.* (Sch. Taf. 67, Fig. 25.) (Erutaria, *H.-S.*) Ei Ende Juli gelegt, einfarbig weißgrün. Raupe 2,0 cm. Gestalt ziemlich schlank. Kopf klein, herzförmig. Rücken fast grün, Bauch dunkelgrün; Kopf, Bauchfüße und Brustfüße gelblichgrün. Die Seitenkanten etwas wulstig aufgetrieben. Unter denselben zeigt sich an den ersten drei Ringen sowie am Bauche am fünften, sechsten und siebten Ringe eine auffallend rötliche Färbung, die sich in den Einschnitten zwischen dem fünften und sechsten sowie sechsten und siebten Ringe nach oben hin fortsetzt und sich auf dem Rücken vereinigt. Bauchfüße mit rötlichen Tupfen. Der ganze Körper, auch der Kopf ist mit vielen einzelnen, schwarzen Härchhen besetzt (A. Hoffmann). Die aus dem Ei gezogenen Raupen, welche im August erwachsen waren, wurden von A. Hoffmann mit Sorbus aucuparia gefüttert. Verpuppung Anfang September in einem lockeren Gespinste an der Erde. Puppe hell gelblichbraun; Kopf, Thoraxschild und Flügeldecken gelblichgrün; Afterspitze mit kleinen Häkchen besetzt, überwintert. Entwicklung im Juli. Nord-England, Schweiz, Piemont, Schlesien, Oberharz, Kärnthen, Norwegen, Finnland. — A. Hoffmann Stett. e. Z. 1887, p. 142. — Newm. Zool. 8783.

Vespertaria, *Bkh.* (Taf. 67, Fig. 26.) Ei länglich, glatt und seitlich stark eingedrückt, eisengrau oder graubraun, überwintert. Raupe 2,5 cm, ziemlich schlank, nach vorn dünner werdend, grün mit ziemlich starken gelben Segmenteinschnitten; Rückenlinie schmal dunkelgrün, in den Einschnitten etwas verstärkt; Nebenrückenlinien hellgrün, weniger deutlich als die Rückenlinie, meist nur vor und in den Einschnitten deutlich; Stigmenlinie weißlich; zwischen ihr und den Nebenrückenlinien noch eine weißliche doppelte Längslinie. Stigmen klein, ganz blaßgelbbraun umrandet, daher schwer zu sehen. Bauch gelbgrün mit weißer Mittel- und verwaschenen weißlichen Seitenlinien. Alle Zeichnungen variieren sehr in Bezug auf Deutlichkeit. Kopf so breit wie das erste Segment, oben abgerundet, einfarbig hellbraun; Nackenschild grün, Afterklappe ebenso, weißlich gerandet. Warzen sehr klein, ohne Lupe nicht sichtbar. Brustfüße hellbraun; Bauch- und Afterfüße grün. Verläßt Mitte März das Ei, lebt im Mai, Juni an Schlehen (Rghf.), von Fuchs mit Löwenzahn aufgezogen. Verpuppung in der Erde in einem Erdtönnchen. Puppe (frisch) hellgrüngelb, schwach glänzend; Segmente ziemlich dicht punktiert, über den Rücken eine dunkle Längslinie. Kremanter glatt, abgerundet; zwei divergierende feine Spitzen auf gemeinsamer Basis am Ende, an den Seiten je ein feines Häkchen (Rghf.). Entwicklung Ende August, Anfang September. Deutschland, Schweiz, Belgien, Piemont, Galizien, Böhmen, Skandinavien, Livland, Finnland, Ural. — Fuchs. Stett. e. Z. 1877, S. 145.

Incursata, *Hb.* (Sch. Taf. 67, Fig. 27.) (Disceptaria, *F.-R.*) Ei, in der zweiten Hälfte des Juli gelegt, ist länglichrund, grünlichgelb, vor dem Ausschlüpfen dunkelgelb. Raupe 2 cm lang, nach vorn sehr wenig verjüngt, rotbraun bis gelbbraun; Rückenlinie auf den drei ersten Segmenten sehr fein, schwärzlich, beiderseits gelblichweiß fein gesäumt, vom vierten Segment an in einzelne schwarze Flecke am Vorderrand und in der Mitte jedes Segmentes aufgelöst, welche fein weißgelb gesäumt sind und bis zum achten Segment an Größe zunehmen; ihre Gestalt ist manchmal dreieckig mit nach hinten gerichteter Spitze. Nebenrückenlinien fein, schwarz, vom vierten Segment an in einzelne schwarze Striche aufgelöst, welche gegen die mittleren schwarzen Flecken der Segmente konvergieren, ohne jedoch diese Flecke zu erreichen. Stigmenlinie gelblichweiß, nicht scharf begrenzt, unterbrochen, oben von einer welligen, unterbrochenen schwarzen Linie gesäumt. Stigmen rund, dunkelbraun, schwarz gerandet. Bauch heller als der Rücken mit einer weißgelben, auf jedem Segment durch schwarze Längsstriche geteilten Mittellinie und je zwei schwarzen, unterbrochenen, welligen Seitenlinien, von denen die äußere stärker ist und auf die Vorderseite der Bauchfüße ausläuft. Kopf so breit wie das erste Segment, oben abgerundet, aber mit ziemlich tiefer Scheitelfurche, gelblich, schwarzbraun getupft. Nackenschild von der Körperfarbe mit zwei seitlichen weißlichen Flecken; Afterklappe ebenso gefärbt, in der Mitte mit schwarzer Längslinie. Warzen groß, gelblichweiß, erhaben, besonders an den Seiten des zweiten und dritten, sowie des neunten Segmentes unter dem Stigma; Warzenborsten kurz, steif, schwarz. Sämtliche Füße von der Körperfarbe. Bauch- und Afterfüße sehr kräftig entwickelt. Lebt im August an Vaccinium myrtillus und uliginosum, am Tage dicht an einen Zweig angedrückt ruhend und nur bei Nacht fressend. Verpuppung an der Erde in einem weißlichen ziemlich dünnen Gespinst zwischen trockenen Blättern, zum Teil im September bis November, zum größten Teil aber erst nach der Überwinterung der Raupe. Puppe rauchig schwarzbraun mit gelblichen Ringeinschnitten und stark verdicktem, in eine einfache Spitze auslaufenden Afterstück. Entwicklung Ende Mai, Anfang Juni, ausnahmsweise noch im Oktober und November. Mitteldeutschland (Harz), Alpen, Schweiz, Lappland, Finnland. — Stgr. Stett. e. Z. 1861, p. 390. — A. Hoffmann Stett. e. Z. 1883, p. 275.

Fluctuata, *L.* Taf. 45, Fig. 23. (Sch. Taf. 67, Fig. 28.) 2,7 cm lang, nach vorne zu dünner werdend, Grundfarbe sehr verschieden, braun, grau (rötlichgrau) oder grün, am neunten bis dreizehnten Segment heller. Rückenlinie und Nebenrückenlinien schwarz, weißgelb gesäumt, unterbrochen und ganz ähnliche Zeichnungen bildend, wie bei der vorigen Art. Stigmenlinie ziemlich breit, schwarzgrau, auf den drei ersten und vier letzten Ringen am lebhaftesten, auf den mittleren Ringen matter. Stigmen rund, tief schwarz, deutlich. Unterhalb der Stigmenlinie ist die Grundfarbe scharf abgeschnitten, lichter. Bauch mit einer feinen, braunen, beiderseits weißlichgelb gesäumten Mittellinie; zu beiden Seiten derselben sind Spuren einer schwarzen Seitenlinie in Form von je einem kleinen schwarzen Flecken auf jedem Segment vom fünften an, und je einem schwarzen dicken Längsstrich an der Basis der Bauchfüße. Kopf so breit wie das erste Segment, oben abgerundet, gelblich mit schwarzen Tupfen. Nackenschild und Afterklappe nicht besonders ausgezeichnet. Warzen klein, schwarz, weißgelb umrandet mit kurzen steifen Borsten. Brustfüße gelbbraun, Bauch- und Afterfüße von der Farbe des Bauches. Lebt im Juni und wieder im August, September polyphag, vorzugsweise an Cruciferen, Sisymbrium Alliaria, Cochlearia etc. Verpuppung an der Erde in einem leichten Gespinst. Puppe glänzend schwarzbraun; die der zweiten Generation überwintert. Entwicklung im Mai, dann wieder Juli und August. Ganz Europa. — Hb. V. 2. I. b. — Tr. VI. 2. 219. — Sepp III, Taf. 24. VIII. 49. — O. W. 435. — Newm. Br. M. 164. — Lyonet Mem. d. Mus. XIX. 1830. pl. 27, Fig. 18—20.

Montanata, *Bkh.* Taf. 45, Fig. 24. (Sch. Taf. 67, Fig. 29.) Ziemlich dick, nach vorn kaum schmäler, 2,7 cm lang. Querfalten und Seitenwulst wenig entwickelt. Grundfarbe gelbgrau, an den Hinterrändern, namentlich der mittleren Segmente lebhafter gelb oder rötlichgelb gerandet, manchmal undeutlich. Kopf wenig schmäler als das erste Segment, von der Körperfarbe, schwarz getupft; die zwei weißen Nebenlinien setzen sich auf denselben fort. Nackenschild braun mit drei weißen Längslinien. Afterklappe stumpf dreieckig, von der Körperfarbe mit einem großen schwarzen Punkt. Warzen sehr fein, zunächst weiß, und dann schwarz umrandet; die schwarze Umrandung wird bei manchen Exemplaren zu dicken schwarzen Flecken mit einem nach vorn offenen Winkel, besonders auf dem fünften bis achten Segment. Der Raum zwischen den Nebenrückenlinien und Seitenwulst bildet einen dunkelgrauen von einer hellen etwas geschlängelten Linie durchzogenen breiten Streifen, der aber bei manchen Individuen schon am sechsten oder siebten Segment erlischt und nur auf den letzten Segmenten wieder angedeutet wird. Der Seitenwulst, über dem die braunen Luftlöcher stehen, ist weißlich. Bauch heller gelbbraun mit einer feinen ockergelblichen Mittellinie und einer doppelten feinen schwarzen Längslinie an jeder Seite des ersteren. Füße von der Körperfarbe; der schwarzgraue Seitenstreifen ist auf der Außenseite der Nachschieber fortgesetzt. Lebt nach der Überwinterung im April und Mai an niederen Pflanzen, besonders Primeln, am Tage an der Erde verborgen. Verwandlung in der Erde. Puppe schlank, rotbraun. Entwicklung im Juni. Mittleres und nördliches Europa, Castilien, Andalusien, mittleres und nördliches Italien, Corsika, Südrußland. — Tr. VI. 2. 201. — Frr. B. 72. — O. W. 435. — Sepp VI, Taf. 20. — Newm. Br. M. 162. — Lyonet Mem. d. Mus. XIX. 1830. 278. pl. 28, Fig. 22—26.

Quadrifasciaria, *Cl.* Taf. 45, Fig. 25. (Sch. Taf. 67, Fig. 30.) (Ligustrata, *Hb.*) 2,7 cm lang, ziemlich schlank, nach vorn verschmächtigt. Dunkel grünlichgrau oder hell braungrau. Rückenlinie schwarz, unterbrochen, fein weißgelblich gesäumt; Nebenrückenlinien fein weißlich, innen stellenweise schwarz gesäumt. Die Rückenlinie und die schwarze Innenhälfte der Nebenrückenlinien bilden auf dem sechsten, siebten und achten Ring Zeichnungen wie bei Cidaria Fluctuata; vom neunten Ring an ist die Rückenlinie wieder zusammenhängend. Stigmenlinie schwarzgrau, von den Seiten des Kopfes bis ans Ende der Afterfüße verlaufend. Stigmen am unteren Rand dieser Linie, schwarz, rund, hell gelblich umrandet; nach unten ist die Stigmenlinie von einem weißgelben Streifen gesäumt, der nach innen ohne bestimmte Abgrenzung in die hell rötlichgraue Färbung der Bauchfläche übergeht. Diese hat eine doppelte, gelblichweiße, feine Mittellinie und jederseits eine feine, einfache, gelblichweiße Seitenlinie außerhalb welcher auf den Segmenten fünf bis neun je ein oder zwei kleine schwarze Punkte stehen. Kopf so breit wie das erste Segment, oben abgerundet und mit einem schwarzen Längsstrich beiderseits (der Stigmenlinie entsprechend.) Nackenschild gelblich, beiderseits von schwarzen Flecken begrenzt. Afterklappe gelblichgrau. Warzen ziemlich groß, etwas erhaben, weiß mit kurzen Börstchen. Brustfüße blaß gelbbraun, Bauch- und Afterfüße von der Körperfarbe. Lebt nach der Überwinterung im April an niederen Pflanzen, besonders Primeln, Taubnesseln etc. (kann auch mit Salat erzogen werden). Verwandlung in der Erde. Puppe schwarzbraun. Entwicklung im Mai, Juni. Mittleres und nördliches Europa (mit Ausnahme der Polarregion), Piemont, nördlicher Balkan, Ural. — Hb. V. 2. L. a. — Tr. VI. 2. 151. — Frr. B. 114. — O, W. 465.

Ferrugata, *Cl.* Taf. 45, Fig. 26. (Sch. Taf. 68, Fig. 1.) 2,5 cm lang, schlank, vorn kaum schmäler, braungrau; Rückenlinie schwärzlich, beiderseits fein weißgelb gesäumt, nur auf den drei ersten und den drei letzten Segmenten zusammenhängend, vom vierten bis neunten Segment inklusive unterbrochen und hier auf jedem Segment zwei tiefschwarze Flecken bildend, von welchen der hintere größere die Gestalt eines nach vorn offenen spitzen Winkels hat, welcher bis zum vorderen schwarzen Punkt und seitlich von weißlicher Farbe umgeben ist. Dadurch entsteht eine Reihe undeutlicher heller Rautenflecke über den Rücken. Nach innen von dem hinteren Rückenwarzenpaar steht je ein schwarzer Punkt oder nach außen und hinten gerichteter Schrägstrich. Nebenrückenlinien fein weißlich, nach innen stellenweise schwarz gesäumt, Stigmenlinie fein weißgelb, nach oben fein schwarz gesäumt; an den drei ersten Ringen aber breit schwarz eingefaßt; zwischen ihr und den Nebenrückenlinien noch eine dritte solche Linie. Stigmen rund, tiefschwarz. Bauch ebenso gefärbt wie der Rücken mit einer doppelten weißgelben, außen fein schwarz gesäumten Mittellinie, und je einer weißgelben, beiderseits fein schwarzgesäumten Seitenlinie, deren schwarze äußere Einfassung am neunten Segment einen dicken schwarzen bis an die Basis der Bauchfüße reichenden Strich bildet. Kopf so breit wie das erste Segment, oben abgerundet, von der Körperfarbe mit einem breiten schwarzen, beiderseits breit weißlich eingefaßten Längsstreifen (Fortsetzung der Stigmenlinie). Nackenschild und Afterklappe nicht besonders ausgezeichnet; Warzen deutlich, weiß mit je einem steifen schwarzen Börstchen. Bauchfüße blaß gelbbraun, an den Hüftstücken mit schwarzen Schrägstrichen, Bauch- und Afterfüße von der Körperfarbe, letztere außen mit einem schwarzen Längsstrich (Fortsetzung der Stigmenlinie). Lebt in zwei Generationen im Juni, Juli und wieder im September an niederen Pflanzen, Glechoma hederacea, Galium, Asperula odorata, Alsine, Daucus carota etc. Verwandlung an der Erde in einem mit Erdkörnern vermischten Gewebe. Puppe rotbraun. Entwicklung im Mai und August. Europa (mit Ausnahme von Andalusien, Sardinien und Griechenland). — Tr. VI. 2. 148. — Frr. 650. — O. W. 435. — Newm. Br. M. 168.

Unidentaria, *Hw.* (Sch. Taf. 68, Fig. 2.) Ist nach Sepp, ferner A. Speyer, Stett. e. Z. 1885, S. 93 und Rössler, Schuppenfl. S. 160 nur eine Varietät der vorigen Art, da sie aus den Eiern eines gewöhnlichen Ferrugata-Weibchens gezogen wurde. Nach der ausführlichen Raupenbeschreibung, welche Newm. Br. M. S. 169 giebt, ist auch die Raupe von Unidentaria derjenigen von Ferrugata „in allen ihren Charakteren äußerst ähnlich." Sie kommt nach Staudinger hauptsächlich in England und Norddeutschland vor.

Suffumata, *Hb.* (Sch. Taf. 68, Fig. 3.) Raupe etwas platt gedrückt, mit tiefen Ringeinschnitten und rauher runzlicher Haut, anfangs grüngelb, später rostfarbig braun, am Rücken immer dunkler als am Bauch, am neunten bis zwölften Segment auch oben ebenso hell. Rückenlinie auf dem ersten, zweiten und dritten Segment weißlich; auf dem vierten bis achten Segment bildet sie im Verein mit den Nebenrückenlinien dunkle, mit der Spitze gegen den Kopf gerichtete Winkel, deren Schenkel jederseits bis zu den Stigmen herabreichen; jeder Winkel enthält in der Mitte eine schwarze, pfeilförmige, blaß geränderte Zeichnung. Stigmenlinie heller als die Grundfarbe, unterbrochen, die helle Unterseite scharf von der dunkleren Rückenseite trennend. Stigmen intensiv schwarz. Bauch mit grauen, gewellten, unterbrochenen, nicht deutlich ausgeprägten Längsstreifen. Kopf klein, blaßbraun, schwarz gefleckt. Warzen deutlich, mit kurzen Börstchen versehen (Newman). Lebt im Juni und Juli an Galium verum. Verwandlung in der Erde. Puppe überwintert. Entwicklung im April, Mai. Nördliches und mittleres Europa (mit Ausnahme von Holland, Belgien und nordwestlichem Deutschland), südöstliches Rußland, England, Schweiz. — Tr. VI. 2. 192. — O. W. 436. — Rössl. Schuppenfl. S. 159. — Newm. Br. M. 188.

Pomoeriaria, *Ev.* Taf. 45, Fig. 27. (Sch. Taf. 68, Fig. 4.) (Quadrifacsiaria, *Tr.*) 2,5 cm lang, nach vorn etwas dünner werdend, in der Jugend grün, später braun oder grün. Rückenlinie schwarz, weißlich gesäumt, auf den drei ersten Ringen sehr fein, am neunten, zehnten und elften Ring dicker, und breit weiß gesäumt; vom vierten bis achten Segment ab bildet die Rückenlinie am Ende jedes Segmentes einen schwarzen abgesetzten Strich, der ringsum breit weißlich gesäumt ist in Form eines rautenförmigen Fleckes, der sich von der dunkelbraunen Rückenfarbe scharf abhebt. Nebenrückenlinien weißlich, fein, auf den mittleren Segmenten unterbrochen und undeutlich, vom vierten bis siebten Segment an den Innenseiten mit je einem schwarzen Fleck links und rechts von dem schwarzen Mittelfleck. Stigmenlinie vom ersten Ring bis an die Außenseite der Afterfüße breit weißgelb, oben schwarz gesäumt, am neunten Segment durch die dunkelbraune auf die Bauchfüße sich erstreckende Grundfarbe breit unterbrochen. Die schwarzen Stigmen stehen unmittelbar über dem hellen Streifen in der dunklen oberen Begrenzung desselben. Zwischen den Nebenrückenlinien und der Stigmenlinie verläuft noch eine sehr feine, weißliche, gewellte Längslinie. Bauch schmutzig blaßgelb mit einer feinen rötlichen Mittellinie und je drei schwarzbraunen, welligen, unterbrochenen Seitenlinien, deren äußerste am stärksten und dunkelsten ist. Kopf blaßbraun mit zwei breiten schwarzen Längsstreifen an den Seiten. Nackenschild schmutzig weiß; Afterklappe gelblichgrau. Warzen groß, weiß mit dunklen Börstchen. Brustfüße blaß gelbbraun, an den Hüftstücken schwarz. Bei einer grünen Varietät der Raupe sind nur die schwarzen, hell gesäumten Flecke der Rückenlinie auf dem vierten bis achten Segment sichtbar, sowie ein heller, gelblicher Stigmenstreifen, der nicht stark hervortritt. Lebt im Juli und September an der wilden Balsamine, meist an der Unterseite des Blattes sitzend, später, wenn braun gefärbt, in dürren Blättern sich verstockend. Verpuppung in einem leichten Gespinst an der Erdoberfläche. Puppe schwarzbraun mit scharfer Afterspitze; die Puppe der zweiten Generation überwintert. Entwicklung im April und Mai und wieder im August. Mitteleuropa (mit Ausnahme von England), Piemont, Livland, Finnland, Lappland, südliches Rußland. — Hb. V. 2. L. a. — Tr. VI. 2. 146. — Frr. 581. — Sepp V, Taf 31. — O. W. 436.

Designata, *Rott.* (Sch. Taf. 68, Fig. 5.) (Propugnata, *F.*) 2,4 cm, von Gestalt der vorigen Art, rötlich braungrau, nicht so dunkel wie Pomoeriaria; Rückenlinie dunkelgrau, weißlichgelb gesäumt, auf den drei ersten Ringen sehr undeutlich; vom vierten bis elften Ring ist sie unterbrochen und bildet auf jedem Ring zwei schwärzliche Flecken, einen schwächeren und undeutlicheren in der Mitte, und einen stärkeren am Vorderrand der Segmente; letztere Flecke sind breit gelblichweiß oder rötlichweiß gesäumt, welche Färbung sich in Form eines spitzen Winkels bis gegen den mittleren schwärzlichen Fleck des vorhergehenden Segmentes hinzieht. Dadurch entsteht eine Reihe heller Dreiecke auf dem Rücken, welche auf den mittleren Ringen am vollständigsten ausgebildet sind, nach vorn und hinten aber an Größe und Deutlichkeit abnehmen. Nebenrückenlinien sehr fein, gelblich, undeutlich. Stigmenlinie breit, dunkelgrau, unten breit weißgelblich oder weißrötlich gesäumt, sowohl auf den abgerundeten, gelblichen, dunkelbraun gefleckten Kopf, als auch auf die Außenseite der Afterfüße fortgesetzt. Stigmen braun, schwarz gerandet. Bauch heller als der Rücken mit einer verloschenen, rötlichen, weiß gesäumten Mittellinie und je einer grauen, innen stellenweise gelblich ausgefüllten Seitenlinie, welche am neunten Segment unmittelbar vor der Basis der hellgrauen Bauchfüße einen dicken, tiefschwarzen Längsstrich bildet. Nackenschild schmal, schwärzlich mit drei gelblichen Längslinien. Afterklappe von der Körperfarbe, schwarz gefleckt. Warzen weißlich, etwas erhaben mit steifen kurzen Börstchen. Brustfüße blaß gelbbraun, an den Hüftstücken mit schwarzen Längsstreifen. Lebt im August und September an Brassica-Arten, nach Wocke polyphag an niederen Pflanzen. Die Puppe überwintert. Entwicklung Ende Mai und in zweiter Generation im August. Mittel- und Nordeuropa, Piemont, nordöstliche Türkei, südliches Rußland. — O. W. 437. — Newm. Br. M. 168. — Sepp IV. 29.

Fluviata, *Hb.* Taf. 46, Fig. 1. (Sch. Taf. 68, Fig. 7.) (♀ Gemmata, *Hb.*) Ei länglich, flach, gelblich, vor dem Ausschlüpfen dunkelbraun. Raupe 2,0 cm. Der Gestalt und Zeichnung nach der vorigen sehr ähnlich; Färbung sehr veränderlich, grün, grau- oder rotbraun bis dunkelbraun. Rückenlinie und Rückenzeichnung genau wie bei der vorigen Art. Die Segmente neun bis zwölf sind am Rücken fast ganz gelblich weiß. Nebenrückenlinien sind kaum zu erkennen, wenn nicht die die helleren Rückendreiecke seitlich begrenzenden dunkelbraunen Striche als Reste dieser Linien angesehen werden wollen. Stigmenlinie deutlich ausgeprägt, breit, schwarzgrau, unten verwaschen gelblich begrenzt, auf den drei ersten Segmenten zusammenhängend, und über den gelblichen, braun getupften Kopf, der ein dunkelbraunes Stirndreieck hat, fortgesetzt; vom fünften bis neunten Ring unterbrochen, d. h. auf jedem dieser Ringe nur einen schwarzen Längsstrich in der vordern Hälfte derselben bildend; vom zehnten bis zwölften Ring wieder zusammenhängend. Luftlöcher blaßbraun, dunkelbraun gesäumt. Bauch ähnlich gezeichnet, aber verwaschen; die zwei schwarzen Längsstriche an der Basis der Bauchfüße sind sehr deutlich, Nackenschild und Afterklappe hell gelbbraun, ersterer mit der Andeutung der drei Rückenlinien. Warzen weiß, wenig erhaben mit kurzen steifen Borsten. Brustfüße blaß gelbbraun. Bauch- und Afterfüße von der Körperfarbe. Lebt im Frühjahr und August an verschiedenen niederen Pflanzen, Convolvulus, Alyssum, Polygonum persicaria, Senecio vulgaris etc., besonders aber an Anthemis und Chrysanthemum-Arten. Verpuppung in einem lichten Gewebe zwischen zusammengezogenen dürren Blättern oder Moos. Puppe mäßig schlank, braun, an den Ringen des Hinterleibes rötlich, an den Augen und Flügeln grünlich; die Afterspitze ist mit fünf oder sechs Häkchen besetzt. Puppe der zweiten Generation überwintert. Entwicklung im Juni und September. Mittleres und südliches Europa, weit verbreitet aber selten. — Mill. Ic. 90, Fig. 4—10. — Newm. Br. M. 172. — Ent. M. 1870, S. 280. — Rössl. Schuppenfl. S. 165.

Vittata, *Bkh.* (Sch. Taf. 68, Fig. 8.) (Lignata, *Hb.*) Raupe rundlich, nach dem Kopf zu allmählich verdünnt, gelbgrün; Rücken vom Segment vier bis neun einschließlich mit dunkelbraunen Pünktchen bestreut; Kopf grün mit bräunlichen? Härchen; Rückenlinie dunkler grün, verdickt sich nach jeder Ringfalte zu einem kleinen Viereck; die Subdorsale (Nebenrückenlinien) blaß, oben und unten mit einer feinen dunklen Linie eingefaßt. Die obere hat einen schwärzlichen Fleck am Beginn jedes Segmentes. Eine blasse Linie (Stigmenlinie) teilt die übrigen Räume der Seiten in zwei gleiche Hälften, deren untere dunkler gefärbt ist, und an ihrem untern Ende bei Beginn jedes Segmentes einen schwärzlichen Fleck hat. Luftlöcher rötlich, weiß eingefaßt. (E. M. 1872, S. 19.) Lebt im Mai und August an Menyanthes trifoliata, wurde aber auch mit Galium palustre und mollugo erzogen; die Raupe der zweiten Generation überwintert. Verpuppung in einem lockeren Gespinst am Boden. Puppe glänzend braun. Entwicklung im Juni und wieder im August. Nördliches Europa (mit Ausnahme der Polarregion), südliches Lappland, England, Holland, Frankreich, Piemont, südwestliches Rußland. — Rössl. Schuppenfl. S. 166. — A. Hoffmann St. e. Z. 1882, S. 101. — E. M. 1872, S. 19. — Mill. Nat. Sic. 1884. p. 8. pl. I, Fig. 3 (gehört nach Püngeler sehr wahrscheinlich zu Fluviata).

Dilutata, *Bkh.* Taf. 45, Fig. 28. (Sch. Taf. 68, Fig. 9.) Ei länglich, glatt, stark eingedrückt, glänzend rotbraun. Die Raupe ist von den bisher beschriebenen wesentlich verschieden, auffallend dick, gleichmäßig cylindrisch, höchstens an den letzten Segmenten etwas dünner werdend, der abgerundete Kopf ist klein und schmäler als das erste Segment. 3,0 cm lang, 3,0 mm dick, samtgrün, Bauch blaugrün; ohne deutliche Rückenstreifen. Stigmenlinie gelblich oder weißlich; Stigmen weiß, sehr fein blaßbraun gesäumt. Kopf, Nackenschild, Afterklappe und Füße von der Körperfarbe. Warzen sehr klein, nur mit der Lupe erkennbar. Bisweilen erscheinen purpurbraune Zeichnungen auf allen Segmenten; der Rücken des ersten Segmentes und eine Mittellinie auf dem neunten, zehnten und elften Segment haben oft diese Färbung, ebenso häufig das zwölfte Segment mit der Afterklappe; auch die Brustfüße sind manchmal rötlich gefärbt. Ist Ende Mai erwachsen und lebt auf Birken, Haseln, Schlehen, Weißdorn, Saalweiden, Feldrosen etc. Verpuppung in der Erde. Puppe kolbig rotbraun mit Börstchen am Afterstücke. Entwicklung im September und Oktober. Das Ei überwintert. Nördliches und mittleres Europa, Piemont, Ural. — Hb. V. 2. B. b. — Tr. VI. 2. 26. — Frr. 408. — Sepp VI. p. 28. — O. W. 437. — Rössl. Schuppenfl. S. 162. — Newm. Br. M. 108. — Gn. 2. 264.

Filigrammaria, *H.-S.* (Sch. Taf. 68, Fig. 10.) (Autumnaria, *Gn.*) Raupe gedrungen, glatt, lebhaft samtgrün, am Bauch blaß weißgrün. Kopf und erstes Segment (Nackenschild) glänzend, schwärzlich; an jeder Seite des Rückengefäßes (Rückenlinie) befindet sich ein blaß gelblichgrüner Streifen, und an jeder Seite des Körpers ein schwefelgelber Streifen (Stigmenlinien). Die Warzen auf dem Rücken jedes Segmentes erscheinen wie kleine gelbe Punkte. Die Ringeinschnitte sind orangegelb, die Luftlöcher gelb; zwischen ihnen und der Bauchfläche stehen einige wenige Fleckchen (Newmann). Lebt im April an Weiden und verpuppt sich in der Erde. Entwicklung im August und September. England, Schottland, Lappland. — Buckl. An. 1864, p. 137. — Newm. Br. M. S. 109.

Caesiata, *Lang.* (Sch. Taf. 68, Fig. 12.) 2,5 cm lang, nach vorn dünner werdend, rötlichbraun, grünbraun oder olivengrün. Rückenlinie und Nebenrückenlinien auf den drei ersten Segmenten sehr fein, braun, wenig deutlich; vom fünften bis neunten Segment ist die Rückenlinie unterbrochen, nur am Hinterrand jedes Segmentes deutlich und hier beiderseits breit weißlich gesäumt und von einem dunkelbraunen, mit der Spitze nach vorn gerichteten Winkel begrenzt; auf den drei letzten Ringen ist die Rückenlinie wieder zusammenhängend und auf dem zwölften sehr breit. Die Nebenrückenlinien sind vom vierten Segment an nicht mehr deutlich sichtbar. Stigmenlinie weiß, ziemlich breit, vom ersten bis zwölften Segment verlaufend, unten dunkel beschattet. Ober ihr ist noch eine Andeutung einer sehr feinen weißgelben, unterbrochenen Längslinie. Stigmen rund, hellbraun gerandet. Bauch heller als der Rücken mit einer braunroten, feinen, beiderseits gelblichweiß gesäumten Mittellinie. Zwei ähnliche Seitenlinien sind kaum zu erkennen.

Kopf klein, abgerundet, einfarbig braun. Nackenschild einfarbig gelbbraun. Afterklappe dreieckig, braun, an der Basis schwarz (Ende der Rückenlinie). Warzen deutlich, schwarz, gelblich umrandet mit kurzen, braunen Börstchen. Brustfüße hellbraun. Bauch- und Afterfüße von der Körperfarbe. Schlüpft im Juli oder August aus dem Ei, überwintert und ist im Mai erwachsen, lebt an Vaccinium (vitis idaea und Myrtillus). Verpuppung in einem leichten Gespinst zwischen Blättern der Futterpflanze. Puppe grünlichbraun. Entwicklung im Juli, August. Nördliches Europa, England, Belgien, östliches Frankreich, Alpen, mittleres, südliches und nordöstliches Deutschland. — Gn. II. 273. — O. W. 438. — Mill. Nat. Sic. VI. S. 8. Taf. I, Fig. 16. — Newm. Br. M. 110.

Flavicinctata, *Hb.* Taf. 46, Fig. 2. (Sch. Taf. 68, Fig. 13.) Die Raupe ist nach der Beschreibung und Abbildung bei Freyer (Tab. 504) derjenigen von Caesiata ähnlich und hat dieselbe Zeichnungsanlage wie diese. Nach Freyer ist sie dreiviertel Zoll lang, schmutzig grün; auf jedem Absatz steht ein dreieckiger, nach vorn spitz zulaufender rosenroter, an der Spitze weißer Flecken, welcher dunkelbraun gesäumt ist. Der Kopf ist gelbgrün. Die Raupe ist mit feinen einzelnen Härchen besetzt. Lebt im Mai auf Saxifraga petraea und Salix und verwandelt sich in eine grünbraune Puppe. Entwicklung im Juli oder August. Alpen, Galizien, Schottland, Norwegen, Lappland. — Frr. 504. — Month. Mg. XII. p. 5. 113.

Infidaria, *Lah.* Nach gütiger Mitteilung des Herrn Amtsrichter Püngeler—Rheydt beschreibt Millière im Nat. Sic. 1884, IV. 7. S. 14 die Raupe von Cid. Infidaria unter dem Namen Flavicinctata, *Hb.* in folgender Weise: Raupe kurz, cylindrisch, obwohl leicht gekielt an den Seiten, lehmfarbig oder grünlich, mit einem kleinen, kugeligen, zurückziehbaren Kopfe. Die zwei ersten Ringe sind ein wenig dicker als die folgenden; die mittleren Ringe zeigen je eine braune Winkelzeichnung, welche auf dem Ringeinschnitt weiß aufgehellt ist; die gewöhnlichen Linien sind kaum sichtbar; der Bauch ist gleichfarbig und hat keine Längslinien. Brustfüße braun; Stigmen sehr klein, elliptisch, weiß und schwarz umrandet; die Härchen sind sparsam, fein, kurz und schwarz. Die Raupe scheint demnach wieder derjenigen der Caesiata sehr ähnlich zu sein. Die Raupe ist polyphag und lebt nach der Überwinterung im März, April einzeln an den verschiedensten Pflanzen, als welche Millière anführt: Juniperus communis, Lonicera xylosteum, Salix caprea, Alchemilla vulgaris, Saxifraga rotundifolia. Wocke fand die Raupe im ersten Frühjahr an Geranium Robertianum; sie fraß aber auch Oxalis u. a.; nach Hahne lebt sie an Saxifraga petraea. Verwandlung in einem leichten Gewebe zwischen den Blättern der Futterpflanze. Entwicklung im Juli, August. Alpen, Schweiz, Piemont, Schlesien, Gebirge des südwestlichen Deutschlands, Pyrenäen. — Wocke Fauna v. Schlesien p. 80. — Mill. Nat. Sic. IV. (1884) p. 14 (Lar. flavicinctata, *Hb.*) — Gumpp. III. 389. — Rössler 162.

Cyanata, *Hb.* (Sch. Taf. 68, Fig. 14.) Nach Millière ist die Raupe ziemlich kurz, cylindrisch, ohne Linien, einfarbig grasgrün; der Kopf ist bernsteingelb, schwarz umrandet. Der ganze Körper der Raupe, mit Ausnahme der Bauchseite ist besetzt mit sehr kleinen schwarzen Pünktchen (Warzen), welche ein feines, kurzes, weißes Härchen tragen. Lebt im Mai an Arabis alpina und ciliata. Verpuppung Ende Mai an der Erde in leichtem Gewebe. Puppe dunkelbraun mit Afterspitze. Entwicklung im Juni. Alpen (österreichische und bayerische), Schweiz, Südfrankreich. — Mill. Ann. Soc. Lyon. 1882 (Tome 29) S. 170. pl. III, Fig. 9. 10. — Gumpp., Mitt. d. Münch. ent. Vereins 1879, S. 37. — Syst. Geometr. III. 387.

Tophaceata, *Hb.* Taf. 46, Fig. 3. (Sch. Taf. 68, Fig. 15.) Ei zart, weiß, grünlich schimmernd, wenig chagriniert (Rghf.) Raupe 2,5 cm lang, cylindrisch, etwas abgeplattet, seitlich leicht gekielt, mit deutlichen Ringeinschnitten; die Grundfarbe ist heller oder dunkler grünlich mit undeutlichen Flecken und Linien; nur die Gefäßlinie (Rückenlinie) ist sehr deutlich meer- oder bläulichgrün, aber nur auf den mittleren Ringen (vier bis zehn); sie ist hier auf jedem Ring durch einen Querstreif über das hintere Paar der Rückenwarzen unterbrochen; dieses Warzenpaar ist deutlicher als das vordere. Subdorsale (Nebenrückenlinien) kaum angedeutet, bei vielen Raupen ganz fehlend. Stigmenlinie geschwungen, weißlich, auf der Seitenkante liegend. Stigmen dick, schwarz. Bauch dunkel- oder bläulichgrün mit einer weißlichen unterbrochenen Mittellinie; an den Seiten des vierten bis achten Ringes steht je ein dicker, schwarzer, rundlicher Punkt dicht unter der Seitenkante. Kopf klein, rundlich, haarig, mit zahlreichen braunen Punkten gezeichnet. Erster Ring (Nackenschild) oben mit zahlreichen schwarzen, sehr kurze braune Haare tragenden Punkten (Warzen) besetzt. Afterklappe sehr klein. Brustfüße braun, die andern gleichfarbig (Millière). Lebt von Juni bis August an Galium-Arten, Asperula, Erdbeeren und wohl noch anderen niederen Pflanzen. Verpuppung anfangs August in einem leichten, weißen Gespinst zwischen Pflanzenabfällen, Moos etc. Puppe lang gestreckt, glatt, glänzend, lebhaft gelb, am Kopf und an der Afterspitze rötlich und grünlich angehaucht. Augenstelle schwarz, Bauchringe grünlich, Stigmen braun. Einige liefern den Falter noch im August und September, die meisten aber überwintern unverwandelt und zusammengekrümmt in ihrem Gespinste, um erst im Frühjahr zur Puppe zu werden und den Falter im Mai zu liefern. Nach Millière bestehen zwei Generationen. Alpen, Süddeutschland, Pyrenäen. — Mill. Ic. 68, Fig. 1—4. — H. Groß. St. e. Z. 1888, p. 351. — Frr. 609 (Potentillaria).

Saxicolata, *Led.* 3,0 cm lang, schlank, nach vorn wenig schmäler. Kopf weißgrau, dunkelbraun getüpfelt. Grundfarbe weißgrau mit einem rötlichen Schimmer. Rückenlinie schwarzgrau, doppelt, aus einzelnen kleinen Fleckchen zusammengesetzt, nur auf den ersten und letzten Ringen deutlich; auf den mittleren Ringen (sechs, sieben, acht) je vor dem hintern Warzenpaar schwärzlich ausgefüllt und dadurch je einen unbestimmten

Flecken bildend. Nebenrückenlinien ebenso wie die Rückenlinie, aber einfach und noch unbestimmter. Nackenschild und Afterklappe nicht besonders gezeichnet. Warzen deutlich, schwarz; neben dem hinteren Paar der Rückenwarzen nach innen je zwei schwarze große Punkte auf jedem Segment. Stigmenlinien grauschwarz, aus einzelnen Fleckchen bestehend, undeutlich; Stigmen rund, tief schwarz, groß; auf den mittleren Ringen (fünf bis acht) unterhalb der Stigmen noch je ein dunkelbrauner Fleck. Bauch mit einer schwarzgrauen Mittel- und zwei ebensolchen gewellten Seitenlinien; zwischen diesen und der Mittellinie noch je zwei undeutliche, unterbrochene, dunkelgraue Längslinien. Brustfüße am Ende der Glieder schwarz gefleckt, sonst wie die übrigen Füße von der Körperfarbe. (Nach einer von Herrn Schernhammer—Wien erhaltenen präparierten Raupe.) Lebt in zwei Generationen auf Galium-Arten. Verpuppung an der Erde. Puppe gedrungen, gelbbraun mit nabelförmigem Cremanter, welcher sechs starke, an der Spitze umgebogene Borsten trägt. Entwicklung Mai und August. Österreich. — May. III. Jahresb. d. Wien. ent. Ver. 1892, p. 43.

Incultaria, *H.-S.* Taf. 46, Fig. 4. (Sch. Taf. 68, Fig. 18.) 1,5 cm lang. gleichmäßig cylindrisch, gelblichgrün; Rückenlinie dunkel, beiderseits hell gesäumt; Nebenrückenlinien fein, hellgelblich, undeutlich; die Zwischenräume zwischen diesen helleren Linien bilden dunklergrüne Längslinien; Stigmenlinie breit, karminrot, nach oben weißlich begrenzt, auf den vorderen Ringen unterbrochen, auf den mittleren hinter jedem der dunkelbraun gerandeten kleinen Stigmen nach oben fleckenartig erweitert. Vom siebten bis elften Segment wieder zusammenhängend. Bauch einfach weißlich grün. Kopf klein, abgerundet, braun; Nackenschild und Afterklappe gelblichbraun, letztere manchmal rot. Warzen klein, aber deutlich, braun mit kurzen braunen Börstchen. Brustfüße blaß gelbbraun, Bauch- und Afterfüße grün, letztere auch manchmal außen rot (durch Verlängerung der Stigmenlinien). Lebt im August an Primula latifolia und andern Primula-Arten, teils in den Samenkapseln, teils (zum kleineren Teil) auch in den Blättern minierend, in welchen sie zuerst einen ganz feinen Gang macht, während später fast das ganze Blatt unterminiert und mit Kot erfüllt wird. Auch in den Samenkapseln der Saxifraga bryoides und der Bartsia alpina (Habich). Verwandlung in einem mit Erdkörnchen besetzten Gespinst. Puppe an den Flügelscheiden dunkelgrün, auf dem Rücken und am Hinterleib gelblichgrün mit zwei Dornen am Cremanter, überwintert. Entwicklung von Mitte Juni an. Alpen, Galizien. — E. Hofmann Stett. e. Z. 1871, S. 43. — Püngeler St. e. Z. 1889, S. 148. — Habich St. e. Z. 1889, S. 348 (Aqueata, *Hb.*). — Mill. Ic. III. p. 432. pl. 153, Fig. 16—19 (var. Latifoliata).

Nebulata, *Tr.* (Sch. Taf. 68, Fig. 19.) Nach Püngeler Stett. e. Z. 1889, S. 148 verhält sich die Raupe ganz wie die von Tophaceata, *Hb.* und lebt nach Frey im Juli an Galium mollugo. Achromaria, *Lah.*, gehört nach Frey und Püngeler als Varietät hieher. Falter im Juni, sowie August, September; in südlichen Lagen wahrscheinlich in zwei Generationen auftretend. Schweiz, Österreich, Steiermark.

Verberata, *Sc.* (Sch. Taf. 68, Fig. 20.) (Rupestrata, *Bkh.*) Samtartig dunkelgrün mit dunkel durchscheinendem, von zwei gelblichen Punktreihen gesäumten Rückengefäße und einer gelben Längslinie an jeder Seite des Rückens (Nebenrückenlinien). An den Seiten zwei gelbe Längslinien, deren untere mehr weißliche, dicht über den Füßen steht. Kopf rund, grün, mit zwei gelben Punkten (O. Wilde). Lebt im Mai und Juni an Fichten. Falter im Juli, August. Alpen, Deutschland Schweiz, Frankreich, Schlesien, Harz. — Hb. V. 2. B. b. — Tr. VI. 2. 30. — O. W. 438.

Frustata, *Tr.* (Sch. Taf. 68, Fig. 23.) 2,5—2,6 cm lang, ziemlich gedrungen, vom Kopf bis zum achten Ringe an Dicke allmählich zunehmend, dann rascher sich wieder verjüngend, nackt, bis auf die gewöhnlichen am Kopf und Afterrande gehäufter stehenden einzelnen Börstchen. Kopf flach, abgerundet, gelblich mit eckigen, schwarzen Fleckchen bestreut, die jederseits einen lichten, sich bis in das erste Segment hineinziehenden Längsstreifen frei lassen. Grundfarbe bleich lehmgelb mit einem mehr oder minder starken Stich ins Rötliche. Zeichnungen braungrau oder schwärzlich, meist matt und ohne scharfe Grenzen. In der Mittellinie des Rückens stehen auf den Brustringen schwarze Längsstriche, die sich auf den vier oder fünf mittleren Segmenten zu verwaschenen, schwarzgrauen Längsflecken erweitern, auf den letzten Ringen zu Punkten zusammenschrumpfen. Abwechselnd mit diesen, die Mitte der Segmente einnehmenden Flecken finden sich helle, dunkel eingefaßte, ovale, von einer feinen braunen Linie geteilte Flecken in der Mitte der Ringeinschnitte. Auf den Mittelringen finden sich noch je zwei dunkle Schrägstriche, welche sich in dem Flecken auf den Ringeinschnitten kreuzen (ähnlich wie bei manchen Acidalien). Am Ende der hinteren Schrägstriche steht ein schwarzer Punkt. Die Seiten des Körpers unterhalb der kleinen schwarzen Luftlöcher sind am reinsten gelblich; oberhalb derselben ist der Grund mehr oder weniger grau schattiert, bei dunkleren Raupen in Form eines Längsbandes. Bauch mehr oder weniger grau schattiert, besonders in den Ringeinschnitten und von einem hellen Doppellängsstrich durchzogen. Nacken- und Afterschild ohne besondere Auszeichnung. Brustfüße licht gelblichgrau mit einzelnen, starken, schwarzen Punkten. Vor der letzten Häutung fehlen die Rückenflecken und die Winkelzeichnungen; dagegen findet sich eine vollständige schwärzliche Mittellinie und zwischen ihr und den Luftlöchern verlaufen jederseits drei graue Längsstreifen. Frisch gehäutete Raupen zeigen die dunklen Zeichnungen des letzten Stadiums deutlicher als ältere, bei denen sie immer matter werden, während die Grundfarbe rötlicher wird (A. Speyer). Lebt von der zweiten Hälfte des August bis in den Oktober an Galium verum und zwar nur an solchen Pflanzen, die nur noch an den Endtrieben grün, sonst aber verwelkt sind, frißt nur bei Nacht. Verpuppung in der Erde in einem lockeren Gewebe; Puppe gedrungen, hell ziegelrot, an den Flügelscheiden durchscheinend, am Hinterleib ziemlich dicht und stark punktiert, sonst glatt und glänzend. Das dunklere Afterstück ist durch drei tiefe, grubenförmige Eindrücke ausgezeichnet, nämlich einem rundlichen auf der Rückenmitte und jederseits einem länglichen keilförmigen und einer knorrigen Wulst. Der kegelförmige Cremanter trägt zwei längere und stärkere, an der Spitze auseinander gebogene Häkchen und daneben ein Paar sehr feine, kurze, kolbige Börstchen. Entwicklung im Juli, August. Südliches und mittleres Deutschland, Belgien, Ungarn, Südfrankreich, Piemont; var. Fulvocinctata in Graubünden und Andalusien. — A. Speyer Stett. e. Z. 1884, S. 81.

Uniformata, *Bell.* (Sch. Taf. 68, Fig. 25.) Raupe mittellang, kaum seitenkantig, mit zahlreichen ununterbrochenen Linien. Grundfarbe fleischfarben oder hellgrün; Gefäßlinie schmal braun, auf jedem Einschnitt der mittleren Ringe mit schwarzen dreieckigen Flecken. Stigmatale breit weiß. Übrige Linien grünlich. Unten mit breiter heller Linie, beiderseits braun eingefaßt. Füße gleichfarbig. Im Habitus der Raupe von Ablutaria ähnlich (Millière). Kommt Ende April aus dem Ei und ist Anfang Juni erwachsen, lebt auf Galium mollugo. Verwandlung unter dürren Blättern. Entwicklung nach 25 Tagen. Catalonien, Corsika. — Mill. Ic. 117. 6—8. — Gumpp. S. 303.

Scripturata, *Hb.* (Sch. Taf. 68, Fig. 26.) Nach Groß (Steyr) ist die Gestalt der Raupe walzig, mehr gedrungen, als schlank. Eine feine schwarze Rückenlinie wird beiderseits von schmalen gelbgrünen Streifen eingefaßt, welche wieder von mattschwarzen, breiten Bändern scharf begrenzt werden. Die Bauchseite ist bis über die Stigmen ebenfalls gelbgrün, mit schwärzlicher Mittel- und doppelten schwärzlichen Seitenlinien. Bis zur letzen Häutung ist das Gelbgrün dunkler und auch die Linien und Streifen sind grünlich angeflogen; vor der Verpuppung aber wurde diese Farbe bei einigen Stücken rötlich. Die Raupe erreicht vor dem Überwintern etwa 15 mm Länge; Anfang April ist sie erwachsen und dann 2,5 cm lang, lebt an niederen Pflanzen und wurde mit Bellis perennis und Alsine media erzogen. Verpuppung in einem lockeren Gewebe zwischen Moos und Erde. Puppe lichtbraun, mit helleren Flügelscheiden. Entwicklung nach 18—20 Tagen im Juni, höher im Gebirge noch Anfang August. Alpen, Deutschland, Schweiz, Frankreich, Piemont, Gebirge des südwestlichen Deutschland. — Groß (Steyer). St. e. Z. 1885. S. 376.

Riguata, *Hb.* Taf. 46, Fig. 5. (Sch. Taf. 68, Fig. 27.) 2,8 bis 3,0 cm lang, gestreckt, cylindrisch, violettgrau, stellenweise blaßrosa angehaucht. Rückenlinie fein braun, an den Einschnitten unterbrochen. Nebenrückenlinien dunkelfleischfarben. Stigmenlinien weißlich; Stigmen weiß, schwarz umrandet. Bauch mit einer braunen, breiten, geschwungenen, auf jeder Seite fein weiß eingefaßten Linie. Der Rücken zeigt nach dem 6., 7., 8. und 9. Ring eine schwarze Winkelzeichnung, welche von der Rückenlinie ausgehend diagonal in die Nebenrückenlinie einmündet. Kopf rötlichgelb, am Grunde fein braun gefleckt. Brustfüße rötlichgelb. Afterfüße von der Körperfarbe, mit einem feinen weißlichen Strich gezeichnet. Körper mit kurzen, weißen, kaum mit der Lupe sichtbaren Haaren besetzt (Millière). Lebt in zwei Generationen im Juni und wieder im September an verschiedenen Rubiaceen, Asperula galioides, cynanchica, Galium verum etc. Puppe 1,4 bis 1,5 cm, glänzend rotbraun, ziemlich dünn; der After endet in zwei kleine schwarze, einander sehr genäherte scharfe Spitzen. Flügel, Augen und Bauchringe treten schärfer hervor, als bei den meisten Spannerpuppen; Stigmen schwarz und gerundet. Überwintert. Entwicklung im Mai und Juli. Südeuropa, mit Ausnahme der mittleren und nördlichen Pyrenäenhalbinsel, Schweiz, Ungarn, Galizien, südliches, mittleres und westliches Deutschland. — Mill. 2. Livr., pl. 3, Fig. 1—3. — Rössl. Schupp. S. 163.

Alpicolaria, *H.-S.* Taf. 46, Fig. 6. (Sch. Taf. 68, Fig. 29.) Die Raupe gleicht auf den ersten Blick eher einer Wicklerraupe durch ihre kurze, gedrungene Gestalt und die starke Entwicklung des Nackenschildes und der Afterklappe. Grundfarbe einförmig fleischfarben; außer einer Spur von einer Rückenlinie fehlen alle übrigen Linien. Die Warzen sind stark entwickelt und brau, mit kurzen, braunen Haaren. Die Stigmen sind groß, weiß und fahlgelb umrandet. Kopf klein, rund, rötlichbraun. Nackenschild und Afterklappe klein, schwärzlich. Brustfüße schwarz; Bauch- und Afterfüße von der Körperfarbe, kurz (Millière). Lebt im August und September in den Samenkapseln von Gentiana punctata, asclepiadea und wohl auch anderer Arten. Zur Verpuppung verläßt die Raupe die Samenkapsel durch ein am Grunde derselben durchgefressenes Loch und geht zur Erde, um sich zwischen den Wurzeln der Futterpflanze oder zwischen Moos in einem weißgrauen Gespinst zu verpuppen; selten findet die Verpuppung in der Samenkapsel selbst statt, die beim Eintrocknen aufspringt. Die Puppe ist von gewöhnlicher Gestalt, kurz, grüngelb, an den Bauchringen rötlich. Entwicklung im Juni, Juli. Österreich, Schweiz und bayerische Alpen. — Millière, 151, Fig. 1bis 8. (Gentianata). — Dietze Stett. ent. Z. 1874, S. 216; 1875, Taf. I, Fig. 5. 6.

Picata, *Hb.* (Sch. Taf. 68, Fig. 30.) 2,5 cm lang, graugelb (steinfarbig), in den Gelenkeinschnitten rötlichgrau. Rückenlinie dunkelgrau, weit unterbrochen, auf jedem Ring ziemlich in der Mitte einen verwaschenen rundlichen Fleck bildend; Nebenrückenlinien ebenfalls dunkelgrau, zerrissen, an jeder Rückenwarze ein kleines Fleckchen bildend; dadurch werden auf den mittleren Segmenten je fünf Fleckchen erzeugt, eines in der Mitte und vier im Rechteck um dieses stehend. An den vorderen Ringen ist eine feine gelbweiße Begrenzung der Nebenrückenlinien nach außen zu sehen, welche weiter nach hinten undeutlich wird. Stigmenlinie breit, grau, in der Mitte eine feine gelbe, oben und unten fein schwarz gesäumte Linie einschließend, nach unten breit gelblich begrenzt. Stigmen groß, tief schwarz.

Bauch gelb mit einem weißlichen in der Mitte stellenweise durch eine unterbrochene rötlichgelbe Linie geteilten Mittelstreifen und zwei undeutlich doppelten braunen Seitenstreifen, sowie einem kleinen schwarzen Fleckchen beiderseits am Anfang jedes Ringes, besonders deutlich auf den mittleren; an der Basis der Bauchfüße beiderseits ein größerer schwarzer Flecken. Kopf so breit wie das erste Segment, oben abgerundet, gelb, schwarzbraun getupft. Nackenschild und Afterklappe nicht ausgezeichnet. Warzen sehr klein, braun mit sehr kurzen braunen Börstchen. Brustfüße gelblich, schwarz getupft. Bauch- und Afterfüße von der Körperfarbe, letztere außen mit dunkelbraunen Längsstreifen. Lebt im Herbst versteckt am Boden an Stellaria media, nimmt in der Gefangenschaft auch Hühnerdarm und welke Blätter an, daher wohl polyphag, überwintert. Schmetterling im Juni und Juli. Mitteleuropa, Livland, Ural. Newm. Br. M. S. 182. — Rössl. Schupp. S. 161.

Malvata, *Rbr.* (Sch. Taf. 68, Fig. 31.) Raupe cylindrisch, nach vorn nicht dünner werdend, hellbraun oder dunkelbraun; Rückenlinie fein, braun, unterbrochen; vom dritten bis elften Ring steht auf jedem ein dunkleres, mit der Spitze nach vorne gerichtetes Dreieck. Nebenrückenlinien nicht sichtbar. Stigmenlinien etwas heller als die Grundfarbe, schwach angedeutet. Stigmen gelb, schwarz umrandet. Bauch schmutzig weiß mit einer graulichen undeutlichen, oft verwischten Längslinie. Kopf abgerundet, graulich, mit braunen Punkten. Warzen deutlich mit je einem ziemlich langen grauen Haar; auf dem zehnten und elften Ringe steht je eine kleine zweispaltige weißliche Erhöhung (vergrößerte Warzen). Alle Füße haben die Farbe des Körpers (Millière). Lebt von Ende November bis Februar (Südfrankreich) an verschiedenen Malva- und Lavatera-Arten. Verpuppung im Januar oder Februar im Moos oder an der Oberfläche der Erde zwischen dürren Blättern in einem leichten Gespinste, manchmal auch ohne ein solches. Puppe ziemlich kurz, dick, rötlich; Cremanter an der Basis mit schwarzen kleinen Höckerchen, die nur mit der Lupe sichtbar sind, und am Ende mit zwei auseinandergehenden Häkchen versehen. Entwicklung erst im September, Oktober. Südfrankreich, Andalusien. — Mill. Livr. V. pl. 3, Fig. 9—17.

Basochesiata, *Dup.* Mittelmäßig gestreckt, nach vorn etwas schmächtiger, an den Seiten schwach gekielt, hellbraun am Rücken, an den Seiten schwärzlich, am Bauch schiefergrau. Rückenlinie fein, braun, ununterbrochen vom ersten bis elften Ring. Nebenrückenlinien fleischfarbig weiß, gelblich angehaucht, mittelmäßig breit, ununterbrochen. Bei manchen Exemplaren sind die mittleren Segmente auf dem Rücken fleischfarbig und zeigen rautenförmige schwärzliche, weißlich umrandete, nicht immer sehr deutliche Zeichnungen. Stigmenlinie geschwungen, hell, unterbrochen. Stigmen oval, sehr klein, orangegelb, breit schwarz umrandet. Bauch mit einer hellen, breiten, von einem feinen braunen Strich geteilten, nicht unterbrochenen Linie. Kopf hell hornbraun mit zahlreichen braunen Punkten. Sämtliche Füße weißlich, durchscheinend; das letzte Paar zeigt einen senkrechten braunen Strich. Haare (auf den Warzen) kurz, steif (Millière). Lebt von Ende November bis anfangs Mai, wächst sehr schnell, selbst im Januar und nährt sich von den jungen Trieben der Rubia peregrina. Im Sommer, wo die Blätter der Rubia hart sind, findet sich die Raupe nicht. Verpuppung in der Erde oder im Moos in einem leichten Gespinste. Puppe mittelmäßig lang, mahagonirot, ohne besondere Merkmale. Entwicklung nach 20—25 Tagen; vom Herbst bis Frühling folgt eine Generation auf die andere; Puppen, die nicht nach kurzer Zeit im Vorfrühling ausschlüpfen, bleiben bis zum Herbst liegen. Südfrankreich, Catalonien. Mill. Ic. 86, Fig. 7—9.

Cucullata, *Hufn.* Taf. 46, Fig. 7. (Sch. Taf. 69, Fig. 2.) (Sinuata, *Hb.*) 2,8 cm lang, schlank, gleichmäßig cylindrisch, grün oder gelblichgrün; Rückenlinie nicht sichtbar; Nebenrückenlinie sehr breit, braunschwarz vom ersten Segment bis zum Ende der Afterklappe verlaufend. Stigmenlinien nicht sichtbar; Stigmen oval, schwarz. Bauch grün, mit einer undeutlichen weißlichen Mittellinie. Kopf so breit wie das erste Segment, oben abgerundet, am Hinterrand braun gefleckt. Warzen sehr klein, mit kurzen, braunen Börstchen. Sämtliche Füße gelblichgrün. Lebt vom Juli bis September einzeln an den Blüten von Galium verum und sylvaticum. Verpuppung in einem leichten Gespinste an der Futterpflanze oder an der Erde. Puppe kurz und dick, rötlich, mit sehr breiten dunkelbraunen Flügelscheiden, überwintert. Entwicklung im Juni. — Hb. V. 2. L. d. — Tr. VI. 2. 227. — Frr. B. 6. — Sepp 2. Ser. 1. X. — O. W. 439. — Newm. Br. M. 164.

Galiata, *Hb.* Taf. 46, Fig. 8. (Sch. Taf. 69. Fig. 3.) Ei blaßgelb. Raupe 3,0 cm, Kopf hell gelblichbraun, dunkelbrau getupft; Stirndreieck breit schwarz gesäumt, dünn behaart. Grundfarbe gelblichgrau oder braun. Rückenlinie schwarz, manchmal unterbrochen. Nebenrückenlinie weißlich, außen ziemlich breit braun gesäumt; dicht anschließend an diese braune Beschattung folgt wieder eine feine weißliche, etwas gewellte, nach unten gleichfalls braun beschattete Längslinie. Unmittelbar unter dieser stehen die kleinen runden, schwarz geringten Stigmen. Die Seiten des Körpers sind ockerfarben, in den Ringeinschnitten weißlich, Bauch mit einer doppelten, auf jedem Ring innen mit einem braunen Längsstrich ausgefüllten Mittellinie und je einer doppelten breiten, innen weißlich ausgefüllten, dunkelbraunen Seitenlinie, welche den Bauch gegen die helle Körperseite scharf abgrenzt und sich auf die Vorderseite der Bauchfüße fortsetzt. Nackenschild und die breit abgestutzte Afterklappe gelbbraun. Warzen sehr klein, schwarz. Brustfüße blaß gelbbraun, Bauchfüße von der Körperfarbe, Afterfüße hell fleischfarben, vorn und hinten dunkelbraun. (Nach einer präparierten Raupe von Herrn Schieferer.) Lebt in zwei Generationen im Juni und September an Galium verum und sylvaticum. Verwandlung in einem leichten Gespinst auf dem Boden. Puppe gedrungen, gelbbraun glänzend. Leib fein punktiert, letztes Segment knorrig, Cremanter kurz, kugelig, stumpf. Entwicklung Ende Mai und anfangs August.

Mittleres und südliches Europa, Livland. — Tr. VI. 2. 155. — O. W. 439. — Rössl. Schuppenfl. S. 157. — Newm. B. M. 163.

Rivata, *Hb.* Taf. 46, Fig. 9. (Sch. Taf. 69, Fig. 4.) 2,5 cm lang, mäßig dick, nach vorn und hinten etwas dünner werdend, rötlichbraun, oder schmutzigbraun (erdbrann), oder grüngrau. Rückenlinie schwarz, auf den drei ersten und vier letzten Ringen zusammenhängend und stark ausgeprägt, auf den mittleren Ringen in je zwei dunkelgraue Flecken aufgelöst (wie bei Cid. Fluctnata). Nebenrückenlinien auf den gleichen Segmenten wie die Rückenlinien sehr deutlich, schmutzigweiß, hinten gegen die Afterklappe zu konvergierend. Auf den mittleren Ringen bilden die Nebenrückenlinien weißliche mit der Spitze nach vorn gerichtete Dreiecke, deren Spitze mit einem weißen Punkt mitten zwischen dem hinteren Rückenwarzenpaar abschließt und deren Basis den am Vorderrand des nächstfolgenden Segmentes stehenden, fast viereckigen schwarzen von der Rückenlinie stammenden Flecken einschließt. Stigmenlinien ziemlich breit, schmutzigweiß, nicht scharf begrenzt und stellenweise fast unterbrochen, vom ersten Segment bis an das Ende der Afterfüße verlaufend, am fünften bis achten Segment inklusive unten von einem schwarzen kurzen in der hinteren Hälfte der Segmente stehenden Strich begrenzt. Zwischen ihr und den Nebenrückenlinien verläuft noch eine feine, zackige schmutzigweiße, beiderseits fein schwarz gesäumte, stellenweise unterbrochene Längslinie. Stigmen rund, tiefschwarz. Bauch mit einem weißgelben, in der Mitte von einer hellbräunlichen, stellenweise (viertes bis achtes Segment) tiefschwarzen Linie geteilten Mittelstreifen und zwei geschlängelten helleren, beiderseits, besonders aber außen dunkelgrau begrenzten Seitenlinien. Diese äußere Begrenzung setzt sich auf die Vorderseite der Bauchfüße als eine tiefschwarze Längslinie fort. Kopf fast so breit wie das erste Segment, oben abgerundet, gelbgrau, braun getupft, mit breit schwarz eingefaßtem Stirndreieck. Nackenschild und Afterklappe nicht ausgezeichnet. Warzen ziemlich groß, weiß mit kurzen hellbraunen Härchen. Brustfüße blaß gelbbraun. Bauchfüße außen mit einem weißen, Afterfüße hinten mit einem dunkelbraunen Längsstrich. Lebt in zwei Generationen im Juli und September an Galium verum. Verwandlung in einem Gespinst an der Erde. Puppe kurz, dick, rotbraun, mit einer feinen Afterspitze, überwintert (zweite Generation). Entwicklung Ende Mai, Anfang Juni und zum zweitenmal im August. Mitteleuropa, Finnland, mittleres und nördliches Italien, Corsika, Dalmatien. — Frr. 654. — O. W. 442. — Rössl. Schupp. S. 156. — Newm. Br. M. 159.

Sociata, *Bkh.* Taf. 46, Fig. 10. (Sch. Taf. 69, Fig. 5.) (Alchemillata, *Hb.*) 2,5 cm lang, in Gestalt, Färbung und Zeichnung der vorigen äußerst ähnlich, etwas dunkler erdbraun gefärbt; die hellen Rückendreiecke schließen jedoch nicht, wie bei Rivata, an ihrer Basis einen kurzen viereckigen schwärzlichen Fleck ein, sondern einen dicken Strich, welcher gerade durch den Ringeinschnitt halbiert wird und fein weiß gesäumt ist.

(Reste der Rückenlinie wie bei der vorigen Art.) Lebt im Juni und Herbst an Galium und verwandelt sich in der Erde in einer Erdhöhle. Puppe rotbraun, kurz, mit einer feinen Afterspitze, überwintert (zweite Generation). Entwicklung Endhälfte Mai und in zweiter Generation im Juli. Mittleres und nördliches Europa, Island, Corsika, Sardinien, mittleres und nördliches Italien, Dalmatien, Südrußland. — Tr. VI. 2. 203. — Frr. 654. — Sepp 2. Ser. III. t. 11. — O. W. 441.

Unangulata, *Hb.* (Sch. Taf. 69, Fig. 6.) Raupe gedrungen (kurz), nach beiden Enden hin dünner werdend, rauchbraun mit sieben grauen Längsstreifen, die mit blasseren Streifen abwechseln. Der mittelste dieser Streifen, die Rückenlinie, ist auf dem ersten und letzten Segment nicht sichtbar, vom zweiten bis siebten Segment inklusive dagegen sehr deutlich und ununterbrochen, anfangs breit, dann schmäler werdend, und auf den letzten Segmenten (acht bis elf) kaum mehr wahrnehmbar. Auf jedem Einschnitt zwischen den Segmenten, beginnend vom vierten, steht ein kurzes rötliches Querband, welches an beiden Enden von einem schwarzen, länglichen Flecken begrenzt ist. Auf dem Bauch hat jedes Segment vom vierten anfangend, eine Anhäufung von schwarzen Fleckchen. Kopf braun, schwarz gefleckt (Newman). Lebt im August an Alsine media und verwandelt sich in einem Gespinste auf oder in der Erde; die Puppe überwintert. Entwicklung im Juni. Norddeutschland, Nordengland, Belgien, Österreich, Galizien, Finnland, Petersburg, südwestliches Rußland. — Hellins Int. VII. 124. — Newm. Br. M. S. 159.

Alaudaria, *Frr.* (Sch. Taf. 69, Fig. 7.) Raupe schlank, grün mit gelblichen Einschnitten und wenig abstechenden Seitenstreifen, ohne weitere Auszeichnung (Groß. Steyr.). Lebt im Juli an Atragene alpina, an der Unterseite der Blätter sitzend, mit welcher ihre Farbe übereinstimmt. Die verwandte Clematis vitalba nehmen die Raupen nicht an. Verpuppung anfangs August in einem leichten Gespinst. Puppe licht braun mit grünen Flügelscheiden und einem Endstachel. Entwicklung im Juni, Juli. Alpen, Österreich, Steyermark, Kärnten, Südtyrol, südwestliches Rußland. — Gross. Ent. N. 1880, p. 95.

Albicillata, *L.* Taf. 46, Fig. 11. (Sch. Taf. 69, Fig. 8.) 2,5 cm lang. Kopf blaßgrün mit vier aus rötlichbraunen Fleckchen gebildeten Längsstreifen. Körper dunkelgrün. Die Rückenlinie ist in gelbbräunliche, an beiden Seiten rotbraun begrenzte, trapezförmige Flecken aufgelöst, von welchen je einer am Hinterrande der Segmente drei bis acht, manchmal auch neun steht. Nebenrückenlinien und Stigmenlinien fehlen; die braunen Stigmen stehen dicht über der weißen Seitenkante, welche an den drei ersten, sowie vom neunten bis elften Segment inklusive nach unten tief braunrot gesäumt ist. Bisweilen finden sich auch Spuren dieses braunroten Streifens in Form unregelmäßiger Fleckchen an den mittleren Segmenten. Bauch weißlichgrün mit drei undeutlichen helleren Längslinien. Nackenschild grün. Afterklappe braunrot. Brustfüße hellgrün, Bauch- und Afterfüße grün, an der Vorderseite mit einem rotbraunen Längsstrich, außen weiß; die Afterfüße zeigen auch an der Hinterseite einen rötlichbraunen Längsstrich. Warzen ziemlich groß, erhaben, auf der Rückenseite grün, auf der Bauchseite weiß mit ziemlich langen gelblichen Börstchen. (Nach einer lebenden Raupe.) Lebt im August und September, Oktober an Himbeeren und Brombeeren, auf der Blattoberseite wagrecht ausgestreckt sitzend. Verwandlung in der Erde. Puppe schlank, grünlichbraun mit hellbraunem Hinterleibe; überwintert. Falter im Mai und Juni. Mittleres und nördliches Europa (mit Ausnahme der Polarregion), Piemont, Südrußland. — Hb. II. L. a. 2. — Tr. VI. 2. 228. — Frr. B. 2. 153. — O. W. 439. — Newm. Br. M. 156.

Procellata, *F.* (Sch. Taf. 69, Fig. 9.) 3,0 cm, schlank, nach vorn dünner werdend, holzfarbig gelbbraun, auf den vier letzten Segmenten heller gelblich. Rückenlinie grauschwarz, gelblich gesäumt, auf dem ersten Segment fehlend, auf dem zweiten und dritten sehr fein, dann vom vierten bis siebten auf jedem Ring in der vorderen Hälfte desselben sich verstärkend, ferner am Hinterrand einen schwarzen, ovalen, gelblich gesäumten Flecken bildend; vom achten bis zwölften Ring wieder stark ausgeprägt und ununterbrochen. Nebenrückenlinien schwarz, auf dem ersten, vorn dunkelgrau gesäumten Segment (Nackenschild) etwas erweitert, auf den Kopf fortgesetzt; auf dem zweiten und dritten Segment sehr deutlich und gerade; vom vierten Ring an etwas undeutlicher, leicht wellig gebogen und in der Mitte der Segmente die Rückenlinie fast berührend; vom achten bis elften Segment wieder deutlich, gerade und gegen die Afterklappe hin konvergierend. Dicht unter den Nebenrückenlinien zwischen diesen und den Stigmenlinien läuft noch ein gelblichweißer Längsstreifen, auf den drei ersten Segmenten breit, einfach und gerade, vom vierten an sich in zwei sehr feine, etwas zackige, stellenweise unterbrochene Linien auflösend, welche vom neunten bis zwölften Ring plötzlich, breit, gerade, und fast ganz weiß werden und gleichfalls gegen die Afterklappe hin konvergieren. Stigmenlinien breit gelbgrau, auf den ersten und letzten Ringen oben grau, unten aber breit schwarz gesäumt, besonders über den Bauchfüßen, auf den mittleren Segmenten nur oben fein weiß gesäumt, auf dem achten und neunten Segment durch die dunkle Grundfarbe ganz verdeckt. Stigmen klein, rund, schwarz. Bauch mit einer scharfen, weißen, dunkelgrau oder schwarz gesäumten Mittellinie und je zwei schwarzgrauen Seitenlinien, deren äußere dunkler und deutlicher ist und sich sowohl auf die Außenseite der Brustfüße, als auch bis an die Sohle der Afterfüße fortsetzt. Kopf hell gelbbraun, beiderseits am unteren Rand breit dunkelbraun gesäumt. Stirndreieck mit zwei breiten, braunschwarzen, innen weiß ausgefüllten Streifen gesäumt (Fortsetzung der Nebenrückenlinien). Warzen sehr groß und deutlich, schwarz, hellgelblich geringt. Afterklappe von der Körperfarbe. Brustfüße blaß gelbbraun. Bauch und Afterfüße vorn mit einem weißlichen Längsstrich. (Nach präparierten Raupen von Habich-Wien und Dr. Staudinger.) Lebt im September an Clematis vitalba. Verwandlung in der Erde in einem leichten Gespinst. Puppe überwintert. Entwicklung im Juni, Juli. Mitteleuropa (mit Ausnahme von Rußland), Mittel- und Norditalien, südwestliches Rußland. Hellins Intell. VII. p. 119. — New. Zool. 7252. — Greene Zool. 8205. — Newm. Br. M. 158.

Lugubrata, *Stgr.* Taf. 40, Fig. 12. (Sch. Taf. 69, Fig. 10.) (Luctuata, *Hb.*) 2,5 cm lang, ziemlich dick (3 mm), nach vorn und auch ein wenig nach hinten abnehmend, rötlichgelb (manche auch grüngelb oder rostbräunlich). Rückenlinie braunschwarz, auf den drei ersten und drei letzten Ringen deutlich, auf den mittleren fast nicht sichtbar. Nebenrückenlinien braunschwarz, auf den zwei ersten Ringen fast gar nicht, auf dem dritten schwach sichtbar, vom vierten Ringe an aber sehr deutlich und derartig wellenförmig gebogen, daß sich die beiden Linien in der Mitte der Segmente fast berühren und dann über die Ringeinschnitte einen weiten Bogen nach außen machen. Dadurch entstehen acht bis neun rautenförmige mit ihren Spitzen zusammenhängende Figuren auf der Mitte des Rückens. Stigmenlinie schwach ausgeprägt, gelblich, beidereits, jedoch nicht überall gleichmäßig fein braun gesäumt, bis an das Ende der Afterfüße verlaufend, die Ausbuchtungen der Nebenrückenlinien fast berührend. Stigmen ganz blaßbraun gerandet, in einem gelblichen Fleckchen stehend. Bauch mit einer hellen, beiderseits fein braun gesäumten Mittellinie und je einer braunschwarzen, unterbrochenen Seitenlinie. Kopf etwas schmäler als das erste Segment, oben abgerundet, gelblich mit braunen Tupfen. Nackenschild und Afterklappe nicht besonders gezeichnet. Warzen äußerst klein, auf einem gelblichen Fleckchen stehend mit sehr kurzen Börstchen. Brustfüße blaßbraun, Bauchfüße von der Körperfarbe, Afterfüße ebenso, außen mit gelbem und schwarzbraunem Längsstrich (Ende der Stigmenlinie). Lebt in zwei Generationen im Juli und Oktober an Epilobium montanum und angustifolium. Verwandlung in einem leichten Gespinste auf oder unter der Erde. Puppe dick, schwarzbraun mit feiner Afterspitze, überwintert. Entwicklung Mitte Mai bis Mitte Juni und Anfang August (der größere Teil der im Juli erwachsenen Raupen überwintert auch). Mitteleuropa (mit Ausnahme von Rußland und Frankreich), Italien, skandinavische Halbinsel. — Frr. 690. — Rössl Jahrb. d. V. f. Naturk. Heft XII; Schuppenfl. 154. — Mill. Nat. Sic. 1884. pl. 1. Fig. 4. 5. — O. W. 450.

Thulearia, *H.-S.* (Sch. Taf. 69, Fig. 11.) 2,5 cm lang, ziemlich dick, nach beiden Enden hin etwas abnehmend, dunkel chokoladefarbig bis schwärzlich. Von den gewöhnlichen Linien sind nur Spuren der Nebenrückenlinien als zwei feine, aus gelben Pünktchen bestehende Linien auf den drei ersten Segmenten zu sehen. Ebenso stehen auf den mittleren Ringen über den hellbräunlichen, schwarz gerandeten Stigmen kleine gelbe Fleckchen als Andeutungen einer Stigmenlinie. Bauch etwas heller, als der Rücken, zeichnungslos. Kopf kleiner als das erste Segment, oben abgerundet, tief schwarz. Nackenschild und Afterklappe hornig (chitinös), schwarz, mit kurzen, steifen, dunklen Härchen. Brustfüße schwarz, mit schwarzen Chitinplättchen vorn an den Hüften. Bauch-

und Afterfüße von der Körperfarbe, letztere kurz. (Nach einer präparierten Raupe von Dr. Staudinger.) Nach Gumppenberg III, S. 304 variiert die Raupe in ockergelb mit braunen Stigmenlinien und Subdorsalen (Nebenrückenlinien). Stigmen und Trapezoidpunkte (Warzen) weiß. Lebt im Juli auf kriechender Birke, zwischen zwei Blättern eingesponnen. Island. — Mill. Ic. 131. — Gn. X. 387.

Hastata, *L.* Taf. 46, Fig. 13. (Sch. Taf. 69, Fig. 12.) 2,5 cm, von Gestalt genau wie die vorige Art, dunkelbraun (manchmal zimmtbraun oder fast schwarz). Rückenlinie schwarz, fein gelb gesäumt, nur auf den drei ersten und den drei letzten Segmenten deutlich. Die feinen gelben Nebenrückenlinien verhalten sich ebenso; auf den mittleren Ringen sind die drei Linien nur sehr schwach angedeutet. Stigmenlinien breit gelb, vom ersten Segment bis an die Basis der Afterfüße verlaufend, auf den mittleren Ringen zu rundlichen Flecken erweitert, in den Einschnitten dazwischen verengert, schwächer gefärbt, manchmal fast ganz unterbrochen. Stigmen mitten in den runden Flecken der Stigmenlinien, hellbräunlich, fein schwarz umrandet. Dicht unterhalb der Stigmenlinie steht noch auf jedem Ring (vom vierten bis zehnten) ein ovaler gelber Flecken. Bauch etwas heller als der Rücken mit einem gelben Fleck in der Mittellinie am Anfang jedes Segmentes (vom vierten bis siebten). Das achte Segment in der Mitte, das zehnte bis zwölfte ganz gelb. Kopf kastanienbraun, Nackenschild und Afterklappe ebenso, ersteres etwas erhaben. Warzen sehr klein, schwarz. Brustfüße am ersten Glied schwarz, am zweiten und dritten braun; Bauchfüße und die kurzen Afterfüße lehmgelb. (Ratzebg. Waldverderbnis II. 408. Taf. III, Fig. 10.) Die Raupe der Var. **Subhastata**, *Nolk.* ist bedeutend kleiner, 1,7 cm, sonst aber ähnlich; der Rücken ist heller gefärbt als bei der Stammart. Rückenlinie und Nebenrückenlinien, wie bei Hastata, aber auf den mittleren Ringen ebenso deutlich wie vorn und hinten. Die gelben Flecken unterhalb der breiten gelben Stigmenlinie fehlen. Bauch ganz einfarbig braun. Kopf tief schwarz; Nackenschild vorn gelb gesäumt, dunkelbraun, in der Mitte durch eine feine helle Linie geteilt. Afterklappe braun. Brustfüße an Glied eins und zwei schwarz, Glied drei braun. Bauchfüße in der obern Hälfte braun, unten gelblich. Afterfüße mit breitem gelbem Längsstrich außen. (Nach einer präparierten Raupe von Dr. Staudinger.) Die Raupe lebt auf jungen Birken in einem bauchig zusammengehefteten Blatt, die innere Fläche benagend; ist im September erwachsen. Var. **Subhastata**, *Nolk.* (Hastulata, *Hb.*) ist nach Sandberg (Berl. ent. Ztschr. 29. Bd. 1885, S. 263) polyphag an Salix, Betula, vorzüglich aber Vaccinium uliginosum. Verwandlung an der Erde zwischen zusammengesponnenen Blättern oder auch in der Erde. Puppe hellbraun oder schwarzbraun mit hellbraunen Ringen um den Hinterleib; Cremaster zugespitzt mit zwei feinen divergierenden Borsten am Ende; überwintert. Entwicklung im Mai, Juni, nach Rössler auch im Juli und August. Mittleres und nördliches Europa (mit Ausnahme der Polarregion), Piemont, Ural; Var. Subhastata in Schlesien, Lappland, Finnland, Petersburg. — Hb. V. 2. J. b. — Tr. VI. 2. 107. — O. W. 440. — Berl. ent. Ztschr. 1885, p. 263. — Newm. Br. M. 157. — Sandberg Tijd. 1884, p. 143.

Tristata, *L.* Taf. 46, Fig. 14. (Sch. Taf. 69, Fig. 13 a. b.) 2,5 cm, schlank, gleichmäßig cylindrisch, rotbraun. Rückenlinie schmal, schwarz, auf den drei ersten und vier letzten Ringen inklusive der Afterklappe am deutlichsten, auf den mittleren matter. Nebenrückenlinien fein gelblich, auf den mittleren Ringen undeutlich, auf der Afterklappe fast zusammenlaufend. Stigmenlinie ziemlich breit, dunkelbraun, unten gelb gesäumt, bis zur Sohle der Afterfüße fortgesetzt. Stigmen rund, tiefschwarz. Bauch mit einem breiten, gelben, in der Mitte von einer feinen rotbraunen Linie geteilten, außen beiderseits fein schwarz gesäumten Mittelstreif und je einem undeutlichen, feinen, doppelten Seitenstreif, welcher unmittelbar vor den Bauchfüßen stärker wird, oben gelb gesäumt ist, und sich auf die Bauchfüße, sowie nach vorn über die Hüften der Brustfüße fortsetzt. Kopf so breit wie das erste Segment, oben abgerundet, gelblich, an den Seitenrändern und am Stirndreieck schwarz gesäumt. Nackenschild ohne besondere Auszeichnung. Brustfüße gelbbraun. Warzen sehr klein, hellbraun. Lebt vom Juli bis September an Galium sylvaticum an den Blüten und Blättern (zwei Generationen). Verwandlung in der Erde in einem leichten Gespinste. Puppe hell braunrot. Entwicklung im April und Mai, sowie im Juni und Juli. Mittleres und nördliches Europa, Italien, Dalmatien, nordöstliche Türkei. — Hb. V. 2. I. b. — Tr. VI. 2. 210. — O. W. 441. — Newm. Br. M. 157.

Luctuata, *Hb.* Taf. 46, Fig. 15. (Sch. Taf. 69, Fig. 14.) (Tristata, *Hb.*) 2,5 cm, ziemlich dick, nach beiden Enden hin dünner werdend, gelbgrün. Rückenlinie und Nebenrückenlinien braun, nur auf den ersten und letzten Ringen deutlich (besonders die Rückenlinie auf den ersten Segmenten fast schwarz), auf den mittleren sehr undeutlich, oft kaum wahrnehmbar. Stigmenlinie sehr breit, braun, unmittelbar über den kleinen, runden, schwarz gesäumten Stigmen am dunkelsten, nach oben gegen die Nebenrückenlinien hin, von welchen sie nur durch einen sehr schmalen Zwischenraum getrennt ist, heller. Bauch einfarbig gelbgrün, von der Stigmenlinie scharf abstechend. Kopf schmäler als das erste Segment, oben abgerundet, blaßbraun, an den Seiten schwärzlich gesäumt. Nackenschild nicht besonders ausgezeichnet. Afterklappe blaßbraun. Warzen sehr klein, schwarz mit kurzen Börstchen. Brustfüße gelbgrün; Afterfüße ebenso, vorn und hinten mit einem braunen Längsstreif. (Nach präparierten Raupen von Dr. Staudinger, Dresden und Dr. Rebel, Wien.) Lebt im Juli und September an Galium-Arten. Verpuppung in der Erde. Puppe rotbraun. Entwicklung im Mai, Juni und später im August. Deutschland, Schweiz, Ungarn, Livland. — Nolk. F. v. Livland S. 270. — Rössler Schuppfl. 156.

Mollnginata, *Hb.* Taf. 46, Fig. 16. (Sch. Taf. 69, Fig. 16.) 2,7 cm, mäßig dick, nach vorn und hinten etwas abnehmend, in der Jugend grün, erwachsen licht gelbbraun (wie verdorrtes Gras). Rückenlinie dunkelbraun, fein weißgelb gesäumt, auf den drei ersten und den vier letzten Ringen zusammenhängend, auf den fünf mittleren Ringen weit unterbrochen und nur am Hinterrand eines jeden einen länglich dreieckigen mit der Spitze nach vorn gerichteten, weißgelb gesäumten Flecken bildend. Nebenrückenlinien fein, gelblich, nur auf den ersten Ringen angedeutet. Stigmenlinien fein, braun, geschwungen, unten gelblich gesäumt, bis zur Sohle der Afterfüße verlaufend. Stigmen groß, tief schwarz gerandet. Bauch mit vier gelblichen Längslinien in der Mitte, und je einer feinen dunkelbraunen, geschwungenen stellenweise undeutlich doppelten Seitenlinie, welche unmittelbar vor den Bauchfüßen am stärksten ist. Kopf so breit wie das erste Segment, oben abgerundet, weißgrau, schwarz getupft, besonders dicht an den Rändern des Stirndreieckes. Nackenschild nicht ausgezeichnet; Afterklappe schmal, blaßbraun; Warzen klein, gelblich. Brustfüße blaßbraun; Bauch- und Afterfüße von der Körperfarbe. Lebt in zwei Generationen im Juli und Herbst an Galium mollugo und sylvaticum, bei Tage am Boden in der Nähe der Pflanzen verborgen. Verwandlung in einem leichten Gespinst in oder auf der Erde. Puppe hell gelbbraun, überwintert. Entwicklung im Mai, und Juli, August. Mittel- und Süddeutschland, Schweiz, Alpen, Piemont, Frankreich, Moskau. — Hb. V. 2. M. c. b. — Tr. VI. 2. 92. — O. W. 441. — Rössl. Schuppenfl. p. 157.

Affinitata, *Stph.* (Sch. Taf. 69, Fig. 17.) 2 cm; dick, die ersten und letzten Segmente etwas schmäler, schmutzig weißgrau oder gelbgrau, am Rücken etwas rötlich, ohne Linien. Stigmen groß, dunkelbraun. Bauch einfarbig wie die Oberseite. Kopf schmäler als das erste Segment, oben abgerundet, schwarzbraun. Nackenschild chitinös, breit, braun, in der Mitte von einer feinen hellen Linie geteilt. Afterklappe stumpf dreieckig, braun. Warzen sehr klein, schwarz mit kurzen dunklen Börstchen. Brustfüße braun, glänzend, mit braunen Chitinplättchen an den Hüften. Bauch- und Afterfüße sehr kurz, letztere mit zwei braunen länglichen Chitinplättchen an der Außenseite. (Nach einer präparierten Raupe von Dr. Staudinger.) Lebt vom Juli bis September in den Samenkapseln verschiedener Lychnis-Arten (L. diurna, vespertina, sylvestris). Verpuppung in einem schwachen Gewebe über der Erde. Puppe honiggelb, kurz mit stumpfer Afterspitze; überwintert. Entwicklung im Mai, Juni. England, Holland, Norwegen, Alpen, Norddeutschland (Schlesien), Mitteldeutschland, Schweiz, Petersburg. — Frr. 655. 1. — St. e. Z. 1864. p. 190. — Ent. Month. 1879. p. 103. — Newm. Br. M. 113. — Lyonet recherch s. metamorph. 1832, S. 271. pl. 27, Fig. 7—10. (Alchemillata, *Tr.*)

Alchemillata, *L.* Taf. 46, Fig. 17. (Sch. Taf. 69, Fig. 18.) 1,5 cm, an Gestalt der vorigen Art entsprechend, gelblichgrün; Rückenlinie nicht sichtbar; Nebenrückenlinien breit rötlich, vom zweiten bis elften Segment nicht unterbrochen; dicht unter ihnen stehen noch zwei rötliche Linien, von welchen die untere, genau über den kleinen braunen Stigmen stehend (Stigmenlinie?) stellenweise unterbrochen ist. Bauch einfarbig gelbgrün. Kopf etwas schmäler als das erste Segment, oben abgerundet, glänzend schwarzbraun. Nackenschild chitinös, ebenso gefärbt wie der Kopf, von einer breiten hellen Mittellinie geteilt und mit je einem gelblichen Flecken an den Seiten. Afterklappe braun, Warzen klein, schwarz, gelblich umrandet. Brustfüße blaß gelbbraun; Bauchfüße grün; Afterfüße außen rötlich. Lebt im August und September an Galeopsis Tetrahit, teils in den Samenkapseln, teils auch die Blüten und Blätter verzehrend; auch an Stachys silvatica und alpina wurde die Raupe gefunden. Verwandlung in einem feinen Gewebe in den Samenkapseln der Futterpflanze, nach Newman in einem dichten Erdgespinst. Puppe grünlichbraun mit kurzer feiner Afterspitze; überwintert. Entwicklung im Juni, Juli. — Hb. V. 2. H. b. — Tr. VI. 2 42. VII. p. 216. — Frr. 630. — O. W. 442. — Newm. Br. M. 113.

Hydrata, *Tr.* Taf. 46, Fig. 18. (Sch. Taf. 69, Fig. 19.) 1,3 cm lang, dick, wurmartig; Kopf dunkelbraun. Körper weißgelb, am Rücken rötlich angeflogen. Nackenschild hellbraun, mit schwarzen Warzen, hornig, glänzend. Afterklappe stark hornig, etwas vertieft, mit zwei erhabenen Längsleisten und drei feinen Spitzchen an dem abgestutzten Hinterrand, glänzend kastanienbraun. Stigmen ziemlich groß, braun gerandet. Warzen klein, schwarz mit kurzen Börstchen. Bauch- und Afterfüße weißgelb, letztere außen mit braunem Hornfleck. Brustfüße blaßbraun. Nach Rössler hat die Raupe noch sehr schwache Rückenlinien und Seitenstreifen und zwei stark gefärbte, gerade, rote Nebenrückenlinien, von welchen jedoch bei der von Herrn Habich-Wien erhaltenen präparierten Raupe nichts zu sehen ist. Lebt im Juli in den Samenkapseln von Silene nutans, deren Öffnung mit weißem Gespinst verschlossen wird, den Samen verzehrend. Verpuppung an der Erde in einem Erdcocon. Puppe überwintert. Entwicklung im Juni. Deutschland, Schweiz, Piemont, mittleres Frankreich, Livland. — Tr. VII. 217. — O. W. 443. — Rössl. Schuppenfl. S. 167. — Gn. II. 291.

Unifasciata, *Hw.* Taf. 46, Fig. 19. (Sch. Taf. 69, Fig. 21.) 0,8—0,9 cm lang, gedrungen, etwas komprimiert, nach vorn verschmächtigt. Kopf klein, blaßbraun, schwärzlich getupft. Grundfarbe hellbräunlich; Rückenlinie dunkelgrau, breit hell gesäumt; Nebenrückenlinie dunkelgrau, oben und unten weißgelb gesäumt; zwischen diesen und der Rückenlinie beiderseits noch eine Reihe schwarzer Längsstriche; auf den drei letzten Segmenten und der Afterklappe ist der Raum zwischen den drei Rückenlinien ganz schwärzlich ausgefüllt. Nackenschild schwarzbraun von den drei Rückenlinien durchzogen. Warzen schwarz, weiß umringelt. Stigmenlinie unmittelbar über der stark ausgeprägten Seitenkante, weiß, nach innen breit schwarz gesäumt. Stigmen rund, groß, schwarz. Bauch blaßbraun mit zwei weißen Längsstreifen. Brustfüße blaß gelbbraun. Bauch- und

Afterfüße braun. (Nach einer von Herrn Schernhammer-Wien erhaltenen lebenden Raupe.) Lebt Ende September im Samen von Euphrasia lutea. Verpuppung in einem kleinen festen Gespinst am Boden zwischen dürren Blättern. Puppe überwintert. Entwicklung im Juli und August, manchmal erst nach 2—3jähriger Puppenruhe. Mittel- und Süddeutschland, Schweiz, Ungarn, Südfrankreich, Corsika, Piemont, England. — Mill. Ic. 114, Fig. 10—13. — Hellins Month. Mg. VI. p. 186. — Rössl. Schupp. S. 167. — Berl. e. Z. 1863. p. 57.

Minorata, *Tr.* (Sch. Taf. 69, Fig. 22.) 0,9 cm, spindelförmig, hellgrün mit breiter, gelblichbrauner, dunkel geteilter, von zwei dunkelgrünen Linien eingefaßter Rückenlinie (Dorsale), unter welcher jederseits noch ein grüner Streif zieht; darauf kommt der ebenso gefärbte Seitenstreif. Bauch hellgrün mit drei weißlichen Längslinien. Kopf klein, braun. Nackenschild und Brustfüße etwas heller. Afterklappe und Außenseite der Afterfüße braun. Bauchfüße grün. Warzen deutlich, schwarz, hell gesäumt. Außerdem kommt noch eine andere Färbung der Raupe vor, welche gelblichbrau ist mit breiter hellerer Rückenlinie, die durch einen rötlichbraunen Streif geteilt und ebenso eingefaßt ist; Seitenstreif weiß, rötlich begrenzt. Bauch heller mit drei bräunlichen Längsstreifen. (In dem weißen Seitenstreif stehen die kleinen runden schwarzgeränderten Stigmen; derselbe entspricht daher der Stigmenlinie.) Die Raupe ähnelt in der grünen Färbung sehr der nahestehenden Adaequata, *Bkh.*, unterscheidet sich jedoch von ihr durch den auffallenden breiten Rückenstreif. (Nach der Beschreibung und einer präparierten Raupe von Herrn Habich-Wien.) Lebt im September in den reifen Samen von Euphrasia officinalis. Verpuppung in einer leichten Erdhülle. Puppe an Rücken und Hinterleib gelb, mit braunen Einschnitten, an den Flügelscheiden durchsichtig grün; Cremaster mit zwei Häkchen. Falter im Juni; doch bleibt ebenso wie bei Adaequata ein großer Teil der Puppen liegen, um sich erst im zweiten Jahre zu entwickeln. Alpen, mittleres und nordöstliches Deutschland, Livland, England, Lappland. — Habich Stett. e. Z. 1892. S. 160.

Adaequata, *Bkh.* Taf. 46, Fig. 20. (Sch. Taf. 69, Fig. 23.) (Blandiata, *Hb.*) 1,4 cm, von Gestalt der Alchemillata, *L.*, grün, mit einem auf dem zweiten Ring spitz anfangenden rötlichen Längsstreif, der bald breiter wird, den Raum zwischen den vorderen Paaren der Rückenwarzen vollständig ausfüllt und so zur Afterklappe verläuft (offenbar eine Vereinigung von Rückenlinie und Nebenrückenlinien). Manchmal ist dieser Streif unterbrochen und in einzelne mit der Spitze nach vorn gerichtete schmale Dreiecke aufgelöst. Stigmenlinie hellgrün, unten dunkelgrün gesäumt. Stigmen klein, dunkelbraun. Warzen deutlich, schwarz, hell umrandet. Brustfüße blaßbraun, Bauchfüße grün, Afterfüße glänzend braun. Lebt im September an den Blüten von Euphrasia officinalis. Verpuppung in einem Erdgespinste oder zwischen Moos. Puppe gelblichgrün, mit rötlichen Einschnitten und schwarzen Augenflecken; überwintert. Entwicklung im Juli, August. Mittleres und nördliches Europa (mit Ausnahme von Holland), Piemont. — Frr. 604. — O. W. 443. — Ent. M. Mag. 1882. 180.

Albulata, *Schiff.* Taf. 46, Fig. 21. (Sch. Taf. 69, Fig. 24.) (Niveata, *Stph.*) Raupe kurz, von der Gestalt der verwandten Arten. Schmutzig weißgrün mit einer breiten dunkelgrünen Rückenlinie und ebensolchen aber schmäleren Seitenlinien (Stigmenlinien?). Kopf schmäler als das erste Segment, abgerundet, glänzend schwarz; Nackenschild und Afterklappe glänzend rauchbraun. Warzen deutlich, schwarz. Sämtliche Füße von der Körperfarbe, aber etwas dunkler; die Afterfüße haben an der Außenseite braune Chitinplättchen (Newman). Lebt auf Rhinanthus crista galli im Blütenkelche, die unreifen Samenkapseln verzehrend. Im August erwachsen. Verpuppung zwischen zusammengesponnenen Kelchen der Futterpflanze, oder nach Freyer in einem leichten Gespinste an der Erde. Puppe klein, stumpf, horniggelb mit kurzer Afterspitze, überwintert. Entwicklung im Mai und Juni. Mittleres und nördliches Europa, mittleres und nördliches Italien, Corsika, nordöstliche Türkei, südliches Rußland. — Frr. 645. — O. W. 443. — Newm. Br. M. 114.

Candidata, *Schiff.* (Sch. Taf. 69, Fig. 25.) 1,5 cm lang, nach vorn etwas wenig verschmächtigt; auffallend durch die etwas aufgetriebenen mittleren Segmente und die großen, erhabenen, grünlichgelben Warzen mit je einem langen gebogenen schwarzen Haar. Grundfarbe hellgrün. Rückenlinie breit rotbraun (mit den Nebenrückenlinien vereinigt), bis zum fünften Ring inklusive und vom neunten bis zwölften deutlich sichtbar, auf den mittleren Segmenten erloschen. Vom vierten bis achten Segmente inklusive findet sich auf jedem Ring jederseits ein großer rotbrauner, mit gelblichen Warzen besetzter Flecken, welcher am vierten und fünften Ring mit dem Rückenstreifen und am vierten auch noch mit dem über die Füße hinziehenden roten Streifen zusammenhängt, so daß er auf diesem Ring an dessen beiden Seiten zwei große schwarze Warzen stehen, ein vollständiges Querband bildet. Der streifenartige Raum, in welchem die blaßbraun gesäumten, schwer sichtbaren Stigmen stehen, ist grün, wie die Grundfarbe. Unter ihm verläuft dicht über den Füßen, an den Hüften der Brustfüße beginnend, bis an die Sohle der kleinen Afterfüße ein breiter, auf jedem Ring fleckenartig erweiterter Streifen, der sich auch auf die äußeren Bauchseiten erstreckt und nur am neunten Ring breit unterbrochen ist. Die Mitte des Bauches ist grün. Kopf so breit wie das erste Segment, abgerundet, blaßgrüngelb mit einer ringförmigen schwarzen Zeichnung auf der Höhe jeder Hemisphäre, Nackenschild rotbraun; Afterklappe braun, glänzend; Brustfüße hellbraun; Bauch- und Afterfüße grün, erstere rötlich angeflogen. Lebt im August und September auf Buchen und Hainbuchen und verwandelt sich frei an der Erde in eine rotbraune Puppe, welche überwintert. Entwicklung im Mai, Juni und Juli. Mitteleuropa, Livland, Petersburg, Moskau, mittleres und nördliches Italien, Türkei. — Tr. VII. 215. — O. W. 444.

Testaceata, *Don.* Taf. 46, Fig. 22. (Sch. Taf. 69, Fig. 26.) (Sylvata, *H.*) Raupe auffallend gestaltet, kurz, in der Mitte sehr dick, nach beiden Körperenden hin dünner, lilafarben mit einer gelben Längslinie an jeder Seite des Rückens auf den vier ersten und den drei letzten Ringen; auf den mittleren Ringen je ein weißer, inwendig schwarz punktierter Flecken und ein weißlicher Schrägstrich (scheinen nach Freyers Abbildung schwarze, weiß umsäumte Rückenwarzen zu sein, von welchen sich weiße Schrägstriche nach abwärts ziehen). Die ersten und letzten Ringe an den Seiten grünlich, die mittleren Ringe mit einem rosenroten Seitenstreifen. Kopf braun, gelb gestreift (Wilde). Lebt im September auf Erlen und verwandelt sich in einem zwischen Blättern angelegten Gespinste. Puppe braungrün mit gelblichen Einschnitten der Hinterleibsringe; überwintert. Falter im Juni und Juli. Mittleres Europa, Livland, Finnland, Piemont. — Hb. V. 2. G. b. — Frr. 630. — O. W. 434.

Blomeri, *Curt.* (Sch. Taf. 69, Fig. 27.) (Pulchraria, *Ev.*) Cylindrisch, mittelmäßig gestreckt, ohne Vorsprünge (d. h. vorspringende Warzen), mit stark markierten Ringeinschnitten, grünlich hellgelb; Rückenlinie nur auf den drei ersten Segmenten als ein großer, brauner zusammenhängender Flecken, und auf dem elften Ring gleichfalls als roter Flecken sichtbar; von sonstigen Zeichnungen findet sich nur an jeder Seite des sechsten und siebten Ringes ein dicker, erdfarbener, mit dicken schwarzen Punkten bestreuter Streifen. Kopf herzförmig, leicht abgeplattet, oben braun. In der Jugend ist der braune Flecken auf den vorderen Ringen allein sichtbar (Millière). Nach Hellins ist die Raupe 3/4 Zoll lang, nach hinten verdünnt, bleich grüngelb; Kopf karmoisinbraun gestreift. Ring zwei bis vier mit je einem großen ovalen roten Flecken; Ring fünf mit gelber, braun gesäumter Dorsallinie; auf Ring sechs bis acht ein Paar roter Seitenflecken; auf den letzten Ringen ein breiter dunkel rosenroter Rückenstreif. Lebt im September an Bergulmen (Ulmus montana), nimmt aber auch Ulmus campestris an, deren älteste Blätter sie besonders gerne verzehrt. Verpuppung an Blättern der Ulmen anfangs Oktober. Puppe dick, hinten plötzlich in eine Spitze verdünnt, mit zwei Endborsten, hell rotbraun;] Flügelscheiden olivenfarbig mit gelblichen Rändern (Hellins). Entwicklung im Juni und Oktober. England, mittleres und nordöstliches Deutschland, Schweiz, österreichische Alpen, Livland, Ural. — Mill. Ann. Soc. Fr. 1875, S. 11, Fig. 1—2. — Pflümer St. e. Ztg. 1879, 155. — Gumpp III. S. 297.

Decolorata, *Hb.* (Sch. Taf. 69, Fig. 28.) 2,0 cm; dick, nach vorn kaum, nach hinten etwas mehr abnehmend, blaß graurötlich; sämtliche Linien sind nicht scharf ausgeprägt; Rückenlinie breit, weißlich. Nebenrückenlinien sehr undeutlich, ebenfalls weißlich. Stigmenlinie breit, lebhafter weiß; Stigmen groß, oval, braun gerandet. Bauch schmutzig weiß, ohne Linien. Kopf schmäler als das erste Segment, oben abgerundet, glänzend braun. Die Unterlippe ist in eine auffallende lange schwarze Spitze ausgezogen. Nackenschild schmal, braun, glänzend, von der weißen Rückenlinie geteilt. Afterklappe braun, Warzen deutlich entwickelt, schwarz mit steifen braunen Härchen. Brustfüße glänzend hellbraun. Bauch- und Afterfüße von der Körperfarbe. (Nach einer präp. Raupe von Dr. Staudinger). Lebt im Juli und September einzeln in den Kapseln von Lychnis diurna und vespertina. Verpuppung in der Erde, Puppe überwintert. Entwicklung im Mai und im August. Mittleres und nördliches Europa, mittleres und nördliches Italien, Corsika, nördlicher Balkan, südöstliches Rußland. — Rössl. Schupp. S. 166. — Borgmann, Fauna von Cassel, S. 167.

Luteata, *Schiff.* (Sch. Taf. 69, Fig. 29.) Hellgelbbraun mit einer abgesetzten grauen Rückenlinie und einer schwarzgrauen Linie an jeder Seite des Rückens; an den Seiten des Körpers ein schwarzgrauer, abwärts fein weißgesäumter Längsstreifen (Stigmenlinie); Kopf gelbgrau (Wilde). Lebt nach Rössler, Schupp. S. 166, in den Kätzchen der Erlen. Falter Ende Mai, anfangs Juni. Mittleres und nördliches Europa mit Ausnahme der Polarregion, Piemont, Südrußland. — O. W. 444. — Berl. M. M. 1886. p. 162.

Obliterata, *Hufn.* Taf. 46, Fig. 23. (Sch. Taf. 69, Fig. 30.) 2,0 cm, ziemlich dick, an den beiden Enden des Körpers kaum dünner, grün; Rückenlinie und Nebenrückenlinie ziemlich breit, gelblich. Stigmenlinie nicht sichtbar. Stigmen blaßbraun umrandet, schwer zu sehen. Bauch einfarbig, grün. Kopf etwas schmäler als das erste Segment, oben abgerundet, grün, mit je einem großen runden schwarzen Flecken auf der Mitte jeder Hemisphäre (ähnlich den Augen der Blattwespenlarven). Nackenschild und Afterklappe nicht besonders gezeichnet. Warzen groß, etwas erhaben, gelblich mit hellbräunlichen Börstchen. Brustfüße blaßbraun. Bauch- und Afterfüße grün. (Nach einer präp. Raupe von Dr. Staudinger.) Nach Tr. haben manche Raupen schwärzliche Flecken auf allen Ringen, welche den Rückenstreifen ganz oder teilweise bedecken. (Gumppenberg III. 481. scheint eine ganz andere Raupe vor sich gehabt zu haben, da er von einem zweispitzigen Kopf und After spricht.) Lebt in zwei Generationen im Juni und im August, September frei an Erlen und Birken (niedrigen Büschen). Verpuppung in einem leichten Gespinst zwischen Moos oder Blättern auf der Erde. Puppe klein, rötlichgelb, vorn kolbig, hinten zugespitzt, überwintert. Entwicklung Ende Mai und später im August. Mittleres und nördliches Europa (mit Ausnahme der nördlichsten Region), mittleres und nördliches Italien, nordöstliche Türkei, Südrußland. — Hb. V. K. b. — Tr. VI. 1. 264. — Sepp VI. 1. 32. — O. W. 444.

Bilineata, *L.* Taf. 46, Fig. 24. (Sch. Taf. 70, Fig. 1.) 2,2 cm; nach vorn verschmächtigt, grün oder gelblichgrau. Rückenlinie dunkler als die Grundfarbe, beiderseits fein weißlich eingefaßt, in der Mitte der Segmente ein wenig erweitert; Nebenrückenlinien weißlich, ununterbrochen. Stigmenlinie braun, oben schmal, unten breit weißlich gesäumt, vom ersten Ring bis zur Sohle der Afterfüße fortgesetzt. Die braun umrandeten Stigmen stehen am unteren Rande des braunen Streifens. Bauch mit einem braunen, beiderseits fein gelblichweiß eingefaßten Mittelstreifen und einem undeutlichen, weißlichen, doppelten Längsstreifen an jeder Seite. Kopf braun, vorn mit drei weißlichen dicken Längsstreifen. Erstes Segment mit zwei dunkelbraunen Längsstrichen an der innern Seite der Nebenrückenlinien. Afterklappe hellbraun. Warzen ziemlich groß, weißlich, mit sehr kurzen Börstchen. Brustfüße hellbraun; Bauch- und Afterfüße von der Körperfarbe. Lebt in zwei Generationen im April und Juli polyphag an niederen Pflanzen, Ampfer, Löwenzahn, Potentilla, Ononis etc., bei Tage unter Steinen, Erdschollen, an den Wurzeln der Pflanzen verborgen, bei Nacht fressend; die Raupe der ersten Generation überwintert. Verpuppung in der Erde; Puppe rotbraun. Entwicklung im Juni und August. Europa (mit Ausnahme der nördlichsten Region und Sardinien). — Tr. VI. 2. 56. — Frr. 83. — O. W. 445. — Pr. IV. Fig. 6. — Newm. Br. M. 171.

Sordidata, *F.* Taf. 46, Fig. 25. (Sch. Taf. 70, Fig. 2 a. b.) (Elutata, *H.*) 2,5 cm; dick, nach vorn zu abnehmend, von oben nach unten etwas zusammengedrückt, rötlichbraun; Rückenfläche dunkler; Rückenlinie undeutlich, weißlich gesäumt, auf den mittleren Segmenten mehr oder weniger weit unterbrochen; Nebenrückenlinien ziemlich breit, weiß. Über den kleinen, runden, tiefschwarzen Stigmen verläuft eine feine weiße, stark gebogene Längslinie, unter ihnen ein nicht deutlich begrenzter, breiterer weißlicher Streifen mit einem rötlichen unregelmäßigen Flecken unter und hinter jedem Stigma der mittleren Ringe. Bauch grau, ohne Linien. Kopf schmäler als das erste Segment, oben abgerundet, braun, an den Rändern schwarz. Nackenschild schmal, brau, mit zwei helleren gelblichen Flecken. Afterklappe rötlichbraun, seitlich weiß gerandet. Warzen deutlich, tief schwarz, mit sehr kurzen Börstchen. Brustfüße tief schwarz. Bauch- und Afterfüße rötlichgrau, letztere außen mit brauner Chitinplatte. Die Raupe variiert sehr und wird manchmal am Rücken ganz schwarz, nur am Bauch und in den Ringeinschnitten heller. Lebt im Frühjahr an den Blütenkätzchen der Saalweiden, später in zusammengesponnenen Blatttrieben, auch in Gespinsten an Heidelbeeren. Verwandlung in oder an der Erde, oder nach Newman in der Wolle der Saalweidensamen. Puppe hellbraun, glatt mit zwei borstenförmigen divergierenden Fortsätzen am Afterende. Entwicklung im Juni, anfangs Juli. Das Ei überwintert. Mittleres und nördliches Europa, Island, Piemont, Ural. — Hb. V. 2. F. a. b. 2. — Tr. VI. 2. 20. — St. ent. Z. 1857. 263. — O. W. 445. — Pr. 1. IV. Fig. 3. — Newm. Br. M. 153. — Gn. II. 380.

Trifasciata, *Bkh.* Taf. 46, Fig. 26 (Sch. Taf. 70, Fig. 3.) (Impluviata, *Hb.*) Ei weiß, elliptisch, marmoriert (Sepp II. v. 91.) Raupe 2,6 cm, ziemlich dick, nach vorn abnehmend, rötlichgrau; an der mir vorliegenden präparierten Raupe von Dr. Staudinger ist kaum eine Spur von Längslinien zu sehen. Bauch gleichfalls einfarbig. Stigmen groß, deutlich und schwarz. Kopf wenig schmäler als das erste Segment, oben abgerundet, braun. Nackenschild gelblich, an den Seiten braun gerandet, in der Mitte geteilt durch eine helle Linie der Grundfarbe. Afterklappe gelblich. Warzen deutlich schwarz, gelblich umrandet, mit ziemlich langen bräunlichen Haaren. Brustfüße hellbraun, Bauch- und Afterfüße von der Körperfarbe. Nach Wilde ist die Raupe fleischrötlich, rotgrau oder braungrau mit grauen Ringeinschnitten, einer braunen Rückenlinie und gelbrötlichen Längsstreifen an jeder Seite; Kopf rund, flach, braun, gelb gegittert. Rössler bezeichnet die Raupe einfach als erdfarben, Newman als schmutziggelb mit zwei blaugrünen Seitenlinien und ebensolcher Rückenlinie. Lebt vom August bis Oktober an Erlen zwischen zusammengesponnenen Blättern, woselbst sie sich auch verpuppt. Puppe dunkel grünlichbraun, fein punktiert, mit helleren Segmenträndern mit kurzem kegeligem Cremanter, der an der Spitze kaum sichtbare Börstchen trägt (Rghf.), überwintert. Entwicklung Ende April und im Mai, dann nochmals im Juli. Mittleres und nördliches Europa, mittleres und nördliches Italien, Ural. — Hb. V. 2. F. a. b. — Tr. VI. 2. 21. — Sepp II, Taf. 5. — O. W. 446. — Pr. Taf. IV, Fig. 4. — Newm. Br. M. 153.

Literata, *Don.* (Sch. Taf. 70, Fig. 4.) (Ruberata, *Frr.*) Die rotbraune, kurz behaarte Raupe mit glänzend braunem Kopf, dunklen Flecken am Nackenschilde und schwarzen Lüftern ist der von Trifasciata, *Bkh.* ähnlich, hat aber keine deutlichen helleren Ringeinschnitte (Dorfmeister). Nach Newman ist die Raupe schmutzig weiß oder grau, etwas behaart. Lebt im September auf Weiden und verwandelt sich in eine schwach glänzende Puppe, dieselbe ist rötlichbraun, schwach punktiert, mit wenig helleren Segmenträndern, kegeligem, rauhem Cremanter mit zwei divergierenden Endspitzen und je zwei seitlichen Häkchen (Rghf.); überwintert. Schmetterling im Mai und im Juli, August. England, Schweiz, Steiermark, Pyrenäen, Petersburg, Lappland. — Newm. Br. M. 152. — Speyer Stett. Ztg. 1872. 171. — Zeller Stett. Ztg. 1877, 471.

Capitata, *H.-S.* Taf. 46, Fig. 27. (Sch. Taf. 70, Fig. 5.) 2,8 cm, außerordentlich dünn, gleichmäßig cylindrisch, grün; Rückenlinie fein, dunkler. Nebenrückenlinien fehlen. Stigmenlinien weiß, oben dunkel gesäumt. Die Stigmen sind auf dem vierten bis achten Ring breit dunkelbraun eingefaßt und hinter jedem steht in etwa 3 mm Entfernung und in gleicher Höhe ein kleiner, erhabener, warzenartiger, roter Fleck, der auf dem siebten Segment nur noch sehr klein ist und am achten fast ganz fehlt. Die übrigen Stigmen sind blaßgelblich eingefaßt und schwer zu sehen; dicht hinter dem Stigma des neunten Segmentes befindet sich jederseits ein kleiner, quer verlaufender, unten gegen den Bauch zu mit einem rötlichen Flecken bezeichneter Wulst. Bauch einfarbig grün. Kopf so breit wie das erste Segment, oben abgerundet, grüngelb mit einem braunen Längsstrich auf jeder Hemisphäre und einem braun eingefaßten Stirndreieck. Nackenschild und Afterklappe nicht ausgezeichnet. Warzen sehr klein, von der Körperfarbe, Börstchen sehr kurz. Brustfüße blaßbraun; Bauch- und Afterfüße mit braunrotem, vorn weiß gesäumtem Längsstrich. Nach Freyer haben die meisten Raupen eine rote, weiß punktierte Afterklappe;

einzelne Exemplare haben einen roten Bauch mit weißer Mittellinie und weißlichen Punkten (Warzen). Lebt an der wilden Balsamine (Impatiens noli tangere) im Juni und August, an der Unterseite oder dem Rande der Blätter sitzend. Verpuppung in oder an der Erde in einem leichten Erdgehäuse. Puppe braun, mit dunkleren Zeichnungen, überwintert. Entwicklung im Mai und Juli. Deutschland (mit Ausnahme des südöstlichen Teiles), Holland, Schweiz, Livland, Petersburg. — Frr. 588. — Rössl. Jahrb. d. V. f. Naturk. in Nassau XII. Heft. — Schuppenfl. S. 160. — O. W. 446.

Silaceata, *Hb.* Taf. 46, Fig. 28. (Sch. Taf. 70, Fig. 6.) Ei grün, später rosenrot. Raupe 2,8 cm, an Gestalt der vorigen Art ähnlich, jedoch etwas dicker, nach vorn ein wenig abnehmend, grün, manchmal auch schokoladebraun (Püngeler); die gewöhnliche Linienzeichnung ist unvollkommen und variierend; an dem mir vorliegenden präparierten Exemplar ist eine rote Rückenlinie erst vom neunten Segment an sichtbar, welche bis zur Spitze der dreieckigen Afterklappe verläuft und beiderseits einen, vorn weiß gesäumten Ausläufer bis zur Sohle der beiden Afterfüße sendet. Nebenrückenlinien sehr fein, etwas heller als die Grundfarbe, nicht deutlich. Stigmenlinie fein, weißlich. Stigmen auf allen Segmenten braun eingefaßt, doch nicht so dunkel wie bei Capitata; die warzenartigen Erhöhungen bezw. Fleckchen hinter den Stigmen sind nicht so deutlich wie bei der vorigen Art; der kleine Querwulst auf dem neunten Segment fehlt. Bauch rötlich mit einer feinen weißen Mittellinie. Kopf sehr klein, grün, am Gesicht braun, mit zwei weißlichen Flecken auf jeder Hemisphäre und einem ebensolchen mitten auf dem Stirndreieck; am ersten Ring zeigt sich eine Andeutung eines braunen Nackenschildes. Warzen deutlich, erhaben, weißlich, besonders auffallend auf den hinteren rotgefärbten Ringen. Brustfüße braun, Bauchfüße grün, am unteren Ende rötlich. Nach Rössler bleibt ein Teil der Raupen nach der letzten Häutung grün mit einem hellen, dunkel eingefaßten Streifen längs des Bauches, sowie auf dem Rücken und bisweilen einem rotbraunen Punkt in der Rückenlinie auf jedem Gelenkeinschnitt. Andere Raupen sind durchaus rötlich angeflogen mit vielen parallelen Längsstreifen von derselben Farbe. Lebt im Juni und August auf Epilobium angustifolium und anderen Epilobium-Arten, sowie auch auf Impatiens. Verpuppung auf der Erde zwischen Moos etc. in einem leichten Gespinst. Puppe konstant grün mit schwärzlichbraunen Aderzeichnungen, Punkten und Rückenstriemen; Cremanter kurz, kegelig, glatt, mit zwei stärkeren Häkchen und je einem feineren an jeder Seite (Rghf.) Entwicklung im Mai und Juli. Mittleres und nördliches Europa, England, Alpen, Pyrenäen, Lappland. — Hb. V. 2. M. b. — Tr. VI. 2. 197. — Frr. 587. — Sepp VI, Taf. 19. — O. W. 446. — Pr. Taf. IV, Fig. 26. — Rössl. Jahrb. d. V. f. Nat. in Nassau Heft XII; Schuppenfl. S. 160. — Newm. Br. M. 189. — Mill. Nat. Sic. 1884, pl. 1, Fig. 7 (Capitata).

Corylata, *Thnb.* Taf. 46, Fig. 29. (Sch. Taf. 70, Fig. 7.) (Ruptata, *Hb.*) Ei (Taf. 50, Fig. 87) grünlich, glatt, elliptisch. Raupe 3,0 cm lang, sehr schlank, gleichmäßig cylindrisch, gelblichgrün oder gelblichgrau; Rückenlinie braunrot, nicht scharf begrenzt und sehr weit unterbrochen, auf dem ersten Segment spitz beginnend, dann auf dem zweiten und dritten breit, vom vierten bis siebten nur am Hinterrand als kleiner roter Flecken bemerkbar, in der zweiten Hälfte des achten Segmentes wieder sehr breit und erst am Hinterrande der Afterklappe spitz endend. Nebenrückenlinien nicht bemerkbar; Stigmenlinie weißlich. Stigmen blaß gelbbraun eingefaßt, schwer zu sehen. Bauch mit zwei feinen, unterbrochenen, rötlichen Mittellinien und einem unregelmäßigen, großen, roten Flecken an jeder Seite des vierten bis achten Segmentes. Kopf so breit wie das erste Segment, vorn und seitlich abgeplattet, die beiden Hemisphären oben stumpfspitzig ausgezogen, gelblich, mit einem keilförmigen braunroten Flecken an jeder Seite. Nackenschild gelblich, am Vorderrande etwas erhaben. Warzen sehr klein, gelblich auf braunroten Fleckchen sitzend. Brustfüße gelbbraun; die Hinterseite der langen Hüften des dritten Paares braunrot. Bauchfüße braunrot getupft, Afterfüße von der Körperfarbe, mit Horizontalfortsätzen, welche die Afterklappe etwas überragen. Lebt im September, Oktober auf Birken, Linden, Schlehen etc. Verwandlung zwischen zusammengesponnenen Blättern. Puppe braungelb, schwarz punktiert, überwintert. Entwicklung im Mai und Juni. Mittleres und nördliches Europa (mit Ausnahme der Polarregion), Piemont, Ural. — Hb. V. 2. M. a. — Tr. VI. 2. 200. — Frr. 24. — Sepp II, Taf. 14. — O. W. 447.

Berberata, *Schiff.* Taf. 46, Fig. 30. (Sch. Taf. 70, Fig. 8.) 2,0 cm; plump und dick, nach beiden Enden hin etwas verdünnt, auffallend durch die auf kleinen, schwarzen, vorn durch einen weißen Querstrich verbundenen und begrenzten Querwülsten sitzenden, weißen, hinteren Warzenpaare des vierten, fünften und sechsten Ringes. Die übrigen Warzen sind gleichfalls weiß, etwas erhaben, sämtlich auf schwarzen Fleckchen sitzend, mit kurzen, bräunlichen Börstchen. Grundfarbe heller oder dunkler braun oder grau. Rückenlinie fein dunkelgrau, undeutlich, vom vierten bis siebten Ring am Vorderrand beiderseits von je einem weißlichen Fleckchen, vom achten bis elften Ring fortlaufend weiß gesäumt. Nebenrückenlinien schwarzgrau, fein, sehr undeutlich, erst vom neunten Ring an deutlich und dann gegen die Afterklappe konvergierend. Stigmenlinie gelblichweiß, doppelt, oben und unten schwarz gesäumt und in der Mitte schwarz ausgefüllt, unterbrochen, auf den drei ersten Segmenten fast ganz fehlend; dagegen bis an die Basis der Afterfüße fortgesetzt. Stigmen blaßbraun eingefaßt, schwer sichtbar. Bauch schwärzlich gesprengt mit einer weißgelben, ziemlich breiten Mittellinie. Kopf so breit wie das erste Segment, oben abgerundet, gelblich, schwarzbraun getupft. Nackenschild dunkelbraun mit zwei gelblichen und rötlichen Flecken. Aferklappe von der Körperfarbe. Brustfüße gelb, am ersten Glied schwarz, an den weißgrauen Hüften vorn mit schwarzen Chitinplättchen. Bauch- und Afterfüße von der Körperfarbe. Lebt im Juni und

August an Berberis vulgaris, sitzt in der Ruhe aufrecht, die vordern Ringe auf den Bauch herabgebogen. Verwandlung an der Erde zwischen zusammengesponnenen Blättern. Puppe dick, gedrungen, gelbbraun, schwach punktiert, glänzend, dünnhäutig; Cremanter kurz, kolbig mit vier Häkchen an der Spitze und zwei kleinen an der Seite (Rghf.). Entwicklung im Mai und Juli. Mittleres Europa (mit Ausnahme von Rußland), Livland, mittleres und nördliches Italien, nördlicher Balkan. — Hb. V. 2. L. c. — Tr. VI. 2. 185. — Frr. 689. — Sepp VII. Taf. 49. — O. W. 448. — Pr. IV, Fig. 22. — Newm. Br. M. 167.

Nigrofasciaria, *Göze.* Taf. 46, Fig. 31. (Sch. Taf. 70, Fig. 9.) (Derivata, *Bkh.*) 2,2 cm, schlank, ziemlich gleichmäßig cylindrisch, blaßgrün. Rückenlinie dunkelrot, am ersten Segmente breit beginnend und am Hinterrand des dritten spitz endend; auf den mittleren Ringen nur am Vorderrand des fünften und sechsten Ringes kleine rote Fleckchen sichtbar; am neunten Ring beginnt die Rückenlinie wieder mit einem dicken roten Flecken und setzt sich dann als dünne, mehrmals unterbrochene Linie bis in die ganz dunkelrote Afterklappe und hintere Hälfte der Afterfüße bis zu deren Sohle fort; andrerseits geht von dem roten Flecken des neunten Segmentes eine feine, rote Querlinie beiderseits nach abwärts auf die Bauchfüße, die außen dunkelrot gefärbt sind. Nebenrückenlinien und Stigmenlinien fehlen, oder sind nur ganz schwach angedeutet. Stigmen klein, oval, hellbraun gerandet. Bauch und Innenseite der Bauch- und Afterfüße blaßgrün, ohne Zeichnung. Kopf so breit wie das erste Segment, oben abgerundet, gelbgrün, außen breit dunkelrotbraun gerandet. Warzen sehr klein, gelbgrün, mit feinen, bräunlichen, sehr kurzen Börstchen. Brustfüße rot. Bei manchen Exemplaren dehnt sich das Rot der Rückenlinie mehr aus. Lebt im Juni auf Garten- und Heckenrosen. Verwandlung in einem leichten Gespinste an der Erde oder zwischen Moos, nach Dr. Speyer in faulem Holz. Puppe schlank, braun, mit grünen Flügelscheiden und scharfer Endsditze; überwintert. Falter im April, Mai. — Mittleres Europa, Livland, Finnland, Piemont, Corsika, Sizilien, Dalmatien, südöstliches Rußland. — Hb. V. 2. L. d. — Tr. VI. 2. 183. — Frr. 689. — Sepp VIII, Taf. 18. — O. W. 447. — Pr. IV, Fig. 21. — Newm. Br. M. 166.

Rubidata, *F.* Taf. 46, Fig. 32. (Sch. Taf. 70, Fig. 10.) 2,8 cm lang, schlank, gleichmäßig cylindrisch, rötlichgrau, grau oder braun. Rückenlinie schwarzbraun, fein gelb gesäumt, auf den drei ersten Segmenten zusammenhängend, auf den mittleren Segmenten dagegen weit unterbrochen und nur in der hintern Hälfte der Segmente vier bis acht je einen kleinen braunen, weißgelb umzogenen Fleck bildend. Die weißgelbe Umsäumung dieser Fleckchen nimmt vom vierten bis achten Ringe allmählich an Breite zu und wird insbesondere am siebten und achten Ring zu deutlichen Dreiecken, welche mit der Spitze nach vorn gerichtet und an den Seiten fein braunschwarz gesäumt sind. Vom neunten bis zwölften Segment ist die Rückenlinie wieder zusammenhängend ziemlich breit und tief schwarzbraun;

ebenda sind auch deutliche feine und gerade, weißgelbe Nebenrückenlinien sichtbar, die auf den mittleren Ringen in Form einer allerdings sehr undeutlichen grauen, gelblich gesäumten, winklich gebrochenen Linie, auf den drei ersten Ringen aber wieder gerade verlaufen. Stigmenlinie ziemlich breit, aber nicht scharf begrenzt, undeutlich und mehrfach unterbrochen, gelblich, auf die Außenseite der Bauch- und Afterfüße fortgesetzt. Stigmen groß, deutlich, schwarz; vor ihnen auf jedem Segment ein kleines braunes Fleckchen, das am achten Segment besonders deutlich und doppelt ist. Bauch mit einer doppelten feinen, gelblichen Mittellinie, welche am Anfange jedes Segmentes einen kurzen tief dunkelbraunen oder schwarzen Längsstrich in sich schließt und außen dunkler begrenzt ist; am neunten Segment steht beiderseits ein schwarzbrauner auf die Vorderseite der Bauchfüße sich fortsetzender Schrägstrich. Kopf so breit wie das erste Segment, oben abgerundet, weißgrau, mit schwarz eingefaßtem Stirndreieck. Nackenschild und Afterklappe von der Körperfarbe. Warzen sehr klein, ohne Vergrößerung nicht sichtbar. Brustfüße sehr blaßbraun. Lebt im August an Galium sylvaticum und verum, auch an Asperula odorata. Verwandlung in einer Erdhöhle. Puppe rotbraun, gedrungen, schwach glänzend, wenig punktiert; Cremanter breit, kegelig, abgestutzt, chagriniert, am Ende mit sehr feinen Börstchen (Rghf.); überwintert. Entwicklung im Mai, Juni. Mitteleuropa, Finnland, Katalonien, mittleres und nördliches Italien, nördlicher Balkan. (Var. Fumata, *Ev.* Ural, mittleres westliches Rußland, Ungarn). — Tr. VI. 2. 188. — Frr. B. 18. — O. W. 448. — Newm. Br. M. 165.

Sagittata, *F.* (Sch. Taf. 70, Fig. 11.) Ei bunt opalisierend, vor dem Ausschlüpfen gelb. Raupe der Gestalt nach der von Comitata, *L.* ähnlich, mit einzelnen Härchen besetzt, 13—15 mm lang. Kopf grünlich, Körper hellgrün. Rückenlinie breit, grün; an den Seiten eine weißliche, innen rosa ausgefüllte Linie. Luftlöcher rosa. Auf den drei ersten Segmenten je zwei weißlichrötliche Punkte. Auf den mittleren sechs Ringen stehen dunkelgrüne oben schmale Wülste, die nach dem Kopfe zu schräg, nach dem After zu steil abfallen und auf dieser Seite weiß gerandet sind. Afterklappe an den Seiten rosa angehaucht, in der Mitte dunkler. Nachschieber und Füße grün. Lebt im Juli und Anfang August an Thalictrum angustifolium und zwar an den Samen, wo sie schwer zu sehen ist. Verwandlung in einem engen Gespinste zwischen Moos oder zwischen den Blüten der Futterpflanze. Puppe kurz, dick und glatt mit vorgestrecktem und abgerundetem Kopf, konvexem Rücken und breiten Flügelscheiden; Aftersegment sehr schlank, nach rückwärts gerichtet, am Ende zwei divergierende Börstchen tragend; Thorax olivengrün, Hinterleib hornbraun; überwintert (Newman). Entwicklung im Juli. Norddeutschland, Sachsen, Österreich, Holland, England, Livland, Petersburg. — Teich. St. e. Z. 1883. S. 174. — Newm. Br. M. 183. — Entomologist III. 1866. 145. — Buck Ann. 1864. 137.

Comitata, *L.* Taf. 46, Fig. 33. (Sch. Taf. 70,

Fig. 12.) (Chenopodiata, *L.*) Ei gelb, platt, elliptisch (Sepp II. IV. 90). Raupe 2,5 cm dick, gleichmäßig cylindrisch, mit einer breiten Seitenfalte, welche zwischen den Ringen tief eingeschnitten ist, so daß diese stark vorspringen, sonst einer Gnophos-Raupe ähnlich. Grundfarbe graubraun, grünlich, zimtfarbig oder olivenfarbig. Rückenlinie schwärzlich, fein, oft undeutlich, meist mehr oder weniger unterbrochen. Die ebenfalls schwärzlichen oder grauen Nebenrückenlinien sind vom vierten bis achten Ring inklusive winklig gebrochen und bilden auf jedem dieser Ringe und zwar ziemlich in der Mitte derselben ein mit der Spitze nach vorn gerichtetes, mehr oder weniger deutliches Dreieck, dessen Schenkel schräg nach abwärts bis zur Stigmenlinie gerade über den Stigmen ziehen. Nach außen sind diese Dreiecke je nach der Grundfarbe der Ringe von helleren, rötlichweißen oder gelblichen unregelmäßigen Flecken begrenzt; auf den drei ersten Segmenten fehlen die Winkelzeichnungen ganz, auf den letzten Segmenten sind sie entweder sehr undeutlich oder fehlen auch. Die Stigmenlinie ist breit, schwärzlich, unten breit weiß oder gelblich gesäumt, wellig gebogen, bis zur Sohle der Afterfüße fortgesetzt. Die großen braun eingefaßten Stigmen stehen in einer etwas vorspringenden Ausbuchtung des hellen Teiles der Stigmenlinie. Bauch heller als der Rücken mit einem gelblichen, manchmal undeutlichen Mittelstreifen und je einem undeutlichen wellenförmig gebogenen helleren Seitenstreif, der auf jedem Segment von einem schwärzlichen Schrägstrich durchschnitten ist; auf dem neunten Segment geht ein schwarzer Strich an der Vorderseite der Bauchfüße herab. Bei hellen, grünen Raupen fehlen die Streifen am Bauche fast ganz, bis auf den an der Vorderseite der Bauchfüße. Kopf schmäler als das erste Segment, oben abgerundet, blaßbräunlich oder grünlich, dunkelbraun getupft, besonders an beiden Seiten des Stirndreieckes. Nackenschild gelblich oder blaßbraun mit schwarzen Pünktchen. Afterklappe von der Körperfarbe. Warzen groß, vorspringend, am Rücken weißlich, schwarz gesäumt, am Bauche schwarz, mit sehr kurzen braunen Borsten. Brustfüße braungelb. Bauch- und Afterfüße von der Körperfarbe, mit den bereits beschriebenen Zeichnungen. Lebt im September, Oktober an Chenopodium und Atriplex-Arten, bei Tag meist in der Nähe der Pflanzen versteckt. Verwandlung in einem Erdgespinst. Puppe kurz, glänzend gelbbraun, überwintert. Entwicklung im Juli und August. Mittleres und nördliches Europa (mit Ausnahme der Polarregion und Belgien), Piemont, nördlicher Balkan, südliches Rußland. — Hb. V. 2. M. b. — Tr. VI. 2. 167. — Sepp. II. pl. 15, Fig. 4. — O. W. 449. — Newm. Br. M. 194.

Lapidata, *Hb.* (Sch. Taf. 17, Fig. 13.) Cylindrisch, fast schlank, Grundfarbe des Rückens und der Seiten blaßgelb, auf dem Rücken etwas ins Graue fallend; die dünne Rückenlinie ist von grauen Fleckchen gebildet und mit erhöhten schwarzen Fleckchen besetzt; desgleichen die etwas höher als gewöhnlich liegende Subdorsale (Nebenrückenlinie), nach dem Kopf zu dunkler werdend und blasser bis zum 12. Ring; an den Seiten ein breiter dunkler Strich mit noch dunkleren Flecken; die Gegend der Luftlöcher und der Bauch blaß rotgelb, Luftlöcher und Trapezflecken (Warzen) schwarz. Durch den Bauch ziehen eine Mittel- und drei Paar Seitenlinien, alle aus grauen Fleckchen zusammengesetzt. Der Kopf grau, mit hellgrau besprengt. Das ganze Aussehen wie eine Eubolia (Hellins). Wurde von Hellins aus dem Ei mit Clematis erzogen, aber nicht zur Verwandlung gebracht, weßhalb er eine andere Futterpflanze, etwa Binsen oder Galium verum vermutet. Schmetterling im September. Livland, Petersburg, Finnland, südliches Lappland, Schottland, Paris, südöstliches Frankreich, Piemont, mittleres Westdeutschland, Böhmen, Österreich. — Hellins E. M. 1871, S. 165. — Rössl. Schupp. S. 165. — Mill. Anu. S. Cannes VII. 1878. Pl. III. Fig. 4—6.

Polygrammata, *Bkh.* Taf. 46, Fig. 34. (Sch. Taf. 70, Fig. 14.) Ei rund, anfangs hellgelb, später rot. Raupe 2,4 cm. Kopf weißgrau, schwarz getupft mit einem breiten schwarzen Längsstriemen an jeder Seite (Fortsetzung der Stigmenlinie). Grundfarbe gelblichgrau oder rötlichgrau. Rückenstreifen auf dem ersten Segment doppelt, schwarzgrau, vom zweiten bis achten aus drei mehr oder weniger deutlichen, geschlängelten und zerissenen dunkelgrauen Linien bestehend; die mittlere derselben ist beiderseits hell gesäumt, abgesetzt, am Vorderrand und in der Mitte jedes Ringes einen rundlichen tiefschwarzen Fleck bildend, vom neunten bis zwölften Ring ununterbrochen; die beiden seitlichen Linien sind auf den vier ersten und den vier letzten Ringen sehr schwach angedeutet, wodurch hier die helle Grundfarbe mehr hervortritt. Nebenrückenlinien dicht unter der weißen Linie des Rückenstreifens, dunkelgrau, etwas wellig gebogen, ununterbrochen vom ersten bis letzten Ring. Stigmenlinie dicht unter den eben genannten Linien und gerade über den ziemlich großen tiefschwarzen Stigmen, breit, fast schwarz, ununterbrochen. Körperseite hell gelbbraun. Dicht über den Brustfüßen beginnt eine schwarze wellig gebogene Linie, welche, an der Seite des Bauches in kleine schwarze Flecke aufgelöst, am neunten Segment wieder stärker wird und an der Vorderseite der Bauchfüße hinabläuft, um am 10., 11. und 12. Segment wieder schwächer zu werden und endlich an der Vorderseite der Afterfüße zu enden. Bauch mit einer feinen blaß rötlichbraunen Mittellinie und zwei breiten dunkelgrauen Seitenlinien. Brustfüße braun. Bauch- und Afterfüße von der Körperfarbe. Afterklappe fein schwarz getupft. Warzen sehr klein, schwarz, mit kurzen schwarzen Börstchen. (Nach einer präparierten Raupe von Bohatsel-Wien.) Lebt im Juli und in zweiter Generation im Herbst an Galium verum und mollugo. Verpuppung in einem leichten Gespinst zwischen Moos. Puppe nußbraun, überwintert. Entwicklung im April, August und September. Wien. E. M. 1861. p. 70. — Rössl. Schupp. S. 165.

Aquata, *Hb.* (Sch. Taf. 70, Fig. 15.) 2,5 cm. Ziemlich schlank, nach vorn kaum etwas abnehmend, braungelb (scherbenfarbig) oder grünlich, violettgrau, selbst braunrot. Rückenlinie fein, schwärzlich, mehr oder minder deutlich weißlich eingefaßt; auf den drei vordersten und vier letzten Ringen zusammenhängend, auf den mittleren Ringen unterbrochen und auf jedem Segment zwei schwarze Fleckchen bildend, von welchen das erste, nahe am Vorderrand stehend, deutlich begrenzt und weiß eingefaßt, das zweite ziemlich in der Mitte des Segmentes gelegen, größer, mehr verwischt und ohne weiße Begrenzung ist, und vom vierten bis achten Ring zunehmend größer wird. Nebenrückenlinie weißlich, nur auf den drei ersten und vier letzten Segmenten deutlich, sonst ganz verwaschen. Stigmenlinie schwarzgrau, unten breit gelblich oder schmutzig fleischfarbig, bis an die Sohle der Afterfüße fortgesetzt. Stigmen groß, rund, tiefschwarz. Bauch dunkel, mit einer weißen, auf jedem Segment, vom fünften angefangen, mit einem schwarzen Längsstrich ausgefüllten Mittellinie und zwei schwarzen, außen heller begrenzten Seitenlinien. Kopf so breit wie das erste Segment, oben abgerundet, blaßgrau, braun getupft. Nackenschild und Afterklappe von der schwarzen Rückenlinie geteilt, sonst nicht ausgezeichnet. Brustfüße gelbbraun, schwarz gefleckt. Bauch- und Afterfüße von der Körperfarbe. Lebt im Juni und Herbst an Anemone pulsatilla und ranunculoides und an Clematis vitalba. Verpuppung in einem leichten Gespinst am Boden. Puppe überwintert. Entwicklung Ende April und im Juli. Deutschland, Belgien, Holland, Ungarn, Galizien. — W. e. M. VII. S. 130. — Rössl. Schupp. S. 164.

Vitalbata, *Hb.* Taf. 49, Fig. 7. (Sch. Taf. 70, Fig. 16.) Raupe derjenigen von Tersata nach Form, Größe und Zeichnung fast gleich, nur ist die Grundfarbe mehr weißgrau, und sind die hellen Längslinien und Einfassungen der Rückenflecke rein weiß, bei Tersata dagegen mehr gelblich; ferner ist die Rückenlinie zwischen den fleckenartigen Erweiterungen am Rücken der mittleren Segmente immer noch mehr weniger deutlich. Lebt im Juni und September an Clematis vitalba. Verwandlung an der Erde in einem leichten Gespinste. Puppe überwintert. Entwicklung Anfangs Mai und im Juli. Mittleres und nördliches Europa (mit Ausnahme des mittleren und südlichen Spaniens, Norddeutschlands und des südwestlichen Rußlands), Livland. — Tr. VI. 2. 66. — O. W. 450. — Rössl. Schupp. 164. — Gn. X. 437. — Newm. Br. M. 145.

Corticata, *Tr.* (Sch. Taf. 70, Fig. 17.) In Gestalt und Zeichnungsanlage den vorigen Arten sehr ähnlich, 3,0 cm, gelbbraun. Rückenlinie auf den drei ersten und vier letzten Segmenten fein, schwarz, weißlich gesäumt, ununterbrochen, auf dem ersten Segment nicht verbreitert; die Rückenflecken auf den mittleren Segmenten sind wie bei Aquata, jedoch weniger deutlich ausgeprägt, namentlich die in der Mitte der Segmente, von welchen nur der auf dem achten Ring stehende Fleck deutlich in die Augen springt. Nebenrückenlinie undeutlich, gelblichweiß, fein, am deutlichsten auf den vordersten und hintersten Segmenten. Stigmenlinie schwarzgrau, unten und oben breit gelblich gesäumt, auf den vordersten Ringen undeutlich, aber bis zur Sohle der Afterfüße fortgesetzt. Stigmen groß, schwarz; unterhalb derselben steht auf jedem Segment ein grauschwarzer ziemlich großer Flecken. Bauch mit einer doppelten gelblichweißen Mittellinie, welche beiderseits von einem ziemlich breiten schwarzen und zwei undeutlichen grauen, stellenweise unterbrochenen Längsstreifen begrenzt ist. Kopf braungelb mit einem dunkelbraunen Längsstriemen über die Mitte (Fortsetzung der Rückenlinie) und braunen Tupfen. Nackenschild und Afterklappe von der Körperfarbe. Warzen groß, deutlich, schwarz mit kurzen schwarzen Börstchen. Brustfüße blaßbraun. Bauch- und Afterfüße von der Körperfarbe. (Nach einer präparierten Raupe von Dr. Staudinger). Lebt wie die verwandten Arten in zwei Generationen auf Clematis vitalba. Puppe dunkelbraun, glatt, glänzend, Segmente punktiert, die hinteren dunkler, Ränder heller; Cremaster kegelig mit zwei längeren geraden Endspitzen und je drei seitlichen Häkchen; letzter Ring seitlich knorrig. Von Tersata unterscheidet sie sich außer der dunkleren Farbe durch den unten mehr ausgehöhlten, viel weiteren Cremaster und die helleren Segmenträder (Rghf.) Österreich, Ungarn, Oberitalien, nördlicher Balkan. — Schernhammer III. Jahrb. des W. e. V. 1893. p. 25.

Tersata, *Hb.* (Sch. Taf. 70, Fig. 18.) 2,5 cm. Von derselben Gestalt wie die vorige Art, gelbbraun oder dunkelrotgrau, am Ende der Segmente schwärzlich schattiert. Rückenlinie schwarz, weißlich gesäumt, auf dem ersten Segment sehr breit, vom zweiten bis vierten und vom neunten bis zwölften Segment schmal, schwarz, zusammenhängend, vom fünften bis achten Segment unterbrochen; hier bildet die Rückenlinie am Vorderrand jedes Segmentes einen länglichen grauen gelbgesäumten Flecken und in der Mitte einen weniger deutlichen und bestimmten schwärzlichen Flecken, welcher nach den hinteren Ringen zu an Deutlichkeit immer mehr zunimmt, und auf dem achten Ring seine größte Intensität erreicht. Den Zwischenraum zwischen diesen Flecken und denen am Vorderrand des nächsten Segmentes füllt ein weißlicher, nach vorn in zwei divergierende weiße Punkte endigender, fast viereckiger Flecken aus. Nebenrückenlinien undeutlich, bei den hellen Exemplaren gelblich, bei den dunklen Exemplaren schwärzlich. Stigmenlinie bei den hellen Exemplaren deutlich grau, in der Mitte von einer gelblichen Linie geteilt, unten gelblichweiß gesäumt, bei den dunklen Exemplaren sehr undeutlich, bis auf die Sohle der Afterfüße fortgesetzt; Stigmen groß, schwarz; unter jedem steht vom vierten bis achten Ring je ein kleiner schwarzgrauer Punkt. Bauch mit einer weißgelben, stellenweise feine rostgelbe Längsstriche einschließenden Mittel- und zwei schwarzgrauen, unterbrochenen, außen gelbweiß gesäumten Nebenlinien, welche sich auf die Vorderseite der Bauchfüße fortsetzen. Kopf gelbgrau mit einer breiten dunkelbraunen Längsstrieme in der Mitte (Fortsetzung der Rückenlinie). Nackenschild gelblich, in der Mitte schwärzlich oder bräunlich. Afterklappe von der Körperfarbe. Warzen groß, schwarz mit kurzen schwarzen Börstchen. Brustfüße gelbbraun, braun gefleckt. Lebt im September an Clematis vitalba, wahrscheinlich auch an Pulsatilla. Verpuppung in der

Erde in einem leichten Gespinst. Puppe rotbraun, glatt, glänzend; Ringe fein punktiert, letztere an den Seiten wulstig; Cremanter kurz, kegelig mit gabeligen, auswärts gebogenen dunklen Endspitzen und je drei seitlichen feinen Häkchen (Rghf.) Überwintert. Entwicklung im Juni, Juli. Mittleres und südliches Europa (mit Ausnahme von Nordwestdeutschland, Spanien, Süditalien und Südrußland). — Rössl. Jahrb. d. V. f. Naturk. XII. — Schupp. S. 164. — Newm. B. M. S. 173. — O. Wilde 449 (Fig. 25, Taf. 10 ungenau).

Aemulata, *Hb.* Taf. 46, Fig. 35. (Sch. Taf. 70, Fig. 19.) Schlank, mit einzelnen kurzen Härchen besetzt; matt graugrün mit gelblichen Ringeinschnitten; auf dem Rücken eine abgesetzte schwarze, auf den mittleren Ringen zu Flecken erweiterte Mittellinie, an deren Seite auf jedem Ringe zwei weiße Pünktchen stehen; Warzen schwarz. Kopf rund, flach, braun mit schwarzem Mittelstriche. 1. Z. 3. L. (O. Wilde 449). Lebt wie die vorigen Arten an Clematis vitalba. Puppe rotbraun. Entwicklung im Juni. Österreich, Kärnthen, Alpen, Regensburg. — Hb, V. 2. J. a. 2.

100. Gattung. Collix, *Gn.*

Nur eine, auch in Deutschland heimische Art.

Sparsata, *Tr.* (Sch. Taf. 70, Fig. 21.) 1,6 cm lang, schlank, gleichmäßig cylindrisch, blaßgrün; Rückenlinie ziemlich breit, weißlich, in der Mitte von einer sehr feinen, dunklen Linie geteilt, Nebenrückenlinien schmäler, weißlich. Stigmenlinie rötlichgelb, oben und besonders unten weißlich gesäumt, setzt sich auf die Außenseite der Bauchfüße und bis an die Afterfüße fort; zwischen ihr und den Nebenrückenlinien noch eine feine weißliche Längslinie. Stigmen klein, rund, lebhaft braun, daher leicht sichtbar. Bauch grün, ohne Streifen. Kopf so breit wie das erste Segment, oben abgerundet, hell gelbbraun. Nackenschild und Afterklappe von der Körperfarbe. Warzen äußerst klein, gelblich, mit sehr kurzen Börstchen. Brustfüße hellbraun. Bauch- und Afterfüße von der Körperfarbe. (Nach einer präparierten Raupe von Dr. Staudinger.) Lebt im August und September an Lysimachia vulgaris und verwandelt sich in einem dünnen Gewebe zwischen Blättern oder an der Erde. Puppe grünbraun, dunkler schattiert, überwintert. Entwicklung Ende Mai, anfangs Juni. Mitteleuropa, Livland, Finnland, mittleres und nördliches Italien, Dalmatien, südöstliches Rußland. — Tr. VI. 2. 133. — Sepp 2. Ser. II, Fig. 5. — O. W. 461. — Newm. Br. M. 146. — Poritt. Entom. XII. p. 58.

101. Gattung. Eupithecia, *Curt.*

Raupen meist schlank, hinten dicker, nach vorn mehr oder weniger dünner werdend, selten gleichmäßig cylindrisch, oder kurz und dick, nach beiden Körperenden hin abnehmend, spindelförmig. Kopf immer klein und am Scheitel abgerundet. Die Haut ist, abgesehen von den gewöhnlichen Querfalten und der Seitenkante, bald glatt, bald mehr oder weniger stark chagrinirt, in einzelnen Fällen auch dicht und sehr kurz behaart. Wenige Arten haben ein vollkommen entwickeltes, d. h. aus starken glänzenden Chitin-Platten bestehendes Nackenschild und eine ebensolche Afterklappe. Die Färbung und Zeichnung ist nicht selten bei ein und derselben Art sehr verschieden; die erstere wechselt hauptsächlich zwischen Grün, Rot und Braun, die letztere weist im allgemeinen drei Typen auf: neben ganz oder nahezu zeichnungslosen Individuen kommen solche mit Längsstreifung, d. h. mit den gewöhnlichen typischen Längslinien und solche mit mannigfaltigen, meist aber dreieckigen oder rautenförmigen Rückenzeichnungen vor. Diese Zeichnungen kommen in derselben Weise wie bei Acidalien und Cidarien zu Stande, nämlich durch einfache Erweiterungen der Rückenlinie (z. B. bei Nanata, Exignata, Sobrinata und Oxydata etc.) oder durch Auflösung der Rückenlinie allein oder gleichzeitig auch der Nebenrückenlinien in einzelne Längsstriche, Zusammenneigung dieser in der Mittellinie (z. B. bei Satyrata, Virgaureata, Vulgata etc.) oder Verbindung derselben durch Querbänder (z. B. bei Oblongata, Extraversaria etc.), endlich durch seitliche Verschmelzung (z. B. bei Linariata etc.) der Bruchstücke der Rückenlinien, wodurch besonders breite Figuren mit verschiedenen Spitzen etc. sich bilden. In der Regel sind die Rückenzeichnungen auf die mittleren Segmente (vier bis acht oder neun) beschränkt. Der Bauch ist entweder einfarbig oder nur mit einer mehr weniger deutlichen Mittellinie versehen. Die Raupen sind fast durchaus polyphag; wenige leben an Holzpflanzen und zwar nur im Frühjahr, so lange die Blätter noch weich und zart sind, die meisten auf niederen Pflanzen und zwar großenteils an und in den Blüten oder Blütenständen, sowie an und in den Samenkapseln; letztere sind meist kurz und dick, ähneln mehr den Raupen von Microlepidopteren als Spannern und sind gar nicht, oder wenig gezeichnet. Eine oder zwei Arten leben in Blattlausgallen an Fichten. Häufig nehmen die Raupen die Färbung ihrer Nahrung an, z. B. die Farben der Blüten, wenn sie an diesen fressen, während sie, so lange sie von den Blättern leben, grün sind. Die Verpuppung findet in einem leichten mit Erdkörnchen durchsetzten Gespinst am Boden oder zwischen Moos, Blättern, an der Rinde der Bäume etc. statt. Die meisten Puppen überwintern. 125 Arten, darunter 72 deutsche.

Oblongata, *Thnb.* Taf. 47, Fig. 1. (Sch. Taf. 70, Fig. 23.) (Centaureata, *F.*) 2,0 cm lang, schlank, nach vorn abnehmend, querfaltig, sehr variierend, nämlich 1) einfärbig gelb, gelblich- oder bläulichgrün ohne irgend welche Flecken oder Zeichnungen, oder 2) hellgelblich oder blaugrün mit dunkleren in Flecken aufgelösten Rückenlinien; die eigentliche Rückenlinie bildet sehr oft eine Reihe von unzusammenhängenden rautenförmigen Flecken; bei einer dritten grünlichen oder rötlichweißen Varietät sind Rücken- und Nebenrückenlinien dunkel purpurrot, auf den drei ersten und letzten Ringen gerade verlaufend; auf den mittleren Ringen sind die Nebenrückenlinien unterbrochen, in den Einschnitten durch Querbinden von gleicher Farbe mit der Rückenlinie verbunden, in der Mitte jedes Segmentes abgerundet und frei endend, so daß auf jedem Ring das Bild einer dreizackigen Gabel entsteht. Mit den äußeren Zinken dieser Gabel steht ein gleichfarbiger, unbestimmt begrenzter seitlicher Flecken in Verbindung, in welchem das große braun gerandete Stigma steht. Dicht über den Füßen verläuft noch ein breiter purpurroter Längsstreifen, welcher mit seinem oberen Rande die eben erwähnten seitlichen Flecken berührt, und sich auf die Hüftstücke der Brustfüße sowie die Außenseite der Bauch- und Afterfüße erstreckt. Bisweilen ist dieser Streifen in einzelne unter den Seitenflecken stehende Striche aufgelöst. Bauch entweder ganz einfarbig, grün, oder mit einer roten, in einzelne Flecken aufgelösten Mittellinie. Kopf einfarbig hellbraun; Nackenschild und Afterklappe nicht ausgezeichnet. Warzen äußerst klein, bräunlich mit sehr kurzen bräunlichen Börstchen. Brustfüße hellbräunlich, Bauch- und Afterfüße innen von der Farbe des Bauches. Die Raupe ist sehr polyphag und lebt im August und September an den Blüten von Senecio jacobaea, Solidago Virgaurea, Achillea millefolium, Eupatorium cannabinum, Pimpinella magna, Saxifraga, Silaus pratensis, Campanula glomerata, Scabiosa columbaria etc. Varietät 1 und 2 fand Newman fast immer auf den drei erstgenannten Pflanzen, Varietät 3 auf den anderen. Verwandlung in einem Erdgespinst. Puppe grünlichbraun oder blaßrötlich. Entwicklung ungleichmäßig vom Mai bis in den August. Ganz Europa (mit Ausnahme des polaren Teiles). — Hb. V. 2. H. b. — Tr. VI. 2. 126. — Frr. B. 6. 2. — Sepp. VI. 35. 2. Ser. 1. 40. — O. W. 458. — Pr. Taf. 5, Fig. 13. — Newm. Br. M. 120.

Breviculata, *Donz.* (Sch. Taf. 70, Fig. 24.) Die Raupe, von der eine Beschreibung bisher noch fehlt, lebt nach Mabille an Clematis (Gumpp. II. 218), was Millière cat. rais, p. 198 in Abrede stellt. Südeuropa, besonders Südfrankreich.

Irriguata, *Hb.* (Sch. Taf. 70, Fig. 27.) Raupe von Gestalt sehr schlank, nach dem Kopfe zu verdünnt; Grundfarbe lebhaft gelbgrün, zuweilen schön blattgrün. Rückenlinie dick, blutrot, nur auf den ersten Segmenten und dem After zusammenhängend, auf den übrigen Ringen dagegen stark abgesetzt und nur in den Ringeinschnitten als dicke, blutrote, gelbgesäumte Flecken auftretend. Subdorsalen (Nebenrückenlinien) sehr fein, oft nur im letzten Drittel der Segmente als undeutliche blutrote Striche bemerkbar. Seitenkante schwach gelblich, doch nicht immer von der Grundfarbe verschieden, nach dem Bauche zu in den Ringeinschnitten blutrot gefleckt. Bauch gelbgrün. Mittellinie hell. Kopf braun. Ringeinschnitte schön gelb. In der Jugend ist die Grundfarbe graugelb, die Rückenlinie hängt zusammen

Fuchs). Lebt im Juni in allen Größen auf mittleren und alten Eichen, gewöhnlich an Waldrändern, nach Dietze auch an Buchen. Verpuppung Anfang Juni in einem Erdtönnchen. Puppe klein und schmächtig, hellgelbbraun mit grünlichen Flügelscheiden, schwarzbraunen Augenflecken und fünf sehr feinen, halb nach oben gerichteten, an der Spitze hakenförmig gekrümmten Borsten am Afterende. Entwicklung im März, April. Mitteleuropa (mit Ausnahme von Livland und Galizien), England, Dänemark, Corsika, Italien, Dalmatien, südöstliches Rußland. — Dietze St. e. Z. 1870, S. 336, 1872, Taf. I, Fig. 16. — Fuchs, St. e. Z. 1873, S. 342. — Rössl. Schuppenfl. S. 182.

Insigniata, *Hb.* (Sch. Taf. 10, Fig. 28.) (Consignata *Bkh.*) Die Raupe ist der von Rectangulata sehr ähnlich, schlank, grasgrün; Rückenlinie fein, dunkelpurpurrot, in der Mitte jedes Segmentes zu einem pfeilförmigen Fleck erweitert. Diese Flecken sind gelb gesäumt. Kopf breit, grün, etwas mit Rot gesprengt. Seitenlinien aufgetrieben, blasser grün, an den mittleren Ringen etwas rot gefleckt und strohgelb begrenzt. Bauchlinie weiß (H. Crewe). Lebt Mitte Juni an Apfelbäumen, Schlehen, Weißdorn und Himbeeren. Verwandlung in einem Erdgespinst. Puppe gelbbraun mit grünlichen Flügelscheiden, überwintert. Entwicklung im April, Mai. Deutschland, Schweiz, Frankreich, Corsika, England, Piemont, Dalmatien, mittleres Russland. — Frr. III. S. 19, Taf. 204. 2. — O. W. 452. — Rössl. Schuppenfl. S. 183. — Newm. Br. M. 118. — Harpur Crewe E. M. 1868. V. p. 72.

Artemisiata, *Ct.* Sehr variierend, Grundfarbe grau, mehr oder weniger weißlich, rötlich oder violettbraun gemischt, undeutlich gestreift. Die schwarze Gefäßlinie ist bei verschiedenen Exemplaren verschieden deutlich. Auf jedem Ring findet sich in der Subdorsalregion (unter den Nebenrückenlinien) ein dunkelgrauer, mehr oder weniger deutlicher Schrägstrich. Vom Kopf bis zum dritten Ring verläuft ein schwarzer Seitenstreifen. Kopf hellbraun oder gelblich, schwärzlich marmoriert. Bauch weißgrau mit einer schwärzlichen Mittellinie (Constant). Lebt von Ende September bis Ende November auf Artemisia gallica an den Felsen des Meeresufers, ferner an Camphorosma monspeliaca und Solidago nudiflora. Die Puppenruhe dauert zehn Monate. Entwicklung Mitte September, ausnahmsweise im Mai. Seealpen, Küstengegend. (A. S. Fr. 1884. p. 203. pl. 9. f. 3.) Die von Constant l. c. S. 205 und pl. 9 Fig. 4 beschriebene und abgebildete Eup. Littorata, sowie die von Mabille in An. S. Fr. 1872, S. 494 pl. 15 Fig. 4 beschriebene und abgebildete Eup. Santolinata, welche im September und Oktober bei Carcassonne auf Corsika an Santolina lebt, gehören wahrscheinlich hierher. — Bohatsch, Wr. e. Z. 1885, p. 178.

Venosata, *F.* Taf. 47, Fig. 2 a. b. (Sch. Taf. 70, Fig. 29.) 1,5 cm lang, gedrungen, stark querfaltig; die Haut ist durch dichtstehende, nur mit der Lupe sichtbare kleinste Härchen rauh; die Rückenseite ist, beiderseits scharf abgeschnitten, matt bleigrau, nur auf den drei ersten Segmenten mit einer Andeutung einer weißlichen Rückenlinie; sonst sind keine Linien erkennbar; die Seitenflächen und der Bauch sind einfärbig, schmutzig grünlich weiß. Stigmen groß und deutlich, kastanienbraun eingefaßt. Kopf dunkelbraun. Nackenschild und Afterklappe nicht ausgezeichnet. Warzen sehr klein, gelblich, mit steifen schwarzen Börstchen, welche viel länger sind, als die auf der Haut selbst stehenden Härchen. Brustfüße braun, Bauch- und Afterfüsse von der Farbe des Bauches. In der Jugend ist die Raupe ganz schwarz. Lebt im Juni und Juli in den Samenkapseln von Silene inflata und und von Lychnis dioica. Verpuppung in einem leichten Gespinst in der Erde, unter Moos etc., manchmal auch in den Kelchen oder Kapseln der Nahrungspflanze. Puppe braungelb glänzend, die Afterspitze dunkler mit mehreren feinen Borsten. Entwicklung Ende Mai, Anfang Juni. Ganz Europa (mit Ausnahme der nördlichsten Region, Holland, Galizien, Ungarn, Castilien und Süditalien.). — Hb. V. 2. H. b. — Tr. VI. 2. 137. — Frr. 204. — O. W. 459. — Pr. t. V. Fig. 14. — Newm. Br. M. 118. — An. S. Belg. 1864. pl. V. Fig. 8.

Silenicolata, *Mab.* Taf. 47, Fig. 3. (Sch. Taf. 70, Fig. 30.) 2,0 cm, grünlich weiß, wie die vorige Art dicht, aber äusserst kurz behaart; Rückenlinie und Nebenrückenlinien ziemlich breit, braun, am ersten und letzten Segment einander genähert, die Rückenlinie setzt sich bis ans Ende der Afterklappe fort; eine Stigmenlinie fehlt, dagegen verläuft dicht über den Füßen noch eine feine, braune, unterbrochene Längslinie, welche sich auf die Außenseite der Afterfüße fortsetzt. Stigmen groß, braun eingefaßt. Bauch weißgrün ohne Linien. Kopf grünlich, über den Mundteilen und am Hinterrande der Hemisphären breit schwarzbraun. Warzen nur mit der Lupe sichtbar, gelblich, mit feinen braunen Härchen, nicht steifen, schwarzen Borsten wie bei der vorigen Art. Brustfüße braun. Bauch- und Afterfüße weißgrün. Lebt im Juni in den Blüten und Samen von Silene paradoxa. Puppe hellgelb, Flügelscheiden und Kopfende grünlich, Cremanter schwarz, spitz, mit sechs Häkchenborsten; vor ihm befindet sich ein halbrunder Wulst. Entwicklung im Mai, Juni. In Steiermark (Bohatsch) und auf Corsika. — Mabille An. S. Fr. 1866 p. 562. Taf. 8. Fig. 9.

Alliaria, *Stgr.* Taf. 47, Fig. 4. Gestalt gedrungen, wie E. veratraria, einfarbig beinfarbig, auf den ersten und letzten Ringen fein bräunlich behaart; Seiten wulstig, Kopf bräunlich, Gebiß dunkler. Brustfüße blaßbräunlich, Hakenkränze der Bauchfüße schwärzlich. Eine dunklere Abart hat den Kopf mit braunen Atomen bestreut, die Dorsale und zwei Seitenlinien blaßviolett, die bei jüngeren Stücken viel schwächer und mehr grünlich werden; bei manchen Exemplaren nimmt die violette Färbung so zu, daß die weißliche Grundfarbe nur linienartig erscheint. Sieben Wiener Linien lang. Lebt von Mitte bis Ende August auf Allium flavum, dessen einzelne Blüten mit wenig Fäden zusammengezogen werden, frißt gern die Samenkapseln und auch in den Stengel hinein. Puppe gelbbraun; Ränder der tief punktierten Segmente glänzend braun,
glatt. Afterspitze mit einem stärker abwärts gekrümmten und mehreren seitlichen schwächeren Häkchen. Gespinst aus Erdteilen leicht zusammengefügt. Entwicklung nach der Überwinterung im Juni und Anfang Juli. (Beschreibung von A. Rogenhofer, Wien.) Bei Wien und in Ungarn in der Umgegend von Ofen. — Berl. ent. Z. 14, 14, 1870, S. 130.

Subnotata, *Hb.* Taf. 47, Fig. 5. (Sch. Taf. 70, Fig. 31.) 2,0 cm lang; Haut chagriniert; Grundfarbe dunkel gelbgrün, blaßgrün oder auch rötlichgrau, selbst braun, mit gelblichen oder rötlichen Segmenteinschnitten, manchmal ohne oder fast ohne alle Zeichnung; bei andern Exemplaren findet sich eine dunkelolivenfarbige Rückenlinie, auf den ersten und letzten Segmenten zusammenhängend und oft von unbestimmten helleren Linien eingefasst, auf den mittleren eine Reihe von rautenförmigen Flecken darstellend. Stigmenlinie gelblich. Stigmen deutlich, rund, dunkelbraun. Bauch blaßgrün mit einer unterbrochenen oder ganz fehlenden Mittellinie. Kopf einfarbig gelbgrün; Nackenschild und Afterklappe nicht ausgezeichnet. Warzen sehr klein, schwarz mit kurzen braunen Börstchen. Brustfüße gelbbraun, Bauch- und Afterfüße von der Körperfarbe. Lebt im August und September an den Blüten und Samen verschiedener Atriplex- und Chenopodium-Arten. Verwandlung in einem Erdgespinst. Puppe gelblich mit dunkelgrünen Flügeldecken. Entwicklung im Juni und Juli. Deutschland, England, Holland, Galizien, Ungarn, Livland, Finnland. — O. W. 459. — A. S. Fr. 1869. pl. XI. Fig. 8. — Rössl. Schuppenfl. S. 193. — Newm. Br. M. 134.

Pulchellata, *Stph.* (Digitaliata, *Dietze*, Pyreneata, *Mab.*) Ei oval, abgeplattet, mit einem Eindruck in der Mitte, sehr fein gekörnt, erst gelblichweiß, ins grünliche ziehend, dann gelb, zuletzt orangegelb, kurz vor dem Auskriechen aber wieder fahl werdend. Das junge Räupchen ist etwa 1 mm lang, gelb, schwarzköpfig mit dunklem Nackenschild und solchen Brustfüßen, dunklen feinen Warzen, wenig verdunkelter Afterklappe, nach dem Kopfe zu breiter als nach hinten; sehr selten sind die jungen Raupen schmutziggrün mit braunem Kopfe. Erwachsen ist die Raupe schlank, zart gebaut, durchscheinend, dünnhäutig, spärlich behaart, hellgelblich oder blaugrün, meist fast zeichnungslos, selbst ohne die gewöhnlichen Rückenlinien; bei anderen Exemplaren finden sich dunkelgrüne oder olivengrüne oder auch schmutzig purpurrote Linien, von welchen die Nebenrückenlinien und die Stigmenlinien manchmal ganz oder stellenweise unterbrochen und in eine Fleckenreihe aufgelöst sind. Die Stigmenlinie ist manchmal auch sehr schwach blaßgelb; einzelne Raupen sind ganz mit Rot übergossen, wieder andere zeigen auf den mittleren Segmenten braune oder schwarze Gürtel, die nach vorn dreispitzige, nach hinten abgestutzte oder abgerundete, oder mit zwei Spitzen versehene, sonst viereckige oder rechteckige Figuren zeigen, welche durch seitliches Zusammenfließen der aus den unterbrochenen Rückenlinien gebildeten Flecken entstehen. Die Stigmen sind deutlich, braun gerandet. Der Bauch ist einfarbig, grün oder weißlichgrün, manchmal mit einer weißlichen Mittellinie. Kopf hellbraun, selbst bei ganz dunklen Varietäten nur braun. Nackenschild und Afterklappe nicht ausgezeichnet. Warzen sehr klein, von der Körperfarbe mit ziemlich langen feinen Härchen. Brustfüße grün, selten hellbraun. Bauch- und Afterfüße von der Körperfarbe. Lebt im Juni, Juli und August in den Blüten von Digitalis ambigua, lutea (Digitaliata, *Dietze*) und purpurea (Pulchellata), an deren Knospen die Eier gelegt werden. Sie spinnt die Blütenglocken zu, indem sie entweder, wenn sie vor deren Aufschließung sich hineinbohrt, die Kronenspitzen zusammenklebt, oder wenn sie dieselben geöffnet fand, einen Vorhang vor dem Ende der Staubfäden anfertigt. Sie ahmt offenbar den grünen Pistill an Farbe und Gestalt nach, und nährt sich von den Staubfäden und Pistill, unreifen Samen und Samenkapseln. Verwandlung in einem Erdcocon. Puppe an Thorax und Flügeldecken durchscheinend gelbgrün, am Körper rötlichgelb; die Ringeinschnitte und die Spitze sind dunkelrot. Nach Ansicht mancher Autoren sind Pulchellata und Digitaliata artlich verschieden. Entwicklung im Mai und Juni. England, Castilien, mittleres und westliches Deutschland, Frankreich und Österreich. — Hb. V. 2. H. b. (Linariata). — An. S. E. Belg. 1864, Taf. V, Fig. 7. — Dietze, Stett. e. Z. 1872, S. 195, 1875, S. 242, Taf. 1, Fig. 15—28. — Rössl. Schupp. S. 183. — Bohatsch, W. e. Z. 1882, S. 107. — Newm. Br. M. S. 119. — Gooss. An. S. Fr. 1872. 492 (Pyreneata); 1871. Pl. 4, Fig. 1.

Linariata, *F.* Taf. 47, Fig. 6 a—c. (Sch. Taf. 71, Fig. 1.) Ei oval, etwas abgeplattet, an beiden Enden fast gleichmäßig abgerundet, weißgrünlich, mattglänzend, ohne Eindrücke in der Mitte, äußerst fein gekörnt; später lebhaft gelb mit ziemlich starkem Eindruck. Die jungen Räupchen sind nach dem Verlassen des Eies von denen der vorigen Art sehr verschieden, schlanker, schmutziggrün mit dunkleren Rückenstreifen, gelblichbraunem Kopf und kaum wahrnehmbaren Warzen. Erwachsen ist der Körper gedrungen, mit aufgedunsenen Segmenten, madenartig, dickhäutig, aber nicht wie Dietze (St. ent. Z. 1872, S. 195) sagt, fast ohne Behaarung, sondern mit äußerst kurzen Härchen dicht besetzt, welche höchstens $1/4$ so lang sind, als die einzelnen auf den schwarzen Warzen stehenden feinen Börstchen. — Grundfarbe schmutziggrün oder gelblichgrün mit dunkelolivengrünen oder rostbraunen oder schwärzlichen Rückenflecken, welche im allgemeinen die Gestalt einer querliegenden, von einer feinen hellen Linie in der Mitte geteilten Raute besitzen, deren hintere Spitze mehr weniger tief eingebuchtet ist. Auf den drei ersten und drei letzten Segmenten sind eine doppelte Rücken- und einfache Nebenrückenlinien manchmal deutlich sichtbar, welche letzteren auf den mittleren Segmenten die seitlichen Spitzen der Rautenflecke berühren; eine Stigmenlinie ist nur durch mit den Rückenflecken gleichfarbige und zusammenhängende Flecken und die schwarzen großen Stigmen angedeutet. Bauch ohne Zeichnung. Kopf braun mit schwarzen Tupfen oder fast schwarz. Bauch- und Afterfüße von der Körperfarbe. Die Raupe variiert fast gar nicht, doch kommen nach *Crewe* auch ganz einfärbig gelblichgrüne Exemplare vor. Lebt im August, September und Oktober in den Blüten und Samenkapseln von Linaria vulgaris (Leinkraut), auch bisweilen frei auf der Pflanze, meist gesellschaftlich, spinnt die bewohnten Pflanzenteile nicht zu. Verwandlung in einem Erdgespinst. Puppe an Thorax und Flügeldecken olivengrün, am Hinterleib rötlichgelb, an der Spitze blutrot. Entwicklung Ende Mai, Anfang Juni des folgenden, manchmal aber noch im Herbt desselben Jahres. Mitteleuropa (mit Ausnahme von Galizien und Ost-Rußland), Livland, Finnland, Castilien, Pyrenäen, Korsika, Piemont, südöstliches Rußland. — Hb. V. b. 1. a. — Tr. VI. 2. 122. — O. W. 459. — An. S. E. Belg. 1864. pl. V. Fig. 6. — Dietze St. e. Z. 1872. S. 195; 1875. S. 242. — Rössl. Schupp. S. 183. — Newm. Br. M. 119.

Laquaearia, *H.-S.* (Sch. Taf. 71, Fig. 2.) (Merinata, *Gn.*). 1,0 cm. Ziemlich kurz und dick, nach dem Kopfe zu allmählich verjüngt; Bauchseite abgeplattet. Körper fein quer gefurcht, weißlich behaart. Grundfarbe grün, gelb oder gelblichweiß. Zeichnungen entweder violettbraun, rotbraun oder schmutzig karminrot, sehr variierend. Dietze beschreibt drei Varietäten, zwischen welchen alle möglichen Übergänge vorkommen: 1) Violettbraune, über den ganzen Körper verlaufende Rückenlinien; die mittlere auf den ersten drei Segmenten hell geteilt, in der Mitte des fünften bis achten Ringes bis zu den Nebenrückenlinien verbreitert, kreuzförmige zusammenhängende Zeichnungen bildend. Stigmenlinie breit, weißlich oder gelb, über ihr die Stigmen in violetten, kleinen Flecken. 2) Die Grundfarbe ist durch schmutziges Karminrot oder Violett stark verdrängt. Rückenzeichnungen ähnlich wie bei Linariata, Gürtel bildend, indem Rückenlinie, Nebenrückenlinie und Stigmenlinie in der Mitte der Segmente in einander fließen. Die dunklen Zeichnungen gehen oft noch über die verschmälerte, nur noch aus weißlichen Längsstrichen bestehende Linie über der Seitenkante hinweg und verbinden sich mit dem breiten violetten Längsstreifen unter der Seitenkante. 3) Das Violettbraun hat die helle Grundfarbe fast gänzlich verdrängt, so daß dieselbe nur noch in drei mehr oder minder unterbrochenen hellen Längslinien sichtbar ist. Bauch blaßgelb oder grünlich, violett oder violettbraun, bald mit, bald ohne weißliche Mittellinie. Kopf gelbbraun, oder dunkelbraun, oder glänzend schwarz. Afterklappe mit der verlängerten Rückenzeichnung oder ganz dunkel, immer weißlich gerandet. Brustfüße schmutzig gelb, dunkelbraun oder schwarz. Bauch- und Afterfüße bei Var. 1 dunkler als die Grundfarbe, bei Var. 2 rosa mit dunklerem Seitenfleck. Bisweilen kommen auch ganz einfarbige oder abnorm gefärbte, z. B. ockerbraune Exemplare vor, die aber meist von Parasiten bewohnt sind (Dietze). Lebt au den Blüten und vorzüglich den Samen von Euphrasia officinalis und lutea, ist Mitte Oktober, anfangs November erwachsen; auch in den Kapseln von Rhinantus minor (Hornig). Verpuppung in leichtem Gespinst auf der Erde. Puppe bernsteingelb, mit grünlichen Flügelscheiden und hellbraunem Hinterleib. Entwicklung im Mai und Juni des folgenden Jahres. Deutschland, Österreich, Schweiz. südwestliches Frankreich; Var. Perfidata, *Mn.* auf Corsika, in Südfrankreich und Andalusien. — Mill. 114. 8—9 (Merinata). — Dietze St. e. Z. 1874, S. 214; 1875, S. 75. — Rössl. Schuppenfl. 184.

Pusillata, *F.* (Sch. Taf. 71, Fig. 3.) Ei lebhaft glänzend, fast spiegelglatt, weißlichgrün, nach zwei bis drei Tagen schön hell kaffeebraun, rundlich, bei manchen Individuen schwach gekörnt. Raupe 2,0 cm, sehr schlank, gleichmäßig cylindrisch, bräunlich, braungelb oder rostbraun, seltener bräunlichgrün, mit fein gelben Ringeinschnitten. Rückenlinie stark ausgeprägt, schwarzbraun, auf den drei ersten Segmenten manchmal in der Mitte fein weiß geteilt oder überhaupt schwach und undeutlich. Nebenrückenlinien licht, gelblich, oft dunkel punktiert und begrenzt. Stigmenlinie weißlich. Stigmen blaßbraun gerandet, in einem kleinen gelblichweißen Flecken, dicht oberhalb der Stigmenlinie stehend. Bauch in der Mitte heller gefärbt als der Rücken, mit einer gelblichen undeutlichen Mittellinie. Kopf braun. Nackenschild nicht besonders gezeichnet. Afterklappe braun. Warzen sehr klein, gelblich mit kurzen schwarzen Börstchen. Brustfüße braun; Bauch- und Afterfüße von der Körperfarbe. Lebt im August und September frei an Fichten, Tannen, Föhren, Lärchen und Wachholder, ahmt die abgefallenen und braungewordenen Fichtennadeln nach. Verpuppung in einem Erdgespinst. Puppe durchscheinend rotgelb mit dunkelbraunen Flecken und Streifen; zwei dunkelbraune Flecken stehen auf dem Halskragen; über die Rückenfläche der Abdominalsegmente zieht sich jederseits eine Fleckenreihe; ein Längsstreif begrenzt die Flügel an ihrem Vorderrande. Schwanzspitze rotbraun, einen breiten, flachen Kegel bildend, jederseits mit drei Häkchen, am Ende mit zwei stärkeren, ein wenig auswärts gekrümmten Dornen. Die Furche, welche die quergerunzelte Rückenfläche vom Afterstück trennt, bildet jederseits einen sehr spitzen, mit dem Scheitel nach hinten gerichteten Winkel. Die Hinterleibsringe tragen starke, aber nicht sehr dicht stehende eingestochene Punkte. Entwicklung Anfang Mai bis Mitte oder Ende Juni. Mittleres und nördliches Europa (mit Ausnahme der westlichen und der Polarregion), Piemont, Griechenland. — Fuchs St. e. Z. 1873. S. 244. — Jahrb. d. Nass. V. f. Nat. XXV und XXVI, S. 433. — A. Speyer St. e. Z. 1873, S. 361. — Dietze St. e. Z. 1875. Taf. I, Fig. 29. — Newm. Br. M. S. 131. — Die Abbildung der Raupe bei Freyer 119. 3. ist falsch.

Abietaria, *Goeze.* (Sch. Taf. 71, Fig. 4.) (Strobilata, *Bkh.*) Cylindrisch, etwas abgeflacht, nicht sehr schlank. Farbe bräunlichrot (trüb rötelrot) mit fünf etwas unregelmäßigen und unterbrochenen gelben Längslinien (die mittlere über dem Rückengefäß), faltiger, gelber Seitenkante und lichterer Bauchfläche. In den seitlichen gelben Längslinien stehen einzelne Börstchen auf schwärzlichen Wärzchen. Luftlöcher schwarz geringt. Kopf honiggelb mit schwarzem Gebiß. Nackenschild, glänzend horngelblich, in der Mitte schwärzlich, licht geteilt. Afterschild nicht hornig, etwas lichter als der Grund. Brustfüße hell honiggelb (A. Speier). Lebt vom Juni bis August an Fichten, namentlich jungen, noch nicht mannshohen Stämmen, in zahlreich sitzenden Gallen von Chermes viridis und coccineus; ihre Anwesenheit durch ein rundes Loch an der Basis der Galle, aus welchem Kotklümpchen hervorhängen, verratend. Verpuppung Ende August zum geringeren Teil innerhalb der nun stärker ausgehöhlten Galle, zum größeren außerhalb derselben zwischen Abfällen am Boden, im Moos etc. Puppe anfänglich glänzend, lichtbraun, später etwas dunkler. Am Cremanter ein kleiner, kugeliger Höcker mit einem kurzen Dorn. Entwicklung im Mai, Anfang Juni des folgenden Jahres. — A. Speier St. e. Z. 1882, S. 382; 1883, S. 25; 1885, S. 93. — O. W. 453. — Bohatsch W. e. Z. III. 1884, S. 294. — Kropp St. e. Z. 1857, S. 41 (die Beschreibung der Raupe hier etwas abweichend). — (Dietze St. e. Z. 1875, S. 236, Taf. I, Fig. 30—33; 1877, S. 99 und Tr. VI. 2. 110 gehören zur folgenden Art).

Togata, *Hb.* (Sch. Taf. 71, Fig. 5.) 4,5 cm, in Größe und Form einer Wicklerraupe ähnlich, nicht spannerartig gehend, ziemlich gleichmäßig dick, nach dem Kopf und Afterende zu etwas verjüngt, mit wulstigen Ringen, schmutzigbraun, ins rötliche ziehend, auf der Bauchseite heller, außer einer schmalen dunklen Rückenlinie ohne alle Zeichnung. Stigmen klein, schwarz. Kopf groß und stark, glänzend kastanienbraun mit schwarzer Einfassung. Halsschild trapezoid, groß, glänzend schwarz, fein hell geteilt. Afterklappe klein, dunkel. Warzen schwarz. Bauchfüße von der Körperfarbe. Afterfüße mit dunklen Chitinplättchen an der Seite (Dietze, als Abietaria). Lebt im Juli und August im Innern der unreifen Rottannenzapfen, sowohl auf hohen wie auf niederen Bäumen, und verrät ihre Anwesenheit durch verdorrte Spitze oder gekrümmte Form der Zapfen, herabtriefendes Harz und anhaftenden Kotauswurf; sie bohrt unter den Schuppen der Zapfen Gänge rings um die Achse herum und verzehrt die unreifen Samen sowohl, als auch das Gewebe der Zapfen. Ob die Raupe auch, wie Abietaria in den Chermesgallen vorkommt, ist noch fraglich. Verpuppung am Boden, nach De Geer in den Zapfen. Puppe dunkel rotbraun, schwach glänzend. Entwicklung im Mai, Juni. Mittleres und nördliches Europa (mit Ausnahme des westlichen Rußland, Galizien, Ungarn und Belgien). — Dietze St. e. Z. 1875. Taf. 1, Fig. 31—33 (Abietaria). — Rössl. 185. — Bohatsch W. e. Z. 1882, S. 107; 1883, S. 188. — Tr. VI. 2. 111. — E. M. 1872, S. 114.

Debiliata, *Hb.* Taf. 47, Fig. 7. (Sch. Taf. 68, Fig. 6.) Raupe von gedrungener Gestalt, kurz (1,2 cm), einfach gelblichgrün mit dunkelgrüner Rückenlinie (durchscheinendes Rückengefäss). Kopf braun, Nackenschild heller braun, in der Mitte von einer feinen Längslinie geteilt; Afterklappe fast viereckig, bräunlich, am Hinterrande mit zwei kleinen Spitzen. Afterfüße außen mit bräunlichen Chitin-Platten; übrige Füße und Bauchseite grün. Warzen fein, aber deutlich, schwarz. Lebt im Mai an Heidelbeeren zwischen Blättern eingesponnen.

Verpuppung in einem Erdgespinst. Puppe hellbraun mit grünlichen Flügelscheiden. Entwicklung im Juni. Mitteleuropa (mit Ausnahme von Holland und West-Rußland), Piemont, Livland, Ural. — An. S. Fr. 1869. pl. 11. Fig. 2. — Rössl. Schuppenfl., S. 189. — Newm. Br. M. 145. — Harpur Crewe St. An. 1865. — Isis. IV. p. 164. — O. W. 460. — Frr. 695. 2.

Coronata, *Hb.* Taf. 47, Fig. 8. (Sch. Taf. 71, Fig. 7.) Mäßig schlank, querfaltig, nach vorn ziemlich stark verjüngt, sehr variierend. Crewe beschreibt als die hauptsächlichsten Varietäten: 1) Gelblichgrün mit drei roten Rückenlinien, deren mittlere bisweilen unterbrochen und in eine Kette von dreieckigen Flecken aufgelöst ist. Nebenrückenlinie fein, in den Segmenteinschnitten unterbrochen. Stigmenlinie rot, die Stigmen umgebende Flecke aufgelöst, welche durch eine feine, etwas wellenförmig gebogene, unterbrochene Längslinie verbunden sind. Dicht über den Füßen läuft an der Bauchseite noch ein breiter, roter Streifen, der sich auf die Außenseite der Bauch- und Afterfüße fortsetzt. Bauch ohne Linien. 2) Einfarbig grün, die Rückenlinien oder Flecken teilweise oder selbst ganz fehlend. 3) Grüngelb mit einer Reihe rostfarbener rautenförmiger Rückenflecken; die Seiten und der Bauch mehr oder weniger mit Rostfarbe übergossen, die Segmenteinschnitte gelblich. 4) Lebhaft gelb mit einer Reihe breiter dunkelroter Rückenflecken, durchschnitten und eingesäumt von ebenso gefärbten Linien. Die Seiten und der Bauch sind stark rot gewölkt. Die Stigmen sind breit, aber blaßbraun eingefaßt, schwer zu sehen. Kopf grün oder hellbraun. Nackenschild und Afterklappe nicht besonders gezeichnet. Warzen klein, von der Körperfarbe, mit sehr kurzen, braunen Börstchen. Brustfüße grün oder braun. Bauch- und Afterfüße ganz, oder doch an der Innenseite von der allgemeinen Körperfarbe. Lebt im Juli und August an den Blüten von Clematis vitalba, Eupatorium cannabinum, Solidago virgaurea, Angelica sylvestris, Lythrum salicaria, Hypericum perforatum, Lysimachia vulgaris etc. Verpuppung zwischen zusammengesponnenen Blättern oder in einem Erdgespinst. Puppe anfangs blaß gelblichrot, nach ein bis zwei Wochen am Thorax und den stark gerippten Flügeldecken schwarz gefleckt. Augen sehr vorstehend, schwarz. Afterende scharf zugespitzt. Entwicklung im April und Mai, Anfang Juni. Mitteleuropa (mit Ausnahme von Nordwestdeutschland, Holland, Galizien und Ungarn), Corsika, Sardinien, mittleres und nördliches Italien, südöstliches Rußland. — Frr. 306. — O. W. 460. — Newm. Br. M. 143. — Rössl. Schuppenfl. S. 189. — An. S. Belg. 1864. pl. V, Fig. 4.

Rectangulata, *L.* Taf. 47, Fig. 9. (Sch. Taf. 71, Fig. 8.) Ei gestreckt und schmal, hell weißlich gelb glänzend, fast ohne Skulptur, platt. Raupe kurz, dick und gedrungen; Grundfarbe blaß gelblichgrün, in der Jugend dunkler; die Rückenlinie variiert sehr in Bezug auf Breite und Intensität der Färbung; sie ist manchmal rostrot, manchmal dunkelgrün, häufig sehr unbestimmt und manchmal ganz fehlend. Segmenteinschnitte rötlich; Stigmenlinien dunkler als die Grundfarbe. Der ganze Körper ist sehr durchscheinend. Warzen klein mit sehr kurzen Härchen. In der Jugend ist der Rückenstreifen breit, bestimmt und rostrot (Newman). Die Raupe soll jung in den Ritzen der Rinde überwintern und ist im April und Mai erwachsen, in den zusammengesponnenen Blüten oder Blättern der Apfel- und Birnbäume, die innere Seite ihrer Wohnung abweidend, zu finden. Verwandlung in einem leichten Erdgespinst oder zwischen Blättern. Puppe an Thorax und Flügeldecken gelblich olivenfarbig; der Körper ist zugespitzt, an den unteren Einschnitten und an der Spitze blutrot. Entwicklung im Juni. Mittleres und nördliches Europa (mit Ausnahme der Polarregion), Corsika, mittleres und nördliches Italien, nördlicher Balkan, Südrußland. — Tr. VI. 2. 97. — Frr. 695. — Sepp. 2. Ser. II. Fig. 2. — O. W. 460. — Newm. Br. M. 144. — An. S. Belg. 1864. pl. V. Fig. 3. — Rössl. Schuppenfl. 188.

Chloerata, *Mab.* Taf. 47, Fig. 10. (Sch. Taf. 61, Fig. 9.) Die Raupe unterscheidet sich nach Goossens von jener der Rectangulata dadurch, daß sie kleiner, kürzer, hellgelb, manchmal ins Grünliche spielend ist; Rückenlinie sehr fein, rosa, oft nur durch ein Strichelchen auf jedem Segment angedeutet. Die Stigmata stehen in großen rosenroten Flecken. Erste vier Ringe rosa angehaucht. Kopf licht bräunlich. Vorderfüße hellgelb oder grünlich. (Gumppenberg II. S. 206.) Lebt im Mai an Schlehenblüten und an Pflaumen. Falter im Mai und Juni. Deutschland, Österreich (Wien), Ungarn, Steiermark (Graz), mittleres und nördliches Frankreich. — Goossens An. S. Fr. 1871. p. 493. pl. IV. Fig. 4. — Dietze St. e. Z. 1872, S. 329. 1881, S. 115. — Rössl. Schuppenfl. 189. — Bohatsch, W. e. Z. 1884, S. 297.

Scabiosata, *Bkh.* Taf. 47, Fig. 11. (Sch. Taf. 70, Fig. 10.) (Piperata, *Stph.*, Subumbrata, *Gn.*, ab Obrutaria, *H.-S.*, ab Orphnata, *Boh.*). 2,3 cm, sehr schlank, nach vorne zu stark verjüngt; Haut chagriniert, dunkel gelblichgrün; Rückenlinie breit, dunkelgrün, an den Segmenteinschnitten schmäler; Nebenrückenlinie schwärzlich, sehr schmal, unbestimmt. Stigmenlinie dunkelgrün. An jeder Seite des Kopfes und der Ringe steht eine gelbliche Linie. Die Segmenteinschnitte sind auf dem Rücken orangegelb, am Bauche gelb. Bei einer Varietät der Raupe ist die Grundfarbe schmutzig grünlich braun, die Rückenlinie und die Nebenrückenlinien sind dunkel olivenfarbig, die letzten Segmente sind rötlich. Bauch ohne Linien. Stigmen deutlich, hellbraun eingefaßt. Kopf hellbraun, Nackenschild ebenso, von der dunklen Rückenlinie geteilt; Afterklappe von der Körperfarbe mit dem breiten Ende der Rückenlinie in der Mitte. Warzen klein, von der Körperfarbe, mit sehr kurzen braunen Börstchen. Brustfüße und Außenseite der Afterfüße hellbraun. Bauchfüße von der Körperfarbe. Lebt im August und September an den Blüten zahlreicher niederer Pflanzen, wie Hypericum, Origanum, Solidago, Jasione, Euphrasia, Scabiosa, Campanula, Pimpinella saxifraga, Chrysanthemum corymbosum etc. Verpuppung in einem Erdgespinst. Puppe am Thorax und den Flügelscheiden dunkelgrün, am Körper ockerfarbig mit dunkel rötlicher Spitze. Entwicklung Ende Mai, Anfangs Juni. Bohatsch glaubt, daß die ab Orphnata, deren Raupen ebenso polyphag sind wie diejenigen der Stammart, von dem Zustande der Futterpflanzen abhängt, d. h. sich nur dann bildet, wenn letztere vertrocknet sind. Mitteleuropa (mit Ausnahme von Belgien und westlichem Rußland), Livland, Finnland, — Frr. 300. (Austerata) 640. — Sepp II. Ser. III. 1. 49. — O. W. 456. — Bohatsch, W. e. Z. 1882, 108. 1883, 188. 1887, 119. — Rössl. Schuppenfl. S. 186. — Newm. Br. M. 122 (Subumbrata).

Denticulata, *Tr.* (Sch. Taf. 71, Fig. 11.) Raupe sehr schlank, nach dem Kopf zu verdünnt, der Bauch mehr abgeplattet als der Rücken. Grundfarbe blaß scherbenfarbig. Rückenlinie und Nebenrückenlinien dunkel, der Raum zwischen denselben verdüstert. Der hiedurch gebildete breite Rückenstreif hat im ersten Drittel jedes Ringes eine kleine Einschnürung und zeigt sich unter der Lupe mit runden, weißen Flecken überstreut (chagriniert). Durch den übrig bleibenden helleren Längsstreifen, worin die dunkleren Luftlöcher stehen, zieht ein schmaler, dunkler Längsstrich. In diesem befindet sich in der Mitte jedes Ringes ein starker, dunkler Punkt. Die Seitenkante ist licht; unter derselben beiderseits ein breiter, schwärzlicher Streifen, während die übrige Fläche des Bauches grauweiß ist mit einer feinen dunklen Mittellinie. Die dunkle Rückenlinie zieht auch über den Kopf, ist aber hier licht geteilt. Brustfüße hell gelbbraun, Bauchfüße grau (Rössler). Lebt im September auf Campanula rotundifolia; sie verzehrt die Samenkapseln und deren Inhalt, so daß nur das Skelett übrig bleibt. Nach Steudel kommt sie auch an Ononis repens vor. Der Schmetterling erscheint Mitte Juli. Deutschland (Wiesbaden), Ungarn. — Rössl. Schuppenfl. 186. — Dietze St. e. Z. 1872, Taf. 1, Fig. 7.

Millefoliata, *Rössl.* Taf. 47, Fig. 12 a. b. c. 1,6 cm lang, nach vorn stark, nach hinten weniger verschmälert; Kopf sehr klein und schmal, grünlichbraun, von oben nach unten etwas zusammengedrückt. Grundfarbe gelbbraun, Haut rauh, chagriniert, auf den ersten drei Segmenten eine sehr feine weißliche Rücken- und ebensolche Nebenrückenlinien. Vom vierten bis achten Ring finden sich je zwei schwarze, dicke, nach vorn konvergierende Schrägstriche, welche nach außen breit weiß verloschen gesäumt sind; vom neunten bis zwölften Ring auf dem Rücken ein breiter schwarzgrauer Längsstreif bis zum Ende der Afterklappe, außen beiderseits fein weiß gesäumt. Warzen deutlich, weiß. Seitenkante scharf, weiß, gewellt; dicht unterhalb derselben auf den mittleren Segmenten je ein schwarzer, unbestimmter Fleck. Stigmen klein, rund, schwarz. Bauch weißgrau mit einer feinen braunen Mittellinie. Brustfüße blaßbraun, schwarz gefleckt; Bauch- und Afterfüße weißgrau, letztere hinten schwarz gerandet. (Nach einer lebenden Raupe.) Rössler erwähnt noch einer schmutzig gelbweißen Farbe der Raupe, die sich besonders bei denjenigen Individuen zeigt, welche schon frühzeitig im September auf den Blütendolden der Schafgarbe leben, während die später (im Oktober) vorkommenden die braune Farbe der vertrockneten Dolden zeigen. Verpuppung im Oktober. Puppe honiggelb, mit hell gelblichgrünen Flügel-, Fuß- und Fühlerscheiden und braunen Ringeinschnitten am Hinterleib, gegen die Schwanzspitze hin dunkelbraun. Entwicklung im Juni. Mittleres westliches Deutschland (Wiesbaden), Ostpreußen, Schweiz, Paris, Corsika, Österreich (Wien), Ungarn. — An. S. Fr. 1869. pl. 11, Fig. 6. — Rössl. Schuppenfl. S. 186. — Fuchs St. e. Z. 1875. p. 235.

Succenturiata, *L.* Taf. 47, Fig. 13. (Sch. Taf. 11, Fig. 12.) 2,0 cm lang, ziemlich schlank, nach vorn verdünnt. Haut chagriniert, gelbbraun oder blaß rötlichbraun oder dunkel olivengrün; Rückenlinie breit, in der Mitte von einem schmalen Streifen der Grundfarbe geteilt, schwärzlichbraun oder olivenbraun, auf den drei ersten und drei letzten Ringen gerade verlaufend, auf den mittleren nach beiden Seiten in Form eines undeutlichen Dreieckes erweitert, so daß sich eine Reihe von querstehenden dunkleren, in der Mitte fein geteilten Rautenflecken bildet, welche jedoch nicht scharf von der Grundfarbe sich abheben. Die Rückenflecken sind manchmal noch zusammenhängend, manchmal deutlich getrennt, dann am Rande heller. Die ebenso wie die Rückenlinie gefärbten Nebenrückenlinien sind sehr schmal, undeutlich, aber ununterbrochen. Stigmenlinie schmutzigweiß, wellig, auf den drei ersten Segmenten deutlich und zusammenhängend, dann unterbrochen und undeutlich. Stigmen deutlich, schwarzbraun gerandet. Bauch in der Mitte rötlichweiß mit einer schwärzlichen oder braunen Mittellinie. Kopf rötlichbraun mit schwarzen Tupfen, welche an jeder Seite und in der Mitte zwei breite dunkle Längsstreifen bilden. Nackenschild und Afterklappe nicht besonders gezeichnet. Warzen sehr klein, schwarz, mit feinen braunen Härchen. Brustfüße hellbraun. Bauch- und Afterfüße von der Körpertarbe. Lebt im September an den Blüten von Artemisia vulgaris und (in England) an wilden Chamillen, nach Wocke an Tanacetum. Verpuppung in einem Erdgespinst. Entwicklung im Juni und Juli. Mittleres und nördliches Europa (mit Ausnahme der Polarregion), Piemont, Dalmatien, Südrußland. — Hb. V. 2. H. b. c. — Tr. VI. 2. 130. — O. W. 458. — E. M. 1873, S. 118. — Newm. Br. M. S. 121.

Subfulvata, *Hw.* Taf. 47, Fig. 14 a. b. (Sch. Taf. 71, Fig. 13.) 2,5 cm lang, ziemlich schlank, rötlichbraun oder blaß gelblichbraun, stark chagriniert; die Zeichnungsanlage ist derjenigen der vorigen Art ganz ähnlich; die Rückenlinie ist doppelt (in der Mitte durch eine helle Linie der Grundfarbe geteilt), auf den drei ersten und drei letzten Segmenten zusammenhängend, schwärzlich, auf den mittleren (d. h. vom vierten bis zehnten Segment inklusive) durch seitliche Erweiterungen Flecken bildend, welche anfangs (vierter und fünfter Ring) die Gestalt eines in der Mitte geteilten Ovales, dann aber die Gestalt querstehender, in der Mitte geteilter Rauten haben. Die Nebenrückenlinien sind sehr fein, schwärzlich, auf den drei ersten Ringen zusammenhängend, auf den mittleren nur durch schwarze Längsstriche beiderseits unter den Rückenflecken angedeutet. Die Stigmenlinie ist weißlich, breit, auf den mittleren Ringen breit unterbrochen durch mehr oder weniger deutliche, schräg nach vorn und aufwärts gegen die Rückenflecken gerichtete braune Schrägstriche. Stigmen deutlich, dunkelbraun gesäumt. Bauch heller als der Rücken, manchmal fast weißlich mit einer rötlichbraunen Mittellinie. Kopf gelblichbraun, in der Mitte und auf jeder Seite mit zwei aus feinen schwarzen Fleckchen zusammengesetzten Längslinien. Nackenschild und Afterklappe nicht besonders gezeichnet. Warzen deutlich, gelblichbraun mit steifen, braunen Börstchen. Brustfüße braun. Bauch- und Afterfüße von der Körperfarbe. Bei einer Raupe der var. Oxydata, *Tr.* ist die den Rückenstreifen teilende Mittellinie auf den drei ersten Segmenten sehr fein und scharf, weiß; die Rückenflecken haben mehr die Gestalt von der Länge nach geteilten Ovalen; die Stigmenlinie ist lebhafter weiß, auf den mittleren Ringen nur wenig deutlich unterbrochen, bis auf die Afterfüße forgesetzt, unten von einem breiten, schwärzlichen Streifen gesäumt; die Hüften der Brustfüße sind an der Spitze lebhaft weiß, die Warzen und Borsten sind größer und stärker als bei der Stammart. Lebt im Oktober an Schafgarbe (Achillea millefolium) und verzehrt sowohl Blätter als auch Blüten und Samen. Der Schmetterling erscheint im Juli und August. Mitteleuropa (mit Ausnahme des westlichen Rußland), Livland, Finnland, Piemont, Dalmatien, südöstliches Rußland. — Ann. Soc. Fr. 1869. pl. 11, Fig. 5. — Rössl. Schuppenfl. S. 188. — Newm. Br. M. S. 122.

Lentiscata, *Mab.* Die Raupe ist nach Mabille grau, mit hellerem Bauche und dunkeln Triangeln auf dem Rücken der mittleren Segmente. Lebt im April auf Pistacia lentiscus. Corsika. — Ann. Soc. Fr. 1869. p. 75; 1872. pl. 15, Fig. 6.

Scopariata, *Rbr.* Taf. 47, Fig. 15 a. b. (Sch. Taf. 71, Fig. 14.) 1,8 cm lang, schlank, gleichmäßig cylindrisch, stark querfaltig, grasgrün, am Rücken manchmal karminrot, oder, bei einer seltenen Varietät, lebhaft ockergelb. Rückenlinie breit, karminrot, weiß gesäumt, in der Mitte jedes Ringes etwas erweitert, vom zweiten Segment bis an das Ende der Afterklappe verlaufend. Nebenrückenlinien fehlen. Stigmenlinien breit, weißlich, leicht gewellt. Stigmen sehr klein, braun, schwer sichtbar. Bauch grün mit einem weißlichen Längsstreifen an jeder Seite. Kopf klein, grün, mit roten Mundteilen; Nackenschild am Vorderrand etwas erhöht und über den Kopf vorstehend, grün. Warzen nur bei sehr starker Vergrößerung sichtbar. Alle Füße grün. (Nach einer präparierten Raupe von Dr. Staudinger.) Lebt auf Erica multiflora (arborea) und scoparia. Ende Oktober oder Anfang November aus dem Ei geschlüpft, ist sie im Februar, manchmal auch erst im März erwachsen. Verpuppung in einem weichen, aber doch fest gewebten Gespinst zwischen Moos etc. Puppe apfelgrün, Flügeldecken und Bauchringe gelblichgrün, Rückenfläche breit karminrot; das letzte Segment ist schwach karminrot, an der Spitze braun; diese zeigt drei bis vier kleine, gerade und sehr kurze Börstchen. Entwicklung im April und Mai. Corsika, Mittelitalien, Südfrankreich, Spanien. — Mill. 71. Fig. 8—13. — Mab. Ann. Soc. Fr. 1867. pl. 14, Fig. 4.

Nanata, *Hb.* Taf. 47, Fig. 16. (Sch. Taf. 71, Fig. 15.) 1,8 cm, schlank, nach vorn dünner, stark querfaltig, chagriniert, rosa oder grünlichweiß. Rückenlinie, doppelt, rot, auf den drei ersten Ringen gerade, vom vierten bis zehnten auf jedem eine rautenförmige Erweiterung bildend, deren vordere Hälfte viel intensiver gefärbt ist als die hintere, vom zehnten bis zwölften Ring verläuft sie wieder gerade, sie ist ziemlich breit. Die gleichfalls roten Nebenrückenlinien berühren auf jedem Segment die seitlichen Spitzen der Rautenflecke und sind auf den Einschnitten sehr verschmälert, fast unterbrochen. Stigmenlinie weiß, auf dem vierten bis zehnten Segment von je einem dicken roten Schrägstrich unterbrochen, welche unten durch eine dicht über den Füßen hinlaufende rote Linie verbunden sind. Bauch gelblichweiß, zwischen den Brustfüßen rein weiß, mit einer feinen roten, stellenweise unterbrochenen Mittellinie vom vierten bis neunten Segment. Die dunkelbraunen Stigmen stehen in den roten Schrägstrichen, welche die Stigmenlinie durchschneiden. Kopf braun. Erstes Segment ganz rot. Afterklappe halbkreisförmig, rotbraun. Warzen deutlich, schwarz mit kurzen, braunen Börstchen. Brustfüße braun, Bauch und Afterfüße rot. Eine Varietät der Raupe ist nach Crewe lebhaft grün, am Afterende purpurrot, mit weißen, von einer dunkelgrünen Mittellinie durchschnittenen Rückenflecken. Lebt im Juni, sowie im August, September an Calluna vulgaris, Blätter wie Blüten verzehrend. Dietze fand sie im Herbst an den geschlossenen Blüten von Erica carnea. Verpuppung in einem Erdgespinst. Puppe an Thorax und Flügeldecken gelblich, am Körper tief mit Rot übergossen; die Puppe der grünen Varietät ist ganz grün. Entwicklung im Mai und im Juli oder anfangs August. Mitteleuropa (mit Ausnahme des westlichen Rußland), Livland, Finnland, Dalmatien, England, Shetlandinseln (var. Curzoni, Gregson). — Hb. V. 2. H. a. — Tr. VI. 2. 136. — Frr. 306. — Newm. Br. M. 134. — O. W. 458. — Gregson Th. Ent. 1884. p. 230. Curzoni.

Hyperboreata, *Stgr.* Sandberg fand eine Puppe dieser Art auf Juniperus; dieselbe war hellgrün mit gelblichen Flügelscheiden und lag in einer feinen an einen Zweig gehefteten Seidenhülle (Berl. e. Z. 1885, p. 264). Im arktischen Europa weit verbreitet, auch in Schlesien und bei Stettin auf Torfmooren im Juni, Juli.

Innotata, *Hufn.* Taf. 47, Fig. 17. (Sch. Taf. 71, Fig. 16.) 2,2 cm, schlank, nach vorn dünner, querfaltig, chagriniert, heller oder dunkler grün oder hellbraun; Rückenlinie dunkelbraun oder rotbraun (bei den helleren Raupen), von einer sehr feinen, weißlichen Linie in der Mitte geteilt (oder fast ganz fehlend bei den hellgrünen Exemplaren), vom vierten bis neunten Ring mit der Spitze nach vorn gerichtete Winkel bildend, die bei den braunen Raupen dunkelbraun ausgefüllt sind. Nebenrückenlinien weißlich, auf den drei ersten und drei letzten Segmenten gerade, vom vierten bis neunten die Rückendreiecke außen begrenzend, und nach unten sich in die weißliche Stigmenlinie verlierend; diese ist auf jedem Segment in der Mitte von einem braunen oder roten dicken Schrägstrich unterbrochen, in welchem die kleinen, braunen Stigmen stehen. Bauch weißlich mit einer feinen, rotbraunen oder dunkelbraunen Mittellinie. Kopf sehr klein, grün oder braun, dunkler punktiert mit undeutlicher Fortsetzung der weißen Nebenrückenlinien. Nackenschild und Afterklappe nicht besonders gezeichnet. Warzen klein, braun mit kurzen, braunen Börstchen. Brustfüße braun, Bauch- und Afterfüße von der Körperfarbe, letztere außen öfters rötlich. Die Raupe der Var. Fraxinata, Crew. ist nach der Beschreibung des Autor lang, glatt, schlank, gegen den Kopf zu dünner, dunkelgrün; Rückenlinie schwach pupurfarbig, auf der Afterklappe zu einem sehr deutlichen pupurroten Flecken erweitert. Segmenteinschnitte gelb; Stigmenlinie gewellt und gelblich; Bauch runzelig, weißlich mit dunkelgrüner Mittellinie. Bei einer Varietät ist die Rückenlinie ersetzt durch eine Reihe dunkler, sehr schwacher dreieckiger Flecken, oder auf den vorderen und hinteren Segmenten ganz verschwindend; an jeder Seite ist eine Reihe von schwachen, gelblichen, rosa angehauchten Schrägstrichen (Newm. Br. M. S. 132). Eine von Dr. Staudinger erhaltene präparierte Raupe ist mit Ausnahme des roten Fleckens auf der Afterklappe einfarbig grün. Kopf gelbbraun; Stigmen deutlich, braun gesäumt. Warzen sehr klein mit sehr kurzen schwärzlichen Borsten. Füße sämtlich grün; die Chagrinierung der Haut ist nur bei starker Vergrößerung sichtbar. Die Stammart lebt in der Endhälfte des September und im Oktober an den Blüten und Samen von Artemisia campestris, vulgaris und Absinthium. Die Var. Fraxinata lebt in zwei Generationen an Eschen, Schlehen, Weißdorn und Heckenrose, in Frankreich an Coriaria myrtifolia (Millière); die erste Generation im Juni, die zweite im August und September. Die Raupe verzehrt sehr gern die Blütenblätter und Staubgefäße der Heckenrosen. Habich hat auch von der Stammart Innotata zwei Generationen, allerdings nur bei Zimmerzucht beobachtet. Verwandlung in einem leichten Erdgespinst unter Pflanzenabfällen etc. Puppe gelblichbraun mit dunkleren Einschnitten der Hinterleibsringe und mit grünlichen Flügelscheiden; am Ende des kurzen, abgestutzten Cremanter, zwei längere Spitzen und drei Häkchen an jeder Seite (O. W. Tab. 10, Fig. 26 unrichtig Rghf.) Entwicklung im März und April; bei der zweiten Generation sehr ungleich, vom Mai bis in den August sich hinziehend. Auch bei der Frühjahrsgeneration läßt ein Theil der Puppen die Zeit der gewöhnlichen Entwicklung vorübergehen und ergiebt erst im August den Falter (Habich). Mittleres und südliches Europa (mit Ausnahme von Belgien, Catalonien, Mittel- und Süditalien), Livland, Finnland, England. — Tr. VI. 2. 124. — O. W. 457. — Rössl. W. e. M. VIII. S. 131. Schupp. S. 195. — Bohatsch W. e. Z. 1884, S. 296. — Habich St. e. Z. 1892, S. 159. — Dietze St. e. Z. 1872. p. 198. Taf. I, Fig. 18, 1875. p. 69 u. 239. — Crewe Ann. 1865. p. 123. — Newm. Br. M. 132. — Mill. An. S. Lin. 1872. Bd. 19. S. 31.

Tamarisciata, *Frr.* Taf. 47, Fig. 18. Hat weder mit der Innotata- noch mit der Fraxinata-Raupe irgend welche Ähnlichkeit und dürfte demnach, wie schon Frey (Lep. d. Schweiz, S. 244) erwähnt, eine gute Art sein. 2,0 cm, schlank, gleichmäßig cylindrisch, stark querfaltig, nicht chagriniert, dunkelgrün; Rückenlinie dunkelgrün, beiderseits heller eingefaßt; Nebenrückenlinien breit weißgelb, in den Einschnitten unterbrochen, über den Kopf fortgesetzt. Stigmenlinie gelblich, unterbrochen, auf jedem Ring mit einigen kleinen tiefschwarzen Fleckchen in der Umgebung der tiefschwarzen Stigmen. Bauch ohne Mittellinie aber beiderseits mit feinen schwarzen Pünktchen und Längsstrichelchen. Kopf groß, so breit wie das erste Segment, grüngelb mit weißem Stirndreieck und schwarzen Pünktchen neben den weißen Fortsetzungen der Nebenrückenlinien. Nackenschild und Afterklappe grün; Warzen sehr klein, bräunlich, mit ebensolchen kurzen Börstchen. Brustfüße gelbbraun, Hüften grün, fein schwarz getupft. Bauch- und Afterfüße sehr stark entwickelt, grün mit sehr starken dunkelbraunen Häkchen an den Sohlen. (Nach einer präparierten Raupe von Dr. Staudinger.) Lebt Ende Juni, anfangs Juli auf Myricaria germanica. Verpuppung in einem festen Gewebe zwischen den Blättern der Futterpflanze oder im Moos. Puppe rotbraun mit grünlichen Flügeldecken. Entwicklung im August, oder zum Teil, nach der Überwinterung im nächsten Frühjahr. Süddeutschland (Augsburg), Schweiz, Piemont. — Frr. 192. — Rössl. Schupp. S. 195. — Dietze St. e. Z. 1875, S. 241.

Extensaria, *Frr.* (Sch. Taf. 71, Fig. 17.) Die schöne hellgrüne Raupe zeigt weißliche Längslinien. Nebenrücken- und Stigmenlinien sind breit, letztere mehr oder weniger nelkenbraun gesäumt; Mittellinie des Bauches schmal. Kopf grün mit dunklem Gebiß. Brustfüße braun, Bauchfüße grün. Lebt im August bis September auf Artemisia maritima, deren Stengeln die Raupe sehr ähnlich sieht; die Raupe nimmt öfters eine sehr merkwürdige Stellung ein, indem sie sich mit den Brustbeinen festklammert und den übrigen Körper steif weggestreckt hält. Puppe braun mit grünen Flügelscheiden. Entwicklung im Juni, Juli. England, südöstliches Rußland. — Barrett. Monthl. Mg. XXV. p. 258; XXVI. p. 50.

Impurata, *Hb.* (Sch. Taf. 71, Fig. 18.) Ei länglich oval, etwas abgeplattet, weiß, sehr stark glänzend, mit sehr feinen nadelstichartigen Vertiefungen, später blaß chokoladebraun. Raupe 2,0 cm lang, schlank, gegen den Kopf hin etwas dünner werdend, wenig abgeplattet, chagriniert (nach der letzten Häutung), schmutzig ockergelb, knochenfarbig, oder durch orangegelbe Beimischung rötlich erscheinend. Rückenlinie schwärzlich, auf den ersten und letzten Ringen breit, von einer sehr feinen hellen Linie geteilt; auf dem vierten bis incl. achten, oft auch noch auf dem neunten Ring bilden die beiden Hälften der Rückenlinien durch seitliche Ausbuchtungen rautenförmige, mehr oder minder abgerundete schwärzliche Zeichnungen, die manchmal von einer oder mehreren sehr feinen Linien in der Mitte durchzogen sind. Nebenrückenlinien sehr fein, meist unterbrochen, auf der Mitte der mit Rückenflecken versehenen Segmente zu einem deutlichen Fleck verdickt; oft sind nur diese Flecken, welche auch häufig eine der äußeren Ecken der Rautenzeichnungen bilden, die einzige Andeutung von Nebenrückenlinien. Stigmenlinie weißlich, unterbrochen, am deutlichsten auf den vordersten und letzten Segmenten. Stigmen klein, braun. Bauch unter der Seitenkante geschwärzt, in der Mitte hell mit einer unterbrochenen rotbraunen Mittellinie. Kopf bräunlich, mit feinen schwarzen Pünktchen, oft auch auf dem Scheitel dunkel gestreift. Nackenschild nicht besonders gezeichnet. Afterklappe mit dem breiten Ende der Rückenlinie weißlich gerandet. Warzen groß, braun, mit ebensolchen Börstchen. Brustfüße braun, Bauchfüße blaß, Afterfüße bisweilen schwärzlich. Die Raupe ist der von Denticulata ähnlich, aber durch die **abgerundeten** Rückenzeichnungen verschieden (Dietze). Bei einer von Dr. Staudinger erhaltenen präparierten gelbrötlichen Raupe sind die Zeichnungen auf dem vierten bis neunten Ring fast ganz verschwunden. Die jungen Räupchen sind anfangs einfarbig schmutziggrün mit bräunlichem Kopfe. Nach der ersten Häutung zeigen sie verwaschene dunkle Rückenlinien; nach der zweiten dunkle Punkte in der Mitte der Segmente in der Gegend der Nebenrückenlinien und einen aus drei feinen Linien bestehenden Rückenstreifen; erst nach der dritten Häutung entwickelt sich die vollkommene Zeichnung. Lebt von Mitte bis Ende August, bisweilen noch im September an Campanula rotundifolia auf Felsen und alten Mauern, frißt meist die Blüten und Blütenknospen. Die überwinternde Puppe ruht in einem ziemlich weitläufigen Gespinste zwischen Moos oder auf der Erde, ist nicht so blaß wie die der Denticulata, gelbbraun, nach dem Hinterleib zu dunkler, schwachglänzend. Schwanzspitze dunkelbraun mit zwei Häkchenborsten. Entwicklung im Juni und Juli. Alpenthäler Deutschlands, der Schweiz und Piemonts, Belgien, Schlesien, Pyrenäen. — Rössl. Schuppenfl. S. 187. — Dietze, St. e. Z. 1875, S. 72 und 246. Taf. I. Fig. 9—14.

Nepetata, *Mab.* Taf. 47, Fig. 19. (Semigrapharia *H.-S.*). Ei oval, plattgedrückt, grünlich, mit Perlmutterglanz, an den Kelchen der Futterpflanze. Raupe 1,8 cm lang, schlank, nach dem Kopfe zu verjüngt, sehr spärlich behaart, in der Jugend wie eine Acidalien-Raupe aussehend. Grundfarbe chokoladebraun oder schmutzig ockergelb, bisweilen ins Violette ziehend, rötlich gemischt, fein weiß chagriniert; Segmenteinschnitte rötlich. Zeichnungen meist sehr undeutlich. Rücken mit einem breiten, dunklen Streifen, der bei vielen Stücken auf Ring fünf bis acht dunkelbegrenzte aneinanderhängende Rautenzeichnungen bildet. Nebenrückenlinien unterbrochen, wellig, auf den mittleren Segmenten mit den äußeren Ecken der Rauten zusammenhängend, auf den hinteren Ringen zu kleinen schwarzen Fleckchen verdickt. Seitenkante weißlich. Bei einzlnen Stücken läuft noch zwischen dieser und der Nebenrückenlinie eine schwach bemerkbare dunkle Längslinie. Bauch unter den Seitenkanten schwärzlich verdunkelt, mit einer feinen rotbraunen, manchmal unterbrochenen Mittellinie. Stigmen sehr klein. Kopf klein,

rundlich, braun, dunkel punktiert, Nackenschild nicht besonders gezeichnet. Afterklappe mit dunklem Fleck, weißlich gerandet. Füße von der Körperfarbe. Bei einer seltenen, ganz hellen Varietät ist die Grundfarbe hell ockergelb, rötlich gemischt; die Zeichnungen bestehen aus bräunlichen, breiten Rückenstreifen und unterbrochenen Nebenrückenlinien, ohne Rautenzeichnung (Dietze). Lebt in der zweiten Hälfte des Septembers und im Oktober an den Blüten und Samen von Calamintha nepeta und von Thymus serpyllum. Verpuppung in leichtem Gespinst auf der Erde. Puppe schlank, hellgelblich mit braunen Ringeinschnitten. Entwicklung Ende Juli, August. Süddeutschland (Regensburg), Österreich, Tyrol, Schweiz, Südfrankreich, Corsika. — An. S. Fr. 1869. pl. XI. Fig. 1. — Mill. Jc. 110. Fig. 10—13. — Dietze St. e. Z. 1872, S. 184. Taf. I. Fig. 14.

Scriptaria, *H.-S.* (Sch. Taf. 71, Fig. 21.) Körper gedrungen, nach dem Kopf und After zu verjüngt, mit kurzen feinen, nur dem bewaffneten Auge sichtbaren Härchen dicht bedeckt. 1,3 cm. Kopf sehr klein, glänzend, hellbraun; Grundfarbe gelbbraun; Rückenlinie schwärzlich, nicht sehr deutlich, auf jedem Segment etwas verbreitert. Nebenrückenlinien mehr bräunlich, vom vierten Ring an bis zum achten unterbrochen und auf jedem dieser Ringe einen nach hinten offenen, mit der Spitze nach vorn gekehrten Winkel bildend, bei manchen Exemplaren sind diese Zeichnungen sehr undeutlich, resp. die Bruchstücke der Nebenrückenlinien sehr wenig nach der Mitte konvergierend. Nackenschild und Afterklappe blaßbraun. Warzen klein, aber deutlich, schwarz, hell gesäumt. Stigmenlinie ziemlich breit, weiß. Die kleinen ovalen braunbegrenzten Stigmen stehen am oberen Rande derselben; Bauch schmutzigweiß. Brustfüße blaß gelbbraun. Bauch und Afterfüße von der Körperfarbe, außen weißlich. (Beschreibung und präparierte Raupe von Herrn Habich-Wien). Raupe Mitte Juli in den Samenkapseln der Silene alpestris, nach Püngeler auch der Alsine rupestris. Verwandlung in einem leichten mit Erdkörnern besetzten Gespinste an der Oberfläche der Erde. Puppe hellbernsteingelb, an der Spitze mit acht hakenartig umgebogenen Borsten. Entwicklung im Juli und August, im Zimmer von Ende April bis Mitte Mai. Alpenthäler von Deutschland, der Schweiz und Piemont. — Habich W. e. Z. 1883. p. 244. — Püngeler Stett. e. Z. 1889. p. 149.

Mayeri, *Mn.* (Sch. Taf. 71, Fig. 22.) 2,5 cm Sehr schlank, gelblichgrün, manchmal bräunlich; Rückenlinie breit, dunkelolivgrün; in der Mitte sehr fein licht geteilt, außen von den feinen hellen Nebenrückenlinien gesäumt. Stigmenlinie nicht deutlich, etwas heller als die Grundfarbe; unter ihr dicht über den Füßen verläuft noch ein dunkelolivgrüner nicht scharf ausgeprägter Längsstreifen. Stigmen braun. Bauch gelblichgrün (die Längsreihe dunkelrotbrauner Fleckchen, welche Chr. Schedl anführt, ist offenbar die durchscheinende Ganglienkette des Nervensystems). Kopf klein, gelblichbraun. Nackenschild und Afterklappe von den Enden des Rückenstreifens durchzogen. Warzen klein, aber deutlich, schwarz mit sehr kurzen Börstchen. Brustfüße blaß gelbbraun. Bauch- und Afterfüße gelblichgrün. Lebt Mitte Juli bis Ende August an den Samen von Alsine setacea, rollt sich bei der geringsten Berührung zusammen und fällt zu Boden. Verwandlung an oder in der Erde in einem zarten losen Gewebe. Puppe kastanienbraun mit acht hakenartig umgebogenen Borsten an der kegelförmigen Afterspitze. Entwicklung im Juni und Juli des nächsten oder erst des zweiten Jahres. Österreich (Kalkgebirge bei Vöslau). — Bohatsch W. e. Z. 1882. S. 129.

Pygmaeata, *Hb.* (Sch. Taf. 71, Fig. 25). 1,3 cm; kurz und dick, nach dem Kopf zu allmählich verjüngt, ziemlich dicht behaart, nicht chagriniert, aber auf dem Rücken fein quer gerippt, hell ocker- oder lehmgelb, sehr selten grün. Über den Rücken läuft eine ziemlich breite, schmutzigbraune oder schwärzliche Rückenlinie, die seitlich nicht scharf begrenzt ist, auf der Mitte der Ringe bald sich erweitert, bald gleichmäßig breit bleibt und als deutlicher Strich über die hellockergelbe Afterklappe zieht. Nebenrückenlinien von der Farbe der Rückenlinie durchlaufend, deutlich sichtbar. Seitenkante wulstig, etwas heller als die Grundfarbe, oft weißlich begrenzt; zwischen ihr und den Nebenrückenlinien verläuft oft noch eine geschwungene Zwischenlängslinie in der Gegend der kleinen dunklen Stigmen. Bauch unter der Seitenkante in der Regel geschwärzt, sonst blasser als der Rücken mit heller durchlaufender Mittellinie und solchen Ringeinschnitten. Kopf klein, glänzend, etwas dunkler als die Körperfarbe. Nackenschild nicht besonders gezeichnet. Sämtliche Füße von der Körperfarbe. Eine Varietät hat auf den mittleren Segmenten pfeilartige mit der Spitze gegen den Kopf gerichtete Zeichnungen; bei einer zweiten Varietät ist die hellockergelbe Grundfarbe durch dunkle Zeichnungen fast verdrängt; auf dem Rücken finden sich ovale dunkle Flecken, die von der feinen schwarzen Rückenlinie durchzogen werden; bei einer dritten Spielart ist der Körper fast weiß, durchscheinend mit schmalen, aber deutlichen Rückenlinien. Die grüne Färbung der Raupe ist sehr selten. Die junge Raupe ist bis zur letzten Häutung mehr oder minder gelblich, schlanker als die erwachsene, am Körper ohne Zeichnungen mit schwarzbraunem Kopf, Brustfüßen, Nacken- und Afterschild und dunkle Chitinplatten an der Außenseite der Bauch- und Afterfüße (Dietze). Lebt im August in den Samenkapseln von Cerastium triviale an sumpfigen Stellen; sie bleibt in den Samenkapseln so lange diese zu ihrer Aufnahme ausreicht und kommt dann, Futter suchend, besonders Nachts aus denselben hervor; auch auf Malachium aquaticum. Verpuppung in einem leichten Gespinst an der Erde. Puppe hellbernsteingelb. Entwicklung im April, oft erst nach zweijähriger Puppenruhe. England, Holland, Belgien, Norddeutschland, Steiermark, Livland, Finnland, Lappland. — Dietze St. e. Z. 1874. S. 217. 1875. S. 262. Taf. I. Fig. 37. 38. — M. M. IX. p. 42, 65. — Stett. ent. Z. 1882. 512.

Ultimaria, *B.* (Sch. Taf. 71, Fig. 26.) Sehr verlängert, cylindrisch, ohne Seitenkiel, einer Acidalia-Raupe sehr ähnlich. Grundfarbe hellgrün; Rückenlinie dunkelgrün, auf den Einschnitten unterbrochen. Nebenrückenlinien fehlen; Stigmenlinie weißlich, gewellt, auf den Einschnitten mit einem lebhaft weißen rechteckigen Flecken bezeichnet, über welchem ein weinroter Fleck von derselben Farbe sichtbar ist. Stigmen sehr klein, elliptisch, braun. Kopf klein und rundlich. Afterklappe oben weinrot, an den Seiten weiß. Es kommt auch eine weinrote Varietät vor (Millière). Lebt im August an Tamarix gallica und gleicht sehr einem Zweige dieses Strauches. Verpuppung Ende August. Entwicklung im Mai des folgenden Jahres, manchmal aber noch im September desselben Jahres. Südfrankreich, Mittelitalien. — Millière Jc. 126. Fig. 1—4.

Egenaria, *H.-S.* (Undosata, *Dietze*). Die Raupe soll vollständig grün, etwas chagriniert sein und an Lindenblüten leben. Bei Wien wurde im Mai ein frisch ausgeschlüpfter Schmetterling von Ahorn geklopft. Kommt außer Wien noch vor in Bayern, bei Arolsen, im Harz, bei Mehadia, in Livland und bei Petersburg. — Bohatsch W. e. Z. 1883. p. 185, 1887. p. 126.

Massiliata, *Mill.* (Peyerimhoffata, *Mill.*). 1,4 cm, mäßig schlank, nach vorn verjüngt, stark querfaltig, weißkörnig chagriniert, gelblich. Rückenlinie auf den drei ersten Ringen breit, braunrot, in der Mitte von einer sehr feinen Längslinie geteilt, durch die starken Querfalten in einzelne Flecke zerteilt; vom vierten bis achten Ring bilden die beiden Hälften des Rückenstreifens mit der Spitze nach vorn gerichtete Dreiecke; auf den letzten Ringen ist die Rückenlinie wieder zusammenhängend. Nebenrückenlinie fein, braunrot, nur auf den drei ersten Ringen deutlich, sonst vielfach unterbrochen, auf den mittleren Ringen die seitlichen Spitzen der Rückendreiecke berührend. Stigmenlinie breit, weiß, nicht scharf begrenzt, nach oben an die äußere Seite der Rückendreiecke weiße Schrägstriche aussendend, auf den mittleren Ringen von dicken rotbraunen Flecken unterbrochen, welche nur durch die erwähnten Schrägstriche von den Seiten der Rückendreiecke getrennt sind. Stigmen sehr klein, blaßbraun eingefaßt, schwer zu finden. Bauch heller als der Rücken, ohne Linienzeichnung. Kopf klein, kugelig, hellbraun; Nackenschild und Afterklappe nicht besonders gezeichnet. Warzen ziemlich groß, gelblich mit braunen Härchen. Brustfüße hellbraun. Lebt von Mitte Mai bis Mitte Juni auf Quercus coccifera. Südfrankreich (Marseille), Spanien. — Millière Jc. 124. 6. 7.

Isogrammaria, *H.-S.* (Sch. Taf. 71, Fig. 27.) Sehr kurz und gedrungen, blaßblau- oder gelbgrün, nach Rössler weißlich lila oder weißlichgrün mit drei dunklen Rückenstreifen; diese Streifen sind oft sehr unbestimmt, manchmal selbst ganz fehlend; der Kopf ist dunkel olivenfarbig gesprengt; Warzen klein, schwarz. Vor der Verwandlung wird die Raupe schön rosenrot (Crewe, Rössler). Lebt Ende Juli bis in den August in den Blütenknospen von Clematis vitalba, in welche sie sich durch ein an der Seite angebrachtes Loch einbohrt; wechselt häufig die Wohnung. Verwandlung am Boden in einem ziemlich festen Gespinst.

Puppe rotbraun, an Thorax und Flügeldecken grün; ein Teil der Puppen überwintert zweimal. Entwicklung Ende Mai, Anfang Juni. Deutschland, England, Belgien, Frankreich, Schweiz, Piemont, südwestliches Russland. — An. S. Belg. 1864. pl. V. Fig. 1. — Rössl. Schuppenfl. S. 200. — Jahrb. d. V. f. Naturk. in Nassau. H. XVI. S. 262. — Bohatsch W. e. Z. 1882, S. 186. — Newm. Br. M. 123.

Tenuiata, *Hb.* Taf. 47, Fig. 20. (Sch. Taf. 11, Fig. 28.) 1,0 cm, kurz und gedrungen, fast gleichmäßig dick, schmutzig gelbgrün oder weißlichgrün; auf jedem Segment vom zweiten an steht je ein unbestimmt begrenzter, dunkler, grauer, viereckiger Flecken; alle diese Flecken werden vom vierten anfangend von der noch dunkleren schmalen Rückenlinie durchschnitten. Oberhalb der kleinen, schwarzbraunen Luftlöcher verläuft eine doppelte Reihe abgesetzter braungrauer, dicker Längsstriche. Seiten und Bauch weißlichgrün, ohne Zeichnung. Kopf klein, schwarz; Nackenschild ebenso, schmal, von drei feinen gelblichen Längslinien durchzogen. Afterklappe von der Körperfarbe, von dem Ende der Rückenlinie durchzogen. Warzen sehr klein, schwarz, mit sehr feinen bräunlichen Härchen. Brustfüße dunkelbraun, Bauch- und Afterfüße weißlichgrün. Nach Crewe sind die Seiten und die Mitte des Rückens rosenrot angeflogen, und an jeder Seite des Leibes befindet sich eine Reihe von schiefen, fleischfarbigen Wülsten. Lebt im April in den Blütenkätzchen der Saalweiden und fällt mit ihnen zu Boden. Verpuppung in einem Erdgehäuse oder zwischen Wurzeln, Moos etc. Die Puppe ist blaßgelb mit dunkeln Ringeinschnitten. Thorax und Flügelscheiden grünlich, Augen vorstehend und schwarz, Körper kurz und abgestumpft. Entwicklung im Juni und Juli. Mitteleuropa (mit Ausnahme von Rußland), Finnland. — An. S. Belg. 1863. pl. V. Fig. 2. — Sepp 2. Ser. t. 45. — Newm. Br. M. 139. — Tr. X. 2. 212 (Inturbaria).

Subciliata, *Gn.* (Inturbata *Hb.*). Sehr kurz, nach vorn verschmächtigt, mit starker Seitenkante und Querfalten, gelblichgrün; die breite, braune Rückenlinie bildet auf den mittleren Segmenten je einen rantenförmigen Flecken. Nebenrückenlinien fein, dunkelgrün; Stigmenlinien weißlich, Kopf gelblich, kugelig. Stigmen mit bloßem Auge nicht sichtbar, gelblich. Bauch und Füße von der Körperfarbe (Millière). Eine von Dr. Staudinger erhaltene präparierte Raupe ist einfarbig gelbgrün und hat nur schwache Spuren der gewöhnlichen Längslinien. Vor der Verpuppung färben sich Rücken- und Nebenrückenlinien rotbraun; die Rückenlinie erweitert sich dabei mehr oder weniger. Lebt nur an Acer campestre im Mai und zwar an den Blüten, von welchen sie mit Vorliebe die Befruchtungsorgane verzehrt. Verwandlung in einem mit Erdkörnchen durchwebten Gespinst. Puppe am Vorderleibe rostgelb, am Hinterleibe durchscheinend grünlich. Schwanzspitze halbkugelig, warzenförmig, mit sechs gleichen, fadenförmigen, nur am Ende etwas verdickten und auswärts gekrümmten Härchen. Entwicklung im Juli, Anfangs August. Mittleres und westliches Deutschland, Österreich, England. — Mill. Jc. III. pl. 150, Fig. 13 u. 14. Rössl. Schuppenfl. S. 199. — A. Speyer. St. e. Z. 1881, S. 474. — M. M. IX. 17; XIV. 68.

Plumbeolata, *Hw.* (Sch. Taf. 71, Fig. 29.) (Begrandaria, *B.*) Etwas kurz und gedrungen, spärlich mit einzelnen Härchen besetzt, blaß gelblichgrün. Die Rückenlinie ist breit, zusammenhängend, dunkel purpurrot, in der Mitte der Segmente zu birnförmigen Flecken erweitert. Nebenrückenlinien fein, gebogen, dunkel purpurrot. Manchmal fließen die drei Rückenlinien zusammen und nehmen dann die ganze Rückenfläche ein; auch die Seiten des Körpers sind mit Purpurrot übergossen. Bauch blaß gelblichgrün, ohne Mittellinie, jedoch mit feinen purpurroten Seitenlinien (Crewe). Lebt im August und September in den Blüten von Melampyrum pratense, anfangs nur die Staubfäden später die ganzen Blüten verzehrend, nach Rössler auch an Heideblüte, sowie auf Rhinanthus und zwar in roter Färbung. Verpuppung in einem leichten Gewebe, entweder in einer vertrockneten Blüte, oder an der Oberfläche der Erde. Puppe gelb mit rotbraunen Ringeinschnitten und ebensolcher Spitze. Entwicklung im Juli. Mittleres Europa, Livland, Finnland. — Frr. 669. 2. — Rössl. Schupp. S. 200. — Newm. Br. M. 123. — M. M. II. 90.

Valerianata, *Hb.* Taf. 47, Fig. 21 a. b. (Sch. Taf. 71, Fig. 30.) 1,5 cm, gegen den Kopf zu beträchtlich dünner werdend, hellgrün, etwas durchscheinend. Rückenlinie und Nebenrückenlinien dunkelgrün, sehr verschieden an Breite und Intensität der Färbung; Stigmenlinien weißlichgrün, Segmenteinschnitte gelblich. Stigmen sehr klein, blaß gelbbraun eingefaßt, sehr schwer zu sehen. Bauch meist ohne Zeichnung, manchmal aber von zwei feinen, schwach ausgeprägten Seitenlinien durchzogen, die etwas dunkler sind, als die Grundfarbe. Kopf hellbraun, Nackenschild und Afterklappe nicht besonders gezeichnet. Warzen sehr klein, bräunlich, mit ebensolchen Börstchen. Brustfüße braun; Bauch- und Afterfüße grün. Lebt im Juli und August an den Blüten und Samen von Valeriana officinalis. Verwandlung in einem Erdgespinst. Puppe schlank, braun, mit grünlichen Flügelscheiden. Entwicklung im Mai, Juni. Mitteleuropa, südöstliches Rußland, Livland, Finnland. — Hb. V. 2. H. b. — O. W. 456. — Ann. S. ent. Belg. 1863. pl. 1, Fig. 4. — Newm. Br. M. 129.

Immundata, *Z.* (Sch. Taf. 71, Fig. 31.) (Argillacearia, *H.-S.*) Raupe 4—6''' lang, träge, mit kaum merklich spannerartigem Gang, walzig, dick, runzelig, mit starken Ringeinschnitten und Querfalten, matt weißgrün, gegen den Kopf etwas lebhafter grün, gegen den After mehr weißlich, mit schwarzen Wärzchen. Luftlöcher schwarz. Der Kopf, das durch eine feine helle Linie geteilte Nackenschild, die Afterklappe und die Brustfüße sind glänzend schwarz und etwas behaart. (Fr. Hofmann). Lebt Mitte Juli in den Beerenfrüchten der Actaea spicata, von den unreifen Samen derselben sich nährend; die Beeren sind häufig zusammengesponnen. Verpuppung in einem ziemlich festen Erdcocon. Puppe kurz und dick, lehmbraun mit einem Büschel kleiner Häkchen am Cremaster. Entwicklung im Mai. Mittleres und nordöstliches Deutschland, Bayern, Österreich, Ungarn, Böhmen, Steiermark, Livland, Petersburg, mittleres Frankreich. — F. Hofmann W. e. M. 1864, Bd. VIII, S. 27. — Walderndorf. Corr. z. m. V. 1869. p. 87.

Cauchyata, *Dup.* (Austerata, *Frr.*, 300.) Ei oval, abgeplattet, beiderseits mit einem Eindruck, perlmutterglänzend, matt gelbgrün, bei starker Vergrößerung mit quadrierten Zeichnungen. Die Räupchen sind anfangs gelblich, mit bräunlichem Kopf und dunklem Rücken, und werden dann grün. Erwachsen ist die Raupe (nach Freyer) sehr schlank, von Farbe braun oder schmutziggrün und führt bloß über den Rücken eine dunkle Linie; von Rückenwinkelflecken zeigt sich keine Spur. Nach Bohatsch ist die Raupe einfarbig grün mit einem dunklen Strich am After. Lebt im August und September an der Unterseite der Blätter von Solidago virgaurea und Aster annellus. Verwandlung frei auf der Erde oder in einem leichten Erdgespinst. Puppe ockergelb mit grünen Flügelscheiden, überwintert, mitunter auch zweimal. Entwicklung im April und Mai wie anfangs Juni. Schlesien, Österreich, Bayern, mittleres und östliches Frankreich, Belgien, Piemont. — Frr. 300. (Austerata.) — Dietze St. e. Z. 1872. Taf. 1, Fig. 4; 1874, S. 220. — Bohatsch W. e. Z. 1882, S. 134; 1887, S. 122.

Satyrata, *Hb.* Taf. 47, Fig. 22. (Sch. Taf. 71, Fig. 32.) 2,0 cm, schlank, nach vorn stark verjüngt, chagriniert. Farbe sehr veränderlich, grün, gelblichgrün, rötlichweiß oder wenigstens am Rücken ganz rot und selbst braun. Die Zeichnung ist ebenso veränderlich; manche Raupen sind einfarbig grün oder braun mit hellerer Mittellinie, andere haben dazu auf den mittleren Ringen dunkelgrüne oder rote oder rostfarbige dreieckige Rückenflecken, sonst fast keine Zeichnung. Die vollkommen gezeichneten Exemplare haben auf den drei ersten und vier letzten Ringen mehr oder weniger deutliche, gerade verlaufende, weißliche Rücken- und Nebenrückenlinien, welch letztere gegen die Afterklappe zu konvergieren; vom vierten bis achten Ring sind die weißen Nebenrückenlinien unterbrochen und auf jedem Ring in zwei gegen die Mittellinie konvergierende Striche aufgelöst, welche innen breit dunkelrot begrenzt sind und dadurch die von der feinen hellen Rückenlinie durchschnittenen Rückendreiecke bilden. Nach unten gehen die weißen Schrägstriche hinter den Stigmen in die breite, weiße oder gelbliche Stigmenlinie über, welche am vierten bis neunten Ring von je einem roten nach vorn und aufwärts ziehenden, unmittelbar an den weißen Schrägstrich sich anschmiegenden roten Strich durchschnitten wird, der sich in der roten Rückenfarbe verliert. Unter der Stigmenlinie verläuft noch ein breiter roter Streif, der dicht über den vorderen und hinteren Füßen hinzieht und die unteren Enden der roten Schrägstriche berührt. In diesen stehen die hellbraun eingefaßten Stigmen. Bauch blaßgrün oder weißgrün, manchmal fast ganz weiß, mitunter mit einer weißen Mittellinie. Kopf klein, gelblichgrün oder hellbraun. Nackenschild und Afterklappe nicht besonders gezeichnet. Warzen ziemlich groß, gelblichbraun, weiß gerandet, mit braunen Börstchen. Brustfüße blaßbraun, Bauch- und Afterfüße mit dem Bauche gleichfarbig. Die äußerst polyphage Raupe lebt von Mitte Juli an bis Mitte August an den Blüten zahlreicher niederer Pflanzen und ist manchmal der Futterpflanze ganz ähnlich gefärbt, so nach Rössler auf den Blüten von Cirsium palustre schön purpurrot. Dietze fand auf Galium und Polygonum besonders auffällige Farbenvarietäten; auf Arnica montana waren aber rote, gelbe und grüne Raupen gleich häufig. Nach Crewe bevorzugt die Raupe in England Centaurea nigra und Knautia arvensis. Außerdem lebt die Raupe auch an Aconitum, Helianthemum, Hypericum, verschiedenen Papilionaceen, Epilobium-Arten, Umbelliferen, Rubiaceen, Compositen, Campanulaceen, Gentianeen und Labiaten, auch an Myricaria germanica und selbst an den Samen von Juncus effusus. Verpuppung in einem leichten Gespinst am Boden. Puppe an Thorax und Flügeldecken gelb, rötlich überhaucht; Segmenteinschnitte und die Spitze des Körpers sind rotbraun. Entwicklung im Mai und Juni. Mittleres und nördliches Europa (mit Ausnahme des östlichen Rußland), Piemont, Dalmatien, Italien. — Tr. VII. 2. 208. — Frr. 294. — St. e. Z. 1857, S. 266; 1875, S. 245. — O. W. 455. — Newm. Br. M. 126.

Veratraria, *H.-S.* (Sch. Taf. 71, Fig. 33). 1,5 cm lang, dick und aufgedunsen, fettglänzend, nach vorn und hinten abnehmend, in der Färbung variierend von schmutziggelbweiß bis schwärzlich, ins Grünliche oder Bläuliche ziehend, der Rücken ist dunkler gefärbt als die Seiten und der Bauch, sonst ohne alle Zeichnung. Der kleine Kopf, das schmale in der Mitte fein licht geteilte Nackenschild, die abgerundete Afterklappe, die Brustfüße und eine Chitinplatte an der Außenseite der Afterfüße sind tief schwarz. Stigmen deutlich, schwarz. Warzen sehr klein, schwarz mit braunen Börstchen. Bauchfüße von der Körperfarbe. In der Jugend ist die Raupe heller oder dunkler schmutziggrün mit schwarzen Wärzchen. Lebt im August, September zwischen den Samenkapseln des Veratrum album, deren Inhalt verzehrend; die Raupe bohrt runde Löcher in die Samenkapseln, in welche sie ganz oder teilweise hineinkriecht. Verpuppung in einem sehr dichten, inwendig glänzend sepiabraunen Gespinste. Puppe kurz und dick, hell gelblichbraun, ins Rötliche ziehend mit langdorniger Schwanzspitze. Entwicklung im Mai Juni, in höheren Lagen erst im Juli, manchmal erst nach zwei- oder dreijähriger Puppenruhe. Alpen, Bayern, Österreich, Steiermark, Schweiz und Piemont, auch Ungarn. — Dietze Stett. e. Z. 1874. S. 211, 1875. Taf. I, Fig. 4. — Bohatsch W. e. Z. 1882. S. 161. — Mill. Ann. d. Cannes 1880. Pl. X. Fig. 8—10.

Helveticaria, *B.* Taf. 47, Fig. 23. (Sch. Taf. 71, Fig. 34.). Ei blaß, weißgrün, schwach perlmutterglänzend, mit schwacher Körnelung rundlich, nach vier bis fünf Tagen bräunlichgelb. Die Raupe ist kurz und gedrungen, gleichmäßig dick, grasgrün. Rückenlinie schmal und dunkelgrün, an der Spitze immer purpurbraun oder rot; Nebenrückenlinie breiter, dunkelgrün, vorne bleich strohgelb, hinten manchmal rot gesäumt; Stigmenlinie geschwungen, blaßgelb oder strohfarben; Kopf dunkel purpurrot, manchmal ganz schwarz; Segmenteinschnitte gelblich (Crewe). Die Raupe der var. Arceuthata, *Frr.* ist kurz und gedrungen, gleichmäßig dick, grasgrün; Rückenlinie dunkelgrün; Nebenrückenlinie blaßgelb oder gelblichweiß, hinten dunkelgrün; Stigmenlinie weiß oder gelblich; Ringeinschnitte gelblich. Kopf einfärbig dunkelgrün; Bauch hellgrün mit einer gelblichen Mittellinie. Der Raum zwischen den Nebenrückenlinien und Stigmenlinien ist dunkler grün als der übrige Körper. Lebt vom Ende September bis Mitte November an Wachholder (Juniperus communis). Verpuppung in einem Erdgespinst. Puppe blaß rotbraun mit dunkel rotbrauner Spitze und durchscheinenden gelblichgrünen Flügelscheiden. Entwicklung im Mai; Helveticaria erscheint oft vier bis sechs Wochen früher als die Var. Arceuthata. Schweiz, Deutschland, England, nördliches und westliches Frankreich, Piemont, Finnland, nördliches Lappland. — Frr. 372. — Mill. Jc. 110. 20—21. — Newm. Br. M. 125. — Rössl. Schupp. S. 193.

Castigata, *Hb.* Taf. 47, Fig. 24 a—c. (Sch. Taf. 71, Fig. 35.) 2,0 cm lang, schlank, nach vorn verjüngt; der ganze Körper ist dicht mit weißlichen Wärzchen bedeckt, die kurze, dicke, gelblichweiße Zäpfchen tragen; die gewöhnlichen Warzen sind größer als die eben beschriebenen, gelblichweiß mit je einem langen, braunen Härchen besetzt. Grundfarbe mehr oder weniger dunkel gelbbraun oder rötlichbraun, ähnlich der Subfulvata-Raupe. Die Zeichnung entspricht ganz der von Satyrata. Die Rückenlinie ist dunkelbraun, in der Mitte sehr fein gelblichweiß geteilt, nur auf den ersten Ringen deutlich, auf den letzten mehr oder weniger verloschen, auf den mittleren die gewöhnlichen Dreiecke bildend. Nebenrückenlinie weißgelblich, entweder nur auf den ersten Ringen deutlich und dann mehr oder weniger verlöschend, oder überall deutlich und die Rückendreiecke außen einsäumend. Stigmenlinie weißlich, mehr oder weniger deutlich, oft unterbrochen, unten unbestimmt schwärzlich gesäumt. Stigmen schmal, braun gesäumt, schwer zu sehen. Bauch rötlichweiß mit feiner roter Mittellinie. Kopf klein, blaßbraun, dunkelbraun getupft mit gelblichem Stirndreieck und zwei gelblichen Längsstrichen auf dem Scheitel. Nackenschild und Afterklappe nicht besonders gezeichnet. Brustfüße sehr blaßbraun, Bauch- und Afterfüße von der Körperfarbe. Lebt im Juli, August an den Blüten zahlreicher niederer Pflanzen, wie Satyrata, aber auch an Crataegus oxyacantha, Urticaria dioica, Pteris aquilina, Carlina acaulis, selbst an den Samen von Juncus; die erwachsene Raupe verbirgt sich an der Erde unter Pflanzenresten. Verpuppung in einem Erdgespinst. Puppe schlank, rötlich oder grünlichgelb, am Thorax und an den Flügeldecken gelb, mehr oder weniger grün angehaucht. Entwicklung im Mai und Juni. Mittel- und Nordeuropa, Livland, Finnland, Piemont, Andalusien (Granada), nördlicher Balkan. — Hb. V. 2. H. a. — Sepp 2. Ser. III, Taf. 19. — O. W. 451. — Rössl. Schupp. 194. — Newm. Br. M. 127. — Dietze Stett. e. Z. 1872, 200; 1875, 242.

Trisignaria, *H.-S.* Taf. 47, Fig. 25. (Sch. Taf. 71, Fig. 36.) 1,5 cm, nicht sehr schlank, gleichmäßig dick, schwach quergefurcht, etwas glänzend, nicht chagriniert, hell gelbgrün oder schmutziggrün. Rückenlinie schwärzlich oder dunkelgrün, schmäler als die ebenso gefärbten Nebenrückenlinien. Stigmenlinie weißlich oder gelblich, nicht scharf begrenzt. Stigmen klein, hellbraun. Bauch von der Körperfarbe, unter der Seitenkante schmutzig dunkelgrün, mit undeutlicher breiter, weißgrüner oder gelblicher Mittellinie. Kopf braun, an den Außenseiten schwarzbraun. Nackenschild nicht besonders gezeichnet. Afterklappe mit dunkelbraunem Fleck, gelblich gesäumt. Warzen sehr klein, von der Körperfarbe, mit sehr kurzen Börstchen. Brustfüße braun, Bauch- und Afterfüße grün. Lebt von Ende August oft bis Anfang Oktober auf den Samen und Blütenschirmen von Angelica sylvestris, Heracleum, sphondylium, Pastinaca sativa, Peucedanum oreoselinum und Laserpitium latifolium, die Blüten wie unreifen Samen verzehrend. Verpuppung in einem Erdgespinst. Puppe gelbbraun mit zwei stumpfen Afterspitzen. Entwicklung im Juni, Juli. Deutschland, England, Holland, Schweiz, Petersburg. — Frr. 659. — O. W. 451. — A. Schmid Corr. f. J. v. H.-S. 1861, p. 131. — Dietze St. e. Z. 1871, S. 139; 1872, Taf. I, Fig. 12. — Newm. Br. M. 130.

Selinata, *H.-S.* 2,0 cm lang, ziemlich schlank nach dem Kopf zu allmählich verschmälert, der Raupe von Fraxinata ähnlich, quer gerippt, an der Bauchseite abgeplattet. Grundfarbe in der Jugend gelbgrün, später bläulichgrün. Rückenlinie dunkelgrün; Nebenrückenlinien von derselben Farbe oder ganz fehlend; Stigmenlinien auf der scharf ausgeprägten Seitenkante weißlich. Bauch weißgrün, unter der Seitenkante tiefgrün, dunkler als die Rückenfarbe, fein dunkel gerippt, ohne oder mit kaum angedeuteter Mittellinie. Kopf grün, ins bräunliche ziehend, in der Ruhe gerade ausgestreckt. Afterklappe mit schwarzgrünen oder dunkelgrünen Flecken, weiß gerandet. Brustfüße grünlich mit gelbbraunen Krallen (Dietze). Lebt im Juni auf den Blättern und in zweiter Generation auf den Blüten und Samendolden von Peucedanum oreosellinum und Angelica. Die Schmetterlinge der ersten Generation erscheinen im Juli oder gleichzeitig mit denen der zweiten Generation erst im April und Mai des folgenden Jahres. Mittleres und westliches Deutschland, Österreich, Ungarn. — Dietze St. e. Z. 1871, S. 139; 1872, S. 201. Taf. I, Fig. 15.

Virgaureata, *Dbld.* 1,5 cm, ziemlich schlank, nach vorn verschmächtigt. Haut sehr grob chagriniert, querfaltig. Grundfarbe gelbbraun mit dunkelbraunen, gelblichweiß gerandeten Rückendreiecken auf den Segmenten vier bis acht. Die Zeichnung ist genau so wie bei Satyrata. Die Stigmen sind klein, blaß gelbbraun umrandet. Bauch in der Mitte weißlich mit einer scharfen, braunroten Mittellinie (welche der Satyrata-Raupe fehlt). Kopf gelbbraun, dunkel gefleckt mit zwei weißen Längsstrichen auf dem Scheitel. Am Nackenschild sind die Anfänge der weißen Nebenrückenlinien und der schwärzlichbraunen, fein weiß geteilten Rückenlinie sehr deutlich. Afterklappe ohne Auszeichnung. Warzen ziemlich groß, gelbbräunlich, mit je einer braunen Borste. Brustfüße blaß gelbbraun. Bauchfüße wie die

Körperfarbe. Lebt im August und September an Solidago virgaurea, Senecio jacobaea und palustris. Verpuppung in einem Erdgespinst. Puppe sehr verschieden von denen der übrigen Arten. Thorax gelbgrün, mit einer sehr bestimmt und scharf ausgeprägten Einfassung, wie in einem Rahmen eingeschlossen, mit dunklen Flecken und Zeichnungen. Körper gelblichrot mit zwei unbestimmten, unterbrochenen Rücken- und zwei deutlicheren dunklen Nebenrückenlinien. Flügeldecken gelblich, olivenfarbig mit dunklen Flecken und vorspringenden Rippen. Entwicklung im Mai und Juni. England, Schlesien, nördliches und westliches Deutschland, Österreich und Frankreich. — Dietze St. e. Z. 1872, S. 487, Taf. I, Fig. 5. — Newm. Br. M. 127.

Vulgata, *Hw.* (Sch. Taf. 71, Fig. 37.) (Austerata, *H.-S.*) 2,0 cm lang, von der Gestalt der vorigen Art; Haut sehr stark weißgelb chagriniert, Grundfarbe rot- oder gelbbraun. Rückenlinie schwärzlich, auf den drei ersten Ringen sehr fein weiß geteilt; vom vierten bis achten Ring bildet sie mehr oder weniger deutliche, bald heller, bald dunkler ausgefüllte Rauten; deren seitliche Winkel durch je einen tiefschwarzen Fleck etwas abgerundet erscheinen; auf den drei letzten Ringen und der Afterklappe ist die Rückenlinie wieder breit und schwärzlich. Nebenrückenlinien fein, gelblich, auf den drei ersten Ringen gerade, auf den übrigen geschwungen, unterbrochen, nach hinten zu immer undeutlicher werdend, die seitlichen Winkel der Rückenflecken berührend. Stigmenlinie breit, weißlich, unbestimmt begrenzt, unterbrochen. Stigmen blaßbraun und fein umrandet, schwer sichtbar. Bauch heller als der Rücken mit einer unterbrochenen braunen Mittellinie. Kopf gelbbraun, dunkel gefleckt mit zwei gelben kurzen Längsstrichen auf dem Scheitel. Nackenschild und Afterklappe nicht besonders gezeichnet. Warzen groß, weißgelb, mit braunen Borsten. Brustfüße blaß gelbbraun, Bauch- und Afterfüße von der Körperfarbe. Lebt im August nach Art und in Gesellschaft der Acidalia Virgularia unter alten, im Freien liegenden Reisighaufen an der Erde, auch unter der Pflanzendecke verborgen an den verschiedensten Kräutern und Holzstauden, z. B. Himbeeren, Heidelbeeren, Crataegus oxyacantha, Silene inflata, Sedum telephium, läßt sich mit welkem Salat etc. aufziehen. Verpuppung in einem Erdgespinst. Puppe schlank, rötlichbraun, mit scharfer Endspitze; Kopf, Thorax und Flügeldecken olivengrün. Entwicklung im Mai und Juni. Mitteleuropa, Livland, Finnland, Piemont, südliches Rußland. — Rössl. Schuppenfl. S. 192. — Newm. Br. M. 135. — Dietze Stett. e. Z. 1873. Taf. 1, Fig. 13.

Denotata, *Hb.* (Campanulata, *H.-S.*) 2,0 cm, von gedrungener Gestalt, nach vorn und nach hinten abnehmend, gelbbraun. Rückenlinie dunkelgrau, vom ersten bis letzten Segment unterbrochen, schmal. Nebenrückenlinien ebenso gefärbt, vom vierten bis elften Segment durch winklige Biegungen Rautenfiguren auf dem Rücken bildend, welche in der Mitte von der Rückenlinie durchschnitten werden. Stigmenlinie undeutlich, heller als der Grund, unterbrochen, nicht scharf begrenzt. Stigmen dunkelbraun eingefaßt, sehr deutlich. Bauch heller als der Rücken mit einer braunroten, scharfen Mittellinie. Kopf hellbraun, glänzend, an den Seiten dunkler gefleckt. Auf dem schmalen gelblichen Nackenschild sind die Anfänge der drei dunklen Rückenlinien deutlich erkennbar, die mittlere in der Mitte fein hell geteilt; die Afterklappe wird vom Ende der dunklen Rückenlinie durchschnitten. Warzen deutlich, dunkelbraun, mit ebensolchen Borsten. Brustfüße und Außenseite der Afterfüße glänzend braun; Bauchfüße von der Farbe des Bauches. Lebt im September und Oktober in den grünen und auch noch in den dürren Samenkapseln von Campanula trachelium, persicifolium, ranunculoides und rotundifolium, die Kapseln selbst wie die Samen verzehrend, bei Tag teils in den Kapseln, teils zwischen welken Blättern versteckt. Verpuppung in einem leichten Erdgespinst. Puppe an Thorax und und Flügeldecken gelb, am Körper rötlichbraun; die Einschnitte der Ringe und die Spitze dunkler. Entwicklung im Juni, Juli. Deutschland, Österreich, England. — Rössl. W. e. M. VII. 1863, S. 132. — Dietze St. e. Z. 1872. Taf. I, Fig. 6. — Newm. Br. M. 133. — O. W. 456. — Ann. d. Belg. 1864. Pl. V, Fig. 5. Als Varietät gehört zu dieser Art:

Atraria, *Hs.* (Primulata, *Mill.*). Die Raupe ist cylindrisch, mehr oder weniger hell lehmfarbig; die gewöhnlichen Linien sind braun. Die mittleren Ringe sind auf dem Rücken mit dunklen Winkelzeichnungen versehen. Der Kopf ist klein, kugelig, schwarz. Brustfüße braun (Millière). Nach der Abbildung pl. 1, Fig. 1 ist die Raupe kurz und dick, grün, mit weißlicher Stigmenlinie, dunklen Winkelzeichnungen auf dem Rücken und dunklen feinen Nebenrückenlinien. Lebt im Herbst an Primula latifolia und nach Püngeler im August an Campanula barbata. Schmetterling im Mai des folgenden Jahres. Schweiz, Stilfserjoch, Wr. Schneeberg. — Mill. et R. Zeller Revue de Zool. 1874, p. 244. — An. S. Fr. 1877. Taf. I. Fig. 1—4. — Püngeler, St. e. Z. 1889, S. 150.

Albipunctata, *Hw.* Taf. 47, Fig. 26. (Sch. Taf. 71, Fig. 38.) (Tripunctaria, *H.-S.*) 2,0 cm, schlank, nach vorne verschmächtigt; Haut chagriniert, Grundfarbe grün oder blaßgelbgrün oder blaß citrongelb. Die Zeichnungen sind dunkelviolettbraun oder rötlich oder dunkelgrün, Rückenlinie auf den drei ersten Ringen gerade, in der Mitte sehr fein hell geteilt, vom vierten bis zehnten Ringe Dreiecke oder Rauten bildend, welche auf dem neunten und zehnten Ringe sehr schwach angedeutet sind; auf dem elften und zwölften Ring wie auf der Afterklappe breit, dunkelbraun, Nebenrückenlinien sehr fein, braun, die seitlichen Spitzen der Rückendreiecke berührend; Stigmenlinie etwas heller als die Grundfarbe, breit, nach oben gegen die Außenseite der Rückendreiecke hellgelbliche Schrägstriche sendend, welche von dicken, braunen, die Stigmenlinien durchschneidenden Schrägstrichen nach vorn begrenzt sind. Dicht über den Füßen verläuft ein breiter, brauner Längsstreif, der die Basis der braunen Schrägstriche berührt, auf dem neunten Segment über den Bauchfüßen aber unterbrochen ist. Stigmen deutlich hellbraun geringt, in einem hellen Fleckchen in den rotbraunen Schrägstrichen stehend. Bauch grün, mit einer rotbraunen scharfen Mittellinie. Kopf gelbbraun, dunkler getupft, mit zwei gelblichen kurzen Längsstrichen auf dem Scheitel. Nackenschild und Afterklappe nicht besonders gezeichnet. Warzen sehr klein, gelblich, mit braunen Börstchen. Brustfüße blaßgelbbraun, Bauchfüße von der Körperfarbe, Afterfüße außen braun. Manche Raupen haben alle Zeichnungen sehr undeutlich oder sind ganz ohne Zeichnung, einfärbig gelblichgrün. Kurz vor der Verwandlung wird die Färbung der Raupe mehr rötlich. Lebt Ende August und September an den Blüten und Samen von Angelica sylvestris, Heracleum sphondylium, Cicuta viscosa, Laserpitium latifolium und Peucedanum oreoselinum. Verpuppung in einem Erdgespinst. Puppe am Thorax gelbgrün; Flügeldecken dunkelgrün, gefurcht und gerunzelt; Körper schlank, rauh, dunkel rotbräunlich, mit einer leichten Vorwölbung am Bauche. Entwicklung im Mai und Juni. England, Holland, Deutschland, Österreich, Schweiz, Schweden. — Goossens An. S. Fr. 1869. pl. 11. Fig. 3. — Newm. Br. M. 128. 129. — Rössl. Schuppenfl. 194.

Actaeata, *Waldersd.* Taf. 47, Fig. 27. Ei glänzend weiß, oval, an der Unterseite der Blätter einzeln an die Blattrippen geklebt. Raupe 2,0 cm. Gestalt wie bei der vorigen Art; grün mit einem dunkel rotbraunen Rückenstreifen, welcher vom vierten bis achten Segment scharf begrenzte Rauten bildet, vom neunten bis zwölften wieder gerade verläuft und auf der Afterklappe sich zu einem rundlichen Fleck erweitert; die seitlichen Ecken der Raute auf dem achten Segment ragen weit herab. Nebenrückenlinien und Stigmenlinien fehlen. Ein breiter braunroter Streif über den Füßen ist nur auf den drei ersten Ringen zusammenhängend. Vom siebten bis zwölften Ring nur durch braunrote Flecken angedeutet, von welchen der am achten Ring der größte ist und mit den seitlichen Ecken des Rückenfleckens zusammenhängt. Bauch einfarbig grün. Stigmen sehr blaß gelb gerandet, am siebten und achten Ring in rotbraunen Fleckchen stehend. Kopf grün, rotbraun gefleckt. Nackenschild und Afterklappe nicht besonders gezeichnet. Warzen sehr klein, braun, mit äußerst kurzen Börstchen. Brustfüße blaß gelbbraun. Bauchfüße grün, Afterfüße außen dunkel braunrot. Die Zeichnung ist bei den einzelnen Individuen sehr wechselnd, bei manchen findet sich nur ein, auf jedem Segment etwas erweiterter schmaler Längsstreif, bei andern nur ein einfacher Rückenstreif ohne alle Erweiterungen. Lebt von Juni bis September an Actaea spicata, nach Bohatsch auch an Thalictrum aquilifolium, nach Grentzenberg weiter an Viburnum opulus; sitzt wie im Ästchen ausgestreckt an der Unterseite der Blätter oder an den Blattstielen. Verpuppung in einem lockeren Sand- oder Erdgespinst. Puppe gedrungen, am Thorax und den Flügelscheiden glänzend grasgrün; Hinterleib gelblichbraun, gegen den Cremanter zu dunkler; am letzteren befindet sich ein Büschel von kleinen Häkchen. Entwicklung sehr ungleich, vom Mai bis in den August, ausnahmsweise noch im Oktober desselben Jahres (Habich). Bayern, südliches und östliches Deutschland (Danzig, Regensburg), Österreich, Ungarn. — Walderndorff.Corresp. Bl. d. z. m. V. Regensburg. 1869, p. 82. — Dietze St. e. Z. 1869, S. 398. — Dr. A. Speyer St. e. Z. 1872, S. 173; 1880, S. 201. — Bohatsch W. e. Z. 1882, S. 132.

(Eup. Berguensis, Dietze St. e. Z. 1875, Taf. 2, Fig. 1 ist die größere nordische und Gebirgsform von Actaeata. Wiener Schneeberg, Schweizer Alpen, Bergün, nördliches Finnland, Insel Askold.)

Assimilata, *Gn.* (Minutata, *Hb.* 454.) 2,9 cm, nach vorn verjüngt, stark chagriniert, gelblichgrün mit gelben Ringeinschnitten. Rückenlinie dunkelgrün, Nebenrückenlinien ebenso, aber sehr unbestimmt, in der Mitte jedes Ringes vom vierten bis achten mit je einem schwarzen Flecken besetzt; Stigmenlinie nicht deutlich; Stigmen hellbraun geringt; Bauch weißlich. Kopf gelb, braun getupft. Nackenschild und Afterklappe nicht besonders gezeichnet. Warzen groß, weiß mit braunen Börstchen. Brustfüße blaßbraun, Bauch- und Afterfüße von der Körperfarbe. Vor der Verwandlung wird die Raupe rötlich. Eine Varietät ist nach Crewe bis zur letzten Häutung einfarbig blaßgrün; nach dieser ist die Raupe schmutzig gelbgrün mit einer rostbraunen Rückenlinie, welche auf den mittleren Segmenten zu einer Reihe von Rückenflecken sich erweitert, welche beiderseits von einer dunklen Linie begrenzt sind (Nebenrückenlinien). Die Seiten sind dunkel rötlichbraun überhaucht und mit geschwungenen Linien von derselben Farbe gestreift; Bauch grünlich; Segmenteinschnitte orangegelb; Kopf grünlich, schwarz gezeichnet. Nach Rössler sind die Raupen der Mehrzahl nach durchaus grün mit schwacher grüner Rückenlinie; andere haben eine rote Rückenlinie mit kleinen Rauten auf den mittleren Ringen, welche grün ausgefüllt sind, gleichzeitig ist der Rücken rot angeflogen und ein Streifen über der Seitenkante rötelrot. An Mittelformen fehlt es nicht. Lebt im Juni und September, Oktober an wildem Hopfen, dessen Blätter sie durchlöchert; die Raupen schmiegen sich, so lange sie grün sind an die Unterseite der Blätter, rot geworden verstecken sie sich in welkes Laub. Crewe fand die Raupen an schwarzen Johannisbeeren. Verpuppung in einem Erdgespinst. Puppe grünlichbraun. Entwicklung im Mai und August. Sachsen, Österreich-Ungarn, Schweiz, Italien, England, Holland, Paris, Dänemark, Finnland. Gn. Phal. pl. 2, Fig. 9. — Rössl. S. 190. — Ann. S. Fr. 1869. pl. XI, Fig. 7. — Newm. Br. M. 138. — Bohatsch W. e. Z. 1882, S. 131.

Minutata, *Gn.* Taf. 47, Fig. 28 a-e. (Sch. Taf. 71, Fig. 39.) (Goossensiata, *Mab.*; Callunae, *Spr.*) 1,6 cm lang, gedrungen, nach vorn und auch etwas nach hinten abnehmend, chagriniert, dunkel rosenrot oder fleischfarbig; die dunkelrote in der Mitte fein hell geteilte Rückenlinie bildet vom vierten bis neunten Ringe Dreiecke, deren äußere Ecken von den feinen, gleichfalls roten Nebenrückenlinien berührt werden. Stigmenlinie weißlich, oben rot gesäumt, giebt auf jedem Ring einen mehr oder weniger deutlichen, weißen Schrägstrich an die äußere Seite der Rückendreiecke ab, welcher nach vorn von einem roten, die Stigmenlinie durchschneidenden Schrägstrich begrenzt ist. Über den Füßen verläuft ein breiter roter Längsstreifen, der auch auf die Außenseite der Bauch- und Afterfüße sich erstreckt. Stigmen braun, außen weißlich gerandet. Bauch weißlich, mit einer unterbrochenen, feinen, roten Mittellinie. Kopf gelbbraun, dunkelbraun gefleckt. Nackenschild und Afterklappe nicht besonders gezeichnet. Warzen groß, weiß mit braunen Börstchen. Brustfüße sehr blaß gelbbraun mit dunkleren Spitzen. Lebt im August und September an Haidekraut (Calluna vulgaris) und Eupatorium cannabinum. Verpuppung in einem Erdgespinst. Puppe kurz und dick, am Thorax und den durchscheinenden Flügeldecken gelb; Hinterleib rötlich überhaucht, an der Spitze dunkler. Entwicklung im Juni, Juli. England, Holland, mittleres und westliches Deutschland. — Ann. S. Fr. 1869. pl. XI, Fig. 4. — Newm. Br. M. 137. — Rössl. Schupp. 190.

Absinthiata, *Cl.* Taf. 47, Fig. 29. (Sch. Taf. 71, Fig. 40.) 1,8 cm; nicht sehr schlank, nach vorn und auch etwas nach hinten abnehmend, sehr schwach chagriniert; Färbung sehr veränderlich, dunkel rosa, schmutzig rötlich braun, grün oder gelbbraun; Rückenlinie braun, wie bei der vorigen Art sich verhaltend, doch sind die Rückenflecke nicht so deutlich dreieckig; Nebenrückenlinien ebenso gefärbt wie die Rückenlinie, vom vierten bis neunten Segment unterbrochen und neben jedem Rückenfleck, einen länglichen dicken Strich jederseits bildend. Stigmenlinie gelblich, breit, heller als die Grundfarbe, oben braun gesäumt, jedoch nicht von dunkeln Schrägstreifen durchschnitten; dieselbe sendet wie bei der vorigen Art, helle Schrägstriche an die Außenseite der durch die Nebenrückenlinie gebildeten Flecken, welche Schrägstriche die obere dunkle Begrenzung der Stigmenlinie durchschneiden. Unter der Stigmenlinie dicht über den Füßen ein breiter, brauner Längsstreifen. Stigmen deutlich, dunkelbraun gerandet. Bauch weißlich mit einer scharfen, braunen, feinen Mittellinie. Kopf dunkelbraun mit zwei gelblichen Längsstrichen auf dem Scheitel; Nackenschild glänzend mit den dunkelbraunen Anfängen der Rückenlinien, Afterklappe in der Mitte mit einem dunkelbraunen Flecken. Warzen klein, dunkelbraun mit ebensolchen Börstchen. Brustfüße gelblich, an den Spitzen schwarz. Bauchfüße von der Körperfarbe; Afterfüße außen mit brauner Chitinplatte. Die grünen Raupen entbehren oft gänzlich der Rückenflecken (Crewe). Lebt von Ende August bis Anfang November an den Blüten verschiedener Compositen, Senecio jacobaea, Eupatorium cannabinum, Artemisia vulgaris, Achillea millefolium, Solidago virgaurea, Tanacetum vulgare etc., ferner an Origanum vulgare. Verpuppung in einem Erdgespinst. Puppe an den mit hervorragenden Rippen versehenen Flügeldecken lebhaft grün, am Thorax gelbgrün, am Hinterleib rötlichgelb mit einer dunkelgrünen Rückenlinie. Entwicklung im Juni, Juli und August. Mittleres und nördliches Europa (mit Ausnahme von Belgien und der Polarregion), südliches Lappland, Piemont. — O. W. 454. — Newm. Br. M. 136. Crewe Ann. 1861. 140.

Expallidata, *Gn.* 1,7 cm; ziemlich dick, nach vorn wenig verschmächtigt, stark querfaltig, schwach chagriniert, am meisten auf dem Rückenstreifen. Grundfarbe sehr veränderlich, blaß kanariengelb, grasgrün oder gelbgrün; Rückenlinie braun, in der Mitte fein hell geteilt, bildet auf den Segmenten vier bis neun incl. längliche, vorn und hinten spitz zulaufende, in der Mitte von der hellen Linie geteilte Rückenflecken. Nebenrückenlinien sehr scharf ausgeprägt, dunkelbraun, etwas geschwungen. Stigmenlinie gelblich, oben von einem feinen, auf jedem Segment unterbrochenen braunen Längsstreif, in welchem die hellbraun gerandeten Stigmen stehen, unten von einem breiten nicht scharf begrenzten braunen Streifen begrenzt. Andeutungen der hellen Schrägstriche an den Seiten sind durch die Unterbrechungen der oberen Einfassung der Stigmenlinie gegeben. Bauch weißlich mit einer scharfen braunen Mittellinie; Kopf braun, dunkler gefleckt. Nackenschild und Afterklappe nicht besonders gezeichnet. Warzen ziemlich groß, gelblich mit braunen Börstchen. Brustfüße gelbbraun, glänzend; Bauch- und Afterfüße braun. Nach Crewe giebt es auch grüne Exemplare, bei welchen alle Zeichnungen mit Ausnahme der Nebenrückenlinie sehr schwach sind oder ganz fehlen; bei noch andern ist der ganze Körper mit Ausnahme der Rückenfläche der hinteren Segmente tief chokoladebraun; letztere ist gelb mit einer braunen Mittellinie; auf den übrigen Segmenten befinden sich am Rücken je zwei gelbe Flecken; an den Seiten des Körpers verlaufen zwei geschwungene gelbe Linien, welche eine braune Linie in sich einschließen. Lebt im September und Oktober an den Blüten von Solidago virgaurea. Verpuppung in einem Erdgespinst. Puppe groß und dick, gelb, am Hinterleib tiefrot überhaucht; Flügeldecken mehr oder weniger grün. Schmetterling im Juli und August. England, Belgien, mittleres und westliches Deutschland, Österreich. — Rössl. Schupp. 191. — New. Br. M. 135. — Crewe Ent. Ann. 1861. 139.

Pimpinellata, *Hb.* Taf. 47, Fig. 30. (Sch. Taf. 71, Fig. 41.) Grün mit drei purpurfarbigen Rückenlinien; die mittlere ist scharf ausgeprägt und breit, besonders auf dem Aftersegment; die zwei seitlichen sind sehr unbestimmt. Kopf und Brustfüße purpurbraun; Segmenteinschnitte und Stigmenlinie gelblich; Bauch grün. Warzen weißlich. Eine Varietät der Raupe ist gleichmäßig purpurfarbig mit dunkleren Nebenrückenlinien, ohne sonstige Zeichnung (Crewe). Nach Rössler ist der Rückenstreifen dunkelgrün oder rot, bei einzelnen durch Anschwellung in der Mitte der Ringe rautenförmige Flecken bildend. Lebt im September, Oktober in den Dolden von Pimpinella saxifraga und magna, Bupleurum falcatum, Peucedanum oreoselinum etc., Blumen und Samen verzehrend. Verpuppung in einem Erdgespinst. Puppe gelblichgrün, oder auch rötlich. Entwicklung im April und August (zwei Generationen). Mittleres Europa, Livland, Südfrankreich, Piemont, südliches Rußland. — Hb. 2. H. b. c. — Frr. 685. Fig. 1. — Entom. 1872. 240. — Rössl. Schupp. S. 192. — Newm. Br. M. 131.

Euphrasiata, *H.-S.* (Constrictata, *Mill.* Jc. 114). Schlank, Rücken und Bauch etwas abgeplattet, mit scharfer Seitenkante, fast durchaus gleich dick. In der Jugend gelbbraun, durchscheinend, mit dunklerer Rückenlinie; nach der letzten Häutung sehr verschieden gezeichnet, braun, auf einem Grund, der zwischen lilagrau und gelb variiert. Rückenstreif dunkel, meist scharf, durch zwei Linien begrenzt, manchmal auch verschwimmend, in der Mitte jedes Ringes verbreitert. Nebenrückenlinien fein, öfters auch fehlend. In der Mitte jedes Segmentes neben der Verbreiterung der Mittellinie zwei starke dunkle Punkte, die bei manchen Exemplaren mit ersterer verschmelzen, so daß ein mit der Spitze nach dem Kopf gerichtetes Dreieck entsteht. Seitenkante licht gefärbt. Bauch dunkel mit dunkler Mittellinie. Alle Füße dunkel gefärbt. Kopf mit denselben Streifen wie der Körper (Rössler). Dietze fand einmal auch ein fast zeichnungsloses schmutziggrünes Exemplar der Raupe. Lebt im September, Oktober an Euphrasia lutea, deren Samen sie verzehrt. Falter im Juli und August. Mittleres und westliches Deutschland (Frankfurt a. M.), mittleres, östliches Frankreich, Corsika, Österreich-Ungarn, Spanien, Italien. — Dietze St. e. Z. 1872. S. 201, Taf. I, Fig. 17. — Rössl. Schupp. 197. — Mill. Jc. 114, Fig. 5—7.

Gemellata, *H.-S.* (Sch. Taf. 71, Fig. 42.) (Schmidii Dietze.) Schlank, in Haltung und Habitus an Pimpinellata erinnernd, an den Ästchen ruhend. Jung dunkel rotbraun mit lichterem Bauche; nach der letzten Häutung schön lichtgrün, zuweilen etwas gelblich. Auffallend durch den breiten, dunklen, schwärzlichen oder dunkelgrünen, selten purpurnen Rückenstreifen, welcher vom Kopfe bis zum After durchgeht und in den, übrigens etwas lichteren Ringeinschnitten am dunkelsten erscheint. Kopf klein und hell, je nach der Grundfarbe mehr grünlich oder bräunlich; Brustfüße ebenso. Nebenrückenlinien nicht erkennbar. Seitenkante stellenweise etwas dunkler angeflogen, Bauch unbezeichnet. Afterfüße nach hinten dunkel gerandet, auf der Mitte mit einer dunklen Linie gezeichnet. (Püngeler). Dietze beschreibt zwei Varietäten der Raupe; die eine ist hellblaugrün, Stigmen sehr klein, dunkel, bisweilen in violetten Pünktchen stehend; Segmenteinschnitte und die vorderen Ringe gelblich. Rückenlinie breit, violettbraun, beiderseits dunkel gerandet, dann wieder hellbegrenzt, oder in der Mitte fein hell geteilt. Nebenrückenlinien meist nicht vorhanden, nur bei ganz dunkel gefärbten Exemplaren als schmale, violette, in der Mitte der Segmente angeschwollene Linien auftretend; solche Stücke zeigen bisweilen auch eine feine, die Stigmen verbindende Seitenlinie. Seitenkante kaum heller als die Grundfarbe; Bauch weißlich grün, unter der Seitenkante mehr oder weniger stark verdunkelt, schwärzlich oder violett, mit einzelnen kleinen Wärzchen, ohne Linien; die zweite Varietät ist hell ockergelb, wie die erste gezeichnet, aber immer schärfer und dunkler. Lebt im September, Oktober und bis in den November an Tunica saxifraga, deren unreife Samen verzehrend; solange die Samenkapseln grün sind, ist es auch die Raupe; später, wenn die Kapseln dürre werden, färben sich die meisten Raupen ockergelb. Puppe in einem leichten Erdgespinst, bräunlich oder ockergelb mit grünlichen Flügelscheiden. Entwicklung im Mai bis Anfang Juli. Südtyrol, Krain, Wallis, Engadin, Italien, Dalmatien, Corsika. — Dietze St. e. Z. 1872. S. 188. Taf. I. Fig. 3. — Bohatsch W. e. Z. 1887. p. 123. — Püngeler St. e. Z. 1889. S. 150.

Distinctaria, *H.-S.* (Sch. Taf. 71, Fig. 44.) (Constrictata, *Gn.* Sextiata. *Mill.* Heydenaria, *Stgr.*) 15 cm lang, schlank, nach dem Kopfe zu schmaler werdend, einfarbig spangrün mit gleichmäßig breiter, bis über die Afterklappe laufender, schön karminroter Rückenlinie, welche beiderseits durch einen schmalen, hellgrünen Zwischenraum von der dunkler grünen Grundfarbe getrennt ist. Nebenrückenlinien fehlen. Kopf und Füße grün, Bauch grün, wenig heller als der übrige Körper, ohne Bauchlinie. Ringeinschnitte gelblich. Eine Varietät ist blaß karminrot, ins Grünliche ziehend; Rückenlinie dunkler, mehr weinrot, ebenso ein Streifen über den Seitenkanten. Kopf und Brustfüße schwärzlichbraun (Dietze). Nach Crewe ist die Raupe dunkelgrün mit einer breiten, purpurroten Rückenlinie; Stigmenlinien unbestimmt, grüngelb; Häut querfaltig, am Rücken mit zahlreichen, sehr kurzen, steifen, borstenförmigen Härchen besetzt. Bauch mit einer weißen Mittellinie, Ringeinschnitte am Bauche gelblich. Eine von Heyne erhaltene präparierte Raupe ist einfarbig grün, samt Kopf, Nackenschild und Afterklappe. Warzen sehr klein, von der Körperfarbe, mit kurzen dicken Borsten, sämtliche Füße grün, die Brustfüße mit dicken schwarzen Borsten besetzt. Stigmen klein, braun gerandet. Lebt im August, September an Thymus serpyllum, dessen unreife Samen sie verzehrt. Puppe gelblich grün und olivenfarbig, in einem Erdgespinst. Schmetterling im Mai und Juni, im Gebirge im Juli. Süddeutschland, Österreich, Tirol, Ungarn, England, Dänemark, Südfrankreich, Spanien, Schweiz. — Dietze. St. e. Z. 1875. p. 71. Taf. I. Fig. 2 (non 1 et 3) 1877. S. 98. — Bohatsch. Stett. e. Z. 1887. p. 162. — We. Z. 1887. S. 121. — Newm. Br. M. 133. — Mill. Jc. 110. Fig. 14—17 (Sextiata).

Extraversaria, *H.-S.* (Libanotidata, *Schlaeg.*) Mäßig schlank, 1,3 cm lang; Kopf klein, hellbraun. Körper grün. Rückenlinien und Nebenrückenlinien braunrot, vom ersten bis elften Ringe in drei Fleckenreihen aufgelöst, welche am dritten und vierten Segment nur am Hinterrand, vom fünften bis achten Segment aber sowohl am Vorder- als auch Hinterrand durch braunrote Querstriche verbunden sind. Stigmenlinien ebenfalls braunrot, in dicke Schrägstriche aufgelöst, welche oben mit den von den Nebenrückenlinien gebildeten Flecken zusammenhängen, und die ziemlich großen Stigmen in einer gelblichen Umrandung deutlich hervortreten lassen. Die Rückenzeichnungen unterliegen im einzelnen mannigfachen Abänderungen in Bezug auf Gestalt und Intensität. Bauch, Bauchfüße und Afterfüße grün; Afterklappe mit einem braunroten Mittelstreif (Ende der Rückenlinie), Brustfüße hellgelbbraun. Warzen sehr klein, gelblichbraun (nach einer präparierten Raupe von Herrn Habich-Wien). Dietze erwähnt auch fast ausschließlich grün gefärbte Varietäten der Raupe. Lebt im August an den Dolden von Peucedanum oreoselinum, Laserpitium latifolium, Angelica sylvestris, Pimpinella magna etc. Entwicklung im Juni und Juli. — Österreich, Ungarn, Bayern (Regensburg). Dietze Stett e. Z. 1872. p. 200. Taf. I. Fig. 10. 11. — Bohatsch W. e. Z. 1883, S. 228. — Rössl. Schuppenfl. 192.

Indigata, Hb. (Sch. Taf. 72, Fig. 1.) Ei glänzend, gelblich, mit sehr feinen Vertiefungen und Erhabenheiten, länglich oval, etwas plattgedrückt, findet sich zwischen die Nadelpaare der Föhren eingeschoben (Dietze). Raupe schlank, gegen den Kopf zu schmäler zulaufend, auch die letzten Segmente etwas schmäler; blaßgelbbraun, auf dem Rücken dunkelrotbraun und zwar längs der Mitte am dunkelsten; die letzten Segmente sind heller gefärbt; auf ihnen bemerkt man deutlich eine dunkelbraune Mittellinie, die an einzelnen Stellen verstärkt, an andern abgesetzt ist. Seitenkante hell weißlichgelb; Nebenrückenlinien gelblich; zwischen ihnen und der Seitenkante noch eine wenig deutliche gelbliche Längslinie. Bauch unterhalb der Seitenkante dunkelrotbraun mit einem breiten, hellen, schmutziggrauen, in der Mitte von einer feinen weißlichen Linie durchzogenen Längsstreifen. Segmenteinschnitte am Bauch gelb, auf dem Nacken nicht besonders gefärbt. Kopf hellrotbraun; Afterklappe gelb gerandet. Alle Füße hellbräunlich. Bei einer anderen Form sind die gelben Nebenrückenlinien verschwommen und die gelben Linien zwischen ihnen und der Seitenkante fehlen; der Rücken ist nicht so dunkelrotbraun und zeigt auf allen Segmenten eine dunkle, jedoch nicht scharf abgegrenzte Rückenlinie. Eine dritte, mit der eben beschriebenen sonst übereinstimmenden Form ist blaß graubraun; die Nebenrückenlinien sind wenig deutlich und ebenso wie die Seitenkante schmutzig weißgelb. Diese Raupen scheinen der Verwandlung nahe zu sein (Fuchs). Schlüpft Ende Mai aus dem Ei und ist Ende Juli oder im August erwachsen, lebt an Föhren und zwar in der Jugend mit Vorliebe an den Blüten, später auch an den Nadeln fressend; auch auf Lärchen. Verwandlung in einem leichten Gespinst am Boden oder an der Rinde der Bäume. Puppe schlank, hellrotbraun, am Rücken und an den gegeneinander geneigten Flügelscheiden dunkler. Entwicklung Ende April und im Mai. Deutschland, Österreich, England, Holland, Belgien, Kastilien, Livland, Finnland. — Dietze. St. e. Z. 1874. S. 219. — Fuchs. St. e. Z. 1876. S. 102. 1880. S. 127. — Newm. B. M. 132.

Lariciata, Frr. (Sch. Taf. 72, Fig. 2.) Lang und schlank, gegen den Kopf zu dünner, in Gestalt der Fraxinata ähnlich, lebhaft grün, in der Mitte des Rückens etwas dunkler; Rückenlinie dunkelgrün, das Afterende derselben rötlich. Nebenrückenlinien fehlen oder sind so schwach, daß sie kaum sichtbar sind. Stigmenlinie weißlich oder blaß strohfarbig, Segmenteinschnitte gelblich. Bauch weißlich mit einer dunkelgrünen Mittellinie. Eine Varietät ist gelblichrot oder rötlich lederfarben; Rückenlinie olivenbraun, am Afterende rötlich.
Nebenrückenlinien olivenbraun, oft sehr schwach. Stigmenlinie blaß grüngelb. Bauch weißlich mit einer dunklen Mittel- und zwei breiten Seitenlinien (Crewe). Der Kopf der Raupe hat dieselbe Farbe wie der Körper (Freyer). Lebt im August und September an Lärchen, in England auch auf der Balsamtanne (St. An. 1865. S. 21). Verpuppung in der gewöhnlichen Weise in einem Erdgespinst. Die Puppe kommt ebenfalls in zwei Färbungen vor, grasgrün und an den Abdominalsegmenten ein wenig ins Rostgelbe fallend, oder durchaus rostfarbig, manchmal auch in Übergängen zwischen beiden Färbungen. Die Puppe der auch auf Lärchen vorkommenden Pusillata ist durch ihre dunkelbraunen Flecken und Zeichnungen sehr verschieden. Entwicklung im Mai, Juni, im Gebirge noch im Juli. Mitteldeutschland, Bayern, Schweiz, England, Österreich, Ungarn, Rußland. — Frr. 366. — Speyer. St. e. Z. 1873, S. 361; 1882, S. 385. — Newm. Br. M. 130. — Crewe Ann. 1865. 121. — Rössl. Schuppenfl. S. 195.

Provinciata, Mill. Cylindrisch, mittelmäßig lang, nicht gekielt, vorn kaum dünner werdend, grünlich oder weinrot; auf jedem Ring zeigen sich deutliche rechteckige Flecken, welche, in der Art wie bei einem Damenbrett angeordnet, das ganze Segment mit Ausnahme der Bauchseite einnehmen; diese ist blaß und zeigt eine feine, doppelte Linie; die gewöhnlichen Linien sind nicht gut ausgeprägt, doch zeigt sich auf den drei letzten Ringen eine weiße Stigmenlinie. Kopf klein, braun. Es giebt auch eine lebhaft gelbe Varietät mit rotgelben Zeichnungen (Mill.). Lebt im Winter von Mitte Dezember bis Mitte Januar an Juniperus oxycedrus, etwa einen Monat später als die auf demselben Strauche lebende E. Oxycedrata. Entwicklung im März. Süd. frankreich (Cannes), Dalmatien, Görz. — Mill. Jc. pl. 150. Fig. 5—8.

Silenata, Stdfss. Taf. 47, Fig. 32. (Sch. Taf. 72, Fig. 3.). 1,8 cm; Kopf hellbraun; Körper hellgrün, nach Freyer auch dunkelgrün oder braungelb; Rückenlinie rotbraun, vom ersten Segment bis zur Afterklappe ununterbrochen, auf den ersten drei bis vier Segmenten aus zwei feinen Linien bestehend, dann vom fünften bis neunten Segment einfach, dick, in der Mitte jedes Segmentes etwas erweitert. Nebenrückenlinien ebenfalls braunrot, etwas wellig geschwungen, fein, in der Mitte jedes Ringes dicker und auf den mittelsten Ringen mit den betreffenden Erweiterungen der Rückenlinie zusammenhängend; auf der Afterklappe gegen die Rückenlinie konvergierend; eine eigentliche Stigmenlinie fehlt; dagegen verläuft vom dritten Brustfußpaar bis zu den Bauchfüßen, eine feine abgesetzte schwach rotbraune Linie, die manchmal nicht recht deutlich ist. In dem hellen Raum zwischen dieser Linie und den Nebenrückenlinien stehen die ziemlich großen, blaßgelb gesäumten Luftlöcher. Bauch- und Afterfüße von der Körperfarbe. Brustfüße blaß gelbbraun. Warzen ziemlich groß, mit dem Körper gleichfarbig, mit kurzen steifen Härchen. (Nach einer präparierten Raupe von Herrn Habich-Wien). Lebt im Juli und August an Silene inflata, meist im Kelch der Blumen sitzend und die

Samenkapseln anbohrend, frißt jedoch auch die Blätter der Pflanze. Verpuppung auf der Erde unter Moos. Puppe braun mit herzförmiger Afterspitze. Entwicklung im April, im Gebirge im Juli. Österreich, Steiermark, Tyrol, Schlesien, Galizien, England. — Frr. 546. Fig. 1. — Standf. Schles. ent. Z. 1849. p. 16. — Wilde 454, unrichtig).

Cocciferata, *Mill.* Raupe kurz, seitlich gekielt, nach vorn dünner, stark querfaltig und runzelig, mehr oder weniger ausgesprochen gelb, oder ins Grünliche ziehend. Rückenlinie fein, braunrot, manchmal undeutlich; auf dem zweiten bis neunten Ring je ein länglicher Flecken oder eine gebrochene schräg nach links und rechts absteigende Linie (Rückendreiecke). Die nur vom vierten bis neunten Segment deutlichen Nebenrückenlinien sind auf den Ringeinschnitten unterbrochen. Die Stigmenlinie ist auch unterbrochen und nur auf den mittleren Ringen deutlich: die beiden letztgenannten Linien sind unter sich verbunden durch Schrägstriche, welche durch die Verlängerung der Seiten der Rückendreiecke gebildet werden. Stigmen klein, weiß, schwarz geraudet. Bauch graugrün mit einer hellen, feinen Mittellinie, welche unterbrochen und nicht scharf ausgeprägt ist. Kopf klein, kugelig, dunkel rötlich. Brustfüße rötlichgelb, am letzten Glied braun, Afterfüße von der Körperfarbe (Millière). Lebt im Mai und Juni an Quercus ilex, suber und coccifera, mehr die Blüten als die jungen Blätter verzehrend. Verpuppung zwischen Moos in einem festen Gewebe von brauner Seide, vermengt mit Erdkörnchen und Pflanzenabfällen. Puppe schlank, dunkelrotbraun glänzend; Kopf, Flügeldecken und Hinterleibsspitze schwarzbraun. Entwicklung im März des folgenden Jahres. Südfrankreich, Andalusien, Corsika. — Mill. Ic. 56, Fig. 1—4. — Mab. Ann. S. Fr. 1867. pl. XIV. Fig. 2 (var. Semitinctaria).

Abbreviata, *Stph.* (Sch. Taf. 72, Fig. 4.) (Guinardaria, *H.-S.*) Ei länglich, mit feinen Punkten, gelblich (Gooss.). Raupe 2,0 cm lang, schlank, nach vorne zu dünner, chagriniert, lehmgelb; Rückenlinie grünlichbraun oder braun, breit, auf den drei ersten Ringen in der Mitte fein weiß geteilt, vom vierten bis achten Ringe vorn nicht geschlossene Dreiecke bildend, deren Seiten bedeutend dunkler sind als die Mitte; auf dem neunten und zehnten Ring sind die Dreiecke undeutlich; auf dem elften und zwölften Ring ist die Rückenlinie wieder ein einfacher, breiter, dunkelbrauner Streifen. Nebenrückenlinien fein, braun, beiderseits weißgelb gesäumt, vom vierten Ring an unterbrochen und nur an den Seiten der Rückendreiecke deutlich, schließlich die helle Umsäumung der Afterklappe bildend. Stigmenlinien weißlich, breit, nicht scharf begrenzt, vom vierten bis achten Ring durch dicke braune Schrägstriche unterbrochen und dicht vor diesen weißgelbe Schrägstriche an die äußeren Seiten der Rückendreiecke entsendend (letztere Zeichnung mehr oder weniger deutlich). Unter der Stigmenlinie ein breiter, brauner Längsstreifen, der sich auf die Außenseite der Afterfüße fortsetzt. Stigmen klein, hellbraun, nicht leicht sichtbar. Bauch blaß rötlichgelb mit weißlichem Mittelstreifen.

Kopf klein, oben abgeflacht, braun, dunkler getupft, mit zwei gelben länglichen Flecken am Scheitel. Nackenschild und Afterklappe nicht besonders gezeichnet. Warzen groß, gelblich, mit feinen bräunlichen Börstchen. Brustfüße blaßbraun, Bauch- und Afterfüße von der Körperfarbe. Nach Rössler haben einzelne Raupen nur die einfache Rückenlinie ohne Anschwellungen (Dreiecke), andere dunkel moosgrüne Rückenflecken. Lebt im Mai an Eichen. Verpuppung in einem Erdcocon. Puppe lebhaft rotbraun; Kopf und Flügeldecken blasser als der Körper; die Basis der Flügeldecken dunkler, Ringeinschnitte und Spitze des Hinterleibes tief rotbraun. Entwicklung im März und April. England, Holland, Frankreich, mittleres und nordwestliches Deutschland, Catalonien, mittleres Italien. — Dietze St. e. Z. 1875, Taf. I, Fig. 34—36. — Rössl. Schupp. S. 197. — Newm. Br. M. S. 140.

Dodoneata, *Gn.* (Sch. Taf. 72, Fig. 5.) Ei abgeplattet, ohne Eindruck, grünlichweiß, später bräunlich, schwach glänzend, über und über mit kleinen rundlichen Erhabenheiten bedeckt. Raupe 2,0 cm lang, mäßig schlank, gegen den Kopf zu etwas dünner, chagriniert, rötlich ockerfarbig oder gelbgrün mit orangegelben Ringeinschnitten. Rückenlinie dunkel olivenbraun, fast schwarz, auf den ersten drei Ringen breit, vom vierten Ringe an eine Reihe von schwarzen oder dunkelbraunen pfeilförmigen Flecken bildend, die auf den hinteren Ringen an Größe abnehmen. Nebenrückenlinien schlank, dunkel, gelblich eingefaßt; Stigmenlinie gelblich, auf jedem Segment von einem dicken, dunkel olivenbraunen Schrägstrich unterbrochen, in welchen die kleinen, schwarzen, hell umraudeten Luftlöcher stehen. Zwischen diesen Schrägstrichen und der Außenseite der Rückendreiecke verlaufen gelbliche, mit der Stigmenlinie zusammenhängende Schrägstriche. Bauch mit einer feinen, rotbraunen Mittellinie. Kopf grünlichbraun, dunkler gefleckt. Nakenschild und Afterklappe nicht besonders gezeichnet. Warzen sehr klein, schwärzlich mit sehr kurzen Börstchen. Brustfüße braun, Bauch- und Afterfüße an der Außenseite braunrot. Crewe beschreibt zwei Varietäten, deren eine blaß gelblichgrün ist, mit denselben aber viel blasseren Zeichnungen wie die Stammart; bei der zweiten Varietät ist die Grundfarbe orangerot, der Rücken dunkel grünlichgelb überhaucht; die rötlich- oder olivenbraune Rückenlinie ist in der Mitte jedes Segmentes etwas erweitert (während die Pfeilflecke ganz fehlen); die Nebenrückenlinien sind von derselben Farbe wie die Rückenlinie aber schlanker; die Stigmenlinien und die seitlichen Schrägstriche sind grünlichgelb, letztere unbestimmt. Bei einer von Dr. Staudinger erhaltenen präparierten grünen Raupe sind die braunen Rückendreiecke innen grün ausgefüllt; auf den ersten und letzten Segmenten ist die Rückenlinie fast ganz verschwunden; ebenso fehlen die Nebenrückenlinien. Lebt im Mai, Juni an Eichen und an Crataegus, an ersteren die jüngsten und zartesten Blätter vorziehend. Verpuppung in einem Erdgespinst oder unter der Rinde der Eichen versteckt. Puppe dunkelrotbraun, von rauhem runzeligen Ansehen. Entwicklung im Mai und Juni.

Nördliches und westliches Deutschland, Österreich, mittleres, westliches und südliches Frankreich, Corsika, Catalonien, England, Holland, Dänemark. — Goossens Ann. S. Fr. 1871. pl. 4. Fig. 3. — Rössl. Schupp. 198. — Newm. Br. M. 140. — Barrett. Monthl. Mg. 1890. 214.

Exiguata, *Hb.* Taf. 47, Fig. 31. (Sch. Taf. 72, Fig. 6.) 1,8 cm lang, sehr dünn und schlank, nach dem Kopf zu verschmächtigt, grün; Rückenlinien rotbraun, in der Mitte von einer feinen hellen Linie geteilt, vom vierten bis neunten Ring in der Mitte jedes Ringes unterbrochen und in langgezogene Rauten oder länglich ovale Flecken aufgelöst, welche von den gelblichen Ringeinschnürungen in der Mitte quer durchschnitten werden. Nebenrückenlinie nicht sichtbar. Stigmenlinie breit, lebhaft rotbraun, bis an die Sohle der Afterfüße fortgesetzt. Stigmen am oberen Rand dieser Linie klein, hellgelbbraun eingefaßt. Bauch weißlichgrün, ohne Linien. Kopf so breit wie das erste Segment, vorn und seitlich abgeflacht, dadurch etwas eckig, oben mit ziemlich tiefer Scheitelfurche, braun; erster Ring am Vorderrand wulstig erhöht. Afterklappe von dem breiten Ende der roten Rückenlinie durchzogen. Warzen sehr klein, schwarz, mit kurzen schwärzlichen Börstchen. Brustfüße grüngelb, Bauchfüße einfarbig grün. Auf den drei vorderen Segmenten ist die Rückenlinie oft sehr undeutlich, mehr grünlich als braun; oder fehlt ganz. Lebt im September und Oktober an Berberis, Sorbus, Prunus, Crataegus, Ribes, Acer, Salix, Fraxinus und Alnus etc. Verpuppung zwischen zusammengesponnenen Blättern oder in einem Erdgespinst. Puppe schlank, an Thorax und Hinterleib dunkel olivenfarbig, Flügelscheiden dunkel olivengrün; Ringeinschnitte am Hinterleib grau und sehr breit. Entwicklung im Mai und Juni. Mitteleuropa (mit Ausnahme des östlichen Rußland), Österreich, Livland. — Tr. VI. 2. 116. — O. W. 452. — Frr. 119. Fig. 1. — Rössl. Schuppenfl. S. 198. — Newm. Br. M. 141.

Lanceata, *Hb.* (Sch. Taf. 72, Fig. 7.) (Hospitata, *Fr.*). Ei länglich oval, blaß weißgelb, ins Grünliche ziehend, mit mattem Perlmutterglanz, oben schwach eingedrückt, mit feinen nadelstichartigen Vertiefungen, später braun. Die eben ausgeschlüpften Räupchen sind schmutzig gelbgrün mit schwarzem Kopfe, Nacken- und Afterschild, ebensolchen Brustfüßen und Plättchen an der Außenseite der Afterfüße. Erwachsen ist die Raupe 1,6 cm lang, sehr schlank und dünn, nach dem Kopf zu sehr wenig dünner; nicht chagriniert, fein querfaltig, ockergelb bis schwärzlich; grüne Farbe wurde nicht beobachtet (Dietze). Rückenlinie schwarz, bei dunklen Exemplaren undeutlich, auf den drei vorderen Segmenten fein weiß geteilt, auf dem Anfang der mittleren und der Endsegmente meistens etwas erweitert. Nebenrückenlinien deutlich, schmäler als die Rückenlinie, gelblich, rötlich oder bräunlich, nach unten durch eine schwärzliche, sehr feine, oft kaum wahrnehmbare Linie begrenzt, die bisweilen unterbrochen und nur auf der Mitte der Ringe als schwarzer Strich angedeutet ist. Stigmenlinie gelb oder hellrotbraun, selten weißlich, unten breit schwärzlich begrenzt, bisweilen nur unter den vorderen und hinteren Füßen. Stigmen sehr klein, blaßbraun. Bauch heller als der Rücken mit dunkelbrauner oder schwarzer, ganz durchlaufender oder unterbrochener, manchmal auch ganz fehlender Mittellinie. Kopf hellbraun, dunkelbraun oder schwarz, dann auf Scheitel und Stirn heller. Nackenschild nicht besonders gezeichnet. Afterklappe von der Körperfarbe, meist mit breitem, dunklerem Fleck, hell gerandet. Warzen nur mit der Lupe sichtbar, mit sehr kurzen, braunen Börstchen. Brustfüße hellbraun bis schwarzbraun. Bauch und Afterfüße von der Körperfarbe. Bei einer rötlichockergelben oder lehmfarbigen Varietät sind die Nebenrückenlinien sehr fein, schwarzbraun, auf den Ringanfängen zu einem Flecken erweitert, bald ganz durchlaufend, bald auf den Ringeinschnitten unterbrochen, oben hell eingefaßt. Lebt von Ende Mai bis Mitte Juni an Pinus abies und picea, sich von den zarten frischen Nadeln nährend; noch lieber benagt die Raupe die rote weibliche Blüte. Verpuppung in einem leichten Gespinst zwischen Moos und Erde. Puppe schlank, gelblichbraun mit rotbraunem Hinterleibe, stark glänzend, ausgezeichnet durch je einen schwarzen Pigmentfleck in der Gegend der Augen. Entwicklung im April. Deutschland, Österreich, Schweiz, Galizien, Livland, Finnland, mittleres Rußland. — Dietze Stett e. Z. 1874. S. 270. 1875. Taf. 1. Fig. 7 und 8. — Rössl. Schuppenfl. S. 198.

Mnemosynata, *Mill.* Raupe gleichmäßig cylindrisch, ziemlich dick, lehmfarbig, glänzend; auf den mittleren Segmenten findet sich oben und unten eine deutliche braune kreuzförmige Zeichnung. Die Seiten sind vom vierten bis neunten Segment durch je einen großen weißlichen Flecken (unterbrochene Stigmenlinie) gezeichnet. Kopf klein, kugelig, grünlichbraun. Füße von der Körperfarbe. Von den ähnlichen Raupen der Provinciata und Phoeniceata unterscheidet sich Mnemosynata außer durch ihre Größe und ihr glänzendes Aussehen, durch den Mangel eines seitlichen Kieles und einer weißen Mittellinie des Bauches; sie ist außerdem dunkler als Provinciata und niemals grün wie Phoeniceata (Millière). Lebt im März an Cypressen. Entwicklung im September. Südfrankreich (Cannes), Catalonien. — Mill. Ann. S. Belg. 1877. p. 63. pl. I. Fig. 1—3.

Phoeniceata, *Rbr.* (Sch. Taf. 72, Fig. 8.) Ziemlich schlank und fast gleichmäßig cylindrisch, dunkelgrün mit weißen, aber undeutlichen Nebenrückenlinien; der Kopf ist klein, zur Hälfte unter das erste Segment zurückgezogen. Brustfüße oft rötlich gefärbt. In der Jugend ist die Raupe gelblichgrün, auf den mittleren Ringen karminrot überhaucht; es giebt auch rötliche und braune Varietäten (Millière.) Eine von Dr. Staudinger erhaltene präparierte Raupe ist 2,4 cm lang grüngelb, glänzend; Rückenlinie dunkler als der Grund, undeutlich, außen heller gesäumt, in der Mitte des fünften, sechsten, siebten und achten Segmentes steht je ein kleiner rötlichbrauner, beiderseits weißgesäumter Flecken. Nebenrückenlinie nicht sichtbar; die Stigmenlinie ist nur durch ziemlich breite weißliche Flecken am Anfang der mittleren Segmente angedeutet. Stigmen deutlich, dunkelbraun. Bauch heller als der Rücken, ohne Zeichnung. Kopf klein, rund, braun, dunkler getupft. Erstes Segment am Vorderrand wulstig. Afterklappe mit einem breiten braunroten Flecken. Afterfüße von der Körperfarbe. Lebt an Juniperus phoenicea, dessen Zweigen die ruhende Raupe außerordentlich ähnlich ist. In Südfrankreich findet sie sich vom Dezember bis zum Februar. Der Schmetterling fliegt erst im Herbst in den ersten Tagen des September; nur eine Generation. Südfrankreich, Catalonien, Triest, Dalmatien. — Mill. Jc. 110. Fig. 6. 7.

Oxycedrata, *Rbr.* Mäßig schlank, nach vorne zu dünner, grün (wie die Zweige der Nährpflanze). Rückenlinie fein, dunkelgrün; Nebenrückenlinien schmal, weiß. Stigmenlinie breit, weiß, auf den ersten drei Ringen rötlich gefleckt; Afterklappe ebenfalls oft rötlich. Manche Raupen sind weinrot oder braun gefärbt; eine dritte Varietät ist lebhaft gelb und zeigt auf dem Rücken jedes Ringes rote verschieden gestaltete Zeichnungen, deren Spitzen beiderseits nach abwärts reichen und in der Höhe der Stigmenlinie endigen (Millière). Lebt in zwei Generationen im November und Ende Juni, wie es scheint, ausschließlich auf Juniperus oxycedrus. Die Puppe der Stammart ist grün; jene der Varietäten sind je nach der Raupe rötlich, braun oder gelblich. Entwicklung der ersten Generation im Oktober oder März des folgenden Jahres, der zweiten im Anfang Juni. Südfrankreich (Cannes), Corsika. — Mill. Jc. 110. Fig. 1—3.

Unedonata, *Mab.* Raupe sehr variierend, bald eintönig rot mit weißlich rosenroten Füßen und Bauch, rötlichem schwarz punktiertem Kopfe, bald gelblichweiß, grünlich gewässert, mit rötlicher Rückenlinie und rosenroten Füßen. 1,5—1,8 cm. Gumpp nach Mabille. Lebt im Oktober und November auf Arbutus unedo. Puppe bleich lehmgelb mit scharfer Linierung. Hinterleib gelb mit wenig vorragendem Wulst am Afterende, auf welchem 5—6 hakenförmig gebogene Haare stehen. Schmetterling im März. Corsika, Griechenland, Catalonien. — Mab. An. S. Fr. 1867. p. 649. pl. XIV. Fig. 3. a. b. — Gumpp. II. 200.

Rosmarinata, *Mill.* Mäßig schlank, nach dem Kopfe zu verdünnt; Haut querfaltig und rauh; Grundfarbe unbestimmt, schwankend zwischen einem bald mehr ins Graue, bald mehr ins Bläuliche ziehenden Grün. Rückenlinie und Nebenrückenlinien sind breit, blaugrün, vom ersten bis elften Ring ohne Unterbrechung verlaufend. Stigmenlinien heller als der Grund, bei manchen Individuen dunkel karminrot. Stigmen kaum mit der Lupe sichtbar, braun. Bauch weißlichgrün, an den vorderen Ringen ins Bläuliche ziehend, mit einer schmalen dunklen Mittellinie vom vierten bis neunten Ring. Kopf klein, kugelig, gelblich, mit zahlreichen, schwarzen, regelmäßig gestellten Fleckchen besetzt; sämtliche Füße graugrün, die Brustfüße am letzten Glied braun. Afterklappe dunkelgrün oder braun gefleckt. Warzen sehr klein, braun (Millière). Lebt an Rosmarinus officinalis und zwar von den Blüten, in welchem sie sich versteckt hält; sie verläßt das Ei Ende Dezember oder Anfang Januar und ist Mitte April, spätestens im Mai zur Verpuppung reif. Verpuppung am Boden in einem leichten Gespinst zwischen Moos, Pflanzenabfällen etc. Puppe schlank, an Kopf und Flügelscheiden grün; Hinterleib gelbrötlich; Afterende wulstförmig, braun mit sieben bis acht steifen divergierenden Haaren. Entwicklung im Spätherbst. Mitte November bis Mitte Januar. Südfrankreich (Marseille). — Mill. Jc. 63. Fig. 4—8.

Sobrinata, *Hb.* Taf. 47, Fig. 33 a—e. (Sch. Taf. 72, Fig. 9.) 1,8 cm lang, schlank, nach vorne zu dünner; Haut stark querfaltig; Grundfarbe dunkelgrün oder rötlichgelb oder braun; Rückenlinie fein, dunkelbraun, auf den ersten Segmenten undeutlich; in der Mitte des dritten bis neunten Ringes steht je ein länglich ovaler roter Flecken; diese Flecken nehmen nach vorn und nach hinten zu an Größe ab, sind sämtlich von der braunen oder grünen Rückenlinie mitten durchschnitten, können aber auch ganz fehlen; Nebenrückenlinien gelblich, fein, die Seiten der Rückenflecken berührend, oft auch fehlend. Die Stigmenlinie ist geschwungen, bleichgelb oder weißlich, ziemlich breit, nicht scharf begrenzt. Stigmen sehr klein, hellbraun. Bauch heller als der Rücken mit einer weißlichen Mittellinie. Kopf hellbraun; Nackenschild von der Körperfarbe. Afterklappe mit einem rötlichbraunen Flecken; Warzen sehr klein, braun, mit sehr kurzen, steifen Börstchen. Brustfüße blaßgelbbraun, Bauch- und Afterfüße von der Körperfarbe. Nach Rössler giebt es auch eine grüne Varietät mit weißen Rücken- und gelben Seitenlinien. Lebt im Mai und Anfang Juni an Wachholder, besonders gern die Blüten fressend. Verpuppung in einem leichten Gespinst an der Erde oder zwischen den Ästen der Futterpflanze. Puppe gelblich, am Kopf, Thorax und Flügelscheiden dunkelgrün, oder braungelblich bei den Varietäten der Raupe. Entwicklung sehr ungleich, manchmal schon nach vierzehn Tagen bis drei Wochen, meist im August, einige erst Ende September, Anfang Oktober. Mittleres und nördliches Europa (mit Ausnahme der Polarregion), Piemont, nördliche und östliche Türkei, Ural. — Tr. VI. 2. 112. X. 2. 213. — Frr. 90. — O. W. 452. — Rössl. Schupp. 198. — Newm. Br. M. 142. — Mill. Jc. 110, Fig. 23.

Hieher gehört als Varietät:

Scoriata, *Stgr.* 1,3 cm lang, nach vorn wenig dünner, nicht chagriniert, spangrün bis rotbraun. Rückenlinie dunkelgrau, nicht unterbrochen; Nebenrückenlinien fein, gelblich. Stigmenlinie breit, weißlichgelb, manchmal doppelt. Stigmen sehr klein, hellbraun. Bauch schmutzig graugrün oder violett mit einer deutlichen, weißen Mittellinie. Kopf sehr klein, schmutzig gelblich oder braun. Nackenschild von der Körperfarbe. Afterklappe hinten rötlichbraun. Warzen sehr klein, schwarz mit dunklen, sehr kurzen Börstchen. Brustfüße blaßbraun; Bauch- und Afterfüße von der Körperfarbe. (Nach einer präparierten Raupe von Dr. Staudinger.) Eine grüne Varietät führt auf dem Rücken braune Oval- oder Rhomboidalflecken; dieselben berühren sich fast, sind vom fünften bis achten Segment am größten und nehmen nach vorne und hinten ab. Andere Raupen sind spangrün, ohne alle Zeichnung (Staudinger). Lebt im Juni an Juniperus nana. Verpuppung in einem Gespinste im Moos. Puppe gelbbraun, ziemlich dick mit sechs kurzen rötlichen Borsten am Afterende. Entwicklung im August. Island, Nordfinnland. — Staudgr. St. e. Z. 1857, S. 265.

Pauxillata, (*Rbr.*) *B.* (non *H.-S.* nec. alior.) (Millierata, *Stgr.*) Die Raupe gleicht sehr denjenigen der Helveticaria, Oxycedrata und Ericeata, insbesondere der letzteren, sie ist jedoch etwas schlanker, rötlich oder braun, was bei Ericeata niemals vorkommt, und hat grüne, außen rote Afterfüße, während diese bei Ericeata nur in der Mitte rot sind. Grundfarbe grün; Nebenrückenlinien und Stigmenlinien weiß; der bläulichweiße Bauch zeigt eine helle zusammenhängende Mittellinie. Der Kopf ist klein, grün, glänzend. Brustfüße grün (Millière). Lebt im März und April an Juniperus macrocarpa, vielleicht auch auf Juniperus communis. Verwandlung oberflächlich in der Erde. Entwicklung im September, hie und da auch schon im Juli. Südfrankreich (Ardeche). — Mill. Jc. 110, Fig. 18—19 (Expressaria). — Bohatsch W. e. Z. 1887, S. 125.

Ericeata, *Rbr.* Der vorigen Art, sowie der Helveticaria-Raupe sehr ähnlich, gelblichgrün; Rückenlinie dunkelgrün, breit und ununterbrochen; Nebenrückenlinien heller als der Grund; Stigmenlinien breit, weiß, immer gut ausgeprägt. Ericeata ist indessen etwas kürzer als die beiden andern Raupen, ferner ist die Stigmenlinie auf den drei letzten Segmenten immer mehr oder weniger lebhaft karminrot, was bei Expressaria bezw. Millierata nicht der Fall ist; sie ist ferner nicht variierend (Millière). Lebt im März und April an Erica arborea, die Blüten verzehrend. Schmetterling im September und Oktober. Corsika, Südfrankreich, Piemont. — Mill. Jc. 110, Fig. 4—5.

Pumilata, *Hb.* (Sch. Taf. 72, Fig. 10.) 1,5 cm lang, dick, nach vorn zu bedeutend dünner werdend, blaßgelblich, olivengrün, rötlich oder rostroth. Rückenlinie dunkel olivengrün, fast schwarz, manchmal aber auch sehr blaß, mehr grau, vom vierten bis achten Ring mehr oder weniger deutlich ausgeprägte Pfeilflecke bildend. Nebenrückenlinien fein, gelblich, an den Seiten der Rückenflecke breite gelbe Flecken bildend. Stigmenlinie gelblich, breit, nicht bestimmt begrenzt. Stigmen klein, braun, hell gerandet. Bauch in der Mitte mit einem breiten, weißen, unbestimmt begrenzten Längsstreifen. Kopf sehr klein, hellbraun, am Hinterrand und am Scheitel schwärzlich getupft. Nackenschild dunkelbraun mit drei gelben Längslinien (Anfänge der Rücken- und Nebenrückenlinien). Afterklappe mit einem dunkelbraunen, dicken Längsstrich (Ende der Rückenlinie). Warzen sehr klein, schwarz, mit sehr kurzen Börstchen. Brustfüße an den Hüften gelbweiß, sonst braun. Bauch- und Afterfüße von der Körperfarbe. (Nach einer präparierten Raupe von Dr. Staudinger, von Chiclana). Crewe giebt außer den oben beschriebenen Zeichnungen noch einen breiten bandartigen Streifen an den Seiten an, der in der Mitte gelblich und an den Rändern dunkel ist. Eine Varietät ist gelb, beinahe zitrongelb; Rückenlinie olivengrün, auf den mittleren Segmenten eine Reihe birnförmiger Flecke von derselben Farbe bildend; an der Seite des Rückens zwei olivengrüne Linien; Bauch blaugrün. Wenige Raupen sind einfarbig blaß gelbgrün ohne Zeichnungen (Rössler). Sehr polyphag, lebt Ende Mai und im Juni in Clematisblüten, in den Blüten von Sarrothamnus scoparius und Ulex, Weißdorn und Sorbus, an Haidekraut und in den Dolden von Anthriscus sylvestris (Hellins). Wurde von Rössler mit Salat erzogen. Versteckt sich gern am Boden unter dem Futter. Verpuppung in einem Erdgespinst. Puppe an Thorax und Flügelscheiden blaßgelb; Hinterleib kurz, gelblich, mit rotbraunen Gelenkeinschnitten und ebensolcher Spitze. Entwicklung im April und Mai, im Süden zum zweitenmal im Juli und August. Südliches und westliches Europa (mit Ausnahme von Rußland), mittleres und westliches Deutschland, Österreich, Ungarn, Schweiz, Livland, Petersburg, Südfrankreich (var. Parvularia, *H.-S.* und Tempestivata, *Zell.*, Globulariata, *Mill.*) O. W. 457. — Sepp 2 Ser. III. Taf. 25. — Rössl. Schupp. S. 198. — Newm. Br. M. 143. — Mill. Jc. Livr. IV. pl. 3, Fig. 1—7 (Globulariata).

Nachträge, Ergänzungen und Berichtigungen.

Seite V. Dem Autorenverzeichniß sind beizufügen:

An. S. Cannes = Annales de la Société des Sciences nat., Arts et Belles—Lettres de Cannes. 1875—1879.

Borgmann, Hugo, Anleitung zum Schmetterlingsfang und zur Schmetterlingszucht, nebst einem Verzeichnis der Macrolepidopteren der Umgegend von Cassel. 1878.

Dorfmeister. Siehe V. d. z. b. V. in Wien.

Gumpp. = Gumppenberg. C. Fr. v. Systema Geometrarum zonae temperatioris septentrionalis; in den Nova Acta der K. Leopold Carol. Deutschen Akademie der Naturforscher. 1887—1892.

Hellins. Siehe the Ent. Monthl. Mag.

Hornig, v. Siehe V. d. z. b. V. in Wien.

Newm. B. M. = Newmann, illustrated Natural. History of British Moths. London.

Pabst, Die Großschuppenflügler (Macrolepidoptera) der Umgegend von Chemnitz und ihre Entwicklungsgeschichte. 1884—1889.

Rghf. = Rogenhofer, Al., Fauna v. Hernstein in Niederösterreich. 1885.

Rühl, Der Köderfang der europäischen Macrolepidoptera nebst Anweisung zur Raupenzucht. 1892.

Die palaearktischen Großschmetterlinge und ihre Naturgeschichte, Lieferung 1 und 2. 1892.

Schmid, A., Die Lepidopteren-Fauna der Regensburger Umgegend mit Kelheim und Wörth. Korrespondenzblatt des naturwissenschaftlichen Vereins zu Regensburg. 1885 und 1886.

Regensburger Raupenkalender. Berichte des naturwissenschaftlichen Vereins zu Regensburg. III. Heft, 1890—1891.

Stdf. = Standfuß, Handbuch für Sammler der europäischen Großschmetterlinge. 1892.

Weismann, Studien zur Descendenztheorie I. 1875.

Seite XIV. Über Krankheiten der Raupen siehe ferner:

Hofmann, Dr. Ottmar, Insektentödtende Pilze mit besonderer Berücksichtigung der Nonne und: Die Schlaffsucht der Nonne (Liparis Monacha) 1891. (Frankfurt a. M., Peter Weber).

Seite

1. **Papilio Podalirius**, *L.* Außer an Schlehen kommt die Raupe auch an Sauerkirschen und Vogelbeeren (Sorbus aucuparia) vor. Die im August zur Entwicklung kommenden Puppen sind smaragdgrün, nicht gelb. — Berl. e. Z. 1888. p. 223.

1. **P. Machaon**, *L.* Taf. 48, Fig. 1.

1. **Thais**, *F.* Die Puppen überwintern manchmal zweimal.

1. **Th. Cerisyi**, *F.* Lebt an Aristolochia Clematitis; var. Deyrollei nach Dr. Staudinger an Aristolochia hastata; kommt auch in Griechenland vor. — Rühl Pal. Gr. Schm. p. 87.

2. **Th. Polyxena**, *Schiff.* Kommt auch bei Brünn und Wien vor.

2. **Doritis**, *O.* Die Raupen dieser Gattung sind gleichmäßig behaart. Puppenruhe oft zweijährig.

2. **Apollinus**, *Hbst.* Kommt nicht auf den griechischen Inseln vor, sondern auf den Gebirgen Kleinasiens und Syriens.

2. **P. Delius**, *Esp.* Taf. 48, Fig. 2. Kommt nur in den Zentral- und Ostalpen Europas vor. Raupe der von Apollo sehr ähnlich, jedoch ist die seitliche Fleckenreihe nicht so lebhaft rot wie dort; besonders die Flecken gegen den Kopf hin sind mehr orangegelb; außerdem ist ein Unterschied in der Zahl der Flecken auf den einzelnen Segmenten. Delius hat auf dem ersten Segment zwei, dann vom dritten bis elften inklusive drei, zwei äußere größere und einen mittleren kleineren und auf dem zwölften Segment vier orangegelbe Flecke. Apollo hat dagegen nur auf dem zweiten und dritten Ring drei Flecken, sonst auf allen übrigen nur zwei, welche noch dazu am elften und zwölften Segment sehr klein werden. — Sellon. Entom. 1892. p. 234.

3. **Ap. Crataegi**, *L.* Die Puppe ist mit dem Kopfe nach aufwärts angeheftet (in der Abbildung Taf. I, Fig. 6 b. irrtümlich gestürzt dargestellt).

3. **P. Brassicae**, *L.* Verheert auch mitunter in Gärten die Kapuzinerkresse, Tropaeolum majus et minus.

3. **P. Daplidice**, *L.* Lebt in Norddeutschland besonders an Bertéroa incana und Erysimum repandum (Rghf.).

4. **Anth. Tagis**, *Hb.* Kommt in der südlichen Schweiz nicht vor.

Seite

4. **A. Cardamines,** *L.* Lebt auch auf Erysimum alliaria (Rghf.). Die Puppe hängt mit dem Kopfe aufwärts, nicht gestürzt (wie die Abbildung Taf. 1, Fig. 12 b. zeigt).

4. **A. Euphenoides,** *Stgr.* Kommt auch in der südlichen Schweiz bei Lugano am Monte Brè vor.

4. **Z. Menestho,** *Mén.* Ist wohl nur Lokalform von Z. Eupheme, *Esp.*

4. **Leucophasia,** *Stph.* Die Puppe ist mit aufwärts gerichteter Kopfspitze aufgehängt (Taf. 1, Fig. 13 b. irrtümlich).

5. **Col. Hyale,** *L.* Die Raupe findet sich im Herbst und nach der Überwinterung im Frühjahr, und zum zweitenmal im Juni und Juli. Den Raupen der ersten Generation fehlen die schwärzlichen Punkte auf dem Rücken vollständig. — Z. Stett. e. Z. 1877, p. 283. — Frohawk Ent. 1892, p. 271.

5. **Col. Myrmidone,** *Esp.* Hat nach A. Schmid gleichfalls zwei Generationen; der Falter fliegt Ende Mai und im Juni, dann wieder Mitte August bis in den September.

5. **Col. Edusa,** *F.* Ebenfalls zwei Generationen; Falter im Juni und wieder vom August bis in den Oktober. — Frohawk Ent. 1892. p. 201.

6. **Th. W-album,** *Kn.* Puppe meist an der Unterseite der Ulmenblätter befestigt, liefert nach 13 Tagen den Falter.

6. **Th. Roboris,** *Esp.* Nur in Südfrankreich und Spanien. — (Spr. geogr. Verbr. d. Schm. II. p. 275. — St. e. Z. 1888, p. 211.)

6. **Th. Rubi,** *L.* Die Raupe lebt außer an den bereits genannten Pflanzen auch noch an den Blüten von Onobrychis sativa und nach A. Schmid in Regensburg besonders zahlreich in den Blütendolden von Cornus sanguinea, auch die grünen Früchtchen ausfressend; Plötz fand sie an Sedum palustre in die weichen Stiele der Pflanze eingebohrt; in England kommt sie an Birken vor. Nach Rogenhofer frißt die Raupe gelegentlich auch andere. Die Puppe giebt einen zirpenden Ton von sich. — Kleem. Nat. 1774. IV. p. 123. — Swinton Month. Mg. XIV. p. 210. — Stett. e. Z. 1877 p. 86.

7. **P. Dispar,** *Hw.* Taf. 48, Fig. 3. (Sch. Taf. 3, Fig. 15.) (Var. Rutilus, *Wernb.*) 1,6 cm lang, sammtartig dunkelgrün mit dichter, sehr kurzer dunkler Behaarung. Rückenlinie und Nebenrückenlinien nicht oder kaum wahrnehmbar; Stigmenlinie auf der Seitenkante gelegen, weißlichgelb. Stigmen groß, oval, vorstehend, weißlich, ganz blaß gelbbraun gerandet. Erster Ring und Afterklappe von der allgemeinen Körperfarbe. Kopf sehr klein und schmal, blaß gelbbraun mit schwarzen Mundteilen. Bauch nebst Bauchfüßen und Nachschiebern grün; Brustfüße blaßbraun, über jedem derselben je ein unbestimmter rötlichbrauner Flecken, der auf dem ersten Segment ziemlich weit gegen den Rücken hinaufreicht (Nach einer präparierten Raupe von H. Gleißner, Berlin). Lebt nach Stainton (Manual of Butt. a. M.) an Rumex hydrolapathum und R. aquaticus im Juni. Die aschgraue mit braunen Winkelzeichnungen am Rücken versehene Puppe ist mit einem feinen, um die Mitte des Leibes gehenden Faden an der Futterpflanze festgesponnen. Entwicklung im Juli und August. England. Var. Rutilus in Frankreich, Deutschland und im südöstlichen Europa. — Frr. 127.

7. **Pol. Dorilis,** *Hufn.* (Circe, *Schiff.*) Zeller St. e. Z, 1877, p. 287.

7. **Pol. Phlaeas,** *L.* Die Raupe lebt im April, Mai und Juli, August. Der Schmetterling fliegt im Mai und vom Juli bis in den Oktober.

7. **Lyc. Telicanus,** *Lang.* Lebt nach Gartner bei Triest an Melilotus albus; zwei Generationen, deren Flugzeit Ende März und Juli, August ist.

8. **Aegon,** *Schiff.* Die Raupe lebt nach Zeller auch auf Ononis.

8. **Argus,** *L.* Raupe nach A. Schmid in den Blüten von Genista germanica. Entwicklung im Mai, Juni und dann zum zweitenmal im August.

8. **Orion,** *Pall* (= Battus. *Hb.*).

8. **Baton,** *Berg.* (Hylas, *S.-V.*) (Sch. Taf. 3, Fig. 28.) (Var. Panoptes, *Hb.*) Raupe in der Ruhe kurz, rundlich, oben konvex, unten abgeplattet, seitlich sehr gekielt, mit deutlichen geschwellten Ringen. Kopf klein, glänzend schwarz, halb unter dem ersten Ring versteckt. Grundfarbe hellgrün; vom zweiten bis neunten Ring verläuft eine Reihe birnförmiger, lebhaft karminroter Rückenflecken, welche durch die dunkel karminrote Rückenlinie durchschnitten werden und je zwei weiße Punkte links und rechts von dieser Linie führen. Jeder birnförmige Flecken ist überdies auf beiden Seiten von einem doppelten rotweißen, dann dunkelgrünen Strich begleitet. Die an den Einschnitten unterbrochene Stigmenlinie ist lebhaft weiß und auf jeder Seite breit dunkelgrün eingefaßt. Stigmen matt weiß. Bauch dunkler grün als der Rücken und die Seiten, von einer dunklen Mittellinie durchzogen. Brustfüße braun, Bauchfüße grün. Mit einer starken Lupe betrachtet, ist die Raupe überall mit zahlreichen kurzen Haaren dicht bedeckt (Millière). Lebt von Ende April bis Ende Mai an Thymus serpyllum und vulgaris, besonders von den Blüten sich nährend; in der Gefangenschaft fressen die Raupen einander und die Puppen an. Verpuppung zwischen Pflanzenüberresten am Boden. Puppe ovoid, kurz, nach beiden Körperenden zu verschmächtigt, ohne Rauheiten, lehmgelb, an den Flügelscheiden grünlich angehaucht. Entwicklung teils Ende des Sommers, teils im März oder April des nächsten Jahres. Mittleres und südöstliches Europa. — Mill. Ic. pl. 85, Fig. 1—3.

8. **Astrarche,** *Bgstr.* = Agestis, *S.-V.*

9. **Bellargus,** *Rott.* = Adonis, *S.-V.* Zwei Generationen, Raupe im April, Mai und im Juli; Schmetterling im Mai und Ende Juli bis September.

9. **Hylas,** *Esp.* = Dorylas, *Hb.* Die Beschreibung der Raupe von Wilde ist falsch, da dieselbe keine gelben Seitenflecke hat; sie lebt im Mai und Juni außer an Steinklee auch an Anthyllis vulneraria. Entwicklung von Ende Juni bis August; nur eine Generation nach A. Schmid. (Das Zitat von Mill. 85. 1—3 bezieht sich auf Panoptes, *Hb.*)

9. **Meleager**, *Esp.* (= Daphnis, S.-V.) Die Raupe ist grün mit gelben Wülsten und kleinen schwarzen Stigmen; sie lebt an Astragalus onobrychis (V. Dorfmeister, Wien).

10. **Minima**, *Fuesl.* (= Alsus, S.-V.) Lebt auch in den Blüten von Anthyllis vulneraria (Rghf.).

11. **Ap. Iris**, *L.* Die Puppe hängt an einem Blatt.

12. **Nept. Lucilla**, *F.* Lebt auch an Spiraea ulmifolia und flexuosa (Rghf.).

12. **Nept. Aceris**, *Lep.* Abbildung Taf. 48, Fig. 4.

13. **Van. Egea**, *Cr.* Nach Rogenhofer ist die Grundfarbe der Raupe matt schwarz; die kleinen Dornen des ersten Segmentes sind gelblich, die mehrfach verästelten übrigen Dornen an der Wurzel gelblich, dann schwärzlichgrün und an der äußersten Spitze schwarz. Unter den Lüftern läuft eine orangegelbe Seitenlinie. Die ganze Raupe ist mit feinen, weißlichen, ungefähr eine Linie langen Haaren ziemlich dicht besetzt. Sie lebt nicht auf der nur an schattigen Plätzen gedeihenden Parietaria officinalis, sondern auf der die Sonne liebenden Parietaria diffusa Koh., niemals auf Weiden. Die Puppe unterscheidet sich von derjenigen der Van. C. Album auch noch durch den Mangel der Stirnfortsätze sowie durch die viel geringere Einschnürung auf den drei ersten Thoraxsegmenten und längere, schärfere Spitzen, namentlich der mittleren Reihe, welche bei C. album nur angedeutet ist.

14. **Van. Urticae**, *L.* Durch Aussetzen der Raupe in große Sonnenhitze kann die var. Ichnusa künstlich gezüchtet werden. — Venus, Iris 1888. p. 209. — Rbr. An. S. Fr. 1832. S. 260 (Ichnusa).

14. **Van. Atalanta**, *L.* Lebt in zweiter Generation im Juli und August nur an Urtica urens.

14. **Van. Cardui**, *L.* Lebt in zweiter Generation im Juli und August, auch an Filago arvensis und Nonnea pulla.

15. **Mel. Cynthia**, *Hb.* Ist nach Groß-Steyr. an vielerlei niederen Pflanzen zu finden.

16. **Mel. Didyma**, *O.* Lebt auch an Valeriana officinalis.

18. **Arg. Laodice**, *Pall.* Abbildung Taf. 48, Fig. 5.

18. **Arg. Paphia**, *L.* Soll auch an Viburnum opulus vorkommen; nach A. Schmid jedoch nur an Veilchen.

Nach Ereb. Epiphron ist einzuschalten:

19. **Er. Manto**, *Esp.* (Pyrrha, S.-V.) (Sch. Taf. 8, Fig. 14.) Raupe grünlich ockergelb mit schwarzen gekrümmten Strichelchen in zwei Reihen. Kopf und Füße honiggelb. Lebt auf subalpinen Gräsern und ist Ende Juni erwachsen. Puppe gelb, mit schwarzen Zeichnungen auf den Flügelscheiden, unter Gras an der Erde liegend. Entwicklung nach drei Wochen. Alpen, Pyrenäen, Ungarn. — v. Gumppenberg Stett. e. Z. 1868, S. 385.

20. **Er. Oeme**, *Hb.* Lebt nach Groß-Steyr an harten Grasarten, Simsen, Luzula.

20. Nach Er. Lappona, *Esp.* sind einzuschalten:

20. **Er. Pronoë**, *Esp.* (Sch. Taf. 9, Fig. 8.) Ei tonnenförmig, längs gerieft, weiß. Raupe 2,0—2,3 cm lang. Kopf rundlich, schmutzig bräunlich, dicht dunkel und grubig punktiert, kurz gelblich beborstet. Leib schmutzig rötlichgelb, dicht mit gelblichen, an der Spitze schwärzlichen, nach hinten gerichteten Börstchen besetzt, die auf kleinen knopfförmigen Wärzchen stehen, welche der Haut ein chagrinartiges Aussehen geben. Rückenlinie schwarz, vorne schwächer; Seitenlinie aus abgesetzten, in der Mitte dreieckigen Strichen bestehend, mitunter auch aus gehäuften bräunlichen Atomen, die unter den Nebenrückenlinien fast ein Seitenband bilden. Lüfter klein, tiefschwarz; unterhalb derselben der seitliche Rand wulstig vorstehend, etwas heller, wenig behaart. zwei sehr kleine Afterspitzen. Bauch sparsam behaart, heller, mit schwachem, grünlichem Schimmer; Füße ebenso, Hakenkranz kaum merklich dunkler (Groß-Steyer). Lebt vom Oktober und nach der Überwinterung bis Ende Juli an Gräsern (Poa), nur Nachts fressend, bei Tage sehr versteckt. Verpuppung anfangs August zwischen den Graswurzeln oder neben denselben in der Erde aufrecht so eingebettet, daß kaum der Kopf sichtbar ist. Puppe 1,5 cm lang. Thorax und Flügelscheiden beinweiß, Fühler und Fußnähte dunkler; Kopf und Hinterleib licht zimmtbraun; Ringeinschnitte dunkelbraun, ebenso eine Rückenlinie, zwei angedeutete Seitenlinien und die Lüfter. Afterspitze stumpf, breit und grubig, am dunkelsten. Entwicklung von Ende Juli bis Ende September. Alpen, Frankreich, Italien, Ungarn, Kaukasus. — Groß. St. e. Z. 1891, S. 352.

20. **Er. Neoridas**, *B.* (Sch. Taf. 9, Fig. 9.) Raupe dick, walzenförmig, oben etwas abgeflacht, schmutzig grüngelb mit durchscheinendem Darmkanal, schmutzig weißen Seitenstreifen und sehr kleinen weißlichen Luftlöchern, die von einer schwärzlichen Linie begrenzt werden. Warzen groß, schwärzlich und glänzend. Kopf und Füße braun, ersterer mit zwei schwarzen Flecken. Lebt an niederen Pflanzen und Gräsern. Alpen Südfrankreichs, England. — Gn. I. 368.

20. **Oeneis**, *Hb.* Über die Raupen dieser Gattung siehe Scudder An. S. ent. Belg. XVII. 1873, S. 145.

21. **Boro**, *Schn.* Hiezu das Citat: Berl. e. Z. 1885. p. 245.

Nach Sat. Semele ist einzuschalten:

21. **Sat. Arethusa**, *S.-V.* (Sch. Taf. 10, Fig. 6.) Die Raupe ist der von Alcyone sehr ähnlich, jedoch kleiner, mit schwarzer, gelb gesäumter Rückenlinie. Nebenrückenlinien fehlen, resp. treten nur als sehr feine Begrenzungslinien des gelben Seitenstreifens auf. Kopf mit vier sehr scharfen schwarzen Strichen. Lebt nach der Überwinterung im Frühjahr auf trockenen Höhen an Festuca (V. Dorfmeister). Nach Chretien sind die Längsstreifen fein carmosinrot gesäumt und der ganze Körper der Raupe kurz behaart. Schmetterling im Juli. Süddeutschland, mittleres und südliches Frankreich, Schweiz, Südeuropa. — Chretien. Bull. S. Fr. 1885, p. 134.

22. **Par. Megaera**, *L.* Hiezu Rbr. An. S. Fr. 1832, S. 263 (V. Tigelius).

22. **Par. Achine**, *Sc.* Die Raupe lebt nach Rogenhofer an Poa annua, ob am Taumelgras (Lolium temulentum) ist zweifelhaft.

Nach Par. Maera ist einzuschalten:

22. **Par. Hiera**, *F.* (Sch. Taf. 10, Fig. 14.) Die Raupe ist grün mit feinem nur gegen den After deutlicherem, dunklerem Rückenstreifen; lebt an Festuca (Dorfm.). Falter im August. Alpenthäler, Skandinavien, Bulgarien, nördliches Rußland.

23. **Coenon. Oedipus**, *F.* Hiezu noch folgende Citate: Chretien. Bull. Soc. Fr. 1886. p. 157.

23. **Hero**, *L.* Die Raupe lebt auf Elymus europaeus und andern Gräsern (Frey.).

24. **Con. Tiphon**, *Rott.* Abbildung Taf. 48, Fig. 6.

24. **Spil. Altheae**, *Hb.* (Gemina, *Led.*) Raupe ziemlich kurz, taubengrau, lang weiß behaart; der Kopf und das erste Segment schwarz, letzteres nur in der Mitte schmal gelb, während es bei der gestreckteren, kürzer behaarten Alceae-Raupe stark gelb gefleckt erscheint; lebt auf Marrubium peregrinum im Blatt eingesponnen (Rghf.—Dorfm.).

24. **Spil. Lavatherae**, *Esp.* Abbildung Taf. 48, Fig. 7.

Nach Spil. Lavatherae, *Esp.* ist einzuschalten:

24. **Syr. Proto**, *Esp.* (Sch. Taf. 11, Fig. 22.) Die schwärzliche, noch kleine Raupe wurde von Groß-Steyr. im April in zusammengezogenen Blättern von Phlomis fruticosa bei Ragusa gefunden. Nach Rbr. ist die Raupe erwachsen gelbgrau, der Kopf schwarz, stark chagriniert und borstig. Das erste Segment schmal, etwas chitinös mit zwei rotbraunen Flecken; die gerundeten Stigmen dunkel eingefaßt, die Beine gelblich. Der ganze Körper ist kurz weiß behaart. Lebt in zusammengesponnenen Blättern von Phlomis. Die Puppe ziemlich dick, rötlich, weiß bestäubt. In Südeuropa in zwei Generationen. — Rbr. Cat. S. And. p. 79.

25. **Syr. Malvae**, *L.* Die Raupe lebt vom Juli bis in den Herbst außer an den angeführten Pflanzen auch an Agrimonia eupatorium. Die Puppe überwintert in dem Blattgehäuse.

25. **Hesp. Sylvanus**, *Esp.* Lebt an Büschen von Luzula pilosa und Avena pubescens. Die Abbildung Taf. 5, Fig. 26 (Morpheus) gehört auch hieher.

25. **Hesp. Comma**, *L.* Nach A. Schmid nur eine Generation; nach Wocke sitzen die Comma-Raupen in röhrenförmigen Wohnungen an Festuca ovina L. (Schafschwingel). Als Citat kommt noch hinzu: St. e. Z. 1861, S. 357.

26. **Cyst. Morpheus**, *Pall.* Taf. 48, Fig. 8. 2,2 cm lang, nach hinten etwas spitz zulaufend, grün, mit kleinen schwarzen Wärzchen, die ganz kurze dunkle Härchen tragen, dicht besetzt. Rückenlinie fein, schwärzlich oder grau, beiderseits hell gesäumt, nur auf den ersten drei bis vier Ringen deutlich, sonst sehr verloschen. Nebenrückenlinie deutlich, gelblich, ununterbrochen, an den Seiten der Afterklappe konvergierend. Eine Stigmenlinie ist nicht zu erkennen. Stigmen sehr klein, blaßgelbbraun. Bauch einfarbig, etwas heller als der Rücken, dicht und sehr kurz weißlich behaart, besonders auch an den Füßen. Kopf so breit wie das erste Segment, keilförmig, unten breit, am Scheitel schmal, stumpfkantig, beiderseits abgeflacht, gelb mit einem sehr breiten lebhaft braunen Mittelstreifen, welcher oberhalb des Stirndreieckes durch einen schwarzen, unten sich gabelförmig teilenden Längsstrich geteilt ist, und mit einem schmaleren lebhaftbraunen Längsstrich jederseits über den schwarzen Punktaugen. Erstes Segment nicht besonders gezeichnet; Afterklappe von der Körperfarbe, gestreckt, dreieckig, die kleinen Nachschieber stark überragend. Brustfüße blaß gelbbraun; Bauchfüße sehr kurz und wie die Nachschieber von der Farbe des Bauches. (Nach einer präparierten Raupe von Gleißner-Berlin).

Die auf Seite 26 gegebene Beschreibung gehört zu Hesp. Sylvanus.

26. **Palaemon**, *Pall.* Die Raupe überwintert und wird im April zur Puppe; lebt außer an Gräsern auch an Plantago major. Eine ausführliche Beschreibung der Raupe giebt Frohawk Entom. 1892. p. 225, 254.

27. **Ach. Atropos**, *L.* Die Angaben über das Vorkommen der Raupe und des Falters sind, wie folgt, zu berichtigen und zu ergänzen: Seine wahre Heimat ist Südeuropa, so Sizilien, wo die Raupe sehr häufig auf Solanum melongena, L. lebt, Toskana, wo sie ziemlich häufig ist, und von Calberla an Olivenzweigen fressend gefunden wurde, ferner Nordafrika, wo die Raupe an Solanum esculentum, Lycium barbarum und Bignonia catalpa lebt, die Canarischen Inseln; in Syrien häufig auf Zygophyllum, bei Smyrna und in Kaschmir. In diesen Gegenden kommen zwei Generationen vor, von denen die eine, seltenere im Mai, die zweite vom Juli bis in den Oktober fliegt. Die Puppen, welche sich bei uns nicht noch im Herbste desselben Jahres entwickeln, gehen während des Winters meistens zu Grunde; ob die wenigen im Frühjahr (Mai) sich entwickelnden Schmetterlinge unfähig sind, sich fortzupflanzen (Mangel der Eierstöcke), dürfte noch fraglich sein. Jedenfalls sind sie zu wenig zahlreich, um von ihnen allein das oft häufige Vorkommen der Herbstgeneration ableiten zu können. Der größte Teil dieser letzteren wird daher ohne Zweifel von eingewanderten Weibchen abstammen. Daß die Raupe auch an verschiedenen anderen Pflanzen, außer den schon genannten gefunden wurde, wie Eschen, Liguster, Pfaffenhütchen (Evonymus europaeus), beruht wohl größtenteils auf Zufall. Keinenfalls sind die genannten Pflanzen von Wichtigkeit für die Erhaltung der Art. Nach Papst wird die Raupe niemals von Ichneumoniden oder andern ähnlichen Schmarotzern aufgesucht. Zu den Citaten ist noch beizufügen: Keferstein Stett. e. Z. 1876, S. 236. — Pabst Greß. Schupp. I, S. 17. — Calberla Iris I. p. 146.

Nach Deil. Vespertilio sind einzuschalten:

28. **Deil. Vespertilioides**, *B.* (Hybride zwischen Hippophaës und Vespertilio). Hält die Mitte zwischen den Raupen von Vespertilio und Hippophaës; die Färbung ist eine Mischung der Farbe dieser beiden Raupen. Die vordere Partie des Körpers ist etwas weniger aufgetrieben, als bei Vespertilio, matter grün als die von Hippophaës, und ebenso weiß punktiert; aber die Punkte

sind weniger zahlreich, dicker, oben auf dem vorderen Teil der Ringe kaum fühlbar. Die zwei Rückenlinien sind kaum sichtbar, wie bei Vespertilio gezeichnet mit einer Reihe rötlicher, aber weit kleinerer Flecken, welche sich vorn mit den Linien vermischen; diese Flecken sind umgeben von einer dunkleren Färbung und unterhalb derselben fehlen die kleinen weißen Punkte. Die zwei Flecken an der Seite des Hornes sind wie bei Hippophaës; das Horn ist sehr klein und kann selbst ganz verschwinden. An den Seiten verläuft eine weiße Längslinie. Der Kopf ist mattgrün, ein wenig rötlich. Auf dem ersten Ring steht ein Fleck von derselben Farbe, wie auf den andern Ringen. Die Füße sind rot oder rötlich. Lebt an Epilobium angustifolium; andere hybride Raupen derselben Arten leben an Hippophaë und kommen dann den Raupen von Hippophaes näher, besonders in der Länge des Hornes. Puppe und Erscheinungszeit wie bei Hippophaës. Bisher nur gefunden bei Grenoble, wo Vespertilio und Hippophaës sehr gemein sind. — Ann. Soc. Linn. d. Paris 6 Vol. pl. 6, Fig. 1. 1827. — B. R. e. G. pl. 9, Fig. 1.

28. **Epilobii**, *B.* Taf. 48, Fig. 11. (Hybride von Vespertilio und Euphorbiae). Von Gestalt der Euphorbiae-Raupe, schwarz, aber ohne die kleinen gelblichen Punkte; von der roten Rückenlinie der Euphorbiae zeigen nur die drei ersten Segmente schwache Überreste. Auf dem Rücken und etwas seitlich stehen eine Anzahl gelber gerundeter Punkte, unter welchen ein oder zwei andere sehr kleine stehen. Über den Füßen zieht sich ein abgesetzter roter Streifen hin. Auch der Bauch zeigt rötliche Streifen. Stigmen eiförmig, gelblichweiß mit schwarzem Rande. Schwanzhorn klein und schwarz. Kopf schwarz mit roten Nähten. Füße außen schwärzlich, innen rötlich. Auf Epilobium angustifolium bei Lyon und Wien gefunden. — B. R. et Gr. Pl. 9, Fig. 2.

Nach Deil. Hippophaës, *Esp.* ist einzuschalten:

28. **Deil. Zygophylli**, *O.* Taf. 48, Fig. 9. Grundfarbe aschgrau, aschbraun bis schwärzlich mit weißer Körnelung. Rückenlinie schwarz; Nebenrückenlinien weiß, an der Basis des schwarzen Hornes endigend; bei manchen Exemplaren erweitern sich die Nebenrückenlinien auf jedem Segment zu einem deutlichen Flecken, welche bei anderen noch mit oberen und unteren schwarzen Einfassungsbogen versehen sind und eine Andeutung von Ringflecken bilden. Eine Stigmenlinie ist nicht wahrnehmbar. Kopf und Brustfüße schwarz, ersterer zuweilen bräunlich. Bauchfüße gelbgrau (Weismann). Lebt auf Kapernkraut (Zygophyllum Tabago). Südöstliches Rußland. — Weismann Stud. z. Descendenzth. I, S. 34. — Bieberstein Bull. Mosc. II. 1809. p. 4, Taf. II. (Abbildungen der Raupe).

28. **Deil. Galii**, *Rott.* Soll auch an Fuchsien in Gärten vorkommen.

29. **Deil. Dahlii**, *H. G.* Abbildung Taf. 6, Fig. 18.

29. **Deil. Celerio**, *L.* Ei birn- oder vielmehr zitronenförmig, glatt, hellgrün, vor dem Ausschlüpfen gelb. Die junge Raupe hat nach der zweiten Häutung ein sehr langes Horn, welches sie bei Beunruhigung abwechselnd neigt und wieder erhebt. — Nat. Sic. VI. 1886—87, S. 5. Taf. I, Fig. 8—9.

29. **Deil. Alecto**, *L.* Taf. 48, Fig. 10, (copie nach Moore). Raupe erwachsen 7—8 cm lang; lebhaft grün mit dunklerer Dorsale und feinen gelblichen Subdorsallinien, auf jeder Seite mit einer Reihe von sieben ovalen, rötlichen oder grünlichen, gelb umränderten Flecken. Diese Fleckenreihe beginnt vom fünften Segment ab, auf welchem der größte und deutlichste dieser Flecken liegt. Das Schwanzhorn, sehr kurz, schwach gebogen, rötlich. Lebt auf Wein in mehreren Generationen. Griechenland, Syrien. In Südasien weit verbreitet. — Hersfield und Moore Cat. Lep. East. Ind. Comp. I. 1857. p. 275. Taf. X, Fig. 4. — B. Hist. Nat. Het. I. 1874. p. 229. — Semper z. b. V. 1867. p. 700. — Butler Proc. zool. Soc. Lond. 1880. p. 411 (Cretica).

30. **Deil. Nerii**, *L.* Nach Millière kommen zwei Generationen vor; die erste lebt als Raupe Ende Juli, als Schmetterling im August, die zweite als Raupe im September, als Schmetterling im Juni des folgenden Jahres. Das Horn der jungen Raupe ist auffallend lang, fein gewimpert; die Augenflecken am vierten Ring sollen bei der jungen Raupe, wenn sie beunruhigt wird, einen leuchtenden Glanz bekommen. — Nat. Sic. VI. 1886—87, S. 7. Taf. V, Fig. 7.

31. **Macr. Croatica**, *Esp.* Weiteres Citat: Mènetr. Enum III. Taf. XVIII, Fig. 1.

Nach Sesia Spheciformis ist einzuschalten:

32. **Sesia Cephiformis**, *O.* (Sch. Taf. 14, Fig. 14.) Lebt als Raupe in Stammauswüchsen der Tanne, ist zweijährig. Groß-Steyr.

32. **Sesia Flaviventris**, *Stdgr.* Die Raupe lebt im Mai in den Zweigen einer rauhblättrigen Weide, wahrscheinlich Salix caprea, nicht viel oberhalb leichter Anschwellungen, die den Saperda-Knoten an Espen ähnlich, nur nicht so dick sind. Schmetterling im Juli. Friedland in Mecklenburg, entdeckt von G. Stange. — St. e. Z. 1883, S. 177.

32. **Sesia Tipuliformis**, *Cl.* Lebt auch in Juniperus communis, so bei München (Hartmann) und im Schneeberggebiet bei Wien (Rebel).

33. **Sesia Formicaeformis**, *Esp.* Raupe nach Groß-Steyr in kropfigen Auswüchsen der jüngeren Stämme und Zweige von Salix caprea an sonnigen Plätzen.

33. **Ses. Ichneumoniformis**, *F.* Die Raupe lebt mit Vorliebe in den Wurzeln von Anthyllis vulneraria. Stett. e. Z. 1877. p. 316; Meck Monthl. Mg. X. p. 160. Var. Megillaeformis, *H.-S.*, lebt in langen Schläuchen an den Wurzeln von Genista tinctoria bei Dresden. — (Schreibmüller E. N. 1881. p. 319). — Gartner V. d. nat. V. Brünn XII, 2. S. 38.

Nach Ichneumoniformis ist einzuschalten:

33. **Ses. Uroceriformis**, *Tr.* (Sch. Taf. 14, Fig. 23.) Raupe in den Wurzeln von Dorycnium herbaceum (Pech).

33. **Ses. Masariformis**, *O.* (Sch. Taf. 14, Fig. 24.) Raupe nach Gartner in den Wurzeln von Verbascum. Verpuppung in der Erde. — Gartner l. c. S. 41.

Nach Empiformis ist einzuschalten:

33. **Ses. Astatiformis**, *H.-S.* (Sch. Taf. 14, Fig. 27.) Raupe in Euphorbia-Wurzeln.

33. **Ses. Triannuliformis**, *Frr.* (Sch. Taf. 14, Fig. 28.) (Braconiformis, *H.-S.*). Ei hart und schwarz, bronceartig grünlich schillernd, länglich rund, an beiden Seiten etwas flach gedrückt, mit einer Seite an die Pflanze angeklebt. Das junge, eben ausgeschlüpfte Räupchen ist fettweiß, reichlich mit Haaren besetzt, mit honiggelbem Kopf. Nach fünf Wochen ist der eingezogene herzförmige Kopf rostbraun, der Nackenschild bräunlichweiß, von der Form einer abgestutzten Kapuze, mit zwei divergent laufenden Eindrücken; im Herbst ist die Raupe von schlanker Gestalt; die schmutzigweiße Farbe geht ins Bräunliche über; das Weiß der Seitenlinie wird dadurch mehr gehoben; das dunkle Rückengefäß wird durch die weißen Säume der Leibessegmente unterbrochen (Gartner). Die Raupe lebt vom Herbst bis zum Frühjahr in den Wurzeln von Rumex acetosella, frißt sich in der ersten Jugend in den unteren Teil der Hauptwurzel ein, höhlt dann in Spiralwindungen unter der Rinde das Wurzelfleisch aus und dringt in dem so entstandenen Gange, welcher ausgesponnen wird und die zurückgelassenen Exkremente aufnimmt, aufwärts. Im Frühjahr befindet sie sich in dem oberen Teile der Stockwurzel und steigt vor der Verpuppung wieder etwas tiefer hinab, von wo aus sie einen 1—1½ Zoll langen Gespinstschlauch verfertigt, der bis zur obersten Schichte der Erde reicht, wo er rund abgeschlossen wird. Puppe lebhaft, schlank, bräunlichgelb mit kurzer, schnabelförmiger Kopfspitze, welche, sowie die Stachelkränze auf den Hinterleibsringen und der Rand der Flügelscheiden braun ist; letztere reichen bis einschließlich zum siebten Ring, die Fußscheiden um ein Segment weiter. Das Afterstück ist stumpf, mit mehreren mondförmigen scharfen, braungerandeten Wulsten, deren Höhe mit je einer Borste besetzt ist. Entwicklung von Mitte Juni bis Anfang August. Nördliches und östliches Deutschland (Brünn), südöstliches Europa (mit Ausnahme des südlichen Rußland). — Gartner W. ent. M. 1864. p. 114.

33. **Ses. Stelidiformis**, *Frr.* (Sch. Taf. 14, Fig. 30.) Ei pechschwarz, glänzend, scheibenartig, etwas zusammengedrückt, an der oberen Seite mit einem Grübchen. Die junge Raupe (im Herbst) hat einen bleichbraunen Kopf mit dunkler Gabellinie und ebensolchen Mundteilen; Nackenschild bräunlich angeflogen mit zwei nach rückwärts konvergierenden rostbraunen Streifen. Körper weiß, matt glänzend, mit rostbraun durchscheinendem Rückengefäß; längs desselben steht zu beiden Seiten auf jedem Ringe je ein Grübchen. Stigmen in Vertiefungen. Brustfüße mit starken Hüften, wodurch die drei ersten Ringe stärker erscheinen, an den Spitzen rostbraun; ebenso die Sohlen der Bauchfüße. Die erwachsene Raupe (Frühjahr) ist robust, der Kopf dunkler, fuchsbraun, behaart. Der schmale Afterschild ist ohne Glanz und ebenfalls behaart. Um die Luftlöcher über der weißen Seitenkante stehen in einem Dreieck je drei Warzen, deren jede ein Haar führt (Gartner). Lebt im Herbst und Frühjahr in den Wurzeln der Euphorbia epithimoides, in der Jugend in deren untersten Teilen, erwachsen oben in der dicken Stockwurzel, woselbst auch dicht unter der Wurzelrinde das ausgesponnene Puppenlager sich findet. Puppe goldbraun, am Kopfe statt der gewöhnlichen Schnabelspitze eine kurze scharfe Kante; die Flügelscheiden lassen 5½ Ringe frei und die Fußscheiden überschreiten den sechsten Ring; die scharfen Gürtelspitzen stehen vom Leibe ab und der stumpfe Cremanter ist von vier Paaren dunkler scharf gespitzter Kegel umgeben. Entwicklung Mitte Juni bis Mitte Juli. Mähren (Brünn), Krain, Piemont, Ungarn, Dalmatien. — Gartner V. d. nat. V. in Brünn. XII. 2. (1873) S. 46.

33. **Ses. Muscaeformis**, *View.* (Philanthiformis, *Lasp.*). Die Raupe lebt nach Assmus auch in den Stengeln von Calluna vulgaris. — Knaggs. Ent. An. 1866. p. 142.

Nach dieser Art ist einzuschalten:

33. **Ses. Leucomelaena**, *Zell.* Raupe in den Wurzeln von Euphorbia Cyparissias.

34. **IV. Familie. Heterogynidae**, *H.-S.*

Die 16-füßigen Raupen sind denen der Zygaeniden im Habitus ähnlich (nicht asselförmig, oder den madenförmigen Weibchen ähnlich).

34. **Het. Penella**, *Hb.* Die schmutzig gelbweiße oder gelbgraue Raupe mit schwarzer Rücken- und Bauchlinie, breiten schwarzen Stigmen- und Fußstreifen, hat einen glänzend schwarzen kleinen, in das erste Segment zurückziehbaren Kopf, tiefschwarze Brustfüße und braune kleine Stigmen. Die schwarzen Streifen sind vielfach unterbrochen und von schwarzen Pünktchen begleitet. Der gelbe Nackenschild ist durch eine doppelte feine schwarze, hinten beiderseits nach außen gebogene Linie geteilt. Lebt im Mai, Juni außer an den bereits genannten Pflanzen auch an Genista sylvestris auf dem Karste in Innerkrain und an Genista repens im Elsaß; sie verpuppt sich in einem länglichen silberweißen Gespinst an der Futterpflanze; die Gespinste der Männer sind um die Hälfte kleiner. Die männliche Puppe ist schwarz mit feinen gelblichen Einschnitten des Hinterleibes; die weibliche Puppe ist bedeutend größer, nach hinten an Dicke zunehmend; ihre Farbe ist vorne lichtgelb, mit einem schwarzen Rücken- und zwei ebenso gefärbten grau punktierten Seitenstreifen versehen; auch die Unterseite ist mit einem schwarzen Streifen geziert, der jedoch gleich den übrigen bloß etwas über die Hälfte der Körperlänge hinausreicht; beinahe die ganze hintere Hälfte des Leibes ist licht rostfarbig, stark aufgetrieben und kugelig zugerundet. Entwicklung im Juni und zwar die der männlichen Falter fast 14 Tage früher als die der weiblichen. Das Weibchen verläßt die Puppenhülle und das Gespinst nicht ganz, sondern nur soweit, um mit dem Kopfende das Gespinst durchbrechen, und so die Begattung erwarten zu können; erfolgt diese nicht, so zieht es sich wieder ganz in die Puppenhülle zurück. — Schmidt V. z. b. V. in Wien. X. 1860, S. 659 (H. Dubia).

35. **Ino Ampelophaga**, *Bayle.* Hiezu Mill. Ann. Soc. Lyon 1883. p. 169. Pl. III. Fig. 7. 8.
Einzuschalten ist nach Pruni, *Schiff.*

35. **Ino Chloros**, *Hb.* (Sch. Taf. 15, Fig. 4.) Raupe im Mai auf Globularia vulgaris (Mn.).

35. **Ino Globulariae**, *Hb.* Die Abbildung bei Frr. VII. 119, Taf. 62 ist nicht richtig.
Einzuschalten nach Globulariae:

35. **Ino Cognata**, *Rbr.*, var. Subsolana, *Stgr.* kommt auch bei Wien vor. Die Raupe lebt in den Herzblättern von Echinops. (Stgr. St. e. Z. 1862. p. 352).

35. **Ino Statices**, *L.* Gn. A. s. Fr. 1865. p. 302. pl. 8, Fig. 1 (Micans), var. Heydenreicaii, *Led.* Gn. Taf. 1, Fig. 2.

35. **Ino Geryon**, *Hb.* Gn. A. S. Fr. 1865. IV. Taf. 5. p. 302.
Einzuschalten nach Zyg. Sarpedon, *Hb.*:

36. **Zyg. Punctum**, *O.* Taf. 48, Fig. 12. (Sch. Taf.15, Fig. 16.) 1,3 cm lang, mattgrün; Rückenlinie fein, weiß. Die Nebenrückenlinien bestehen aus feinen, schwarzen, dicht am Vorderrand jedes Segmentes stehenden Punkten, unter welchen dicht am Hinterrand des vorhergehenden Segmentes etwas größere gelbe Punkte stehen. Stigmenlinie fehlt; Stigmen schwarz. Beiderseits verlaufen über dem Körper drei Längsreihen sternförmig gruppierter weißer Härchen, welche aus kleinen schwarzen, in Häufchen beisammenstehenden Wärzchen entspringen; eine Reihe läuft zwischen Rücken- und Nebenrückenlinie, die zweite zwischen diesen und der Stigmenreihe, die dritte unter den Stigmen. Kopf- und Brustfüße schwarz. Bauchfüße und Nachschieber gelb (nach einer von Aigner-Budapest erhaltenen lebenden Raupe). Lebt im Mai und Juni an Eryngium. Südöstliches Europa, Ungarn, Böhmen, Süditalien.
Einzuschalten nach Zyg. Achilleae, *Esp.*:

36. **Zyg. Anthyllidis**, *B.* (Sch. Taf. 15, Fig. 19.) Die Raupe ist nach der Abbildung gelb mit schwarzen Querbändern in den Ringeinschnitten, welche Bänder seitlich bis zu den Stigmen herabreichen. Kopf- und Brustfüße sind schwarz. Die Raupe ist auf einer Art Klee abgebildet, deren Namen in der Beschreibung nicht angegeben ist. Das weiße, nach der Abbildung eiförmige Cocon ist an Steinen oder Felsen immer in der Art angeklebt, daß das Kopfende gegen den Boden gerichtet ist. Falter im Juli. Pyrenäen. — Oberthür Etud. VIII. 1884. p. 30. pl. 1. Fig. 14—17. larv.
Einzuschalten nach Meliloti, *Esp.*:

36. **Zyg. Corsica**, *B.* Hiezu Rbr. An. S. Fr. 1832, S. 268.

36. **Zyg. Charon**, *Hb.* (Sch. Taf. 15, Fig. 23.) Die Raupe gleicht sehr derjenigen von Zygaena Filipendulae; sie hat wie diese sechs Reihen schwarzer Flecken, zwei auf dem Rücken und vier an den Seiten, die Flecken auf dem Rücken sind jedoch viel kleiner und mehr abgerundet. Sie lebt an Lotus. Das Gespinst ist verlängert wie das von Filipendulae, aber gelber, rauher und fast so gefurcht wie das von Hippocrepides. Falter im Juli. — Bell. Ann. S. Fr. 1858. p. 13.

Einzuschalten nach Zyg. Trifolii, *Esp.*:

36. **Zyg. Wagneri**, *Mill.* Ann. S. Fr. 1886. pl. I. Fig. 3 bis 7. larv.

37. **Zyg. Hilaris** (var. Ononidis, *Mill.*). Raupe in der Ruhe halbkugelig aussehend, kurz und dick, mit deutlichen Segmenteinschnitten, mattgelb, auf den ersten Ringen grünlich überhaucht; an Stelle der Nebenrückenlinie je eine Reihe von zehn dicken runden schwarzen Punkten. Kopf braun; Füße mit dem Körper gleichfarbig. Die den Körper bedeckenden Haare sind kurz, sehr fein, blond und sitzen auf kleinen schwarzen, nur mit der Lupe sichtbaren Warzen (Millière). Lebt vom April bis Juni an Ononis mitissima, L. Verpuppung zwischen den Zweigen der Nahrungspflanze, in einem eiförmigen, nie glatten, wie zerknittert aussehenden zeisiggelben, hellbraunen oder gelblichgrauen Gehäuse. Puppe gleichmäßig graubraun. Schmetterling Ende Juli. Südfrankreich. — Mill. Ann. S. Cannes 1879. pl. V. Fig. 6—10.

38. **Zyg. Carniolica**, *Sc.* Verpuppung in einem weißen oder dottergelben, länglichrunden, festen Cocon, meist an oder unter Steinen.

38. **Zyg. Occitanica**, *Vill.* s. Millière An. S. Cannes 1879. pl. V, Fig. 11—14.

38. **Naclia Ancilla**, *L.* Die nach Wilde gegebene Beschreibung ist nicht richtig, noch weniger die nach Hübner gegebene Abbildung. Raupe nach Rössler rundlich, nach beiden Enden hin etwas verdünnt, nicht schlank. Kopf rund, glänzend schwarzbraun; Körper gelbbraun, ohne Rückenlinie. Anstatt der Nebenrückenlinien auf jedem Ring je zwei schwefelgelbe, kleine Wärzchen und unterhalb der von diesen gebildeten Reihe auf jedem Ring je ein dunkles mit schwarzen Borsten besetztes Wärzchen; auf dem Bauche ebenfalls eine Reihe solcher Warzen. Lebt von Moos, weichem Laub und niederen Pflanzen. Rössler hat sie oft mit Salat und Eichenblättern aus dem Ei erzogen. Verwandlung in einem leichten Gespinst. — Rössl. Schupp. 47.

38. **Naclia Punctata**, *Fab.* Die Raupe der Var. Punctata frißt nach Millière viel lieber die Blüten verschiedener niederer Pflanzen, besonders von Rosmarin, als Flechten.

39. **Earias Vernana**, *Hb.* Raupe erwachsen 8 W. Linien lang; Kopf schwarzbraun; Leib heller oder dunkler grünlichweiß, der erste und die zwei letzten Ringe etwas heller, jeder Ring mit vier kleinen, licht behaarten Wärzchen, der Rücken zerstreut mit zarten bräunlichen Punkten und Atomen besetzt, die mitunter fast verschwinden. Der zweite, dritte, fünfte und elfte Ring hat zunächst der Rückenlinie je ein Paar größere, gelbbraune, an der Spitze dunklere, etwas länger behaarte Warzen, am zwölften Ring zwei etwas kleinere Wärzchen. Lüfter schwarz. Brustfüße blaßbraun mit dunkleren Spitzen; Bauch und Beine etwas durchscheinender als der übrige Leib; vor jedem Brustfuß ein kommaähnlicher, glänzend pechbrauner Fleck; zwischen jedem Fußpaar ein bräunlicher Punkt. Nach der vorletzten Häutung ist die Raupe etwas dunkler mit schwarzen

gleichfarbig behaarten Wärzchen; die Mittellinie ist durch abgesetzte, feine, violettschwarze Strichelchen angedeutet; Seiten mit einem unterbrochenen, violettschwarzen Band, das am dritten, fünften und achten Ring etwas nach innen vorspringt. Unter den dunklen Lüftern eine gleichfarbige Linie. Brustfüße schwarz. Bauch, Beine und Nachschieber schmutzigweiß, letztere außen schwärzlich gefleckt. Afterklappe schwarz (Rghf.). Lebt von Ende August bis September auf den Blättern von Populus alba, die Epidermis der Blattoberseite abnagend. In der Jugend spinnt sie die äußersten Blattspitzen jüngerer Triebe leicht zusammen. Verpuppung in einem pergamentartigen blaßbraunen Gespinst, das mit dem abgeschabten Flaum der Blattunterseite bedeckt und meist an einen Zweig befestigt ist. Puppe rötlichbraun mit stumpfem, glänzendem After; Flügeldecken und Rücken lebhaft violett bereift; Entwicklung nach der Überwinterung im Mai. Donauauen bei Wien. — Rogenhofer z. b. V. Wien 1869, S. 917.

Einzuschalten nach Chlorana:

39. **Earias Insulana**, *B.* (Siliquana, *H.-S.*) Lebt nach Friwaldszky in den Schoten des Johannisbrotbaumes (Ceratonia siliqua L.) und in Ägypten in den noch weichen Samen der Baumwollpflanze (Gossypium herbaceum), diese oft schädigend. Kommt in Europa in Spanien, auf Creta und Sizilien vor. Ausführliche Beschreibung der ersten Stände bei Rogenhofer V. z. b. V. 1870, S. 869.

40. **Nola Confusalis**, *H.-S.* Nach Dr. A. Speyer St. e. Z. 1873, S. 357, der eine genaue Beschreibung der Raupe giebt, lebt dieselbe nicht von Flechten, sondern von den jungen Blättern der Eichen, in welche sie sowohl in der Mitte als am Rande Löcher nagt; der Schmetterling ist durch das Geäder und den Bau der männlichen Fühler von Stigula sicher verschieden.

Einzuschalten nach Chamitulalis, *Hb.*:

40. **Nola Subchlamidula**, *Stgr.* 1,5 cm lang, nach vorn verschmächtigt, rötlich, jederseits mit vier Längsreihen großer, brauner, sternförmig behaarter Warzen besetzt. Rückenlinie fein, schwarz, abgesetzt auf jedem Segment. Die weißen Nebenrückenlinien verlaufen zwischen und neben der obersten Warzenreihe. Die zwei folgenden Warzenreihen, besonders die untern sind gleichfalls von weißlichen Strichen zwischen den einzelnen Warzen begleitet, zwischen diesen Strichen, aber mehr den untern Warzen genähert, liegen die kleinen schwarzen Luftlöcher; die vierte Warzenreihe steht jederseits an der Grenze zwischen Seitenteil und Bauch über den Füßen; die Warzen dieser Reihe sind kleiner und weniger stark behaart. Bauch weißlich. Kopf klein, schwarz oder schwarzbraun. Nackenschild schwarz, glänzend, dreieckig, in der Mitte fein hell geteilt, mit je einer braunen Warze auf jeder Hälfte. Afterklappe sehr klein, schmal, bräunlich. Brustfüße dunkelbraun; die drei Bauchfußpaare ziemlich lang, außen mit braunen, glänzenden Chitinplättchen. Nachschieber sehr kurz, sonst wie die Bauchfüße. (Nach einer präparierten Raupe von Dr. Staudinger.) Lebt an den Blüten von Teucrium und Salvia. Schmetterling im Mai, Juni. Mittleres und nördliches Spanien, Griechenland, Dalmatien. — Stgr. Hor. soc. ent. Ross. 1870. p. 109.

Einzuschalten nach Nola Cristatula, *Hb.*:

Gattung **Paidia**, *H.-S.*

Drei südeuropäische Arten; Raupe nur bekannt von:

40. **Mesogona**, *God.* (Sch. Taf. 16, Fig. 10.) 2,0 cm lang, nach vorn wenig sich verjüngend, braun, dicht behaart, so daß von einer Zeichnung nur wenig zu sehen ist; die Haare stehen auf dem Rücken jedes Segmentes auf vier langgezogenen Querwülsten, zwei vorderen kleineren und zwei hinteren größeren; an den Seiten der fußlosen Segmente auf zwei, der übrigen auf drei großen, mehr rundlichen Warzen. Rückenlinie schwarz, abgesetzt auf jedem Segment. Nebenrückenlinien und Stigmenlinien nur durch schwarze Flecken zwischen den behaarten Warzen angedeutet. Stigmen groß, schwarz gerandet. Bauch bräunlichweiß. Kopf so breit wie das erste Segment, lebhaft kastanienbraun, glänzend. Nackenschild und Afterklappe nicht ausgezeichnet. Brustfüße glänzend braun. Die vier Paar Bauchfüße lang, bräunlichweiß, außen mit glänzend braunen Chitinplättchen besetzt. Nachschieber ebenso, aber kürzer als die Bauchfüße. (Nach einer präparierten Raupe von Dr. Staudinger.) Lebt im April und Mai an Korkeichen, oft dutzendweise in deren Rinde eingefressen, nach Millière an den Flechten von Phillyrea angustifolia. Südfrankreich, Andalusien. — Millière An. S. Cannes T. III. 1878. pl. 3, Fig. 7 (Dentula).

41. **Set. Irrorella**, *Cl.* Den Citaten ist beizufügen: Zeller Stett e. Z. 1867, p. 44. — Buckler III, S. 36, pl. 42, Fig. 4.

41. **Set. Roscida**, *Esp.* Ei rundlich, glatt, weiß. Raupe 2,0 cm lang, schmutzig graubraun, ziemlich dicht mit unregelmäßigen gelblichen Flecken bedeckt; Rückenlinie und Stigmenlinien aus ziemlich breiten, gummiguttgelben, in den Einschnitten etwas getrennten Flecken bestehend. Jeder Ring hat acht in einer Querreihe stehende, sammtschwarze, rundliche Warzen, ziemlich dicht mit ca. 3 mm langen, schwärzlichen Haaren, die teilweise zart gefiedert sind, besetzt; jedes Haar steht auf einem glänzend schwarzen Pünktchen; nur die drei ersten Ringe haben sechs Warzen, da die nächst der Rückenlinie liegenden breiter sind und so aussehen, als ob sie aus zwei kleineren zusammengeflossen wären. Lüfter hell, fein schwarz gerandet. Bauch samt Beinen und Nachschiebern rötlichgrau, letztere zart behaart. Krallen pechbraun, innen heller. Kopf glänzend schwarz, kurz und sparsam greis behaart; Stirndreieck braun gerandet (Rogenhofer). Lebt im April, Mai an Flechten (Parmelien) an Felsen und Steinen. Verpuppung in einem weißlichen mit den Haaren der Raupe vermischten Gespinste zwischen Flechten. Puppe 9 mm lang, honiggelb, schwach glänzend, glatt, mit abgestumpftem Ende; letzte Rückensegmente zart behaart. Cremanter mit einer schwachen Rinne. Entwicklung nach vier Wochen. — Zeller St. e. Z. 1867. p. 47. — Rogenhofer V. d. z. b. V. in Wien. 1884. p. 155. — Fauna v. Hernstein, S. 14, Fig. 1 und 2.

Seite

Nach Roscida ist einzuschalten:

41. Set. Kuhlweini, *Hb.* (Sch. Taf. 16, Fig. 18.) Walzig, nach vorn verdünnt, chokoladebraun, nach dem Bauche zu heller, mit einem gelben abgesetzten Rückenstreifen und einer gleichfarbigen Fleckenlinie über den Füßen; auf dem zweiten und dritten Ring stehen beiderseits drei granschwarze Warzen, von welchen die obersten breit und lang sind, als ob sie aus zwei Warzen beständen; von den folgenden Ringen haben die fußlosen fünf, die übrigen vier Warzen; außerdem steht vom vierten Ringe an vor der obersten Warze noch eine kleinere. Die Behaarung ist auf der obersten Warze schwarz, auf den übrigen grau, gegen den Bauch hin weißlich; die Haare stehen strahlenförmig auf glänzend schwarzen Pünktchen. Auf jedem Ringe zwischen den beiden obersten Warzen ein größerer gelber Fleck, und außerdem die ganze Seite von der Rückenlinie bis zum Bauche mit größeren und kleineren gelben Flecken und Punkten dicht besetzt. Über den Brustfüßen größere gelbe Flecken, auf denen die untersten Warzen stehen. Bauch und Füße rötlichbraun; auf den hintersten Ringen sind die Haare am längsten. Kopf kugelig, schwarz, Mund und Stirndreieck rostbraun, die Mitte desselben schwarz. Etwa zehn Linien lang (Rosenberger). Lebensweise wie die vorige Art. Südliches und östliches Deutschland, Livland, südliches Rußland, Walliser Alpen (var. Alpestris). — Zell. Stett. e. Z. 1867. p. 47. — Rosenberger Corr. Bl. d. Nat. Ver. Riga 1874. p. 44.

41. Lith. Muscerda, *Hfn.* Raupe im Juni, Schmetterling im August.

41. Lith. Lurideola, *Zink.* Zu den Citaten: Buckl. III, S. 21. pl. 41. Fig. 3 (Complanula).

42. Lith. Caniola, *Hb.* Den Citaten ist beizufügen: Fuchs Stett. e. Z. 1883. p. 258.

Nach Lith. Unita, *Hb.* ist einzuschieben als eigene Art:

42. Lith. Pallifrons, *Z.* Die Raupe ist klein, braungrau mit dunkler Mittellinie und breiten dunklen Subdorsalen, zwischen diesen beiden liegt eine Reihe dunkelgelber Flecken, welche nach rückwärts grau gefärbt sind. Die Stigmenlinie ist fein, gelb, dunkel gesäumt. Die Punktwarzen von der Färbung der betreffenden Körperteile. Der Kopf schwarz, die Beine und die Brust grau. Lebt vom April bis Juni auf Flechten. Entwicklung im Juli, August. Bei Wien, Ungarn, Dalmatien, Frankreich. — Gn. Aun. S. Fr. 1865. p. 306. Pl. VIII. Fig. 4 (Vitellina, B., non Tr.)

Nach Sororcula, *Hfn.* ist einzuschalten:

42. Lith. Cereola, *Hb.* (Sch. 16, Fig. 30.) 1,7 cm lang, graurötlichbraun, in den Seiten etwas heller; erster und letzter Ring mit sechs in einer Reihe stehenden schwarzen kurz behaarten Wärzchen; die übrigen Ringe haben außer dieser Warzenreihe noch zwei größere hinter derselben stehende Warzen. Über den Rücken verlaufen zwei zitronengelbe Längslinien (Nebenrückenlinien). Lüfter sehr klein. schwarz gerandet; über den Füßen eine etwas heller gelbe Fleckenbinde (Stigmenlinie), unter welcher, meist auf hellerem Grunde, auf jedem Ringe ein kleineres be-

Seite

haartes Wärzchen steht. Kopf glänzend schwarz, klein, sparsam mit schwärzlichen Haaren besetzt. Brustfüße durchscheinend hornbraun mit dunklerer Spitze; Bauchfüße etwas heller, seitlich behaart. Bauch licht rötlichgrau, die fußlosen Ringe in der Mitte behaart (Rogenhofer). Lebt im Juni an Flechten (Parmelien), an Steinen. Verpuppung in einem leichten mit wenig Haaren gemischtem Gespinst. Puppe 0,8 cm lang, hellbräunlichgelb, glatt; Afterspitze stumpf ohne Auszeichnung mit schwach rinnenartigem Einschnitt. Entwicklung im Juli. Steiermark, Tyrol, Schweiz, Lappland, Estland, Finnland. — Rghfr. V. d. z. b. V. Wien 1884. p. 156. — Schoyen Tijd. v. E. 1886. p. 171. 189.

43. Euch. Jacobaeae, *L.* Lebt im Gebirge auch auf Huflattig. — Groß-Steyr. — O. W. 112. — Buckl. pl. 46, Fig. 1.

43. Nem. Russula, *L.* Zu den Citaten: O. W. 114. — Buckl. pl. 44, Fig. 2.

Einzuschalten nach Russula:

43. Nem. Flavida, *Brem.* (Metelkana, *Led.*). Die Raupe wurde bei Rheims auf Iris pseudacorus gefunden. — (Ann. S. Fr. 1886. p. 54. 115.)

44. Nem. Plantaginis, *L.* Zu den Citaten: O. W. 114. — Buckl. III. pl. 44, Fig. 5.

44. Pl. Matronula, *L.* Lebt auch auf Heidelbeeren, von welchen sie als kleine Raupe im August, September geklopft werden kann (E. Hacke).

45. Arct. Fasciata, *Esp.* Die südfranzösische Raupe ist schwarz mit schmutzig grauen Haarbüscheln, welche an der Seite lebhaft rostgelb werden. Die Raupen der var. Esperi aus Spanien sind schwarz mit breiter gelbroter Rückenlinie, welche in den Segmenteinschnitten unterbrochen ist. Haarbüschel des Rückens mehr graulichweiß.

45. Arct. Festiva, *Bkh.* Zu den Citaten: Sandberg (nicht Stdf.) Berl. e. Z. 1885. 253. Tijd. v. E. vol. 16. p. 253.

46. Arct. Cervini, *Fall.* Zu den Citaten: Wackerzapp. E. N. 1881. p. 345.

46. Ocn. Corsica, *Rbr.* Ann. Soc. Fr. 1832, S. 272. Taf. VIII. Fig. 9.

47. Ocn. Zoraïda, *Grasl.* Taf. 48, Fig. 13. Die Raupe lebt nach Sendtner an niederen Pflanzen, Plantago media, besonders an den Blüten, Achillea millefolium, Taraxacum officinale, Urtica urens, Rumex acetosella.

47. Spil. Luctuosa, *H.-G.* Groß fand die Raupe im Mai noch ganz klein an einer Scrophularia-Art in Kroatien. Puppe überwintert. Schmetterling im April.

Einzuschalten nach Fuliginosa:

47. Spil. Placida, *Frr.* Raupe etwas größer als die von Fuliginosa, sonst derselben sehr ähnlich d. h. den dunkler behaarten Stücken. Fuchsrot behaarte Raupen, wie bei Fuliginosa so häufig, kommen nicht vor; alle sind dunkel, schmutzig rostbraun bis ganz schwarz (Staudinger). Die am 12. Juni ausgekrochenen Räupchen waren Ende Juli erwachsen und lieferten die Schmetterlinge einzeln schon im August oder später im Herbst; die meisten Raupen überwinterten und ergaben den

Falter im Frühjahr. In der europäischen Türkei und bei Serajewo. — Hor. Soc. Ent. Roß 1878. p. 339.

47. **Spil. Sordida,** *Hb.* Hiezu: Mill. Ann. S. Cannes 1879. pl. IX. Fig. 11 (larvae var.).

48. **Spil. Urticae,** *Esp.* Der Kopf der Raupe ist schwarz, nicht rotbraun (Buckl.).

50. **Hyp. Caestrum,** *Hb.* Die 8 cm langen, röhrenförmigen Erdcocons wurden in Ungarn in Spargelbeeten gefunden. Mill. Nat. Cannes 1879. pl. VI. Fig. 13—15 (Eier).

50. **Het. Asella,** *Schiff.* Die Raupe kommt auch auf Linden, Haseln, Eichen und Kirschbäumen vor.

51. **Gattung Psyche.** Dem Citate ist noch beizufügen: Standfuß, Beobachtungen an den schlesischen Arten des genus Psyche, Bresl. ent. Zeitschr. 1879.

51. **Ps. Villosella,** *O.* Brd. p. 51—54, Fig. 28. 29. 30. a. b. 32. b—e.

Nach Viciella, *Schiff.* ist einzuschalten:

51. **Ps. Heylaertsii,** *Mill.* Ei verhältnißmäßig groß, elliptisch, gelb (ein Weibchen legte 210 Eier). Raupe dunkelgrau; die drei ersten Segmente sind mit breiten, seitlich weit hinabreichenden braungelben Chitin-Schildern bedeckt, welche mit zahlreichen schwarzen Punkten und Zeichnungen von verschiedener Form versehen sind. Zwölftes Segment mit einer doppelten, dunkelbraunen, glänzenden Chitin-Platte. Stigmen groß, schwarz. Kopf gelbbraun mit schwarz gesäumten Stirndreieck. Brustfüße lang, robust, gelbbraun, dunkelbraun geringelt. Bauchfüße sehr kurz, grau mit braunem Hakenkranz (Millière). Der Sack ist von dem von Viadrina, welcher Art der Schmetterling am nächsten steht, sehr verschieden und gleicht vielmehr dem von Ps. Hirsutella, *Hb.*, er ist mit Sandkörnchen, Stückchen von Grashalmen, kleinen Rindenstückchen etc. bedeckt, welche jedoch ganz unregelmäßig angebracht sind. Länge des ♂ Sackes 3,5—4,0 cm. Die polyphage Raupe überwintert zweimal, und nährt sich mit Thymus, Leontodon, Campanula, Salix oder Gräsern, Agrostis, Calamagrostis, nimmt auch Salat an. Verpuppung im Juli. Dabei gräbt sich die Raupe bis zur Mitte des Sackes in lockere Erde ein, das Kopfende nach unten gerichtet, wie die verwandte Art Ps. Febretta. ♂ Puppe kastanienbraun. ♀ dick, gelb, braun gefleckt. Entwicklung Ende August. Mill. An. S. Cannes 1879. pl. X. Fig. 16—19.

52. **Ps. Schiffermülleri,** *Stgr.* Zu den Citaten: Habich St. e. Z. 1889, S. 347.

52. **Ps. Graslinella,** *B.* Brd. p. 37. Fig. 17. a—c.

52. **Ps. Albida,** *Esp.* var. Lorquiniella. Brd. p. 46, Fig. 25. a. b.

52. **Ps. Atra,** *Esp.* Brd. p. 60—63. Fig. 37. 38. 39. a—c.

53. **Ps. Muscella,** *Hb.* Die weiblichen Raupen spinnen ihre Säcke tief im Grase oder Moose versteckt an; Flugzeit der Falter 9—11 Uhr vormittag. Groß-Steyr.

53. **Ps. Plumistrella,** *Hb.* Brd. p. 69. Fig. 46. a—d.

Nach der Gattung Psyche hat als zweite zu folgen:

53. **Cochliotheca,** *Lbr.* (Cochlophanes, *Sieb.*; Apterona, *Mill.*) Zwei oder drei Arten, davon nur eine in Deutschland.

53. **Crenulella,** *Bid.* Kommt auch in der Lombardei und in Südfrankreich in beiden Geschlechtern vor; ob die in Deutschland vorkommende parthenogenetische Form Helix v. Sieb. zu dieser Art gehört, ist nach Püngeler zweifelhaft. — Iris Bd. V, S. 133.

Nach Crenulella ist einzuschalten:

53. **Helicinella,** *H.-S.* (Planorbis, *Sieb.*) Raupe graugrün durchscheinend. Kopf, Brustfüße und Afterklappe schwarz, glänzend; die Brustringe oben mit schwarzen Hornplättchen, von welchen das zweite ganz fein, das dritte etwas breiter licht geteilt ist; seitwärts oberhalb der Brustfüße stehen schwarze Fleckchen; der Körper wird nach hinten schlanker und ist nach links seitwärts gekrümmt. Die jungen Räupchen sind rötlichbraun, sonst wie die erwachsenen; der Leib ist seitlich gekrümmt und beim Umherlaufen aufgerichtet. Die Raupe verfertigt sich einen der vorigen Art ähnlichen, nur breiteren und flacheren, schneckenförmigen Sack. Lebt vom Oktober bis Ende Mai des folgenden Jahres an verschiedenen niederen Pflanzen, besonders Lotus-Arten, an welchen sie weiße Flecken minieren. Zur Verpuppung wird der Sack an Pflanzenstengeln oder an Mauern und Felsen (♀) festgesponnen. Die ♂ Puppe ist der von Crenulella sehr ähnlich, hat ebenfalls schwarze Augenflecken, aber breitere Fühlerscheiden. Die weibliche Puppe ist an Kopf- und Afterende eingebogen, schwach seitlich gekrümmt, schwarzbraun, am Bauch und Kopf wenig heller, am Afterende hellbraun; Thorax seitlich zusammengedrückt, oben mit einer scharfen Kante versehen (welche auch die ♀ Puppe von Helix, *Sieb.* zeigt). Entwicklung Mitte Juni bis Mitte Juli. in den frühesten Morgenstunden (3—4 Uhr), während Crenulella stets nach Eintritt der Dunkelheit ausschlüpft und Nachts fliegt. Beide Geschlechter entwickeln sich in ziemlich gleicher Zahl. Sizilien, Spanien. — Brd. Mon. d. Ps. Fig. 48 a. b. — Siebold Parth. p. 37, Fig. 15—17. — Püngeler Iris Bd. V, S. 133.

Nach Ep. Bombycella ist einzuschalten:

53. **Ep. Pectinella,** *F.* 1,2 cm lang, nach hinten etwas dünner werdend, schwarz mit großen, am Rücken quer-, an den Seiten teils schief, teils der Länge nach gestellten, wulstartigen Warzen; am Kopfe, den vorderen und hinteren Segmenten und an den Seiten mit einzelnen Härchen besetzt; keine Linienzeichnung. Kopf glänzend schwarz, rund; die drei ersten Ringe am Rücken mit glänzend schwarzen, vorn und unten gelb gesäumten Schildern bedeckt, von welchen das erste am breitesten, das dritte am schmälsten ist; die beiden ersten Schilder sind von einer sehr feinen gelben Mittellinie geteilt; seitlich stehen unter den Hornschildern noch je zwei schwarze, buckelartige Flecken. Afterklappe klein, rundlich, dunkelbraun, in der Mitte vertieft; ein ähnlicher Chitinfleck ist oft auch auf dem elften Segment. Bauch braunschwarz. Brustfüße glänzend schwarz. Bauch- und Afterfüße sehr klein und kurz, gelblichgrau. (Nach einer präparierten Raupe von Dr. Standinger.) Der Sack der Raupe ist ganz ähnlich dem der Epichnopt. Bombycella, nur etwas kleiner. Lebt an niederen Pflan-

zen (Salvia etc.). Schmetterling im Juni. Österreich, Ungarn, Süddeutschland, Dalmatien. — Brd. Mon. d. Psych. p. 76. 77, Fig. 50—52. (var. Elongatella und Perlucidella, *Brd.*)

Nach Ep. Ardua, *Mann* ist einzuschalten:

53. **Tarnierella**, *Brd.* 0,5—0,6 cm lang; Kopf heller oder dunkler pechbraun, mit einzelnen langen, gelbweißen Härchen besetzt. Die drei ersten Segmente sind mit pechbraunen hornigen Schildern bedeckt. Jedes Schildchen wird nach dem Kopf zu heller und ist durch drei hellere Längsstreifen geteilt. Die folgenden Segmente, sowie die Unterseite sind gelbbraun, mit flachen Wärzchen besetzt und hie und da wie der Kopf behaart. Afterklappe hornig, pechbraun. Brustfüße braun; Bauch- und Afterfüße sehr kurz und an der Sohle mit einem Kranze von dunklen Häkchen besetzt (Heylaerts). Lebt im Oktober und nach der Überwinterung im März, April an Gräsern, besonders an Holcus mollis. Der Sack beim Männchen etwas länger als beim Weibchen, ist 0,7—0,8 cm lang und einem kleinen Pulla-Sack sehr ähnlich. Die männliche Puppe ist gelbbraun und hat nichts von den Psychidenpuppen Abweichendes; die weibliche Puppe ist der von Ep. Pulla vollkommen ähnlich, um 2/3 bis 1/2 kleiner. Entwicklung Ende Mai, anfang Juni. Südfrankreich, Holland (Breda). — Heylaerts St. e. Z. 1875, S. 35. — Mill. Ann. Soc. Cannes. T. VII. 1878. p. 18. pl. 4, Fig. 11 a. 14.

53. **Ep. Sapho**, *Mill.* 1,5 cm lang, auf dem Rücken bräunlich, an den Seiten und am Bauche graugelb; Ringeinschnitte und die langen, gestreckten querstehenden Warzen gelblich; an den drei ersten Ringen mit einzelnen langen Haaren besetzt und mit schwarzen glänzenden, vorn und unten fein gelblich gesäumten und von einer feinen gelben Mittellinie geteilten Schildern bedeckt; an der Seite des zweiten und dritten Ringes steht unter dem Rückenschild noch je ein rundliches, schwarzbraunes, etwas erhabenes Chitin-Plättchen. Stigmen sehr klein, blaßbraun. Kopf eingezogen, rund, tief schwarz, wenig glänzend. Afterklappe klein, schmal, schwarzbraun. Brustfüße glänzend braunschwarz, Hüften verwachsen, hinten mit braunschwarzen, glänzenden Chitinplättchen. Bauch- und Afterfüße sehr kurz mit querstehenden, braunen, länglichen Hakenkränzen. (Nach einer präparierten Raupe von Dr. Staudinger.

54. **Ep. Nudella**, *O.* ist eine vom Plumella, *II.-S.* verschiedene Art. Die Beschreibung auf Seite 53 bezieht sich auf letztere. Die Raupe der echten Nudella, *O.* ist jener der folgenden Suriens Reutti ganz gleich geformt und gebildet, aber der Körper heller, mehr gelblich gefärbt. Bei Wien und in Ungarn. Entwicklung im Juni (Rebel).

54. Die Raupe der Var. **Suriens**, *Mill.* ist rötlichgrau, auf dem Rücken bräunlich, mit drei schwarzen, von einer feinen, gelblichen Mittellinie geteilten Chitinschildern auf den drei ersten Ringen und je einem schwarzbraunen Flecken an der Seite des zweiten und dritten Ringes. Kopf glänzend schwarz. Brustfüße schwarzbraun, an den Hüften mit schwarzen Chitinplättchen.

Afterklappe klein, dunkelbraun. Bauch- und Afterfüße kurz mit braunem Häkchenkranz. Am Kopf, den Seiten der drei ersten und des letzten Ringes, sowie an den Füßen einzelne lange Härchen. Stigmen sehr klein, hellbraun. Warzen ähnlich wie bei Sapho, aber viel schwächer entwickelt. Nach einer präparierten Raupe von Ragonot, Lyon.

54. **F. Crassiorella**, *Br.* (Affinis, *Reutti.*) 0,6 cm lang, nach hinten zu schmäler werdend, mit tiefen Ringeinschnitten, je zwei Querwülsten auf dem Rücken der Segmente und einer dreifachen, in den Ringeinschnitten tief eingebuchteten Längsfalte an den Seiten. Die drei ersten Ringe führen stark chitinöse, seitlich ziemlich weit hinabreichende und hier mit einem freien Rande endigende Rückenschilder von gelber Farbe, welche beiderseits drei breite, schwarzbraune Längsstreifen führen, deren untere in je drei einzelne Flecken aufgelöst sind. In den gelben Zwischenräumen stehen feine schwarze Pünktchen (Wärzchen) und zwar vier in dem mittleren Zwischenraum des ersten Segmentes und je zwei in den oberen seitlichen Zwischenräumen der drei ersten Segmente. Vom vierten bis zwölften Ring ist die Raupe einfach blaß fleischrötlich, ohne Zeichnung. Kopf schmäler als das erste Segment, in dieses eingezogen, gelb, mit dunkelbraun eingefaßtem Stirndreieck und drei dunkelbraunen Flecken oder Streifen an jeder Seite. Afterklappe klein, dreieckig, braunschwarz, hell gerandet. Bauchfüße stark entwickelt, hell rötlichweiß mit schwarzen Chitinplättchen an der Basis und Außenseite. Bauch- und Afterfüße sehr kurz mit braunem Häkchenkranz. Außer den schon genannten finden sich noch kleine Wärzchen mit weißlichen Borsten an den Seiten, am Kopf, der Afterklappe und den Füßen. Stigmen sehr klein, braun gerandet. (Nach einer von Püngeler erhaltenen lebenden Raupe.) Hieher gehört auch sehr wahrscheinlich Subflavella, *Mill.* (An. Soc. ent. Belg. 1877. p. 63. pl. I, Fig. 5—7), welche nach der Beschreibung und Abbildung des Sackes mit der oben beschriebenen Raupe übereinstimmt. Lebensweise wie bei Nitidella; die Räupchen überwintern; beginnen im Frühjahr wieder zu fressen, sind Ende April erwachsen und liefern den Falter anfangs Juni. Süddeutschland, Südfrankreich, Ungarn, Italien, nördliches Spanien.

Nach Fumea Crassiorella, *Brd.* ist einzuschalten:

54. **Fumea Reticulatella**, *Brd.* Raupe und Sack gleichen sehr jenen der Crassiorella, *Brd.*; beide sind kleiner, die Raupe zeigt eine lebhafte gelbe Grundfarbe des Kopfes und Nackenschildes mit schärferer, schwärzlicher Zeichnung; der Sack ist weniger grob bekleidet als bei Crassiorella. Lebt vornehmlich an Baumflechten. Entwicklung anfangs Juni. Aus Dalmatien (D. Rebel).

54. **F. Sepium**, *Spr.* Brd. p. 102, Fig. 75 a. b. (tabulella).

Nach F. Norwegica, *Heyl.* sind einzuschalten:

54. **F. Salicicolella**, *Brd.* Schmutziggrau oder hellbraun; der erste Ring ist oben mit einem breiten, schwarzen, glänzenden Schild bedeckt, welcher durch eine feine,

weißliche Linie geteilt und vorn weißlich gesäumt ist; der zweite Ring hat an jeder Seite zwei hornige, schwarze Flecken, von welchen der untere größer als der obere ist; auf dem dritten Ring finden sich ähnliche Flecken, aber nicht mehr so deutlich; auf den hinteren Ringen fehlen sie ganz. Kopf glänzend schwarz, ohne Zeichnung. Brustfüße glänzend schwarz, weiß geringelt, an den Hüften mit einem braunen, glänzenden Flecken. Am Kopf und über den Füßen stehen einzelne schwarze, sehr feine Haare. Warzen sehr klein, mit sehr kurzen Börstchen, nur mit der Lupe sichtbar. Sack dem von F. Betulina sehr ähnlich. Lebt im April, Mai an den Flechten der Bandweide, ist Mitte Mai erwachsen und liefert den Falter Mitte Juni. Mittleres und östliches Frankreich. — Brd. Mon d. Psych. p. 100, Fig. 74 a.—d.

54. **Ep. Roboricolella**, *Brd.* Raupe weinrot, viel dunkler als F. Crassiorella; erster Ring mit schwarzem Hornschild; wie bei der vorigen Art; der zweite und dritte Ring führen an jeder Seite drei schwarze Streifen, die am dritten Ringe schwächer sind als am zweiten. Auf den folgenden Ringen sind die Streifen verwischt, aber deutlicher zu sehen, als bei den verwandten Arten. Kopf schwarz, glänzend, mit weißlich eingefaßtem Stirndreieck; am Körper sind einige graue, kurze Härchen bemerkbar, die am Kopf und den vier ersten Ringen länger sind. Sack ähnlich dem von Crassiorella. Lebt im Mai und Anfang Juni an Eichen und zwar an den Flechten der Rinde; ob sie auch Blätter frißt, ist ungewiß. Entwicklung Ende Juni und im Juli. Frankreich, bei Paris gemein, bei Besançon seltener. — Brd. Mon. d. Psych. p. 98. Fig. 72 a—c.

54. **Comitella**, *Brd.* Raupe schmutzig gelb, oder hellbraun, nicht weinrot; mit drei schwarzen, nach rückwärts allmählich blasser werdenden Streifen auf jeder Seite der drei ersten Ringe; vom vierten Ringe an verschwinden die Streifen. Die obersten Streifen sind viel schärfer ausgeprägt als die untern, welche manchmal auf dem ersten Segment unterbrochen sind. Zwischen dem ersten und zweiten Streifen jederseits unterscheidet man einen kleinen, rundlichen, schwarzen Punkt auf den zwei ersten Segmenten, weniger deutlich auf den folgenden. Kopf glänzend, von der allgemeinen Körperfarbe mit drei schwarzen Längslinien auf jeder Hemisphäre und einem schwarz eingefaßten, lang gestreckten Stirndreieck. Sack dem der Crassiorella, *Br.* ähnlich. Lebt im April und Mai an den Flechten der Weidenstämme, zugleich mit Salicicolella, welche jedoch seltener ist, verpuppt sich Ende Mai. Puppe mattbraun, am Ende abgestumpft; Falter Mitte Juni. Mittleres und östliches Frankreich, südwestliches Deutschland. — Brd. Mon. d. Psych. p. 96, Fig. 70 a.—f.

55. **Org. Antiqua**, *L.* Die Raupe kommt auch an Fichten, Kiefern und Lärchen vor (Eckstein).

57. **Ps. Monacha**, *L.* Daß die Raupe meist nur die Flechten der Nadel- und Laubholzbäume fressen soll, ist nicht richtig; dieselbe ruht allerdings unter Tags oft an den Stämmen, dicht in die Ritzen der Rinde geschmiegt, wo sie durch ihre, der Rinde ähnliche Färbung sehr gut geschützt ist. Wahrscheinlich hat dieses Verhalten der Raupe Veranlassung zu dem falschen Glauben gegeben, sie nähre sich von den Flechten, cf. die Nonne (Liparis Monacha, *L.*) von Dr. H. Nitzsche, Wien 1892.

58. **Albarracina**, *Stgr.* nov. gen. mit der Spez. Korbi, *Stgr.* gehört nicht in die Gattung Bombyx, sondern hat als erste Gattung der Bombycidae zu stehen. Abbildung Taf. 48, Fig. 14.

58. **Bomb. Crataegi**, *L.* Ist in Freyer VI. Band S. 30, Taf. 500 beschrieben und abgebildet. Var. Ariae, *Hb.* = Arbusculae Pfaffenz. s. Frr. t. 488 u. Tijd v. E. 18. Bd. p. 254.

59. **B. Neustria**, *L.* Der Schmetterling erscheint oft schon im Juni.

59. **B. Vandalicia**, *Mill.* ist nach Staudinger (Isis IV. p. 238.) gleich mit Chondrostega Pastrana Led. var.; welche Gattung vor Bombyx zu stehen kommt.

59. **B. Lanestris**, *L.* Var. Arbusculae, *Frr.* Taf. 48, Fig. 15. Ausgezeichnet durch zwei Längsreihen lebhaft weißer und orangegelber großer Punkte auf dem Rücken und ebensolche, aus kleineren, weißen Pünktchen bestehende Längsreihen in der Stigmengegend und unmittelbar über den Füßen. Auf dem Rücken treffen auf jedes Segment vier Punkte, von denen nach Freyer die zwei vorderen orangegelb, die zwei hinteren weiß sind; am elften Segment finden sich nur zwei Punkte, am zwölften Segment fehlen sie ganz; dagegen stehen am zweiten, dritten und vierten Segment zwischen den vier größeren Punkten noch zwei kleinere, mehr gegen die Mittellinie gerückt. Kopf einfarbig, glänzend schwarz, ebenso die Brustfüße. Bauchfüße ockergelb. Afterfüße von der Körperfarbe.

60. **B. Trifolii**, *Esp.* Bei var. Iberica, *Gn.* ist „in Castilien" zu streichen. Var. Cocles, *Hb.* An. S. Fr. 1858. S. 452 (nicht 1860, S. 688).

60. **B. Quercus**, *L.* Die Raupen der var. Alpina überwintern halb- oder noch mehr erwachsen, spinnen sich erst im August und September ein, überwintern dann nochmals als Puppen und schlüpfen im Mai, höher im Gebirge erst im Juni oder Juli aus (Groß-Steyr.). Var. Spartii, *Hb.* Gn. An. S. Fr. 1858. p. 441; ebenda Var. Callunae, *Palm.* und die junge Raupe von Quercus (nicht 1860).

61. **Cr. Dumi**, *L.* Entwicklung des Schmetterlings im Oktober.

62. **L. Pini**, *L.* Die dunkelbraunen Haare sitzen auf dem zweiten und dritten Segment, nicht in den Ringeinschnitten (wie in der Abbildung Taf. 18, Fig. 8 a.).

62. **L. Otus**, *Dr.* Die Raupe lebt nicht an Wolleichen, sondern an Cypressen (Cypressus sempervirens). Mann und Staudinger, Fauna Kleinasiens p. 358.

63. **Megas. Repandum**, *Hb.* Taf. 48, Fig. 16 a. b. Raupe gleich nach dem Ausschlüpfen schwarz mit einigen rötlichen, wenig sichtbaren Punkten und zwei Büscheln sehr langer Haare auf dem ersten Ring. Später hebt sich die Zeichnung mehr hervor und wird mit jeder

Häutung deutlicher. Ausgewachsen 8—9 cm lang, am Bauch glatt, am Rücken gewölbt, bläulich aschgrau oder gelbgrau mit sehr feinen schwarzen Pünktchen, Längs- und Schrägstrichen, überall, besonders an den Seiten mit kurzen schwarzen Härchen ziemlich dicht besetzt. Über den Füßen befindet sich an jedem Segment beiderseits je eine zapfenartige Hervorwölbung. Diese Zapfen sind mit langen gelben, nach abwärts gerichteten Haaren besetzt, und an den drei ersten Segmenten besonders lang. Auf dem Rücken des zweiten und dritten Segmentes zeigt sich je ein dichter Büschel rötlichweißer Haare, vor welchem ein tiefschwarzer mit ebensolchen Haaren dicht besetzter Querwulst zum Vorschein kommt, wenn die Raupe sich bewegt, während er in der Ruhe verborgen und eingezogen ist. Auf dem Rücken des vierten bis elften Ringes stehen je vier lebhaft orangegelbe Warzen, von welchen die zwei vorderen größer sind als die zwei hinteren. Am zwölften Ringe stehen nur zwei solcher Warzen; auf den drei ersten Ringen fehlen sie ganz. Über den Rücken verläuft ein breiter brauner Streifen, welcher auf den drei ersten Ringen durch eine weiße breite Linie geteilt ist, vom vierten Ring an aber sich in der Mitte jedes Segmentes zwischen den vier gelben Warzen zu einer unregelmäßigen rautenförmigen Figur erweitert. Der Rückenstreifen, sowie die Erweiterungen desselben sind breit weißlich eingefaßt. Die Stigmen sind groß, länglich, weiß, schwarz eingefaßt. Bauch gelb, mit einem breiten schwarzen Mittelstreifen, welcher vom vierten bis elften Segment je einen rundlichen, gelben Flecken einschließt und mit je einem schwarzen Flecken an den Seiten der fußlosen Segmente. Kopf verhältnismäßig klein, grau mit einem gelben Mittelstrich und mit gelbrötlichen Haaren bedeckt. Brust- und Bauchfüße ockergelb, außen schwarz; über den ersteren je ein großer schwarzer Fleck; Afterfüße innen tiefschwarz, außen gelblich. (Nach einer präparierten Raupe von Dr. Staudinger.)
63. Gattung Saturnia, *Schr.* Die Puppen überwintern.
63. S. Pavonia, *L.* Zu den Citaten: Tijd. v. Ent. Vol. 20. p. 256.
64. S. Isabellae, *Graëlls.* Gehört in die Gattung (Aclias, *Leach*). Tropaea, *Hb.* Abb. Taf. 48, Fig. 17.

Nach Harp. Bicuspis, *Bkh.* ist einzuschalten:
65. H. Aeruginosa, *Christ.* Die Raupe lebt im September an einer Weidenart (Salix stipularis Sn.) und gleicht der von H. Furcula sehr; Gespinst fest, in der Rinde der Weiden. Entwicklung Anfang Juni. Sarepta. — Hor. soc. e. Ross. 1872. p. 4. (Taf. 1, Fig. 1. Imago).
65. H. Furcula, *L.* Die Raupe kommt auch auf Buchen vor; die Puppe überwintert oft zweimal.
66. Ur. Ulmi, *Schiff.* Neue Abbildung: Taf. 48, Fig. 18.
66. H. Milhauseri, *F.* Die Raupe kommt auch noch im August vor.
68. N. Dromedarius, *L.* Hiezu: Tijd. v. E. 20. p. 257.
68. N. Bicoloria, *Schiff.* Raupe im Juli und August zu finden.
69. D. Velitaris, *Rott.* Raupe auch noch im September zu finden.
69. Gattung Cnethocampa, *Stph.* Hiezu: Lederer V. z. b. G. Wien. 1852. p. 116.
70. Cn. Pinivora, *Tr.* Korb fand die Raupen in großen Nestern klumpenweise an den Zweigen der Pistazien-Büsche hängend. (Taurus).
70. Cn. Herculeana, *Rbr.* Hiezu: Rbr. Cat. syst. p. 385; Fn. And. Taf. 14, Fig. 6.

Nach Pyg. Pigra, *Hfn.* ist einzuschalten:
71. 14. Gattung. Rhegmatophila, *Stdf.* Nur eine, in Frankreich vorkommende Art.
71. Rheg. Alpina, *Bell.* Ei flach, halbkugelig, kaum 1 mm im Durchmesser, zuerst dunkellaubgrün, dann violett, oben mit einem weißlichen Flecken und mit einem weißlichen Ring um die Mitte. Erwachsen ist die Raupe 3—4 cm lang, 6,7 mm breit, nach vorn und hinten etwas verschmächtigt, am Bauch flach. Rücken grau, rindenfarben mit einem Stich ins Rötliche, durchweg mit weißlichen unregelmäßigen kleinen, in Längsreihen angeordneten Punkten und Strichen. Vom vierten bis zwölften Segment finden sich zwei den Nebenrückenlinien entsprechende Längsreihen dunkelbrauner Flecken, die auf dem fünften und dreizehnten Segment am ausgedehntesten sind und sich hier auf dem Rücken stark einander nähern. Von der dunklen Rückenlinie ist höchstens auf den zwei bis drei ersten Segmenten eine schwache Spur zu sehen. In der Gegend der Stigmen zieht sich ein aus dunkelbraunen Flecken bestehender Seitenstreif (Stigmenlinie) vom Kopf bis zur Afterklappe. Stigmen groß oval, weiß, dick schwarz gerandet. Bauch blaugrün. Kopf braungelb, um das Stirndreieck und über den Mundteilen schwarz gesäumt, überall grubig vertieft und behaart. Die vorderen Rückenwarzen sind aus je 15—20 größeren und kleineren schwarzen gelbumrandeten Wärzchen zusammengesetzt, deren jedes ein Härchen trägt. Die hinteren Rückenwarzen und die seitlichen Warzen bestehen aus gelblichen, mehr oder weniger hervorgewölbten Chitinplatten mit je einer Anzahl kleiner schwarzer behaarter Wärzchen auf denselben. Die Raupe erscheint demnach mit reihenweise eingeordneten, mehr oder weniger starken Haarbüscheln besetzt. Auf dem ersten Ring sind die Warzen zu einem schmalen, länglichen, gelblichen, schwarzgefleckten und bräunlich behaarten Querwulst zusammengeflossen. Die halbkreisförmige Afterklappe ist gelblich, fein schwarz gesäumt mit vielen schwarzen, je ein braunes Haar tragenden Warzen besetzt. Bauchfüße und Nachschieber blaugrün, auf der Außenseite mit einer zusammengesetzten Warze besetzt. Brustfüße blaugrün, an der Spitze bräunlich. (Nach einer präparierten Raupe von Dr. Standfuß). Die Raupe ist ungemein lichtscheu und drängt sich mit Hilfe ihrer flachen Form und ihres sehr weichen Körpers in und durch die engsten Spalten und Ritzen; sie lebt im Juni und Juli an verschiedenen Pappelarten und glattblättrigen Weiden, frißt nur Nachts. Die Verpuppung erfolgt in einem schwachen Erdcocon, nahe unter der Erdoberfläche. Puppe 1,7—2,0 cm lang,

sehr hartschalig, schwarzbraun, porzellanglänzend, am Ende stumpf und ohne feine Spitze (wie Lophopteryx). Der After ist durch einen feinen Längsriß markiert. Entwicklung in zwei Generationen im Mai und im August, September. Frankreich (Digne Dep Basses Alpes). — Berl. ent. Z. 1888. 32 Bd., S. 239.

71. **Th. Batis**, *L.* Erste Generation der Raupe im Juni, zweite im August und September.

72. Bei **Asphalia Ruficollis** und **Diluta** sind auf Taf. 21 sind die Nummern der Figuren verwechselt: Fig. 12 ist Ruficollis, während Fig. 11 Diluta darstellt.

73. **Dil. Caeruleocephala**, *C.* Entwicklung im September und Oktober.

73. **Ars. Albovenosa**, *Goeze.* Raupe im Juni und Oktober an Gräsern.

76. **Acr. Euphorbiae**, *F.* Raupe in zweiter Generation im September häufiger als in der ersten. — Freyers Abbildung der Euphrasiae (Bd. VI, S. 92. Taf. 537.) gehört zur var. Montivaga und ist daher das Citat bei A. Euphrasiae zu streichen.

76. **Br. Raptricula**, *Hb.* Erscheinungszeit der Raupe im Mai.

77. **Br. Ravula**, *Hb.* Die Raupe der Stammform ist viel dunkler und hat viel kleinere rote Seitenflecke als die Raupe der var. Ereptricula, *Tr.*

77. **Br. Algae**, *F.* Die Raupe erscheint im Mai.

Nach **Algae** ist einzuschalten:

77. **Br. Oxybiensis**, *Mill.* Ähnlich der Raupe von Br. Spoliatricula, aber länger und lebhafter gefärbt; grau, mit einer Reihe großer gelber Flecken auf dem Rücken; Kopf rundlich, grau, oben schwarz gesprengelt. Die glänzend schwarzen Flecken des ersten Ringes sind ihrer Stellung nach von denen bei Spoliatricula sehr verschieden. Die großen, schwarzen, glänzenden, sehr kurze Haare tragenden Warzen begrenzen auf jedem Ring den gelben Rückenflecken. An den Seiten sind die Warzen fein weiß umzogen. Füße graublau; Bauch weißlich; Stigmen sehr klein, weiß, schwarz geringt (Millière). Lebt in zwei Generationen, im Juli und September an den an Felsen wachsenden Schildflechten (Peltigera), frißt nur Nachts und zieht sich schon am frühen Morgen in eine aus Gespinst und Flechtenteilchen gefertigte, in einer Spalte oder in einem Winkel an den Felsen angelegte Höhle zurück, wo sie den Tag über versteckt ist. Verpuppung oberflächlich unter der Erde. Puppe rotbraun; Entwicklung im Juni und im August. Südfrankreich (Cannes). — Mill. An. S. Cannes 1879. pl. VII, Fig. 9—11.

78. **Agr. Strigula**, *Thnb.* Die Raupe überwintert, im April an Erica carnea im Gebirge.

78. **Agr. Subrosea**, *Stph.* Die Raupe findet sich im August; cf. Doubleday. Monthl. Mg. XI. 89.

Einzuschalten nach Agr. **Augur**:

79. **Agr. Senna**, *H.-G.* Taf. 48, Fig. 21. (Schm. Taf. 27, Fig. 13). Die Grundfarbe der Raupe ist ein helleres oder dunkleres, ins Bräunliche spielendes Graugrün; Das Rückengefäß ist beiderseits von einer feinen braunen Linie gesäumt; auf jedem Segment befinden sich zwei schräg nach vorn laufende, sich fleckenartig erweiternde dunkelbraune Striche. Der Seitenstreif ist breit, hellbräunlich gefärbt und läuft von denselben auf jedem Segmente ein hakenartig nach hinten gerichteter Strich von gleicher Farbe und Breite wie der Seitenstreif; Bauch graugrün; Kopf und Füße glänzend braungrau, ersterer mit helleren Strichen (Gaukler-Karlsruhe). Die Raupe lebt im April und Mai an verschiedenen Artemisia-Arten, an sonnigen, trockenen, sandigen Stellen. Verpuppung in einem leichtzerbrechlichen Erdgespinst. Entwicklung im Juni. Schweiz, Wallis, südwestliches Deutschland, östliches Frankreich.

79. **Agr. Obscura**, *Brahm.* Entwicklung im Juli.

79. **Agr. Pronuba**, *L.* Raupe findet sich im April.

80. **Agr. Collina**, *B.* Hiezu: Frr. 698. Taf. 172 (Montana).

80. **Agr. Triangulum**, *Hfn.* Entwicklung im Juni.

80. **Agr. Baja**, *F.* Entwicklung im Juli.

80. **Agr. Speciosa**, *Hb.* Hiezu: Tijd. v. E. 1855. 24, S. 260.

81. **Agr. Rubi**, *View.* und **Agr. Florida**, *Schmidt* sind, wie Eiffinger-Frankfurt a. M. durch Zucht aus dem Ei erwiesen hat, nur eine Art. Florida ist die Frühlings-, Rubi die Herbstgeneration.

82. **Agr. Conflua**, *Tr.* ist die montane Form von Agr. Festiva, *Hb.* — Assmus. Bresl. ent. Z. 1855. IX. 15. — Wocke l. c. 1884. p. 48. — Weir. Ent. 1884. p. 2. pl. I. — Hoffm. St. e. Z. 1884. p. 360; 1887. p. 266.

83. **Agr. Ocellina**, *Hb.* Abbild. Taf. 48, Fig. 20.

83. **Agr. Plecta**, *L.* Raupe im April, Mai und in zweiter Generation im Juli; Schmetterling im Mai, Juni und wieder im August.

83. **Agr. Musiva**, *Hb.* Abbild. Taf. 48, Fig. 22 (nach einer lebenden Raupe).

83. **Agr. Fennica**, *Tausch.* Kommt auch in der Schweiz und England vor.

83. **Agr. Simulans**, *Hufn.* Hiezu: Rössl. Schupp. S. 86.

84. **Agr. Forcipula**, *Hb.* Abbild. Taf. 49, Fig. 1. Hiezu: Fuchs. Stett. e. Z. 1879. p. 138, 1884. p. 260.

84. **Agr. Fimbriola**, *Esp.* Abbild. Taf. 48, Fig. 19.

84. **Agr. Decora**, *Hb.* Abbild. Taf. 49, Fig. 2. Raupe 4 cm lang, braungrau, ohne Linienzeichnung, höchstens mit dunkler Rückenlinie (Rückengefäß), Stigmen schwarz; das am ersten Ring stehende, breit weiß gerandet. Bauch gelblichgrau. Kopf hellbraun, schwarz getupft. Nackenschild schmal, beiderseits spitz zulaufend, glänzend hellbraun, hinten fein schwarz gerandet. Afterklappe von derselben Farbe, klein, abgestumpft dreieckig. Rückenwarzen äußerst klein, schwarz; Seitenwarzen groß, braun; Haare der Warzen sehr kurz. Brustfüße hellgelbbraun. Bauch- und Afterfüße von der Körperfarbe. (Nach einer präparierten Raupe von Dr. Staudinger).

85. **Agr. Ripae**, *Hb.* Die Citate sind folgendermaßen zu korrigieren: Boie. St. e. Z. 1852, S. 384. — Fr. Schmidt. St. e. Z. 1858. S. 373. — Voll. II. 11. — var. Desilii

Nachträge.

Seite

Pierr. Mill. An. Soc. Lyon. 1882. 29. Bd. p. 158. pl. I, Fig. 9—10. — Tijd. v. Ent. 1865, Taf. 3, Fig. 3. — Var. Weissenbornii, Schmidt l. c. — Frr. 7. 171, Taf. 697. — Hellins Zool. 6999.

Nach Agr. Tritici, L. ist einzuschalten:

85. **Agr. Vitta,** *Hb.* Die Raupe ist schmutzigbraun, mit nach hinten deutlich dunkler Rückenlinie. Kopf und Nackenschild braun; unter Tags in Sandhöhlen verborgen. Vöslau in Niederösterreich (Dorfmeister).

Nach Saucia, Hb. ist einzuschalten:

85. **Agr. Trux,** *Hb.* (Sch. Taf. 30, Fig. 18 a. b.). 3,5 cm lang, 0,7 cm dick, von gedrungener Gestalt, stark querfaltig, graugelb; Rückenlinie fein, gelblich, beiderseits unbestimmt grau gesäumt; Nebenrückenlinien undeutlich bräunlich; Stigmenlinie nicht vorhanden, Stigmen groß schwarz; Bauch ohne Zeichnung, von derselben Färbung wie der Rücken. Kopf heller oder dunkler braun, Stirndreieck beiderseits schwarz gerandet. Nackenschild von derselben Farbe wie der Kopf, nach beiden Seiten schmäler werdend, in der Mitte von einer hellen Längslinie geteilt; Afterklappe schmal, hinten gerade abgestutzt, in der Mitte mit zwei schwarzen Längsstrichen; Warzen groß, in der Mitte mit einem dunklen, gelblich gerandeten Pünktchen, außen breit und glänzend braun gerandet; an den Seiten sind die Warzen etwas erhaben. Brustfüße hellbraun. Bauch- und Afterfüße von der Körperfarbe, alle sehr kurz und klein. (Nach einer präparierten Raupe von Dr. Staudinger). Lebt im Frühjahr auf niederen Pflanzen z. B. Melilotus vulgaris an trockenen Orten; soll auch die Tabakpflanzen angreifen. Schmetterling im August und September. Schweiz, Wallis, südliches Frankreich, Italien, Katalonien.

85. **Agr. Lunigera,** *Stph.* Eine ausführliche Beschreibung der Raupe, welche jener der Trux gleicht aber viel dunkler ist, giebt Buckler M. M. III. p. 188. — An den Küsten Englands.

85. **Agr. Ypsilon,** *Rott.* Lebt im Mai an Gräsern, nicht Graswurzeln, zwischen welchen sie sich nur versteckt.

85. **Agr. Segetum,** *Schiff.* Ebenso wie bei der vorigen; lebt auch an Rüben, in welche sie sich unter dem Blätterschopf einfrißt (Nickerl), ferner an Bohnen, Raps, Kartoffeln (Knollen) und Kohlarten.

85. **Agr. Corticea,** *Hb.* Lebt im Mai an Wolfsmilch, Löwenzahn und anderen niederen Pflanzen.

86. **Agr. Crassa,** *Hb.* Lebt im Juni an Gräsern und verschiedenen niederen Pflanzen. Der gelbbraune Kopf hat außer den zwei schwarzen Bogenstrichen, die sich manchmal sehr verbreiten, noch einen kleinen braunen Flecken in der Mitte (Dorfm.).

86. **Agr. Occulta,** *L.* Die Raupe überwintert und kommt noch im Mai vor.

86. **Ch. Graminis,** *L.* Die Raupe frißt die Grashalme, dieselben oft an der Wurzel abbeißend, und hält sich unter Tags an den Graswurzeln versteckt.

87. **M. Serratilinea,** *Tr.* Abb. Taf. 49, Fig. 3. — Schernhammer III. Jahrb. d. W. e. V. 1892, p. 21.

Seite

87. **M. Advena,** *F.* Die Raupe überwintert und ist im April erwachsen, kommt auch auf Prunus padus vor.

87. **M. Nebulosa,** *Hfn.* Die Raupe überwintert, ist anfangs Mai erwachsen und lebt nicht von Gräsern, sondern an Himbeeren, Waldreben, Gaisblatt, wie an niederen Pflanzen.

88. **M. Thalassina,** *Rott.* Die Raupe ist im August und September erwachsen; die Puppe überwintert.

88. **M. Leineri,** *Frr.* Die junge Raupe der Var. Pommerana ist durchaus schön grün mit fünf hellen weißlichen Längsstreifen; der Raum zwischen den beiden Seitenstreifen ist am dunkelsten. Erwachsen ist die Raupe 3,5—4,0 cm lang, am Rücken und an den Seiten matt rötlichgrau, am Bauche matt grün. Rückenlinie fein, hell, etwas dunkler gesäumt. Nebenrückenlinie breiter; ebenfalls hell; Stigmenlinie breit, hell, weißlichgrau. Kopf und Füße dunkel bernsteinfarbig, etwas ins Grünliche ziehend. Lebt im Juli und August an Artemisia maritima und wohl auch campestris an den Sanddünen des Ostseestrandes. Verpuppung in einem leicht zerbrechlichen Saudgehäuse Anfang September; Entwicklung im Juli. St. e. Z. 1869, S. 51, 1860, S. 46.

89. **M. Albicolon,** *Hb.* Die Raupe kommt im August und September vor.

89. **M. Splendens,** *Hb.* Lebt im Herbst an Lysimachia, Solanum dulcamara, Seggen, Sumpffarrn etc. Streckfuß E. N. l. c.

89. **M. Oleracea,** *L.* Die Raupe lebt nicht im Frühjahr, sondern im September und Oktober an Kohl etc. Die Puppe überwintert.

89. **M. Dentina,** *Esp.* Lebt im August an Löwenzahn etc., frißt aber nicht die Wurzeln, sondern die Blätter; Entwicklung im Mai, Juni.

89. **M. Marmorosa,** *Bkh.* Raupe im Mai und Juni, Schmetterling im Juli vorkommend.

90. **M. Chrysozona,** *Bkh.* Die Raupe kommt nach Anton Schmid im Juli und August, der Schmetterling im Juni, anfangs Juli vor.

90. **M. Serena,** *F.* Hiezu: Prittw. St. e. Z. 1867, p. 260.

90. **D. Caesia,** *Bkh.* Taf. 49, Fig. 4. Nach Millière hat die Raupe auf dem Rücken braune undeutliche Rautenzeichnungen, eine feine lichte, undeutliche, unterbrochene Rückenlinie und als Hauptkennzeichen auf jedem Ring (vom vierten anfangend) zwei dicke schwarze Punkte an der Stelle der fehlenden Nebenrückenlinien. Stigmenlinie schmal, weiß. Stigmen sehr klein, oval, rötlich, schwarz gerandet. Bauch und Bauchfüße schmutzig weiß; an der Basis der Brustfüße je ein schwarzes glänzendes Chitinplättchen. Lebt in der Jugend (Juli, August) in den Blüten und Samenkapseln verschiedener Silenen, nutans, inflata, alpestris, maritima (Porrit); erwachsen hält sie sich am Boden unter ihrer Futterpflanze versteckt. Verpuppung in einem papierartigen Cocon. Puppe dunkelkastanienbraun, glänzend, mit einem (für die Gattung charakteristischen) knopfförmi-

gen Vorsprung am Ende der Fuß- und Rüsselscheide. Die Beschreibung bei Wilde 265 ist falsch. — Buckl. Monthl. Mg. IX. 64 (nicht Ent. M.). — Mill. Nat. Sic. VI. Pl. I. Fig. 1—4.

90. **D. Filigramma**, *Esp.* Taf. 49, Fig. 5. Die Raupe der Var. Xanthocyanea gleicht derjenigen der Caesia-Raupe, ist aber mehr bräunlich mit verloschener Rückenzeichnung; kommt auch an Silene nutans vor.

91. **D. Cucubali**, *Fuessl.* Die Raupe kommt zweimal im Jahre vor, im Juli und wieder im September.

Nach Capsophila ist einzuschalten:

91. **D. Silenes**, *Hb.* (Sch. Taf. 33, Fig. 8.) 3,5 cm lang, gelblichgrau, sehr fein braun gesprengelt, mit einer feinen hellen, beiderseits fein und verloschen grau gesäumten Rückenlinie. Nebenrückenlinie undeutlich, heller als der Grund, beiderseits fein braungrau gesäumt; Stigmenlinie breit, weißlich; an ihrem oberen Rande stehen die kleinen braunen Luftlöcher. Bauch samt Bauch- und Afterfüßen weißgrau, ohne Zeichnung. Kopf klein, abgerundet, gelb, mit einigen schwarzen Wärzchen. Nackenschild und Afterklappe hellgelbbraun, wenig vortretend mit schwarzen Wärzchen. Die Warzen auf dem übrigen Körper sind sehr klein, schwarz. Brustfüße hellgelbbraun (nach einer präparierten Raupe von Dr. Staudinger). Lebt im Juli bis September in den Kapseln der Silene viscosa und crassicaulis. Entwicklung im Juni. Ungarn, Südfrankreich und Catalonien.

92. **Ap. Nigra**, *Hb.* Bei einer vom Cand. med. C. Escherich im Albanergebirg an weißblühender Erica gefundenen durchaus grünen Raupe ist die Rückenlinie zusammenhängend, braunrot, in der Mitte fein weiß geteilt; die ebenfalls braunroten Nebenrückenlinien und Stigmenlinien sind zu einem breiten Bande zusammengeflossen; unter den Stigmen verläuft ein lebhaft gelber, nach unten auf jedem Ring von einem verwaschenen rötlichen Flecken begrenzter Streifen; vom vierten bis siebten Ring ist jedes Stigma von einem tiefschwarzen Fleckchen umgeben. Bauch, sämtliche Füße und die kleinen Warzen weißlich; auf dem Rücken steht das erste Warzenpaar jedes Ringes in einem kleinen, rötlichen Fleck, links und rechts von der Rückenlinie. Entwicklung im September nach A. Schmid.

92. **Ap. Australis**, *B.* s. An. S. Fr. 1832, S. 291 (nicht pl. 8. 9.)

92. **Am. Caecimacula**, *F.* Das Nackenschild der Raupe ist halbkreisförmig, gelblichbraun, weiß eingefaßt mit zwei weißen schrägen Längslinien und zwei weißen Punkten beiderseits. Tijd. v. Ent. 33. Bd. 1889/90, S. 36.

93. **P. Rufocincta**, *H.-G.* Hiezu Mill. II. 134.

Nach P. Venusta, B. ist einzuschalten:

96. **P. Canescens**, *Dup.* (Sch. Taf. 34, Fig. 5.) Mäßig lang, cylindrisch, dick, glatt, blaßgrün mit einem schmalen gleichfarbigen Nackenschild. Rückenlinie fein, dunkelgrün, ununterbrochen vom zweiten bis elften Segment, in den Ringeinschnitten der Mitte mit je einem großen rötlichen Flecken, der nach unten zu breiter und heller wird. Bauch blaß bläulichgrün ohne Linien. Kopf klein, zurückziehbar, gelbgrün, mit rötlichen Mundteilen. Stigmen elliptisch, weißgelb, braun gerandet. Brustfüße gelbbraun. Bauchfüße mit dem Bauche gleichfarbig. Hakenkranz rötlichbraun. Nebenrückenlinien fehlen. Stigmenlinien gut ausgeprägt, weißlich, oben rötlich gesäumt. Bei einer Varietät der Raupe ist der Rücken bis zu den Stigmenlinien herab rötlich; der übrige Körper ist blaßgrün (Millière). Lebt im Frühjahr an Asphodilus microcarpus. Verpuppung im April in der Erde. Puppe mittelmäßig lang, braun, glänzend. Entwicklung im September, Oktober. Südeuropa, Corsika, Rhodus. — Ramb. An. S. Fr. 1832, S. 281. — (Var. Asphodeli.) Millière Jc. 98, Fig. 5—8.

96. **Lup. Haworthii**, *Curt.* Abbildung Taf. 49, Fig. 6.

Nach L. Matura, *Hufn.* ist einzuschalten:

96. **L. Rubella**, *Dup.* (Sch. Taf. 35, F. 2.) Raupe dick, cylindrisch, glatt, an den Enden kaum zugespitzt, dunkel gelblichgrau, vorn grünlich, auf den hinteren Ringen rötlich überhaucht. Rückenlinie undeutlich, Nebenrückenlinien fehlen fast ganz; Stigmenlinien breit, geschwungen, heller als der Grund. Stigmen dick, schwarz gerandet. Bauch grünlichgelb. Kopf dick, so breit wie der erste Ring, unbestimmt gelblich, dunkelrötlich überhaucht an den Rändern, mit dunklen Mundteilen. Nackenschild von derselben Farbe wie der Körper, breit, glänzend, in der Mitte fein hell geteilt. Afterklappe breit, von derselben Färbung und Beschaffenheit wie das Nackenschild; die Füße sind mit dem Bauche gleichfarbig. In der Jugend ist die Raupe auf dem Rücken dunkel karminrot (Millière). Die Raupe ist unter Tags tief (10 bis 20 cm) in der Erde zwischen den Graswurzeln versteckt, und scheint nur von den Wurzeln gewisser Gräser zu leben. Verpuppung Ende Juli in einer weichen Hülle aus Gespinst, Erde und Würzelchen. Puppe mahagonirot, in zwei starke, scharfe Spitzen endend. Entwicklung im August. Südöstliches Frankreich, auch in Dalmatien, Istrien und wahrscheinlich in Wallis. — Mill. Jc. 77, Fig. 1—5.

Nach Virens, L. ist einzuschalten:

96. **L. Zollikoferi**, *Frr.* (Sch. Taf. 35, Fig. 4.) Die grüne Raupe soll nach Wilde im Mai und Juni auf Bergwiesen an Gräsern leben und den Falter im Oktober ergeben. Ural, Ungarn, Berlin, neuerdings auch in England entdeckt. — Frr. 184. — O. W. 253.

96. **L. Immunda**, *Ev.* Die Raupe der Var. Halimi, *Mill.* ist in der Jugend cylindrisch, gegen den elften Ring hin an Dicke zunehmend und von da an sich rasch gegen den After zuspitzend. Grundfarbe weißlichgrün; Kopf klein, von derselben Färbung. Stigmenlinie breit, weiß, auf den mittleren Ringen rosenfarbig überhaucht. Bauchfüße sehr gut entwickelt. Erwachsen zeigt die Raupe dieselbe Gestalt, ist sehr dick, hell bläulichgrün gefärbt. Rücken- und Nebenrückenlinien fein, dunkelgrün. Stigmenlinie breit weißgelblich und an den mittleren Ringen rötlich angeflogen. Stigmen sehr klein und doppelt schwarz geringt. Kopf klein, von derselben Farbe wie der Körper. Füße grün, außen rötlich angelaufen. Eine Varietät der Raupe ist dunkel lehmfarbig mit

braunen Rückenlinien (Millière). Lebt im März und April an Atriplex halimus, bei Tage unter der Nahrungspflanze versteckt. Verpuppung in der Erde. Entwicklung im Juni. Ural, Südfrankreich (Cannes), Harz. — Mill. An. Soc. Belg. 1877. p. 58. I. Fig. 17—19.

96. Lup. Chenopodiphaga, *Rbr.* Hiezu An. Soc. Fr. 1832. S. 283.

96. Had. Adusta, *Esp.* Die Raupe findet sich im September und überwintert unter Moos.

Nach Platinea ist einzuschalten:

97. Had. Maillardi, *H.-G.* (= Exulis, *Wke.*, irrtümlich unter Gemmea, *Tr.* p. 97.) (Sch. Taf. 35, Fig. 16.) Langgestreckt, dick, cylindrisch, querfaltig, fahl weißlich, glänzend und ohne Linien; nur auf den starken, faltigen Segmenten zwei und drei, die oben gelblich gefärbt sind, zeigt sich eine Spur der Rückenlinie und der Nebenrückenlinien. Stigmen oval, schwarz, sehr deutlich sichtbar. Kopf rundlich, rötlich, sehr glänzend, mit braunen Mundteilen. Nackenschild rötlichgelb, heller als der Kopf, breit. Afterklappe groß, ebenso gefärbt. Warzen deutlich, schwärzlich, mit sehr kurzen schwärzlichen Haaren. Brustfüße von der Farbe des Kopfes mit schwarzem Endglied, Bauch und Afterfüße weißlich mit braunem Hakenkranz (Millière). Das Ei wird an einen Grashalm, meist an Poa-Arten gelegt; das Räupchen bohrt sich in den Halm über dessen erstem Glied und nagt langsam das Innere des Halmes aus, bis es zur Wurzel kommt. Überwinterung der Raupe im Moos. Verpuppung Mitte Juni in einer leichten Hülle. Puppe glänzend, ohne Rauhheiten, ziemlich langgestreckt, rötlichbraun; letzter Bauchring bräunlich; viereckig abgeschnitten und in vier kurze Spitzen endigend, von welchen die mittleren die längsten sind. Entwicklung nach drei bis bis vier Wochen. Alpen, Pyrenäen, Norwegen, Island, Schottland, Grönland. — Millière Jc. 65, Fig. 9—11.

97. Had. Gemmea, *Tr.* Zu den Citaten: Pabst e. Z. des internationalen ent. Vereins II. Jahrg. N. 22. S. 129, Groß-Schnppenfl. II. T. S. 36.

97. Had. Abjecta, *Hb.* Das erste Citat ist zu korrigieren in Buckl. Month. Mg. XIV. p. 182.

97. Had. Monoglypha, *Hufn.* Die Raupe findet sich im Mai.

97. Had. Lythoxylea, *F.* Überwintert sehr klein, ist Mitte Mai erwachsen, lebt in Erdhöhlen an Graswurzeln. Puppenruhe ca. 16 Tage. — Month. Mg. IX. 208. — Beschreibung von O. W. 281 nicht richtig.

Nach H. Unanimis, *Hb.* ist einzuschalten:

98. H. Illyria, *Frr.* (Scortea, *H.-S.*) (Sch. Taf. 36, Fig. 13.) Die kurze dicke, lehmgelbe Raupe mit hellerem Seitenstreifen ist im Frühjahr unter Veronica zu finden (Habich-Wien). Alpen, Österreich, Schweiz, Piemont, Ungarn. — Frr. 483. 2.

98. H. Didyma, *Esp.* Hiezu: Buckler IV. Taf. 67, Fig. 5 (Apamea Oculea).

98. Had. Literosa, *Hw.* Abbildung Taf. 49, Fig. 9 a. b. Hiezu: Porrit. Month. Mg. X. p. 88. — Snell. Tijd. 2. Ser. I. p. 64.

99. Had. Strigilis, *Cl.* Abbildung Taf. 49, Fig. 8 a. b.

99. Had. Fasciuncula, *Hw.* Taf. 49, Fig. 11. Nach Buckl. Monthly Mg. XIII. 1876. 7. p. 62 ist die Raupe 7/8 (engl.) Zoll lang, schlank, cylindrisch; Kopf- und Nackenschild hellbraun; Körper schmutzig fleischfarben bis graulich ockergelb; Rückenlinie dunkler, jederseits hell eingefaßt; dann folgt ein sehr breiter nelkenbrauner Streif, hernach wieder ein schmaler Streifen der Grundfarbe und dann ein aus kleinen nelkenbraunen Fleckchen zusammengesetzter Streifen über den schwarzen Stigmen. Auf der Seite des zweiten, dritten und vierten Segmentes befinden sich noch breitere braune Fleckchen. Im April bis Mai auf Aira caespitosa. Verwandlung in einem leichten Cocon. Falter im Juni.

99. Had. Bicoloria, *Vill.* Abbildung Taf. 49, Fig. 10.

99. Dipt. Scabriuscula, *L.* Entwicklung des Falters im Juni, anfangs Juli.

99. Hyp. Rectilinea, *Esp.* Die Raupe überwintert erwachsen und ist im April noch zu finden.

99. Rhiz. Detersa, *Esp.* Abbildung Taf. 49, Fig. 12.

101. Trig. Flammea, *Esp.* Das letzte Zitat ist zu korrigieren in: Buckl. Monthl. Mg. XX. p. 63. — Woodbridge. Entom. 1855 p. 162. — Nicholson Entom. 1887 p. 17.

101. Habr. Scita, *Hb.* Hiezu: Bruand. An. S. Fr. 1858, S. 478.

102. Jaspid Celsia, *B.* Die Eier werden in langen, oft doppelten Reihen zwischen zwei noch zusammengefaltete und wie es scheint, zusammengeklebte Halme von Gräsern, namentlich Calamagrostis Epigeios, gelegt; die Raupe liegt zusammengekrümmt in einer ovalen Höhlung in den Grasbüscheln, von ihrem Kot umgeben.

102. Hel. Leucostigma, *Hb.* Taf. 49, Fig. 13. Zu den Zitaten gehört noch: Wild 286.

102. Hydr. Nictitans, *Bkh.* Abbildung Taf. 49, Fig. 14.

103. Hydr. Leucographa, *Bkh.* Die Beschreibung ist wie nachstehend zu korrigieren bezw. zu ergänzen. Erster Ring mit einer schwarzen, winkelförmigen Zeichnung neben den Lüftern; auf dem zweiten und dritten Ring stehen hinter den zwei kleinen mattschwarzen Punkten noch zwei kaum größere in einer Linie. Die puppenlosen Ringe führen am Bauche je sechs kleine schwärzliche Flecken; Brustfüße rötlich umringt. Vorletzter Ring oben beinahe ganz schwarz; das hintere Fleckenpaar am elften Ring das größte und zusammengeflossen. Afterschild pechbraun. Nachschieber wie die Bauchfüße. Der Satz: „Luftlöcher schwarz — Warze umgeben" ist zu streichen.

Nach Tap. Hellmanni, *Ev.* ist einzuschalten:

105. Tap. Bondii, *Knaggs.*, ist nach Tull. Entom. 1888. p. 207 von Extrema, *Hb.* (von *H.-S.*) nicht zu trennen; die Raupe lebt in England in den Wurzeln von Arrhenatherum elatius. Kommt auch auf Rügen vor. Homeyer St. e. Z. 1884. p. 432.

105. Tap. Elymi, *Tr.* Statt „Österreich, Ungarn" ist zu schreiben: Dänemark.

105. Gattung Sesamia, *Gn.* Die Raupen leben in den Stengeln des Welschkorns.

Seite
106. **Cal. Phragmitidis,** *Hb.* Abbildung Taf. 49, Fig. 15.
106. **Mel. Flammea,** *Curt.* Taf. 49, Fig. 16.
107. **Leuc. Scirpi,** *Dup.* Kommt auch in Tirol vor.
107. **Leuc. Putrescens,** *Hb.* Hiezu: Month. Mg. II. p. 94.

Nach dieser Art ist einzuschalten:
107. **Nonagria Brevilinea,** *Ferm.* Erwachsen 1 5/8 englische Zoll lang, cylindrisch, bleich ockergelb, dunkel gegittert. Dorsale, Subdorsalen und Stigmenlinie breit, bleich gelb, die letztere am hellsten mit oranggelben Mittelstrichen. Stigmen schwarz; Kopf lichtbraun, schwärzlich gezeichnet; Beine bleichbraun. Lebt von April bis Ende Juni in Halmen von Arundo phragmitis. Das Ei überwintert. Entwicklung im Juli. In England und Belgien. — Fletcher. Monthl. Mg. XXII. p. 272.

107. **Leuc. Evidens,** *Hb.* Eine von Dr. Staudinger erhaltene präparierte Raupe ist 4,3 cm lang, einfarbig gelbgrau. Kopf sehr klein, hellbraun; Nackenschild und Afterklappe noch heller, gelblich; Warzen äußerst klein, schwarz, auf weißlichen Fleckchen stehend. Stigmen weißlich, fein schwarz gerandet. Brustfüße glänzend hellbraun; Bauch- und Afterfüße mäßig lang, von der Körperfarbe.

107. **Leuc. Littoralis,** *Curt.* Hiezu Month. Mg. I. p. 48.

Nach dieser Art ist einzuschalten:
107. **Leuc. Loreyi,** *Dup.* (Sch. Taf. 39, Fig. 6.) 3,5 cm lang, gleichmäßig cylindrisch, rötlichgrau mit gelblichen Ringeinschnitten. Rückenlinie sehr fein, doppelt, grau, nur auf den hinteren Ringen, etwa vom siebten an, deutlicher. Nebenrückenlinie durch zwei kurze schwarze Längsstriche am Vorderrand jedes Segmentes angedeutet; diese Striche sind auf den drei ersten Ringen sehr undeutlich, werden aber dann nach hinten zu immer schärfer und sind dann gegen außen gelblich gesäumt. Stigmenlinie nicht deutlich. Stigmen schwarz gerandet. Bauch heller als der Rücken, zeichnungslos. Kopf so breit wie das erste Segment, braun, dicht gelb gefleckt, beide Hemisphären innen dunkelbraun gerandet und mit je einem dunkelbraunen Längsstrich. Stirndreieck in der Mitte ebenfalls mit dickem schwarzem Längsstrich. Nackenschild hellbraun, in der Mitte fein hell geteilt, mit schwarzen Punkten und Warzen. Afterklappe dreieckig, gelbbraun. Warzen sehr klein, schwarz, auf weißen Fleckchen stehend. Brustfüße blaß gelbbraun. Bauchfüße und Nachschieber außen mit je einem großen, braungelben, glänzenden Chitinplättchen. (Nach einer präparierten Raupe von Dr. Staudinger.) Lebt an Gras. Schmetterling im Juli. Schweiz, Südfrankreich, Spanien, Sardinien, England.

107. **Nonagria Riparia,** *Rb.* Rbr. Ann. Sc. obs. 1829. 261 pl. 6. 3. — Ann. Sc. Fr. 1832. 288 pl. 9. 1. (imago). — Calberla Iris 1888. S. 249. (Sch. Taf. 39, Fig. 7.) Die Raupe ist durch einen grellen, in den Ringeinschnitten lichter werdenden, doppelten, schwarzen Rückenstreifen ausgezeichnet; wurde mit einer Calamagrostis-Art erzogen.

108. **Leuc. Turca,** *L.* Raupe nach der Überwinterung im April zu finden. Schmetterling im Juni, Juli.

Seite
Nach Car. Quadripunctata, *F.* ist einzuschalten:
109. **Car. Fuscicornis,** *Rbr.* Die Raupe ist auf einem rötlichen Grunde überall mit braunen Atomen und Strichen bedeckt, welche durch Vereinigung Linien oder dunklere Stellen bilden; sie erscheint dadurch graubraun. Der dunkle und unterbrochene Rückenstreifen setzt sich aus zwei Linien zusammen, welche sich abwechselnd von einander entfernen und wieder nähern und dadurch auf jedem Ring zwischen sich einen sehr kleinen hellen Zwischenraum lassen; an den Seiten dieses Streifens ist die Grundfarbe dunkler. Weiter nach abwärts folgt wieder ein brauner, wenig hervortretender Streifen, der oben heller, unten aber durch eine Längsreihe von hellen, ein wenig rötlichen, wenig deutlichen, oberhalb der Stigmen stehenden Flecken begrenzt ist. Stigmen eiförmig schwarz. Seiten und Bauch sind bleichrötlich. Kopf glänzend schwarz, an den Seiten und an der Stirne rötlich. Die Füße sind von der Farbe des Körpers; Bauchfüße außen glänzend braun mit zwei sehr kleinen schwarzen Punkten. Der erste Ring trägt einen rötlichen haarigen Flecken (Nackenschild), dessen Färbung sich auch über das zweite Segment erstreckt. Lebt im Juli an Scrophularia ramosissima. Verpuppung in einem leichten Erdgehäuse ohne Gespinst. Puppe gelbbraun, glatt, glänzend, letzter Ring stumpf, in einen Wulst endend, der mit vier in einer Reihe stehenden gebogenen Borsten besetzt ist. Entwicklung im Mai und September. — Rambur. An. Soc. Fr. 1832, S. 286.

110. **Car. Taraxaci,** *Hb.* Bessere Abbild. Taf. 49, Fig. 17.
110. **Car. Palustris,** *Hb.* Die Raupe ist nach Freyer Mitte April erwachsen.

Nach dieser Art ist einzuschalten:
110. **Car. Hospes,** *Tr.* (Sch. Taf. 40, Fig. 7.) Raupe auf dem Rücken und an den Seiten graugelb, fein schwarz getupft (porphirfarben, *Mill.*), unten fahl weißlich, ohne Zeichnung. Rückenlinie sehr fein, weißlich, nur auf den ersten und letzten Segmenten deutlich. Nebenrückenlinien und Stigmenlinien ziemlich dick, ununterbrochen, dunkelrotbraun, die ersteren unten braun beschattet. Stigmen gelblich, schwarz umrandet. Kopf klein, hornig, braun; Nackenschild ebenso; Afterklappe von der Körperfarbe. Warzen sehr klein, dem bloßen Auge unsichtbar. Haare fein, kurz. Brustfüße braun. Bauchfüße weißlich, außen mit einem braunen senkrechten Strich gezeichnet. Lebt in zwei Generationen im Juni und wieder im August auf niederen Pflanzen, besonders Plantago. Entwicklung im Mai und Anfang Juni, sowie im September. Sizilien, Andalusien, südwestliches Frankreich. — Mill. Ann. S. Cannes. 1879. pl. VII, Fig. 4. 5.

111. **Rus. Tenebrosa,** *Hb.* Die Raupe findet sich im Herbst und nach der Überwinterung im April und Mai.
111. **Amph. Perflua,** *F.* Das Ei überwintert. Die Raupe lebt mit Vorliebe auf Apfelbäumen (Rghfr.)
113. **Taenioc. Opima.** *Hb.* Statt Ent. XVII. 65 ist zu setzen: Hellins Month. Mag. XVII. 65.
115. **Cosm. Paleacea,** *Esp.* Hiezu das Citat: Tijd. v. Ent. 33. Bd. 1889/90, S. 36 (Heylaerts).

Nachträge.

Seite
115. Disch. Suspecta, *Hb.* Hiezu: Metzger II. Jahrb. des W. e. V. 1891. 19.
117. Orth. Lota, *Cl.* Zu den Citaten: Hb. IV. 57—2 G. e. f. (Munda). — Wilde 214.
118. Xanth. Citrago, *L.* Die Raupe ist am Tage unter den Blättern der Wurzelschößlinge der Linden verborgen.
118. Xanth. Flavago, *F.* Abb. Taf. 49, Fig. 18.
119. Or. Erythrocephala, *F.* Erscheinungszeit der Raupe im Juni.
119. Or. Daubei, *Dup.* Die Abbildung auf Taf. 32, Fig. 8 gehört zu Plusia Daubei.
119. Or. Vacinii, *L.* Lebt außer auf Eichen auch an Salweiden, Himbeeren, Brombeeren, Heidelbeeren etc. A. Schmid.
120. Sc. Libatrix, *L.* Raupe im Juni und im Spätsommer. Schmetterling im Juli und im Herbst mit folgender Überwinterung.
124. L. Ramosa, *Esp.* Entwicklung Ende Mai und im Juni.
126. Cuc. Verbasci, *L.* Raupe im Juli erwachsen; Puppe überwintert manchmal zweimal.
126. Cuc. Lychnitis, *Rbr.* Raupe bis in den September zu finden. Entwicklung im Mai, Juni.
128. Cuc. Lucifuga, *Hb.* Entwicklung des Falters im Juni.
134. Plus. Bractea, *F.* Taf. 49, Fig. 19.
135. Plus. Microgamma, *Hb.* (Sch. Taf. 46, Fig. 5; nach Pl. A in einzuschalten.) Raupe violett, schwach weißlich angeflogen, namentlich auf dem Rücken, mit einer durch die Ringeinschnitte unterbrochenen schwärzlichen Rückenlinie und schwefelgelbem Seitenstreif, der vor dem Einspinnen heller wird. Die Stigmen schwarz, der Bauch rötlich, der sehr kleine Kopf ist braun. Das nicht sehr dichte Gespinst ist weißgrau, die Puppe schwarz. Lebt im April bis Mai auf Salix repens und myrtilloides mit deren Kätzchen sie erzogen wurde. Entwicklung im Juni. In den russischen Ostseeprovinzen, St. Petersburg, auch in den Alpen (Stilfserjoch) und der Türkei. — Teich. Balt. Lep. Fauna. 1889, p. 45.
137. Hel. Tenebrata, *Sc.* Taf. 49, Fig. 20.
139. Ch. Umbra, *Hfn.* Raupe im August und September zu finden. Schmetterling im Mai, Juni und Juli.
141. Ac. Luctuosa, *Esp.* Entwicklung des Falters im Mai und im Juli. (Zwei Generationen).
142. Th. Paula, *Hb.* Zwei Generationen. Raupe im Mai und Juli. Schmetterling im Juni und August.
142. Er. Uncula, *Cl.* Taf. 49, Fig. 21.
143. Er. Deceptoria, *Sc.* Raupe im August und September zu finden.
147. Ps. Lunaris, *Schiff.* Lebt nach A. Schmid nur an Eichen.
148. Gattung Catocola, *Schrk.* Die Eier überwintern.
149. Cat. Electa, *Bkh.* Lebt nach A. Schmid nie an Pappeln.
152. Tox. Viciae, *Hb.* Taf. 49, Fig. 22.
152. Tox. Craccae, *F.* Die Eier überwintern. Taf. 49, Fig. 23.
152. Av. Flexula, *Schiff.* Bessere Abbild.: Taf. 49, Fig. 24.

Seite
152. Bol. Fuliginaria, *L.* Bessere Abbildung: Taf. 49, Fig. 25. Die Raupe überwintert sehr klein, findet sich dann im Mai und Juni an alten Zäunen und Bretterwänden, das faule weiche Holz benagend (A. Schmid).
153. Hel. Calvaria, *F.* Die Raupe lebt am Boden verborgen, überwintert und verpuppt sich im Juni in einem festen mit Erdkörnern und Blattteilen bekleideten Gespinst.
154. Zancl. Tarsipennalis, *Tr.* Raupe lebt Ende Juni bis September am Boden versteckt, an Gräsern und niederen Pflanzen, ist mit Salat leicht aufzuziehen; einige verpuppen sich schon im August und liefern die Schmetterlinge Ende August, besonders im September, deren Nachkommen als Raupen überwintern, im April sich in einem Gespinste verpuppen und im Juni die Falter ergeben.
154. Zancl. Tarsicrinalis, *Knoch.* Schmetterling nach Rössler schon von Ende Mai an; Lebensweise wie bei der vorigen Art.
154. Zancl. Emortualis, *Schiff.* Die Raupe lebt nur von abgefallenen trockenen Eichenblättern, welche sie siebartig durchlöchert.
155. Bom. Fontis, *Thnb.* Verwandlung in einem Gespinst an der Erde.
156. Hyp. Obesalis, *Tr.* Zwei Generationen; Raupe im April und August. Schmetterling im Mai und September.
156. Riv. Sericealis, *Sc.* Zwei Generationen. Raupe im April und Juni, Schmetterling Ende Mai, anfangs Juni, dann Juli bis halben August.
157. Rechte Spalte, fünfte Zeile von oben soll heißen Minoa Euphorbiata, *Tr.* (statt Mes. Virgata).
159. G. Vernaria, *Hb.* Die Raupe findet sich im Herbst und nach der Überwinterung im Mai und Juni. Entwicklung im Juni und Juli, nicht im August.
159. Ph. Pustulata, *Hb.* Raupe im Mai und Juni an Eichen; Verwandlung manchmal auch in der von der Raupe gefertigten Umhüllung. — Rössl. Schupp. S. 137.
159. Ph. Smaragdaria, *F.* Die Raupe überwintert und ist im Mai, Juni erwachsen. Entwicklung im Juli. Eine Überwinterung der Puppe findet nicht statt.
161. Nem. Strigata, *Muell.* Die Raupe überwintert und ist im Mai erwachsen.
162. 1. Lactearia, *L.* Raupe findet sich im Frühjahr nach der Überwinterung und im Juli (zweite Generation).
162. Acid. Trilineata, *Sc.* Die Raupe findet sich im Herbst und Frühjahr, sowie zum zweitenmal im Juli; Schmetterling im Juni und August.
164. Acid. Contiguaria, *Hb.* Entwicklung Ende Mai, anfangs Juni, nach Frey auch im Juli.

Nach Acid. Nexata ist einzuschalten:
165. Acid. Esterelata, *Mill.* 1,3 cm lang, cylindrisch, ohne Seitenkiel, weißgelb, an der Unterseite blasser, ohne Linienzeichnung. Kopf groß, herzförmig, vorn abgeplattet, braun. Auf dem ersten Ring findet sich ein braunes, schmales, nicht geteiltes Nackenschild. Warzen schwarz mit je einem steifen und kurzen Haar. Afterklappe nach der Abbildung nicht besonders ausgezeichnete

Millière). Lebt vom Ende Mai bis Ende Juli polyphag an verschiedenen niederen Pflanzen und frißt besonders die Blüten von Cistus, Anemone, Rosmarinus, Astrantia major etc.; letztere Pflanze scheint sie vorzuziehen; zwischen den mit ein paar Fäden zusammengesponnenen Kelchblättern derselben verbirgt sich die junge Raupe wicklerartig. Verpuppung zwischen dürren Blättern, bei einem Teil der Raupen schon Ende Juli, während ein anderer Teil überwintert und sich erst im Frühjahr verpuppt. Puppe bernsteingelb. Entwicklung teils im August und September, teils nach der Überwinterung der Puppen im Mai. Südfrankreich, Alpes maritimes (bei Esterel). — Millière An. S. Cannes. 1879. pl. IV. Fig. 1—5.

Nach Acid. Straminata, *Tr.* ist einzuschalten:

165. **Acid. Pallidata,** *Bkh.* (Sch. Taf. 53, Fig. 16.) 1,5 cm lang, flachgedrückt, querfaltig, mit scharfer Seitenkante und stark abgesetzten Segmenten, vom Kopfe bis zum zehnten Ringe sich allmählich verbreiternd, dann wieder bedeutend schmäler werdend, graubraun. Rückenlinie fein schwarz eingefaßt, auf den drei letzten Segmenten schärfer hervortretend; auf dem elften Ring steht beiderseits ein starker, schwarzer, weiß eingefaßter Punkt. Nebenrückenlinien nur leicht angedeutet, vom zweiten bis vierzehnten und elften bis zwölften Segment nach unten zu schwarz angelegt; auf dem Rücken stehen fünf nach dem Kopfe zu offene Winkel, deren Spitze auf den Ringeinschnitten beginnt; innerhalb der Winkel ist die Färbung eine hellere. Von der helleren Seitenkante an, in welcher die schwarzen Stigmen stehen, ist der Bauch schwarz, wird nach der Mitte zu heller und ist von mehreren weißen und schwarzen Längslinien durchzogen, welch letztere sich in den Leibesabschnitten verdicken. Das Aftersegment, sowie die drei ersten Ringe sind mit mehreren starken Borsten besetzt, die sich auf den übrigen Ringen spärlicher vorfinden. Kopf, Brustfüße und Nachschieber schwärzlichbraun (Habich, Wien). Die Raupe wurde mit Salat erzogen. Puppe bräunlichgelb, mit schwarzen Rippen auf den Flügelscheiden, schwarzen Ringeinschnitten und schwarzem Rückenstreif. Letztes Segment rotbraun, wulstartig verdickt, breiter als das vorletzte. Cremanter zapfenförmig mit sechs feinen Häkchen. Auf dem Rücken stehen zwei Reihen schwarzer Punkte mit je einer feinen Borste; in den Seiten finden sich einzelne solcher Punkte und Borsten. Entwicklung Ende Mai, anfangs Juni. Östliches Deutschland, Schweiz, mittleres und südwestliches Frankreich, Corsika, Piemont, Ungarn, Galizien, südlicher Balkan, Livland, Finnland. — Habich St. e. Z. 1892, S. 161. — May III. Jahresb. d. W. e. V. 1892. p. 39.

167. **Acid. Ostrinaria,** *Hb.* Hiezu May III. Jahresb. d. W. e. V. 1892, p. 40.

168. **Acid. Bisetata,** *Hfn.* Zwei Generationen; Raupe im April und August an Löwenzahn. Falter im Mai, dann Ende Juli, anfangs August.

168. **Acid. Trigeminata,** *Hw.* Raupe findet sich im Juli, überwintert.

169. **Acid. Humiliata,** *Hufn.* Hat nach Rössler zwei Generationen; Falter im Juni und nochmals im August; demnach müßte die Raupe im Herbst und Frühjahr und in zweiter Generation im Juli zu finden sein.

169. **Acid. Dilutaria,** *Hb.* Raupe im Mai, Entwicklung Ende Juni und im Juli.

171. **Acid. Inornata,** *Hb.* Entwicklung im Juni, Juli.

171. **Acid. Immorata,** *L.* Entwicklung Ende Mai und im Juli, August.

172. **Acid. Rubiginata,** *Hufn.* Zwei Generationen; fliegt Ende Mai und im Juni, dann wieder im August und September.

172. **Acid. Marginepunctata,** *Göze.* Hiezu Millière An. S. Cannes 1879, pl. VII. Fig. 6.

174. **Acid. Strigilaria,** *Hb.* Die Raupe ist im Mai, Anfang Juni zu finden.

208. **Gnophos Serrotinaria,** *Hb.* Hiezu Millière An. S. Cannes 1879. pl. IX, Fig. 12.

Nach Beendigung dieses Werkes fühle ich das Bedürfnis, allen denjenigen, welche mich durch gütige Überlassung von Litteratur, lebenden oder präparierten Raupen in den Stand gesetzt haben, das von meinem zu früh verstorbenen teuren Bruder Prof. Dr. Ernst Hofmann in Stuttgart mit so freudigem Eifer begonnene Werk in dessen Sinne vollenden zu können, an dieser Stelle meinen herzlichsten Dank auszusprechen, insbesondere den Herren: Dr. H. Rebel und A. Rogenhofer in Wien, Dr. O. Staudinger und A. Bang-Haas in Blasewitz-Dresden, Major a. D. Dr. Lucas v. Heyden in Bockenheim bei Frankfurt a. M., H. T. Stainton in London, Anton Schmid in Regensburg, Rektor Gleißner in Berlin, Dr. Wocke in Breslau, Amtsrichter Püngeler in Rheydt, Dr. Standfuß und Fritz Rühl in Zürich, H. Groß in Steyer.

Möge das Werk dem Studium der Naturgeschichte der Schmetterlinge viele neue Freunde zuführen und von den Kennern nachsichtig beurteilt werden! Sachliche Berichtigungen und Ergänzungen werden stets mit größtem Danke entgegengenommen werden!

Regensburg, im April 1893.

Dr. Ottmar Hofmann.

Druckfehler-Berichtigung.

Vorrede.

Seite I, Zeile 8 ließ: „Spannern" statt Spinnern.
„ III, „ 24 „ „vorkommen" statt kommen.
„ V, Spalte 2, Zeile 7 ließ: „Addidamenta faunae etc."
„ VI, 1 ließ: „M. M." statt Mhl. M.
„ VI, 1 hinter Pall. ließ: „Rossiae" statt Russiae.
„ VI, 2 „ Schiff schalte ein: „S. V.".
„ VI, 2 V. z. b. V. ließ: „Verhandlung der zoolog. botan. Gesellschaft in Wien.
„ XI, Zeile 2 zu streichen: „sehr".
„ XI, 4 „ „ „in groß. Gespinsten wohnen."
„ XI, 4 hinter „Zügen" einzuschalten: „aus jenen".
„ XII, 2 „ g ließ: „die des Mittelrückens".
„ XIV, 2 ließ: „Calosoma" statt Colosoma.
„ XV, 7 von unten zu streichen: „und Algen".
„ XVI, 20 ließ: „dem Kötscher" st. Köcher.
„ XVII, „ 5 „ „aus abgenagter Rinde".
„ XVII, „ 4 streiche: „von Fichten".
„ XVII, 3 „Gerula".

Text.

Seite 1 Sp. 1 unter Podalirius Zeile 7 ließ: „Aronia" statt Aromia.
2 1 Polyxena Zeile 8 ist zu streichen: (Schm. Taf. 9, Fig. 6).
2 2 Zeile 19 von oben ließ: „Austaut" st. Austout.
4 1 Damone Zeile 3 zu streichen: und der Türkei.
5 1 unter Rhodocera Zeile 2 ließ: „vorstehendem" statt herabstehendem.
5 1 Rhodocera Zeile 3 ließ: „gerichteten statt" gebogenen.
6 2 Rubi Zeile 9 ließ: an Cytisus," statt Cyticus.
7 2 Dorilis Zeile 4 ließ: in „zwei" statt drei Generationen.
2 Lycaena, F. Zeile 3 ließ: „Schmetterlingsblütlern" statt Schmetterlingsblüten.
„ 12 1 Populi letzte Zeile ließ: „S. 483" st. 463.
„ 14 1 L album Zeile 15 fehlt nach: Z. 16. 108: „Taf. 2, Fig. 2."
„ 16 1 „ Dictynna Z. 2 ließ: „hellweiß" st. hellblau.
„ 21 1 Zeile 3 von oben ließ: „Scudder" statt Sinddor.
22 1 unter Statilinus Zeile 2 ließ: „Brants" st. Bunts.
„ 22 1 „ „ 6 „Bandgras" statt Bundgras.
„ 28 2 Deilephila Zeile 1 muß heißen: „Die Raupen haben bis zu Livornica incl." etc.

Seite 29 Sp. 1 ließ: „Dahlii, H.-G., Taf. 6, Fig. 18" statt Dallii.
33 2 hinter Muscaeformis ließ: „Viev." statt Wiew.
34 1 unter Fenestrella Zeile 9 ließ: „vitalbaol" statt vitalba.
35 1 bei Ampelophaga ist hinter Bayle zu streichen: „Saggio."
35 1 „ Ampelophaga Zeile 13 ließ: „Iris" statt Isis.
35 2 Zeile 12 ließ: „Globulariae" statt Globariae.
35 2 14 „ „Guene A. s. Fr. 1865" etc.
36 2 3 hinter Gehäuse einzuschalten: „am Boden".
43 1 ließ: „Cribrum" statt Cibrum.
46 1 unter Latreillei Zeile 11: ließ „1843" statt 1863.
46 1 ließ: „Cervini, Fall." statt Cervina.
46 2 in Zeile 10 muß heißen: „Tijd. v. 16. p. 252".
52 1 ließ: „Turatu" statt Turatii.
52 2 ließ: „Schiffermilleri" statt -mülleri.
53 1 Zeile 7 zu streichen: „männliche".
54 1 „ 2 ließ: „Suriens" statt Suricus.
54 1 hinter Crenulella ließ: „Brd." statt Bed.
54 1 unter „ Zeile 7 ließ: „Flecken" statt Falten.
54 1 Crassiorella Zeile 6 zu streichen: „Intermediella, Brd."
54 1 Nitidella Zeile 8 ließ: „ihren" statt seinen.
58 2 Crataegi Zeile 18 ließ: Taf. „500" statt 50.
59 2 Lanestris „ 16 hinter „Jahren" einzuschalten: (5—7).
59 2 „ Lanestris Zeile 24 zu streichen: „Frr. 96"
60 1 hinter Eversmanni ließ „Ev." statt L.
60 1 unter „ Zeile 7 ließ: (.... S. 542. Taf. 10. 2a—c).
60 1 Eversmanni Zeile 10 ließ 1867. „S. 240" statt 340.
61 1 Philopalus Zeile 4 ließ: „Chiclana" statt Chiilara.
63 1 Repandum Zeile 6 ließ: „Pistacia" statt Pistacea.
63 1 „ Repandum Z. 7 zu streichen: „in Syrien".
64 1 Zeile 11/12 muß lauten: Entwicklung im Mai, Juni. Im südlichen Krain etc.
68 1 unter Trimacula Zeile 4 ließ: „durchscheinende Rückengefäße".
69 2 Cnethocampa Zeile 17 ließ: „Notodonten" statt Notodont.
70 1 Herculeana Zeile 5 ließ: „wollige" statt wellige.

Druckfehler-Berichtigung.

Seite	Sp.	
76	1	unter Euphorbiae Zeile 18 ließ: „T. 537" (Euphrasiae) statt T. 737.
76	2	ließ: „Raptricula" statt Rapticola.
76	2	unter Fraudatricula Zeile 2 ließ: „Receptricula" statt Raptricula.
78	2	Subrosea Zeile 10 vor Stettin einzuschalten: Berg.
83	2	Simulans in Zeile 5 zu streichen: „bunte".
84	1	Forcipula Zeile 9 ließ: „Frr." 2. 108. statt Tr.
84	1	Forcipula Zeile 10 ließ: Taf. 160. — Wild. 239.
85	1	Ripae Zeile 13 ließ: „Voll." II. 11. statt Vall.
85	1	Ripae Zeile 14 ließ: „Tijd. a. Ent." statt Tijdk.
85	1	Ripae Zeile 16 ließ: „Taf. 697" statt 466.
89	1	Splendens Zeile 6—7 zu streichen: „welche Reihen bilden".
90	1	Zeile 4 am Schluß ließ: „70" statt 69.
92	1	unter Glaucina Zeile 10 ließ: „Ornithogalum" statt Ornithogallum.
92	1	Scoriacea Zeile 5 ließ: „racemosum" statt liliago.
97	1	Ochroleuca Zeile 14 ließ: „Buchl. Month. Mg." statt Ent. M.
97	1	Gemmea Zeile 3 ließ: „Mill. Jc. 65" statt Sd. 69.
97	1	Gemmea Zeile 18 hinter Ent. Zeit. ist einzuschalten: „des internat. ent. Vereins, II. Jahrg. Nr. 22, S. 129.
99	1	Bicoloria Zeile 6 zu streichen: „in einer Höhle von".
110	2	Arcuosa Zeile 18 ließ: „Monthl. M. VII" statt Ent. M. VI.
115	2	unter Suspecta Zeile 6 ließ: „Lebt wie die Raupen der Gattung Xanthia etc." statt xantienartig.
115	2	Abluta Zeile 2 ließ: „Tr. 5. 2. 341 und Wilde 210."
119	2	Veronicae Zeile 7 hinter steckt ist einzuschalten: „Dorfmeister."
125	2	Antirrhini Zeile 9 ließ: „und" statt namentlich.
132	2	C. aureum Zeile 26 ließ: „hellgelbbraun" statt hellglebbraun.
152	1	Pastinum Zeile 16 ließ: „Juni" statt Juli.
152	1	Viciae Zeile 10 ließ: „im September" statt Herbst.
154	1	Tarsipennalis Zeile 5—6 zu streichen: „Auf großen Grasflächen" und ließ dann: „Deutschland, Belgien" etc.
154	1	Tarsicrinalis Zeile 14 ließ: „Cremanterhäkchen" statt Cremaster.
155	1	„ Barbalis letzte Zeile ließ: „Gn." statt Gul.
156	2	ließ Sericealis *Sc.* statt *Scoss*.
156	2	unter „ letzte Zeile ließ: „Gn." statt Gul.
159	1	Pustulata ließ: „Bajularia" statt Bajucaria.
159	2	Smaragdaria Zeile 35 zu streichen: „August—Juni."
172	1	Rubiginata Z. 9 zu streichen: „Thymus".
174	1	Strigaria Zeile 27 ließ: „Juni bis August".
175	2	Pendularia Zeile 15 hinter „auch" einzuschalten: nach Wilde.
176	2	Porata Zeile 14/15 ließ: „an Birken und nach Wilde an Eichen" etc.

Eiertafel 50.

Nro.
1. Papilio Machaon.
2. Parnassius Apollo.
3. Aporia Crataegi.
4. Anthocharis Belia.
5. Colias Hyale.
6. Thecla Betulae.
7. Lycaena Argiolus.
8. Limen. Sibylla.
9. Vanessa Levana.
10. Melitaea Maturna.
11. Argynnis Lathonia.
12. Satyrus Semele.
13. Pararge Megaera.
14. Epinephele Janira.
15. Coenonympha Hero.
17. Sphinx.· Pinastri.
18. Deileph. Porcellus.
19. Sm. Ocellata.
20. Macrogl. Stellatarum.
21. Sesia Apiforme.
22. Ino Pruni.

Nro.
23. Zyg. Filipendulae.
24. Zyg. Rhadamantus.
25. Synt. Phegea.
26. Hyl. Prasinana.
27. Gnophria Quadra.
28. Emyd. Striata.
30. Arctia Caja.
31. Spilosoma Fuliginosa.
33. Cossus Ligniperda.
34. Zeuzera Pyrina.
35. Limacodes Testudo.
37. Org. Antiqua.
38. Dasych. Pudibunda.
39. Porthesia Chrysorrhoea.
40. Ocner. Dispar.
40b. Bomb. Neustria.
41. Bombyx Quercus.
42. Crat. Dumi.
43. Las. Quercifolia.
44. Endrom. Versicolora.
45. Saturnia Pavonia.

Nro.
46. Aglia Tau.
47. Drep. Lacertula.
48. Harp. Vinula.
49. Hyp. Milhauseri.
50. Notod. Tremula.
51. Lophopt. Camelina.
52. Cneth. Processionea.
53. Phal. Bucephala.
54. Pygaera Curtula.
55. Dilob. Caeruleocephala.
56. Demas Coryli.
58. Bryoph. Ravula.
59. Agrot. Triangulum.
60. Agrot. Plecta.
61. Charaeas Graminis.
62. Mamestr. Persicariae.
63. Dich. Aprilina.
64. Mise. Oxyacanthae.
65. Brot. Meticulosa.
66. Naenia Typica.
67. Gortyna Ochracea.

Nro.
68a. b. Leucania Pallens.
68c. Caradrina Exigua.
69. Cucullia Verbasci.
70. Plusia Gamma.
72. Catocala Fraxini.
74. Nemoria Viridata.
75. Zonosoma Punctaria.
76. Abraxas Grossulariata.
77. Eugonia Quercinaria.
78. Eugonia Alniaria.
79. Selenia Lunaria.
80. Eurymene Dolabraria.
81. Phigalia Pedaria.
82. Biston Hirtarius.
83. Amphidasys Betularius.
84. Halia Wauaria.
85. Cimelia Margarita.
86. Cidaria Dotata.
87. Cidaria Corylata.
88. Cidaria Comitata.

Pflanzen-Verzeichnis.

(Zur Orientierung ist die Nummer der auf der Pflanze abgebildeten Raupe angegeben und zwar immer diejenige Nummer, welche sich zunächst am untern Ende der Pflanze befindet.

Taf. I.
1. Schlehe, Prunus spinosa L.
2. Möhre, Daucus carota L.
3. Osterluzei, Aristolochia clematitis L.
4. Fetthenne, Sedum album L.
5. Lerchensporn, Corydalis solida Sm.
6. Weissdorn, Crataeg. oxyacantha L.
7. Rübenkohl, Brassica rapa L.
9. Rettig, Raphanus sativus L.
10. Resedablätt. Schaumkraut, Cardamine resedifolia L.
11. Steinkraut, Alyssum calycinum L.
12. Wiesenschaumkraut, Cardamine pratensis C.
13. Schotenklee, Lotus corniculatus L.
16. Futterwicke, Vicia sativa L.

Taf. II.
12. Süssklee, Melilotus officinalis L.
18. Blasenstrauch, Colutea arborescens L.
33. Sauerampfer, Rumex acetosa L.

Taf. III.
4. Heckenkirsche, Lonicera tatarica L.
7. Purpurweide, Salix purpurea L.
8. Espe, Populus tremula L.
12. Brennnessel, Urtica dioica L.
14. Wunderveilchen, Viola mirabilis L.
17. Wegebreit, Plantago major.

Taf. IV.
4. Wunderveilchen, Viola mirabilis L.
6. Wiesen-Knöterich, Polygonum Bistorta L.
8. Wiesenspierstrauch, Spiraea Ulmaria.
10. Ackerveilchen, Viola tricolor L.
13. Hundsveilchen, Viola canina L.

Taf. V.
11. Taumellolch, Lolium temulentum L.
15. Segge, Carex flava Schreb.
18. Malve, Malva vulgaris Fr.
19. Himbeere, Rubus Idaeus L.
23. Zittergras, Briza media L.

24. Stachelgras, Tragus racemosus Desf.

Taf. VI.
20. Kartoffel, Solanum tuberosum.
21. Ackerwinde, Convolvulus arvensis L.

Taf. VII.
1. Liguster, Ligustrum vulgare L.
2. Kiefer, Pinus silvestris L.
3. Rosmarinblättr. Weidenröschen, (Epilobium rosmarinifolium).
6. u. 9. Wolfsmilch, Euphorbia Cyparissias L.
7. Wolfsmilch, Euphorbia sp.
8. Labkraut, Galium verum L.

Taf. VIII.
1. Weinstock, Vitis vinifera L.
2. Labkraut (Galium).
4. Linde, Tilia L.
5. Eiche, Quercus L.
8. Weidenröschen, Epilobium palustre.

Taf. IX.
6. Johannisbeere, Ribes rubrum L.
10. Weide, Salix.
14. Schlehe, Prunus spinosa L.
19. Goldklee, Trifolium procumbens L.
25. Schotenklee, Lotus corniculatus L.

Taf. X.
2. Tragant, Astragalus glycypbyll. L.
3. Kronwicke, Coronilla varia L.
16. Stieleiche, Quercus pedunculata Ehrh.

Taf. XI.
17. Angergras, Poa annua L.
19. Jakobskraut, Senecio Jacobaea L.
20. Kuhblume, Taraxacum officinale W.
21. Vergissmeinnicht, Myosotis palustris Rth.

Taf. XII.
1. Rote Taubnessel, Lamium purpureum L.

2. Weidenröschen, Epilobium angustifolium L.
5. Zwergmispel, Cotoneaster vulgaris Lindl.
7. Erdbeere, Fragaria vesca L.

Taf. XIII.
1. Wolfsmilch, Euphorbia heliosco pia L.
2. Tausendguldenkraut, Erythraea centaurium L.
3. Cichorie, Cichorium Intybus L.
4. Kleber, Galium aparine L.
5. Waldmeier, Asperula odorata L.
14. Bunter Hohlzahn, Galeopsis versicolor Curt.

Taf. XIV.
1. Dosten, Origanum vulgare L.
2. Hollunder, Sambucus nigra L.
3. Buchweizen, Polygonum fagopyrum L.
4. Ampfer, Rumex arifolius Allioni.

Taf. XV.
24. Heckenrose, Rosa canina L.
25. Apfelbaum, Pirus malus L.

Taf. XVI.
2. Lavendelheide, Andromeda polifolia L.
4. Wiesenklee, Trifolium pratense L.
5. Weisstanne, Abies pectinata DC.
10. Birnbaum, Pirus communis L.

Taf. XVII.
6. Ackergauchheil, Anagallis arvensis L.
9. Habichtskraut, Hieracium pilosella L.

Taf. XIX.
1. Schwarzerle, Alnus glutinosa Gärtn.
11. Sahlweide, Salix caprea L.
16. Birke, Betula alba L.
19. Buche, Fagus sylvatica L.

Taf. XX.
8. Maibirke, Betula verrucosa *Ehrh.*
13. Spitzahorn, Acer platanoides *L.*
14. Linde, Tilia *L.*

Taf. XXII.
3. Schafgarbe, Achillea millefolium.
5. Berufkraut, Erigeron acris *L.*
12. Eberesche, Sorbus aucuparia *L.*
16. Waldrebe, Clematis vitalba *L.*
23. Himmelschlüssel, Primula officinalis *Scop.*

Taf. XXIII.
2. Erdbeere, Fragaria vesca *L.*
7. Lungenkraut, Pulmonaria officinalis *L.*
12. Primel, Primula officinalis *Scop.*
18. Kuhblume, Taraxacum off. *W.*

Taf. XXIV.
9. Natterkopf, Echium vulgare *L.*
11. Heidelbeere, Vaccinium Myrtillus *L.*
21. Berberitze, Berberis vulgaris *L.*

Taf. XXV.
3. Flohkraut, Pulicaria dysenterica *Gärtn.*
9. Sternmelde, Atriplex rosea *L.*
10. Klebnelke, Silene nutans *L.*
13. Rittersporn, Delphinium consolida *L.*
14. Kukuksblume, Lychnis floscuculi *L.*

Taf. XXVI.
10. Acker-Hornkraut, Cerastium arvense *L.*
11. Gem. Kreuzkraut, Senecio vulgaris *L.*
14. Cistrose, Cistus monspeliensis *L.*
16. Stechginster, Ulex europaeus *L.*
22. Stiel-Eiche, Quercus pedunculata *Ehrh.*

Taf. XXVII.
1. Weissdorn, Crataeg. oryacantha *L.*
9. Gaisblatt, Lonicera caprifolium *L.*
17. Angergras, Poa annua *L.*
18. Zittergras, Briza media *L.*

Taf. XXVIII.
3. Hartheu (Johanniskraut), Hypericum perforatum *L.*
5. Adlerfarrn, Pteris aquilina *L.*
8. Knöterich, Polygonum sp.
13. Hundszunge, Cynoglossum officinale *L.*

Taf. XXIX.
16. Simse, Scirpus radicans *Schk.*

Taf. XXXI.
9. Ulme (Rüster), Ulmus campestris *L.*
20. Gem. Flockenblume, Centaurea jacea *L.*

Taf. XXXII.
21. Scabiose, Scabiosa columbaria *L.*
22. Preisselbeere, Vaccinium vitis idaea *L.*

Taf. XXXIII.
3. Heckenkirsche, Lonicera tatarica *L.*
6. Leinkraut, Linaria vulgaris *L.*
8. Scrophelkraut, Scrophularia nodosa *L.*
11. Schlüsselblume (Primula sp.).
14. Aster, Aster Amellus *L.*
16. Saudistel, Sonchus arvensis *L.*

Taf. XXXIV.
1. Glockenblume, Campanula rotundifolia *L.*
5. Rainfarrn, Tauacetum vulgare *L.*
6. (Acker)-Hundskamille, Anthemis arvensis *L.*
16. Wiesenraute, Thalictrum flavum *L.*

Taf. XXXV.
5. Ochsenzunge, Lycopsis arvensis *L.*
9. Wasserdosten, Eupatorium cannabinum *L.*
16. Ackerwinde, Convolvulus arvensis *L.*
20. Bitterkraut, Picris hieracioides *L.*

Taf. XXXVI.
1. Wau, Reseda luteola *L.*
3. Diptam, Dictamnus fraxinella *Link.*
4. Hauhechel, Ononis spinosa *L.*
18. Rittersporn, Delphinium Consolida *L.*
20. Wundklee, Anthyllis vulueraria *L.*

Taf. XXXVII.
1. Steineiche, Quercus sessilifl. *Ehrh.*

Taf. XXXIX.
4. Waldrebe, Clematis vitalba *L.*
6. Schafgarbe, Achillea millefolium *L.*
16. Rasen-Vergissmeinnicht, Myosotis caespitosa *Schulz.*
23. Ehrenpreis, Veronica agrestis *L.*
28. Fetthenne, Sedum acre *L.*

Taf. XL.
9. Thymian, Thymus vulgaris *L.*
17. Johannisbeere, Ribes rubrum *L.*

Taf. XLI.
11. Pfaffenhütchen, Evonymus europaeus *L.*
12. Rottanne, Picea excelsa *DC.*
17. Stachelbeere, Ribes Uvacrispa *L.*

Taf. XLII.
4. Waldziest, Stachys silvatica *L.*
16. Hainbuche, Carpinus Betulus *L.*
18. Wiesensalbei, Salvia pratensis *L.*

Taf. XLIII.
1. Birke, Betula alba *L.*
9. Heckenkirsche, Lonicera.
26. Glockenblume, Campanula.

Taf. XLIV.
4. Birke, Betula alba *L.*
6. Johannisbeere, Ribes rubrum *L.*
16. Besenginster, Sarothamnus vulgaris *Wimm.*
20. Malve, Malva vulgaris *Fr.*
28. Weide, Salix *L.*
30. Christophskraut, Actaea spicata *L.*

Taf. XLV.
1. Liguster, Ligustrum vulgare *L.*
10. Springkraut, Impatiens Noli tangere *L.*
17. Zimmtrose, Rosa cinnamomea *L.*
22. Labkraut, Galium sp.

Taf. XLVI.
6. Enzian, Gentiana punctata *L.*
9. Labkraut, Galium verum *L.*
20. Augentrost, Euphrasia officinal. *L.*
33. Guter Heinrich, Chenopodium Bonus Henricus *L.*

Taf. XLVII.
2. Taubenkropf, Silene inflata *L.*
8. Gem. Gilbweiderich, Lysimachia vulgaris *L.*
11. Kornblume, Centaurea Cyanus *L.*
18. Deutsche Tamariske, Myricaria germanica *Desv.*
22. Jasione, Jasione montana *L.*
24. Goldruthe, Solidago Virgaurea *L.*
26. Bärenklau, Heracleum Sphondylium *L.*

Taf. XLVIII.
4. Frühlings-Platterbse, Orobus vernus *L.*
11. Weidenröschen, Epilobium sp.

Taf. XLIX.
13. Wasser-Schwertlilie, Iris pseudacorus *L.*

Alphabetisches Pflanzen-Verzeichnis.

Pflanze	Tafel		Pflanze	Tafel		Pflanze	Tafel
Ackergauchheil	17		Himbeere	5		Schlehe	. 1. 9
Ackerveilchen	. 4		Hohlzahn	13		Schlüsselblume	33
Ackerwinde	6. 35		Hollunder	14		Schotenklee	. 1. 9
Adlerfarrn	28		Hornkraut	26		Scrophelkraut	33
Ahorn	20		Hundskamille	34		Schwertlilie	49
Ampfer	. 14		Hundszunge	28		Segge	5
Angergras	11. 17		Hundsveilchen	4		Simse	29
Apfelbaum	15		Jakobskraut	11		Springkraut	45
Aster	33		Jasione	. 47		Stachelbeere	41
Augentrost	46		Johannisbeere	9. 40. 44		Stachelgras	5
Bärenklau	47		Johanniskraut	28		Stechginster	26
Berberitze	24		Kartoffel	6		Steineiche	37
Berufskraut	22		Kiefer	7		Steinkraut	1
Besenginster	. 44		Kleber	13		Sternmelde	25
Birke	19. 44		Klebnelke	25		Stieleiche	10
Birnbaum	16		Knöterich	28		Süssklee	2
Bitterkraut	35		Kornblume	47		Tamariske	47
Blasenstrauch	2		Kreuzkraut	26		Taubenkropf	47
Brennessel	3		Kronwicke	. 10		Taubnessel	12
Buche	19		Kuhblume	. 11. 23		Taumellolch	5
Buchweizen	14		Kukuksblume	25		Tausendguldenkraut	13
Cichorie	13		Labkraut	7. 8. 45. 46		Thymian	40
Cistrose	26		Lavendelkreide	16		Ulme	. 31
Christophskraut	44		Leinkraut	33		Vergissmeinnicht	. 11. 39
Diptam	36		Lerchensporn	. 1		Waldmeier	. 13
Dosten	14		Liguster	7. 45		Waldrebe	11. 39
Eberesche	22		Linde	8. 20		Wasserdosten	35
Ehrenpreis	. 39		Lungenkraut	23		Wau	. 36
Eiche	8. 26		Maibirke	. 20		Weide	9. 44
Enzian	. 46		Malve	5. 44		Wegebreit	. 3
Erdbeere	. 12. 23		Möhre	1		Weidenröschen	. . . 8. 12. 48
Erle	19		Natterkopf	24		„ (rosmarinblättriges)	7
Espe	. 3		Ochsenzunge	35		Weinstock	8
Fetthenne	1. 7. 39		Osterluzei	1		Weissdorn	1. 27
Flohkraut	25		Pfaffenhütchen	41		Weisstanne	16
Flockenblume	31		Platterbse	48		Wiesenklee	16
Futterwicke	1		Preisselbeere	32		Wiesenknöterich	4
Gaisblatt	27		Primel	23		Wiesenraute	34
Gänsefuss	46		Purpurweide	3		Wiesenschaumkraut	1
Gilbweiderich	. 47		Rainfarrn	34		Wiesensalbei	42
Glockenblume	. 34. 43		Rettig	. 1		Wiesenspierstrauch	. 4
Goldklee	9		Rittersporn	. 25. 36		Wolfsmilch	7. 13
Goldruthe	47		Rottanne	41		Wundklee	36
Habichtskraut	17		Rübenkohl	1		Wunderveilchen	. 3. 4
Hainbuche	42		Sahlweide	19		Ziest	42
Hauhechel	36		Saudistel	33		Zimmtrose	. 45
Heckenkirsche	3. 33		Sauerampfer	2		Zittergras	5. 27
Heckenrose	15		Scabiose	. 32		Zwergmispel	12
Heidelbeere	24		Schafgarbe	22. 39			
Himmelschlüssel	21		Schaumkraut	1			

Alphabetisches Verzeichnis der Gattungen und Familien.

NB. Die Zahlen beziehen sich auf die Nummern der Seiten.

Abraxas Leach. 178.
Acantholipes Ld. 146.
Acherontia O. 27.
Acidalia Tr. 162.
Acontia O. 140.
Aconthidae 140.
Acosmetia Stph. 110.
Acronycta O. 74.
Acronyctidae 74.
Aedia Hb. 136.
Aedophron Ld. 139.
Aglaope Ltr. 34.
Aglia O. 64.
Agrophyla B. 144.
Agrotidae O. 78.
Agrotis O. 78.
Ammoconia Ld. 92.
Amphidasys Tr. 197.
Amphipyra O. 111.
Anaitis Dup. 226.
Anarta Tr. 136.
Anchocelis Gn. 116.
Angerona Dup. 188.
Anisopteryx Stph. 193.
Anophia Gn. 136.
Anthocharis B. 3.
Anthometra B. 211.
Anthophyla O. 141.
Apamea Tr. 95.
Apatura F. 11.
Apaturidae 11.
Aplasta Hb. 222.
Apocheima H.-S. 197.
Aporia Hb. 2.
Aporophyla Gn. 92.
Apterona Mill. 54.
Arctia Schrk. 44.
Arctiidae Stph. 42.
Arge Hb. 19.
Argynnis F. 16.
Arsilonche Ld. 73.
Asphalia Hb. 72.
Aspilates Tr. 219.
Asteroseopus B. 123.
Atroolopha Ld. 212.
Atychia O. 34.
Aventia Dup. 152.
Axia Hb. 221.

Bapta Stph. 179.
Bembecia Hb. 33.
Biston Leach. 194.
Boarmia Tr. 199.
Boletobia B. 152.
Bombyces 38.
Bombycidae B. 58.
Bombycoidae 73.
Bombyx B. 58.
Bomolocha Hb. 155.

Brephides H.-S. 156.
Brephos O. 156.
Brithys Hb. 86.
Bryophila Tr. 76.
Bupalus Leach. 213.

Cabera Tr. 180.
Calamia Hb. 106.
Calligenia Dup. 40.
Callimorpha Latr. 44.
Calocampa Stph. 122.
Calophasia Stph. 124.
Calpe B. 131.
Calpidae 131.
Calymnia Hb. 114.
Caradrina O. 109.
Caradrinidae 108.
Carterocephalus Ld. 26.
Catephia O. 147.
Catocala Schrk. 148. N. 299.
Caustoloma Ld. 190.
Cerastis Tr. 119.
Cerura Schrk. 65.
Cerocala B. 145.
Charaeas Stph. 86.
Charaxes O. 11.
Chariclea Stph. 139.
Chariptera Gn. 95.
Cheimatobia Stph. 229.
Chemerina B. 192.
Chesias Tr. 226.
Chionobas B. 20.
Chloantha B. 99.
Chondrosoma Ank. 194.
Cidaria Tr. 233.
Cilix Leach. 65.
Cimelia Ld. 221.
Cirrhoedia Gn. 116.
Cladocera Rbr. 91.
Cleoceris B. 116.
Cleogene B. 219.
Cleophana B. 125.
Cleophanidae 124.
Clidia B. 74.
Closera Stph. 70.
Cnethocampa Stph. 69. N. 293.
Cochliopodae B. 50.
Cochlophanes Sieb. 54.
Coenobia Hw. 104.
Coenonympha Hb. 23.
Colias F. 4.
Collix Gn. 258.
Cosmia O. 115.
Cossidae H.-S. 49.
Cossus F. 49.
Crateronyx Dup. 61.
Crocallis Tr. 187.
Cucullia Schrk. 126.

Cucullidae 126.
Cyclopides Hb. 26.
Cymatophora Tr. 72.
Cymatophoridae 71.

Danaidae 18.
Danais F. 19.
Dasychira Stph. 55.
Dasydia Gn. 210.
Dasypolia Gn. 123.
Deilephila O. 28.
Deiopeia Stph. 43.
Deltoidae Gn. 152.
Demas Stph. 74.
Dianthoecia B. 90.
Diastictis Hb. 215.
Dichonia Hb. 94.
Dicycla Gn. 114.
Diloba Stph. 73.
Dipterygia Stph. 99.
Diphthera O. 77.
Doritis O. 2. N. 281.
Drepana Schrk. 64.
Drepanulidae B. 64.
Drynobia Dup. 69.
Dryobata Ld. 94.
Dyschorista Ld. 115.
Dysemon Ld. 192.

Earias Hb. 39.
Eccrita Ld. 151.
Egea Dup. 211.
Eilicrinia Hb. 191.
Ellopia Tr. 181.
Ematurga Ld. 213.
Emydia B. 42.
Enconista Ld. 217.
Endagria B. 50.
Endromidae B. 63.
Endromis O. 63.
Eogena Gn. 73.
Epichnopteryx Hb. 53; H.-S. 54.
Epimecia Gn. 124.
Epinephele Hb. 22.
Epione Dup. 189.
Episema O. 92.
Erastria O. 142.
Erebia B. 19.
Eremia H.-S. 211.
Eriopus Tr. 100.
Erycinidae 10.
Eubolia B. 216.
Eucarta Ld. 131.
Euchelia B. 43.
Euclidia O. 145.
Eucosmia Stph. 230.
Eucrostis Hb. 160.
Eugonia Hb. 182.

Eupithecia Curt. 258.
Euplexia Stph. 101.
Euprepia H.-S. 46.
Eurhipia B. 130.
Eurhipidae 130.
Eurranthis Hb. 212.
Eurymene Dup. 188.
Eusarca H.-S. 220.
Euterpia Gn. 140.
Exophyla Gn. 151.
Fidonia Tr. 211.
Fumea H.-S. 53; Hb. 54.

Gastropacha O. 58. 61.
Geometra B. 158.
Geometrae 157.
Gluphisia B. 69.
Glyphidia H.-S. 69.
Gnophos Tr. 205.
Gnophria Stph. 42.
Gonophora Brd. 71.
Gortyna O. 103.
Grammesia Stph. 108.
Grammodes Gn. 146.
Gypsochroa Hb. 222.

Habrynthis Ld. 101.
Hadena Tr. 96.
Hadenidae 86.
Haemerosia B. 144.
Halia Dup. 214.
Halias Tr. 39.
Harpyia O. 65.
Helia Gn. 153.
Heliaca H.-S. 137.
Heliophobus B. 92.
Heliothea B. 221.
Heliothidae 136.
Heliothis Tr. 137.
Helotropha Ld. 102.
Hemerophyla Stph. 197.
Hepialidae H.-S. 48.
Hepialus F. 48.
Herminia Latr. 154.
Hesperia B. 25.
Hesperidae 24.
Heterogene Kn. 50.
Heterogynidae H.-S. 34. N. 286.
Heterogynis Rbr. 34.
Himera Dup. 186.
Hiptelia Gn. 114.
Hoplitis Hb. 66.
Hoporina B. 119.
Hybernia Latr. 192.
Hybocampa Ld. 66.
Hydroecia Gn. 102.
Hylophila Hb. 39.
Hypena Tr. 155.
Hypenodes Gn. 156.

Alphabetisches Verzeichnis der Gattungen und Familien.

Hypoplectis Hb. 190.
Hypopta Hb. 50.
Hyppa Dup. 99.

Jaspidea B. 102.
Ino Leach. 34.
Jodis Hb. 161.

Laelia Stph. 56.
Laria Hb. 56.
Lasiocampa Latr. 61.
Leucania O. 106.
Leucanidae 103.
Leucanitis Gn. 146.
Lencoma Stph. 56.
Leucophasia Stph. 4.
Libythea F. 11.
Libytheidae 10.
Ligia B. 221.
Lignyoptera Ld. 192.
Limenitis F. 12.
Liparidae B. 54.
Lithocampa Gn. 124.
Lithosia 41.
Lithosidae H.-S. 39.
Lithostege Hb. 225.
Lobophora Curt. 227.
Lophopteryx Stph., Ld. 68.
Luperina B. 96.
Lycaena F. 7.
Lycaenidae 5.
Lygris Hb. 231.
Lythria Hb. 222.

Macaria Curt. 191.
Macroglossa O. 31.
Madopa Stph. 154.
Mamestra Tr. 87.
Mania Tr. 101.
Megalodes Gn. 144.
Megasoma B. 63.
Melanargia Meig. 19.
Meliana Curt. 106.
Melitaea F. 15.
Mesogona B. 114.
Mesotrosta Ld. 143.
Mesotype Hb. 224.
Metoponia Dup. 144.
Metoptria Gn. 144.
Metrocampa Latr. 182.
Micra Gn. 141.
Minoa B. 224.
Miselia Stph. 95.
Mithymna Gn. 108.
Moma Hb. 77.
Mycteroplus H.-S. 105.

Naclia B. 38.
Naenia Stph. 102.
Nemeobius Stph. 10.
Nemeophila Stph. 43.
Nemoria Hb. 160.

Neptis F. 12.
Neuronia Hb. 87.
Nisoniades Hb. 25.
Noctuae 73.
Noctuidae 73.
Noctuophalaenidae 141.
Nodaria Gn. 153.
Nola Leach. 39.
Nonagria O. 103.
Notodonta O. 67.
Notodontidae B. 65.
Nudaria Stph. 40.
Numeria Dup. 181.
Nychiodes Ld. 198.
Nycteola H.-S. 37.
Nycteolidae H.-S. 38.
Nymphalidae 11.
Nymphalis Latr. 11.
Ochodontia Ld. 177.
Ocneria H.-S. 57.
Ocnogyna Ld. 46.
Odozia B. 225.
Odontopera Stph. 186.
Oeneis Hb. 20. N. 283.
Ophiusa O. 146.
Ophiusidae 144.
Orgyia O. 54.
Orrhodia Hb. 119.
Ortholitha O. 223.
Orthosia Hb. 116.
Orthosidae 112.
Pachnobia Gn. 113.
Pachycnemia Stph. 204.
Paida H.-S. 38. N. 288.
Panolis Hb. 113.
Panthea Hb. 78.
Papilio L. 1.
Papilionidae 1.
Paranthrene Hb. 34.
Pararge Hb. 22.
Parnassius Latr. 2.
Pechipogon Hb. 155.
Pellonia Dup. 177.
Pentophora Stph. 54.
Pericallia Stph. 185.
Pericyma H.-S. 145.
Perigrapha Ld. 112.
Phalera Hb. 70.
Phasiane Dup. 215.
Phigalia Dup. 194.
Phorodesma B. 159.
Phothedes Ld. 143.
Phragmatoecia Newm. 49.
Pieridae 2.
Pieris Schrk. 3.
Plastenis B. 116.
Platypterygidae 64.

Platypteryx Lasp. 64.
Pleretes Ld. 44.
Ploseria B. 191.
Plusia O. 131.
Plusiidae B. 131.
Polia Tr. 93.
Polyommatus Latr. 6.
Polyphaenis B. 100.
Porthesia Stph. 57.
Prodenia Gn. 101.
Prothymia Hb. 143.
Protolomia Ld. 101.
Pseudophia Gn. 147.
Pseudoterpna H.-S. 158.
Psilura Stph. 57.
Psodos Tr. 210.
Psyche Schrk. 51. N. 290.
Psychidae B. 50.
Pterogon B. 30.
Pterostoma Germ. 69.
Ptilophora Stph. 69.
Pygaera O. 70.
Pygmaena B. 210.

Raphia Hb. 74.
Rhegmatophila Stdf. 70. N. 293.
Rhizogramma Ld. 99.
Rhodocera B. 5.
Rhyparia Hb. 178.
Rivula Gn. 156.
Roeselia Hb. 39.
Rumia Dup. 189.
Rusina B. 111.

Sarrothripa Gn. 38.
Saturnia Schrk. 63. N. 293.
Saturnidae B. 63.
Satyridae 19.
Satyrus F. 20.
Sciapteron Stgr. 32.
Scodiona B. 217.
Scoliopteryx Germ. 120.
Scopelosoma Curt. 120.
Scoria Stph. 219.
Scotochrosta Ld. 123.
Scotosia Stph. 230.
Selenia Hb. 184.
Selidosema Hb. 213.
Senta Stph. 104.
Sesamia Gn. 105. N. 297.
Sesia F. 32.
Sesiidae H.-S. 31.
Setina Schrk. 40.
Simplicia Gn. 153.
Simyra O. 73.
Siona Dup. 225.
Smerinthus O. 30.
Sparta Stgr. 229.

Sphinges L. 27.
Sphingidae B. 27.
Sphinx O. 28.
Spilosoma Stph. 47.
Spilothyrus Dup. 24.
Spintherops B. 150.
Stauropus Germ. 66.
Stegania Dup. 180.
Sthanelia B. 204.
Sterrha Hb. 222.
Stilbia Stph. 108.
Stygia Latr. 50.
Synopsia Hb. 198.
Syntomidae H.-S. 38.
Syntomis Ill. 38.
Syrichtus B. 24.

Taeniocampa Gn. 112.
Tapinostola Ld. 105.
Telesilla H.-S. 131.
Tephronia Hb. 204.
Thais F. 1.
Thalera Hb. 161.
Thalpochares Ld. 141.
Thamnonoma Ld. 214.
Thecla F.* 5.
Thecophora Ld. 94.
Therapis Hb. 186.
Thestor Hb. 6.
Thyatira O. 71.
Thyrididae H.-S. 34.
Thyris Ill. 34.
Timandra Dup. 177.
Toxocampa Gn. 151.
Trachea Hb. 100.
Trigonophora Hb. 101.
Triphosa Stph. 229.
Trochilium Sc. 31.

Ulochlaena Ld. 92.
Urapteryx Leach. 188.
Uropus B. 66.
Valeria Germ. 95.
Vanessa F. 12.
Venilia Dup. 190.

Xanthia Tr. 118.
Xanthodes Gn. 140.
Xylina O. 120.
Xylinidae 120.
Xylocampa Gn. 124.
Xylomyges Gn. 123.

Zanclognatha Ld. 153.
Zegris Rbr. 4.
Zethes Rbr. 120.
Zeuzera Latr. 49.
Zonosoma Ld. 175.
Zygaena F. 35.
Zygaenidae B. 34.

Alphabetisches Verzeichnis der Arten.

Die nach dem Namen stehenden Ziffern geben die Seitenzahl im Buche, die folgenden Buchstaben T. (= Tafel) und F. (= Figur) geben die Tafeln und Figuren der Abbildungen an.
☛ Die im Text in ( ) angegebenen Schmetterlings-Tafeln sind nach der **1. Aufl.** des Schmetterlingswerkes angegeben.

Abbreviata Stph. 277.
Abietaria Göze 262.
Abietaria Hb. 201. T. 43, F. 8.
Abjecta Hb. 97. N. 297.
Abietis Schiff. 55. T. 16. F. 5.
Abluta Hb. 115.
Abrotani F. 129. T. 34, F. 10.
Abruptaria Thnb.197.T.43,F.2.
Abscondita Tr. 76. T. 22, F. 2.
Absinthiata Cl. 274. T.47, F.29.
Absinthii L. 130. T. 34, F. 11.
Abstersaria B. 200.
Acaciae F. 6.
Accentifera Lef. 134.
Aceraria Schiff. 193. T.42, F.13.
Aceris L. 74. T. 21, F. 22.
Aceris Lep. 12.
Acetosellae F. 114. T. 31, F. 4.
Achates Hb. 88.
Achatinata Hb. 232.
Achilleae Esp. 36. T. 9, Fig. 21.
Achine Sc. 22. T. 4, F. 9, N. 283.
Achromaria Lah. 244.
Actaeata Wald.273.T.47, F.27.
Actaeon Esp. 25. T. 5, F. 23.
Acuminalis Wck. 156.
Adaequata Bkh.251.T.46, F.20.
Adippe L. 18. T. 4, Fig. 12.
Adonis S.-V. 282. [a—d.
Adspersaria Hb. 190. T. 42, F. 3
Adulatrix Hb. 130. T. 34, F. 15.
Adumbrata H.-S. 85.
Adusta Esp.96.T.27,F.10,N.297.
Adustaria F. d. W. 177.
Adustata Schiff. 179. T.40, F.20.
Advena F.87.T.24,F.17,N.295.
Advenaria Hb. 190.
Advolata Ev. 160.
Aegeria L. 22. T. 4, F. 8.
Aegon Schiff. 8. T. 2, F. 20. N. 282.
Aemulata Hb. 258. T. 46, F. 35.
Aenea Hb. 143.
Aequa Hb. 85.
Aeruginaria Hb.162.T.39,F.11.
Aeruginea Hb. 94. T. 26, F. 23.
Aeruginosa Christ. N. 293.
Aescularia Schiff. 194.
Aesculi L. 49, T. 14, F. 11.
Aestimaria Hb. 191.
Aestivaria Hb. 161. T. 39. F. 9.
Aethiops Esp. 20. T. 4, F. 21.
Aethiops O. 92. T. 26, F. 6.
Affinis L. 115. T. 31, F. 8.
Affinis Reutti 54. Nr. 291.
Affinis Stgr. 33.
Affinitata Stph. 250.
Agamos Hb. 150.
Agathina Dup. 80. T. 23, F. 1.

Agestis S.-V. 282.
Aglaja L. 18. T. 4, F. 10.
Agrostemmata Gn. 170.
Ain Hchw. 135.
Alaudaria Frr. 247.
Albarracina. 58. T. 48. F. 14. N. 292.
Albicillata L. 347. T. 46, F. 11.
Albicolon Hb. 88. N. 295.
Albida Esp. 52. N. 290.
Albidentaria Frr. 145.
Albimacula Bkh. 91. T.25,F.15.
Albiocellaria Hb. 175.
Albipuncta F. 108. T. 29, F. 17.
Albipunctata Hw.272.T.47,F.26.
Albistrigatus Hw. 156.
Albovenosa Göze 73.T.21,F.17.
Albula Hb. 40. [N. 294.
Albulata Schiff. 251. T.46, F.21.
Alceae Esp. 24. T. 5, Fig. 18.
Alchemillaria Hb. 247. L. 250, T. 46, F. 17.
Alchemillata L. 251.
Alchymista Schiff.147.T.47,F.3.
Alciphron Rott. 7. T. 2, F. 14.
Alcyone Schiff. 21. T. 5, F. 1.
Alecto L. 29. N. 285. T. 48, F. 10.
Alexanor Esp. 1. T. 6, F. 1.
Algae F. 77. N. 294.
Algira L. 147. T. 36, F. 25.
Aliena Hb., Mam. 89.
Alliaria Stgr. 260. T. 47. F. 4.
Alni L. 75. T. 21, F. 24.
Alniaria L. 183. T. 41. Esp. 182.
Alpicola Stgr. 59. T. 17, F. 7.
Alpicolaria H.-S. 245.
Alpina Bell. 70. N. 293.
Alpina Frr. 60. N. 292. Fr. 76.
Alpinus Sulz. 195. T. 42, F. 19.
Alsines Brahm 109. T. 30, F. 4.
Alsus S.-F. 283.
Alternaria Hb. 191.
Altheae Hb. 24. N. 284.
Alticolaria Mn. 210.
Alveolus Hb. 25. T. 5, F. 19.
Alveus Hb. 24.
Alyssumata Mill. 164.
Amanda Schn. 9.
Amata L. 177. T. 40, F. 13.
Amataria L. 177.
Amathusia, Esp. 17. T. 4, F. 6.
Ambigua F. 110. T. 30, F. 6.
Ambiguata Dup .206.T.43,F.22.
Ambusta, F. 116. T. 31, F. 14.
Ambustaria H.-G. 214.
Amethystina Hb.131.T.34,F.17.
Amica Tr. 97.
Amoena Hb. 141.
Ampelophaga Bayle 35. N. 287.

Amphidamas Esp. 7. T. 2, F. 17.
Anachoreta F. 71. T. 21, F. 4.
Anarta Melanopa Thnb. 137.
Anastomosis L. 71. T. 21, F. 2.
Ancilla L. 38. T. 10, F. 11. N. 287.
Andalusiaria Mill. 198.
Andereggii H.-S. 41.
Augelicae O. 37.
Angularia Bkh. 182. T. 41, F. 4.
Angularia Thnb. 202.
Angustella H.-S. 52.
Annulata Schulze 175.
Anomala Hw. 108. T. 29, F. 22.
Anthemidis Gn. 128. T. 34, F. 4.
Anthophiliaria Hb. 222.
Anthraciformis Rbr. 33.
Anthyllidis B. N. 287.
Antiopa L. 14. T. 3, F. 11.
Antiqua L. 55. T.15, F.25. N.292.
Antiqualis Hh. 155.
Antirrhini Hb. 125. T. 33, F. 7.
Aphirape Hb. 17. T. 4, F. 1.
Apiciaria, Schiff. 189.
Apiforme Cl. 32. T. 9. F. 4.
Apiformis Rossi 52. T. 15. F. 4.
Apollinus Hbst. 2. N. 281.
Apollo L. 2. T. 1, F. 4.
Appensata Ev. 228. T. 44, F.30.
Aprillina L. 94. T. 26, F. 24.
Apterona Mill. N. 290.
Aquata, Hb., Cid. 256.
Aqueata, Hb. 237.
Aquilina Hb. 85.
Arbuti F. 137. [F. 15.
Arbusculae Frr.59. N.292,T.48,
Arcania L. 23. T. 5, F. 16.
Arceuthata Frr. 271.
Arcuinna Hb. 141.
Arcuosa Hw. 110. T. 30, F. 9.
Ardua Mn. 53.
Arenacearia Hb. 216.
Areola Esp. 124. T. 33, F. 2.
Arete F. 20.
Arethusa Esp. N. 283.
Argaritharia Dard. 217.
Argentacea H.-S. 73.
Argentea IIfn. 130. T. 34, F. 13.
Argentina F. 130. T. 34, F. 14.
Argentina Schiff. 68. T.20, F.10.
Argentula Hb. 142. T. 36, F.12.
Argiades Pall. 8.
Argillacearia H.-S. 269.
Argiolus L. 9. T. 2, F. 28.
Argus L. 8. F. 2, F. 21, N. 282.
Argyrotoxus Bgstr. 8.
Ariae Hb. 58. N. 292. Frr. 95.
Arideala Her. 42.
Ariou L. 10.
Armiger Hb. 138. T. 36, F. 1.

Alphabetisches Verzeichnis der Arten.

Arsilache Esp. 17.
Artaxerxes F. 8.
Artemisiata Ct. 259.
Artemis, Hb. 15.
Artemisiae Hfn. 129. T. 34, F. 10.
Artesiaria F. 215. T. 44, F. 8.
Artica Z. 80.
Arundineti Schm. 104.
Arundinis F. 104. T. 28, F. 19.
Arundinis Hb. 49. T. 14. F. 12.
Asbestaria, Z. 165.
Asclepiadis Schiff. 132.T.34,F.19.
Asella Schiff. 50. T. 14, F. 14, N. 290.
Asellaria, H.-S. 164.
Ashworthii Dbld. 81.
Asiliformis Rott. 32. T. 9, F. 7.
Asiliformis Schiff. 32.
Asperaria Hb. 208.
Assimilaria Rbr. 217.
Assimilata Gn. 273.
Associata Bkh. 233.
Astatiformis H.-S. N. 286.
Asteris Schiff. 127. T. 33, F. 14.
Astrarche Bgstr. 8. T. 2, F. 23. N. 282.
Atalanta L. 14. T. 3, F. 12, N. 283.
Athalia Rott. 16. T. 3, F. 22.
Atlanticaria Stgr. 199.
Atra Frr. 52. T. 15, F. 5, N. 290.
— Esp. 52.
Atra L. 53. F. 15, F. 11.
Atraria H.-S. 272.
Atrata L. 225.
Atratula Bkh. 143. T. 36, F. 14.
Atriplicis L. 100. T. 28, F. 8.
Atropos L. 27. T. 6, F. 20, N. 284.
Augur F. 79. T. 22, F. 21.
Aulica L. 45. T. 13, F. 2.
Aurago F. 118.
Aurantiaria Esp. 193. T. 42, F. 10.
Aurelia Nick. 16.
Aureola Hb. 42. T. 11, F. 12.
Aureliaria Mill. 160.
Auricoma F. 75. T. 22, F. 1.
Auriflua F. 57. T. 16, F. 11.
Aurinia Rott. 15. T. 3, F. 16 u. T. 6, F. 17.
Aurita Esp. 41. T. 11, F. 2.
Aurolimbata Gn. 55. T. 15, F. 23.
Auroraria Bkh. 164.
Ausonia Hb. 4.
Austerata Frr. 270, H.-S. 272.
Australis B. 92. T. 26, F. 7. N. 296.
Australis Latr. 50.
Austriacaria H.-S. 237.
Autumnaria Gn. 242.
Autumnaria Wnbg. 182. T. 41, F. 5.
Aversata L. 171. T. 39, F. 26.
Badiata H. 231. T. 45, F. 9.
Baetica L. 7. T. 2. F. 18.
Baetica Rbr. 125.
Baetica Rbr. 47.
Baetica Rmb. 38.
Baeticus Rbr. 24.
Baja F. 80. T. 23, F. 3, N. 294.
Bajaria Schiff. 192. T. 42, F. 9.
Bajularia Schiff. 159. T. 39. F. 5.
Balkanica H.-S. 61.
Ballus F. 6. T. 2. F. 10.
Balsamitae B. 127. F. 33, F. 15.
Bankiana F. 142. T. 36, F. 12.
Barbalis Cl. 155. T. 38, F. 17.

Barettii Dhld. 90.
Basilinea F. 98. T. 27, F. 16.
Basochetiata Dup. 246.
Bathyerga Frr. 106.
Batis L. 71. T. 21, F. 7, N. 294.
Baton Bgstr. 282.
Battus Hb. 282.
Beckeri Stgr. 133.
Begrandaria B. 269.
Belemiata Mill. 168.
Belgaria Hb. 218.
Belia, Cr. 4. T. 6, F. 6.
Bella Bkh. 81. T. 23, F. 9.
Bellargus Rott. 9. T. 2, F. 25, N. 282.
Berberata Schiff. 254.T.46, F. 30.
Berguensis Z. 273.
Beryllaria Mn. 160.
Bespersaria Hb. 205.
Betulae L. 5. T. 2, F. 3.
Betularius L. 197. T. 43, F. 1.
Betulifolia 62. T. 18, F. 5.
Betulina Z. 54. T. 15, F. 20.
Bicolora Hb. 68. T. 20, F. 9.
Bicolorana Fuesl. 139. T. 10, F.18.
Bicolorata Hfn. 234. T. 45, F. 17.
Bicoloria Schiff. 68. T. 20, F. 9, N. 293.
Bicoloria Vill. 97. N. 297. T. 49, F. 10.
Bicuspis Bkh. 65. T. 19, F. 12.
Bidentata Cl. 186. T. 41, F. 12.
Bifasciata Pet. 146. T. 36, F. 24.
Bifasciata Rbr. 43. T. 11, F. 16.
Bifida Hb. 65. T. 19, F. 14.
Bilinearia Fuchs. 170.
Bilineata L. 252. T. 46, F. 24.
Bilunaria Esp. 184. T. 41, F. 7.
Bimaculata F. 180.
Bimaculosa L. 95. T. 27, F. 2.
Binaria Hfn. 65. T. 19, F. 8.
Bipunctaria Schiff. 224.
Bisetata Hfn. 168. N. 300.
Blandiata Hb. 251.
Blaneri Curt. 252.
Blattariae Esp. 127. T. 33, F. 13.
Bombycella Schiff. 53. T. 15, F. 16.
Bombyliformis O. 31. T. 9, F. 2.
Bondii Knaggs. 90. N. 297.
Bore Schn. 21. N. 283.
Boreata Hb. 229. T. 45, F. 3.
Braconiformis H.-S. N. 286.
Bractea F. 134. N. 299. T. 44. F. 19.
Brassicae L. 88. T. 25, F. 2.
Brassicae L. 3. T. 1, F. 7, N. 281.
Bremeri Rol. 61.
Breviculata Donz. 259.
Brevilinea Fenn. N. 298.
Briseis L. 21. T. 5, F. 3.
Britomartis Assm. 16.
Brizae Esp. 36.
Brumata L. 229. T. 45, F. 2.
Brundularia Brkh. 203.
Brunnea F. 82. T. 23, F. 11.
Brunneata Thnb. 215. T. 44, F. 7.
Bucephala L. 70. T. 20, F. 21.
Bucephaloides O. 70. T. 21, F. 1.
Bupleuraria Tr. 161. T. 39. F. 10.
Buxicolaria Mab. 200.

Caecigena Kup. 63. T. 19, F. 2.
Caecimacula F. 92. T. 26, F. 8. N. 296.
Caeliharia H.-S. 209.

Caeruleocephala C. 73. T. 21, F. 15, N. 294.
Caesia Bkh. 90. N. 295. T. 49. F,4.
Caesiata Lang 242.
Caestrum Hb. 50. N. 290.
Caja L. 44. T. 12, F. 4.
Cailino Lef. 146. T. 36, F. 23.
Calabraria Z. 178. T. 40, F. 15.
C. album L. 13. T. 3, F. 6.
Calberlae Standf. 133.
Calendulae Tr. 128.
Caliginearia Rbr. 192.
Caliginosa Hb. 110.
Callidice Esp. 3. T. 1, F. 10.
Callunae Spr. 273. Palm. 60.
Calunetaria Stgr. 167.
Calvaria F. 153. T. 38, F. 11, N. 299.
Calvella O. 53. T. 15, F. 14.
Cambria Curt. 238.
Camelina L. 68. T. 20, F. 12.
Camilla Schiff. 12. T. 3, F. 2.
Campanulae Frr. 128. T. 34, F. 1.
Campanulata H.-S. 272.
Canaria Hb. 183.
Candelarum Stgr. 81. T. 23, F. 4.
Candelisequa Hb. 81. T. 23, F. 4, H. 83.
Candida Cyr. 43.
Candidata Schiff. 251.
Candidula S.-V. 142. T. 36, F. 13.
Canescens Dup. N. 296.
Caninae Rbr. 127. T. 33, F. 13.
Caniola Hb. 42. T. 11. F. 9, N. 289.
Cannae O. 103.
Canteneraria B. 165.
Cappa Hb. 90. T. 25, F. 13.
Capitata H.-S. 253. T. 46, F. 27.
Capreolaria F. 181.
Capsincola Hb. 91. T. 25, F. 17.
Capsophila Dup. 91.
Captiuncula Tr. 143.
Capucina Esp. 131. T. 34, F. 16.
Carbonaria Cl. 211.
Cardamines L. 4. T. 1, F. 12. N. 282.
Cardui Hb. 138. T. 35, F. 20.
Cardui L. 14. T. 3, F. 13 und T. 6, F. 15, N. 283.
Caricaria Reut. 173. T. 40, F. 3.
Carmelita Esp. 68. T. 20, F. 11.
Carnea Thnb. 114.
Carniolica Sc. 38. T. 10, F. 8, N. 287.
Carpinata Bkh. 227. T. 44, F. 28.
Carpini Schiff. 63. T. 19, F. 1.
Carpophaga Bkh. 91. T. 25, F. 19.
Cassandra 9.
Cassinia Hb. 123. T. 32, F. 24.
Cassiope F. 19.
Casta Bkh. 125. T. 33, F. 5.
Casta F. 46. T. 13, F. 5.
Castanea Esp. 80. T. 22, F. 25.
Castaneae Hb. 49. T. 14, F. 12.
Castigata Hb. 271. T. 47, F. 24 [a—c.
Castrensis L. 59. T. 17, F. 8.
Catalaunaria Gn. 216.
Cataphanes Hb. 151. T. 38, F. 3.
Cataria Gn. 179.
Catax L. 60. T. 17, F. 11. Esp. 60.
Cauchyata Dup. 270.
C aureum Ku. 132. T. 35, F. 2.
Cauteriata Stgr. 191.
Cebraria Hb. 211.
Celerio L. 29. T. 7, F. 9, N. 285.
Celsia L. 102. T. 28, F. 14. N. 297.

Celtis Esp. 11. T. 2, F. 34.
Centaureata F. 258.
Centonalis Hb. 40, T. 10, F. 19.
Cephiformis O. N. 285.
Cerago F. 118. T. 32, F. 4.
Cereola Hb. N. 289.
Certata Hb. 230. T. 45, F. 5.
Cervantaria Mill. 164.
Cervinata Schiff. 223. T. 44, F. 20.
Cervini Fall. 46. T. 13, F. 6, N. 289.
Cerisyi B. 1. N. 281.
Cespitis F. 87. T. 24, F. 14.
Chaerophyllata L. 225.
Chalcytes Esp. 134. T. 35, F. 12.
Chamaesyces Gn. 74.
Chamomillae Schiff. 128. T. 34, F. 3.
Chaonia Hb. 68. T. 20, F. 6.
Charon Hb. N. 287.
Cheiranthi Tausch. 133. T. 35,
Chenopodiata L. 256. [F. 4.
Chenopodii F. 90. T. 25, F. 9.
Chenopodiphaga Rbr. 96. T. 27, F. 8. N. 297.
Chi L. 93. T. 26, F. 17.
Chlamitulalis Hb. 40.
Chloerata Mab. 263. T. 47, F. 10.
Chlorana L. 39. T. 10, F. 14.
Chloros Hb. 35. N. 287.
Chryseis Bkh. 7.
Chrysidiformis Esp. 33.
Chrysippus L. 19. T. 4, F. 15.
Chrysitaria H.-G. 212.
Chrysitis L. 134. T. 35, F. 8.
Chrysocephala Hb. 43.
Chryson Esp. 134. T. 35, F. 9.
Chrysorrhoea L. 57. T. 16, F. 10.
Chrysozona Bkh. 90. T. 25, F. 11,
Cicatricalis Tr. 39. [N. 295.
Cincta F. 112. T. 30, F. 18.
Cinctaria Schiff. 199. T. 43, F. 5.
Cinerea Hb. 84.
Cinnamomea Göze 111. T. 30, F. 17.
Cinxia L. 15. T. 3, F. 17.
Circe F. 21. T. 5, F. 2.
Circe Schiff. 282.
Circellaris Hfn. 117. T. 31, F. 18.
Circellata Gn. 170.
Circuitaria Hb. 167.
Circumflexa Esp. 134. T. 35, F. 11.
Citrago L. 118. T. 32, F. 2. N. 299.
Citraria Hb. 220.
Clathrata L. 216. T. 44, F. 9.
Cleopatra L. 5. T. 2, F. 2.
Clymene Esp. 22.
Clythie Schiff. 11.
C nigrum L. 81, T. 23, F. 5.
Coarctata F. 223.
Cocciferata Mill. 277.
Cochliotheca Rbr. N. 290.
Cochlophanes Sieb. N. 290.
Coelos H.-G. 60.
Coenobita Esp. 78. T. 22, F. 13.
Coenosa Hb. 56. T. 16, F. 7.
Cognata Rbr. N. 287.
Cognatus Frr. 137. T. 35, F. 19.
Collina B. 80. N. 294.
Comes Hb. 80. T. 22, F. 24.
Comitata L. 255. T. 46, F. 33.
Comitella Brd. N. 292.
Comma L. 25. T. 5, F. 25, N. 284.
Comma L. 107, T. 29, F. 13.
Communimacula S.-V. 141.

Commutata Frr. 173.
Compararia H.-S. 174.
Complana L. 41. T. 11, F. 8.
Compta F. 91. T. 25, F. 16.
Concha F. 132. T. 35, F. 2.
Concordaria Hb. 211.
Confinaria H.-S. 172.
Conflua Tr. 82. N. 294.
Conformis F. 121. T. 32, F. 15.
Confusalis H.-S. 40. N. 288.
Congrua Hb. 108. T. 29, F. 16.
Conigera F. 107. T. 29, F. 14.
Conjuncta Esp. 149.
Connexa Bkh. 98. T. 27, F. 23.
Conopiformis Esp. 32.
Consanguinaria Ld. 163.
Consignata Bkh. 259.
Consolidata Ld. 168.
Consona F. 133. T. 35, F. 5.
Consonaria Hb., Boarm. 203.
Consortaria F. 202. T. 43, F. 11.
Conspersa Esp. 91. T. 25, F. 14.
Conspersaria F. 218. T. 44, F. 11.
Conspicillaris L. 123.
Conspicuata Schiff. 211.
Constancella Brd. 51.
Constrictata Gn. 275. Mill. 275.
Contaminaria Hb. 214.
Contaminei Ev. 74.
Contigua Vill. 88. T. 24, F. 20.
Contiguaria Hb. 164. T. 39, F. 18. N. 299.
Contusa Frr. 115. T. 31, F. 10.
Convergens F. 94. T. 26, F. 22.
Conversa Esp. 150. T. 37. F. 15.
Convolvuli L. 28. T. 6, F. 21.
Coracita Hb. 223.
Cordiaria Hb. 191.
Cordigera Thnb. 136. T. 35, F. 18.
Coridon Poda 9. T. 2, F. 26.
Corinna Hb. 24.
Coronata Hb. 263. T. 47, F. 8.
Coronillaria Hb. 158. T. 39, F. 2.
Corrivalaria Kret. 174.
Corsica B. 55.
Corsica B. 36, T. 9, F. 23, N. 287.
Corsica 8.
Corsica Rbr. 46. T. 13, F. 10. N. 289.
Corsicaria Rbr. 158.
Corticata Tr. 257.
Corticea Hb. 85. T. 24. F. 5, N. 295.
Corylata Thnb. 254. T. 46, F. 29.
Coryli L. 74. T. 21, F. 20.
Corythalia Hb. 16.
Cossus L. 49. T. 14, F. 9.
Coestaestrigalis Stph. 156.
Crabroniforme Esp. 32.
Craccae F. 152. N. 299. T. 49, F. 23.
Crassa Hb. 86. N. 295.
Crassalis F. 155. T. 38, F. 18.
Crassalis Hb. 156.
Crassiorella Brd. 54. N. 291.
Crataegi L. 3. T. 1, F. 6 und T. 6, F. 4, N. 281.
Crataegi L. 58. T. 17, F. 4, N. 292.
Cremiaria Frr. 204. T. 43, F. 18.
Crenata Esp. 69. T. 20, F. 17.
Crenulella Brd. 54. T. 15, F. 18, N. 290.
Crepuscularia Hb. 203. T. 43, F. 14.
Cretica Ld. 105.
Cribralis Hb. 154.
Cribrum L. 43. T. 11, F. 17.

Cribrumalis Hb. 154.
Crinalis Tr. 154. T. 38, F. 16.
Cristatula Hb. 40. T. 10, F. 20.
Croatica Esp. 31. T. 9, F. 1, N. 285.
Croceago F. 119. T. 32, F. 5.
Cruda Tr. 112. T. 30, F. 21.
Cubicularis Bkh. 109. T. 29, F. 25.
Cucubali Fuesl. 91. T. 25, F. 18. N. 296.
Cuculla Esp. 68. T. 20, F. 13.
Cucullata Hufn. 246. T. 46, F. 7.
Cucullatella L. 39. T. 10, F. 17.
Cucullina Hb. 68. T. 20, F. 13.
Culiciformis L. 33. T. 9, F. 9.
Culta F. 95.
Cultraria F. 65. T. 19, F. 9.
Cuprea Hb. 82. T. 23, F. 18.
Cupressata H.-G. 235.
Cupressivora Stgr. 122.
Curialis Esp. 45. T. 13, F. 3.
Cursoria Hfn. 85, T. 24, F. 2.
Curtula L. 71. T. 21, F. 3.
Curvatula Bkh. 64. T. 19, F. 5.
Cuspis Hb. 75. T. 21, F. 28.
Cynata Hb. 243.
Cyllarus Rott. 10. T. 2, F. 30.
Cymbalariata Mill. 207.
Cynipiformis Esp. 32. T. 9, F. 7.
Cynthia Hb. 15. T. 3, F. 14, N. 283.
Cythisaria Schiff. 158. T. 39, F. 1.

Dahlii Hb. 82. T. 23, F. 10.
Dahlii H.-G. 29. T. 6, F. 18.
Damon Schiff. 9. T. 2, F. 27.
Damone Feisth. 4.
Daphne Schiff. 17. T. 4, F. 7.
Daphnis S.-V. N. 283.
Daplidice L. 3. T. 1, F. 11, N. 281.
Dardanus Frr. 8.
Dardoinaria Donz. 187.
Dardouini B. 141. T. 36, F. 9.
Daubearia B. 205.
Daubei B. 135. T. 32, F. 8.
Daubei Dup. 119. T. 32, F. 8. N. 299.
Davus F. 24.
Dealbata L. 219.
Deaurata Esp. 132.
Debiliata Hb. 262. T. 47, F. 7.
Deceptoria Sc. 143. T. 36, F. 14. N. 299.
Decora Hb. 84. T. 49, F. 2, N. 294.
Decorata Bkh. 175. T. 40, F. 10.
Defoliaria Cl. 192. T. 42, F. 12.
Degenaria Hb. 170.
Degenerana Hb. 38.
Degeneraria Hb. 171. T. 39, F. 25.
Dejeanii Dup. 125.
Dejone H.-G. 16.
Delius Esp. 2. N. 281, T. 48, F. 2.
Delphinii L. 139. T. 36, F. 2.
Delunaria Hb. 185.
Denotata Hb. 272.
Denticulata Tr. 264.
Dentina Esp. 89. T. 25, F. 8, N. 295.
Dentinosa Frr. 73.
Deplana Esp. 41. T. 11, F. 6.
Depressa Esp. 41. T. 11, F. 6.
Depuncta L. 82. T. 23, F. 13.
Derasa L. 71. T. 21, F. 6.
Derivalis Hb. 155.
Derivata Bkh. 235.
Desfontainii God. 10.
Designata Rott. 241.

Despecta Tr. 104.
Detersa Esp. 99. N. 297. T. 49, F. 12.
Detrita Esp. 58. T. 17, F. 1.
Devergens Hb. 136.
Deversaria 171.
Dia L. 17. T. 4, F. 5.
Dianaria Hb. 203.
Diaphana Stgr. 34.
Diasema B. 135.
Dicolorata Hb. 252.
Dictaea Esp. 67. T. 20, F. 1.
Dictaeoides Esp. 67. T. 20, F. 2.
Dictynna Esp. 16. T. 3, F. 21.
Didyma Esp. 98. T. 27, F. 22. N. 297.
Didyma O. 16. T. 3, F. 20. N. 283.
Didymata L. 238.
Diffinis L. 115. T. 31, F. 7.
Diffluens Stgr. 125.
Digitaliaria Dietze 260.
Dilecta Hb. 148. T. 37, F. 7.
Dilectaria Hb. 180.
Dilneida Hb. 151.
Dilucidaria Hb. 208. F. 43. F. 25.
Diluta F. 72. T. 21, E. 12. N. 294.
Dilutaria Hb. 169. T. 39, F. 24. N. 300.
Dilutata Bkh. 242. T. 45, F. 28.
Dimidiata Hfn. 164. T. 39, F. 17.
Dipsaceus L. 138. T. 35, F. 22.
Disceptaria F.-R. 239.
Discoidaria B. 221.
Dispar Hw. 282.
Dispar L. 57. T. 16, F. 13.
Dissimilis Kn. 88.
Dissoluta Tr. 104.
Distans Hb. 94.
Distinctaria H.-S. 275.
Ditrapezium Bkh. 81. T. 23, F. 6.
Divergens F. 135.
Diversa H.-G. 150.
Diversata Vill. 191.
Dodonaea Hb. 68. T. 20, F. 8.
Dodoneata Gn. 277.
Dolabraria L. 188, T. 41, F. 15.
Dolosa Hb. 119.
Dolus Hb. 9.
Dominula L. 44. T. 12. F. 1.
Dorilis Hufn. 7. T. 2. F. 15. N. 282.
Doryeniata Boll. 167.
Dorylas Hb. 282.
Dotata L. 234. T. 45, F. 14.
Dromedarius L. 67. T. 20, F. 5, N. 293.
Dryophaga H.-G. 62. T. 18, F. 9.
Dryas Sc. 22. T. 4, F. 5.
Dubia Dup. 93. T. 26, F. 14.
Dubia Tausch. 55.
Dubitata L. 229. T. 45, F. 4.
Dumetata Tr. 205.
Dumeti L. 61. T. 17, F. 17.
Dumi L. 61. T. 17, F. 17, N. 292.
Duplaris L. 72. T. 21, F. 10.
Dysodea Hb. 90. T. 25. F. 11.

Eborina Hb. 41. T. 11. F. 3.
Echii Bkh. 91. T. 26. F. 1.
Ecksteini Ld. 51.
Edusa F. 5. T. 1, F. 17, N. 282.
Effusa B. 111. T. 30, F. 15.
Egea Cr. 13, T. 6, F. 11, N. 283.
Egenaria H.-S. 268.
Egeria L. 22. T. 4. F. 8.

Electa Bkh. 149. T. 37, F. 11. N. 299.
Elinguaria L. 187. T. 41, F. 14.
Elocata Esp. 148. T. 37, F. 5.
Elongaria Rbr. 168.
Elpenor L. 29. T. 8, F. 1.
Elutata Hb. 253.
Elymi Tr. 105. T. 29, F. 5. N. 297.
Emarginata L. 171.
Emortualis Schiff. 154. T. 38, F. 14. N. 299.
Empiformis Esp. 33.
Emucidaria Dup. 217.
Emutaria Hb. 174. T. 40, F. 8.
Ephialtes Hb. 125.
Ephialtes L. 37. T. 10, F. 3.
Epilobii B. 28. N. 285, T. 48, F. 17.
Epiphron Kn. 19. T. 4, F. 19.
Equestrata Bkh. 210.
Eremita O. 57.
Ereptricula Tr. 77.
Erminea Esp. 66. T. 19, F. 15.
Ericae Germ. 55. T. 16, F. 2.
Ericae B. 80.
Ericeata Rbr. 280.
Ericetaria Vill. 213. T. 44, F. 5.
Erosaria Bkh. 183. T. 41, F. 6.
Eruta Hb. 85.
Erutaria H.-S. 238.
Erythrocephala F. 119. T. 32, F. 7. N. 299.
Erythrus Hb. 35. T. 9, F. 18.
Escheri Hb. 9.
Esterclata Mill. N. 299.
Eudora L. 22. T. 5, F. 10.
Eugenia Ev. 133. T. 35, F. 4.
Enmedon Esp. 9.
Eupheme Esp. 4.
Euphemus Hb. 10.
Eupheno L. 4. [N. 282.
Euphenoides Stgr. 4. T. 6, F. 8, N. 294.
Euphorbiae F. 76. T. 22, F. 3, N. 294.
Euphorbiae L. 29. T. 7, F. 6.
Euphorbiata F. 224. Tr. N. 299.
Euphrasiae Brahm. 76. T. 22, F. 4.
Enphrasiata H.-S. 275.
Euphrosyne L. 17. T. 4, F. 3.
Euryale Esp. 20. T. 4. F. 23.
Everia Kn. 60. T. 17, F. 11.
Eversmanni Ev. 60.
Evidens Hb. 107. N. 298.
Evonymaria Schiff. 186. T. 41, Exanthemata Sc. 181. [F. 11.
Exclamationis L. 84. T. 23, F. 27.
Exculans Hochenw. 36. T. 9, F. 22.
Exigua Hb. 109, T. 29, F. 23.
Exiguata Hb. 278. T. 47, F. 31.
Eximia Frr. 144.
Exoleta L. 122. T. 32, F. 21.
Expallidata Gn. 274.
Expolita Stt. 143.
Expressaria Mill. 280.
Extensaria Frr. 266.
Extersaria Hb. 204. T. 43, F. 15.
Extimaria Hb. 187.
Extraversaria H.-S. 275.
Extrema Hb. N. 297.
Exulis Lef. 97. Wke. N. 297.

Fagi L. 66. T. 19, F. 17.
Falcataria L. 64. T. 19, F. 4.
Falcula Schiff. 64. T. 19, F. 4.

Fallax Stgr. 92.
Famula Esp. 211.
Fascelina L. 56. T. 16, F. 4.
Fasciana L. 143. T. 36, F. 15.
Fasciaria Schiff. 181.
Fasciata Esp. 45. T. 12, F. 8, N. 289.
Fasciolaria Rott. 211.
Fascinncula Hw. 99. N. 297. T. 49, F. 11.
Fausta L. 38. T. 10, F. 7.
Faustinata Mill. 161.
Favillacearia Hb. 218.
Febretta Boyer 51.
Feisthamelii Dup. 1.
Fenestrella Sc. 34. T. 9, F. 12.
Fennica Tausch. 83. N. 294.
Ferrugata Cl. 240. T. 45, F. 26.
Ferruginea Esp. 117. T. 31, F. 18.
Festata L. 232. T. 45, F. 12.
Festiva Bkh. 45. N. 289.
Festiva Hb. 82. T. 23, F. 12.
Festucae L. 134. T. 35, F. 10.
Fictilis Hb. 85.
Fidia L. 21.
Fiduciaria Ank. 194.
Filicata Hb. 169.
Filigrama Esp. 90. N. 296. T. 49, F. 5.
Filigrammaria H.-S. 242.
Filipendulae L. 37. T. 10. F. 1.
Fimbria L. 79. T. 22, F. 19.
Fimbrialis Sc. 161. T. 39, F. 10.
Fimbriola Esp. 84. T. 48, F. 19.
Firmata Hb. 236.
Fissipuncta Hw. 115. T. 31, F. 12.
Flabellaria Heeg. 197.
Flammatra F. 83.
Flammea Curt. 106. N. 298, T. 49, F. 16.
Flammea Esp. 101. N. 297.
Flava Hb. 144. T. 36, F. 18.
Flavago Esp. 103. T. 28, F. 17.
Flavago F. 118. N. 299. T. 49, F. 18.
Flaveolaria Hb. 162. T. 39, F. 13.
Flavia Fuesl. 44. T. 12, F. 5.
Fivida Br. N. 289.
Flavicaria Hb. 190.
Flavicincta F. 93. T. 26, F. 12.
Flavicinctata Hb. 243. T. 46, F. 12.
Flavicornis L. 72. T. 21, F. 13.
Flaviventris Stdgr. N. 285.
Flexula Schiff. 152. T. 38, F. 9. N. 299. T. 49, F. 24.
Florida Schm. 81. N. 294.
Fluctuata L. 239. T. 45, F. 23.
Fluctuosa Hb. 72.
Fluviata Hb. 241. T. 46, F. 1.
Fontis Thnb. 155. T. 38, F. 18. N. 299.
Forcipula Hb. 84. T. 23, F. 25 u. T. 49, F. 1.
Formicaeformis Esp. 33. T. 9, F. 10, N. 285.
Formosa Rgh. 130. T. 34, F. 12.
Fovea Tr. 94. T. 26, F. 14.
Fragariae Esp. 119. T. 32, F. 6.
Franconia Esp. 58. T. 17, F. 6.
Frandatricula Hb. 76.
Fraudatrix Ev. 129.
Fraxinata Crewe 266.
Fraxini L. 148. T. 37, F. 4.
Freya Thnb. 17.
Freyeri Nick. 41.

Frigga Thnb. 17.
Frumentalis Lind. 105.
Frustata Tr. 244.
Fuciformis L. 31. T. 9, F. 3.
Fugax Tr. 83. T. 23, F. 22.
Fuliginaria L. 152. T. 38, F. 10. N. 299. T. 49, F. 25.
Fuliginosa L. 47. T. 13, F. 12.
Fulminella Mill. 53. T. 15, F. 9.
Fulva Hb. 105. T. 29, F. 4.
Fulvago L. 118. T. 32, F. 4.
Fulvata Forst. 234. T. 45, F. 15.
Fulvocinctata Rbr. 245.
Fumata Ev. 255.
Fumata Stph. 172.
Fumidaria Hb. 192.
Fumosa Hb. 85.
Funerea Hein. 96.
Funesta Esp. 136. T. 35, F. 16.
Furcifera Hfn. 121. T. 32, F. 15.
Furcula L. 65. T. 19, F. 13, N. 293.
Furuncula Hb. Tr. 99.
Furva Esp. 94. T. 26, F. 19.
Furva Hb. 97. T. 27, F. 13.
Furvata F. 205. T. 43, F. 20.
Fuscantaria Hw. 183.
Fuscicornis Rbr. N. 298.
Fuscula Bkh. 143. T. 36, F. 15.

Gaigeri 187.
Galathea L. 19. T. 4, F. 16.
Galiata Hb. 246. T. 46, F. 8.
Gallii Rott. 28. T. 7, F. 5, N. 285.
Gamma L. 135. T. 35, F. 14.
Gemellata H.-S. 275.
Gemina Hb. 98. T. 27, F. 20.
Geminipuncta Hatch. 104. T. 29, F. 1.
Gemmaria Brahm. 200. T. 43, F. 6.
Gemmata Hb. 241.
Gemmea Tr. 97. N. 297.
Genistae B. 89. T. 25, F. 6.
Geographica F. 74. T. 21, F. 18.
Geometrica Roes. 146. T. 36, F. 24.
Geryon Hb. 35. T. 9, F. 17, N. 287.
Gesticularia Hb. 214.
Gilvago Esp. 118.
Gilvaria F. 219. T. 44, F. 14.
Glabraria Hb. 202.
Glandifera Hb. 77. T. 22, F. 9.
Glarea Tr. 141.
Glarearia Brahm. 216.
Glareosa Esp. 82. T. 23, F. 14.
Glauca Hb. 89. T. 25. F. 7.
Glaucata Sc. 65. T. 19, F. 10.
Glaucina Esp. 92.
Glaucinaria Hb. 207. T. 43, F. 24.
Globulariae Hb. 35. T. 9, F. 15, N. 287.
Globulariata Mill. 280.
Gluteosa Tr. 110.
Glyphica L. 145. T. 36, F. 21.
Gnaphalii Hb. 129. T. 34, F. 8.
Gondeboutella Mill. 53. T. 15, F. 10.
Gonostigma F. 55. T. 15, F. 24.
Goosensiata Mab. 273.
Gorgon Esp. 31.
Gorgoniades Hb. 31.
Gothica L. 112. T. 30, F. 19.
Gracilis F. 113. T. 30, F. 23.

Graecella Mill. 53.
Graecarius Stgr. 196.
Graëllsii Feish. 140.
Graminella Schiff. 51. T. 15, F. 1.
Graminis L. 86. T. 24, F. 12, N. 295.
Grammica L. 43. T. 11, F. 15.
Graslinella 52. T. 15. F. 5. N. 290.
Grisealis Hb. 154.
Griseata Schiff. 225.
Griseola Hb. 41. T. 11, F. 5.
Grisescens Tr. 84.
Grossulariata L. 178. T. 40, F. 17.
Guniardaria H.-S. 27:.
Gutta Gn. 134. T. 35, F. 11.

Halimi Mill. 296.
Halterata Hfn. 228.
Hamula Esp. 65. T 19, F. 8.
Harpagula Esp. 65. T. 19, F. 6.
Hastata L. 249. T. 46, F. 13.
Hastulata Hb. 249.
Haworthii Curt. 96. N. 296, T. 49, F. 6.
Hebe L. 45. T. 13, F. 1.
Hecta L. 49 T. 14, F. 8.
Helichrysi Rbr. 142.
Helicinella H.-S. N. 290.
Helix Sieb. 54. T. 15, F. 18.
Helle Hb. 7.
Hellmanni Ev. 105.
Helveticaria B. 270. T. 47, F. 23.
Helvola L. 117. T. 31, F. 19.
Hemigena Grsl. 47.
Hepatica Hb. 98. T. 27, F. 19.
Hera L. 44. T. 12, F. 2
Herbaria Hb. 160.
Herbariata F. 167.
Herbida Hb. 86. T. 24, F. 10.
Herculeana Rbr. 70. N. 293.
Hermione L. 21. T. 4, F. 24.
Hero L. 23. N. 284.
Heydenaria Stgr. 275.
Heylaertsii Mill. N. 290.
Hexapterata Schig. 228.
Hiera F. N. 284.
Hilaris O. 37. N. 287.
Hippocastanaria Hb. 204. T. 43, F. 19.
Hippocrepidis Hb. 37.
Hippophaës Esp. 28. T. 7, F. 4.
Hippothoë L. 7. T. 2, F. 13. Hb. 6. Lew. 6.
Hirta Hb. 92. T. 26, F. 4.
Hirtarius Cl 196. T. 42, F. 20.
Hirsutella Hb. 53. T. 15, F. 14.
Hispanalis Gn. 153.
Hispanaria Min. 218.
Hispanica Bell. 107.
Hispidarius F. 194. T. 42, F. 15.
Hispidus H.-G. 92. T. 26, F. 3.
Hochenwarthi Hchw. 135.
Holosericata Dup. 170.
Honoraria Schiff. 182. T. 41, F. 3.
Hospes Frr. N. 298.
Hospitata Fr. 278.
Hospiton Géné 1. T. 6, F. 2.
Humiliata Hfn. 169. T. 39, F. 23. N. 300.
Humilis F. 117. T. 31, F. 22.
Humuli L. 48. T. 14. F. 5.
Hyale L. 5. T. 1, F. 16 und T. 6, F. 9, N. 282.
Hybrida O. 63.

Hybridus Westw. 30.
Hybris Hb. 74. T. 21, F. 19.
Hydrata Tr. 250. T. 46, F. 18.
Hylaeformis Lsp. 34. T. 9, F. 11.
Hylas Esp. 9. N. 282.
Hylos S.-V. 282.
Hymenaea S.-V. 150. T. 37, F. 14.
Hyperanthus L. 23. T. 5, F. 14.
Hyperborea Zett. 80.
Hyperboreata Stgr. 265.
Hyperici F. 100. T. 28, F. 2.

Jacobaea L. 43. T. 11, F. 19, N. 289.
Jacularia Hb. 220.
Janira L. 23. T. 5, F. 11.
Janthina Esp. 78. T. 22, F. 18.
Japygia Cyr. 19. T. 4, F. 18.
Jasius L. 11. T. 2, F. 35.
Jaspidea Vill. 95. T. 27, F. 4.
Iberica Gn. 60.
Icabraria Hb. 238.
Icarus Rott. 9. T. 2, F. 24.
Ichneumoniformis F. 33. N. 285.
Ichnusa Bon. 14.
I. cinctum Hb. 112.
Ida Esp. 22. T. 5, F. 12.
Ilia Schiff. 11. T. 2, F. 37.
Ilicaria H.-G. 200.
Ilicifolia L. 62. T. 18, F. 6.
Ilicis Esp. 6. T. 2, F. 6.
Ilicis Rbr. 58. T. 17, F. 3.
Illunaria Hb. 184.
Illunaris Hb. 147.
Illustraria Hb. 185.
Illustris F. 133. T. 35, F. 6.
Illyria Frr. N. 297.
Imbecilla F. 108. T. 29, F. 20.
Imbutata Hb. 226.
Imitaria Hb. 174.
Immanata Hw. 236.
Immorata L. 171. T. 39, F. 27. N. 300.
Immunda Ev. N. 296.
Immundata Z. 269.
Immutata L. 173. T. 40, F. 4.
Immutata Tr. 172.
Impluviata Hb. 253.
Impudens Hb. 106. T. 29, F. 6.
Impura Hb. 106. T. 29, F. 7.
Impurata Hb. 266.
Incanaria Hb. 165. T. 39, F. 20.
Incanata L. 172.
Incarniaria H.-S. 166.
Incarnatus Fr. 139.
Incerta Hfn. 113. T. 30, F. 24.
Incultaria H.-S. 244. T. 46, F. 4.
Incursata Hb. 239.
Indigata Hb. 276.
Indigenata Vill. 160.
Infausta L. 34. T. 9, F. 13.
Infesta Tr. 97.
Infidaria Lah. 243.
Ingrica H.-S. 121.
Innotata Hfn. 265. T. 47, F. 17.
Ino Esp. 17. T. 4, F. 8.
Inornata Hb. 171. N. 300.
Insigniata Hb. 259.
Instabilis Esp. 113. T. 30, F. 24.
Insulana B. N. 288.
Interjecta Hb. 79.
Interjectaria B. 169.
Intermediella Brd. 54.
Interrogationis L. 135.
Interrupta Chr. 66.

Alphabetisches Verzeichnis der Arten.

Inturbata Hb. 269.
Jo L. 14. T. 3, F. 10 u. T. 6, F. 13.
Jolas F. 10. T. 2, F. 32.
Jota L. 135. T. 35, F. 13.
Jourdanaria Vill. 220.
Iphis Schiff. 23. T. 5, F. 15.
Iris L. 11. T. 2, F. 36, N. 283.
Irregularis Hfn. 91. T. 26, F. 1.
Irriguata Hb. 259.
Irrorella Cl. 41. T. 11, F. 1, N. 288.
Isabellae Graills 64. N. 293.
Isabellaria Mill. 172.
Isogrammaria H.-S. 268.
Italica Stgr. 133.
Italica 44.
Juniperata L. 235. T. 45, F. 19.
Jutta Hb. 20.
Juventina Cr. 100. T. 28, F. 5.

Kadenii Fr. 109. T. 30, F. 1.
Kahri Kd. 52.
Korbi Stgr. 58.
Kuhlweini Hb. N. 289.

Laccata Scop. 143.
Lacernaria Hb. 141.
Lacertinaria L. 64. T. 19, F. 7.
Lacertula Schiff. 64. T. 19, F. 7.
Lachesis Hb. 19. T. 4, F. 17.
Lactearia L. 162. T. 39, F. 11. N. 299.
Lactucae Esp. 127. T. 33, F. 17.
Laeta Esp. 37. T. 10, F. 6.
Laevigaria Hb. 166. T. 39, F. 19.
Laevis Hb. 118.
L. album Esp. 14. T. 3, F. 8.
L. album L. 107.
Lambda F. 121. T. 32, F. 16.
Lampetia 110. T. 30, Fig. 9.
Lanceata Hb. 278.
Lanestris L. 59. T. 17, F. 10, N. 292.
Laodice Pall. 18. N. 283.
Laphriaeformis Hb. 32.
Lapidata Hb. 256.
Lapidea Hb. 121. T. 32, F. 18.
Lappona Esp. 20.
Lapponarius B. 195. T. 42, F. 17.
Lapponica Thnb. 45. 137.
Laquaearia H.-S. 261.
Lariciata Frr. 276.
Latens Hb. 84. T. 23, F. 26.
Lateritia Hfn. 97. T. 27, F. 14.
Lathonia L. 18. T. 4, F. 9.
Latreillei Dup. 100. T. 28, F. 6.
Latreillei God. 46.
Laudeti B. 140. T. 36, F. 6.
Lavandulae Esp. 37. T. 10, F. 4.
Lavatherae Esp. 24. T. 48, F. 7.
Leautiéri R. 122.
Leineri Frr. 88. N. 295.
Lennigiaria Fuchs 176.
Lenta Tr. 110. T. 30, F. 8.
Lentiscaria Donz. 219.
Lentiscata Mab. 265.
Leporina L. 74 T. 21, F. 21.
Leschenaulti Stgr. 52, T. 15, F. 8.
Leucogaster Frr. 83. T. 23, F. 20.
Leucographa Hb. 113.
Leucographa Bkh. 103. N. 297.
Leucomelaena Z. N. 286.
Leucomelas Esp. 19.
Leucomelas Hb. 136. T. 35, F. 16.
Leucomales L. 136. T. 35, F. 15.
Leucophaea View. 87. T. 24, F. 15.

Leucophaearia Schiff. 193.
Leucopsiformis Esp. 33.
Leucostigma Hb. 102. N. 297. T. 49, F. 13.
Levana L. 13. T. 3, F. 5.
Libanotidata Gn. 275.
Libatrix L. 120. T. 32, F. 13. N. 299.
Lichenaria Hfn. 202. T. 43, F. 12.
Ligea L. 20. T. 4, F. 21.
Lignata Hb. 242.
Ligniperda F. 49. T. 14, F. 9.
Ligula Esp. 120. T. 32, F. 10.
Ligustrata Hb. 240.
Ligustri F. 76. T. 22, F. 6.
Ligustri L. 28. T. 7, F. 1.
Limacodes Hfn. 50. T. 14, F. 13.
Limbaria F. 211.
Limbata Stgr. 151.
Limitata Sc. 223.
Limosa Tr. 152. T. 38, F. 8.
Linariae F. 125. T. 33, F. 6.
Linariata F. 261. T. 47, F. 6 a—c.
Linea F. 25. T. 5, F. 21.
Linearia Hb. 177.
Lineata F. 29.
Lineata Sc. 219. T. 44, F. 13.
Lineola O. 25. T. 5, F. 22.
Lincolata Hb. 224.
Lineosa Vill. 62.
Linogrisea Schiff. 78. T. 22, F. 18.
Literata Don. 253.
Literosa Hw. 98. N. 297. T. 49, F. 9 a. b.
Lithargyria Esp. 108. T. 29, F. 18.
Lithoriza Bkh. 124. T. 33, F. 2.
Littoralis B. 101.
Littoralis Curt. 107. N. 298.
Litura L. 118. T. 32, F. 1.
Liturata Cl. 191. T. 42, F. 7.
Livida F. 111. T. 30, F. 13.
Lividalis Hb. 155.
Lividaria Hb. 198.
Livornica Esp. 29. T. 7, F. 8.
L. nigrum Muell. 56. T. 16, F. 8.
Lobulata Hb. 227.
Lobulina Esp. 62.
Lonicerae Esp. 36. T. 9, F. 25.
Loreyi Dup. N. 298.
Loricaria Ev. 214.
Lorquiniella Brd. 52.
Lota Cl. 117. T. 31, F. 16. N. 299.
Loti Hb. 36.
Loti O. 59.
Lubricipeda Esp. 47. T. 14, F. 2.
Lucernea L. 83.
Lucida Hfn. 140. T. 36, F. 7.
Lucifuga Hb. 128. T. 33, F. 18. N. 299.
Lucilla F. 12. T. 3, F. 4, N. 283.
Lucina L. 10. T. 2, F. 33.
Lucipara L. 101. T. 28, F. 9.
Lucipeta F. 83.
Luctifera Esp. 47. T. 13, F. 13.
Luctuata Hb. 249. T. 46, F. 15.
Luctuosa Esp. 141. T. 36, F. 8. N. 299.
Luctuosa H.-G. 47. N. 289.
Ludicra Hb. 151. T. 38, F. 5.
Lugubrata Stgr. 248.
Lunaria Schiff. 184. T. 41, F. 8.
Lunaris Schiff. 147. T. 37, F. 1. N. 299.
Lunata Frr. 103.

Lunigera Esp. 62. T. 18, F. 7.
Lunigera Stph. N. 295.
Lunosa Hw. 116.
Lunula Hfn. 125. T. 33, F. 6.
Lupina H.-S. 149.
Lupulinus L. 48. T. 14, F. 7.
Lurida Tr. 124. T. 33, F. 4.
Luridata Bkh. 204. T. 43, F. 15.
Luridata Z. 172.
Lurideola Zinck. 41. T. 11, F. 7. N. 289.
Lusoria L. 151. T. 38, F. 6.
Lutarella L. 42. T. 11, F. 11.
Luteago Hb. 90.
Lutearia F. 219. T. 44, F. 12.
Luteata Schiff. 252.
Luteola Schiff. 42. T. 11, F. 11.
Luteolaria Const. 162.
Luteolata L. 189.
Lutosa Hb. 106.
Lutulenta Bkh. 92. T. 26, F. 5.
Lycaon Rott. 22. T. 5, F. 10.
Lychnitis Rbr. 126. T. 33, F. 11. N. 299.
Lythoxylea F. 97. N. 297.

Machaon L. 1. T. 1, F. 2, T. 48, F. 1.
Macilenta Hb. 117. T. 31, F. 17.
Macileutaria H.-S. 163.
Maculania Lang. 45. T. 13, F. 3.
Macularia L. 190. T. 42, F. 4.
Maculosa Gern. 45. T. 13, F. 4.
Maera L. 22. T. 5, F. 6.
Magnolii B. 90.
Maillardi H.-G. 97. N. 297.
Malvae Esp. 140. T. 36, F. 5.
Malvae L. 25. T. 5, F. 19, N. 284.
Malvarum Hoffg. 24. T. 5, F. 18.
Malvata Rbr. 246.
Malvinella Mill. 52.
Mancuniata Knaggs. 166.
Manto Esp. N. 283.
Margarita Hb. 220.
Margaritaria L. 182. T. 41, F. 2.
Margaritacea Vill. 82. T. 23, F. 15.
Marginaria Bkh. 193. T. 42, F. 11.
Marginata F. 139. T. 36, F. 4.
Marginata L. 179. T. 40, F. 21.
Marginepunctata Göze 172. T. 39, F. 29. N. 300.
Maritima Tausch. 104. T. 29, F. 2.
Marmorata Hb. 233.
Marmorosa Bkh. 89. N. 295.
Masariformis O. N. 285.
Massiliata Mill. 268.
Matronalis Frr. 44.
Matronula L. 44. T. 12, F. 3. N. 289.
Matura Hfn. 96. T. 27, F. 7.
Maturna L. 15. T. 3, F. 15 u. T. 6, F. 16.
Maura L. 101. T. 28, F. 12.
Mayeri Mn. 267.
Medea Hb. 20.
Medesicaste Ill. 2.
Mediaria Hb. 163.
Medicaginis Bkh. 60.
Medusa F. 19. T. 4, F. 20.
Megacephala F. 75. T. 21, F. 23.
Megaera L. 22. T. 5, F. 7, N. 283.
Melagona Bkh. 69. T. 20, F. 16.
Melaleuca Thnb. 137.
Melanaria L. 178. T. 40, F. 16.

Melanocephalum Dalm. 32.
Melanops Bd. 10. T. 2, F. 31.
Meleager Esp. 9. N. 283.
Meliloti Esp. 36.
Mendica L. 47. T. 14, F. 1.
Mendicaria H.-S. 208.
Menestho Mén. 4. N. 282.
Mensuraria Schiff. 223.
Menthastri Esp. 48. T. 14, F. 7.
Menyanthidis Hb. 75. T. 21, F. 29.
Merkii Rbr. 122. T. 32, F. 19.
Meridionalis Ld. 4.
Merinata Gn. 261.
Merope Prun. 15.
Mesogona God. N. 288.
Mesomella L. 41. T. 11, F. 3.
Metelkana Ld. N. 289.
Meticulosa L. 101. T. 28, F. 11.
Mi Cl. 145. T. 36, F. 20.
Miaria S.-V. 237.
Miata L. 235.
Micacea Esp. 102. T. 28, F. 15.
Micans 35.
Micosaria Bd. 167.
Microgamma Hb. N. 299.
Milhauseri F. 66. T. 19, F. 19, N. 293.
Millefoliata Rössl. 264. T. 47, F. 12 a—c.
Milleriella B. 52.
Millierata Stgr. 280.
Millierei Stgr. 124.
Millirella Ld. 51.
Miniata Forst. 40. T. 10, F. 24.
Minima Fuesl. 10. T. 2, F. 29, N. 283.
Miniosa F. 112. T. 30, F. 20.
Miniosaria Dup. 217.
Minorata Tr. 251.
Minos Fuessl. 35. T. 9, F. 19.
Minulata Hb. 273.
Minutata Gn. 273. T. 47, F. 28 [a – c.
Mnemosyne L. 2. T. 1, F. 5.
Mnemosynata Mill. 278.
Modesta Hb. 133. T. 35, F. 7.
Moeniata Sc. 223.
Moesiaca H.-S. 103.
Molluginata Hb. 250. T. 46, F. 16.
Molothina Esp. 80.
Molybdea Chr. 96.
Molybdeola Gn. 42.
Monacha L. 57. T. 16, F. 12, N. 292.
Moneta F. 132. T. 35, F. 3.
Moniliata F. 163. T. 39, F. 16.
Monochroma Esp. 94.
Monoglypha Hfn. 97. T. 27, F. 15. N. 297.
Monogramma Hb. 144, T. 36, F. 19.
Montanata Bkh. 239. T. 45, F. 24.
Montium B. 107.
Montivaga Frr. 76.
Montivagata Dup. 230.
Morio L. 54. T. 15, F. 22.
Morpheus Hfn. 109. T. 29, F. 24.
Morpheus Pall. 26. T. 5, F. 26. T. 48, F. 8.
Mucidaria Hb. 207.
Multangula Hb. 82. T. 23, F. 16.
Multistrigaria Hw. 238.
Munda Esp. 113. T. 30, F. 25.
Mundana L. 40. T. 10, F. 22.
Munitalis Mn. 155.

Munitata Hb. 237.
Muralis Forst. 77. T. 22, F. 9.
Muricata Hufn. 164.
Murina Hb. 40. T. 10, F. 23.
Murinaria F. 216. T. 44, F. 10.
Murinata Sc. 224. T. 44, F. 22.
Muscaeformis View. 33. N. 286.
Muscella Hb. 53. N. 290.
Muscerda Hfn. 41. T. 11, F. 4, N. 289.
Musiva Hb. 83. T. 23, F. 21; T. 48,
Mutata Tr. 172.   [F. 22.
Mya Hb. 134.
Myopaeformis Bkh. 32. T. 9, F. 8.
Myricae Gn. 76.
Myrmidone Esp. 5. N. 282.
Myrtilli L. 136. T. 35, F. 17.
Myrtillata Thunbg. 209.

Nana Rott. 91. T. 25, F. 14.
Nanata Hb. 265. T. 47, F. 16.
Napi L. 3. T. 1, F. 9.
Nebulata Tr. 244.
Nebulosa Hfn. 87. T. 24, F. 19, N. 295.
Neglecta Hb. 80.
Neogena F. d. W. 59.
Neonympha Esp. 149.
Neoridas B. N. 283.
Nepetata Mab. 267. T. 47, F. 19.
Neriaria H.-S. 159.
Nerii L. 30. T. 8, F. 3, N. 285.
Nervosa F. 73. T. 21, F. 16.
Neurica Hb. 104.
Neustria L. 59. T. 17, F. 9, N. 292.
Nexa Hb. 103.
Nexata Hb. 165.
Ni Hb. 135.
Nicaea Prun. 29. T. 7, F. 7.
Nictitans Bkh. 102. N. 297. T. 49, F. 14.
Nigra Hw. 92. T. 26, F. 6. N. 296.
Nigricans L. 85.
Nigrocincta Spr. 40, Tr. 93. T. 26, F. 15.
Nigrofasciaria Göze 255 T. 46. F. 31.
Nigropunctata Ld. 174.
Niobe L. 18. T. 4, F. 11.
Nitida F. 117. T. 31, F. 21.
Nitidata H.-S. 170.
Nitidella O. 54. T. 15, F. 19.
Niveata Stph. 25.
Nodosalis H.-S. 153.
Nonagrioides Lef. 105.
Norvegica Heyl. 54.
Notata L. 191. T. 42, F. 5.
Nothum Hb. 157. T. 38, F. 23.
Nubeculosa Esp. 123. T. 32, F. 23.
Nubiger H.-S. 138.
Nudella O. 53. N. 291.
Numerica B. 143.
Nupta L. 148. T. 37, F. 6.
Nycthemeraria H.-G. 198. T. 43,
Nyctymera 83.   [F. 3.
Nymphaea Esp. 150. T. 37, F. 16.
Nymphagoga Esp. 150. T. 38, F. 1.

Obelisca H.-S. 85.
Obeliscata Hb. 234.
Obesa B. 86. T. 24, F. 6.
Obesalis Tr. 156. N. 299.
Obfuscaria Hb. 209.
Obliquaria Bkh. 227.

Obliterata Hfn. 252. T. 46, F. 23.
Obliterata Rbr. 142.
Oblutaria 238.
Oblongata Thnb. 258. T. 47, F. 1.
Obrutaria H.-S. 263.
Obscura Brahm 79. N. 294.
Obscuraria Hb. 206. T. 43, F. 21.
Obsitalis Hb. 156.
Obsoleta Hb. 107. T. 29, F. 9.
Obsoletaria Rbr. 166.
Occitanaria Dup. 199.
Occitanica Stgr. 13.
Occitanica Vill. 38. T. 10, F. 9.
Occlusa Hb. 94.   [N. 287.
Occulta L. 86. T. 24, F. 11, N. 295.
Ocellaris Bkh. 119.
Ocellata L. 234. T. 45, F. 16.
Ocellata L. 30. T. 8, F. 6 a. b.
Ocellina Hb. 83. T. 48, F. 20.
Ochracea Hb. 103. T. 28, F. 17.
Ochrata Sc. 163. T. 39, F. 14.
Ochreago Hb. 114.
Ochrearia Rossi 220. T. 44, F. 15.
Ochroleuca Esp. 97. T. 27, F. 12.
Octogesima Hb. 72. T. 21, F. 8.
Odorata Gn. 128.
Oedippus F. 23. N. 284.
Oeme Hb. 20. N. 283.
Oenotherae Esp. 31. T. 8, F. 8 a. b.
Olbiaria Mill. 238.
Oleagina F. 95. T. 27, F. 5.
Oleracea L. 89. T. 25, F. 5, N. 295.
Olivata Bkh. 240.
Olivina H.-S. 125.
Oloraria Rössl. 165.
Olympiaria H.-S. 160.
Omicronaria Hb. 175.
Onobrychis Schiff. 38. T. 10, F. 8.
Ononaria Fuesl. 222.
Ononis F. 138. T. 35, F. 21.
Oo L. 114. T. 31, F. 5.
Opacaria Hb., Ligia 220.
Opacella H.-S. 52. T. 15, F. 6.
Opalina Esp. 125. T. 33, F. 5.
Operaria Hb. 209.
Ophiogramma Esp., Had. 99.
Ophthalmicata Ld. 206. T. 43, F. 22.
Opima Hb. 113. N. 298.
Optabilis B. 91. T. 26, F. 2.
Optata God. 149.
Optilete Kn. 8. T. 2, F. 22.
Or Fb. 72. T. 21, F. 9.
Orbicularia Hb. 175.
Orbitulus Prun. 8.
Orbona Hfn. 79. T. 22, F. 23.
Orichalcea Hb. 134. T. 35, F. 9.
Orion Esp. 77. T. 22, F. 11.
Orion Pall. 8. N. 282.
Ornata Sc. 175. T. 40, F. 9.
Ornitopus Rott. 121. T. 32, F. 17.
Orphnata Boh. 263.
Ostrina Hb. 142.
Ostrinaria Hb. 167. N. 300.
Otus Drur. 62. T. 18, F. 9, N. 292.
Ouglicensis Mill. N. 294.
Oxalina Hb. 114. T. 31, F. 3.
Oxyacanthae L. 95, T. 27, F. 3.
Oxycedrata Rbr. 279.
Oxydata Tr. 265.

Pabulatricula Brhm. 98. T. 27, F. 23.

Pacta L. 149. T. 37, F. 10.
Palaemon Pall. 26. T. 5, F. 27, N. 284.
Palaeno L. 4. T. 1, F. 14.
Paleacea Esp. 115. N. 298.
Pales Schiff. 17, T. 4, F. 4.
Pallens L. 106. T. 29, F. 8.
Pallidata Bkh. N. 300.
Pallifrons Z. N. 289.
Pallustris Hb. 110. T. 30, F. 10. N. 298.
Palpalis Hb. 155.
Palpina L. 69. T. 20, F. 14.
Paludata Thnb. 226.
Paludicola Hb. 104. T. 29, F. 1.
Pamphilus L. 24. T. 5, F. 17.
Pancratii Cyr. 86.
Pandora Schiff. 18. T. 4, F. 14.
Paniscus F. 26.
Pannonica Frr. 141. T. 36, F. 11.
Panoptes Hb. 282.
Pantaria L. 179. T. 40, F. 18.
Pantherina Hb. 50.
Paphia L. 18. T. 4, F. 13, N. 283.
Papilionaria L. 158. T. 39, F. 3.
Paradoxa Rbr. 34.
Paralellaria Schiff. 190. T. 42, F. 2.
Paranympha L. 150. T. 37, F. 13.
Parasita Hb. 47. T. 13, F. 11.
Parolaria, H.-S. 280.
Parthenias L. 156. T. 38, F. 22.
Parthenie Bkh. 16.
Partitaria Hb. 215.
Parva Hb. 142.
Pasiphaë Esp. 23.
Pastinum Tr. 152. T. 38, F. 7.
Pavonia L. 63. T. 19, F. 1, N. 293.
Paula Hb. 142. N. 299.
Pauxillaria B. 280.
Pecharia Stgr. 168.
Pechmanni 30.
Pectinataria Knoch. 237.
Pectinella F. N. 290.
Pedaria F. 194. T. 42, F. 16.
Peltaria B. 215.
Peltiger Schiff. 138. T. 35, F. 24.
Pendularia Cl. 175. T. 40, F. 11.
Penella Hb. 34. N. 286.
Pennaria L. 186. T. 41, F. 13.
Pennigeraria Hb. 212.
Penulataria Hb. 218.
Peregrina Tr. 89.
Perfidata Mn. 262.
Perflua F. 111. T. 30, F. 15. N. 298.
Peribolata Hb. 224.
Perla F. 77. T. 22, F. 10.
Perochraria F. R. 163.
Perplexa Hb. 91.
Persicariae L. 88. T. 25, F. 3.
Persona Hb. 44.
Perspicillaris L. 100. T. 28, F. 3.
Perversaria B. 199.
Petasitae Dbld. 102. T. 28, F. 16.
Petraria Hb. 215.
Petrificata F. 121.
Petrificata Hb. 197.
Petrorhiza Bkh. 99.
Peucedani Esp. 37.
Peyerimhoffata Mill. 268.
Phaeoleucaria Ld. 199.
Phantasma Ev. 151.
Phegea L. 38. T. 10, F. 10.
Phicomone Esp. 5. T. 1, F. 15.

Philanthiformis Lasp. 33. N. 286.
Philopalus Grasl. 108.
Philopalus Dons. 61.
Phlaeas L. 7. T. 2, F. 16, N. 282.
Phlebophora Led. 139.
Phoebe Kn. 15. T. 3, F. 18.
Phoeniceata Rbr. 278.
Phragmitidis Hb. 106. N. 298. T. 49, F. 15.
Picata Hb. 245.
Piccaria H.-G. 211.
Pictaria Curt. 179.
Pigra Hfn. 71. T. 21, F. 5.
Pilosaria Hb. 194.
Pilosellae Esp. 85. T. 9, F. 19.
Pimpinellata Hb. 274. T. 47 F. 30.
Pinastri L. 99. T. 27, F. 24.
Pinastri L. 28. T. 7, F. 2.
Pinetaria Hb. 215. T. 44, F. 7.
Pinguedinata Zell. 165.
Pini L. 62. T. 18, F. 8. N. 292.
Piniarius L. 213.
Piniperda Panz. 113. T. 31, F. 1.
Pinivora Tr. 70. N. 293.
Piperata Stph. 263.
Pisi L. 88. T. 25, F. 1.
Pistacina F. 170. T. 31, F. 20.
Pityocampa Schiff. 70. T. 20, F. 20.
Placida Friv. N. 289.
Plagiata L. 226. T. 44, F. 24.
Planorbis Sieb. N. 290.
Plantaginis Hb. 110. T. 30, F. 6.
Plantaginis L. 43. T. 11, F. 21, N. 284.
Platinea Tr. 97. [N. 289.
Platyptera Esp. 125.
Plectea L. 83. T. 23, F. 19, N. 294.
Plumaria Hb. 213.
Plumbaria F. 223. T. 44, F. 19.
Plumbearia Stgr. 207.
Plumbeolata Hw. 269.
Plumella Hof. 53.
Plumifera O. 53. T. 15, F. 11.
Plumigera Esp. 69. T. 20, F. 18.
Plumistaria Vill. 212.
Plumistrella Hb. 53. T. 15, F. 12,
Plumularia Frr. 222. [N. 290.
Plusiaria B. 159.
Podalirius L. 1. T. 1, F. 1, N. 281.
Podevinaria H.-S. 238.
Polita Hb. 168.
Polychloros L. 13. T. 3, F. 7.
Polycommata Hb. 227. T. 44, F. 26.
Polygona F. 78. T. 22, F. 15.
Polygrammata Bkh. 256. T. 46, F. 34.
Polymita L. 93. T. 26, F. 11.
Polyodon Cl. 100. T. 28, F. 3.
Polyodon L. 97. T. 27, F. 15.
Polyxena Schiff. 2. T. 1, F. 3, N. 281.
Pomerana Schulz 88. N. 295.
Pomoeraria Ev. 241. T. 45, F. 27.
Pomonarius Hb. 195. T. 42, F. 16.
Popularis F. 87. T. 24, F. 13.
Populata L. 232. T. 45, F. 13.
Populeti Tr. 112.
Populi L. 58. T. 17, F. 5.
Populi L. 12. T. 3, F. 1 u. T. 6, F. 10.
Populi L. 30. T. 8, F. 7 a—c.
Populifolia Esp. 61. T. 18, F. 4.
Porata F. 176.
Porcellus L. 29. T. 8, F. 2.
Porrima O. 31.
Porphyrea Esp. 96. T. 27, F. 9.
Porphyrea Hb. 78. T. 22, F. 14.

Porrinata Z. 161.
Potatoria L. 61. T. 18, F. 1.
Praecana Ev. 128.
Praecellens Stgr. 52.
Praecox L. 86. T. 24, F. 9.
Praeformata Hb. 226. T. 44, F. 23.
Prasina F. 86. T. 24, F. 10.
Prasinana L. 39. T. 10, F. 15.
Prasinaria Hb. 182.
Prataria B. 174.
Prenauthis B. 126. T. 33, F. 8.
Primulata Mill. 272.
Probaria H.-S. 238.
Proboscidalis L. 155. T. 38, F. 20.
Procellata F. 248.
Processionea L. 69. T. 20, F. 19.
Prodromaria Schiff. 196.
Progemmaria Hb. 193.
Promissa Esp. 148. T. 37, F. 9.
Promutata Gn. 172.
Pronoë Esp. 283.
Pronuba L. 79. T. 22, F. 22, N. 294.
Propinquaria B. 199.
Propugnata F. 241.
Prorsa L. 13.
Prosapiaria L. 181. T. 41, F. 1.
Proserpina Pall. 31. T. 8, F. 8 a. b.
Prospicua Bkh. 100. T. 28, F. 7.
Protea Bkh. 94. T. 26, F. 21.
Proto Esp. N. 284.
Provinciata Mill. 276.
Proximaria Rbr. 224.
Pruinata Hfn. 158. T. 39, F. 1.
Prunata L. 231. T. 45, F. 11.
Pruni L. 61. T. 18, F. 2.
Pruni L. 6. T. 2 F. 7.
Pruni Schiff. 35. T. 9, F. 14.
Pruniaria L. 188. T. 41, F. 16.
Psi L. 75. T. 21, F. 27.
Psittacata Schiff. 235.
Pteridis F. 100. T. 28, F. 5.
Pudibunda L. 56. T. 16, F. 6.
Pudica Esp. 46. T. 13, F. 9.
Pudorina Hb. 106. T. 29, F. 6.
Puella Esp. 157. T. 38, F. 24.
Puerpera Giorna 149. T. 37, F. 12.
Pulchella L. 43. T. 11, F. 18.
Pulchellata Stph. 260.
Pulchraria Ev. 252.
Pulchriua Hw. 135.
Pulla Esp. 53. T. 15, F. 17,
— Hb. 123.
Pullata Tr. 206. T. 43, F. 23.
Pulmentaria Gn. 161. T. 39, F. 8.
Pulmonaris Esp. 109. T. 30, F. 2.
Pulveraria L. 181. T. 40, F. 25.
Pulverata Thnb. 191.
Pulverulenta Esp. 112. T. 30, F. 21.
Pumilata Hb. 280.
Punctana Hb. 38.
Punctaria L. 176. T. 40, F. 12.
Punctata F. 38. T. 10, F. 12, N. 287.
Punctata Tr. 173.
Punctosa Tr. 107. T. 29, F. 11.
Punctularia Hb. 204. T. 43, F. 16.
Punctum O. N. 287. T. 48, F. 12.
Punicea Hb. 79. T. 22, F. 20.
Puniceago B. 105. T. 29, F. 3.
Pupillaria Hb. 176.
Purpuraria L. 222. T. 44, F. 18.
Purpurascens Tausch. 138.
Purpurata L. 45. T. 12, F. 7.

Purpureofasciata Pil. 100. T. 28,
Purpurina Hb. 142. [F. 5.
Purpurites Tr. 139. T. 36, F. 3.
Pusaria L. 180. T. 40, F. 24.
Pusilla View. 142. T. 36, F. 13.
Pusillaria Hb. 167.
Pusillata F. 262.
Pustulata Hfn. 159. T. 39, F. 5. N. 299.
Puta Hb. 84.
Putata L. 162.
Putataria L. 162.
Putrescens Hb. 107. T. 29, F. 12. N. 298.
Putris L. 84. T. 23, F. 23.
Pygmaearia Hb. 162.
Pygmaeata Hb. 268.
Pyraliata F. 234.
Pyralina View. 114. T. 31, F. 6.
Pyramidea L. 111. T. 30, F. 14.
Pyrenæella H.-S. 52.
Pyreneata Mab. 260.
Pyri Schiff. 63. T. 18, F. 11.
Pyrina L. 49. T. 14, F. 11.
Pyropata Hb. 232.
Pyrophila F. 83.
Pyrrha F. N. 283.

Quadra L. 42. T 11, F. 13.
Quadrifaria Sulz. 210.
Quadrifasciaria Cl. 240. T. 45, F. 25. — Tr. 241.
Quadripunctata F. 109. T. 29, F. 25.
Quenselii Payk. 46. T. 13, F. 7.
Quercana Schiff. 39. T. 10, F. 16.
Quercaria Hb. 184.
Quercifolia L. 61. T. 18, F. 3.
Quercinaria Hfn. 182. T. 41, F. 4.
Quercus L. 60. T. 17, F. 14, N. 292.
Quercus L. 6. T. 2, F. 8.
Quercus Schiff. 30. T. 8, F. 5.
Querna F. 68. T. 20, F. 7.
Quieta Hb. 137.

Radicella Curt. 53.
Radiosa Esp. 100. T. 28, F. 4.
Ramburii Mab. 55. T. 16, F. 1.
Ramburii Rbr. 136. T. 35, F. 15.
Ramosa Esp. 124. T. 33, F. 3. N. 299.
Rapae L. 3. T. 1, F. 8.
Rapticola Hb. 76. T. 22, F. 7,
Ratamae H.-S. 60. [N. 294.
Ravida Hb. 79.
Ravula Hb. 77. N. 294.
Receptricula Hb. 77. T. 22, F. 8.
Reclusa F. 71. T. 21, F. 5.
Rectalis Ev. 153.
Rectangula F. 82. T. 23, F. 17.
Rectangularis H.-G. 151. T. 38, F. 4.
Rectangulata L. 263. T. 47, F. 9.
Rectilinea Esp. 99. T. 28, F. 1. N. 297.
Regularis Hb. 146.
Remutaria Hb. 173. T. 40, F. 2.
Renalis Hb. 144. T. 36, F. 17.
Renidata Hb. 222.
Repandum Hb.63.T.48,F.16a.b., N. 292.
Repandata L. 201. T. 43, F. 9.
Respersa Hb. 109. T. 30, F. 3.
Resporsa Hb. 141. T. 36, F. 10.
Reticella Newm. 53.

Reticulata F. 231. T. 45, F. 10.
Reticulata Vill. 90. T. 25, F. 10.
Reticulatella Brd. N. 291.
Retusa L. 116. T. 31, F. 12.
Revayana Tr. 38. T. 10, F. 13.
Rhadamanthus Esp.37.T.10,F.5.
Rhamnata Schiff. 231.T.45,F.8.
Rhamni L. 5. T. 2, F. 1.
Rhingiaeformis Hb. 82.
Rhizolitha F. 121. T. 32, F. 17.
Rhomboidaria Hb.200.T.43,F.6.
Ridens F. 72. T. 21, F. 14.
— Hb. 93. T. 26, F. 11.
Riguata Hb. 245. T. 46, F. 5.
Rimicola Hb. 60. T. 17, F. 12.
Ripae Hb. 85. T. 24, F. 3.
Riparia Rb. N. 298.
Rippertaria Dup. 216.
Rivata Hb. 247. T. 46, F. 9.
Rivulorum Gn. 126.
Robiginata Stgr. 169.
Roboraria Schiff.201.T.43,F.10.
Roboricolelia Brd. N. 292.
Roboris Esp. 6. N. 282.
Roboris Schrk. 94. T. 26, F. 20.
Romanaria Mill. 172.
Roraria F. 212. T. 44, F. 3.
Roscida Esp. 41. N. 288.
Rosea F. 40. T. 10, F. 24.
Rosea Hb. 142.
Rosearia Tr. 222.
Rosina Hb. 142.
Rosmarinata Mill. 279.
Rossica Kol. 44.
Rostralis L. 155. T. 38, F. 19.
Rubea F. 58. T. 17, F. 2.
Rubella Dup. N. 296.
Ruberata Frr. 253.
Rubi L. 60. T. 17, F. 15.
Rubi L. 6. T. 2, F. 9, N. 282.
Rubi View.81.T.23,F.9,N.294.
Rubidata F. 255. T. 46, F. 32.
Rubiginata F. 234.
Rubiginata Hfn.172.T.39,F.28. N. 300.
Rubiginea F. 120. T. 32, F. 11.
Rubraria Stgr. 170.
Rubricollis L. 42. T. 11, F. 14.
Rubricosa F. 114. T. 31, F. 2.
Rufa Hw. 104.
Rufaria Hb. 163. T. 39, F. 15.
Rufata F. 227.
Ruficinctaria Gn. 238.
Ruficollis F.71.T.21,F.11,N.294.
Rufina L. 117. T. 31, F. 19.
Rufocincta H.-G.93.T.26,F.13. N. 296.
Rumicis L. 76. T. 22, F. 5.
Rumina L. 2. T. 6, F. 3.
Rupestralis Hb. 137.
Rupestrata Bkh. 244.
Rupestris Rbr. 55. T. 15, F. 26.
Rubicapraria Hb.192. T.42,F.8.
Ruptata Hb. 254.
Rurea F. 98. T. 27, F. 17.
Ruris Hb. 85.
Russata Bkh. 236.
Russula L.43.T.11,F.20,N.289.
Rusticata F. 169. T. 39, F. 22.
Ruticilla Esp. 116.
Rutilus Wernb. 282.

Sabandiata Dup. 229.
Sabinae H.-G. 122.

Sabinata H.-G. 227.
Sacraria L. 222. T. 44, F. 17 a. b.
Sagittata F. 255.
Sagittifera Hb. 83.
Salicalis Schiff.154. T.38, F. 15.
Salicata Hb. 337.
Saliceti Bkh. 116
Salicicolella Brd. N. 291.
Salicis L. 56. T. 16, F. 9.
Sambucaria L. 188. T. 41, F.17.
Sanguinaria Dup. 222.
Santolinae Rbr. 128. T. 34, F. 2.
Santonici Hb. 128. T. 34, F. 6.
Sao Hb. 25.
Sapho Mill. 53, N. 291.
Saponariae Bkh. 90, T. 25, F.10.
Sarpedon Hb. 36. T. 9, F. 20.
Sartata Tr. 205.
Satellitia L. 120. T. 32, F. 12.
Satura Hb. 96.
Satyrata Hb. 270. T. 47, F. 22.
Saxicollata Ld. 243.
Saucia Hb. 85. T. 24, F. 3.
Scabiosae Schev. 36.
Scabiosata Bkh. 263. T.47,F.11.
Scabriuscula L. 99. T. 27, F. 24. N. 297.
Scapulosa Hb. 145.
Schiffermilleri Stgr. 52. N. 290.
Schmidii Dietze 275.
Schoenherri Z. 137.
Scirpi Dup. 107. N. 298.
Scita Hb.101.T.28,F.10.N.297.
Scitula Rbr. 143.
Scoliaeformis Bkh. 32. T. 9, F. 5.
Scolopacina Esp. 98, T. 27, F.18.
Scopariae Dorfm.129.T.34,F.9.
Scopariata Rbr. 265. T. 47, F.
Scoriacea Esp. 92 [15 a. b.
Scoriata Stgr. 279.
Scriptaria H.-S. 267.
Scortea H.-S. N. 297.
Scrophulariae Cap. 126. T. 33, F. 10.
Scrophulariphila Stgr. 126.
Scrophulariphaga Rbr.127,T.33, F. 13.
Scutosus Schiff.138.T.25,F.23.
Scutularia Dup. 215.
Scutulata Bkh. 164.T.39,F.17.
Sebrus B. 10.
Secundaria Esp. 200. T. 43, F. 7.
Segetum Schiff. 85. T. 24, F. 4, N. 295.
Selenaria Hb. 203. T. 43, F. 13.
Selene Schiff. 17. T. 4, F. 2.
Selenitica Esp. 55. T. 16, F. 3.
Selinata H.-S. 271.
Semele L. 21. T. 5, F. 4.
Semiargus Rott. 10.
Semibrunnea Hw.120.T.32,F.14.
Semigrapharia H.-S. 267.
Senex Hb.40.T.10,F.21.H.-G.93.
Senipturata Hb. 245.
Senna H.-G. N. 294. T. 48, F.21.
Sepiaria Hfn. 204. T. 43, F. 17.
Serena F. 90. T. 25, F.12. N 295.
Sericata Esp. 100. T. 28, F. 7.
Sericea Gregs. 42.
Sericealis Sc. 156. T. 38, F. 21. N. 299.
Serotina O. 119. T. 32, F. 6.
Serotinaria Hb. 208. N. 300.
Serpentina Tr. 93. T. 26, F. 10.

Alphabetisches Verzeichnis der Arten.

Serrata Tr. 125.
Serratilinea Tr. 87. T. 24, F. 16, N. 295, T. 49, F. 3.
Serratulae Rbr. 25.
Serrularia Ev. 199.
Sertata Hb. 227. T. 44, F. 27.
Sertorius Hfmg. 25.
Sexalata Vill. 228. T. 44, F. 29.
Sexalisata Hb. 228. T. 44, F. 29.
Sextiata Mill. 275.
Sibylla L. 12. T. 3. F. 3.
Sicula Hb. 64. T. 19, F. 6.
Sicula Stgr. 60.
Sieboldii Reutti 53.
Signalis Tr. 143.
Signaria Hb. 191. T. 42, F. 6.
Signiferia F. 84. T. 23, F. 24.
Signum F. 78. T. 22, F. 16.
Silaceata Hb. 254. T. 46, F. 28.
Silenata Stdfs. 276. T. 47, F. 32.
Silene Tr. 119.
Silenes Hb. N. 296.
Silenicolata Mab. 260. T. 47, F. 3.
Siliquana H.-S. N. 288.
Silphella Mill. 52.
Silvius Kn. 26. T. 5, F. 28.
Similis Fuesl. 57, T. 16, F. 11.
Simpliciata Tr. 226.
Simplonia Frr. 4.
Simplonica B. 46.
Simplonia H.-S. 84.
Simulans Hufn. 83. N. 294.
Simulata Hb. 234.
Sinapis L. 4. T. 1, F. 13.
Sinuata Hb. 246.
Siterata Hfn. 235. T. 45, F. 20.
Smaragdaria F. 159. T. 39, F. 6.
Sobrina Gn. 79.   [N. 299.
Sobrinata Hb. 279. T. 47, F. 33
Socia Rott. 121.   [a—e.
Sociaria 199.
Sociaria Hb. 198. T. 43, F. 4.
Sociata Bkh. 247. T. 46, F. 10.
Sodae Rbr. 90.
Sodaliaria H.-S. 164.
Solaris Esp. 140. T. 36, F. 7.
Solidaginis Hb. 122. T. 32, F. 22.
Solieri B. 96. T. 27, F. 11.
Sommeri Lef. 96.
Somniculosa Her. 121.
Sordaria Thnb. 208.
Sordida Bkh. 97.
Sordida Hb. 47. T. 13, F. 14, N. 290.
Sordidata F. 253. T. 46, F. 25.
Sororcula Hfn. 42, T. 11, F. 12.
Sororiata Tr. 226.
Spadicea Hb. 120. T. 32, F. 10.
Sparganii Esp. 104. T. 28, F. 18.
Sparsata Tr. 258.
Spartiaria Tr. 212.
Spartiata Fuesl. 226. T. 44, F. 25.
Spartii Hb. 60. N. 292.
Speciosa Hb. 80. N. 294.
Spectabilis Tausch. 46. T. 13, F. 8,
Spectrum Esp. 150. T. 38, F. 2.
Spheciformis Gerning 32.
Sphinx Hfn. 132. T. 32, F. 24.
Spini Schiff. 63. T. 18, F. 12.
Spini Schiff. 5. T. 2, F. 4.
Spinifera Hb. 84. T. 24, F. 1.
Spinula Schiff. 65. T. 19, F. 10.
Splendens Hb. 89. T. 25, F. 4, N. 295.
Splendida Rbr., Org. 55.

Spodia Stgr. 20.
Spoliatricula Hb. 77.
Sponsa L., Cat. 148. T. 37, F. 8.
Spurcaria Lah. 209. T. 43, F. 26.
Stabilis View. 112. T. 30, F. 22.
Stagnicola Tr. 108. T. 29, F. 22.
Statices L. 35. T. 9, F. 16, N. 287.
Statilinus Hfn. 22.
Stelidiformis Frr. N. 286.
Stellatarum L. 31. T. 8, F. 9.
Stettinensis Hrg. 51.
Stigmatica Hb. 81. T. 23, F. 7.
Stoechadis Bkh. 37. T. 9, F. 26.
Stolida F. 146.
Straminea Tr. 107. T. 29, F. 10.
Straminata Tr. 165.
Stratarius Hfn. 196. T. 42, F. 21.
Striata L. 43. T. 11, F. 15.
Strigaria Hb. 174. T. 40, F. 5 a. b.
Strigata Muell. 161. T. 39, F. 9. N. 299.
Strigilaria Hb. 174. T. 40, F. 7. N. 300.
Strigilis Cl. 99. N. 298, T. 49, F. 8 a. b.
Strigillaria Hb. 220. T. 44, F. 16.
Strigosa F. 75. T. 21, F. 25.
Strigula Bkh. 77. T. 22, F. 8.
Strigula Schiff. 39. T. 10, F. 18.
Strigula Thnb. 78, T. 22, F. 14, N. 294.
Strigulalis Hb. 39. T. 10, F. 18.
Strobilata Bkh. 262.
Suasa Bkh. 88.
Subcaerolea H.-S. 78.
Subchlamydula Stgr. N. 288.
Subciliata Gn. 269.
Suberifolia Dup. 62.
Subfulvata Hw. 264. T. 47, F. 14
Subhastata Nolck. 249. [a. b.
Sublustris Esp. 97.
Submutata Tr. 172. T. 40, F. 1.
Subnotata Hb. 260. T. 47, F. 5.
Subrosea Stph. 78. N. 294.
Subsequa Hb. 79. T. 22, F. 23.
Subsericeata Hw. 165. T. 39. F. 21.
Subsolana Stgr. N. 287.
Subtilata Christ. 175.
Subtusa F. 116. T. 31, F. 13.
Subumbrata Gn. 263.
Succenturiata L. 264. T. 47, F. 13.
Suctuata Hb. 248.
Suffumata Hb. 241.
Suffusa Hb. 85.
Sulphuralis S. 144. T. 36, F. 16.
Sulphurago F. 118. T. 32, F. 3.
Superstes Tr. 110. T. 30, F. 5.
Suriens Mill. 54. N. 291.
Suspecta Hb. 115. N. 299.
Syllius Hbst. 19.
Sylvanaria H.-S. 144.
Sylvanus Esp. 25. T. 5, F. 24.
Sylvata Hb. 252.   [N. 284.
Sylvata Sc. 179. T. 40, F. 19.
Sylvestraria Hb. 173. T. 40, F. 4.
Sylvinus L. 48. T. 14, F. 6.
Syringaria L. 185. T. 41, F. 10.

Tabaniforme Rott. 32.
Taenialis Hb. 156.
Taeniata Stph. 236.
Taeniolaria Hb. 213.
Tages L. 25. T. 5, F. 20.

Tagis Hb. 4. T. 6, F. 7, N. 281.
Tamarisciata Frr. 266. T. 47, F. 18.
Taminata Hb. 180.
Tanaceti Schiff. 128. T. 34, F. 5.
Taraxaci Esp. 61. T. 17, F. 16.
— Hb. 110. T. 30, F. 7. N. 298. T. 49, F. 17.
Taruierella Brd. N. 291.
Tarsicrinalis Kn. 154. T. 38, F. 13. N. 299.
Tarsipennalis Tr. 154. N. 299.
Tarsiplumalis Hb. 153. T. 38, F. 12.
Tau L. 64. T. 19, F. 3.
Telicanus Lang 7. T. 2, F. 19, N. 282.
Temerata Hb. 180. T. 40, F. 22.
Tempestivata Z. 280.
Templi Thnb. 123. T. 33, F. 1.
Tenebraria Esp. 210. T. 43, F. 27.
Tenebrata Sc. 137. N. 299. T. 49, F. 20.
Tenebrosa Hb. 111. T. 30, F. 11. N. 298.
Tenella Spr. 53. T. 15, F. 13.
Teutacularia L. 154.
Tenthrediniformis Lasp. 33.
Tenuiata Hb. 269. T. 47, F. 20.
Terebra F. 49. T. 14, F. 10.
Terrea Frr. 109.
Tersata Hb. 257.
Testacea Hb. 96. T. 27, F. 6.
Testaceata Don. 252. T. 46, F. 22.
Testudo Schiff. 50. T. 14, F. 13.
Tetra F. 111.
Tetralunaria Hfn. 185. T. 41, F. 9.
Texta Esp. 96.
Thalassina Rott. 88. T. 24, F. 21, N. 295.
Thalictri Bkh. 131. T. 34, F. 16.
Thapsiphaga Tr. 126. T. 33, F. 12.
Thaumas Hfn. 25. T. 5, F. 21.
Thersamon Esp. 7. T. 2, F. 12.
Thulearia H.-S. 248.
Thymiaria L. 161. T. 39, F. 10.
Thymula Mill. 40.
Tibialata Hb. 225.
Tibiale Esp. 225.
Tigelius Bon. N. 283.
Tiliae L. 30. T. 8, F. 4.
Tiliaria Bkh. 183.
Timon Hb. 70.
Tincta Brahm. 87. T. 24, F. 18.
Tineiformis Esp. 34.
Tiphon Rott. 24. T. 48, F. 6.
Tipuliformis Cl. 32. T. 9, F. 6, N. 285.
Tirrhaea Cr. 147. T. 37, F. 2.
Tithonus L. 23. T. 5, F. 13.
Togata Esp. 118.
Togata Hb. 262.
Togatulalis Hb. 39.
Tophaceata Hb. 243. T. 46, F. 3.
Torva Hb. 67.
Trabealis Sc. 144. T. 36, F. 16.
Tragopoginis L. 111. T. 30, F. 12.
Transalpina Esp. 37. T. 10, F. 2.
Transversata Hufn. 231.
Trapezina L. 115. T. 31, F. 9.
Treitschkei B. 89.
Treitschkei Friv. 139.
Tremula Cl. 67. T. 20, F. 1.
Tremulae Tr. 30. T. 6, F. 19.
Tremulifolia Hb. 62. T. 18, F. 5.
Trepida Esp. 67. T. 20. F. 4.

Triangulum Hfn. 80. T. 23, F. 2, N. 294.
Triannuliformis Frr. N. 286.
Tridens Schiff. 75. T. 21, F. 26.
Trifasciata Bkh. 253. T. 46, F. 26.
Trifolii Esp. 60. T. 17, F. 13, N. 292.
Trifolii Esp. 36. T. 9, F. 24.
Trifolii Rott. 90. T. 25, F. 9.
Trigeminata Hw. 168. N. 300.
Trigothephras B. 55. T. 15, F. 27.
Trigrammica Hfn. 108. T. 29, F. 21.
Trilinea Bkh. 108. T. 29, F. 21.
Trilinearia Bkh. 177.
Trilineata Sc. 162. T. 39, F. 12. N. 299.
Trimacula Esp. 68. T. 20, F. 8.
— Hb. 92.
Trimaculata Vill. 180. T. 40, F. 23.
Tripartita Hfn. 132. T. 35, F. 1.
Triplasia L. 131. T. 34, F. 18.
Tripunctaria H.-S. 272.
Triquetra F. 145. T. 36, F. 22.
Trisignaria H.-S. 271. T. 47, F. 25.
Tristigma Tr. 81. T. 23, F. 6.
Tristata L. u. Hb. 249. T. 46, F. 14.
Tritici L. 85. N. 295.
Tritophus F. 67.
Trivia Schiff. 15. Tr. 3, F. 19.
Tropaea Hb. 64. N. 293, T. 48, F. 17.
Truncata Hfn. 236. T. 45, F. 21.
Trux Hb. N. 295.
Turatii Stgr. 52.
Turca L. 108. T. 29, F. 19. N. 298.
Tusciaria Bkh. 187.
Typhae Esp. 104. T. 28, F. 19.
Typica L. 102. T. 28, F. 13.

Ulmata F. 179.
Ulmi Schiff. 66. T. 19, F. 18, N. 293.
Ultimaria B. 268.
Ulula Bkh. 50.
Ulvae Hb. 104. T. 29, F. 2.
Umbalaria Hb. 174. T. 40, F. 6.
Umbra Hfn. 139. T. 36, F. 4.
Umbraria Hb. 201. [N. 299.
Umbratica L. 127. T. 33, F. 16.
Umbrosa Hb. 81.
Unangulata Hb. 247.
Unanimis Tr. 98. T. 27, F. 21.
Uncinula Bkh. 65.
Uncula Cl. 142. N. 299. T. 49, F. 21.
Undosota Dietze. 268.
Undulana Hb. 38. T. 10, F. 13.
Undulata L. 230. T. 45, F. 6.

Unedonata Mab. 279.
Unguiculla 65. T. 19, F. 9.
Unicolor Hfn. 51. T. 15, F. 1.
Unidentaria Hw. 240.
Unifasciata Hw. 250. T. 46, F. 19.
Uniformata Bell. 245.
Unita Hb. 42. T. 11, F. 10.
Uralensis Ev. 133.
Urania Friv. 140.
Uroceriformis Tr. N. 285.
Urticae Esp. 48. T. 14, F. 4, N. 290.
Urticae Hb. 132. T. 35, F. 1.
Urticae L. 14. T. 3, F. 2, N. 283.
Ustula Frr. 124. T. 33, F. 4.

Vaccinii L. 119. T. 32, F. 9. N. 299.
Valerianata Hb. 269. T. 47, F. 21
Valesiaria Lah. 168. [a. b.
Valesiella Mill. 53.
Valligera Hb. 86. T. 24, F. 7.
Vandalicia Mill. 59. N. 292.
V. argenteum Esp. 134.
Varia M.-D. 16.
Variata Schiff. 234. T. 45, F. 18.
Variegata Dup. 207.
Vau punctatum Esp. 119.
V. aureum Gn. 135.
Velitaris Rott. 69. T. 20, F. 15,
Velleda Hb. 48. [N. 293.
Venosa Bkh. 73. T. 21, F. 17.
Venosata F. 259. T. 47, F. 2 a. b.
Venusta B. 93. T. 26, F. 16.
Venustula Hb. 142.
Veratraria H.-S. 270.
Verbasci F. 65. T. 19, F. 11.
Verbasci L. 126. T. 33, F. 9. N. 299.
Verberata Sc. 244.
Vernana Hb. 39. N. 287.
Vernaria Hb. 159. T. 39, F. 4. N. 299.
Veronicae Hb. 119.
Versicolora L. 63. T. 18, F. 10.
Vespertaria Bkh. 239.
Vespertilio Esp. 28. T. 7, F. 3.
Vespertilioides B. 28. N. 284.
Vestigialis Rott. 86. T. 24, F. 7.
Vesubiella Mill. 52.
Vesubiata Mill. 164.
Vetula Dup. 93. T. 26, F. 9.
Vetulata Schiff. 230. T. 45, F. 7.
Vetusta Hb. 122. T. 32, F. 20.
Viadrina Stgr. 51.
Vibicaria Cl. 177. T. 40, F. 14.
Viciae Hb. 152. N. 299. T. 49, F. 22.
Viciella Schiff. 51. T. 15, F. 3.
Victorina Sod. 139.

Viduaria Bkh. 202.
Villica L. 45. T. 12, F. 6.
Villosella O. 51. T. 15, F. 2, N. 290.
Viminalis F. 116.
Vincularia Hb. 214.
Vindelicia Fr. 102. T. 28, F. 16.
Vinula L. 66. T. 19, F. 16.
Virens L. 96.
Viretata Hb. 228. T. 45, F. 1.
Virgata Rott. 224. T. 44, F. 21.
Virgaureae L. 7. T. 2, F. 11.
Virgaureata Dbld. 271.
Virgularia Hb. 165. T. 39, F. 20.
Viridana Walch. 95. T. 27, F. 1.
Viridaria Cl. 143.
Viridaria F. 237. T. 45, F. 22.
Viridata L. 160. T. 39, F. 7.
Vitalbata Hb. 257. T. 49, F. 7.
Vitellina Hb. 107. T. 29, F. 15.
Vitellina Tr. 42.
Vitta Hb. 85. N. 295.
Vittata Bkh. 242.
V. nigrum F. 56. T. 16, F. 8.
Vulgata Hw. 272.

W album Kn. 6. T. 2, F. 5, N. 282.
Wagneri Mill. N. 287.
Wauaria L. 214. T. 44, F. 6.
Weissenbornii Frr. 85.
Wimmeri Tr. 142.
Wockearia Stgr. 210.
Wredowii Costa 128.

Xanthenes Germ. 103.
Xanthographa F. 81. T. 23, F. 8.
Xanthomelas Esp. 14. T. 6, F. 12.
Xanthomista Hb. 93. T. 26, F. 15.
Xerampelina Hb. 116. T. 31, F. 15.
Xeranthemi B. 129. T. 34, F. 7.

Ypsilon Rott. 85. N. 295.
— Bkh. 115. T. 31, F. 12.
Yvani Rbr. 125.

Zanclaeus Z. 1.
Zatima Cr. 48.
Zelleraria Frr. 209.
Zelleri Mn. 52. T. 15, F. 7.
Zephyrata Mill. 168.
Ziczae L. 67. T. 20, F. 3.
Zinckenii Tr. 121.
Zollikoferi Frr. N. 296.
Zonarius Schiff. 195. T. 42, F. 18.
Zoraida Grsl. 47. N. 289.
Zygophylli O. N. 285. T. 48, F. 9.

1.
Rhopalocera.

1. a. b. Podalirius. 2. a. b. Machaon. 3. a. b. Polyxena. 4. a. b. Apollo. 5. Mnemosyne. 6. a. b. Crataegi.
7. Brassicae. 8. Rapae. 9. Napi. 10. Callidice. 11. Daplidice. 12. a. b. Cardamines. 13. a. b. Sinapis.
14. Palaeno. 15. Phicomone. 16. Hyale. 17. Edusa.

2.
Rhopalocera.

1. Rhamni. 2. Cleopatra. 3. Betulae. 4. a. b. Spini. 5. W. album. 6. Ilicis. 7. a. b. Pruni. 8. Quercus. 9. Rubi. 10. Ballus. 11. Virgaureae. 12. Thersamon. 13. a. b. Hippothoë. 14. Alciphron. 15. a. b. c. Dorilis. 16. Phlaeas. 17. a. b. Amphidamas. 18. a. b. c. Baetica. 19. Telicanus. 20. a. b. Aegon. 21. Argus. 22. Optilete. 23. Astrarche. 24. Icarus. 25. Bellargus. 26. Corydon. 27. a. b. Damon. 28. a. b. Argiolus. 29. a. b. Minima. 30. a. b. Cyllarus. 31. Melanops. 32. Jolas. 33. a. b. Lucina. 34. a. b. c. Celtis. 35. a. b. c. Jasius. 36. Iris. 37. a. b. Ilia.

3.
Rhopalocera.

1. Populi. 2. a. b. Camilla. 3. Sibilla. 4. Lucilla. 5. a. b. c. Levana. 6. c. Album. 7. Polychloros. 8. L. album. 9. a. b. c. Urticae. 10. Jo. 11. Antiopa. 12. a. b. c. d. Atalanta. 13. Cardui. 14. Cynthia. 15. Maturna. 16. Aurinia. 17. Cinxia. 18. Phoebe. 19. Trivia. 20. Didyma. 21. a. b. Dyctynna. 22. Athalia.

4.
Rhopalocera.

1. Aphirape. 2. a. b. Selene. 3. Euphrosyne. 4. Pales. 5. Dia. 6. a. b. Amathusia. 7. Daphne. 8. a. b. Ino. 9. Lathonia. 10. Aglaja. 11. a. b. Niobe. 12. a. b. Adippe. 13. a. b. c. Paphia. 14. Pandora. 15. a. b. Chrysippus. 16. a. b. c. Galathea. 17. Lachesis. 18. Japygia. 19. Epiphron. 20. Medusa. 21. Aethiops. 22. Ligea. 23. a. b. Euryale. 24. Hermione.

5. Rhopalocera.

1. Alcyone. 2. a. b. Circe. 3. Briseis. 4. Semele. 5. Dryas. 6. a. b. Maera. 7. Megera. 8. Egeria. 9. Achine. 10. a—c. Lycaon. 11. Janira. 12. Ida. 13. a—c. Tithonus. 14. a. b. Hyperanthus. 15. a. b. Iphis. 16. Arcania. 17. Pamphilus. 18. a. b. Alceae. 19. a—c. Malvae. 20. a. b. Tages. 21. Thaumas. 22. a. b. Lineola. 23. Actaeon. 24. Sylvanus. 25. Comma. 26. a. b. Morpheus. 27. Palaemon. 28. a. b. Silvius.

6.
Rhopalocera und Heterocera.

1. Alexanor. 2. Hospiton. 3. Rumina. 4. Crataegi. 5. Daplidice. 6. Belia. 7. Tagis. 8. Euphenoides. 9. Hyale. 10. Populi. 11. a. b. Egea. 12. Xantomelas. 13. Jo. 14. Antiopa. 15. a. b. Cardui. 16. Maturna. 17. Aurinia. 18. Dahlii. 19. Tremulae. 20. a. b. Atropos. 21. a. b. c. Convolvuli.

7.
Rhopalocera.

1. Ligustri. 2. Pinastri. 3. a. b. c. Vespertilio. 4. Hippophaës. 5. a. b. Galii. 6. a. b. c. Euphorbiae.
7. a. b. Nicaea. 8. Livornica. 9. Celerio.

8.
Heterocera.

1. a. b. Elpenor. 2. Porcellus. 3. a. b. Nerii. 4. Tiliae. 5. Quercus. 6. a. b. Ocellata. 7. a. b. c. Populi.
8. a. b. Proserpina. 9. a. b. Stellatarum.

9. Heterocera.

1. Croatica. 2. a. b. Bombyliformis. 3. Fuciformis. 4. a. b. Apiforme. 5. Scoliaeformis. 6. Tipuliformis. 7. Asiliformis. 8. Myopaeformis. 9. Culiciformis. 10. Formicaeformis. 11. a. b. Hylaeiformis. 12. a. b. Fenestrella. 13. a. b. Infausta. 14. a. b. Pruni. 15. Globulariae. 16. Statices. 17. Geryon. 18. Erythrus. 19. a. b. Pilosellae. 20. Sarpedon. 21. Achilleae. 22. a. b. Exulans. 23. a. b. Corsica. 24. a. b. Trifolii. 25. a. b. Lonicerae. 26. Stoechadis.

10.
Heterocera.

1. Filipendulae. 2. a—c. Transalpina. 3. a. b. Ephialtes. 4. a. b. Lavandulae. 5. a. b. Rhadamanthus.
6. Laeta. 7. a. b. Fausta. 8. a. b. Carniolica. 9. Occitanica. 10. a—c. Phegea. 11. Ancilla. 12. Punctata.
13. a. b. Undulana. 14. a—d. Clorana. 15. a—c. Prasinana. 16. Bicolorana. 17. Cucullatella. 18. Strigula.
19. Centonalis. 20. Cristatula. 21. Senex. 22. Mundana. 23. Murina. 24. a—c. Miniata.

11.
Heterocera.

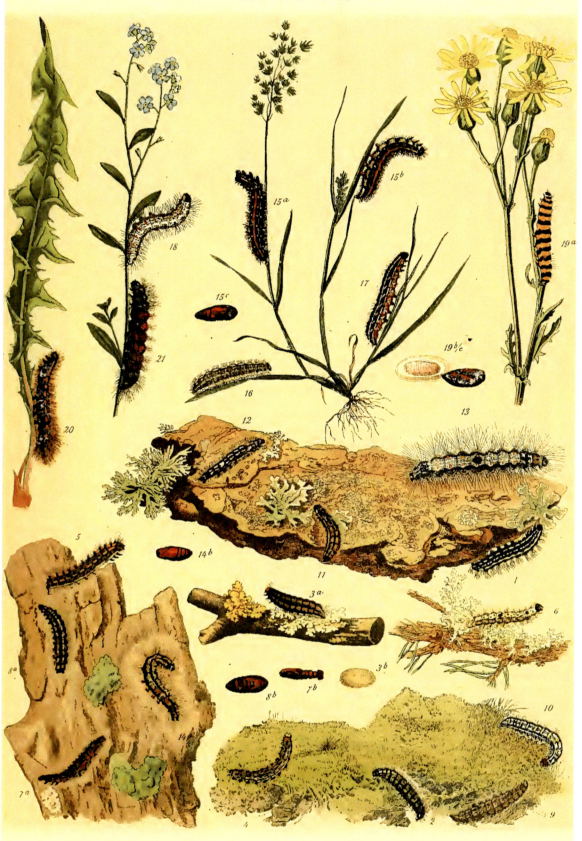

1. Irrorella. 2. Aurita. 3. a. b. Mesomella. 4. Muscerda. 5. Griseola. 6. Deplana. 7. a. b. Lurideola.
8. a. b. Complana. 9. Caniola. 10. Unita. 11. Lutarella. 12. Sororcula. 13. Quadra. 14. a. b. Rubricollis.
15. a. b. c. Striata. 16. Bifasciata. 17. Cribrum. 18. Pulchella. 19. a. b. c. Jacobaeae. 20. Russula.
21. Plantaginis.

1. a. b. c. Dominula. 2. a. b. Hera. 3. a. b. c. Matronula. 4. a. b. c. Caja. 5. Flavia. 6. Villica.
7. a. b. c. Purpurata. 8. Fasciata.

1. a. b. Hebe. 2. Aulica. 3. Maculania. 4. Maculosa. 5. a. b. c. Casta. 6. Cervini. 7. Quenselii.
8. Spectabilis. 9. Pudica. 10. Corsica. 11. Parasita. 12. a. b. Fuliginosa. 13. a. b. Luctifera. 14. a. b. c. Sordida.

14. Heterocera.

1. a. b. Mendica. 2. a. b. c. Lupricipeda. 3. a. b. Menthastri. 4. a. b. Urticae. 5. a. b. Humuli. 6. Sylvinus. 7. a. b. Lupulinus. 8. a. b. Hecta. 9. a. b. Cossus. 10. a. b. Terebra. 11. a. b. c. Pyrina. 12. Castaneae. 13. a. b. c. Limacodes. 14. a. b. Asella.

15.
Heterocera.

1. a. b. Unicolor. 2. a. b. Villosella. 3. a. b. Viciella. 4. a. b. Apiformis. 5. a. b. Graslinella. 6. a. b. Opacella.
7. Zelleri. 8. a. b. Leschenaulti. 9. a. b. Fulminella. 10. a. b. Gondeboutella. 11. a. b. Plumifera. 12. Plumistrella.
13. Tenella. 14. a. b. Hirsutella. 15. Staudfussii. 16. a. b. c. d. e. f. Bombycella. 17. a. b. Sieboldii. 18. a. b. Helix.
19. a. b. c. Intermediella. 20. a. b. Betulina. 21. Sepium. 22. a. b. Morio. 23. Aurolimbata. 24. a. b. Gonostigma.
25. Antiqua. 26. Rupestris. 27. Trigotephras.

16.
Heterocera.

1. Ramburii. 2. a. b. Ericae. 3. Selenitica. 4. a. b. Fascelina. 5. a. b. c. d. Abietis. 6. a. b. Pudibunda.
7. Coenosa. 8. L. nigrum. 9. Salicis. 10. Chrysorrhoea. 11. a. b. Similis. 12. a. b. Monacha. 13. Dispar.

17.
Heterocera.

1. Detrita. 2. a. b. Rubea. 3. Ilicis. 4. a. b. c. d. Crataegi. 5. a. b. c. Populi. 6. Franconica. 7. a. b. Alpicola. 8. Castrensis. 9. Neustria. 10. Lanestris. 11. Catax. 12. a. b. Rimicola. 13. Trifolii. 14. Quercus. 15. a. b. Rubi. 16. Taraxaci. 17. a. b. Dumi.

18.
Heterocera.

1. Potatoria. 2. Pruni. 3. Quercifolia. 4. Populifolia. 5. Tremulifolia. 6. Ilicifolia. 7. a. b. c. Lunigera.
8. a. b. Pini. 9. a. b. Otus. 10. Versicolora. 11. a. b. c. Pyri. 12. Spini.

19. Heterocera.

1. a. b. c. Pavonia. 2. a. b. c. Caecigena. 3. a. b. c. Tau. 4. Falcataria. 5. Curvatula. 6. Harpagula. 7. Lacertinaria. 8. a. b. Binaria. 9. Cultraria. 10. a. b. Glaucata. 11. Verbasci. 12. Bicuspis. 13. Furcula. 14. Bifida. 15. a. b. Erminea. 16. a. b. c. Vinula. 17. a. b. Fagi. 18. Ulmi. 19. a. b. Milhauseri.

20.
Heterocera.

1. a—c. Tremula. 2. a. b. Dictaeoides. 3. Ziczac. 4. Trepida. 5. Dromedarius. 6. Chaonia. 7. Querna. 8. a. b. Trimacula. 9. Bicolora. 10. Argentina. 11. a. b. Carmelita. 12. Camelina. 13. a. b. Cuculla. 14. a. b. Palpina. 15. a. b. Velitaris. 16. Melagona. 17. Crenata. 18. a. b. Plumigera. 19. Processionea. 20. a. b. Pityocampa. 21. a. b. Bucephala.

1. Bucephaloides. 2. Anastomosis. 3. a. b. Curtula. 4. Anachoreta. 5. Pigra. 6. a. b. Derasa. 7. a—c. Batis.
8. Octogesima. 9. Or. 10. a. b. Duplaris. 11. Ruficollis. 12. Diluta. 13. Flavicornis. 14. a. b. Ridens.
15. a. b. Caeruleocephala. 16. a. b. Nervosa. 17. Albovenosa. 18. Geographica. 19. Hybris. 20. Coryli.
21. a. b. Leporina. 22. Aceris. 23. a. b. Megacephala. 24. a—c. Alni. 25. Strigosa. 26. Tridens. 27. Psi.
28. a. b. Cuspis. 29. Menyanthidis.

22.
Heterocera.

1. a. b. Auricoma. 2. Abscondita. 3. Euphorbiae. 4. Euphrasiae. 5. Rumicis. 6. Ligustri. 7. a. b. Raptricula. 8. Strigula. 9. Muralis. 10. a. b Perla. 11. a. b. Orion. 12. a. b. Ludifica. 13. a. b. Coenobita. 14. a. b. Strigula. 15. Polygona. 16. Signum. 17. Janthina. 18. Linogrisea. 19. Fimbria. 20. Punicea. 21. Augur. 22. a. b. Pronuba. 23. Orbona. 24. Comes. 25. Castanea.

23. Heterocera.

1. Agathina. 2. a—c. Triangulum. 3. Baja. 4. a. b. Candelarum. 5. C nigrum. 6. Ditrapezium. 7. Stigmatica.
8. Xanthographa. 9. Rubi. 10. a. b. Dahlii. 11. a. b. Brunnea. 12. Festiva. 13. Depuncta. 14. Glareosa.
15. a. b. Margaritacea. 16. Multangula. 17. Rectangula. 18. Cuprea. 19. Plecta. 20. Leucogaster. 21. Musiva.
22. Fugax. 23. a. b. Putris. 24. Signifera. 25. a. b. Forcipula. 26. Latens. 27. a. b. Exclamationis.

24.
Heterocera.

1. Spinifera. 2. Cursoria. 3. Saucia. 4. a. b. Segetum. 5. Corticea. 6. Obesa. 7. Vestigialis. 8. Fatidica. 9. Praecox. 10. a—c. Prasina. 11. a. Occulta. 12. Graminis. 13. Popularis. 14. a—d. Cespitis. 15. a. b. Leucophaea. 16. Serratilinea. 17. a—c. Advena. 18. Tincta. 19. a. b. Nebulosa. 20. a—e. Contigua. 21. a. b. Thalassina.

25.
Heterocera.

1. a. b. Pisi. 2. a—d. Brassicae. 3. a—c. Persicariae. 4. a. b. Splendens. 5. a—c. Oleracea. 6. Genistae.
7. Glauca. 8. a. b. Dentina. 9. a—c. Trifolii. 10. Reticulata. 11. a. b. Chrysozona. 12. Serena. 13. a—c. Cappa.
14. a. b. Nana. 15. Albimacula. 16. Compta. 17. a. b. Capsincola. 18. Cucubali. 19. Carpophaga.

26.
Heterocera.

1. Irregularis. 2. Optabilis. 3. a. b. Hispidus. 4. Hirta. 5. a. b. Lutulenta. 6. Nigra. 7. Australis. 8. a. b. Caecimacula. 9. a. b. Vetula. 10. Serpentina. 11. Polymita. 12. a. b. Flavicincta. 13. a. b. Rufocincta. 14. Dubia. 15. Xanthomista. 16. Venusta. 17. Chi. 18. a. b. Fovea. 19. Furva. 20. Roboris. 21. a. b. Protea. 22. a. b. Convergens. 23. Aeruginea. 24. a. b. Aprilina.

27. Heterocera.

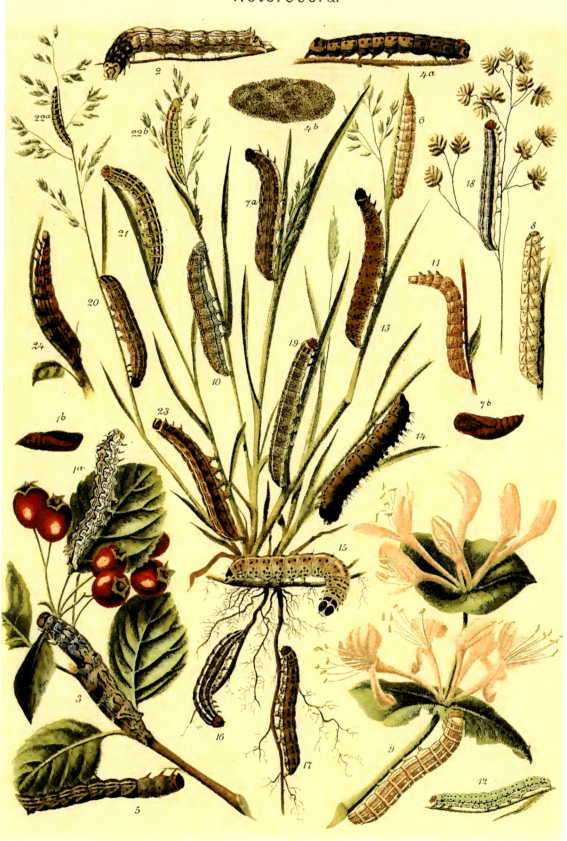

1. a. b. Viridana. 2. Bimaculosa. 3. Oxyacanthae. 4. a. b. Jaspidea. 5. Oleagina. 6. Testacea.
7. a. b. Matura. 8. Chenopodiphaga. 9. Porphyrea. 10. Adusta. 11. Solieri. 12. Ochroleuca. 13. Furva.
14. Lateritia. 15. Monoglypha. 16. Basilinea. 17. Rurea. 18. Scolopacina. 19. Hepatica. 20. Gemina.
21. Unanimis. 22. a. b. Didyma. 23. Pabulatricola. 24. Scabriuscula.

28. Heterocera.

1. a—c. Rectilinea. 2. a. b. Hyperici. 3. Polyodon. 4. Radiosa. 5. a. b. Purpureofasciata. 6. a. b. Latreillei.
7. a—c. Sericata. 8. a. b. Atriplicis. 9. a—c. Lucipara. 10. Scita. 11. a—c. Meticulosa. 12. a. b. Maura.
13. Typica. 14. Celsia. 15. Micacea. 16. a. b. Petasitis. 17. Ochracea. 18. Sparganii. 19. a. b. Arundinis.

29. Heterocera.

1. Geminipuncta. 2. Maritima. 3. Puniceago. 4. Fulva. 5. Elymi. 6. a. b. c. Jmpudens. 7. Jmpura. 8. Pallens. 9. a. b. Obsoleta. 10. Straminea. 11. Punctosa. 12. Putrescens. 13. Comma. 14. a. b. Conigera. 15. Vitellina. 16. Congrua. 17. Albipuncta. 18. Lithargyria. 19. Turca. 20. Jmbecilla. 21. a. b. Trigrammica. 22. a. b. Anomala. 23. Exigua. 24. Morpheus. Quadripunctata. 25.

30. Heterocera.

1. Kadenii. 2. Pulmonaris. 3. Respersa. 4. Alsines. 5. Superstes. 6. Ambigua. 7. Taraxaci. 8. a. b. Lenta. 9. Arcuosa. 10. a. b. Pallustris. 11. a. b. Tenebrosa. 12. Tragopoginis. 13. Livida. 14. Pyramidea. 15. a. b. c. Effusa. 16. a. b. Perflua. 17. Cinnamomea. 18. Cincta. 19. Gothica. 20. Miniosa. 21. Pulverulenta. 22. Stabilis. 23. Gracilis. 24. Incerta. 25. Munda.

31.
Heterocera.

1. a. b. Piniperda. 2. a. b. Rubricosa. 3. a. b. Oxalina. 4. Acetosellae. 5. Oo. 6. a. b. Pyralina. 7. a. b. Diffinis.
8. Affinis. 9. Trapezina. 10. a. b. Contusa. 11. Fissipuncta. 12. Retusa. 13. Subtusa. 14. Ambusta.
15. Xerampelina. 16. Lota. 17. a. b. Macilenta. 18. Circellaris. 19. a. b. c. Helvola. 20. Pistacina. 21. Nitida.
22. Humilis.

1. a. b. c. Litura. 2. Citrago. 3. Sulphurago. 4. Fulfago. 5. Croceago. 6. a. b. Fragariae. 7. Erythrocephala. 8. Daubei. 9. Vaccinii. 10. Ligula. 11. a. b. c. Rubiginea. 12. Satellitia. 13. Libatrix. 14. a. b. Semibrunnea. 15. a. b. Furcifera. 16. Lambda. 17. Ornitopus. 18. Lapidea. 19. Merckii. 20. Vetusta. 21. a. b. Exoleta. 22. a. b. Solidaginis. 23. Nubeculosus. 24. Sphinx.

33.
Heterocera.

1. Templi. 2. Areola. 3. a. b. c. Ramosa. 4. a. b. Ustula. 5. a. b. Casta. 6. a. b. Lunula. 7. Antirrhini.
8. Prenanthis. 9. a. b. Verbasci. 10. Scrophulariae. 11. Lychnitis. 12. a. b. Thapsiphaga. 13. Blattariae.
14. a. b. Asteris. 15. Balsamitae. 16. a. b. c. Umbratica. 17. Lactucae. 18. a. b. Lucifuga.

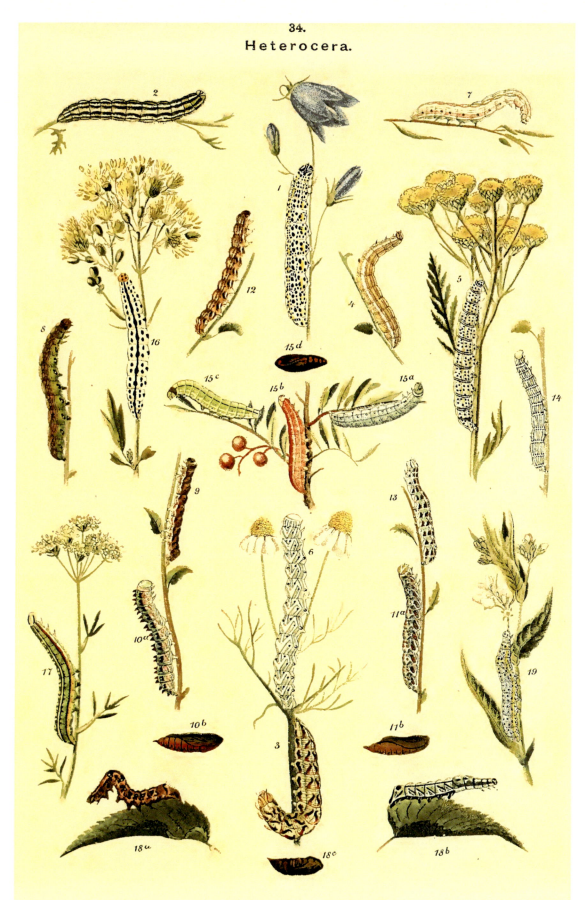

34. Heterocera.

1. Campanulae. 2. Santolinae. 3. Chamomillae. 4. Anthemidis. 5. Tanaceti. 6. Santonici. 7. Xeranthemi. 8. Gnaphalii. 9. Scopariae. 10. a. b. Artemisiae. 11. a. b. Absinthii. 12. Formosa. 13. Argentea. 14. Argentina. 15. a. b. c. Adulatrix. 16. Capucina. 17. Amethystina. 18. a. b. c. Triplasia. 19. Asclepiadis.

35. Heterocera.

1. Tripartita. 2. a—c. C. Aureum. 3. a—c. Moneta. 4. Cheiranthi. 5. Consona. 6. Jllustris 7. Modesta. 8. a. b. Chrysitis. 9. Chryson. 10. Festucae. 11. Gutta. 12. Chalcytes. 13. Jota. 14. Gamma. 15. a. b. Leucomelas. 16. Funesta. 17. Myrtilli. 18. Cordigera. 19. Cognatus. 20. Cardui. 21. a—c. Ononis. 22. a. b. Dipsaceus. 23. Scutosus. 24. Peltiger.

36.
Heterocera.

1. Armiger. 2. a. b. Delphinii. 3. a. b. Purpurites. 4. Umbra. 5. a. b. Malvae. 6. Laudeti. 7. Lucida. 8. a. b. Luctuosa.
9. Dardouini. 10. Respersa. 11. Pannonica. 12. Argentula. 13. a. b. Pussilla. 14. Deceptoria. 15. Fasciana.
16. a. b. c. Trabealis. 17. Renalis. 18. a. b. Koekeritziana. 19. Monogramma. 20. a. b. Mi. 21. a. b. Glyphica.
22. Triquetra. 23. Cailino. 24. a. b. Bifasciata. 25. Algira.

37. Heterocera.

1. a. b. c. Lunaris. 2. a. b. Tirrhaea. 3. Alchymista. 4. a. b. Fraxini. 5. Elocata. 6. a. b. c. Nupta. 7. Dilecta. 8. a. b. Sponsa. 9. Promissa. 10. Pacta. 11. Electa. 12. Puerpera. 13. a. b. Paranympha. 14. Hymenaea. 15. a. b. Conversa. 16. Nymphaea.

38. Heterocera.

1. Nymphagoga. 2. Spectrum. 3. Cataphanes. 4. Rectangularis. 5. Ludicra. 6. Lusoria. 7. a. b. Pastinum. 8. Limosa. 9. Flexula. 10. Fuliginaria. 11. a. b. Calvaria. 12. Tarsiplumalis. 13. Tarsipennalis. 14. a. b. Emortualis. 15. a. b. c. Salicalis. 16. Crinalis. 17. Barbalis. 18. a. b. Fontis. 19. Rostralis. 20. Proboscidalis. 21. Sericealis. 22. a. b. Parthenias. 23. a. b. Nothum. 24. Suella.

39.
Heterocera.

1. a. b. Pruinata. 2. Coronillaria. 3. Papilionaria. 4. a. b. Vernaria. 5. a. b. c. d. Pustulata. 6. a. b. c. Smaragdaria.
7. Viridata. 8. Pulmentaria. 9. a. b. c. Strigata. 10. Fimbrialis. 11. Lactearia. 12. a. b. Trilineata. 13. Flaveolaria.
14. Ochrata. 15. Rufaria. 16. a. b. Moniliata. 17. a. b. Dimidiata. 18. Contiguaria. 19. Laevigaria. 20. Virgularia.
21. a. b. Subsericeata. 22. Rusticata. 23. Humiliata. 24. a. b. Dilutaria. 25. a. b. Degeneraria. 26. a. b. Aversata.
27. a. b. Immorata. 28. Rubiginata. 29. a. b. Marginepunctata.

40. Heterocera.

1. Submutata. 2. a. b. Remutaria. 3. Caricaria. 4. Immutata. 5. a. b. Strigaria. 6. a. b. Umbelaria. 7. Strigilaria. 8. Emutaria. 9. a. b. Ornata. 10. a. b. Decorata. 11. a—e. Pendularia. 12. a. b. Punctaria. 13. a. b. c. Amata. 14. Vibicaria. 15. Calabraria. 16. a. b. Melanaria. 17. a. b. Grossulariata. 18. Pantaria. 19. a—c. Sylvata. 20. Adustata. 21. a. b. Marginata. 22. a. b. Temerata. 23. Trimaculata. 24. a. b. c. Pusaria. 25. a. b. Pulveraria.

41.
Heterocera.

1. a. b. Prosapiaria. 2. a. b. Margaritaria. 3. a. b. Honoraria. 4. a. b. Quercinaria. 5. a. b. Alniaria. 6. Erosaria.
7. a. b. c. Bilunaria. 8. a. b. Lunaria. 9. a. b. Tetralunaria. 10. a. b. c. Syringaria. 11. a. b. Evonymaria.
12. a—e. Bidentata. 13. a—c. Pennaria. 14. a. b. Elinguaria. 15. Dolabraria. 16. a—c. Prunaria.
17. a—c. Sambucaria.

42.
Heterocera.

1. a—d. Luteolata. 2. Paralellaria. 3. a—d. Adspersaria. 4. Macularia. 5. Notata. 6. Signaria. 7. Liturata.
8. a—d. Rupicapraria. 9. Bajaria. 10. Aurantiaria. 11. Marginaria. 12. Defoliaria. 13. a. b. Aceraria.
14. Pomonarius. 15. Hispidarius. 16. a. b. Pedaria. 17. Lapponarius. 18. a. b. Zonarius. 19. a. b. Alpinus.
20. a. b. Hirtarius. 21. a. b. Stratarius.

43.
Heterocera.

1. a—d. Betularius. 2. Abruptaria. 3. Nycthemeraria. 4. a. b. Sociaria. 5. Cinctaria. 6. Gemmaria.
7. Secundaria. 8. Abietaria. 9. a. b. Repandata. 10. a. b. Roboraria. 11. a. b. Consortaria. 12. a—c. Lichenaria.
13. Selenaria. 14. Crepuscularia. 15. Luridata. 16. a. b. Punctularia. 17. Sepiaria. 18. a. b. Cremiaria.
19. a—c. Hippocastanaria. 20. a. b. Furvata. 21. Obscuraria. 22. Ambiguata. 23. Pullata. 24. a. b. Glaucinaria.
25. Dilucidaria. 26. Spurcaria. 27. Tenebraria.

44. Heterocera.

1. Fusca. 2. Famula. 3. Roraria. 4. a—f. Atomaria. 5. Ericetaria. 6. a. b. Wauaria. 7. a. b. Brunneata. 8. a. b. Artesiaria. 9. Clathrata. 10. Murinaria. 11. Conspersaria. 12. Lutearia. 13. a. b. Lineata. 14. Gilvaria. 15. a. b. Ochrearia. 16. Strigillaria. 17. a. b. Sacraria. 18. Purpuraria. 19. Plumbaria. 20. Cervinata. 21. Virgata. 22. a—c. Murinata. 23. a. b. Praeformata. 24. Plagiata. 25. a—c. Spartiata. 26. Polycommata. 27. Sertata. 28. Carpinata. 29. a. b. Sexalisata. 30. Appensata.

Heterocera.

1. a—c. Viretata. 2. a. b. Brumata. 3. a. b. Boreata. 4. a. b. Dubitata. 5. Certata. 6. Undulata. 7. a—c. Vetulata.
8. a—c. Rhamnata. 9. Badiata. 10. Reticulata. 11. Prunata. 12. a. b. Testata. 13. Populata. 14. a. b. Dotata.
15. a—c. Fulvata. 16. Ocellata. 17. a. b. Bicolorata. 18. Variata. 19. Juniperata. 20. Siterata. 21. Truncata.
22. a. b. Viridaria. 23. Fluctuata. 24. a. b. Montanata. 25. a. b. Quadrifasciaria. 26. a. b. Ferrugata.
27. a. b. Pomoeraria. 28. a. b. Dilutata.

46.
Heterocera.

1. a—c. Fluviata. 2. Flavicinctata. 3. Tophaceata. 4. Incultaria. 5. Riguata. 6. Alpicolaria. 7. a. b. Cuculata.
8. a. b. Galiata. 9. Rivata. 10. Sociata. 11. Albicillata. 12. a—c. Lugubrata. 13. a. b. Hastata. 14. Tristata.
15. Luctuata. 16. a. b. Molluginata. 17. a. b. Alchemillata. 18. Hydrata. 19. Unifasciata. 20. Adaequata.
21. a. b. Albulata. 22. Testaceata. 23. Obliterata. 24. Bilineata. 25. a—c. Sordidata. 26. Trifasciata.
27. a—c. Capitata. 28. a. b. Silaceata. 29. a—c. Corylata. 30. a—c. Berberata. 31. Nigrofasciaria.
32. Rubidata. 33. Comitata. 34. Polygrammata. 35. a. b. Aemulata.

47.
Heterocera.

1. a. b. Oblongata. 2. a. b. Venosata. 3. Silenicolata. 4. Alliaria. 5. Subnotata. 6. a—c. Linariata. 7. Debiliata.
8. a—c. Coronata. 9. Rectangulata. 10. Chloerata. 11. Scabiosata. 12. a—c. Millefoliata. 13. Succenturiata.
14. a. b. Subfulvata. 15. a. b. Scopariata. 16. Nanata. 17. Innotata. 18. Tamarisciata. 19. Nepetata.
20. Tenuiata. 21. a. b. Valerianata. 22. Satyrata. 23. Helveticaria. 24. a—c. Castigata. 25. Trisignaria.
26. Albipunctata. 27. Actaeata. 28. a—c. Minutata. 29. Absinthiata. 30. Pimpinellata. 31. Exiguata.
32. Silenata. 33. a—e. Sobrinata.

48.
Ergänzungstafel.

1. Pap. Machaon. 2. Parn. Delius. 3. Polyom. Rutilus. 4. Nept. Aceris. 5. Arg. Laodice. 6. Coen. Tiphon. 7. Spil. Lavatherae. 8. Cycl. Morpheus. 9. Deil. Zygophylli. 10. Deil. Alecto. 11. Deil. hybrid. Epilobii. 12. Zyg. Punctum. 13. Ocn. Zoraida. 14. Albav. Korbi. 15. Bom. Lanestris, var. Arbusculae. 16. Megas. Repandum. 17. Sat. Isabellae. 18. Urop. Ulmi. 19. Agr. Fimbriola. 20. Agr. Ocellina. 21. Agr. Senna. 22. Agr. Musiva.

1. Agr. Forcipula. 2. Agr. Decora. 3. Mam. Serratilina. 4. Dianth. Caesia. 5. Dianth. Filigramma. 6. Lup. Haworthi. 7. Cid. Vitalbata. 8. Had. Strigilis. 9. Had. Literosa. 10. Had. Bicoloria. 11. Had. Fasciuncula. 12. Rhiz. Detersa. 13. Hel. Leucostigma. 14. Hydr. Nictitans. 15. Cal. Phragmitidis. 16. Mel. Flammea. 17. Car. Taraxaci. 18. Xanth. Flavago. 19. Plus. Bractea. 20. Hel. Tenebrata. 21. Erast. Uncula. 22. Tox. Viciae. 23. Tox. Craccae. 24. Av. Flexula. 25. Bol. Fuliginaria.

50.
Eier.

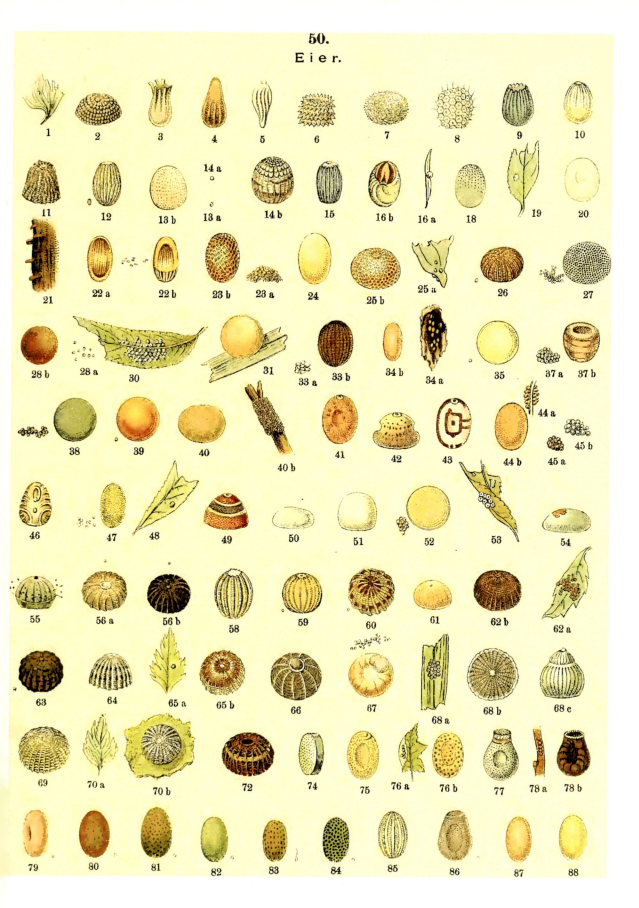